国家社会科学基金重大项目（项目编号 18ZDA151）
"新时代中国特色土地管理法律制度完善研究"最终成果

新时代中国土地法律制度完善研究

陈小君　等著

人民出版社

《新时代中国土地法律制度完善研究》
编 委 会

首席专家：陈小君

子课题负责人：高　飞　耿　卓　赵　谦　郭　洁　韩　松

主要撰稿人（按篇章顺序的主要工作排列）：

前言、绪论：陈小君

第一编：高　飞　张崧纶　于凤瑞　陆剑

第二编：郭　洁　孙聪聪　周崇聪　薛宪明　王洪广

第三编：陈小君　于凤瑞　孙聪聪　曹益凤　陈越鹏　张保红
　　　　汪　君

第四编：赵　谦　耿　卓　陈小君　董宇辉

第五编：耿　卓　杨远舟　陈越鹏　吴　昊

第六编：陈小君　赵　谦　高　飞　于凤瑞　陈越鹏　曹益凤
　　　　孙聪聪　杨远舟　薛宪明

目　录

第二编 | 国土空间规划与用途管理法律制度完善研究

第三编 | "三块地"改革及其联动的土地 管理法律制度完善研究

第四编 | 耕地保护与土地整治法律制度完善研究

第五编｜土地督察制度与纠纷解决机制以及法律责任体系完善研究

第六编 ｜ **立法试拟稿**

前　　言

　　"时代是思想之母,实践是理论之源"。

　　在习近平新时代中国特色社会主义思想引领下,中共中央、国务院将土地管理法律制度完善作为改革重点和突破口,2015 年初设立覆盖全国且持续近 5 年的 33 个县(市、区)关于征收、集体经营性建设用地入市、宅基地制度改革试点,2018 年 1 月作出了实施乡村振兴战略的重大决策部署,2021 年 1 月印发了《法治中国建设规划(2020—2025 年)》。2019 年 8 月,在国家土地试点改革收官之际,《中华人民共和国土地管理法(修正案)》颁布,其标志着在转型变迁的新时代,土地管理制度趋于完善,完成局部重塑重任;2020 年 5 月,作为我国新时代社会主义法治建设重大成果的《中华人民共和国民法典》(以下简称《民法典》)问世。这两部法律具有代表土地法制领域公法与私法的制度两翼,其诸多内容相辅相成、依托融合、互为支撑。从 1986 年第一部土地管理法的国家强制管控思维,过渡到第四轮修法体现的新发展理念之市场在土地配置中起决定性作用之转变;从 1986 年《民法通则》的"宜粗不宜细"条文对民事主体有限保护到"民法典时代"充分展现"以人民为中心"的人民性、对法治政府管理要求的制约性之法典,其变革深刻,意义深远。基于这些法治建设的宏大历史背景,展开本著述"新时代中国特色土地法律制度完善研究"任务,无疑承载着总结过往、立足当下、辐射未来的土地法制建设之重要使命。

　　本书自 2018 年 11 月作为国家社科基金重大课题立项以来,按照拟定计划,稳步有序地依次推进实地调研、会议研讨、阶段性成果发表、法律文本翻译、研究报告撰写、立法试拟稿起草等多项工作,按时完成全部研究任务,其中,田野调查尤为深入,主题研究有升华拓展。

一、研究主要方面概述

研究始终遵循党的全面深化改革、全面依法治国战略部署和习近平法治思想，聚焦土地制度改革，以土地治理现代化和法治化为价值目标，完整考察新时代土地治理之法治需求，沿解释论到立法论进路，采功能价值分析、社会实证、法规范实证等研究方法，与时俱进，创造性搭建了国土空间规划及用途管理、征收制度、集体建设用地入市、宅基地制度（以下简称"三块地"）改革及其联动、耕地保护和土地整治、土地管理制度实施保障的理论框架，就重点议题的制度机理与内涵研究具有开拓意义，充分揭示出土地管理法律中目标之"人民性"、公法私法互动与利益平衡规律，依托系统立法理论，前瞻性完成了土地管理法制完善的法条试拟稿。

（一）透彻的理论视角

深刻领悟习近平法治思想，以党的十八大以来土地改革精神为指引，以中国自主土地管理法学知识体系为主轴，运用法学、经济管理学、社会学等研究成果与方法，悉心整理近 5 年国家土地制度改革试点素材，把握新时代中国特色法治理论精髓，强调这一法制必然与党和国家利益、与人民权利和谐共生，良性互动，互为表里，在土地管理法制领域竭力繁荣社会主义法治理论。

（二）完整的制度判研

稳步推进解释论到立法论的研究路向，观照全局，突出重点，集聚论证 5 个子课题之命题：一是梳理新时代中国特色土地管理法律制度成果经验；二是系统检视国土空间规划与用途管理的土地管理法律规范；三是"三块地"改革及其联动试点实践考量与立法设计；四是耕地保护与土地整治制度的结构性探讨；五是土地管理制度实施保障体系等领域的基本遵循与规则要义。并且，于法律制度文本层面，针对制度改进、规则完善的理据提出立法条文试拟稿及其立法说明。

（三）务实的决策咨询

与中央政府主管部委和部门保持密切联系，深度参与相关国家立法和重要地方法规制定，为央地政府土地管理改革决策提供参考，致力于推动理论研究成果的实践转化，彰显研究的决策意义和应用价值，主动服务党和国家土地管理制度及其法治化改革的工作大局。

二、研究成果主要特点

研究主线明晰,聚焦上述 5 个有逻辑层次和完整制度覆盖面的创新型子课题架构,遵循法治基本法理、基本原则和基本制度,着意宏观、中观与微观结合,专注基础理论下的实践图景,保持对具体制度的守正创新,拓新性构筑强烈时代感的中国特色土地法制完善之理论与立法规则。

(一) 研究站位有高度:方向指引,理论先行

以高屋建瓴的习近平法治思想为指引,深度解析新时代土地管理法律制度的实践经验和现实难题,依据新发展理念和新土地管理法制观念,不断强化"以人民为中心"、利益衡平的价值目标,准确把握市场在土地要素配置中的决定性作用,在时代转型和制度变迁中明确土地管理法律制度定位,增强现实针对性,前瞻性科学标定土地管理法制改革方向与完善目标。

(二) 研究内涵赋新意:平衡定位,强化功能

解析土地管理的政府与市场关系,揭示土地管理和利用法权关系中政府和市场紧张现象的内在机理,提出有限政府和有为市场并行不悖的两翼目标,构筑土地管理权力管控与土地权利运行实现制度,即更加重视土地法律权利赋予下的现实需求和土地要素市场化取向下的运行保障;真切领悟"以人民为中心"的思想,规范公权力运行,依法行政,强化监督,进而落实到国土空间规划法则、土地发展权配置、土地征收、集体建设用地入市、宅基地改革、制度保障等土地管理法律制度完善的研究体系中。

(三) 研究方法求真实:脚踏田野,身接地气

紧盯研究目标,秉承"没有调查就没有发言权""实践出真知"的思维,精心设计,不惧艰难,2019 年 9—12 月,耗时 4 个多月,开创性完成国家近 5 年的关于土地制度"三块地"试点改革全域性调研,其足迹遍及 31 个省(自治区、直辖市)的 33 个试点县(市、区),实实在在现场走访和改革座谈,真真切切聚焦制度创新和法治运行效果,取得第一手珍贵资料,形成 10 万余字的系列调研报告,为研究奠定了特点突出、资讯厚重的实证基础。

应对疫情挑战,依托长期调研形成的实证调研基地,持续利用地缘优势和云端网络进行局部田野调查,针对城乡土地典型问题,如土地征收(成片开发标

准)、宅基地改革、集体建设用地入市、耕地保护、村庄规划、特别法人的集体经济组织建设、乡村振兴战略实施、城市更新土地确权、涉土诉讼等问题,现场走访、干群座谈、文件研读,实现对全国 14 个省市 50 多个县(市、区)的耕地保护制度评价式调研和广东改革样本的珠三角等 9 个地市土地制度运行的随机考察,亦形成规模的区域性调研报告,为国家与地方涉土管理立法提供一大批有依据有见地的意见建议,被认为"落地管用,务实可行"。

（四）研究视角有交叉:点面结合,重点凸显

考察土地管理法制的时代性重大问题,依循解释论与立法论逻辑,宏观考量兼顾微观分析,整体多维度展开研析。其一,创制国土空间规划的法律规则。落实多规合一,规划协同联动,统一规划要素、编制与修改程序,提升公众参与度,创新公法与私法结合的激励管理模式,重视规划相对人权利,构建国土空间规划体系。其二,首次系统凝结"三块地"改革及其联动试点经验。强调缩小征地范围,坚守法治原则,健全程序,完善补偿制度;强调破除集体建设用地入市城乡二元土地结构,优化入市规则和政府监管;宅基地改革中彰显私权属性,保障农民户有所居,畅通财产权益流转法制路径;重视土地增值收益分配,以土地发展权为核心统一城乡土地增值收益税收制、重视农地增值收益分配规则;强调"三块地"改革联动的制度协同共振,凸显改革目标与制度逻辑。其三,务实革新耕地保护与土地整治制度。明确法规内涵与钩沉价值变迁,结构性完善其法则;探索耕地保护与土地整治的高标准农田建设之新形态载体,多维度完善法则。其四,开拓性提出土地管理保障机制的基本线索与制度要义。强调国家土地督察制度作用发挥,提高纠纷解决机制的公信力,完善法律责任体系。

（五）研究维度有突破:服务大局,开拓行动

深度参与立法进程,使命感强烈,自觉持续并直接服从服务党和国家工作大局、辐射与衔接土地管理法律制度体系革新的立法任务。

第一,国家立法层面。全程参与《土地管理法》修正,受自然资源部、司法部、农业农村部等邀请提交书面修改建议及理由:《关于〈中华人民共和国土地管理法(修订草案)〉(征求意见稿)修改建议》《关于〈中华人民共和国土地管理法实施条例(修订草案)〉(送审稿)修改建议》;4 次受邀就土地征收中"成片开发"标准出具意见建议;提交长达约 2 万字的《关于〈耕地保护法(草案)〉(征求意见稿)修改建议》,受邀起草《农村集体经济组织示范章程(草案)(学者试拟

稿）》《关于〈农村集体经济组织示范章程〉（征求意见稿）修改建议》、研究论证《宅基地管理条例》、针对农村集体所有制问题提出意见等。在评估《土地管理法》条文得失基础上，就国土空间规划、土地征收、集体建设用地使用与管理、宅基地使用与管理、土地管理制度实施保障体系等核心层面，设计系列开拓性的《〈土地管理法〉主要立法条文增补完善试拟稿》。参与与土地管理法制完善密切衔接的《民法典》总则与物权编之土地财产权确权、利用和保护制度的起草论证。

第二，地方立法层面。负责起草省市地方《村庄规划建设管理条例》《不动产登记条例》等"专家试拟稿"，多次为北京市、广东省、广州市、深圳市、珠海市等政府提供关于城乡土地管理法律制度及其改革的决策咨询服务。

第三，拓新普法形式。在广东21个地市开展《民法典》"百村行"特色普法活动，同步对干群提出与《土地管理法》交织的诸如征收利益冲突、宅基地管理困惑、村庄规划拟定、建设用地入市指标等难题逐一探讨、依法回应，深受佳评，宣传与服务效果叠加。

第四，拓宽立法视野。组织翻译《德国巴伐利亚州征收法》《德国农地租赁协议通知和异议法案（农地用益租赁交易法）》《保加利亚国土空间规划法》《日本农地法》《日本农业振兴地域整备法》《日本农业经营基础强化促进法》《日本推进农地中间管理事业法》等国外土地法律最新文本7部。

三、研究的社会影响与自我评价

在不到4年研究中，公开发表且独立标注论文84篇（转引总次数1117次，下载总次数62247次，2022年9月22日至23日查询）、出版专著3部、翻译国外土地法律最新文本7部；受多部委邀请参与土地管理立法论证10余次，参加《民法典》起草论证，主办或承办学术活动40余场，接受主流媒体采访10余次，受邀做学术报告40余场，参加各类学术活动50余场，提交最终成果之著作70余万字。对此，实务界、学术界高度评价课题研究成果，社会影响好。核心研究成果分送全国人大常委会法工委、自然资源部、农业农村部、国务院发展研究中心等部委单位和多所高校的法学、经济学、管理学、农学专家，得以高度肯定；多份研究报告获省部级领导肯定性批示被采用。

本研究团队坚守土地法学研究促进公平正义的初心使命，主动担当，积极作为,坚持近20余年实证研究传统,带着"把论文写在祖国大地上"的情怀,在土地管理等法学研究领域独树一帜,彰显中国道路、中国风格与中国气派,成为土地法治研究的生力军,获得同行与社会赞赏。我们有志于继续带动土地法学学科体系建设,培养打造体现学科融通度高、协同攻关能力强的尖端智库团队,持续忠诚服务党和国家的工作大局和全面依法治国的重大战略。

绪　论　新时代中国土地管理法制改革的中心议题与基本进路

　　以 1986 年《土地管理法》制定为起点,我国土地管理法制已历经四轮重大改革。土地制度改革极大丰富了社会主义公有制实现形式,有效释放了社会主义公有制优势,在构建有中国特色社会主义市场经济体制、推进新型城镇化、深化"三农"改革、实现城乡一体化发展等宏大事业方面,发挥了有力的制度托举作用。随着进入中国特色社会主义新时代,以"三块地"改革为中心的土地制度改革全面深入推进,新中国首部《民法典》颁行,以《土地管理法》大修为代表的治理体系迈向现代化。《民法典》与《土地管理法》的关系成为新时代中国土地管理法制改革的中心议题。这是以有机融合中国特色社会主义市场经济与中国特色社会主义法治的中国特色社会主义制度道路为基础的,是市场与政府、公权力与私权利、公法与私法、法治国家政府与社会的关系所决定的。无论是《民法典》还是《土地管理法》,在土地问题上都意在确保土地资源可持续发展,增进土地资源高效率配置,实现土地要素市场化改革;差异主要在调控理念、调控场景、调控手段、调控直接目标及调控配套规则等细节。这些趋同与差异又为两者间互动演进提供了可能和条件。随着《民法典》制度红利的持续外溢,未来土地管理法制将面临哪些更新契机? 汲取《民法典》所供应的外部资源时应如何有效承接? 后续具体展开时又应聚焦哪些重难点的突破? 这些问题深刻关乎土地管理法制完善之成效,亟须深入研究,在问题导向和目标导向下推动两者协调衔接,联动共进。

一、新时代中国土地管理法制改革中心议题的问题呈现

　　我国土地管理法制先后历经 1988 年、1998 年、2004 年及 2019 年四轮重大

改革。虽然在不同时期,改革所面临的焦点议题不尽相同,但综观四十余年改革实践历程发现,土地管理法制改革始终围绕着"三对关系"展开:"国家管控与市场调节关系""土地配置权力与土地支配权利关系"以及"城市化进程与城乡一体化关系"。这三对关系归根结底就是政府与市场的关系,在法治层面主要表现为公权力与私权利的关系,在法规范体系上就集中表现为以土地管理法为代表的公法与以民法典为基本法的私法。这正是新时代中国土地管理法制改革的中心议题。这一中心议题在不同阶段不同形势下具体表现不同,在社会主义新时代更呈现出丰富复杂性,尤须追根溯源,总结问题表征以揭示其背后深层原因,进而有的放矢,有效应对。

(一) 问题表征归纳

1. 土地管理法制"弱市场化"

鉴于土地资源的极端重要性,又有延续计划经济时代国家干预的惯性,当下我国土地管理法制整体仍呈现出较为强烈的国家管理色彩;相应地,市场调节机制在对接土地资源时作用发挥较为有限。

诚然,国家管理具有决策果断、针对性突出、执行力强、风险可预测等优势,在塑造与维护土地管理秩序时往往展现出高效、聚焦、刚性、确定等优点。尤其对本土国情,在土地管理秩序初创阶段,面对幅员辽阔、土地资源多样、区域发展不平衡不协调、市场调节机制不尽完善等复杂现状,强有力的国家管理是确保土地管理秩序稳定、有效运转的首要手段。伴随实践经验的丰富与实践理性的发展,土地管理秩序本身亦逐渐趋于完善,应综合发挥国家管理和市场调节机制在土地资源有效利用上的作用:一方面,决策理性不健全是国家管理难以克服的缺陷。作为人类社会迄今为止最高形态的组织体,国家固然有超越个体理性的比较优势,但即使发展水平最高的国家,也存在理性不健全的缺陷。一者其难以完全有效搜集与处理纷繁复杂的信息,由此决定了其作出的决策事实上存在一些信息盲区,即由于社会的高度复杂性和高度不确定性而使政府进行社会管理的前提和基础消失了,其中,信息的失真性更是直接原因。① 二者纵向层级化与横向部门化的"科层制"组织构造,虽有助于事权配置平衡性,但同时也加大了不同管理主体间信息获取、交换与沟通的难度。事实上"这种治理模式在本质上

---

① 张康之:《论主体多元化条件下的社会治理》,《中国人民公安大学学报》2014 年第 2 期。

是囿于认知能力的局限性而与无限复杂的经验世界进行妥协的结果,因此它的精神特质和价值取向是'有限理性'而非'完全理性',遵循的行动逻辑是'满意原则'而非'最优原则',并不能为治理问题提供完全而彻底的解决方案。"①另一方面,过度依赖国家管理将不可避免带来高昂管理成本。在高效管理体制被构建起来前,国家管理向土地资源的渗入深度与辐射广度均有赖于庞大的人财物做支撑,而这必将产生体量巨大的冗余成本。且当国家管理过度介入土地管理秩序时,诸如权力寻租、部门利益、贪功心态等因素又将放大管理失误风险,增加土地管理风险成本。

概言之,受决策理性缺陷与管理成本高限制,单一的国家管理难以成为土地管理秩序持续发展支柱。当土地管理秩序初步建成后,国家管理能否适当抽身,对推动该秩序稳健、有效运转影响重大。遗憾的是,与国家管理强势地位形成鲜明反差,市场调控在当下土地管理秩序中所扮演之角色十分羸弱。其在土地资源利用规划、获取、流转、收益分享、质量保护等诸环节,未能发挥应有的调控功效。尤其是在广阔的农村,市场调控几乎被排除在土地管理秩序之外,整套秩序仍呈现出极其强烈的权力意志与他治色彩。而与之相匹配的土地管理法制,因其行政法属性使然,土地管理权顺畅实现系其"刚需",故短期内实难通过内部革新而推动国家管理主动抽身。因此,国家管理是当下土地管理法制突出倾向,而"弱市场化"相应成为其进一步发展的阻碍。"要素市场化改革的核心是处理好市场与政府的关系,市场和政府的关系是社会主义市场经济体制改革的基础性问题。"②作为国民经济生产与生活之要素,政府与市场关系无疑是土地配置过程中必须审慎处理的核心议题。

2.土地管理法制"权力中心化"

"我国现行土地管理权是由土地规划权、土地用途管制权、土地开发许可权、土地征收权、土地登记权、土地税收权、土地监督权等构成的一组权力束。"③具言之,前者是以实现土地资源属性上承载的公益目标而对土地资源进行管理

①　汤彬、王开洁、姚清晨:《治理的"在场化":变化社会中的政府治理能力建设研究》,《社会主义研究》2021年第1期。

②　钱文荣等:《中国农村土地要素市场化改革探源》,《农业经济问题》2021年第2期。

③　张先贵:《权力束视角下我国土地管理行为法权表达及意义——立足于〈土地管理法〉修改背景下的审思》,《社会科学辑刊》2016年第5期。

的权力,如土地规划权、土地用途管理权、土地开发许可权和土地征收权等;后者则是以保障土地管理制度有效运行而设置,如土地登记权、土地税收权和土地监督权等。

可见"权力"而非"权利",乃是当下土地管理法制的关键词。换言之,权力中心化可谓是我国土地管理法制的典型特征。一方面,受前述国家管理的强力加持,土地管理的权力的运行获得了国家意志的加持和国家组织的赋能,土地管理在相当程度上首先被视为"安邦"之基,其次才是"致富"之源。这也与我国长期以来国家治理重权力干预而轻权利自治的传统有关,国家权力在规划与维护社会生活方面具有极强执行力与公信力,由此渐成制度常态,随之辐射至土地管理法制,在权力中心化土地管理法制格局下,国家权力赋予管控主体(政府)以强大的动员能力、统筹能力、监督能力及制裁能力。但权力自身缺乏有效监督以及权力运行成本高昂,是约束土地管理秩序进一步完善的桎梏。更甚之处在于,随着市场经济体制日益完善以及市民社会日趋成熟,国家管理的权力若继续维持该态势,将制约土地管理秩序内生动能的形成与壮大,因为此种内生力量须以主体自治为核心,以平等博弈为行为规则,以是否自主选择为效益评估标准。归根到底,此种内生力量必然以土地权利主体的健康成长及能动活跃为根基。

在制度初创时期,国家管理的权力有力参与是土地管理秩序培育的必要保障。当其初步建立后,国家管理的权力应当适时由"参与者"向"督导者"转变,以此为种类多样、数量庞大的土地权利主体参与土地管理活动释放空间。"私法原则并不是自然规律,而是政治国家公共选择的结果。"①不过,国家管理权主体应当具备如下信心:土地权利主体的积极参与并不必然造成土地管理秩序的紊乱,相反受主体自治规则及平等博弈原则驱动,土地管理秩序能够持续进行自发调节。然而审视当下土地管理法制,在权力中心化格局下,土地权利主体发声微弱,距离形成自发调节性的内生型土地管理秩序尚待时日。

3. 土地管理法制"城乡分割化"

迄今为止,我国土地资源格局呈现"二元形态":作为市场经济重要资产要

---

① 刘灿:《完善社会主义市场经济体制与财产权法律保护制度的构建——政治经济学的视角》,《政治经济学评论》2019 年第 5 期。

素的城镇土地,与作为社会稳定"压舱石"的农村土地。过去我国城乡发展的"分割化"倾向恰是在此格局下形成的。

一方面,受市场经济迅速发展与城镇土地市场化改革双重助推,城镇土地的资产禀赋获得极大释放,不仅为城镇经济社会发展提供了充分物质保障,同时聚集了海量的发展资金。相较之,农村土地因直接关涉一半多群众的居住、粮食安全、生态环保、故土情感等基本需求,维持农村土地资源的静态安全始终是农村土地管理的首要任务,进而不可避免压抑了农村土地资产属性的发挥,使其常常被锁在基本社保的维度,如此,既难以为高附加值的工商业提供物质支撑,也不易吸引足够的产业资金进入农村社会。另一方面,在城镇土地与农村土地之间,还存在着"虹吸效应",即城镇土地对农村土地不断兼并的趋势。城镇存量土地总是有限的,当城镇化扩张陷入用地瓶颈时,必然会首先尝试突破城乡边界,向农村吸纳增量土地,此举自然比城市内部更新的难度要小。问题在于,此种吸纳过程并未积极遵从市场竞价规则,而是过多单纯依赖征收补偿机制。农村集体偏低的征地补偿与城镇巨额的用地收益之间形成土地效益新的"剪刀差",其实质上是变相以农村土地"亏本"补贴城镇化发展。如此一来,"农村集体土地实质上是国有土地的异化形式,即政府是农村集体土地的事实所有者,集体及农户对于农村集体土地的利用和管理等缺乏决策权,甚至在有的地方参与权也没有"①。早先确立农村集体土地所有制并据以确保农民集体稳定享受土地财富的初衷,面临可能落空的风险。

概言之,城乡土地利用法律地位上的差别与农地非农化转换议价机制缺失,乃是过去几十年间我国城乡发展差距日益扩大的根源之一。"20 世纪 90 年代中后期以来,城镇空间的高速扩张实际是以扭曲土地市场配置支撑的,一方面,土地市场配置扭曲的制度保障征地安排不公导致征地补偿偏低,征地权被滥用导致农村剩余劳动力激增;另一方面,政府以扭曲土地市场的方式配置工业、商服和住宅用地以获取大额的土地出让金和发展城市经济,导致城镇化发展不平衡,最终扩大了城乡收入差距。"②

---

① 黄金贤:《土地调控的制度掣肘与改革》,《人民论坛》2014 年第 26 期。

② 张建平、葛杨:《土地配置扭曲与城乡收入差距——基于城镇化不平衡发展的视角》,《华中农业大学学报(社会科学版)》2021 年第 3 期。

（二）问题纾解思路

1."政府—市场"上下联动

"既然土地是最基本的经济资源之一,既然确认或承认市场在资源配置中起决定性作用,那么,土地市场在土地资源配置中也自然起决定性作用。"①有鉴于此,扭转当下土地管理法制因过度依赖国家管理而导致土地管理秩序缺乏弹性、应变性与效率性等弊病,引导形成"政府—市场"上下联动土地管理秩序模型,正当其时。

土地作为国民经济最重要的生产资料,其无疑应被纳入市场经济体制中,接受市场规律的调配。如若允许土地要素超脱于市场规律之外,完全交由国家管理运作,将极大抵消社会主义市场经济改革的实践成效。但是考虑到市场机制存在盲目性、滞后性、自发性等固有缺陷,另外鉴于土地资源所承载的生存保障与生态保护等公益性功能,完全排斥国家管理亦属矫枉过正。对此,未来我国土地管理应当采纳"政府—市场"上下联动模型:在确保土地社会主义公有制稳定不动摇前提下,推动市场机制在土地资源配置过程中发挥决定性作用,而代表国家管理的政府应逐步从土地权利流转领域退出,最终回归到负责土地利用规划、耕地保护、土地整治、用地纠纷化解等职能监管者角色上来。

"政府—市场"上下联动土地管理模型并无意排斥国家管理介入,而仅仅为了扭转国家管理一家独大局面。通过搭建完善的土地市场机制,使土地资源按照市场规律进行常态运转。至于国家管理,主要作为市场机制的"纠错"力量存在,其核心职能在于防范、化解市场机制失范风险,修复因市场机制失范而受损的土地管理秩序。

2."权利—权力"内外反馈

"从理想类型出发,现代社会的土地权利将会随着社会革命建立起来,当然土地权利的现代化已经包含了土地权力的现代规制。"②当论及构建中国特色社会主义现代化土地制度时,"权利—权力"内外反馈模型也应是未来土地管理法治改革的必然选择。

---

① 蔡继明、王成伟:《市场在土地资源配置中同样要起决定性作用》,《经济纵横》2014 年第 7 期。

② 陈明:《历史比较事业下的土地冲突:土地权力与土地权利的互动》,《南京农业大学学报(社会科学版)》2017 年第 1 期。

在"政府—市场"上下联动模型中,市场扮演着基础调控者角色,而政府扮演着纠错监督者角色。进一步看,市场调控功能的发挥,主要依赖于一套周全而灵活的土地权利体系,即通过土地权利的赋予、行使、交换、消灭等活动,实现土地资源自由、平等流转。只要选择市场调控作为土地管理秩序底层机制,则土地要素即土地权利必然是土地资源存在与变动的根本载体;相应地,此时国家管理权力不应随意干预土地存续与变动,其并非土地资源流转的基本载体。当然国家管理的权力并非无所作为,其任务在于监管土地权利的赋予、行使、交换、消灭等活动,确定适格主体,规范土地资源自由、平等转让过程,防范滥用权利、侵犯权利等不法行为的发生。

总之,通过"权利—权力"内外反馈模型的构建,土地管理法制或土地管理秩序将朝着如下状态演进:借助土地权利,土地资源按照平等主体间自由意志流转,由此尽可能实现土地资源市场的优化配置;同时依靠国家权力,土地资源配置过程受到必要监管,由此防范自由博弈可能引发的土地资源无序开发、闲置浪费、耕地流失、地力减损、恶性兼并、盲目流转等风险。这一内外反馈亦是权力与权利主体自我意识的觉醒、理解和对利益的正当期待。

3.城乡融合一体协同发展

"土地立法必须要解决农民土地权利的财产化与城市化进程中农民土地财产权的增值与保护问题,让广大农民平等参与现代化进程、共同分享现代化成果。"[①]城乡分割是土地管理秩序面临的典型困境,进而也是土地管理法治改革所要破解的难题。而导致城乡分割的根源,乃在于行政权力歧视性配置土地资源而形成的城乡土地资源二元格局:农村土地资源并未获得与城镇土地资源同等的自由开发资格,未能平等享受市场经济改革发展红利;权力导向下农村土地对城镇土地的单方补贴未能形成有效竞价机制,进而偏离了平等交换的基本经济规律。长此以往,城乡各自场域内土地资源所释放的财富量可谓天壤之别,由此会持续拉大实现城乡共同富裕差距。

应予承认的是,在国民经济发展薄弱阶段,适度差距化不失为有效策略,其能够集中有限资源培育头部力量,为后续"先进带后进"打基础。但当国民经济

---

① 陈利根、张金明:《城乡统筹一体化与土地法的协调创新——土地法的体系化立法模式构建》,《河北法学》2013 年第 9 期。

根基渐稳后,防止差距恶性扩大,乃至着力缩小差距理应成为经济发展的必然选择。秉持此思路审视我国土地管理秩序发展历程,过去三十余年间城镇化建设取得的重大成就,以及农村社会长期稳定的现实,已共同证成土地资源二元格局确实符合此前国情,由此也证实了此种格局下城乡分割趋势有相当可接受性。但是,随着国民经济整体实力日益强大,共享与协同理念已成为新的发展主线,当下有力管理以及未来不断缩小城乡差距,借此促进城乡融合发展,当属新的必然趋势。推及之,在行政权力深度介入土地资源配置之传统影响下,"市场化进程的初始期会导致经济性生产要素向城镇等发达地区集聚,农村发展受到抑制,城乡收入差距显著扩大,但市场化进程发展到一定阶段后城乡要素实现自由流动,通过市场竞争取得平均利润,城乡收入差距会显著缩小"①。紧扣此种规律,未来土地管理法治改革亦应采取城乡融合一体协同发展模型:立足城乡客观差异"因地施策",借此实现必要的"差异化发展";在推进差异化发展时,应剔除各种不合理法律规则,为城乡协同发展提供平等机会与互动平台,由此避免差异化发展过程中的差距化风险。

二、新时代中国土地管理法制改革中心议题的进路选择

(一) 两种改革进路评析

经上文剖析,当下土地管理本质上面临三重本体内生性法制困境,即弱市场化、权力中心化及"城乡分割化",由此阻滞土地制度发展的行稳致远;相应的纾解方案依次涵括"政府—市场"上下联动、"权利—权力"内外反馈及"城乡融合一体协同发展"。自此,改革所应攻克对象应已明确,期待实现的目标业已清晰,应在何种契机中沿怎样的现实进路推动改革实践,则成为我们必须面对亟待研究的课题。

1. 对"土地管理法制内部自发改革进路"之质疑

"以《土地管理法》为代表的土地管理法制内部自发改革进路"当系首选方案,迄今所开展的四轮土地管理法修订皆为范例。显然,这一进路最为直接,颇具针对性。但观察发现,其至少存在两点重大局限:一者无论如何改革,都极难

---

① 邓金钱、何爱平:《政府主导、市场化进程与城乡收入差距》,《农业技术经济》2018 年第 6 期。

有效限制国家管理权对土地资源的干预惯性。我国至今的全部实践经验充分证明,土地管理法治改革实际面临双维度焦点:"如何管好用足土地资源"和"如何限制住土地资源国家管理权扩张"。"土地资源的稀缺性和土地利用的强外部性决定了土地制度的重要特质在于管制。"①而以往实践为了尽快构建基本的土地管理秩序,有意放松了对土地资源国家管理权的管理,借此极大释放了国家管理权的能动性。这么做对于"迅速打开局面"确有好处,其推动我国土地管理秩序以较快步伐蹚出了一条基本符合改革开放国情的发展道路。但愈是前行其弊端愈发凸显,即过度依赖国家管理权力,使得我国土地管理法治本体逐步陷入三重性困境。以《土地管理法》为代表的土地管理法制,本质上仍为行政法,其首要功能并非"控权",而是"用权":方便国家土地管理权的行使,确保国家治理意志在土地资源领域全面、有效贯彻。若完全寄希望于土地管理法制内部自发更新,殊难实现对土地资源国家管理权的监督管控,盖因此种取向与土地管理法制长期以来的"用权"秉性明显抵触。再者,无论如何改革,都难有效激发土地权利的成长活力。"以《土地管理法》为代表的土地管理法制内部自发改革"进路存在天然不足,以往四轮土地管理法修法实践也充分佐证了这一点。应予明确,我国土地管理法制绝非"为了管理而管理",即土地管理法制的最终目标在于"培育丰富的土地权利,释放足够的土地潜能"。

2. 对"土地管理法制外部改革进路"之探索

探索现行土地管理法制以外的法律力量,以此弥补、倒逼现行土地管理法制更新的设想对"土地管理法制内部自发改革进路"形成挑战。此种法律力量的精神特质在于:一者充分尊重市场机制,充分信赖市场主体的自治理性;再者重视土地权利,注重"回归权利、赋予权利、行使权利、救济权利";最后其关注"平等",始终将维护"平等发展"视为自身制度生命线。概言之,与现行以《土地管理法》为代表的突出政府管理主导地位、强调外在他治、追求土地管理权行使以及忽视城乡发展差距扩大化之土地管理法制不同,该种法律力量致力于导入市场调控机制、尊重土地权利主体能动性、为缝合日益撕裂的城乡发展矛盾提供重要机遇与有效工具。若将以《土地管理法》为代表的土地管理法制称为"权力主

---

① 李蕊:《管制及其改进:中国土地管理制度改革的逻辑进路》,《广东社会科学》2020 年第 4 期。

导的外在他治型法律系统",则此种法律力量的导入,可为现行土地管理法制之优化提供如下可能:以"土地权利自由发展"抗衡"土地权力肆意扩张",以"权利主体内部自治"软化"国家管控外在他治",以"城乡土地平等开发"缓解"城乡差距无序扩大"。

综上所述,单纯依赖"以《土地管理法》为代表的土地管理法制内部自发更新"进路并不十分可靠,亟须导入外部优化力量,借此"弥补、倒逼"现行土地管理法制改革,而《民法典》所汇聚形塑的制度规范精髓,为这一改革提供了历史性契机。

（二）土地管理法制外部改革进路的支点及其功能调和

《民法典》是土地管理法制外部改革进路的支点,其主体自治理念、权利本位理念和法律地位平等理念可对土地管理法制的工具功能加以修补、矫正和弥合。

1.《民法典》主体自治理念修补"弱市场化"

政府和市场相辅相成:"市场优化资源配置。政府提供公共产品……是相互塑造的,不存在脱离于市场的政府经济职能、或者脱离于政府作用的市场资源配置功能。"①不过在实践中,两者却存在角色错位,即政府力量不仅主导土地资源配置且始终存在抵触乃至排斥市场调控的倾向,衍生出弱市场化弊病。土地要素市场化配置既要求"有效市场",也离不开"有为政府"。

市场调控的核心在于规律使然的"自发性",即各类市场要素均自发运转,其关键在于市场主体自治的理性选择。在有效市场博弈机制下,通过各个市场主体充分的自治选择,土地资源足以按照"市场理性"而配置。于政府而言,其主要功能应限于如下领域:一是确保市场博弈机制有效运转,如打击哄抬地价、恶意压价、强制收购等违法行为;二是预防及纠正市场主体"破坏性用地行为",如非法占用耕地行为、违法转变土地用途行为、恶意闲置土地行为等。因此,完善的土地管理秩序应当呈现为"中心—外沿"双结构:首先市场调控机制处于中心位置,通过众多市场主体自治选择而完成土地资源自发配置,实现土地资源的"自我管理";其次政府调控处于外沿位置,借依法监管而确保市场调控机制有

---

① 高帆:《新型政府—市场关系与中国共同富裕目标的实现机制》,《西北大学学报（哲学社会科学版）》2021 年第 6 期。

序运行。土地管理秩序由此演化为"以用地主体自治选择为内核,以政府外部监管为补充"的基本模式。而欲强化土地管理秩序自治性,《民法典》无疑最可担此重任。"私法自治作为市民社会的理念展现与价值追求,在《民法典》规定的诸多基本原则之中起着提纲挈领、牵一发而动全身的作用,从这一角度观察,私法自治可以视为民法典中贯通全局的第一规定性存在。"①

若立足我国土地制度城乡二元格局,上述论证内容与城市土地管理法制完善更为贴合。因国情限制,农村土地制度的市场化长期受到排斥。党的十八大以来,农村土地市场化改革全面推进,以为乡村振兴乃至更高质量发展催发内生动力。"三块地"改革后继续深化宅基地改革,②即是鲜活佐证。立足大趋势,即使是对农村土地管理法制,《民法典》主体自治理念亦有融入空间,对改编其弱市场化现状应大有可为。

2.《民法典》权利本位理念矫正"权力中心化"

"民法上所谓本位问题,是指民法以何者为中心。"③自中世纪以来,权利观念持续兴盛并逐步占据民法中心位置,由此演化为权利本位理念。虽然"个人主义权利本位观具有时代局限,但并不意味民法应当以社会为本位"④。我国《民法典》仍应继续恪守权利本位。《民法典》第1条也是在旗帜鲜明坚持权利本位的前提下适当"兼顾"社会本位。秉持权利本位理念,《民法典》根本宗旨在于维护民事主体地位平等,保障民事主体意思自治,追求民事主体利益分配公平,最终保护每个民事主体合法民事权益。在《民法典》所辐射全域内贯彻权利本位理念,暗含了对国家权力的先天警惕与自动防御:《民法典》不仅意在调和平等主体之间的权益纠葛,亦旨在划定国家政治权力介入市民生活时的边界。

---

① 陈荣文:《〈民法典〉"私法自治"的理念衍义与制度构建》,《福建论坛(人文社会科学版)》2020年第9期。

② 中央全面深化改革委员会第十四次会议审议通过了《深化农村宅基地制度改革试点方案》,中国政府网,http://www.gov.cn/xinwen/2020-06/30/content_5522993.htm,2021年12月2日访问;农业农村部办公厅公布《深化农村宅基地制度改革试点方案》(农经办〔2020〕8号);自然资源部印发《土地征收成片开发标准》,中国政府网,http://www.gov.cn/zhengce/zhengceku/202312/content_6918723.htm,2023年11月2日访问;国务院令第743号通过《土地管理法实施条例(修订)》,中国政府网,http://www.gov.cn/gongbao/content/2021/content_5631813.htm,2021年12月2日访问。

③ 梁慧星:《民法总论》,法律出版社2017年版,第44页。

④ 李建华:《权利本位文化反思与我国民法典编纂》,《法学家》2016年第1期。

这与我国土地管理法制完善的需求可谓是精准契合。

如果土地管理法制存在权力中心化弊病,政府管理权力干预范围过广、干预力度过大、干预事项过细,那么,就会抑制集体土地所有权人及其他土地使用权人自治能力的成长,束缚了用地实践活动的创新活力,最终束缚新型土地权利的产生以及既有土地权利权能之拓展。《民法典》作为"赋权法""用权法"与"济权法",在涉农村土地的两大"三权分置"(承包地与宅基地)等重大改革政策背景下,通过创设新型土地权利与改造既有土地权利并举,有力扶持土地管理秩序下土地权利体系的壮大,直击当下土地管理法制所面临之"土地权利成长乏力"困境。诚然"《民法典》还必须关注土地的公共性、经济性和人文性,调适不同的土地伦理,突出社会主义土地制度的特征",[①]但权利法之本质属性决定了其将始终以捍卫权利为首要追求。有鉴于此,借《民法典》抓手,可灵巧避开"以《土地管理法》为代表的土地管理法制内部自发更新"困难。此时不再依赖政府管理权力的"自我改造",而径直从土地权利培育入手,可以在扭转土地管理法制权力中心化时骤减阻力。

3.《民法典》法律地位平等理念弥合"城乡分割"

在城乡土地资源二元格局下,城乡面临迥然不同的发展机遇,分享截然不同的土地红利。"地方政府利用扭曲土地市场配置的发展方式促使地方经济腾飞的同时,并没有明确土地出让收益用于吸纳农村劳动力在城镇就业、安家以及享受与城镇居民均等的社会福利的支出比例,也没有明确用于回馈农村的支出比例。"[②]正因土地利用机会分配与土地利用收益分配双重不公,从而造成城乡发展差距不断拉大。

欲扭转现状,《民法典》当身先士卒。《民法典》第 113 条规定:"民事主体的财产权利受法律平等保护。"由此确立了城乡土地法律地位平等的基本准则。在具体措施方面,《民法典》应顺应国家改革政策导向,持续探索农村土地权能补足方案,推动农村土地在权能构造上不断向城市土地靠拢;积极推动"三块地"改革实践经验入法,通过改造征地制度、加快集体建设用地同等入市进程、

---

① 谢鸿飞:《〈民法典〉中土地经营权的赋权逻辑与法律性质》,《广东社会科学》2021 年第 1 期。

② 张建平、葛扬:《土地配置扭曲与城乡收入差距——基于城镇化不平衡发展的视角》,《华中农业大学学报(社会科学版)》2021 年第 3 期。

适度松绑宅基地自由流转等举措,佐之"多规合一"的国土空间规划的科学化、体系化、法治化,助力城乡建设用地统一市场的成型,扭转农村土地向城市土地转换时议价机制空缺现状。要言之,应着力补全农村土地权利权能内容,不断优化农村土地权利运行制度环境,完善契合乡村振兴重大战略实施蕴意的农村土地权利体系。基于此,逐步推进城乡转移支付改革、公共服务均衡化改革等,推动区域土地利用红利惠及更多农村人口,以此持续弥合乃至最终扭转城乡发展背离趋势。

总之,"以主体法律地位平等为基石的调整机制构成了民法的基本特征"①。《民法典》通过落实财产权利一体平等保护原则,可夯实城乡土地法律地位平等的制度基础;借助权能补足等手段,可现实推动农村土地权利体系完善。最终,《民法典》还应致力于完善统一的城乡土地私法体系,将"法律地位平等"理念贯彻于土地管理法制领域,达成控制乃至缩小城乡分割化趋势的效果目标。而作为典型私法的《民法典》,究竟应如何向土地领域渗透以协助土地管理法制完善?《民法典》对土地管理法制优化的潜在价值,如何在与土地管理法制的策应对接中发挥,有待一一回答。

(三) 民法典与土地管理法制对接的原则遵循

1. 私权自治与权力干预相统一

将《民法典》落实于土地领域,其根本意旨在于促进土地资源被公平、高效、可持续开发及利用,以满足用地人生产生活需求。为实现之,以《民法典》为统领的土地私法规范将探索新的土地权利,构建多元、稳定的土地开发与利用格局,为这类实践提供多样法律方式。不可否认,保护私权虽可确保权利主体在开发与利用土地时享有充分自治性,但自治的反面也可能导向"自私自利、短视心态、投机心理"等,如闲置土地、抛荒、掠夺式开发、哄抬地价,不一而足。事实表明,"进入20世纪以来,绝对的私法自治理念产生的社会弊端凸显,导致私权主体权益维护只具有形式公平的价值而没有实质公平的意义。在私法公法化潮流的影响下,私权自治绝对化走向相对化,政府不再仅限于消极守夜人的角色,基于实质平等的需要在本来平等主体之间的私权领域介入了公权"②。与此契合,

---

① 蔡立东:《"平等主体关系说"的弃与留——未来〈民法典〉调整对象条款之抉择》,《法学论坛》2015年第2期。

② 齐恩平:《私法自治与民事政策的互动及检视》,《政法论坛》2021年第1期。

就土地管理实践而言,在强调私权自治的同时仍需以《土地管理法》为代表的公法规范出手,借助土地管理权力的干预,提前预防或及时纠正私权自治的负面后果。

"在一个具有浓重国家本位传统的国家中,如何划定私法自治领域的确是一个难题。"[1]在民法典时代,土地管理法制改革恰好为私法自治领域提供了契机和观察点。具言之,为弥补以《土地管理法》为代表的土地管理法制自治性的不足,需要导入以《民法典》为基础和中心的土地私法规范;同时,在推动以《民法典》为领导的土地私法规范向土地领域渗透时,也应避免和防范因私权自治引发的土地无序开发及利用风险,由此需要以《土地管理法》为代表的土地管理法制加以适度监督。如此借助"私权自治"与"权力干预"相统合,方能实现土地管理法制刚柔并济。彼时"行政法不是私法自治的'入侵者',毋宁是强有力的保护者"[2]。

2. 资产效益与生存保障相统一

"在世界各国的工业化城市化进程中,乡村之所以普遍趋向衰落,既与乡村基础设施和公共服务规模不经济、供给相对不足有关,也与在市场力量作用下各类资源自发地从边际生产率低的乡村向边际生产率高的城市转移有关。"[3]作为农村集体内部最重要的物质资源,能否激发土地的财富潜力,深切关乎源自公有制体系中农村集体经济之兴衰。然如前文所述,基于农村人口数量庞大以及农村社会保障水平偏低的双重现实,我国农村土地法制历来秉承"稳定优先"准则。通过限制农村土地权利类型与权能类型,将农村土地牢牢维持在相对静止状态,防止发生大规模的农民失地风险,保障农村社会安定。但随着城市化进程持续增速提档,农业人口非农化趋势日益追高,全部人口对农村土地的依赖性将逐步削弱,为农村土地"松绑"确立了现实基础;另外,随着乡村振兴重大战略推进,发掘并激活农村内生发展动力已成必然选择,但鉴于涉农金融力量薄弱现实,土地这一"重资产"仍然是农村内部组织和个人融资的主要依仗,此时需要有所松绑,即在要素市场化配置中,考虑为农村发展打开融资窗口。所以,赋予

---

① 章剑生:《作为介入和扩展私法自治领域的行政法》,《当代法学》2021 年第 3 期。
② 章剑生:《作为介入和扩展私法自治领域的行政法》,《当代法学》2021 年第 3 期。
③ 叶兴庆、周旭英:《农村集体产权结构开放性的历史演变与未来走向》,《中国农业资源与区划》2019 年第 4 期。

土地财产以更多资产属性,是未来农村土地法制改革的基本方向。进一步审视,"产权实践问题始终是影响农村土地制度实施的核心论题。产权制度设计不仅决定土地所有权权属和权益的配置,还决定了社会制度和社会意识形态属性,其背后包含了国家与农民关系建构的基本原则"①。循此思路,作为权利法之《民法典》,在未来农地改革理应发挥重大牵引功用:通过权利创设与权能调整,审视和重构农村集体人地关系,并借此适度突破生存保障单一维度,最终就地释放集体土地财富效益。

应予正视的是,"安全、稳定"仍然是一切改革之底线。对农村土地资产效益的发掘,应坚持"逐步、适度、有差异"准则,防范农村土地开发与利用无序风险,始终守住生存保障这一基本底线。"未来的农村土地要素市场化改革,一方面要培育有效市场,以土地产权制度改革为主线,做好产权界定、产权配置和产权保护工作;另一方面要建设有为政府,以土地管理制度改革为依托,做好数量管控、用途管制和市场监管工作。"②因此,在推动以《民法典》之土地私法规范向农村土地领域融合时,《土地管理法》的管理规范仍应时刻站稳监管岗:一方面,对来自土地私法领域的改革探索积极承接;另一方面,对改革探索中出现的无序乃至失控风险主动防范。

3. 协同发展与差异调控相统一

在现行土地管理法制环境下,因城乡土地分别适用两套迥异的土地法律制度,是城乡分割化趋势持续扩大的导因。在党和国家共享发展理念指引下,推动城乡协同发展已成共识。为此,需要不断促进城乡土地在相对一致的法制环境下运作,借此扭转城乡土地法律地位不平等状态,赋予城乡土地权利主体以大致平等的发展机会。达至此目标,仍需要以《民法典》为统率的土地私法规范加持。亦即通过完善集体经济组织法人制度、持续推进"三块地"等项改革,着力落实集体土地所有权,完善权能残缺的其他集体土地用益物权,为盘活集体土地放权赋能。

应承认,城乡差异将是我国长期存在的客观事实,其背后的自然因素与社会

---

① 朱冬亮:《农民与土地渐行渐远——土地流转与"三权分置"制度实践》,《中国社会科学》2020年第7期。

② 钱文荣、朱嘉晔、钱龙等:《中国农村土地要素市场化改革探源》,《农业经济问题》2021年第2期。

因素具有强大支撑力,难以在短期内彻底改变。更重要的是,无论怎样推进城乡一体融合发展,中国"三农"发展都不是为了再造一个城市,而应当是促进乡村振兴,即打造高水平现代农业、构建新时代和谐农村以及培育共同富裕的农民。即使推动协同发展,也应与差异调控保持统一步伐。当《民法典》的土地私法规范为盘活集体土地而放权赋能时,《土地管理法》的土地管理法制应针对农村自然与社会实际情况,提供有别于城市土地管理的针对性配套举措,有效助推《民法典》等私法规范在农村土地制度体系中落地扎根,以防止改革激进化。

4.效益增长与持续发展相统一

效益增长旨在发掘土地财富,释放土地潜力。在此方面,《民法典》之土地私法规范具有独特优势。事实上土地作为民法制度中最重要的财产权客体,妥善配置并充分发挥其价值,始终是民法财产法(尤其是物权法)核心。实际上,推动土地私法规范向土地领域渗透,其首位目标即是促进土地效益增长。《民法典》规范创设的土地权利,为权利人多元利用土地提供法定方式。

鉴于土地资源的稀缺性,当追求土地效益增长时,确保土地资源可持续发展十分必要,然《民法典》对此鲜有作为。作为面向生态文明的制度创新,《民法典》第9条规定的"绿色原则是立法者着力构建的显性原则、兼具强制与倡导双重面向的限制性原则、具有司法裁判功能的概括条款、单一环保指向的实体性原则、'补充公法'的私法原则"[1]。"但从现有公开的司法裁判文书所呈现的该原则的司法适用现状来分析,绿色原则在当前的司法适用表面上看似'欣欣向荣''时有创新',实则乱象丛生,甚至令人瞠目结舌。"[2]故该条作为基本原则距离细节落地有待深入探索,无法直接适用于土地保护的具体案件中。法理上,就土地而言,《民法典》的基本任务或所承载的使命,在于创设土地权利、行使土地权利以及救济土地权利,实现对因土地的归属及利用而形成的平等主体之间法律关系的调整。其私法基本属性决定了自身通常只可能应对私主体之间的权属争端,至于因权利主体利用土地而对社会公益造成的负面影响(如破坏环境或浪费资源),已超越了民法所能规范的范畴,彼时有赖于公法的介入,例如行政处罚或刑事制裁等。有鉴于此,当推动《民法典》的土地私法规范全面适用时,仍

---

① 巩固:《民法典绿色原则的法理辩护与内容解析》,《政治与法律》2021年第8期。

② 竺效:《论绿色原则的规范解释司法适用》,《中国法学》2021年第4期。

需要以《土地管理法》为代表之法制规则在诸如土地(空间)规划、耕地保护、土地整治、土地督察等方面发挥应有作用,与私法规范相辅相成,助力土地效益增长,保障土地资源可持续性发展。

(四) 民法典与土地管理法制对接的有效方法

1. 依循"政策引导—试点先行—入法推广"的步骤

推进《民法典》与土地管理法制对接,需探索把握科学方法。梳理我国以往土地法制发展经验,大体可沿如下思路行进,即"政策引导—试点先行—入法推广"。

"回顾我国改革开放四十年,总体呈现渐进式改革的模式特征,主要经历了探索、加速以及全面深化三个阶段。"[①]具体而言,由顶层政策率先明确大方向,尔后确立若干试点展开初步探索,再将试点经验凝练并加以入法推广,此系较成熟的法制改革思路。该思路的益处大抵如下:借由政策引导,可在改革之初即迅速统一根本意旨,明确基本方向,确保各项改革工作始终扣准共同目标,促进改革力量之间内部协同,避免因基本共识缺乏可能导致无意义内耗;通过试点先行,既可以尽快有针对性地积攒实践经验,还能够尽量降低改革试错成本,防范因改革激进化所引发的秩序失控风险;最后通过入法推广,将试点经验凝结为一般性规范,最终将政策意图上升为法律意志,将改革成果全面落实到全国,实现改革全域覆盖。那么,在推动《民法典》与土地管理法制对接时,首先应严格遵照党和国家各项重大政策部署,准确把握顶层政策的背景动因与真实意旨。就此,理论界应扮演"急先锋"角色,积极解读政策蕴意,及时澄清认识误区,陆续产出高水平理论成果,为改革提供理论支持。至于其他改革实践主体,则应细化落实政策要求,让改革始终在"创新"与"谨慎"相统一的格局中平稳前行。其次应积极开展各项试点工作,现已铺就并取得初步立法成效的"三块地"改革即是良好范本。随着《民法典》的实施,土地管理法制改革必将更为活跃,由此需要更多样、更广泛甚至具有破冰意义的土地改革试点探索。最后应适时评估总结改革试点经验,及时形成法律规则,将改革成果入法。尤其是对涉及私权规则中重新调整利益格局的"三权分置"改革经验、"三块地"改革经验等,《民法典》之

---

① 郭威:《中国渐进式改革的实践演进、逻辑机理与借鉴意义》,《科学社会主义》2019 年第 5 期。

土地私法应及时吸收,但直面我国在土地法制立法传统中公法先行的事实,更期待《土地管理法》及时从土地确权登记、土地用途规划、耕地保护、土地整治、土地督察等方面予以策应,主动调整其规范内容,为《民法典》时代的土地私法革新提供配套保障机制。

2.土地管理法制坚持"废、改、立、释"并举

依循"政策引导—试点先行—入法推广"基本思路,未来实践《民法典》与土地管理法制对接时,其落脚点仍在优化先行的土地管理法制规则体系。土地管理法制领域应发起响应,及时开展"废、改、立、释"工作,尽快形成"《民法典》施行—土地管理法制改革"的良性互动格局。

所谓"废",即废除现行土地管理法制中与基本法《民法典》的土地私法规范不相容的规则;所谓"改",即对某些虽相容,但不利于相关土地私法规范顺利适用的管理规则加以调整;所谓"立",即基于民事主体权利,为相关土地私法规范妥善适用创设新的配套管理规则;所谓"释",即对以往实践中存在适用分歧的管理规则,借助立法解释与司法解释等手段予以明晰。无论采取何种方案,《民法典》时代,土地管理法制自身调整应始终统筹好两个准则:一是土地管理法制应照应《民法典》的土地私法规范适用需求,践行公法为私权关系改革保驾护航,为土地所有与有效市场利用的法制完善援手助力;二是土地管理法制调整亦应主要遵从公法立法规律,即遵从行政法则完善发展的一般规律,以此在有为政府建设中优化法制效率。总言之,《民法典》与土地管理法制的对接只是公私法交融命题在当下时代的具体表达,如今有必要在一定限度上淡化公私法泾渭分明的区隔意识,而"秉持一种'整体法观念'"①,协同共进。本质上看,这并非法律理性或法律技术使然,而根源于作为法律调整对象的土地利用实践之复杂化。

(五) 民法典与土地管理法制对接的核心场域

《民法典》与土地管理法制展开对接的核心场域为何?须明了了《民法典》时代土地管理法制完善时主要制度的"供给侧改革"。

1.土地管理法制改革核心在于农村土地法制

"中国新时代的新土改思路的几近全部内容及要义都是围绕农村土地制度

---

① 章剑生:《作为介入和扩展私法自治领域的行政法》,《当代法学》2021 年第 3 期。

展开。"①自 2004 年来,"中央一号文件"连续十八年聚焦"三农"主题,强调"三农"问题在中国社会主义现代化时期"重中之重"的地位。在历年"中央一号文件"中,"农村集体土地"始终是关注的焦点、改革的重点以及持续攻坚的难点。可以说,在中国土地制度改革的宏大叙事中,农村集体土地改革无疑是其基本旋律。这主要源于:一是农村集体土地覆盖面广、涉及人数众多,改革需求大;二是农村集体土地承载社会保障功能,改革风险较高;三是不同农村区域之间差别大,凸显全面改革难度。有鉴于此,农村集体土地改革能否成功,将决定我国土地法制改革的成效。

迄今为止,党和国家各方面指导意见已基本澄清,农村集体土地改革的焦点在于"还权赋能":或在农村集体土地创设新的权利如两个"三权分置"改革,或赋予现有农村集体土地权利的应有权能如集体建设用地入市改革。"在社会主义土地公有制下,城乡土地权利配置的共同难题都是如何地尽其利。"②为实现还权赋能目标,首先应借助《民法典》之土地私法规范,如《民法典》第二编第三分编"用益物权"制度以及《农村土地承包法》等特别单行法。而在落实这些土地私法规范时,自然有赖于以《土地管理法》之系列公法的强力规则保驾护航。

故无论《土地管理法》抑或《民法典》,当面向中国土地法制改革这一时代命题时,农村集体土地既是二者共同关注的焦点,更是二者对接的重要联动衔接点。

2. 农村土地法制改革在于从"权力中心化"到"权利中心观"

农村集体土地是《民法典》与土地管理法制对接的核心场域,在此领域内秉持"权利中心"思路甚为重要。因为,无论是弱市场化还是城乡分割化,从土地法制角度看,背后症结均在于权力中心化。也即土地管控权力的过度扩张,挤压了土地权利的行使空间。如前所述,诚然在过去的几十年间,土地管控权力扩张有一定合理性,例如为农村社会稳定守住底盘、为城镇化发展提供动力等,但从发展根基看,从长远愿景看,限制土地管控权力并放活土地权利,是土地改革大

---

①　陈小君:《〈农村土地承包法〉2018 年修正版再解读》,《中德法学论坛》2019 年第 1 期。

②　谢鸿飞:《〈民法典〉中土地经营权的赋权逻辑与法律性质》,《广东社会科学》2021 年第 1 期。

势所趋。目标的实现,需要以《民法典》之土地私法规范主动入场,落实农村集体土地"还权赋能";同时需要以《土地管理法》治理制度积极跟进,联动土地确权、用途管制、耕地保护、土地督察等多方规则,护卫土地私法规范落地实施,激励农民集体守住永久基本农田、利用好建设用地、激发出农地权利主体振兴乡村的内生动力。

概言之,无论是土地权利私法还是土地管理公法,控公权、强私权理应是未来农村土地制度改革的基本方向,亦应是土地管理法制完善的核心脉络。

三、新时代中国土地管理法制改革中心议题的进路实施

依循前述思路、研究机理与诸多土地实践图景印证,新时代土地管理法治改革的着力点,应在顶层的国土空间规划体系、统筹的"三块地"持续联动改革、重点的土地整治与耕地保护以及托底的土地管理法制保障机制等方面。

(一) 治理现代化视域下国土空间规划一体化改革

1.国土空间规划的内涵实质及核心法律关系

究竟何谓国土空间规划? 早先因侧重于把握国土空间的自然地域属性,顺势倾向于将其界定为对特定主权范围内国土空间的管理活动。此后有研究者注意到,国土空间不仅承载土地等各种自然要素,而且还囊括土地开发等丰富的社会要素,进而将其着重表述为一种社会性规制概念。但这些看法是否把握了国土空间规划的内涵精髓? 国土空间规划仅从形式外观看,即表现为一种国家干预活动;而作为干预主体的国家、作为干预手段的规划权力、作为干预对象的国土空间,乃应为国土空间规划内在核心要素。本书认为,当下应置身国家治理现代化维度来审视国土空间规划内涵。所谓国土空间规划,系指在科层制国家组织结构下,通过规划权的配置与运行,干预国土空间构造演进,据此实现国土资源可持续发展与国土空间内社会利益和谐分配双重目标的国家治理活动。进言之:首先规划权的配置与运行是国土空间规划的内涵焦点;其次科层制国家组织结构是规划权配置与运行的现实载体,呈现为中央—省—市—县—乡纵向五级构造与土地等自然资源管理部门—环境保护部门—城乡规划部门等横向多元机构构造;最后国土资源可持续发展是国土空间规划的直接目标,而国土空间内社会利益和谐分配则是国土空间规划的间接目标。

进一步审视,既然规划权的配置与运用乃是国土空间规划的内涵焦点,则

"规划权相互关系"与"规划权—土地发展权关系"当属国土空间规划两大核心法律关系。所谓规划权相互关系,系因规划权在不同规划主体间配置与运行而形成的规划活动互动关系,包括"纵向央地之间规划权相互关系"与"横向管理机构之间规划权相互关系"。而所谓规划权—土地发展权关系,即因国土空间规划权的行使而形成的土地利用主体之间利益分配关系。回顾过往国土空间规划改革,莫不主要是探索妥善处理这两种关系的实践方案。

2. 国土空间规划的不足

《中共中央、国务院关于建立国土空间规划体系并监督实施的若干意见》发布以来,多规合一改革积极推进,国土空间规划体系逐步健全,土地管理法修法正式确立并完善了基本架构,但无论是拟议中的《国土空间开发保护法》还是《国土空间规划法》抑或《国土空间规划条例》《国土空间规划管理办法》,都尚处于立法前期的立法体例选择、建议稿草拟及相关部门商讨和征求意见阶段。在旧规定失效而新规定尚付阙如的制度转轨阶段,国土空间规划的不足也就难以避免了。

(1)多规不统一与规划权相互关系不协调。普遍认为,我国现行国土空间规划体系规范较多且相互之间协调度不足。而多规不统一导致国土空间规划体系"叠床架屋"现象,本质上是国土空间规划权配置不足的体现。一方面,在"五级"规划体系下,"各级政府并不一定按照既有的事权分配原则开展规划行动,而可能结合自身政策诉求和资源条件选择规划权利行使的方式"[1]。由此形成国土空间规划央地政府博弈;另一方面,在分类管理格局下,国土空间规划权被分置于不同管理主体,因部门利益的存在,不同管理主体之间也时常围绕国土空间规划展开博弈。概言之,因国土空间规划权配置不足导致的规划权相互关系不协调,系当前国土规划体系存在的突出问题。

(2)利益分配不均衡与规划权—土地发展权关系不协调。编制、实施、监督与评估国土空间规划,本质上是公权力持续介入社会生活的过程,是借助国家公共政策分配社会利益的活动。而按现行法律规定,土地资源被划分为农用地、建设用地及其他类型土地,此后借助土地用途管理、耕地保护及征地等制度安排,

---

① 王洲林、陈蔚镇:《国土空间规划治理机制与模式探析——基于"控制权"理论的视角》,《城市发展研究》2021年第6期。

严格限制农地非农化。如此便在城乡之间形成一种差异显著的发展利益分化格局:城镇群体一定程度上可充分享受市场经济下城镇土地红利,而农村群体则因国土空间规划管理难以合理享受潜在的农地开发利益。具体反映在法律层面,即是农村群体在开发利用集体土地时,往往面临物权权能残缺、政策片面约束、收益分配不公等困境。现行国土空间规划制度最终在规划权—土地发展权关系维度上,使城乡各自面临不同土地开发机遇,且因此享有的土地开发利益分配不均衡。

3. 新时代国土空间规划改革建议

(1)借规划权相互关系优化带动多规合一。据上文分析,要实现多规合一,根源上须理顺国土空间规划权相互关系。而问题的关键,乃在于建立恰当的放权机制:一方面是中央向地方适度放权,确保中央与地方之间协调与合作;另一方面是在不同职能部门之间合理放权,减少部门利益借权寻租风险。

(2)对不同主体土地发展权予以公平关照。"土地规划权的行使应把正义价值作为其根本性使命和原命题,而效率价值仅是为正义价值的实现服务的。"①要化解规划权—土地发展权关系紊乱格局下利益分配不均现状,核心在于推动国土空间规划权的配置与行使向更高水平的公平正义演进。首先,应创设多元化的农地发展权补偿方式,以确保有损必有增。例如更积极探索集体经营性建设用地直接入市方式,不断优化农村土地物权权能结构与法定利用方式;继续提高征地补偿标准,确立完全补偿标准与扩大补偿类型等②。其次,构建更为开放的参与机制,为广泛公众力量发声构筑渠道。具言之,由政府牵头,专业机构提供技术方案,对规划内利益受重大影响的主体设计磋商机制,对规划内利益受一般影响的主体安排听证机制,实施常态化的规划公众评估,建立规范化的违法惩戒机制。

---

① 张先贵:《国土空间规划体系建立下的土地规划权何去何从?》,《华中科技大学学报》2021年第2期。

② 中共中央、国务院印发《乡村振兴战略规划(2018—2022年)》明确指出:"探索具体用地项目公共利益认定机制,完善征地补偿标准,建立被征地农民长远生计的多元保障机制",中国政府网,http://www.gov.cn/zhengce/2018-09/26/content_5325534.htm,2021年12月2日访问;参见高飞:《集体土地征收法制改革研究——法理反思与制度重构》,中国政法大学出版社2019年版,第118—125页;肖新喜:《"利益兼顾"机制下我国农地征收补偿制度的改进》,《暨南学报(哲学社会科学版)》2020年第8期。

（二）系统集成的"三块地"联动改革

1. 征地制度与集体经营性建设用地入市联动改革

（1）反思《土地管理法》第 45 条保留的成片开发规则。2019 年《土地管理法》修订，第 45 条系关于征收启动条件的新规定：首先，通过增加"为了公共利益的需要"为土地征收划定了边界，进而与《宪法》《民法典》等形成合理衔接；其次，实现了土地征收条件法定化、闭环化，可在规范开放性与规范安定性之间寻求恰当平衡，值得肯定。然细察之，该条第一款第五项下"成片开发土地征收"仍有待商榷。结合第 45 条第一款第五项与第二款规定可知，纳入国民经济和社会发展规划、年度计划、土地利用总体规划、城乡规划和专项规划的开发建设必然符合公共利益需要，而自然资源主管部门设立的成片开发建设标准是否符合公共利益并不明确。从实践来看，33 个"三块地"改革试点市（县）地区改革者对试点结束应如何把握成片开发也颇有顾虑。实际上，成片开发建设往往混杂着商业元素，在实践中极易成为商业开发暗度陈仓的掩护。因此，将这样一个内涵模糊、适用不确定的条件纳入土地征收制度中，实际上为扩大征收范围提供了法定依据。其既反映了立法者的犹豫，更反映了征收改革中的激烈博弈：土地征收公益性改革的根本目的在于还权于民，即重塑农民集体对集体土地的直接支配性（物权性），借此回归"国家所有—集体所有"之土地公有制原貌；而新型城镇化进程中城镇用地巨大缺口，又客观激发了对集体土地的庞大需求，进而冲击农村集体土地物权。

（2）征地制度与集体经营性建设用地入市的农地转换"双轨制"。当下土地征收制度改革根本意旨在于"缩小征地范围"[①]，向纯粹公益属性转变，同时又为新型城镇化进程中的用地需求保留必要供给渠道。为统筹实现这一双向目标，则在农地非农化转换时，应按"双轨制"运行：基于公益目的而进行的农地非农

---

① 关于《〈中华人民共和国土地管理法〉、〈中华人民共和国城市房地产管理法〉修正案（草案）》的说明："为缩小土地征收范围、规范土地征收程序，限定了可以征收集体土地的具体情形，补充了社会稳定风险评估、先签协议再上报征地审批等程序；为完善对被征地农民保障机制，修改征收土地按照年产值倍数补偿的规定，强化了对被征地农民的社会保障、住宅补偿等制度"，中国人大网，http://www.npc.gov.cn/npc/c30834/201908/2fb81f095e0c4221ab845a51f7396b27.shtml，2021 年 12 月 2 日访问；中共中央、国务院《关于新时代加快完善社会主义市场经济体制的意见》（2020 年 5 月 11 日）明确指出："缩小土地征收范围，严格界定公共利益用地范围，建立土地征收目录和公共利益用地认定机制"，中国政府网，http://www.gov.cn/zhengce/2020-05/18/content_5512696.htm，2021 年 12 月 2 日访问。

化,交由征地制度处理;基于非公益目的而进行的农地非农化,概应由集体经营性建设用地入市完成,此方可谓各取所需,于法有据。事实上,无论是征地制度还是集体经营性建设用地入市,都只是农地非农化的具体方式而已。二者都在客观上推动了农村集体土地资源向城镇移转,核心差别仅在于,征地制度是一种权力命令型农地非农化机制,而集体经营性建设用地入市则是一种权利协商型农地非农化机制。然无论采用哪种机制,都没有偏离"为新型城镇化供给土地资源"现实需求;只不过当下实践表明,较之于权力命令型机制,权利协商型机制更能兼顾农村集体平等发展权益,恰为征地制度与集体经营性建设用地入市联动改革的共振效应。

2. 集体经营性建设用地入市与宅基地联动改革

因历史和农地性质的缘由,推动集体经营性建设用地入市改革时,入市土地"量不足"会制约改革效能。"农村集体建设用地中 70%—80% 是宅基地,如果宅基地流转只限于集体经济组织内部,少量的经营性建设用地入市不足以构建起城乡统一的建设用地市场。"[1]这种状况已经逼迫部分地方采取一些变通手法向存量丰富的宅基地索取入市资源。[2] 在庞大的经济利益驱动下,此种做法似乎并未顾虑到集体经营性建设用地入市可能会对现行宅基地造成巨大冲击,也没有合理兼顾农村集体的可持续发展。[3]

为保护上述宅基地与集体经营性建设用地入市联动改革的实践积极性,进而为宅基地改革与集体经营性建设用地入市改革均保留创新空间,同时防止因剧烈改革可能引发的宅基地制度安定性动摇风险,有必要从如下方面采取保障举措:首先,应始终坚守"一户一宅"和"户有所居"底线原则,毫不动摇发挥宅基地制度的居住保障与生存兜底功效;其次,应精准落实《土地管理法》第 62 条第六款之"进城落户村民自愿有偿退出宅基地"规定,既支持村民在议价机制下平和、高效退出宅基地,同时自愿有偿退出后不得再申请宅基地;最后,应积极探索集约节约之宅基地直接入市方案,推动"集体经营性建设用地入市"向"集体建

设用地入市"统筹,借此形成完整的农地非农化"双轨制"体系。

3.宅基地制度与征地制度联动改革

从改革试点实践来看,征地与宅基地联动改革的突出特点表现为征收的项目制联动"宅改",将征收规范化与"宅改""村改"捆绑的项目制操作结合,较好平衡了相关各方的利益,颇具推广价值。不仅如此,联动改革的加乘效应,以保证村民重新获得宅基地使用权或住房安置为内在动力,还在政府主导下顺势化解了征收土地上繁杂的宅基地历史遗留问题、有偿退出的资金来源、权利配置不合理等问题,为有效推进公益征收、"房地一体"规则在宅基地上贯彻乃至为村集体留地留物业振兴乡村创造了条件。而从规范化、制度化角度看,联动改革还处于初步阶段,具有自发性、局部性和碎片化的特点。联动固然消化了腾退宅基地所结余的建设用地指标,根据增减挂钩和占补平衡政策获得的资金,保障了"宅改"的资金,促进了产业集聚,但其固有特定性和封闭性,客观上拉开了与未进行宅基地与征收改革挂钩地区(包括本行政村的自然村之间)的"宅改"差距。

由此可见,联动改革既有其积极效果,也有在未来解决的难题,我们需要理性对待。尽管征地改革附带纾解了部分宅基地历史遗留问题,却并未从根本上解决,宅基地改革任务更不可能通过征地改革实现,与宅基地改革互动的内在逻辑、实施路径和制度安排也有待继续探讨。其中,体现改革联动互动的土地增值收益分配制度反哺农村的制度安排就尚付阙如。例如,征地补偿的留用地方式虽在实践中广为采用,[①]但在《土地管理法》及其实施条例修订时并未被确认。此外,基于宅基地整理和"空心村"整治实践,所产生的建设指标既可以通过集体建设用地入市改革,补充征地改革后城市建设所需土地的供应,促进城乡融合发展和农民农村共同富裕。

(三)人本主义导引下土地整治与耕地保护

1.土地整治理念变迁

长期以来,我国土地整治始终坚持"以地为纲":"传统意义上的农村土地整治聚焦于两个目标,一是耕地数量和质量的双提升,以保障粮食安全;二是建设用地空间和结构的双优化,以保障经济建设。目标本质上的'以地为纲',局限

---

① 参见《江西省鹰潭市余江区土地增值收益分配总结专题报告》《河北省定州市农村土地征收试点工作专题报告》。

于土地利用层面的结构优化与功能提升,忽略了农村土地整治的社会功能和生态服务价值,对于乡村振兴战略下的土地利用、人口发展和产业升级之间的联动效应考虑不足。"①

土地整治直接目的确实旨在改善土地质量、数量、结构等;但更应认识到,因土地乃系农村社会生存、生产、生活与生态的基本依托,故土地整治实质上还承载着更为重要的功能:作为抓手引导各方力量与资源参与盘活优化农村土地,进而激发乡村振兴内在动力,为农村社会业兴民富奠定基础。概言之,随着乡村振兴战略的推进,土地整治应逐步从"以地为纲"转向"以人为本":新时代土地整治根本目标在于优化人地关系,实现人与土地更和谐结合,借此形成更完善的土地利用与保护格局,有效发挥农村土地对农村社会的哺育功能。

2. 土地整治模式与土地整治力量演进

新时代土地整治理念由"以地为纲"向"以人为本"转变,就应完成整治模式由"土地管理"向"乡村治理"的转型。具言之,应借助土地整治,调动村内村外各方力量及资源参与盘活优化农村土地,进而形成共谋、共建、共管、共评、共享的农村人地关系格局,以此推动乡村振兴目标的治理向更高水平迸发。为此,土地整治动力需要由"政府主导"向"多方协作"转化:以农户参与为基础,以农业组织推动为核心,以集体主导为支撑,以政府引导监督为保障。首先,应落实农户在土地整治中的基础地位,切实保障户内村民参与土地整治的正当权益。就此应在规划论证、项目实施、验收评估各环节吸纳村民参与,从政策宣传、干群沟通、村内听证、资金配备等方面提供便利。通过"议事—实践—反馈"逐步培育村民参与乡村治理的意识与能力,最终构建起"地治""民治""村治"相统筹的格局。其次,应着力推动农业组织成型与发展,包括但不限于农民合作社、农业企业、土地整理联席会等。一方面农业组织通常可从土地整治中直接获益,据此有参与土地整治的现实动机;另一方面农业组织可"集中力量办大事",在协同性上远胜于村民个体。而且通过推动农业组织全方位参与土地整治,还可将组织化基因注入乡村社会,借此带动乡村治理水平升级。再次,村集体应逐步走上土地整治主导岗位,例如若以社区型集体经济组织为主力建立上述农业组织更

---

① 孔雪松等:《面向乡村振兴的农村土地整治转型与创新思考》,《中国土地科学》2019 年第 5 期。

利于开展土地整治,进而发挥更关键的支撑作用。具体而言,集体经济组织或村委会应向下凝聚村民力量,向上承接政府规划,横向引入外部资源,据此形成集体主导下的土地整治新格局。最后,政府应逐步退出土地整治主导岗位,朝着引导监督角色转换。一方面政府主导下的土地整治欠缺可持续性,另一方面政府主导将阻碍土地整治村集体中内生力量的成型与壮大。无论从集体自治角度观察,还是从政府中立角度审视,抑或从市场资源优化配置决定性功能考察,政府都不适宜继续掌控土地整治主导权。只应在土地整治开展过程中,积极给予各方相关指引,对不法行为予以监管,确保土地整治始终在有序、有效中推进。

3.内生动力型耕地保护机制的形成与发展

复垦土地、保护耕地是土地整治的核心任务。在"以人为本"理念引导下,新时代土地整治模式从"土地管理"向"乡村治理"的转型为耕地保护朝内生动力型机制演进提供了条件。内生动力型耕地保护机制的形成与有效运行,离不开集体经济组织发挥作用,需要全要素进行保障。具体而言,一是强化集体经济组织在耕地保护中的引领作用,加大新型农业主体培育力度。《民法典》现已明确认可集体经济组织特别法人的独立地位,应积极利用此种身份,主动对接村外市场力量,通过引入村外资金提升村内耕地保护效率;此外还应着力协同或扶持专业大户、家庭农场、农民合作社,吸纳现代农业企业,鼓励新型农业主体积极投身耕地保护,以此推动耕地保护向"组织化运作"阶段迈进。二是从政策、资金、技术等多要素方面支援耕地保护事业,真正实现耕地保护"村内村外一盘棋"。应承认,耕地保护具有显著的正外部性,即耕地除保障本村生计外,还在粮食安全、生态保障、农耕文化传承、城镇化发展、工业原料供给甚至包括维系乡愁情感等方面发挥重要作用。因此耕地保护并非仅仅只是农民与农村集体的职责。应从外部加大政策、资金、技术等对村内耕地保护事业的支援力度,例如借助税收减免、专项补贴、扶持村社金融等政策,鼓励现代农业企业等村外力量参与耕地保护;加大财政倾斜力度,为农村集体开展耕地保护纾解资金困境;推动技术下乡,提升耕地保护效率。

总之,在人本主义土地整治模式下,耕地保护应以组织化主体形式为主,以市场化为核心意旨,通过村内外互动形成耕地保护自主、常态、可持续格局,借此扭转以往行政主导型耕地保护模式,最终形成内生动力型耕地保护机制。

（四）土地管理法制实施保障机制

"法律的生命力在于实施,法律的权威也在于实施。"①加快形成高效的法治实施体系是坚持建设中国特色社会主义法治体系的重要内容。土地管理法制有效实施需要坚持中国特色社会主义法治道路,需要立体式多方位全流程保障。

1. 价值功能

健全土地管理实施保障机制,须以强制机制为支撑,以追责机制为核心,即通过为权力、权利、义务加载法律责任,提升制度的权威与刚性,以防土地管理法律制度"脱实向虚",确保土地管理制度改革目标"变现"。换言之,土地管理实施保障机制在于,强化中央政府对地方政府土地管理权的引导与制约,着重发挥土地管理法律对土地行政管理主体行为的规范作用,保障土地管理法规行为指引功能和发挥土地管理法规争议裁决功能,以诉讼方式为主导的多元方式解决土地纠纷,以法律责任类型化体系化严密法网,把法律从纸面上落到行动中。

(1)抓住土地管理实施的"关键少数",强化行政机关的自我监督。进入新世纪以来,随着经济社会快速发展,土地管理利用违法现象较为复杂,其中一些行政机关是重要的违法主体。为强化土地执法行为的监管机制,保障土地管理法律法规的刚性落实,国家出台一系列文件,并积极修法加以确认。国家土地督察制度就是党中央、国务院从我国基本国情、发展阶段、行政管理体系出发,以制度规范公权力运行,以落实最严格的土地管理制度为目标而构建的一项重要制度,是对土地管理权力内部结构进行的调整与优化。在习近平法治思想的指引下,从法律实施角度把领导干部的"关键少数"理论拓展至土地执法领域的关键主体,强化对省级及计划单列市人民政府的监督,以约谈、追责建议等督察方式将国家土地督察与违法问责相衔接,形成监督合力,督促"关键少数"带头依法办事、厉行法治。这一理论的制度化集中体现就是国家土地督察制度。

(2)针对土地纠纷重难点健全多元纠纷解决机制,推进土地良善治理。土地纠纷是土地制度实施运行中问题和障碍的外化和表征,其妥善解决是土地制度有效实施和有序运行的基本要求。良法善治是全面依法治国的重要追求与最佳形态,良法是善治的前提,善治以贯彻实施良法为核心。② 土地管理法律制度

---

① 中共中央宣传部、中央全面依法治国委员会办公室:《习近平法治思想学习纲要》,人民出版社、学习出版社2021年版,第83页。

② 参见王利明:《法治:良法与善治》,《中国人民大学学报》2015年第2期。

不仅在于提供一套定分止争、规范各方主体行为的法律方案,同时也在于提供一套现实可行、具有操作性的争议裁判规则。无论是国家政策还是规范性文件,虽非民事和行政案件的裁判依据,但基于土地制度本身特殊性和土地纠纷的特点,仍应在秉持依法律法规裁判基本立场的前提下,认真对待土地政策的合法性、有效性,最终保障土地管理法律规范有效实施。现实社会的纷繁复杂,当事人诉求各异,土地纠纷解决也并非诉讼一途。针对土地行政纠纷这一重难点,应在法治轨道上激活既有制度资源,多元方式加以化解。不同的土地纠纷解决方式具有相异的特点、功能和作用,互为补充、互相联结构成一个完备的多元化纠纷解决动态系统,为当事人提供多样化选择,提高社会治理能力与水平,促进善治实现。

（3）完善土地管理法律责任制度,维护法律权威。法律责任通常指违反法律规定或应尽之注意义务而承担的不利法律后果,具有预防、救济、惩罚等功能。完善土地管理法律责任体系,是维护土地管理法律权威的重要途径和土地管理法制实施保障制度的基本组成部分。法律责任的合理设置以及实现方式的体系化,可以促使行政机关依法行政,民众遵纪守法,从而保障土地管理秩序稳定运行。为此,我们既可以从违法主体角度进行审视,也可以从责任类型入手对不同性质的法律责任进行完善。违法主体可以分为行政主体与行政相对人。行政主体可能因违法审批、非法转让土地等行为而承担法律责任;行政相对人可能会由于其骗取批准、非法占用土地、拒不交还被收回土地等行为而承担相应的法律责任。法律责任的承担方式可以分为确保义务履行的直接方式和间接方式,不同的方式均对应行政主体或相对人应尽的注意义务。

2.基本构造

在土地管理领域,行政机关是土地管理法律规范的基本实施主体,建立权责统一、权威高效的依法行政体制,促进土地管理公权力行使的规范化、法治化,强化对其的制约与监督,是切实实施土地管理法制的主要保障。① 未来土地管理法制实施保障机制,应强化中央对地方政府土地管理权的引导与制约,着重发挥土地管理法制对土地管理主体职务行为规范作用以及土地争议解纷的裁判作用,以法律责任这一最终手段的强化作为最后也是最重要的拼图。具体而言,土

---

① 参见《习近平法治思想概论》编写组:《习近平法治思想概论》,高等教育出版社 2021 年版,第 163 页。

地管理法制实施保障机制大致包含国家土地督察制度、土地纠纷多元解决机制以及土地管理法律责任制度。

（1）以国家土地督察制度法治化完善行政内部监督机制。国家土地督察是中央政府对地方政府土地管理和利用行为的监督，以保障中央政策和国家法律实施。国家土地督察制度是行政体系内部封闭的行政纠错，是国家监督体系的组成部分。国家土地督察制度尚存不足，如法律地位不甚明晰①，督察权的权力配置、内容构造以及行使程序、效果责任的不规范、不健全②，法治化水平亟待提高③。我们应在遵循行政法一般规律基础上，结合土地管理特性，围绕督察权这一核心要素，着重从督察权主体、督察对象范畴、督察事项类型、督察权行使方式、督察权行使程序、督察权行使法律后果以及督察权行使异议等方面入手，努力构建起控权与放权相统筹、公平与效率相结合的国家土地督察制度。

（2）健全优化土地纠纷多元解决机制提高土地善治水平。土地纠纷内容千差万别，以法律属性为标准可分为行政纠纷与民事纠纷。土地行政纠纷是发生在行政相对人与土地管理机关之间，就土地行政管理活动而引起的争议，主要集中在土地权属、不动产登记、征地补偿、违法占地等领域。现实中还呈现出土地行政纠纷的主体和范围多样化、群体性和规模性、政策导向性和主体趋利性、行民交叉属性和形成原因复杂性等典型特点。土地行政纠纷的解决途径主要有行政方式与司法方式。未来应始终以强化私权利保障为中心，以凸显公权力公正行使为底线，创新土地解纷方式，统筹调用土地行政复议、土地行政诉讼、土地信访等多元机制，实现土地管理法制与《民法典》的协同联动，不断提升解纷机制效能。

（3）明晰土地管理责任的归属和实现方式，形成土地管理法制施行的闭环。土地管理法律责任是对一切违反土地管理法律规范的惩戒，既涉及对土地管理相对人违法行为的纠偏，也包括对滥用土地管理权的国家机关及其工作人员的制裁。未来应以违法行为所处法律关系的差异性为基础，准确理解违法行为与

---

① 参见叶丽芳、黄贤金、马奔、汤其琪：《基于问卷调查的土地督察机构改革设想》，《中国人口·资源与环境》2014 年第 3 期。

② 参见陈阳：《论我国土地督察制度良善化进路——以中央与地方关系为视角》，《东方法学》2017 年第 2 期。

③ 参见梁亚荣、朱新华：《国家土地督察制度的法经济学分析》，《河北法学》2009 年第 3 期。

土地管理法律责任之间逻辑关系,以要件法定化及责任后果规范化为着力点,拓展覆盖土地违法行为类型,持续创新土地管理法律责任承担方式,注重行政责任、民事责任及刑事责任之间的协同运用,搭建更为完善的土地管理法律责任体系。

四、结语

包括《民法典》在内的法律除了其本身的法律属性外,也都是国家进行社会和政治重构的政治作品。① 在发挥具体的私法调节功能之前,《民法典》实际上首先承载了恢宏的国家治理理想,其颁行亦为土地管理法制优化提供了难得契机。新时代中国土地管理法制改革的中心议题要求推动《民法典》与土地管理法制对接,这既需要恪守公私法交融之一般规律,更应深切照应当下中国土地法制基本现状与国家治理的客观需求。

《民法典》之土地私法规范与以《土地管理法》之土地管理法制之互动,核心连接点在于还权赋能。在此过程中,市场、权利、平等、自治、效率、公平、协同等均得以恢复应有位置,追求有效市场与有为政府,逐步实现政府与市场上下联动、权利与权力内外反馈以及城乡一体协同发展。于土地管理法制完善而言,以外部视角观之,以《民法典》为领导的土地私法规范可提供以下关键助力:一是注入权利观念,以此软化过于刚性的土地政府管理权力;二是导入权利规范,借之充实土地管理法制中私权自治内容。以内部视角观之,土地管理法制应进一步聚焦于农村集体土地,尤其应在国土空间规划改革、"三块地"持续联动改革、土地整治与耕地保护改革及土地管理法制保障机制改革等过程中,更加注重土地财产属性、城乡协调性、政府与市场互动性、权力对权利包容性、改革联动性等,始终以公平发展为改革目标、以共享发展为改革思路、以可持续发展为改革动力,最终通过土地善治实现土地要素市场化、乡村振兴与共同富裕等的改革目标,进而与各项事业协同治理、创新发展。

---

① 参见石佳友:《解码法典化:基于比较法的全景式观察》,《比较法研究》2020 年第 4 期。

第一编

土地管理立法完善的新时代
需求与现实考察

1

第一章　新中国土地管理法律制度的历史变迁及其启示

从我国悠久的历史发展过程来看,土地制度是"中国社会、经济、政治的根源。中国的治乱,基于土地制度的兴废,国民生活的安危,也基于土地制度的整理与否"①,故历代王朝对土地管理都非常重视。新中国成立后,中国的法治建设环境发生了翻天覆地的变化,这种变化对我国土地管理法律制度的建设具有重要影响。可以说,新时代中国土地管理法律制度的样貌,正是立基于新中国成立以来的制度变迁。分析和把握这些制度变迁的历程及其原因,并总结其成功与不足,可为新时代中国土地管理法律制度的发展提供智力支持。

第一节　新中国土地管理法律制度的变迁史

中国共产党自成立以来,在新民主主义革命的推进过程中,一直重视利用法律手段实现土地管理。1925 年,中共中央执行委员会扩大会议发布告农民书,提出解除农民困苦的根本办法是实行"耕地农有";1927 年,"八七会议"确定了土地革命和武装斗争的总方针,随后毛泽东先后主持制定井冈山《土地法》、兴国《土地法》;1931 年,党的土地革命路线基本形成,主张变封建土地所有制为农民土地所有制;1937 年,面对全民族抗战的局面,中共中央在洛川会议中通过《中国共产党抗日救国十大纲领》,明确减租减息政策,以实现抗日民族统一战线,直至 1946 年 5 月 4 日,中共中央作出《关于土地问题的指示》("五四指

---

① [日]长野郎:《中国土地制度的研究》,强我译,中国政法大学出版社 2004 年版,"原序"。

示"),将全民族抗战时期的减租减息改变为"耕者有其田"政策,各解放区迅速展开了土地改革运动。1947年7月至9月,中共中央工作委员会在全国土地会议上制定了《中国土地法大纲(草案)》,明确"废除封建性及半封建性剥削的土地制度,实行耕者有其田的土地制度"[1]。由于尚未取得全国政权,中国红色政权在这一阶段的土地立法大多只能在个别地方(根据地或解放区)有效,而且政策较不稳定,常常有待完善。[2] 但是,这些土地管理立法,为新中国成立后土地管理法律奠定了基调,积累了经验,堪称新中国土地管理法律制度建设的起点。

一、新中国成立至改革开放前(1949—1977)

新中国成立前夕,面对战争即将结束的局面,恢复与安定国内局势成为新的诉求。1949年,党的七届二中全会确立了党的工作重心将由乡村转移到城市、农业国转变为工业国的发展方向,统筹城乡土地管理成为新中国土地管理法律制度的重要任务。1949年9月29日,中国人民政治协商会议第一次全体会议制定了《中国人民政治协商会议共同纲领》(以下简称《共同纲领》),第3条规定凸显了如下几方面意旨:消除帝国主义国家在中国的一切特权;形成并保护国家所有的财产;逐步改变农村土地所有制为农民私人所有;保护爱国统一战线中工人、农民、小资产阶级和民族资产阶级的经济利益与私有财产,同时要发展新民主主义经济,实现农业国到工业国的稳步转变。不难看出,《共同纲领》明确地将土地问题列为新中国首要的若干问题之一。

随后,我国根据《共同纲领》制定了《土地改革法》和《城市郊区土地改革条例》,延续并确认了"农民的土地所有制"。到1952年底,全国除新疆、西藏等少数民族地区以及我国台湾省外,土地改革基本完成。在这一阶段,土地改革并不是为了消灭土地私有制,而是以农民的私有制取代了地主的土地私有制(封建

---

① 以上文献及其制度定性,部分源自中共中央党史和文献研究院:《中国共产党一百年大事记》,《人民日报》2021年6月28日。

② 比如,1926年7月的中国共产党中央执行委员会第三次扩大会议,不要求解决土地问题,只要求减租减息,以致被称为"改良主义"与"机会主义"。参见王学启:《一九二六年七月中国共产党第三次中央扩大执委会述评》,《杭州大学学报》1985年第4期。

土地所有制)。① 而此举在我国彻底消灭了地主阶级的土地所有制,可谓是一个伟大的历史性胜利。②

将新中国由农业国变为工业国与土地制度具有密切的联系,"土地改革是土地的农民私有运动,而社会主义建设和国家工业化却需要实行土地公有"③。新中国城市土地的公有化始于 1953 年的三大改造。1956 年 1 月的《关于目前城市私有房产基本情况及进行社会主义改造的意见》,明确规定"一切私人占有的城市空地等,经过适当方法,一律收归国有"。这标志着对城市土地的"国有化"大幕缓缓拉开。关于农村土地则在 1951 年通过了《关于农业生产互助合作的决议(草案)》,互助合作运动则在第二年开始于全国范围开展,在如下两个决议——《关于农业生产互助合作的决议》(1953 年 2 月 15 日)和《关于发展农业生产合作社的决议》(1953 年 12 月 13 日)出台之时,堪称 1953 年至 1956 年的初级社阶段。在这一阶段,城市土地已经完成了公有制改造而归国家(全民)所有,而农村土地仍然实行着私人所有制。

1955 年 10 月,党的七届六中全会作出了加速农村合作化的决议;11 月 9 日,全国人大常委会第二十四次会议通过了《农业生产合作社示范章程(草案)》(后来该草案成为正式章程),提出了包括土地在内的"生产资料的公有化"主张,并且要用"生产资料的劳动群众集体所有制代替生产资料的私人所有制"。1956 年底,农业合作化基本完成,继而开始了大规模的高级农业生产合作社的建设。高级合作社取消了土地分红,每个合作社的报酬分配则主要取决于劳动的数量以及质量。在此基础上,第一届全国人民代表大会第三次会议通过了《高级农业生产合作社示范章程》,标志着我国土地制度完成了第二次变革,实现了中国共产党于 1927 年提出的公有化主张,④从而结束了土地私有制。1956 年底,全国加入合作社的农户达 96.3%;到 1958 年,我国在原有的基础上引导农民加入高级农业生产合作社,农民不再拥有私有土地,后者变为集体所有,生产资料

---

①　参见高飞:《集体土地所有权主体制度研究》,中国政法大学出版社 2017 年版,第 44—45 页。

②　参见本书编写组:《中国共产党简史》,人民出版社 2021 年版,第 157 页。

③　高飞:《集体土地所有权主体制度研究》,中国政法大学出版社 2017 年版,第 54 页。

④　参见许坚、吴茨芳、高海燕:《新中国的土地立法》,《资源与产业》2002 年第 4 期。

也要由合作社收买变为集体财产(包括牲畜),只保留极少的自留地。① 在 1961 年的《农村人民公社工作条例(修正草案)》(一般被称为"农业六十条")中,宅基地也被明确规定归生产队所有,一律不准出租和买卖(第 21 条)。这一进程对农业现代化发展打下了基础,同时支持了工业化的建设。

此后,我国开始进一步推广人民公社。根据 1958 年出台的《关于把小型的农业合作社适当地合并为大社的意见》,推动小社合并为大社。这样一来,劳动和经营实行集中化(集中劳动、集体经营);产品分配则由按劳分配转变为按需分配原则。这一过程由小社扩大到大社,从乡内扩展到乡外、县内扩展到县外。② 1958 年 8 月,中共中央政治局扩大会议通过了《中共中央关于在农村建立人民公社问题的决议》,号召全国开始建立人民公社,从而推动了人民公社的热潮。到 1958 年 11 月底,全国 74 万多个农业生产合作社改组成 26572 个人民公社,有 1.2 亿农户参加人民公社,占全国总农户的 99% 以上,自此在全国范围内实现了人民公社化。③

随着"大跃进"与人民公社化的迅猛发展,行政权力在土地管理中起到了非常重要的作用:党和国家政策对土地管理法律的宏观基调与微观调整均有着广泛的影响。1962 年颁布《农村人民公社工作条例(修正草案)》,该文件规定了集体土地范围、保护耕地、水土、山林和草原以及开荒经营的范围(第 21、22、40、45 条等)。到了国民经济调整阶段,为了纠正"大跃进"以来产生的不良后果,我国采用了政策先行的模式:如根据《关于农村人民公社当前政策问题的紧急指示信》,各地出现了"包产到户"的经营尝试;再如,根据《关于改变农村人民公社基本核算单位问题的指示》,对人民公社化有一定纠正,并在此基础上确立了"三级所有,队为基础"的农村土地制度,④该政策内容被置入 1975 年《宪法》和 1978 年《宪法》。这一局面延续至 20 世纪 60 年代中后期,其时是政策取代了法律,土地管理和立法机构均不复存在(无论是中央还是地方),土地立法工作基本

① 参见程文朝、程宇林:《新中国成立以来农村土地制度变迁的历史溯源及当代成就》,《中共乐山市委党校学报》2020 年第 1 期。

② 参见许坚、吴茨芳、高海燕:《新中国的土地立法》,《资源与产业》2002 年第 4 期。

③ 参见程文朝、程宇林:《新中国成立以来农村土地制度变迁的历史溯源及当代成就》,《中共乐山市委党校学报》2020 年第 1 期。

④ 参见许坚、吴茨芳、高海燕:《新中国的土地立法》,《资源与产业》2002 年第 4 期。

处于停滞甚至瘫痪状态。直到 1978 年后，这种现象才开始有所改观。①

二、十一届三中全会到《土地管理法》颁布（1978—1986）

十一届三中全会后，我国开始了改革开放的新征程。1979 年 4 月，党中央在工作会议上正式确立了"八字方针"，这就是对国民经济实行"调整、改革、整顿、提高"。随后，农村改革取得重大突破，即以小岗村为代表的"包干到户、包产到户"的家庭联产承包责任制，促进了农业生产的迅速发展；受农村改革的启发，城市的经济体制改革也逐步推开，即以扩大企业自主权为主要内容，逐步推向经济责任制；同时，还推动了所有制结构的改革，明确公有制经济占优势的根本前提下，实施多种经济形式和多种经营方式长期并存的战略决策。②为顺应在经济和社会方面发展的新需要，土地管理立法开始再次走到时代的中心。

首先，1982 年《宪法》第 10 条第一、二款明确规定：就土地而言，城市的必然归国家，而农村和城市郊区的则是有法律规定的情况下归国家，剩余的土地归集体，这其中也包括宅基地和自留地、自留山。不过我们应当注意的是，计划经济体制下的中国土地制度，坚持的是全部公有、高度管理、禁止流转的管理框架。具体而言，城市土地以无偿划拨、无限期使用的行政配给制度和土地使用权禁止买卖、流转的管理制度为典型特质；农村土地的流转则受到更大程度的限制。这种情形显然不符合经济体制改革的市场化趋势，因此，中央政府开始围绕"有偿、可流转、有期限"进行探索和创新。③

---

① 参见许坚、吴茨芳、高海燕：《新中国的土地立法》，《资源与产业》2002 年第 5 期。不过，在这一阶段还是存在零星的政策文件，包括：1967 年 11 月 4 日国家房管局、财政部税务总局发布的《关于城镇土地国有化请示提纲的记录》；中国人民解放军总政治部转发沈阳军区政治部《关于部队征用土地问题的通知》；1973 年 6 月 18 日国家计委、建委发布了《关于贯彻执行国务院有关在基本建设中节约用地规定的指示的通知》；1973 年 11 月 7 日中央军委批转总后勤部《关于全军营房建设存在的问题及今后意见》；1973 年 12 月 5 日国务院、中央军委下发的《关于解决当前地面炮射靶场与国内飞行矛盾的规定》；1975 年 12 月 12 日国务院、中央军委批转总参谋部、总政治部、总后勤部《关于整顿部队生产的意见》等。这些政策文件对土地使用、利用、开荒、占用土地的退还与补偿等问题作出了规定。参见姜爱林：《新中国土地政策的历史演变（1949~1978）》，《玉溪师范学院学报》2003 年第 10 期。但是，这些规范的位阶较低，而且大都是在解决某项具体问题时顺带明确土地问题，而且与军队关联较大。

② 参见本书编写组：《中国共产党简史》，人民出版社 2021 年版，第 230—235 页。

③ 参见张良：《新中国城市土地制度的历史变迁》，《北京党史》2013 年第 4 期。

　　对于城市土地,1979 年的《中外合资经营企业法》首次规定了土地的有偿使用,并且提出了土地使用权和使用费的概念;随后,1980 年的《中外合营企业建设用地暂行规定》对土地使用费的相关问题作了具体的规定;1982 年 5 月,针对 1958 年的《关于国家建设征用土地办法》,国务院责成国家建委起草《国家建设征用土地条例》,强调了依法征地、节约用地、提高土地补偿费等内容。1983 年《中外合资经营企业法实施条例》则明确了土地使用权有偿出让的形式和程序。此外,经济特区和沿海开放城市则先后制定了地方性法规,细化当地土地有偿使用的具体规范。如广东省人民政府制定了《关于土地使用费征收范围问题的通知》;广州市制定了《广州市征收城镇土地使用费试行办法》《广州市征收中外合营企业土地使用费暂行办法》;深圳制定了《深圳经济特区土地管理暂行规定》等。另外,各省市地区也有了地方性法规或规章,规范外商投资企业用地管理。以上法规不仅奠定了此后土地使用权有偿出让和转让的基础规范,同时也为此后土地使用制度改革的开展提供了立法准备。①

　　与农村经济实践的积极突破相比,农村土地的立法稍嫌保守。尽管家庭联产承包责任制获得了从领导人到法律的认可②,统购派购政策已被改变,农副产品可以在市场上自由交易,国家不再下达指令性计划,且乡镇企业也在异军突起,但土地流转在法律层面仍然受到重重限制:根据 1978 年《农村人民公社工作条例(试行草案)》的规定,农村土地(包括宅基地)一律不准以出租、买卖的形式进行流转。这一态度一直持续到 1979 年 9 月,《中共中央关于加快农业发展若干问题的决定》未有转变;1983 年的《国务院关于制止买卖、租赁土地的通知》(国发〔1983〕182 号)亦然;到 1984 年,尽管人民公社体制被宣告结束,但当年"中央一号文件"《中共中央关于一九八四年农村工作的通知》中,农民以买卖或出租的形式经营自留地、承包地的做法仍然被禁止。③

---

　　①　参见许坚、吴茨芳、高海燕:《新中国的土地立法》,《资源与产业》2002 年第 5 期。

　　②　1980 年邓小平同志发表讲话,公开支持"包产到户",家庭联产承包责任制开始在全国推广。1982 年"中央一号文件"《全国农村工作会议纪要》和 1983 年"中央一号文件"《当前农村经济政策的若干问题》,标志着"大包干"运动取得了完全合法的地位,家庭联产承包责任制正式确立。到 1984 年,全国农村 95%的农户实行包干到户。参见程文朝、程宇林:《新中国成立以来农村土地制度变迁的历史溯源及当代成就》,《中共乐山市委党校学报》2020 年第 1 期。

　　③　参见邓磊、张业振:《新中国成立以来农村土地流转政策的演进》,《湖北民族学院学报(哲学社会科学版)》2017 年第 1 期。

　　总体来说,我国这一阶段的土地管理法律对市场化有所放宽,其中1986年颁布的《民法通则》明确规定了城市居民与农村居民对土地所享有的民法权利(财产权性质的土地使用权),但土地权利的流转规则仍然付之阙如。

　　尽管如此,党和国家已经开始重视法律在土地管理中的重要地位,依法管理土地的观念和制度已经在具体规范中有所体现。① 但是,除《宪法》之外,此阶段的土地管理法律立法主要是行政法规及相关地方性法规,而宪法规定的是根本问题,较为宏观抽象;行政法规及相关地方性法规则更多针对具体问题,又过于具体琐碎。而且,在土地管理领域,城市土地与农村土地适用不同的法律制度,缺乏一套涵盖全国性的土地管理性法律;更重要的是,改革开放以来,随着经济发展,我国土地纠纷较为频繁,根源于土地资源不清、权属混乱等引发的人多地少的矛盾;土地利用不科学的现象(建设滥用耕地、土地浪费等)层出不穷,导致土地问题日益严重。② 在这种形势下,1986年6月25日,第六届全国人大常委会十六次会议,通过了新中国第一部系统化和专门化的土地管理法律,这就是《土地管理法》。该法内容全面,体系完整,共7章57条,各章标题为:"总则""土地所有权和使用权""土地利用和保护""国家建设用地""乡(镇)村建设用地""法律责任"和"附则"。

　　1986年《土地管理法》是新中国土地管理法律制度建设的里程碑,其对诸多土地管理制度作出了创新:从形式上讲,其体例与规范的顺序成为立法的范本,后来的《土地管理法》虽多次修订,但一直延续了这部《土地管理法》确立的基本结构;从内容上讲,除了严格贯彻《宪法》中规定的土地的社会主义公有制外,其还明确了"十分珍惜、合理利用土地和切实保护耕地"的基本国策,强调全面规划,加强管理,保护开发土地资源,制止乱占耕地和滥用土地(第3条)、明确了国务院以及地方政府对土地统一管理工作的机构设置(第5条);③建立和完善了建设用地法律制度,并且规定了国家征用土地的基本规则(特别是征地程序

---

　　①　比如,《国务院关于制止买卖、租赁土地的通知》(国发〔1983〕182号)明确指出:"依法管理土地是各级政府的重要职责。各级政府要加强领导,建立、健全土地管理机构和制度,切实把土地全面管理起来。"

　　②　参见许坚、吴茨芳、高海燕:《新中国的土地立法》,《资源与产业》2002年第5期。

　　③　1986年,国务院决定成立国家土地管理局,负责全国城乡地政的统一管理工作。这一做法为1986年的《土地管理法》所确认。

与征地补偿等规范)(第四章)。① 更重要的是,1986 年的《土地管理法》,明确承认了国有土地所有权和集体土地所有权。在此基础上,本法认可了所有权与使用权的分离,并且明确使用权可以确定给个人使用(第 7 条)。② 这一做法对于市场经济中土地资源作为经济要素加以流转具有重要意义,大大激发了国家经济发展的活力。从体系上讲,1986 年《土地管理法》作为土地管理领域的基础性法律,与"八二宪法"和《民法通则》一起,构成了新中国土地法律体系的支柱,显示这一时期土地立法体系初步成型。③

三、改革开放深化阶段的土地管理法律体系(1987—1998)

1987 年 1 月,中共中央政治局通过《把农村改革引向深入》的决议,重启农村土地流转,放开政策禁令,允许在一定条件下农民将土地转包出去。1987 年 10 月,中国共产党第十三次代表大会在北京举行,会议系统阐述了社会主义初级阶段,提出了"一个中心、两个基本点"的基本路线。④ 自此,经济建设成为全国最为重要的头等大事。1988 年 4 月,《中华人民共和国宪法修正案》通过,其中对土地流转的修改是最引人瞩目的事项之一。在这次修改中,针对原第 10 条第四款的规定修正案作出了重大修改:首先,删除了对原条款中土地"出租"的禁令,这意味着以"出租"方式流转土地在宪法上不再存在障碍;其次,在"任何组织或者个人不得侵占、买卖或者以其他形式非法转让土地"后面增加了一句规定,即"土地的使用权可以依照法律的规定转让"。这次的修改对土地流转而言非常关键:因为这并不是一般法律,而是作为最高法律的宪法,其后者明确承认了土地可以依法进行转让,实际是在坚持土地公有制的基础上,从宪法的高度上对土地流转的准许与认可。⑤

在《宪法》修正后,1988 年的《土地管理法》也有相应的修改,这就是增加了

---

① 限于当时的认识,1986 年《土地管理法》并未区分征收与征用,而是统一使用了"征用"一词,但很多规范其实就是今日所言的土地征收。

② 这在当时引发了较大争议。参见程雪阳:《土地法治四十年:变革与反思》,《中国法律评论》2019 年第 1 期。

③ 参见许坚、吴茨芳、高海燕:《新中国的土地立法》,《资源与产业》2002 年第 5 期。

④ 参见本书编写组:《中国共产党简史》,人民出版社 2021 年版,第 254—257 页。

⑤ 参见邓磊、张业振:《新中国成立以来农村土地流转政策的演进》,《湖北民族学院学报(哲学社会科学版)》2017 年第 1 期。

第2条第四款：该款明确了土地使用权（包括国有土地和集体所有的土地）可以依法转让。土地有偿使用制度同样在该法律中得以明确。这为地方性法律的制定提供了新依据，如1989年深圳市人民政府颁布了《深圳经济特区土地管理条例》，第2条就明确了特区的国有土地实行有偿使用和有偿转让制度。到1990年，国务院出台了《城镇国有土地使用权出让和转让条例》。这一条例在很多地方实现了创新：比如，对交易方式作了明确规定（协议、招标、拍卖等）；再如首次规定了不同功能用地的使用年限；列举了土地使用权的流转方式（转让、出租、抵押或者用于其他经济活动）。1994年，《城市房地产管理法》出台，该法明确了国有土地的有偿使用制度，并针对房地产市场作出了细致规范，从而形成了与《土地管理法》并行且相互衔接的土地管理法律体系。

　　土地有偿使用制度已经得到了确立，在此基础上，国有土地使用和转让的税费体制改革在有序跟进：1988年9月，《城镇土地使用税暂行条例》颁行，该条例规定了城镇土地使用者在分期缴税时，应当以其实际占用的土地面积为标准；而且同一城市内的不同地区，税额也可以有所不同；1993年12月，《土地增值税暂行条例》出台，将增值税的逻辑适用于国有土地使用权转让，即针对其转让时的增量收益部分征税，从而避免重复征税。①

　　尽管城市土地使用权流转制度逐步完善，农村集体土地上的使用权（包括宅基地使用权）转让制度仍未成型。根据《城市房地产管理法》第8条②：集体土地使用权入市仍然要面对极大的限制。另外，1998年修订的《土地管理法》第63条③改变了1988年《土地管理法》的修正内容，之前允许依法转让"国有土地和集体所有的土地的使用权"的做法被放弃，学者将其称为"重大的历史倒退"。④　不过，这一阶段也并非毫无建树，农地权利流转机制在政府规范性文件中也偶有体现，如1990年公布的《国务院批转国家土地管理局关于加强农村宅

---

① 参见张良：《新中国城市土地制度的历史变迁》，《北京党史》2013年第4期。

② 该条规定："城市规划区内的集体所有的土地，经依法征用转为国有土地后，该幅国有土地的使用权方可有偿出让。"

③ "农民集体所有的土地的使用权不得出让、转让或者出租用于非农业建设；但是，符合土地利用总体规划并依法取得建设用地的企业，因破产、兼并等情形致使土地使用权依法发生转移的除外。"

④ 参见程雪阳：《土地法治四十年：变革与反思》，《中国法律评论》2019年第1期。

基地管理工作请示的通知》对"农村宅基地有偿使用试点"进行了较为明确的规定①,被学者称为"拉开了由宅基地有偿使用开始的农村集体非农土地使用制度改革的序幕"②。

1992年10月,中国共产党第十四次全国代表大会作出了三项具有深远意义的决策,其中两项都与经济建设有关:一是抓住机遇、加快发展,集中精力把经济建设搞上去;二是确定经济体制改革的目标(即建立社会主义市场经济体制)。此后,"国家实行社会主义市场经济"写入1993年修正的《宪法》之中。1993年11月,十四届四中全会通过了《中共中央关于建立社会主义市场经济体制若干问题的决定》,这一文件的核心在于进一步具体化党的十四大中所提出来的经济体制改革目标和基本原则。不过,在推动经济快速发展的过程中,部分地方和部门片面追求高速度,引发了诸如固定资产投资过猛、房地产热等市场问题。③ 为了应对实践中出现的各种难题,国家逐步推动土地管理法律制度体系的系统化完善:1997年第八届全国人民代表大会第五次会议修订了《刑法》,土地管理和耕地保护犯罪被列入(第342条);同时,国务院颁布了《土地复垦规定》《土地管理法实施条例》《外商投资开发经营成片土地暂行管理办法》《城镇国有土地使用权出让和转让暂行条例》等行政法规;国家土地管理局出台了一系列部门规章,包括《出让国有土地使用权审批管理暂行规定》《土地登记规则》《划拨土地使用权管理暂行办法》以及《土地违法案件处理暂行办法》等。此外,省、自治区与直辖市也纷纷制定有关土地管理的地方性法规,以充实和完善我国土地管理法律制度体系。

在这一阶段,随着工业化发展对自然环境的影响,生态问题频发,自然灾害、

---

① 具体内容如下:"……三、进行农村宅基地有偿使用试点,强化自我约束机制。1988年以来,山东省德州地区和全国二百多个县的部分乡、村试行了宅基地有偿使用,取得了明显效果。为了进一步搞好农村宅基地有偿使用的试点,各地区要做好以下工作:(一)切实加强领导,选择经济基础较好,耕地资源紧张的县、乡、村,有组织、有步骤地进行试点。(二)确定宅基地有偿使用收费标准时,对在规定用地标准以内的,既要体现有偿原则,又要照顾群众的经济承受能力,少用少交费,多用多交费;超标准用地的,应规定较高的收费标准;对级差收益较高地段,收费标准要适当提高。(三)建立和完善土地使用费管理制度。宅基地使用费要本着'取之于户,收费适度;用之于村,使用得当'的原则,实行村有、乡管、银行立户制度。专款专用,主要用于村内基础设施和公益事业建设,不得挪作他用。"

② 参见许坚、吴茨芳、高海燕:《新中国的土地立法》,《资源与产业》2002年第5期。

③ 参见本书编写组:《中国共产党简史》,人民出版社2021年版,第283—289页。

水土流失等恶性环境问题凸显,而经济建设占用了非农用地,耕地的数量开始出现锐减的态势。在这种局面之下,国家开始实施更为严格的土地用途管理政策。1998年《土地管理法》确立了土地用途管理制度,明确规定土地流转不得改变土地用途;同时,规定了土地利用年度计划制度,①保护和稳定农村耕地数量和粮食安全再次成为重点,这导致"对非农业建设用地实行指令性计划管理"政策的开启。② 此外,本次修法还在其他几方面做了更新:建构了耕地占补平衡制度,提高了征收中对农民的补偿标准并配套调整了土地征用审批权,同时建构了农用地转用审批制度。

综上所述,1998年的《土地管理法》修订取得了如下成就:首先,城乡土地使用权的流转得以进一步深化,流转内容与流转形式得以明晰;其次,面对城乡土地资源利用出现的新情况与新问题,相关制度得到了细化与补充;再次,土地管理法律制度体系日益健全,《土地管理法》与其他部门法以及相关法规、地方性法规等实现了动态化与立体化发展;最后,加强了对特殊类型土地如耕地的保护,开始彰显土地资源的生态价值。这些修改为二十一世纪的中国土地管理法律制度完善打下了基础。

四、世纪之交土地管理法律制度面临的新挑战(1999—2011)

党的十五大报告指引了农村改革工作的全面推进。1998年10月,党的十五届三中全会通过的《中共中央关于农业和农村工作若干重大问题的决定》,针对农村改革明确了政策,划定了纲领,指明了方向。③

我国于2002年颁布了《农村土地承包法》,明确规定了土地承包经营权法

---

① 即"土地利用年度计划,根据国民经济和社会发展计划、国家产业政策、土地利用总体规划以及建设用地和土地利用的实际状况编制"。

② 根据学者的考察,为了落实这一规定,原国土资源部在1999年2月24日专门通过了《土地利用年度计划管理办法》,对土地利用年度计划的编制、下达、执行、监督和考核作出了详细规定。1999年之后,该管理办法历经2004年、2006年、2016年三次修改,沿用至今。参见程雪阳:《土地法治四十年:变革与反思》,《中国法律评论》2019年第1期。

③ 比如,到2010年基本建立以家庭承包经营为基础,以农业社会化服务体系、农产品市场体系和国家对农业的支持保护体系为支撑,适应发展社会主义市场经济要求的农村经济体制。再如,坚定不移地贯彻土地承包期再延长30年的政策,让亿万农民吃了"安心丸"。

律关系,并且也规定了土地承包经营权的流转问题。① 此后,为了推动农村的土地流转,农业部通过了《农村土地承包经营权证管理办法》和《农村土地承包经营权流转管理办法》等文件,意在明确土地流转的管理规范。从人民公社制度到家庭承包责任制,体现了农村土地治理逻辑的更新,即在计划经济向市场经济转型的基础上,借助民事权利与市场逻辑来实现对农村土地的管理。首先,农民可以借助合同手段取得物权。在《农村土地承包法》实施后,农户获得土地承包经营权的途径虽未被《合同法》明确规定,但却应当被认定为《农村土地承包法》规定的有名合同。② 更重要的是,农民借助家庭承包方式获得的土地承包经营权,已被确认为一种用益物权。尽管土地承包经营权会受到各种限制(诸如用途上被限制从事农业生产),但这种限制不违背私法一般原理。③ 与此相应,国有土地使用权合同也属于民事合同,不过该合同的内容与政府的行政管理活动密切相关。为了对实践中土地使用权流转纠纷作出公正裁判,最高人民法院在2005年出台《关于审理涉及农村土地承包纠纷案件适用法律的解释》(法释〔2005〕6号)和《关于审理涉及国有土地使用权合同纠纷案件适用法律问题的解释》(法释〔2005〕5号)。此后,土地承包经营权、建设用地使用权与宅基地使用权被《物权法》明确作为用益物权加以规定,这就为更好地利用市场机制来助力土地管理打下了基础。明确土地权利的民事权利属性,有助于划定土地管理权力的范围,从而增强土地管理的针对性。

进入21世纪之后,随着市场经济不断深入发展,城市化进程加快引发的土地利用问题成为土地管理法律制度面临的新挑战。城市(镇)化代表更多农村人口分享市民化的服务和发展机遇,④这将在长期成为我国发展的基本趋势。当前,我国城市化的高速发展可谓有目共睹:新中国成立初期,我国人口总数约

① 《农村土地承包法》第1条明确规定:"为稳定和完善以家庭承包经营为基础、统分结合的双层经营体制,赋予农民长期而有保障的土地使用权,维护农村土地承包当事人的合法权益,促进农业、农村经济发展和农村社会稳定。"

② 早在1983年,学界就有观点认为,凤阳县的大包干合同,属于合同类型中的一个新的属类。参见史探径:《大包干合同制的产生和发展——凤阳县农村调查报告》,《法学研究》1983年第4期。

③ 如《文物保护法》第6条规定,"文物的所有者必须遵守国家有关文物保护的法律、法规的规定"。不过,这种限制不影响文物的私人所有权仍然是一种民事权利。

④ 参见华生:《城市化转型与土地陷阱》,东方出版社2014年版,第19页。

为 5.4 亿,城镇化率仅为 10.64%,约有 90% 的人生活在农村;1978 年开始改革开放,城镇化率为 17.9%、城镇人口为 1.72 亿;此后,城镇人口一路飙升,到 2011 年末,城镇人口首次超过农村,达到 6.9 亿;到 2014 年,我国城镇化率为 54.8%、城镇人口为 7.49 亿;到 2018 年末,我国城镇化水平已经达到 59.58%,年均提高了 0.71 个百分点。[①]

城市化发展在推动经济快速发展的同时,也因城市土地使用权的市场红利过高,催生了土地市场中的一些不科学甚至不合法的现象,造成农民利益与城镇发展之间的关系日益紧张。更重要的是,城市化与工业化对国土资源的需求不断上升,开始对农村土地"步步紧逼",土地资源特别是耕地资源的保护显得尤为迫切。耕地乃关系一国安危存亡之重要资源,在我国人均耕地少、优质耕地少、耕地后备资源少的国情下,加强耕地保护极具必要。

早在 1997 年,《关于进一步加强土地管理切实保护耕地的通知》便由中共中央、国务院加以发布,该文件针对城市规模不科学的局面,要求对建设用地审批应当更加严格,强调严格控制城市规模。1998 年修订的《土地管理法》明确了耕地的占补平衡制度;同年年末,国务院修订《基本农田保护条例》,对基本农田实行特殊保护制度,以促进农业生产和社会经济的可持续发展。此后,国务院又出台了一系列保护耕地的政策文件,主要包括:其一,《国务院办公厅关于清理整顿各类开发区加强建设用地管理的通知》(国办发〔2003〕70 号)。该通知针对农民对土地的利益受到政府不当干预甚至侵害的现象作出了非常明确的规定。[②] 其二,《国务院关于深化改革严格土地管理的决定》(国发〔2004〕28 号)。该决定"鼓励农村建设用地整理,城镇建设用地增加要与农村建设用地减少相挂钩……禁止擅自通过'村改居'等方式将农民集体所有土地转为国有土地。禁止农村集体经济组织非法出让、出租集体土地用于非农业建设"。到 2006 年,

---

① 参见程文朝、程宇林:《新中国成立以来农村土地制度变迁的历史溯源及当代成就》,《中共乐山市委党校学报》2020 年第 1 期。

② 如"随意圈占大量耕地和违法出让、转让土地,越权出台优惠政策,导致开发区过多过滥,明显超出了实际需要,严重损害了农民利益和国家利益"的现象,要"纠正越权审批、违规圈占土地、低价出让土地等行为";"对未经国务院和省级人民政府批准擅自设立的各类开发区,以及虽经省级人民政府批准,但未按规定报国务院备案的各类开发区,先整改,对缺乏建设条件、项目、资金不落实的,要坚决停办,所占用的土地要依法坚决收回,能够恢复耕种的,要由当地人民政府组织复垦后还耕于农,严禁弃耕撂荒"。

第十届全国人民代表大会第四次会议批准《国民经济和社会发展第十一个五年规划纲要》,第一次提出耕地保有量保持1.2亿公顷,并将此确定为具有法律效力的约束性指标,纳入各地区、各部门经济社会发展综合评价和绩效考核,强调"坚持最严格的耕地保护制度"①。2007年,党的十七大召开,在经济、政治、文化、社会、生态文明等五个方面提出了具体要求。2008年,党的十七届三中全会作出《中共中央关于推进农村改革发展若干重大问题的决定》,强调农业是安天下、稳民心的战略产业,要求坚决守住18亿亩耕地红线,促进城乡经济社会发展一体化。②

2005年,建设社会主义新农村的重大战略任务为十六届五中全会明确提出。据此,我国将土地管理的立法工作与目标重点确定在以下方面:

第一,规范集体土地征收制度。集体土地征收制度的规范包含两方面内容:一是明确征收的条件;二是明确被征地对象的补偿和安置。2004年修宪后,《宪法》第10条第三款作出了修改,明确了公共利益需要是对土地依法实行征收或征用的前提,同时也要给予补偿。这样一来,补偿问题就上升到了宪法层面。2004修订的《土地管理法》依据《宪法》的规定,也对征收与征用作出了明确区分,2007年颁布的《物权法》和2007年修正的《城市房地产管理法》同样将公共利益与被征地对象的补偿和安置纳入了征收规则之中。此外,《关于加强征地管理工作的通知》(国土资发〔1999〕480号)和《关于进一步做好征地管理工作的通知》(国土资发〔2010〕96号)、《关于进一步严格征地拆迁管理工作切实维护群众合法权益的紧急通知》(国办发〔2010〕15号)等一系列文件均从政策上为集体土地征收工作的开展提供了指导。

第二,规范土地使用权交易。面对国有土地以非公开竞价方式流转过于频繁而引发国有资产流失的局面,2001年《国务院关于加强国有土地资产管理的通知》(国发〔2001〕15号)就对严格控制建设用地供应总量提出了明确的要求,并且提出以市场竞价的方式(招标、拍卖)来推动国有土地使用权的流转,严格实行国有土地有偿使用制度。国土资源部发布的《招标拍卖挂牌出让国有土地

---

① 参见董昕:《中国城市土地制度的百年演进、历史作用与内在逻辑》,《中国软科学》2021年增刊。

② 参见本书编写组:《中国共产党简史》,人民出版社2021年版,第332、344—345、347、394页。

使用权的规定》[中华人民共和国国土资源部令(第11号)]则明确了这一原则。① 2004年的《国务院关于深化改革严格土地管理的决定》(国发〔2004〕28号)作出了进一步的规定:"工业用地也要创造条件逐步实行招标、拍卖、挂牌出让"。同年,国土资源部、监察部发布《关于继续开展经营性土地使用权招标拍卖挂牌出让情况执法监察工作的通知》(国土资发〔2004〕71号),对历史遗留问题涉及协议出让的给出了"截止日期";②2006年的《国务院关于加强土地调控有关问题的通知》(国发〔2006〕31号)则对工业用地的出让方式和价格作出了明确规定③:一是其出让必须采用"招拍挂"的方式,二是其出让的价格不得低于(公布出来的)最低价标准;2007年的《招标拍卖挂牌出让国有建设用地使用权规定》也有相似的规定。④ 可见,国家对土地使用权的有偿流转问题极为重视,持续以政策形式设计土地使用权流转制度,以推动土地使用权流转规范化、制度化。

第三,规范土地管理。在这一阶段,国家对城市土地的管理愈发强调精细化与集约化。一方面,在1999年的《闲置土地处置办法》(国土资源部令第5号)提出以政府土地储备作为收回的闲置国有土地的利用方式之后,2007年原国土资源部、财政部、中国人民银行联合出台了《土地储备管理办法》(国土资发〔2007〕227号),明确"优先储备闲置、空闲和低效利用的国有存量建设用地",并应当制定年度土地储备计划。另一方面,原国土资源部出台了一系列有关土地管理制度的部门规章,包括2008年发布的《土地登记办法》(国土资源部令第40号)、《土地调查条例实施办法》(国土资源部令第45号)和《国土资源行政复议规定》(国土资源部令第46号)。同年,国务院批准实施原国土资源部会同有关部门编制了《全国土地利用总体规划纲要(2006—2020年)》,随后原国土资

---

① 该文件第4条规定:"商业、旅游、娱乐和商品住宅等各类经营性用地,必须以招标、拍卖或者挂牌方式出让。前款规定以外用途的土地的供地计划公布后,同一宗地有两个以上意向用地者的,也应当采用招标、拍卖或者挂牌方式出让。"

② "……8月31日后,不得再以历史遗留问题为由采用协议方式出让经营性土地使用权。"

③ "……建立工业用地出让最低价标准统一公布制度……国家根据土地等级、区域土地利用政策等,统一制订并公布各地工业用地出让最低价标准。工业用地出让最低价标准不得低于土地取得成本、土地前期开发成本和按规定收取的相关费用之和。工业用地必须采用招标拍卖挂牌方式出让,其出让价格不得低于公布的最低价标准。低于最低价标准出让土地,或以各种形式给予补贴或返还的,属非法低价出让国有土地使用权的行为,要依法追究有关人员的法律责任。"

④ 第2条第一款明确规定:"工业、商业、旅游、娱乐和商品住宅等经营性用地以及同一宗地有2个以上意向用地者的,应当以招标、拍卖或者挂牌方式出让"。

源部出台了《土地利用总体规划编制审查办法》(国土资源部令第43号),国土规划开始成为法律概念。此外,《关于部署运行土地市场动态监测与监管系统的通知》(国土资发〔2008〕284号)、《关于印发市县乡级土地利用总体规划编制指导意见的通知》(国土资厅发〔2009〕51号)、《关于严格建设用地管理促进批而未用土地利用的通知》(国土资发〔2009〕106号)等部门规范性文件的出台,也大大地强化了土地管理制度体系的技术化与科学化。

五、新时代土地管理法律取得的成就(2012年至今)

2012年,党的十八大召开,中国特色社会主义进入新时代,党中央团结带领全党全国各族人民,提出了包括实现中华民族伟大复兴的中国梦在内的一系列重要主张,党和国家的事业取得了全方位、开创性成就,实现了深层次、根本性变革,①我国土地管理法律制度也开启了新的改革征程。在这一阶段,土地管理制度改革的规模之大、内容之多、程度之深、范围之广,在新中国的历史上堪称浓墨重彩的一笔。这是我国在新中国成立初期社会主义改造之后,又一次大规模的土地立法活跃期。本次土地管理法律制度的发展愿景,以打破城乡二元结构促进城乡融合发展为基础,以完善土地管理的具体法律规则为手段,并力争加强涉及土地资源的公法(管理性法律制度)与私法(土地财产权制度)之间的制度对接。党和国家面对不同土地的不同状况,针对农用地与城乡建设用地,出台了一系列政策,指引着新时代的土地管理法律制度体系的发展和完善。

2014年3月,中共中央、国务院印发《国家新型城镇化规划(2013—2020)》,同年年底通过了《关于农村土地征收、集体经营性建设用地入市、宅基地制度改革试点工作的意见》,也就是所称的"三块地"改革试点意见。2016年10月,《关于完善农村土地所有权承包权经营权分置办法的意见》为中共中央办公厅、国务院办公厅所印发,为"三权分置"这一被誉为继家庭联产承包责任制后农村改革的又一重大制度创新提供了具体指导。上述政策分别针对建设用地与农用地,代表了我国新时代土地管理法律制度建设中两方面的突出问题。

早在2011年,进一步修改《土地管理法》便被提上议事日程。本次修法是

---

① 参见中共中央宣传部:《中华人民共和国简史》,人民出版社2021年版,第335页。

自 2011 年部委送审稿以后,到《中共中央关于全面深化改革若干重大问题的决定》颁布(该文件颁布于 2013 年的十八届三中全会,而本次会议正好以"改革"为主题)以来,启动新一轮土地改革后最重要的立法盛事之一。本轮《土地管理法》修法活动结束,表明新中国新一轮土地制度改革的阶段性任务完成。本次共有 35 个修改点,持续涉及或强化的内容主要针对"三块地"改革和两个现实需求。修改内容可以总结如下:其一,关于土地征收,主要完善了如下三方面:一是首次对土地征收的公共利益进行明确界定,采取列举与概括的折中模式,缩小土地征收范围;二是首次明确了土地征收补偿的基本原则,完善了对被征地农民的合理、规范、多元保障机制;三是改革或修正了征地程序,更加注重征收实践对农民利益的维护,其改革力度前所未有。其二,关于集体经营性建设用地入市,主要完善了如下两方面:一是明确入市的条件;二是规范了入市后的基本管理措施。尽管条文不多,但被认为是本轮《土地管理法》修改的最大亮点和突破创新。其三,关于宅基地制度,主要完善了如下三方面:一是健全宅基地权益保障方式,在原来一户一宅的基础上增加了户有所居的规定;二是明确允许宅基地有条件的自愿有偿退出机制;三是完善宅基地管理制度。其四,除"三块地"改革方面外的其他修改,突出体现在如下两个现实需求的完善:一是强化耕地尤其是永久基本农田保护;二是为"多规合一"和建立国土空间规划体系预留空间。①

本轮《土地管理法》的修法,坚持了党中央领导,正确的政治方向,审慎稳妥,统筹协调,对于加强土地管理、维护土地的社会主义公有制,保护和合理利用土地资源,切实保护耕地发挥了重要作用。② 在客观层面,本次修法体现了两方面的特点:一是试点改革跨入依法改革,从微小局部扩至全域乡村,服从现实需求且重点突出。通过"三块地"联动改革实践,将创新行为上升为法律;并将通过拟编制统一、全新的国土空间规划体系,形成了以生态红线、永久基本农田和城市开发边界作为三条控制线的整体管控框架。二是纸面上的法到实践需求的法,有认知但也存在距离,表明改革还在路上。③

在本轮《土地管理法》修法的同时,相关行政法规和部门规章也进行了相应

---

① 参见陈小君:《〈土地管理法〉修法与新一轮土地改革》,《中国法律评论》2019 年第 5 期。
② 参见魏莉华:《新〈土地管理法〉的精神实质及其贯彻实施》,《中国土地》2019 年第 11 期。
③ 参见陈小君:《〈土地管理法〉修法与新一轮土地改革》,《中国法律评论》2019 年第 5 期。

的调整与创设:首先,《土地管理法实施条例》于 2021 年 7 月 2 日进行了第三次修订,其主要内容包括:凸显国土空间规划的法律地位,体现了"规划先行"的基本思路;强化"耕地保护"制度,明确了耕地补偿制度,调整了开垦耕地的程序要求,强调了耕地应当优先用于农产品生产,并且明确了耕地保护的负责人。这是对以往法律制度的突破和创新。同时,对农用地转用、土地征收等也根据《土地管理法》进行了细化,并且以"宅基地管理"专节对宅基地的申请、退出、使用和保护作出了明确的规范。而且,《土地管理法实施条例》明确鼓励乡村重点产业和项目使用集体经营性建设用地,并对集体经营性建设用地的出让与流转规则进行了相应的优化。此外,2020 年自然资源部出台了《自然资源部关于印发〈土地征收成片开发标准(试行)〉的通知》(自然资规〔2020〕5 号),该通知根据《土地管理法》第 45 条的规定,对成片开发的概念、理念、方案以及程序等问题作出了较为细致的规定,为地方政府规范集体土地征收行为提出了较为明确的操作规范。

在农用地管理方面,我国土地管理法律制度也作出了较大步伐的改革。自迈入 21 世纪以来,党和国家越来越重视"三农"问题;在社会主义建设进入新时代之后,这一立场最终集大成于"乡村振兴"战略中。2017 年,党的十九大报告将"三农"问题作为"全党工作重中之重"。① 为贯彻承包地"三权分置"政策,扩充与修正"两权分离",2018 年《农村土地承包法》进行了修正。此次《农村土地承包法》修法增加了土地经营权的概念以及相关规范。随后,《民法典》颁行,其延续了《农村土地承包法》的做法,将土地经营权制度规定在"物权编"中的用益物权部分,从而在基本法律层面确认了土地经营权的私权属性,进而为农民土地权益的保障、土地经营权的流转提供了法律支撑。与此相应,最高人民法院根据《民法典》与修正后的《农村土地承包法》,对《最高人民法院关于审理涉及农村土地承包经营纠纷调解仲裁案件适用法律若干问题的解释》以及《最高人民法院关于审理涉及农村土地承包纠纷案件适用法律问题的解释》(法释〔2020〕17

---

① 党的十九大报告对"三农"问题的论述包括:农业农村农民问题是关系国计民生的根本性问题,必须始终把解决好"三农"问题作为全党工作重中之重;要坚持农业农村优先发展,按照"产业兴旺、生态宜居、乡风文明、治理有效、生活富裕"的总要求,建立健全城乡融合发展体制机制和政策体系,加快推进农业农村现代化;巩固和完善农村基本经营制度,深化农村土地制度改革,完善承包地"三权"分置制度;保持土地承包关系稳定并长久不变,第二轮土地承包到期后再延长三十年,等等。这些论述高度凝练了党中央对"三农"问题的重视和关注,并且在政策层面对"三农"工作的发展指明了方向。

号)进行了修改,从而为土地承包纠纷的处理提供了最新的诉讼指引。在土地管理法律制度发展过程中,相关配套制度也相继落地,具体包括:其一,确权登记制度。为把农户承包地搞准、搞清、搞实,党的十八大以后,确权登记颁证工作得到了党中央的一系列决策部署。早在2014年,针对土地承包经营权确权登记颁证工作,中央就明确提出用5年左右时间基本完成。截至2018年6月底,全国范围内31个省(区、市)开展了确权工作,确权面积13.9亿亩,超过二轮家庭承包土地的(账面)面积;其中17个省份已提交基本完成该项工作的报告,其余省份也已进入确权工作的收尾阶段。其二,适度规模经营。2014年,中办国办印发《关于引导农村土地经营权有序流转发展农业适度规模经营的意见》(中办发〔2014〕61号),对规模经营作出了原则性的政策扶持。①

2017年,《关于加快构建政策体系培育新型农业经营主体的意见》为中办国办所印发,发挥政策对新型农业经营主体发展的引导作用。② 截至2017年底,

---

① "发展适度规模经营已成为必然趋势。实践证明,土地流转和适度规模经营是发展现代农业的必由之路,有利于优化土地资源配置和提高劳动生产率,有利于保障粮食安全和主要农产品供给,有利于促进农业技术推广应用和农业增效、农民增收,应从我国人多地少、农村情况千差万别的实际出发,积极稳妥地推进。为引导农村土地(指承包耕地)经营权有序流转、发展农业适度规模经营……全面理解、准确把握中央关于全面深化农村改革的精神,按照加快构建以农户家庭经营为基础、合作与联合为纽带、社会化服务为支撑的立体式复合型现代农业经营体系和走生产技术先进、经营规模适度、市场竞争力强、生态环境可持续的中国特色新型农业现代化道路的要求,以保障国家粮食安全、促进农业增效和农民增收为目标,坚持农村土地集体所有,实现所有权、承包权、经营权三权分置,引导土地经营权有序流转,坚持家庭经营的基础性地位,积极培育新型经营主体,发展多种形式的适度规模经营,巩固和完善农村基本经营制度。改革的方向要明,步子要稳,既要加大政策扶持力度,加强典型示范引导,鼓励创新农业经营体制机制,又要因地制宜、循序渐进,不能搞大跃进,不能搞强迫命令,不能搞行政瞎指挥,使农业适度规模经营发展与城镇化进程和农村劳动力转移规模相适应,与农业科技进步和生产手段改进程度相适应,与农业社会化服务水平提高相适应,让农民成为土地流转和规模经营的积极参与者和真正受益者,避免走弯路。"

② "在坚持家庭承包经营基础上,培育从事农业生产和服务的新型农业经营主体是关系我国农业现代化的重大战略。加快培育新型农业经营主体,加快形成以农户家庭经营为基础、合作与联合为纽带、社会化服务为支撑的立体式复合型现代农业经营体系,对于推进农业供给侧结构性改革、引领农业适度规模经营发展、带动农民就业增收、增强农业农村发展新动能具有十分重要的意义。为加快构建政策体系,引导新型农业经营主体健康发展,现提出如下意见。……全面贯彻党的十八大和十八届三中、四中、五中、六中全会精神,深入贯彻习近平总书记系列重要讲话精神和治国理政新理念新思想新战略,认真落实党中央、国务院决策部署,紧紧围绕统筹推进'五位一体'总体布局和协调推进'四个全面'战略布局,牢固树立和贯彻落实新发展理念,围绕帮助农民、提高农民、富裕农民,加快培育新型农业经营主体,综合运用多种政策工具,与农业产业政策结合、与脱贫攻坚政策结合,形成比较完备的政策扶持体系,引导新型农业经营主体提升规模经营水平、完善利益分享机制,更好发挥带动农民进入市场、增加收入、建设现代农业的引领作用。"

农业经营已经出现新局面:各类新型农业经营主体超过 300 万家,新型职业农民达到 1400 万人,多种形式适度规模经营占比达到 40%。①

总之,自新中国成立以来,在社会主义建设的过程中,土地管理法律制度的发展并非一帆风顺,但随着我国开始实行改革开放,土地管理制度日益受到党和国家的重视,土地管理立法也日新月异,从而为推动国家的经济发展与社会进步、保障人民安居乐业提供了不可或缺的制度支持。

第二节　新中国土地管理法律制度的变迁动因

新中国成立以来,土地管理法律制度发生了若干次较为巨大的变革,对于土地管理法律制度变革的成因,法学界尚缺乏深入而细致的探讨。通过将土地管理法律制度的变迁置于其所处历史环境,我国土地管理法律制度的变迁动因主要包含如下三个方面:

一、党的政策精神是土地管理法律的规范内核

在新中国成立后的一个较长阶段,对于法律与政策的关系,法学理论界一般认为,"党的政策是以马列主义、毛泽东思想为指导的,最集中地反映了工人阶级和广大人民的意志和利益,正确地反映了社会发展的客观规律和革命斗争实际的需要。社会主义法律的制定,只有以党的政策为根据,体现党的政策,才能确切地反映工人阶级和广大人民的意志和利益,反映社会发展的要求,积极地推动社会主义革命和建设事业向前发展……法律既然是根据党的政策制定的,当然在它实施的过程中,要受党的政策的指导。而且也只有在党的政策的指导下,社会主义法律才能得到正确的理解,正确地实施"②。换句话说,党的政策就是法律的灵魂,其决定着我国法律的性质和内容,我国的法律实质上是党的政策的

---

① 韩长赋指出,党的十八大以来,以习近平同志为核心的党中央作出了"四个全面"战略布局,将全面深化改革摆上突出位置,对深化农村土地制度改革作出了一系列重大决策部署,初步构建了农村土地制度的"四梁八柱"。参见韩长赋:《中国农村土地制度改革》,《农业经济问题》2019年第 1 期。

② 王勇飞编:《法学基础理论参考资料》(修订版)(中),北京大学出版社 1985 年版,第743 页。

体现,因而应当根据党的政策的精神实质来理解法律、适用法律。① 这种思想在我国有着深厚的历史基础:

第一,新中国的法制建设在零的基础上出发,需要政策来弥补法律制度体系的不足。1949 年 2 月,中共中央发布了《废除国民党的六法全书与确立解放区的司法原则的指示》,义无反顾地摧毁了旧法统,打碎了旧法制。该指示确定了新政府的人民司法工作的法律依据②,"确立了中华人民共和国法制建设的基础和出发点,其精神一直是新中国建立后法制建设的指导方针,对中国法制建设产生了极其深远的影响"③。一个重要的表现就是,在旧法统被摧毁后,基于建立政权的需要而亟待创建新法制,客观上也必须制定一些法律、法规和规章制度,但这个时期主要依靠党的政策治理国家,依靠党发动群众领导政治运动来完成民主革命未完成的任务。④ 可见,有关司法机关有法律依据法律、无法律依据政策的司法原则,"造成了以后社会主义建设时期长期依赖政策,甚至只重政策不重法律的局面"⑤。

第二,受苏联法学理论影响,法律虚无主义观念渗透到我国法制建设中。新中国成立后迫切需要发展,却受到西方国家的严密封锁,此时对于缺乏建设经验的新中国来说,只能全面向苏联学习——包括学习苏联的法学理论。⑥ 由于苏联法学理论与新中国建设和发展的需求相契合,因而中国法学界对苏联法学理论极其忠诚,在此方面甚至超过了苏联法学界,以致 20 世纪 60 年代以后苏联法在形式上不再对中国法发生直接影响,且在苏联后来抛弃它自己 20 世纪 50 年代以前的法律理论时,中国却还停留在苏联 50 年代的法律,以致当时中国法学

---

① 参见王勇飞编:《法学基础理论参考资料》(修订版)(中),北京大学出版社 1985 年版,第 744—745 页。

② 第(五)项中指出:"目前,人民的法律还不完备的情况下,司法机关的办事原则,应该是:有纲领、法律、命令、条例、决议规定者,从纲领、法律、命令、条例、决议之规定;无纲领、法律、命令、条例、决议规定者,从新民主主义政策。"

③ 蔡定剑:《历史与变革——新中国法制建设的历程》,中国政法大学出版社 1999 年版,第 3 页。

④ 参见项淳一:《党的领导与法制建设》,《中国法学》1991 年第 4 期。

⑤ 蔡定剑:《历史与变革——新中国法制建设的历程》,中国政法大学出版社 1999 年版,第 4 页。

⑥ 参见高飞:《集体土地所有权主体制度研究》(第二版),中国政法大学出版社 2017 年版,第 56 页。

成为苏联法学最正统的继承者。① 就新中国法制建设来看,苏联法的影响不仅体现在制度建构方面,而且也体现在法制观念方面,其中强调社会主义法的虚无主义的法制观念的影响最为深远。苏联法学家帕舒卡尼斯将法律与资本主义经济相等同,认为"资产阶级法的特定范畴(是范畴,而不是这一个或那一个规则)的消亡绝不意味着它们会被无产阶级的新型法律范畴取代,就像价值、资本、利润等范畴消失,过渡到发达的社会主义,并不意味着新的无产阶级的价值、资本等范畴的出现一样。在这种条件下,资产阶级法律范畴的消亡意味着法也随之一起消失,也就是说法律元素从社会关系中彻底褪去、消失"②。尽管20世纪30年代苏联就对这种法律虚无主义观念进行了批评,但其对我国法学界却具有重要影响。基于此种法学理论,我国长期以来在国家治理过程中更多依靠政策,相关的法律制度服从并依赖于政策的精神。

第三,计划经济体制的推行,为重政策、轻法律提供了实践的土壤。从20世纪50年代初期开始,我国便向苏联学习实行国民经济计划管理制度。"社会主义国家由于建立了生产资料的社会主义公有制,全民所有制经济在国民经济中占有巩固的领导地位,有可能也有必要建立国民经济的计划管理制度。"③计划经济是一种行政经济,也就是依靠各种行政手段来直接组织和推行的经济。正如学者指出,计划经济强调领导者意图,政治考虑会压倒社会本身的需求和市场的要求。因此,领导者(包括企业管理层)就需要根据常变的形势不断地作出新的决策,还需要强有力的政府(企业管理层)推行这些决策。"政策的决策方式、传播方式和执行方式,正好适应国家控制管理计划经济的需要。"④可见,计划经济目标的达成高度依赖于行政权力的运行,从而使得其与政策的规制形式极其融洽。

新中国成立后在一段时间内重视政策而未充分发挥法律功能的国家治理模式,在土地管理法律制度建设中表现尤为突出。1950年6月,我国制定了《土地

---

① 参见蔡定剑:《历史与变革——新中国法制建设的历程》,中国政法大学出版社1999年版,第258—259页。

② [苏联]帕舒卡尼斯:《法的一般理论与马克思主义》,杨昂、张玲玉译,中国法制出版社2008年版,第14页。

③ 薛暮桥:《中国社会主义经济问题研究》,人民出版社1979年版,第146页。

④ 蔡定剑:《历史与变革——新中国法制建设的历程》,中国政法大学出版社1999年版,第263页。

改革法》，以便"废除地主阶级封建剥削的土地所有制，实行农民的土地所有制，借以解放农村生产力，发展农业生产，为新中国的工业化开辟道路"①。由于《土地改革法》仅适用于一般农村，不适用于大城市的郊区，故"为适应城市建设与工商业发展的需要及城市郊区农业生产的特殊情况"②，《城市郊区土地改革条例》于同年11月公布。此后，我国还分别于1953年和1958年颁布了《国家建设征用土地办法》。虽然土地法律制度建设在新中国成立之初就受到党和国家的高度重视，但上述土地法律法规远不能满足我国经济社会发展的需要，因而党的政策在土地治理方面发挥了重要作用，建立土地的社会主义公有制正是政策大力推动的成果。1957年到1976年，在法制建设方面，党和国家重视程度不够，使得新中国刚刚建立的新法制难以发挥作用，③这种情况也发生在土地管理法律制度建设领域。

改革开放后，我国明显加快了土地管理法律制度建设，先后制定了《土地管理法》《城市规划法》《城市房地产管理法》《农村土地承包法》《民法典》等法律及相关行政法规，其中很多法律法规也根据我国经济社会的发展进行了修订，土地管理法律制度体系基本形成。然而，在这一时期，党和国家出台的与土地管理相关的政策依然在土地治理中发挥着主导作用，无论是农村土地承包经营和城市土地有偿流转制度的确立（1978年到1998年），还是建立以用途管制为核心的土地管理制度及土地资源配置体系（1998年到2012年），以及党的十八大以来持续推进土地管理改革，土地制度改革的新篇章的开启，④我国在土地管理制度发展与完善方面都是政策先行，法律通过对政策中成熟的内容加以总结和提升后，再以法律规则的形式将政策内容固定下来。可见，从新中国成立以来，党和国家政策决定了我国土地法律制度建设方向，其中土地管理法律制度的规范内容主要体现了相关政策目标。

---

① 《土地改革法》第1条。
② 《城市郊区土地改革条例》第1条。
③ 参见蔡定剑：《历史与变革——新中国法制建设的历程》，中国政法大学出版社1999年版，第79页。
④ 参见俞明轩、谷雨佳、李睿哲：《党的以人民为中心的土地政策：百年沿革与发展》，《管理世界》2021年第4期。

二、强化节约用地是土地管理法律的制度精髓

中国幅员辽阔,地理位置十分优越,但在土地资源方面却呈现出以下基本特点:绝对数量较大,人均占有量少;地貌类型复杂多样,耕地所占比重小;土地利用情况复杂,生产力地区差异明显;优质土地资源地区分布不均,保护和开发问题突出。具体而言,我国虽然土地资源丰富,但人均占有量在世界上处于较低水平,难以改造和利用的沙质荒漠、戈壁等土地类型占比较大,耕地所占比重反而较小,作为耕地后备资源的未利用地的也极为有限;同时,在土地开发过程中造成环境污染、水土流失以及过度使用等问题,又加剧了对土地资源的破坏。而且,部分地方政府基于财政诉求而不当加速土地资源的开发,造成对土地资源的不合理利用,使得稀缺的土地资源进一步被浪费。

"人类基本上是'他的环境的创造物'"①,中国土地管理法律制度的发展必然受到我国自然环境的制约。土地资源尤其是耕地资源的重要性备受关注,故新中国成立以来党和国家一直都十分重视并强调节约用地。20世纪50年代初,就已经意识到国家建设中存在浪费土地的现象,故在1953年政务院《国家建设征用土地办法》第3条第一款明确规定在征用土地时遵循节约用地原则。②在该办法公布后,中共中央为贯彻该办法给各级党委的指示中强调,"必须贯彻节约用地的原则,严格压缩用地计划,做到可购不可购者尽量不购,暂时尚不能施工者不要过早征购;尽量利用可资利用的空地和荒地,不用或少用人烟稠密地区的土地和良田"。1958年国务院《国家建设征用土地办法》延续并细化了1953年政务院《国家建设征用土地办法》关于节约用地原则的规定。③在1960年《关于基本建设节约用地问题的报告》中更是明确指出:"占地过多、占地过早、本来应当占用坏地而占用了好地等浪费土地的现象,有的还是相当严重。"

此后,我国法制建设基本处于停滞状态,直到改革开放,节约用地原则在我

① [英]哈·麦金德:《历史的地理枢纽》,林尔蔚、陈江译,商务印书馆2007年版,第22页。

② 第3条规定:"凡属有荒地、空地可资利用者,应尽量利用,而不征用或少征用人民的耕地良田;凡属目前并不十分需要的工程,不应举办。"

③ 该款规定:"国家建设征用土地,必须贯彻节约用地的原则。一切目前可以不举办的工程,都不应该举办;需要举办的工程,在征用土地的时候,必须精打细算,严格掌握设计定额,控制建筑密度,防止多征、早征,杜绝浪费土地。凡有荒地、劣地、空地可以利用的,应该尽量利用;尽可能不征用或者少征用耕地良田,不拆或者少拆房屋。"

国土地管理法律制度中重新得到了重视。1982 年国务院公布的《国家建设征用土地条例》第 3 条明确将节约用地规定为我国的国策。① 1986 年制定《土地管理法》时，更是将"综合运用行政、经济、法律手段，贯彻落实十分珍惜每寸土地，合理利用每寸土地，切实保护耕地，以维护我国社会主义土地公有制"作为立法的指导思想。由于土地资源尤其是耕地资源的保护是"关系国计民生、关系国家发展全局和中华民族生存安危的大事"，②故 1998 年《土地管理法》修订时于第 3 条作出原则性的规定③。此后《土地管理法》数次修法均保留了该规定。而且，除法律法规外，党和国家的政策也一再强调在实践中要节约用地、保护资源。

从我国法制建设来看，"节约用地"的思想在土地管理法律制度中贯穿始终，其是相关制度建构的精髓和指针。纵观新中国土地管理法律制度的变迁，在诸多制度的创设与修正中都蕴含着节约用地的治理意图。譬如，在土地征收制度中，作为启动条件的公共利益条款从最初的创设到如今被多次强化，加之我国在法律制度中对征地补偿标准作出了数次调整，这些举措固然是为了维护土地被征收的私主体的合法权益，但是，从国家治理的角度看，上述规范同样是对政府行使征收权的限制，而其中缩小征地范围，实际是践行了节约用地的法治思想。再如，我国建立土地储备制度作为对土地宏观调控发展方向的重要技术手段，其计划、运行与管理的方方面面无疑都指向节约用地的基本思想。土地储备固然对地方财政也有诸多助益，但其却体现了土地利用制度的数据化与精细化设计：从收回、储存到供应的全部流程，均意在实现地尽其用的目标，都是为了推动土地资源的优化配置与可持续发展，并强调社会效益优先。由于节约用地原则是我国土地管理法的基本制度精神，其基本内涵贯穿于土地管理法律制度，以致各种具体土地管理规范均或直接或间接地围绕节约用地展开，在内容上亦不得与之相抵触。

---

① 该条规定："节约土地是我国的国策。一切建设工程，都必须遵循经济合理的原则，提高土地利用率。凡有荒地可以利用的，不得占用耕地；凡有劣地可以利用的，不得占用良田，尤其不得占用菜地、园地、精美鱼塘等经济效益高的土地。各地区特别是大城市近郊和人口密集地区，都应当按照土地利用规划，对各项建设用地严格加以控制。在城市规划区范围内进行建设，必须符合城市规划的要求，并同改造旧城区结合起来，以减少新占土地。"

② 卞耀武、李元主编：《中华人民共和国土地管理法释义》，法律出版社 1998 年版，第 43 页。

③ 即"十分珍惜、合理利用土地和切实保护耕地是我国的基本国策。各级人民政府应当采取措施，全面规划，严格管理，保护、开发土地资源，制止非法占用土地的行为"。

对中国而言,新中国成立之初对"节约用地"的强调,主要是当时征用土地出现了"严重地损害农民利益的错误行为,如不及时制止,将会影响到工农联盟的巩固,大大地不利于国家建设的事业"①。在 20 世纪 90 年代初期美国学者布朗撰文提出"谁来养活中国"后,②节约用地在我国就与保障粮食安全紧紧联系在一起。尽管我国在粮食安全问题上取得了举世瞩目的成绩,但在人口数量大、耕地面积小的国内局势与国际形势不稳定的情形下,粮食安全问题一刻也不能放松。而保障国家粮食安全的要害,一是种子,二是耕地。③ 在工业化、信息化、城镇化与农业现代化的趋势下,农业用地转化为非农用地的压力仍将不断加大,加之土地荒漠化、水土流失等因素的影响,我国耕地面积减少的趋势仍难根本扭转,耕地保护形势依旧严峻。仅从 2015 年到 2019 年,耕地面积就累计减少 1.07亿亩。此外,维护粮食安全对耕地质量的要求会不断提高,但我国的耕地质量整体偏低,给粮食单产提升增加了压力。可以说,耕地质量风险不是突发性的,需要长期跟踪,持续关注,提前防范。④ 显然,遵循节约用地原则,有助于实现土地高效利用,减轻国家建设用地对占用耕地的需求,以便有效保证 18 亿亩耕地红线不动摇,从而对于粮食安全以及国家安全提供充分的保障。

当然,从新中国土地管理法律制度的历史考察可知,在改革开放之前,因国家实行计划经济体制,更加重视政策在土地治理中的作用,故在实践中主要以行政权力来推动节约用地目标的实现;从改革开放至 21 世纪之交,随着我国以社会主义市场经济体制取代计划经济体制,国家在土地管理中逐步发挥市场的功能,法律规范的地位得到较显著的提升。进入新时代之后,开始实现多种渠道并行的模式,在以《民法典》与《土地管理法》《农村土地承包法》为核心的中国特色土地法律制度体系的框架之下,利用私法制度与公法制度,双管齐下,既利用市场又防止市场失灵,同时加强管理且警惕权力滥用,在节约用地原则的指导下,实现土地高效、合理和集约利用的良好局面。

---

① 《中共中央为贯彻政务院〈关于国家建设征用土地办法〉给各级党委的指示》(1953 年 12月 7 日)。

② 参见[美]莱斯特·R.布朗:《谁来养活中国?——中国未来的粮食危机》,贡光禹摘译,《未来与发展》1995 年第 2 期。

③ 参见赵磊:《全球粮食安全与中国特色粮食安全治理》,《当代中国与世界》2022 年第 2 期。

④ 参见姜长云、李俊茹、王一杰:《怎样看待当前的粮食安全风险》,《山西农业大学学报(社会科学版)》2022 年第 5 期。

三、推动经济发展是土地管理法律的目标指向

新中国成立后,为了尽快改变贫穷落后的面貌,我国开始大力推进经济建设,"1949 年革命对 19 世纪以来中国积贫积弱的主要总结,第一是没有强有力的国家机器,第二是没有发达的本国大工业"。加快推进工业化自然成了国家的目标,因为这是正确合法性的最主要来源,而这就需要强化国家对经济资源的集中动员和利用①。因此,我国建设社会主义的第一个五年计划期间,向苏联学习,执行优先发展重工业的方针。② 按照周其仁教授的观点,国家工业化与其说是发展目标,不如说是一种发展模式,即国家"要在工业化进程中扮演决定性的主导作用"③。因此,我国在推行国家工业化过程中,必然排斥市场而依赖于计划。"为着优先发展重工业,不能不在一定的程度上影响农民的生活和农业生产的发展。重工业建设需要大量的资金。资金从那里来? 在当时的情况下,不能不主要来自农民。"④正如有学者所指出,"就农业而言,建国初期通过土地改革所形成的农民家庭分散经营实难保证国家从农业中集聚工业发展所必须的资金,而且分散经营的农业也不易为国家控制、掌握,因此,农业集体化运动就不可避免了"⑤。可见,新中国成立后土地法律制度建设均与国家发展国民经济密切相关。

1978 年 12 月,十一届三中全会作出了将党和国家的工作中心移转到经济建设上来、实行改革开放的历史性决策,⑥实际表现了一种从理想到常识的回归,使得中国特色的社会主义又有了新的特质,甚至在一定意义上超越了经典社会主义,更好地体现了社会主义的核心价值。⑦ 可以说,十一届三中全会的召

①　参见周其仁:《产权与制度变迁——中国改革的经验研究》(增订本),北京大学出版社 2004 年版,第 7 页。

②　参见薛暮桥:《中国社会主义经济问题研究》,人民出版社 1979 年版,第 19 页。

③　周其仁:《产权与制度变迁——中国改革的经验研究》(增订本),北京大学出版社 2004 年版,第 7 页。

④　薛暮桥:《中国社会主义经济问题研究》,人民出版社 1979 年版,第 19 页。

⑤　钱忠好:《中国农村土地制度变迁和创新研究》,中国农业出版社 1999 年版,第 123—124 页。

⑥　参见本书编写组:《中华人民共和国简史》,人民出版社 2021 年版,第 143 页。

⑦　参见萧冬连:《计划经济时代影响中共经济决策的主要因素》,《中共党史研究》2021 年第 3 期。

开,是我国社会主义经济发展道路的重大转折,而且也是"法制建设恢复和重建工作的序幕,各项法制建设的恢复工作开始紧张的进行"①。1982年《国家建设征用土地条例》和1986年《土地管理法》的制定,目的均在于为国家经济建设供给土地提供制度保障,而这些法律法规为改革开放后土地管理法律制度体系的建立健全奠定了基础。

尽管不同时代对土地管理制度的需求有所不同,但其均致力于为推进国家经济发展保驾护航:改革开放之前,国家在经济发展中强调工业化;到了社会主义市场经济时期,国家的经济发展则是追求繁荣富强;进入新时代之后,国家开始强调共同富裕。这三个时期的国家对经济发展的要求虽有不同,但其实际代表了不同时期国家经济发展目标的不同侧面,对于中华民族伟大复兴的伟大征程而言,可谓前后相继、层层推进。在这三个时期,土地资源作为最为关键的生产资料,扮演了非常重要的角色,而土地管理法律制度建设,也根据国家经济发展的不同时期与不同阶段,灵活应对并不断深化和完善。无论是"一化三改造"与人民公社,还是在农村实行家庭联产承包责任制与城市土地使用权的自由流转,都展示了土地管理法律制度为经济发展服务而逐步前进的基本样貌。根据马克思主义的基本原理,经济基础决定上层建筑,故新中国成立后经济体制的发展,正是土地管理法律制度演变的基础和动力。

新时代中国共产党人引领的全面深化改革,提升了国家治理的效能,发展至今,也显示了改革成效显著。中国经济已由高速增长阶段转向高质量发展阶段,但市场体系和市场发育仍然存在较大空间,仍然有待进一步改进。对这些问题的改善,无疑是一项要求多方面协作互动的系统工程。其中一个重要的内容,便是明确政府在市场经济中所扮演的角色与发挥的作用。对此,习近平总书记明确指出:要减少微观管理事务和具体审批事项,最大限度减少政府对市场资源的直接配置,最大限度减少政府对市场活动的直接干预……努力使市场作用和政府作用有机统一、相互补充、相互协调、相互促进,推动更高质量、更有效率、更加

---

① 蔡定剑:《历史与变革——新中国法制建设的历程》,中国政法大学出版社1999年版,第133页。

公平、更可持续的发展。①

　　具体到土地管理层面,政府必须提高治理水平,改变以往的粗放型、单调型、禁止型的管理模式,增强法治观念,最大限度地发挥市场机制在土地资源配置方面的作用,同时遏制市场失灵所引发的不良后果。一方面,土地管理法律制度需要强调多元化与系统化,强调公法管理与私法调节相统一的思想,既要尊重民事主体的财产权利(包括物权、债权以及其他财产权利),也要强调民事权利对公共利益的服从与遵守(如国家规划、耕地保护等),更要着力建构和推动市场机制的法制化与规范化;另一方面,必须结合新的历史时期的国际形势与国内形势,坚持底线思维,在涉及国家命脉与公共利益的领域(如生态环境保护、粮食安全等)科学立法,严格执法,从而确保国民经济的可持续发展。

　　更重要的是,国家经济发展才能保证人民安居乐业,过上好日子。习近平总书记在庆祝中国共产党成立 100 周年大会上的重要讲话中指出:"江山就是人民、人民就是江山,共产党打江山、守江山,守的是人民的心,为的是让人民过上好日子。我们党的百年奋斗史就是为人民谋幸福的历史。"②这点明了中国共产党人的初心和使命就是为中国人民谋幸福、为中华民族谋复兴。土地管理法律制度作为土地治理的手段,其最终目标当然也是为了充分保障人民的权利。考察新中国成立以来土地管理法律制度的变迁历程可知,在我国的土地管理领域,无论是立法、司法还是执法,都必须坚持以国家经济发展为中心,特别是要悟透以人民为中心的发展思想。

第三节　新中国土地管理法律 制度的特点及其启示

　　新中国成立后,土地法律管理法律制度的发展历经几番波折,但均受其时相应的制度环境和国家经济发展的目标的制约。为了在新时代对土地管理法律制

---

　　①　"习近平2018 年 2 月 28 日在中共十九届三中全会第二次全体会议上讲话","学习强国"网站, https://www. xuexi. cn/lgpage/detail/index. html? id = 1205481731533976149& item_id = 1205481731533976149,2022 年 8 月 17 日访问。

　　②　《江山就是人民 人民就是江山——习近平总书记关于以人民为中心重要论述综述》,《人民日报》2021 年 6 月 28 日。

度作出针对性完善,总结我国土地管理法律制度变迁的特点,整理其在制度构建中的成功经验,可以为新时代中国特色土地管理法律制度向纵深发展提供充足的历史资源。以下将在对新中国土地管理法律制度的变迁进行考察的基础上,对新中国土地管理法律制度的特点及其启示进行探讨。

一、特点

(一)土地管理制度的内容灵活多变

土地资源在一国经济发展中具有极为重要的意义,很大程度上决定了国运与民生。在我国,"历代统治者在政治、经济、文化等方面,无不因土地权能的合理配置、利用而昌盛,同样,也因土地权能的盲目分割和扭曲而衰败"①。纵观新中国土地管理制度的历史变迁,可知我国不同时代的土地管理制度差异较大,呈现出灵活多变的特性。细究之,新中国土地管理制度之所以"灵活多变",主要在于我国在土地管理中更多以党和国家的政策为依据。一般来说,政策具有原则性和灵活性的特点,一个目标或者计划就可以针对问题提出解决方案,还可以根据新情况迅速作出调整。有关土地管理的政策多变引发包括土地管理法律在内的制度多变,是新中国土地管理制度的历史发展所呈现出来的独特样貌。

基于党和国家实施的土地管理政策多变而引发的土地管理制度具有的多变性特征,主要表现如下:

第一,土地管理制度的理念多变。在新中国成立前后,随着国家局势的变化,在中国共产党的领导下,土地管理制度的理念已经经历了多次变化。第一次土地革命时期对私有制的废除,到抗日战争时期的减租减息,再到新中国成立初期的农民私人土地所有制的确立,随后经过社会主义改造,建立了土地的社会主义公有制。十年"文革"时期,土地管理法律制度建设基本上处于停顿状态,直到改革开放,我国土地管理法律制度建设才再次迈出前进步伐。随着党和国家对不同时代的经济社会发展需求的理解逐步深化,出台的土地管理政策的制度理念也越来越符合实践需求,土地管理立法的制度理念也随政策的进步而发展,

---

① 陈小君等:《农村土地法律制度研究——田野调查解读》,中国政法大学出版社 2004 年版,"序言"。

故我国包括土地管理法律在内的土地制度的理念一直随着经济社会的发展而转变。

第二，土地管理制度的形式多变。在改革开放之前，较多使用行政命令的手段来对土地进行管理，在这一时期，土地法律制度建设较为落后，而且未制定专门的土地管理法，实践中主要以政策来落实土地管理措施。改革开放之后，我国不断增强法治观念，民众的权利意识也得到不断提升，因而在土地管理领域日益重视法律的规制形式。尽管党和国家政策在土地管理中依然处于主导地位，但土地管理法律制度的地位得到提升。而且，对土地管理政策的成效及时加以总结，尽快将政策中成熟的内容上升为法律规则，这已经成为当前推进土地管理立法的有益经验。但是，实践中行之有效的土地管理制度却不限于法律，党和国家政策仍然是其中最主要的组成部分。

第三，土地管理制度的手段多变。在改革开放之前，较多使用行政权力，利用行政手段对土地资源进行管理。在该时期，土地资源更多是作为国家计划的工具来加以统一配置。实行改革开放之后，土地上的各种权利开始得到关注，法律也开始赋予土地权利以私权属性并使其财产意蕴得以显现，因此，对土地资源进行管理的方式从单一的行政手段开始走向行政手段与民事手段相结合的多元化路径，诸如《民法通则》《农村土地承包法》《物权法》以及《民法典》这些民事法律，都与土地管理制度有密切联系。进入新时代之后，随着党和国家提出治国新理念（如乡村振兴、共同富裕以及"两山"理论等），土地管理法律在公法规范与私法规范融合的基础上，又增加了社会法层面的内容（如对耕地的保护、土地储备以及资源调配机制与营商环境改良等），这些都使得我国土地管理措施更为完整，对实践中土地管理问题的处理也更有力度。不过，由于我国重政策、轻法律的观念在土地管理实践中没有得到根本转变，其中各种管理手段的具体内容在一定程度上均受制于政策而经常发生变化。

总之，党和国家的政策能够有效地根据现实状况加以调整，听取群众呼声，从而具有较强的时效性，但因政策较为原则和灵活，且新中国成立以来形成了重政策、轻法律的传统，使得我国土地管理法律制度对土地管理政策亦步亦趋，从而造成土地管理制度具有了多变性。

（二）政府在土地管理实践中权力较大

在中国历史上，历朝历代的行政权较大是一种常态和传统。正如黄仁宇所指出,早在《周礼》中便显示了中央权力的扩张势头。① 一般来说,行政权力来源于公民的权利,而公民的权利既是行政权力的出发点,也是行政权力的归宿;同时,行政权力是公民权利的最大保护者,但也可能是公民权利的最大侵害者。② 新中国成立之后,"重政策,轻法律,以政策代替法律的价值观,是党领导革命在长期战争环境中养成的习惯"③。由于新中国法制建设进程中将政策置于法律之上,故政府在国家治理中更多也更擅长施以行政权力。

　　新中国土地管理法律制度建设史同样体现了法律规范效力较弱、行政权力较大的趋势。例如,长期以来,我国集体土地征收制度中的公共利益条款在法律制度中规定较为抽象、粗疏,公共利益的概念内涵模糊,认定公共利益的规则虚无,④致使行政机关在集体土地征收实践中界定公共利益只能求助于自由裁量。再如,由于我国对土地财产权流转的管理极为严格,以致在实行社会主义市场经济体制后,我国土地要素市场化程度仍较为滞后,城乡统一的土地市场至今未能建立健全。而且,土地要素作为企业生产要素获取的组成部分,土地价格、土地审批的手续个数、办理手续所需时间和成本,是优化营商环境的逻辑框架的重要指标内容,⑤而营商环境是"典型的政府与市场主体互动演化形成的制度体系"⑥,在我国政府控制改革整体进程的情形下,为加速优化营商环境,政府也主要利用行政权力来加强对土地资源的行政管理。上述在土地治理中彰显行政权力的类似情形,在很多土地管理制度中均有表现,构成了我国土地管理法律制度的底色。

---

　　① 参见黄仁宇:《赫逊河畔谈中国历史》,生活·读书·新知三联书店1997年版,第13、21页。

　　② 参见李步云、刘士平:《论行政权力与公民权利关系》,《中国法学》2004年第1期。

　　③ 蔡定剑先生进一步指出:"政策被当作革命胜利的法宝,政策和策略是共产党的生命。而法律被当作反动阶级压迫的工具,革命的人们就是要'无法无天'。这种观念即使在共产党领导人们取得自己的政权后,仍没有多大改变。习惯用政策并能将政策娴熟地运用自如,法律一直被忽视,甚至常常被置于受批判的地位。"参见蔡定剑:《历史与变革——新中国法制建设的历程》,中国政法大学出版社1999年版,第261—262页。

　　④ 参见高飞:《集体土地征收法制改革研究:法理反思与制度重构》,中国政法大学出版社2019年版,第38—51页。

　　⑤ 参见陈伟伟、张琦:《系统优化我国区域营商环境的逻辑框架和思路》,《改革》2019年第5期。

　　⑥ 郭燕芬、柏维春:《营商环境建设中的政府责任:历史逻辑、理论逻辑与实践逻辑》,《重庆社会科学》2019年第2期。

无论是在实行计划经济时期,还是在实行社会主义市场经济时期,行政权力都在土地管理实践中发挥着主要作用,造成此种情形的原因主要表现在以下方面:其一,在我国强调土地的社会主义的公有制,土地所有权主体只能是国家和集体,而公有制功能的复杂性导致对土地所有权的性质产生误读。基于土地的社会主义公有制的基本经济制度之精神,土地所有权在我国既具有公共职能,又具有财产职能,其中公共职能与国家应当履行的职责相吻合,体现出一定的公权属性,①这为行政权力介入土地所有权制度的运行提供了便利。其二,国家一直重视经济建设,且经济发展具有可以量化的优势,使得政府往往利用行政权力将更多的土地纳入国家建设范围,从而能够让地方政府取得较佳的治理绩效。在1994年分税制改革后,地方政策在仅保留事权、失去税权的情况下,自然在地方财政方面更加倚重土地,②此种情形更是在无形之中使得行政权力在土地管理中的作用得到扩张。其三,在强调经济发展的主旋律下,行政权力具有强大的动员能力和组织能力,能在最短的时间内取得最显著的效果。因此,为了在土地管理实践中提高管理效率,国家与地方政府倚重行政权力乃是理所当然。

或许正是因为在土地管理中行政权力如此强大,土地管理的方方面面都依赖行政权力来推动,行政权力在土地管理领域的弊端与优点一样明显。因此,习近平总书记强调:"各地区各部门要完善权责清单制度,加快推进机构、职能、权限、程序、责任法定化,强化对行政权力的制约和监督,做到依法设定权力、规范权力、制约权力、监督权力。"③可见,在土地管理法律制度变迁过程中,必须承认行政权力发挥了积极的作用,但也应当注意到,"有权力的人们使用权力一直到遇有界限的地方才休止"④,因此,警惕和规制政府对行政权力的行使,理应成为土地管理法律制度运行的基本理念。正如有学者所指出,要把权力关进制度的笼子里,必须针对存在的问题,对症下药,加快打造科学、合理、严密、结实的"制度铁笼",以此规范权力运行,防范权力滥用。⑤ 这一判断无疑展现了新时代对待土地管理实践中行政权力运作的中肯态度。

---

① 参见高飞:《落实集体土地所有权的法制路径——以民法典物权编编纂为线索》,《云南社会科学》2019年第1期。

② 参见熊伟:《共同富裕导向下财税法的分配职能及其限度》,《法治社会》2022年第3期。

③ 习近平:《论坚持全面依法治国》,中央文献出版社2020年版,第220—221页。

④ [法]孟德斯鸠:《论法的精神》(上),张雁深译,商务印书馆1961年版,第154页。

⑤ 参见李法泉:《把权力关进制度的笼子里》,《求是》2013年第9期。

（三）土地管理制度秉持的价值标准较为单一

任何制度都必须体现一定的价值，"制度价值就是体现制度之所以为制度、制度之所以应该是制度的进步理念"①。法律作为正式制度的一种，也必须蕴含一定的价值追求。② 自新中国成立以来，土地管理法律制度一直坚持为国家建设和社会经济发展服务。在不同时代，基于国情的不同，我国土地管理法律制度的具体价值应当有所不同。然而，纵观新中国成立以来的土地管理法律制度变迁可知，我国土地管理法律制度蕴含的制度价值较为单一，而且在价值目标上长期保持稳定。

在 20 世纪 50 年代之初，土地管理制度在计划经济体制与社会主义改造后的公有制基础上运行，政府行政权力在其中发挥着主要作用；改革开放后，我国的计划经济体制逐步发展为社会主义市场经济体制，建立土地市场成为改革的一项重要内容，土地管理制度不仅有党和国家的政策加以规制，相关法律制度建设也日益健全，政府介入土地管理的理念开始发生变化，强调市场在资源配置中发挥决定性作用，但是，政府行政权力在土地管理中依然起着主导作用。由于"对社会生活和要追求的价值理念进行研究几乎是一项没有穷尽的任务"③，故对于新中国成立后以行政权力为主导的土地管理制度的价值目标的探寻就应当聚焦于其核心内容，这个核心内容就是土地管理制度追求的是何种性质的利益，因为"从历史的角度看，法律是利益的产物……耶林提出了一条原理并予以证明：创造法律者，不是概念，而是利益和目的"④。

无论是哪一个阶段，我国在土地管理法律制度中突出政府行政权力的影响，由于"政府是政治共同体以处理公共事务为目的所设立的机关，理论上是公共利益的代表，故政府与公共利益具有密切关系"⑤，这也表明我国在行政权力主导下的土地管理法律制度的价值目标更多的是对公共利益的强调和追求。根据

---

① 辛鸣：《制度论——关于制度哲学的理论建构》，人民出版社 2005 年版，第 221 页。

② 张文显教授指出："法律的价值一方面体现了作为主体的人与作为客体的法之间需要和满足的对应关系，另一方面其又体现了法所具有的、对主体有意义的、可以满足主体需要的功能和属性。"参见张文显：《法哲学范畴研究》（修订版），中国政法大学出版社 2001 年版，第192 页。

③ ［德］菲利普·黑克：《利益法学》，傅广宇译，商务印书馆 2016 年版，第 45 页。

④ ［德］菲利普·黑克：《利益法学》，傅广宇译，商务印书馆 2016 年版，第 16—17 页。

⑤ 高飞：《集体土地征收法制改革研究：法理反思与制度重构》，中国政法大学出版社 2019 年版，第 29 页。

不同时期的不同国情,土地管理法律制度所秉承的价值目标应当有所差异,不过,新中国土地管理法律的变迁向我们展示,所秉持的价值标准均为单一公益目标。有学者将土地利用中的公益分为经济公益、社会利益和环境公益,其中经济公益是指人们在开发利用土地资源时获取物质财富的需要,社会利益是指土地资源在促进社会发展和进步、维护社会稳定方面的需要,而环境公益是指人们对土地生态环境的需要。[1] 新中国成立以来,我国土地管理法律制度追求的正是这些公益目标,但是这些公益目标在不同时期的土地管理法律制度中受到的重视程度却存在差异,其中环境公益在党的十八大以来得到了更多关注。

我国土地管理法律所坚持的价值目标单一的局面,有助于"集中力量办大事",但也容易一叶障目,不见树林。党的十八大报告强调指出:"倡导富强、民主、文明、和谐,倡导自由、平等、公正、法治,倡导爱国、敬业、诚信、友善,积极培育和践行社会主义核心价值观。"2017 年制定的《民法总则》将"弘扬社会主义核心价值观"作为其立法目的加以规定,2018 年通过的《宪法修正案》第 39 条对《宪法》第 24 条第二款予以修改时增加了"国家倡导社会主义核心价值观"的内容。这正是由于社会主义核心价值观高度凝练了民族精神和时代精神,是中国特色社会主义法治的价值内核……是坚持中国特色社会主义法治发展道路的基本遵循。[2] 党中央将社会主义核心价值观融入我国法治建设的内容之中,其在价值层面已经超越了对单一公益目标的追求,因此,我国土地管理法律制度的价值目标应当在未来立法中加以调整和改进。

二、启示

(一) 坚持法治是土地管理制度化的必由之路

中国共产党不仅是执政党,更是领导党。"领导党"反映的是社会范围内政党与国家的关系;而"执政党"反映的是政权架构内政党地位的问题,即权力关系上各政党如何定位。[3] 为了完善不同时代多元直接结构,党的领导方式也必须与时俱进。尽管从战争年代开始,中国共产党就善于以政策来灵活处理各种

---

[1]　参见操小娟:《土地利用中利益衡平的法律问题研究》,人民出版社 2006 年版,第 66—68 页。

[2]　黄薇主编:《中华人民共和国民法典总则编释义》,法律出版社 2020 年版,第 15 页。

[3]　参见齐卫平:《论党的领导与多元社会治理结构》,《探索与争鸣》2012 年第 12 期。

复杂问题,在新中国成立后土地管理领域依然如此,但是,政策与法律各自具有独立的地位,且两者的功能有别,故相互之间不可取代。而且,相对于政策表达模糊,变动性极强,法律术语则以精确严谨著称,法律具有明确性、稳定性和可预期性等优点,①这些也正是政策在功能上的不足之处。

习近平总书记强调:"党领导人民制定宪法法律,领导人民实施宪法法律,党自身要在宪法法律范围内活动。"②可见,在国家治理的问题上,我国要坚持党的领导,但党的领导也要通过法治得以实现。③ 由此可见,我国土地管理制度的未来发展,在继续发挥党和国家政策的优势的前提下,应当加强土地管理法律制度建设,从而完善土地管理的法治化路径。

(二) 协调市场与政府在土地管理中的作用

市场和政府是整体资源配置系统的两个子系统,保障这两个资源配置子系统各尽所能,是当代法治的重要使命,因此,应当依法界定政府职能,在不涉及公共物品、公共利益的领域,尽可能保障市场的充分自由。④ 这充分说明了市场经济与政府权力之间所存在的辩证关系:一方面,市场经济的发展,必须有政府权力为其保驾护航,市场失灵时需要政府权力对市场作出适度干预;另一方面,政府权力常常会被恣意滥用,出现政府失灵现象,影响市场经济的健康运行,因而政府权力必须为市场配置资源留下必要空间。对于当今中国而言,土地资源仍然是最为重要的财产,也是促进我国市场经济发展必不可少的要素,故在土地资源的配置和规制过程中,必须协调好市场与政府的关系。

面对我国行政权力过大的局面,为了促进市场经济的良性发展,必须为行政权力划定行使的边界,包括权力的行使主体、范围、程序以及责任等要件。在这些问题上,土地管理法律制度建设必须有所作为:因为将权利运行纳入法治化的轨道,实现权力法定、程序法定和监督法定,是确保权力依法行使的有效途径,才

---

① 参见耿卓:《承包地"三权分置"政策入法的路径与方案——以〈农村土地承包法〉的修改为中心》,《当代法学》2018 年第 6 期。

② 习近平:《论坚持全面依法治国》,中央文献出版社 2020 年版,第 3 页。

③ 张文显教授指出:"在现代国家,法治是国家治理的基本方式,是国家治理现代化的重要标志,国家治理法治化是国家治理现代化的必由之路。通过健全和完善国家治理法律规范、法律制度、法律程序和法律实施机制,形成科学完备、法治为基的国家治理体系,使中国特色社会主义制度更加成熟、更加定型、更加管用,并不断提高运用社会主义法治体系有效治理国家的能力和水平。"张文显:《法治与国家治理现代化》,《中国法学》2014 年第 4 期。

④ 参见张守文:《政府与市场关系的法律调整》,《中国法学》2014 年第 5 期。

能大大增强行政规则的规范性、权威性和不可违反性。① 而且,在以公法性质的法律规则对政府权力加以限制的同时,还需要可以借助私法性质的法律规范来限制政府权力,这是对行政权力的外在限制。总体来说,应当将土地管理领域的政府权力定位为:"强调政府的职责和作用主要是保持宏观经济稳定,加强和优化公共服务,保障公平竞争,加强市场监管,维护市场秩序,推动可持续发展,促进共同富裕,弥补市场失灵。"②至于如何使市场在土地资源配置中起决定性作用,我国也进行了有益探索。这既是建设高水平市场经济体制的必然要求,也是推动经济高质量发展的关键之举。2020 年 3 月,《中共中央　国务院关于构建更加完善的要素市场化配置体制机制的意见》在"推进土地要素市场化配置"中为"完善土地管理体制"也提出了具体要求。③ 这很好地衔接了市场与政府的作用,为我国未来土地管理法律制度构建指明了方向。

（三）价值多元是土地管理法律的理性选择

人的价值观离不开特定的社会环境,社会环境的复杂性与不同个体之间的观念差异成正比。④ 我国在改革开放前,社会结构相对比较单纯,人们的价值观较为单一;随着我国改革开放,我国政治经济体制、社会阶层结构以及人们的生产生活方式等都发生深刻变革,促成了价值多元的产生。⑤ 当前,我国正处于社会转型期,尽管价值多元的现实或许会引发交流、交融和交锋,但"人们透过价值的多元或价值的分化来进行价值的比较、批判和妥协,却孕育了民族共同体政治认同的价值判断,由此形成的价值共识通过价值底线的作用,构成了国家与共同体成员政治认同的基础和向度"⑥。法律以记载、表达人对损害和物质的价值

---

① 参见沈荣华:《建立行政权力制约机制的思路选择》,《中共福建省委党校学报》2006 年第 1 期。

② 《习近平谈治国理政》,外文出版社 2014 年版,第 77 页。

③ "完善土地利用计划管理,实施年度建设用地总量调控制度,增强土地管理灵活性,推动土地计划指标更加合理化,城乡建设用地指标使用应更多由省级政府负责。在国土空间规划编制、农村房地一体不动产登记基本完成的前提下,建立健全城乡建设用地供应三年滚动计划。探索建立全国性的建设用地、补充耕地指标跨区域交易机制。加强土地供应利用统计监测。实施城乡土地统一调查、统一规划、统一整治、统一登记。推动制定不动产登记法。"

④ 参见姜迎春:《价值多元与共同理想:关于构建社会主义和谐社会的价值哲学思考》,《毛泽东邓小平理论研究》2005 年第 7 期。

⑤ 参见姜迎春:《价值多元与共同理想:关于构建社会主义和谐社会的价值哲学思考》,《毛泽东邓小平理论研究》2005 年第 7 期。

⑥ 王仕民、詹小美:《价值多元语境中的政治认同》,《哲学研究》2014 年第 9 期。

追求为己任,社会变革带来的多元价值共存的现实必将反映到立法之中,长期以来土地管理法律制度追求公益实现的单一价值亟待改变。

由于土地具有资源的稀缺性、需求的共同性、利用的外部性、规划的整体性、影响的全局性和市场的局限性等公共性特征,①我国自 1949 年以来一直强调土地资源的公益价值之实现。然而,土地资源的私益属性同样不能忽视,其中所谓的私益就是土地财产权人享有的各种民事权利。在土地管理法律制度中,促进土地资源的公益价值得以实现是其主要追求,但不是唯一追求,土地管理立法须兼顾公共利益与个人利益,兼顾社会中的多元价值,其既不能片面强调私益无视公益,但也不能过分夸大公益而损害私益。我国现在已经实现了社会主义市场经济体制,社会现实强烈需要建立与社会主义市场经济体制相适应的土地管理法律制度,这个法律制度不仅要规制政府权力,而且也要规范土地权利,但前者具有根本性和决定性的地位,因为只有通过规制政府权力来界定土地制度中的公共治理空间,才能为土地财产权人依凭自己的力量去主动和积极地追求私益之实现提供保障。②

因此,新时代我国土地管理法律制度建设应当正视公益与私益等不同价值的实现,并在规则设计中始终坚持协调公益与私益之价值追求。由于我国土地管理中政府行政权力一直处于主导地位,因而有必要强调:政府不能无限制地介入土地利用活动,对于市场能够完成的事项交由市场解决;政府提供与土地有关的公共物品或公共服务时,可以充分利用市场手段和机制来提高供给的效率。③可见,我国未来土地管理立法在价值层面应当立足长远,平衡协调政府权力与土地权利,通过具体规则的设定,实现公益与私益、现实利益与未来利益之间的共存,为国家与社会的和谐发展提供制度保障。

① 参见甘藏春等:《当代中国土地法若干重大问题研究》,中国法制出版社 2019 年版,第 44—46 页。

② 参见董炯:《权利至上、制度设计及其运作——行政权与公民权平衡中的行政法》,《比较法研究》1998 年第 3 期。

③ 参见甘藏春等:《当代中国土地法若干重大问题研究》,中国法制出版社 2019 年版,第 46 页。

第二章　中国特色土地管理法律
制度完善的新时代需求

在习近平新时代中国特色社会主义思想指引下,以全面总结农村土地制度改革试点成果和近十多年土地管理改革实践经验为基础,针对时代转型中土地管理面临的重大疑难问题,2019年《土地管理法》的第四次修法完成,我国土地管理法律制度的现代化都得到了提升。相对于《土地管理法》的适时修正,《城市房地产管理法》仅就个别条文进行了修正,《城乡规划法》更是与多规统一的国土空间规划体系构建要求存在差距。可见,尽管当前我国在土地法治建设中取得的进步值得肯定,但对照市场经济活动发展的现实和国家深化土地制度改革的要求,我国土地管理法律制度仍然有待进一步发展和完善。

第一节　中国特色土地管理法律
制度完善的时代背景

党的十八大以来,以习近平同志为核心的党中央提出了全面依法治国的新理念、新思想和新战略,为我国处理新时代社会主要矛盾、全面推进依法治国重大发展战略确立了指导思想。这些指导思想作为新时代中国特色土地管理法律制度向纵深发展的指导思想和基本遵循,塑造了中国特色土地管理法律制度完善的全新社会时空环境。

一、习近平法治思想的确立与指引

2020年11月的中央全面依法治国工作会议上,习近平法治思想被正式确立,一同确立的还有其对全面依法治国的基本指导地位。习近平法治思想的理论精华集中体现为习近平总书记在中央全面依法治国工作会议上提出的"十一个坚持",即坚持党对全面依法治国的领导;坚持以人民为中心;坚持中国特色社会主义法治道路;坚持依宪治国、依宪执政;坚持在法治轨道上推进国家治理体系和治理能力现代化;坚持建设中国特色社会主义法治体系;坚持依法治国、依法执政、依法行政共同推进,法治国家、法治政府、法治社会一体建设;坚持全面推进科学立法、严格执法、公正司法、全民守法;坚持统筹推进国内法治和涉外法治;坚持建设德才兼备的高素质法治工作队伍;坚持抓住领导干部这个"关键少数"。① 习近平法治思想是党的十八大以来我国依法治国和法治建设最重要的理论成就,集中体现了我们党在新时代全面依法治国的理论建树、理论创新、理论贡献。而且,"习近平法治思想是中国特色社会主义法治实践的科学总结,是法治建设的普遍规律与新时代的中国国情相结合的法治思想典范",其"博大精深、体系完备、内容丰富,既有对现有法治理论的继承、凝练、拓展和深化,也提出了一系列原创性的法治理论、命题与理念"②。

改革开放以降,我国土地管理法律制度在改革中发展和完善,党的十八大以来土地制度改革的步伐越来越快,在总结改革经验的基础上加快土地管理法律制度建设的进程也越来越快。当前,我国应当理顺改革与法治的关系,习近平总书记为此提出了"重大改革于法有据"的论断,该论断是在总结改革开放实践基础上对法治与改革关系理论的创新,也是改革模式的更新和完善的要求,是法治推进经济与社会发展的行动指南。③ 在我国,改革开放能够取得巨大成就,主要得益于在改革中不断对制度进行优化细化,这在土地管理法律制度的发展中体现得尤为明显。

在土地制度改革过程中,"运用正确的方法论对推动认识活动和实践活动的发展都具有积极意义。'一切从实际出发,实事求是'是新时期土地制度'试点试验'的方法论基础。能不能解决实际问题,关键取决于是否能够联系实际,

---

① 参见习近平:《论坚持全面依法治国》,中央文献出版社 2020 年版,第 2—5 页。
② 江必新、黄明慧:《习近平法治思想基本特征刍论》,《中南大学学报(社会科学版)》2021 年第 1 期。张文显教授也指出:"习近平法治思想在坚持中国特色社会主义法治道路的同时,不断推进理论创新、制度创新、实践创新,不断丰富中国特色社会主义法治道路的科学内涵。"张文显:《马克思主义法学中国化的百年历程》,《吉林大学社会科学学报》2021 年第 4 期。
③ 参见沈国明:《"重大改革于法有据":习近平法治思想的重要论断》,《学术月刊》2021 年第 7 期。

是否善于总结经验,遵从客观事实,一切从实际出发"①。在我国改革开放后,"土地制度'试点试验'遍地开花,在一系列的'先行先试'实践中取得了一些创新经验成果,为全面深化改革积累经验、探索路子、提供示范,取得一批可复制、可推广的经验,制度创新的空间扩散效应、示范效应已初步显现。国家综合配套改革试验区、农村改革试验区通过大胆试验、创新实践、总结提炼,为深化土地制度改革提供了新鲜经验,储备了理论和政策经验,促进了地方经济、政治、文化、社会的发展"②。土地制度"试点试验"取得的成绩及其对农村土地法律制度构建的贡献有目共睹,但其中也存在各种各样不同程度的问题,诸如部门利益主导"试点试验"、存在地区或行业利益冲突、"试点试验"与法制存在冲突、"试点试验"的程序不规范、试验地区与非试验地区长期不对等、久试不决增加改革成本、"试点试验"的监管评估形式化等。③ 因此,习近平总书记强调,"凡属重大改革要于法有据,需要修改法律的可以先修改法律,先立后破,有序进行。有的重要改革举措,需要得到法律授权的,要按法律程序进行"④,从而为我国土地管理法律制度的完善指明了方向。2015 年国务院开始在全国推行的"三块地"改革试点便获得了十二届全国人民代表大会常务委员会的授权,从而成为我国在土地法治领域依法开展改革试点的典范。

此外,基于马克思主义基本原理,尊重我国当前的现实国情,习近平总书记围绕土地制度改革中一些重大现实问题,从政治方向和具体制度构建两个方面作出了战略布局。

在政治方向方面,强调坚持和完善社会主义基本经济制度,毫不动摇。习近平总书记指出:"坚持农村土地农民集体所有。这是坚持农村基本经营制度的'魂'。农村土地属于农民集体所有,这是农村最大的制度。农村基本经营制度是农村土地集体所有制的实现形式,农村土地集体所有权是土地承包经营

---

① 王廷勇、杨遂全、周联克:《中国土地制度"试点试验"研究》,科学出版社 2018 年版,第 54 页。

② 王廷勇、杨遂全、周联克:《中国土地制度"试点试验"研究》,科学出版社 2018 年版,第 114 页。

③ 参见王廷勇、杨遂全、周联克:《中国土地制度"试点试验"研究》,科学出版社 2018 年版,第 131—138 页。

④ 习近平:《论坚持全面依法治国》,中央文献出版社 2020 年版,第 35 页。

权的基础和本位。坚持农村基本经营制度,就要坚持农村土地集体所有"①;"农村土地制度改革是个大事,涉及的主体、包含的利益关系十分复杂,必须审慎稳妥推进。不管怎么改,不能把农村土地集体所有制改垮了"②。正是在上述思想的指导下,我国在实行承包地"三权分置"和宅基地"三权分置"改革时,均明确将"落实集体土地所有权"作为首要目标。

具体制度的构建在我国土地管理立法中也备受重视。例如,关于加强耕地保护,习近平总书记提出,"十八亿亩耕地红线仍然必须坚守,同时还要提出现有耕地面积必须保持基本稳定。极而言之,保护耕地要像保护文物那样来做,甚至要像保护大熊猫那样来做";"这些年,工业化、城镇化占用了大量耕地,虽说国家对耕地有占补平衡的法律规定,但占多补少、占优补劣、占近补远、占水田补旱地等情况普遍存在,特别是花了很大代价建成的旱涝保收的高标准农田也被成片占用。耕地红线不仅是数量上的,而且是质量上的。……在耕地占补平衡上玩虚的是很危险的,总有一天要出事"。③ 另外,对于推进土地利用,习近平总书记非常强调协调好市场与政府在资源配置中的作用。④ 此外,生态环境保护、提高城镇建设用地利用效率、国土空间规划体系建立等土地管理领域的重要制度的进一步完善均已经提上议事日程。

习近平总书记蕴含深刻法治思想的论述和指示,在此次《农村土地承包法》修正和《土地管理法》修法中得到了落实。习近平法治思想对中国特色社会主义法治建设的指导,无疑构成了新时代中国特色土地管理法律制度构建的新理念,为土地管理法律制度进一步完善指明了新方向、提出了新要求。

---

① 中共中央文献研究室编:《习近平关于社会主义经济建设论述摘编》,中央文献出版社2017年版,第173页。

② 中共中央党史和文献研究院编:《习近平关于"三农"工作论述摘编》,中央文献出版社2019年版,第54—55页。

③ 中共中央党史和文献研究院编:《习近平关于"三农"工作论述摘编》,中央文献出版社2019年版,第74、75页。

④ 习近平总书记指出:"创新农业经营体系,放活土地经营权,推动土地经营权有序流转……要把握好土地经营权流转、集中、规模经营的度,要与城镇化进程和农村劳动力转移规模相适应,与农业科技进步和生产手段改进程度相适应,与农业社会化服务水平提高相适应,不能片面追求快和大,不能单纯为了追求土地经营规模强制农民流转土地,更不能人为垒大户";"公司和企业租赁农地,要有严格的门槛,租赁的耕地只能种地搞农业……不能搞旅游度假村、高尔夫球场、农家乐,不能盖房子搞别墅、私人会所,不能违规搞非农建设。"中共中央党史和文献研究院编:《习近平关于"三农"工作论述摘编》,中央文献出版社2019年版,第54、55页。

二、中国特色社会主义法治体系建设的推进

党的十八届四中全会提出全面推进依法治国的总目标是建设中国特色社会主义法治体系和建设社会主义法治国家。张文显教授将其称为"全面推进依法治国的总抓手、总纲领",并对其大加称道。① 中国特色社会主义法治体系内容丰富,建设中国特色社会主义法治体系,"要加快形成完备的法律规范体系、高效的法治实施体系、严密的法治监督体系、有力的法治保障体系,形成完善的党内法规体系"②。当前,我国"法律规范体系不够完备,重点领域、新兴领域相关法律制度存在薄弱点和空白区""法治实施体系不够高效,执法司法职权运行机制不够科学""法治监督体系不够严密,各方面监督没有真正形成合力"。③ 因此,我国还需要"总结中国特色社会主义法治体系建设成效,分析存在的问题和不足,坚持走中国特色社会主义法治道路,更好推进中国特色社会主义法治体系建设"④。土地法律制度是中国特色社会主义法治体系的重要组成部分,加强土地法律制度体系建设自然也是题中应有之义。

在完善我国土地管理法律制度时,应当谨记《宪法》确定了土地的社会主义公有制,为土地法律制度体系明确了制度底线;同时,我国正处于社会转型期,土地法律制度体系的构建应当与经济体制和政府管理方式相协调;此外,我国人多地少、分布不均的基本国情,决定了土地供应与粮食安全、工业化、城镇化、生态保护之间存在巨大的缺口,而土地法律制度的完善必须反映这种紧约束关系。⑤ 可见,在推进中国特色社会主义法治体系建设过程中,必须紧紧围绕中国特殊问题对中国特色土地管理法律制度加以完善,这主要体现在以下三个方向:

---

① 张文显教授指出:"这明确了我国法治的社会主义性质、方向……推动了中国法治建设的战略升级,为推动国家治理体系和治理能力现代化拓展了现实路径,推进了法治理论创新和中国特色社会主义法治理论体系的完善和发展。"张文显:《建设中国特色社会主义法治体系》,《法学研究》2014 年第 6 期。

② 习近平:《论坚持全面依法治国》,中央文献出版社 2020 年版,第 4 页。

③ 习近平:《坚持走中国特色社会主义法治道路　更好推进中国特色社会主义法治体系建设》,《求是》2022 年第 4 期。

④ 习近平:《坚持走中国特色社会主义法治道路　更好推进中国特色社会主义法治体系建设》,《求是》2022 年第 4 期。

⑤ 参见甘藏春等:《当代中国土地法若干重大问题研究》,中国法制出版社 2019 年版,第 59—60 页。

第一,应当加快土地管理重要领域立法。完备的法律制度是法治建设的制度基础,"'立善法于天下,则天下治;立善法于一国,则一国治。'……努力健全国家治理急需、满足人民日益增长的美好生活需要必备的法律制度"①。在《农村土地承包法》和《土地管理法》修法和《民法典》编纂后,我国土地法律制度体系得到进一步完善,但在以下方面尚有待继续改进:一是促使土地征收制度与集体经营性建设用地入市制度实现制度对接;二是完成集体经营性建设用地入市制度的体系化构造;三是明确"户有所居"的法律实现形式和宅基地"三权分置"的法律表达;四是将耕地保护制度、国土空间规划以法律形式规定下来并推动其在实践中落地见效。② 此外,有关土地整治、土地督察及土地纠纷解决等制度的细化也亟待加强。

第二,应当在土地管理领域严格执法。"法律的生命在于实施,实施的关键在于执法。"③2004 年,国务院印发《关于深化改革严格土地管理的决定》(国发〔2004〕28 号),该决定提出,"完善土地执法监察体制,建立国家土地督察制度,设立国家土地总督察,向地方派驻土地督察专员,监督土地执法行为",以应对当时耕地保护面临的严峻形势和部分地方政府土地违法较为突出的问题。④ 本轮《土地管理法》修法时,为了提供执法依据,对土地违法行为的法律责任作出了大幅修改。而且,此次修法第一次对国家土地督察制度作出了规定,明确国务院授权的机构对省、自治区、直辖市人民政府以及国务院确定的城市人民政府土地利用及土地管理情况进行督察,从而使得国家土地督察制度正式成为我国土地管理领域的重要法律制度。⑤ 不过,此次《土地管理法》修法对国家土地督察制度的规定较为原则化,在实践中尚需国家土地督察机构严格依法履行职责。此外,一线执法队伍在执法过程中,对于现行法中规定的部分执法标准和执法细节存在理解上的分歧,这对实现土地管理立法与土地管理执法有效衔接提出了

---

① 习近平:《坚持走中国特色社会主义法治道路　更好推进中国特色社会主义法治体系建设》,《求是》2022 年第 4 期。

② 参见高飞:《我国土地管理制度的立法进展和发展》,《嘉兴学院学报》2021 年第 4 期。

③ 最高人民法院中国特色社会主义法治理论研究中心编:《法治中国:学习习近平总书记关于法治的重要论述》(第二版),人民法院出版社 2017 年版,第 111 页。

④ 参见杨合庆主编:《中华人民共和国土地管理法释义》,法律出版社 2020 年版,第 21 页。

⑤ 参见自然资源部法规司:《以习近平新时代中国特色社会主义思想为指导　全面贯彻落实新〈土地管理法〉》,《时事报告(党委中心组学习)》2019 年第 5 期。

挑战,也对土地管理领域的严格依法执法提出了新任务。

第三,应当在土地管理领域实现公正司法。"公正司法是依法治国基本方略得以实施的司法保障。依法治国的治国方略与宏观国策必须通过具体的司法实践得以体现。公正司法是依法治国得以实现的必要方式、重要标志与检验尺度。只有司法是公正的,我们才能说依法治国达到了预期的社会效果,依法治国才能赢得群众的理解、信赖与支持。"①习近平总书记强调指出,"要顺应人民群众对公共安全、司法公正、权益保障的新期待……努力让人民群众在每一个司法案件中都能感受到公平正义"②。在我国,"基于政府的高度计划管理以及行政手段,在征收集体土地、征收国有土地房屋、土地一级开发、土地供给计划、土地出让方式、土地税收等领域发挥主导地位或者垄断地位,由此带来了行为失范的负面影响。"③因此,当前与土地管理有关的纠纷较多,而司法对土地管理行政纠纷的公正解决,能够有力确保土地资源的合理利用,也可以避免民事主体的合法权益遭受行政权力的不当侵害。

总之,中国特色土地管理法律制度是中国特色社会主义法治体系建设的重要一环,对其加以修改和完善的意义不言自明;中国特色社会主义法治体系的持续建设,也为我国未来土地管理法律制度的发展明确了新的制度环境。

三、土地要素市场化配置体制机制的构建

要素市场化改革是中国经济转型与政府社会治理的重大理论与实践问题,其中土地要素市场化问题始终受到党和国家的高度关注。如果说1986年改革开放初期制定的《土地管理法》不可避免地遗留着浓郁的计划经济色彩,那么,1988年该法第一次修正则直接呼应了社会现实中诸如土地使用权有偿转让、土地出租等与土地要素市场化紧密相关的突出问题,这是对宪法修正案中相关条款的具体落实,昭示着中国土地改革向市场经济进发。④ 其后,《农村土地承包法》颁布实施,《中共中央关于完善社会主义市场经济体制若干问题的决定》(中

---

① 最高人民法院中国特色社会主义法治理论研究中心编:《法治中国:学习习近平总书记关于法治的重要论述》(第二版),人民法院出版社2017年版,第116页。
② 习近平:《论坚持全面依法治国》,中央文献出版社2020年版,第17页。
③ 甘藏春等:《当代中国土地法若干重大问题研究》,中国法制出版社2019年版,第154页。
④ 参见陈小君:《〈土地管理法〉修法与新一轮土地改革》,《中国法律评论》2019年第5期。

发〔2003〕12 号)、《农村土地承包经营权流转管理办法》(2005 年)、《中共中央关于推进农村改革发展若干重大问题的决定》(中发〔2008〕16 号)等规范性文件相继出台,农村土地要素市场化改革进入发展期,而且土地要素市场化改革的范围也由最初的承包地逐步拓展到宅基地与集体经营性建设用地。同时,为了改革城镇国有土地使用制度,合理开发、利用、经营城镇国有土地,加强对国有土地的管理,促进城市建设和经济发展,我国制定了《城镇国有土地使用权出让和转让暂行条例》(1990 年)和《城市房地产管理法》(1994 年)。

随着党的十八届三中全会拉开全面深化改革的序幕,党的十九大报告将完善产权制度和要素市场化配置作为经济体制改革的重点;十九届四中全会也提出,推进要素市场制度建设。在这些政策文件的引领下,党和国家推行承包地"三权分置"与宅基地"三权分置"改革、"三块地"联动改革和"两权"抵押贷款改革试点。在总结上述改革试点经验的基础上,《民法典》《农村土地承包法》《土地管理法》等与农村土地要素市场化密切相关的法律相继被编修,这标志着我国土地要素市场化改革进入深水区,市场逐步在土地资源配置中起决定性作用。①

2020 年 3 月,中共中央、国务院印发《关于构建更加完善的要素市场化配置体制机制的意见》②(中发〔2020〕9 号),确定了推进土地要素市场化配置的重大目标,对建立健全城乡统一的建设用地市场、深化产业用地市场化配置改革、鼓励盘活存量建设用地、完善土地管理体制等提出了具体要求。2021 年中共中央办公厅、国务院办公厅印发《建设高标准市场体系行动方案》,更是围绕着土地要素市场化配置提出了一系列的建议。③

然而,构建更加完善的要素市场化配置体制,并不意味着忽略政府的角色。的确,要强调市场在资源配置中的决定性作用,但习近平总书记指出:"使市场在资源配置中起决定性作用,不是说政府就无所作为,而是必须有所为、有所不为。我国实行的是社会主义市场经济体制,要坚持发挥我国社会主义制度优越

---

① 参见钱文荣、朱嘉晔、钱龙、郑淋议:《中国农村土地要素市场化改革探源》,《农业经济问题》2021 年第 2 期。

② 该文件的目的是"为深化要素市场化配置改革,促进要素自主有序流动,提高要素配置效率,进一步激发全社会创造力和市场活力,推动经济发展质量变革、效率变革、动力变革"。

③ 包括深化土地管理制度改革、完善建设用地市场体系、开展土地指标跨区域交易试点等。

性,发挥党和政府积极作用,管好那些市场管不了或管不好的事情。"①具体到土地要素市场化改革来说,应当完善政府调节与监管,有机结合放活与管好,提升政府的监管和服务能力,引导土地要素向先进生产力集聚,从而形成有效市场与有为政府的作用有机统一、相互协调、相互补充、相互促进。当前,应站在宏观层面对我国国情予以准确把脉,对政府土地治理的现实诉求进行科学研判,准确定位土地要素市场化改革中政府土地监管之运行规则的法律理念、法律价值和法律原则,并以此为参照,对国土空间规划体系、土地产权确权登记、土地征收、土地整治、不同用地类型合理转换、城乡建设用地增减挂钩等制度作出法理检视,以厘清上述制度构建的法理逻辑及完善进路。

在我国,土地管理主要是各级政府的职责。土地要素的市场化改革进程中,应当注意到我国正处于从"管理型政府"向"服务型政府"转变的时期,因为"服务型政府是一种全新的行政模式选择,其在政府职能、公共服务、公共利益、公共理性、人性假设、行政理念、决策机制、行为方式、责任体系等方面,都与传统政府模式有着显著区别。政府行为从管理型向服务型的转变,是增强民主性、走向民主化的发展过程"②。可见,在完善土地管理法律制度加强政府对土地资源的管理时,应当对行政命令、行政征收、行政征用、行政许可、行政检查、行政处罚、行政强制等传统行政管理方式作出适当限制,确保在土地管理过程中"有为政府"兼"有限政府"。同时,更新法治观念,提升政府治理能力,根据土地资源管理实践需要和不同土地管理领域的独特内容,适当采用行政指导、行政合同、行政规划、行政资助、行政给付、行政购买、行政服务、行政奖励、行政调解、行政和解等柔性行政方式,推动采用多元管理方式对土地资源进行管理,促使政府在土地管理中由单一的"行政手段"发展到与"合作治理"③相结合,从而契合土地要素市场化改革追求的目标。

---

①　《习近平谈治国理政》第三卷,外文出版社 2020 年版,第 172 页。
②　莫于川等:《柔性行政方式类型化与法治化研究》,法律出版社 2020 年版,第 6 页。
③　合作治理的主要特征包括:(1)关注点在于解决管制问题,要求在拥有与设计、实施创造性解决方案极为相关的知识的各方当中共享信息,进行审议;(2)利害关系人与受影响者参与决定过程的所有阶段;(3)规则被视为临时性的,而且要进行修正,故连续性的监控与评估极为重要;(4)超越治理中传统公私角色的责任,当事人之间相互依赖而且互对彼此负责;(5)行政机关是多方利害关系人协商的召集者与助成者,激励进行更广的参与、信息共享与审议。参见[美]朱迪·弗里曼:《合作治理与新行政法》,毕洪海、陈标冲译,商务印书馆 2010 年版,第 34—35 页。

四、共同富裕思想的创新与践行

"共同富裕是马克思主义基本原理同我国具体实际……中华优秀传统文化相结合的产物,是我国在社会主义发展进程中不断推进理论创新、实践创新和制度创新的重要成果;它既是我国社会主义现代化的一个重要目标,又是反映社会主义本质要求的一个过程,同时还是关于中国特色社会主义根本原则的一种理论认识。"①"共同富裕是社会主义的本质要求,是中国式现代化的重要特征"②,党的十九大报告以《决胜全面建成小康社会 夺取新时代中国特色社会主义伟大胜利》为题,在明确 2035 年和 2050 年奋斗目标时,均提出了改善人民生活、缩小差距、实现共同富裕的要求。

20 世纪 50 年代以来,我国逐步形成了一套城乡分割的二元体制,几十年来被固定化,形成了"城乡分治、一国两策"的格局。城乡二元结构造成了农村居民与城市居民处于极不平等的地位,导致了农民政治权益、经济权益和社会权益的缺失。农民在这种体制安排形成的差序格局中不可避免地边沿化和底层化。③ 尽管随着我国推动城乡一体化发展使得城乡二元体制发生了极大的改变,农村居民与城市居民的平等地位逐步确立,但"促进共同富裕,最艰巨最繁重的任务仍然在农村"④。党的十八大以来,在"精准扶贫"系列政策推动下,我国实现了现行标准下 1 亿农村贫困人口全部脱贫和 832 个贫困县全部摘帽,提前十年完成了联合国减贫目标。但是,必须认识到,我国广大农村地区经济基础薄弱,生产力水平依然相对较低,城乡发展不均衡,农民返贫压力较大,是我国逐步实现全体人民共同富裕目标路上的重大短板和挑战。

为解决农村发展问题,以习近平同志为核心的党中央在深刻把握中国国情和深入掌握城乡关系变化的基础上,在党的十九大报告中提出乡村振兴战略,确定了"产业兴旺、生态宜居、乡风文明、治理有效、生活富裕"的乡村振兴总要求,并在其后围绕乡村振兴战略实施出台了一系列重要文件,从而对全面推进乡村

---

① 胡怀国:《现代化视域下的共同富裕:理论逻辑与物质基础》,《学术研究》2022 年第 4 期。
② 习近平:《扎实推进共同富裕》,《求是》2021 年第 20 期。
③ 参见同春芬:《转型时期中国农民的不平等待遇透析》,社会科学文献出版社 2006 年版,第 61—75 页。
④ 习近平:《扎实推进共同富裕》,《求是》2021 年第 20 期。

振兴作了具体部署。由于"全体人民共同富裕是一个总体概念,是对全社会而言的,不要分成城市一块、农村一块,或者东部、中部、西部地区各一块,各提各的指标,要从全局上来看"①,故"共同富裕作为系统工程,需要立足于城市与乡村的协调发展,需要城乡在'你中有我,我中有你'的互为助力中予以实现"②。

在促进乡村全面振兴过程中,土地制度是农业、农民和农村的连接点,其有助于将三者在逻辑和实践上构成一个共同体。而且,乡村振兴战略与土地制度改革在价值目标上具有内在一致性,在基本制度内容上具有同一性,在推进步骤上具有相似性。③ 其中,实施乡村振兴战略是推进共同富裕的一个重要环节,这需要千方百计增加农民财产性收入,而增加农民财产性收入无疑需要以土地管理法律制度的完善为依托和保障。

当前,我国城乡统一的建设用地市场尚未建立,土地要素在城乡之间尚不能自由流动,这种情形造成城乡土地要素呈现差异化配置,致使城乡土地增值收益也具有明显差别,以致农村居民与城市居民不能共享市场经济发展带来的土地增值收益。而"贫富差距的本质是综合实力、发展活力、竞争能力的差距。缩小贫富差距,实现共同富裕的关键是打破'虹吸效应''马太效应',实现国土空间价值均等化,其关键在于为乡村产业导入提供空间和品质保障"④。因此,在坚定不移走共同富裕道路时,应当利用立法提前排除改革过程中可能遭遇的问题:防止非法改变土地用途甚至通过炒作、买卖土地来谋取利益,在规模经营后保证农地不流失、不污染、不破坏,更好地保护耕地。⑤ 然后,以此为基础,盘活城乡存量建设用地,整治闲置用地,并在农村与城市之间构筑土地要素双向流通制度,以便城乡居民都能够享有经济社会发展带来的利益。可见,在实施乡村振兴战略、促进城乡融合发展以实现共同富裕的历史使命下,我国土地管理法律制度承担着巨大的时代使命。

---

① 习近平:《扎实推进共同富裕》,《求是》2021年第20期。

② 李宁:《城乡融合发展驱动共同富裕的内在机理与实现路径》,《农林经济管理学报》2022年第4期。

③ 参见耿卓、孙聪聪:《乡村振兴用地难的理论表达与法治破解之道》,《求是学刊》2020年第5期。

④ 吴家龙、苏少青:《共同富裕目标下的全域土地综合整治路径》,《中国土地》2021年第12期。

⑤ 参见耿卓、孙聪聪:《乡村振兴用地难的理论表达与法治破解之道》,《求是学刊》2020年第5期。

第二节　中国特色土地管理法律
制度的应然理念

习近平法治思想的确立与指引、中国特色社会主义法治建设的推进、土地要素市场化配置体制机制的构建以及共同富裕思想的创新与践行，是我国土地管理法律制度完善的全新社会时空环境。法律制度的构建不可盲目，"不知道目的地，选择走哪条路或确定如何走某条路都是无其意义的；然而，不知道目的地的性质，无论选择哪条路还是确定如何走某条路，却都有可能把我们引向深渊"①。因此，法律制度的完善还应当遵循切合相应社会时空环境的制度理念。就当前中国特色土地管理法律制度的完善而言，其主要应当遵循以下制度理念。

一、坚持立足中国国情，以人民为中心

坚持以人民为中心的发展思想，是党的十八届五中全会明确提出的重要思想，其是如期实现全面建成小康社会奋斗目标、推动经济社会持续健康发展必须遵循的原则。② 坚持以人民为中心，也是贯穿习近平新时代中国特色社会主义思想的一条主线和习近平法治思想的根本立场。③ 以人民为中心，要求我们坚持人民在法治建设中的主体价值和中心地位。④ 法治的人民性，正是马克思主义理论中群众史观的基本内容，彰显了人民是全面依法治国的主体，也体现了中国共产党人"全心全意为人民服务"的党性。

党的十八大以来，党和国家坚持以人民为中心的发展思想，在土地管理制度

---

① 邓正来：《中国法学向何处去——建构"中国法律理想图景"时代的论纲》，商务印书馆2006 年版，第 1 页。

② 参见何毅亭主编：《以习近平同志为核心的党中央治国理政新理念新思想新战略》，人民出版社 2017 年版，第 60 页。

③ 习近平总书记指出："全面依法治国最广泛、最深厚的基础是人民，必须坚持为了人民、依靠人民。要把体现人民利益、反映人民愿望、维护人民权益、增进人民福祉落实到全面依法治国各领域全过程。推进全面依法治国，根本目的是依法保障人民权益。要积极回应人民群众新要求新期待，系统研究谋划和解决法治领域人民群众反映强烈的突出问题，不断增强人民群众获得感、幸福感、安全感，用法治保障人民安居乐业。"习近平：《论坚持全面依法治国》，中央文献出版社 2020年版，第 2 页。

④ 汪习根：《论习近平法治思想的时代精神》，《中国法学》2021 年第 1 期。

改革中坚守基本底线、切实维护农民利益,持续扩权赋能、精细整合农村土地资源,抑制土地投机、全面保障住有所居,集约节约利用、有效提升土地治理效能,构筑生态文明、有序推进以人为核心的新型城镇化,以切实满足人民对美好生活的向往。① 这些改革的具体举措反映在《农村土地承包法》《土地管理法》和《民法典》的编修过程中,而有关土地管理法律制度完善的任务主要由 2019 年《土地管理法》修法所承担。

此次《土地管理法》修正主要围绕土地征收、集体经营性建设用地入市、宅基地制度等内容展开,始终贯彻着以人民为中心的人本理念、与时俱进的发展理念和维护公平正义的程序理念,其中以人民为中心的人本理念主要体现为:切实保护农民的合法权益;严格耕地保护,切实维护粮食安全;扩大农民在改革中的获得感等。② 以人民为中心,意味着把人民对美好生活的向往作为奋斗目标,依靠人民创造历史伟业,朝着实现全体人们共同富裕不断迈进,更要求把党的群众路线贯彻到治国理政全部活动中,③而本轮《土地管理法》修法重点在于以"三块地"改革试点经验为基础,推进党中央关于农村土地制度改革的决策部署,故其在贯彻以人民为中心的人本理念方面还存在较大的提升空间:(1)将集体土地征收补偿标准由平均年产值倍数标准改为区片综合地价标准,使补偿标准得以适当提高,但这与"公平、合理"的补偿标准尚有一定的差距;(2)将"在土地利用总体规划确定的城镇建设用地范围内,经省级以上人民政府批准由县级以上地方人民政府组织实施的成片开发建设"纳入可以依法实施征收的类型,不符合集体土地征收的公共利益目的要求,也不利于保护土地被征收的农民集体及其成员的利益;(3)国家允许进城落户的农村村民依法自愿有偿退出宅基地,但未明确规定保障进城落户农民自愿有偿退出宅基地的具体措施;④(4)就耕地保护来说,在土壤改良方面政府的义务与责任偏软,永久基本农田保护的职责落实不足;(5)关于土地规划可操作性制度缺失,涉及未来改革动向之一的国土空间

---

① 参见俞明轩、谷雨佳、李睿哲:《党的以人民为中心的土地政策:百年严格与发展》,《管理世界》2021 年第 4 期。

② 参见房绍坤、唐冉:《新土地管理法的进步与不足》,《东岳论丛》2019 年第 10 期。

③ 参见中共中央宣传部编:《习近平新时代中国特色社会主义思想三十讲》,学习出版社2018 年版,第 85—93 页。

④ 参见房绍坤、唐冉:《新土地管理法的进步与不足》,《东岳论丛》2019 年第 10 期。

规划或多规合一问题仅具有宣示意义。① 可见,在以人民为中心的人本理念指导下,本轮《土地管理法》修法只是完成了阶段性任务。

由于土地管理法律制度的逻辑主线是政府土地管理权力配置及运行,土地作为自然资源是人类社会存续和运作的物质基础,资产、资本又是基础性市场要素,这使得土地管理法律制度涉及多种关系的处理,故土地管理法律制度不仅包括《土地管理法》《土地管理法实施条例》,而且还包含《城乡规划法》《城市房地产管理法》等法律法规。当前,《土地管理法》有必要继续在以人民为中心的人本理念指导下加以完善,而《城乡规划法》《城市房地产管理法》等也应当在遵循以人民为中心的人本理念下予以编修。"以人民为中心"的理念落实到中国特色土地管理法律制度实践中,亟待树立尊重人民的意愿,保障人民权益的价值取向。从土地管理法律制度基本构造的内容来看,不仅包括当下我国正在进行的"三块地"改革中的管理权力,也包括用途管制与土地利用规划、耕地保护与土地整治等土地管理权力的配置、运行和责任承担,还有从土地管理的相对人视角对土地实体权利(如征地补偿权、集体经营性建设用地使用权、宅基地使用权)与土地程序权利(如公众参与、救济和纠纷解决等)的赋予、行使和保障。因此,深入领会和牢牢坚守以人民为中心的根本立场,加快土地管理法律制度体系得到建设和完善还任重而道远。

二、坚持新发展理念,加强制度顶层设计

"理念是行动的先导,一定的发展实践都是由一定的发展理念来引领的。"②党的十八大以来,以习近平同志为核心的党中央把握时代大势,提出并深入贯彻创新、协调、绿色、开放、共享的新发展理念,引领中国在破解发展难题中增强动力,不断前进。③ 创新是引领发展的第一动力,协调是持续健康发展的内在要求,绿色是永续发展的必要条件,开放是国家繁荣发展的必由之路,共享是中国

---

① 参见陈小君:《〈土地管理法〉修法与新一轮土地改革》,《中国法律评论》2019 年第 5 期。

② 中共中央文献研究室编:《习近平关于社会主义经济建设论述摘编》,中央文献出版社 2017 年版,第 20 页。

③ 参见刘伟:《坚持新发展理念,推动现代化经济体系建设——学习习近平新时代中国特色社会主义思想关于新发展理念的体会》,《管理世界》2017 年第 12 期。

特色社会主义的本质要求,①故在我国土地管理法律制度完善过程中,必须坚持新发展理念,明确土地管理法律制度的顶层设计,寻找土地管理法律制度的发展思路、发展方向和发展着力点。

当前,我国土地制度改革走上了快车道,以政策和法律的形式推行承包地"三权分置"、宅基地"三权分置"和"两权"抵押贷款,建立集体经营性建设用地入市制度,完善集体土地征收制度,并制定法律对黑土地和耕地进行保护等。在上述土地制度改革和立法过程中,党和国家一直主动培育发展新动力,不断优化土地要素配置,加快形成有利于创新发展的土地市场环境、产权制度、投融资体制、分配制度等;致力于推动城乡融合发展,形成土地要素有序自由流动、主体功能约束有效、基本公共服务均等、资源环境可承载的区域协调发展新格局;积极促进人与自然和谐共生、有度有序利用自然,调整优化空间结构,统筹各类空间性规划,推进多规合一;强调从解决人民最关心最直接最现实的利益问题入手,增强政府职责,提高公共服务共建能力和共享水平。② 可见,我国土地制度改革的顺利展开和土地立法的进步都离不开对新发展理念的贯彻。

长期以来,我国农村地区的发展落后于城市地区,城乡土地二元体制在实践中根深蒂固。尽管党和国家政策以及法律制度早就开始对城乡失衡的土地制度予以纠偏,但囿于制度依赖以及土地关系的复杂性,我国城乡统一的建设用地市场尚未完全建立,城乡二元的土地制度也没有彻底退出历史舞台。因此,在我国实行社会主义市场经济取得较为显著的成就的情况下,城市失衡的土地制度带来的最直观效果是土地增值收益分配的不平等。正因如此,在"三块地"改革试点时,"建立兼顾国家、集体、个人的土地增值收益分配机制,合理提高个人收益"是改革试点的主要任务之一,其目标在于"针对土地增值收益分配机制不健全,兼顾国家、集体、个人之间利益不够等问题,要建立健全土地增值收益在国家与集体之间、集体经济组织内部的分配办法和相关制度安排"③。而且,"由于我

---

① 参见中共中央宣传部编:《习近平新时代中国特色社会主义思想三十讲》,学习出版社2018年版,第107—110页。

② 参见何毅亭主编:《以习近平同志为核心的党中央治国理政新理念新思想新战略》,人民出版社2017年版,第32—34页。

③ 《中共中央办公厅国务院办公厅印发〈关于农村土地征收、集体经营性建设用地入市、宅基地制度改革试点工作的意见〉的通知》(中办发〔2014〕71号)。

国农村集体土地产权制度不稳定、地方政府干预和市场自身发育程度低等原因，农村集体土地流转市场发展比较缓慢，从而阻碍了农村集体土地资源的有效配置"；同时，"土地是财富之母，土地要素是影响城乡收入差距的最主要因素"，①因此，现阶段构建中国特色土地管理法律制度，应当在坚持新发展理念时对共享发展理念给予更多的关注。

习近平总书记指出："共享理念实质就是坚持以人民为中心的发展思想，体现的是逐步实现共同富裕的要求。"②因此，在中国特色土地管理法律制度完善过程中，应当将城乡居民共享土地增值收益作为一项重要制度指针。具体而言，我国应当完善土地管理领域制度设计，支持农村、农民在经济上的发展，保护其在土地要素中的有序流动，并且关注其在土地利益的分配及再分配中的弱势地位。已实行工业化的国家或地区在对包括土地制度在内的城乡制度作出安排时，往往会实行适度向农村、农民倾斜的"正向制度"安排，这是缩小城乡差距的需要。与这些国家或地区相比，我国在相关的制度安排中对农村的倾斜照顾不足，与缩小城乡差距、实现城乡融合发展的目标还不相适应，不仅导致我国城乡差距扩大，且造成旨在促进城乡融合发展的政策效果不明显。因此，应当借鉴域外国家或地区促进城乡发展的成功经验，在土地管理制度领域对推动我国城乡融合发展的制度安排加以矫正。由于推进城乡融合发展的一个重要路径是完善城乡人口互动机制，因而我国在完善中国特色土地管理法律制度时，应当对进城落户农户的土地承包经营权、宅基地使用权、集体收益分配权加以维护，并将破除土地供给的制度性障碍、保障进城务工农民权益以法律规则形式固定下来。③

三、坚持从中国实际出发，解决重大现实问题

问题是时代的声音，每个时代都有属于自己的问题。④ 土地是人类维持生

---

① 吴杨、王亮：《土地要素平等交换对缩小城乡收入差距的作用机理及路径研究》，中国科学技术大学出版社 2020 年版，第 2 页。

② 《习近平谈治国理政》第二卷，外文出版社 2017 年版，第 214 页。

③ 参见陈锡文、韩俊主编：《乡村振兴制度性供给研究》，中国发展出版社 2019 年版，第 336—338 页。

④ 参见何毅亭主编：《以习近平同志为核心的党中央治国理政新理念新思想新战略》，人民出版社 2017 年版，第 225 页。

存的重要物质基础，"是一切生产和一切生存的源泉"①，土地法律制度与人类生存息息相关；而在中国特色社会主义法治体系中，其与经济体制唇齿相依。当前，习近平新时代中国特色社会主义思想对完善我国土地管理法治体系、促进我国土地管理工作改进和土地市场发展的指导意义和积极作用已经受到各界重视，在涉土立法中也有诸多体现，但从土地管理法律制度的规范设计来看，新时代转型需求的具体内容的完整、系统表达却均留有一些缺憾。

在土地利用规划与土地用途管理制度方面。我国有关国土空间规划体系的构建刚刚起步，对国土空间规划的风险及其规避、国土空间规划实施的模式及其考量、违反国土空间规划行为的责任扩张与损害救济等尚未有较为系统的规则体系。有关土地用途管理制度的完善，虽然备受各界关注，但相关立法不够细致以致针对性不足，如土地用途管理引发的准征收补偿制度存在疏漏，对于土地用途管理的具体类型如农业用途管理、建设用途管理、未利用地管理、城市更新改造中的用途管理等问题有待法律制度优化细化。当前，有关土地利用规划和土地用途管理法律制度的探讨，尚停留于相关立法在宏观调控法律体系中的功能定位及彼此的冲突与协调方面，欠缺对其运行绩效的科学评估和试点经验的客观总结，导致一些法律制度修正完善建议脱离了实践基础。

在"三块地"改革及其联动的土地管理法律制度完善方面。"三块地"改革试点已经结束，其主要成果在 2019 年《土地管理法》修改时被采纳，但因"坚持稳妥推进"的修法原则，使得部分改革试点成果未能在此次修法中得到体现。具体而言，在土地征收制度方面，态度偏于谨慎、保守，特别是将关于成片开发建设的所谓征收条款纳入公共利益条款，致使实践中难免为政府行使征收权单方"剥夺"相对人的土地权利提供了机会。② 在集体经营性建设用地入市方面，将入市范围限于存量集体经营性建设用地，将"出租"作为集体经营性建设用地入市的一级市场中的入市方式，允许通过合同限制集体经营性建设用地入市，这些制度与党和国家政策一再推行的集体经营性建设用地与国有建设用地"同等入市"改革精神不相吻合。③ 在宅基地制度方面，过于保守，甚至堪称裹足不前，尽

---

① 《马克思恩格斯选集》第 2 卷，人民出版社 1972 年版，第 109 页。
② 参见陈小君：《〈土地管理法〉修法与新一轮土地改革》，《中国法律评论》2019 年第 5 期。
③ 参见房绍坤、唐冉：《新土地管理法的进步与不足》，《东岳论丛》2019 年第 10 期。

管有条件解禁了原不允许宅基地退出的制度,但缺少一系列配套规则,缺乏制度接口。[①] 可见,在此次《土地管理法》修法后,与"三块地"相关的土地管理法律制度建构仍然留下一些遗憾。

在耕地保护与土地整治法律制度完善方面。近年,我国法律理论对耕地保护与土地整治制度的规范体例及其内容的研究逐步展开,与当前的耕地保护与土地整治实践和立法规划亦相契合。但是,有关耕地保护与土地整治法治建设的研究总体来说受到的关注较少,对现有耕地保护与土地整治政策法规、规范性文件的梳理的总结也略显不足,而且在讨论耕地保护与土地整治立法时也往往聚焦于某一特定问题,从而使得对耕地保护与土地整治面临的主要法律问题、法律关系和政府治理行为理论等欠缺系统性深入研究,相关制度的顶层设计更是较为滞后,以致难以为耕地保护与土地整治立法规划的有效实施提供坚实的理论基础和周延的立法建议。

在土地行政纠纷解决机制与法律责任体系构建方面。该领域一直是我国土地管理法律制度构建的薄弱环节,其中土地行政纠纷是发生在行政相对人与土地管理机关之间,就土地行政执法、土地行政管理活动而引起的纠纷或争议,主要集中在土地权属、不动产登记、征地补偿、违章建筑、违法占地等领域;土地管理法律责任则是因实施土地违法行为而产生的法律后果,抑或是纠纷产生的缘由。当前,我国有关土地行政纠纷的有效化解的多元机制未形成制度体系,土地管理法律责任中的行政责任、民事责任以及刑事责任在制度上较少明确区分,各类法律责任在功能上的区隔与互补也有待制度促进。此外,为了加大土地违法行为的查处力度,此次《土地管理法》修法首次确立了国家土地督察制度。国家土地督察制度在本质上是通过政府内部监督检查,实现土地高效利用和有效管理的土地执法监察体系化,核心是借助中央政府对地方政府的约束限制,以提高地方政府的土地违法成本,降低土地违法案件发生率。然而,现行国家土地督察制度极为简略,尚需尽快拟定可操作性的具体规则。

总之,"问题在实践中产生,也要在实践中解决。实践、认识、再实践、再认

---

① 参见陈小君:《〈土地管理法〉修法与新一轮土地改革》,《中国法律评论》2019 年第 5 期。

识,是认识事物的客观规律,是解决问题的根本法则"①。中国特色土地管理法律制度的完善必须坚持从中国实际出发,特别是关注我国土地法律制度的沿革及所提供的制度资源,在真正读懂中国的基础上,才能提出解决上述重大现实问题的有益方案。

四、坚持法治国家、法治政府、法治社会一体建设

坚持依法治国、依法执政、依法行政共同推进,法治国家、法治政府、法治社会一体建设,是习近平法治思想的核心要义之一,是对全面依法治国的工作布局,为我们从全局上、整体上把握全面依法治国提供了科学指引。② 具体来看,依法治国是党领导人民治理国家的基本方略,依法执政是党执政的基本方式,依法行政是政府行政的基本准则。在中国特色社会主义法治体系建设过程中,法治国家、法治政府、法治社会三者各有侧重、相辅相成,"法治国家、法治政府、法治社会一体建设的内在依据,是三者及其统一于法治的内在联系",其中"法治国家是法治政府的前提条件","法治国家、法治政府共同构成法治社会的政治基础","法治政府是法治国家的重要支柱,是法治社会的决定性因素","法治社会是法治国家、法治政府的必要条件"。③ 习近平总书记指出:"全面依法治国是一个系统工程,要整体谋划,更加注重系统性、整体性、协同性。法治政府建设是重点任务和主体工程,要率先突破,用法治给行政权力定规矩、划界限,规范行政决策程序,加快转变政府职能。"④然而,在我国采用政府主导型的土地管理法律制度体系情形下,出现了土地管理体制不健全而地方政府只能错位,土地市场机制不完善而政府干预手段难与市场有效互补,规划制度存在先天不足等问题,⑤为此应当坚持统筹推进,在多元法治的一体建设中,理顺政府在土地管理问题中

① 何毅亭主编:《以习近平同志为核心的党中央治国理政新理念新思想新战略》,人民出版社2017年版,第227页。

② 参见熊选国:《坚持法治国家、法治政府、法治社会一体建设》,《人民日报》2021年3月16日。

③ 最高人民法院中国特色社会主义法治理论研究中心编:《法治中国:学习习近平总书记关于法治的重要论述》(第二版),人民法院出版社2017年版,第66—67页。

④ 习近平:《论坚持全面依法治国》,中央文献出版社2020年版,第4页。

⑤ 参见甘藏春等:《当代中国土地法若干重大问题研究》,中国法制出版社2019年版,第156—157页。

的职能,明确政府对土地管理权力的边界,绵绵用力、久久为功。

在我国土地管理法制领域,虽然在不同时期推行的土地制度改革面临的焦点议题不尽相同,但40余年来土地管理法制改革实践始终围绕着"国家管理与市场调节关系""土地配置权力与土地支配权利关系"而展开。鉴于土地资源的极端重要性,又有延续计划经济时代国家干预的惯性,当下我国土地管理法制整体仍呈现出较为强烈的国家管理色彩;相应地,市场调节机制在对接土地资源时功效甚微,这在土地管理法律制度中的表现就是"权力中心化"。土地管理法制受到国家管理的强力加持,国家权力赋予管理主体(政府)以强大的管理动员能力、管理统筹能力、管理监督能力及管理制裁能力。然而,权力自身缺乏有效监督以及权力运行成本高昂,始终约束土地管理秩序进一步良性演化。① 因此,在推动我国土地管理的法治化、现代化过程中,应当"加快建设职能科学、权责法定、执法严明、公开公正、廉洁高效、守法诚信的法治政府"②,以便发挥土地管理法律制度对行政权力的约束监督作用,并纠正政府在土地管理实践中的不当行为。

在我国土地法制现代化进程中,土地管理法律制度涵盖土地管理和土地利用全流程,同时又涉及土地规划、土地整治、耕地保护、建设用地使用、土地督察制度、纠纷解决机制与法律责任等体系化内容。这些制度大都规定在《土地管理法》《城乡规划法》《城市房地产管理法》等规制政府行政权力的法律之中,其中土地财产权利与土地管理权力在土地法律制度体系中具有密切关联。2020年5月29日,习近平总书记在主持十九届中央政治局第二十次集体学习时指出:"各级政府要以保证民法典有效实施为重要抓手推进法治政府建设,把民法典作为行政决策、行政管理、行政监督的重要标尺,不得违背法律法规随意作出减损公民、法人和其他组织合法权益或增加其义务的决定。要规范行政许可、行政处罚、行政强制、行政征收、行政收费、行政检查、行政裁决等活动,提高依法行政能力和水平,依法严肃处理侵犯群众合法权益的行为和人员。"③尽管

---

① 陈小君:《民法典时代土地管理法制改革契机与优化路径论纲》,《学术月刊》2022年第3期。

② 中共中央文献研究室编:《习近平关于全面依法治国论述摘编》,中央文献出版社2015年版,第60—61页。

③ 习近平:《充分认识颁布实施民法典重大意义 依法更好保障人民合法权益》,《求是》2020年第12期。

这是颁布实施民法典时针对如何加强民法典执法司法活动作出的指导,但其蕴含法治政府建设的重要精神,可以适用于包含土地财产权利在内的规范民事权利的法律制度。因此,在法治国家、法治政府、法治社会一体建设过程中,对政府土地治理权力加以规制的法律规则设计,应当有更为广阔的视野和体系思维。

总之,在我国土地管理法制体系构建与完善时,"各级政府一定要严格依法行政,切实履行职责,该管的事一定要管好、管到位,该放的权一定要放足、放到位,坚决克服政府职能错位、越位、缺位现象"①。因此,从中国特色社会主义法治体系建设全局出发,以中国特色的新时代制度需求为总纲,以实现我国土地管理制度适应现代化、市场化需求和法治化为目标,从土地规划和用途管理、"三块地"改革及其联动、耕地保护与土地整治、土地督察制度、纠纷解决机制与法律责任体系等方面进行具体制度构建,提出一套直接面向实践并服务于土地管理法修改完善的系统性方案,极具时代价值和现实意义。

第三节　中国特色土地管理法律制度完善的现实目标

新时代的实践创新和新思想的理论创新,充分展现了马克思主义哲学认识论关于理论与实践的辩证统一和良性互动。当前,应当以习近平新时代中国特色社会主义思想全面检验现行土地管理法律制度,总结新中国成立以来土地管理法律制度的成功与不足,明确中国特色土地管理法制完善的现实背景与应然理念,并在此基础上明确中国特色土地管理法律制度完善的现实目标,从而既体现社会主义法治与时俱进的品质,又为时代转型期我国土地管理法律制度的修订与完善提供理论支撑。具体来说,新时代中国特色土地管理法律制度完善的现实目标主要有以下三个方面。

一、立法理念上坚持与创新并存

自改革开放以来,尤其是我国以社会主义市场经济体制取代计划经济体制

---

① 中共中央文献研究室编:《习近平关于全面依法治国论述摘编》,中央文献出版社2015年版,第60页。

后,经济社会发展开始由传统社会向现代社会转轨,使得法治建设开始踏上社会转型期。社会转型带动各种利益关系和制度观念的变化,使我国法治建设面临一系列新问题,这在一定程度上造成土地管理实践中法律对土地资源的管理发生了诸多变化。长期以来,我国主要以党和国家政策来规制政府的土地管理行为,即便制定了《土地管理法》《城市规划法》《城市房地产管理法》等有关土地管理的法律法规,但此种加快土地管理法律制度建设进程的做法并没有改变党和国家政策在土地管理实践中的主导作用。毋庸讳言,党和国家政策以其灵活性在土地管理实践中为应对社会变革发挥了积极作用,但在我国确立了中国特色社会主义法治道路的基本方向后,党和国家政策与国家法律的关系需要重新加以认识,在土地管理实践中形成的重政策、轻法律的观念亟待反思。其中一个重要方面就是在土地管理法律制度构建中借鉴政策措施的优势,在保证法律的稳定性的同时,又尽可能强化法律对现实生活的适应性,从而满足当前土地制度改革土地管理立法的需求。

其实,因我国处于转型时期且转型的剧烈程度前所未有,尤其是经济高速度发展,西方经历了一个较长时期进行的变革,而在我国仅用了不到其一半的时间内便已完成,这使得社会急剧变迁,致使法律频繁修改以适应社会的剧烈变动。[1] 土地管理法律制度也不例外,其中《土地管理法》便因市场经济在我国的发育、发展和土地制度的革新而被频繁修改。[2] 一般认为,保持稳定性是法律的固有特性,朝令夕改将让人们无所适从,法律的权威性也会因此大打折扣,但在我国处于社会急剧转型时期,保持法律稳定性的同时又使法律适应社会的急剧变化十分不易。[3]

习近平总书记指出:"走什么样的法治道路、建设什么样的法治体系,是由一个国家的基本国情决定的。……全面推进依法治国,必须从我国实际出发,同推进国家治理体系和治理能力现代化相适应,既不能罔顾国情、超越阶段,也不能因循守旧、墨守成规。"[4]可见,在社会转型期,不能一味追求法律的稳定性,应

---

① 参见徐璐、刘万洪:《社会转型背景下的立法者——从 1980—2004 年人大常委会公报看立法理念的发展变化》,《法律科学》2005 年第 6 期。

② 参见陈小君:《〈土地管理法〉修法与新一轮土地改革》,《中国法律评论》2019 年第 5 期。

③ 参见徐璐、刘万洪:《社会转型背景下的立法者——从 1980—2004 年人大常委会公报看立法理念的发展变化》,《法律科学》2005 年第 6 期。

④ 习近平:《论坚持全面依法治国》,中央文献出版社 2020 年版,第 110 页。

当认识到法律的稳定性是相对的,追求法律的稳定性并不表明应保持法律规范的一成不变,而是应当在保持法律稳定性的基础上根据已经变化的社会现状适时、恰当地修改相关法律规范,以便充分体现出法律规范的适应性。① 因此,新时代中国特色土地管理法律制度的完善应当在保持法律的稳定性与体现法律的适应性方面保持平衡。

应当注意到,我国的土地管理立法虽然经历了多次制度变革,但在这些制度变革的背后却展示了其一以贯之的理念坚持:坚持中国共产党的领导、坚持社会主义公有制、坚持以人民为中心。可以说,土地管理法律制度的变革,实际上源自并体现了党在不同时代对社会主义理论与中国国情的不同理解。当前,应当以习近平法治思想为指导,在新时代中国特色土地管理法律制度建设中,坚持维护社会主义公有制、坚持绿色发展、切实保护耕地、推进共同富裕等基本理念,而在落实上述基本理念的具体措施以及其他配套制度方面,则可以根据社会实践的实际需要加以立改废,以适应社会转型期国家赋予土地管理法律制度建设的神圣使命。

二、制度建构中体系与重点兼顾

2020 年 5 月 28 日,《中华人民共和国民法典》在第十三届全国人民代表大会第三次会议通过。这是我国第一部以"法典"命名的法律。《民法典》颁布后,不少法律领域均出现了颁布"法典"的呼声。"法典编纂活动是在对某个部门法的全部现行法律规范进行考察研究、分析整理、增删整合的基础之上,产生一部统领全局的大规模法典的国家重要立法活动。"② 在我国,尽管制定了《土地管理法》,但该法并非对土地管理领域的全部制度进行规范,该法之外还有《城乡规划法》《城市房地产管理法》等与土地管理有关的法律,可见,我国土地管理法律制度建设未采用法典编纂模式,而是根据国家经济社会发展针对土地管理实践中出现的重大现实问题,制定了一系列有关土地管理的单行法。

从理论上来说,法典编纂有许多种理由,但建立一个制度体系是其中一个重要理由,即"通过对同属一个法律部门的现行法律规范的整理和改造,编纂出新

---

① 参见徐璐、刘万洪:《社会转型背景下的立法者——从 1980—2004 年人大常委会公报看立法理念的发展变化》,《法律科学》2005 年第 6 期。

② 封丽霞:《法典编纂论——一个比较法的视角》,清华大学出版社 2002 年版,第 244 页。

的调整人们同类行为的完整清晰、明白易懂、系统和谐的权威性法律文件,并以此消除各种法以及各种法律规范之间的矛盾和弊病,实现不同位阶的法之间的协调一致和相互配合,为社会提供一个统一的行为规范,促进国家法制的统一"①。因自新中国成立以来,我国土地管理法律制度建设都没有采用法典编纂模式,在新时代也不会舍弃现有各单行法并列模式,故以一部法典统一我国的土地管理法律规范在立法实践中不可行。然而,考虑到土地管理法律所涉内容广泛,其由数量较为庞大的具体规范构成,且这些规范本应是一个统一、和谐的整体,因而即便是以单行法的形式进行土地管理法律制度建设,但也必须采用体系思维将这些单行法作为一个整体对待,以便各单行法中的具体规则能够实现有效对接,从而在土地管理实践中发挥出制度合力。

不过,从1986年制定《土地管理法》至今,我国土地管理法律制度已经历了40余年的发展,其中《土地管理法》《城市房地产管理法》《城乡规划法》等均多次修改,现已在土地管理法律制度建设中取得了较大的成绩,故新时代中国特色土地管理法律制度建设不是从零起步,也就不需要对整个土地管理法律制度重新进行立法。习近平总书记指出:"要加强重点领域立法,及时反映党和国家事业发展要求、人民群众关切期待,对涉及全面深化改革、推动经济发展、完善社会治理、保障人民生活、维护国家安全的法律抓紧制订、及时修改。"②这对新时代完善我国土地管理法律制度同样具有指导意义。因此,我国应当根据新时代需求对土地管理法律制度进行体系化整理,明确其中亟待解决的重点难点问题,以便为下一步针对现行土地管理法律制度的不足编修可操作性土地管理法律或具体规则明确方向。

当然,在研究过程中,"经常要遇到部分与整体,或局部与全局这样一个关系问题。科学地处理好部分与整体的关系,有利于我们从全局出发,全面、系统地认识事物,把握事物的本质,防止对事物形成'只见树木,不见森林'或是'不见树木,只见森林'的片面认识"③。以实践中亟待处理的迫切问题为重点,同时将规制土地管理的各单行法作为一个整体进行研究,这不失为一种既突出关键问题的解决,又强调解决方案与相关制度之间协调贯串的科学做法,在土地管理

---

① 封丽霞:《法典编纂论——一个比较法的视角》,清华大学出版社2002年版,第244页。
② 习近平:《论坚持全面依法治国》,中央文献出版社2020年版,第114页。
③ 孙小礼主编:《科学方法中的十大关系》,学林出版社2004年版,第74页。

立法实践中是一种可行路径。

三、规则设计时公法与私法协同

公法与私法的区分是罗马法学家的发明,除完全否定该种分类的学者外,关于公法和私法的区分标准也众说纷纭。[①] 尽管各界对划分公法和私法的标准存在分歧,但一般认为"凡是规范、调整权力/权力关系或权力/权利关系的法律规范都是公法;凡是调整权利/权利关系的法律规范都是私法"[②]。而且,"近现代法律为了保证其所规定的权利与义务、职权与职责具有整体性、系统性与协同一致性,为了保证法律世界中两个核心角色——权力和权利——能够各就各位并各得其所,为了通过法律理顺各种复杂的社会关系,基本上都旗帜鲜明地区别权力和权利,进行了性质不同的制度安排"[③]。可见,将法律区分为公法和私法不仅具有理论价值,而且具有实践意义。

新中国成立后,我国法学理论在一个相当长的时期反对公法与私法的划分,认为传统中作为典型私法的民法也是公法,从而为国家运用行政手段广泛干预民事生活提供了理论依据。[④] 直到 20 世纪 90 年代初期,我国以社会主义市场经济体制取代计划经济体制后,公法与私法的区分才逐渐被法学界接受。从我国土地管理法律制度体系来看,其中既存在公法性质的法律,也存在私法性质的法律,其中土地公法主要是指政府行使行政权力进行土地管理的法律,而土地私法则主要是指规定平等主体之间因土地财产产生的权利义务关系的法律。一般认为,《土地管理法》《城乡规划法》等为土地公法,《农村土地承包法》及《民法典》有关土地财产权的法律制度为土地私法。

然而,"任何逻辑上的划分,都会遇到亦此亦彼、莫衷一属的边缘事物,公法

---

① 关于公法与私法区分的标准,瑞士人荷灵加(Hollinger)在其学位论文《公法与私法的区别标准》中举出十七种不同的学说;马尔堡的私讲师华尔滋(Walz)在就职演讲《关于公法的本质》中亦举出十二种不同的学说。参见[日]美浓部达吉:《公法与私法》,黄冯明译,中国政法大学出版社2003 年版,第 23—24 页。

② 袁曙宏、宋功德:《统一公法学原理——公法学总论的一种模式》下卷,中国人民大学出版社 2005 年版,第 172 页。

③ 袁曙宏、宋功德:《统一公法学原理——公法学总论的一种模式》下卷,中国人民大学出版社 2005 年版,第 33 页。

④ 参见梁慧星:《民法学说判例与立法研究》,中国政法大学出版社 1993 年版,第 53—54 页。

与私法的划分亦复如斯"①,加之"公、私法划分的意义主要不是形式的、而是实质的,不是外观的、而是内在逻辑的"②。这就决定了很难将我国现行土地法律制度体系中的各单行法简单地归类为土地公法或土地私法的范畴,即便是作为规制政府土地管理行为之一般法的《土地管理法》也在第二章对作为私权的"土地的所有权和使用权"作出了明确规定,而作为私法一般法的《民法典》同样在第 361 条和第 363 条将集体建设用地使用权和宅基地使用权的管理转介到适用"土地管理的法律"。因此,公法与私法的协同,是新时代我国土地管理法律制度完善应坚持的重要观念。一方面,对土地资源进行管理必须借助包括行政法、刑法以及宪法在内的公法,尤其是突出规制政府权力行使的行政法,以便明确土地资源管理中基本社会秩序与底线,并且对于市场无法介入的部分,利用这些法律加以管控;另一方面,土地要素市场建立、土地权利的流转以及土地财产权人利益的维护——特别是对农民集体及其成员享有的合法土地权益的维护——又强调《民法典》《农村土地承包法》等私法手段介入,以便为政府土地管理权力设定一个刚性的边界。当然,公法与私法在土地管理立法中的协同作用,必将在较长一个时期内持续,也是法学研究者与法律工作者应当关注的理论重点与实践难点。

---

① 张俊浩主编:《民法学原理》,中国政法大学出版社 1991 年版,第 2 页。
② 袁曙宏、宋功德:《统一公法学原理——公法学总论的一种模式》下卷,中国人民大学出版社 2005 年版,第 32 页。

第三章　中国土地管理法律制度的现实考察

在土地管理立法研究过程中,找准问题是深入剖析问题的基石,也是新时代中国特色土地管理法制达成更高质量和更高水平的主要抓手。因此,亟待以习近平新时代中国特色社会主义思想,检视现行土地管理法律制度的立法理论、文本规范及其运行实践之系统性、关键性问题,总结现行土地管理法律制度存在的理论和制度困境,为我国土地管理法律制度在新时代的理论突破与实践创新指明方向。

为此,我们主要运用社会实证、规范实证、比较法分析方法,明晰我国土地管理法律制度的实然状态,提炼出真问题及其成因:以社会实证分析方法对土地管理法律制度中规范运行的实然状态加以考察,去洞悉"行动中的制度"的社会时空环境;以法律实证分析方法对土地管理法律制度中各种规范之间的逻辑联系进行分析,借以揭示该制度中不同规范的适用条件与特征;同时,还佐以比较法研究方法,以发现我国在新时代土地管理法律制度可持续发展中的若干局限性,增强问题意识和学术视野。在此基础上,以符合制度建构与发展的价值判断为基准,审视我国土地管理法律制度的适用困境与实践难题,推动新时代中国特色土地管理法制改革向纵深发展。

第一节　土地管理法律制度运行的主要考察方法

选择合适的研究方法,直接关系到研究工作的顺利开展和研究结果的科学有效。本研究特别倡导并坚持运用社会实证方法进行开拓性研究,带着"把科研成果书写在祖国大地上"的情怀,积极助推法学研究转型,加强法学和土地经济、农村政策等学科融合,在最具中国特色的土地法学领域创造性地开展理论与实证相结合、本土实践与域外趋势相印证的学术研究,深入考察我国土地管理法律制度现实运行状况,服务于国家规划体系变革、土地要素市场化配置、自然资源资产产权制度改革等,助力土地治理体系和治理能力现代化建设。

一、社会实证:全域与区域调研同步

社会实证的方法,即通过考察土地管理法律制度运行的实然状态,探究相关法律制度应然功能和实然功能之间的差距及其原因,从而更加深刻地认识现有法律制度的不足与成因。为有针对性地了解我国土地管理法律制度运行中存在的问题,课题组分别展开了全域性与区域性土地法律制度考察。

(一) 全域性调研

在国家全面深化改革和实施乡村振兴战略背景下,2015 年 3 月经全国人大常委会授权,国务院在全国 31 个省(直辖市、自治区)设立 33 个试点,暂时调整实施有关法律规定,为改革完善农村土地征收、集体经营性建设用地入市、宅基地管理(以下简称"三块地")等制度展开重大实践探索。其目的在于针对现实需求,为新时代土地管理法修法进行理论与实践储备。被选定为试点的 33 个县(市、区)自然资源禀赋、经济社会发展水平等各不相同,农业现代化和新型城镇化实现程度有差异,是开展实验性立法效果观测的适格样本。

自 2019 年 8 月开始,课题组用了两个多月时间通过网络搜集和追踪,初步掌握了国家土地改革试点的进展实况和基本成效。10—12 月,先后组织 13 个(次)调研小组,对 31 个省(直辖市、自治区)33 个县(市、区)"三块地"改革试点予以全覆盖调研(详见表 1),实地走访、学习察看、与参与试点改革实践的各类主体座谈交流,全面听取微观主体对我国土地管理法律制度运行与立法的意愿和建议。由于课题组抓住了这项历时近 5 年的改革收官时机,在疫情到来之前,获得了特别珍贵、全面丰富的第一手资料。在 2020 年 2—6 月间,课题组系统整合、类型分析了近 300 份调研材料。

表 1　全域性调研汇总表

序号	调研时间	调研地点
1	2019.10.9 — 10.10	吉林长春市九台区
2	2019.10.12 — 10.13	湖南长沙市浏阳市
3	2019.10.17 — 10.18	上海松江区
4	2019.10.20 — 10.21	江苏常州市武进区
5	2019.10.22 — 10.24	河北保定市定州市、河南新乡市长垣市
6	2019.10.22 — 10.25	四川泸州市泸县、成都市郫都区、重庆大足区
7	2019.10.23 — 11.1	新疆伊犁州伊宁市、甘肃定西市陇西县、青海西宁市湟源县、宁夏石嘴山市平罗县、陕西西安市高陵区、陕西晋城市泽州县
8	2019.10.29 — 10.31	广西玉林北流市、海南文昌市
9	2019.11.5 — 11.13	黑龙江绥化市安达市、辽宁鞍山市海城市、天津蓟州区、北京大兴区、内蒙古呼和浩特市和林格尔县、山东德州市禹城市
10	2019.11.13 — 11.14	湖北襄阳市宜城市
11	2019.11.18 — 11.22	西藏拉萨市曲水县、云南大理州大理市、贵州湄潭市
12	2019.11.27 — 11.28	广东佛山市南海区
13	2019.12.1 — 12.9	浙江湖州市德清县、浙江金华市义乌市、安徽六安市金寨县、江西鹰潭市余江县、福建泉州市晋江市

2020 年 6 月至 2021 年 1 月,就全域调研素材,课题组形成《"三块地"改革试点之土地征收制度改革调研报告》《"三块地"改革试点之集体经营性建设用地入市改革调研报告》《"三块地"改革试点之宅基地制度改革调研报告》《"三块地"改革试点之规划权行使调研报告》《"三块地"改革试点之土地增值收益分配制度改革调研报告》5 篇专项调研报告,在《土地法制科学》第 5 卷集成发表(法律出版社 2022 年版)。课题组成员在对我国土地征收运行状况进行社会调查的基础上,完成专著《倾听田野:集体土地征收法律制度研究》①并出版。

(二) 区域性调研

2019 年 2 月以来课题组组成若干分队,主要对具有全国土地制度运行样本之代表意义的广东地区展开多视角调研(详见表 2)。利用现场走访、干群座谈、

---

① 参见肖黎明:《倾听田野:集体土地征收法律制度研究》,知识产权出版社 2020 年版。

查看文件资料等方式，调研内容涉及征地、宅基地、集体建设用地、耕地保护、土地规划、不动产登记、乡村振兴战略实施、城市更新中土地确权与利用及其若干土地纠纷裁判等问题，形成了若干区域性调研报告和论文，将调研的实践素材结合《土地管理法（修正案）》的部委征求意见稿、全国人大一审稿和二审稿，在2019年2月、5月与7月三次提交了立法修改意见和建议，参加了3次部委组织的其修正立法专家论证会；并于2020年4月至6月，主办全国性研讨会对《土地管理法实施条例（草案）》进行讨论，两次提交专家意见建议至自然资源部、司法部和中国法学会。

此外，课题组依托广外土地法制研究院和中国乡建院联合建设点、实证调研基地和长期调研形成的联系点，对全国14个省份（河南、湖南、河北、山东、重庆、山西、广西、内蒙古、贵州、青海、广东、江西、辽宁、黑龙江）50多个县（市、区）开展田野调查，共收回有效问卷280份。

表2　区域性调研汇总表

序号	调研时间	调研地点	调研内容
1	2018.11.14—11.16	广东肇庆市	"实施农业发展'611工程'加快推进肇庆乡村振兴发展研究"
2	2019.2.24—2.27	广东茂名市	《茂名市村庄规划建设管理条例》立法调研
3	2019.6.17—6.18	珠海市斗门区	"盘活存量土地，加快流转，为乡村产业兴旺提供制度支撑"研究
4	2019.7.2—7.3	佛山市南海区	南海宅基地制度改革情况、受访农民对宅基地立法的意见建议
5	2019.7.20	广东潮州市	潮汕地区土地制度改革情况
6	2019.9.9	广州市海珠区	地铁项目用地中空间建设用地使用权的设立
7	2019.10.2	广州市南沙区	空间建设用地使用权设立情况
8	2019.10.10—10.11	广东肇庆市	德庆县农村综合改革成效评估
9	2019.10.31	广东清远市	《清远市村庄规划建设管理条例（草案）》立法调研
10	2019.11.14	广州市黄埔区	空间建设用地使用权的设立情况
11	2020.6.18—6.19	广东湛江市	民法典与土地征收制度改革
12	2020.7.28—7.29	广东河源市	民法典与宅基地制度改革

续表

序号	调研时间	调研地点	调研内容
13	2020.11.1—2021.12.30	全国 14 个省份(河南、湖南、河北、山东、重庆、山西、广西、内蒙古、贵州、青海、广东、江西、辽宁、黑龙江)50 多个县市区	耕地保护制度运行状况
14	2021.8.10—2021.9.17	广东、四川、湖南 3 省多个地市区	集体土地确权登记状况
15	2022.7.7—7.9	湖北省宜都市姚家店镇莲花堰村、聂家河镇凤凰池村、白家淌村;河南省平顶山市鲁山县让河乡邓西村、马疙瘩村	集体产权制度改革

在全域性调研与区域性调研过程中,课题组及时根据调研目标科学设计调查问卷和访谈提纲,对调研中收集到的文本和报告等资料分门别类建档立库,形成了扎实全面的调研资料信息系统。各项调研完成后,形成了近 20 份系列田野调研报告。

二、规范实证:解释论与立法论衔接

规范实证分析方法把研究的任务限定在剖析实定制度的范围之内,对制度进行一种价值中立的客观分析。这种研究方法注重的是对宪法、法律、行政法规、政策和司法判决(案例)等文本的规范意义进行细致而深入的分析,即立足于法律文本,阐释法律规则的预期和实然的意义,把握核心要义,找准真问题。

课题组采用规范实证分析方法,搜集并分类整理了大量与土地制度相关的法律法规和地方性规范文件,以此全面了解现有土地管理法律制度体系。特别对我国以《土地管理法》《城乡规划法》《农村土地承包法》《基本农田保护条例》等为核心的土地管理相关法律、法规等规范性文本、裁判文书等内容逐一细密解读,并在实践调研中检验各制度规范运行的效果,发掘我国土地管理法律制度存在的问题,深入探寻其根源,为全面完善我国新时代以《土地管理法》为核心的系列法律制度奠定基础。

在我们研究过程中,课题组成员与相关政府主管部门联系密切,直接参与国家土地管理相关立法制定,如全程参与《土地管理法》修正,分别受原国土资源部、司法部、自然资源部等邀请就《土地管理法(送审稿)》《土地管理法(修正案)》(第二次征求意见稿)、《土地管理法(修正案草案)》(一次审议稿)和《土地管理法(修正案草案)》(二次审议稿)提交书面修改建议及理由,受自然资源部邀请,3次就土地征收中"成片开发"标准提出意见建议,就其起草的《耕地保护法(草案)》(征求意见稿)提出立法修改建议。首席专家作为中国法学会民法典编纂项目领导小组成员、分则物权编立法召集人之一直接参与《民法典》编纂,带领课题组成员组成团队,针对物权编中集体所有权、土地承包经营权、宅基地使用权条文,提出了完整的条文设计修订方案。同时,为地方法规制定和地方政府有关土地管理决策献计献策,如负责起草《广东省不动产登记条例》《茂名市村庄规划建设管理条例》《清远市村庄规划建设管理条例》《珠海市斗门区农村宅基地和村民住宅建设管理办法》(1+9)(试拟稿)等,受邀为广东省、广州市、深圳市、珠海市、佛山市、肇庆市、潮州市等政府提供关于土地管理制度和土地改革的决策咨询服务。针对土地管理法制领域中的重大突出问题,积极向各级党政机关报送有针对性的对策建议与调查分析报告,获得多项批示或采纳。这些土地管理法治领域的社会服务工作,使得课题组成员对相关立法出台的社会背景、立法意旨、规范构造和未来发展趋势有更为清晰地把握。

改革成果需要法律确认和保障,改革经验需要法律固化和提升,改革创新需要法律规范和转化。尽管《土地管理法》已完成第四轮修订、《民法典》业已颁布实施,但制度变迁具有其惯性,改革成果的法制实现难以一蹴而就。本著作在衡量现行《土地管理法》条文利弊得失的基础上,以取得的理论研究成果为指导,针对土地管理法律制度中亟待完善的重点环节——"国土空间规划""土地征收""集体建设用地使用与管理""宅基地使用与管理""土地督察、土地行政纠纷解决和法律责任"五个维度,依循法的价值目标、运行机理和立法技术,进一步设计出具有鲜明时代特征的五份立法增补完善建议文本,共计41条,每个条文都附有明晰的"条旨、说明、依据"内容,以深化服务于新时代中国特色土地管理法制体系的革新。

三、比较法研究：可持续发展的域外视野

从法律规范比较与功能比较相结合的视野，观察其他国家及地区的实定法以及法律适用发展趋势，能够发现我国法律制度存在的局限性，启发问题解决的新理念、新学说或新立法模式。尽管我国土地管理法与建立在土地私有制基础上的境外相关法律制度在价值目标、制度结构等方面存在较大差异，但对境内外土地管理法律制度进行比较研究，有益于在我国土地管理立法完善时予以合理引介性改进，可以为我国土地管理立法之发展提供丰富的制度资源。

课题组在前期文献梳理的基础上，及时跟进补充境外土地管理相关法律制度、学界最新研究成果，并分主题建立文献数据库。值得说明的是，日本农地管理制度在世界上具有现代化和可持续发展的明显优势，过去曾有若干译本，但均未与时俱进加以更新。借助本研究，首席专家及时寻求中日两国日本法学者合作研究，挑选 4 部日本土地法律进行了补正与更新性翻译，分别是：《日本农地法》《日本农业振兴地域整备法》《日本农业经营基础强化促进法》《日本农地中间管理事业推进法》，并组织翻译了日本早稻田大学楜泽能生教授新著《保护农地意味着什么？——家庭农业与农业制度的过去、现在和未来》，这些对我国土地管理法律制度可持续发展与完善的借鉴价值毋庸置疑。

同时，课题组在研究过程中，对具有制度借鉴意义的相关国家和地区的土地专项法律制度展开深入专题研究，主要包括以下六个方面：

第一，出版专著《英国土地信托法发展演变研究》[1]，从法制史角度，系统全面考察英国土地信托法律制度的发展演变，将近代英国土地信托法的历史发展界定为六个阶段，分别是起源、萌芽、雏形、蜕变、成熟和发展应用，弥补了国内英国土地信托及法律制度历史发展的研究不足，对信托法、土地法、物权法的研究和完善都有一定的参考意义。

第二，是正在准备出版中的专著《英国城乡规划立法及其新发展研究》，该研究立足于功能主义的研究立场，通过对英国城乡规划立法及其新发展进行考察，提出构建国土空间规划体系与空间规划法律制度所能够借鉴的经验和所应该规避的歧途，以期对我国空间城乡规划立法和实践的发展有所裨益。

---

[1]　参见蒋涛著《英国土地信托法发展演变研究》（法律出版社 2019 年出版）。

第三,是在耕地保护与土地整治方面,日本的土地改良区制度和南非的土地银行制度对我国耕地保护的基金条款、耕地占用税条款、占补平衡条款具有重要启示意义,德国的土地复垦立法等对土地整治的组织、行为、权属制度具有重要借鉴意义,课题组对域外经验进行了细致考察,是丰富和完善我国耕地保护与土地整治制度的有效举措。

第四,对德国农地用益租赁法律制度研究展开专题研究。翻译完成德国《农地用益租赁交易法》,此为该法律文本的首次中文翻译,进而以德国农地用益租赁法律制度为核心,在讨论分析德国农地用益租赁的形成与发展的基础上,着重研究农地用益租赁制度的公法和私法分别立法框架及立法和实践效果,围绕以国家监管维护农业结构安全为内容的《农地用益租赁交易法》和以实现意思自治为核心的《德国民法典》展开,从中探讨德国农地用益租赁在制度构建中涉及的利益冲突及其协调路径。同时,在德国农业结构变化发展轨道中分析现存农地用益租赁制度面临的主要问题,概括总结其经验,为我国农地利用制度,特别是土地经营权的制度设计提供参考和借鉴。

第五,对保加利亚国土空间规划法进行专题研究。翻译完成《保加利亚国土空间规划法》,此为其法律文本的首次中文翻译,在此基础上分析保加利亚国土空间规划法的历史成因以及运作机理,总结保加利亚国土空间规划法案能为我国出台《国土空间规划法》提供的借鉴,同时对与保加利亚相近的其他东欧国家国土空间规划制度即行研究,总结其优势与有待改进之处,此举对促进我国国土空间规划法律制度的完善具有学术价值与立法意义。

第六,对西班牙农地租赁制度展开专题研究。翻译完成《西班牙农村土地租赁法》,对该法的出台背景、体系结构、典型特征以及借鉴意义进行系统研究,为我国探索农地租赁新形式、新种类提供新思路;邀请西班牙马德里康普顿斯大学法学院费尔南多教授作题为"西班牙农村土地租赁判例标准"的主题演讲,在此基础上,课题组结合中国农村土地制度改革的热点问题,进一步总结西班牙农村土地租赁对我国耕地保护、土地盘活利用等方面的有益启示。

综上所述,本研究对我国关于土地管理制度的最新最全的中央和地方性规范进行全覆盖收集;对改革试点的做法和探索文献进行及时分类总结;对域外重要制度经验进行选取编译;不忽视学术理论对新问题探索的小众研究,在新型研究文献资料的发现和利用方面实现新突破。除了上述方法之外,还运用了价值分析方法、法经济学分析等方法,对我国土地管理法律制度进行现实考察。研究发现尽管 2019 年《土地管理法》修订之后,我国土地管理法律制度得到极大完善,但制度完善不可能一蹴而就,制度变迁的惯性使然,我国现行土地管理法律制度仍以城乡二元结构为基础,依然存在一系列亟待完善之处。

第二节　土地管理法律制度运行的一些问题

土地管理法律制度基本构造,既包括用途管理与土地利用规划、耕地保护与土地整治等土地管理权力的配置、运行和责任承担,还有从土地管理的相对人视角对土地实体权利(如征地补偿权、集体经营性建设用地使用权、宅基地使用权)与土地程序权利(如公众参与、救济和纠纷解决等)的赋予、行使和保障。因此,我们分别从这四方面展开,考察土地管理法律制度运行中的一些问题。

一、关于土地利用规划与用途管理

如何协调好耕地资源保护与建设用地供给二者之间的关系,一直是我国土地利用规划与用途管理法律制度的重大课题。现行《土地管理法》几经修正后确立的土地资源管理模式,在落实"最严格的耕地保护"目标方面起到了重大的历史性作用。2013 年《中共中央关于全面深化改革若干重大问题的决定》正式提出建立国土空间规划体系。所谓国土空间规划,是指在科层制国家组织结构下,通过规划权的配置与运行,干预国土空间构造演进,据此实现国土资源可持续发展与国土空间内社会利益和谐分配双重目标的国家治理活动。[①] 规划权的配置与运用乃是国土空间规划的内涵焦点。从近年来的我国土地资源管理实践看,现行土地利用规划、土地用途管理法律制度的运行绩效明显步入了减弱的困境,主要表现为"规划权相互关系紊乱"与"规划权—土地发展权关系混乱"。

（一）规划权相互关系紊乱

科层制国家组织结构是规划权配置与运行的现实载体,呈现为中央—省—市—县—乡纵向五级构造与土地等自然资源管理部门—环境保护部门—城乡规

---

① 陈小君:《民法典时代土地管理法制改革契机与优化路径论纲》,《学术月刊》2022 年第 3 期。

划部门等横向多元机构构造。所谓规划权相互关系,系因规划权在不同规划主体间配置与运行而形成的规划活动互动关系,包括"纵向央地之间规划权相互关系"与"横向管理机构之间规划权相互关系"。我国现行国土空间规划体系规范林立、调节混乱。

第一,在"五级"规划体系下,各级政府基于地区条件的差异与自身诉求的不同,未必按照既有的事权进行规划行动,从而容易形成国土空间规划央地政府博弈。例如,根据《城乡规划法》第 3 条,乡、村规划的编制由县级以上地方政府确定。这意味着,在法律上,并不是所有的乡、村都需要编制规划。对于地方政府认为不需要编制规划的村庄,就不存在建设用地的规划。法律规范本身的非强制性,加之财政原因和政策原因,在本应制定村庄规划的地区欠缺规划。据统计,截至 2016 年全国自然村(屯)261.7 万个,2017 年国家开始鼓励有条件的地区编制村土地利用规划,并在重庆、浙江、天津、江苏等农村改革先行地区进行试点探索。部分发达地区的村庄规划覆盖度相对较高,大部分农村地区规划缺位。[①]

第二,在分类管理格局下,国土空间规划权被分置于不同管理主体,因部门利益的存在,不同管理主体之间也时常围绕规划展开博弈。各类规划权相互关系有些紊乱,主要表现在:其一,各类规划目标指向的差异。如《土地管理法》土地利用总体规划关注生态保护、耕地以及用地平衡;《城乡规划法》关注城市建成区内建设用地开发需求;《环境保护法》中的环境规划则关注污染控制。同时,各规划的管控分区即规划客体也不同,如《省级空间规划试点方案》提出科学划定"三区三线"的功能区分,《城乡规划法》第 17 条提出"三区四线"建设管理原则。在缺少国家层面的部际规划目标协同、互通有无以及信息不对称的情况下,因规划目标不同,各部门又难免容易出现机构和职能上的"膨胀"和"重叠"。部门之间的利益博弈容易使部门产生规划割据现象,导致增长指标竞争、空间竞争型规划越位,生态环境规划滞后和缺位,重增长轻保护的制度成本。[②]其二,各相关规划的法定有效期限不一。规划执行的时间效力关系有些混乱,导致各类规划实施难以衔接。

---

① 参见郭洁:《乡村振兴视野下村庄公益用地法律制度改革研究》,《法学评论》2020 年第 5 期。
② 参见孟鹏等:《"多规冲突"根源与"多规融合"原则——基于"土地利用冲突与'多规融合'研讨会"的思考》,《中国土地科学》2015 年第 8 期。

第三,现行国土空间规划相关法律规范的逻辑自洽性有待完善。如《土地管理法》规定的土地利用总体规划,虽然对各类土地进行了数量管理,但仅对土地的天然界线进行考量和设计,未对土地与城镇化关系作出界定,使得城镇布局结构缺乏完整性,基础设施难以在空间上落地。《城乡规划法》中的城市总体规划,虽然对土地的用途、开发条件和强度等作了规定,但对耕地占补平衡则存有漏洞。[①] 土地利用总体规划与城乡总体规划对"生产、生活、生态空间"与"生态、农业、城镇空间"存在逻辑交叉,划分标准不一致。《城乡规划法》第 2 条规定的"规划区"范围往往小于"行政区域",使得城市总体规划同土地利用总体规划范围不一致。现行规划法律制度的不协调将妨碍土地利用规划制度实现体系性效益。

（二）规划权—土地发展权关系混乱

规划权—土地发展权关系,即因国土空间规划权的行使而形成的土地利用主体之间利益分配关系。编制、实施、监督与评估国土空间规划,本质上是公权力持续介入社会生活的过程,是借助国家公共政策分配社会利益的活动。而按现行法律规定,土地资源被划分为农用地、建设用地及其他类型土地,此后借助土地用途管理、耕地保护及征地等制度安排,严格限制农地非农化,从而在城乡之间形成一种差异显著的发展利益分化格局,城镇群体一定程度上可充分享受市场经济下城镇土地红利,而农村群体则因国土空间规划管理难以合理享受潜在的农地开发利益。[②] 在法律层面,具体包括以下:

第一,农村群体在开发利用集体土地时,往往面临产权权能残缺、政策片面约束、收益分配不公等困境,容易造成城乡各自面临不同土地开发机遇。土地具有组织生产力的功能,具有在空间的区位利用、不同用途之间的数量分配、土地使用方式的选择能力。[③] 我国以城市建设用地为核心的土地法律制度体系,直接导致包括农村土地制度的不足。[④] 土地利用规划的刚性也不适应农村建设用

---

① 参见赵涛涛、王旺:《明确国土空间规划法律地位的必要性》,《中国集体经济》2018 年第 27 期。

② 参见陈小君:《民法典时代土地管理法制改革契机与优化路径论纲》,《学术月刊》2022 年第 3 期。

③ 参见周诚:《土地经济学》,商务印书馆 2003 年版,第 15—16 页。

④ 参见郭洁:《乡村振兴视野下村庄公益用地法律制度改革研究》,《法学评论》2020 年第 5 期。

地盘活、地类之间的转换。以上进一步导致实践中,违反土地利用规划和土地用途管理,擅自变更农用地从事农地非农化开发建设的违法用地现象频繁而又普遍。规划并非价值中立的技术实践,其从根本上关涉对空间发展的伦理和道德判断,为使生活在其间的人们不仅仅因为出生地或者居住地而被限制获得良好居住环境、完善基础设施和公共服务、职业选择和就业保障等等更好条件的机会,达到矫正空间失衡、实现空间正义的目的。①

第二,基于政府干预不当、市场机制不完善以及相关制度缺陷等原因,容易导致建设用地资源错配。现行立法确定了规划总量和用地指标相结合的土地利用管理方式,各类项目用地总量和区位通过每一年的用地指标在各级政府之间逐级分配,最终通过市县两级政府出让土地使用权形成国有建设用地的供给,没有用地指标就无法保障用地需求。② 在存量发展模式下,建设用地的配置效率是决定土地资源效率和发展效率的标志。按照资源配置效率的原理,建设用地资源应同地区或者产业的发展效率正向协同。实践中,尽管农业产业用地稀缺,但制度安排不足,而对于传统产业如工业用地,政府更乐于一次性批租、出让,获得稳定的出让金。由此形成建设用地部分闲置、低效利用与土地稀缺并存的现象。建设用地资源错配的原因来源于市场机制的土地资源流动中受到阻滞,在不同地区和行业发展程度不同情形下,地方自主权、发展权的利益回应不明显,差异性管制不足;而建设用地的指标行政安排原则是根据上一年度指标利用考核结果,亦未回应地区和市场变化的土地产出效率需求。

第三,在建设用地指标交易方面,一方面,目前指标交易价格评估程序不太健全,缺乏科学的评估机制。例如,有关政府出于对本市经济发展考虑,不适当干预县市之间指标交易行为,设置内部指标调剂价格,以行政指导指标定价。另一方面,在交易指标补偿权方面,指标交易短期与长期利益不平衡。指标跨区域交易将导致指标由欠发达地区向发达地区流动,如此将会强化"马太效应",推进沿海经济发达省份更快发展,经济欠发达地区经济增长缺乏动力。

---

① 参见孙聪聪:《〈国土空间规划法〉的立法体例与实体要义》,《中国土地科学》2022 年第 1 期。

② 参见郭洁:《乡村振兴视野下村庄公益用地法律制度改革研究》,《法学评论》2020 年第 5 期。

（三）国土空间规划立法缺位

我国于 2010 年发布《全国主体功能区规划》,较好地体现了区域空间均衡和可持续发展的面向,2013 年《中共中央关于全面深化改革若干重大问题的决定》正式提出建立空间规划体系,随后我国国土空间规划政策框架逐步搭建成型,并经由 2019 年 8 月 26 日修正的《土地管理法》原则性规定了国土空间规划的编制要求及效力,明确其与编制土地利用总体规划的关系;①2021 年修订的《土地管理法实施条例》进一步具化了国土空间规划的强制内容和编制依据等。但现行《土地管理法》及其实施条例并未对国土空间规划的编制主体、审批程序以及监督实施等予以系统规定,只是体现出从土地利用规划向国土空间规划转变的过渡性特征。目前指导国土空间规划编制实施的法律法规与政策性文件,因存在立法空白或者效力层级过低而难以满足依法规划的实体与程序要求,如各级政府或自然资源部门编制国土空间规划没有明确的法律授权,国土空间规划制定或修改过程中的民主参与机制不够完善,国土空间规划和用途管理将对土地财产权利行使构成限制,属于法律保留事项却并未制定法律等。由于国土空间规划法律仍处于缺位状态,在矫正城乡区域经济社会发展失衡、实现自然资源和生态环境可持续发展方面的效果受到约束。当务之急仍是强化国土空间规划立法进程,理顺规划权之间以及规划权与发展权之间的关系。

二、关于"三块地"改革及其联动

全面深化改革和实施乡村振兴战略要求打破城乡二元结构与体制,对新中国成立以来形成的具有计划经济色彩和命令管制传统的土地管理制度进行根本变革,"三块地"改革是其中的主体部分和关键环节。"三块地"改革的目的在于针对现实需求,为新时代土地管理法修法进行理论与实践储备。"三块地"改革工作取得积极成效,带来土地管理秩序的深刻变化,全国人大常委会于 2019 年 8 月 26 日审议通过的《土地管理法(修正案)》,共有 35 处修改,"三块地"占大

---

① 《土地管理法》第 18 条规定:"国家建立国土空间规划体系。编制国土空间规划应当坚持生态优先,绿色、可持续发展,科学有序统筹安排生态、农业、城镇等功能空间,优化国土空间结构和布局,提升国土空间开发、保护的质量和效率。经依法批准的国土空间规划是各类开发、保护、建设活动的基本依据。已经编制国土空间规划的,不再编制土地利用总体规划和城乡规划。"

多数。但由于改革的渐进性,"三块地"制度及其联动仍有诸多亟待解决的现实问题。

（一）土地征收

"三块地"改革 33 个试点地区按照"程序规范、补偿合理、保障多元"的要求,在缩小征地范围、规范征收程序、完善多元保障机制、建立土地增值收益分配机制等方面进行了积极探索,取得了一系列改革成果。最终落实在三部法律规范的修订或制定方面。一是 2019 年 8 月修正通过《土地管理法》,新修法中关于土地征收范围、风险评估环节、民主协商机制、信息公开内容、征收补偿安置等规范内容均充分吸收了试点成果。二是 2021 年 4 月修订通过《土地管理法实施条例》,其进一步细化征收程序。三是根据《土地管理法》第 45 条的授权规定,自然资源部于 2020 年 11 月印发《土地征收成片开发标准（试行）》（自然资规〔2020〕5 号）,对因成片开发征收土地的标准作出规定。尽管本次《土地管理法》及其配套法律法规的修订,使得我国土地征收制度取得诸多成绩,但要使蕴含全新制度价值的土地征收法律规范在实践中产生预定的效果,仍需进一步解决以下问题。

第一,公共利益认定机制缺失。新《土地管理法》第 45 条,将土地征收的范围明确限制为"公共利益",并规定了五种具体情形,但目前仍未建立动态的公共利益认定机制。尤其是新《土地管理法》第 45 条第一款第五项规定的成片开发存在一定争议。这反映出如何实现既要缩小征地范围又要保障发展用地需要的目标,是土地征收实践中的难题。尽管"三块地"改革试点地区积极建立公共利益认定机制,但基本上对公共利益认定有争议的具体实践案例较少,因此,尚未形成稳定的、经过实践检验的有效的法治化的认定机制。

第二,作出征收决定的程序缺漏。农地征收中,涉及的农用地转为建设用地的审批程序和集体土地征收审批程序均为内部行政程序,欠缺透明度。社会稳定风险评估主体与征收实施主体同一,征地实施部门有既当"运动员"又当"裁判员"之嫌,难以充分保障评估结果的客观性与科学性。征收决定程序与补偿程序纠缠不清,不仅造成征收程序中缺失独立的公共利益认定程序,更难以发挥程序对征收权行使的规范功能。被征收人救济渠道欠畅通,征地补偿安置协商不成之时的行政、司法保障机制有待健全。

第三,征收补偿价格机制缺陷。尽管《土地管理法》规定的区片综合地价提高了过往的征收补偿标准,但实践中征地补偿观念滞后、征收补偿标准偏低、增值收益分配利益协调不足等问题依然存在。区片综合地价仍是一种刚性较强的政府定价,农民的议价权利没有得到有效体现;土地征收实行区片综合地价,对处于不同区片的被征地农民而言,补偿易形成"同地不同价",其对土地增值收益的享有难以得到保障。

（二）集体经营性建设用地入市

本轮《土地管理法》修法,集体经营性建设用地入市制度正式进入我国法律体系,彻底脱离了试点的实验性、特殊性、局部性、短期性,成为具有普适意义的法律制度。《土地管理法》对入市客体、入市决议、权能范围等问题加以规范,修订后的《土地管理法实施条例》在第四章单设一节对集体经营性建设用地管理问题予以进一步细化、具体化。这对破除集体建设用地入市交易的制度壁垒、构建城乡统一的建设用地市场具有重要意义。但以改革目标对集体建设用地入市立法基本情况进行研判评估,本次立法仍存在权能内容存有差异、入市规则尚欠合理、利益分配机制缺位等问题。

第一,集体建设用地使用权物权属性不彰。当前我国立法对集体建设用地使用权的调整方式,尚缺乏公法与私法之间的协调照应,在权利概念、权利体系、权利目的等方面均有模糊面和缺失点,无益于弥补集体建设用地使用权物权属性不足之缺憾。例如,"经营性"之范畴有待进一步确定;集体公益性建设用地规则缺失。《民法典》将集体建设用地的法律适用引致到《土地管理法》中,弱化了集体经营性建设用地使用权的私权本质。

第二,入市规则需进一步健全。现有集体建设用地法律规范仍较为简单,尚不足以应对入市过程中可能产生的各种问题,如主体规范过于含混,对入市主体的确定仍有分歧;调整入市、整治入市等入市途径未在法律中规定,入市规则仍未系统构建,入市增值收益分配尚不明确;入市决议机制不够周延,村集体经济组织缺位的,可以由村民委员会召集村民代表开会对入市进行表决,而乡镇集体经济组织缺位的,《土地管理法》中则缺少替代机制。

第三,政府监管职责有待规范。政府监管职责的适当履行是集体经营性建设用地入市的重要一环,行政主管部门需要依照规定与职权对入市主体提交的申请材料进行审查,判断其是否符合入市的形式与实质要求。实践中,政府监管职责履行不当,主要表现在审查行为法律属性不够清晰,《土地管理法实施条例》明确了入市程序的行政主管部门、审查事项、审查期限与审查效力,但"报市、县人民政府""提出修改意见"的行为属性尚不清晰。此外,在试点地区中,政府在一定条件下享有优先购买权,是否在未来入市配套制度中予以规定仍需探讨。

(三) 宅基地制度

"三块地"试点改革在拓宽农民居住保障方式、提高宅基地利用效率、完善宅基地管理制度等方面探索颇多且有所突破。在吸收改革经验的基础上,《土地管理法》及其实施条例对宅基地制度进行完善,主要表现在强化农民住房保障,在原来"一户一宅"的基础上增加户有所居的规定;从规划和建设用地指标上强化宅基地需求保障;明确允许宅基地有条件的自愿有偿退出机制;完善宅基地管理制度。然而,由于宅基地制度改革的复杂性、民生性,《土地管理法》及其实施条例的修订仍然"稳慎有余、创新不足"。现行宅基地制度在回应实践所需,照应未来改革中,仍然面临诸多现实挑战,既没有新时代宅基地制度的功能准确定位,亦未疏通宅基地经济利用的法制逻辑之道,以致当下宅基地管理规范尚存不足,使用权私权属性不彰,与其他制度联动协同不紧密等。

第一,新时代宅基地制度功能定位不明。随着我国城镇化进程,宅基地社会保障功能逐渐弱化,经济利用功能日益彰显,社保与经济功能冲突加剧。当前宅基地分配制度,仅强调福利保障,忽略并抑制了物的经济利用。宅基地消灭制度缺失牵制其经济利用的实现。闲置宅基地、一户多宅等现象无法通过宅基地使用权制度得以消解,宅基地经济利用既无法形成规模效应,也限制多元利用方式,不利于对其经济利用中用途违法等行为的规制。

第二,宅基地市场化利用的法制路径不畅。考虑宅基地制度改革关涉农民生存之根本、集体和成员利益之平衡、成员内部之公平,加之宅基地有偿使用、流转、退出再利用等方面缺乏成熟的操作性规则,《土地管理法》及其实施条例的修订、《民法典》的出台均未疏导宅基地经济利用的法制困境。《土地管理法》第62条第五款实质性保留了1986年制定以来的条文[①],但宅基地流转的具体规则阙如,实务界与学界对宅基地流转取得的权利设置、权利行使等具体问题仍存在较大分歧。

---

① 即"农村村民出卖、出租、赠与住宅后,再申请宅基地的,不予批准"。

第三,宅基地管理规范尚存不足。《土地管理法》第 62 条第二款苛以县级人民政府保障农村村民"户有所居"权利实现,使得政府权力运行越位,此与农村宅基地管理的政策精神不相符合,也背离了私法领域农村土地权利运行的本质特征。针对"一户多宅"、超占面积和宅基地闲置等突出问题,政府管理职责弱化,明显存在无人管、不敢管或管理依据不足,归责不明的问题。《土地管理法》第 62 条第三款农村村民建住宅"尽量"使用原有宅基地和村内空闲地的规定,显然脱离了耕地保护的刚性需求,回避了农村宅基地管理实践中的突出矛盾,即为现实中占用承包地建房开了"口子",也给政府推卸自己的土地管理职责提供了理由。在立法技术上,《土地管理法》中政府管理农村宅基地的规范有多处在表述上呈现出模糊性,使得其行为边界不清、效果不明。

第四,宅基地使用权私权属性不彰。宅基地使用权作为重要的用益物权,《民法典》则照搬 2007 年的《物权法》,所占篇幅仅为寥寥 4 个条文,既未明确宅基地使用权这一私权的权利行使规则,也未实现用益物权本身的完整赋权。长期以来,宅基地使用权权利行使规则阙如,收益权能长期缺位。此外,宅基地私权行使中公权力的深度介入,进一步影响或模糊了宅基地使用权私权属性的显化。

(四) 土地增值收益分配

土地增值收益分配制度改革是"三块地"改革的主要内容,贯穿始终,覆盖全领域,属于"三块地"联动改革的重要内容。改革试点在征收转用中土地增值收益测算方式、入市土地增值收益调节金征收模式、集体与其成员间入市收益分配样式方面进行了探索。但试点改革中做法不一,体现出各地区对于征收转用中土地增值收益的内涵认识存在分歧,集体经营性建设用地入市调节金征收存在诸多困难,宅基地制度改革尚未形成行之有效的增值收益分配模式等共性难题。

第一,征收转用中土地增值收益内涵认识存在分歧。政策性文件中"征收转用"的表述并不规范,增值收益的产生与分配需要具体分析。征地补偿安置费用是否作为土地征收中的土地增值收益,取决于土地补偿的测算标准,实践中,征收转用中存在将征地补偿安置费用作为或者排除出土地增值收益的不同做法。究竟是在征地补偿安置中确立土地征收增值收益分配制度,抑或在征地补偿安置之外建立增值收益分配制度,目前政策文件的规范意旨未必明晰。

第二，集体经营性建设用地入市收益分配陷入困境。存量集体经营性建设用地入市成本难核算，入市土地增值收益计算过于烦琐，涉及的土地开发成本和取得费用构成复杂。增量集体经营性建设用地入市利益待协调，可建设地块和限制开发地块的发展权益失衡，除了就入市地块征收调节金外，就复垦地块予以耕地补偿亦是实现规划正义的手段之一，单纯依靠土地增值收益分配难以完全实现发展权益平衡。此外，调节金征收与入市成本扣除还存在着先后次序颠倒、有资格分享入市收益的集体成员身份固化等问题。

第三，宅基地增值收益分配尚未形成有效实践样本。根据改革文件，宅基地有偿使用或退出后，集体所得收益，应作为集体土地增值收益，由集体成员共享。但是由于宅基地关乎广大农民的切身利益，试点地区宅基地制度改革做法各异，其使用和管理情况全国区域性差异较大，因此，此次试点改革亦未形成关于宅基地有偿使用和退出的可统一复制和推广的制度成果。因宅基地及其上住宅流转机制尚未建立，更遑论在此基础上构建宅基地增值收益分配制度。

（五）"三块地"改革统筹联动

"三块地"之间相辅相成，彼此联动，除了土地增值收益分配之外，试点地区对联动改革进行了体系化探索，表现为"三块地"改革横向上的"两两统筹"、纵向上与其他领域改革的"联动加乘"，一定程度上促进了改革的整体性和协同性。但对照促进城乡统一建设用地市场真正形成和有序发展的改革目标，观察我国现行土地管理法律制度，"三块地"之间的联动性仍存在诸多问题。

第一，征地制度与集体经营性建设用地入市呈双向矛盾。在修法后，政府原通过不尽合理的商业泛征收获得土地财政的方式，理应转化为对集体建设用地入市增值税的正当追求，但各地并不看好增值收益分配可能带来的财政收入，存在国集用地成本比较后的税负不平衡问题。《土地管理法》第 45 条将成片开发纳入征收范畴，虽然当下自然资源部已公布《成片开发标准（试行）》，但要求的成片开发公益用地与市场化用地的比例仍较宽泛，对集体建设用地入市构成冲击。另外，落实入市制度的空间规划规则的缺漏，存量与增量指标受限，修法对入市的让利有限，宣示意义大于实际效果，并未能达到缩小征地范围和鼓励集体存量与增量用地入市的立法初衷。

第二，集体建设用地入市与宅基地混淆依托、单边转换。因历史和农地性质的缘由，推动集体经营性建设用地入市改革，入市土地"数量不足"直接制约改革能效。这一"数量窘境"已开始倒逼实践者采取一些"变通手法",即向存量丰富的宅基地索取入市资源,这便形成了建设用地入市与宅基地制度混淆依托,单边转换的态势,不仅对未来有宅基地合理需求的新生农户的不公平,更直接冲击着现行宅基地使用权与建设用地使用权制度不同价值的目标。① 反观我国宅基地制度,宅基地使用权之权利运行规范配置仍极为薄弱。且仅从新《土地管理法》新增内容本身而言,其将实现"户有所居"的保障义务交由县级人民政府行使,恐导致行政权力深度介入到集体土地所有权的行使过程,作为民事权利的宅基地所有权的行使不可避免地会被蒙上公权力色彩,更可能诱使宅基地单边向集体经营性建设用地转换。

第三,征收制度与宅基地制度改革联动有限。相较前两组改革联动的全面系统性,征收改革涉及的宅基地改革仅限征收项目土地上对农民住房的补偿。联动固然消化了腾退宅基地结余的建设用地指标,结合增减挂钩和占比平衡法政策,保证了"宅改"资金来源,对产业聚集发展有利,但是带有"闭合性"的举措,无形中拉大了与未进行宅基地和征收改革挂钩地区(包括本行政村的自然村之间)的"宅改"差距,也为村集体后续依托农地、农民的经济融合发展留下一些难题。

第四,"三块地"与其他配套举措改革。不动产登记是"三块地"改革的前提和基础,农村土地权利登记确权工作取得了积极进展,但也面临地籍管理工作基础薄弱、历史遗留问题严重等问题,后续仍需深化"放、管、服"改革要求,有效支撑农村土地制度改革。金融机构有待逐步消除偏见,开展包括宅基地使用权在内的集体建设用地抵押融资,助力城乡统一建设用地市场的形成。此外,城乡二元社会保障制度与农村和城市郊区的土地集体所有相互证成,打破逻辑闭环的关键在于城乡统一社会保障体系的建立健全。

三、关于耕地保护与土地整治

耕地保护是我国长期坚持的一项基本国策,关系我国经济和社会可持续发展,必须长期坚持。耕地保护重心经历了从数量、质量到生态平衡的演变。经济

---

① 陈小君:《新时代治理体系中〈土地管理法〉重要制度贯彻之要义》,《土地科学动态》2020年第2期。

快速发展、人口增加以及城镇化等因素导致的建设用地需求快速增加,使得作为耕地保护主要措施的占补平衡(增减挂钩)难以有效实施。土地整治是土地资源节约集约利用的基本有效手段,在耕地保护中处于重要地位,既关系到占补平衡的实施,又关系到保证耕地质量和基本农田建设。健全耕地保护制度需要处理好政府与市场的关系,创新激励约束机制,推进土地整治、完善占补平衡制度等。

（一）耕地保护

改革开放后,伴随我国经济高速增长,耕地总量渐趋减少、质量也有明显下降。在 2011 年至 2015 年期间,全国耕地面积由 20.29 亿亩下降至 20.25 亿亩。2015 年全国优等地、高等地面积合计仅 59729.61 万亩,中等地、低等地面积则合计 142916.53 万亩,约为前者的 2.39 倍。[①] 我国耕地保护"面临耕地数量保护与质量保护并重、耕地利用与生态文明建设并重的巨大压力与挑战"[②]。

党的十八大以来,中央就加强耕地保护、保障国家粮食安全和生态安全作出一系列决策部署。一是加强高标准农田建设[③];二是建立耕地轮作休耕制度[④];三是开展耕地保护跨域占补平衡[⑤];四是将耕地保护纳入国土空间规划[⑥]。2019 年修订后的《土地管理法》,将耕地轮作休耕、高标准农田、国土空间规划等内容以法律形式确定下来。[⑦] 同时,其第 30 条和第 32 条,分别从占用耕地补偿和土地利用规划这两个方面,尝试明晰了我国耕地保护在数量和质量方面的规范要

---

① 参见《2016 中国国土资源公报》,中华人民共和国自然资源部网,http://www.mnr.gov.cn/sj/tjgb/201807/P020180704391918680508.pdf,2021 年 8 月 4 日访问。

② 参见赵谦、田皓婕:《耕地保护四十年:条款价值目标变迁论》,《中国不动产法研究》2021 年第 2 辑。

③ 2014 年《中共中央、国务院关于全面深化农村改革加快推进农业现代化的若干意见》指出"实施全国高标准农田建设总体规划",2019 年《关于切实加强高标准农田建设提升国家粮食安全保障能力的意见》对建设目标、管理体制、保障措施等作出规定。

④ 2015 年《中共中央、国务院关于落实发展新理念加快农业现代化实现全面小康目标的若干意见》提出"耕地轮作休耕制度试点",我国开始探索实行耕地轮作休耕制度。

⑤ 2017 年《中共中央、国务院关于加强耕地保护和改进占补平衡的意见》提出"探索补充耕地全国统筹",并颁布《跨省域补充耕地国家统筹管理办法》。

⑥ 2019 年《中共中央、国务院关于建立国土空间规划体系并监督实施的若干意见》提出"建立国土空间规划体系并监督实施"。

⑦ 王文旭等:《基于政策量化的中国耕地保护政策演进过程》,《中国土地科学》2020 年第 7 期。

旨。十三届全国人大常委会第三十五次会议于 2022 年 6 月 24 日表决通过《中华人民共和国黑土地保护法》(以下简称《黑土地保护法》),对于强化黑土地保护,保障国家粮食、生态安全具有重要意义。在"质量兴农"战略背景下,我国永久基本农田保护制度呈现为"以行政手段为核心的直接调整"和"高标准农田建设中的附带性间接调整"的改革特征。①

目前我国耕地保护法律制度中的政策工具虽然较为丰富,但整体上仍未建立起完整的监督体系。并且我国尚无《耕地保护法》,无法对耕地保护制度实现真正意义上的法规范的整合。② 科学完备的耕地保护制度是耕地保护得以有效实现的保障,而耕地保护制度在应然与实然之间亦存在一定的差距,以致耕地保护实践中依然暴露出诸多问题。

第一,中央政府和地方政府的耕地保护目标存在一定冲突。耕地保护是国家落实"藏粮于地、藏粮于技"战略的重要举措。对于中央政府而言,要求地方政府应依循国家战略定位推进耕地保护工作,在遵守耕地保护法律制度和落实耕地保护规划的基础上开展耕地保护项目;但对于地方政府而言,土地利益带来的财政收入是地方开展经济建设的重要资金来源,致使其很难完全按照中央政府的要求推进耕地保护工作,以致存在"土地财政"的违规操作。这种目标冲突往往会导致中央的耕地保护法律法规、政策等在一定程度上难以得到有效的贯彻和落实,很大程度上掣肘了耕地保护工作的成效。

第二,耕地保护法律制度行为指引功能不健全。随着社会治理模式的逐渐精细化,以及耕地保护工作的逐渐深化,对耕地保护法律制度也提出了更高要求。现有耕地保护法律制度所存在的耕地补偿标准不科学、部门协同规范不完善、评价指标缺乏等问题都凸显出了耕地保护法律制度的滞后性和有待完善的空间。例如,我国土地开发利用过程中"重耕地数量、轻耕地质量保护"问题突出,在当前行政主导的耕地保护模式下,强制性命令虽是永久基本农田质量建设工作向下传导的主要实施机制,实践中往往同时伴随经济性补偿以对质量管护的实施主体达成激励效果。但无论是签订责任书,还是给付补贴,本质上均属欠

---

① 参见郭洁:《论永久基本农田质量保护的物权模式》,《农村经济》2021 年第 1 期。

② 根据《国务院办公厅关于印发国务院 2022 年度立法工作计划的通知》(国办发〔2022〕24 号),国务院 2022 年度预备提请全国人大常委会审议耕地保护法草案。

缺连贯性的个别性行为,难以形成激励土地利用者长期进行质量管护的稳定预期。① 造成耕地保护法律制度行为指引功能不健全的主要原因,在于我国缺乏完整的耕地保护部门法体系,现有的耕地保护法律制度散乱式地规定于相关法律、行政法规、部门规章以及其他规范性文件中,未能形成系统、完整地耕地保护部门法体系。

第三,法律责任设置不科学。法律责任设定是对耕地保护主体违法行为的制裁,以督促各方耕地保护主体切实履行耕地保护职责或义务。现有的耕地保护法律制度虽然注重耕地保护的多元主体参与,但忽视了法律责任的合理性,导致耕地保护实效欠佳。现有的法律责任设定更多的是强调资金流转中耕地保护主体所涉及的行政、刑事责任,忽略了制裁与激励双重规制下法律责任设定的内在统一性。责任主体范围较小、处罚力度较轻、责任主体与耕地保护职责不匹配、责任不明确、责任分担原则不合理等问题都体现了法律责任设置的不科学,需要通过科学、合理的责任分配,以推动耕地保护工作的职权与职责、权利与义务相平衡。

(二) 土地整治

土地整治是一种对未利用、低效利用、不合理利用以及损毁土地进行整备建设,以提高土地利用效率的自然资源治理活动,主要分为土地整理(农用地整理)、建设用地整理、土地复垦这三类。整体而言,我国土地整治面临"定位整体偏低、理念创新不足、协调统筹有限、模式趋于同化等问题"。②

在法律层面上,我国土地整治规范在法律位阶并无专门规定,主要通过关联性或附带性规定的形式散见于土地资源保护与管理等相关法律法规中。其中,《土地管理法》第 42 条是我国在国家立法层面,首次对土地整治活动作出明确规定。除此之外,各省、自治区、直辖市也各自颁布相关的土地管理法对土地的开发、保护与治理作了相关规定。但当前"随着我国土地整治的综合成效日益显著,法律的滞后性进一步凸显"③,在纵向立法层面我国土地整治立法呈现出"碎片化"的状态,无法满足土地整治实践的需要。

---

① 参见郭洁:《论永久基本农田质量保护的物权模式》,《农村经济》2021 年第 1 期。
② 参见严金明、夏方舟、马梅:《中国土地整治转型发展战略导向研究》,《中国土地科学》2016年第 2 期。
③ 刘新峰:《我国土地整治制度建设与立法思考》,《行政科学论坛》2018 年第 11 期。

第一,土地整治的部门协同治理有待完善。囿于土地整治工作的复杂性,涉及多个领域、多个部门的沟通协调,对相关政府职能部门协同推进土地整治工作提出了要求。现有的土地整治法律制度对部门协同规范和协同组织机构建制规范的规定欠缺,以致相关职能部门在开展土地整治工作时,欠缺必要的协调与配合。例如,《土地复垦条例实施办法》第 3 条之"应当加强协同配合和行业指导监督"规定所表征的动态组织系统法律规范,虽然在一定程度上落实了《全国土地整治规划(2016—2020 年)》"国土搭台、部门协同、上下联动工作机制"的配套保障机制之基本要求,但是并未能就所涉不同组织形态的土地复垦监管主体,基于"参与意愿、投入热情以及责任感"之集体一致行动予以清晰、具体的行为规范指引。① 土地整治部门协同治理的整体性不足,严重制约了相关职能部门开展土地整治工作的成效,也难以符合高质量发展与生态文明新理念的要求。

第二,土地整治中的部分程序尚有缺陷。程序是保障土地整治工作得以实效化、规范化运行的有力保障。土地整治中存在的重实体、轻程序的问题依然存在,以致土地整治法律制度中存在部分程序缺失的问题有待改善。例如,土地整治权属设定程序的缺失和相关权利人参与土地整治的意见反馈程序欠缺,均掣肘实体法规范的适用。再比如,《土地复垦条例》第 14 条和《土地复垦条例实施办法》第 9 条分别确立了"统一规划、统筹实施"与"阶段土地复垦计划、年度实施计划"所表征的阶段性过程监管原则,并将该原则定向适用于"生产建设周期长、需要分阶段实施"的土地复垦项目,但该规定未能就其他土地复垦标准、规划、方案、年报、信息监测、资金管理、实施、验收、效益评价环节监管的客体事项范围予以延伸规定。②

第三,土地整治的配套保障存在不足。土地整治保障旨在为土地整治工作提供交互动态的支撑和支持,助益于相关政府职能部门开展土地整治工作和其他相关主体参与土地整治工作。现有的土地整治法律制度并未提供充足的保障,无论是监管人员的任职资格和在职培训等任职保障,还是土地整治信息公开的公众知情权保障,都凸显出了这一问题。例如,《土地复垦条例实施办法》第 3 条确立了土地复垦的"专门机构""专职人员"监管原则,第 46 条就"逐级上报"

---

① 赵谦:《公私合作监管的原理与策略——以土地复垦为例》,《当代法学》2021 年第 2 期。

② 赵谦:《公私合作监管的原理与策略——以土地复垦为例》,《当代法学》2021 年第 2 期。

"绩效评价"等上下级监管机构之间的内部监管予以了具体规定,但就所涉监管人员的任职资格及在职培训等任职保障事项皆欠缺具体规定。①

耕地保护和土地整治构成统合型关系结构。近年来我国耕地保护制度完成了由"'国策—基本国策—生命线—红线'的地位进阶"②,其概念内涵伴随时间推移与政策调整而不断发展、深化。土地整治则以土地整理和土地复垦为典型,强调"统筹兼顾对被整治土地相关权利人的多元需求,挖掘结构潜力、优化空间布局、提升利用效率,协调促进土地'合理利用',保障粮食供给安全、城市发展安全、生态环境安全"③。尽管"我国现行耕地保护规范已经成为一个比较完整的体系"④,"我国土地整治的综合成效日益显著,法律的滞后性进一步凸显"⑤,尚没有耕地保护与土地整治的专门法律来完成标志性的统合性制度建构,主要通过关联性或附带性规定的形式散见于土地资源保护与管理等相关规范性法律文件中。针对这些问题,仍有待从规范内涵、价值目标变迁方面奠定理论基石,进而从所涉组织条款、行为条款、权属条款厘清耕地保护与土地整治法律制度的完善进路。

四、关于土地督察、纠纷解决及法律责任

土地管理法制内部规范繁多,其中绝大多数具有行为指引功能,即通过权力、权利、义务的设定,指引相关主体妥善安排自身行为,以契合土地管理法制规范的实践期许。欲确保该指引功能现实落地,则必然需要以相应强制机制做支撑,尤其应以必要追责机制为保障。土地督察制度、土地行政解纷机制以及法律责任体系,即是对前述土地管理具体法律制度运行的保障系统,着眼于矛盾化解到问题减生的制度完善,有内在联系性。通过构建配套土地管理实施的督察、纠纷解决等保障机制,在权力、权利、义务之外再导入法律责任,以此提升土地管理法制的权威与刚性。

---

① 赵谦:《机构建制与治理:土地复垦监管组织条款的规范分析》,《东方法学》2018 年第 5 期。

② 牛善栋、方斌:《中国耕地保护制度 70 年:历史嬗变、现实探源及路径优化》,《中国土地科学》2019 年第 10 期。

③ 严金明等:《中国土地整治转型发展战略导向研究》,《中国土地科学》2016 年第 2 期。

④ 翟文侠、黄贤金:《我国耕地保护政策运行效果分析》,《中国土地科学》2003 年第 2 期。

⑤ 刘新峰:《我国土地整治制度建设与立法思考》,《行政科学论坛》2018 年第 11 期。

（一）土地督察

土地督察制度，是中央政府对地方政府行使土地管理权的监督，以规范土地管理和利用行为，保障国家法律和中央政策的实施。在经历了十余年的实践运行之后，2019 年《土地管理法》修订时，土地督察正式入法，第 6 条规定"国务院授权的机构对省、自治区、直辖市人民政府以及国务院确定的城市人民政府土地利用和土地管理情况进行督察"。2021 年修订通过的《土地管理法实施条例》专设第五章"监督检查"一章，第 44—46 条对督察事项（内容）、相关当事人配合督察、督察措施集中作出规定，第 47—49 条对土地管理监督检查人员资格、与农业农村部门职责分工及其监督检查、行政处罚主体等予以规定。土地督察制度本质上是通过政府内部监督检查，实现土地高效利用和有效管理的土地执法监察体系化，核心是借助中央政府对地方政府的约束限制，以提高地方政府的土地违法成本，降低土地违法案件发生率。其能够克服地方保护，保证中央权力直达地方，可见，土地督察入法意义非凡。但由于其依然是在传统单向监管观念支配下，通过增加监督机构和提升监督层级加强监督，实践中仍存在需要进一步解决的问题，主要表现在以下方面：

第一，土地督察制度运行与我国行政体制关系亟待厘清。虽然国家土地督察制度是中央与地方关系在土地管理和利用上的调整，但实质上是条条与块块之间的关系调整。国土资源主管部门行业的条条与省级人民政府及计划单列市的块块之间关系的处理，一方面在形式上相对外在于国土资源系统的行业管理，另一方面又在实质上内在于这个系统。因此，如何厘定自然资源部与国家土地总督察的职责边界、理顺督察与自然资源部各内设部门在运作上的关系、厘清督察过程中国务院、自然资源部与省级政府、计划单列市政府之间的关系进而实现法治化，成为我国土地管理法律制度不得不面对和解决的理论难题和实践课题。

第二，土地督察内部结构失衡。首先，现有立法中，与土地督察核心业务和工作机制相关的制度条款不足，尤其是涉及专项督察业务等的制度规范尚比较欠缺，缺乏技术参照而难以对土地督察质量加以考核评价，例行督察区域的选择以及覆盖频率尚未得到有效规范。其次，土地督察在配合国家宏观政策调控和土地管理中的作用有待加强。最后，土地督察与各级政府及相关部门的沟通协调机制有待制度化。

（二）土地行政纠纷解决

土地管理法制不仅提供了一整套管理土地法律关系的基本方案,更提供了现实可操作的争议裁断依据。土地行政纠纷是发生在行政相对人与土地管理机关之间,就土地行政执法、土地行政管理活动而引起的纠纷或争议,主要集中在土地权属、不动产登记、征地补偿、违章建筑、违法占地等领域。现实中还呈现出土地行政纠纷的主体和范围多样化、群体性和规模性、政策导向性和主体趋利性、行民交叉属性和形成原因复杂性等典型特点。由此,应当秉持系统论的基本立场,在分析、提炼土地纠纷构成要素的基础上,对行政复议、行政诉讼、信访等纠纷解决机制进行整合、优化。但现实中,土地行政纠纷解决机制仍存在以下突出问题:

第一,行政复议是化解土地行政纠纷的主要渠道,但由于制度本身的缺陷以及土地纠纷的特殊性,行政复议在解决土地行政纠纷时存在一定的局限性。主要表现在行政复议机构职责分散、独立性欠缺;行政复议程序优势未能彰显,行政复议与行政诉讼、信访制度衔接不足。

第二,行政诉讼是衡量一国法治发达程度与社会文明程度的重要标尺①,但我国土地行政诉讼中,从受案范围到诉讼程序,再到法律适用均存在诸多问题。在受案范围方面,省级以上政府征收决定是否可诉、不服村委会宅基地分配决定是否可诉存在分歧;在诉讼程序方面,征地中土地储备机构能否作为被告,如何确定必须参加诉讼的第三人等问题仍较为模糊;在法律适用方面,土地出让合同关系中行政机关能否行使行政优益权、如何界定土地出让金补缴义务人等问题仍不明确。

第三,信访是具有中国特色的纠纷解决机制,我国信访工作法治化不断推进,②但在土地信访制度运行中,仍存在诸多现实困境,主要表现为功能异化、程序设计不够灵活、分类处理下沉受阻等。例如,长期以来实践中形成的信访制度权利救济定位尚未完全转变,未来仍应在诉访分离改革目标指引下,早日回归信访制度公民意见表达的功能。同时,基层政府迫于信访量化考核的压力,往往规

---

① 章志远:《以习近平法治思想引领行政审判制度新发展》,《法学研究》2022年第4期。

② 2022年1月24日,中共中央政治局会议审议批准《信访工作条例》,2022年2月25日中共中央、国务院发布《信访工作条例》,并于2022年5月1日施行,原2005年国务院令第431号颁布生效的《信访条例》废止。

避信访程序,不对信访事项进行程序处理,导致信访事项难以进入复查、复核程序,事实上阻塞了信访通道。此外,基层政府职能部门的权限边界存在着大量的交叉与模糊地带,给信访事项分类处理带来了难以消解的客观困难。

(三) 土地管理法律责任

土地管理法律责任是因实施土地违法行为而产生的法律后果,抑或是纠纷产生的缘由。其主要是指政府责任,也涵括其他单位或个人非法占用、转让买卖、出租土地以及不按规定使用有关补助经费的一切违法行为所应追究的民事、行政以至刑事责任。健全权责统一、高效权威的依法行政体系,完善土地管理法律责任体系,是维护土地管理法律权威的重要途径,也是土地管理法制实施保障制度的基本组成部分。新《土地管理法》加大违法行为处罚力度,专门用了一章(第七章)规定土地违法行为及其法律责任。尤其是加大了对破坏耕地、拒不履行土地复垦义务等违法行为的处罚力度,增加了对耕地"非粮化"的处罚规定。但由于土地法律关系具有实体上公私交融特征,多种法律关系在其中纠缠交错,使得法律责任的适用存在亟待突破的难点。

第一,责任追究主体方面,随着我国行政组织机构改革的深入,土地管理组织结构内部正在重组优化,新生行政机关和原行政机关权限的移交、新生行政机关之间权限边界等问题仍需进一步明确。例如,《土地管理法》第七章"法律责任"中第77条和第78条均针对骗取批准、非法占用土地进行建设的行为,设置了责任承担方式。第77条的情形由自然资源主管部门负责执法、第78条的情形由农业农村主管部门负责执法。从而使得执法主体出现重叠,实践中产生两个部门之间"踢皮球"的现象。权限分配不明确又势必阻碍责任主体的确定,导致责任追究陷入停滞。

第二,责任认定要件方面,土地管理责任的违法要件是否需要导入主观要素仍不明确,此外,土地管理活动是一个连续的过程,该过程中的行为既互相独立又相互关联,在认定土地法律责任时,如何处理后续行为和先行行为之间的关联性及其违法性继承问题,仍需明确具体方法。例如在处理土地征收纠纷中,涉及对前期的规划调整行为的违法性认定。

综上所述,在我国市场经济快速发展中,土地管理法律制度面对新时代高质量城镇化与乡村振兴的宏大背景,在土地利用规划与用途管理、统一城乡建设用地市场的"三块地"改革及其联动、土地整治和耕地保护、土地督查与行政纠纷及其法律责任等领域,存在制度供给不足、滞后或错位,政府与市场的功能定位不清、公权与私权的界限区隔不明、城市与乡村的利益配置失衡等问题,严重妨碍对新时代新要求的回应和满足。

第三节　土地管理法律制度的价值审视

从制度最基本的层面来看,其存在都是以人为本的,必须以规范人的生存和发展为依归。对于一个国家重要的法律制度来说,同样须遵循以人的存在为目的的一定的制度价值,即践行以人民为中心的发展理念。法律价值是法律制度设计的指针,也是对法律规范背后各种相互冲突或重叠的利益进行评判的准绳,缺少法律价值的指引,法律制度的建构和发展将是盲目的。土地管理法律制度因涉及国家、集体与个人三方主体,存在诸多互相冲突的价值目标,且各方主体角色多重、力量对比失衡、行动目标与策略各异,因此其制度完善应树立正确的立法价值理念,理顺自由、平等、秩序和效率等诸价值目标的内涵与位阶,依此审视现行土地管理法律制度。①

一、自由:明确完善产权制度和要素市场化配置重点

自由是法律的最高追求,是权利的应有之义,包括法律制度在内的经济、社会制度都在于增进自由、实现自由、保障自由。而扩展自由又是"发展的首要目的和主要手段"②。在现实中,现行农村土地法律制度基于耕地保护等土地管理制度所体现的秩序价值追求而实施各种管理,国家基于公共利益进行土地征收而损及农民及其集体的土地权益。因此,弘扬自由价值,对于处处受限制、被干预介入、缺乏保障救济的农民及其集体而言,更具理论价值和现实意义。③ 本轮《土地管理法》修法的核心价值也恰恰是要求在坚持土地公有制和市场经济体制前提下,强化市场要素在土地资源配置中的决定性作用而非基础性作用。

---

　　① 本部分关于自由、平等、秩序、效率之内涵的解释,参见耿卓:《农民土地财产权保护的观念转变及其立法回应——以农村集体经济有效实现为视角》,《法学研究》2014 年第 5 期。

　　② [印度]阿马蒂亚·森:《以自由看待发展》,任赜、于真译,中国人民大学出版社 2002 年版,第 30 页。

　　③ 党的十九大报告指出,经济体制改革必须以完善产权制度和要素市场化配置为重点,实现产权有效激励、要素自由流动。

实现要素自由流动的核心在于明晰产权归属和权能边界。但目前我国土地管理法律制度运行中的突出问题,表明现有制度仍难以有效解决土地要素资源错配、配置效率较低和供需结构不匹配等问题。尽管本轮《土地管理法》及其配套制度修订过程中,已经比较注重权力与权利的界限及平衡协调,但围绕"控权"和"赋权"展开的具体规则设计仍需进一步完善。在"赋权"方面,主体制度中,农民集体尤其是新型集体经济组织的运行机制、农民集体成员权的内涵仍不明确;在客体方面,农民集体土地所有权、农村土地用益物权权能仍不健全;在内容方面,"三权分置"改革中,集体所有权、土地用益物权(土地承包经营权、宅基地使用权)、土地使用权(农地经营权、宅基地经营权)关系有待厘清,农村土地流转平台和机制不完善;在配套治理方面,乡村治理水平和基层民主机制亟须提升。在"控权"方面,当前土地管理法律制度中仍存在用行政命令代替市场机制的资源配置方式,如新增建设用地指标自上而下的分配方式。目前因规划权行使而形成的土地利用主体之间利益分配不均衡,亟须通过规划立法之完善,矫正城乡区域经济社会发展失衡状态。集体经营性建设用地入市流转规划法律制度不健全,流转中政府职责(权力)定位不明,流转收益分配法律制度欠科学。土地征收公共利益认定机制缺失,成片开发征收难免挤压集体建设用地入市空间;被征收人救济渠道欠畅通,征地补偿安置协商不成之时的行政、司法保障机制有待健全。未来土地管理法律制度的完善,仍需进一步贯彻自由价值,使得农民及其集体的各种土地权益充分实现。

二、平等:秉持土地权利的城乡统筹融合体而非二元分治观

平等是法律的基本要求,是实现自由价值的基础。平等价值的贯彻要求农民之间及与其他公民之间、农民集体作为社会和经济组织与其他组织之间的地位平等,要求农民及其集体所享有的权利(无论是实体权利还是程序权利,无论是原权利还是救济权利)尤其是农村土地权利是城乡统筹一体而非二元分治的,要求农民及其集体行使权利、开展各种活动享有同等的自由、保障以及限制。《民法典》第113条规定"民事主体的财产权利受法律平等保护"。《民法典》第207条进一步强调法律对各类物权的平等保护,不因所有制形式或权利主体之差异而区别对待。

推动城乡融合发展,是破解城乡发展不平衡不充分问题、实现经济高质量发

展的必由之路。实现城乡融合发展是一个长期的过程,需要分阶段分层次分步骤实现,既要面向未来解决发展中的问题,也要正视现实解决存在的实际难题。在国民经济发展薄弱阶段,"适度差距化"不失为有效策略,其能够集中有限资源培育头部力量,为后续"先进带后进"打基础。但当国民经济根基渐稳后,防止差距恶性扩张,乃至着力缩小差距理应成为经济发展的必然选择。

党的十八大以来,尽管我国在统筹城乡发展方面取得了诸多成效,但要素在城乡之间流动不顺畅问题依然明显。城乡统一的建设用地市场尚未形成,城乡土地之间存在严重的权利不平等,有违《民法典》平等保护各种所有制财产权利的基本原则。国有土地与集体所有土地中的建设用地使用权权能存在明显差异,关于集体经营性建设用地使用权之"经营性用途"的范畴仍具有不确定性,集体经营性建设用地入市相关的规划、金融、税收、审计、基准地价评估等配套制度有待同步跟进。新法规定的土地征收区片综合地价仍然是以政府主导而非市场调节的方式计算征地补偿标准,难以反映集体土地应有的开发价值,被征地农民难以分享土地增值收益。

三、秩序:追寻法制确定性、一致性、连续性与强制力

秩序本身就是法律所欲实现的基本功能,也是实现自由、平等和效率等诸价值的基本前提。这些价值都离不开法律的确认和维护,需要通过实现秩序价值而得到保障。法律秩序表现出确定性、一致性、连续性,具有特殊强制力,有助于稳定当事人预期,为社会主体提供安全保障。

农民的土地财产权利及其保护深嵌于社会秩序,是建立和维系社会秩序的目的之所在,又有助于社会秩序实现真正稳定,两者之间存在内在的逻辑一致性。尽管本轮"三块地"改革取得了积极成效,但农村土地征收、集体经营性建设用地入市、宅基地制度改革、土地增值收益分配制度改革、规划权行使制度改革等领域本身也存在诸多不足或留白之处,地方实践中,往往发生突破法律的操作,例如,在地方城市更新实践中,往往进行不同性质土地间的置换。集体土地相互之间、集体土地与国有土地之间的置换,其实质仍属于广义上的土地所有权转让,在《宪法》未做修改之前,均应当审慎地推进。

土地有序利用,需要通过有效市场与有为政府协同。市场和政府的关系是社会主义市场经济体制改革的基础性问题,在土地要素市场化改革当中,有效市

场与有为政府不可或缺。有为政府的任务在于监管土地权利的赋予、行使、交换、消灭等活动,确定适格主体,规范土地资源自由、平等转让过程,防范滥用权利、侵犯权利等不法行为的发生,保障土地资源有序利用。但在发挥有为政府作用方面,仍有待进一步规范完善。例如,规划在土地管理中发挥引领作用,我国土地利用和城乡建设规划等分而治之、多规并立的规划体系存在交叉、重叠乃至冲突的现象,自《中共中央关于全面深化改革若干重大问题的决定》提出建立空间规划体系以来,我国国土空间规划政策框架逐步形成,但国土空间规划体系尚未完全建立,制约土地制度改革向纵深推进。囿于土地整治工作的复杂性,涉及多个领域、多个部门的沟通协调,对相关政府职能部门协同推进土地整治工作提出了要求,但现有土地整治法律制度欠缺部门协同规范,以致相关职能部门在开展土地整治工作时,往往主要依赖各个部门在各自职权范围内独立工作,欠缺必要的协调与配合,更毋宁存在承担协商功能的协商平台和明确的协商事项。此外,土地督察、土地行政解纷机制以及土地法律责任体系是土地管理法制运行的保障系统,着眼于矛盾化解与问题减生,但无论《土地管理法》本身还是其他土地管理和利用的行政法规、规范性文件,对上述制度的规定难谓全面,甚至重要节点和内容都尚付阙如,行政内部监督机制有待法治化完善,土地纠纷解决机制的科学性尚待提高,土地管理责任的归属和实现有待明晰。

四、效率:选择合理权利模式与体系化规则设计

效率对自由、平等和秩序等价值而言,既是手段也是结果,但不具有唯一性。"效率"这一价值目标在于通过合理的权利模式选择与体系化的规则设计,使包括土地在内的财产所承载的实现农民及其集体基本权益、保障其发展前景的功能得到充分发挥,在权利体系构建和规则设计上优化权利的配置、提升制度运行各环节的效率。

产权权能完整条件下,资源才可以得到最有价值的利用。但我国现行土地管理法律制度运行实践中,仍存在集体财产权归属不清、农户财产权经济属性不彰等问题。尽管《民法典》确立了集体经济组织的特别法人地位,对于其内部构造、成员认定、权利行使、运行机制等作出了具体规则,但实践中集体经济组织仍然缺乏独立性,其只能被其他组织形态覆盖,难以实现集体经济的有效运作与集体财富的增加。同时,随着我国城乡经济形势的加速变化而逐步弱化,无论是农

民群体还是集体外的社会主体乃至整个城乡建设用地市场,对宅基地经济价值的追求愈发强烈,且物权效率原则要求以提高物的利用效率,即物尽其用为制度安排的指导思想。当前宅基地分配制度,仅强调福利保障,忽略并抑制了物的经济利用,并未建立起符合市场规律的宅基地流转取得制度来化解宅基地闲置浪费、农宅隐形交易的现实窘境,加之宅基地使用权消灭制度的缺失,宅基地经济利用既无法形成规模效应,也限制多元利用方式。不动产登记是农村土地管理制度改革的基础,也是保障产权交易安全、实现资源高效配置的基础条件,但长期以来,法律与政策限制农村地权自由流动,使得农村不动产登记基本没有需求,相当多地区农村地籍调查基础薄弱、登记资料管理不规范和信息化程度低。

此外,公权力行使的绩效亦有待提升。例如,耕地保护过于依赖行政权力推动,无法有效回应多变的市场,且耕地保护制度在实施中出现偏差,在与地方政府、市场、农民磨合中产生耕地质量下降、耕地保护效果欠佳等一系列问题,亟须向以经济激励为核心的耕地保护制度转型。① 土地增值收益分配直接关系到集体土地所有者、农民个人、土地使用权人和国家的利益,关系到经济社会的发展,是推进"三块地"改革的关键,但目前我国农村土地增值收益分配存在比例不合理、土地价值不能充分实现、管理过度造成效率损失,亟须在土地管理法律完善中更新观念、创新体制机制,实现公权与私权的平衡。

综上所述,省察土地管理法律制度运行中的突出问题,是为了针对制度的缺失推动其改进,使之符合人的价值追寻。法律的价值是法律对于人的正当社会需要的满足,内在于土地管理法律制度的价值目标,决定了土地管理法律制度的功能定位和作用。新时代土地管理法律制度的完善,应立足新时代中国发展需求,完整检视土地管理法制度的现实逻辑体系,系统反思现行土地管理法规范之利弊,以自由为目标,以平等为基础,以秩序为前提,以效率为手段,进一步完善土地规划与用途管理、建立统一城乡建设用地市场的"三块地"改革及其联动、耕地保护与土地整治等土地管理法律制度,构建一套以城乡融合发展为现实导向、以平衡公私权力(利)为目标、有益于实现土地市场价值并兼顾农民利益保护的土地法制体系,促进新时代我国土地治理体系和治理能力的现代化。

---

① 参见张一鸣:《耕地保护制度的转型与对策研究——构建以经济激励为核心的耕地保护》,《中国农业资源与区划》2014年第3期。

第二编

国土空间规划与用途管理法律制度完善研究

第一章　新发展理念引导下
我国规划体系建设

新发展理念指引下,我国国土空间治理模式转变有赖于规划立法体系建设。凝聚规划立法定位,应树立区域均衡和可持续的发展目标,重塑新型城与乡合作伙伴关系;统一科学规划体系,应肯定发展规划的规范性文件属性,合理协调发展规划与国土空间规划的关系,明确在两者并行前提下,前者为后者提供政策性指引;同时应强化国土空间规划法定约束力,建立各行政区域间合作机制,以公私合作方式行使空间规划权。

第一节　新发展理念与规划立法定位

在全域推进国土空间规划体系构建的背景下,实现国土空间治理的现代化与法治化,并非将现有的各类规划简单叠加、各类规划立法汇编堆砌,而应从源头上重新审视规划立法的理念目标,科学梳理各类规划的法律定位,创新具体的规划制度,以价值理念统一、立法体系科学、制度工具先进的规划立法,引领构建全国统一、责权清晰、科学高效的规划体系。

一、新发展理念提出与规划体制变革相耦合

我国现有规划体系构成庞杂,存在各级各类规划间协调性差、规划的法治化程度不高、法定约束力不足、规划制定和实施过程中公众参与有限等诸多问题。①

---

① 参见王向东、刘卫东:《中国空间规划体系:现状、问题与重构》,《经济地理》2012 年第 5 期。

规划困境产生的根本原因是缺乏统一的价值和目标导向,规划体制重构应改变这一状况。

（一） 新发展理念的提出与确立

2015 年 10 月 29 日,习近平总书记在党的十八届五中全会第二次全体会议上提出创新、协调、绿色、开放、共享的新发展理念。我国于 2018 年 3 月 11 日发布并实施的《中华人民共和国宪法修正案》中,增加了在"习近平新时代中国特色社会主义思想"指引下、"贯彻新发展理念"等内容,反映出新时代发展所应追求的多元价值取向,并将其上升到国家根本大法的高度,此与国际社会重视可持续发展的目标不谋而合。但是具体到规划领域,尽管国家发展规划也确立了以人民为中心、践行新发展理念的规划目标,但在我国长期以经济建设为中心的发展导向指引下,中央和地方的各级各类政策均以经济发展尤其是国内生产总值为衡量指标,如何转向经济、社会和生态等多元的价值目标,可能是发展规划制定和未来发展规划立法要考虑的应然和实然交错的问题。

（二） 新发展理念渗透规划领域

将创新、协调、绿色、开放、共享的新发展理念贯彻到规划领域,对规划制度产生新要求、新挑战:其一,创新规划工具,充分利用信息技术和大数据平台,采用遥感像片并结合实地调查、核实和纠正获取的数据,实现国土空间规划制定、实施和监督的无缝衔接和动态调整,运用可持续性评估、住房需求评估、环境影响评估等新方式增强规划的科学性与正当性;其二,协调区域发展、城乡发展,在经济发展、环境保护和社会公平之间寻求平衡,要落实主体功能区规划,对不同的功能区域实行不同的绩效考核评价体系,全面推进乡村振兴,缩小城乡差距;其三,贯彻绿色发展的基本要求,注重发展质量,不以牺牲环境为代价寻求经济的片面增长,要落实生态保护红线,划定限制开发区域,严格耕地保护,建立国家公园制度,在我国资源约束趋紧、环境污染严重、生态系统退化的严峻形势下,解决人与自然和谐相处的问题;其四,借鉴域外先进的规划理念、制度和体系,作为重构我国规划理论和法律制度的样本资源,在全球共同面临气候变化的大背景下,致力于发展绿色节能产业,在建筑上使用绿色环保材料,强化国际间合作;其五,以共享理念为空间规划正义和效率注入新内涵①,使国土空间领域内的居民

①　参见叶轶:《论国土空间规划正义与效率价值实现》,《甘肃政法学院学报》2017 年第 5 期。

不因其所处的地理位置而在发展上处于劣势地位,在尊重历史成因和现实约束的前提下,在资源环境承载能力和国土空间开发适宜性评价的基础上,将开发建设重点向中西部和农村地区倾斜,使各地城乡居民共享改革开放成果。

二、区域均衡和可持续的规划目标

新发展理念与空间规划所倡导的区域均衡、可持续发展目标具有内在一致性,均旨在现有的资源和环境约束下,促进空间均衡的可持续发展,解决一国、一地区的发展不均衡问题,实现空间上的公平和正义。尽管当前区域发展不平衡问题有着复杂的历史成因,但是规划制度着眼未来,代表公共利益的国家和政府应当致力于推动实现矫正正义,利用政府的"有形之手"把资源和要素更多地引向欠发达地区,通过财政转移支付补偿农业主功能区和生态主功能区的发展利益损失,同时建立市场化、多元化的生态和农业补偿机制。

(一) 区域均衡的规划目标

1999 年欧盟发布的《欧洲空间发展展望》最早引入"区域"的概念,强调划分具有文化多样性且相对较小的地域,与美国、日本、南美等的大型经济开发区的概念相区别。欧盟的空间发展政策并不严格按照行政区划的标准进行划分,而是根据地方发展的需要适时调整,以提升居民的生活质量。在统一的欧洲市场上参与公平竞争是欧盟空间发展的驱动力之一,欧盟区域发展的不平衡使得增强经济和社会的"凝聚力"①变得困难。因此,基于空间平衡的理念提供一个更均衡的、更具增长潜力的地理分布就显得日益重要。《欧洲空间发展展望》通过列举欧盟各国 1995 年的国内生产总值、1996 年的人均国内生产总值、青年失业比例、货物运输、二氧化碳排放、历史和文化遗产保护等方面的数据说明欧盟各成员国发展的不均衡性,《欧洲空间发展展望》旨在实现空间更均衡的发展,是在超国家层面规划制度的重大创新和突出经验。欧盟统计局网站收集的 2018 年数据显示,随着空间发展政策的推进,欧盟各国经济发展均衡性的目标有所达成,但经济社会发展不均衡性依然存在,距离实现均衡、可持续的发展目

---

① "cohesion"意指凝聚、结合;欧盟设有专门用于支持人均国民生产总值低于欧盟平均水平国家的基础设施建设的凝聚基金(cohesion fund),以实现所谓的区域凝聚(territory cohesion)目标,即可持续的和均衡的发展目标。参见刘慧、樊杰、王传胜:《欧盟空间规划研究进展及启示》,《地理研究》2008 年第 6 期。

标,让发展成果平等地惠及各区域民众,尚有很长的路要走。①

我国城乡区域发展不均衡的矛盾也较为突出,国家统计局发布的数据显示,2019 年我国城镇居民人均可支配收入是农村居民的 2.6 倍;2019 年广东省的地区生产总值是西藏自治区的逾 63 倍,占国内生产总值的 10.8%。② 如果说城乡区域空间发展不均衡的最初根源在于资源禀赋、地理区位、人口集聚等自然和历史原因,近现代国家通过规划权力的行使主动介入城乡资源配置和区域发展目标,矫正空间发展失衡带来的不正义已成为政府不容推卸的职责。《全国主体功能区规划》针对我国城乡区域空间发展不协调的突出问题,提出增强区域发展协调性的目标,并在划分不同主体功能区的基础上,通过建立健全法律法规、体制机制、规划和政策及绩效考核评价体系保障形成主体功能区布局。在全面建设社会主义现代化国家的时代背景下,我国提出研究论证空间规划方面的立法项目,是进一步协调城乡区域空间协调发展的必然要求和高屋建瓴的顶层设计。

(二) 致力于实现可持续发展

空间规划作为行政机关对以土地为依托的空间资源有效利用的计划与管控,必然与一地的未来发展相关,或者说必然服务于当地的发展规划,而在全球化时代,一地或者一国的发展目标更趋于达成共识,2015 年联合国通过的《2030年可持续发展议程》确立的 17 项可持续发展目标、169 项具体指标即为明证。《2030 年可持续发展议程》将可持续发展的经济、社会和环境三个面向以均衡的方式融为一体。17 项可持续发展目标给各国为未来做准备、以实现人类尊严、稳定发展、地球健康、公平和有弹性的社会以及繁荣的经济提供了定性和定量的指标体系。这些目标不止于经济和社会发展,而是充分体现了在满足当代人发展需求的前提下,不危及后代人生存和发展能力的代际正义内涵。

在可持续发展方面,我国还面临耕地面积锐减危及粮食安全、开发强度过大破坏生态环境、国土空间结构不合理利用效率低下等突出问题。以往土地利用和城乡规划等"多规并立"的规划体系缺乏系统论和整体观,未把全域国土资源

---

① https://ec. europa. eu/eurostat/tgm/mapToolClosed. do? tab = map&init = 1&plugin = 1&language=en&pcode=tec00114&toolbox=types,2019 年 3 月 20 日访问。

② http://www.stats.gov.cn/,2020 年 12 月 22 日访问。

的立体化开发保护纳入调整范围。"多规合一"的国土空间规则则不仅尝试将国家主权管辖下的全部地域空间(包括陆地和海洋等)悉数绘入规划底图,并在具有科学性的评估、评价基础上,对国土空间用途进行类型化划分。如果说主体功能分区是在横向、宏观层面协调城乡区域空间发展格局,那么规划用途分区划分则是在纵向、微观层面优化国土空间开发保护结构。生态空间主要是对生态系统特别重要或者生态环境极其脆弱地区实施特殊保护;农业空间则是以农业生产为主体功能,对永久基本农田予以严格保护的功能分区;城镇空间是因应人口集聚生产生活而予以规模化开发建设的区域。对生态和农业空间设置开发限制,看似降低了建设强度,但是维持生态系统稳定、保障国家粮食安全,承载更为重大的公共利益,不仅影响当代人的生存和发展质量,更关涉后代人满足其生存和发展的空间资源。

三、重塑新型城与乡合作伙伴关系

(一) 城乡二元分野的普遍现象

城乡二元分野不是我国独有的现象和问题,因人口密集程度以及所承载的经济和社会功能不同,城市和乡村在域外各国亦呈现出迥然有异的发展样态;由于土地、人才、资本等各要素纷纷向城市地区聚集,乡村的发展水平往往落后于城市地区。所谓空间均衡的理念,在很大程度上是为了解决城市和乡村发展差异过大的全球世纪难题。最早提出空间规划概念并付诸实施的欧盟,在其《欧洲空间规划研究计划》中将城乡定位为合作伙伴关系,着重强调城镇和乡村之间的完整性和功能性联系,并给出了 8 种城乡关系的类型,即居住—工作关系、中心地区关系、特大城市与位于乡村地区或过渡地带的城市中心区的关系,乡村与城市企业的关系,作为城市居民休闲、消费地的乡村地区、作为城市开放空间的乡村地区、作为城市基础设施承载体的乡村地区、作为城市自然资源供应者的乡村地区等。①

(二) 我国城乡二元关系特殊性

我国城乡关系较域外国家或地区复杂之处在于,不仅因为历史和社会发展原因形成了城乡二元结构,更有户籍、社会保障、土地制度等体制机制原因固化

---

① 参见刘慧、樊杰、王传胜:《欧盟空间规划研究进展及启示》,《地理研究》2008 年第 6 期。

甚至加剧了城乡发展的不均衡。

在新发展理念指引下实现国土空间治理现代化和法治化,首先要破除制约城乡一体化发展的体制机制障碍,如改革户籍制度、健全农村的社会保障体系、建立城乡统一的建设用地市场等;其次要把要素、资源重点向农村地区倾斜,补齐农村的基础设施和公共服务短板,将基础设施和公共服务作为村庄规划的强制性内容,并优先满足其建设用地指标和规模;最后要明确宅基地的居住保障功能。宅基地使用权无偿取得、无期限使用的特性决定了其并不具有完整的用益物权属性,尤其是不得单独转让或者设定抵押,避免宅基地使用权衍变成为事实上的土地所有权,使宅基地使用权人①获得优越于国有建设用地使用权人的法律地位,后者的土地使用权不仅有期限限制,根据《民法典》第 359 条,到期后很可能要依照法律、行政法规的规定缴纳续期费用。② 且依据我国《民法典》第358 条,建设用地使用权提前收回,需满足公共利益需要,但仅补偿该土地上的房屋及其他不动产,并退还相应的出让金,土地本身是不予补偿的。而根据新修改的《土地管理法》第 48 条,征收宅基地及其上房屋,除应就农村村民住宅予以补偿外,还应当及时足额支付土地补偿费、安置补偿费、被征地农民的社会保障费用等。征收是对农民生存和居住权益的剥夺,给予其足额充分的补偿无可厚非,但亦不能因此使其获得优越于国有建设用地使用权人或者边远地区没有被征地机会的农民的地位。由此决定了规划上宅基地使用面积限定及其上房屋建筑总面积和层高限制的正当性来源,其仅为满足农村地区居民的最低居住需求,除此之外,若欲实现住房条件改善,则应探寻建立宅基地的有偿使用制度;且征地补偿应以合法的宅基地使用和房屋建筑面积为准,违法的部分不应予以补偿。

新型城乡合作伙伴关系,意味着城市和乡村各有其功能定位但相互置重、协作发展,适用统一的体制和机制,在补齐乡村发展短板、促进乡村与城市的基础设施和公共服务均等化的前提下,使城市和乡村获得平等的发展机会,乡村居民与城镇居民获得同等的权益实现,同时也应避免矫枉过正,造成新的空间失衡。

---

① 尤其是城市中间或者周边农村的宅基地使用权人,其往往因为区位优势享受超额的土地增值收益,并通过土地征收等途径予以实现。

② 《民法典》第 359 条:"住宅建设用地使用权期限届满的,自动续期。续期费用的缴纳或者减免,依照法律、行政法规的规定办理。非住宅建设用地使用权期限届满后的续期,依照法律规定办理。该土地上的房屋以及其他不动产的归属,有约定的,按照约定;没有约定或者约定不明确的,依照法律、行政法规的规定办理。"

第二节　发展规划指引下的科学规划体系

根据 2018 年《中共中央、国务院关于统一规划体系更好发挥国家发展规划战略导向作用的意见》(以下简称《统一规划体系意见》)要求,国家发展规划具有最高的规划体系定位,其他各级各类规划均应遵循国家发展规划。规划发展目标和政策体系应在发展规划中有所体现。

一、发展规划的法律性质

(一) 发展规划作为规范性文件

关于我国国家发展规划即规划纲要的法律性质,主要有规范性文件说①、非法律文件说②、不完全的法律属性说③、完全的法律属性说④、政策与法律耦合说⑤等不同的观点,目前亦有学者认为,规划纲要是有别于一般性法律的特殊性法律。⑥ 我们倾向于认为国家发展规划属于规范性文件,因国家发展规划并不依据立法程序制定,亦不具有普遍的约束力和适用的强制性。

事实上,即便根据《统一规划体系意见》的要求,国家发展规划只能由中共中央提出制定建议,其并不同于提出法律案的法律主体;在实践中,国家发展规划往往由发展改革部门负责起草,经过课题研究、思路形成、规划纲要起草和专项规划形成、征求意见和充分衔接阶段,最后提交全国人大讨论审议,⑦并不遵循严格的立法程序;其内容是有关未来一段时期国家层面的发展目标与政策体系,为适应不断变化的国际国内发展形势,该期限不能过长,目前是五年;更为重要的是,国家发展规划并不具有法律的普遍约束力和适用的强制性,其允许各省

---

① 参见王锴:《论规范性文件的备案审查》,《浙江社会科学》2010 年第 11 期。

② 参见杨伟民:《规划体制改革的主要任务及方向》,《中国经贸导刊》2004 年第 20 期。

③ 参见颜诚毅:《规划与法律如何衔接》,《人力资源管理》2016 年第 1 期。

④ 参见陈国川、杨成、尹明:《我国国民经济和社会发展规则纲要的法律地位研究》,《北方经济》2003 年第 1 期。

⑤ 参见徐孟洲:《论经济社会发展规划与规划法制建设》,《法学家》2012 年第 2 期。

⑥ 参见郭昌盛:《规划纲要的法律性质探析》,《上海政法学院学报(法治论丛)》2018 年第 3 期。

⑦ 参见江宛棣:《十一五规划是如何制定出来的》,新浪网,http://news.sina.com.cn/c/2006-03-06/10089275878.shtml,2019 年 5 月 20 日访问。

自治区、直辖市根据自身的经济、社会和环境基础制定符合实际的发展目标和有针对性的政策体系。因此,我们认为,国家发展规划不具备法律的性质。

根据《统一规划体系意见》,省级及以下各类相关规划编制实施参照《统一规划体系意见》执行。包括国家发展规划在内的各级发展规划应当是行政规范性文件,制定发展规划是各级人民政府依法履行公共职能的重要方式,该公共职能的内涵是对规划期内各级行政区域经济社会发展进行总体部署和安排。

综上所述,发展规划不是法律,不需要依据立法程序制定,且规划期限相对较短,凸显政府行政的灵活性和应变性。在效力方面,发展规划具有指导性而非强制性,并不具有强制实施性,同时其本身作为行政规范性文件需要接受合法性审查。

(二) 发展规划需依照法律制定

需要说明的是,发展规划不是法律并不意味着其本身不需要依法制定。"但同时我们也应该认识到,发展规划法不等于规划纲要。理论上来讲,规划纲要或者规划应该是依据规划法或者发展规划法编制的,发展规划法是规划纲要的内容得以确定以及实现的法律保障。"[1]在全面依法治国的背景下,特别是《"十四五"规划纲要》和《统一规划体系意见》要求制定发展规划法的情况下,发展规划本身的法治化显得尤为重要,包括其制定机关、制定程序和法律效力等。总结实践经验,可以将国家发展改革部门作为发展规划的制定主体,由其负责国家发展规划的起草、公开、征求意见、提交全国人大常委会审议、复审和修订;相应地,将地方发展改革部门作为地方发展规划的制定主体,负责地方各级发展规划的起草、公开、征求意见、提交地方各级人大常委会审议、复审和修订。

总之,建立科学统一的规划体系,一方面要把发展规划纳入法治化轨道,制定发展规划法,赋予其多元的价值目标;另一方面把发展规划定位为规范性文件,是由各级政府发展改革部门制定,并经各级人大常委会审议通过的有关国家或地方未来发展的战略目标和政策指引,是制定国土空间规划的参考依据。

二、统一规划体系的内涵构成

(一) 发展规划与国土空间规划关系的实然检讨

根据《统一规划体系意见》,国家发展规划具有最高的法律效力,其他各级

---

① 郭昌盛:《规划纲要的法律性质探析》,《上海政法学院学报(法治论丛)》2018 年第 3 期。

各类规划应当遵循国家发展规划,同时省级及以下各类相关规划编制实施参照《统一规划体系意见》执行,意味着省级及以下发展规划也具有较相应级别及下级国土空间规划更高的法律效力,但事实上,该定位的科学性值得进一步探讨。

第一,发展规划往往以经济和社会发展为目标,难以统摄新发展理念下生态和永久基本农田保护的科学内涵,发展规划是以经济增长为主导方向的,但是国土空间规划承担保护和开发并重的双重任务,保护导向的体现如主体功能区规划中针对农业主产区和生态主功能区,采取的是限制甚至禁止开发的发展思路,以功能单一的发展规划引导目标多元的空间规划,难免存在异化的风险。

第二,发展规划的期限一般是 5 年,强调因应国际国内经济社会环境而具备灵活性,而空间规划的期限一般是 15 年至 20 年,强调以环境资源承载能力和国土空间开发适宜性评价为基础,具备适当的稳定性和可预期性,以期限较短灵活应变的发展规划引导期限较长具有相对稳定性的空间规划,亦存在逻辑上的悖论。

第三,目前《统一规划体系意见》将国家发展规划置于最高的效力层级,要求党中央提出制定国家发展规划的建议,由国务院组织编制,经全国人民代表大会审议,因而居于规划体系的最上位,与实践中国家发展规划的制定程序不相符合,不仅造成国务院和各级政府不堪重负,而且将发展规划与各级政府换届选举捆绑在一起,造成发展政策不具有稳定性和连续性。

（二）发展规划与国土空间规划关系的应然定位

在将发展规划定性为规范性文件的前提下,国家发展规划不应居于规划体系的最上位,其与国土空间规划是同级的不同类型的规划,国家发展规划是有关国家在未来相对较短期限内的发展目标与政策体系,国土空间规划则是对国土空间均衡和可持续利用的约束和管制,前者是发展性规划,后者是保护和开发性规划,前者为后者提供政策性指导。

据此,我国的规划体系应是发展规划和空间规划相互独立、相互尊重、并行不悖的,其中空间规划又分为总体规划、详细规划和相关专项规划。发展规划是空间规划制定的参考依据,空间规划为发展规划落地实施提供空间保障,是有关区域协调和城乡融合的、以土地为依托的空间利用的约束性和管制性安排,二者的制定、实施和修改均须有明确的法律依据。

第三节　强化国土空间规划的法定约束力

依法规划是依法治国、依法行政的题中之义。制定和实施国土空间规划的行政权力运行,无论表现为抽象行政行为抑或具体行政行为,[①]均会对土地财产权的行使构成限制,必须遵循和贯彻行政法定、行政均衡、行政正当的基本原则。[②] 其一,行政法定包括职权法定、法律优先和法律保留,即制定和实施国土空间规划的权力必须有明确的法律授权,国土空间规划立法出台后将优位于行政立法,对土地财产权的限制乃至剥夺必须制定法律。其二,行政均衡包括平等对待、行政比例和信赖保护,全域统一的国土空间规划区别适用于城乡二元的土地财产权结构有待充分证成,国土空间规划权的行使应尽可能使相对人的损害保持在最小的范围内,对土地财产权益的限制,与其所要实现的公共利益之间必须是合比例的,国土空间规划一经制定并实施非经法定程序不得变更或废除。其三,行政正当包括行政参与和行政公开,受国土空间规划影响的利害关系人有权实质性参与到国土空间规划的制定和实施过程,国土空间规划的制定过程和成果文件必须向社会公众公开。

然而,《十三届全国人大常委会立法规划》将空间规划法列为"立法条件尚不完全具备、需要继续研究论证的"第三类立法项目,短期内恐难出台。目前指导国土空间规划编制和实施的法律法规与政策性文件,因存在立法空白或效力层级过低而难以满足依法规划的实体和程序要求,如各级政府或自然资源部门编制国土空间规划没有明确的法律授权,生态保护红线、永久基本农田和城镇开发边界等(以下简称"三条控制线")对土地财产权行使构成限制却并未制定法律,国土空间规划制定或修改过程中的公共参与机制不健全等,国土空间规划立法迫在眉睫。

一、国土空间规划的法律性质

目前我国学界针对行政规划的法律性质,形成了行政行为说、立法行为说、

---

① 参见李俊:《中国土地治理的规划权体系构建》,《云南社会科学》2020 年第 2 期。

② 参见周佑勇:《行政法原论》,北京大学出版社 2018 年版,第 58—68 页。

具体区分说等不同的观点,①新近有学者认为应当在对行政规划进行类型化划分的基础上,对其法律性质予以具体分析。②

（一）国土空间规划的体系效力

根据《国土空间规划意见》,国土空间规划分为五级三类,上级国土空间规划是下级国土空间规划的遵循和依据,详细规划和专项规划同样依据总体规划制定。由此分析,国土空间规划应属于具有法定约束力的强制性规划。其以发展规划为政策指引,以生态保护、粮食安全和城乡居民的生存发展权益实现为价值追求,在自然资源利用现状的基础上,依据经科学评估确定的自然资源经济社会效益最大化的用途引导国土空间开发保护活动,允许特定空间开发建设的同时限制甚至禁止另一部分国土空间的开发建设活动,在国土空间开发保护中发挥体系性效用。

（二）国土空间规划的约束效力

国土空间规划分区分类实施用途管理,限制各类国土空间开发用途和强度,并据以作出规划许可或者分区准入,对行政机关和相对人均具有较强的约束力,规划行为本身可被认为是抽象行政行为,由此形成的规划成果是行政机关制定、发布的具有普遍约束力的规范性文件,据此作出的规划许可、违反规划的行政处罚等则为具体的行政行为,规划本身可在针对具体行政行为的行政诉讼中进行附带性审查。③ 对此,荷兰的《基本行政法》和《空间规划法》为我们提供了有益的借鉴。荷兰的土地利用规划属于行政规定,根据荷兰《基本行政法》,对于行政规定不能提起行政诉讼,但法院有权依据原告的申请,在审查行政决定的合法性的同时,对行政规定的合法性进行附带审查。不仅如此,荷兰《空间规划法》第8.2条第一款a项规定,利害关系人可以单独对于批准土地利用规划的决定,向最高行政法院提起行政诉讼,只是诉讼时效相对较短,仅为规划批准之后的6周,以督促利害关系人及时向法院提起诉讼,对规划进行合法性审查,以免影响

---

① 参见王青斌:《论行政规划的法律性质》,《行政法学研究》2008年第1期。

② 参见李昕:《论行政规划的定性分析与规制、救济》,《法学杂志》2013年第11期。

③ 2014年修正的《行政诉讼法》第53条规定:"公民、法人或者其他组织认为行政行为所依据的国务院部门和地方人民政府及其部门制定的规范性文件不合法,在对行政行为提起诉讼时,可以一并请求对该规范性文件进行审查。前款规定的规范性文件不含规章。"2017年《行政诉讼法》修正延续了该规定。

规划的适用性和稳定性。①

总之,如前所述,发展规划和国土空间规划作为规划成果的法律属性均属于规范性文件,但是因为国土空间规划具有实施性,依据国土空间规划实施的行政许可、行政处罚等,会对自然资源资产权利人的财产权行使和保护产生直接的影响,因此,从完整的国土空间规划流程观之,国土空间规划具有较发展规划更强的法定约束力。

二、各行政区域间的合作机制

(一) 主体功能区划分与规划融合

国土空间规划体系基于空间均衡的理念,协调国土空间内各区域的发展目标和进程,以国务院于 2010 年发布的《全国主体功能区规划》为代表。其将国家层面的主体功能区划分为五类,体现出多中心主义、生态环境可持续等空间均衡的发展理念。当前构建国土空间规划体系,首先需要处理的亦是主体功能区规划与国土空间规划的关系。我们认为,建立国土空间规划体系的两大任务:一是实现土地利用和城乡建设的统筹安排;二是运用空间均衡的理念和方法实现区域协调和城乡融合。

《统一规划体系意见》要求在国家发展规划"下位"设置国家级专项规划、国家级区域规划和国家级空间规划,《国土空间规划意见》则要求,将具有区域规划性质的主体功能区规划和土地利用规划、城乡规划等空间规划融合为统一的国土空间规划,同时把相关专项规划纳入国土空间规划体系,实现总体规划、详细规划和专项规划的体系内衔接。在规划体系构成及其相互关系上,《统一规划体系意见》和《国土空间规划意见》的冲突,不应仅看作是国家发展改革部门与自然资源主管部门、各相关领域主管部门与自然资源主管部门之间的利益与职责冲突,更核心的问题是对规划体制变革中区域规划、主体功能区规划等与国土空间规划之间的关系认识仍有分歧。我们倾向于认为,区域规划属于发展规划的组成部分,是各级行政区域包括中央和地方依据发展规划制定的,协调行政区域间经济社会发展的规范性文件,依据发展规划的实体和程序要件制定,但仅具有指导性而不具有强制性。主体功能区规划则是国家级空间规划的构成要

---

① 参见赵力:《荷兰规划诉讼的要件与审查》,《行政法学研究》2013 年第 4 期。

素,体现以生态、农业和城镇发展为主体功能空间的规划逻辑,国家级空间规划应当将主体功能区规划融入,体现在全国范围内协调和划定农产品主产区、重点生态功能区等的战略意图。

（二）建立行政区划间的合作机制

根据《全国主体功能区规划》划定的我国国家层面的主体功能区,大多跨越行政区域,这是主体功能区规划践行区域协调发展的题中之义。如国家层面的优化开发区域环渤海地区和珠江三角洲地区等,很难想象在此类地区建立区域一级的行政区划或者规划机构,尽管有学者提出赋予区域法律主体地位、赋予区域主体平等的区域发展权、以区域间非平权型的权利义务安排等维度实现区域协同的利益冲突与协调,①至少目前在构建国土空间规划体系中未见此类目标或安排。

在此情形下,如何建立合作机制以实现各行政区域内以及区域之间不同的功能性目标即成为空间规划体系必须解决的问题。我国各省、自治区、直辖市编制和实施主体功能区规划的积极性普遍不高,根本原因亦在于一元化的（以经济建设为中心）的考核评价体系下,各行政区域难以对《全国主体功能区规划》确立的差异化的发展定位产生认同并形成共识。因此,在构建国土空间规划体系过程中,要积极践行《全国主体功能区规划》确定的多元化绩效考核指标,强化中央政府对农产品主产区和重点生态功能区的财政转移支付,同时建立市场化、多元化的生态和农业保护补偿机制,在此基础上方能真正建立起行政区域之间的合作机制,实现区域均衡和可持续发展。

三、以公私合作方式行使空间规划权

以公私合作方式行使空间规划权,规划机关应当明确自身作为公法人的法律地位和职能所在,摒弃私法人的经营者思维,其行使规划权的目标在于且仅在于实现公共利益,即便以征税的形式回收增值收益,税收的目的仍在于提供公共服务。单纯以规划权的行使导致土地价值提升或者贬损,规划机关不应仅仅据此要求收回土地增值,土地权利人也不得要求规划机关予以赔偿。事实上,在行

---

① 参见丁瑶:《经济一体化背景下国土空间规划区域协同实现路径》,《学术交流》2021 年第 6 期。

政规划已然成为土地和空间利用领域的共识和必选项的情况下,规划机关应当考虑的是,如何在依法行使规划职责的同时,充分尊重土地权利人的合法权益,在平等协商的基础上给予行政相对人公平合理的补偿,以更好地实现公共利益。具体可从协商确定规划条件和土地增值收益制度改革两个方面着手践行国土空间治理的公私合作理念。

（一）协商确定规划条件

我国现行法上的规划条件体现出法定性、具体性、限定性和刚性适用的特征。而控制性详细规划中规定的特定地块的规划条件,尤其是容积率、建筑高度、建筑密度、绿地率等往往对开发的强度影响甚巨,但却缺乏正当性和科学性标准,容易引发行政相对人对其恣意性的想象,实践中城乡规划部门不编制控制性详细规划、擅自提高容积率等案件亦时有发生,①造成极大的寻租空间。《国土空间规划意见》要求,在制定国土空间规划之前,对相应空间的资源环境承载能力和国土空间开发适宜性作出评价,有望在总体规划领域提高科学性,但在详细规划,如何体现规划条件的合理性,正当分配城乡空间利益,②值得进一步深入研究。我们认为,可以在"双评价"的基础上引入协商机制,以市场化的方式确定规划条件,也即在满足科学性、民主性和正当性的基础上,允许相对人与自然资源主管部门协商确定具体地块用途和开发强度,将开发活动所产生的外部性予以内部化,并积极探索开发商为基础设施建设做贡献的途径和方式。

（二）土地增值收益制度改革

基于英国的土地发展权理论和实践,我国学者研究得出土地发展权国有论③和私有论④等截然相反的主张,对我国当前农村土地制度改革中的增值收

---

① 参见楼永忠、范忠良等与东阳市规划局城乡建设行政管理纠纷案中,法院认定东阳市规划局在涉案国有土地出让时未确定该市的控制性详细规划,涉案地块控制性详细规划系专门为案涉建设项目编制,在作出提高出让合同确定的容积率的建设工程规划许可前,未依法告知利害关系人有要求听证的权利,判决其颁发建设项目工程规划许可证的行政行为违法。

② 参见陈越峰:《城市空间利益的正当分配——从规划行政许可侵犯相邻权益案切入》,《法学研究》2015 年第 1 期。

③ 参见陈柏峰:《土地发展权的理论基础与制度前景》,《法学研究》2012 年第 4 期。

④ 参见程雪阳:《土地发展权与土地增值收益的分配》,《法学研究》2014 年第 5 期;方涧、沈开举:《土地发展权的法律属性与本土化权利构造》,《学习与实践》2019 年第 1 期。

益分配制度构建产生深远的影响。① 事实上,英国于 1985 年废除土地增值收益税之后,目前主要是通过规划条件和规划义务制度实现规划和建设管理活动中公共利益与私人利益之间的平衡。规划当局不再纠结于单纯通过规划活动而使某块土地的价值提升应当收归国有,而是专注于政府应当履行通过规划和管理使得开发活动有序开展的公共职责,以尽可能降低开发活动对社区的不利影响;并通过与开发主体的协商与合作,向社区提供基础设施。在地方政府直接对土地增值收益征税的模式下,代表地方政府的规划当局仅仅因为履行了法定的规划职责,即可从其职权活动中获益,尽管税收进入国库,但仍易诱发寻租风险;况且税收收入名义上用作公益支出,但不必然用于促进土地增值的公共服务或公益事业。相较而言,社区基础设施税并不以行使规划职权引起的土地增值为税基,而以地方政府已经为或者即将为社区基础设施建设投入公共资源为正当性依据,享受了政府提供的基础设施并将取得开发利益的土地所有权人和开发商应当为此支付代价,此间的正当性论证无疑更容易为土地所有权人和开发商所接受,该模式因而也得到了更好地遵循。

　　尽管土地增值收益制度在我国当前集体土地制度改革中看似极具正当性和可行性,在诸如集体经营性建设用地入市、宅基地制度改革中,“应当”赋予国家分享集体土地增值收益的权限,否则由集体和/或农民独享似乎是不妥当的,②但本质仍是规划权行使中的经营者逻辑。试想,依据新修改的《土地管理法》,集体经营性建设用地入市的前提条件之一在于规划将其确定为工业、商业等用途,而各类规划确定为工业、商业的等经营用途的前提或者正当性又在何处? 更明确地说,如果国家能从集体经营性建设用地入市中直接收取增值收益,代表国家行使规划权的行政机关即有动力通过规划权的行使将更多的土地划定为工业、商业等经营性用途,如此一来,集体的公益性建设用地如何保障,耕地保护和粮食安全如何实现,均有可能产生疑问。换言之,规划权的行使本身不能是恣意的,行使的效果不能是规划主体直接受益的,否则极易引发寻租风险。我们认

---

① 参见彭錞:《土地发展权与土地增值收益分配:中国问题与英国经验》,《中外法学》2016 年第 7 期;张先贵:《中国语境下土地发展权内容之法理释明——立足于“新型权利”背景下的深思》,《法律科学(西北政法大学学报)》2019 年第 1 期。

② 参见吴昭军:《集体经营性建设用地土地增值收益分配:试点总结与制度设计》,《法学杂志》2019 年第 4 期。

为,借鉴英国城乡规划立法以公私合作理念行使规划权,强调强制与合意相结合,不单独以土地增值收益制度,而以协商确定的规划条件、规划义务、征收基础设施税等方式,实现规划许可中公共利益与集体利益、个人利益之间的平衡,这也是创新、协调、绿色、开放、共享的新发展理念在规划立法体系重构中的要求和体现。

第二章　从土地利用规划到国土空间规划的法制变革进路[①]

改革开放 40 余年来,我国顺利实现从计划经济向市场经济体制的过渡,逐步建立起市场在其中起决定性作用的资源配置机制。随着城市化进程的推进,大规模人口向城市地区集聚,建设用地规模在逐年扩张的同时仍然难以满足城镇化建设的需要。[②] 大量农用地被转变为建设用地,给耕地保护与粮食安全带来更为严峻的挑战。因此,在土地资源的市场化配置程度日益提升的同时,国家土地管理部门对土地利用方式和土地用途管理的行政控制亦在加强,主要以规划的形式体现。事实上,作为稀缺资源和人类赖以生存的根本之土地资源,通过行政手段公平配置、促进其高效利用具有天然的正当性。这也是将私有制奉为圭臬的资本主义国家亦同样重视规划作用的根本原因。对土地的未来利用施加行政干预,必然涉及对土地上相关利益主体之权利行使的限制甚至剥夺,因此必须同时确立行政管控的边界。土地所有权人对土地享有的"上达天空、下至地心"的权能范围,连同"在自己所有的土地上以任何自己喜欢的方式利用土地"的观念为此得以修正。

---

① 参见孙聪聪:《〈国土空间规划法〉的立法体例与实体要义》,《中国土地科学》2022 年第 2 期。

② 据 2015 年 12 月 29 日中国土地勘测规划院发布的《全国城镇土地利用数据汇总成果分析报告》统计,2009—2014 年,我国城市土地面积增幅为 17.7%,低于建制镇增幅 9.1 个百分点。截止到 2014 年 12 月 31 日,全国城镇土地总面积 890.0 万公顷(13350 万亩)。其中,城市面积占 46.8%,建制镇面积占 53.2%。区域上,东部地区城镇土地面积占全国城镇土地总面积的 40.7%,中部地区占 22.5%,西部地区占 26.4%,东北地区占 10.4%。从中可见城镇土地面积的增幅居高不下,且各区域城镇化水平极不均衡。

第一节 建立国土空间规划体系并 监督实施的法政策形成

目前"多规合一"面临转型压力加大、改革诉求众多、理论储备不足、实证经验缺乏,部门共识尚未达成与磨合机制有待建立、技术标准不一与共享平台缺乏等问题。规划的法律规制存在缺乏新发展理念的统辖、民主参与机制匮乏、执行效力较低、效果较差等难题。规划的法律规制应遵循规划权法定、统筹兼顾和利益平衡、民主参与、信赖利益保护和法律救济等一般原则。① 规划引领、立法先行,在全面依法治国、任何重大改革都要于法有据的背景下,亟待就空间规划的体系构成与具体制度等展开理论研究。

一、从"多规并立"到"多规合一"的规划体系转变

(一)"多规并立"的规划法制困境呈现

在全面依法治国的背景下,行政规划应以法治化的形式展开。我国陆续颁布实施《土地管理法》《城乡规划法》《环境保护法》等法律法规,对土地利用规划、城乡规划、环境保护规划等行政活动加以引导和规范,并逐步建立起"多规并立"的规划体系。然而,现行规划体系下行政机关对规划事权的分割,造成土地利用的整体性和协调性缺失,规划冲突时有发生;各级各类规划法治化水平不高,缺乏法定约束力,刚性不足导致实施效果不甚理想,反过来更进一步损及规划权威。由此造成的后果是违法用地和违法建设行为屡禁不止,土地资源浪费严重,人地矛盾进一步加剧。加之进入 21 世纪以来,土地的立体化利用成为常态,"空间规划"(spatial planning)的概念逐步进入理论和实践视野,强调以均衡的可持续发展为规划目标,促进以土地为依托的空间资源的公平配置与高效利用。

(二) 国土空间规划政策的体系形成

基于以上背景,我国逐步建立起从"多规并立"的类空间规划向"多规合一"的国土空间规划转变的政策体系。从要求建立国土空间开发保护制度,到开展

---

① 朗佩娟、汤旸:《我国的行政规划及其法律规制》,《甘肃行政学院学报》2008 年第 1 期。

市县"多规合一"试点,发布省级空间规划试点方案,再到统一规划体系,建立国土空间规划并监督实施,我国国土空间规划政策体系逐步成型,稳步推进,内涵日益丰富,思路逐渐清晰。目前已基本确立五级(国家、省、市、县、乡镇)、三类(总体规划、详细规划、专项规划)的国土空间规划体系构成。

（三）国土空间规划法制的雏形初显

2019 年 8 月 26 日第十三届全国人民代表大会常务委员会第十二次会议通过了《关于修改〈中华人民共和国土地管理法〉、〈中华人民共和国房地产法管理法〉的决定》,正式将建立国土空间规划体系的政策要求法定化。根据该决定修改的《土地管理法》增加一条作为第 18 条,规定国土空间规划的编制原则和法律效力,以及以国土空间规划体系全面取代土地利用总体规划和城乡规划的一般规定。① 新修改的《土地管理法》于 2020 年 1 月 1 日起施行,自此,构建国土空间规划体系、以空间规划工具对土地的立体化利用进行约束和管制具备了原则性的法律基础。但是也仅限于此,新修改的《土地管理法》对于国土空间规划的制定主体、法律效力、编制和实施的实体要件和程序要求、监督实施与法律责任等均未能有所涉及。

二、规范性文件中国土空间规划体系的政策导向

自 2019 年《国土空间规划意见》出台后,中共中央办公厅、国务院办公厅、自然资源部及其办公厅等陆续出台相关规范性文件,旨在探索建立国土空间规划体系并监督实施的政策体系。对该政策体系进行分析,发现在规范性文件层面,目前已基本完成国土空间规划的制度构建,各级人民政府制定国土空间规划有了基本的政策遵循。

（一）国土空间规划的体系构成

《国土空间规划意见》确立了"五级三类"的国土空间规划体系,前文已提及,《国土空间规划意见》将相关专项规划纳入国土空间规划体系,有助于相关专项规划在国土空间规划体系内实现与总体规划和详细规划的衔接,值得赞同,

---

① 《土地管理法》第 18 条规定:"国家建立国土空间规划体系。编制国土空间规划应当坚持生态优先,绿色、可持续发展,科学有序统筹安排生态、农业、城镇等功能空间,优化国土空间结构和布局,提升国土空间开发、保护的质量和效率。经依法批准的国土空间规划是各类开发、保护、建设活动的基本依据。已经编制国土空间规划的,不再编制土地利用总体规划和城乡规划。"

只是将来立法仍然要处理《统一规划体系意见》将专项规划与国土空间规划并列的政策矛盾。依据行政区划分纵向上的"五级"国土空间规划体系,如何体现主体功能区规划的区域均衡与协同发展内涵,仍有待探索,我们建议将主体功能区规划融入国家级国土空间总体规划;此外,根据《国土空间规划意见》,乡镇级国土空间规划并非强制体系构成,而是交由省级人民政府自治,能否以及如何体现乡镇独立的发展需求,亦不无疑问。我们认为,乡镇级国土空间规划也应成为国土空间规划体系的强制构成,并在国土空间规划立法上明确乡镇国土空间规划的制定主体、审批程序和审查要点,如此方能实现乡镇国土空间规划的制定内涵统一,并有效保障乡镇的开发建设需求,以真正贯彻区域城乡协调发展的顶层设计和政策导向。

(二) 国土空间规划的审批程序

根据《国土空间规划意见》,只有全国国土空间规划由党中央、国务院审定后印发,其他各级国土空间规划均经同级人大常委会审议后报上级人民政府审批,有违相同事务相同处理的法的内在理性。我们认为国土空间规划本身作为规范性文件,全国性的国土空间规划自然应当由国务院审批,其他各级国土空间规划报上级人民政府审批前经过同级人大常委会审议,履行的并非立法程序,而是规划的公众参与程序,体现的是国土空间规划的民主性,因此,全国国土空间规划在报送审批前经全国人大常委会审议亦不存在理论和实践障碍。与此同时,根据《国土空间规划意见》,省级人民政府可以自主决定除需经国务院审批的城市以外的其他市县及乡镇国土空间规划的编制审批内容和程序要求,我们认为如此不仅可能会使市县及乡镇国土空间规划内容和程序不统一,而且因"三条控制线"实际上在市县及乡镇国土空间规划中划定落实,导致国土空间规划偏重协调性而丧失实施性,并最终因"三条控制线"难以划定落实而导致空间均衡与可持续发展的规划目的落空。

(三) 国土空间规划实施与许可

《国土空间规划意见》要求,在城镇开发边界内,原村庄用地以详细规划覆盖,集体土地与国有土地具备同等的开发建设强度、实施相同的规划许可,这是集体与国有建设用地同地同权、同等入市的政策要求相契合。城镇开发边界外,如何分区实行用途管理,不无疑问。根据自然资源部办公厅于 2020 年 9 月 22 日印发《市级国土空间总体规划编制指南(试行)》(自然资办发〔2020〕46 号),

在生态保护区、农田保护区、城镇发展区之外,还有生态控制区和乡村发展区,前者是生态保护红线外限制开发建设的区域,后者是农田保护区外为满足农林牧渔等农业发展以及农民集中生活和生产配套为主的区域,也就是说并非通常理解的"三区三线",而至少是"三线五区"。据此制定市级国土空间规划的情况下,生态控制区和乡村发展区位于城镇开发边界外,如何实施用途管理不无疑问。我们认为对于生态控制区应当在底线约束的前提下实行清单准入,只有明确列入清单的活动,如生态修复、科学研究等方可进入。对于乡村发展区,则与城镇发展区同样实行规划许可。基于前文提出的区域均衡和可持续发展的规划目标,生态保护在国土空间规划的价值序列中居于优位;而基于城市与乡村的合作伙伴关系,二者相互独立、互不依附,但同时又紧密合作、各自发挥重要功能,农村居民可得享受与城市居民同质化的基础设施和公共服务,应能够在居住地就近选择就业、实现职住均衡,这就要求在乡村发展区补齐公共设施和公益事业建设短板,大力发展二三产业,建立包括宅基地审批在内的多元化住房保障体系。因此,总体来说,乡村发展区的开发建设活动受制于农业空间保护,但是也应满足农村居民对城乡同质化生活品质的追求和对美好生活的向往。与此同时,在自然资源主管部门统一履行国土空间用途管理职责后,是否还有必要区分用地审批和建设用地规划许可、建设工程规划许可,如何在国土空间规划许可中实现"多审合一""多证合一",亦有待探索。

三、现行法上国土空间规划转型特征与制度困境

除了《土地管理法》第18条,2021年修订的《土地管理法实施条例》亦增加了"国土空间规划"章节,对土地利用总体规划、城乡规划向国土空间规划的过渡衔接、国土空间规划的强制内容等进行规定。对现行有限的国土空间规划规范进行分析,发现其存在以下特征与问题。

（一）国土空间规划体系变革中加强衔接不足

尽管建立国土空间规划体系并监督实施的政策体系已然建立,但是从上文分析,关于规划体系重构的顶层设计尚有分歧,关键是学界对于国土空间规划的理论储备和知识探索尚显不足。近年规划和法学界进一步凝聚国土空间规划的立法共识,揭示规划体系变革的必然性,深入研究域外空间规划的制度构成,持续探索国土空间用途管理的实现路径、国土空间规划和用途管理的具体制度构

成,提出完善区域和生态补偿的法治化路径,但是关于国土空间规划、用途管理和国土空间开发保护之间的逻辑关联尚未理顺,域外空间规划法治经验尚需与我国国土空间规划体系变革实践进一步匹配融合,方能为国土空间规划立法提供可资借鉴的制度样本。① 由此导致现行立法中的国土空间规划法律规定具有一定的过渡性特征。《土地管理法》仍保留了"土地利用总体规划"章节,规定土地利用总体规划的制定主体、依据、内容、原则、审批程序和实施机制等,第18条位列其中,实显突兀,但也是无奈之举。该条以国土空间规划体系取代土地利用总体规划和城乡规划的意图至为明显,但是除2017年国务院印发的《全国国土规划纲要(2016—2030年)》外,上一轮土地利用总体规划基本上均于2020年到期,城市总体规划大多于2035年到期,在编制国土空间规划之前,规划如何适用不无疑问。2021年《土地管理法实施条例》修订填补了这一法律漏洞,其在第2条增设规定,延长了经依法批准的土地利用总体规划和城乡规划的执行期限。但由此也带来了遗留的问题,即经依法批准的土地利用总体规划若已到期,继续执行的合法性与正当性何在? 同时,土地利用总体规划若已到期,与土地利用总体规划相衔接的城乡规划实施是否会出现突破城乡建设用地规模的情况? 截至目前,《全国国土空间规划纲要》尚未出台,但据不完全统计,已有27个省份出台了省级国土空间规划并获国务院批复,28个省份出台了《国土空间规划条例》,或者在其"实施《土地管理法》办法"中专章规定了"国土空间规划的制定和实施"等,但在全国性的国土空间规划立法正式出台之前,至少在《全国国土空间规划纲要》出台之前,各地建设用地规模是否得到有效管控,国土空间规划体系是否与土地利用总体规划和城乡规划体系实现无缝衔接,仍然有待实践观察。

(二) 国土空间规划编制主体和程序规范缺失

与现行《土地管理法》及其实施条例、《城乡规划法》等有关土地利用总体规划、城乡规划等的实体内容和编制程序规定相比,现行法上有关国土空间规划编制的主体和程序要件是不完善的。在规划体制变革过程中,如此评价固然有失公允,但是政策导向既已明确以国土空间规划体系取代原土地利用总体规划和

---

① 参见陈小君等:《2020年土地法学研究进展》,载《土地科学学科发展蓝皮书2020年》,中国大地出版社2021年版,第277—278页。

城乡规划,则应当尽快出台国土空间规划立法,再以之为法律依据编制国土空间规划,或者至少于国土空间规划立法出台之前不急于编制国土空间规划,在土地利用总体规划到期之后,另行编制期限相对较短的过渡时期的土地利用总体规划。否则,在现行国土空间规划规范未对编制主体和程序予以规定的情况下,编制国土空间规划并没有明确的法律授权,更缺乏具体的程序指引,而国土空间规划制定之后实施过程中,会对国有和集体土地财产权人的权利行使和保护产生实质影响。

(三) 国土空间规划的实施和修改未引起重视

如果说国土空间规划制定主体和审批程序虽未进入立法,但是规范性文件有所关照,目前制定国土空间规划并非完全没有"依据",即便是在规范性文件中,有关国土空间规划的实施和修改也未引起足够重视。

国土空间规划的实施,涉及如何对生态用地和农业用地予以保护以及如何给予开发建设活动以规划许可的问题。土地利用规划的实施,重点是耕地保护和建设用地管理,核心是规范与限制农用地向建设用地的转变,由此形成了土地利用计划管理、占补平衡、农用地转用审批等制度工具。城乡规划的实施,主要是对城乡开发建设活动给予规划许可,对在城镇规划区进行开发建设活动的,依法实施建设用地规划许可和建设工程规划许可等,对乡村规划区内进行建设的,依法核发乡村建设规划许可。国土空间规划制定后,生态用地保护在政策性文件有所涉及,永久基本农田保护体现为转用和征收条件提升,城镇开发边界内外如何实施规划许可甚不明晰。城镇开发边界内集体建设用地可否与国有土地享有同等的开发建设强度;城镇开发边界外,国有土地是否与集体土地同样受制于农业和生态用途,不仅立法空白、政策缺位,学界亦是存在诸多争议的。①

规划的修改是其强制性和应变性之间寻求平衡的重要制度工具,也是规划作为规范性文件与法律法规之间的关键区别,规划并非一经制定即不可变更,而是可以根据经济社会生活的变化,尤其是出于更好地实现规划目的的考量,依循法定的程序予以修改。土地利用总体规划和城乡规划的修改不完善且不统一。

---

① 参见张力:《土地公有制对农村经营性建设用地入市改革的底线规制》,《法律科学(西北政法大学学报)》2020 年第 6 期;欧阳君君:《集体经营性建设用地入市范围的政策逻辑与法制因应》,《法商研究》2021 年第 4 期。

根据《土地管理法》第 25 条,经国务院或者省级人民政府批准的能源、交通、水利等基础设施建设用地需要改变土地利用总体规划的,根据国务院或者省级人民政府的批准文件即可修改土地利用总体规划,修改土地利用总体规划须经原批准机关批准;可以认为土地利用总体规划的修改事由单一、程序僵化。根据《城乡规划法》第 47—50 条,除因客观需要,如国务院批准重大建设工程、上级人民政府制定的城乡规划发生变更提出修改规划要求、行政区划调整等,因主观原因,如经评估确需修改、城乡规划的审批机关认为应当修改都可以成为城镇总体规划修改的法定事由。城乡规划修改的恣意性可见一斑。修改城镇总体规划,需要经过"原规划的实施情况总结——向原审批机关报告(修改涉及强制性内容的,提出专题报告)——原审批机关同意"等程序;修改控制性详细规划的,需要经过"修改的必要性论证——征求利害关系人意见——向原审批机关提出专题报告——经原审批机关同意"等程序,控制性详细规划修改涉及城镇总体规划强制性内容,应当修改总体规划,可以启动总体规划修改程序。乡村规划的修改事由则未予以明确规定。2017 年公布实施的《土地利用总体规划管理办法》①细化了土地利用总体规划的修改事由,但与城镇总体规划的修改事由仍不完全相同或者对应,且该管理办法仅实施两年即被废止。国土空间规划制定后基于何种事由、依循怎样的程序进行修改,目前即便在规范性文件上,亦未有涉及,学界更少有讨论。

总之,现行法上制定国土空间规划的法律依据极其有限,实施国土空间规划更是存在规范空白,建立国土空间规划体系并监督实施的合法性不足,亟待予以梳理反思,并加快推进国土空间规划立法。

第二节 建立国土空间规划体系并监督实施的合法性证成

国土空间规划拓展了以往的类空间规划,"国土"囊括全域土地资源,"空间"兼顾区域协调和立体化利用,"规划"则是出于公共利益目的对土地等自然

---

① 该管理办法于 2019 年被《自然资源部关于第一批废止和修改的部门规章的决定》(中华人民共和国自然资源部第 5 号)所废止。

资源的开发、利用和保护进行的有意识的提前设计,因其本质是对土地财产权行使的限制乃至剥夺,而与行政机关针对一般事项预先作出的计划、安排不同,国土空间规划具有强制性。国土空间规划的概念看似是全新的,但其本质依然是行政机关依据法律授权对其行政区划内的土地开发、利用和保护所做的公法限制,此本质特征决定了国土空间规划立法不能是框架性立法,而应当构建实体法规则体系。

一、生态保护红线内土地权利行使受限

(一) 生态用途管理的政策表述

依据中共中央办公厅、国务院办公厅印发《关于在国土空间规划中统筹划定落实三条控制线的指导意见》(以下简称《三条控制线意见》),生态保护红线内划分核心保护区和一般控制区,分别实行不同程度的用途管理。生态保护区若欲禁止人为活动,则必然涉及国有土地上设立的建设用地使用权或各类准物权的收回以及集体土地所有权的征收;若欲禁止开发性、生产性的建设活动,则可能导致土地财产权人无法按照原用途对土地为使用和收益,在严重性、持续性等方面造成对财产权本质的严重侵犯,尽管未予征收,但事实上产生如同征收的法律效果,超出财产权所应当承担的社会义务构成应予补偿的过度限制。[①]

(二) 核心保护区退出征收补偿

关于国有建设用地使用权收回的法律性质,目前学界有征收说、解除合同说、撤回行政许可说、独立法律制度说等不同的主张,《民法典》《土地管理法》《城市房地产管理法》《城镇国有土地使用权出让和转让暂行条例》等对其补偿规则的规定有所不同,收回的程序规范亦存在明显的法律漏洞。[②] 探矿权、采矿权等经国家特许形成的财产权,受到宪法和民法的双重保护,无论是"有序退出"抑或被禁止从事生产性、开发性的建设活动,均严重剥夺了矿业权人的核心利益,[③]应当予以补偿。相对而言,集体土地征收的补偿标准和程序规范已较为成熟,唯值得警惕的是,各地以生态移民的名义简化、代替集体土地征收程序。

---

① 参见张翔:《财产权的社会义务》,《中国社会科学》2012 第 9 期。
② 参见高飞:《建设用地使用权提前收回法律问题研究——关于〈物权法〉第 148 条和〈土地管理法〉第 58 条的修改建议》,《广东社会科学》2019 年第 1 期。
③ 参见宦吉娥:《法律对采矿权的非征收性限制》,《华东政法大学学报》2016 第 1 期。

如《宁夏回族自治区人民代表大会常务委员会关于中部干旱带县内生态移民涉及土地有关问题的决定》规定："生态移民整建制迁出后，原农民集体所有土地（包括农村村民宅基地）即为国家所有，用于恢复林草植被，改善生态环境。"事实上，生态移民工程不仅涉及迁出区集体土地的征收和安置补偿，还可能存在迁入区集体土地的先征收后划拨，或者集体土地相互之间的置换，以及迁出区建设用地复垦置换新增建设用地指标的使用、收益，搬迁后迁出区集体土地所有权或使用权确权登记等问题，唯有在尊重和保护既有财产权体系的前提下，依循法治思维和路径方能为妥适的安排和救济，否则即可能在保护生态安全的公共利益之下过度侵害土地财产权人的合法权益。值得注意的是，"农村集体经济组织全部成员转为城镇居民的""因国家组织移民、自然灾害等原因，农民成建制地集体迁移后不再使用的原属于迁移农民集体所有的土地"属于全民所有即国家所有，于1998年被写入现行《土地管理法实施条例》，地方实践中据此通过"村改居""生态移民"等形式未经依法征收即将集体土地径直转变为国有。因严重损害集体和农民财产权益，《国务院关于深化改革严格土地管理的决定》（国发〔2004〕28号）、《国务院办公厅关于严格执行有关农村集体建设用地法律和政策的通知》（国办发〔2007〕71号）等已严令禁止通过"村改居"等方式非法将集体所有土地转为国有土地；新修订的《土地管理法》将由政府组织实施的生态环境和资源保护、扶贫搬迁工程等建设需要用地，列入公共利益类型，据此可以依法实施征收；2021年修订的《土地管理法实施条例》也已将包括该条款在内的第二章"土地的所有权和使用权"悉数删除，可谓正确认识到《土地管理法实施条例》与新的《土地管理法》的抵牾和扞格之处，甚值肯定。

（三）一般控制区管制征收补偿

与核心保护区人为活动禁止相比，生态保护红线内一般控制区开发建设活动受限的规划管制相对复杂。其本质上涉及未被纳入生态保护红线之前其开发建设活动强度如何，方才会有纳入生态保护红线后因开发建设活动受限而应当给予生态保护补偿的问题。在区域均衡和可持续发展、重塑新型城乡合作伙伴关系的规划理念指引下，未被划入生态保护红线的地区，原则上有申请改变规划用途和开发建设强度的权利；但是划入生态保护红线被限制从事开发建设活动，则国有或者集体土地财产权的权能将受到限制，如集体经营性建设用地不得入市开发,农村村民住宅不得翻新建设等。目前生态保护补偿的正当性被广泛接受,①实践中并逐渐发展出纵向、横向和生态损害补偿等多元化的生态保护补偿机制。下文有详细展开,此不赘言。

二、永久基本农田转用或征收条件提升

(一) 永久基本农田强化保护

依据新修正的《土地管理法》,永久基本农田一般应当占本行政区域内耕地的80%以上,非因国家重点建设项目选址确实难以避让且经国务院批准,不得转用或征收。《国务院关于授权和委托用地审批权的决定》(以下简称"国发〔2020〕4号")将国务院可以授权的永久基本农田以外的农用地转为建设用地审批事项授权各省、自治区、直辖市人民政府批准,并试点将永久基本农田转为建设用地和国务院批准土地征收审批事项委托部分省、自治区、直辖市人民政府批准。"国发〔2020〕4号"事实上部分下放了农转用审批权限。鉴于新冠疫情可能给全球粮食安全带来更大冲击②,特殊时期在粮食禁运情形下仍应坚守耕地红线,③永久基本农田转用或征收审批权下放反而应审慎推进。

(二) 永久基本农田转用负担

我国《宪法》对一切使用土地的组织和个人苛以合理利用的社会义务,④依据《民法典》和《农村土地承包法》等法律规定,土地承包经营权人依法承包集体所有的耕地从事种植业等农业生产,未经依法批准,不得将承包地用于非农建设,此为财产权内容的立法形成,言即土地承包经营权本未包含改变土地用途的权能,永久基本农田划定并未加重土地承包经营权人的法定负担。然而,集体土地所有权并无不得从事非农建设的立法限制,2019年《土地管理法》修改后符合特定条件的集体经营性建设用地可得与同类用途的国有建设用地同等入市,永久基本农田划定提高了集体所有的耕地变更为建设用地的法定条件,加重了集

---

① 邓红蒂、袁弘、祁帆:《基于自然生态空间用途管制实践的国土空间用途管制思考》,《城市规划学刊》2020年第1期。

② 参见李晨:《全球疫情会导致粮食危机吗?》,《中国科学报》2020年4月27日。

③ 参见汤怀志:《最严格的耕地保护制度如何落到实处?》,《中国自然资源报》2020年4月24日。

④ 参见李忠夏:《"社会主义公共财产"的宪法定位:"合理利用的规范内涵"》,《中国法学》2020年第1期。

体土地所有权人的权利负担。此外,永久基本农田并非在所有的耕地上划定,违反平等原则,造成特定农民集体财产权的特殊牺牲,且此种损害是严重的和不可期待的,因此无论集体所有耕地承包经营抑或统一经营,被划入永久基本农田均应得请求行政补偿。农民集体获得相应补偿后,可将补偿款在集体成员间分配,此乃集体土地所有权实现的题中之义,无须赘言。

三、城镇开发边界分内外统筹用途管理

依据前述《国土空间规划意见》,国土空间规划体系中详细规划在市县及以下编制。城镇开发边界内的详细规划相当于城乡规划体系中的控制性详细规划,不同的是详细规划似将城市和镇的城中村纳入其规划区域,统筹用途管理;城镇开发边界外的村庄规划在当下城乡规划和未来国土空间规划体系中的法律地位相同,均是对用地布局和建设要求作出的具体安排。据此,在“三条控制线”的底线约束下,城镇开发边界内外均以详细规划确定具体地块用途和开发建设强度,实现用途管理全覆盖,其对土地财产权行使的限制需要具体分析。

(一) 城镇开发边界内国有土地开发建设

对于城镇开发边界内的国有土地财产权而言,国家作为所有权主体和规划权主体的重合性决定了该限制即便对国有土地所有权构成特殊牺牲也无须予以补偿,而国有建设用地使用权人的规划义务在建设用地使用权出让之时即以规划条件的形式予以明确。

(二) 城镇开发边界外集体土地开发建设

对于城镇开发边界内外的集体土地财产权而言,农用地受制于基本农田保护上已述及,建设用地主要分为宅基地、集体经营性和公益性建设用地,在规划上可看作是对具体地块用途所设定的规划条件:宅基地为满足农村居民的居住需求,依据“一户一宅”、面积法定的原则无偿取得,基于该赋权目的,各地对农民住宅建设往往设定层数、层高、建设总面积等限制,[①]其本质亦是对宅基地的开发建设强度所设定的规划条件;新修正的《土地管理法》第63条允许集体经营性建设用地入市,要求在出租、出让合同中载明土地用途和规划条件等,并在

---

① 如《海南省村庄规划管理条例》第32条第二款规定:“按照本省有关规定,农村村民建设住宅不得超过三层,高度一般不得超过十二米,鼓励采用坡屋顶等特色风貌。”

第64条紧接着规定集体建设用地使用者按照规划用途使用土地的义务,集体经营性和公益性建设用地的规划条件如何确定,目前尚不明确。《民法典》更在第346条增加"设立建设用地使用权,应当……遵守法律、行政法规关于土地用途的规定"等援引性条款。在国土空间规划以城镇开发边界统筹用途管理的前提下,是否意味着城镇开发边界内集体建设用地可得与国有建设用地具备同等的开发强度,如此一来,集体土地尤其是宅基地保障农村居民居住权益的社会保障功能如何体现;此外,同样是集体土地财产权,城中村和城郊村、远郊村具有不同开发强度的正当性又如何证成,均为国土空间用途管理所必须予以解决的法治难题。

除此之外,为协调"三条控制线"之间的矛盾,生态保护红线内退出的永久基本农田应在县域或市域同步补划,补划的永久基本农田产权归属,应依据是否给予原农民集体及土地承包经营权人足额补偿、补划的永久基本农田原权属等予以确认。

第三节　国土空间规划立法的法典化路径与实体法要义

目前学界关于国土空间规划立法的研究,主要集中在立法体例和规范内容等方面。如有学者建议修订现行《土地管理法》并将其更名为《国土空间管理法》,建立以国土空间用途管理为核心的国土空间管理制度体系,采用框架法模式对国土空间规划与土地管理进行整合立法,制定一部在内容上涵盖国土空间开发保护、国土空间规划和土地管理三个层面的国土空间规划框架法;[1]亦有学者在对我国现行空间性法律法规予以总结梳理的基础上,提出国土空间规划法的制定可以采用以规划编制和实施程序为主线的立法框架,可考虑先由国务院制定《国土空间规划条例》,再将其上升为单独立法或被《国土空间开发保护法》所吸收;[2]另有学者指出可从规划体系、规划编制、规划审议、规划实施、规划监

---

[1]　参见张忠利:《生态文明建设视野下空间规划的立法路径研究》,《河北法学》2018年第10期。

[2]　参见李林林、靳相木、吴次芳:《国土空间规划立法的逻辑路径与基本问题》,《中国土地科学》2019年第1期。

管等方面设计国土空间规划立法框架,可采由易到难的进阶立法路径;①有学者虽认识到"国土空间开发与保护法"涵盖"空间规划法",但从立法难易程度和可操作性方面考虑,建议单独制定"空间规划法"作为上位基本法,各空间规划法律法规为下位专项法的体系结构,相应地,按照"多规并行"的思路制定全新的上位规划更为可行。② 上述研究积极回应国土空间规划立法的迫切需求,具有学术启发意义和立法决策价值。但我们注意到,当前指导国土空间规划体系构建与监督实施的法律法规和政策文件颇为繁复,学界普遍关注不足;以划定落实"三条控制线"为实质内容的国土空间规划编制实践已显活跃,学者似仍有隔膜。国土空间规划体系先于其法律制度构建已为既定事实,其立法进路在很大程度上是将现有指导国土空间规划体系构建的国家政策法律化的过程。③ 有鉴于此,我们认为,基于《国土空间开发保护法》的立法规划在前,应尽快制定实体法意义的《国土空间开发保护法》,对涵括国土空间规划编制审批与实施监督、国土空间用途管理的实质性规则体系予以法典化构建。

一、国土空间规划立法的法典化路径

(一) 土地管理法律构造为国土空间规划立法提供逻辑遵循

毋庸讳言,《国土空间开发保护法》虽在立法规划上优位于空间规划方面的立法,但国土空间开发保护理论储备尚不及国土空间规划;④国土空间规划政策形成有其脉络可循,国土空间开发保护立法的提出确显突兀。

事实上,国土空间规划、国土空间用途管理和国土空间开发保护之间的逻辑关联可从土地利用规划、土地用途管理和土地管理间的制度嵌构中推衍。从"多规并立"的类空间规划到"多规合一"的国土空间规划,从土地用途管理到国土空间用途管理,从土地管理到国土空间开发保护,《国土空间开发保护法》不

---

① 参见严金明、迪力沙提·亚库甫、张东昇:《国土空间规划法的立法逻辑与立法框架》,《资源科学》2019 年第 9 期。

② 参见王操:《"多规合一"视阈下我国空间规划的立法构想》,《甘肃政法学院学报》2019 年第 6 期。

③ 参见张红:《论国家政策作为民法法源》,《中国社会科学》2015 年第 12 期。

④ 在中国知网以"国土空间开发保护"为主题词检索,在 CSSCI 上发表的学术论文仅有 18 篇;以"国土空间规划"为主题词检索,则有 252 篇。

应成为无源之水、无本之木。我国《土地管理法》包括总则、土地的所有权和使用权、土地利用总体规划、耕地保护、建设用地、监督检查和法律责任等章节：“土地的所有权和使用权”章节多是对宪法、民法和农村土地承包法等确认的土地财产权制度的重复性规定；“土地利用总体规划”章节是划定落实不同地块用途的依据，并通过各级土地利用总体规划和土地利用年度计划传导、分解土地用途管理的量化指标；“耕地保护”章节进一步设置占补平衡、永久基本农田保护及转用、土地整理与复垦等农用地保护规则体系；“建设用地”章节则是关于农地转用、土地征收、建设用地划拨、出让与收回、集体建设用地使用等增量或存量建设用地开发利用的具体规定。后两者既是土地用途管理的核心内容，又可视为建设用地开发和农用地保护的制度规范。推及国土空间规划、国土空间用途管理和国土空间开发保护，可以认为国土空间规划是用途管理的法定依据和实现工具，①用途管理是空间规划的制度目标和规范意旨，国土空间开发保护则是把全域自然资源纳入监管范畴后对包含土地在内的承载空间的利用和保护所做的统筹安排，②是在空间规划划定落实生态空间、农业空间和城镇空间的基础上，设置的各类空间开发和保护的具体规则。言即国土空间开发保护涵盖空间规划和用途管理，③《国土空间开发保护法》应是《土地管理法》的升级和再造。我们赞同整合国土空间规划和土地管理相关法律法规、政策性文件的立法路径，但在《国土空间开发保护法》已被列入立法规划的前提下，似无必要另辟蹊径制定《国土空间管理法》，且与空间规划立法被置于第三类项目相比，《国土空间开发保护法》在《十三届全国人大常委会立法规划》中位列第二类“需要抓紧工作、条件成熟时提请审议的法律草案”项目，更具优先级，更能应对国土空间规划立法的迫切需求。此外，我们不主张以《国土空间管理法》命名新法，因在推进国家治理体系和治理能力现代化建设的背景下，国土空间治理应摒弃传统的管理

---

① 参见黄征学、蒋仁开、吴九兴：《国土空间用途管制的演进历程、发展趋势与政策创新》，《中国土地科学》2019 年第 6 期。

② 参见林坚、吴宇翔、吴佳雨、刘诗毅：《论空间规划体系的构建——简析空间规划、国土空间用途管制与自然资源监管的关系》，《城市规划》2018 年第 5 期。

③ 参见王操：《“多规合一”视阈下我国空间规划的立法构想》，《甘肃政法学院学报》2019 年第 6 期。

与服从模式,践行公私合作理念,①更多地引入市场化体制机制,有效提升我国国土空间治理的法治化水平,《国土空间开发保护法》比《国土空间管理法》更能体现新时代国土空间治理的现代化需求。

（二）国土空间规划编制规范性文件为其立法探寻路径方向

目前国土空间规划专门立法虽未出台,但在《土地管理法》的原则性规定和《土地管理法实施条例》进一步细化的基础上,党政机关通过依法发布各类规范性文件,已然构建起全流程、广覆盖的国土空间规划政策体系。事实上,从 2009 年至今,原国土资源部和农业部、现自然资源部和农业农村部即通过发布一系列规范性文件敦促划定落实永久基本农田;中共中央、国务院、生态环境部、自然资源部等亦通过印发相关规范性文件指导生态保护红线的划定落实。此外,《统一规划体系意见》明确国家发展规划的定位;《国土空间规划意见》系统规定国土空间规划的总体框架、编制要求、实施与监管等;自然资源部发布《关于全面开展国土空间规划工作的通知》（自然资发〔2019〕87 号）明确国土空间规划报批审查的要点;《三条控制线意见》要求将"三条控制线"做到不交叉不重叠不冲突。对上述规范性文件予以梳理发现,统筹划定落实"三条控制线"是当前编制国土空间规划的实质内容与核心要义。与以往土地利用和城乡规划等平面的单向度规划不同,国土空间规划强调将主体功能区、土地利用和城乡规划等融合成为立体的多维度规划,既要求全域范围内不同功能空间基于生态保护和粮食安全的国家利益协调开发利益,又强调在具体地块上划定落实"三条控制线",框定生态保护、农业利用和城镇开发空间;既包括国土空间内横向上不同的开发保护形态,亦涵盖纵向上不同的开发保护强度。

前已述及,目前国土空间规划立法虽未出台,但相关规范性文件已然构建起编制和实施国土空间规划的政策体系,在研究制定国土空间规划立法时,可考虑吸收其中成熟科学的制度规范,包括国土空间规划的体系构成及编制主体、省级以上（包括特大城市）国土空间规划的编制重点及审批程序等,此不赘言。然而,政策性规定在内容上表现出纲领性、方向性和宣示性的特点,因而具有更强

---

① 参见张先贵:《我国土地管理权行使践行公私合作理念的诉求及实现——兼评〈中华人民共和国土地管理法(修正案草案)〉》,《西南民族大学学报(人文社科版)》2019 年第 7 期。

的变动性、模糊性,不符合法律的明确性、稳定性要求,①不宜将规范性文件中的规定直接纳入国家立法。具体而言,在《国土空间开发保护法》中构建具有实体性的国土空间规划规则体系,应当至少包括以下规范内容。

二、充实国土空间规划制定的强制内容体现其科学性

(一)"三条控制线"作为国土空间规划的强制内容

"三条控制线"的划定落实,是国土空间规划的实质性约束条件,《三条控制线意见》对"三条控制线"的划定主体和审批程序进行了明确。② 事实上,我国的国土空间规划政策体系是在实践摸索中逐步建立的,永久基本农田划定在先,甚至早于空间规划概念的提出;生态保护红线划定在后,是为应对我国资源约束趋紧、环境污染严重、生态系统退化制约经济社会可持续发展所做的制度安排。尽管实践中各地永久基本农田和生态保护红线可能已然划定,但《三条控制线意见》和《土地管理法实施条例》要求在国土空间规划编制过程中统筹划定落实"三条控制线",可谓正确认识到"三条控制线"作为国土空间规划最重要的组成部分,应当是内嵌于国土空间规划编制程序的,正如在土地利用总体规划中划定农用地、建设用地和未利用,在城乡规划中划定禁止、限制和适宜建设区域一样。因此,国土空间总体规划应当包括自然保护地核心保护区、一般控制区、永久基本农田保护面积、城镇开发边界内外建设用地规模等,国土空间详细规划则应当划定"三条控制线"和城乡各类空间的实体边界,并依据其各自的编制和审批程序予以制定。

(二) 以"双评价"为基础的评估机制

《国土空间规划意见》要求以"双评价"为基础,科学有序划定"三条控制线","双评价"被认为是构建国土空间的基本战略格局、实施功能分区的科学基

---

① 参见耿卓:《承包地"三权分置"政策入法的路径与方案——以〈农村土地承包法〉的修改为中心》,《当代法学》2018 年第 6 期。

② 《三条控制线意见》要求,自上而下、上下结合实现"三条控制线"落地。国家明确"三条控制线"划定和管控的原则及相关技术方法;省(自治区、直辖市)确定本行政区域内"三条控制线"总体格局和重点区域,提出下一级划定任务;市、县组织统一划定"三条控制线"和乡村建设等各类空间实体边界。跨区域划定冲突由上一级政府有关部门协调解决。

础。① 事实上,在能够承载和适宜开发的前提下,还应当从可持续性、住房需求、基础设施配套等方面增强国土空间规划的科学性,确保环境和自然资源可持续,满足城乡居民的居住、工作、出行、医疗等需求,并能够积极应对诸如新冠疫情之类的突发公共卫生事件的冲击。②

三、理顺国土空间规划审批的程序要件强化其民主性

从土地利用到空间治理,规划的目的始终在于为了公共利益对土地开发保护活动予以提前设计和积极干预,规划的制定和实施必然影响到土地财产权的行使与保护,以及生活在其间的人们营造并维护公共生活空间的自主性,因此,规划的民主性是其合法性的重要来源。

(一) 立法机关的审议程序

规划的民主性一方面直接地体现为规划制定过程中的公众参与,另一方面间接地表现在经由民主选举而产生的立法机关对规划的审议程序,后者又反过来赋予规划法定地位,强化其法定约束力。我国土地利用总体规划的制定中并无立法机关审议和公众参与的民主程序;城乡规划对此予以矫正,各级城乡规划在报送审批前,应当先经同级人大常委会审议。与此同时,《城乡规划法》第 26 条还具体规定了城乡规划制定过程中的公众参与程序。③

《国土空间规划意见》基本上延续了《城乡规划法》关于规划制定的审批程序,整体上强化了国土空间规划的法定约束力。但除需报国务院审批的城市外,其他市县与乡镇的国土空间规划审批内容和程序要求,甚至是否编制乡镇国土空间规划,均由省级人民政府自治。此与深化"放管服"改革下简政放权的指导思想相吻合,但"三条控制线"和乡村建设等空间实体边界恰恰是在市县级国土空间总体规划中划定落实的,若将来的国土空间规划立法不对市县级国土空间

---

① 参见王亚飞、樊杰、周侃:《基于"双评价"集成的国土空间地域功能优化分区》,《地理研究》2019 年第 10 期。

② 从规范、决策和功能等视角反思我国未来空间规划理论体系的变革方向,参见孙斌栋:《从新冠肺炎事件反思规划理论体系变革》,《南京社会科学》2020 年第 4 期。

③ 《城乡规划法》第 26 条规定:"城乡规划报送审批前,组织编制机关应当依法将城乡规划草案予以公告,并采取论证会、听证会或者其他方式征求专家和公众的意见。公告的时间不得少于三十日。组织编制机关应当充分考虑专家和公众的意见,并在报送审批的材料中附具意见采纳情况及理由。"

规划的编制内容和审批程序作具体明确的规定,而是交由省级政府自治,我们认为将很难保证"三条控制线"的划定落实和严格实施,进而不利于国土空间规划核心目标和底线约束的实现。

(二) 村庄规划制定过程中的公众参与

不仅如此,《国土空间规划意见》要求国土空间规划体系中详细规划在市县及以下编制。城镇开发边界外的详细规划也即村庄规划由乡镇政府组织编制,报上一级政府审批,并没有立法机关审议和公众参与的民主程序。《城乡规划法》还明确规定了村庄规划的民主决议程序,旨在于尊重并保障村民自治,以及农民集体对其享有所有权的土地为自主使用和管理的权利,未来的国土空间规划立法不应克减该程序性权利。几乎与《国土空间规划意见》同时①,自然资源部办公厅发布的《关于加强村庄规划促进乡村振兴的通知》基本延续了《城乡规划法》关于村庄规划民主决议程序的规定,可谓对《国土空间规划意见》的矫正,值得肯定。另据《国土空间规划意见》,可以几个行政村为单元编制村庄规划,此举有利于集约节约利用土地,但仍应征得所涉村庄民主程序认可。事实上,城乡规划体系中的控制性详细规划和村庄规划,国土空间规划体系中的详细规划,作为对具体地块用途和开发建设强度所作的预先设定,对土地财产权人产生的实际影响,甚或超越总体规划,以广州市规划和自然资源局公布的广州市 2019 年国有建设用地使用权基准地价为例,在相同区域,商业用地地价是工业用地的逾 24 倍。② 详细规划的制定固然要在土地利用现状的基础上,综合考虑城市和乡村未来的经济社会发展和居民的生产生活需要,体现规划基于公共利益目的限制土地财产权行使的必要性与合比例性,但亦应关注规划自身的民主性。新的《土地管理法》以公共利益限缩土地征收范围、允许集体经营性建设用地有条件入市、下放宅基地审批权限,城镇开发边界外村庄规划的制定和实施将决定增量建设用地的具体地块用途和开发建设强度,城镇开发边界内的详细规划则主要影响存量建设用地的更新改造和功能布局。详细规划制定过程中的公众参与是其获得民主性的必要前

---

① 《国土空间规划意见》于 2019 年 5 月 23 日发布,《自然资源部办公厅关于加强村庄规划促进乡村振兴的通知》于 2019 年 5 月 29 日发布。

② 参见《广州市规划和自然资源局关于公布广州市 2019 年国有建设用地使用权基准地价更新成果的通告》(穗规划资源字〔2020〕5 号)。

提,而立法机关的审议更在间接体现规划民主性的同时,直接赋予其强制约束力。

总之我们认为,国土空间规划立法在《国土空间规划意见》确立的审批程序基础上,还应增设市县级国土空间规划编制内容和审批程序的强制性规定;同时,无论总体规划抑或详细规划,均应设定立法机关审议和公共参与的民主程序。就公众参与而言,除了借鉴《城乡规划法》确立的体制机制,尚可探索并细化实质性的公众参与程序,包括规划制定过程中的征询和公开程序,规划许可审查中的预申请论证和前置程序、异议提出与受理、协商确定规划条件和义务等等,此不赘言。

四、建立国土空间用途管理的补偿制度夯实其正当性

我国《宪法》确立了城乡二元的土地财产权结构,授权国家基于公共利益依法征收或征用并给予补偿,禁止土地所有权转让,允许设定土地使用权并可依法转让,明确合理利用土地的原则。作为社会主义公有制的组成部分,我国国家和集体土地财产权负载保护国家粮食安全、保障城乡居民生存、居住和发展权益、促进公有制经济有效实现等公共利益,在生态文明建设的背景下,又增设了生态保护的公共职能。如前所述,国土空间规划法律法规和政策性文件对土地财产权的限制超过了财产权应当承担的社会义务,违反平等原则,造成对个别人或者群体财产权的特别牺牲,未来的国土空间规划立法应当建立行政补偿制度,对因"三条控制线"划定限制土地财产权行使逾越必要限度的予以充分合理的补偿。

总之,规划并非价值中立的技术实践,其从根本上关涉对空间发展的伦理和道德判断,为使生活在其间的人们不仅仅因为出生地或者居住地而被限制获得良好居住环境、完善基础设施和公共服务、职业选择和就业保障等等更好生活条件的机会,最终矫正空间失衡、实现空间正义。从土地利用总体规划到城乡规划、主体功能区规划再到国土空间规划,我国规划体制变革对于矫正城乡区域经济社会发展失衡、实现自然资源和生态环境可持续发展的逻辑进路已然明晰;在新冠疫情常态化和逆全球化的背景下,国土空间规划对生态保护、粮食安全和经济社会发展的关切正当其时,且犹如三驾马车并驾齐驱,不可偏废。为避免出现规划空白,国土空间规划体系构建在先而法律制定

在后,"空间规划法律体系改革远滞后于规划体系与管理体系改革"①,目前当务之急仍是强化国土空间规划立法研究并加速其立法进程,尽快补足其合法性缺失。

---

① 王操:《"多规合一"视阈下我国空间规划的立法构想》,《甘肃政法学院学报》2019 年第 6 期。

第三章 "三条控制线"划定与国土空间用途管理制度完善

　　如何协调好耕地资源保护与建设用地供给二者之间的关系,一直是我国关涉土地规划的土地管理法律制度的重大课题。《土地管理法》几经修正后确立的土地资源管理模式,在落实"最严格的耕地保护"目标方面发挥了重大历史性作用。然而,从近年来的土地资源管理实践看,我国土地利用规划、土地用途管理法律制度的运行绩效渐显疲态,亟须在科学法思想的引导下,站位在国土空间规划制度高度,在法技术层面修正提升、完善现行土地利用规划、土地用途管理法律制度等方面,走出困境。

　　土地利用规划与土地用途管理规则是推动土地利用方式根本转变,使土地利用率和产出效益得以全面提高的有效举措。土地利用规划本质上属于行政规划,从权利上看是对土地发展权的分配,从行政上看是对土地市场失灵的一种纠正,从宗旨上看是对未来土地利用的控制。[1] 土地规划权力"在性质上属于国家管制权,隶属于国家主权"[2]。国家对私人土地权利的限制是土地所有权社会化的必然结果,而国家对土地所有权或使用权的限制是通过土地利用规划和土地用途管理来实现的。进行土地利用总体规划,确定土地用途,规范土地利用条件,确保城乡土地资源的优化配置和合理使用,以促进经济社会和生态环境协调发展,是土地管理的主要方式和基本手段。我国现行多部门规划并行、自成体系、规划间矛盾冲突的状况严重阻碍城乡土地、空间资源的合理利用和经济社会的可持续发展。我国为保护有限的农地资源主要采取了耕地总量动态平衡、土

---

　　[1]　参见严金明、刘杰:《关于土地利用规划本质、功能和战略导向的思考》,《中国土地科学》2021 年第 2 期。

　　[2]　陈柏峰:《土地发展权的理论基础与制度前景》,《法学研究》2021 年第 4 期。

地用途管理、农地征用管制等保护政策,虽然起到了一定积极作用,但与预定的政策目标还存在较大差距。

为统筹推进经济、社会发展和生态文明建设,应在新时代中国特色土地管理法律制度完善的总体框架下,综合研判我国土地利用规划和用途管理法律制度的缺陷与不足,将现有规划体系从规划理念、法律制度、管理体制、技术手段等多方面进行统合。"多规合一"正是新时代党和国家积极推进的改革措施,是实现各部门规划有效衔接的重要路径,是解决多规矛盾、建立规划协调机制、提高空间资源配置效率以及加强国土空间精细管理的迫切需要。进入新时代,面对新形势、新需求,党中央作出重大决策部署,"多规合一"进化为国土空间规划和国土空间用途管理,对推进生态文明建设、落实最严格耕地保护基本国策和促进新型城镇化发展具有基础性的制度价值,应加深加强研究。

第一节　生态保护红线划定与
生态空间用途管理

一、生态保护红线法政策沿革

鉴于生态保护形势严峻,环境污染和破坏等问题频发,2011 年 10 月国务院为加强环境保护,破解难题,解决保护区国土空间交叉重叠、缺乏效率和合理性等问题,在《关于加强环境保护重点工作的意见》中首次在国家层面提出划定生态保护红线。党的十八大后我国大力推进生态文明建设,十八届三中全会等会议多次强调土地用途与管理下的生态保护红线,陆续出台了系列政策性文件,逐步将其确立为国家战略,写入了《环境保护法》等 4 部法律①。十九大报告要求完成国土空间规划范畴中的生态保护红线、永久基本农田、城镇开发边界"三条控制线"划定工作,2021 年 7 月生态环境部表示,生态保护红线划定工作已经基本完成。

(一) 作为环境保护约束的生态保护红线

生态保护红线是我国生态环境安全的底线,是环境保护工作中一条不可逾

---

① 4 部法律为:2014 年 4 月的《环境保护法》、2015 年 7 月的《国家安全法》、2016 年 11 月的《海洋环境保护法》、2017 年 6 月的《水污染防治法》(下同)。

越的空间线。生态保护红线通过空间用途管理,摒弃过去生态环境要素个体化保护思路,将空间内的生态环境要素全部纳入其中,从生命共同体的角度对其加以统筹考量和重新规划,①必将从环保理念、生态要素、权责划分等多个方面对现有管理体制、法律制度等提出挑战,从环境保护实践看,我国环境保护监管模式正在从单一"管理"模式转向综合"治理"模式。2014 年《环境保护法》第 29条规定正式确立了生态保护红线,作为一项政策工具被创制,扩大了环境行政管制的范围,拓展了环境法治空间,②生态保护红线不再停留在政策层面,正式被确立为法律制度,为建立最严格的环境保护制度奠定了基础。③ 后续《国家安全法》《海洋环境保护法》《水污染防治法》在生态保护红线上均明确作出了规定,为其实施提供了法律依据。

生态保护红线制度内化于法律,提高了生态保护红线制度内在的科学性,也向社会阐释了生态保护红线的深刻意义,有助于增强全民维护生态保护红线的内在动力,也有助于生态保护红线的严格执行和环境正义目标的实现,为立法、执法、司法、守法等提供了约束和指导,成为环境保护工作中的重要理念和核心制度。

(二) 作为生态文明彰显的生态保护红线

在生态文明思想的指导下生态保护红线得以提出。2007 年党的十七大在经济、政治、文化、社会四个文明建设的基础上,又提出了生态文明建设。生态保护是生态文明建设的重要内容,也为生态保护红线提供了理论依据和理念指导。

生态保护红线将人类开发利用活动限定在管控范围内,对国土空间进行用途管理,力求解决各级各类保护区空间交叉重叠、布局缺乏合理性、保护效果较低等问题,以期为生态文明建设提供重要保障,2012 年党的十八大报告在生态文明建设中,就要求对国土空间开发格局进行优化,并加强对自然生态系统的保护力度。2017 年党的十九大报告指出,要对我国生态环境监管体制进行改革,统一对国土空间进行用途管理并建立国土空间开发保护制度,以国家公园为主体来建立自然保护地体系。生态保护红线制度不断完善,法律法规、政策文件和

---

① 王志鑫:《自然生态空间用途管制的法律制度应对》,《中国土地科学》2020 年第 3 期。
② 柯坚:《我国〈环境保护法〉修订的法治时空观》,《华东政法大学学报》2014 年第 3 期。
③ 杨治坤:《生态红线法律制度的属性探析》,《南京工业大学学报(社会科学版)》2017 年第3 期。

技术规程予以多层次保障,有超过 25% 的陆域国土面积划入生态保护红线边界内,对生态空间用途进行管理是对生态文明建设的重要创新,有力促进了生态文明建设。

（三）作为国土空间底线的生态保护红线

国土空间规划和用途管理下,山、水、林、田、湖、草、沙等要素必然属于一个共同体,因此不仅要对关乎饭碗的耕地实行空间用途管理,同时应对草地、林地、滩涂、水资源等实行用途管控。

生态保护红线具有明显的空间特性,它通过在原有保护区基础上进一步划定保护区并实行特殊保护和管理来实现管控目标,通过主体功能定位,对生态保护红线范围内的国土空间用途进行严格管理。从空间角度看,生态保护红线范围不仅包括红线内主体功能定位中明确禁止开发的区域,也包括红线外限制开发的一般保护区域。

二、生态保护红线的规范内涵与法制完善

生态保护红线最初作为一个政策性概念被广泛使用,被赋予广义内涵,《环境保护法》等法律在对生态保护红线进行规定时,使用了狭义内涵。一般而言,生态红保线是由空间、面积、管理三条红线构成的国土空间综合管理体系,其中空间红线指生态保护红线范围内的各类国土空间所至范围和界线;面积红线是与耕地红线、水资源红线限定的数量指标类似;管理红线是生态环境的政策性红线,对国土空间上的人类开发利用活动进行严格限制。

（一）生态保护红线的规范内涵

生态保护红线不仅包括生态空间保护领域,还包括自然资源和生态环境领域,其是综合性概念,具体划分为三类:生态功能红线（生态功能保障基线）、环境质量红线（环境质量安全底线）、资源利用红线（自然资源利用上线）。[1] 这一政策性解释,从内容上看亦属学理的广义解释。

按照 2014 年《环境保护法》第 29 条的规定,生态保护红线仅涉及广义内涵中的一个方面,即生态空间保护,并不关涉自然资源和生态环境,属于狭义范畴。

---

[1]　陈海嵩:《"生态保护红线"的法定解释及其法律实现》,《哈尔滨工业大学学报(社会科学版)》2017 年第 4 期。

2017 年 2 月的《关于划定并严守生态保护红线的若干意见》和 2017 年 5 月的《生态保护红线划定指南》,将生态保护红线定义为:在生态空间范围内具有特殊重要生态功能、必须强制性严格保护的区域,是保障和维护国家生态安全的底线和生命线,通常包括具有重要水源涵养、生物多样性维护、水土保持、防风固沙、海岸生态稳定等功能的生态功能重要区域,以及水土流失、土地沙化、石漠化、盐渍化等生态环境敏感脆弱区域。

上述规定可以看出,生态保护红线体现了我国试图规范生态空间用途管理的目的,其内涵可从以下几方面理解:一是实质方面,红线即底线,生态保护红线的实质即是我国生态安全的底线,是一条不可逾越的空间线。二是目的方面,设立目的是建立最严格的生态保护制度,对整个生态环境进行全方位的严格监管,对国土空间实行用途管理,保护生态功能,维护生态安全,实现人口、资源、环境均衡发展。三是内容方面,环境质量安全底线是保障人民群众基本生存、维护基本环境质量需求的安全线,包括环境质量达标、污染物排放总量控制和环境风险管理三条红线。自然资源利用上线是促进资源能源节约,保障能源、水、土地等资源高效利用,不应突破的最高限值。[①] 四是国土空间方面,生态保护红线不仅涵括我国目前各类国家、地方划定的开发禁止区域,还包含了根据国土空间规划有必要实行保护的各类保护区域。

(二) 生态保护红线的法制障碍

1. 缺乏专门的综合性立法,法律规定较为笼统,法律责任不明

我国生态空间管理模式是以耕地、林地、草地、水资源等生态要素进行划分,同一个国土空间区域由农业、国土、林业、环保、水资源等多个部门分工负责,条块化管理,并对应制定相关法律法规,尚未制定一部专门针对生态保护红线的综合性立法,无法统一协调和处理国土空间内的生态保护问题。

从国家法律层面来看,有上述 4 部法律规定了生态保护红线制度,但仍是以生态要素作为划分,并非是在国土空间规划下统一对国土空间进行用途管理,尚不足以涵盖整个生态保护红线体系。这 4 部法律在生态保护红线制度的规定上均是原则性规定,限于某一条或某一款,且规定较为笼统,属于理念性、宣示性条款。从执行层面来看,这些规定不能有效指导生态保护红线划定、落实等。法律

---

① 参见李干杰:《生态保护红线——确保国家生态安全的生命线》,《求是》2014 年第 2 期。

虽然使生态保护红线有了制度依据,但对法律责任未作出明确规定,即法律依据不足,难以有效追责。

2. 现有的专门行政法规无法满足需求,主要依赖政策文件

现行涉及国土空间用途的专门行政法规有两部,一是 2006 年 9 月的《风景名胜区条例》,二是 2017 年 10 月修订的《自然保护区条例》,其要么制定年份均较早,要么就不是专门针对生态保护红线而制定,不足以形成专门性指导。2017年 5 月的《生态保护红线划定指南》涉及 18 类生态保护红线区,而自然保护区、风景名胜仅是其中 2 类,其他 16 类保护区尚未制定专门性的行政法规。

除上述两部行政法规之外,其他涉及生态保护红线的都是部门规章、地方性法规或规章,效力等级明显较低,缺乏权威性,且实施保障力度不足,难以有效指导和保证生态保护红线制度实施;同时,受制于立法权限、立法技术等,内容上关于生态保护红线划定、管理等规定都存在一定的缺憾。

虽然我国生态保护红线划定工作基本完成,但主要依赖于《关于加强资源环境生态红线管控的指导意见》《关于划定并严守生态保护红线的若干意见》等政策性文件。政策性文件固然有其灵活性等优势,但仍面临效力等级较低、引导权威性打折扣等制度性窘境。

3. 缺乏一套完整、系统的生态空间管理制度,无法协调国土空间之冲突

国家层面的"生态保护红线"是环保、国土、林业、水资源等各部门划定各种"红线"的统称,所有部门的红线都包括在大的"生态保护红线"体系内。从生态空间治理实践看,某一个行政部门无法单独解决生态环境问题,需要多个行政机关协作才能有效解决问题,而生态保护红线是在原有各类生态保护区上划定,必然与原有保护区存在着空间重叠,也必然与耕地红线、森林红线、海洋生态保护红线等多条红线有交叉,而条块分割管理模式下,无法形成统一的生态空间用途管理,必然产生国土空间冲突。我国传统的生态环境管理,对于土地、资源等产权,多是站在公权力和公共利益的角度,注重国有和集体产权的保护,而忽视了个体的产权保护,私权未能得到充分保障,因此在土地、资源等产权中出现了权利边界不清、利益保障机制不同、权责失衡等问题,生态保护红线下对全部生态空间统一进行用途管理,同样涉及上述问题,且必然会进一步加剧。① 这些在一

---

① 参见王志鑫:《自然生态空间用途管制的法律制度应对》,《中国土地科学》2020 年第 3 期。

定程度上影响了我国生态保护红线统一综合性立法的出台。

（三）生态保护红线的立法完善

1. 以制定完善专门性立法为基础，制定统一的综合性立法

生态保护红线制度涉及耕地、林地、草地、水资源等多个生态要素，还涉及18类生态保护区，生态环境管理体制条块分割，政出多门，缺乏协调统一。因此，有必要制定一部统一的综合性立法，统一调整生态保护红线范围内的各类国土空间。

从实际情况来看，较为可行的是梳理完善现有各类生态保护区域的专门立法，以满足生态保护红线下空间用途管理的实际呼吁；对于尚无专门立法的其他生态保护区域，管理部门可通过制定部门规章等形式尽快予以立法，填补制度空白，符合我国当前生态保护红线的法治需求。当生态保护红线范围内的专门立法基本完善之基础上，对各类保护区域立法再行系统归纳、梳理和总结，进而为统一的综合性相关法制创造条件，形成一套以综合性立法为主导，以专门法为支撑的完整法律制度体系。

2. 明确逾越红线的法律责任

生态保护红线作为底线和生命线，一旦逾越就应当承担法律责任，不能只赋予遵守义务，而不规定违反义务的责任。

逾越生态保护红线的责任主要包括民事、刑事和行政责任。民事责任方面，虽然《民法典》就生态环境损害赔偿作出了相关规定，并配有相应司法解释，但仍有待进一步完善；刑事责任方面，应当发挥刑法警示作用，对侵害环境的犯罪从严处理，目前环境犯罪适用门槛较高，以发生实际损害结果为构成要件，并非以侵害"法益"作为构成要件；行政责任方面，不仅要对逾越红线的个人、单位进行处罚，还要加大处罚力度，对监管机关不作为等问题也应处罚。

三、生态空间用途管理的制度构成

当前，我国生态空间管理形成了分割管理、相互制衡的模式。这种模式造成不同生态要素在生态空间上的功能错位、发展无序、效率低下等问题。新时代，生态空间用途管理制度的构建，应以山、水、林、田、湖等多种生态要素为基础，以生态空间、农业空间和城镇空间为对象建立一条完整、系统和科学的管理制度。

（一）核心保护区人为活动禁止

从生态空间用途管理规则构建的基础着眼，应明确国土空间区域内进行开发利用的底线，为此，应当充分考虑通过科学有效的评价机制来明确国土空间区域内环境资源的最大承载能力，评估、衡量区域内不同环境资源要素，考虑国土空间开发利用中需要面对的各种情况和风险，制定风险应对策略。

生态保护红线是在原有各类生态保护区的基础上实行特殊的管理和保护，例如原来生态保护区中专门针对野生动物、珍稀濒危植物等设立的保护区、生态环境濒临恶化的极度敏感脆弱区等保护区，经过科学评价后，确需采取最严格的管理和保护措施的，应当划为"无人区"，禁止一切人为活动，并应当建立长效的管理机制、定期成效评价机制、生态损害修复机制等。

鉴于"禁止一切人为活动"属于最为严格的保护措施，如果没有配套政策，其实际执行效果必将大打折扣，甚至出现"普遍性违法"的局面。因此，对于按"无人区"管理的生态保护区设定，应制定严格的论证程序，不仅要对划定范围、保护对象、保护目标、保护手段进行充分论证，还要对生态补偿、原住民安置方案、保护资金落实等配套政策的可行性进行论证。

（二）一般保护区开发建设活动受限

国土空间用途管理，是对人类开发利用环境资源进行一定限制，避免出现破坏性、毁灭性的开发利用，保证生态环境正常功能。因此，不能将生态保护红线划定的区域直接理解为"无人区"，也不可能全部划为"无人区"，更不可能全方位禁止人类开发利用，而是根据保护区的生态功能重要程度、生态环境脆弱程度，对密切程度相对较弱的区域即一般保护区，应有限度开展开发利用。因此，精准界定"不合理开发建设活动""符合主体功能定位的各类开发活动"，明确"允许、限制、禁止的产业和项目类型清单"是"核心保护区"之外的一般保护区应当重点解决的问题。

（三）一般保护区准入清单

一般保护区是生态保护红线以外的生态空间，不同地区的一般保护区具有一定的差异性，但限制开发利用这一原则一致，在遵循生态保护红线、环境质量底线和资源利用上线的控制目标基础上全面推行准入清单制度，严格限制人类的开发利用。

针对生态空间的特点和生态价值的重要程度，根据空间用途管理的相关要求,在符合其主体功能定位且对于生态功能影响较小的前提下,科学评价出允许、限制和禁止开发的项目清单,并在允许和限制的项目中明确测算出可以承受的开发强度、规模等量化指标,编制和实施一套刚柔并济的准入清单。除此之外,一律禁止各类开发利用活动。

四、多元化生态保护补偿机制探索

生态保护红线出于公共利益需要,限制人类对国土空间的开发利用,实行用途管理,是公权限制私权,退耕还林还草、土地征收、房屋拆迁等均不同程度限制了私权、私产,依法应当予以补偿,以保证个人与社会、保护区内和保护区外的利益平衡。目前我国的补偿模式是政府主导下的资金补偿,存在补偿方式单一、资金来源单一和补偿标准不一等问题,有必要探索多元化生态保护补偿机制。

(一) 完善纵向生态保护补偿制度

纵向生态保护补偿制度可从以下方面进行完善。(1)资金补偿。政府应当保证资金来源充足和及时到位,多方面拓宽资金来源渠道,采取强化财政转移支付、设立生态补偿基金、引入社会资金、争取国际环保基金等方式保证补偿资金;同时,还要加强对资金监督,避免资金挪用、滥用等违法行为发生。(2)政策补偿。政府应根据不同生态空间的特点、发展水平、资源禀赋等情况,在住房、就业、产业等方面给予一定的政策倾斜,支持当地居民和社会发展。(3)项目补偿。通过土地、税收、财政等优惠政策以及设立专门的产业接收区,鼓励受影响的企业和项目搬迁到保护区之外;加强生态保护红线区域的基础设施建设、乡村振兴建设,改善当地居民的交通出行、生活环境等。(4)产业补偿。生态绿色产业与生态保护红线并不矛盾,可以根据不同保护区的资源禀赋,扶持一批绿色产业,增强生态保护区的自我"造血"能力。

(二) 建立横向生态保护补偿制度

1.建立"谁受益,谁补偿"的机制

生态保护红线区域为保护生态环境,限制甚至放弃了自身的发展权,牺牲了区域利益,付出了巨大机会成本。非生态保护红线区域消耗了生态资源,享受了发展权并获得了利益,却未支付相应的生态资源成本,不符合市场经济规则。国务院在《关于健全生态保护补偿机制的意见》中也明确提出生态补偿要遵循"谁受益,谁补偿"的原则。因此,生态环境受益区域有义务承担一定的生

态成本,对生态保护红线区域支付一定经济补偿,以巩固和提高生态保护成果。近年来,我国长江流域、黄河流域等实行的流域横向生态补偿机制就是有益的尝试。

2.建立市场机制,推动生态产权交易

我国政府主导下的生态补偿模式,在初期作用明显,但随着生态补偿不断出现新情况、新问题,政府主导模式的缺点逐步显现。因此,有必要引入市场机制,建立生态产权市场,通过交易生态产权配额,促进生态资源自由流动和高效配置,即由生态环境受益区域在交易市场上,按照市场价格购买生态产权配额,达到生态补偿的目的。例如:碳排放权交易市场就是较为典型的生态产权交易。

（三）　健全生态环境损害赔偿制度

2020 年的《民法典》整合改革方案、司法解释的精神和规定,从法律上真正建立了我国生态环境损害赔偿制度,但仍有进一步完善的空间。

1.统一司法解释,做好磋商和公益诉讼的衔接

最高人民法院《关于审理生态环境损害赔偿案件的若干规定（试行）》和《关于审理环境民事公益诉讼案件适用法律若干问题的解释》,虽然都属于公益诉讼的范畴,但是二者在诉权、适用、发起诉讼等方面的设置上存在差异,因此需要进行整合。统一司法解释有助于明确行政机关、检察机关、社会组织等主体提起公益诉讼的先后顺序,统一损害赔偿标准和范围,避免因适用不同而导致结果不统一。我国并未规定磋商、环境公益诉讼二者如何衔接,假如生态环境损害赔偿处于磋商阶段,能否提起公益诉讼以及达成磋商协议与环保组织或检察院诉求不符时,不符部分能否进行公益诉讼等衔接问题需进一步明确。

2.完善损害评估制度、损害补充机制、赔偿金使用机制等

我国生态环境损害评估制度尚不健全,有必要从鉴定机构资质、程序、方法等方面制定一套完整、系统、科学的损害评估制度。我国生态环境损害的赔偿针对的是责任人,有必要尝试建立生态环境责任保险,将赔偿义务向保险公司转移,还应尝试建立生态环境损害赔偿基金制度,作为赔偿责任人不明确、赔偿能力不足等特殊情况时的补充。在赔偿金的使用,应当建立监督机制,保证赔偿金及时足额的用于修复生态环境,防止被挪用或滥用。

第二节 永久基本农田划定与
农业空间用途管理

划定永久基本农田实行特殊保护,是国土空间规划体系下实现农业空间用途管理的重要制度路径,有利于实现粮食安全和"三农"稳定,夯实新时代社会安定、国家安全、经济发展的根基。

一、永久基本农田法政策形成

永久基本农田制度经过政策探索到立法转化,已经成为中国特色社会主义土地管理法律制度的重要构成。

(一) 永久基本农田划定的政策探索

2008 年党的十七届三中全会《关于推进农村改革发展若干重大问题的决定》首次提出永久基本农田概念,要求"划定永久基本农田,建立保护补偿机制,确保基本农田总量不减少、用途不改变、质量有提高"。为落实该要求,原国土资源部和农业部在 2009 年至 2016 年间下发 4 个专门通知,明确了永久基本农田划定的基本原则、主要任务、工作要求、规则流程和制度要点等内容,①同步加强对相关工作的监督和检查②。2017 年原国土资源部下发 2 份通知对永久基本农田上图入库、落地到户等各项任务,以及数据库更新完善和汇交工作进行安排部署,③永久基本农田划定工作基本完成。

2018 年 2 月原国土资源部下发通知,明确提出全面实行永久基本农田特殊

---

① 参见国土资源部、农业部 2009 年《关于划定基本农田实行永久保护的通知》(国土资发〔2009〕167 号),2010 年《关于加强和完善永久基本农田划定有关工作的通知》(国土资发〔2010〕218 号),2014 年《关于进一步做好永久基本农田划定工作的通知》(国土资发〔2014〕128 号),2016 年《关于全面划定永久基本农田实行特殊保护的通知》(国土资规〔2016〕10 号)。

② 参见 2015 年国土资源部、农业部《关于开展永久基本农田划定督导工作的通知》(国土资发〔2015〕131 号),国土资源部办公厅 2016 年《城市周边永久基本农田划定情况专项督察工作方案》(国土资厅发〔2016〕10 号)和 2017 年《全面划定永久基本农田落实情况专项督察工作方案》(国土资厅发〔2017〕3 号)。

③ 参见国土资源部办公厅 2017 年《关于切实做好永久基本农田数据库更新完善和汇交工作的通知》(国土资厅发〔2017〕4 号)和《关于切实落实永久基本农田上图入库落地到户各项任务的通知》(国土资厅发〔2017〕6 号)。

保护,并从巩固永久基本农田划定成果、量质并重做好永久基本农田补划、强化永久基本农田管理、健全永久基本农田保护机制等方面予以落实。① 为了严格永久基本农田管控,7 月自然资源部又下发通知,提出实行重大建设项目用地占用永久基本农田预审制度。② 2019 年自然资源部和农业农村部下发文件要求对永久基本农田保护进行加强和改进,提出"构建保护有力、集约高效、监管严格的永久基本农田特殊保护新格局"③。从永久基本农田的划定到特殊保护,中央政策文件始终强调国土空间规划的重要作用。

（二）永久基本农田保护的立法确认

政策是国家法律的先导和指引。④ 针对政策引领下的永久基本农田划定和特殊保护实践,国家及时进行了立法转化,形成了以土地管理法及其实施条例、黑土地保护法为主体,以其他非专门法和部门规章为辅的永久基本农田保护法律体系。2019 年修订的《土地管理法》将实行永久基本农田保护制度上升为法律规定,不仅法定了永久基本农田的划定范围、划定主体、具体要求、用途管理、转用审批等事项,而且还将严格保护永久基本农田作为土地利用总体规划的编制原则之一。2021 年修订的《土地管理法实施条例》细化了有关规定,进一步明确了占用耕地后新开垦耕地划入永久基本农田的管理、非农建设依法占用永久基本农田后耕作层土壤利用等问题。2022 年出台的《黑土地保护法》明确将东北地区优质黑土地依法划入永久基本农田进行专门保护。2022 年 9 月出台的《耕地保护法（草案）》是针对耕地保护的专门立法,该法注重统筹集成、突出政策转化、严格土地利用、三位一体保护和强化责任落实,构筑了最严格保护耕地的制度体系。

除上述专门土地立法外,也可从《乡村振兴促进法》《土壤污染防治法》《固体废物污染环境防治法》《种子法》等其他法律文本中散见永久基本农田保护的

---

① 参见 2018 年国土资源部《关于全面实行永久基本农田特殊保护的通知》（国土资规〔2018〕1 号）。

② 参见 2018 年自然资源部《关于做好占用永久基本农田重大建设项目用地预审的通知》（自然资规〔2018〕3 号）。

③ 参见 2019 年自然资源部、农业农村部《关于加强和改进永久基本农田保护工作的通知》（自然资规〔2019〕1 号）。

④ 参见陈一新:《学习贯彻习近平法治思想需要把握好十大关系》,《人民日报》2021 年 12 月 7 日。

规定。比如,2021年出台的《乡村振兴促进法》规定了农用地分类管理制度,要求划定不同的土地功能区,提高永久基本农田保护投入资金比例。部门规章对永久基本农田保护也多有规定,如《土地利用总体规划管理办法》《尾矿污染环境防治管理办法》《农村土地经营权流转管理办法》《节约集约利用土地规定》《土地调查条例实施办法》《农用地土壤环境管理办法》等。非土地管理类法律和部门规章的相关规定也是永久基本农田保护的重要法律依托。

（三）永久基本农田法制的遗留问题

1.永久基本农田与生态保护红线的冲突

从制度和实践来看,永久基本农田与生态保护红线之间存在割裂、交织和紧张等多种关系。首先,永久基本农田的划定行为效力未能相互传导,永久基本农田与生态保护红线、村镇建设、矿业权、人工商品林之间存在一定的矛盾冲突。① 其次,永久基本农田与生态保护红线划归区域存在交叉重叠,二者在功能上也难以区分。生态保护红线二类区不得以把部分永久基本农田划入在内,既是地方政府严格遵守法律规定,完成永久基本农田80%划定指标的客观需求,也是多数城市协调永久基本农田和生态保护红线边界需要解决的技术和政策难题。② 最后,生态保护红线与永久基本农田控制线效力规则也存在矛盾。

2.永久基本农田保护与耕地保护的关系

"永久基本农田是耕地的精华"③。从耕地中划出永久基本农田实行特殊保护,既是国土空间规划体系最严格保护耕地和土地集约节约利用的重要制度安排,也是国土空间规划功能实现的重要制度依托。但长期以来永久基本农田的质量保护并未在立法层面得到有效识别,与一般耕地之间转化的补划制度细则也一直未得到立法落实,而使其与非永久基本农田一道落入"一般保护"的调整范围,并不符合永久基本农田"特殊保护"的国家顶层设计。

---

① 参见祁帆等:《在国土空间规划中统筹划定三条控制线的五大趋向》,《中国土地》2019年第12期。

② 参见张年国等:《国土空间规划"三条控制线"划定的沈阳实践与优化探索》,《自然资源学报》2019年第10期。

③ 2018年国土资源部《关于全面实行永久基本农田特殊保护的通知》(国土资规〔2018〕1号)。

3. 永久基本农田与农业空间的逻辑关联

国土空间规划体系下,永久基本农田是农业空间的核心部分,[1]对其合理规划决定了农业空间布局的科学性,进而对其他一般农业空间甚至生态空间和城镇空间产生体系化影响。《土地管理法》确定了永久基本农田划定的数量基准,但其数量的合理确定应取决于耕地资源的自然禀赋。基于资源环境承载力的农业生产空间评价应是科学划定农业空间和永久基本农田的必要依据;[2]否则,划定范围不仅仅没有实际意义,而且还会损害地方保护耕地的积极性,甚至迫使其通过违法开发其他荒地、湿地等资源补充永久基本农田,破坏国土空间规划。

二、以永久基本农田保护为核心的农业空间用途管理

国土空间规划体系下的永久基本农田特殊保护制度,是解决永久基本农田法制遗留问题、优化农业生产生活空间布局的制度依托。

(一) 永久基本农田转用与征收的特殊规制

在以耕地为管制客体、数量管控为路径的耕地用途管理机制下,永久基本农田的转用和征收具有多重规划管控的特点。首先,《土地管理法》第 17 条将严格保护永久基本农田作为土地利用总体规划编制原则之一,本身就对永久基本农田的转用和征收进行了前置性控制,对此才有该法第 35 条第二款禁止擅自调整国土空间规划规避永久基本农田转用或者征收审批的规定。其次,行政审批阶段受规划管控。《土地管理法》第 35 条第一款严格永久基本农田用途管理,国家重点建设项目选址确实难以避免永久基本农田的除外,但涉及农用地转用或土地征收的,须经国务院批准,第 44 条对此再次明确,第 46 条规定了永久基本农田征地审批同转用审批一体办理。《土地管理法实施条例》第 24 条细化了相关规定,明确农用地转用方案应当重点说明是否符合国土空间规划和土地利用年度计划等内容,占用永久基本农田的,还应当说明占用的必要性、合理性和补划可行性。最后,耕地补充阶段受规划管控。《土地管理法》第 30 条规定了耕地占补平衡制度,并以等质等量为补充原则。在永久基本农田转用和征收后,

---

① 参见刘冬荣、麻战洪:《"三区三线"关系及其空间管控》,《中国土地》2019 年第 7 期。

② 参见周侃等:《基于资源环境承载力的农业生产空间评价与布局优化——以福建省为例》,《地理科学》2021 年第 2 期。

补充地块的选址、开垦等系列工作需要严格遵守国土空间规划的既有内容和规定,在补充之后也需依据《土地管理法实施条例》第 30 条将补充地块纳入国家永久基本农田数据库严格管理,同时依法进行国土空间规划的变更。

国土空间规划对永久基本农田的特殊管控,根本目的是保证其所承载的多重公益的实现,而转用和征收制度本身也包含了社会公益,所以其运行时存在目的公益与客体公益的冲突,[①]亟须加以平衡。对此,需要进行公益衡量,即只有转用和征收欲达之公益强于永久基本农田自身公益时,才可通过征收转用程序改变永久基本农田的用途。

（二）生态保护红线内永久基本农田退出与补划制度

2019 年中共中央和国务院下发的《关于在国土空间规划中统筹划定落实三条控制线的指导意见》(以下简称《指导意见》)明确永久基本农田和生态保护红线重叠的,前者需分情况逐步有序退出,退出后在市县行政区域内同步补划。这需要立法明确永久基本农田的退出和补划细则。

关于退出制度,应根据《指导意见》,综合考量生态管控对土地利用行为的影响程度,采用差异性裁量标准确定退出机制。如果永久基本农田与生态区域的核心保护、缓冲区定位矛盾冲突,应从中减除,调出永久基本农田,优先确保生态区域的核心功能。如果生态红线区域属于自然保护地规则中一般控制区,应根据基本农田利用对生态系统服务功能造成的影响程度,确定是否调出永久基本农田。不退出的需要依法调整生态功能区一般控制线范围。

关于补划制度,应确定补划原则和范围,即按照数量不减、质量不降、兼顾生态、布局稳定的原则在县市区域内补划,其中县域优先,确有困难的申请省级统筹;完善补划程序,按照制定方案、调查摸底、核实举证、论证审核、复核质检、变更备案的流程依法补划,重点严格论证审核;明确补划要求,即等质等量、落实到地、明确到户、建立标识、数据入库;严格补划验收,即落实有关主体责任,保证补划到位有效。永久基本农田的退出和补划须及时依法依规进行国土空间规划变更。

因此,应完善国土空间规划体系,构建弹性空间和动态调整机制,以便回应

---

① 参见祝之舟:《论农地的公益性及农地征收中的公益衡量》,《法律科学(西北政法大学学报)》2013 年第 2 期。

地区发展的不确定性,统筹三条控制线的调整互动。另外,划定并建设永久基本农田储备区对于稳定永久基本农田保护区格局具有重要意义①,早在2018年中央政策文件就对此展开了探索②,国土空间规划也应有所回应。

（三）永久基本农田保护与耕地轮作休耕制度

2016年农业部等十部委(办、局)下发《关于印发探索实行耕地轮作休耕制度试点方案的通知》,明确指出轮作休耕制度"既有利于耕地休养生息和农业可持续发展,又有利于平衡粮食供求矛盾、稳定农民收入、减轻财政压力"。轮作休耕不属于行政指导或管制性征收,而是涉及土地利用和行政规划的概念。轮作休耕是财产权社会义务的体现形式,财产权虽然受到一定限制,但没有达到特别牺牲的程度,"社会主义原则""不得有损公益原则""合理利用土地原则"等是设定轮作休耕制度规范的法律依据。其法律实现可以通过政府给予实际农业生产经营者货币激励的方式,且需赋予村民委员会监督主体资格。③

国土空间规划应当对永久基本农田轮作休耕制度进行规定。(1)确定原则:巩固提升产能、确保粮食安全;突出问题导向、分区分类施策;维护农民利益、稳妥有序实施。④(2)明确路径:与耕地质量检测评价机制相衔接,综合考虑永久基本农田质量和其所承担的粮食生产任务,以轮作为主、休耕为辅,合理规划轮作区和休耕区,做好产能迁移规划、合理确定休耕期限,以粮食安全为前提实现对轮作休耕的宏观调控。⑤(3)创新方式:因地制宜采用粮油粮豆轮作、稻油稻稻油轮作、玉米大豆轮作等方式,实现种养结合。(4)完善补助机制:农民是耕地轮作休耕制度的最终利益受损者,⑥应综合考虑轮作休耕面积和对农民收

---

① 参见翁睿等:《集成"适宜性—集聚性—稳定性"的永久基本农田储备区划定》,《农业工程学报》2022年第2期。

② 参见2018年国土资源部《关于全面实行永久基本农田特殊保护的通知》(国土资规〔2018〕1号)。

③ 参见方涧:《耕地保护视阈下轮作休耕的法律表达》,《南京农业大学学报(社会科学版)》2020年第3期。

④ 参见2016年农业部等十部委(办、局)《关于印发探索实行耕地轮作休耕制度试点方案的通知》(农农发〔2016〕6号)。

⑤ 参见谭术魁等:《粮食安全视角下粮食主产区耕地休耕规模及动态仿真研究》,《中国土地科学》2020年第2期。

⑥ 参见毕淑娜:《耕地轮作休耕制度中美比较分析——基于生态补偿效率的思考》,《地方财政研究》2018年第9期。

入水平的影响等因素确定补助标准和补助方式,政府落实资金保障责任。

(四) 永久基本农田保护与耕地非粮化治理

2020 年国务院发布《关于防止耕地"非粮化"稳定粮食生产的意见》,指出部分地区出现耕地非粮化倾向,影响国家粮食安全,提出从明确耕地利用优先序、加强粮食生产功能区监管等方面坚决防止耕地非粮化倾向。有调查显示,部分地区耕地非粮化严重。比如,河南省六个产粮大县非粮化经营比例高达54.78%。[①] 非粮化的成因复杂:一是政策发布主体多元,导致"粮食范围"混乱,无法识别"非粮化"生产;二是政策临时性和宏观性等属性,致使粮食生产问题微观化时,政策规范功能乏力;三是政策内容的局限性,无法兼顾粮食生产区及粮食生产者的具体权益诉求。

为弥补政策管制失控,需在法律制度上对耕地非粮化作出刚性约束,而国土空间规划体系下永久基本农田的有效管控是关键。首先,细化国土空间规划耕地管制类型,明确永久基本农田、粮食生产功能区、重要农产品生产保护区和高标准农田在土地用途管理中的法律概念,并严格限定各自用途。法律概念具有认知功能、表达功能和改进法律、提高法律科学化程度的功能。[②] 其次,增强国土空间规划管控与私法制度的衔接,将永久基本农田区域登记到具体地块,与集体土地所有权、土地承包经营权和土地经营权登记相互统一。最后,在国土空间规划中增设永久基本农田非粮化生产责任约束制度,赋予永久基本农田的利益相关主体维护"粮食生产"的法定义务,避免因"责任约束"缺位而形成负面溢出效应,特别是流转后的土地经营权人责任。

三、耕地保护补偿制度的系统构建

准确识别耕地保护利益客体,构建差异化的补偿制度,有利于完善国土空间规划用途管理下的耕地保护制度体系,实现耕地质、量、生态三位一体保护。

(一) 耕地保护补偿制度

我国耕地保护补偿制度受到理论研究的广泛关注和探讨,既有研究成果覆

---

① 参见薛选登、张一方:《产粮大县耕地"非粮化"现象及其防控》,《中州学刊》2017 年第 8 期。

② 参见蒋德海:《法律概念和正义——试论法律概念的方法论意义》,《东方法学》2012 年第 2 期。

盖面较宽。学者围绕耕地保护补偿方式和标准、耕地保护资金筹措途经及思路、农户利益感知等展开了有益讨论,①尤其对我国耕地保护补偿制度的具体设定方式及实现方案等重点关注和详细分析,②有助于耕地保护补偿制度的完善和实施。

对耕地保护补偿的客体进行准确识别是分析和解决问题的关键。虽然耕地主要承担农产品生产职能,但并不意味着否定其生态保护功能,两者内含了不同的利益追求,在耕地事实上承担了粮食安全和生态安全等多重公益的现实约束下,对耕地生产和生态职能予以识别区分并分别予以补偿,是补偿农民和集体土地发展权益损失的重要途径。

耕地保护补偿客体是资源利益,体现为人们在开垦种植耕地过程中所获得的物质性利益,而耕地生态保护补偿的客体是生态利益,是耕地对整体环境以及人类的生产生活起到的非物质性积极影响。为实现区域协调与可持续发展的耕地保护目标,应充分发挥国土空间规划的区分识别功能,准备定位耕地保护补偿的客体,进而厘清其补偿主体、补偿标准和补偿方式等内容,使其与耕地生态保护补偿、永久基本农田保护补偿一起构筑多层次、多维度的耕地保护体系。

(二) 永久基本农田保护补偿制度

构建永久基本农田保护补偿制度是对其实行特殊保护的应有之义,本质是对耕地所承载的粮食安全公益的保障,具备法理基础。与一般耕地相比,永久基本农田更具公益属性,国土空间规划下严格用途管理的实现是通过政策法律手段限制其利用主体的私人利益以实现公益,由此对利用主体私益限制进行补偿理所当然,有利于激励农民提升地力,确保粮食综合生产能力。③ 地方也存在永久基本农田保护补偿的实践,如杭州市萧山区针对永久基本农田保护补偿构建了较为详细的制度规则。④

---

① 参见陈祥云等:《我国粮食安全政策:演进轨迹、内在逻辑与战略取向》,《经济学家》2020年第10期;党昱譞等:《中国耕地生态保护补偿的省级差序分区及补偿标准》,《农业工程学报》2022年第6期;等等。

② 参见黄忠:《迈向均衡:我国耕地保护制度完善研》,《学术界》2020年第2期;温良友等:《基于区域协同的我国耕地保护补偿框架构建及其测算》,《中国农业大学学报》2021年第7期;等等。

③ 参见吴胜利:《关于基本农田保护补偿的法律规制》,《理论探索》2012年第5期。

④ 参见俞淑:《杭州市萧山区完善耕地保护补偿机制严守耕地红线》,《浙江国土资源》2021年第7期。

国土空间规划应将永久基本农田保护补偿制度作为其严格用途管理的方式之一。首先,畅通补偿资金的多元来源。以政府专项补贴为基础,贯彻共享理念和乡村振兴促进法的规定,通过分享土地法制改革和集体经济发展的红利,创新保护补偿的资金筹措渠道。其次,细化补偿标准。增强利用主体与永久基本农田保护的利益联结,以绩效导向确定差异化补偿方案,进一步激发永久基本农田保护的内生动力。再次,创新补偿方式。除传统方式外,可协同农村集体产权制度改革,通过股权激励等方式实现保护补偿目的。最后,完善监督机制。对永久基本农田保护补偿的监督既表现为对政府作为责任、涉农资金使用的监督,也包括对永久基本农田利用主体保护义务履行的监督,故需加强与现行法关于耕地保护党政同责机制的衔接,同时明确利用主体的责任承担。

（三）耕地生态保护补偿制度

自 2013 年党的十八届三中全会提出实行资源有偿使用和生态补偿制度,中央发布了多个专门文件对建立和完善生态保护补偿机制进行了安排部署,[1]耕地生态保护补偿是其重要组成,但我国耕地生态保护补偿制度在生态文明战略背景下仍未得到立法确立,相关制度规则亦需细化。

梳理规范文件和总结实践可以发现,耕地生态保护补偿制度存在以下主要问题:首先,现行规范对耕地生态功能识别不足。耕地生态功能内涵和生态保护补偿概念及其相关制度并不明确,对其补偿对象的规定还处于分散的立法与政策确认状态。其次,与耕地保护补偿的关系模糊。耕地生态保护补偿被嵌入耕地保护补偿,实践中存在两种模式,一种是不单独评估或核算耕地的生态价值,统一纳入耕地保护补偿,另一种是在耕地保护补贴的指标类型中涵盖生态补偿。最后,耕地生态保护补偿权利主体不明。实践中存在不同的补偿权利主体模式[2],不利于生态保护义务主体的特定化。

针对上述问题,应充分发挥生态文明时代国土空间规划的价值导向[3],进行针对性改进。一方面,应准确识别耕地生态价值,适当扩张补偿范围。耕地生态

---

① 参见 2016 年国务院办公厅《关于健全生态保护补偿机制的意见》(国办发〔2016〕31 号);2018 年国家发展改革委等《建立市场化、多元化生态保护补偿机制行动计划》;2021 年中共中央办公厅、国务院办公厅《关于深化生态保护补偿制度改革的意见》等政策文件。

② 如浙江省"农村集体经济组织+农户"的模式、苏州市相关利益主体的模式等。

③ 参见郝庆:《面向生态文明的国土空间规划价值重构思辨》,《经济地理》2022 年第 8 期。

保护补偿指向为实施耕地生态保护的损失,范围包括生态价值的适当补偿与生态投入的适当激励,方式包括直接补偿与间接激励。前者是对补偿对象给予的可自由支配资金的补偿,后者主要表现为提供技术援助、建设基础设施等。[1] 另一方面,应明确生态保护补偿主体。耕地生态保护补偿权利人限于存在激励必要的行动者范围,包括土地经营权人、土地承包经营权人、耕地善意占有者和统一经营集体土地的农村集体经济组织;其保护请求权以实施耕地生态保护为前提条件。

第三节　城镇开发边界划定与城镇空间开发利用

一、城镇开发边界划定的政策体系

(一) 城镇开发边界划定的顶层设计

中国城镇化取得了 30 年的高速增长,根据国家统计局数据,我国城镇化率从 1990 年的 26.4% 提升到 2020 年的 63.9%,[2]同时产生的是城镇边界不断扩张。为打造用地"增量",土地征收等途径成为城镇占用农用地、集体建设用地等土地资源的手段,严重加剧了城乡建设的不平衡性。

为遏制城镇边界的无序蔓延,党和国家出台系列政策调整城镇扩张行为,城镇开发边界概念亦在此过程中形成。如 2006 年《城市规划编制方法》采用"中心城区空间增长边界"表述;2008 年《全国土地利用总体规划纲要》明确提出"实施城乡建设用地扩展边界控制";2011 年《"十二五"规划纲要》指明通过优化城市开发边界和结构布局,以此达到控制特大城市边界的目标;2013 年中央城镇化工作会议要求将城市的扩展性规划向限定边界转变;2014 年全国 14 个城市划定城市开发边界试点工作启动;2015 年《关于加快推进生态文明建设的意见》提出转变城镇化发展方式,逐步提升城市内涵;2017 年党的十九大报告将城镇开发边界列为"三条控制线"之一。历经数年政策调整,通过强化国土空间

---

[1]　参见韩卫平:《生态补偿立法研究》,知识产权出版社 2020 年版,第 52 页。

[2]　参见国家统计局网站,https://data.stats.gov.cn/easyquery.htm? cn = C01&zb = A0305&sj = 2021,2021 年 10 月 18 日访问。

规划的基础性地位,进而约束和指导各专项规划的划定,其对城镇开发边界顶层设计思路不断清晰,明确以"多规合一"强化城镇开发边界划定,意义深远。

（二）城镇开发边界划定的操作指引

为有效推进城镇开发边界划定,优化城镇空间布局,促进城镇土地节约集约、高质量发展,党和国家陆续出台《关于建立国土空间规划体系并监督实施的若干意见》（以下简称《若干意见》）、《关于全面开展国土空间规划工作的通知》（以下简称《工作通知》）、《关于在国土空间规划中统筹划定落实三条控制线的指导意见》《关于加强国土空间规划监督管理的通知》（以下简称《监督管理通知》）、《市级国土空间总体规划编制指南（试行）》（以下简称《指南》）等政策性文件,指导城镇开发边界划定。

具而言之,《若干意见》明确规定市县及以下详细规划的编制和审批部门,确定土地用途管理方式,既明确城镇开发边界内外实行"详细规划＋规划许可",同时在对城镇开发边界外进行管理时,必须在以上方式的基础上结合"约束指标＋分区准入"进行用途管理。《工作通知》将城镇开发边界列为国土空间规划报批审查的要点,如在国务院审批的市级国土空间总体规划审查时,深化细化审查城镇开发边界内城市结构性绿地、水体、各类历史文化遗存、通风廊道、城镇开发强度分区、容积率、密度等具体内容。《指导意见》明确了城镇开发边界的定义,更提出城镇开发边界"集约适度、绿色发展"的规划要求。《监督管理通知》强调严格规划许可管理,坚持"先规划,后建设",将规划许可证作为工程建设的先决条件。《指南》规定了城镇开发边界的基本概念、规划分区、划定原则、期限、具体划定方法等内容,依据开发强度将城镇开发边界内划分为三块区域,并规定土地开发建设程度和主要功能。可见,国家政策为城镇开发边界划定提供了较为全面的指引。

（三）城镇开发边界划定的实践困境

城镇开发边界的划定以遏制城镇无序蔓延为追求,纠正过度强调空间扩张思路,转向追求城镇内部空间布局优化及区域功能提升。然而,就现有操作规则而言,仍存在时间和空间上的难题,需在法政策层面加以优化。具体困境如下:

1. 有限规划期限难以有效遏制城镇无序扩张。遏制城镇无序蔓延、保护城镇开发边界外土地价值是城镇开发边界划定的初衷,然而城镇短期规划难以实现城镇开发边界划分的目的和价值。《指南》将市级国土空间规划期限分为目标年为 2035 年、近期至 2025 年、远景展望至 2050 年三种类型,在较短期限内,城镇放缓用地扩张步伐,侧重城镇内部结构、功能优化提升,但城镇建设用地需求随之增长。当期限届满,城镇用地需求便再次开闸,为弥补城镇用地供给不足,在新一轮规划期内进行报复性圈地,借划定城镇开发边界之名行扩张城镇用地范围之实,从而导致城镇开发边界划定的恶性调整,终将是城镇的再次无序扩张。

2. 混合地性规划分区增加用地利益矛盾协调难度。虽然《指南》将城镇开发边界内的区域进行了功能划分,明确开发建设的空间范围,但城镇开发边界内国有土地和集体土地并存,以及永久基本农田、生态保护区等以"开天窗"的方式被城镇开发边界所包围,决定了城镇开发边界内土地利益的复杂性。

一方面,《土地管理法》第 45 条第一款第五项将土地成片开发限定于城镇建设用地;而根据《指南》G.3.1.1 之规定,城中村、城边村应划入城镇集中建设区,赋予城镇集中建设区内农村集体建设用地与国有建设用地同等开发建设的权限。因此,在城镇建设过程中需要协调以下两组用地矛盾,一为集体建设用地与国有建设用地,二为集体土地和土地成片开发。另一方面,城镇开发边界与永久基本农田存在空间布局冲突。一般而言,永久基本农田的空间位置与其耕地质量相关联,根据《土地管理法》第 33 条之规定,具有良好水利条件的耕地、高标准农田均应纳入永久基本农田保护;《黑土地保护法》第 5 条规定黑土地应当按照规定的标准划入永久基本农田。耕地土壤质量成为是否纳入永久基本农田的重要因素,但土地质量在空间上不具有可移动性,因而可造成永久基本农田与城镇空间布局冲突。同时,在城镇开发边界划定时,城镇发展方向、用地功能布局合理性等因素均需予以考量,[①]《指南》更是要求将集中连片、规模较大、形态规整的地域划定为城镇集中建设区。因此,在永久基本农田和城镇开发边界划定时,充分考虑两者空间布局,化解空间布局冲突,避免永久基本农田碎片化。

二、城镇开发边界划定与农村土地征收

(一) 规划分区与公共利益认定相区隔

公共利益认定是进行农村土地征收的必备要件,《土地管理法》第 45 条对

---

① 参见谢英挺、陈卫龙:《市县统筹的城镇开发边界划定实践与思考——以赣州市为例》,《城市规划学刊》2022 年第 3 期。

公共利益采取列举式表述,并要求农村土地征收应当符合国土空间规划。然而,在《指南》将国土空间的保护与保留、开发与利用两大功能属性作为规划分区的基本取向,然而忽视公共利益认定要素,直接导致规划分区与公共利益认定相区隔。

城镇集中建设区的 8 类功能区划分欠缺公共利益认定的考量,即使综合服务区包含文化、教育、医疗等公益性内容,但亦涵括综合商业等服务功能,其实质为公益性内容的不确定性。况且,城镇弹性发展区以应对城镇发展的不确定性而划定,在满足特定条件方可进行集中建设,然而特定条件的模糊性将城镇弹性发展区置于虚位。更为重要的是,《土地管理法》第 45 条明确城镇开发边界内的土地成片开发可征收农村土地,同时根据《土地征收成片开发标准(试行)》的规定,土地征收成片开发范围内公益性用地比例一般不低于 40%,亦可理解为另外 60%的土地可开展非公益性项目建设,这与综合服务区的建设内容具有相似性。就此,一方面为征收城镇开发边界内的集体土地进行成片开发提供依据;另一方面,在缺乏足够公益性用地比例的情况下等同于将集体土地划定为成片开发的“储备库”,①实则为无视集体土地权益,淡化公共利益认定在集体土地权益维护中的作用。为此,我们可以提高成片开发中的公益性用地比例,如不低于70%,以为教育、医疗、养老、体育等公益性用地提供足够保障。② 同样,乡村发展区所确定的 4 个二级区域也未提及公共利益内容,即使是村庄建设区以农民集中生活和生产配套建设为内容,但公共基础设施、公益事业建设用地等公共利益认定内容并未明文。在此情况下,城镇开发边界外的乡村发展区土地在一定程度上存在被城镇扩张而征收的风险。因此,为有效规避农村土地被不当征收,应在规划分区内明确公益性认定的用地类型及比例。

(二) 农用地转用与土地征收审批剥离

我国立法明确规定了农用地转用与土地征收审批制度,结合《土地管理法》的规定,可根据耕地类型将审批权限划分为两种类型:其一,明确国务院在永久基本农田转用的决定性审批权;其二,永久基本农田以外的耕地转用的,则交由

---

① 参见喻少如、刘文凯:《农地产权结构变迁视域下土地增值收益的公平分享》,《重庆大学学报(社会科学版)》2021 年第 6 期。

② 参见于凤瑞:《〈土地管理法〉成片开发征收标准的体系阐释》,《中国土地科学》2020 年第 8 期。

原批准土地利用总体规划的机关或者其授权的机关进行批准;同时将项目建设的批准权限授予市、县人民政府。在上述区域之外的农用地转用则由国务院或者被授权的省级人民政府批准。

农用地转用与土地征收审批制度在立法层面得到了确认,但农用地转用与土地征收审批之间的分离,导致未批先建、批而未供、未供先建等现象时而存在。为有效规避农用地转用与土地征地审批的剥离,必须将审批作为农用地转用和土地征收的前置条件,严格限制未批先建、批而未供、未供先建等行为。同时,城镇开发边界内的农地若已由规划调整为建设用地的,必须以农用地转用审批手续作为前置条件,只有在完成农用地审批后方可作为建设用地进行流转。[①]

三、城镇开发边界划定与集体经营性建设用地入市

(一) 集体经营性建设用地的入市能力

城镇开发边界形成了边界内外的集体土土地,决定了两者开发程度的不同。根据《指南》的要求,城镇开发边界内城中村和城边村被纳入城镇集中建设区,因而可对城镇开发边界内的集体建设用地进行与国有建设用地同等开发。然而,城镇开发边界内的集体经营性建设用地能否直接入市,学界围绕是否需要借助土地征收展开论述。一说认为,集体经营性建设用地可以在城镇开发边界内直接入市;[②]另一说则主张,城镇开发边界内的集体经营性建设用地不宜由集体经济组织直接入市,需经政府征收为国有后方可入市。[③]

我们认为,城镇开发边界内的集体经营性建设用地可直接入市,主要从所有权、集体权益维护予以论证。在所有权上,城镇开发边界内外的集体经营性建设用地均为集体所有的土地,理应具备同等的入市能力,由集体经济组织在规划的范围内自由行使支配权和处分权。若不允许城镇开发边界内的集体经营性建设用地进行入市,一则为集体建设用地内部的统一性将受到冲击,二则反映了集体和国有建设用地的权利差异,有违建设用地"同地同价同权"的价值追求。同时,基于城镇开发边界外的农村远离城镇、土地零散、公共设施配套不足等现状,

---

① 参见王克稳:《论我国经营性土地征收制度改革》,《法律适用》2019 年第 7 期。

② 参见欧阳君君:《集体经营性建设用地入市范围的政策逻辑与法制因应》,《法商研究》2021 年第 4 期。

③ 参见刘禺涵:《我国土地征收制度改革的问题与走向》,《河北法学》2017 年第 4 期。

需要采用调整入市、整体开发等方式入市,入市的范围仅限于城镇开发边界内的集体建设用地则会导致集体经营性建设用地入市不经济性。在集体建设用地和土地征收的关系上,若禁止城镇开发边界内的集体经营性建设用地直接入市,由国家通过土地征收后变性为国有土地进行入市,在城镇开发本就用地紧张的背景下,极易产生当地政府假借公共利益之名征收集体土地。因此,赋予城镇开发边界内的集体经营性建设用地直接入市权益,既可充分实现集体土地所有权,也可规避集体土地的不当转换。

(二) 集体经营性建设用地的规划条件

在国土空间规划的用途管理下,集体经营性建设用地不得随意采用出租、出让等方式交由他人使用,根据《土地管理法》第63条之规定,集体经营性建设用地的出租、出让等需要符合多重规划条件:其一,必须符合土地利用总体规划和城乡规划;其二,必须符合规划范围内的工业、商业等经营性用途。但集体经营性建设用地的"存量"和"增量"在规划条件上并未明确。《土地管理法实施条例》虽在建设用地的一般性规定中要求"推动城乡存量建设用地开发利用",但在集体经营性建设用地管理一节中并未提及"存量"和"增量",在体系上亦未能确定规划条件中是否包含"存量"或"增量"集体经营性建设用地。

即使立法规定了集体经营性建设用地的规划条件,但规划条件的落实在城镇开发边界内外存在差异性。在城镇开发边界内,城镇国土空间规划需明确划定工业发展区、商业商务区等主要功能区,这为集体经营性建设用地入市提供符合国土空间规划的条件。然而,这在城镇开发边界外的乡村发展区则缺乏可操作性,在《城乡规划法》下,村庄规划无制定总体和详细规划的强制性规定,在规划上难以寻得满足集体经营性建设用地入市的条件。并且在村庄规划方案修改缺少严格程序及规则的情况下,将会导致社会资本在集体经营性建设用地出租、出让等方式中将无所适从,[1]难以实现集体经营性建设用地的市场价值。并且在土地用途管理、规划条件和使用方式缺乏具体界定的情况下,将难以实现国有经营性建设用地和集体经营性建设用地的"同地同价同权"。[2]

---

[1] 参见刁其怀:《集体经营性建设用地入市问题与对策研究——以全国统筹城乡综合配套改革试验区成都为例》,《农村经济》2022年第3期。

[2] 参见吴义龙:《集体经营性建设用地入市的现实困境与理论误区——以"同地同权"切入》,《学术月刊》2020年第4期。

（三）集体经营性建设用地的规划调整

《城乡规划法》第 22 条将城市经济和社会发展需求作为城市总体规划局部调整的依据,同时将城市人民政府确定为决定主体,除涉及城市性质、规模、发展方向和总体布局重大变更需审查和审批外,规划的调整等情况外,规划的调整只需向同级人民代表大会常务委员会和原批准机关备案。根据此规定,立法并未就规划调整自由裁量进行实质性限制,而是间接肯定了地方人民政府对土地规划调整的极大权限,往往难以实现公共利益和个人利益的平衡。① 在城镇开发边界内将国有土地规划调整权交由地方人民政府无可厚非,但须对该规划调整行为予以必要限制。需注意的是,城镇开发边界内包含城中村和城边村,集体经济组织作为集体经营性建设用地的所有权主体,对城镇开发边界内集体经营性建设用地规划调整享有决定权,虽然规划调整具有公共利益性,但不能无视集体土地所有权。因而,在立法上应对集体经营性建设用地的规划调整自由裁量予以实质性限制。② 无论是国有经营性建设用地还是集体经营性建设用地规划调整均应赋予公众更多的参与权和监督权,在集体经营性建设用地的规划调整上更需明确集体经济组织的所有权主体地位,肯认其土地权利行使。

四、城镇开发边界划定与城乡公益性用地供给

（一）城镇开发边界内公益性用地供给

城镇开发边界内包括国家所有公益性用地和集体所有公益性用地,由于两类公益性用地所有权主体的不同,决定了用地供给存在差异。

在受益对象的开放性、公益项目国家职能性和社会保障性等特点影响下,国有公益性用地实际上不仅满足城镇居民的公共物品的需求,还为农村流动人口提供便利。城镇开发边界内的国有公益性用地供给不仅受城镇国土空间规划的影响,而且与公益用地取得程序、条件、用途管理等规则密切相关。在规划条件上,城镇总体和详细规划为国有公益性用地供给提供依据。在具体规则上,《划拨用地目录》将城市基础设施用地和公益事业用地列为国家土地划拨地范

---

① 参见汪斌:《土地利用规划法律制度》,《环境资源法论丛》第四卷,法律出版社 2004 年版,第 333 页。

② 参见朱冰:《论我国规划保证义务的立法结构》,《法律科学（西北政法大学学报）》2017 年第 2 期。

围,并以列举的方式明确用地种类;《民法典》第347条第一款亦明确了出让或者划拨等方式;《城市房地产管理法》第23条和第24条规定了国有公益用地划拨使用权设定的具体程序与条件。在明确的规划和规则支撑下,国有公益性用地可有力排除其他类型建设用地的不合理占用,保障土地供应。

与国有公益性建设用地相似,城镇开发边界内的集体公益性用地具有高强度开发的可能性,[1]并且在城乡人口频繁流动的城镇,集体公益性用地同样承担了为城镇和乡村人口平等提供公共物品的功能。正是基于两种公益性用地的相似性,集体公益性用地供给存在被国有公益性用地占用的风险,因此,其公益性功能的实现亦需在制度规则上予以明确,可参照国有公益性用地规则,完善集体公益性用地规则体系;并在规划上参照城镇国土空间规划,编制村庄总体和详细规划,明确集体公益性用地范围,保障用地供给。同时,国有公益性用地和集体公益性用地的关系也应及时协调,严格限制集体公益性用地的地性转换,避免国有公益性用地侵占集体公益性用地,其主要体现为国家依据公共利益征收集体公益性用地,减少集体公益性用地面积和范围。

(二)城镇开发边界外公益性用地供给

伴随乡村振兴政策的实施,农村基础设施和公益事业作为乡村振兴的短板,逐步受到党和国家的重视,多项政策要求优化乡村基础设施和公益事业布局,加快乡村基础设施建设。集体公益性建设用地是城镇开发边界外的主要公益性用地供给来源,承担着乡村地区的公共基础设施和公益事业建设的重要功能。然而,现有的国土空间规划并未给予集体公益性用地足够重视,致使集体公益性用地供给缺乏,难以支撑乡村基础设施和公益事业建设等乡村公共物品的供给。主要体现在以下两个方面:(1)城镇开发边界外公益性用地规划转用规则欠缺。2019年《关于建立健全城乡融合发展体制机制和政策体系的意见》明确了闲置宅基地和废弃的集体公益性建设用地向集体经营性建设用地地性转换的可行性,其实则为将宅基地和集体公益性建设用地作为集体经营性建设用地的供地来源,无视集体公益性建设用地的土地功能,亦未将存量盘活作为城镇开发边界内公益性用地的供给途径。在现有的法律与政策下,并未寻得三类土地相互转

---

① 参见孙聪聪:《〈国土空间规划法〉的立法体例与实体要义》,《中国土地科学》2022年第2期。

化的具体规则,单向的地性转换,实则为占用宅基地和集体公益性建设用地的土地指标,减少用地存量,有违集体土地的平等原则。(2)适配村庄规划缺失,难以保障城镇开发边界外公益性用地供给。根据《城乡规划法》所确定的规划要求,村庄规划无须制定总体和详细规划,进而导致村庄存在规划上的滞后性。[①]在无具体规划,且受经济利益驱使下,集体建设用地指标极易被集体经营性建设用地占用,致使集体公益性建设用地指标不足,无法为集体公共基础设施和公益事业建设提供足够用地。

为保障城镇开发边界外公益性用地的供给,首先,应在政策和立法上转变唯集体经营性建设用地的思维,在"同地同权"原则指导下,以平等的使用规则实现集体公益性建设用地、宅基地、集体经营性建设用地的有效联动,避免占用集体公益性建设用地指标。其次,强化村庄规划的制定,引导制定村庄总体和详细规划,明确集体公益性建设用地的位置、面积、范围等,将村集体科教文卫体等公共服务设施建设列为村庄规划和建设中重要组成,既保障城镇开发边界外公益性用地的规划供给,又提升农村基础设施建设水平,助推乡村振兴。

五、城镇开发边界划定与深化农村宅基地制度改革

(一)依规划分区确立多元农民住房保障制度体系

根据《指南》规定,规划分区分为一级和二级,一级规划分区由 7 类组成,其中城镇发展区和乡村发展区是实现农民住房保障的重点区域。"三块地"改革的意见明确指出,"探索农民住房保障在不同区域户有所居的多种实现形式"。在规划分区的背景下,结合城镇发展区和乡村发展区的特点实现农民住房的"户有所居"。乡村发展区是农民住宅的主要建设区域,决定村庄建设区承担农民住宅保障主要功能,亦是深化农村宅基地制度改革重点区域。在城镇发展区,依托城镇发展,宅基地资源紧缺已然成为保障农民住房的一大难题。

因此,在规划分区的制度安排下,可结合不同分区特点构建多元农民住房保障制度体系。首先,完善宅基地农户资格权保障机制。无论是城镇发展区还是乡村发展区,宅基地资格权均是实现农民住房保障的前提和基础,在无法实现

---

① 参见史卫民、李子玉:《乡村振兴视域下农村公益用地利用的法律规制》,《西北民族大学学报(哲学社会科学版)》2022 年第 2 期。

"一户一宅"的情况下,亦是以集中统建、多户联建等多种住房形式实现农民"户有所居"的依据。因而,以农民宅基地资格权为核心,明确宅基地资格取得和丧失的认定规则。其次,完善宅基地自愿有偿退出和有偿使用机制。在乡村发展区,农村宅基地和村民住房中往往存在房屋所有权由非集体成员取得,或者本集体成员使用宅基地面积超过法律的限制,为此可探索宅基地有偿使用,制定租赁规则,明确非集体经济组织成员在法律规定的范围内享有宅基地的法定租赁权,类推适用于集体经济组织成员。① 同时,对于进城落户村民和超面积占用的宅基地,可积极引导村民自愿有偿退出。最后,探索多种住宅形式,推动宅基地集约利用。城镇开发边界内的城中村和城边村宅基地用地紧张,"一户一宅"方式建筑住宅难以满足居住需求,因而可采取集中统建、多户联建、建设农民公寓、农民住宅小区等方式保障农民住房需求,诸如村民公寓的本质是宅基地的集约利用,通过集中建设解决村民居住权益保障问题。②

（二）宅基地与集体建设用地的规划用途转换

农村土地制度具有系统性、整体性和协同性,需畅通宅基地与集体建设用地的规划用途转换渠道,满足农民户有所居的宅基地用地需求。宅基地与集体建设用地的用途转换具有其法理基础,对于两类土地而言,其所有权主体均为集体经济组织,以实现集体经济组织成员利益为导向,同时集体建设用地向宅基地的地性转换面向当下无宅基地和将来居住保障不足等不特定的农民主体。③ 然而,在现有的制度框架内,宅基地与集体建设用地缺乏相应的联动机制,即宅基地向集体建设用地的单向用途转换,政策表达为"依法把有偿收回的闲置宅基地、废弃的集体公益性建设用地转变为集体经营性建设用地入市"。这将加剧宅基地和集体建设用地的用地供需矛盾,导致"一户一宅"甚至"户有所居"的宅基地使用与管理原则难以落地。因此,单向性地转换逻辑急需转变,以缓解多地宅基地用地供给的紧张。

具体而言,其一,以明确的村庄规划和城镇规划为引领,优化宅基地和集体建设用地的用地布局。在具体的规划编制过程中,结合城镇开发边界内外不同

---

① 参见刘凯湘:《法定租赁权对农村宅基地制度改革的意义与构想》,《法学论坛》2010 年第 1 期。

② 参见于霄:《"一户一宅"的规范异化》,《中国农村观察》2020 年第 4 期。

③ 参见耿卓:《集体建设用地向宅基地的地性转换》,《法学研究》2022 年第 1 期。

区域的具体情况,确定用地主导功能,明确宅基地和集体建设用地的范围,避免宅基地向集体建设用地的不当地性转换,并为集体建设用地向宅基地转换提供用地指标。其二,强化集体土地所有权人的主体地位。农民是宅基地和集体建设用地的利益主体,两类土地的规划用途转换需以农民的意愿和需求为要,规划用途转换目的在于解决宅基地供地不足、一户一宅难以落实等困境。因而,在地性转换过程中充分发挥农民主体地位,保障农民在地性转换中的知情权、参与权、表达权和决定权。其三,明确地性转换的内容。集体建设用地向宅基地的地性转换并非单纯的土地功能转换,其涉及具体建设用地位置、面积、类型等内容,如类型上包含集体经营性建设用地和集体公益性建设用地;除此之外,地性转换后,宅基地分配亦是需着重解决的问题。

因地处城镇开发边界内外的差别,农村宅基地和集体建设用地规划用途转换机制的复杂性有所不同,城镇开发边界内地性转换的利益冲突更为明显。但关键在于须畅通宅基地和集体建设用地的相互转换机制,以"同地同权"构建相互转换规则,改变宅基地在地性转换过程中的弱势地位,实现宅基地、集体公益性建设用地、集体经营性建设用地的平权。

第四章　国土空间规划权行使的
实践考察

——以"三块地"改革试点为例①

　　进入近现代社会以来,规划以其科学、民主与正当性日益在土地管理领域发挥关键作用,并经由立法确认其引导和控制土地开发保护活动的法律效力,得以合法限制土地财产权行使,有效排除公权恣意和私权滥用。我国于2015年3月启动的"三块地"改革,旨在缩小土地征收范围、拓展建设用地入市来源、规范农村宅基地制度,使市场在土地资源配置中发挥决定性作用,更好发挥政府作用,为科学立法和修法积累实践理性。规划权行使虽不是此次试点改革的主要内容,但因规划在土地管理中发挥引领、管控作用,而成为农村土地制度改革的前提和依据。

　　我们持续关注农村土地制度改革试点工作及国土空间规划体系构建进程,经过科学论证和精心筹划,于2019年9月至12月改革收官之际同时也是国土空间规划体系构建关键时点,对全国31个省(自治区、直辖市)33个试点地区进行全域调研,就其中规划的管控作用与国土空间规划体系构建的重难点问题进行实地走访。本部分在收集整理有关工作报告、政策汇编和访谈笔录的基础上展开,以期从中发现农村土地制度改革的规划管控模式,以及县域国土空间规划体系构建的进展,为国土空间规划体系构建与立法研究提供实证分析基础;侧重于挖掘未被修法所采纳的试点做法,探究其背后的实践逻辑,揭示其可能代表的基层共识,为在新时代以国土空间规划为工具理性实现从土地管理到国土空间

---

　　① 参见陈小君教授课题组:《"三块地"改革试点之规划权行使调研报告》,载耿卓主编:《土地法制科学》第5卷,法律出版社2022年版,第63—80页。

治理的转变升级开拓路径方向。

第一节　规划分区在农村土地
征收中的作用弱化

新《土地管理法》以公共利益限缩土地征收范围,公共利益的认定又依赖于合规划性审查,尤其是成片开发不仅限定在城镇建设用地范围内,还应当纳入国民经济和社会发展年度计划。除此之外,试点地区以规划分区管控土地征收的做法被新《土地管理法》所扬弃,规划权和征收权的行使更趋科学合理。

一、规划分区与公共利益认定相区隔

以公共利益限缩土地征收范围,是试点地区的普遍做法。大多数试点地区均不区分城镇规划区内外适用同样的土地征收目录或者公共利益用地判定标准,但亦有区分城镇规划区和乡村规划区适用不同的公共利益判断标准的做法,具体又可分为两种情况:一是在城镇规划区内实施城市规划即可纳入征收范围,在城市规划区外则区分是否公共利益用地,纳入公共利益用地范围或土地征收目录方可实施征收。二是反其道而行之,仅在城市规划区适用公共利益征收,在乡镇规划区则通过集体经营性建设用地入市满足建设需求。这种两种做法各有其不足。前者以城镇规划区确定征收范围,混淆了城镇规划与土地征收,且有违征收的公共利益目的,有征收适用范围扩大化之嫌;后者忽视了乡镇规划区可能的公共利益存在,进而不当限缩了土地征收的适用范围。概言之,区分城镇规划区内外适用不同的公共利益判断标准,进而决定是否将集体土地征收为国有,并无充分的正当性依据。因为城镇规划区本身亦是政府行使规划权力划定的,在城镇规划区范围内实施的开发建设活动并非均为公共利益目的,在城镇规划区范围外亦非不可进行公共设施或公益事业建设。此为新《土地管理法》未采纳以规划区范围辅助界定公共利益判断标准的根本原因所在。部分试点地区之所以会采取此种方式,根源在于过于简单化地界定城镇规划区范围内集体土地功能,并忽视了乡村规划区公共设施和公益事业建设的现实需求。

(一)城镇开发边界内外集体经营性建设用地入市的正当性

城镇规划区范围内的集体土地不再承担农业生产功能,集体建设用地主要用以居住和工商业生产经营活动,若不予征收,自然应当允许其与国有建设用地同等入市、同权同价。因集体土地属于特定社区范围内的一部分人也即农村集体经济组织成员集体所有,可能导致产生特殊的土地食利阶层,造成城中村居民与城市、农村居民之间的不公:城市居民不得享有集体土地所有权;①农村居民尽管与城中村居民同样拥有集体土地所有权,但农村土地受制于耕地与生态保护限制,较难利用集体土地从事工商业生产经营活动,发展壮大集体经济。然而,以上理由并不能成为在城镇规划区内一律通过征收利用集体建设用地,而不允许农村集体经济组织自主开发或者入市利用的依据。

因公共利益需要实行征收是我国宪法所确立的基本秩序,农民集体所有既是我国公有制的组成部分,亦是我国《民法典》确认的民事权利,农村集体土地在承担保障国家粮食安全、农民生存和居住保障等公共职能之余,尚承载集体和农民财产权益实现的价值目标。城镇规划区内集体土地虽大多不再用于农业生产,但集体成员的就业、医疗、养老等社会保障职能仍主要由集体负担,在城乡统一的社会保障体系健全之前,集体所有仍有其存在的正当性与必要性,利用集体土地从事生产经营活动仍是发展壮大集体经济的必然要求。这在城镇规划区外的农村更是如此。新的国土空间规划体系不再区分城镇规划区内外,而以城镇开发边界区分城镇空间和农业空间,城镇开发边界外的农业空间虽主要承担农业生产功能,但发展乡村产业需要与农业生产相关的第二、三产业予以支撑,试点地区均允许城镇规划区外集体经营性建设用地有条件入市即体现了该实践需求,新《土地管理法》不区分城镇规划区内外适用公共利益认定标准是对试点地区做法的辨别吸收,值得肯定。

但是,新《土地管理法》第45条第一款第五项仍保留了"在土地利用总体规划确定的城镇建设用地范围内"实施成片开发建设需要用地的可以依法实施征收的规定,从而既在一定程度上限制了城镇规划区范围内纯粹公共利益征收的适用,又对该区域集体经营性建设用地入市进行了限制。在城镇建设用地范围内实施成片开发作为公共利益类型有其时代价值,②"三块地"改革试点中亦有

---

① 参见韩松:《城镇化进程中入市集体经营性建设用地所有权归属及其与土地征收制度的协调》,《当代法学》2016年第6期。

② 参见于凤瑞:《〈土地管理法〉成片开发征收标准的体系阐释》,《中国土地科学》2020年第8期。

迹可循,将来是否会被《国土空间开发保护法》等国土空间治理法律所修改,仍有待观察。

（二） 乡（镇）村公共设施和公益事业用地改革

仅在城市规划区实施公共利益征收,在乡镇规划区一律采取入市的方式满足建用地需求,则存在忽视乡（镇）村公共设施和公益事业建设用地的问题。基于同样的理由,即便认为乡镇规划区或者乡村发展区主要承担农业生产功能,但农村居民生产生活仍需要均等的基础设施和公共服务予以配套。

目前乡村基础设施和公共服务建设需要使用土地的,并未要求必须办理土地征收手续;为乡（镇）村公共设施和公益事业建设需要使用土地的,农村集体经济组织报经原批准用地的人民政府批准,可以收回土地使用权。实践中因集体公益性建设用地的所有权和使用权人均为农民集体,乡村基础设施和公共服务建设的用地补偿、建设成本和管护费用,通常须由农村集体经济组织通过"一事一议"等方式筹资筹劳解决,①本该由政府承担的公共产品提供职能被虚置。

新《土地管理法》第45条不区分城镇建设用地范围内外,统一规定因政府组织实施的基础设施建设和公益事业需要用地的,可以依法实施征收,意味着因政府组织实施的乡村基础设施和公共服务建设需要使用土地,可以经由公益征收将集体土地转变为国有,由政府承担对农民集体和原土地使用权人的征收补偿、建设成本和管护费用,可谓正确认识到政府在农村公共基础设施建设中的主体责任,此乃建立城乡公共基础设施一体化发展机制的应然之义。

二、统一区片综合地价确定补偿标准

（一） 统一区片综合地价的试点探索

统一以区片综合地价取代原产值倍数作为征地补偿标准,是此次"三块地"改革试点与新《土地管理法》取得的重大立法成果,试点地区大多分区片制定了城乡统一的综合地价。根据新《土地管理法》,区片与规划分区不同,相较于以

---

① 参见王振标:《论村内公共权力的强制性——从一事一议的制度困境谈起》,《中国农村观察》2018年第6期。

往以规划分区分别适用年产值标准和区片综合地价更具合理性。①

以 2015 年《青海省征地统一年产值标准和征地区片综合地价》（青政〔2015〕61 号）为例。根据该地价标准，对城市规划圈外区域实行统一年产值标准，对乡镇纳入城市规划区以内区域实行区片综合地价；据此湟源县城关镇国光等 8 个村位于城市规划区以外的区域实行统一年产值标准，征收补偿标准最高的水浇地补偿金额为 4.94 万元/亩，而上述 8 个村位于城市规划区以内区域按照区片综合地价的补偿标准为 7.41 万元/亩，因行政区划与规划分区并不重合，同一个村位于不同的规划区域补偿标准差异如此之大合理性存疑。而以行政区划作为区片综合地价的判断标准则相对科学合理，仍以青海省为例，2020 年《青海省征收农用地区片综合地价表》（青政〔2020〕64 号）废止了《青海省征地统一年产值标准和征地区片综合地价》，以行政区划作为划分区片的单元，根据农用地条件相近的原则，湟源县城关镇的国光等 8 个村适用统一的区片综合地价，即 7.41 万元/亩，更能体现公平正义，从而更容易为被征地农民所接受。

（二）统一区片综合地价的辩证反思

从试点地区运行的情况来看，以区片综合地价取代年产值标准普遍提高了征地补偿标准。不过，区片综合地价仍然是以政府主导而非市场调节的方式计算征地补偿标准，难以反映集体土地应有的开发价值。② 而且根据相关政策性文件的规定，区片综合地价"不低于内涵可比的现行征地补偿标准"③，理论上并不必然高于原产值倍数标准。随着农村土地制度改革的深入推进，集体土地的财产价值进一步显化，相信以区片综合地价取代年产值标准将合理提高征地补偿。可见，不区分规划分区统一适用区片综合地价作为计算征地补偿的标准，是规划管控权力在农村土地征收领域限缩的体现。

---

① 2004 年《土地管理法》修改后，国土资源部根据《国务院关于深化改革严格土地管理的决定》（国发〔2004〕28 号）发布《关于开展制订征地统一年产值标准和征地区片综合地价工作的通知》（国土资发〔2005〕144 号），要求各地因地制宜，东部地区城市土地利用总体规划确定的建设用地范围，应制订区片综合地价，中、西部地区大中城市郊区和其他有条件的地区，也应积极推进区片综合地价制订工作；其他暂不具备条件的地区可制订征地统一年产值标准，部分省级政府据此区分城市规划区内外分别适用统一年产值倍数和区片综合地价标准计算征地补偿费用，如内蒙古自治区、青海省等。

② 参见高飞：《征地补偿中财产权实现之制度缺失及矫正》，《江西社会科学》2020 年第 2 期。

③ 参见《自然资源部办公厅关于加快制定征收农用地区片综合地价工作的通知》（自然资办发〔2019〕53 号）。

三、土地征收与规划之间的联结互动

（一）土征收权与规划权行使的相互纠缠

我国农村土地征收与土地利用规划之间存在联结互动机制。各级人民政府通过下达土地利用年度计划，确定农用地转用计划指标、耕地保有量计划指标与土地开发整理计划指标，从而在一定程度上决定本年度内可得征收的土地规模。① 新《土地管理法》以公共利益限缩土地征收范围，且要求为公共利益所开展的建设活动本身符合各项规划要求，成片开发建设仅能在土地利用总体规划确定的城镇建设用地范围内进行。各级各类规划作为前置条件，通过对公共利益予以合规划性审查，决定可得征收的土地范围。在规划修改事由和程序不尽清晰规范的情况下，不排除地方政府修改规划以推进征收实施的情况。

规划权的行使旨在使国土空间的开发、保护、利用和修复更为科学、高效和正当，是面向未来的行政行为；征收权的行使则意在将集体或者私人所有的财产转变为国家所有，是立足当下的行政行为。在我国目前以土地利用规划指标管控征地面积的管理模式下，因规划权和征收权的主体均为各级人民政府，虽然两者均以公共利益为目的，但两者的相互纠葛又导致彼此的正当性缺失。以规划分区确定不同的公共利益认定和征收补偿标准即为明证。

（二）征收权与规划权行使的适度区隔

从试点运行的整体效果和土地管理法修改的导向来看，公权力的运行更趋向于科学规范，规划权和征收权从纠缠不清更趋向于各司其职、并行不悖。土地征收回归公共利益目的，仅将成片开发建设限定在土地利用总体规划确定的城镇建设用地范围内；征收补偿统一适用区片综合地价，不再区分城镇建设用地规模内外适用不同的征地补偿标准。根据《土地管理法》，我国土地利用总体规划的制定和审批主体均为各级人民政府，《城乡规划法》则在城乡规划审批之前增加了各级人大常委会的审议程序，中共中央、国务院《国土空间规划意见》基本上延续了《城乡规划法》关于规划制定的审批机制，除全国国土空间规划由党中

---

① 参见彭錞:《中国集体土地征收决策机制:现状、由来与前景》,《华东政法大学学报》2017年第 1 期。

央、国务院审定后印发外,各级国土空间总体规划在报送审批前,需经同级人大常委会审议,将规划权在立法机关和行政机关之间进行适度区隔,同时经立法机关的审议强化国土空间规划的法定约束力。

规划虽为实现抽象意义上的公共利益,但实施规划本身不能成为行使征收权的理由,征收作为对集体和私人财产权利的强制性剥夺,必须经过具体公共利益标准的审查,成片开发在实现其城市化的阶段性使命后应当退出历史舞台。随着我国国土空间规划和国土空间开发保护立法的进一步完善,规划权和征收权之间的关系将进一步被理顺,这既是建立城乡统一的建设用地市场、推进土地要素市场化配置的前提基础,亦是国土空间治理现代化和法治化的必然要求。

第二节 规划权行使在集体经营性建设用地入市中的拓展

在调研中课题组了解到,试点地区集体经营性建设用地入市大多采取就地入市、调整入市和整治入市三种途径,而无论采取何种途径入市,规划均在集体经营性建设用地入市过程中发挥关键作用。

一、集体经营性建设用地入市能力和规划用途

新《土地管理法》第63条基本延续了《"三块地"改革试点意见》关于集体经营性建设用地入市的政策要求,唯将"工矿仓储、商服等"修改为"工业、商业等",且入市的集体经营性建设用地不限于存量,新《土地管理法》第23条还要求土地利用年度计划对集体经营性建设用地作出合理安排。

(一)存量集体建设用地入市能力的实践样态

就入市能力而言,集体经营性建设用地是否能够实际入市的决定权依然掌握在规划编制主体也即各级人民政府手中。我国实行最严格的耕地保护制度,控制建设用地总量,规划管控指标通过各级土地利用总体规划层层落实,具体地块土地用途的确定受制于土地利用现状、耕地保有量、基本农田保护面积、建设用地规模和土地整治安排等;农村土地的主体功能是农业生产,加之此次《土地管理法》修改之前,建设用地采取一元制供应体制,除乡镇企业、村民建设住宅或乡村公益性建设需要使用集体土地外,任何单位和个人从事建设活动必须依

法申请使用国有土地,新增建设用地指标主要被投放至城镇及其周边的农村地区,用以扩大城镇建设用地规模。① 存量集体建设用地规模本就有限,目前主要是乡镇企业、乡(镇)村公共设施、公益事业和农村村民住宅用地,所谓"经营性"建设用地主要是乡镇企业用地,在现状集体建设用地中占比较小,符合规划并被确认为工业、商业等经营性用途的乡镇企业用地,占比更小。

集体存量建设用地中经营性用地占比较小,与地理区位、乡镇村企业发展状况有关;而存量经营性建设用地中符合入市条件的占比较小,主要原因有二:一是囿于上述用地指标限制,乡镇村办企业用地未依法依规办理农用地转用手续,导致用地性质与土地利用总体规划不符,可能涉及违法用地行为;二是工业、商业等在建设用地之上的具体土地使用性质,是根据城市、镇控制性详细规划和村庄规划确定的,而我国当前村庄规划的覆盖率不高,确定了具体地块用途的村庄规划更少。2014 年 12 月 23 日,时任农业部部长韩长赋在第十二届全国人民代表大会常务委员会第十二次会议上作《国务院关于推进新农村建设工作情况的报告》时指出,当时全国行政村村庄规划编制率仅为 59.6%,且指导性和约束力不强。"三块地"改革过程中,试点地区大多编制了多规合一的村庄规划,或者通过对原有的城乡规划进行修改和调整,由规划主管部门为集体建设用地分配工矿仓储、商服、旅游用地等建设用地指标,为其出具具体用途和规划条件。在符合各项规划、用途管制、依法取得用地手续的前提下,对入市的地块补办登记手续,完善农村集体经营性建设用地产权制度。从中可以发现试点地区为了推动入市工作在主动编制或者修改规划方面所做的努力。

（二）集体经营性建设用地规划条件的确定冲突

根据《城乡规划法》第 38 条第一款的规定,国有建设用地的规划条件是指出让地块的位置、使用性质、开发强度等。② 新《土地管理法》第 63 条规定,"土

---

① 参见耿卓、孙聪聪:《乡村振兴用地难的理论表达与法治破解之道》,《求是学刊》2020 年第 5 期。自然资源部"土地调查成果共享应用服务平台"根据第二次全国土地调查和年度全国土地变更调查的数据显示,2009 年我国城市和建制镇用地 10875.5 万亩,村用地 27709.2 万亩,2016 年城镇用地增加到 14147 万亩,村庄用地增加至 28800.5 万亩,同比增长分别为 30% 和 4%。

② 《城乡规划法》第 38 条第一款规定:"在城市、镇规划区内以出让方式提供国有土地使用权的,在国有土地使用权出让前,城市、县人民政府城乡规划主管部门应当依据控制性详细规划,提出出让地块的位置、使用性质、开发强度等规划条件,作为国有土地使用权出让合同的组成部分。未确定规划条件的地块,不得出让国有土地使用权。"

地用途"又是外在于规划条件的。《城乡规划法》中土地的"使用性质"内涵如何,与《土地管理法》中的"土地用途"是何关系,不无疑问。

根据《土地管理法》授权编制的土地利用总体规划中的"土地用途",是指农用地、建设用地和未利用地等不同的用地分类;根据《土地利用现状分类》(GBT21010—2017)的规定,《土地管理法》规定的三大类,又有 12 个二级分类。《城乡规划法》中土地的"使用性质",应是在城镇规划区建设用地上进一步细分的具体土地用途;《城市用地分类和规划建设用地标准》(GB50137—2011),用地分类包括城乡用地分类、城市建设用地分类两部分,并规定"应按土地使用的主要性质进行划分"。究其根本,土地用途是其使用性质的规范表达和类型划分,土地用途的本质即为其使用性质。土地用途、使用性质和开发强度等规划条件,在国家建设用地和集体经营性建设用地入市时由市、县人民政府自然资源主管部门予以明确,且在使用过程中不得随意变更。① 试点地区大都规定,集体经营性建设用地的规划条件由市、县自然资源主管部门提出;但事实上,乡村规划由乡镇人民政府制定,市、县自然资源主管部门往往不了解乡村集体建设用地的利用现状和规划要求,因此,亦有试点地区同时规定,市、县自然资源主管部门在其法定职责范围内,可以依法委托乡、镇人民政府实施乡村建设规划许可。

《民法典》延续《物权法》的做法在第 347 条规定,国有建设用地使用权可以用于工业、商业、旅游、娱乐和商品住宅等经营性用途。有疑问的是,集体经营性建设用地在"工业、商业"之外,能否用于旅游、娱乐和商品住宅开发等,目前尚不明确,学界亦有争论。② 个别人地矛盾突出、居住需求旺盛的试点地区允许集体经营性建设用地入市开发商品住宅或者保障性住房,如广西北流③、海南文

---

① 2021 年《土地管理法实施条例》第 39 条规定:"土地所有权人拟出让、出租集体经营性建设用地的,市、县人民政府自然资源主管部门应当依据国土空间规划提出拟出让、出租的集体经营性建设用地的规划条件,明确土地界址、面积、用途和开发建设强度等。"

② 参见岳晓武:《土地管理法的延续与变革》,《中国土地》2019 年第 10 期;高圣平:《论集体建设用地使用权的法律构造》,《法学杂志》2019 年第 4 期;宋志红:《集体建设用地使用权设立的难点问题探讨:兼析〈民法典〉和〈土地管理法〉有关规则的理解与适用》,《中外法学》2020 年第 4 期。

③ 参见余述琼、周小平、王军艳:《农村集体经营性建设用地入市用于商品住宅的改革探索与风险分析——以广西壮族自治区北流市的改革创新为例》,《改革与战略》2020 年第 6 期。

昌①等。此外,根据《国土空间规划意见》,村庄规划作为国土空间规划体系中的详细规划,由乡镇人民政府组织编制,规划条件由市、县人民政府自然资源主管部门提出,可能存在事权重叠或职权交叉,在实施过程中需注意统筹和协调。

二、集体土地复垦置换建设用地指标异地入市

存量集体经营性建设用地难以实际入市的原因还在于细碎、分散,较难实现规模利用。《"三块地"改革试点意见》规定,对村庄内零星、分散的集体经营性建设用地,经试点地区上一级政府批准后,可按规划和计划调整到本县(市)域范围内的产业集中区入市。集体经营性建设用地调整入市,往往涉及调出方现状集体建设用地复垦折算指标的异地使用,还有复垦地块原土地使用权的收回补偿、复垦地块原建设用地转变为耕地的发展权益损失以及建新地块原土地承包经营权的收回补偿等问题。其实质是城乡建设用地增减挂钩政策的扩大适用,在此过程中能否给予原土地使用权人足额补偿,能否保证复垦之后耕地面积不减少、耕地质量有提高,仍有待观察。

(一) 集体经营性建设用地异地调整入市的方式

试点地区根据《"三块地"改革试点意见》,对集体经营性建设用地实施复垦,将置换的建设用地指标调整到有入市需求的村镇或者产业集中区,再通过农用地转用等方式新增集体经营性建设用地以实现连片入市、规模化开发。通常情况下,由县级人民政府拟定调整方案,逐级报有权机关审批,最终调整到本县域范围内的产业集中区入市。有试点地区要求待调整地块本身需满足入市条件,且复垦为农用地后的面积不低于拟入市地块面积;调整入市涉及占用耕地的,待调整地块复垦后不仅面积不能降低,质量亦不能低于拟入市地块原耕地质量;拟入市地块符合各项规划,且调整后建设用地总量不得超过调整之前。②

---

① 《文昌市农村集体经营性建设用地入市试点暂行办法》第18条规定:"农村集体经营性建设用地使用权出让、作价出资(入股)最高年限,不得超过国家规定国有建设用地同类土地用途的最高年限,具体年限按下列用途确定:(一)住宅用地七十年;(二)工业用地五十年;(三)教育、科技、文化、卫生、体育用地五十年;(四)商业、旅游、娱乐用地四十年;(五)综合或者其他用地五十年。农村集体经营性建设用地使用权出租可根据具体项目需要确定使用年限,但最长不得超过三十年。"参见《文昌市人民政府关于印发文昌市农村集体经营性建设用地入市试点暂行办法等3个文件的通知》(文府〔2015〕252号)。

② 参见《文昌市人民政府关于印发文昌市农村集体经营性建设用地入市试点暂行办法等3个文件的通知》(文府〔2015〕252号)。

在调研中课题组还了解到,大多数试点地区突破了将集体经营性建设用地复垦的规定,将复垦的建设用地拓展到闲置宅基地、公益性建设用地等。在广西北流、四川泸县、安徽金寨、山西泽州等地,都存在将闲置宅基地纳入入市范围的情况,具体做法是在农民自愿的基础上收回宅基地,通过开展村庄整治、宅基地复垦后节余的建设用地指标经规划布局、指标调整、补偿安置等,作为集体经营性建设用地实现异地调整入市。①

（二） 原土地使用权人复垦或发展权益损失补偿

试点地区通过异地调整实现集体经营性建设用地入市的,通常由调入方从入市成交价中对调出方和调出方的原土地使用权人进行补偿,例外亦有政府对复垦形成的节余指标进行收储代替补偿的情况。

原土地使用权人复垦或发展权益损失补偿的具体模式如下:

1. 由调入方和调出方参照特定的标准协商确定补偿金额。参照标准有新增建设用地有偿使用费、征地补偿费等。一是参照新增建设用地有偿使用费补偿的,如宁夏平罗在坚持集体建设用地总量不增的前提下,依据规划将农村闲置宅基地复垦后的新增建设用地指标调整到产业集中区入市,规定从入市地块的成交价款中,按照新增建设用地有偿使用费的标准对调整指标的集体经济组织进行补偿。② 二是参照征地费用补偿的,如海南文昌市要求入市主体支付复垦地块的补偿金,标准为复垦地块所属区片征地补偿费用的1.5—2倍。③ 参照新增建设用地有偿使用费给予补偿,着眼于调入方或者建新区新增建设用地本应支付的成本;参照征地补偿费用给予补偿,则着眼于调出方或者调入方原土地使用权人(包括调出方原建设用地使用权人和调入方原土地承包经营权人)的损失,但前者事实上并未使用新增建设用地指标,后者亦未将集体土地征收为国有,因而试点实践中使用了"参照",立法和理论上仍需深入探讨其正当性与妥适性。

2. 由政府规定复垦指标交易价格并予以兜底收储。如依据《泸县人民政府关于印发〈泸县农村宅基地有偿退出管理暂行办法〉的通知》(泸县府发〔2017〕

---

① 参见吴玉哲、于浩洋:《农村集体建设用地住宅用途入市的现实约束与赋能探索》,《中国土地科学》2021年第5期。

② 参见《平罗县农村零散宅基地整治复垦实施办法》,平罗县人民政府网,http://www.pingluo.gov.cn,2020年8月5日访问。

③ 参见《文昌市农村集体经营性建设用地异地调整入市实施办法》(文府〔2016〕179号)。

64 号),宅基地复垦验收节余指标按 7 万元/亩的标准兜底收购;需新建中心村(集聚点)住户达 10 户及以上的,有基础设施配套建设的节余指标("一户一宅"退出节余指标),按照 12 万元/亩标准兜底收购,其中包含 1 万元/亩政府工作经费。但从泸县的指标落地情况来看,县内对于指标的需求较小,无法满足规划规模的指标落地。这具体体现为 96.44%的节余指标都由政府进行收储,直接入市与调整入市的比例很小,指标落地速度无法与指标产出规模相匹配。已落地指标的 92.89%用于城镇建新区建设,且其中 52.37%是落地在县域外市域内的。为此,泸县建议扩大复垦指标流转范围。

由政府直接规定复垦费用或者复垦指标交易费用的上下限,更具可操作性,但亦存在政府拟定的标准能否涵盖原土地使用权收回补偿以及原建设用地发展权益损失的疑问,且该标准一经确定,即存在僵化的风险,其能否如征地区片综合地价按期调整,同样值得研究。

（三）城乡建设用地增减挂钩法政策的扩大适用

所谓集体经营性建设用地调整入市,本质上是城乡建设用地增减挂钩的扩大适用,部分试点地区未严格按照政策要求将拆旧地块和建新地块纳入项目制管理。这种做法难以有效保障全国范围内建设用地总量不增加、耕地面积不减少、质量不降低。虽然《"三块地"改革试点意见》强调存量集体经营性建设用地方可入市,但调整入市并未新增建设用地,加之试点地区调整入市大行其道,不排除地方政府通过调整规划使得集体土地具备入市条件再推动其入市的冲动。在此过程中,需慎重对待规划调整事由、原土地使用权的收回补偿以及发展权益损失、复垦耕地数量、质量与建设用地规模等,使其在现有的立法和政策框架下合法规范地运作并获得公平合理地补偿,避免借由立法空白和政策漏洞恣意侵害原土地所有权和使用权人合法权益。

三、集体经营性建设用地入市的产权归属调整

《"三块地"改革试点实施细则》进一步细化集体经营性建设用地入市的途径和规则,允许调整入市和整治入市进行土地产权关系调整。集体经营性建设用地入市的产权归属调整,虽非规划权行使的直接后果,但离不开规划上的用途调整和地籍重划,因此有赖于规划权的科学行使。

（一）调整入市的农村集体经济组织间产权置换

就调整入市而言，《"三块地"改革试点实施细则》明确调整入市的农村集体经济组织间可进行产权调整。上文述及，试点地区大多突破了将集体经营性建设用地复垦以调整入市的范围限制，而将可调整入市的集体建设用地范围拓展到宅基地和集体公益性建设用地等；不仅如此，试点地区还依据《"三块地"改革试点实施细则》规定，调整入市的集体建设用地可以在不同的农村集体经济组织之间调换土地所有权。例如，《德清县农村集体经营性建设用地入市管理办法（试行）》明确规定，异地调整地块涉及不同集体经济组织的，可相互调换土地所有权；涉及不同级差的，可以采用货币补差等方式调换所有权。无法以地换地的，可以折算为货币补偿，同时还可参照被征地农民将调出土地方纳入社会养老保障体系。又如，《义乌市农村集体经营性建设用地入市管理办法（试行）》规定，进行跨村异地调整的，不同集体经济组织之间可相互调整土地所有权。①

（二）整治入市的国有和集体建设用地产权调整

《"三块地"改革试点实施细则》重申，对于整治入市的，可以重新划分宗地并确定产权归属。试点地区大多据此开展集体经营性建设用地入市的权属调整，如果说调整入市主要涉及不同农村集体经济组织之间的产权置换，整治入市则可能涉及国有土地与集体土地之间的权属调整。

目前国有土地与集体土地之间权属置换的法定途径主要是集体土地的国家征收，但亦有试点地区尝试拓宽了该路径限制，如广东佛山市南海区规定，综合整治范围内的集体建设用地相互之间、集体建设用地和国有建设之间，可以进行产权置换，并按土地变更登记的有关程序和要求办理变更登记手续。② 事实上，

---

① 参见《义乌市农村集体经营性建设用地入市管理办法（试行）》，义乌市人民政府网，http://www.yw.gov.cn/art/2018/1/20/art_1229355313_894269.html，2020 年 8 月 6 日访问。

② 《佛山市南海区农村集体建设用地片区综合整治项目集体建设用地与国有建设置换操作细则》（南府办函〔2018〕208 号）明确，置换不涉及货币形式或非货币形式等各种形式的补价，本质是权属人所属宗地在空间位置上的调整，原则上必须满足净地条件，如有地上建筑物的，权属人应承诺放弃对地上建筑物的权利。权属双方根据区国土部门出具的同意建设用地置换的批文签订建设用地置换协议；置换后持有国有建设用地使用权的主体应在签订建设用地置换协议后 5 个工作日内与国土部门签订出让合同或划拨决定书补充协议；集体建设用地与国有建设用地置换须办理不动产登记，包括集体土地所有权注销或者变更登记、集体土地所有权首次登记和建设用地使用权互换转移登记。集体土地所有权范围内集体建设用地全部置换为国有建设用地的，须办理集体土地所有权注销登记；集体土地所有权范围内只有部分集体建设用地置换为国有建设用地的，须办理集体土地所有权变更

无论是集体土地与集体土地之间还是国有土地与集体土地之间,亦无论是否允许以货币或者非货币方式补足差价,所有权之间互换的本质即为转让,而我国《宪法》《土地管理法》等明确规定,禁止非法转让土地。目前随着征地补偿标准不断提高,地方政府通过征收将集体土地转变为国有的动力逐步减弱,而尝试通过其他方式将集体土地转变为国有,尤其以广东省开展的"三旧"改造(城市更新)为典型。广东省允许农村集体经济组织在"三旧"改造中,"申请"将集体土地转变为国有,①以集体动议引发国家征收权的启动;同时允许地方政府与农村集体经济组织协商收购集体土地,继而以国有土地储备入市。正如有学者所指出的,国有土地储备可能涉嫌违反宪法有关土地所有权不得转让的规定,②集体土地相互之间、集体土地与国有土地之间的置换,无论采取何种方式,其实质仍属于广义上的土地所有权转让,在《宪法》未做修改之前,均应当审慎地推进。而且,大规模的整治入市项目,往往涉及复杂的土地权属关系,若农户和集体的权利意识不强,土地权属关系的调整则很可能被项目本身遮蔽掉,农户通过异地搬迁满足了居住需求,但事实上可能已然丧失集体成员资格和原土地承包经营权、宅基地使用权、集体资产分配权等一系列财产权利。惟有在尊重和保护既有财产权体系的前提下,依循法治思维和路径方能为妥适的安排和救济。

（三）集体经营性建设用地整备入市的试点尝试

部分试点地区还参照国有土地储备机制建立了农村集体经营性建设用地整备制度。如根据广东佛山市南海区的相关规定,所谓"储备"即储存备用,是在集体经营性建设用地没有明确使用意向的情况下,由县级人民政府成立的集体

登记;国有建设用地置换为集体建设用地后,须重新核定新的集体土地所有权界线,并办理集体土地所有权首次登记;集体建设用地与国有建设用地置换之后,需办理建设用地使用权互换转移登记,原国有建设用地须重新办理集体建设用地使用权登记后,原集体建设用地办理国有建设用地使用权登记。

　　①　参见《广东省旧城镇旧厂房旧村庄改造管理办法》(粤府令第 279 号)第 16、第 18、第 19 条;《广州市人民政府关于提升城市更新水平促进节约集约用地的实施意见》(穗府规〔2017〕6 号)第(十八)条规定,"鼓励集体用地转为国有用地,参照国有土地旧厂房政策实施改造"。《广州市人民政府办公厅关于印发广州市城市更新办法配套文件的通知》(穗府办〔2015〕56 号)第 25 条规定:"融资地块由村集体经济组织在组织完成房屋拆迁补偿安置后,再按规定申请转为国有土地,直接协议出让给原农村集体经济组织与市场主体组成的合作企业;经批准后,由合作企业与市国土部门直接签订土地出让合同。"

　　②　参见王磊:《论我国土地征收征用中的违宪问题》,《法学评论》2016 年第 5 期。

土地储备中心,通过收购、托管等方式,整合、整理低效利用产业用地,并统一准备招商、入市等。① 浙江义乌也有类似的实践,由村集体经济组织将入市地块所有权委托给镇街农村土地整备公司,进行统一整理开发和招商入市。

集体土地储备亦可能违反宪法关于土地所有权不得转让的规定。新《土地管理法》回归土地征收的公共利益认定标准,并严格限定国有土地划拨的适用范围,同时允许集体经营性建设用地有条件入市,集体土地和国有土地之间相互转换的通道唯有经过公共利益审查,将集体土地征收转为国有一途;在新《土地管理法》实施过程中,应逐步形成公共利益征收、非公共利益入市的法律秩序,不应随意突破宪法和法律的规定。

第三节 宅基地制度改革的规划权保障

与规划权在农村土地征收领域的限缩和集体经营性建设用地入市过程中的拓展不同,在宅基地制度改革中,规划权更多地体现为对闲置宅基地利用和户有所居的保障作用。

一、依职权修改规划将宅基地调整为经营性建设用地

此种模式不经复垦置换程序,直接把腾退的宅基地通过规划调整为经营性建设用地。此时涉及规划调整的实体和程序要件是否合法问题。由于规划调整涉及利害关系人的财产权益和信赖利益,无论是通过调整规划赋予集体经营性建设用地入市能力抑或改变规划用途和开发强度,都必须严格依据法定的条件和程序进行,不可恣意而为。《城乡规划法》规定了村庄规划的内容和修改程序,但是没有规定村庄规划修改的事由,也即在何种情形下可以修改村庄规划。村庄规划和控制性详细规划的修改直接关涉权利人的利益,在村庄规划中由宅基地修改为经营性建设用地,在城镇控制性详细规划中将工业用地修改为商业用地或者将商业用地修改住宅用地,对利害关系人影响甚巨,依据依法行政的信赖保护原则,行政行为一经作出非因法定事由、非经法定程序不得变更。国土空

---

① 参见《佛山市南海区人民政府关于印发佛山市南海区农村集体经营性建设用地入市管理试行办法的通知》(南府〔2015〕50号)。

间规划立法应明确规划的法定修改事由,在规划的前瞻性、稳定性和适应性之间寻求平衡。

二、依规划分区确立农民"户有所居"多元实现形式

农村宅基地旨在为农民提供居住保障,但此种保障仅满足农民住房的用地需求。随着城市化进程的推进,农村宅基地和房屋闲置与新分户难以分得宅基地的资源错配现象时有发生,宅基地制度改革的内容之一即探索农村住房保障"户有所居"的多种实现形式。试点地区多以规划范围作为确立"户有所居"不同实现形式的依据。总体而言,依据规划区确立多元的农民住房保障制度体系,表现为在土地利用总体规划确定的城镇建设扩展边界范围内,原则上不再进行单宗宅基地分配,鼓励集中建设农民公寓等;传统农区依然具有可供审批的后备土地资源的,"一户一宅""面积法定"的宅基地分配制度依然适用;而在生态环境恶劣的地区,则采取易地搬迁等方式重新安排居住用地。是否集中建设农民公寓,严格来说取决于宅基地用地需求与集体可供建设的土地之间的供需关系。根据《土地管理法》第 62 条的规定,人均土地少、不能保障一户拥有一处宅基地的地区,县级人民政府可以采取措施,按照省定标准保障农村村民实现户有所居,前提是充分尊重农村村民意愿,也即应当经过农民集体民主决议,并未将户有所居严格限定在城镇开发边界以内。事实上城镇开发边界以外的传统农区,若人地矛盾突出,亦应允许其集中建设农民公寓保障农村村民实现户有所居。

总之,规划权行使虽非农村土地制度改革的试点内容,但规划在现代土地治理中发挥前提和基础作用,在"三块地"改革中规划的管控作用被不断强化,并被 2019 年修改的《土地管理法》所吸纳。改革试点地区对规划权及其行使积极探索,形成诸多创新做法,尽管未被上升为立法,但仍有其制度价值。从改革实践来看,对规划权及其行使的探索主要体现为,规划分区在农村土地征收领域的作用弱化,规划权行使在集体经营性建设用地入市中的拓展,以及对宅基地制度改革的保障作用。对此进行系统梳理总结,相信有助于为《土地管理法》实施和国土空间规划立法中规划权的科学配置与规范行使积累实践经验、提供制度样本。

第五章 国土空间规划的法治轨道探析

——以集体经营性建设用地入市规划完善为例[①]

集体和国有建设用地同等入市,旨在促进农民和集体公平分享增值收益,推动城市和乡村共享改革发展成果。为实现以上价值目标,需要理顺集体经营性建设用地入市规划主体,协调统一村庄规划的制定和实施,赋予农民和集体实质性参与规划权利,由规划制定主体也是乡镇人民政府明确集体经营性建设用地的规划条件;应科学辨析规划用途的规范意旨,慎重对待成片开发的社会效果,前瞻预判入市用途的制度功能,拓展集体经营性建设用地入市规划用途;填补集体建设用地异地入市的规范空白,满足异地入市的试点实践和法律政策需求,赋予集体申请改变土地用途的规划权利,避免利用增减挂钩政策突破建设用地规模、危及耕地保护安全;增量集体经营性建设用地入市符合宪法秩序,存在法律空间,应重新重视并在立法中明确乡村建设用地指标的配置规则。

第一节 集体经营性建设用地入市的规划障碍

目前,"多规并立"的类空间规划体系正在向"多规合一"的国土空间规划体系转型,《土地管理法实施条例》在《土地管理法》有关"国土空间规划取代土地利用总体规划和城乡规划"规定的基础上,进一步明确国土空间规划和土地利用总体规划、城乡规划的衔接过渡规则。从现行立法来看,集体经营性建设用地入市至少存在如下规划障碍。

[①] 参见孙聪聪:《集体经营性建设用地入市的规划实现研究》,《广西大学学报(哲学社会科学版)》2022 年第 5 期。

一、集体经营性建设用地入市的规划主体错位

(一) 村庄规划的制定和实施主体不统一

无论是类空间规划体系,还是国土空间规划构成,村庄规划均由乡镇人民政府制定。但是根据《城乡规划法》第41条和《土地管理法实施条例》第39条,乡村建设规划许可证由市县人民政府城乡规划主管部门核发,集体经营性建设用地入市的规划条件,由市县人民政府自然资源主管部门提出,也就是说,村庄规划的制定主体为乡镇人民政府,实施主体却为市县人民政府的原城乡规划、现自然资源主管部门,二者并不统一。尽管村庄规划由乡镇人民政府制定,仍然需要报县级人民政府审批,市县人民政府自然资源主管部门亦比乡镇人民政府更具有专业技术人员和设备优势,[1]但是村庄规划的制定和实施主体不统一,会导致职权交叉和事权重叠,[2]更重要的是,市县人民政府自然资源主管部门不如乡镇人民政府了解集体经营性建设用地的利用现状和入市需求,由乡镇人民政府对集体经营性建设用地入市出具规划条件、核发规划许可,更符合"职事统一、权责一致"的行政原则,以及下放行政许可的"放管服"改革要求。当然,若改由乡镇人民政府授予集体经营性建设用地入市规划许可,应当从内设机构和人员编制上给予相应的配置和保障。

(二) 农民和集体无实质性参与规划权利

村庄规划的制定和实施主体逐级上移,充分体现了农村居民和集体成员在规划法律关系中的参与者而非主体地位。规划作为行政行为以行政机关为主体是固有之义,城镇规划中城镇居民同样作为参与者参与规划制定。但是村庄规划调控的集体土地与国有土地具有异质性,且多为限制性规划;《城乡规划法》和《自然资源部办公厅关于加强村庄规划促进乡村振兴的通知》(自然资办发〔2019〕35号)均要求,村庄规划在报送审批前需在村内公示,并经村民会议或者村民代表会议等讨论同意,但二者均没有规定村民会议或者村民代表会议讨论不同意或者未通过时的意见表达程序,以及行政机关据此重新审查规划草案的

---

① 参见汪晓华:《构建城乡统一建设用地市场:法律困境与制度创新》,《江西社会科学》2016年第11期。

② 参见陈小君教授课题组:《"三块地"改革试点之规划权行使调研报告》,载耿卓主编:《土地法制科学》第5卷,法律出版社2022年版,第72页。

反馈机制,村民会议或者村民代表会议对村庄规划的知情同意权仍只是形式上的参与权。无论是作为类空间规划体系中的实用性规划,还是国土空间规划体系中的详细规划,依据现有的法律法规和政策性文件,村庄规划的制定和实施即便不存在忽视农民集体土地财产权利行使与保护的形式缺陷,但至少欠缺农村居民和集体成员的实质性参与,"从中部三省调研情况来看,现行土地利用总体规划和城乡规划在编制和实施过程中,集体和成员的知晓度与参与度非常低,导致其成为规划编制和实施中的弱势群体"①。在国土空间规划立法中,应当保留并拓展村庄规划制定和实施中公众参与的实体和程序性权利。②

(三) 集体经营性建设用地规划条件缺失

除于 2015 年农村土地制度改革之前已通过试点允许集体建设用地流转的部分地区,现状集体经营性建设用地规划用途和条件不明确有其制度和实践根源。一方面,城镇规划区内集体土地未被控制性详细规划覆盖。受制于《宪法》"城市的土地属于国家所有"的公有制宣示,以及 1998 年、2004 年《土地管理法》关于建设用地一元化市场配置的法律限制,③城镇规划区或将行政区划内集体土地排除,或将集体土地纳入但未制定控制性详细规划,又或者制定了有别于同区位国有建设用地的限制性村庄规划。由此甚至引发了集体经营性建设用地入市范围的"圈内""圈外"之争。④ 另一方面,乡村规划区内集体土地未被赋予规划用途和条件。根据《土地管理法》第 19 条第二款,土地利用区和用途在乡(镇)土地利用总体规划划定;与此同时,依据《城乡规划法》,乡村地区并没有制定乡村规划的法定义务,是否制定乡村规划的决定权在于县级以上地方人民政府,土地利用总体规划的强制性与城乡规划的指导性冲突在乡村地区体现得尤

---

① 陆剑:《集体经营性建设用地入市的实证解析与立法回应》,《法商研究》2015 年第 3 期。

② 参见孙聪聪:《〈国土空间规划法〉的立法体例与实体要义》,《中国土地科学》2022 年第 2 期。

③ 1998 年《土地管理法》修订删除城镇非农业户口居民建设住宅可以使用集体所有土地的规定,新增第 43 条:"任何单位和个人进行建设,需要使用土地的,必须依法申请使用国有土地……"的规定,新增第 63 条:"农民集体所有的土地的使用权不得出让、转让或者出租用于非农建设;但是,符合土地利用总体规划并依法取得建设用地的企业,因破产、兼并等情形致使土地使用权依法发生转移的除外"的规定。该两条在 2019 年修改的《土地管理法》允许集体经营性建设用地有条件入市后被废除。

④ 参见欧阳君君:《集体经营性建设用地入市范围的政策逻辑与法制因应》,《法商研究》2021 年第 4 期。

为明显,并由此导致乡村地区集体经营性建设用地的规划用途和条件因缺乏具有实用性的村庄规划而并不明确。

二、集体经营性建设用地入市规划用途受限

根据《土地管理法》第 63 条,集体建设用地入市需符合规划确定的工业、商业等用途,同时因入市之后不得随意改变土地用途,学界普遍认为,土地利用总体规划、城乡规划确定为工业、商业等经营性用途也是集体经营性建设用地入市之后的土地用途和规划条件。由此引发了此处的"工业、商业等经营性用途"是"等内等"还是"等外等"的讨论。主张"等内等"的学者认为集体经营性建设用地的规划用途限于工业和商业[①],甚至限于与农业发展直接相关的第二、三产业[②];主张"等外等"的学者认为,集体经营性建设用地的规划用途不限于工业、商业,而是可以随着土地制度改革的深入探索未列举的用途。[③] 事实上,我们认为,仅从第 63 条文义,并不能得出集体经营性建设用地不得用于工业、商业之外用途的结论。《土地管理法》第 63 条、《土地管理法实施条例》第 38 条规定的工业、商业等经营性用途,仅为集体建设用地的入市条件之一,根据《土地管理法实施条例》,入市过程中由市县人民政府自然资源主管部门出具规划条件,完全有可能改变原有集体建设用地的规划用途。关键的问题是,工业、商业等规划用途并不具有明确的规范意旨,入市限于工业、商业等用途,可能诱发城镇开发边界内成片开发的短期行为,未来成片开发退出公共利益征收范围后,集体经营性建设用地入市用途不受限制,将成为土地二元化供给的当然选择。

(一) 规划用途的规范意旨含混不清

用途分类是土地管理和城乡规划法上方便对土地进行现状调查、规划引导和管领控制的工具手段,不属于内涵清晰、外延明确的概念性规范,《民法典》对建设用地使用权规划用途的列举性规定,是体现公法对财产权利内容与行使边界予以限制的引致性规范。自然资源部于 2020 年 11 月发布《国土空间调查、规

①　参见岳晓武:《〈土地管理法〉的延续与变革》,《中国土地》2019 年第 10 期。

②　参见张力:《土地公有制对农村经营性建设用地入市改革的底线规制》,《法律科学(西北政法大学学报)》2020 年第 6 期。

③　参见高圣平:《论集体建设用地使用权的法律构造》,《法学杂志》2019 年第 4 期;宋志红:《集体建设用地使用权设立的难点问题探讨》,《中外法学》2020 年第 4 期;温世扬:《集体经营性建设用地"同等入市"的法制革新》,《中国法学》2015 年第 4 期。

划、用途管制用地用海分类指南》(以下简称《分类指南》),采用三级分类体系,共设置 24 种一级类、106 种二级类及 39 种三级类,其中一级商业服务业用地包括二级商业用地、商务金融用地、娱乐康体用地及其他,二级商业用地又包括餐饮用地和旅馆用地。如将《土地管理法》及其实施条例中的工业、商业等用途与《分类指南》中的一级分类对应,则显然已经涵括了《民法典》中建设用地使用权的旅游和娱乐用途;若将其与《分类指南》中的二级分类对应,也只是排除了商务金融用地和娱乐康体用地。《土地利用现状分类》《城市用地分类与规划建设用地标准》的分类与此大同小异。总之,原《物权法》、现《民法典》的规定未臻严谨、不尽科学,旅游、娱乐等用途毋宁是包含在工业、商业等用途之中的;至于住宅用途,因承载保障居住的公共利益,与工业、商业等经营性用途有所区别,但自从我国推行住房制度改革以来,城镇商品性住房逐步成为住房供给的主体,也就是说,住宅用途中经营性用地占据主导地位。与《民法典》营利性法人、非营利性法人和特别法人的分类相类比,同时与农村土地征收的公益性用途相适应,土地或者规划用途的经营性和公益性分类可能比工业、商业、旅游、娱乐、住宅等具体用途分类更具涵括性,[①]且更能够体现二者在土地供给、规划管制、税收征管等方面予以区别对待的正当性。因此,我们认为,集体建设用地在区别用于公益性和经营性用途之外,不需要在经营性用途之内再进行工业、商业等具体用途的限制。

(二) 成片开发的社会效果有待观察

若依目前部分学者的解释,集体经营性建设用地入市用途限于工业和商业,其他经营性用途只能遁入因成片开发实施的土地征收,不仅不能缩小土地征收范围,反而可能诱发成片开发的短期行为。《城市房地产管理法》与《土地管理法》修正相衔接,在第 9 条增加但书规定,但遵循文义,依然确立了城市规划区集体土地原则上须经依法征收转为国有土地,方能有偿出让,只有在法律另有规定的情况下除外。[②]《土地管理法》及其实施条例未对集体经营性建设用地入市

---

① 也有学者认为:"可以考虑建立统一的经营性建设用地和非经营性建设用地分类,并在非经营性建设用地中区分公益建设用地和居住建设用地类型。"参见高富平:《重启集体建设用地市场化改革的意义和制度需求》,《东方法学》2014 年第 6 期。

② 参见贺雪峰、桂华、夏柱智:《地权的逻辑》(3),中国政法大学出版社 2018 年版,第 126、275 页。

划定区划范围,也即规范意义上城乡规划范围内集体经营性建设用地均得入市。但是《土地管理法》及其实施条例允许在土地利用总体规划确定的城镇建设用地范围内,因成片开发建设需要征收土地,在一定程度上限缩了集体经营性建设用地的入市空间。"新政沿用城镇建设用地必须征地的开发模式,实际上就仍在维持着地方政府抢占农村土地发展权方面的优势地位。"①我们不认为《土地管理法》第45条第一款第五项"沿用城镇建设用地必须征地的开发模式",其规定城镇建设用地范围内成片开发建设需要用地,"可以"依法实施征收,关键是第63条集体经营性建设用地入市并没有明确的规划分区限制,但是我们也同意在土地征收允许成片开发作为公共利益认定标准的情况下,会产生限缩集体经营性建设用地入市空间的规范效果。广东省自然资源厅于2022年4月批复原则同意《广州市白云区2021年度土地征收成片开发方案》,成片开发总面积2559.3761公顷,拟征收地块面积1816.1481公顷,占成片开发用地面积的70.96%,共涉及43个成片开发范围。② 相较而言,原国土资源部于2017年批复广州等8市农用地转用和土地征收方案,批准用地1058.0459公顷,其中新增建设用地969.4247公顷,农用地转用879.2498公顷(含耕地399.5373公顷),征收土地845.7484公顷。③ 也就是说,2021年广州市一区拟征收土地面积是2017年广州等8市的2倍多。公共利益目的非但没能限制土地征收范围,反而激励了成片开发的短期行为。

(三) 入市用途的制度功能有待拓展

将来成片开发退出征收范围,集体经营性建设用地不受规划用途限制是土地供应的必然选择。当前《土地管理法》允许以成片开发为由征收集体土地,未来土地征收回归纯粹公共利益的情况下,新增非公益性建设只能由集体经营性建设用地供给,入市用途拓展到旅游、娱乐和商品住宅开发等是"征地制度公益

---

① 陈颀、燕红亮:《地权的时空切割:农地新政如何受到制度路径依赖的制约》,《学术月刊》2021年第3期。

② 参见《广东省自然资源厅关于广州市白云区2021年度土地征收成片开发方案的批复》,广东省自然资源厅网,http://nr.gd.gov.cn/zwgknew/tzgg/ygsp/td/gh/content/post_3908856.html,2022年5月14日访问。

③ 参见《广东省国土资源厅转发〈国土资源部关于广州市等8市2017年度农用地转用和土地征收方案的批复〉的函》(粤国土资利用函〔2017〕2950号),广东省自然资源厅网,http://nr.gd.gov.cn/gdlr_notice/inco/land/use/content/post_576953.html,2022年5月14日访问。

性改革"的必然选择。允许自愿有偿退出的闲置宅基地和废弃的公益性建设用地等转变为集体经营性建设用地入市，并从商业和工业用途拓展到住宅用途，能够推动建立城乡统一建设用地市场，提高农民财产性收入。① 广西玉林市北流市经试点发现，通过严格的规划管控和长期的利益协调，可以将集体经营性建设用地用作商品住房开发的风险控制在可接受的范围内，包括引导农民集体按规划合法地将农用地转变为建设用地，保障农民集体在入市和征收中土地增长收益基本平衡等。② 不仅如此，入市若限于工业、商业等经营性用途，是否能用于非经营性用途亦存在疑问。国家动用征收权的根本目的是为了保障公益性项目用地的供应，但公益性项目用地并非必须通过土地征收解决，尤其是在我国现行土地管理法制下，乡村基础设施和公共服务建设本就可使用集体建设用地，在集体建设用地可以有条件入市的情况下，通过与农民集体协商有偿使用集体土地，从事城市基础设施建设，亦不存在法理或者实践障碍。

三、集体建设用地的异地入市存在规范空白

《"三块地"改革试点意见》和《"三块地"改革试点实施细则》均有关于集体经营性建设用地异地入市也即调整入市和整治入市的指引，试点地区并据此探索了调整入市和整治入市的具体路径。有学者认为增量集体经营性建设用地入市包括调整入市和整治入市③，但如前所述，调整入市和整治入市中可能会存在新增"经营性"建设用地，即将原宅基地、公益性建设用地复垦并新增农用地转用，但是复垦形成的耕地面积和转用的耕地面积相当，不存在使用新增建设用地指标，而只是可能存在原有经营性建设用地规模的扩大，也就是说，并非真正意义的"增量"集体经营性建设用地入市。于整治入市时亦然。但无论是调整入市抑或整治入市，均存在集体建设用地的异地腾挪，故而我们以"异地入市"指代政策性文件中的调整入市和整治入市，以区别于现状集体经营性建设用地的就地入市；同时把涉及使用新增建设用地指标的称之为"增量"集体经营性建设

---

① 参见吴宇哲、于浩洋：《农村集体建设用地住宅用途入市的现实约束与赋能探索》，《中国土地科学》2021年第5期。

② 参见《广西北流市农村土地制度改革三项试点统筹推进专题报告》。

③ 参见欧阳君君：《集体经营性建设用地入市范围的政策逻辑与法制因应》，《法商研究》2021年第4期；陆剑、陈振涛：《集体经营性建设用地入市改革试点的困境与出路》，《南京农业大学学报（社会科学版）》2019年第2期。

用地入市,①以真正符合"增量"的规划内涵,避免混淆。

（一）异地入市具有试点实践和法律政策需求

从农村土地制度改革实践来看,试点地区大多同时探索了调整入市和整治入市,形成颇具共性特征的制度经验。② 就调整入市而言,《"三块地"改革试点实施细则》明确将集体经营性建设用地复垦后,调整到产业集中区入市。然而,试点地区大多突破了将集体经营性建设用地复垦以调整入市的范围限制,而将其拓展到宅基地和集体公益性建设用地上。对整治入市来说,主要涉及城中村集体建设用地的整治、复垦、重划和调整。③ 不仅如此,《土地管理法》第 42 条延续 2004 年《土地管理法》鼓励土地整理的规定;第 62 条新增一款,允许宅基地自愿有偿退出,并鼓励闲置宅基地和住宅的盘活利用。可以认为,在第 63 条之外,对《土地管理法》上述规定予以体系解释和适用,乡村基础设施和公共服务用地、宅基地是可以通过退出、盘活和土地整理等实现调整乃至整治入市的。问题在于,《土地管理法》等并没有明确赋予集体改变土地用途的实体或者程序性权利,集体申请使用土地涉及农用地转用的,会触发农用地转用审批程序,但是集体并不享有直接申请将农用地转变为建设用地或者建设用地转变为农用地的权利,由此造成试点改革及地方实践中的异地入市主要由政府主导展开,产生的收益亦由政府所垄断,集体作为土地所有权人所享有的使用管理权能被实质架空乃至漠视。

（二）异地入市实依托建设用地增减挂钩政策

前文提及,调整入市和整治入市中的指标置换,本质上采取的是城乡建设用地增减挂钩的制度框架。但是依据前期相关法律法规和政策性文件的规定,复垦形成耕地面积与建设用地指标并非一一对应的关系。根据 1998 年《土地管理法实施条例》第 18 条规定,"土地整理新增耕地面积的 60% 可以用作折抵建设占用耕地的补偿指标",2014 年《土地管理法实施条例》修订该规定得以维持。也就是说,土地整理新增耕地只能用作占补平衡中补充耕地的面积折抵,且依据

---

① 参见岳晓武:《〈土地管理法〉的延续与变革》,《中国土地》2019 年第 10 期。

② 参见陈小君教授课题组:《"三块地"改革试点之集体经营性建设用地入市改革调研报告》,载耿卓主编:《土地法制科学》第 5 卷,法律出版社 2022 年版,第 23—62 页。

③ 参见陈小君教授课题组:《"三块地"改革试点之规划权行使调研报告》,载耿卓主编:《土地法制科学》第 5 卷,法律出版社 2022 年版,第 72 页。

原《土地管理法实施条例》，鉴于整理新增耕地往往地力水平较低，即便用作建设占用耕地的补偿亦非等比例补充。2019 年《土地管理法实施条例》修订对此进行了修改，将原第 18 条的规定修改为"土地整理新增耕地，可以用作建设所占用耕地的补充"，避免了新增耕地面积可以折抵建设用地指标的歧义，也就杜绝了耕地和建设用地指标之间的折抵，但同时删除了面积折抵比例的限制，能否以及如何实现整理补充耕地较被占用耕地质量不降低，尚待观察。

即便在此立法背景下，试点地区异地入市仍主要依托城乡建设用地增减挂钩政策展开，且未严格按照城乡建设用地增减挂钩政策纳入项目制管理，难以有效保障全国范围内建设用地总量不增加、耕地面积不减少、质量不降低。①

第二节　集体经营性建设用地入市的规划实现

一、集体经营性建设用地入市的法秩序正当性

原《土地管理法》未明确土地征收的公共利益需要而被认为涉嫌"违宪"，现《土地管理法》允许集体建设用地有条件入市又被认为与宪法关于"城市的土地属于国家所有的规定"产生龃龉。② 我们认为，无论存量抑或增量集体经营性建设用地入市均不存在违宪的问题。

（一）集体经营性建设用地入市符合宪法秩序

从文义分析，《宪法》第 10 条"城市的土地属于国家所有"只能是概括规定，无论是行政区划，还是规划分区，"城市"的语义和实体边界都是变动不居的。③ 但是所有权尤其是土地所有权的边界是相对清晰的，无论城市如何扩张，城乡规划分区如何划定，财产秩序具有相对的稳定性，行政区划或者规划分区变动，都无

---

① 参见陈小君教授课题组：《"三块地"改革试点之规划权行使调研报告》，载耿卓主编：《土地法制科学》第 5 卷，法律出版社 2022 年版，第 65—66 页。

② 参见欧阳君君：《城市规划实施中的征地与集体经营性建设用地入市之关系协调》，《西南民族大学学报（人文社会科学版）》2019 年第 7 期。

③ 参见温世扬：《集体经营性建设用地"同等入市"的法制革新》，《中国法学》2015 年第 4 期。

法直接地、概括地将集体土地直接转变为国有,即便实践中存在①、理论上可欲②,制度上并不存在集体土地概括国有化的规范空间,也即通过何种途径将城市规划区的集体土地转变为国有,农民集体又如何取得国有建设用地的使用权。不仅城市土地属于国家所有作为规范事实将长期存在,未来政府职能转变背景下,乡村基础设施和公共服务用地亦可能通过征收转变为国有土地,使得农村和城市郊区的土地不仅属于集体所有,亦可能属于国家所有。在国家和集体土地真正具有同等入市、同权同价的情况下,国家和集体土地的二元区分在客体和内容上已经不具有决定意义。真正起决定性作用的是国家和集体土地的所有权主体范围,也即全民所有和成员所有,形象来说即大公与小公的问题。集体经营性建设用地入市本身并不涉及是否违宪的问题,城市的土地能否为集体所有才是。无论从规范文义抑或实践逻辑,城市的部分土地属于集体所有都是事实,在这一前提下,集体可以在其享有所有权的土地设立建设用地使用权亦无法律障碍,至于释宪③抑或修宪④,对我们的结论均不产生影响。

(二) 集体经营性建设用地入市存在法律空间

增量集体经营性建设用地入市,其法律依据是 2019 年修正的《土地管理法》第 23 条:"土地利用年度计划应当对本法第六十三条规定的集体经营性建设用地作出合理安排。"但除此之外,《土地管理法》及其实施条例未再对增量集体经营性建设用地入市作出具体规定。理论上存在反对集体经营性建设用地入市的主张,入市的必要性和可行性需慎重辨析。

有学者正确认识到国有和集体建设用地的不同归根结底是规划和用途管制的不同⑤,但仍可进一步追问的是,为何城市和农村的规划和用途管制有所不同?若认为农村地区农地主要服务于农业生产,从事农业生产的农村居民与城镇居民享受均等的基础设施和公共服务的合理需求如何满足? 不从事农业生产的农村

---

① 参见陈甦:《城市化过程中集体土地的概括国有化》,《法学研究》2000 年第 3 期。

② 参见韩松:《城镇化进程中入市集体经营性建设用地所有权归属及其与土地征收制度的协调》,《当代法学》2016 年第 6 期。

③ 参见张千帆:《城市土地"国家所有"的困惑与消解》,《中国法学》2012 年第 3 期;程雪阳:《论"城市土地属于国家所有"的宪法解释》,《法制与社会发展》2014 年第 1 期。

④ 参见温世扬:《集体经营性建设用地"同等入市"的法制革新》,《中国法学》2015 年第 4 期。

⑤ 参见华生:《城市化转型与土地陷进》,东方出版社 2013 年版,第 117 页;吴义龙:《集体经营性建设用地入市的现实困境与理论误区——以"同地同权"切入》,《学术月刊》2020 年第 4 期。

居民,不得在农村地区从事工业、商业等经营性活动的必要性又如何证成?

《民法典》编纂凸显对国家、集体和个人的财产权利予以平等保护的法律原则,尽管形式上的平等保护并不意味着权利内容的实质相同,但任何形式的差别对待都应持有充分理由。我国由《宪法》《民法典》《农村土地承包法》《土地管理法》等所构建的集体土地财产权利体系中,土地承包经营权、土地经营权受到不得从事非农建设的法定限制,宅基地使用权的权能限于占有和使用,但是集体土地所有权并无不得从事非农建设的限制,2019 年《土地管理法》修正后,集体经营性建设用地并得有条件入市。依据《民法典》确立的"物权平等保护"等私法原则,得出国有与集体建设用地具有同等性的结论,诚然不具有底线意义,①但却是集体经营性建设用地入市改革的长远目标。土地增值收益初次分配社会共享、坚持以耕者有其田为目的的农村劳动群众集体所有制,是《宪法》为农村经营性建设用地入市改革设定的底线,但初次分配社会共享不意味着完全无视农民集体的财产权利实现,更不能一味限缩集体土地财产权能、限制集体土地财产权利流转、剥夺集体土地财产权利又不给予完全补偿,②而所谓土地增值收益初次分配社会共享实质上由地方财政和城市居民共享所取代;坚持以耕者有其田为目的的农村劳动群众集体所有制,更不能忽视农村经济社会发展对建设用地的需求,农村土地征收回归公共利益目的限制之后,建设用地的市场化供给事实上由农村集体经营性建设用地所承接,农村经营性建设用地流转目的不能仅限于与农业发展直接相关的第二、三产业项目,而应当与国有建设用地真正"同权同价"。③ 所谓"城乡居民之间在地权初始分配上的不平等"④,无论过去、现下抑或将来,只是对在经济上处于弱势地位的农民群体进行差别化保护的特殊安排,农村或城市郊区的土地归农民集体所有——国家和政府为农民提供有别于城市居民的低层次的社会保障、基础设施和公共服务——固化并加深集体所有的正当性,打破这一逻辑闭环的前提在于城乡统一社会保障体系的建立、基础教育、医疗等公共服务的均衡化,在此之前,于私法层面对集体土地财产权利进

---

① 参见张力:《土地公有制对农村经营性建设用地入市改革的底线规制》,《法律科学(西北政法大学学报)》2020 年第 6 期。

② 参见郑振源、蔡继明:《城乡融合发展的制度保障:集体土地与国有土地同权》,《中国农村经济》2019 年第 11 期。

③ 参见陈小君:《集体建设用地使用权物权规则之省察反思》,《现代法学》2021 年第 6 期。

④ 参见黄忠:《城市化与"入城"集体土地的归属》,《法学研究》2014 年第 4 期。

行还权赋能,在公法领域松绑对集体土地财产权利的过当限制,允许事实上承载农村居民社会保障的集体土地所有权能够利用市场机制充分实现,弥补城乡发展失衡,是利用市场机制扎实推进共同富裕的必经路径。

2021年《土地管理法实施条例》修订删除了有关土地利用年度计划内容的规定,在"多规合一"的国土空间规划体系下,是否还有土地利用年度计划适用的空间,甚至是否还有计划指标存在的必要,都有待实践总结和理论探讨。2021年《土地管理法实施条例》修订后,原第二章"土地的所有权和使用权"悉数删除,其中"农村和城市郊区中已经依法没收、征收、征购为国有的土地"亦随之删除。实践中部分地区存在的所谓国家"征购"集体土地、农转非后集体土地的概括国有,同时失去法规依据。总之,土地管理法及其实施条例废除了建设用地市场化供给的国有一元模式,为集体经营性建设用地提供了制度空间,应当允许存量和增量集体经营性建设用地入市。①

二、集体经营性建设用地入市的规划实现路径

(一) 理顺集体经营性建设用地入市规划主体

在理顺村庄规划的制定和实施主体、赋予农民和集体实质性参与村庄规划制定和实施权利的基础上,应当将产业发展和布局、规划用途和开发建设强度等作为村庄规划的强制性内容;对于现状集体经营性建设用地,在不突破城乡建设用地规模的前提下,依法补办建设用地规划许可,明确规划条件和用途,为存量集体经营性建设用地入市提供规划保障。2019年《土地管理法》修正并不区分"圈内"和"圈外",符合条件的集体经营性建设用地均可以入市,2021年修订的《土地管理法实施条例》并将"土地利用总体规划、城乡规划"修改为"国土空间规划",而村庄规划在国土空间规划体系中的详细规划定位,有望从根本上解决存量集体经营性建设用地规划用途和条件不明晰的实践困境。

(二) 赋予集体申请改变土地用途的规划权利

我国现行法上农民集体不享有自主改变土地用途的土地发展权。鉴于异地入市具有试点实践和法律政策需求,实践中以城乡建设用地增减挂钩政策难以

---

① 参见陈耀东:《集体经营性建设用地入市流转的法律进路与规则设计》,《东岳论丛》2019年第10期。

保障耕地数量减少、质量不降低,且有违区域城乡协调发展的实质正义,我们主张赋予农民集体申请改变土地用途的规划权利,允许其申请将宅基地、公益性建设用地甚至农用地等转变为经营性建设用地入市。

明确赋予集体申请转变土地用途的规划权利,并不意味着集体可以随意变更土地用途而不受任何限制。进入近现代社会以来,财产权应当作自我限缩、有助于社会公共福祉的实现,①已然成为共识;规划以其科学性、民主性与正当性而逐渐成为对土地利用进行合法限制以实现社会公共利益的通用手段。我国现行法上农用地转用主要受到土地利用总体规划制定和实施的限制,未来赋予集体申请改变土地用途的实体和程序性权利,无论从农用地转变为建设用地,抑或从建设用地转变为农用地,还是建设用地不同用途之间的相互转换,亦需有权机关依据国土空间规划予以实质性审核,只要不违反规划,即应当予以审核批准。②

(三) 重新确立乡村建设用地指标的配置规则

事实上,在立法上明确为乡村分配新增建设用地指标并非不可想象,其事实上是在历次土地管理相关法律修订中被逐步取消的。1986 年《土地管理法》第42 条即有关于乡(镇)村建设用地控制指标的规定,该条于 1998 年《土地管理法》修订时被删除,以与建设用地的一元化市场供给相适应。2006 年修订的《土地利用年度计划管理办法》将镇村建设指标明确为新增建设用地指标的分项③,2016 年《土地利用年度计划管理办法》(2020 年已废止)修订时又删除了镇村建设用地指标的独立表述。随后为乡村分配新增建设用地指标虽不再出现于立法中,但政策性文件多有提及。④ 另外就实践中新增建设用地指标的配置而言,乡

---

① 参见张翔:《财产权的社会义务》,《中国社会科学》2012 年第 9 期。

② 参见宋志红:《集体建设用地使用权设立的难点问题探讨》,《中外法学》2020 年第 4 期。

③ 2006 年修订的《指标管理办法》第 4 条规定:"土地利用年度计划指标包括:(一)新增建设用地计划指标。包括新增建设用地总量和新增建设占用农用地及耕地指标。……前款第(一)项规定的新增建设用地计划指标,分为城镇村建设用地指标和能源、交通、水利、矿山、军事设施等独立选址的重点建设项目用地指标。"

④ 参见《中共中央、国务院关于实施乡村振兴战略的意见》要求,对利用收储农村闲置建设地发展农村新产业新业态的,给予新增建设用地指标奖励;《中共中央、国务院印发〈乡村振兴战略规划(2018—2022 年)〉》指出,根据规划确定的用地结构和布局,年度土地利用计划分配中可安排一定比例新增建设用地指标专项支持农业农村发展;《中共中央、国务院关于抓好"三农"领域重点工作确保如期实现全面小康的意见》重申,省级制定土地利用年度计划时,应安排至少 5% 新增建设用地指标保障乡村重点产业和项目用地等。

村建设用地指标的分配比例尽管不高,但中央和地方亦有所安排,如根据《赣州市人民政府办公室关于 2022 年度新增建设用地计划指标配置的通知》(赣市府办字〔2022〕57 号),继续安排每个脱贫县 600 亩用地指标,专项用于巩固脱贫攻坚成果和乡村振兴用地需求,不得挪用。① 但是也应看到,无论是政策要求还是实践参酌,缺乏立法上的明确规定,给予乡村新增建设用地指标并进而保障增量集体经营性建设用地入市,均具有较大的不确定性和行政裁量空间。我们建议在将来的国土空间规划立法上,重新明确乡村建设用地指标配置的原则和效力,尤其是在永久基本农田和生态保护红线等已由底线约束的情况下,在城镇开发边界内外的生产和生活空间,对于未利用地、非永久基本农田等的转用审批设置有别于永久基本农田的实体和程序要求,方能使新增集体经营性建设用地入市与其他相关制度协同推进,真正落到实处。

综上所述,《土地管理法》及其实施条例未对集体建设用地如何满足经营性用途、集体经营性建设用地入市后如何实施规划许可、可用作何种用途、是否以及如何允许增量集体经营性建设用地入市等予以具体明确的规定,需在深化农村集体经营性建设用地入市试点工作中予以进一步探索试验,并经由土地管理等法律制度完善予以澄清,以真正推动集体和国有建设用地同等入市,促进农民和集体公平分享土地增值收益,确保城市和乡村共享改革发展成果。

---

① 参见《赣州市人民政府办公室关于 2022 年度新增建设用地计划指标配置的通知》(赣市府办字〔2022〕57 号),赣州市人民政府网,https://www.ganzhou.gov.cn/zfxxgk/c100441/202205/a555297000cf469bade58835e6638397.shtml,2022 年 8 月 12 日访问。

第三编

「三块地」改革及其联动的
土地管理法律制度完善研究

2019 年 12 月 31 日,覆盖全国 33 个试点县(市、区)、经过两次延期、历时近 5 年的以土地征收、集体建设用地入市、宅基地制度为核心的"三块地"试点改革收官。① 其改革意图通过暂时调整有关法律规定的方式试验、探索集体统一建设用地市场相关法制规则,目的在于为我国土地管理法律制度完善提供来自全国不同地区实践的先行经验。其间,《民法典》出台实施,《土地管理法》及其实施条例相继修订。厘清"三块地"改革及其联动的政策意蕴及运行逻辑,总结改革试点成效并评估其中不足,考察有关试点成果入法的实效并反思法制供给缺憾,最终探究未来城乡统一建设用地市场土地管理法制规则进路,既正当其时,亦是新时代中国土地管理法律制度完善之重要环节。

① 依业界通例,简称"三块地"改革。试点地区通常称"三项改革"。

导　论　"三块地"改革及其联动的法政策意蕴与全域调研

一、"三块地"改革的法政策目标价值与运行逻辑

（一）"三块地"改革及其联动的时代背景

2013年,党的十八届三中全会《关于全面深化改革若干重大问题的决定》（以下简称《决定》）提出,建立城乡统一建设用地市场,在符合规划和用途管制前提下,允许通过出让、租赁、入股等方式,实行农村集体经营性建设用地与国有土地同等入市、同权同价;缩小征地范围,规范征地程序,完善对被征地农民合理、规范、多元保障机制;建立兼顾国家、集体、个人的土地增值收益分配机制,合理提高个人收益,保障农民公平分享土地增值收益。为贯彻落实党的十八届三中全会精神,推进全面深化改革,2014年12月,习近平总书记先后主持召开中央全面深化改革领导小组会议和中央政治局常委会会议,审议通过《关于农村土地征收、集体经营性建设用地入市、宅基地制度改革试点工作的意见》（以下简称《"三块地"改革试点意见》）。2015年2月,十二届全国人大常委会第十三次会议审议通过《关于授权国务院在北京市大兴区等三十三个试点县（市、区）行政区域暂时调整实施有关法律规定的决定》（以下简称《调整法律规定决定》）,授权在试点地区暂时调整实施《中华人民共和国土地管理法》《中华人民共和国城市房地产管理法》有关法律规定,授权期限截至2017年12月31日。2015年3月,原国土资源部召开试点工作部署会议,正式启动"三块地"改革试点工作,拉开了本轮土地制度改革的序幕。这个阶段,"三块地"改革试点呈"单兵突击"之势:国务院确定了3个土地征收改革试点地区,集体经营性建设用地入市制度改革和宅基地制度改革的试点地区则分别为15个,共计33个试点地区,每个试点地区均只有一项改革任务,改革事项之间并未联动,实践中往往在

土地制度整体性的制约下,导致单项改革的开展难度大、见效慢。2016 年 9 月、2017 年 11 月,中央全面深化改革领导小组决定将土地征收制度改革、集体经营性建设用地入市、宅基地制度改革扩大到全部 33 个试点县(市、区)。将"独立试验"调整为"统筹联动",三项改革任务协同推进,激发改革的"乘数效应"。

2017 年 11 月、2018 年 12 月,全国人大常委会两度授权将试点行政区域暂时调整实施有关法律规定的期限,最终延长至 2019 年 12 月 31 日。历经两次延期后,历时近五年的"三块地"改革收官。

《决定》为"三块地"改革提出了原则性要求和初步构想。这一重要决定对多年来社会议论颇多,却始终没能触动的制度问题有了改革的明确方向甚至具体表述,对曾经有所涉及但并不明朗且兹事体大的基本改革面发出了开创性的革新声音,可以认为,这是理论和政策上的又一重大突破,是为"新一轮农村制度改革的政治宣言"。① 而伴随着我国逐步进入了社会主义新时代,我国社会的主要矛盾转变为人民日益增长的美好生活需求与经济社会发展不平衡不充分之间的矛盾。为解决发展不平衡不充分的事实,党的十九大报告提出了区域协调、乡村振兴、生态文明建设等发展战略。实施乡村振兴战略,是实现全体人民共同富裕的必然选择,对解决新时代我国社会主要矛盾,实现中华民族"两个一百年"奋斗目标及其伟大复兴的中国梦,具有重大现实意义和深远历史意义。土地制度改革是乡村振兴战略实施的突破口,乡村振兴战略与土地制度改革在价值目标上具有内在一致性,在基本制度内容上具有同一性,在推进步骤上具有相似性。② 因此,实施乡村振兴战略必须推动农村地区土地制度改革。同时,作为国民经济发展、人民财富增长的重要基础,我国土地资源已然相对稀缺并且人地矛盾高度紧张的客观现实始终存在。近年来随着社会经济的发展和城乡一体化进程的不断推进,土地要素市场化成为必然趋势,而当前农村土地囿于其独有的保障功能,其制度设计无法完全适应土地资源紧缺和土地经济价值彰显的现实需求。另一方面,经 40 余年发展和完善,以集体土地所有权为基础,以集体成员之承包经营权为核心,以宅基地使用权、集体建设用地使用权、自留地(山)使用

---

① 参见冯海发:《对十八届三中全会〈决定〉有关农村改革几个重大问题的理解》,《农民日报》2013 年 11 月 18 日。

② 参见耿卓、孙聪聪:《乡村振兴用地难的理论表达与法治破解之道》,《求是学刊》2020 年第 5 期。

权和地役权等为基本类型的农地权利配置体系基本形成。随着《决定》提出增加农民财产性收入的战略目标以及后续系列文件的多次重申,如何推动农民现有农地权利的经济性利用并最终实现财产性收入增长,也构成了新时代共同富裕主题下的应然议题。故而,我国社会主要矛盾的转变、乡村振兴战略的实施、共同富裕下农民财产性收入增长等,构成了"三块地"改革及其联动的鲜明时代背景。

（二）"三块地"改革及其联动的政策意蕴

以往我国农村土地制度改革的形成轨迹可归结为实践先行、政策指导和法律兜底的"三部曲"模式:农民基于基层实践的制度创新获得国家政权认可后,通过政策文件进行指导和推广,在实践中不断完善后交由法律文本作出最终提炼和回应。但本次"三块地"改革的最大不同是政策主导、试点调整、法治保障,强调公权力与私权利平衡、市场与管制并行的特点,彰显了党和国家对于本轮土地改革的高度关切,蕴含了以土地管理法制完善为目标的多重政策期望。

本次"三块地"试点强调各项改革举措的"联动",即从以往各项具体土地制度的"分头"改到强调"联动"改,与建设城乡统一建设用地市场这一最终政策目标中的"统一"二字不谋而合。宏观上,"三块地"改革期望通过建立明确的征地概念与条件的制度,加快集体建设用地与国有建设用地同等入市、同价同权的土地治理进程,适度松绑宅基地市场流转等法制举措,佐之"多规合一"的国土空间规划科学化、体系化、法治化,助力城乡统一建设用地市场的成形,扭转农村土地向城市土地转换时议价机制空缺现状。具体上,"三块地"改革涉及农村土地征收、集体经营性建设用地入市、宅基地制度改革三个主要层面的关键问题。考察政策文件和试点情况,其中政策意蕴明显:农村土地征收,其核心是缩小征地范围,要义是初步建立事前、事中、事后的全过程严格规范的征地程序,落脚点是完善多元的征收补偿机制从而建立土地征收补偿分配机制以化解集体土地征收矛盾。集体经营性建设用地入市,旨在严守党中央关于改革后的集体土地公有制性质不改变、耕地红线不突破、农民利益不受损等重要政策红线的前提,构建更加完善的土地要素市场化配置体制机制,进一步提高土地资源优化配置的效率。宅基地制度改革,是在坚持农民集体土地公有制基础上为解决城市建设用地供给不足和宅基地闲置、"一户多宅"、经济利用不充分问题,回应宅基地经济利用现实需求而进行的战略性布局。其政策表达形式是以"落实宅基地集体所有权,保障宅基地农户资格权和农民房屋财产权,适度放活宅基地和农民房屋使用权"为内容;政策意图是拟肯认宅基地及其上房屋已然流转的现实,进而从制度上推进宅基地的流转开禁,实现在宅基地经济价值利用基础上构建城乡统一建设用地市场的愿景。①

同时,还有一条贯穿"三块地"改革试点工作始终的主线,即土地增值收益分配制度改革,凸显了共同富裕背景下赋予农民更多财产性收入的改革目标。在此之前,我国土地一级市场未建立形式意义上的增值收益分配制度,实质上因土地用途转变和开发建设强度提升而产生的增值收益悉数归国家所有,表现为国有土地出让金与土地取得成本之间的差额,土地取得成本又包括土地征收补偿和整理费用等。遵循"三块地"试点改革工作宗旨,要求在国家、集体和个人中建立兼顾和平衡多元主体的土地增值收益分配制度,既要在农村土地征收制度中完善对被征地农民合理、规范、多元保障机制,提高土地征收中农民和集体的补偿标准,确保被征地农民长远生计有保障,又要在集体经营性建设用地入市中探索建立城乡统一的基准地价和土地税收制度,由国家对集体经营性建设用地入市收益收取调节金,健全土地增值收益在农村集体经济组织内部的分配机制,由集体成员公平分享剩余部分入市收益。不仅如此,集体通过宅基地流转退出或有偿使用后的收益财产,也应进入该农村集体的土地增值收益部分,成为全体集体成员共同分享的财富。②

(三)"三块地"改革及其联动的法理证成

从城乡统一建设用地市场建立过程中土地管理的权力视角出发,"三块地"改革及其联动是平衡公法管制与市场自治关系的基本要求。中国建设用地市场具有城乡二元的典型特征,存在城乡两种不同的建设用地使用权制度体系,此种二元化的建设用地市场既导致了资源无法有效流动、城市用地成本过高且人地关系紧张,又事实上形成了城市对乡村进行地价剥削的局面,农民群体无法平等享受改革发展成果与土地增值收益。鉴于土地资源的重要性,又有延续计划经济时代国家干预的惯性,当下我国土地管理法制整体仍呈现出较为强烈的国家管控色彩;相应地,市场调节机制在对接土地资源时功效甚微。市场调节机制被

---

① 参见陈小君:《宅基地使用权的制度困局与破解之维》,《法学研究》2019 年第 3 期。
② 参见耿卓主编:《土地法制科学》第 5 卷,法律出版社 2022 年版,第 84 页。

抑制的后果,一方面是国家管控过度介入土地管理秩序,权力寻租、部门利益、贪功心态等因素抬升土地管理风险;另一方面是市场调控被排除在土地管理秩序之外,无法形成科学有效的定价机制和公平分配机制,最终影响我国建设用地市场的健康发展。① "三块地"改革是其中的主体部分和关键环节,必须对新中国成立以来形成的具有计划经济色彩和命令管制传统的土地管理制度进行根本变革。其改革的内在逻辑必然要求联动协同,建立统一的城乡建设用地市场,打造运行中的有为市场和管控中的有限政府,走好兼顾权利与权力行使的"平衡木"。因此,以"同等入市、同权同价"作为改革目标,构建城乡统一建设用地市场,必须强调市场在建设用地资源配置中的决定作用,妥善处理政府与市场的关系,以土地管理权力规制和市场规则构建作为本轮"三块地"改革的基本逻辑主线。考察改革实践,多项改革举措和政策要点与此呼应:如农村集体经营性建设用地在同权同价、流转顺畅的基础上入市,在符合规划、用途管制和依法取得基础上可通过出让、租赁、入股等市场化方式流转,允许异地调整入市、允许转变性质入市、允许土地整理入市等;改革宅基地审批制度、发挥村民自治组织的民主管理作用、构建宅基地有偿退出机制、探索宅基地有序流转等;缩小土地征收范围、严格界定公共利益用地范围,建立事前、事中、事后的全过程严格规范的征地程序,探索多种形式的民主协商机制、健全矛盾纠纷调处机制、全面公开土地征收信息等。此外,构建建设用地市场配套制度,也是"三块地"改革重点,如为农村集体建设用地使用权确权、登记,统一建设用地入市的交易规则,公开交易的平台和制度,统一的基准地价和土地税收制度,集体土地资产处置决策程序,规划、投资、金融、税收、审计制度,培育、规范土地市场中介组织等。

从城乡统一建设用地市场建立过程中农民利益实现和收入增长的权利视角出发,"三块地"改革及其联动是贯彻"以人民为中心"发展理念的必然结果。"三块地"改革及其联动,以集体土地所有权、集体成员权、宅基地使用权、集体建设用地使用权、自留地(山)使用权和地役权等多项农地权利为基础。《决定》确立了我国农村土地制度改革之"赋予权利和回归权利"的逻辑主线。宏观上,"同地同权"是"三块地"改革及其联动的基本原则和制度要求。"同地同权"进

---

① 参见陈小君:《民法典时代土地管理法制改革契机与优化路径论纲》,《学术月刊》2022年第3期。

一步表现为土地的国家所有权与集体所有权、建设用地的国有使用权与集体使用权一体平等待之,在政策目标上力图破除城乡二元建设用地权利结构,在政策路径上强调集体建设用地与城市建设用地同等入市、同权同价,保证二者在权利属性、交易机会、权利内容上的一致。微观上,权利主体(农民集体及其成员)的具体农地权利尤其是收益权能的行使路径和保障机制,是"三块地"改革及其联动在政策制定时必须照应的关键线索。这就要求保障土地利用总体规划、城乡规划编制过程中农民集体成员的参与权与知情权,突出农民集体在土地利用规划、城乡规划编制中的主体地位;需要重视农民集体及其成员在集体经营性建设用地入市过程中的权利主体地位,加快建设用地使用权确权登记,允许农民集体在自愿前提下将依法收回的宅基地、集体公益性建设用地进行转性入市,同步考虑的还应包括为满足"户有所居"的现实需求,缓解多年来多地新生代农民未能分得宅基地建房居住的压力,适当将集约节约的建设用地规划出新增宅基地,用于建设农民公寓等住房;正视并支持农民集体及其成员对建设用地使用权、农房、集体林权进行抵押融资的现实需求;应当将权利的"得丧变更"作为宅基地"三权分置"政策的设计主线,明确宅基地申请条件、拓展农村居民住房保障形式、实行宅基地有偿使用、探索宅基地流转、推动宅基地有偿退出;还要完善土地增值收益的分配机制,确保土地增值收益分配在国家与集体、集体内部等主体之间的基本平衡,达成土地征收补偿标准和集体成员补偿分配制度公平合理目标,将宅基地有偿使用和流转收益作为集体土地收益由集体成员共同分享。可以说,"三块地"改革及其联动除了解决乡村振兴发展过程中的用地需求、建立公平统一的城乡建设用地市场,其改革目标还在于通过赋予和确认农地权利的收益权能,使得权利主体积极主动参与建设用地流转,通过市场机制满足用地需求;同时在建设用地入市和宅基地流转、农地征收等过程中,能够实现农民集体及其成员核心财产性权利的收益权能,真正通过权利行使、建设用地流动获得更多财产性收入。

二、"三块地"改革及其联动的 33 个试点全域实证调研图景

(一) 调研整体情况

针对"三块地"改革及其联动的实践情况,本研究团队于 2019 年 9—12 月完成了对全国农村土地制度改革 31 个省(自治区、直辖市)33 个试点县(市、区)

全覆盖实证调研。本次调研,目的在于全面掌握现有改革试点的实践经验,客观评估"三块地"改革及其联动的成效及其不足,在以土地管理法律制度完善为问题导向和目标导向基础上,凸显制度设计难点要点、评价现有立法得失,持续关注未来政策趋势及政策入法、法制供给的完善之道。

在调研对象上,以相关改革政策性文件①中的政策试点落实和推进情况为重点考察对象,坚持以具体试点任务和改革举措为关注点,以任务举措的政策目标和实施现实为对照,以"三块地"改革及其联动的改革内容、改革成效与改革不足为直接调研成果。同时发现,部分试点地区在既有试点任务基础上,对于文件暂未提到的但关乎"三块地"改革推进的关键问题,也进行了一些大胆尝试,课题组一并对这些探索性政策进行了考察。

在调研方法上,贯彻了实地调查法、规范性文件分析法和比较分析法,采取了部门座谈、现场访谈、实地考察等方式,收集了大量第一手资料,形成了制度汇编、总结报告与统计数据等资料;在汇编 33 个改革试点地区政策性文件基础上,分析整理了不同试点地区的具体落地措施,其范围之广,涵盖全部改革试点任务;综合考虑经济发展、地理位置、区位优势等多方面因素,比较相似试点地区的改革举措,凸显问题的共性和个性。同时,对比分析相同改革举措在不同地区呈现出的差异效果,从而更客观、细致总结归纳试点成功经验与存在不足。

在调研产出上,课题组形成了针对"三块地"改革及其联动的五份调研报告。分别是:《"三块地"改革试点之土地征收制度改革调研报告》《"三块地"改革试点之集体经营性建设用地入市改革调研报告》《"三块地"改革试点之宅基地制度改革调研报告》《"三块地"改革试点之规划权行使调研报告》《"三块地"改革试点之土地增值收益分配制度改革调研报告》。② 同时,为凸显实证导向,调研过程中的有关数据和具体改革举措,是本章有关论点论据形成的重要基础。

（二）试点概况及成效评估

33 个试点县(市、区)围绕《"三块地"改革试点意见》及其实施细则确立的基本原则、主要目标和改革内容,能够结合本地区的实际情况,对农村土地征收、集体经营性建设用地入市、宅基地制度改革等问题进行制度构建,通过形成相关

① 这些政策性文件,主要包括《"三块地"改革试点意见》《调整法律规定决定》《关于建立健全城乡融合发展体制机制和政策体系的意见》。

② 参见耿卓主编:《土地法制科学》第 5 卷,法律出版社 2022 年版,第 3—98 页。

管理办法及配套文件的形式,稳步推进改革试点工作。值得关注的是,试点地区在土地增值收益分配制度改革上作了不少突破,突出体现了"三块地"改革联动的基本要求和政策目标。规划权行使虽非本轮改革试点内容,但因规划在现代土地治理中发挥的前提性和基础性作用,部分试点地区对"三块地"改革中的规划管控着墨不少。整体来看,历时近五年的"三块地"改革试点工作基本上达到了试点目标,形成了不少经验,部分实践成果还上升为有关土地管理法律制度规则,体现了我国一贯的"政策先行""成熟一个,制定一个"的立法方略。

根据有关调研情况,"三块地"改革试点的整体情况及其成效如下:

1. 关于土地征收制度改革。各试点地区根据《"三块地"改革试点意见》及原国土资源部制定的《土地征收制度改革试点实施细则》,结合本地实际,从征收范围、征收程序、征收补偿等方面进行了积极探索,核心理念是规范征收权力、保障农民财产权利。在 3 个初始试点地区①,主要围绕编制土地征收目录,探索界定公共利益用地范围,初步建立事前、事中、事后的全过程严格规范的征地程序、完善多元的征收补偿机制四个方面工作重点展开。试点全覆盖后则强调在系统改革举措中向纵深推进,主要是:在确定征地范围方面,探索公益用地的界定标准和公共利益的争议解决机制;在规范征地程序方面,探索多种形式的民主协商、信息公开机制,建立社会稳定风险评估制度,健全矛盾纠纷调处机制;在提高征地补偿标准方面,主要是制定区片综合地价、建立多元安置补偿方式。结合土地征收工作实效和后续修法入法情况,"三块地"改革之土地征收制度改革成效明显,主要体现在:其一,土地征收范围得以缩小,被征地人权益得到维护,政府征收权力行使得到规范。其二,被征地农民主体地位提升,通过建立和落实征地工作的"一评估、两协商、三公告、四协议"程序,尊重和保障被征地者的知情、参与、申诉、监督等权利。其三,被征地农民经济收入获得稳定保障,为提升和改善被征地农民未来生存境遇,注重在征收中完善货币补偿、长远收益、就业与社会保障等方面的补偿方式。其四,土地征收矛盾风险率下降,试点地区征地程序中增加了风险评估、与农民协商、公告等环节,被征地农民民主参与权利得到保障,征地引发矛盾显著减少。

---

① 即河北保定市定州市、内蒙古呼和浩特市和林格尔县、山东德州市禹城市。

2. 关于集体经营性建设用地入市改革。入市改革试点地区围绕《"三块地"改革试点意见》及原国土资源部制定的《农村集体经营性建设用地入市试点实施细则》所确立的基本原则、主要目标和改革内容,结合本地实际情况,对入市主体、入市条件、入市方式、入市程序等问题进行制度构建,形成了相应入市管理办法及配套文件。其一,入市主体。农村集体土地所有权的归属情况复杂,基于规范严谨性、周延性的要求,部分地区的管理办法分情况对入市主体作出更为具体的规定。同时,为便于入市工作开展,管理办法中通常会规定入市实施主体问题,明确入市主体可授权委托具有法人资格的主体处理入市事宜,例如,镇一级资产管理公司、农村土地股份合作社等。其二,入市条件。大多试点地区的入市管理办法对农村集体经营性建设用地的内涵、入市宗地的基本要求作出规定,规制的重点要求主要为符合规划、用途管制、办理土地登记、符合产业和环保等政策、无权属争议、未被限制权利等,在具体规定上各地有所不同。其三,入市方式。试点地区在《"三块地"改革试点意见》基础上进行了深入探索,既对集体建设用地的不同入市方式作出规范,例如在出让、租赁、作价出资(入股)等方面均有入市细化规则,也考虑集体经营性建设用地使用权的转让、出租、抵押一并予以调整。入市用途主要集中于工矿仓储和商服用地,极个别试点地区扩展至住宅用地。交易方式则以招标、拍卖、挂牌为主,严格限制协议入市的适用情形。其四,入市程序。主要包括作出入市决议、提出入市申请、通过行政审核、组织入市交易、签订合同、不动产登记等环节,不同试点地区在决议形成、审核范围、程序设计、材料要求等方面存在一定差异。

整体来看,入市改革试点基本达到预期目标,试点地区探索了市场化运作路径,为农村产业发展提供新供地形式,有效缓解产业用地压力,大大增加农民的土地财产收入,广大农民群体直接享受到改革红利。集体经营性建设用地直接进入市场进行交易,使市场在土地资源配置中的决定性作用得到更为充分的释放,为入市制度正式进入《土地管理法》奠定基础,入市改革试点所形成的制度成果与实践经验也成为入市制度进一步完善的重要参考。

3. 关于宅基地制度改革。首轮改革试点地区积极落实《"三块地"改革试点意见》《农村宅基地制度改革试点实施细则》的有关改革试点任务。主要包括:其一,以集体成员身份为基础,以户为申请主体明确宅基地申请条件。多个试点地区制定了集体成员认定办法,以"列举+排除"的方法明确成员身份的取得,其中户籍是其重要认定标准,同时严格界定分户建房条件。其二,拓宽农村居民住房保障形式。试点地区探索在不能满足"一户一宅"时,向"户有所居"的住房保障方式转变,住房保障方式也呈现多元发展。其三,实行宅基地有偿使用。宅基地有偿使用的范围主要包括:非本村集体经济组织成员占用的宅基地、"一户一宅"中超标准占用的宅基地、"一户多宅"中一处以外的宅基地等。宅基地有偿使用费缴纳标准则基于各地明确具体缴费数额或规定上、下限,对特殊群体也实行减免政策。宅基地有偿使用费主要由农村集体经济组织收取,实行"村账乡(镇)管"模式。其四,探索宅基地流转。在流转范围上,部分改革试点地区仍将宅基地流转范围限制在本集体经济组织内部,另有改革试点地区将宅基地流转范围扩大至全区、全市(县)域内。且在宅基地对外流转中,设置本集体经济组织的优先回购权和本集体经济组织成员的优先受让权。流转方式上,农房和宅基地出租情况最为普遍,个别试点地区还允许宅基地合作经营。流转年限根据不同流转方式,从20年到70年不等。其五,推动宅基地有偿退出和盘活利用。宅基地有偿退出遵循依法自愿、合理补偿、科学利用、统筹推进原则,退出对象主要是"一户多宅"的多宅部分、因继承或其他方式获得的宅基地、进城落户农民闲置的宅基地、孤寡老人的宅基地、其他自愿退出的宅基地等。退出补偿方式主要包括货币补偿、实物补偿、指标补偿(或置换)、入股分红、享受政府优惠政策等,具体标准受试点地区经济发展和地理位置等因素影响而各有不同。对于退回的宅基地,主要通过再分配、乡村基础设施建设、复耕复绿、经营性开发等方式进行盘活利用。其六,分类处理宅基地历史遗留问题。试点地区根据各地宅基地现状,以时间点为划分,明确宅基地历史遗留问题的范围,并确立了依法依规、尊重历史、一户一宅、面积法定(合规)等解决宅基地历史遗留问题的原则。系统梳理并分类处理因历史原因形成的超标准占用宅基地、一户多宅、非农村集体经济组织成员占用宅基地、违法占用宅基地等问题。其七,简化宅基地审批并加强监督管理。改革试点地区制定宅基地审批管理办法或规定,下放审批权限至乡镇,简化农村宅基地审批程序,强化县乡政府的宅基地监管责任。其八,探索与集体经营性建设用地入市改革联动。通过采取制定宅基地基准地价体系,分区域分类型收取土地增值收益调节金等举措,实现农民在宅基地制度改革和集体经营性建设用地入市改革中获取的增值收益基本平衡;为达到实现宅基地资源与集体建设用地资源协同配置,尝试建立了宅基地使用权向集体经营性建设用地使用权的规则转换通道。

2020年,由中央农办、农业农村部主导的新一轮深化宅基地制度改革,围绕保障农民基本居住权,完善宅基地使用和管理制度体系,探索宅基地所有权、资格权、使用权分置的实现形式,在全国3个地级市及104个县(市、区)开展试点。新加入的改革试点地区因地制宜开展探索,33个首轮宅基地改革试点地区在总结前轮改革经验基础上,继续深化和拓展。

4. 关于土地增值收益分配制度改革。试点地区大多采取以土地征收中国家和集体土地增值收益分配比例倒推入市收益调节金比例的做法,在农村土地征收中制定区片综合地价提高补偿标准,建立多元补偿方式保障农民长远生计,据此测算土地征收中增值收益分配比例,具体又可分为土地增值收益涵盖和排除征地补偿安置费用的两种方式;集体经营性建设用地入市土地增值收益调节金的征收,形成以成交总价款为基准和以土地增值收益为基准两种试点模式;集体所得土地增值收益在集体和成员间的分配样式可分为:由农村集体经济组织所有、政府确定集体和成员的分配比例以及在政府划定的比例范围内由集体成员民主决定三种方式。试点地区在我国集体经营性建设用地入市收益分配制度仍处立法空白的现实下,对土地增值收益分配制度的完善进行了有益探索;通过制定区片综合地价提高征地补偿标准、合理确定入市土地增值收益调节金征收方案、在农民集体内部公平分配增值收益,旨在国家、集体和个人层面,建立兼顾多元主体的土地增值收益分配机制。这些改革试点经验,成为《土地增值税法(征求意见稿)》起草的重要参考。

5. 关于规划权行使制度改革。规划权行使虽非农村土地制度改革的试点内容,但规划在现代土地治理中发挥前提和基础作用,在"三块地"改革中规划的管控作用被不断刚性化,体现在审查征收中的公共利益情形、集体建设用地的入市能力、宅基地审批流程和使用范围等方面。从改革实践来看,对规划权及其行使的探索主要体现为:其一,规划分区在农村土地征收领域的作用弱化。一是大多数试点地区均不区分城镇规划区内外适用同样的土地征收目录或者公共利益用地判定标准,即规划分区与公共利益认定相区隔。二是统一以区片综合地价取代原产值倍数作为征地补偿标准。三是通过下达土地利用年度计划,确定农用地转用计划指标、耕地保有量计划指标与土地开发整理计划指标,从而在一定程度上决定本年度内可得征收的土地规模,实现土地征收与规划之间的联结互动。其二,集体土地入市中对规划权行使的拓展。一是以规划用途严格限定入市能力,将土地总规、规划要求的工、商业等经营性用途,作为其入市必须具备的资格条件,以及其入市之后的开发建设条件。二是通过探索集体经营性建设用地异地调整入市的方式、明确原土地使用权人复垦或发展权益损失补偿标准、扩大适用城乡建设用地增减挂钩政策,实现集体土地复垦置换建设用地指标异地入市。其三,规划权对宅基地制度改革的保障。主要表现为规划权对闲置宅基地利用和户有所居的保障,如依职权修改规划将宅基地调整为经营性建设用地、依规划分区确立多元农民住房保障制度体系。上述改革试点部分事项,被 2019年修正的《土地管理法》、2021 年修订的《土地管理法实施条例》所吸纳,体现了改革政策的先行价值和立法保障功能,也为国土空间规划立法中规划权的科学配置与规范行使积累了实践经验、提供了制度样本。尤为重要的是,在上级国土空间规划尚未编制审批的前提下,各试点地区能够进行"多规合一"的村庄规划编制,为"三块地"改革试点工作提供规划依据,既体现了基层土地管理规划主体的法制意识,也凸显了规划权行使在土地管理和开发利用中的基础性地位。

(三) 实效不足与趋势预测

1.统筹"三块地"联动改革尚待优化

第一,亟待提高土地征收与集体经营性建设用地入市改革的联动实效。突出表现在集体建设用地使用权优先入市和公共利益实现需要协调、土地征收补偿和集体经营性建设用地入市过程中的隐性成本需要协调、征地与入市收益大体平衡与"同地同价"需要协调。

第二,土地征收与宅基地改革联动的有限性应予克服。强调改革对整体利益平衡的关注,而不仅仅在征地项目方面。试点地区通过城乡建设用地增减挂钩连接征收与宅基地改革,对于依法自愿有偿退出宅基地的进城落户农民,参照土地征收区片价格计算其退出宅基地的补偿,通过协商或第三方评估确定房屋的补偿价格。两种做法虽有其价值,但存在对进城落户农民特别是城中村或城市郊区农民自愿退出宅基地激励不足的问题。

第三,集体建设用地入市与宅基地制度改革亦难以充分合理联动。一方面,当前农村闲置土地多为宅基地,闲置宅基地未能有效转变为集体经营性建设用地,入市制度的现实可行性打了折扣;另一方面,改革中的宅基地转为建设用地有积极性,但反之却没有很好实践。因此,应在法律上明确界定可直接入市与可转变后入市的集体土地范围以及不同功能的地性如何双向转换,落实中央文件提出的政策要求,村集体有权依法把有偿收回的闲置宅基地、废弃的集体公益性建设用地转为集体经营性建设用地入市,①包括切实落实农民户有所居的法律底线原则。

2. 试点改革自身需多维度完善

农村土地征收、集体经营性建设用地入市、宅基地制度改革、土地增值收益分配制度改革、规划权行使制度改革等领域本身也存在诸多不足或留白之处,需要从构建城乡统一建设用地市场的视角具体完善。

第一,关于土地征收制度改革。由于征收所涉利益的多元性,不仅要协调集体成员、集体经济组织与政府之间的纵向利益,而且须兼顾集体成员之间的横向利益,不仅要平衡集体成员、集体经济组织与政府之间的外部利益,还须考量集体成员与集体经济组织之间的内部利益。② 本次土地征收制度改革虽然取得诸多成效,但目标未能圆满达成,尚存进一步完善之处:其一,公共利益认定机制有待进一步构建。各试点地区对土地征收之公益目的尚未形成稳定、有效和法治化的认定机制。同时,尽管不能否定成片开发征收之现实意义,但在成片开发的认定和执行上,按照既有标准,成片开发范围内公益用地比例偏低,有待进一步建立成片开发正面清单,并完善其实施程序。其二,土地征收程序仍需进一步完善。包括:明确对征地社会稳定风险评估的实施主体、明确征地补偿协议签订中"绝大多数"的具体比例或判定程序、完善征地补偿安置协商的行政和司法救济机制等。其三,土地征收补偿标准的界定需进一步引入市场机制。政府主导定价无法体现和保障农民的议价权利,极易形成"同地不同价",也会导致补偿分配出现公平和效率上的问题。因此,依然需要在下一步深化改革时注重"发挥市场在资源配置中的决定性作用",进而加大征地补偿标准遵循市场价格的理论与实践探索力度。

第二,关于集体经营性建设用地入市改革。本轮集体经营性建设用地入市改革试点,通过局部试点为整体立法作出积极探索,较为充分地发挥出"试点"

---

① 参见杨遂全:《论集体经营性建设用地平等入市的条件与路径》,《郑州大学学报(哲学社会科学版)》2019 年第 4 期。

② 参见陈小君:《农村集体土地征收的法理反思与制度构建》,《中国法学》2012 年第 1 期。

的实践效益,但是下述课题仍待进一步探讨:其一,如何在土地管理体制改革中科学认识市场与政府的关系。既要在土地资源配置中有效发挥市场决定性作用,建立交易成本低、运行便捷的入市制度,也要促进政府在土地治理中的多元目标实现,预防、减少"市场失灵",其核心要义是通过集体经营性建设用地入市中的权利构造和保障以限制政府权力。其二,集体经营性建设用地入市规则仍需完善。入市制度的正式确立有助于破除城乡二元土地结构,但存在"经营性"一词使用不合理、入市规则尚不明朗、将出租混入出让制度之中、土地增值收益调节金缺位等问题。① 集体经营性建设用地入市制度需要从理念更新、体系构建与规则设计三个层面着力健全。其三,集体经营性建设用地入市收益分配规则需具体明确。入市收益分配需妥善平衡政府、农民集体(包括本农民集体与其他农民集体)、集体成员之间的利益关系。当前立法缺乏统一且明确的分配机制,下一步应当健全具体规则,如规定农民集体留存净收益的最低比例,村集体取得的收益应作为集体资产进行统一管理,明确收益分配方案的决议规则,健全村务公开制度等。其四,集体经营性建设用地入市相关配套制度需要同步跟进。除了构建系统的入市法律规则外,相关配套制度、监管制度的建立健全也对集体经营性建设用地入市的落地运行有着举足轻重的影响。具体包括:构建有关公开交易平台,探索建立城乡统一基准地价和土地税收制度,健全完善集体土地资产处置决策程序,完善规划、投资、金融、税收、审计等相关服务和监管制度,培育和规范土地市场中介组织等。

第三,关于宅基地制度改革。基于有关宅基地立法,结合现有改革试点实践,对照以"得丧变更"为权利主线的宅基地管理体制,目前的宅基地制度改革仍存在以下主要问题:其一,新时代宅基地制度功能定位不明。宅基地制度改革既要防止农民流离失所又要实现宅基地合理、科学的经济利用,平衡宅基地社会保障功能和伴随社会发展所显化的财产功能成为当前最大难题。而无论是土地管理法制完善,还是《民法典》出台,均未明确新时代宅基地制度的功能定位。其二,宅基地经济利用的法制路径不畅。尽管宅基地制度改革实践在宅基地有偿使用、流转、退出等方面均有大胆探索,但在后续立法修法中未有突破。宅基地"得丧变更"规则缺位,宅基地使用权收益权能阙如等,均限制了宅基地经济

---

① 参见陈小君:《〈土地管理法〉修法与新一轮土地改革》,《中国法律评论》2019 年第 5 期。

利用的有效实现。其三,宅基地管理制度尚存缺陷。以改革的应然目标来检视现行宅基地管理制度的规则内容,仍存在政府权力运行越位、政府管理职责弱化和政府行为边界模糊等缺陷。① 其四,宅基地使用权私权属性不彰。《民法典》基本沿用原《物权法》相关规定,以至宅基地民事权利制度极其薄弱,加之宅基地权利运行中公权力的介入,宅基地使用权私权属性难以彰显。其五,与其他制度衔接不紧。从宅基地改革实际效果和入法条文来看,集体经营性建设用地入市的制度改革进展凸显,但协同联动宅基地改革时规则与力度仍然不彰。特别是理论和实务界共同关注的闲置宅基地向集体建设用地的地性转换,以及回应现实所需的集体建设用地向宅基地地性转换等问题,修法时均未予回应。

未来亦要坚守宅基地社会保障这一核心功能,肯认“房地一体”中宅基地经济利用价值,从落实宅基地集体所有权,明晰宅基地使用权设立取得规则,实现宅基地使用权流转开禁与消灭制度,建立宅基地与集体建设用地双边转换机制等方面,深化新时代宅基地制度改革并完善其立法设计。

第四,关于土地增值收益分配制度改革。改革试点地区存在如下共性问题:其一,征收转用中土地增值收益内涵认识存在分歧。表现为“征收转用”的政策表述含混不清,征收补偿安置类型及标准模糊难辨,土地征收的增值收益分配意旨不明等。其二,集体土地入市收益分配陷入难题。主要是存量集体土地的入市成本难以核算,增量集体土地入市利益有待协调,调节金征收与入市成本扣除先后次序颠倒,有资格分享入市收益的集体成员身份固化。其三,宅基地增值收益分配尚未形成有效实践样本。试点地区宅基地增值收益来源繁杂,收益分配方式难以统合规范。因此,考量体系化构建土地增值收益分配法律制度时,应明确赋予集体转变土地用途的土地发展权,以规划可能的最佳用途市场价格补偿征地损失,分阶段建立“初次分配基于产权,再次分配基于税收”的多层次土地增值收益分配制度;统一城乡土地增值收益税收基准和税率,构建农民集体宅基地增值收益分配的特殊规则,真正建立起内在价值统一、外在逻辑协调的土地增值收益分配法律制度体系。

第五,关于规划权行使制度改革。规划权行使虽然未在“三块地”改革中得

① 参见高飞:《农村宅基地“三权分置”政策入法的公法基础——以〈土地管理法〉第62条之解读为线索》,《云南社会科学》2020年第2期。

到彰显,但是其对于城乡统一建设用地市场的基础作用理应重视,着眼于联动的规划权行使制度改革,现有相关痛点包括:其一,未能完全区隔规划分区与公共利益认定。部分试点地区依然区分城镇规划区和乡村规划区适用不同的公共利益判断标准,根源在于过于简单化地界定城镇规划区范围内集体土地功能,并忽视了乡村规划区公共设施和公益事业建设的现实需求。新《土地管理法》不区分城镇规划区内外适用公共利益认定标准,应当是建立城乡公共基础设施一体化发展机制的应然之义。其二,区片综合地价仍然是以政府主导而非市场调节的方式计算征地补偿标准,难以反映集体土地应有的开发价值。随着农村土地制度改革的深入推进,集体土地的财产价值进一步显化,区片综合地价将取代年产值标准并合理提高征地补偿。其三,存量集体经营性建设用地难以实际入市的情况仍待改善。《"三块地"改革试点意见》关于集体经营性建设用地调整入市体现的基本方略,其实质是城乡建设用地增减挂钩政策的扩大适用,在此过程中能否给予原土地使用权人足额补偿,能否保证复垦之后耕地面积不减少、耕地质量有提高,仍有待观察。其四,不同性质土地间的置换问题依然缺乏合法性保障。集体土地相互之间、集体土地与国有土地之间的置换,其实质仍属于广义上的土地所有权转让,在《宪法》未做修改之前,均应当审慎地推进。而且,大规模的整治入市项目,往往涉及复杂的土地权属关系,也可能导致农民事实上已然丧失集体成员资格和原土地承包经营权、宅基地使用权、集体资产收益分配权等一系列财产权利。

三、"三块地"改革及其联动的土地管理法律制度立法效果

(一)"三块地"改革及其联动立法的整体情况

1. 入法路径概览

自 2015 年 3 月至 2019 年 12 月,在"三块地"改革试点进行的近 5 年时间内,多项与土地征收、集体经营性建设用地入市、宅基地改革直接相关的法律、行政法规进入制定或修改阶段,"三块地"改革的试点成果及其法制需求得到了立法者和修法者的注意,并积极通过入法的形式沉淀有关试点成果或通过规范设计纾解法制困境。这其中主要包括地方人大或人民政府出台了以"管理办法""规定""通知""意见"等命名的地方性法规、地方政府规章或行政规范性文件;2019 年 8 月修正完成《土地管理法》、2020 年 5 月通过《民法典》、2020 年 11 月

印发《土地征收成片开发标准（试行）》、2021 年 7 月修订完成《土地管理法实施条例》，从上述立法、修法的时间及其内容来看，这些涉及土地管理领域的基本法律、行政法规的内容显然秉承着关注"三块地"土地管理实际的态度，对有关改革成果及法制需求进行了积极回应。

2. 入法情况概析

从内容来看，《民法典》《土地管理法》《土地管理法实施条例》等法律、行政法规以及相关规范性文件，因应法治需求中的土地征收、集体经营性建设用地入市、宅基地制度等改革面向，增加、调整了如下主要事项：

（1）关于土地征收。《民法典》第 243 条基本上延续了原《物权法》有关条款，未能有所突破。《土地管理法》首次对土地征收的公共利益进行明确界定，缩小土地征收范围，且立法采列举与概括的折中模式（第 45 条）；首次明确了土地征收补偿的基本原则，完善了对被征地农民的合理、规范、多元保障机制（第 48 条）；改革或修正了征地程序，更加注重征收实践对农民利益的维护（第 47 条），其改革力度前所未有。《土地管理法实施条例》则在《土地管理法》的基础上，于第四章"建设用地"之第二节"土地征收"部分，用 7 个条文（第 26—32 条），进一步明确了土地征收程序以及土地征收补偿保障事项。其重点突出了征收土地公告和拟征收土地现状调查、社会风险评估的责任主体及程序规则；明确了土地征收补偿和安置补助的具体类目及其权利归属主体；强调了"有关费用未足额到位的，不得批准征收土地"的原则。基于修正后的《土地管理法》将成片开发纳入可以征地的情形，《土地征收成片开发标准（试行）》在吸收各界诸多有益建议后，对成片开发征收标准从面积区位、公益比例、程序等方面进行了规定；2023 年发布的《土地征收成片开发标准》将适用范围从"城镇开发边界内的集中建设区"修改为"城镇建设用地范围内"，并增加成片开发方案调整的规定。

（2）关于集体经营性建设用地入市。《民法典》仍然沿用原《物权法》的引致性规定，延续城乡二元体制，仅将原《物权法》第 151 条之"应当依照土地管理法等法律规定办理"修改为《民法典》第 361 条之"应当依照土地管理的法律规定办理"，实现了公私法规范之间的衔接。《土地管理法》的主要完善之处体现在：一是明确入市的条件（第 23、63、66 条的规划安排）。二是规范了入市后的基本管理措施（第 64 条）。因出台在后，《土地管理法实施条例》对《土地管理法》的有关规定作了进一步完善和调整。如其第 43 条第二款明确集体经营性建设用地入市除了参照同类用途的国有建设用地执行外,法律、行政法规还可另行规定。其第 17 条明确国有土地可作价出资或入股,拓展了集体经营性建设用地入市方式。其第 39、40 条具体规定了集体经营性建设用地使用权设立审查事项,即审查主体、审查事项和审查期限,对于规范和促进集体经营性建设用地入市具有积极意义。①

(3)关于宅基地制度。《民法典》基本承袭了原《物权法》关于宅基地使用权得丧变更的基本事项(第 362—365 条)。《土地管理法》着墨较多,完善了宅基地管理制度(第 26、29、62 条)。其中重点内容是第 62 条,相对于原有立法其进步之处在于:一是健全宅基地权益保障方式,在坚持"一户一宅"原则的同时,针对人均土地少、不能保障一户拥有一处宅基地的地区实际,提出"户有所居"的保障要求(第二款);二是进一步强调宅基地和住房建设管理中的规划引领作用,并要求规划编制时充分考虑合理的宅基地用地需求(第三款);三是吸纳宅基地改革试点经验,简政放权,优化宅基地审批流程,将不涉及占用农用地的宅基地用地审批权下放至乡(镇)人民政府(第四款);四是明确允许宅基地有条件的自愿有偿退出(第六款)。在此基础上,《土地管理法实施条例》进一步明确了保障宅基地需求的义务主体和保障方式(第 33 条)、细化了宅基地申请和审批流程(第 34条第一款),同时强调应当将退出的宅基地优先用于保障该农村集体经济组织成员的宅基地需求,进一步彰显了宅基地保障农民居住的价值取向(第 35 条)。

(二)"三块地"改革及其联动立法的时代特色与整体亮点②

土地制度乃事关国家长治久安的基础性制度。对于中国,重大改革无不与土地制度紧密相关,由于其涉及主体多元、涵括利益关系繁复,且必然与财权、事权和人权勾连,往往导致对该项制度创新性认识未必一致而又必须推进的改革。因此,于立法与法治现代化层面,土地管理中限制与自由调整的规制举足轻重;于国家治理体系与治理能力现代化层面,其意义诚如十九届四中全会所言,关乎"政治稳定、经济发展、文化繁荣、民族团结、人民幸福、社会安宁、国家统一"。结合新时代我国城乡统一建设用地市场构建的政策意蕴以及制度需求,基于"三块地"改革及其联动的制度供给情况,是考察和评价以《民法典》为引领、以

---

① 参见陈小君:《集体建设用地使用权物权规则之省察反思》,《现代法学》2021 年第 6 期。
② 参见陈小君:《〈土地管理法〉修法与新一轮土地改革》,《中国法律评论》2019 年第 5 期。

《土地管理法》及《土地管理法实施条例》为主体的土地管理立法的准则所在。

因土地征收、集体建设用地、宅基地管理等事项涉及如何处理好政府与市场、权力与权利、历史与当下的关系,其中关键内容公法与私法交错,有的则跨越时空,因此《民法典》物权编依旧延续了原先精简的立法风格,多采取引致条款的立法方式,精简条文体量,具有拓展并丰富了《民法典》之外的用益物权规范群,①又照应我国土地管理中政府主导的运行实际的特点。"三块地"改革及其联动的立法主要体现在现行《土地管理法》及《土地管理法实施条例》中。总体来看,本轮土地管理立法彰显了如下立法智慧与立法担当:

1. 立法理念上致力于明晰土地治理的法治化与现代化

本轮土地改革流程从实验性改革跨入依法改革,由试点创新举动上升为法律制度(立法修正),自微小局部扩至全域乡村,其修法行动深嵌于中国新土改进程中,旨在用法治推动相对僵化的土地管理领域的治理现代化。通过对全国33个试点"三块地"联动的制度改革实践,明确在中国市场经济和土地改革背景下划定土地管理的整体管控框架体系:基本农田保护2.0版通过拟编制统一、建立全新的国土空间规划体系,形成生态红线、永久基本农田、城市开发边界三条控制线。同时,从《土地管理法》修正内容观察,在坚持土地公有制和市场经济体制的大前提下,逐步强化市场机制在土地资源配置中的决定作用,增强土地要素市场化的观念;在具体制度设计和条文表述上能够做到突破与克制并存,注重市场与政府的关系处理、保持公权力与私权利中土地利益平衡,顺应了新时代修法与治理的两大价值目标。

2. 立法功用选择上关注法制需求,立足现实症结

立法者基于一定的问题导向和目标导向,修法中力图反映当下中国改革的基本实际需求,有创新意识和解决现实难题的良好愿望。例如,顺应市场经济发展要求,删除了与之不相吻合的条文,主要是原《土地管理法》第43条(同地不同权)、重申土地公有制刚性规定、更加严格的界定基本农田的永久保护、反映"三块地"改革试点中彻底破解建设用地入市规制障碍、宅基地制度的改革导向、首次明晰征收条件、征地程序进一步优化等。2021年的《土地管理法实施条

---

① 参见陈小君:《〈民法典〉物权编用益物权制度立法得失之我见》,《当代法学》2021年第2期。

例》则对建设用地之"三块地"制度的具体规则予以了适度性拓展,增强了可操作性。

3.加深公法与私法规范体系中权利与权力之利益协调衡平

《土地管理法》立法者在立法中坚守了行政法应有的品格,聚焦于土地管理中的公法管制内容,对涉及以农村集体土地、集体建设用地、宅基地为客体的私权利规范保持了相当程度的尊重和克制。例如宅基地使用权的权利体系方面,在《民法典》物权编二审稿关于宅基地使用权只字不改、依然对原《土地管理法》保持依赖时,其并未给原《物权法》第153条、《民法典》物权编二审稿同样条款留下"宅基地取得、行使和转让"的法条转致空间,对土地管理制度中相关协议、回购等私权关系均未提及,意在为私法性质的《民法典》相关立法保留权利设计的空间。

4.立法技术上体现法治思维精神

《土地管理法》在立法技术上进行优化,通过调整术语、条款的语序与位置,删除冗余内容等方式,使得条文更为严谨、科学。同时,立法过程中立法者能够充分尊重学者们的一些重要意见。例如征收条件的设立,"为了公共利益"六个字的慎重且明确的加入、"户有所居"入法、宅基地退出机制的提及、落实十八届三中全会关于建设用地"同等入市、同权同价"的规则要求。特别是《土地管理法》修正后第23条规定"土地利用年度计划应当对本法第六十三条规定集体经营性建设用地作出合理安排"等,回应了农业耕作现代化渴求基础设施建设中增加土地空间规划指标的问题,甚为可贵。上述所言,均表现出立法者增强修法之科学性和民主性的艰辛努力。

(三)"三块地"改革及其联动立法的缺憾之处与体系反思

产权清晰是有效建立统一市场以及充分发挥市场效率的前提。以建立城乡统一建设用地市场为目的的"三块地"改革及其联动,其法制基础当以集体建设用地使用权、宅基地相关权利为核心的用益物权规范配置,而征地制度则因"缩小征地范围"的明确法政策目标,直接指向摒弃公权力的恣意妄为,主要体现为权利主体即相对人予以法律保障的规制。如此,"三块地"改革及其联动的法制供给不仅是土地管理层面的公法供给,以《民法典》为核心的权利体系私法供给是其重要基础。但是,《民法典》与在"三块地"改革及其联动密切相关的用益物权体系构建上尚有空间,而《土地管理法》及其实施条例,也需及时将一些关涉土地制度关键改革成果通过法制形式确认,为现有改革疑惑、困境的难题提供充足法制解决方案。

1.《民法典》引致规范迷茫的"虚与实"交替制度走向

《民法典》用益物权分编在涉及关键不动产制度如集体建设用地使用权和宅基地使用权权利规则上,采用了引致条款将其规范依据指向《土地管理法》等公法规范。此种设计,出现了多条"脱实向虚"和"以虚向实"的条款。所谓"脱实向虚"条款,以第353条(建设用地使用权的流转方式)、第359条(建设用地使用权的续期)等为代表,主要表现是前提很肯定,结论不明确,例如第325条规定的"国家实行自然资源有偿使用制度,但是法律另有规定的除外"。何谓"另有规定"指向不明。而"以虚向实"条款,如第361条(集体建设用地的法律适用)和第363条(宅基地得丧变更的法律适用),其"虚"是指作为引致对象的要素过于概括,未能通过准确概念涵摄在被引致的规范中对位找到相应内容;其"实",则是指所引致的规范有明确的指向,即某部或某类可以明确所指的规范:如第361条"集体所有的土地作为建设用地的,应当依照土地管理的法律规定办理",以及第363条"宅基地使用权的取得、行使和转让,适用土地管理的法律和国家有关规定"。何为"集体所有的土地作为建设用地的",何为"宅基地使用权的取得、行使和转让",本是在适用引致之前当具体明确或者"用益物权"分编应准确展开的内容,但立法并未明确。

在《民法典》"用益物权"分编中,引致规范的设置的确可以为新的法律规则打开阀门,但也会带来司法活动的高成本和裁判的不确定性,使得法官的"找法"活动变得愈加复杂。同时"另有规定""国家有关规定"的立法表述为司法解释及其适用留出了阀门通道。以宅基地使用权的规范配置为例,《民法典》第363条继承了原《物权法》第153条的表述,后者将宅基地使用权的取得、行使和转让引至"土地管理法等法律和国家有关规定",由此产生系列问题:其一,将本属私权的宅基地使用权的主要事项交由行政权力规制;其二,"有关规定"无法统一,全国各地仅在宅基地能否流转的问题上就各自为政;①其三,司法实践中对"有关规定"选择不一,司法裁判结果亦不相同,如购买宅基地上农房合同是

---

① 现有试点中有认可宅基地使用权可以直接进行流转的,如上海、重庆、成都等地;也有在试点文件中明确禁止宅基地使用权流转的,以烟台、昆明等地为代表。参见黄忠:《城乡统一建设用地市场的构建:现状、规模与问题分析》,《社会科学研究》2018年第2期。

否有效,便产生了五花八门的判决。① 《民法典》未有突破作为,《土地管理法》也难有用武之地,此类问题仍将延续。

2. "三块地"改革与联动中权利"得丧变更"规则体系的不足

"得丧变更"是一项民事权利尤其是涉农不动产权利的基本法制内容。宅基地使用权制度涉及几亿农民的经济和社会利益,近五年的改革凸显出的问题呼唤私法上的权利体系完善,且学界提供了丰富的建议稿草案作为立法参考,但与宅基地使用权有关的法律条文总共 5 条,权利体系尚待进一步完善,以周延支撑其宅基地使用权制度的私权应然规范,回应农村社会生活和司法裁判活动的实然需要。

而集体建设用地使用权的"得丧变更"规则内容。作为一项私法上之用益物权,集体建设用地使用权直接被"甩"给了公法规制。和原《物权法》第 151 条的制度线索一致,《民法典》第 361 条明确:"集体所有的土地作为建设用地的,应当依照土地管理的法律规定办理。"这里的"法律规定"主要应指成体系的《土地管理法》。而观《土地管理法》,与集体建设用地使用权有关的规范主要在"第四章耕地保护"和"第五章建设用地"中,表现为两类规范:一是传统管控的保留条款,严控"农转非"和就地或异地转建设用地的"占补平衡"规则;二是具体的新条款,即第 63 条,该条首次于法律层面明确了集体建设用地入市的实体和程序条件。② 但是,《土地管理法》对集体建设用地使用权之权利运行规范配置仍极为薄弱,虽然第 63 条是《土地管理法》修正的重大革新,但该条第四款又将集体建设用地使用权规则导向至以《民法典》为核心的法律中国有建设用地的相关规定。从此法引致彼法,再从彼法转引致此法的循环立法方式,不仅容易使立法体系失调,更徒增法律适用者找法的成本。2021 年修订的《土地管理法实施条例》意识到第 63 条中引致性规定的不当,相应做出了调整。其第 43 条第二款明确:"集体经营性建设用地的出租,集体建设用地使用权的出让及其最高年限、转让、互换、出资、赠与、抵押等,参照同类用途的国有建设用地执行,法律、行政法规另有规定的除外。""法律、行政法规另有规定的除外"相对于"具体办法

---

① 参见高海:《农村宅基地上房屋买卖司法实证研究》,《法律科学(西北政法大学学报)》2017 年第 4 期。

② 参见陈小君:《〈民法典〉物权编用益物权制度立法得失之我见》,《当代法学》2021 年第 2 期。

由国务院制定",一方面似乎印证了学者基于同情式理解的解释,即"为未来制定具有行政法规性质的集体土地建设用地使用权条例以及地方法规提供适用的空间"①,表明了构建独立的集体建设用地使用权规则体系的可能。另一方面也直观地提高了立法层级,有利于通过更为严格的立法程序来促使规则制定者妥当决策。

3. 因应市场化改革难题与联动需求的法制供给不足

前文所提现有改革试点的不足及实施难题,除了关键改革共识未能达成、具体举措尚在调整外,重要原因还是现有法制供给不足,法理探讨和入法方案未能满足现实期待。从"三块地"改革及其联动的最新动向和现实难点来看,《民法典》及土地管理法律体系在发挥法治引领上需要进行如下改进:

第一,关于集体经营性建设用地入市的让利有限,宣示意义大于实际效果。《土地管理法》第 63 条准许存量建设用地入市,第 23 条允许年度计划增量调整安排,入市条款表明国家在这个领域让利于民,赋予集体对建设用地出让的权利能力与行为能力,其直接为坚持集体所有制、做实集体所有权进了一大步。但站位于全国乡村现实,发现其制度性让利极其有限。因为,一方面新法对集体建设用地入市仅限于工业、商业用途,排除了原《物权法》第 137 条中关于国有建设用地使用权出让的旅游、娱乐和商品住宅等方式,仍非完整意义的"同等入市、同权同价";另外,该法规定获得集体经营性建设用地的前提条件必须充足,即要求"土地利用总体规划、城乡规划确定为工业、商业等经营性用途,并经依法登记的集体经营性建设用地,土地所有权人可以通过出让、出租等方式交由单位或者个人使用"一应俱全,实际上,规划权和登记权都掌控在政府手中,全国本来就少有村集体的土地完全满足上述条件,更鲜见政府主动将建设用地的指标调整让利即赋予村集体的事实。

第二,未能为试点入市实践与征收制度实施间的双向矛盾提供化解方案。在土地增值税立法已紧锣密鼓进入征求意见的当下,土地增值收益分配问题的解决是大势所趋。政府原通过"泛征收"获得土地财政的方式,将转化为对集体土地入市的征税手段。《土地管理法》规定集体经营性建设用地入市是对政府角色错位和不平等规则设计的"矫正",通过缩小征地范围、确定征收之公益属

---

① 房绍坤:《民法典用益物权规范的修正与创设》,《法商研究》2020 年第 4 期。

性,将农村建设用地的"自主权"还给农民,切实保障其土地权益;通过政府退出非公益性土地经营,转变政府职能、促进国家治理体系与治理能力现代化。但实际情况是,各地政府一方面不得不依法推行集体经营性建设用地入市,但又直接或间接担忧集体建设用地入市对征收造成冲击。究其原因,方知《土地管理法》第45条成片开发征收条款设计的初衷。该条款恰好说明成片开发的本质是市场化的商业行为,即只有一方行为中的商业(市场)利益对峙另一方商业(市场)利益时才会有如此担忧。

第三,试点集体土地入市实践与宅基地改革运行呈混淆依托、单边转换的态势,现有立法亦未能提供二者动态转化的良性机制。在集体建设用地入市的指标增量上,从农业加长产业链的"三产"加工需求出发很有必要,属增加农民集体与个体收入的正当渠道,但目前各级政府普遍对增量问题不松口,对《土地管理法》第23条年度计划应合理安排的规则重视不够,这一态度与土地总体规划中城镇建设用地的指标缺口有极大关系,因此,延伸至对农村集体未来发展权等现实问题的关注宜早日提上具体落实立法的议事日程。而实践中存在不少村庄主动集约节约整治宅基地,期待与集体经营性建设用地指标挂钩联动,本轮修法也对此留下了空间。可以说,上述问题的揭示,表明《土地管理法》修法关注到了改革试点的重要方面,但仍需进一步全面深刻总结且体现"三块地"改革之成果不足,弥补本次修法因应新时代土地要素市场化改革和实现乡村振兴战略目标方面的不足。

第一章　以缩小征地范围为核心的
征收法制完善

土地征收制度是改革开放以来中国经济高速发展的重要制度支撑。然而，公共利益泛化、征收程序失范、补偿安置标准低等问题凸显，造成农民与集体财产权缺乏保障、征收权被滥用，实践中征地冲突频发。就全国"三块地"试点改革而言，如果改革措施最终以在《土地管理法》修正的条文数量与质量为评价标准，相较于集体经营性建设用地、宅基地制度两项改革，集体土地征收制度改革的成效应更加显著，对事前避免、事后化解集体土地征收矛盾大有助益。但这并非代表着集体土地征收制度改革已经尘埃落定。《中华人民共和国国民经济和社会发展第十四个五年规划和2035年远景目标纲要》依然指出，建立土地征收公共利益认定机制，缩小土地征收范围。与此同时，我国实现新型工业化、城镇化仍要求为用地需求保留必要供给渠道。为统筹实现上述双向目标，需从公共利益界定、征收程序完善、补偿标准调整及其与农村土地制度、增值收益分配制度等统筹联动、系统深化征地制度改革。

第一节　征收制度试点改革及其制度成效

改革开放以来，随着我国城镇化进程深入推进，土地征收领域问题凸显，主要表现在征地范围过宽，公益属性体现不足；征地程序不规范，农民在征地过程中参与权未得到保障；补偿安置标准偏低，难以实现农民长远生计有保障。2015年我国正式启动农村"三块地"试点改革工作，33个试点地区根据试点文件精神，着力构建程序规范、补偿合理、保障多元的土地征收制度，取得了显著成效，形成了一些可复制、可推广、利修法的制度创新成果。这些试点做法，对于评估我国当前集体土地征收制度效果,预见法治实践中出现的问题,具有重要参考意义。

一、政策目标与实践举措

"三块地"改革试点工作伊始,一个试点地区只开展一项试点内容,其中土地征收制度改革试点三个:河北保定市定州市、内蒙古呼和浩特和林格尔县、山东德州市禹城市。随着改革试点深入推进,一年多的试点实践表明,"三块地"改革是一个系统工程,彼此之间高度关联,必须深度融合。2016 年 9 月,中央决定将土地征收制度改革扩大到全部 33 个试点县(市、区)。

(一)缩小征地范围

试点地区通过界定公共利益用地范围、探索公共利益认定争议解决机制,以践行缩小征地范围的政策目标。

1.公益用地的界定

缩小征地范围政策的重点是界定公益用地,针对过去征收范围泛化的问题,试点地区参照《划拨用地目录》和《国有土地上房屋征收与补偿条例》,制定《土地征收目录》。各地在对公共利益是否进行定性描述上有所不同。有的试点只制作公益用地目录;有的试点地区在正面列举公益供地目录的同时还列举非公益用地目录,根据经济社会发展和新型城镇化要求,对非公益性用地提出近期或远期退出征地范围的方案;有的试点在公益用地目录之前,还对公共利益的内涵及界定原则予以说明,例如,河北保定市定州市提出了界定公共利益用地的四项原则,包括公共受益性原则、合理合法性原则、公开参与原则、基于用途原则。①

2.公共利益认定的争议解决机制

由于通过列举的方式很难穷尽所有公共利益用地类型,各地在制定公益用地目录的同时,探索建立公共利益认定争议解决机制。在无法十分明确是否属公共利益需要时,试点地区通常以听证会形式建立公共利益征地认定标准和认定程序。例如,甘肃定西市陇西县将带有公益、福利性的社会资本投资的营利用地(私立医院、学校、养老院等)通过听证程序补充纳入公共利益范畴,在明

---

① 参见《定州市公共利益用地目录划分方案》。

确土地征收界限的同时保障该类项目的用地需求。通过听证会,认定为不属于公共利益的,不再征地;认定为属于公共利益且被征地群众认可的,可以进行征地,仍有异议的可向上级政府提出行政复议或向人民法院提起诉讼。[①]调研发现,各地公共利益异议裁决机制存有差别,大部分试点地区在土地征收目录中规定由政府部门组织听证裁决,[②]有的地区则是由市人大常委会组织听证裁决。[③]

(二) 规范征收程序

试点地区按照"加强批前民主协商,简化批后实施程序"的改革思路完善征地程序,维护农民合法权益。

1.注重信息公开

从启动征地程序到最终完成征地实施,全流程贯穿信息公开。在征地之前,有的试点在被征地村村务公开专栏及政府部门门户网站进行拟征收土地公告,保障被征地农民的知情权。例如,浙江金华市义乌市结合征地补偿领域基层政务公开标准化规范化试点,采用"互联网+"模式,实行公开19项征地补偿事项。[④] 有的试点对征地公告内容做了进一步补充。[⑤] 这些举措最大限度保障了被征地农民的知情权、参与权和监督权,切实维护了被征地农民的利益。[⑥]

遵循强化事前协商原则,要求征地报批前充分听取被征地农民意见,与被征地集体经济组织中绝大多数成员达成书面协议。对未达成协商一致的,四川泸州市泸县等地提出报请上级机关裁决。[⑦] 针对农村多数外出务工农民无法履行

---

① 参见《陇西县土地征收制度改革试点总结报告》。

② 参见《和林格尔县土地征收目录》《佛山市南海区公共利益用地目录》《泽州土地征收公共利益认定争议解决办法(试行)》等。

③ 参见《义乌市改革和完善土地征收制度的实施意见(试行)》。

④ 参见《义乌市农村土地征收制度改革试点总结专题报告》。

⑤ 例如,山东德州市禹城市要求土地征收公告中除法律规定的事项外还应当一并告知被征地农村集体经济组织、土地承包人或者其他权利人申请协调、裁决、听证和行政复议的权利及申请期限和受理机关;补偿安置方案确定后,进行征收土地补偿安置方案公告;征地批复后,进行征收土地公告。

⑥ 参见《禹城市农村土地征收制度改革试点专题总结报告》。

⑦ 参见《泸县农村土地征收管理办法(修订稿)》第11条。

征地现场确认权利的现实,各地积极探索各种应对措施。①

2.建立社会稳定风险评估制度

党的十八届三中全会决定提出,要健全重大决策社会稳定风险评估机制。②建立社会稳定风险评估制度是本次征收制度改革的重点内容,是申请土地征收的必经程序。其评估内容包括:一是合法性评估。征收项目是否符合国民经济和社会发展规划、土地利用总体规划和城镇规划,用地项目是否符合国家产业政策和用地政策。二是合理性评估。征收项目是否符合被征地农民的利益需求,是否兼顾了被征地农民的现实利益和长远利益,是否尽最大可能维护受影响群众的合法权益。三是可行性评估。土地征收是否征求了广大群众的意见,是否征求了相关部门的意见,是否与本地经济社会发展水平相适应。四是可控性评估。土地征收社会稳定风险的评估结果是政府征收土地决策的依据,风险评估等级为高的暂缓实施。有的试点地区对集体成员反对意见的比例作出明确规定,如在山西晋城市泽州县,只有当集体成员反对意见低于10%且风险等级为低风险,方可继续实施征地申请程序,否则应暂缓实施或者不实施。③

3.健全矛盾纠纷调处机制

针对以往土地征收程序不规范,群众参与程度不够的问题,试点地区基本建立了"一评估、两协商、三公告、四协议"征地工作流程,构建了多层次民主协商机制,突出农民主体地位,使农民及农民集体得以民主协商的方式决定是否征收、如何征收等事项。为公开、公平、公正处理征地补偿安置争议,引导被征地农

---

① 例如,山东德州市禹城市采取国土、财政部门会同乡镇政府(街道办)及村委会组成联合调查组,进行土地征收现场调查,然后由村委会负责将青苗和附着物的权属、种类、数量等落实到产权人,并协调产权人签字认可。在被征地农户或者相关权利人无法参加附着物清点、调查、确认的情形时,采取三种解决方式:一是委托他人代理调查确认方式;二是参与调查各方先行清点调查共同见证确认,再书面告知被征地农户或者产权人方式;三是委托公证机构对清点调查结果进行公证,再书面告知被征地农户或者产权人。禹城市在前期实践探索基础上还在征地过程中增加召开村民会议程序。参见《禹城市农村土地征收制度改革试点专题总结报告》。

② 社会稳定风险评估,是指与人民群众利益密切相关的重大决策、重要政策、重要改革措施、重大工程建设项目、与社会公共秩序相关的重大活动等重大事项,在制定出台、组织实施或审批审核前,对可能影响社会稳定的因素开展系统调查,科学预测、分析和评估,制定风险应对策略和预案,其目的是有效规避、预防和控制重大事项实施过程中可能产生的社会稳定风险,确保重大事项顺利实施。参见杨合庆主编:《中华人民共和国土地管理法释义》,法律出版社2020年版,第87页。

③ 参见《泽州县土地征收社会稳定风险评估实施办法(试行)》第13条。

民依法维权,试点地区制定征地补偿安置争议处理办法,设置纠纷调处机构,①拓宽了征地补偿安置争议解决渠道。试点地区具体机构设置略有不同,有的设在县政府办公室,有的设在县政府法制办或司法局。

(三) 多元化征收补偿

试点地区按照"完善对被征地农民合理、规范、多元保障机制"的改革思路,通过完善土地征收补偿标准、改革征收农民住房补偿办法、探索多元保障机制健全征收补偿安置制度。

1. 制定区片综合地价

试点地区重点从征地补偿测算方法的科学性、测算因素的合理性、补偿水平的可行性等方面进行探索,通过被征地区片地价确定土地补偿费和安置补助费。采取区片综合地价的补偿标准,目的在于使土地征收补偿标准符合社会经济发展形势,达到合理利用土地资源,维护被征地农民合法权益的效果。试点地区及时修订本地征地区片地价标准。② 修改后的征地补偿安置标准比原年产值补偿标准普遍提高。③

2. 建立多元安置补偿方式

试点地区突破以往征地中以货币化为主的单一补偿安置方式,探索实施货币安置、留地安置、留物业安置、就业安置、调地安置等多元安置方式。同时注重新旧征地补偿标准的衔接,充分考虑地区差别和个体差异,探索"土地补偿费+粮食补贴""农业安置""入股安置"的安置方式。④ "农业安置",即土地征收后,被征地村将土地承包时预留的部分耕地优先分给被征地农户。⑤ 还有的地区是针对农村集体经济组织成员土地承包剩余年限等方面进行合理补偿,以保障被征地农民的长远收益。例如,天津蓟州区按照 1000 元/亩的标准对被征地

---

① 试点地区采取的调处方式包括直接协商、召开协调会以及申请补偿安置争议裁决等。

② 例如,山西晋城市泽州县确定六个等级的综合区片地价标准,每亩从 4.5 万元到 11 万元不等。参见《泽州县征地区片综合地价标准(试行)》附件。

③ 山西晋城市泽州县比按年产值标准补偿增长近 10%(参见《泽州县统筹推进三项改革试点专题报告》);甘肃定西市陇西县征地补偿标准较以前提高 20%(参见《陇西县土地征收制度改革试点总结报告》)。

④ 例如,河北保定市定州市采取"土地补偿费+粮食补贴"方式,是在足额支付土地补偿费和安置补助费的基础上按每年每亩 800 斤小麦+1000 斤玉米的标准对被征地农民进行补贴。参见《定州市土地征收办法(试行)》第 11 条。

⑤ 参见《泽州县农村土地征收制度改革专题报告》。

农民进行剩余承包经营年限的补偿;①北京大兴区、江西鹰潭市余江县亦有类似规定。②

土地是被征地农民的基本生产生活资料,提高失地农民的社会保障水平,是保障其长远生计的重要举措。③ 实践中,各级政府已经逐步将被征地农民纳入相关的社会保障体系。"三块地"改革试点地区进一步加大被征地农民就业和社会保障力度,探索留地、留物业、发放保障金、纳入社保等多元保障机制。山西晋城市泽州县把落实被征地农民的社会保障费用作为土地征收报批的前置条件,用地报批前政府将被征地农民的社会保障费存入社保专户,未落实社保费用不予用地报批。④ 云南大理州大理市将因参保门槛高、政策试点原因形成的完全失地但未纳入社保的被征地农民,全部纳入基本养老保险范围。⑤ 浙江金华市义乌市将被征地农民基本生活保障待遇每年提高 10%。⑥ 此外,试点地区采取多种途径促进就业,对被征地农民享受免费培训、免费就业服务和补贴奖励,增强被征地农民的市民化能力。

此外,根据中央关于"三块地"改革文件部署⑦,试点地区在进行征收制度改革时,注意与另外"两块地"制度改革的整体性和协同性。一是统筹改革中征地制度与集体经营性建设用地入市运作的关系,二是统筹征地制度与宅基地制度改革联动。(详见本编第六章"以统筹联动为改革逻辑的实践图谱及其制度完善"的相关内容)

---

① 参见《天津市蓟州区农村土地制度改革三项试点总结报告》。
② 参见《大兴区土地征收制度改革总结报告》《江西省鹰潭市余江区农村土地征收制度改革专题报告》。
③ 《社会保险法》第 96 条规定:"征收农村集体所有的土地,应当足额安排被征地农民的社会保险费,按照国务院规定将被征地农民纳入相应的社会保险制度。"
④ 江西鹰潭市余江县亦按照"先保后征"的要求,在组织用地报批时,以征收土地面积计算,按每亩不低于 6000 元的标准提取被征地农民基本养老保险缴费补贴资金,并预存入市人力资源社会保障局代保管资金账户。参见《江西省鹰潭市余江区农村土地征收制度改革专题报告》。
⑤ 参见 2018 年 12 月 23 日在第十三届全国人民代表大会常务委员会第七次会议上《国务院关于农村土地征收、集体经营性建设用地入市、宅基地制度改革试点情况的总结报告》。
⑥ 参见《浙江省义乌市农村土地制度改革三项试点总结报告》。
⑦ 中共中央办公厅、国务院办公厅《关于农村土地征收、集体经营性建设用地入市、宅基地制度改革试点工作的意见》指出:"农村土地征收、集体经营性建设用地入市和宅基地制度改革相互关联,要注重改革的协同性和耦合性,提高改革的系统性和完整性,统筹协调推进,形成改革合力。"

二、试点改革成效的制度表达

试点改革的经验,最终落实在三部法律规范的修订或制定方面。一是2019年8月修正通过《土地管理法》,新修法中关于土地征收范围、风险评估环节、民主协商机制、信息公开内容、征收补偿安置等规范内容均充分吸收了试点成果。① 二是2021年4月修订通过《土地管理法实施条例》,其进一步细化征收程序。三是根据《土地管理法》第45条的授权规定,自然资源部于2023年10月印发《土地征收成片开发标准》(自然资规〔2023〕7号),对因成片开发征收土地的标准作出规定。

(一)《土地管理法》征收条款修改

在凝聚全国33个试点地区"缩小征地范围"制度探索基础上,《土地管理法》第45条首次以"具体列举+抽象概括"的方式明晰了公共利益的范围,并对征收程序、征收补偿安置等作出系统规范。

1. 土地征收范围得以缩小

《土地管理法》第45条是新增的关乎启动征收的实质要件之重要条款。本条最可贵的在于增加了"为了公共利益的需要"这一征收目的,具有特别意义,其既是对所征收情形的科学限定,也是与《宪法》《民法总则》(现《民法典》)等法律的合理衔接,有助于维护被征地人的权益,规范政府征收权力的行使,改变了过去"即需即征、用地必征"的土地征收转用和利用模式,将不符合土地征收范围的用地项目,采用集体经营性建设用地入市的方式予以保障,实现"非公益项目不启动征地权""缩小征地范围与集地入市对接"。其次,征收条件在形式上采取折中主义,即不纯粹列举,也不单独概括,二者相加,亦称例示法。但是,该法第45条第五项的规定②和本条最后一款关于成片开发对各类规划与计划

---

① 与此同时,为配套《土地管理法》新规实施,2020年3月20日自然资源部第一次部务会《自然资源部关于第二批废止和修改的部门规章的决定》对原《国土资源听证规定》(国土资源部令第22号)作出修订,修改内容如下:(一)将第三条、第十九条、第三十三条中的"基本农田"修改为"永久基本农田";(二)将第三条、第十二条、第十八条中"土地利用总体规划"修改为"国土空间规划";(三)将第三条、第十二条、第十八条中"区域性征地补偿标准"修改为"区片综合地价";(四)将《国土资源听证规定》中的"国土资源"统一修改为"自然资源";"国土资源行政主管部门"统一修改为"自然资源主管部门";"行政处分"统一修改为"处分"。

② 即"在土地利用总体规划确定的城镇建设用地范围内,经省级以上地方人民政府批准由县级以上人民政府组织实施的成片开发建设需要用地的"。

的符合度与标准的规定仍值思考,下文展开详述。

2.被征地农民主体地位提升

为充分保护被征地农民参与权、监督权,《土地管理法》对土地征收程序作出重大改革。① 土地征收程序的系统完善,进一步推动了农民群众主动参与基层事务治理,有助于落实集体土地所有权管理权能、提升农民集体与个人社会地位、增强主体意识。

3.被征地农民经济收入获得稳定保障

《土地管理法》对征地补偿制度亦作出重大修改,体现在以下方面:一是明确土地征收补偿的基本原则。② 二是增加土地征收补偿的范围,增加农村村民住宅补偿和社会保障费,并明确农村村民住宅补偿标准和原则。③ 三是改变土地补偿费和安置补助费的计算方法,实行区片综合地价补偿标准。④ 四是明确了被征地农民社会保障费用的使用和落实等内容。⑤ 征收补偿方式的完善,使得农民在货币补偿、长远收益、就业保障、社会保障等方面均得到提升和改善,这将从制度层面解决被征地农民失去土地后的就业、养老、医疗等长远生计问题。

(二)《土地管理法实施条例》征收程序细化

新修订的《土地管理法实施条例》对以《土地管理法》第47条为核心的征收程序作了进一步细化规定。在实施土地征收之前,需履行以下程序:

---

① 根据《土地管理法》第47条,在申请征收土地前,需要完成拟征收土地现状调查、社会稳定风险评估、征地补偿安置方案公告、签订征地补偿安置协议等程序。完成以上工作后,县级以上地方人民政府方可申请征收土地。

② 第48条第一款规定"征收土地应当给予公平、合理的补偿,保障被征地农民原有生活水平不降低、长远生计有保障"。

③ 《土地管理法》第48条第四款规定:"征收农用地以外的其他土地、地上附着物和青苗等的补偿标准,由省、自治区、直辖市制定。对其中的农村村民住宅,应当按照先补偿后搬迁、居住条件有改善的原则,尊重农村村民意愿,采取重新安排宅基地建房、提供安置房或者货币补偿等方式给予公平、合理的补偿,并对因征收造成的搬迁、临时安置等费用予以补偿,保障农村村民居住的权利和合法的住房财产权益。"

④ 《土地管理法》第48条第三款规定:"征收农用地的土地补偿费、安置补助费标准由省、自治区、直辖市通过制定公布区片综合地价确定。制定区片综合地价应当综合考虑土地原用途、土地资源条件、土地产值、土地区位、土地供求关系、人口以及经济社会发展水平等因素,并至少每三年调整或者重新公布一次。"

⑤ 《土地管理法》第48条第五款规定:"县级以上地方人民政府应当将被征地农民纳入相应的养老等社会保障体系。被征地农民的社会保障费用主要用于符合条件的被征地农民的养老保险等社会保险缴费补贴。被征地农民社会保障费用的筹集、管理和使用办法,由省、自治区、直辖市制定。"

（1）发布土地征收预公告，启动土地征收。①

（2）编制征地补偿安置方案，发布公告，并在一定条件下举行听证。②

（3）签订征地补偿安置协议。③

（4）报有批准权的政府审批。④

（5）发布土地征收公告。⑤

（三）《土地征收成片开发标准（试行）》制定

《土地管理法》第45条规定成片开发属于可启动土地征收的情形。"成片

---

①　《土地管理法实施条例》第26条规定："需要征收土地，县级以上地方人民政府认为符合《土地管理法》第四十五条规定的，应当发布征收土地预公告，并开展拟征收土地现状调查和社会稳定风险评估。征收土地预公告应当包括征收范围、征收目的、开展土地现状调查的安排等内容。征收土地预公告应当采用有利于社会公众知晓的方式，在拟征收土地所在的乡（镇）和村、村民小组范围内发布，预公告时间不少于十个工作日。自征收土地预公告发布之日起，任何单位和个人不得在拟征收范围内抢栽抢建；违反规定抢栽抢建的，对抢栽抢建部分不予补偿。土地现状调查应当查明土地的位置、权属、地类、面积，以及农村村民住宅、其他地上附着物和青苗等的权属、种类、数量等情况。社会稳定风险评估应当对征收土地的社会稳定风险状况进行综合研判，确定风险点，提出风险防范措施和处置预案。社会稳定风险评估应当有被征地的农村集体经济组织及其成员、村民委员会和其他利害关系人参加，评估结果是申请征收土地的重要依据。"

②　《土地管理法实施条例》第27条规定："县级以上地方人民政府应当依据社会稳定风险评估结果，结合土地现状调查情况，组织自然资源、财政、农业农村、人力资源和社会保障等有关部门拟定征地补偿安置方案。征地补偿安置方案应当包括征收范围、土地现状、征收目的、补偿方式和标准、安置对象、安置方式、社会保障等内容。"第28条规定："征地补偿安置方案拟定后，县级以上地方人民政府应当在拟征收土地所在的乡（镇）和村、村民小组范围内公告，公告时间不少于三十日。征地补偿安置公告应当同时载明办理补偿登记的方式和期限、异议反馈渠道等内容。多数被征地的农村集体经济组织成员认为拟定的征地补偿安置方案不符合法律、法规规定的，县级以上地方人民政府应当组织听证。"

③　《土地管理法实施条例》第29条规定："县级以上地方人民政府根据法律、法规规定和听证会等情况确定征地补偿安置方案后，应当组织有关部门与拟征收土地的所有权人、使用权人签订征地补偿安置协议。征地补偿安置协议示范文本由省、自治区、直辖市人民政府制定。对个别确实难以达成征地补偿安置协议的，县级以上地方人民政府应当在申请征收土地时如实说明。"

④　依据《土地管理法》第46条，土地征收批准权配置分别如下：征收下列土地的，由国务院批准：（一）永久基本农田；（二）永久基本农田以外的耕地超过三十五公顷的；（三）其他土地超过七十公顷的。征收前款规定以外的土地的，由省、自治区、直辖市人民政府批准。有批准权的人民政府应当对征收土地的必要性、合理性、是否符合《土地管理法》第45条规定的为了公共利益确需征收土地的情形以及是否符合法定程序进行审查。

⑤　《土地管理法实施条例》第31条规定："征收土地申请经依法批准后，县级以上地方人民政府应当自收到批准文件之日起十五个工作日内在拟征收土地所在的乡（镇）和村、村民小组范围内发布征收土地公告，公布征收范围、征收时间等具体工作安排，对个别未达成征地补偿安置协议的应当作出征地补偿安置决定，并依法组织实施。"

开发"并非严格的法律术语,20 世纪 80 年代中期,我国进行土地成片开发主要是由国家征收成片土地并投资完成基础设施建设,吸引外资到该区域内办企业,此阶段兴办的经济技术开发区就是成片开发建设的主要模式。① 成片开发建设之初始追求是促进地方经济发展。在本轮《土地管理法》修法前,由于"经济建设"在我国实践中是启动土地征收的条件,使其在事实上被认定为"公共利益"的一种类型。② 为避免对经济社会发展影响过大,《土地管理法》将成片开发纳入可以征地的情形具有一定程度的合理性。

自然资源部制定的《土地征收成片开发标准》共八条,规定了成片开发的内涵与原则,对土地征收成片开发方案的编制、审批程序与除外情形作出规定。③

第二节　征收法律规范适用困境

尽管本次《土地管理法》及其配套法律法规的修改,使得我国土地征收制度取得诸多成绩,但政府执法观念的路径依赖和作为立法参考素材实践经验的复杂性,使蕴含全新制度价值的土地征收法律规范在实践中能否产生预定的效果,仍需进一步考察反思。

一、公共利益认定机制缺陷

纵览新中国土地征收制度中公共利益条款立法之历史脉络,对《土地管理法》第 45 条及相关制度进行法理反思,有助于厘清土地征收中公共利益条款之适用可能面临的困境。④

(一) 公共利益条款的历史脉络

土地征收与公共利益唇齿相依,两者不可分离。新中国成立后,最早将"为了公共利益的需要"作为征收条件的法律是 1954 年《宪法》。此后,1975 年《宪

① 参见李植斌:《我国土地成片开发问题》,《经济地理》1994 年第 4 期。
② 参见高飞:《土地征收中公共利益条款适用的困境及其对策》,《学术月刊》2020 年第 4 期。
③ 该标准有效期为自公布之日起三年。
④ 该部分参见高飞:《土地征收中公共利益条款适用的困境及其对策》,《学术月刊》2020 年第 4 期。

法》和1978年《宪法》均删除了"公共利益"一语,仅规定"国家可以依照法律规定的条件"征收土地。1982年12月4日,现行《宪法》通过,"公共利益"作为土地征收权行使的条件又重新入宪。

新中国第一部专门规制土地征收的法律是1953年《国家建设征用土地办法》,其第1条强调征收是"为适应国家建设的需要",并在第2条对"国家建设"的范围进行了列举。由于该办法在1954年《宪法》颁布实施后继续有效,致使"国家建设"条款事实上成为土地征收制度中的公共利益条款。1958年《国家建设征用土地办法》延续了1953年《国家建设征用土地办法》中关于征收目的的规定,只是对"国家建设"的范围作出了更详细的列举。1982年5月公布的《国家建设征用土地条例》仍然将"保证国家建设必需的土地"作为首要目的,且该条例中的"国家建设"在内容上与之前的法律规定基本相同。

宪法是最高法,是一切立法的依据,立法是在宪法约束下在法秩序的各个领域的规范展开。① 故以现行《宪法》确立的框架秩序为基础,我国主要通过《土地管理法》对土地征收予以规制,并一直明确规定"公共利益"是土地征收权行使的条件。其中,1986年《土地管理法》关于公共利益范围的规定与《国家建设征用土地条例》的规定相同。1998年《土地管理法》修订时摒弃了"国家建设"一语,在公共利益条款的内容方面也与1986年《土地管理法》的规定判然有别,但是,法律的修订对土地征收制度中公共利益条款的理解与适用并没有产生实质影响。此外,囿于法律性质和立法任务,作为私法的《物权法》和《民法总则》(现《民法典》)放弃了对广泛涉及公权力运行的"公共利益"进行具体界定的企图,仅对此作出了具有宣示价值的抽象规定。

可见,尽管新中国土地法律制度发生了翻天覆地的变化,但至此次《土地管理法》修法前,土地征收制度中的公共利益条款在立法中却仅有些微调整。由于19世纪以来没有强有力的国家机器和发达的国家大工业,中国处于积贫积弱的状态,使强化国家对经济资源的集中动员与利用、加速以重工业为核心的工业化建设,成为新中国政权合法性的最主要基础,也造成了国家工业化不仅须将工业化发展作为整个国家经济发展的迫切目标,而且在工业化发展中国家要扮演

---

① 参见张翔:《宪法与部门法的三重关系》,《中国法律评论》2019年第1期。

决定性的主导作用。① 因此,《中国人民政治协商会议共同纲领》第 35 条规定:
"应以有计划有步骤地恢复和发展重工业为重点……以创立国家工业化的基
础。"1954 年《宪法》"序言"强调:"国家在过渡时期的总任务是逐步实现国家的
社会主义工业化……"1975 年《宪法》第 10 条和 1978 年《宪法》第 11 条也均突
出了工业的主导地位。受此种制度环境制约,"国家建设"成为土地征收制度中
"公共利益"的代名词,而"经济建设"则为其重要组成部分。

　　1998 年《土地管理法》修订后,该法以第 43 条取代了 1986 年《土地管理法》
第 21 条,土地征收中公共利益条款迎来了与"国家建设"尤其是"经济建设"分
道扬镳的契机。1986 年《土地管理法》第 21 条明确规定包含"经济"建设在内
的国家建设是启动土地征收的条件,其在土地征收制度中发挥了公共利益条款
的功能。与之不同,1998 年《土地管理法》第 43 条强调两个方面的内容:其一,
需用地人在不符合使用集体建设用地条件时,必须依法申请使用国有土地;其
二,国有土地在范围上包括存量国有土地和增量国有土地,其中增量国有土地为
国家通过征收获得的集体土地。从法条文义来看,该条并未表明在存量国有土
地无法满足建设项目用地需求时,可以抛开公共利益条款而单纯以"建设"为名
启动土地征收以获得增量国有土地。可见,1998 年《土地管理法》第 43 条不是
有关集体土地征收法律制度的规范,"任何单位和个人进行建设"也不是征收集
体土地的前提条件,如果拟以项目建设需用土地为由征收土地,还是应当以符合
公共利益需要为条件。从这个角度对《土地管理法》第 43 条的内容予以阐释,
正好可以将"经济建设"从明确规定的公共利益范畴"剔除",促使之前将"经济
建设"界定为公共利益的法律规范发生质变,彻底扭转 1986 年《土地管理法》将
"经济建设"一概认定为公共利益的错误立法,使土地征收制度中的公共利益条
款真正发挥授权、控权和利益衡平等规范功能。②

　　然而,由于我国实行社会主义的土地公有制,土地所有权只能由国家和集体
享有,加之《宪法》第 10 条第四款明确禁止"买卖或者以其他形式非法转让土
地",致使土地所有权变动在我国只剩下征收一条路径,而且这条路径是土地所

---

① 参见周其仁:《产权与制度变迁——中国改革的经验研究》(增订本),北京大学出版社
2004 年版,第 7 页。

② 参见高飞:《集体土地征收法制改革研究:法理反思与制度重构》,中国政法大学出版社
2019 年版,第 33—37 页。

有权由农民集体向国家的单向流动。在 1998 年《土地管理法》不再坚持经济建设为启动土地征收的条件后,如果存量国有土地不能满足经济建设的用地需求,则面临既不能通过征地实现供地又缺乏通过市场供地的法律渠道的窘境。为了破解这一实践难题,《土地管理法》第 43 条被理解为:既然"国有土地不敷使用时,就必然要征收集体土地以满足这种建设的需求,结合本法有关土地征收的内容,我们只能作出如下推论:'任何单位和个人建设'都被纳入了'公共利益'的范围"①。这是对《土地管理法》第 43 条的过度诠释,但在当时却得到普遍接受。同时,实行社会主义市场经济后,市场经济改革没有让我国从"大政府、小市场"走向"小政府、大市场"之路,国家在逐步扩大个人经济自由和市场竞争的同时,仍然保留了强大的政府推动力量。② 这种情形造成的后果是,在土地征收实践中,我国政府在认定公共利益时利用上述对《土地管理法》第 43 条含义的曲解,继续将"兴办乡镇企业"之外的经济发展事项完全纳入公共利益的范畴,从而丧失了将"经济建设"与"公共利益"进行合理区隔的良机。

《土地管理法》2019 年修法吸取了 1998 年《土地管理法》修订的教训,在以第 45 条列举公共利益具体类型的同时,建立了集体经营性建设用地入市制度,为满足经济建设用地需求提供了另一条供地渠道,这在我国土地征收制度立法史上具有里程碑式意义。由于"没有无历史因袭的政治,也没有无传统沿革的制度"③,因此,尽管《土地管理法》中的公共利益条款在具体内容和制度精神方面已经发生了根本性转变,但基于政府执法的连贯性,不能忽视修法前的公共利益条款在当下土地征收实践中依然会有着或直接或间接的影响。从实践来看,这种影响在"成片开发"的认定、集体经营性建设用地入市制度与征地制度的衔接、征地补偿标准对征地制度运行的冲击等方面表现得尤为突出。

(二) 公共利益内涵的法理检视

从新《土地管理法》第 45 条第一款对于公共利益类型的列举来看,各界对于前四项属于公共利益范畴少有分歧,对于第五项"成片开发"的内容争议较

---

① 蔡乐渭:《从拟制走向虚无——土地征收中"公共利益"的演变》,《政法论坛》2012 年第 6 期。

② 参见熊丙万:《私法的基础:从个人主义走向合作主义》,中国法制出版社 2018 年版,第 45 页。

③ 钱穆:《中国历代政治得失》,生活·读书·新知三联书店 2001 年版,第 169 页。

大。公共利益是土地征收的必要前提,无论成片开发建设是否纳入各类规划和年度计划,有无部委关于成片开发建设的标准,均须以这类建设是否属于公共利益的范畴为判断前提,有此前提,既不需要强调规划性、计划性,亦不需要国家部委另设标准。而且,从普适的法律常识出发,公共利益是可以解释和理解的,公共利益即公益,从目的认知,公益性对应商业性;从内涵看,公益具有公共性、非排他性和收益对象的不确定性;从外延观察,最优选的立法方式是折中式,即不完全列举,无需穷尽,允许立法开放,有概括兜底条款;从世界先进文明的立法例维度看,公共利益也是同样被界定。因此,此项属于伪征收。①

尽管《土地征收成片开发标准》(以下简称《标准》)对成片开发标准作出系统界定,但仍存在以下不足:其一,《标准》总体上是从事前审批程序来界定土地征收"成片开发"标准,然而,成片开发征收与周边制度之间是相互制约、相互促进的关系,为保障公益目的的实现,不仅需要事前的审批,还需要从事中实施、事后监督等方面建立全过程规制机制。其二,《标准》强调从程序上保障农民权益,但是在实体上要求成片开发范围内公益用地比例一般不低于40%,该标准偏低。根据《城市居住区规划设计标准》(GB50180—2018)规定,高层Ⅰ类(10—18层)居住街坊中的配套设施用地、公共绿地、城市道路用地等公益用地构成应为48%—52%。成片开发中的公益用地比重至少应当高于该一般标准,方可体现其公益性。其三,《标准》没有列举成片开发的具体情形。针对土地国情的复杂性、利益需求多元、治理能力等问题,成片开发应有正面清单。例如,有下列情形之一,确需征收集体土地,经省级以上人民政府批准,可组织实施成片开发建设:一是由政府组织实施的对危房集中的村庄实施改造需要的;二是由国务院或省级政府决定新设或扩建经济功能区等(如私立大学城项目)需要用地的。

(三)公共利益认定主体不明确

试点地区通过召开听证会、专家论证会等方式,构建单个项目公共利益的认定机制,探索破解公共利益认定难的问题。但纵观试点实践,各地对公共利益的界定仍不尽一致,特别是对《土地管理法》第45条第五项"在土地利用总体规划确定的城镇建设用地范围内,经省级以上人民政府批准由县级以上地方人民政

---

① 参见陈小君:《中国〈土地管理法〉修法与新一轮土地改革》,《中国法律评论》2019年第5期。

府组织实施的成片开发建设需要用地的可以征地"存在一定争议。相当一部分试点建议将事关地方经济可持续发展的重点项目用地,棚户区改造用地、能够增加税收、解决可持续就业等项目用地,化为公共利益类用地。如何实现既要缩小征地范围又要保障发展用地需要的目标,是土地征收实践中的难题。尽管各试点地区积极建立公共利益认定机制,但基本上对公共利益认定有争议的具体实践案例较少,因此,尚未形成稳定的、经过实践检验的有效的法治化的认定机制。《土地管理法》及其实施条例虽然列举了公共利益的各类情形,具有进步意义,但亦未建立公共利益认定机制。这难以改变实践中被征收人就征收决定不符合公益目的而提起诉讼的救济难题。根据我们对法院裁判文书的整理,在"征收决定是否符合公共利益"为争议焦点的案件中,尚没有因法院否认征收决定公共利益目的而做出撤销行政行为或确认行政行为违法的判决。①

二、作出征收决定的程序缺漏

新《土地管理法》及其实施条例在土地征收程序方面做了诸多改进,但在以下方面仍需进一步完善。

(一)征收决定程序需进一步透明

集体土地征收决定程序,涉及将农用地转为建设用地的审批程序和集体土地征收的审批程序。这两个审批程序实质上均为内部行政程序,基于该程序的法律性质,因征收集体土地而合法土地权益受到影响的农民集体及其成员被完全排斥在该征收决定程序之外。在征收农用地时,基于加强农用地保护,"农用地转为建设用地审批程序"是"集体土地征收审批程序"的前提和基础,该程序是对建设项目是否符合公共利益条款进行认定的关键一环。《土地管理法》及其实施条例的立法目的之一是既要对土地资源进行保护和开发,又要对土地进行合理利用并切实保护耕地,这也是农用地转为建设用地应当具备的条件。长期以来,法律规定的农用地转为建设用地的条件在事实上成为集体土地征收实践中判断拟进行的建设项目是否符合公共利益目的的标准。不过,2019 年修正后的《土地管理法》中,公共利益的认定标准与农用地转为建设用地的条件

---

① 参见于凤瑞:《"成片开发"征收决定公益目的的司法审查:比例原则的应用》,《中国政法大学学报》2019 年第 5 期。

开始分离,但这对集体土地征收审批程序没有影响。因市、县人民政府在对农用地转为建设用地进行审批后,是否征收集体土地仍然要根据拟征收的集体土地的性质和面积由国务院或省、自治区、直辖市人民政府决定。《土地管理法》及其实施条例中规定的农用地转为建设用地的审批程序表现出彻底的内部化,不具有公开透明的特质,使得行政机关具体认定公共利益的过程近乎神秘。①

此外,尽管《土地管理法》第 47 条规定的土地征收之前的社会稳定风险评估为新增制度,但该规定仍较为简单。问题有二:一是实践中社会稳定风险评估主体与征收实施主体同一,征地实施部门有既当"运动员"又当"裁判员"之嫌,难以充分保障评估结果的客观性与科学性。二是被征地的土地权利人以及利害关系人参加社会稳定风险评估的方式仍不明确。

（二）征收决定程序与补偿程序需进一步明晰

集体土地征收程序复杂,概括而言,包括三个方面,一是征收决定,二是征收补偿,三是征收实施。根据《土地管理法》及其实施条例,确定土地征收补偿安置方案属于征收报批前的事项。② 征收决定与征收补偿安置方案、补偿协议存在时间上的重合。征收决定在整个征收程序中具有基础决定性作用,关乎土地征收目的的界定。但当前征收决定程序与补偿程序不明晰,似乎被征地村民签订征收补偿安置协议,就能够保障集体土地征收决定的正当性,这不仅造成征收程序中缺失独立的公共利益认定程序,更难以发挥程序对征收权行使的规范功能,影响被征收人权益的保障。

（三）被征收人救济渠道需进一步畅通

《土地管理法》第 47 条以及《土地管理法实施条例》第 28 条相较于旧法有较大进步,规定多数被征地的农村集体经济组织成员对征地补偿安置方案有异议的,县级以上地方人民政府应当组织召开听证会。尽管如此,该程序仍过于简略、概括。

此外,征地补偿安置协商不成之时的行政、司法保障机制有待健全。一方

---

① 参见高飞:《集体土地征收法制改革研究:法理反思与制度重构》,中国政法大学出版社 2019 年版,第 93 页。

② 如《土地管理法》第 47 条第四款、《土地管理法实施条例》第 29 条。

面,在对征收补偿标准产生争议时,负责协调、裁决该争议的是行政机关,[①]由于争议发生在行政机关与行政相对人之间,争议的裁决者仍是行政机关,我国行政复议机构欠缺必要的独立性,难免有同时担任"裁判者"与"运动员"双重身份之嫌。另一方面,根据《最高人民法院关于审理涉及农村集体土地行政案件若干问题的规定》(法释〔2011〕20号)第10条,村集体或被征地农地对补偿方案有异议,仍需先通过行政程序。

三、征收补偿标准市场机制需完善

在我国征地补偿实践中,尽管《土地管理法》规定的区片综合地价提高了过往的征收补偿标准,但土地征收补偿仍由政府主导定价,市场定价机制欠缺,征地补偿观念滞后、征收补偿标准偏低、增值收益分配利益协调不足等问题依然存在。

(一) 征收补偿观念相对滞后

集体土地所有权是一种纯粹的财产权,在被征收后应当根据市场价格进行补偿,以便使补偿款项能够弥补被征收人的实际损失,对于安置补偿则应当纳入人权保障的范畴,由国家承担更多的责任,但我国土地征收补偿观念长期以来较为混乱,其在土地补偿标准方面遵循了非市场化观念,而在安置补偿方面又采用了市场化思路。[②]《土地管理法》第48条将"安排被征地农民的社会保障费用"纳入安置补偿范畴,以实现"被征收农民原有生活水平不降低、长远生计有保障"之目的,从而在安置补偿方面摒弃了原本不合时宜的观念;同时,该法在土地补偿标准方面改采"区片综合地价",适当提高了征地补偿标准,但该标准仍然践行的是非市场化的土地补偿观念。

在土地征收补偿实践中,尽管与传统的"产值倍数法"相比,《土地管理法》确定的"区片综合地价"补偿标准似乎更接近市场价值,但有学者在对"区片综合地价"进行实证检验后却发现,"区片综合地价"本质上是不同于"市场价值"

---

① 《国务院法制办公室关于依法做好征地补偿安置争议行政复议工作的通知》(国法〔2011〕35号)规定:"被征地集体经济组织和农民对有关市、县人民政府批准的征地补偿、安置方案不服要求裁决的,应当依照行政复议法律、法规的规定向上一级地方人民政府提出申请。"

② 参见高飞:《集体土地征收法制改革研究:法理反思与制度重构》,中国政法大学出版社2019年版,第153页。

的"政府指导价",其仅占土地出让价格的10%左右,故与土地出让时的"市场价值"之间有巨大差异。[①] 在土地征收情形下,被征收土地的增值收益表现为政府将该土地在国有建设用地使用权市场转让的地价,其中土地补偿款是作为土地所有权人的农民集体分享的土地增值收益,剩余部分土地增值收益则为政府部门拥有,土地补偿标准远远低于土地市场价格的现实,导致农民集体分享到的土地增值收益的数额极低。

不可否认,在一些地方的土地征收实践中,被征收人获得了"天价赔偿",如果此之谓"天价赔偿"是由市场决定的,似乎也无可厚非。"市场经济国家解决分配不公的唯一手段就是建立二次分配制度——税收,通过税收实现二次分配,既做到抽肥补瘦,又有利于抑制获取暴利的机会和动机。具体的税种在国际上一般称为'资本利得税',是一种针对资产处置收益征收的税种,主要目的就是调节收益分配,抑制获取暴利"[②]。土地征收是政府以行政手段配置土地资源的方式,其一方面是避免一些土地所有权人凭借享有的土地的区位垄断性而漫天要价,另一方面也是避免与被征收土地相关的利害关系人过多而在谈判时造成交易成本高昂。[③] 可见,基于公共利益需求征收土地具有合理性,但这并不表明在土地征收时采用偏低的补偿标准也同样是合理的,在建立使市场在资源配置中发挥决定性作用的集体经营性建设用地入市制度后,土地征收的非市场化补偿更是显得落后于现实发展。因此,为了公共利益的需要,应当赋予政府土地征收权,但在土地补偿观念方面则应当转向市场化,并通过税收进行二次分配来建立兼顾国家、集体、个人的土地增值收益分配机制。在这种情形下,集体经营性建设用地入市制度与土地征收制度将实现制度价值上的统一和制度功能的协调,《土地管理法》第45条确立的公共利益条款在适用中也不会因集体经营性建设用地入市价格较高而受到冲击。

（二）区片综合地价的正当性反思

《土地管理法》规定的土地征收补偿标准仍然是由政府在综合考虑各项因

---

① 参见方涧:《我国土地征收补偿标准实证差异与完善进路》,《中国法律评论》2019年第5期。

② 朱道林:《土地增值收益分配悖论:理论、实践与改革》,科学出版社2017年版,第203—204页。

③ 参见刘婧娟:《中国农村土地征收法律问题》,法律出版社2013年版,第24页。

素的情况下制定的。相较于旧法中的年产值标准,具有以下优点:一是区片综合地价是按照均值性区片确定的补偿标准,在一定区域内标准一致,体现了同地同价;二是区片综合地价是针对土地确定的综合补偿标准,而不包括地上附着物和青苗补偿费,这种计算方式考虑了具体地块附着物的实际情况。① 尽管如此,区片综合地价是一种刚性较强的政府定价,没有完全走出集体土地征收按照原用途进行补偿的思维定式,依然是政府主导定价,农民的议价权利没有得到有效体现;土地征收实行区片综合地价,对处于不同区片的被征地农民而言,补偿极易形成"同地不同价",其对土地增值收益的享有难以得到充分保障,也容易引发矛盾纠纷。征地补偿不足将导致征收制度出现分配与效率上的问题:在分配层面,如果征收成本由被征收人承担,其为公共利益所遭受的牺牲,构成分配上的不公;在效率层面,补偿不足使得征收部门低估征收的成本,导致其过度依赖土地征收作为其开展相关规划的途径,而忽略其他可替代手段,无法实现土地要素的市场化配置。同时,按照《土地管理法》第48条,区片综合地价至少每三年调整或者重新公布一次,频繁调整标准又会带来因村民期望值不断提高而产生的治理难题。特别是对于非纯粹公共利益目的征收的成片开发征收,其目的在于重新整合规划一定范围的区域,并非将该区域全部用于公共事业,而开发后地价通常会大幅提升,对其补偿标准,应当与其他类型的公益征收补偿标准有所区别。

实践中,尽管试点地区采取了留用地、留用物业等补偿安置模式,但这种方式适合于区位位置适宜、集体经济组织健全、村"两委"干部组织能力强的村;对于村基层组织较软弱的地区,如果采取这种方式,可能会因村级管理乏力,引发后续村内矛盾和不稳定因素。采用货币补偿方式,又存在被征地农民挥霍征地款的现象。如何有利于实现被征地农民长远生计有保障,是征收制度改革过程中持续思考的一个问题。在增值收益补贴的发放上,需要探索以什么标准以什么方式发放,以有效保障农民的长远生计。

（三）征收增值收益分配利益协调不足

处理好土地征收与集体经营性建设用地入市收益分配的关系,不仅事关收益分配是否公平合理,也事关未来土地征收工作能否顺利进行。土地征收补偿

---

① 参见杨合庆主编:《中华人民共和国土地管理法释义》,法律出版社2020年版,第91页。

标准要兼顾土地原用途与规划用途,逐步提高补偿水平。各地探索建立土地征收增值收益分配制度,缩小征收与入市在收益上的差距,主要包括以下方面:一是测算土地增值收益。大多试点探索形成以区片为测算单元的增值收益核算方法。二是多种方式分享土地增值收益。三是界定土地增值收益在国家、集体、农民之间的分配比例。①

虽然从改革效果来看,集体土地征收补偿标准得以提高,集体经营性建设用地入市规则已经建立,但统筹推进农村土地征收、集体经营性建设用地入市改革的效益尚未得到最大化实现。

首先,无论是改革文件还是试点文件均侧重引导优先使用存量集体经营性建设用地,这符合发挥市场对土地资源配置决定作用的改革方向,但如何保障集体建设用地使用权优先入市? 过于强调集体建设用地使用权入市不必然实现土地的集约利用,也不必然会促进农民的市民化,更不会杜绝腐败。相反,集体经济组织在短期经济利益的驱动下,极有可能将集体经营性建设用地尽数用于获利最高的房地产开发,置工业用地等其他经营性用地需求于不顾,甚至出现改变土地用途、破坏耕地等问题。②

其次,尽管试点实践中已经基本实现了集体建设用地入市收益和征收补偿标准的基本平衡,但一些隐性成本难以计算。

最后,征收与集体经营性建设用地入市收益大体平衡与"同地同价"的要求在实践过程中互为掣肘,若按照"同地同价"的要求进行测算,农民在农村集体经营性建设用地入市中获得的收益将远大于土地征收补偿收益,从而对土地征收造成影响。

第三节 征收法律制度完善建议

根据"十四五"规划,深化土地征收制度改革的目标是,建立土地征收公共利益认定机制,缩小土地征收范围。当下土地征收制度改革根本意旨亦在于"缩小征地范围",向纯粹公益属性转变,同时又为新型城镇化进程中的用地需

---

① 具体的测算方法,参见本著作第三编第四章"健全公平合理的土地增值收益分配制度"。
② 参见黄忠:《论成片开发的征收权及其约束机制》,《中国不动产法研究》2020 年第 1 期。

求保留必要供给渠道。为统筹实现该双向目标,仍需针对上述实践困境,进一步完善我国土地征收法律制度。

一、坚守征收的法治原则

征收权作为行政权,为保障农民财产权益、缩小征地范围改革目标的实现,需要践行依法行政的基本原则,即法律保留原则、程序正当原则和比例原则。

(一) 法律保留原则

法律保留原则,要求行政权之行使须有法律的授权,又为积极的依法行政原则。法律保留原则,是从法治国家原则、基本权利保障中所推导出来。虽然土地征收之公共利益目的具有抽象性,但为避免其权力滥用,各国立法均对其典型目的与行使程序有严格规定。《民法典》第 207 条与《物权法》第 28 条相比,新增了"平等"保护,强调国家对于公民私人财产权益保护的重视,防止行政机关借"公共利益"之名侵犯私人权益的情形。特别是在土地征收中,公共利益与私人权益直接冲突,因此,应当重视私人权益的保护,征收权之行使应以法律明文规定为必要。

(二) 正当程序原则

程序正义是实现实体正义的前提与基础。程序对于实现正常的法律秩序具有诸多功能,其中最重要的功能体现在如下方面:一是为确定最佳方案选择可能作出适当的判断;二是使各当事人拥有充分而平等的发言机会,对当事人的不满情绪予以疏导,避免当事人采取激烈的手段进行对抗;三是排除决定者的恣意,并给决定者保留合理的裁量余地;四是使部分甚至全体当事人的不满能够被作出的决定吸收,让失望者易于接受;五是既使程序参加者分担责任,又强化程序参加者服从决定的义务感;六是通过解释法律与认定事实来作出有强制力之决定,将抽象的法律规范变成可指示具体行为的规则;七是使决定者承担的责任风险得以减轻。① 正当的程序能够排除恣意征收,使被征收权利人的合法权益得到保障。无论是土地征收之立法完善、征收权行使还是司法救济均应遵循正当程序的法律原则。

(三) 比例原则

比例原则要求国家对基本权利的限制与由此得以实现的目的之间必须有合

---

① 参见季卫东:《法律程序的意义》,中国法制出版社 2012 年版,第 57—58 页。

理的、平衡的、成比例的关系,不得过当、过度限制基本权利,也就是"禁止过度"原则。① 其具有实体价值和方法论两个方面,依次涵摄了一个预备阶段和适当性原则、必要性原则、均衡性原则三个子阶段或原则。比例原则是行政法上的一项基本原则,适用于所有限制基本权利的行政活动,是实现国家权力结构的平衡,调和公益与私利,达到实质正义的一种理性思考法则。比例原则兼具"问题思考"与"体系思考"的特性,是衡量行政权力正当性的工具,"四阶"构成了比例原则方法论的基础框架,为规范征收权力行使提供了可操作的方法。在我国法治语境下,《土地管理法》第45条规定"有下列情形之一,确需征收农民集体所有土地的,可以依法实施征收",《国有土地上房屋征收与补偿条例》第8、9条中的"确需"事实上隐含了比例原则,在司法实践中,亦有适用比例原则的判决。②这为形成符合本土法治框架的比例原则审查规则提供了基础和可能。③

二、构建公共利益认定机制

为解决集体土地征收法律制度中公共利益认定难的困境,立法权、行政权和司法权均不可偏废,立法机关、行政机关和司法机关必须依法各司其职。其中,立法机关应当通过行使立法权对公共利益条款进行细致而系统的界定,为行政机关依法行使其享有的具体认定公共利益的权力提供明确的规范依据;司法机关有必要在行政机关行使具体认定公共利益的权力产生争议时进行审查,以纠正行政机关可能存在的滥用权力的行为。

(一) 立法路径

公共利益认定首先需要做好立法机关和行政机关职责划分。④ 在我国,立法机关是各级人民代表大会,有关集体土地征收的法律规范是立法机关制定的,

---

① 参见杨登杰:《执中行权的宪法比例原则:兼与美国多元审查基准比较》,《中外法学》2015年第2期。

② 参见"汇丰实业公司诉哈尔滨市规划局行政处罚案",胡锦光主编:《中国十大行政法案例评析》,法律出版社2005年版,第183—192页;"南安市洪濑镇洪东社区居委会诉南安市规划建设局城市规划行政处罚案",《人民法院案例选》2007年第2辑。

③ 参见于凤瑞:《"成片开发"征收决定公益目的的司法审查:比例原则的应用》,《中国政法大学学报》2019年第5期。

④ 参见刘志强:《完善我国土地征收公共利益认定机制的思考》,《国土资源情报》2021年第8期。

如果由立法机关来具体认定公共利益,在一般情形下应该能够准确地反应出法律规范的真实意图。然而,我国现在正处于工业化、城镇化的快速增长期,需要利用大量土地来实现这一目标,在未来一个较长的时期内,大量集体土地被征收不可避免。根据《宪法》规定,作为我国立法机关的各级人民代表大会是由人民选举的代表组成的代议机关,其主要职权包括行使立法权、监督权、选任权以及重大事情决定权,集体土地征收法律制度中的公共利益认定显然不属于立法权、监督权和选任权的范畴,在实践中也没有将征收集体土地时具体认定公共利益的权力涵括在重大事情决定权的范围。而且,应予以强调的是,行使集体土地征收权的行为在性质上属于具体行政行为,这已经成为我国的一种法制传统,如果由立法机关担任具体认定公共利益的主体,将造成立法权与行政权不分。如此将导致《宪法》确立的各国家机关在分工基础上的"合作与制约"的宪法精神失去依存。同时,我国各级人民代表大会都存在人数多、会期短的共性缺陷,由其作为集体土地征收实践中具体认定公共利益的主体必将不堪重负。

为此,立法可以从征收权行使的边界与程序方面,保障征收公益目的之实现,具体而言:

1.进一步细化公共利益情形

尽管《土地管理法》第45条明确了公共利益征收的六种情形,但仍过于宽泛。比较法上,例如《日本土地收用法》第3条规定了49种公共利益事业类型。① 征收作为强制剥夺财产权的手段,为对其进行有效的约束,需尽可能通过立法列举征收适用的情形,这是法律保留原则的必然要求。在此意义上,进一步提高法律条文的具体性与明确性应作为今后立法的重点内容。此外,尽管《土地管理法》第45条第一款第五项将"成片开发"与其他典型的公共利益类型同等对待,但在适用时却应当明确"成片开发"追求的不是纯粹的公共利益,因而在认定标准、征地程序和补偿标准等方面都需要凸显土地开发目的的公私益混合性特质,以便既实现征地所追求的公共利益,又充分保障被征收人的合法土地权益,从而避免法律适用时可能出现的纷争。待自然资源部《土地征收成片开发标准》到期之后,在总结实践经验的基础之上,应进一步完善认定标准。事

---

① 参见黄宇骁:《日本土地征收法制实践及对我国的启示——以公共利益与损失补偿为中心》,《环球法律评论》2015年第4期。

实上,成片开发征收入法本身具有权宜性,这决定了待我国社会主义市场经济体制日益完备,土地要素市场化配置机制更加健全,成片开发征收完成特定历史时期的使命之时,即应退出公益征收范围。①

2. 明确征收权的行使规范

由于公共利益是不确定概念,无论立法机关制定的规范多么严密,行政机关在具体认定公共利益时都不可避免地会行使相应的自由裁量权。因此,在法律制度中必须确立行政权的行使规范,明确集体土地征收实践中行政机关具体认定公共利益时应遵循比例原则。一是适当性审查。征收集体土地只能是增进或实现公共利益的适当措施,如有其他替代方案同样可以增进或实现该公共利益,则应当放弃征收集体土地。二是必要性审查。征收集体土地是有效实现公共利益目标的各种手段中对被征收人侵害最小的手段,如能够征收荒地、山地、劣质地,不得征收耕地、平地、优质地。三是均衡性审查。征收集体土地获得的公共利益超过了因此给集体土地所有权人造成的侵害。在对行政机关具体认定公共利益的权力进行规制时,适当性审查、必要性审查和均衡性审查三者相互联系、不可或缺。

3. 确立集体土地征收前置协议程序

为了公共利益的需要是征收集体土地必须具备的前提条件,但建设项目在符合公共利益而需要使用农民集体所有的土地时,并不是均必须以征收方式取得集体土地。"土地征收之发动,在于谋求增进公共利益,但同时亦必应兼顾保障私有财产权。……具强制力之土地征收,应为用地取得之最后、不得已手段。"②这还需要配套完善我国征收补偿机制,一方面应当提高补偿标准,使补偿价格真实反映出土地价格;另一方面应当充分发挥土地评估机构的作用,由土地评估机构确定合理的价格供协议双方参考。具体而言,可尝试对拟成片开发的土地建立市场化土地储备制度,通过平等谈判购买建设用地指标、增减挂转为建设用地用于集中开发。

(二)行政路径

《土地管理法》征收程序重在保障被征收人的知情权、参与权和监督权,以

---

① 参见于凤瑞:《〈土地管理法〉成片开发征收标准的体系阐释》,《中国土地科学》2020 年第8 期。

② 陈立夫:《土地法研究》(二),(台湾)新学林出版社 2011 年版,第 207 页。

及加强征收补偿安置方案的论证,这虽然能够在一定程度上保证公共利益目的的实现。但公共利益内涵本身具有不确定性,为保障第45条公益目的条款的切实实现,还应补足征收决定作出过程中公共利益目的的论证。

1. 构建征收决定之前的公共利益认定机制

建设项目必须符合公共利益目的,这是集体土地征收启动的前提条件和征收权行使的正当性基础。在"三块地"改革试点实践中,少数试点地区探索了在土地征收决定之前的公共利益认定机制,①《土地管理法》修正时虽然并未吸收入法,但仍具有重要价值,对于构建体系性的征收权规制机制具有重要意义。此外,纵观征收制度较为完善的国家,在征收程序中均有专门的公益目的认定程序。例如,日本土地征收程序包括事业认定程序和征收裁决程序,其中,事业认定程序即对公共利益的认定,确保征收符合公益目的。② 公益事业认定是土地征收裁决程序的前置阶段。法国土地征收决定程序包括调查程序、公用目的的鉴定程序、具体位置核准程序以及决定转让程序。③

为切实实现缩小征地范围的改革目标,我国应当将公共利益认定作为征收决定作出之前的独立程序。一是设置公共利益认定机关,该机关应当区别于征收决定机关。二是公共利益认定程序的启动,启动事由为用地人的申请,用地人需提交项目的目的与内容等材料。三是公共利益认定的程序,应当包括送达与公告程序,公告用地人的名称、项目种类、拟征收范围等内容;与征收有关的利害关系人可提交意见书;听取专家的意见;召开听证会;作出用地项目是否符合公共利益的认定结果。其中,公共利益认定听证程序是农民集体及其成员参与集体土地征收并表达意见的重要形式,具体而言,其应当包括如下内容:其一,允许农民集体及其成员对用于决定建设项目属于公共利益的材料享有知情权和查询权。这是保障因集体土地被征收而合法土地权益受到影响的当事人真实意愿得以表达的必要步骤。其二,明确农民集体及其成员表达自己意见的权利,将其意见完整记入听证笔录,并交其确认记录内容无误后签字。其三,在行政机关具体认定公共利益时,参考听证笔录是其法定义务,尤其是在不采纳农民集体及其成员意见时需说明理由,并将认定结论书面告知农民集体及其成员等权利人。四

---

① 如内蒙古呼和浩特和林格尔县、河南省新乡市长垣县和广东佛山市南海区。
② 参见钟头朱:《论日本的土地征收制度》,《改革与战略》2010年第4期。
③ 参见王名扬:《法国行政法》,北京大学出版社2016年版,第301页。

是公共利益认定的法律效果,公共利益认定的法律性质应为具有可诉性的具体行政行为,其能够产生相应的法律效果。在此方面可参考《日本土地征收法》之规定,一方面,自公共利益认定公告发布之日起1年内,用地人未依法提出征收裁决申请的,公共利益认定自期间届满之日的第二日起失效;另一方面,土地所有人及利害关系人依法取得申请土地征收裁决请求权和补偿支付请求权。

在涉及征收农用地时,我国土地征收制度中的农用地转为建设用地审批程序是公共利益具体认定的表现,健全该程序意味着对公共利益认定程序的完善。具体而言,现行农用地转为建设用地审批程序应该置于发布土地征收预公告之前。在对建设项目进行审批后,如果该建设项目需要征收集体土地,则应由行政机关先对该建设项目是否符合公共利益目的进行预审,预审可依据《土地管理法》第52条的规定进行,即只有在对建设项目可行性进行研究论证并得到确认后,才能够据实根据土地利用总体规划、土地利用年度计划和建设用地标准予以批准。农用地转用审批程序是集体土地征收中公共利益认定程序的启动程序。① 该环节通过后,还需依法履行前述征收决定前的公共利益认定程序。

2.严格区分土地征收与土地储备

课题组调研中发现,在旧村改造实践中存在挂账收储的做法。所谓"挂账收储",是指由土地原权属人作为动议主体主动向政府申请整体规划安排,双方签订"挂账收储"协议,完成一级土地整理后,政府将其按照储备用地供应(包括作为国有土地出让)方式向市场公开供应,且土地出让须满足各镇街招商要求,由竞得人进行开发建设,所得出让金按政策既定比例和"挂账收储"协议约定标准返还给原权属人作为土地及地上附着物的补偿款。而集体土地被收储后作为国有土地出让的,意味着土地性质在收储后、补偿前已经发生改变。例如,佛山市顺德区龙江镇万洋项目即是以"集体转国有+挂账收储公开出让"方式实现的村级工业园改造项目。《民法典》和《土地管理法》吸纳农村土地制度改革试点成果,以公共利益限缩土地征收范围,规范土地征收程序,要求先补偿后征收,同时以区片综合地价取代土地原产值提高征收补偿标准。从实践来看,"挂账收储"模式中并非所有项目都符合土地征收所要求的公共利益目的,未补偿即征收土地、政府出让土地所得返还原权属人等做法也缺乏相应上位法依据,存在合

---

① 参见高飞:《集体土地征收程序的法理反思与制度重构》,《云南社会科学》2018年第1期。

法性不足的风险,必须将土地征收与土地储备区分开来。

土地储备制度之要义在于建立市场化运行规则,但凡土地所有权人即可为市场主体,就可共同参与土地的谈判、买卖与开发,至此,集体所有权人亦可平等进入土地储备主体资格之列。土地征收与土地储备的区别在于,征收制度的核心在于所有权的丧失或取得和土地权属的合法变更,目的是服务于社会公共利益;而土地储备的目的在于调控土地市场、促进土地资源合理利用、储备以待供应。在理论上,土地储备即是国有土地合理调控的手段,也可成为集体土地有偿储备的依据,无论怎样,储备土地的手段带有市场化的意义,其核心在于通过市场化进行土地使用权最大化调整利用。当下,土地征收和土地储备都是行政主体实现管理目的的手段,皆以非平等主体之间的行政法律关系为主。因收储与征收的一方均是行政机关,为了新增建设用地、加快城市发展,尽快收取土地出让金,行政机关往往"以储代征"。然而,目前集体土地转变为国有土地仅有征收一途,在《土地管理法》的要求下,土地征收必须符合公共利益或成片开发标准,并遵照严格的程序,使被征地农民在征地过程中有更多参与权与监督权。

（三）司法路径

司法是对公共利益认定的重要监督程序。尤其是在现行土地征收决策机制的逻辑暂时无法撼动的前提下,强化司法机关和立法机关对政府征地权力的监督,更是一种务实的方案。[1] 根据比例原则的内涵,法院在判断征收决定是否符合公益目的时,可按照以下四个步骤进行审查。[2]

1. 征收决定目的本身的正当性

预备阶段在于确认国家行为的目的与目的本身的正当性。比例原则第二阶段中的适当性原则、必要性原则、均衡性原则是在目的正当性的前提下,对国家行为限制公民权利正当性的进一步评价。

征收决定是否具备公益目的,与此处的目的正当性有所不同。征收决定符合公益目的是对正当目的的更高层次的要求,即只有在目的正当性的前提下,才有进一步探讨征收决定所追求公益目的重要性的可能。即,目的正当性是判断

---

[1]　参见彭錞:《中国集体土地征收决策机制:现状、由来与前景》,《华东政法大学学报》2017年第1期。

[2]　参见于凤瑞:《"成片开发"征收决定公益目的的司法审查:比例原则的应用》,《中国政法大学学报》2019年第5期。

具有确需进行征收之公共利益的起点,至于该公共利益是否足够重要以至于确需征收,则属于第二阶段均衡性原则的判断范畴。均衡性原则中需要审查国家行为所增进的公共利益与所造成的损害应当相称,该审查是在目的正当性的前提下,评价正当目的是否有必要实现。如果将目的正当性审查置于均衡性原则中,那么前置于均衡性原则的适当性审查和最小损害审查可能就属于白费精力。① 在该阶段中,法院重点审查征收目的是否明确具体。

立法虽然可以规定公共利益的诸多情形,但具体案件中涉及许多细节的法律或事实行为,其面向之广与整体考虑因素之复杂,仍需结合个案中具体权衡。是否具备公共利益的判断,必须建立在对征收决定所涉及的社会因素、经济因素、文化及生态因素等予以公平公正衡量的基础之上。征收机关需要承担对公共利益进行具体化说明的义务,而不能仅泛泛地指出“促进产业发展”“促进经济社会发展”等。否则,将导致第二阶段的审查发生偏差,因为第二阶段中的均衡性原则检验中,需要在征收目的与财产权限制损失之间进行衡量,如果在预备阶段不能切实把握具体的征收目的,则很容易被该利益衡量的审查结果误导,例如征收带来的大量工作机会、产业发展等经济利益岂是原房屋所有权人继续保留其财产权能够比拟的?

2.征收目的实现的有效性

这是适当性原则的具体体现,即手段符合目的。适当性原则旨在判断征收手段与欲实现的公益目的之间存在因果关系。然而,对于纠纷裁判者的法院,如何从事后判断行政部门作出征收决定之时知道该行政手段的适当性? 如果法院采取假想式的主观解释方式,无疑将削弱法院说理的可信度。因此,如何有效论证行政行为与其目的之间存在客观上的因果关系,成为适当性原则适用的难点。学界提出应通过客观资料与事实基础来评价手段的合适性。② 客观资料的载体表现为鉴定结论、公共意见调查报告、统计数据等。

第一,征收决定前的风险评估。《土地管理法》第 47 条第一项要求征收决定前应组织开展社会稳定风险评估。这一评估属于征收部门对未来情况的预测,是征收决定作出前,并制定相应的风险管理方案。其并非完全主观的产物,

---

① 参见刘权:《目的正当性与比例原则重构》,《中国法学》2014 年第 4 期。
② 参见刘权:《适当性原则的适用困境与出路》,《政治与法律》2016 年第 7 期。

而是根据城乡发展的现实情况、城市化的自然规律以及以往经验等进行的预测,是征收决定据以形成的客观基础,有助于弥合主观推测与客观目标实现之间的隔阂。

第二,据以作出征收决定的规范性文件。包括文件发布的背景、过程与实际行为的内容等。以成片开发征收为例,《土地管理法》第45条第一款第(五)项要求成片开发在土地利用总体规划确定的城镇建设用地范围内。一项关于特定地区的设计缜密的发展规划,是证明征收决定正当性的重要依据。集体土地征收与否,早在政府制定土地利用总体规划阶段就已基本定下来了,土地利用规划具有未来性的特征,相当于"预征收"。因此,土地总体利用规划的合理性、妥当性,是征收决定公益性的重要依据。

由于征收决定风险评估及土地利用总体规划等工作的专业性、技术性,法院对其审查强度应当保持克制,主要审查行政机关是否按照国家法律规定的程序进行征地风险评估及出台相关规划,而对于此事实依据内容的科学性不进行介入。具体而言,需由行政机关充分阐明风险评估报告、规划内容专业知识判断的依据,以查明风险评估报告及规划的制定过程中是否存在滥用职权和明显不当等情形。如果征收风险评估报告、土地利用总体规划等存在瑕疵,据此作出的征收决定是否有效,则涉及行政行为违法性继承的判断问题。

3. 征收目的实现的必要性

必要性原则要求,在所有能够达到公益目的的方式中,所选择的是对人民权利侵害最小的方式。相较于比例原则中的其他子原则,必要性原则具有客观性上的优势,由于以"最小侵害"为联接点,它提供了一套相对清晰的标准。[①] 对权利的"最小侵害"需要结合不同的手段与其各自产生的效果予以综合判断。

第一,比较各种手段对相关民众基本权利的侵害程度。在土地征收与集体建设用地使用权入市联动改革的背景下,对集体土地进行开发的供给方式就存在征收与直接入市两条,从而形成制度竞争的关系,在二者之间是如何进行选择的,这需要征收单位予以说明。此外,尽管充分补偿是保障被征收人权益的重要手段,但是若因为给予被征收人市价补偿、超越市价补偿或者回迁选择权,征收权的行使即具有正当性的判断并不能够成立。征收权行使的前提条件是必须存

---

① 参见蒋红珍:《论必要性原则适用的困境及其出路》,《现代法学》2006年第6期。

在公共利益,这是法律对"财产权的保障";而征收补偿只是在符合公共利益目的的前提下,给予被征收人"财产价值的保障"。此一字之差,代表了财产权保障的第一道关卡(即符合公共利益)的重要性。①

第二,比较各种手段之间是否具有同等效用。必要性原则并不以手段对权利侵害最小作为唯一判断标准,"相同有效性"也是其重要内容。在征收纠纷中,关于征收范围的争议非常突出,法院需要对为实现公益目的所需征收土地范围的合理性进行判断。例如,如果征收 A 区块的土地可实现的公益为 P,征收 A+A1 区块土地可实现的公益为 P1,如果 P1 不大于 P,则基于相同有效性的功能性控制,此时基于公益目的所确需的征收范围应当为 A 区块。

4. 公益目的与私益损失之间合乎比例

这是比例原则设置的最后一道关卡,即权衡征收目的与人民权利损失之间是否相互平衡。换言之,征收决定对人民权利的侵害越大,则该征收决定所具有的公益性应当越强。这一阶段的审查涉及利益衡量,相较于比例原则的其他子原则,均衡性原则由于过于抽象性与主观性而存在适用方法上的难题,即如何将主观价值客观化? 学界试图从不同角度推进均衡性原则的客观化,一种代表性观点是成本收益分析方法,②另一种代表性观点是德国学者阿列克西提出的解决权利之间以及权利与权力之间冲突的法则,并提出具体的数学计算公式。③将经济学方法以及数学计算公式引入法学领域,对于促进法律论证科学性具有重要意义。但对于法院而言,其法律适用的方法主要是演绎推理,并且由于缺乏规范论证,究竟应当如何对相关的变量进行赋值难以实现标准的统一与准确,使得量化计算模式也存在较大的随意性。

公共利益衡量应就公共利益之不确定性、发展性之本质,经由国家社会法秩序之价值判断予以决定,故而应建立开放互动之程序使公益之价值具体化。④在一个多元的社会,判断土地征收是否符合公益目的的过程,应是开发区域内民

---

① 参见陈新民:《宪法基本权利之基本理论》上册,(台湾)元照出版有限公司 2002 年版,第 326 页。

② 参见张莉:《法国土地征收公益性审查机制及其对中国的启示》,《行政法学研究》2009 年第 1 期。

③ See Robert Alexy, "On Balancing and Subsumption", *Ratio Juris*, Vol.16, No.4(2003), pp. 433-449.

④ 参见杨松龄:《土地征收之公共利益判断》,《台湾环境与土地法学杂志》2012 年第 1 期。

众广泛参与讨论的过程,使得公共利益在广泛而深入的协商当中浮出水面。基于此,商谈理论可以提供有益的思路,法院通过采取当事人优先的视角,实现当事人意见的平等表达,从而将冲突中人们最重要的利益和观点转为事实问题,法院成为商谈的监督者,并依据事实的呈现做出客观的判决。[1] 实际上,公共意见也是行政行为执法成本和社会成本的指向标,是行政行为能否得以顺利实施的基础。将公共意见引入司法审查,并不意味着法院无视实定法法律规范,其本质恰在于对人民权利的尊重。在此意义上,法院对征收决定公益目的与私益损失之间是否合乎比例的判断,可以通过由当事人对相互冲突的利益进行辩论,并承担相应地举证责任,例如征收部门作出征收决定过程中,权利人等相关利益主体是否得以充分表达自己的意见等,从而将价值判断问题转换为事实问题。

三、完善征收法制程序

为实现缩小征地范围的改革目标,应该扭转"重效率、轻公平"的制度价值,以权力与权利的平衡取代"重权力、轻权利"的法律观念,以制约行政权力和保护财产权利为基本出发点,从以下方面对现行集体土地征收程序制度予以重构。

（一）社会稳定风险评估程序

为从源头上防范和化解征地社会稳定风险,避免由征地引发的社会矛盾,征地社会稳定风险评估,应当遵循"客观科学、系统全面"的原则。

一方面,完善评估主体制度。有观点认为应采委托第三方为评估主体,但第三方之委托仍需通过政府采购服务过程,且社会稳定风险评估制度是近年来的新兴制度,有评估资质的第三方主体亦在此过程中发展成长,仍难以保障第三方与作为委托方的政府之间的独立性,及其评估结果的公正性。在我国当前机构设置条件下,可采取地方人大领导监督下的重大行政决策风险评估委员会模式,该委员会不依附于行政机关,对人大常委会负责。评估委员会由地方人大常委会组成人员、行政机关负责人、相关领域的具有较高专业知识水平的专业人士、人大代表与社会公众代表组成。如此有助于实现决策主体与评估主体的分离,发挥人大在整合社会资源、广泛吸收专业人才的优势。

另一方面,发挥"说明理由"程序对社会稳定风险评估结果公正性的保障作

---

① See David M. Beatty, *The Vlimate Rule of Law*, Oxford University Press, 2004, pp.162-169.

用。社会稳定风险评估具有专业性,由评估主体对评估过程与评估结果向公众说明理由与依据,有助于克服决策部门与公众之间信息不对称的问题,防止评估结果的恣意,提高评估报告的科学性与可信度。在评估过程中,评估主体应向被征地的土地权利人和其他利害关系人说明阐释评估的实施、评估的过程与依据等。在此过程中,应保障被征地的土地权利人和其他利害关系人充分参与评估程序的权利,其可以就评估结果向评估主体与决策主体提出异议,并可提出自己的方案与理由。实践中,土地征收中还存在被征地农民抢栽抢种抢搭抢建、漫天要价、协商不成的问题。因没有公共权力运行中的保障措施,迫于舆论和信访压力,政府很难启动强制征收权,土地征收的权威性受到挑战,国家重大工程和基础设施依法用地的保障能力受到影响。通过"说明理由"这一双向的信息公开与充分协商,有助于最大化提高社会稳定风险评估的正当性。

（二）被征收人异议机制

该程序是农民集体及其成员参与集体土地征收并表达意见的重要方式,应从以下方面予以完善:

1. 区分两个程序

尽管土地征收决定程序与土地征收补偿程序在时间点上重合,但仍有必要将这两个程序区分开来。二者的制度目的不同,土地征收决定程序的制度目的在于保障征收决定的正当性,即符合公益目的;土地征收补偿程序的制度目的是保障被征收人财产价值的补偿与社会保障问题,即土地被征收后的后续问题。将二者区别开来,被征收人可以就其中任一决定单独提起救济,有助于系统保障被征收人权益。值得注意的是,新《土地管理法实施条例》删除了其旧法第 25条第三款征收补偿标准争议的协调、裁决程序,旨在将征地审批与征地补偿安置方案的确定相分离。"省级以上政府作出征地批复时不再审查具体征地补偿安置方案,而是重点对土地征收的必要性、合理性、是否符合为了公共利益需要确需征收土地的情形以及是否符合法定程序进行审查。"[1]如此改革,既强化征地补偿安置主体责任,提高征地审批效率,也有利于司法审查找准责任主体,精准监督,及时高效化解因征地引发的矛盾纠纷。[2]

---

① 魏莉华:《新〈土地管理法实施条例〉释义》,中国大地出版社 2021 年版,第 192 页。
② 参见耿宝建、岑潇、王筱青:《新土地管理法征收补偿制度变化与司法应对》,《法律适用》2022 年第 6 期。

2. 理解"个别"标准的规定

关于《土地管理法》第 47 条第四款规定的征地补偿协议签订中"个别"标准的理解问题。"个别"难以量化,协议不成不能启动征地程序,也会直接影响基础设施类重大项目建设,进而影响地方发展。"三块地"改革试点实践中,有地方按照土地征收补偿安置协议需经 2/3 以上被征地村民同意执行,有的地方则采取更高的标准,例如《文昌市土地征收制度改革试点暂行办法》第 9、10 条规定了 85% 以上被征地农户或村民小组成员同意的标准。《土地管理法》第 47 条第四款规定实际将因个别没有达成协议的拟征收土地能否征收的裁量权交给了征地审批部门。如《浙江省土地管理条例》第 44 条第二款授权省人民政府规定。从立法背景资料判断,新《土地管理法》立法本意是设置较高的签约比例。[①]但仍应考量土地征收是国家因公共利益需要强制取得集体土地所有权的行为,并不以取得所有被征地人的同意为必要条件,建议在成片开发之外的因公共利益征收集体土地的,被征地农民集体 2/3 以上成员、村民代表或者农户代表同意可实施征地,以体现土地征收的强制性。审批机关应当对此进行严格审查。

3. 完善征地补偿安置方案救济程序

中国现行法规定由行政机关裁决的做法有其合理性,故应该保留该规则模式,但需要进一步明确行政机关于作出裁决之前必须举行听证会,补偿权利人针对征地补偿和安置方案所提出的意见,应当如实、完整地记入听证笔录,行政机关在对征地补偿和安置方案作出裁决时,必须充分尊重听证笔录,如果行政机关决定不采纳补偿权利人提出的意见,应当针对该意见说明具体的理由。如果行政机关滥用自由裁量权,从而未经听证就对征地补偿和安置方案作出裁决,则该裁决无效。如果农民集体及其成员对行政机关裁决后的征地补偿和安置方案仍然不服的,其应当有权就此向人民法院提起行政诉讼。为避免诉累并减轻人民法院的诉讼压力,可以将行政复议确定为提起行政诉讼的前置程序。[②] 在制度保障方面,为了强调对农民集体及其成员的合法土地权益保护,在征地补偿和安置方案实施时,应当以法律规则形式明确规定强制执行的条件,就该程序的构建,《国有土地上房屋征收与补偿条例》第 28 条构建的"依法申请法院强制执

---

① 参见魏莉华:《新〈土地管理法实施条例〉释义》,中国大地出版社 2021 年版,第 185 页。
② 参见高飞:《集体土地征收程序的法理反思与制度重构》,《云南社会科学》2018 年第 1 期。

行"的制度可供参考。

（三）征收决定公告程序

对集体土地征收决定予以公告,是为了实现农民集体及其成员的知情权,并为农民集体及其成员行使参与权提供必要的资讯,从而倒逼行政机关审慎行使行政权力,集体土地征收决定公告仍应按照及时、全面的标准进一步完善。

1.及时发布公告

《土地管理法》及其实施条例仅规定了公告的期间,征收土地预公告时间不少于十个工作日,征地补偿安置方案公告时间不少于三十日,但并未明确规定应当及时公告的义务。为督促征地机关及时履行程序义务,保障被征收人及时知悉征收决定内容,有必要明确要求行政机关在相关认定工作完成后,及时发布公告。

2.公告内容具体化

除对现行法律规范中明确规定需要予以公告的内容外,还需增加如下内容:建设项目符合公共利益的说明及其理由;征地补偿标准、安置方案以及上述标准和方案确定的具体依据和理由;被征收的集体土地之详细信息;被征收的集体土地之所有权人、该集体土地上的用益物权人及他们各自享有的具体权利;农民集体及其成员和集体土地上的用益物权人的异议权和听证权,以及行使上述权利的方式和具体时间等。[1]

3.公告的形式多样化

为促使集体土地征收决定的公告信息及时为农民集体及其成员所知悉,除了在法定地点以书面形式予以公告外,还应当将因征收该集体土地而丧失的具体土地权利类型及补偿范围、安置方案等书面通知各被补偿的权利人,并借鉴人民法院送达法律文书的方式取得相应的送达回执。

四、健全征收补偿法律制度

为了推进我国征地补偿实践中窒碍土地财产权实现的关键性问题之解决,应结合当前征地补偿制度的运行环境,对征地补偿制度及相关配套制度从以下

---

① 参见刘民培:《农村土地征收程序与补偿机制研究》,中国农业科学技术出版社2011年版,第40页。

三个方面予以矫正。①

（一）厘清征收补偿观念

由于我国集体土地所有权交易市场不存在,造成征地补偿难以根据土地市场价格来确定补偿基准,但集体土地征收补偿制度的完善应取"市场价格"标准的导向却极其必要。根据党的十八届三中全会决定提出的"发挥市场在资源配置中决定性作用"的要求,建议下一步在深化改革时加大征地补偿标准由市场定价的探索力度。对土地被征收的农民集体及其成员的合法土地权益进行市场化补偿,有助于对失地农民的生存权和财产权予以保护,也能够有效遏制各级政府滥用土地征收权。②

在当前农村土地制度改革的背景下,承包地"三权分置"、宅基地"三权分置"等改革措施促使农村土地权利的财产属性日益突出,土地征收补偿的理念也应当相应地由村庄内生存安置型向市场化财产发展型转变。推动征地补偿标准市场化,全面保障被征地权利人合法权益,是未来法律制度构建的必然趋势。

但仍应注意的是,在征地补偿观念方面完全转向市场化也不可取。对农民集体成员来说,我国集体土地既具有生存权性质,又具有财产权性质,但这两种性质分别体现在有关补偿项目中,土地补偿、附着物和青苗补偿与集体土地的财产权性质相对应,而安置补偿则对应于集体土地的生存权性质。其中对财产权性质的土地的补偿采用市场化观念是合理的,而对生存权性质的土地的补偿则不能简单地以市场化观念加以应付。安置补偿是尊重和保障人权的宪法精神的具体落实,其偏重对征收后失去土地的农民的生存权和发展权的保护,是为了解决他们在土地被征收后的基本生活需求,确保社会的稳定有序。③ 2019 年《土地管理法》修正时,将"安排被征地农民的社会保障费用"明确规定下来,可谓是符合集体土地征收补偿理念的顺势之为。

（二）确定市场价值计算标准

按照市场价格确定土地补偿费,应当按照原用途的市场价格进行补偿,还是

---

① 参见高飞:《征地补偿中财产权实现之制度缺失及矫正》,《江西社会科学》2020 年第 2 期。

② 参见郭洁、李新仓:《集体土地征收补偿市场标准的立法构建》,《理论月刊》2015 年第 10 期。

③ 参见齐睿、李振贵、李梦洁:《土地征收补偿与安置制度辨析》,《中国行政管理》2015 年第 1 期。

按照规划变更后的用途进行补偿？土地发展权应当归土地所有权人所有,规划的变更解除了土地发展权上的制约,因此,应当按照规划变更后用途的市场价值确定补偿价格。如果变更后的用途是道路、学校、公园等公共设施,应当如何计算补偿价格？在此方面,美国的经验值得参考,美国联邦最高法院在 Olson v. United States 一案中确定了最高价值计算方法,"公平市场价格"是指受让方在公平和公开的市场交易中愿意支付给转让方的价格。该价格不仅体现财产当前用途,还体现财产所适用的其他用途,可以以土地所适用各用途中的最高价值的用途确定补偿标准。①

实践中,对城中村土地进行征收时,经常发生适用集体土地征收补偿标准,还是适用《国有土地上房屋征收与补偿条例》进行补偿的问题。尽管集体土地与国有土地征收在补偿理论、范围与标准方面均存在差异,实践中,国有土地上房屋征收补偿标准一般高于集体土地的补偿标准,如果行政主体参照国有土地上房屋征收补偿标准对被征收的房屋进行补偿,基于充分保障被征收土地农民合法权益的考量,亦未尝不可。②

在成片开发的征收补偿方式上,可以引入留地安置的方案,使农村人口在向城市人口的转变中有足够的生存空间及发展余地,让被征地农民及其集体共享成片开发的好处。被征收人除可获得现金补偿外,还可依一定比例取得部分原土地所有权,从而分享土地增值。在我国,依据《宪法》"城市的土地属于国家所有"的规定,将成片开发中的部分土地所有权留给农民集体并不合适,但仍可考虑让农民集体拥有相应土地一定期限的使用权。③

（三）建立土地征收增值收益分配利益协调机制

还需进一步明确的是被征地集体与农民获得更多土地增值收益的正当性基础。引入农地发展权理论并以该理论解释农业用地因变更土地用途或提高利用强度带来的高额增值收益,从而将之作为确定集体土地征收补偿标准的重要考量因素,可以在法律上为恢复征地补偿标准的原本目标提供正当性基础。由于

---

① See Olson v. United States 292 U.S. 246(1934).

② 《最高人民法院关于审理涉及农村集体土地行政案件若干问题的规定》（法释〔2011〕20号）第 12 条第二款规定:"征收农村集体土地时未就被征收土地上的房屋及其他不动产进行安置补偿,补偿安置时房屋所在地已纳入城市规划区,土地权利人请求参照执行国有土地上房屋征收补偿标准的,人民法院一般应予支持,但应当扣除已经取得的土地补偿费。"

③ 参见黄忠:《论成片开发的征收权及其约束机制》,《中国不动产法研究》2020 年第 1 期。

农地发展权在我国法律制度中缺失,涉及该制度的诸多问题现在学界尚无定论,故有必要明晰农地发展权的性质,以便为该理论的引入奠定基础。①

在各国或地区,关于土地发展权的性质的法律定位主要有两种模式,即公权模式和私权模式,前者以英国为代表,后者以美国为代表。我国学界也有相应的不同主张:一是公权说。② 二是私权说。③ 三是公权与私权二元说,认为农地发展权一方面强调有关政府机关调整土地用途变更行为的绝对命令(服从)性质,另一方面在某些情况下也赋予私人变更土地用途的意思自治性;同时,农地发展权既追求对土地公益的保护,也关注土地私益的实现。四是私权与人权二元说,认为农地发展权不仅是所有权的一部分,而且是涉及人民生存发展的基本人权。④ 在这四种学说中,私权说符合我国集体土地法制改革的实践,更具有合理性。农地发展权制度的创设是社会的所有权思潮的产物。土地所有权受社会的所有权思想的影响,由"义务本位"进入"权利本位",进而"权利本位"又由"个人本位"进入"社会本位",使得土地所有权的公益属性彰显。⑤ 为了促使土地所有权的公益价值的实现,国家广泛干预土地的利用方式和利用强度,农地发展权由此而生。就国家权力参与土地的利用而言,公权说似乎反映了农地发展权的本质,然而,这是一种似是而非的现象。土地用途管制与农地发展权联系密切,但农地发展权的产生主要是为了解释土地在变更利用方式和提高利用强度时土地增值收益的制度源头。对这两种制度进行分析可知,是否创设农地发展权制度对建立土地用途管制制度没有必然影响,土地用途管制制度规制的范围也不限于土地发展权;同时,土地利用方式和利用强度是附着于土地并由土地的自然性质决定的,单纯用途管制并不能产生土地增值收益。此外,作为一种财产权,农地发展权的实现关系到农民集体成员的生存与发展环境的改善,使得该权利可以归属于宪法所确立的人权范畴,就此而言,私权与人权二元说与私权说不

---

① 参见高飞:《集体土地征收法制改革研究:法理反思与制度重构》,中国政法大学出版社2019年版,第170—173页。

② 参见刘国臻:《中国土地发展权论纲》,《学术研究》2005年第10期。

③ 参见胡兰玲:《土地发展权论》,《河北法学》2002年第2期。

④ 参见臧俊梅:《中国农地发展权的创设及其在农地保护中的运用研究》,科学出版社2011年版,第85页。

⑤ 参见温丰文:《现代社会与土地所有权理论之发展》,(台湾)五南图书出版有限公司1984年版,第130—131页。

存在本质区别,都是关于农地发展权的准确定位。

将农地发展权确定为是包含于集体土地所有权之中的一种财产利益,能够有效消除对征收的集体土地进行低标准补偿所存在的顽疾,①在我国是一种务实的选择。引入农地发展权理论,对确立合理的集体土地征收补偿标准并解释该补偿标准具有重大帮助。尽管征地补偿标准中的"市场价值"目前还无法彻底实现,但农地发展权的价值已经体现在其中。当然,随着农地发展权理论的引入,集体土地所有权的价值得到充实,集体土地征收过程中农民集体能够获得巨额补偿,这些征地补偿款全部由农民集体享有是否公平公正,不少学者究其存有疑问。其实,党的十八届三中全会已经应时提出了"建立兼顾国家、集体、个人的土地增值收益分配机制,合理提高个人收益"的政策方案,表明征收集体土地后基于农地发展权产生的土地增值收益并不是由农民集体独享。事实上,新时代土地增值收益分配机制设计应该将公平理念放在首位,引领全社会形成正确的公平价值观。② 从产生原理来看,土地增值收益应当是多个因素作用的结果,其中既有城乡规划与用途管制因素,也有基础设施投资因素,又有城市化过程中产业人口聚集因素,当然也包含了土地所有权的因素。③ 对此可采税收方式来调节,其有助于以最小成本,妥善平衡保护公民权利、土地涨价社会共享等目标。因此,在确认集体土地所有权人土地开发权并采取市场价格补偿的基础上,我国应当尽快完善税收立法,明确国家可以通过税收方式分享集体土地征收后的土地增值收益。

我国集体土地征收不仅事关公益事业和被征收人重大利益的变动,还涉及官民关系、城乡关系、权力与权利关系等。就此而言,土地制度的改革就不单是一个法律问题,亦是一个重大的政治问题。④《土地管理法》及其实施条例的修改,为规范土地征收权力、保障农民财产权利,提供了坚实基础。但仍偏于谨慎、保守,在公共利益认定、征收程序透明度、征收补偿价格标准等方面均有进一步改善的空间。未来我国土地征收实践,也将不断检验新规范的适用效果,提出新

---

① 参见朱一中:《地方治理背景下的土地增值收益分配研究——土地产权与土地组税费》,光明日报出版社 2017 年版,第 152 页。

② 参见姜海、陈乐宾:《土地增值收益分配公平群体共识及其增进路径》,《中国土地科学》2019 年第 2 期。

③ 参见陈柏峰:《土地发展权的理论基础与制度前景》,《法学研究》2012 年第 4 期。

④ 参见肖泽晟:《宪法意义上的国家所有权》,《法学》2014 年第 5 期。

的挑战与契机,需要我们持续观察并反思。立足新时代我国国民经济和社会发展实践,贯彻《民法典》平等保护原则,适时制定与《国有土地上房屋征收与补偿条例》相呼应的《集体土地征收补偿条例》,发挥立法的价值统合与规则协调作用,是深化集体土地征收制度改革的法治路径。

第二章　以破除城乡二元土地结构为目标的集体经营性建设用地入市制度完善

"三块地"改革试点之集体经营性建设用地入市试点改革及其联动已落下帷幕,试点地区主要围绕入市的主体、客体、条件与程序等要素进行制度构建,对入市改革及其联动的现实路径作出较为全面的探索。从试点的总体情况观察,入市制度增强了农业农村发展的用地保障,切实提高农民土地财产收入水平,对进一步释放农村地区的发展活力甚具现实意义;同时,试点地区形成的大量制度成果,为入市制度在法律层面最终确立作出重要贡献。《土地管理法》及其实施条例的集体经营性建设用地入市条款较为简略,而《民法典》集体建设用地使用权规则模糊缺位,皆有待完善。为此,有必要继续专注凝练试点经验,作出针对性完善建议:首先,彰显集体建设用地使用权的物权属性,明确其价值基础、法律地位和主要权能。其次,对主体规范过于含混、入市方式存有遗漏、决议机制不够周延等问题进行规定,健全权利的设立、流转与消灭规则。再次,优化现行土地管理体系,界定政府对入市行为的监管权限,确定入市地价监管形式等问题,为入市制度的运行清除障碍。最后,鉴于入市制度与集体土地所有权主体规则、规划权力、宅基地管理、土地征收等制度联系紧密,检视土地制度联动改革的实质效果,加强协同立法修法,健全入市与征收的关系、入市收益的分配、入市配套规定,等等。

第一节　集体经营性建设用地入市改革试点考察

本轮入市改革试点是党中央领导下逐步展开,党的十八届三中全会对农村土地制度改革进行部署。2014 年底,《中共中央办公厅 国务院办公厅印发〈关于农村土地征收、集体经营性建设用地入市、宅基地制度改革试点工作的意见〉的通知》(中办发〔2014〕71 号)(以下简称《"三块地"改革试点意见》)出台,原国土资源部于 2015 年 3 月制定了《农村集体经营性建设用地入市试点实施细则》①(以下简称《入市试点实施细则》),确立了入市改革试点的主要内容。"三块地"改革试点结束后,2023 年 3 月自然资源部办公厅出台《深化农村集体经营性建设用地入市试点工作方案》,全面启动新一轮入市试点,于 2024 年底收官。

一、入市试点改革及其联动工作开展概览

(一) 改革背景

入市改革的价值毋容置疑,其对丰富我国土地供给模式,以市场力量激活土地资源活力,为农村集体经济的壮大发展积累资金,有效增加农民收入意义重大。集体建设用地入市的法制障碍肇始于 1986 年通过的《土地管理法》,其中第 36、39、40 条对集体建设用地使用权进行调整,按规定集体建设用地主要用于集体经济组织参与举办的联营企业、乡(镇)村企业、乡(镇)村公共设施、公益事业建设等。1988 年《宪法修正案》明确土地使用权可依法转让,同年底《土地管理法》随之修正。1998 年全面修订后的《土地管理法》第 43 条规定,除兴办乡镇企业、村民建设住宅、乡(镇)村公共设施建设和发展公益事业外,其他用地需求通过依法申请使用国有土地来满足。② 这对集体建设用地入市交易造成限制,集体土地在多数情况下只能经过土地征收程序转为国有后才能进入土地市场,集体与国有建设用地法律地位不平等。本轮试点开始前,集体建设用地流转探索早已在部分地区进行,如 1992 年广东省原南海市在全国范围内率先开展流转试验,2005 年 5 月出台的《广东省集体建设用地使用权流转管理办法》基本建立起流转制度雏形。这一时期的流转探索取得了一定实践效果,为本轮"三块地"

---

① 该文件为《国土资源部关于印发农村土地征收、集体经营性建设用地入市和宅基地制度改革试点实施细则的通知》(国土资发〔2015〕35 号)的附件 2。

② 参见《土地管理法》(1998 年修订)第 43 条规定:"任何单位和个人进行建设,需要使用土地的,必须依法申请使用国有土地;但是,兴办乡镇企业和村民建设住宅经依法批准使用本集体经济组织农民集体所有的土地的,或者乡(镇)村公共设施和公益事业建设经依法批准使用农民集体所有的土地的除外。前款所称依法申请使用的国有土地包括国家所有的土地和国家征收的原属于农民集体所有的土地。"

改革试点,乃至入市制度最终入法积累大量经验。[①]

自 2014 年起,集体经营性建设用地入市改革相关内容屡屡出现在"中央一号文件"中,反映出党中央、国务院对其入市改革的高度重视。2019 年 8 月,新修正的《土地管理法》清除了集体经营性建设用地入市的主要障碍。但该法寥寥数语的入市规则难以应对现实中制度运行产生的种种问题。2021 年 7 月,《土地管理法实施条例》修订通过,其第四章第五节专门规范集体经营性建设用地管理,对《土地管理法》入市条款进行扩展,进一步健全了入市规则。自此,经过本轮《土地管理法》及其实施条例的修改,集体经营性建设用地入市制度已基本建立,但增强制度实施的可操作性,防止此制度与彼制度间的抵牾风险,使整个建设用地制度良性联动,仍需提供周全细致的规则加以完善。

2022 年 1 月,《中共中央、国务院关于做好 2022 年全面推进乡村振兴重点工作的意见》对稳妥有序推进入市工作进行强调。虽然入市制度已得到法律的确立,但需在接受实践检验的过程中继续完善,改革试点期间形成的制度与实践做法可为其健全提供丰富素材。然新一轮修法并未将行之有效的试点经验完全融入,且新的规范表达存在一定问题对入市制度的落地造成一定障碍。因此,对入市试点改革及其联动情况进行梳理,归整总结、研判考量其主要做法与基本成效,是为入市规则和其相关制度的协调完善提供理论储备与实践经验样本。

(二) 总体安排

2013 年 11 月,《中共中央关于全面深化改革若干重大问题的决定》提出,实行集体经营性建设用地与国有土地同等入市、同权同价,这是实现建立城乡统一的建设用地市场的重要举措。

2014 年 12 月,《"三块地"改革试点意见》明确了集体经营性建设用地的内涵、入市范围与途径等内容。2015 年 2 月,全国人大常委会审议通过《调整法律规定决定》,正式拉开本轮改革序幕。2016 年 9 月,中央全面深化改革领导小组决定把三项改革均扩大到全部 33 个试点县(市、区),2017 年 11 月、2018 年 12 月,全国人大常委会两度授权延长试点期限,试点工作最终于 2019 年 12 月 31 日结束。

---

① 参见陆剑:《集体经营性建设用地入市的法律规则体系研究》,法律出版社 2015 年版,第40—52 页。

（三）试点内容

2019 年修正前的《土地管理法》对集体建设用地直接入市持原则性禁止的立场，并未在法律层面确立流转制度。直至中共中央、国务院、原国土资源部出台系列改革文件，在全国人大常委会授权后，试点改革正式启动。《"三块地"改革试点意见》《入市试点实施细则》的入市改革举措内容如下：

1.《"三块地"改革试点意见》

《"三块地"改革试点意见》是入市试点改革的纲领性文件，明确了入市的目标、客体、方式等问题，确立了试点地区开展入市改革探索基本框架：一是试点主要目标。建立健全以同权同价、流转顺畅、收益共享为内容的入市制度。二是入市客体与入市方式。入市客体为"存量农村集体建设用地中，土地利用总体规划和城乡规划确定为工矿仓储、商服等经营性用途的土地"；入市方式主要包括出让、租赁和入股。三是入市范围和途径。除就地入市之外，对村庄内零星、分散的土地也可经批准后按规划和计划调整到本县（市）内的产业集中区入市；对历史形成的城中村土地也可按规定流程入市。四是收益分配。对于入市、入市后再转让所得，政府可以收取土地增值收益调节金，同时要完善农村集体经济组织内部的分配机制，既要有部分留归集体，也要在成员之间公平分配。五是配套制度，如建设交易平台，制定基准地价，规范集体土地资产处置决策程序，以及完善规划、投资、金融、税收、审计等方面制度，培育、规范土地市场中介组织等。

"三块地"统筹联动改革方面，《"三块地"改革试点意见》以注重改革协调为基本原则，强调"三块地"改革相互关联，"要注重改革的协同性和耦合性，提高改革的系统性和完整性，统筹协调推进，形成改革合力"；同时，在中央部委层面上建立共同推进试点的工作机制，对试点各项工作进行统筹协调和指导。

2.《入市试点实施细则》

在《"三块地"改革试点意见》基础上，《入市试点实施细则》对农村集体经营性建设用地产权制度、入市范围和途径、市场交易规则和服务监管制度等内容作出规定指引。对于"三块地"统筹联动改革，除在《"三块地"改革试点意见》基础上进行一定程度的细化外，《入市试点实施细则》并未增加新改革举措。

二、试点地区入市改革的主要举措

入市改革试点地区正是围绕《"三块地"改革试点意见》《入市试点实施细

则》的要求,对入市改革试点展开全方位探索,针对区域实际,在入市主体、客体、条件、流程等方面进行制度构建,形成具有一定特色的入市管理办法及配套文件,目的在于确保入市改革有力有序有效推进。

（一）入市主体

在入市主体方面,各地试点通常分为入市主体与入市实施主体加以规范。一方面,集体土地所有权归属情况复杂,基于严谨性、周延性要求,不少试点分情况对入市主体进行翔实规定;另一方面,对实施的主体作出规定,是为了解决具体执行入市事务之组织的法律地位问题,由入市主体授权委托具有法人资格的市场主体进行入市便于工作开展。

1. 法定入市主体

依所有权理论,集体土地所有权人享有将集体经营性建设用地入市交易的权利。鉴于我国集体土地所有制的法律表达存在一定抽象性,导致不同试点地区对入市主体的规定存在较为明显的差异,主要呈以下规定方式:

其一,农民集体代表集体土地所有权。河南新乡市长垣县、吉林长春市九台区、山西晋城市泽州县将入市主体规定为"代表其所有权的农民集体"①。其二,农民集体为集体土地所有权人。辽宁鞍山市海城市规定为农民集体是集体土地所有权人,代表行使所有权的主体是村集体经济组织、村委会等。② 其三,农村集体经济组织代表集体土地所有权。河北保定市定州市明确入市主体是代表集体所有权的农村集体经济组织,如农村股份经济合作社（联社）等新型农村集体经济组织。③ 其四,农村集体经济组织为集体土地所有权人。四川泸州市泸县规定,"农村集体经营性建设用地入市主体是拥有该土地所有权的农村集体经济组织"④。其五,以权利归属确定入市主体。山东德州市禹城市即是。⑤

2. 意定入市主体

为便于入市工作的开展,试点地区通常会对入市实施主体进行规定,以引导

---

① 参见《长垣县农村集体经营性建设用地使用权入市管理办法（试行）》（长政文〔2015〕201号）第9条;《长春市九台区农村集体经营性建设用地入市管理办法（试行）》（长九府发〔2015〕18号）第4条;《泽州县农村集体经营性建设用地入市管理办法（试行）》（2015年）第11条。

② 参见《海城市农村集体经营性建设用地入市管理办法》（海政发〔2016〕9号）第12条。

③ 参见《定州市农村集体经营性建设用地入市管理办法》（定土改办字〔2016〕2号）第8、9条。

④ 《泸县农村集体经营性建设用地入市管理暂行办法（修订稿）》（泸县府〔2018〕40号）第7条。

⑤ 参见《禹城市农村集体经营性建设用地入市管理办法（修订稿）》（禹土改发〔2017〕16号）第5条至第8条。

入市主体根据自身实际情况选择是否由其他主体实施入市,入市主体与入市实施主体之间主要存在以下关系:

其一,未明确关系。山西晋城市泽州县规定,入市主体可以按股份合作社、土地专营公司、集体资产管理公司这三类组织形式参与入市。① "按……组织形式"的表达较为模糊,入市主体与参与主体之间的关系未充分说明。其二,委托关系。河南新乡市长垣县、山东德州市禹城市、吉林长春市九台区规定,入市实施主体系农民集体委托授权的有市场法人资格的土地股份合作社、土地专营公司等。② 其三,代表关系。辽宁鞍山市海城市管理办法认定入市主体与入市实施主体之间为代表关系,而非委托代理关系。③ 其四,强制委托。北京市以镇级统筹为主轴开展入市试点工作,入市主体为具有独立法人资格的镇级土地股份合作社或联营公司,其是在保持集体土地所有权不变前提下,由镇域内各村集体经济组织通过履行民主程序,以入股方式组建④等等。

（二）入市客体

大多试点地区规定了集体经营性建设用地的内涵、入市宗地的基本要求,规制重点为符合规划、用途管制、办理土地登记、符合产业和环保等政策、无权属争议、未被限制权利等,但具体规定各地有差异。

1. 属于集体经营性建设用地

在内涵界定上,一般限定为农村存量集体建设用地,通过符合两规与明确土地用途作为规范要点。例如,河北保定市定州市对农村集体经营性建设用地进行界定,即"在农村存量集体建设用地中土地利用总体规划和城乡规划确定为工矿仓储、商服等用途的土地"⑤。宁夏石嘴山市平罗县将土地用途规定得更为

---

① 参见《泽州县农村集体经营性建设用地入市管理办法(试行)》(2015年)第12条。

② 参见《长垣县农村集体经营性建设用地使用权入市管理办法(试行)》(长政文〔2015〕201号)第9条;《禹城市农村集体经营性建设用地入市管理办法(修订稿)》(禹土改发〔2017〕16号)第5条;《长春市九台区农村集体经营性建设用地入市管理办法(试行)》(长九府发〔2015〕18号)第4条。

③ 参见《海城市农村集体经营性建设用地入市管理办法》(海政发〔2016〕9号)第12条第二款规定:"有条件的村、镇可以设立具有市场法人资格的土地股份合作社、土地专营公司等作为入市实施主体,代行行使所有权。"

④ 参见《北京市农村集体经营性建设用地入市试点办法》(京政函〔2016〕1号)第12条。

⑤ 参见《定州市农村集体经营性建设用地入市管理办法》(定土改办字〔2016〕2号)第3条。

具体,还包括农副产品加工、流通仓储、旅游等。①

　　山西晋城市泽州县对如何在集体建设用地中确定经营性建设用地作了五种具体情形的规定,从内容分析,其是将入市途径整合到集体经营性建设用地的确定方式中。②

　　2.满足入市宗地的具体要求

　　河北《定州市农村集体经营性建设用地入市管理办法》从正反面结合对入市宗地基本要求作出规范:规定入市条件包括产权无争议、未被司法或行政机关限制权利、符合各种规划;对不得入市的情形进行规定,作为前项的重申与补充。福建泉州市晋江市、西藏拉萨市曲水县规定,入市还需满足宗地上无其他权利障碍,即"如不存在高压电杆线迁移、河流改道、已发现文物保护单位迁移等问题";同时,地上建筑物、构筑物以全部拆除为原则,确需保留的应无权属争议。③

　　有的试点地区结合本地实际情况,对入市宗地要求作出具有地方特点的规定。依照浙江金华市义乌市的入市规则,除了依法取得、符合规划的存量农村集体经营性建设用地之外,还有四类建设用地在符合规划的前提下可进行入市。④北京市入市试点办法凸显了产业政策和本地实际情况的重要性,特别要求符合《北京市新增产业的禁止和限制目录》、北京市人口调控目标和高精尖经济结构的宗地才能入市。⑤

　　（三）入市条件

　　大体上,农村集体经营性建设用地入市条件包括用途、方式、年限、交易等方面内容。入市用途的差异主要在于是否允许用于住宅建设;入市改革试点地区大多将入市方式明确为出让、租赁、作价出资(入股);在使用年限方面,主要包括最高与最低年限、提前收回、年限届满的法律效果等内容;交易方式以招标、拍卖、挂牌为主,而协议出让通常受到较为严格的限制。

---

① 参见《平罗县农村集体经营性建设用地入市管理办法(试行)》(平农宅改领字〔2017〕4号)第8条。

② 参见《泽州县农村集体经营性建设用地入市管理办法(试行)》(2015年)第5条。

③ 参见《晋江市农村集体经营性建设用地入市管理暂行规定》(晋政文〔2017〕59号)"三、入市途径、范围"第4点,《曲水县农村集体经营性建设用地入市管理暂行规定》(曲政发〔2017〕97号)"三、入市途径、范围"第4点。

④ 参见《义乌市农村集体经营性建设用地入市管理办法(试行)》(2017年)第2条。

⑤ 参见《北京市农村集体经营性建设用地入市试点办法》(京政函〔2016〕1号)第32条。

1. 入市用途

入市用途方面,试点地区的主要差异在于是否允许进行商品住宅开发。入市用途主要集中于工矿仓储和商服用地,极个别试点扩展至住宅用地。实际上,工矿仓储、商服用途是中央政策文件中明确提及的,多数试点地区将其用途限制于此是有依据的。

(1)一般规定:入市的主要用途

多数试点地区采取间接规定模式,即未直接对入市用途规定,而是在最高出让年限规定中,对不同类型用途加以列举。例如,山东德州市禹城市、河北保定市定州市、吉林长春市九台区等地采取了这种模式:禹城市所涉及的入市用途共四类包括工业仓储用地,商业、旅游、娱乐用地,教育、科技、文化、医卫慈善、体育用地,综合或者其他用地。[1]

北京市的入市试点办法结合城市功能、产业政策等因素,对入市用途作出较为明确的引导:一是符合首都功能定位的商、旅、服等第二、三产业;二是结合旧改和新农村建设,用于建设回迁安置房;三是结合区域实际用于建设租赁房;四是按照国家、北京市相关政策用于发展养老产业;五是结合区域都市型现代农业一二三产联动发展,用于建设农业配套设施;六是符合区域功能定位、产业发展方向的其他经营性用途。[2] 海南文昌市也对入市产业项目作出一定指引,即优先用于发展农村地区实体经济产业项目,[3]等等。

(2)特殊问题:能否用于住宅建设

其一,明确禁止住宅建设。云南大理州大理市、江苏常州市武进区、辽宁鞍山市海城市等地规定入市用途不能为住宅建设。如江苏常州市武进区规定:"农村集体经营性建设用地不得用于商品住宅开发。"[4]其二,间接允许住宅建设。海南文昌市入市试点办法在入市最高年限中明确规定"住宅用地七十年",

---

① 参见《禹城市农村集体经营性建设用地入市管理办法(修订稿)》(禹土改发〔2017〕16号)第11条。

② 参见《北京市农村集体经营性建设用地入市试点办法》(京政函〔2016〕1号)第5条。

③ 参见《文昌市农村集体经营性建设用地入市试点暂行办法》(文府〔2015〕252号)第6条。

④ 《常州市武进区农村集体经营性建设用地入市管理办法(试行)》(武土改〔2017〕1号)第43条第二款。

间接表明其并不禁止入市用于住宅建设。① 山西晋城市泽州县也存在类似规定。② 广西玉林市北流市在依据入市用途分档制定土地增值收益调节金的计提比例时,明确将商服与住宅用地归为一档,表明其允许入市用于建造住宅,③且入市试点时,实际建造住宅已非少数。其三,允许住宅用地入市。例如,安徽六安市金寨县在对集体经营性建设用地进行界定时,住宅为土地用途之一,④但实际建造住宅的并非主流。

（3）土地用途的变更

其一,统一规定用途变更。例如辽宁鞍山市海城市规定,土地使用者应按合同约定用途合理使用土地,需改变用途的,应重签合同,报原批准机关批准等。⑤ 其二,分情况规定用途变更。一是出让入市,山东德州市禹城市为出让方式取得土地使用权的权利人改变土地用途留下空间,其要求应取得入市主体同意、国土和规划部门批准,按规定重签出让合同、调整出让金、办理登记。⑥ 二是入市转让,山西晋城市泽州县规定,土地使用权转让后,土地使用者需要改变原出让合同的土地用途的,应征得入市主体同意、规划部门批准,按规定重签出让合同,调整出让金,办理不动产登记。⑦ 三是限制特定入市方式的用途变更。吉林长春市九台区规定,土地使用者将土地使用权随同地上建筑物、其他附属物出租的,承租人只有使用的权利,不得改变土地用途。⑧

2. 入市方式

按照《"三块地"改革试点意见》,入市改革试点地区通常将出让、租赁、作价出资（入股）作为入市方式。当然,也有地区规定存在特殊性,如新疆《伊宁市农

---

① 参见《文昌市农村集体经营性建设用地入市试点暂行办法》（文府〔2015〕252 号）第 18 条。

② 参见《泽州县农村集体经营性建设用地入市管理办法（试行）》（2015 年）第 20 条。

③ 参见《北流市农村集体经营性建设用地入市管理办法（修订）》（北政发〔2017〕22 号）第71 条。

④ 参见《金寨县农村集体经营性建设用地入市管理暂行办法》（金土改组〔2017〕6 号）第2 条。

⑤ 参见《海城市农村集体经营性建设用地入市管理办法》（海政发〔2016〕9 号）第 22 条。

⑥ 参见《禹城市农村集体经营性建设用地入市管理办法（修订稿）》（禹土改发〔2017〕16 号）第30 条。

⑦ 参见《泽州县农村集体经营性建设用地入市管理办法（试行）》（2015 年）第 24 条。

⑧ 参见《长春市九台区农村集体经营性建设用地入市管理办法（试行）》（长九府发〔2015〕18号）第33 条。

村集体经营性建设用地入市和流转暂行办法(试行)》并未对作价出资(入股)进行规定。

(1)入市方式总括类型

集体经营性建设用地的出让、租赁、作价出资(入股)构成一级市场,转让、出租、抵押则为二级市场。有的试点地区将转让、出租、抵押作为集体经营性建设用地使用权人的权利,而非规定为入市方式。例如山东《禹城市农村集体经营性建设用地入市管理办法(修订稿)》第9条有明确规定。

对于能否转让、出租和抵押,大体上存在几种规制模式:一是通过入市合同予以明确。例如内蒙古呼和浩特市和林格尔县规定即是。① 二是正面列举条件,如取得土地所有权人同意、通过行政机关审核等。辽宁鞍山市海城市规定则如此。② 三是反面进行限制,通常指未履行合同义务、缴纳税费义务等。例如,河北保定市定州市入市管理办法作了规定。③

(2)出让、租赁、作价出资(入股)方式

第一,出让入市。浙江德清县在其入市管理办法(试行)第四章对入市方式的类型与内容进行规定,其中出让是指土地所有权人将一定年限的集体经营性建设用地使用权出让,由受让人向所有权人支付出让土地价款的行为。在出让流程方面,例如按照山西晋城市泽州县入市管理办法,出让需经过入市意向审核、入市方案审核、用地手续办理、不动产登记等程序。④

第二,作价出资(入股)。对作价出资(入股)的界定与要求,试点地区间存在差异。一是出资(入股)的投向。河北保定市定州市是指"以一定期限的集体经营性建设用地使用权作价,作为出资与他人组建新企业或增资入股到已有企业的行为"⑤,内蒙古呼和浩特市和林格尔县则限于"作为出资与农村集体经营

---

① 参见《和林格尔县农村集体经营性建设用地入市管理办法(试行)》(和政办发〔2017〕51号)第13条。

② 参见《海城市农村集体经营性建设用地入市管理办法》(海政发〔2016〕9号)第16、17条。

③ 参见《定州市农村集体经营性建设用地入市管理办法》(定土改办字〔2016〕2号)第36条。

④ 参见《泽州县农村集体经营性建设用地入市管理办法(试行)》(2015年)第19、22、23条。九台区在解除出让合同、违约赔偿、收回土地方面也有类似规定,参见《长春市九台区农村集体经营性建设用地入市管理办法(试行)》(长九府发〔2015〕18号)第13条至第16条。

⑤ 《定州市农村集体经营性建设用地入市管理办法》(定土改办字〔2016〕2号)第29条。

性建设用地使用者共同举办联营企业的行为"①，重庆大足区规定的是"作为出资投入新设企业或个人"②。二是作价的客体。根据北京市规定，作价出资（入股）指权利人"将一定年期的集体经营性建设用地收益金折成股份，由其折股参与分红的行为"③。湖南长沙市浏阳市也有类似规定。④ 三是入市的基本要求。山西晋城市泽州县规定，"土地使用权作价入股的，其地上建筑物、其他附着物也应依法进行评估、作价入股"⑤。四是土地使用权人的权利。吉林长春市九台区规定土地使用权人可以按照规定转让、出租或抵押，对作价出资（入股）的管理，依照入市管理办理中出让的有关规定执行。⑥

第三，租赁入市。吉林长春市九台区对租赁入市有很详细的规定，涉及租赁合同的基本内容（宗地信息、租赁期限、土地使用条件、租金标准、支付方式、租金调整时间与幅度等）；租金标准的确定与调整；长期与短期的租赁期限；登记后颁发《集体建设用地使用证》，注明"租赁土地使用权"等。⑦ 海南文昌市较为注重保护承租人利益，其规定："以出租方式交易的，租赁期间，出租人不得将其转让、作价出资（入股）。确需转让、作价出资（入股）的，须征得承租人同意或在解除租赁合同之后进行。"⑧

（3）转让、出租和抵押方式

本章所述的集体经营性建设用地有偿利用方式中存在一些相近的民法概念，主要包括出让与转让，租赁与转租、出租等。在改革文件中，出让与租赁是《"三块地"改革试点意见》规定的入市方式；依照《入市试点实施细则》，转让与出租是集体经营性建设用地使用权的权能。

---

① 《和林格尔县农村集体经营性建设用地入市管理办法（试行）》（和政办发〔2017〕51号）第11条。

② 《重庆市大足区农村集体经营性建设用地入市管理办法》（大足府办发〔2016〕152号）第16条。

③ 《北京市农村集体经营性建设用地入市试点办法》（京政函〔2016〕1号）第30条第四款。

④ 参见《浏阳市农村集体经营性建设用地使用权入市管理办法（试行）》（2016年）第7条。

⑤ 《泽州县农村集体经营性建设用地入市管理办法（试行）》（2015年）第29条。

⑥ 参见《长春市九台区农村集体经营性建设用地入市管理办法（试行）》（长九府发〔2015〕18号）第25、26条。

⑦ 参见《长春市九台区农村集体经营性建设用地入市管理办法（试行）》（长九府发〔2015〕18号）第21条至第24条。

⑧ 《文昌市农村集体经营性建设用地入市试点暂行办法》（文府〔2015〕252号）第26条第二款。

出让与转让存在以下不同:一是行为主体与行为属性方面,出让与转让同为继受取得集体经营性建设用地使用权的方式,前者属于创设继受取得,指集体土地所有权人为他人设定集体经营性建设用地使用权,行为属性上为他物权的创设;后者为移转继受取得,集体经营性建设用地使用权人将其享有的权利让与他人,行为属性上为他物权的移转。二是条件与程序要求方面,因国有土地上建设用地使用权已有现行法予以规范,以其为例进行分析。以出让方式设立的,《城镇国有土地使用权出让和转让暂行条例》第 10 条规定,需要市、县政府相关主管部门共同拟订方案,报经批准后,由土地管理部门实施;建设用地使用权转让需要符合相应条件,如已按合同规定期限、条件对土地进行投资开发和利用等。① 《城市房地产管理法》第 38 条规定了不得转让房地产的情形,第 39 条明确了出让取得土地使用权的,房地产转让的条件。

对于租赁、转租、出租的关系,依据民法理论并以吉林长春市九台区入市办法为例进行说明,租赁是集体土地所有权人将集体经营性建设用地出租给他人使用,土地使用者享有的是债权性的权利;转租指前述集体土地租赁权人经集体土地所有权人同意后,将集体土地转租给第三人的行为;出租是指以出让方式取得集体经营性建设用地使用权的权利人,将土地出租给第三人的行为。具体内容叙述如下:

第一,转让。吉林长春市九台区入市办法明确,转让应根据出让合同约定确定,如未约定的须经出让方集体表决确定,等等;②作为对比,北京市入市试点办法的不同之处主要有两点:一是北京市要求土地使用权人应先拟定转让方案,报经区政府同意,区政府下达批准文件后需报市相关主管部门备案;二是北京市未要求转让需要经出让方同意,而是要求转让合同签订后,须告知土地股份合作社或联营公司,并上报区相关主管部门进行备案。③ 陕西西安市高陵区规定,土地使用权擅自改变用途、规划条件使用土地,或者开发总面积不足三分之一的,相

① 如《城镇国有土地使用权出让和转让暂行条例》第 19 条第二款规定:"未按土地使用权出让合同规定的期限和条件投资开发、利用土地的,土地使用权不得转让。"

② 参见《长春市九台区农村集体经营性建设用地入市管理办法(试行)》(长九府发〔2015〕18号)第 30 条。

③ 参见《北京市农村集体经营性建设用地入市试点办法》(京政函〔2016〕1 号)第 59、63 条。

关部门不得办理转让手续。①

在土地使用权转让制度设计上,山西晋城市泽州县和山东德州市禹城市的规定较为接近:一是出让合同和登记文件载明的权利、义务一并转移,地上建筑物、其他附着物也随之转让;二是地上建筑物、其他附着物转让时,相应范围内的土地使用权亦随之转让;三是转让价格应当经过评估,当转让价格明显低于市场价格时,入市主体享有优先购买权。② 此外,有的地方对转让的界定存在差别,如甘肃《陇西县农村集体经营性建设用地入市试点暂行办法》第18条规定:"转让是指土地使用权入市后再出售、出租或交换、赠予等土地使用权转移的行为。"

第二,出租。出租条件方面,例如,北京市规定,一是要按土地使用合同开发、利用土地;二是双方定签订出租合同,并上报区相关主管部门备案;三是出租后,出租人应继续履行原土地使用合同。③ 有的地区对部分入市方式取得土地使用权的出租进行限制,如山西晋城市泽州县规定以租赁、作价入股方式取得土地使用权的,须经土地所有权人即原集体经济组织同意。④

吉林长春市九台区较为明确地对转租与出租进行区分,对出租进行制度层面的系统构建。转租人为以租赁方式从土地所有权人处取得土地使用权者,出租人为以出让方式从土地所有权人处取得土地使用权者。⑤ 对比而言,九台区对转租要求较少而对出租规定了系列条件,这种规制思路有值得商榷之处。在九台区入市管理办法中,出租的要求比转租更为严格。从民法理论角度分析,该办法语境中转租人为债权性土地使用权人,出租人为物权性土地使用权人,这种物权人的再流转比债权人的再流转受到更多限制的规范思路,难以在私法层面上找到充足理由;而在公法层面上,同为对再流转行为的规制应当贯彻相同的管制目标,因行为主体不同而采取内容与强度差异明显的规制方式,很可能会影响

---

① 参见《西安市高陵区农村集体经营性建设用地入市管理办法(试行)》(2017年)第37条。

② 参见《泽州县农村集体经营性建设用地入市管理办法(试行)》(2015年)第37条至第42条;《禹城市农村集体经营性建设用地入市管理办法(修订稿)》(禹土改发〔2017〕16号)第36条至第40条。

③ 参见《北京市农村集体经营性建设用地入市试点办法》(京政函〔2016〕1号)第62条。

④ 参见《泽州县农村集体经营性建设用地入市管理办法(试行)》(2015年)第44、47条。

⑤ 参见《长春市九台区农村集体经营性建设用地入市管理办法(试行)》(长九府发〔2015〕18号)第20、32、33、34—36条。

规范目的的实现。此外,以租赁方式从集体土地所有权人处取得土地使用权者,在规范本文的定性中是否为债权性土地使用权人仍有探讨空间。例如,该办法第 23 条规定,土地租赁中的长期租赁并不受最高 20 年租赁期之限制,不超过同类用途土地出让的最高年限即可,一定程度上表明这类土地使用权并非当然为一种债权性权利。

第三,抵押。其一,抵押人的范围。有试点地区规定入市主体可设定抵押权进行融资,如北京市。其二,抵押权客体范围。试点地区通常以取得途径为准,对可设定抵押权的土地使用权进行规范,主要包括以下形式:一是通过出让、租赁、作价出资(入股)取得土地使用权的,可以抵押。如山西泽州县、重庆大足区[1]等。二是对租赁方式取得土地使用权作出特别规定。如河北保定市定州市。[2] 天津蓟州区、陕西西安市高陵区也有这方面规定。[3] 吉林长春市九台区采取间接调整的方式,并未直接承认权利人对租赁取得的土地使用权进行抵押。[4]

3. 入市年限

(1)最高期限与最低期限

对于出让入市,入市地区管理办法通常会对最高年限进行规定,如河北保定市定州市要求出让最高年限不得超过同用途国有建设用地使用权等。[5] 对于租赁入市,例如,山东德州市禹城市、山西晋城市泽州县、江苏常州市武进区的土地租赁有最低和最高期限的限制——一般不少于 5 年,最高不得超过 20 年;[6]定

---

① 参见《重庆市大足区农村集体经营性建设用地入市管理办法》(大足府办发〔2016〕152 号)第 19 条。

② 参见《定州市农村集体经营性建设用地入市管理办法》(定土改字〔2016〕2 号)第 33 条;《禹城市农村集体经营性建设用地入市管理办法(修订稿)》(禹土改发〔2017〕16 号)第 16 条。

③ 参见《天津市蓟州区农村集体经营性建设用地入市试点管理办法(试行)》(蓟州政发〔2017〕10 号)第 21、22 条;《西安市高陵区农村集体经营性建设用地入市管理办法(试行)》(2017年)第 21、22 条。

④ 《长春市九台区农村集体经营性建设用地入市管理办法(试行)》(长九府发〔2015〕18 号)第 20 条第二款。

⑤ 参见《定州市农村集体经营性建设用地入市管理办法》(定土改字〔2016〕2 号)第 27 条。

⑥ 参见《禹城市农村集体经营性建设用地入市管理办法(修订稿)》(禹土改发〔2017〕16 号)第 11 条;《泽州县农村集体经营性建设用地入市管理办法(试行)》(2015 年)第 28 条;《常州市武进区农村集体经营性建设用地入市管理办法(试行)》(武土改〔2017〕1 号)第 17 条。

州市土地租赁只有最高 20 年的限制；①北京市则规定以租赁入市的最长期限不得超过同类用途土地的出让最高年限。②

租赁入市年限规定的不同，反映出试点地区对以租赁方式取得的土地使用权之性质仍未形成共识。《民法典》第十四章"租赁合同"中，第 705 条明确规定租赁期限不得超过 20 年。如将这类型土地使用权定性为债权，则应遵照《民法典》在最高年限方面作出同样的规定；如定性为物权，则按照《城镇国有土地使用权出让和转让暂行条例》的做法，将土地用途与入市年限相挂钩而不受最高20 年的制约。

（2）提前回收制度

土地使用权提前收回问题上，如，内蒙古呼和浩特市和林格尔县强调保障土地使用权人的利益，③天津蓟州区的入市办法，则强调了依法补偿相关权益人。④

（3）年限届满制度

试点地区一般会对入市年限届满的法律效果作出调整，如地上建筑物及附着物的归属、续期等。例如山西晋城市泽州县⑤、辽宁鞍山市海城市⑥、江苏常州市武进区⑦等地区即是。

续期方面，内蒙古呼和浩特市和林格尔县规定续期需要在规定期间内与村集体经济组织协商，应先取得县住建、国土部门和乡镇联席会议同意，再到村集体经济组织经表决同意；⑧山东德州市禹城市⑨、新疆伊犁州伊

---

① 参见《定州市农村集体经营性建设用地入市管理办法》(定土改办字〔2016〕2 号)第 27 条。

② 参见《北京市农村集体经营性建设用地入市试点办法》(京政函〔2016〕1 号)第 31、61 条。

③ 参见《和林格尔县农村集体经营性建设用地入市管理办法(试行)》(和政办发〔2017〕51 号)第 18 条。

④ 参见《天津市蓟州区农村集体经营性建设用地入市试点管理办法(试行)》(蓟州政发〔2017〕10 号)第 39 条。

⑤ 参见《泽州县农村集体经营性建设用地入市管理办法(试行)》(2015 年)第 56 条。

⑥ 参见《海城市农村集体经营性建设用地入市管理办法》(海政发〔2016〕9 号)第 21 条。

⑦ 参见《常州市武进区农村集体经营性建设用地入市管理办法(试行)》(武土改〔2017〕1 号)第 44 条。

⑧ 参见《和林格尔县农村集体经营性建设用地入市管理办法(试行)》(和政办发〔2017〕51 号)第 19 条。

⑨ 参见《禹城市农村集体经营性建设用地入市管理办法(修订稿)》(禹土改发〔2017〕16 号)第 57 条。

宁市①亦有类似规定。

4. 交易方式

入市试点地区对不同入市方式通常配置不同的交易方式,如规定出让、租赁入市应采取招标、拍卖、挂牌方式,严格限制协议入市的适用情形等,对竞买保证金、履约保证金等进行规范等。②

（1）招拍挂方式

招标、拍卖、挂牌是入市管理办法中常见的交易方式,例如辽宁鞍山市海城市③、北京市等地均有所规定④。部分地区制定了专门的文件予以规范,如《德清县农村集体经营性建设用地使用权出让规定(试行)》对出让入市进行较为全面的调整,特别是翔实规定了招拍挂程序。

（2）协议方式

对于协议方式的适用条件,有的试点地区规定在规定日期前已签订合作协议并实施的项目,才能采取协议方式入市。如河北保定市定州市⑤、辽宁鞍山市海城市⑥、山西晋城市泽州县⑦等,均规定了较为严格的条件。

（四）入市流程

入市流程通常由作出入市决议、提出入市申请、通过行政审核、组织入市交易、签订合同、不动产登记等环节构成,不同试点地区在制定入市管理办法时,在决议形成、审核范围、程序设计、材料要求等方面存在一定差异。例如,在河北保定市定州市,入市主体作出入市决议后,取得乡镇政府(办事处)、市相关主管部门审核同意的,才能向市国土部门提出入市申请;而按照内蒙古呼和浩特市和林格尔县的流程,入市主体准备好相关材料后,即可向乡镇农村集体资产管理部门

---

① 参见《伊宁市农村集体经营性建设用地入市和流转暂行办法(试行)》(伊市政办〔2017〕94号)第 46 条。

② 参见《定州市农村集体经营性建设用地入市管理办法》(定土改办字〔2016〕2 号)第 30、31 条。

③ 参见《海城市农村集体经营性建设用地入市管理办法》(海政发〔2016〕9 号)第 14 条。

④ 参见《北京市农村集体经营性建设用地入市试点办法》(京政函〔2016〕1 号)第 48 条。

⑤ 参见《定州市农村集体经营性建设用地入市管理办法》(定土改办字〔2016〕2 号)第 30条第二款。

⑥ 参见《海城市农村集体经营性建设用地入市管理办法》(海政发〔2016〕9 号)第 14 条。

⑦ 参见《泽州县农村集体经营性建设用地入市管理办法(试行)》(2015 年)第 15 条。

提出入市申请,随后才进入到立项审批阶段。①

（五）改革联动

为提高"三块地"改革的系统性、整体性和协同性,试点地区深入推进三项工作的衔接融合,为突破原有改革事项间界限作出积极探索。总体而言,改革的联动主要体现在缩小征地范围与推动集体经营性建设用地入市的联动、宅基地向集体经营性建设用地的地性转换、土地增值收益分配机制的建立健全等方面。（详见本编第六章关于改革联动的相关内容）

三、入市试点改革及其联动样本的法理审视

入市试点改革已落下帷幕,试点地区形成了大量鲜活的素材与案例,在理论层面上对入市制度进行检讨恰逢其时。具体而言,结合试点地区改革及其联动的经验、成效,拟从集体经营性建设用地入市及其联动的正当性、必要性、可行性等方面进行分析。

（一）入市正当性证成

2007 年的《物权法》第 4 条确立了物权一体平等保护的重要原则。党的十八届三中全会通过的《中共中央关于全面深化改革若干重大问题的决定》确立了农村土地制度改革之"赋予权利和回归权利"的逻辑主线。② 可以说,入市改革的正当性在于集体建设用地与国有建设用地之"同地同权",是集体土地所有权与国家土地所有权平等的应然要求。但在具体制度的实践层面,集体土地所有权人对集体土地使用权的设定行为之硬性限制并未得到全面缓解。

本轮入市改革试点正是对改变这种不合理限制所作出的重要理论突破和实践探索。集体土地所有权是构建集体土地上权利体系的权源,集体经营性建设用地入市是落实集体土地所有权处分权能的重要体现,其在强化集体土地所有权物权属性的同时,实现集体土地使用权的高效配置,以逐步破除城乡二元壁

---

① 参见《定州市农村集体经营性建设用地入市管理办法》（定土改办字〔2016〕2 号）第 38 条至第 50 条;《海城市农村集体经营性建设用地入市管理办法》（海政发〔2016〕9 号）第 8 条;《安达市集体经营性建设用地入市管理办法（试行稿）》（安土改〔2016〕1 号）第 10 条;《禹城市农村集体经营性建设用地入市管理办法（修订稿）》（禹土改发〔2017〕16 号）第 22 条;《长春市九台区农村集体经营性建设用地入市管理办法（试行）》（长九府发〔2015〕18 号）第 10 条。

② 参见陈小君:《我国农村土地法律制度变革的思路与框架——十八届三中全会〈决定〉相关内容解读》,《法学研究》2014 年第 4 期。

垒,进而建立城乡统一建设用地市场。在入市改革试点基础上,2019 年《土地管理法》的修正删除原法第 43 条,并于第 63 条增加集体建设用地使用权入市新规,解除了集体土地所有权处分权能所受的法律限制,使得集体所有的土地无需先行征收即可自主出让使用权,首次平等享有进入土地一级市场的机会和资格。2020 年《民法典》则顺利吸纳原《物权法》的原则,在第 113 条规定"民事主体的财产权利受法律平等保护",其第 207 条进一步强调法律对各类物权的平等保护,不能因所有制形式或权利主体存在差异而区别对待。

（二）入市必要性探求

集体经营性建设用地入市是土地公有制实现形式多元化的新成果,是新时代中国特色土地管理法律制度的创新举措。"使市场在资源配置中起决定性作用和更好发挥政府作用"是党的十八届三中全会的重大理论创新,入市制度的改革试点是在这项原则指导下的重要实践。集体经营性建设用地入市的必要性主要包括:

第一,入市制度的确立顺应了城乡融合发展下,构建更加完善的土地要素市场化配置体制机制的改革趋势,有利于提高土地资源优化配置的效率。当前我国正处于"工业反哺农业、城市支持农村"发展新阶段,经济结构也逐渐由城乡二元转换为城乡一元,城乡融合发展是塑造新型城乡关系的基础与方向。入市制度是促进城乡土地资源要素的合理流动和优化配置的必要举措。

第二,允许集体建设用地入市能有效增加农村收入,增进农村村民福祉,激活全面实施乡村振兴战略的内生动力。党的十八届三中全会的《决定》,明确对"赋予农民更多财产权利"提出了多项措施,改革方向明确。集体建设用地使用权可入市交易,让村集体及其成员更大程度上获得集体建设用地所产生的增值收益,直接丰富农村村民的收入渠道,提高收入水平。

第三,集体经营性建设用地入市与土地征收制度联动改革,有助于规范地方政府土地征收权,预防、减少征地纠纷,维护社会稳定。本轮《土地管理法》修改之前,一些地方政府面对土地用途转变所带来的巨大级差收益时屡屡越界,其行使土地征收权时往往带有逐利性,使得公权力不当扩张,滋生征地领域的腐败问题,产生了许多社会矛盾。在试点改革助力下,入市制度的正式入法缩小了土地征收权的行使空间,自愿交易取代强制征收成为集体经营性建设用地的主要配置方式,能有效降低土地交易成本、清除隐性市场、抑制权力寻租现象。①

（三）入市可行性分析

对农业农村发展而言,入市试点改革行动为乡村振兴注入新动能,进一步释放农村地区的发展活力,增强农民的获得感、幸福感。2018 年 12 月《国务院关于农村土地征收、集体经营性建设用地入市、宅基地制度改革试点情况的总结报告》(以下简称"总结报告")反映出入市改革试点现实成效充分证明了入市之可行性,即为农村产业发展提供了新的供地形式,有效缓解了产业用地压力,大大增加农民的土地财产收入,广大农民群体直接享受到改革红利。②

1. 提高农村产业发展用地保障能力

从农村产业发展看,将存量集体经营性建设用地盘活后优先在农村配置,能为乡村振兴增添发展动力。例如,浙江湖州市德清县、山西省晋城市泽州县、河南新乡市长垣县、辽宁鞍山市海城市等地在进行土地调整后,将集体建设用地入市用于兴建乡镇工业园区等项目,为乡村产业聚集提供平台与载体,有力推动当地产业的发展与转型。③

2. 有效增加农民土地财产收入

多地统计数据显示,入市改革试点实实在在提高了农村村民的收入水平。《总结报告》显示,入市改革试点有助于释放农村土地价值,据统计试点地区总共获得 178.1 亿元入市收益。例如,浙江德清已入市土地 183 宗、1347 亩,农村集体经济组织和农民取得 2.7 亿元净收益,当地 18 万余农民享受到入市带来的收益,覆盖面高达 65%。《大兴区农村集体经营性建设用地入市试点工作情况总结》也对集体成员增收情况进行了核算:"全区已有 12 个镇 329 个村经济合作社、9800 亩土地作价入股至集体联营公司,涉及股民 23.5 万人;另有 1 个镇

---

① 参见孙鹏等:《集体建设用地流转的风险控制与法律构造》,华中科技大学出版社 2016 年版,第 123—128 页。

② 如《国务院关于农村土地征收、集体经营性建设用地入市、宅基地制度改革试点情况的总结报告》(2018 年 12 月)显示:"33 个试点县(市、区)的集体经营性建设用地已入市地块 1 万余宗,面积 9 万余亩,总价款约 257 亿元,收取调节金 28.6 亿元,办理集体经营性建设用地抵押贷款 228 宗、38.6 亿元"。

③ 参见浙江省德清县农业农村局:《德清农村集体经营性建设用地入市路径研究》,《新农村》2020 年第 5 期;郭锋、晓敏:《泽州农村集体经营性建设用地改革试点成效显著 截至 11 月底 52 宗集体经营性建设用地入市 居全国前列》,《华北国土资源》2018 年第 6 期;王宏召:《集体经营性建设用地入市中的问题与对策——以河南省长垣县为例》,《现代农村科技》2019 年第 11 期。

45 个村正履行民主程序,涉及股民约 3 万人,集体经济成员去年人均增收 3800 元。"广西玉林市北流市、辽宁鞍山市海城市、上海松江区海南文昌市等试点改革也显示了同样的成效。①

第二节 集体经营性建设用地入市改革 试点经验的法制转化

在"三块地"改革试点地区,集体经营性建设用地直接进入市场公开交易,彰显了土地要素市场在资源配置中的决定性作用。入市试点改革激发了农村土地资源活力,随之宣传、推进,市场对其的认知也不断加深,越来越多资本投入到集体经营性建设用地市场中。改革试点实践样本的成功为入市制度进入《土地管理法》奠定基础,而试点地区的若干管理办法也成为入市制度进一步完善的重要参考。

一、《土地管理法》入市制度的亮点及其规则

(一) 入市改革试点的制度贡献

本轮修法,集体经营性建设用地入市制度正式进入我国法律体系,彻底脱离了试点的实验性、特殊性、局部性、短期性,成为具有普适意义的法律制度。《土地管理法》对入市客体、入市决议、权能范围等问题加以规范,虽然条文数量不多,但勾勒出入市制度基本架构。法律法规文本的分析发现,试点地区入市实践的制度成果,为其最终入法作出重要贡献。

将试点地区的入市规定与新《土地管理法》进行对比分析,可得出以下结论:一是《土地管理法》突破了存量集体经营性建设用地的限制,将存量与增量建设用地都统摄在入市规则中,使得入市制度有更合理的实施空间,对土地规划制度、建设用地指标制度等带来新挑战。二是《土地管理法》统一规定入市制度

---

① 参见黄浩铭:《广西北流:"农地入市"开创用地保障新模式》,中国政府网,http://www.gov.cn/xinwen/2018-01/24/content_5260191.htm,2021 年 7 月 23 日访问;裴沛:《辽宁海城市农村集体经营性建设用地入市经济理论、实践经验与启示》,《鞍山师范学院学报》2020 年第 1 期;计思敏:《上海松江先行先试,68 亩农村集体土地将入市》,澎湃新闻,https://www.thepaper.cn/newsDetail_forward_7982812,2021 年 7 月 23 日访问;闫磊:《海南农村集体经营性建设用地入市价值困境与破解路径》,《农业与技术》2021 年第 9 期。

的重要问题,如农村集体经济组织的决议程序、要式合同及主要条款的规定等,体现了对试点地区入市经验与制度的总结与提炼,特别要求试点地区的入市实施办法应据此做出调整。入市试点地区主要围绕入市主体、入市客体、入市条件、入市程序等进行制度设计,按照"同等入市、同权同价"原则对集体经营性建设用地使用权进行赋能,扩充其权利内涵与明确行权规则,这些内容大体吸收入法,其共性规则构成第 63 条的核心要义。三是改革试点地区除了直接围绕集体经营性建设用地入市进行规范外,还制定了一系列"三块地"联动改革等配套制度,体现在如交易办法、地价管理、登记管理、抵押融资等方面的规定;试点地区为缩小征地范围采取界定公共利益用地范围、制定土地征收目录、建立公共利益认定争议解决机制等方式,在客观上扩大了入市制度的运行空间;有的试点地区建立了宅基地向集体经营性建设用地转换的制度渠道,从土地资源配置层面增强了改革的协同性、整体性。这些,对打破集体土地与国有土地在交易平台、地价管控、交易规则、登记制度乃至其他建设用地方面的制度壁垒和构建城乡统一的建设用地市场具有重要意义,配套规定无疑也为入市制度的健全提供了方向。

概言之,本轮入市改革试点,通过局部试点为整体立法作出积极探索,较充分地发挥出"试点"的实践效益,试点期间形成行之有效的制度成果为入市立法的制度可操作性夯实基础。入市制度的确立打破了依赖土地征收作为主要供地渠道的土地供给模式,显示了国家以人为本、让利于民的现代化治理情怀和治理底气,给集体经济有效实现注入活力与激情,让集体建设用地资源更好服务于农村经济产业发展,助力提高农民收入水平和生活福利,有望成为全面实施乡村振兴战略、深化城乡融合发展体制机制改革和推进新型城镇化纵深发展的重要抓手。因此,入市规定的本旨在于促进国家治理现代化,从根本上保障农民土地权益,因而被认为是本次《土地管理法》修法的最大亮点和突破创新。

（二）　确立入市的用地范围

对集体建设用地入市的法律规定,在制度价值上,深刻体现了勇于改革,打破城乡二元体制的精神,展示出丰富土地公有制实现形式、健全城乡融合发展体制、优化土地资源配置、减少征地矛盾、保护耕地的立法价值取向。

尽管本次《土地管理法》修改未能充分展现集体建设用地使用权的制度细节,但在入市范围上仍有亮点,新法通过第 63 条与第 23 条的联动,对集体建设用地入市范围进行规定。一是第63条准许集体存量建设用地入市所开立法之先河特别亮眼;二是第23条允许土地利用年度计划为集体经营性建设用地调整增量安排,将存量与增量用地都统摄在入市规则之中,使得入市制度在未来有更大的发挥空间。

(三) 构建入市的实体规则

《土地管理法》第63条建立了入市制度核心即入市实体规则。其一,入市客体为双规确定的工业、商业等集体经营性建设用地,且需要依法办理登记手续。其二,有偿使用形式包括出让、出租等,应当以书面形式订立合同,且本条对合同内容也有所规范。其三,是否入市需要先经过本集体经济组织内部决议,本条对通过决议的要求作出规定。其四,以出让等方式取得集体经营性建设用地使用权的,权利人可依法处分其权利,包括转让、抵押等,法律法规或书面合同另有要求的除外。其五,本条第四款为引致条款与授权立法条款的结合。本条内容有限,无法对集体经营性建设用地的有偿使用作出太细致的规定。对此,一方面,本款规定尚未明确的事项参照同类用途的国有建设用地处理;另一方面,本款对国务院进行授权以制定具体的使用管理办法。

(四) 明确入市的管理措施

本次修法在一定程度上规范了集体建设用地入市后的基本管理措施,主要有:第64条明确了集体建设用地使用者遵守土地用途管制义务,即严格按照规划确定用途对土地进行利用;第66条规定,经原批准用地的人民政府批准,在三类情形下农村集体经济组织依法收回土地使用权,其中集体经营性建设用地使用权的收回应当依照合同办理,法律法规另有规定除外;第82条对违法出让、出租集体经营性建设用地的法律责任进行规定。

二、《土地管理法实施条例》对入市制度的拓展

《土地管理法实施条例》(以下简称《实施条例》)修订后,在第四章单设一节对集体经营性建设用地管理问题进行规范,与《土地管理法》的入市新规进行对接,是对入市新规的进一步细化、具体化,作为入市制度的配套规定以增强可操作性。

(一) 立法设置彰显联动意蕴

本次修订前,《实施条例》第五章"建设用地"并无"节"之设置,全章共计12

条,主要涉及农用地转用、土地利用、土地征收和国有土地有偿使用等方面,内容较为简单,并未形成内部体系。修订后的实施条例第四章"建设用地"分为五节,分别为一般规定、农用地转用、土地征收、宅基地管理和集体经营性建设用地管理,共计30条。修订前后的变化反映出以下要点:其一,"建设用地"章在《土地管理法》相关规定基础上进行深化与拓展,吸收了"三块地"联动改革的制度成果,内容得到大幅度充实。其二,章的内部架构上,"三块地"改革对象均统摄在一章之中并反映到"节"之标题中,是对改革蕴含的联动逻辑之赓续。其三,《土地管理法》按用途将土地分为农用地、建设用地和未利用地,《实施条例》的章节设置是对"三块地"之建设用地属性的重申,昭示未来将在国土空间规划的引领下推动三项制度的联动完善。

（二） 丰富入市的总体要求

在规划制度上,《土地管理法》第23条要求土地利用年度计划应当合理安排集体经营性建设用地,《实施条例》第37条则更进一步,直接对国土空间规划的制定提出要求,规定规划应当对集体经营性建设用地布局、用途进行统筹与合理安排,并从土地资源日益紧缺的形势出发,对其利用作出原则性导引,确保在控制总体用地规模前提下对其进行节约集约利用。集体经营性建设用地与宅基地同属建设用地,前者是农村生产发展所需,后者是村民生活居住保障的物质载体,一定区划范围内两者规模是此消彼长关系,因而对合理安排集体经营性建设用地布局、用途,依法控制其规模的强调,其背后的逻辑是站在土地资源配置的全局立场上对不同用地类型进行统筹与联动。同时,《实施条例》第30条第二款坚守缩小征地范围的立场,规定有征地批准权的政府应当对征地的必要性、合理性,是否符合公共利益和法定程序进行审查,体现了对征地改革与入市改革之联动原则的贯彻。

（三） 完善入市基本流程

《实施条例》第39条规定,对于集体经营性建设用地的出让、出租,市县政府自然资源主管部门应当依据规划提出该地块的规划条件,对土地界址、面积、用途和开发强度等因素予以进一步明确,且会同相关主管部门确定产业准入、生态环境保护要求。入市流程主要包括:土地所有权人编制的出让、出租等方案应当符合规划条件、产业准入、生态环境保护等方面要求;入市方案应当载明《实施条例》规定的内容;①本集体经济组织按照《土地管理法》规定作出书面入市决议,在规定时间内报市县政府,市县政府应当审查入市方案是否符合相关要求,并可以提出修改意见,土地所有权人应当遵照意见对方案进行修改。

分析入市基本流程可知,《实施条例》并未以设置行政许可方式对集体经营性建设用地入市进行管控,在一定程度上表明政府在市场中的有限性,即在入市中的角色定位应当以服务者为主,而非全面主导入市活动的开展。

(四) 充实入市交易规则

交易规则方面,《实施条例》第41条规定了入市交易方式、合同主要条款、备案制度、合同效力等问题。其一,交易方式包括招标、拍卖、挂牌或者协议等方式,土地所有权人应当依据入市方案依照规定选择相应交易方式,以确定土地使用者。其二,交易双方应当签订书面合同,合同内容《实施条例》也有所规范。②其三,交易双方签订书面合同后,应当报市县政府自然资源主管部门备案。其四,规划条件、产业准入和生态环境保护要求未规定在合同中的,为无效合同。

此外,还明确国务院自然资源主管部门负有制定合同示范文本的职责,进而丰富政府在入市工作中的服务职能。

(五) 规范土地使用者权利义务

《实施条例》第42条对土地使用者主要的权利义务进行规范:一方面,集体经营性建设用地使用者有依约按时支付价款的义务,也负有依法缴纳相关税款的法定义务;另一方面,集体经营性建设用地使用者享有依法申请办理不动产登记的权利。③ 第43条规定了土地使用者的处分权,即以出让等方式取得集体经营性建设用地使用权的,权利人可以依法处分其权利,包括转让、互换、出资、赠与、抵押,形成集体经营性建设用地二级市场。土地使用者行使处分权应当签订书面合同,并对土地所有权人做出书面通知。

---

① 如"宗地的土地界址、面积、用途、规划条件、产业准入和生态环境保护要求、使用期限、交易方式、入市价格、集体收益分配安排等内容"。

② 如"土地界址、面积、用途、规划条件、使用期限、交易价款支付、交地时间和开工竣工期限、产业准入和生态环境保护要求,约定提前收回的条件、补偿方式、土地使用权届满续期和地上建筑物、构筑物等附着物处理方式,以及违约责任和解决争议的方法等"。

③ 登记范围包括集体经营性建设用地使用者依法享有的集体经营性建设用地使用权,依法建造的建筑物、构筑物及其附属设施的所有权。

三、《民法典》集体建设用地使用权的基本规定

在功能上,引致条款可使得《民法典》的法条布局更加紧凑精简且贯彻私法逻辑,又可通过规范外接的方式实现民法规范向其他部门法规范的转化。《民法典》的"用益物权"分编存在数量较多的虚实结合的引致条款,但远未发挥其应有功能,集体建设用地使用权私法规则也因受引致闭环的影响而游离于现行法调整范围之外。

（一）《民法典》中引致条款的主要功能

引致条款是指本身没有独立的规范内涵,甚至不具有解释规则的意义,单纯引致到某一具体规范,法官需要从所引致的具体规范的目的去确定其效果的法律条款。《民法典》"物权"编"用益物权"分编在条文拟定时采用了较多的引致条款,这种立法技术有助于精简条文体量,并在《民法典》之外扩展并丰富用益物权规范群的安排。然而,《民法典》引致条款的使用效果上未达到由民事基本法向其特别法适当转化的立法境界。未能补全用益物权的"得丧变更"事项而交由其他法律法规尤其是公法规范乃至国家政策规制,带来减损民法法典化功能的消极作用,而集体建设用地使用权规则的缺位是这些问题的典型表现之一。

（二）以引致条款规范集体建设用地的利用

作为一项私法上之用益物权,集体建设用地使用权直接被引向公法规制。和《物权法》第 151 条一致,《民法典》第 361 条明确:"集体所有的土地作为建设用地的,应当依照土地管理的法律规定办理。"但观现行《土地管理法》,与集体建设用地使用权有关的规范主要在第四章"耕地保护"和第五章"建设用地"中,表现为两类规范:一是传统管控的保留条款,严控"农转非"和就地或异地转建设用地的"占补平衡"规则;二是具体的新条款,详见上文所述。集体建设用地当是《土地管理法》应当着墨之事,但可惜其第 63 条第四款又将《民法典》引致到《土地管理法》的内容,分别导向《土地管理法》和《民法典》的国有建设用地规定。①

综上所述,从《民法典》引致到《土地管理法》再引致到《民法典》的一个完

---

① 《土地管理法》第 63 条第四款:"集体经营性建设用地的出租,集体建设用地使用权的出让及其最高年限、转让、互换、出资、赠与、抵押等,参照同类用途的国有建设用地执行。具体办法由国务院制定。"

整"闭环",造成集体建设用地使用权规则被搁置。

第三节 集体经营性建设用地入市
立法的遗留问题

以改革目标对集体建设用地入市立法基本情况进行研判评估,我们发现本次立法在总体上权能内容、入市规则、利益分配机制等尚待进一步完善。具体而言,其一,集体建设用地使用权物权属性不彰,表现为权利概念不一致、权利体系不完整、权利目的有偏差等;其二,入市规则需进一步健全,主要有主体规范过于含混、入市方式有遗留、决议机制不够周延等;其三,政府监管职责有待规范,主要表现在审查行为法律属性不够清晰,优先购买权存有疑问等方面;其四,入市制度与国土空间规划、成片开发征收、宅基地制度等关联制度的衔接仍存在一定问题。

一、入市改革主要目标实现程度之研判

集体经营性建设用地入市成为我国土地法中一项基础性制度。虽然修法暂告结束,但进一步分析入市立法应在何种程度上方达改革初心、进一步明确后续完善提供的方向,甚为必要。

(一) 同权同价:权能内容存在差异

"同权同价"是本轮集体建设用地入市改革及立法的主要目标之一,然而作为入市规则核心条款的《土地管理法》第63条法理不甚清晰,造成国有土地与集体所有土地之上的建设用地使用权权能存在明显差异:

其一,"经营性"一词的使用不合理。既然已将集体建设用地限定在第63条第一款"土地利用总体规划、城乡规划确定为工业、商业等经营性用途,并经依法登记"范围内,概念中"经营性"一词并无必要。国有建设用地入市也为经营性但法律未加表达,无须对集体建设用地"经营性"进行强调。学理上明确集体建设用地的概念与范围本无障碍,其在用途上排除宅基地这一特殊用地类型有明确规定,故此建设用地就是除宅基地、公益设施、公共事业等用地之外的建设用地。保留"经营性"一词,归根结底是城乡二元观念根深蒂固,无法体现落实与国有建设用地"同等入市、同权同价"的基本要求。

其二,集体建设用地入市范围仅限于工业、商业等经营性用途,然对其中"等"之含义极易产生含糊理解。"等"既可以表示列举后煞尾,也可以表示列举未尽,①这两者在一般情况下分别被称为"等内"和"等外"。如果从"等内"理解,则集体经营性建设用地不得用于"旅游、娱乐和商品住宅"等经营性用途;如果从"等外"理解,则尽管有关集体经营性建设用地和国有建设用地在经营性用途范围的法律表述上存在差异,但实质上两者能够用于经营性用途的范围是完全一致的。因此,《土地管理法》并未明确规定入市范围是否包括现行《民法典》第 347 条中关于国有建设用地使用权出让的旅游、娱乐和商品住宅等用途,对制度运行造成障碍,仍不是完整意义上的"同等入市、同权同价"。例如,《泽州县统筹推进三项改革试点专题报告》中指出,对于闲置宅基地整治并保障住房安置等用地后的结余土地,泽州县开展了将其调整为集体经营性建设用地入市建住宅的探索,如大东沟镇东沟村将调整后的集体经营性建设用地进行入市,规划用途为住宅兼容商业用地,这一举措有利于边远村庄向中心集镇聚集,产生了良好的社会效应,但试点时政策未明确能否入市建造住宅,在很大程度上影响"同权"的实现。

其三,该条规定获得用地的前提条件较为繁杂,实际上规划权和登记权都掌控在政府手中,全国范围内符合上述条件的集体建设用地普遍偏少,即便在试点地区,也鲜见政府主动将建设用地指标增量赋予村集体。因此,对集体建设用地入市与土地规划中指标的重要关系、集体土地发展权等现实问题的关注度一直是个难题和实施立法行动的盲区。《实施条例》第 37 条对国土空间规划中集体经营性建设用地进行的规定,包括统筹、合理安排布局和用途,依法控制用地规模,促进节约集约利用等,为协调规划制定与入市的联动关系提供指引等,从而有助于入市制度的顺利落地施行,仍过于原则性和抽象化,深有必要明确在实践中的操作性。

(二) 流转顺畅:入市规则尚欠合理

入市规则的合理性、科学性对集体经营性建设用地能否实现顺畅流转有着决定性影响,修法后仍存在以下问题:

---

① 参见中国社会科学院语言研究所词典编辑室编:《现代汉语词典》,商务印书馆 2016 年版,第 275 页。

第一，集体建设用地解禁入市的规则尚不明朗，离构建城乡统一建设用地市场的制度还有相当距离，应当加快制定具有可操作性的配套规定的步伐。尽管《实施条例》的修改对入市规则作出更为具体的规范，但与改革试点地区的专门性管理办法相比，内容仍较为薄弱，缺乏凝练性总结提升，难以满足纷繁复杂的现实交易需求。

第二，《土地管理法》未涉及对于土地利用总体规划确定的集体建设用地之土地用途登记问题，在土地权属规制上的缺失较为明显。而《实施条例》对国土空间规划中集体经营性建设用地的布局、用途提出要求，仍无明确规范集体建设用地之土地用途的登记问题，无论从行政法与民法上检视，均存在缺憾与逻辑性、严谨性不足之疏漏。

第三，在现实与法律中，集体土地所有权人将建设用地出租并不鲜见，出让与出租均为集体建设用地有偿使用的方式，但承租人取得的是土地租赁权，属于债权性质，其在法律上已有民法的合同制度加以规范，所以《土地管理法》第63条无须将出租与出让等一统规定。简言之，入市问题关键在出让（转让），而非出租（租赁），否则，概念的混淆有可能会破坏基本法理及其普适的法制度体系，造成适用和司法裁判的混乱，徒增行政与司法成本。

（三）收益共享：利益分配机制缺位

《土地管理法》第63条对征求意见第二稿增加增值收益调节金的规定没有保留。增值收益调节金制度在实践中具有重要作用，其用于平衡国家、集体和私人利益，对解决现实难题极有价值。另外，在土地增值税立法已紧锣密鼓进入征求意见的当下，土地增值收益分配的问题解决是迟早的事，它表明，原土地财政模式可能会逐步过渡为对集体经营性建设用地出让的合理财政追求，相形之下，值得立法跟进和实践期待。土地改革说到底是个寻求利益均衡的问题，然入市收益如何合理分配又是入市改革的核心问题，不仅政府与农民集体、农民集体与农民个体之间的土地收益分配不易确定，不同地区集体之间的土地收益如何平衡更是难题与热点。

2016年4月，财政部、国土资源部联合印发《农村集体经营性建设用地土地增值收益调节金征收使用管理暂行办法》（财税〔2016〕41号），该办法第24条规定有效期至2017年12月31日为止。因"三块地"改革试点期限延长，财政部、自然资源部发布《关于延长农村集体经营性建设用地土地增值收益调节金政策期限的通知》(财税〔2019〕27 号),将该暂行办法有效期延长至 2020 年 12 月 31 日。《土地管理法》入市制度并未涉及收益分配规则,而《实施条例》仅在第 40 条规定提及集体收益分配安排为集体经营性建设用地出让、出租等方案应当具有的内容。因此,本轮入市制度立法未能实现收益共享与贡献利益分配平衡方案之目的,而试点地区改革的五年间,已在这方面进行的有益探索,形成的可贵经验,后续立法理应加强研究和合理吸纳。

二、集体建设用地使用权物权属性不彰

从权利角度分析,集体建设用地使用权是构建入市制度的基础性权利,入市是其处分权的一种行使方式,探讨入市立法遗留问题应当追溯至集体建设用地使用权规范的现状。对照之下,当前我国立法对集体建设用地使用权的调整方式,尚缺乏公法与私法之间的协调照应,在权利概念、权利体系、权利目的等方面均有模糊面和缺失点,无益于弥补集体建设用地使用权物权属性不足之缺憾。

(一) 权利概念不一致

权利概念上,不同法律中集体建设用地使用权的内涵指向有出入。《民法典》与《土地管理法》均对集体建设用地进行规范,但两部法律中集体建设用地的内涵并不一致。加强土地用途管理是我国《土地管理法》的基本制度,其对土地的调整亦是从用途角度展开,"将土地分为农用地、建设用地与未利用地"[1]。根据集体建设用地具体用途的不同,可再进一步细分为集体经营性建设用地、集体公益性建设用地和宅基地。在原《物权法》颁布之前,集体建设用地使用权包含了前述各类集体建设用地,村办企业用地、村民建房用地均属于集体土地建设用地使用权。[2] 原《物权法》将集体建设用地使用权、宅基地使用权作为两种用益物权类型分别进行调整,申言之,各类建设用地上法定的用益物权之权利类型有差别:为兴办乡镇企业、用于工商业等经营性建设用途,以及进行公共设施、公用事业等非农建设而使用集体土地所设立的用益物权为集体建设用地使用权;宅基地使用权则是村民为建造住宅及其附属设施而对集体土地享有的用益物

---

[1] 参见《土地管理法》第 4 条。

[2] 参见原国家土地管理局《确定土地所有权和使用权的若干规定》(国〔1995〕国土籍字第 26 号)第五章关于集体土地建设用地使用权的规定。

权。2019年《土地管理法》修正之时,并未照应原《物权法》的规定从权利的角度对土地利用关系进行分类调整,导致《民法典》与《土地管理法》关于集体建设用地的内涵彼此脱节。

(二)权利体系不完整

权利体系上,现有立法对作为集体建设用地使用权亚种类的集体经营性建设用地使用权与集体公益性建设用地使用权的范畴均未作明确规定。

一方面,集体经营性建设用地使用权之"经营性"的内涵有待确定。《土地管理法》第63条第一款将集体建设用地入市限于工业、商业等用途,不同于《民法典》第347条针对国有建设用地使用权出让规定的"工业、商业、旅游、娱乐和商品住宅等经营性用地……"表述方式的不同,意味着国有建设用地使用权与集体建设用地使用权仍非"同地同权、同等入市"。这涉及对《土地管理法》第63条第一款中的"等"为"等内等"还是"等外等"的理解。① 对该问题的合理解释,不仅涉及哪些用途的土地利用可以通过集体经营性建设用地使用权入市的方式供地,更重要的是涉及国家征收权力的行使范围。

另一方面,集体公益性建设用地的规则有所缺失。集体公益性建设用地在实践中非常普遍,但仅有《土地管理法》第59条和第61条对集体公益性建设用地的审批作出规定。集体公益性建设用地使用权与集体经营性建设用地使用权因市场化程度或市场化运作不同,在权利取得、权利转让、权利期限等规则方面存在差异。尤其是在当前社会资本参与公共设施以及公用事业建设的背景下,使用集体土地进行乡(镇)村公共设施和公益事业建设的主体,不仅包括本乡(镇)村,还可能包括其他市场主体。当前《土地管理法》及其实施条例对集体公益性建设用地的规范供给呈现出不足的态势,在实施乡村振兴的法治助力中,丰富乡村公共设施和公益事业用地供给模式及其规范,仍有较大开拓空间。

(三)权利目的有偏差

权利目的上,以经济利用为导向的私权实现过度依赖公权管制。《民法典》将集体建设用地的法律适用引致到《土地管理法》中,有违立法目的,弱化了集体经营性建设用地使用权的私权本质。《土地管理法》第23条规定的重要意义在于,首次在立法层面要求各级人民政府在编制土地利用年度计划时对集体经

---

① 参见高圣平:《论集体建设用地使用权的法律构造》,《法学杂志》2019年第4期。

营性建设用地作出合理安排。依据《土地管理法》第 63 条的改革规则,无论是新增还是存量集体建设用地,入市条件之一都是符合规划,而土地利用总体规划、国土空间规划的编制主体均为地方政府,在当前严格控制建设用地指标的制度背景下,基于城市资源集聚的优势,建设用地指标很难配置到农村地区。集体建设用地制度正处于改革深水区,现有的集体建设用地使用权权利规范显然难以突破这一局限,这将直接导致以要素自由流动为特征的市场机制无法有效发挥资源配置作用。

三、入市规则需进一步健全

入市立法是本次修法的重要成果,经《土地管理法》及其实施条例的制度构建,集体经营性建设用地入市具备基本的框架与内容,如何入市已有章可循,基本完成入市立法的核心任务。不管是对《土地管理法》及其实施条例展开分析,还是结合入市改革试点地区的制度成果进行对照,目前在法律、行政法规层面上的入市规则仍较为简单,更具可操作性的配套规章制度亟待出台。

(一) 主体规范过于含混

首先,在改革试点期间,试点地区对入市主体的规定存在较大不同,主要有五种模式:农民集体代表集体土地所有权、农民集体为集体土地所有权人、农村集体经济组织代表集体土地所有权、农村集体经济组织为集体土地所有权人、以权利归属确定入市主体。依据《土地管理法》第 63 条第一款,入市主体为集体土地所有权人,而第二款规定集体经营性建设用地的出让、出租等,应当经本集体经济组织成员的村民会议表决或取得一定比例以上村民代表的同意。两款相结合下,集体土地所有权人和集体经济组织是否为同一主体,如非同一主体两者是否天然保持一致等问题仍未明晰。

然后,由《民法典》观之,从集体土地所有权的主体界定上看,农民集体为集体土地所有权人,而村集体经济组织、乡镇集体经济组织、村民小组、村民委员会均为第 262 条明确规定的集体土地所有权的行使或代表行使主体。《民法典》仅从权利的行使主体角度对集体土地所有权进行了规定,而农民集体本身的内涵与法律地位则缺乏明确规定。《土地管理法》将入市主体明确为土地所有权人固然准确,但与《民法典》规定衔接之后,不同的土地所有权行使主体或代表行使主体,在入市制度的启动、运作方面是否在具体规则层面上存在一定差异仍需分析,而《土地管理法》在这方面也未提供更多的规则。

最后,在试点地区的入市管理规定中,除了对入市主体进行规定外,通常还规定了入市实施主体。关于入市实施主体的规定,源于《入市试点实施细则》中"探索由代表其所有权的农民集体委托授权的具有市场法人资格的土地股份合作社、土地专营公司等作为入市实施主体,代表集体行使所有权"。按照试点地区的规定,入市主体与入市实施主体之间的关系主要有四种模式:未明确规定、委托关系、代表关系、强制委托等。而《土地管理法》及其实施条例均未对入市实施主体作出规定,不利于集体土地所有权人借助在专业化、市场化方面具有优势的法人主体开展入市工作,因而有待后续配套制度予以明确。

（二）入市方式存有遗漏

《土地管理法》中入市方式为"出让、出租等方式",这种规定方式存在一定问题:一方面,出租作为入市方式的一种类型虽然受到学界的诸多批判,其为集体建设用地有偿使用的重要方式,而非物权意义上集体建设用地的入市形式,但目前出租已与出让并列写入法律之中,需要从更具建设性的角度出发加以规范,以明确租赁方式取得的集体经营性建设用地的使用权与物权性的集体经营性建设用地使用权之间差别,避免两者发生混淆有违民法基本原理。

另一方面,《"三块地"改革试点意见》明确规定的,试点地区入市管理办法中常常出现的作价出资(入股)并未作为入市方式明确规定在《土地管理法》之中,这一方式是否为法律所准许?立法机关倾向于谨慎对待争议问题无可厚非,对此应当继续探索,总结经验。同时,试点地区入市管理办法对作价出资(入股)的规定存在一定差异,不同点主要表现在:一是作价的客体问题,有的地方规定将集体经营性建设用地使用权进行作价,而有地方规定作价的是一定年期使用权的收益金;二是出资(入股)的投向,有的规定可以与他人组建新企业或入股到已有企业,有的则限定在共同举办联营企业等;三是入市要求,有地方规定地上建筑物、其他附着物也应一同估价、作价等。

（三）决议机制不够周延

《土地管理法》第63条第二款规定,入市"应当经本集体经济组织成员的村民会议三分之二以上成员或者三分之二以上村民代表的同意"。这一规定在某种层面上是合理的,但是不够全面、周延,特别是在集体土地三级所有的历史背景下,可能与部分集体土地的所有权归属情况存在龃龉。《民法典》第262条明确了集体土地所有权的行使主体,主要依据权属不同划分为三种情况:属于村农民集体所有、分别属于村内两个以上农民集体所有、属于乡镇农民集体所有,根据集体所有权的归属、有无成立集体经济组织等因素,现实中可以行使(或代表行使)集体所有权的主体包括村集体经济组织、乡镇集体经济组织、村民小组、村民委员会。而依照《土地管理法》,有权作出入市决议的仅有本集体经济组织成员的村民会议或者村民代表,与《民法典》集体土地所有权行使主体之间存在不一致。举例而言,当集体土地归乡(镇)政府(街道办事处)、乡镇集体经济组织所属时,还是要求由村民会议进行决议或取得村民代表同意则与实际情况并不相符,因而难以适用该项规定形成入市决议。村集体经济组织缺位的,可以由村民委员会召集村民代表开会对入市进行表决,而乡镇集体经济组织缺位的,《土地管理法》中则缺少替代机制。

四、政府监管职责有待规范

依照试点地区经验,政府监管职责的适当履行是集体经营性建设用地入市的重要一环,行政主管部门需要依照规定与职权对入市主体提交的申请材料进行审查,判断其是否符合入市的形式与实质要求。行政主管部门职权的正当行使对入市制度的运行有重要影响,行政权缺位将会造成不当入市、无序入市,行政权过大又将在客观上削弱、限制入市主体的权利,法律法规应当对政府在入市中职责作出更为明确的指引与规定。

(一)入市监管基本原则未确立

土地要素市场的高效运转需要政府与市场的相互补位、协调配合。《土地管理法》及其实施条例对政府在入市过程中一些职责作出规定,有助于入市制度的运行。集体经营性建设用地与国有建设用地在权利主体、权利内容、行使规则等方面存在差异,对入市活动的监管应当与国有建设用地管理模式存在区别,然而《土地管理法》及其实施条例并未指明入市监管的方向与原则,不利于监管规章制度的建立与具体工作的开展。

依据现行法,对于集体经营性建设用地入市,政府职责主要包括制定规划、入市审查、批准收回土地使用权、行政执法等。其中,规划是入市监管的前提与依据,入市审查、合同备案等属于事中监管措施,行政执法为事后监管的主要手段。现行法并未从全局出发对入市监管作出指引性规定,且入市监职责的规定较为简单、分散,从中难以提炼、归纳出政府在入市监管中的角色定位、职责边界等要素,对监管制度构建与实际践行造成障碍。举例而言,在"三块地"改革试点期间,试点地区行政机关制定的入市管理办法通常会规定入市审批程序,但《土地管理法》及其实施条例并未明确设置入市行政许可,而当前部分地区出台的入市管理规范性文件规定入市方案需要经过行政审批。对建设用地进入市场交易前进行审批是国有建设用地管理的基本做法,集体经营性建设用地管理是否同样如此将在下文展开分析。

正因入市监管基本原则的缺位,地方行政机关可能会将一些习以为常的国有建设用地管理方式,未进行分析、甄别、调整等处理即运用到集体经营性建设用地的监管之中,这种思维定式、路径依赖可能会影响入市制度的实施效果,不利于改革目标的实现。

(二) 审查行为法律属性不清晰

土地法具有管理属性,尽管集体经营性建设用地使用权在法律性质上属于物权,但其设立须遵循特定的管理程序。《土地管理法》并未对入市设置行政许可,而《实施条例》第39、40条对入市过程中行政机关的职责作出一定规定,即土地所有权人拟出让、出租集体经营性建设用地时,应当按照相关部门确定的规划条件、产业准入和生态环境保护要求,编制出让、出租方案并报市、县人民政府,后者应当在收到方案后5个工作日内提出具体修改意见,土地所有权人负有修改的义务。可见,《实施条例》明确了入市程序的行政主管部门、审查事项、审查期限与审查效力,对于规范和促进集体经营性建设用地入市具有积极意义。然而,"报市、县人民政府""提出修改意见"的行为属性尚不清晰,需要从行政行为理论体系中寻找其定位,以明确其法律效果与土地所有权人的救济途径。同时,依据《实施条例》,入市方案需要符合"规划条件、产业准入和生态环境保护要求等",其中"等"同样也存在"等内等"抑或是"等外等"不同理解,如为"等外等",部门规章、地方立法还可以规定何种入市条件尚需探讨。

虽然《土地管理法》及其实施条例并未明确对入市设置行政许可,但一些地区已在规范性文件中确立地方行政机关的审批权。海南文昌市为"三块地"改革试点地区,海南省自然资源和规划厅结合最新法律于2019年11月出台《海南省集体经营性建设用地入市试点办法》,其第17条规定了"入市方案审批",要求:"入市方案经表决通过后,由入市主体提交给市县自然资源和规划主管部门。经市县自然资源和规划主管部门组织有关部门审查后,报请市县人民政府批准。"吉林长春市九台区也为试点地区,吉林省长春市规划和自然资源局于2020年11月发布《长春市城乡融合发展试验区农村集体经营性建设用地入市管理办法(征求意见稿)》,其第11条明确:"4.方案批准。出让方案经区自然资源主管部门审查通过后,报同级人民政府批准。"

（三）入市价格监管形式有疑问

除了入市交易前的审查职责外,行政机关还应当负有哪些职责,需要以行政机关在入市中的角色定位为中心,对其职权范围与行使方式进行深入探讨,入市改革试点经验同样可资借鉴。地价是国家对土地市场进行管制的有力工具,是建设用地使用权市场化改革的重要前提。为全面实施乡村振兴战略,落实农业农村优先发展方针,在集体经营性建设用地使用权入市中,为保障集体利益切实实现,有必要建立入市价格监管制度。例如,部分改革试点地区的入市管理办法赋予政府在一定条件下享有优先购买权,是否在后续配套制度中规定优先购买权以实现对入市价格的监管仍需探讨。

试点地区优先购买权的行使条件主要有以下不同:一是以基准地价的一定比例为准,还是以市场价格水平为准。前者如《禹城市农村集体经营性建设用地入市管理办法(修订稿)》第23条规定了市政府在入市价格低于基准地价80%时享有优先购买权;后者有《安达市集体经营性建设用地入市管理办法(试行稿)》第14条规定市人民政府享有优先购买权的条件是"集体经营性建设用地使用权出让、转让价格明显低于市场价格水平"[1]。二是优先购买权仅适用于入市价格,还是包括转让价格。前述山东德州市禹城市管理办法只规定了入市价格方面的优先购买权,而《泽州县农村集体经营性建设用地入市土地增值收益调节金征收使用管理实施细则(试行)》第10条第二款、《长春市九台区农村集体经营性建设用地入市土地增值收益调解金征收使用管理实施细则(试行)》第10条明确区县人民政府在入市、转让价格低于基准地价80%的情况下享有优先购买权。

---

[1]　另参见《晋江市农村集体经营性建设用地入市管理暂行规定》(晋政文〔2017〕59号)"六、收益分配"第五点。

五、入市制度与关联制度衔接不畅

入市制度与关联制度之间衔接协调性差的问题亦较为突出,《"三块地"改革试点意见》未建立起农村土地征收、集体经营性建设用地入市和宅基地制度改革之间的联动机制。总体而言,入市制度与国土空间规划、成片开发征收、宅基地管理方面的衔接仍有待调整与优化。(详见本编第六章"以统筹联动为改革逻辑的实践图谱及其制度完善"的相关内容)

第四节 集体经营性建设用地
入市制度改进路径

无论是《土地管理法》入市新规,还是《民法典》"物权编"建设用地使用权相关内容,对集体经营性建设用地入市规则构建的回应均不够充分,既没能充分巩固试点探索形成的成功经验,也未能有效回应试点实践高度关切的难点问题。建议积极总结可复制、能推广、利修法的制度性成果,衔接好《土地管理法》与《民法典》"物权编",尽早推动试点成果转化为正式立法,为集体经营性建设用地使用权权能的实现提供更为全面的法律保障。

在健全入市立法的总体思路上,一方面,以法律解释或司法解释明确集体建设用地使用权基本内容。《民法典》"物权编"关于集体建设用地使用权的规则彻底让位于公法公权。不动产法治实践中,集体建设用地使用权运行表层风平浪静,实际暗流涌动,要在改革中避免权利空转或走样,防止为了入市而入市,顾此失彼。而《民法典》中"用益物权"分编未来必须以法律解释或司法解释的形式收回对集体建设用地使用权的"治权",既需明确又要敢于明确其"得丧变更"私权展开线索下的全部内容。这不仅是一个私权回归民事立法的问题,也是一个政府与市场、公权与私权的协调问题,立法者与实务界均当保持清醒的认知。另一方面,通过制定行政法规以充实集体经营性建设用地入市规则。考虑到一些具体的入市规则尚待进一步探索,《土地管理法》和《民法典》无法也不适宜对入市规则作出很详细的规定,建议由国务院制定行政法规作出详细规定。考虑到国有建设用地出让的具体规则目前是由行政法规规定的,集体经营性建设用地入市的具体规则也应当制定行政法规而非部门规章,这也是实现集体建设用地与国有建设用地"同地同权"的要求。在规定的具体内容上,则应包括入市的主体、范围、用途、条件、程序、监管、收益分配规则,等等,尤其是要着重回应试点地方高度关切而《土地管理法》和《民法典》又未能或不适宜规定的问题。

一、明确集体建设用地使用权基本内容

集体建设用地使用权之物权规则配置可以实现国有建设用地与集体建设用地的"同地同权",落实各类所有制产权的平等保护,更有助于缩小征地范围,规范公权力行使。《民法典》将集体建设用地使用权权利规范让位于特别法,不仅未达其作为私法一般法所应发挥的权利体系化功能,更错失通过赋权、还权完善集体所有制,提升土地治理乃至城乡社会治理能力与治理水平的历史性机遇。

(一) 以同权为核心凝练价值基础

"我国二元双轨地权结构的根本问题不是在于土地所有权二元,而在于二元地权间的权利不平等。"[1]建立健全城乡统一的建设用地市场就是要打破城乡二元建设用地权利结构,使得集体建设用地使用权与国有建设用地使用权"同地同权、同等入市","同权"是改革的核心要义。[2] 首先,《民法典》第 206 条第三款规定:"国家实行社会主义市场经济,保障一切市场主体的平等法律地位和发展权利。"这是对原《物权法》"财产权一体保护"重要法治思想的延续。集体建设用地使用权与国有建设用地使用权均为用益物权,二者应具有相同的权能,不能因土地所有制的不同而适用不同的规则、产生不同的法律效果,集体所有的建设用地无需先经征收转为国有再进行流转。其次,权利得失变更规则的平等,除法律有特别规定的情形,集体建设用地使用权应适用与国有建设用地使用权共同的得失变更规则,集体土地所有权人可以通过设立建设用地使用权以及其在二级市场上的流转,参与土地增值收益。最后,权利保障的平等,当集体建设用地使用权之权利归属与利用发生争议之时,其与国有建设用地使用权在权利救济途径以及救济方式上亦是同等的。

集体经营性建设用地使用权之"经营性用途"的范畴仍具有不确定性,当前

---

① 孙鹏等:《集体建设用地流转的风险控制与法律构造》,华中科技大学出版社 2016 年版,第 16 页。

② 参见陆剑、陈振涛:《集体经营性建设用地入市改革试点的困境与出路》,《南京农业大学学报(社会科学版)》2019 年第 2 期。

的分歧主要在于是否允许进行商品房开发。对此,首先,根据"同地同权"的改革意旨,该"经营性用途"的范畴理应同于国有建设用地使用权,可用于商品房开发。这是尊重农民主体地位,赋予农民更多财产性权利的应有之义。其次,如果不允许集体经营性建设用地用于商品房开发,那么这部分的用地需求如何供给?如果通过征收转国有的方式,势必与土地征收之公共利益目的相违背,无形中将会导致公共利益范畴泛化。最后,《土地管理法》第 63 条已对集体经营性建设用地入市的前置条件作出规定,土地利用总体规划或国土空间规划本身已蕴含土地用途管理的功能,在已符合法定入市条件之时,似无必要再对集体经营性建设用地使用权的具体用途予以限制。

(二) 以私权为属性明确法律地位

在试点区,更为重要的问题是因集体建设用地使用权的法律地位缺失,进而导致集体建设用地使用权人所取得的权利无法得到现行法的认可,金融机构无法接受其为抵押权的标的,导致使用权人的融资困局。

根据原《物权法》第 135 条及第 151 条之规定,原《物权法》意义上的"建设用地使用权"特指设立在国有土地上的用益物权。有观点认为可从原《物权法》第 151 条推导出"集体建设用地使用权",笔者不予赞同。从体系解释出发,原《物权法》第 151 条转介的《土地管理法》中,其在修改前只有原第 43 条规定了乡镇企业建设用地使用权和乡(镇)村公益性建设用地使用权,并未规定其他集体土地上的建设用地使用权,显然不能将上述两者等同于"集体建设用地使用权"。本轮修改前《土地管理法》虽对集体建设用地采用了"建设用地使用权"之称谓,但其并非赋权性规范,仅是一个空洞的概念,不能定性为一种真正的物权。[①] 因此,集体建设用地使用权既未被明确规定为独立的用益物权,也没有被涵盖在现有的"建设用地使用权"规范中。与此同时,"集体建设用地使用权"一词被政策文件广泛使用,但并未发现现行法明示"集体建设用地使用权"的法律地位。

虽然现行法并未明示"集体建设用地使用权",并不意味着集体建设用地使用权没有存在的必要。集体建设用地是农民集体最为重要的可获取收益的"活"资产,在集体土地上设立建设用地使用权具有强烈的实践诉求,集体建设

---

① 参见温世扬:《集体经营性建设用地"同等入市"的法制革新》,《中国法学》2015 年第 4 期。

用地使用权是农民集体和集体成员重要的土地财产权之一,对农村集体经济的有效实现具有重要的制度价值。集体建设用地使用权制度本应为物权立法的重要内容,但《民法典》"物权编"对此未作明确表述和具体规范,而是将集体建设用地法律规制问题交给《土地管理法》解决。《土地管理法》主要作为管制法,规范重心是集体建设用地的行政管理内容。事实上,《土地管理法》严格限定了集体建设用地使用权的主体范围和权利内涵,而且未对其具体权能作出明确规定。据此,有学者认为中国的集体建设用地使用权尚不具备完全的私权属性。①

现行立法未对"集体建设用地使用权"进行准确的法律定位,更未构造清晰的法律规则。实践中通过官方正式试点方式或者农民自发方式突破集体建设用地流转限制的做法,已经屡见不鲜,地方造法已导致管制规则不统一的严重问题,使中国集体建设用地使用处于无序状态。

(三) 以特性为基础完善主要权能

集体建设用地使用权的权能安排应当在"同地同权"基础上进行差异化权利构造。物权平等保护并不意味着不同的所有权主体在权利客体和权利内容的享有上都具有完全的一致性。②"法律应该得到不偏不倚的适用和实施。但是如果所有人都要承受同样的负担或享有同样的利益,这既是不可得的,甚至也是不可欲的。"③《民法典》第361条的引致性规定本身即意味着"物权编"第十二章关于建设用地使用权的规定不直接适用于集体建设用地。《土地管理法》第63条第四款规定中的"参照执行"意味着集体建设用地使用权不必也不应完全遵循国有建设用地使用权规则。国务院办公厅发布的《关于完善建设用地使用权转让、出租、抵押二级市场的指导意见》(国办发〔2019〕34号)作为专门规范土地二级市场的国务院规范性文件,尽管其在指导思想部分提出"以建立城乡统一的建设用地市场为方向",但文件均以国有土地上的建设用地使用权为规范对象,仅在最后的"保障措施"部分提出农村集体经营性建设用地使用权的流转"可参照本意见执行"。以上立法与政策文件的表述方式均表明,统一建设用

---

① 参见曹笑辉、曹克奇:《告别权利的贫困:农村集体建设用地入市法律问题研究》,法律出版社2012年版,第51页。

② 参见赵万一:《论我国物权立法中的平等保护原则》,《上海大学学报(社会科学版)》2007年第5期。

③ 〔英〕T.R.S.艾伦:《法律、自由与正义——英国宪政的法律基础》,成协中、江菁译,法律出版社2006年版,第220页。

地市场之"统一"并不意味着各类权利适用规则的整齐划一,集体建设用地使用权的得失变更、行使规则不可能完全照搬国有建设用地使用权的相关规则。

即便当前改革的目标是"同等入市、同权同价",这也仅意味着二者在权利属性、交易机会、权利能力上的一致,两种权利类型母权的不同,决定了二者在权利生成机制、管制水平、保护措施等方面的差别。在生成机制方面,集体经营性建设用地使用权生成机制的特殊性在于需要履行集体内部民主决策程序。在管理程度方面,虽然无论是集体建设用地还是国有建设用地均应负担土地用途规划管理义务,但相较于国有建设用地,集体建设用地使用权在设立之时,仍需承担耕地保护、生态平衡等义务,法律规制的工具是土地利用总体规划、土地利用年度计划以及用途转用审批制度,具体方式是对每年入市的集体建设用地数量进行必要管控。作为农村土地制度改革三条底线,"集体所有权不能变、耕地红线不能动、农民利益不能损"具有层次分明、并行交集、相互照应的制度深意。

二、健全集体经营性建设用地入市规则

《土地管理法》及其实施条例的修改确立了入市制度的基本框架、主体程序,但从实际运行的角度观察,入市制度仍待健全、完善。对此,应当充分研究、吸收入市制度改革试点的制度与经验,从入市主体、入市方式、权利流转规则、权利消灭规则等方面提出相关建议。

(一) 细化入市主体规则

根据《土地管理法》第 63 条第一款的规定,设立集体建设用地使用权的主体为土地所有权人,即农民集体。由于农民集体的抽象性,《民法典》第 262 条规定了集体所有权的行使机制。《民法典》第 99 条亦规定了农村集体经济组织特别法人的主体地位。集体经营性建设用地入市是集体经济的有效实现方式,应由集体经济组织作为权利设定主体。但是,当前集体土地所有权的归属从三级所有演变至今,并非当然属于村集体经济组织所有,同时,实践中集体经济组织可能因专业能力不足,难以妥善处理入市事宜。对此,可从以下方面对入市主体的明确作出规定:

第一,集体土地所有权归属主体。从我国现实情况出发,集体土地所有权主体并不只有村集体经济组织一种类型,《民法典》第 262 条分为三种归属情况对集体土地所有权行使进行规定。因此,可以结合入市改革试点地区的做法对入

市主体及相应决议程序、通过要求作出更为细致的规定,例如,如拟入市建设用地归属于乡(镇)政府(街道办事处)或乡镇集体经济组织的,有地方规定由乡(镇)政府(街道办事处)进行集体决策,有的要求经乡镇党政联席会议或乡镇长办公会议集体研究决定等。

第二,入市实施主体。在集体经济组织发展状况不佳、缺乏入市专业能力等情形下,则可基于意思自治借助委托入市方式,实现集体经营性建设用地使用权的设立。从全国33个县(市、区)"三块地"改革试点运行情况来看,有的县(市、区)规定,镇集体经济组织拥有集体经营性建设用地的,入市代理实施主体可由该镇资产管理公司或其代理人为之;而属于村集体经济组织经营性建设用地的,则可以委托镇资产管理公司代理入市。也有的县(市、区)规定,具有市场法人资格的土地股份合作社、土地专营公司亦可接受农民集体委托作为入市实施主体。尽管委托代理制度可以弥补集体所有权行使主体之缺位和入市能力之不足等问题,但由于委托代理关系存在某种道德风险,为了保护农民集体及集体成员利益,仍需从根本上完善农村集体经济组织制度,建立一套符合自身特点的特别法人治理机制,充分体现集体成员的意志,以法治化长效机制支撑集体经济的有效运行及其利益实现。这需要结合集体土地所有权、农民集体成员权等权利的立法与现实状况,完善集体土地所有权主体制度,此为《农村集体经济组织法》之重要内容。

第三,入市主体制度的完善必须借助于集体土地所有权制度的完善来实现,这就要求增强入市主体制度建设同集体产权制度改革的协同性。在此提出如下建议:一是增强农村集体产权制度改革与农村土地三项制度改革之间的协调配合,将入市主体探索与农村集体产权制度改革有机结合。二是抓紧健全集体经济组织,由具备市场主体地位的集体经济组织来切实担负起包括集体经营性建设用地入市在内的集体资产运营管理职责。三是加强对集体土地所有权法律制度的宣传,理顺土地所有权主体、土地所有权法定代表、农村自治组织、集体经济组织等主体之间的关系,避免错误或模糊表述,并划清政府、自治组织、经济组织等在集体土地运营管理上的职责权限。四是加快落实《农村集体经济组织法》,为集体土地所有权行使提供法律保障。五是培育良好的乡村法治环境,提高农民责任意识和法治意识。

（二）丰富设立规则体系

集体建设用地使用权的设立，是指在集体建设用地所有权不变的前提下，为他人设立建设用地使用权的行为。根据设立目的的不同，在理论上分为集体公益性建设用地使用权、集体经营性建设用地使用权。集体经营性建设用地使用权设立的受益主体相对特定，包括集体经济组织及其成员，而设立集体公益性建设用地使用权的受益主体则具有相对广泛性。

第一，用于本集体公共设施、公益事业的建设用地，为无偿分配、无期限使用的集体公益性建设用地使用权。① 正因如此，其权利设立以及权利移转均应受到法律严格限制，并应符合必要性原则。《土地管理法》第61条规定了集体公益性建设用地设立之审核批准手续，自无疑问。基于"同地同权"的改革目标，以及同一概念指向相同内涵和外延的立法技术，其设立应参照国有建设用地使用权的划拨取得方式，而不宜另起炉灶再创造新的设立方式或者使用其他表达方式。

第二，土地利用总体规划以及国土空间规划确定为经营性用途的集体建设用地，集体土地所有权人可以为他人设定有偿且有期限之集体经营性建设用地使用权。根据《土地管理法》第63条的规定，集体经营性建设用地使用权的设立方式包括出让、出租等。

首先，集体经营性建设用地使用权出让。基于构建城乡统一建设用地市场的改革目标，要建设"有效市场"，必须补足集体经营性建设用地使用权的物权属性，而出让规则的具体构建则是未来集体经营性建设用地入市改革的重点。

其次，尽管《土地管理法》第63条将"出租"作为集体经营性建设用地的入市方式之一，但根据民事权利体系，基于出租设立的集体建设用地使用权为债权性土地使用权，而非用益物权性质的土地使用权，其权利内容及期限适用《民法典》关于租赁合同之规定。《土地管理法》第63条第三款、第四款的立法表达也体现了物债区分的思路。但在实践中，相对于以出让方式设定长期的、具有物权效力的建设用地使用权，农民一方出于对未来地价提升的考虑更青睐租赁方式，

---

① 参见耿卓、于凤瑞：《我国城市更新中的用益物权确权问题研究》，《西南民族大学学报（人文社会科学版）》2019年第1期。

现有的试点地区集体建设用地入市的主要方式也是出租。① 出租既可以适用于以集体土地所有权人为供应主体的土地一级市场,也可以适用于市场主体之间的土地二级市场。

最后,根据"建立同权同价、流转顺畅、收益共享的农村集体经营性建设用地入市制度"②的改革目标,此处的"等"应为"等外等",设立方式还应包括作价出资(入股),即集体建设用地所有权人以一定期限内的集体经营性建设用地使用权作价,并以之作为出资与他人组建新企业或增资入股到已有企业,该土地使用权由企业享有。集体经营性建设用地的土地使用权作价出资(入股)形成的股权由集体建设用地所有权人或其委托的主体持有。入股与出让均属于物权性交易方式,即出让、入股后,受让人取得物权性质的土地使用权。③《土地管理法》第63条第四款明确了集体经营性建设用地的出资等,参照同类用途的国有建设用地执行,而《实施条例》第17条也明确了国有土地有偿使用的方式包括国有土地使用权作价出资或者入股。可见,集体经营性建设用地使用权的作价出资或入股,同样具有法律依据。

关于集体建设用地使用权设立的登记规则,应当同于国有建设用地使用权,适用登记生效原则,即需遵循《民法典》第349条的规定,向登记机构申请建设用地使用权登记,集体建设用地使用权自登记时设立。县级以上人民政府的登记机构应当将集体建设用地的权属、期限、面积、用途等情况记载于不动产登记簿,并向集体建设用地使用权人发放权属证书。

(三) 完善权利流转规则

流转是集体建设用地使用权权能实现的具体体现。集体公益性建设用地使用权自身具有无偿取得性、公益性,一般不得流转,但在特殊情形下,应当允许其出租。这是为了应对农村普遍存在的闲置小学、社区医院等集体公益性建设用地上的使用权已经出租并取得收入的现实状况,如果乡(镇)村公共设施、公益事业建设用地上的建筑物、构造物闲置后,经本集体成员大会或成员代表大会三

---

① 参见李国强:《〈土地管理法〉修正后集体建设用地使用权的制度构造》,《云南社会科学》2020年第2期。

② 《中共中央、国务院关于新时代加快完善社会主义市场经济体制的意见》(2020年5月11日中央全面深化改革委员会第十二次会议通过)。

③ 参见房绍坤:《农村集体经营性建设用地入市的几个法律问题》,《烟台大学学报(哲学社会科学版)》2015年第3期。

分之二以上同意,该集体建设用地使用权及其上附着的建筑物、构造物可一并用于租赁。[1]

集体经营性建设用地使用权的流转方式包括转让、互换、赠与、出资、抵押、出租等。其中,转让、互换、赠与、出资均涉及权利主体的变动,是指土地使用者将土地使用权再转移的行为。集体经营性建设用地使用权的转让应当遵守《城镇国有土地使用权出让和转让暂行条例》的转让规则,还要符合《城市房地产管理法》第39条投资开发方面的要求,否则不得转让。集体经营性建设用地使用权转让、互换、赠与、出资的,应当向登记机构申请变更登记。

抵押则是指在权利主体保持不变的条件下,将集体经营性建设用地使用权作为债权之担保的行为。根据抵押人的不同,可分为两种情形:第一种是集体土地所有权主体作为抵押人,即集体经营性建设用地尚未入市但已经依法进行不动产登记并持有权属证书,符合规划等要求,具备开发利用的基本条件,所有权主体履行集体土地资产决策程序而以集体经营性建设用地使用权设立的抵押,抵押权实现时土地随之入市。[2] 这种抵押方式不仅为实践所确认,而且也具有法理基础。首先,土地所有权是完整物权,集体土地所有权人自可为融资目的为自己设定集体经营性建设用地使用权,此权利设定逻辑为我国法律制度所确认,根据现行《农村土地承包法》第47条的规定,承包方可以为了融资的目的,用承包地的土地经营权向金融机构设定融资担保,即承包农户可以为自己设定土地经营权并以其向金融机构设定融资担保。其次,集体土地所有权人为自己设定集体建设用地使用权并不会因主体混同而导致集体建设用地使用权消灭。当同一物上的所有权与他物权同归于一人时,他物权一般会因混同而消灭,但是,当该他物权的存在对于所有人或者他人而言有法律上利益时,则并不因混同而消灭。集体土地所有权人为了融资担保的目的而为自己设定集体经营性建设用地使用权,一方面是为了满足融资的现实需求;另一方面也是保障金融机构担保利益的实现。因为设定抵押后,抵押权实现时集体建设用地使用权将转移给他人,法律性质上构成集体经营性建设用地使用权的出让。

---

[1] 参见陈小君等:《我国农村集体经济有效实现的法律制度研究——理论奠基与制度构建》,法律出版社2016年版,第276页。

[2] 参见《中国银监会、国土资源部关于印发农村集体经营性建设用地使用权抵押贷款管理暂行办法的通知》(银监发〔2016〕26号)第5条。

第二种抵押方式是集体经营性建设用地使用权人作为抵押人,以通过出让、作价出资或入股、转让等方式取得的集体经营性建设用地使用权设立的抵押,可参照国有建设用地使用权抵押的相关规定办理。尽管《民法典》第398条仍延续原《物权法》第183条关于乡镇企业建设用地使用权只能被动抵押的规定。但事实上,基于《土地管理法》修正的背景,《民法典》第398条无论是在立法体系协调层面,还是在"地随房抵押"对于发挥集体建设用地经济功效层面,都是值得商榷的。在理解《民法典》第395条关于可以抵押财产的规定时,其第二项中的"建设用地使用权"应包括《土地管理法》第63条所规定的集体经营性建设用地使用权,除了第398条规定的乡镇企业集体建设用地使用权之外的其他集体经营性建设用地使用权,可以主动设定抵押,适用"房随地走"规则。集体经营性建设用地使用权抵押应当办理抵押登记,抵押权自登记时设立。

值得说明的是,根据体系解释,《土地管理法》第63条第一款规定的以租赁方式设立的债权性集体经营性建设用地使用权亦应包含在《民法典》第395条规定的可抵押的"建设用地使用权"之中。以集体经营性建设用地使用权抵押贷款是全国33个县(市、区)农村土地"三块地"试点改革的重要内容,试点实践中亦认可以通过租赁方式入市的集体经营性建设用地使用权设定抵押。① 此种情形下设定抵押权,亦应遵循抵押权设立的一般规则,办理抵押登记,并自登记时发生设立抵押权的法律效果。抵押登记证应当载明租赁土地的租赁期限、租金交纳情况等重要信息。

(四) 确立权利消灭规则

作为用益物权之集体经营性建设用地使用权具有期限性,其权利终止的原因包括土地使用权出让合同或作价出资(入股)合同规定的使用年限届满、提前收回及土地灭失等,在此具体讨论前两种主要情形。

1. 期限届满

集体经营性建设用地使用权具有期限性,在法律、行政法规未作出特殊规定的情形下,以出让、作价出资或入股方式设立的集体经营性建设用地使用权的期限,由当事人共同决定,最高年限参照同类用途的国有建设用地使用权出让的最

---

① 参见《中国银监会、国土资源部关于印发农村集体经营性建设用地使用权抵押贷款管理暂行办法的通知》(银监发〔2016〕26号)第5条。

高期限计算。需要续期的,权利人应当在期限届满前一定期限内向集体土地所有权人提出申请,并经本集体经济组织成员按照法定程序表决同意,重新签订合同,支付土地出让金,并依法办理登记。如果期限届满未依法续期的,则权利终止。土地使用者应当交还集体建设用地使用权证,办理注销登记。

2. 提前收回

《土地管理法》在本次修正之时,新增第66条第三款,专门规定集体经营性建设用地使用权的收回。由于集体经营性建设用地使用权的设立是基于当事人意思自治而缔结的合同,收回条件是合同中的重要条款,因此,应当优先适用当事人关于收回的约定,不得违背权利人意志随意收回、变更。该条文实际上彰显了集体经营性建设用地使用权的私权属性。

本款规定的"法律、行政法规另有规定的除外",是指向法律、行政法规规定的提前收回情形。尽管该指向并不明确,但基于目的解释、体系解释,仍应为《土地管理法》第66条第一款所规定的三种情形:

一是公益性收回,当农村集体经济组织为乡(镇)村公共设施和公益事业建设等目的,确实需要使用土地时,仍须经原批准用地的行政机关批准,并应当退还相应的出让金,就该土地上的房屋以及其他不动产给予补偿,以保障集体经营性建设用地使用权人的合法权益。类似于土地征收,公益性收回应当以正当必要为限度。二是惩罚性收回,即不按照批准的用途使用土地情形下的收回。土地用途管制以及土地闲置管制是我国土地管理法律制度的基本制度,集体建设用地使用权人应当依照规定的用途使用集体建设用地;在特殊情况下,确需改变土地用途的,必须履行必要的程序,如应当经集体经济组织同意,并经自然资源等行政主管部门同意,履行相应的报批程序。集体经营性建设用地使用权人擅自改变土地用途属于违法用地,集体经济组织可依据《土地管理法》第66条,报经原批准用地的人民政府批准,收回集体经营性建设用地使用权。三是闲置性收回,对于闲置集体经营性建设用地的,则应参照《城市房地产管理法》第26条之规定处理,超过出让合同约定的动工开发日期满一年未动工开发的,应由主管部门责令改正并征收相当于集体建设用地使用权入市价格一定比例的土地闲置费;满两年未动工开发的,集体经济组织可以无偿收回集体建设用地使用权。

关于权利终止之后,其地上继续存在的建筑物、构筑物及其附属设施的归属,有的改革试点地区文件规定,土地使用权期满的,土地使用权及其地上建筑物、其他附着物由土地所有权人无偿取得,土地使用者应当注销登记。这种调整模式既不符合《民法典》第352条关于地上建筑物、构筑物及其附属设施所有权归属相对独立的立法意旨,也忽视了集体经营性建设用地使用权设立基础的意定性。关于地上建筑物、附着物的归属仍应遵循意思自治原则,首先按照出让、租赁、作价出资(入股)合同的约定处理;未约定的,则由当事人双方协商处理。

三、优化政府对入市行为的行政监管

对集体经营性建设用地入市,政府既要服务也要监管,政府履行监管职责是确保土地用途管制目标实现和维护用地秩序之必需,但在政府如何履行监管职责上需要深入研究探索。

(一) 构建入市监管基本原则

计划经济时代,行政机关通过指令性计划手段配置土地要素,这种方式不利于培养市场主体,也制约了价格机制的运行。[①] 逐步确立市场在资源配置中的决定性作用是土地要素市场化配置改革的基本方向,同时行政机关职权的正当行使对入市制度的运行有重要影响,行政权缺位将会造成不当入市、无序入市,行政权过大又将在客观上削弱、限制入市主体的权利,法律法规应当对行政机关在入市中职权作出更为明确的指引与规定。探讨行政机关入市职权的边界,需要从政府与市场关系、中央与地方关系、国有土地与集体土地关系等维度上展开。

1. 以服务型政府为基本定位

《土地管理法》及其实施条例在入市审查上的规定,在一定程度上表明国家立法机关、国务院明确了行政机关职权在市场机制中的有限性,在入市中的角色定位应当以服务者为主,而非全面主导入市活动的开展。长期以来,我国具有较为浓烈的行政优位和高权管理色彩,政府行政权渗透到社会各个角落,以计划指令、行政管制为主要手段对经济社会发展实行包揽较为常见。改革开放后,随着社会主义市场经济体制逐步确立,以私法自治为核心的民法价值理念得到彰显,其治理精神受到认可。法治政府必须是有限政府,即在组织、职责、权力范围和

---

① 参见崔占峰、辛德嵩:《深化土地要素市场化改革 推动经济高质量发展》,《经济问题》2021年第11期。

行政方式均应当受到法律的规范和社会的制约。

承认有限政府有限性、建设服务型政府的同时,土地要素市场化配置改革并非是一个"去管制"的过程,政府对土地要素市场规制能力的提升需要结合具体议题不断推进、深化。① 简政放权下,有限政府同样应当有所作为,在土地管理中落实科学调控、分类管理、高效监管等方面要求。集体经营性建设用地的资产属性强,其配置应当贯彻市场的决定性作用,政府应当以服务、促成为基本定位。

2. 维护央地间良性互动关系

在央地关系上,地方政府的入市职权应当在中央政府所明确的范围内进行细化、具体化,原则上不能超出相应范围。我国土地要素市场化的演进历程里,隐藏着复杂而微妙的分权与集权、激励与约束机理,"中央通过分权让地方政府代以行使部分土地经济权力,然后通过集权约束地方政府的土地利用决策",前者与地方政府经济发展目标相符合,后者为中央政府留有协调多元化治理目标的政策空间。② 如何对入市进行监管即为中央与地方动态博弈过程的一个缩影。

一方面,"赋予农民更多财产权利",健全城乡统一的建设用地市场,深化土地要素市场化配置改革是中央提出、推动的改革目标与举措,不在入市审查环节设置行政许可也是出于改革的考量,这些要求通过集权机制约束地方政府行为,将其纳入到统筹改革的轨道中,形成央地协同发力的改革局势。另一方面,地方政府仍然需要土地出让金来维持其财政收入水平,而集体经营性建设用地入市在一定程度上会对国有建设用地市场造成冲击,为减轻、控制这方面的影响,地方政府需要强有力的抓手。例如,虽然《土地管理法》及其实施条例对入市审查定性不清,地方政府以此为机在规范性文件中确立入市审批权,这既是以往国有建设地管理机制之惯性使然,又有利用现有规定模糊性为自己争取主动权的主观动机,以确保其在入市中的主导地位,维护其土地经济权力。

综上所述,地方政府在入市管理规范性文件中扩大自身行政权的现象,有违土地要素市场化配置改革的宗旨,应当及时予以纠正。同时,国务院制定集体经营性建设用地入市的具体办法时,需要对此类问题予以明示,规范地方政府在入

---

① 参见李蕊:《农地转用领域土地要素市场化配置的制度逻辑》,《安徽师范大学学报(人文社会科学版)》2021 年第 2 期。

② 参见谭荣:《探析中国土地要素市场化的治理结构》,《国际经济评论》2021 年第 2 期。

市工作中的定位与职责,重塑中央与地方之间土地资源治理新秩序。

3.完善监管职责的履行方式

将集体经营性建设用地的管理机械嵌入既有国有建设用地管理模式中,将造成诸多不适,可能会出现冲突、不匹配,甚至产生排异反应。例如,当前《土地管理法》为增量入市留有渠道,但其与国有建设用地存在一定层面上的竞争,体现在规划的制定与调整、建设用地指标的落实、土地收益的分配等方面,因而现实中集体经营性建设用地入市的实施往往困难重重。[①] 在国有与集体土地市场中,政府的职能与边界应当有所区别。

对于国有土地,由于地方政府的土地所有者身份和土地利用监管者身份合二为一,所以地方政府经常将一些监管内容以格式条款的方式规定在出让合同中,这样也使得国有建设用地使用权出让合同混杂了大量的民事合同条款和行政管理条款,因此,学术界和实务界针对国有建设用地使用权出让合同的法律性质经常存在争议。从法律关系看,国有建设用地使用权出让合同更接近于一种民事交易,该合同应该属于民事合同,政府是以土地所有者的代表身份签订合同;至于政府对土地的行政管理职责,则应该更多通过法律法规的强制性规定实行,必要时还可以通过行政指导合同等实现,本不应该混杂在一起。因此,国有建设用地出让合同这一块的法律关系本身并未理顺,但因为地方政府双重身份合一,在实践执行中并未带来太大问题。

对于集体经营性建设用地使用权出让,由于地方政府不再是土地所有者的代表,仅仅只是履行行政监管职责,则必须对这两种职责进行明确区分,集体经营性建设用地使用权出让合同不应该也无法再混杂入大量行政管理的内容,这是与现行的国有建设用地使用权出让合同不同的地方。那么,政府的监管职责通过何种方式履行呢?有两种途径:一是通过立法使得用地者的相关义务法定化,通过法律法规的形式固定用地者的强制性用地义务,例如在规划管制、开发利用等方面的义务,政府依据这些法律法规的规定行使监管职责;二是通过另外签订行政监管合同的方式,在目前集体经营性建设用地入市的监管规则缺乏法律规定的情形下,一些地方政府在这方面开展了积极探索,例如广东南海、云南

---

① 参见严金明、李储、夏方舟:《深化土地要素市场化改革的战略思考》,《改革》2020 年第10 期。

大理、辽宁海城,均采取了由地方政府和用地者签订用地监管协议的方式,从而可以在一定程度上弥补法律规定之不足。当然,第二种方式只是权宜之计,例如广东南海面临的现实问题是,如果用地者违反了用地监管协议的规定,地方政府没有行政处罚权,无法实施行政处罚,而只能追究违约责任,从而使得政府的执法手段受限。因此,根本的解决之道还是修改相关法律。

(二) 明确审查行为法律属性

从《行政许可法》切入探讨入市审查能否设置、如何设置行政许可问题。首先,集体经营性建设用地入市属于《行政许可法》第12条规定的,有限自然资源开发利用需要赋予特定权利的事项,可以设定行政许可。其次,第13条规定了可以不设行政许可的方式。① 结合当前行政机关在入市工作的职责内容分析,行政主管部门在入市方案编制前已介入到入市程序中,通过提出规划条件、产业准入和生态环境保护等要求,确保入市方案符合行政目的、公共利益,是否入市属于土地所有权人自主决定的事项,且在符合各项行政要求下市场机制能有效调节集体建设用地的供给、价格等配置内容,因而对入市审查可以不设行政许可。最后,在设定权方面,符合第12条所列事项,法律可以设定行政许可;尚未制定法律的,行政法规可以设定;这两者均尚未制定的,地方性法规可以设定。②《土地管理法》在修改过程中本可对入市审查设定行政许可,但最终并未设定,而《实施条例》的规定方式在文义范围内难以构成一项行政许可,现行规定已展示出否定入市审查行政许可的态度与立场,因而并非"尚未制定",而是国家立法机关、国务院均认为此项工作无需设定行政许可。

对于入市审查是否为行政审批问题,参与修法的自然资源部法规司专家指出,《土地管理法》并未要求入市方案须经政府审批,《实施条例》在修订过程中参加者对此问题也产生较大争议,赞同者认为审批可以成为地方政府在入市工作中的抓手,而反对者理由是在方案编制前行政主管部门已经提出规划条件、产业准入和生态环境保护等方面要求,此前提下再审批方案不符合"放管服"改革

---

① 参见《行政许可法》第13条:"本法第十二条所列事项,通过下列方式能够予以规范的,可以不设行政许可:(一)公民、法人或者其他组织能够自主决定的;(二)市场竞争机制能够有效调节的;(三)行业组织或者中介机构能够自律管理的;(四)行政机关采用事后监督等其他行政管理方式能够解决的。"

② 参见《行政许可法》第14、15条。

宗旨,属于在《土地管理法》外增设行政许可。如何理解入市审查行为的性质,其认为:"这里市、县人民政府提出的修改意见虽然不是行政审批,但具有行政指导的作用,对土地所有权人具有一定的拘束力,是实施土地用途管制的需要。"①

所谓行政指导"是指行政机关在其职责范围内为实现一定行政目的而采取的符合法律精神、原则、规则或政策的指导、劝告、建议等不具有国家强制力的行为"②。原有政府模式已无法满足我国转型发展的现实需求,管理型政府亟待向服务型转变,管理行政、秩序行政也逐步让位于给付行政、服务行政,柔性行政方式的运用逐渐增加,而行政指导即为柔性行政方式的一种类型,具有非强制性、主动补充性、主体优势性、相对单方性、行为引导性、方法多样性、实质合法性和实施行为性等特征,是建设服务型政府的有力抓手。③ 可见,入市审查行为符合行政指导的基本内涵与主要特征,将其定位为行政指导恰如其分。

同时,基于行政指导之定性分析入市审查的功能:一是时效性上,相比行政许可的实施程序,行政指导灵活性更强,能更及时有效地实现行政目标;二是入市审查具有规制性,土地所有权人依据规划条件、产业准入和环保要求制定入市方案,在审查过程中,市县政府可以确保上述行政要求如实纳入到方案内容之中;三是入市审查具有指引性,土地所有权人对行政要求的理解不够准确、到位的,方案审查时市县政府应当帮助土地所有权人准确把握相关要求,提出具体、可操作的修改意见,引导土地所有权人进行入市。

(三) 健全入市价格监管体系

入市改革试点地区有一种较为常见的做法就是向地方政府配置优先购买权。从制度变迁的角度分析,土地法制中较早出现政府优先购买权规定的是《城镇国有土地使用权出让和转让暂行条例》,其第 26 条规定:"土地使用权转让价格明显低于市场价格的,市、县人民政府有优先购买权。土地使用权转让的

---

① 参见魏莉华:《新〈土地管理法实施条例〉释义》,中国大地出版社 2021 年版,第 253 — 255 页。

② 《行政法与行政诉讼法学》编写组:《行政法与行政诉讼法学》(第二版),高等教育出版社 2018 年版,第 182 页。

③ 参见莫于川等:《柔性行政方式类型化与法治化研究》,法律出版社 2020 年版,第 6 — 13 页。

市场价格不合理上涨时,市、县人民政府可以采取必要的措施。"从规制对象、规制方式判断,入市试点地区的优先购买权可能是参照这一条款而制定。但是,国有土地使用权与集体土地使用权的出让主体不同,政府的干预程度、干预方式应当有所区别。在集体经营性建设用地使用权入市中,地方政府应当秉持中立立场,做好"裁判员"角色,集体土地所有权人以出让、出租等方式将集体经营性建设用地交由单位或者个人使用的,应当充分尊重其意愿与市场规律,地方政府不应当过多地干涉,当然,如入市价格过低,可能会影响土地市场的稳定和农民集体、集体成员的合法权益,因而需要建立健全相应的土地价格管理机制。

政府的土地价格监管体系建设不仅关系到农民集体和集体成员的土地利益实现,也会为最终形成公开、公平、公正的集体经营性建设用地使用权出让市场奠定价格基础。城乡统一的土地价格监管制度至少应包括地价评估、基准地价、最低限价制度、地价公示制度和地价申报制度等。① 城乡统一的土地价格监管制度建设是关系到整个城乡统一建设用地市场建设的关键所在。在集体经营性建设用地合法入市后,更应对建设用地地价进行统一监管,在法律确认的基础上形成城乡统一的建设用地价格监管机制。

在地价管控方面,入市试点地区的具体做法值得研究。河北保定市定州市规定,入市地价需由入市主体委托有资质的评估机构进行评估,并向国土资源部门备案;入市实行与城镇国有建设用地统一的基准地价体系,未建立前参照国有用地体系执行;集体经济组织可在评估价基础上适当加价或减价确定起始价,最低不得低于评估价的80%。② 重庆大足区要求,入市地价须经具备相应资质的评估机构评估,标底、底价不得低于该宗集体经营性建设用地基准地价。③ 四川成都市郫都区规定,入市主体需要在评估机构库中抽取评估公司对拟入市宗地进行地价评估,同时,通过出让、作价出资(入股)入市的,供地价格原则上不得低于所在区域的基准地价。④ 确有理由低于基准地价的,湖南长沙市浏阳市规

---

① 参见陆剑:《集体经营性建设用地入市的法律规则体系研究》,法律出版社2015年版,第230页。

② 参见《定州市农村集体经营性建设用地入市管理办法》(定土改办字〔2016〕2号)第22条至第24条。

③ 参见《重庆市大足区农村集体经营性建设用地入市管理办法》(大足府办发〔2016〕152号)第23条。

④ 参见《郫都区农村集体经营性建设用地入市规定》(郫府发〔2017〕19号)第18、19条。

定:"该宗地在申请入市审批时,入市主体须提交加具公章的相关说明材料,说明材料应包含降低起始价(起始租金)或协议出让价(协议租金)的原因"①。

四、加强入市制度与关联制度统筹协同

集体建设用地使用权内嵌于我国现行土地法律秩序当中,其入市需要有相关制度作为支撑,如制度之间连接不畅,不能互相衔接,将会影响入市的运行与效果。新《土地管理法》已初步建立入市制度,为关联制度的衔接提供了切入口与连接点。如不将入市制度与集体土地所有权主体制度、土地利用规划制度、土地用途管制、宅基地管理、土地征收等相关制度结合、全面统筹,入市制度的意义和价值将大打折扣。对此,应在科学立法原则下,通过加强土地领域协同立法以达到立法协调的效果。(详见本编第六章"以统筹联动为改革逻辑的实践图谱及其制度完善"的相关内容)

①　《浏阳市农村集体经营性建设用地使用权入市管理办法(试行)》(2016年)第25条。

第三章　以农民权益保护为中心的
宅基地制度完善

作为中国特有的一项用益物权,宅基地使用权制度在一定历史时期发挥了保障农村地区村民居住生存的重要功用,为乡村社会的形成及农业经济发展提供了可靠物质基础。时过境迁,传统宅基地使用权制度已然与市场经济背景下农村社会生活的实际脱节。党和国家深谙其间社会矛盾变化,积极规划谋取发展之道,于2014年12月决定开展包括宅基地制度在内的"三块地"试点改革。历时近五年的土地制度改革,在拓宽农民居住保障方式、实行宅基地有偿使用、探索宅基地适度流转、推进宅基地有偿退出、分类处理宅基地历史遗留问题和与其他制度联动改革等方面探索颇多且有制度突破。然《土地管理法》修正和《民法典》出台,均因宅基地制度改革的复杂性、民生性,"稳慎有余、创新不足"。现行宅基地制度在回应实践所需,照应未来改革中,仍然面临诸多现实挑战,既没有新时代宅基地制度功能的准确定位,亦未疏通宅基地经济利用的法制逻辑之道,宅基地使用权私权属性不彰,且宅基地管理规范尚存不足,与其他制度联动协同不紧密等。

中国特色社会主义进入新时代,为主动适应社会主要矛盾变化的现实,宅基地制度理应助力农村发展不平衡不充分问题的解决。当下宅基地制度的立法设计,应坚守宅基地社会保障的核心功能,肯认其"房地一体"中的经济利用价值;落实宅基地集体所有权,明晰宅基地取得规则,以宅基地法定租赁权实现宅基地流转开禁,构建宅基地消灭制度和权利回复路径;并与集体经营性建设用地入市制度实现双向协同互动,建立宅基地入市规则和集体建设用地向宅基地的地性转换规则。

由中央农办、农业农村部主导,以宅基地"三权分置"为重点探索内容的新一轮深化改革正在进行。2022年6月底,《关于授权国务院在北京市昌平区等农村宅基地制度改革试点地区行政区域暂时调整实施有关法律规定的决定(草案)》提请十三届全国人大常委会审议。草案规定,在2024年4月30日前,由全国人大常委会授权国务院在北京市昌平区等104个县(市、区)和浙江省绍兴市等3个设区的市行政区域,暂时调整实施民法典关于集体所有宅基地的使用权不得抵押的规定,允许以农民住房财产权(含宅基地使用权)抵押贷款。2024年6月,全国人大宪法和法律委员会作出终止审议该草案的报告。总体而言,宅基地制度改革有望在《土地管理法》修法和《民法典》颁行后向好推进。立足试点改革经验,反思现行相关法制规范,构建回应时代所需的宅基地制度体系化,成为未来立法修法的重点难点和历史机遇。

第一节 宅基地制度改革及其联动的实践考察

党的十八届三中全会作出《决定》以来,农村土地制度改革成为深化改革的重要内容。其中,宅基地制度与现实矛盾更加凸显、改革更为紧迫。2015年以来,农村宅基地制度改革试点在全国33个县(市、区)逐步铺开,并在建立宅基地有偿使用和退出机制等方面进行了积极探索,取得明显成效。认真总结、深入分析改革试点情况,对推动改革、服务立法具有重要意义,但试点改革反映的一些深层次矛盾和问题依然存在,需要继续深化。随后,由中央农办、农业农村部主导的新一轮深化宅基地制度改革在全国3个地级市及104个县(市、区)全面铺开,历时三年,已经收官。我们对这一轮改革的方向和探索内容一并简要梳理分析。

一、宅基地制度试点改革及其联动:目标与举措

土地制度作为国家发展战略考量的核心内容,是国民经济发展、人民财富增长的重要基础。① 近年来,随着社会经济的发展和城乡一体化进程的不断推进,土地要素市场化成为必然趋势,作为保障农民居住的农村宅基地,囿于其独有的保障功能,其制度设计已无法适应土地资源紧缺和土地经济价值彰显的现实需求,由农村集体成员享有,仅供农民建房居住,并受"一户一宅"和面积法定原则

---

① 参见陈小君:《〈土地管理法〉修法与新一轮土地改革》,《中国法律评论》2019年第5期。

限制的宅基地制度,遭遇实践中宅基地资源分配不均、流转受限、退出不畅等诸多困境。加之实施乡村振兴战略的背景,宅基地制度改革势在必行。2015年初,探索形成可复制可推广利修法惠民生的宅基地制度改革正式启动。①

（一）制度改革宗旨与目标

党的十八届三中全会《决定》对宅基地制度改革作出总体部署,《"三块地"改革试点意见》对"三块地"改革作出了具体安排,改革内容主要包括确权颁证、完善农民住宅用地取得方式、探索宅基地有偿使用制度、审慎开展抵押担保、探索宅基地资源有偿退出机制、改革宅基地审批制度、发挥村民自治组织的民主管理作用等。2015年3月的《改革试点实施细则的通知》,将改革任务细化:完善农村宅基地权益保障和取得方式、探索宅基地有偿使用制度、探索宅基地自愿有偿退出机制、完善宅基地管理制度。2015年8月国务院对农民住房财产权抵押贷款试点作出部署,12月底,全国人大常委会对农民住房财产权抵押贷款试点作出授权。2016年3月,中国人民银行等联合发布《农民住房财产权抵押贷款试点暂行办法》,对抵押的条件、程序、抵押物处置等事项作出了比较具体的规定。上述一系列文件的部署,为宅基地制度改革指明了方向,搭建了框架。

2015年2月,国家确定天津市蓟州区、江苏常州市武进区、浙江金华市义乌市等15个县(市、区)成为第一批宅基地制度改革试点地区,就单一的宅基地制度开展试点工作。2016年9月,另外两项改革,即土地征收制度和集体经营性建设用地入市改革覆盖全部试点地区,而宅基地制度改革仍限制于首批试点区域。随着改革的推进,宅基地制度改革于2017年11月扩展至33个试点地区,自此形成"三块地"改革联动的格局。

"三块地"改革试点经两次延期,历时近五年收官。作为其中牵涉利益最复杂、实践推进最为艰难的宅基地制度改革,在宅基地有偿使用和退出等方面探索较多,但在宅基地"三权分置"改革等诸多方面的探索还在起步,部分重点难点尚未破冰,这也是后续深化改革所需要着力解决的。

（二）制度改革及其联动的具体举措

本报告对宅基地制度改革及其联动举措的分析以2015年入选改革的15个

---

① 参见《中共中央办公厅 国务院办公厅印发〈关于农村土地征收、集体经营性建设用地入市、宅基地制度改革试点工作的意见〉的通知》(中办发〔2014〕71号)。

试点地区为主要对象,辅之以 2017 年 11 月加入宅基地制度改革的 18 个试点地区为补充。

1.明确宅基地申请条件

(1)以农村集体经济组织成员身份为基础。多个试点地区制定了集体成员认定办法,以"列举+排除"的方法明确成员身份的取得,其中户籍在本村(组)集体经济组织成为诸多试点改革地区明确列举的条件之一,①彰显了以户籍管理为基础的成员认定路径,而长期驻地生产生活或与户籍地所在农村集体经济组织形成权利义务关系,成为户籍认定的有效补充。② 除此之外,本集体经济组织成员所生子女、合法收养子女成为各地认定本集体成员的条件,正在服役、在校大学生和服刑人员等,则是较多地区认定其为成员或者保留其成员资格的条件。

在成员资格排除情形中,自然人死亡、取得其他集体经济组织成员身份、自愿放弃本村成员资格、集体经济组织解散等情形成为丧失成员资格的通常情形,③多个试点地区也特别规定了经过农村集体经济组织民主协商认定成员身份的规定。如天津蓟州区、常州市武进区、六安市金寨县、陕西省西安市高陵区④,云南省大理州大理市⑤、新疆伊犁州伊宁市⑥等。33 个试点地区调研资料显示,部分试点地区没有制定专门的集体经济组织成员认定办法,而是在宅基地资格权认定办法(规则)中对成员资格确认有所涉及,如四川泸州市泸县等。⑦

尽管宅基地申请取得以集体成员身份为基础,但部分试点地区将虽不符合成员身份,却与征地(搬迁)安置、现役军人退役回乡等特殊情形相关,以无住房或无宅基地为前提,列入可申请宅基地的范围,如天津蓟州区。⑧

---

① 参见《常州市武进区农村宅基地保障对象认定办法(试行)》《福建晋江市农村集体经济组织成员资格认定指导意见》《浏阳市农村宅基地管理办法(试行)》《青海西宁市湟源县县农村集体经济组织成员和户的认定办法(试行)》等。

② 参见《浏阳市农村宅基地管理办法(试行)》《金寨县农村集体经济组织成员资格认定意见》等。

③ 参见《余江县农村集体经济组织成员资格认定办法(试行)》第 8 条、《福建晋江市农村集体经济组织成员资格认定指导意见》等。

④ 参见《高陵区农村集体经济组织成员身份界定指导意见(试行)》。

⑤ 参见《大理市人民政府关于农村集体经济组织成员资格认定的指导意见(试行)》。

⑥ 参见《伊宁市农村集体经济组织成员和户资格界定指导意见(试行)》。

⑦ 参见《泸县农村宅基地资格权认定指导意见(试行)》。

⑧ 参见《蓟州区宅基地管理暂行办法》第 7 条等。

（2）以户为申请主体。试点地区普遍严格界定分户建房条件,如天津蓟州区以领取结婚证为分户条件①,安徽六安市金寨县规定了农村居民申请建房分户"5+1"种可分户建房的情形②。新疆伊犁州伊宁市等地区明确规定父母必须与其一个子(女)合并一户(或落为一户)。③ 农村居民户的认定以依法取得土地承包经营权作为界定户之基础数据,居民户中每一个成员应当取得所在村组农村集体经济组织的户籍和农村集体经济组织成员身份。④

2. 拓宽农民居住保障方式

（1）从"一户一宅"向"户有所居"延展。《土地管理法》确立了"一户一宅"原则,但在宅基地资源紧张,增量宅基地有限的情况下,试点地区探索在不能满足"一户一宅"时,向"户有所居"的住房保障方式转变。

试点地区土地资源分布和存量情况存在差异。在以自建房居住为主的地区,"一户一宅"保障农民"居者有其屋"仍为宅基地承载的重要功能;而在存量宅基地无法满足新增人口居住需求的改革试点地区,保障农民居住方式逐渐从分配一处宅基地建房,向多户联建、建设住宅小区和公寓等多元方式转变,农民住房保障的形式得以丰富和扩展。

（2）"户有所居"的多元实现方式。试点地区探索的农村住房保障"户有所居"的多种实现形式:其一,区分城镇建设用地范围内外不同区域,因地制宜,分类施策。在传统农区,探索优化"一户一宅"、面积法定的宅基地分配制度,通过统一规划,自行建设的方式实现村容村貌提升。在国土空间规划确定的城镇建设用地范围内,为落实户有所居,改善居住环境,打造美丽乡村,探索通过建设农民公寓、农民住宅小区等方式来保障农民居住。如浙江金华市义乌市、陕西西安市高陵区、山东德州市禹城市等。福建泉州市晋江市等地则区分不同区位、不同经济社会状况或不同自然资源禀赋的村庄,按城中村、城郊村、郊外村等类型,采取差别化的居住安置方式优化配置有限宅基地资源,以保障农民基本居住权益。其二,与精准扶贫政策相结合,创新对农村各类特殊困难群体的住房保障制度,

---

① 参见《天津市蓟州区农村土地制度改革三项试点总结报告》。

② 参见《金寨县农村居民建房用地管理暂行办法》第12条。

③ 参见《伊宁市农村集体经济组织成员和户资格界定指导意见(试行)》第9条、《金寨县农村居民建房用地管理暂行办法》第12条等。

④ 参见《常州市武进区农村宅基地保障对象认定办法(试行)》第6条。

探索通过宅基地"就地配置""就近配置""易地配置""上楼配置"保障农民户有所居，改善村居环境和困难群众的生产生活。如青海西宁市湟源县等地。其三，人均耕地少且适合二、三产业发展的乡镇，在农户自愿的基础上，实行相对集中统建、多户联建、返乡创业者与当地农民共建等多种模式。这些措施契合农户意愿与需求的同时，有效保障了农民居住权。

3. 实行宅基地有偿使用

根据改革政策文件要求试点地区对因历史原因形成超标准占用宅基地和一户多宅等情况，探索实行有偿使用方式。主要探索如下：

（1）有偿使用的范围和形式。宅基地有偿使用的范围或情形主要包括：其一，非本村集体经济组织成员占用的宅基地，其中也有排除继承取得这一方式的，如天津市蓟州区；其二，"一户一宅"中超标准占用的宅基地；其三，"一户多宅"中除一处以外的宅基地；其四，其他情形。此外，云南大理州大理市对于新批准的宅基地，也按照集体土地成本实行有偿使用。① 浙江金华义乌市在上述情形下创新有偿使用模式，实行宅基地有偿调剂和有偿选位：明确宅基地面积超出村庄建设规划确定的户型面积，在落地前可由村集体经济组织统一回购，有偿调剂给本村集体经济组织成员；宅基地亦可采用投标方式进行有偿选位。②

（2）有偿使用费缴纳标准和方式。有偿使用费缴纳标准，一是明确规定具体收费标准，如天津蓟州区规定非本村村民占有使用宅基地的，有偿使用费按照每年每平方米5—15元的标准确定；③二是明确规定费用上下限标准，如江苏常州市武进区明确县城及镇规划建成区内的在规定标准基础上上浮不得低于30%④；一种采取阶梯累进式收费标准处理不同情形不同面积的宅基地有偿使用，如安徽六安市金寨县、广东佛山市南海区、西藏拉萨市曲水县等⑤；另有以农村宅基地基准地价为基础，收取该地价一定比例的有偿使用费，如新疆伊犁州伊

---

① 参见《大理市农村宅基地有偿使用指导意见（试行）》三（一）宅基地有偿使用范围。
② 参见《义乌市农村宅基地有偿使用暂行办法》第4、7条。
③ 参见《天津市蓟州区人民政府关于印发蓟州区宅基地管理暂行办法的通知》（蓟州政发〔2017〕4号）第20条。
④ 参见《常州市武进区农村宅基地有偿使用、有偿退出指导意见（试行）》。
⑤ 参见《金寨县农村宅基地节约集约和有偿使用办法（试行）》第9条、《佛山市南海区农村宅基地管理规定》第27条、《曲水县农村宅基地有偿使用、流转和退出审批管理暂行办法（试行）》第12条等。

宁市等。① 缴纳方式既有按年度如每年或三年缴纳一次,也有一次性收缴。②

(3)有偿使用费减免情形。部分试点地区设定特殊情形下可减免有偿使用费,主要针对家庭困难者、鳏寡孤独户、烈军属等,由本人申请,村集体经济组织同意或村民会议同意并公示无异议,即可酌情减免宅基地有偿使用费。③

(4)有偿使用费的管理。有偿使用费收取主体基本统一为农村集体经济组织,但也有个别地区涉及镇统一建设的集中居住区,如江苏常州市武进区,其宅基地有偿使用费由镇集体经济组织收取。④ 有偿使用费的管理主要为"村账乡(镇)管"模式,由村集体经济组织负责费用的收取,乡镇人民政府负责费用的使用管理。在实践操作中,试点地区对有偿使用费的资金监管略有差别,如江苏常州市武进区实行村集体经济组织统一管理,村监事会负责监督的管理方式;安徽六安市金寨县将宅基地有偿使费纳入村级"三资"统一管理,由乡镇人民政府对其使用费的收缴、使用、管理情况负总责等。

4. 探索宅基地流转

(1)使用权流转范围。天津蓟州区等试点地区仍将宅基地流转范围限制在本集体经济组织内部,引导其成员进行宅基地内部流转。⑤ 另有部分地区将宅基地流转范围扩大至本集体外,但因实际情况不同,流转范围有区别。浙江金华市义乌市允许宅基地使用权在本市行政区域范围内跨集体经济组织转让,但受最高受让面积、最高使用年限、具备不动产权证书等条件限制,在对外流转中,设置了本集体经济组织优先回购权和成员优先受让权。⑥ 福建泉州市晋江市、新疆伊犁州伊宁市等地允许宅基地在全市符合宅基地申请条件的农民中流转。⑦

---

① 参见《伊宁市农村宅基地有偿使用管理办法(试行)》第5条。
② 参见《天津市蓟州区宅基地制度改革试点总结报告》《常州市武进区农村宅基地有偿使用、有偿退出指导意见(试行)》《金寨县农村宅基地节约集约和有偿使用办法(试行)》《青海西宁市湟源县县农村宅基地有偿使用办法(试行)》等。
③ 参见《蓟州区宅基地管理暂行办法》第23条、《伊宁市农村宅基地有偿使用管理办法》第11条、《青海西宁市湟源县县农村宅基地有偿使用办法(试行)》第10条。
④ 参见《常州市武进区农村宅基地有偿使用、有偿退出指导意见(试行)》(四)收费主体和方式。
⑤ 参见《天津市蓟州区宅基地制度改革试点总结报告》。
⑥ 参见《义乌市农村宅基地制度改革试点总结专题报告》。
⑦ 参见《福建晋江市农村宅基地制度改革专题报告(呈审稿)》《新疆伊宁市农村土地制度改革三项试点工作总结》。

江西鹰潭市余江区允许农民在保障宅基地流转后仍有合法住所的前提下，采取转让、出租等方式在全区符合宅基地申请条件的成员间流转，①四川泸州市泸县亦同。② 湖北襄阳市宜城市则区分城市规划区范围内和范围外划定不同的流转范围。③

（2）使用权流转方式和费用标准。农房和宅基地出租情况最为普遍，城中村和城郊地区农房租金成为农民重要经济收入来源。有偿转让、互换、赠与、抵押、入股、继承等也为试点地区宅基地使用权流转的方式。④ 云南大理州大理市等地区探索宅基地合作经营流转模式，允许农民在一定条件下，将住房所有权及其宅基地使用权以约定方式与他人共同经营。⑤ 部分试点地区对宅基地流转年限予以限制，且期限不尽相同，租赁最长为 20 年、有偿转让的年限最高为 30 年、50 年或 70 年。⑥

宅基地流转价格一般由双方协商。⑦ 部分试点地区甚至明确，流转收益应在集体和成员之间合理分配，流转中村集体可以从中收取部分土地收益金或土地有偿使用费，⑧费用标准与宅基地有偿使用类似，参照其基准地价或设置上下限。

5.推动宅基地有偿退出和盘活利用

有偿退出的原则。改革试点探索宅基地自愿有偿退出时，依法自愿为一般原则，强调宅基地退出应当符合有关法律、法规规定，充分尊重农民意愿。⑨ 此外，合理补偿原则，即集体经济组织给予原宅基地使用权人合理补偿；科学利

---

① 参见《江西省鹰潭市余江区农村宅基地制度改革专题报告》。

② 参见《泸县宅基地制度改革专题报告》。

③ 参见《宜城市农村宅基地使用权流转管理办法（试行）》第 3 条：城市规划区范围内的农村宅基地流转，受让、承租人等（以下统称为"买受人"）可限定在全市农业户口居民范围内；城市规划区范围外的农村宅基地流转，买受人可限定在宅基地所在镇（办、区）农业户口居民范围内。

④ 参见《伊宁市农村宅基地使用权流转管理办法（试行）》第 2 条、《宜城市农村宅基地使用权流转管理办法（试行）》第 2 条等。

⑤ 参见《大理市农村宅基地流转管理办法（试行）》第 12 条。

⑥ 参见《义乌市农村宅基地制度改革试点总结专题报告》。

⑦ 参见《蓟州区宅基地管理暂行办法》第 24 条、《伊宁市农村宅基地使用权流转管理办法（试行）》第 13 条、《常州市武进区农民住房财产权抵押贷款风险共担机制试行办法》等。

⑧ 参见《义乌市农村宅基地使用权流转暂行办法》第 16 条、《大理市农村宅基地流转管理办法（试行）》第 14 条等。

⑨ 参见《金寨县农村宅基地自愿退出奖励扶持办法（试行）》第 3 条。

用原则,即退出的宅基地,应当按照"宜耕则耕、宜园则园、宜林则林、宜建则建"方式合理利用;统筹推进原则,即依据土地利用总体规划、土地整治规划,结合村庄整治、美丽乡村建设等统筹推进,①,这些成为宅基地有偿退出应遵循的重要原则。

有偿退出的情形和方式。有偿退出主要适用于:"一户多宅"的多宅部分;因继承或其他合法方式在农村占有和使用宅基地的;农民进城落户后闲置的宅基地、孤寡老人的宅基地;其他自愿有偿退出的宅基地等。有所区别的是,如安徽六安市金寨县将"一户多宅"的多宅部分纳入农村宅基地无偿退出的范围,不属于有偿退出的情形。② 青海西宁市湟源县等地区对宅基地退出亦区分为有偿和无偿,拆旧建新、附属设施的退出等均纳入宅基地无偿退出的范围。③ 海南文昌市将村内无主、绝亡户的宅基地或房屋,已破损的废弃房屋纳入由农村集体经济组织无偿收回的范围。

有偿退出的方式主要为集体回购、内部流转两种。在集体回购即退出给本村集体经济组织这一方式中,部分试点地区区分为成片退出和零星退出两种形式;在宅基地出租或无偿借给集体的情形中,原使用者可以依法保留宅基地资格权。如福建泉州市晋江市。④

宅基地有偿退出的补偿。有偿退出的补偿方式包括货币补偿、实物补偿、指标补偿(或置换)、入股分红、享受政府相关优惠政策⑤等。为引导进城落户农民退出闲置宅基地,江西鹰潭市余江区建立经济补偿和权利保留双重激励机制,一是以购房优惠和退出补偿作为经济激励,对农民退出宅基地进城落户购买安置房、公租房以及商品房实行优惠价,对全部退出宅基地的农户,补偿标准可适当上浮;二是保留集体资产分配权和未来申请宅基地权利,集体经济组织对全部退出宅基地及具备申请宅基地资格而放弃申请的村民核发 15 年后生效的申请宅基地使用"权证",为不适宜在城市生活的进城农民畅通还乡渠道。为进一步落实退出宅基地农民的市民化,余江区建立农民退出宅基地进城后基本发

---

① 参见《高陵区农村宅基地自愿有偿退出试行办法》第 5 条、《金寨县农村宅基地自愿退出奖励扶持办法(试行)》第 3 条、《青海西宁市湟源县县农村宅基地退出办法(试行)》第 6 条。

② 参见《金寨县农村宅基地自愿退出奖励扶持办法(试行)》第 6 条。

③ 参见《青海西宁市湟源县县农村宅基地退出办法(试行)》第 2 条。

④ 参见《晋江市农村土地制度改革三项试点总结报告(呈审稿)》。

⑤ 参见《江西省鹰潭市余江区农村宅基地制度改革专题报告》。

展需要的保障机制,覆盖住房、就业、创业、医疗、养老、教育、生育等方面。① 颇有合理性和推广意义。

退出的货币补偿标准受试点地区经济发展和地理位置等因素影响,多数地区都明确规定补偿标准(回购价格)由村集体经济组织和退出户协商确定。部分试点地区对货币补偿标准予以具体化或设置数额范围,如福建泉州市晋江市规定补偿标准为 30 万元/亩;江西鹰潭市余江区则按住房建筑面积 20—150元/平方米补偿,附属房按占地面积 10—30 元/平方米补偿,允许村集体与使用权人协商确定退出补偿的最终数额。新疆伊犁州伊宁市提出村集体回购宅基地的补偿标准参照本市集体建设用地基准地价由双方协商确定。

宅基地退出补偿资金主要来源有三:一是村集体经济组织的收益,包括土地出让部分收益、宅基地流转收益、宅基地有偿使用费、农村土地综合整治增值收益部分等;②二是财政补助资金,包括上级拨付改革试点资金、本级财政资金等;三是引入社会资本,发展农村新业态。结合地方特色,依托现代特色农业示范区和美丽乡村建设等重点区域,引入社会资本进行农村老宅合作开发建设,发展民宿、休闲养老、农事体验等农村新业态,有效增加农民集体收入,助力宅基地制度改革,如新疆伊犁州伊宁市、福建泉州市晋江市,广西玉林市北流市等③。广西玉林市北流市还打通宅基地制度和集体经营性建设用地入市两项改革,利用入市土地增值收益保障农民宅基地的退出补偿,实现改革项目间的资金平衡。

退出宅基地的盘活利用。对腾退的宅基地进行盘活利用是实现土地资源集约节约的必然要求,是保障农民居住权益和增加农民收入的可行路径。退回村集体的宅基地盘活利用主要方式有四:一是根据村庄规划、结合村庄发展实际,将退出的宅基地再分配,满足农民建房居住的需求。二是将腾退的宅基地用于村内活动广场等基础设施建设,改善居住环境和条件。三是在"收回整治"基础上,探索零星、分散宅基地复耕复绿,形成节余指标进行交易,如浙江金华市义乌市采"集地券"模式,集地券持有人可以为宅基地使用权人,亦可为村集体或政府。其他改革试点地区,宅基地一般由村集体回购后整理为建设用地指标,指

---

① 参见《江西省鹰潭市余江区农村宅基地制度改革专题报告》。
② 参见《青海西宁市湟源县县农村宅基地退出办法(试行)》第 10 条。
③ 参见《广西北流市农村土地制度改革三项试点宅基地制度改革专题报告》。

标由村集体持有。四是退出的宅基地和农房用于开发经营,如发展乡村旅游、精品民宿、农家乐等。如天津蓟州区盘活利用历史文化名村退出的闲置宅基地,由专业团队统一设计开发,村集体统一经营管理,发展高端民宿,①且以当地受欢迎的"石头村"民宿为典型。河南新乡市长垣市利用村内废弃宅基地,建设风俗文化旅游村,实现了破败小乡村到景色宜人度假村的转变。②

6. 分类处理宅基地历史遗留问题

根据各地宅基地现状,以时间点为划分,明确宅基地历史遗留问题的范围,确立了依法依规、尊重历史、一户一宅、面积法定(合规)等解决宅基地历史遗留问题的原则。系统研究并梳理了如下历史遗留问题及其分类处理措施。

历史原因形成超标准占用宅基地问题。主要根据各地土地管理政策变更的实际情况,划定是否有偿以及确权登记的时间节点,对部分宅基地超标面积收取有偿使用费,不确权但登记时予以注明。如广东佛山市南海区、四川泸州市泸县等。③

历史原因形成的一户多宅问题。积极引导"一户一宅"以外的自愿退出,不愿退的,对一处以外的宅基地收取有偿使用费且不予确权登记。继承取得的宅基地,部分地区按有偿使用处理后,予以确权登记,如青海西宁市湟源县。④

历史原因形成非农村集体经济组织成员占用宅基地问题。如为合法取得,可引导其自愿有偿退出,也允许权利人缴纳有偿使用费后继续使用。而非本集体经济组织成员非法取得的宅基地归为下述第四类情形。

违法占用宅基地问题,如非法购买、未批先建且此后无法补办手续等。此类宅基地无合法权源,一般由村集体引导其自愿退出;不愿退出但符合土地利用总体规划和村庄规划的,实行有偿使用,且不予确权发证;所占用的宅基地不符合规划的,依法限期拆除,如湖北襄阳市宜城市等。⑤

此外,宁夏石嘴山市平罗县在历史遗留问题处理中引入宅基地租赁的做法,对一户多宅,以及县域外村民购买住房占用宅基地的,采取租赁方式让权利人对

---

① 参见《天津市蓟州区农村土地制度改革试点典型案例》。

② 参见《河南省长垣市宅基地制度改革专题报告》。

③ 参见《泸县农村宅基地有偿使用指导意见(修订稿)》第5条;《佛山市南海区农村宅基地历史遗留问题分类处置实施细则》第2、4条。

④ 参见《湟源县农村宅基地历史遗留问题处理办法(试行)》第12条。

⑤ 参见《宜城市农村宅基地历史遗留问题处理办法》第15、16条。

宅基地占有、使用并缴纳租赁费,设置统一的租赁租期(至 2027 年)。① 浙江金华市义乌市分类处理土地管理遗留和规划管理遗留问题,对继承农房而使用宅基地的产权登记强调以房屋未翻建和扩建为前提。②

7. 简化宅基地审批并加强监管

第一,审批权下放。

试点地区制定宅基地审批管理办法或规定,下放审批权限至乡镇,简化农村宅基地审批程序。如青海西宁市湟源县《农村宅基地审批管理办法》规定,农民申请使用存量建设用地建房的,由村集体提出分配方案,乡镇政府审批,报县国土资源管理部门备案;但需要使用新增建设用地的,由村集体提出分配方案,经乡镇政府审核后,报县政府审批。福建泉州市晋江市相关文件指出,依土地利用总体规划和城乡规划,集体成员申请宅基地符合"一户一宅(居)"的,由镇政府审批,报晋江市有关部门备案。江西鹰潭市余江区亦将乡(镇)人民政府作为农村村民建房管理责任主体,负责本辖区内农村村民建房占用建设用地的审批、新增建设用地的审核,等等。

值得一提的是,福建泉州市晋江市率先开发出农村宅基地审批系统。该系统基于信息化基础,探索不同用地类别住宅建设用地申请审批流程,"科技+制度"的有效结合,实现网上审批,且实行家庭全员实名制,有效杜绝"一户多宅"等现象。③

第二,审批监管。

部分改革试点建立起乡镇监管的宅基地审批制度,如江西鹰潭市余江区建立健全农村村民建房监管三级联动机制。西藏拉萨市曲水县加强宅基地管理和执法队伍建设,强化县乡宅基地监管责任,加大管理和执法力度。北京大兴区强化镇政府作为村庄建设项目的监管主体,对辖区内使用农村集体建设用地、建设农民新村及开展其他村镇建设项目等情况进行监督和管理。

8. 探索与农村土地征收和入市改革联动

至 2017 年 11 月,宅基地制度改革与另外两项改革形成联动协同推进格局。其主要是与土地征收和入市改革联动,且重视与土地增值收益制度的效果协调

---

① 参见《平罗县关于解决农村宅基地不动产登记遗留问题的处理办法》。
② 参见《义乌市农村宅基地历史遗留问题处理暂行办法》第三章、第四章、第五章第 24 条。
③ 参见《晋江市农村宅基地制度改革专题报告(呈审稿)》。

三大方面。(详见本编第六章"以统筹联动为改革逻辑的实践图谱及其制度完善"的相关内容)

二、2020 年始深化宅基地制度改革:方向与探索

深化改革是解决现实问题的有效途径。改革由问题倒逼而产生,又在不断解决问题中得以深化与升华。首轮宅基地制度改革由于"试点范围比较窄,试点时间比较短,尚未形成可复制、可推广的制度经验"①,国务院建议在实践中进一步探索宅基地"三权分置"问题。2019 年和 2020 年"中央一号文件"均提出进一步深化宅基地制度改革试点,2020 年 6 月《深化农村宅基地制度改革试点方案》审议通过,其后正式启动新一轮深化宅基地制度改革。深化改革的范围更广、内容更全、任务更细,②目前仍在实施和探索阶段。

(一)深化改革的方向

2020 年 6 月的中央《深化农村宅基地制度改革试点方案》强调"要积极探索落实宅基地'三权分置'、适度放活宅基地和农民房屋使用权的具体路径和办法,坚决守住土地公有制性质不改变、耕地红线不突破、农民利益不受损三条底线,实现好、维护好、发展好农民权益"。同年 10 月,中央农办、农业农村部研究确定全国 3 个地级市及 104 个县(市、区)为新一轮农村宅基地制度改革试点地区,期限为 2020 年至 2022 年。此后,农业农村部印发《农村宅基地制度改革试点工作指引》,对改革试点总体要求和具体内容作进一步明确。

农村宅基地制度改革关系亿万农民切身利益和农村社会稳定发展大局,是深化农村改革的重要内容。现阶段深化宅基地制度改革的目标方向,主要有三个方面:首先,完整权能赋予下的宅基地所有权实现。重点探索宅基地集体所有权有效实现形式和行使方法路径。其次,以农民集体成员权实现为核心的宅基地农户资格权益保障。重点是完善宅基地分配制度,保障集体成员依法享有的权益。最后,以宅基地流转开禁为目的的宅基地使用权适度放活。重点是在落实宅基地

---

① 《国务院关于农村土地征收、集体经营性建设用地入市、宅基地制度改革试点情况的总结报告——2018 年 12 月 23 日在第十三届全国人民代表大会常务委员会第七次会议上》,中国人大网,http://www.npc.gov.cn/npc/c12491/201812/3821c5a89c4a4a9d8cd10e8e2653bdde.shtml,2022 年 7 月 19 日访问。

② 参见陈卫华、吕萍:《宅基地制度改革的创新动力:困局与突围——基于对两轮试点调研的分析》,《农村经济》2022 年第 5 期。

集体所有权和保障宅基地农户资格权基础上,探索其制度安排和具体路径。

(二) 深化改革的实践探索

新一轮深化宅基地制度改革,围绕上述目标如期在全国有重点的开展试点,具体为"五探索、两完善、两健全":完善宅基地集体所有权行使机制、探索宅基地农户资格权保障机制、探索宅基地使用权流转制度、探索宅基地使用权抵押制度、探索宅基地自愿有偿退出机制、探索宅基地有偿使用制度、健全宅基地收益分配机制、完善宅基地审批制度、健全宅基地监管机制。改革政策则以处理好农民和土地的关系为主线,以保障农民基本居住权为前提,以完善农村宅基地制度体系为重点,坚持先立后破、稳慎推进、探索宅基地"三权分置"。① 新加入改革试点的地区因地制宜,改革探索正在展开;33 个首轮宅基地改革试点地区在总结前轮改革经验基础上,继续深化拓展。

第一,新进改革试点地区制定改革政策体系,夯实制度支撑。如浙江绍兴市越城区通过深入研究、吃透文件精神,把握《土地管理法》《深化农村宅基地制度改革试点方案》《关于进一步加强农村宅基地管理的通知》《绍兴市农村宅基地制度改革整市试点实施方案》等关于宅基地制度的最新系列文件精神,结合区情实际,进一步完善 1+13 的制度体系框架,细化宅基地退出利用、管理、使用权抵押贷款等相关政策文件。② 浙江江山市将根据中央文件内容,建立健全符合本地特色的制度体系,探索加快发展地区盘活农村宅基地和农房资源,增加农户和村集体收入的有效实现途径。③ 为此,提供了改革的江山案例。

第二,首轮改革试点地区总结改革经验,继续深化探索。例如,江苏常州市武进区摸清"人地房"基础数据,农村"房地一体"权籍调查宗地数据全面形成;率先开发建成"一个系统运行、六大模块管理"宅基地综合管理信息系统,创新推行宅基地和建房"二合一"全流程电子化审批模式,通过数字化建设领跑全国;探索创新政府贴息宅基地建房按揭贷款金融服务制度,全面推行宅基地有偿

① 参见耿卓:《集体建设用地向宅基地的地性转换》,《法学研究》2022 年第 1 期。

② 参见《绍兴市越城区人大关注农村宅基地制度改革》,绍兴人大网, http://sxrd.sx.gov. cn/art/2022/5/5/art_1229604462_58878368.html,2022 年 7 月 1 日访问。

③ 参见《全市唯一! 江山市成功入选新一轮农村宅基地制度改革试点地区》,乡村振兴讲堂网, https://xczx.qz123.com/xczx/Shares.aspx? guid = 6407e9f3 - 9e03 - 4261 - 95c0 - aeceea63c52e,2022 年 7 月 1 日访问。

使用制度,彰显样本案例特色。① 贵州遵义市湄潭县通过"收、分、退、转"探索农村宅基地改革。聚焦"收",严格"一户一宅",实行超占收回和有偿收回。着眼"分",激活宅基地权能,明晰"三权分置"及其管理。鼓励"退",盘活闲置宅基地,明确腾退宅基地范围、方式和腾退的利用。探索"转",推动宅基地入市。将农户依法自愿退出的宅基地转变为集体经营性建设用地并按程序组织入市。② 浙江湖州市德清县则将宅基地资格权认定事项纳入宅基地管理章程,建立"途径多元、自主选择、城乡联动"的资格权保障体系,探索宅基地资格权多元保障机制。③ 新一轮改革中,中央明确了"四个允许",即允许经营性建设用地入市、允许农户自愿退出宅基地、允许继承的多宅确权、允许城里人下乡合作建房,湖南长沙市浏阳市在城乡合作建房等方面积累了有益经验。④

第二节 新时代宅基地制度面临的现实挑战

"三块地"改革收官之际,《土地管理法》在认真总结农村土地制度改革试点成果基础上形成立法修正案,以有效因应时代的需求与历史任务。纵观《土地管理法》及其实施条例,宅基地制度完善体现在:一是强化农民住房保障。一方面拓展农民居住保障方式,在原来"一户一宅"的基础上增加了户有所居的规定;另一方面从规划和建设用地指标上强化宅基地需求保障。二是明确允许宅基地有条件的自愿有偿退出机制,且退出的宅基地优先用于保障该农村集体经济组织成员的宅基地需求。三是完善宅基地管理制度。⑤

尽管此次《土地管理法》修正取得了一些成绩,但"三块地"改革中,贡献经验最少、突破力度最小的又恰是宅基地制度,许多关键性问题尚待进一步解决。

---

① 参见《常州市武进区宅基地制度改革试点一年成效显著》,江苏政府网,http://www.jiangsu.gov.cn/art/2021/11/7/art_34167_10105684.html,2022 年 7 月 1 日访问。

② 参见《湄潭县"收、分、退、转"探索农村宅基地改革》,搜狐网,https://www.sohu.com/a/491263166_121123710,2022 年 7 月 2 日访问。

③ 参见《祝贺! 德清县入选新一轮农村宅基地制度改革试点地区》,搜狐网,https://www.sohu.com/a/424693163_99901975,2022 年 7 月 2 日访问。

④ 参见《浏阳试点新一轮农村宅基地制度改革》,浏阳政府网,http://www.liuyang.gov.cn/lyszf/zfgzdt/zwdt/202101/t20210121_9742337.htm,2022 年 7 月 2 日访问。

⑤ 参见陈小君:《〈土地管理法〉修法与新一轮土地改革》,《中国法律评论》2019 年第 5 期。

此立法艰困源于宅基地设立时的准所有权性质、房地一体的事实,还涉及最基层、最广大、最艰辛之农民群体的生存或生活,关乎宅基地使用权与集体土地所有权的关系、与民法典的衔接以及农业发展、粮食与生态安全、城乡统筹等问题。立法者对此保持审慎态度,注重制度设计的稳妥性是可以理解的。

一、新时代宅基地制度功能定位需进一步明确

我国经过 40 余年改革开放,中国特色社会主义进入新时代,社会主要矛盾也发生新变化,转化为人民日益增长的美好生活需要和不平衡不充分的发展之间的矛盾。而这种不平衡不充分在农村体现更甚,尤其是两种所有权制度体系下的土地市场,处于不对等不平衡的发展状态,制约着农地权利的充分实现,反射至宅基地管理和利用,则表现为宅基地闲置和"一户多宅"两大突出问题。[1]宅基地闲置,某种程度上表明非农收入已成为许多农民的主要收入来源,相当数量的农民的生存主要不再依赖于土地,农村宅基地的财产功能超过其社会保障功能;[2]"一户多宅",一方面反映法律规定和社会现实间的疏离,另一方面也折射出现有宅基地使用权制度在满足社会保障功能基础上对呼之欲出的经济功能的抑制。[3]

(一) 社会保障功能逐渐弱化

一般认为,宅基地使用权是一项具有社会保障功能的用益物权,其用途在于供使用权人建房居住。围绕这一功能定位,立法对宅基地制度规范作出了一系列限制,包括仅由集体成员取得、一户只能拥有一处宅基地、面积不得超过省(自治区、直辖市)规定的标准等,宅基地流转(农村房屋买卖、抵押)的限制,集

---

① 早在 1998 年,在对浙江省松阳县、临安市与海宁市的 12 个乡镇调查中就发现,这些地区的农户宅基地平均宗数为 1.11 宗每户,最高的为 1.79 宗每户。参见赵哲远、戴韫卓、沈志勤、张佳:《农村居民点土地合理利用初步研究——以浙江省部分县市为例》,《中国农村经济》1998 年第 5 期。而在 2011 年我国户均宅基地面积为 543.47 平方米,出现了"人减地增"的反向演变格局,户均农村宅基地超标现象严重。参见冯应斌、杨庆媛:《农户宅基地演变过程及其调控研究进展》,《资源科学》2015 年第 3 期。根据第三次全国农业普查结果,2016 年末拥有两处住宅和三处住宅的农户比例分别为 11.6% 和 0.9%,拥有商品房的农户比例达到 8.7%。参见宁吉喆:《"三农"发展举世瞩目乡村振兴任重道远——第三次全国农业普查结果显示"三农"发生历史性变革》,《人民日报》2017 年 12 月 15 日。

② 参见蒋剑勇、钱文荣:《基于土地功能视角的农村土地所有权问题评论》,《农村经济》2010 年第 2 期。

③ 参见陈小君:《宅基地使用权的制度困局与破解之维》,《法学研究》2019 年第 3 期。

体成员资格丧失下的宅基地收回机制等。这些制度设计,在早期对保障农户住房需求、维系农村和谐稳定发挥了重要作用。随着 40 余年来农村经济结构的质变,耕地禀赋劣势下的农民出村、本地工业化、农外就业、工资性收入居于支配地位、农业发展方式转变等,使得农民的居住需求满足对本乡本土的依赖性下降,到城镇购房的农户比例上升。加之农民就业的代际差异拉大,"农二代"离土、出村、不返乡倾向明显,使得他们与农业和土地的粘度降低。[1] 言即宅基地作为农民居住基础和生存保障的功能正在逐渐弱化,其可替代性愈来愈高。[2]

（二）经济利用功能日益彰显

在法律禁止性规定和宅基地经济价值利用需求的矛盾下,宅基地隐形交易市场大量存在。农宅买卖、以租代卖在平原和山区农村已非罕见,有的地方交易量已经达到总农户的 5%—15%;农民房屋买卖引发的纠纷呈上升趋势,特别是所谓的"小产权"房纠纷时有出现。[3] 实证数据显示,42.9%的村庄存在宅基地使用权买卖的情况,城郊农村更是以高达 70%的数据,呈现出宅基地使用权流转的生命力。[4] 此外,新型城镇化、城乡融合以及乡村振兴战略的实施,对农村建设用地的需求日益增大,而在节约集约利用、优化土地资源配置尤其是"占补平衡"为导向的土地资源开发利用政策下,宅基地经济潜力开发凸显其重要性。据估计,农村土地进入市场交易,将使近 30 万亿元人民币的村镇住宅和 100 万亿元人民币以上的农村建设用地直接进入市场经济体系保值、增值、交易和继承。[5] 有鉴于此,学者提出应通过赋予宅基地使用权抵押权能,推动宅基地由单纯的保障属性不断向资源属性和资本属性转化,盘活农房和宅基地这一"沉睡"资产,疏解农村融资难的压力,提高农村土地的利用效率。[6] 而在宅基地改革试点中,以探索宅基地有偿使用、退出、流转为主要举措的首轮改革,以及以宅基地"三权分置",尤其是适度放活宅基地使用权为主要内容的新一轮深化改革,均

---

① 参见刘守英、熊雪锋:《经济结构变革、村庄转型与宅基地制度变迁——四川省泸县宅基地制度改革案例研究》,《中国农村经济》2018 年第 6 期。

② 参见陈小君:《宅基地使用权的制度困局与破解之维》,《法学研究》2019 年第 3 期。

③ 参见刘凯湘:《法定租赁权对农村宅基地制度改革的意义与构想》,《法学论坛》2010 年第 1 期。

④ 参见王崇敏:《论我国宅基地使用权制度的现代化构造》,《法商研究》2014 年第 2 期。

⑤ 参见李凤章:《土地抵押融资法律困境和制度创新》,立信会计出版社 2012 年版,第 76 页。

⑥ 参见胡建:《农村宅基地使用权有限抵押法律制度的构建与配套》,《农业经济问题》2015 年第 4 期。

要直面宅基地经济利用功能凸显的客观实际。[1]

（三）社保与经济功能冲突加剧

1. 现行分配制度限制宅基地流转的实现

我国宅基地分配制度现状,以集体成员资格为基础,以户为申请主体,有一户一宅、面积法定等限制。农民通过这一分配制度,无偿取得并长期占有、使用宅基地。尽管该分配制度的形成有其深厚历史根源,在保障农民居住和维护农村稳定方面发挥重要作用,但与市场配置规律存在冲突和矛盾。用益物权作为所有权派生的财产权利,应由市场主体决定设立。且物权效率原则要求以提高物的利用效率,即物尽其用为制度安排的指导思想。当前宅基地分配制度,仅强调福利保障,忽略并抑制了物的经济利用。然我国并未在宅基地分配制度之外,建立起符合市场规律的宅基地流转取得制度,来化解宅基地闲置浪费、农宅隐形交易的现实窘境。

2. 宅基地消灭制度缺失牵制其经济利用的实现

宅基地在类别上属农村集体建设用地,是农村土地资源集约利用和优化配置的重头戏。当前,由于农民进城落户及各种原因导致的宅基地和房屋闲置,成为土地资源有效利用迫切需要解决的问题。中央和地方性政策文件、地方法规对宅基地退出问题多有关注,《土地管理法》第62条第六款明确进城落户村民可依法自愿有偿退出宅基地,第66条规定土地使用权收回的三种法定情形依体系解释可知也应适用于宅基地使用权。[2] 但《土地管理法》的公法属性,决定了其只能在公权力层面鼓励和引导宅基地有偿退出和符合条件下的强制收回。宅基地使用权的消灭,是物权制度的重要内容,理应在我国民事立法中加以规制。而《民法典》并未明确这一制度。宅基地长期"只出不进",无法形成资源流动的闭环,闲置宅基地、一户多宅等现象无法通过宅基地使用权消灭制度得以消解,宅基地经济利用既无法形成规模效应,也限制多元利用方式,不利于对其经济利用中用途违法等行为的规制。

显然,在宅基地功能设定和价值预期序列中,社会保障功能的地位已经不如

① 参见陈小君:《宅基地使用权的制度困局与破解之维》,《法学研究》2019年第3期。
② 参见曹益凤:《宅基地使用权退出类型化分析与立法回应——基于〈土地管理法实施条例（修订草案）〉（征求意见稿）完善之思考》,《土地科学动态》2020年第3期。

以往居高至伟,且随着我国城乡经济形势的加速变化而逐步弱化,无论是农民群体还是集体外的社会主体乃至整个城乡建设用地市场,对宅基地经济价值的追求愈发强烈,由此加剧了现行宅基地法律制度和社会经济现实间的矛盾,彰显了制度变革的客观推力。

二、宅基地经济利用的法治路径需进一步畅通

考虑宅基地制度改革关涉农民生存之根本、集体和成员利益之平衡、成员内部之公平,加之宅基地有偿使用、流转、退出再利用等方面缺乏成熟的操作性规则,《土地管理法》及其实施条例的修改、《民法典》的出台均未设定宅基地经济利用的法治路径。实践中宅基地财产价值的释放困难重重:秉持"改革于法有据"的原则,由中央农办、农业农村部主导的深化宅基地制度改革在宅基地经济利用方面持审慎的态度;非改革试点地区业已存在的宅基地隐形交易、多元利用等,欠缺规范指引难以进入法治化管理轨道。

(一) 强化经济利用的制度意蕴已显必然

相对于承包地和其他集体建设用地,宅基地作为集体经济组织成员的财产,其财产价值显化的路径受限,农民占有宅基地并用其建造房屋以解决居住问题成为宅基地价值的集中体现,宅基地使用权亦长期被贴上福利保障性的唯一功能标签,且此后的几十年里,此福利性功能凸显而财产价值弱化也适应"地不值钱"的农村社会发展实情。但随着农村经济发展与城乡二元结构的逐渐破除,农村土地经济价值增长迅速。原有农村"有地无钱盖房"逐渐转变为"有钱无地盖房",农民也开始关注宅基地除建房外的其他利用方式,比如出租、转让等。

自党的十八届三中全会提出全面深化改革至《中共中央、国务院关于实施乡村振兴战略的意见》提出"探索宅基地所有权、资格权、使用权'三权分置'",其中探索"适度放活宅基地使用权"更是重视宅基地财产价值的彰显,其盘活宅基地存量、开发宅基地经济利用潜力、加快构建城乡统一建设用地市场的政策目的显而易见,其化解宅基地流转的制度困境、构建现代化的宅基地权利体系、强化宅基地使用权中经济利用权能的制度意蕴丰富而深邃。

(二) 宅基地经济利用遭遇制度瓶颈

尽管显化宅基地财产功能的制度意蕴已显必然,但现行制度下,宅基地经济利用仍然存在诸多难题。

1.宅基地取得的身份限制

长期以来,宅基地使用权的身份限制贯穿其取得、利用始终。具体而言,宅基地所有权归属村集体,其使用权只能由该集体成员享有,以防止因外来资本入侵而导致宅基地完全财产化,避免农民在短期利益的驱动下丧失基本居住保障。在此过程中,集体经济组织成员身份与宅基地使用权深度捆绑。"以成员权为逻辑起点,界定农村土地使用权分配的法律结构,不仅暗合于我国农村村民'集体潜意识'的深层结构,而且由此推演而生的制度设计可以免除合法性论证的义务"①。然而,这一宅基地取得的身份限制,却制约着其经济利用。一方面,因为身份限制,将非本集体成员排除在宅基地取得利用主体之外。宅基地仅在村集体内部符合申请条件的成员间流动,在宅基地可无偿取得的背景下,势必影响此类流转的积极性和农房及其宅基地正常价值的实现。另一方面,实践中宅基地对外流转现象并没有因为主体身份限制而消失,对农房和宅基地经济价值实现的追求,已普遍衍生出宅基地隐形交易市场。试点改革中,宅基地对外流转的探索即是对这种身份限制的突破,但是囿于试点并未形成统一且成熟的入法经验,剥离身份限制的宅基地利用并未进入本次有关土地制度修法立法范围。

2.宅基地取得方式单一

至今,宅基地取得方式仍主要为无偿分配或象征性支付金钱取得,这也是集体成员积极采取分户等形式向集体索取宅基地和宅基地退出难的重要原因。宅基地使用权的无偿性有其深厚的历史根源和社会成因,既考虑了计划经济时代农民经济承受能力,也考虑到土地改革时宅基地农民所有转为集体所有而未对成员做出补偿。② 然以无偿分配获取宅基地的路径也并非畅通无阻,如在珠三角农村土地问题调研中,多数农村地区已无宅基地可分,申请无偿分配宅基地难以落实。③《土地管理法》第62条第二款明确提出的采取措施保障农民实现户有所居,即是改革实践和立法修法深切感知这一突出矛盾的回应。分配取得之外,顺应时代所需和经济发展而出现的宅基地流转取得,成为改革重点。《土地

---

① 蔡立东:《宅基地使用权取得的法律结构》,《吉林大学社会科学学报》2007年第3期。

② 参见喻文莉、陈利根:《农村宅基地使用权制度嬗变的历史考察》,《中国土地科学》2009年第8期。

③ 参见曹益凤:《宅基地使用权继承的制度困境与出路选择》,《农业经济问题》2020年第3期。

管理法》第 62 条第五款实质性保留了 1986 年制定以来的条文,即强调"农村村民出卖、出租、赠与住宅后,再申请宅基地的,不予批准",但宅基地流转的具体规则阙如,对宅基地流转取得的权利设置、权利行使等具体问题,实务界和学界虽有关切但也未能达成共识。

3. 宅基地用途特定

《民法典》第 362 条规定,宅基地为使用权人利用其建造住宅及其附属设施,此建房居住用途不言自明。但伴随城乡融合不断深入和农村经济迅猛发展,以宅基地经济利用为核心的改革探索从未停止。关于开展农村"三块地"改革试点的系列文件,是近年来中央和国家关于宅基地制度作出力度较大、层面较广的重要战略部署,其中多项措施直指宅基地的经济利用。事实上,在此之前,全国已有地区开展了宅基地经济利用的实验探索,为 2015 年开始的首轮土地改革提供了借鉴。如广东省在 2005 年率先开始尝试流转集体建设用地,针对宅基地变革路径率先提出"控制增量,盘活存量"的政策方向,其中盘活存量更是为宅基地使用的多样性提供了无限可能。① 重庆市的"地票交易"制度在市场机制的激励下巧妙地回避了非农建设用地的法律约束,被认为是寻求到了一种兼具农民和社会效益的宅基地流转模式。② 而各地应运乡村旅游发展而兴起的农家乐、乡村民宿等,也突破了宅基地保障成员居住的用途限制。上述种种突破,于现行法上无据可循,带来了对宅基地完全财产化或商业化利用的隐忧。

(三) 宅基地经济利用政策尚需制度化统一

宅基地经济利用无制度安排,但国家多次以政策文件形式作出了改革部署:2014 年"中央一号文件"提出"选择若干试点,慎重稳妥推进农民住房财产权抵押、担保、转让",2015 年初正式启动"三块地"之宅基地制度改革试点,2018 年"中央一号文件"提出探索宅基地"三权分置",2019 年"中央一号文件"提出探索盘活利用闲置宅基地和农房的办法路径,2020 年新一轮深化宅基地制度改革又以完善宅基地制度体系为重点,在保障农民居住权的同时探索宅基地"三权分置"实现形式。

问题在于,以《土地管理法》和《民法典》为核心,以国务院及其职能部门行

---

① 参见萧华:《解冻之路——广东集体建设用地入市变革探寻》,《中国土地》2007 年第 4 期。

② 参见周中举:《农村土地使用权实物交易和地票交易制度评析——以农村宅基地使用权为中心》,《经济体制改革》2011 年第 1 期。

政规范性文件为配套的现行宅基地规范体系中,对宅基地使用权取得的严格身份限制、宅基地流转的严令禁止和多样化利用制度保障的不足,给实践带来了一些影响。如在宅基地受让人的身份范围问题上,有的地方实践将其扩展到县(市)域范围内的村集体经济组织成员,①有的则拓展到同一乡(镇)、办事处辖区内符合宅基地申请资格条件的农村村民②。而在农民将部分宅基地有期限转让给社会主体后,社会主体的宅基地使用权期限届满或权利灭失后,原农民能否复得转出后的宅基地使用权,实践并不统一。因此,一方面土地改革对现行宅基地使用权制度已有实质性突破后,亟待我国立法正视并有效回应制度需求;另一方面如何在总结各地实践基础上寻找公因式,对宅基地使用权制度作出系统性、普适性立法安排,则是制度应更进一层的考量。

三、宅基地使用权私权属性不彰

宅基地使用权作为重要的用益物权,《民法典》则照搬 2007 年的《物权法》,所占篇幅仅为寥寥 4 个条文,既未明确宅基地使用权这一私权的权利行使规则,也未实现用益物权本身的完整赋权。此外,宅基地私权行使中公权力的深度介入,进一步影响或模糊了宅基地使用权私权属性的显化。

（一） 权利行使规则阙如

"《民法典》除了具有作为私法一般法所应有的逻辑性与体系化功能之外,还承载着国家治理体系与治理能力现代化的使命"③。2007 年的《物权法》用 4 个条文规范宅基地使用权,其中权利的取得、行使和转让,适用土地管理法等法律和国家有关规定。《民法典》沿用时仅有非实质性的个别字句表述的不同,宅基地使用权得丧变更规则至今缺席我国民事立法。

关涉宅基地消灭制度之重要方面的宅基地有偿退出,虽在《土地管理法》第62 条中加以明确允许,但退出的主体范围、民事效果等,均无规定。本应由民事基本法规定的宅基地使用权取得、行使和转让问题,依旧"适用土地管理的法律和国家有关规定"。就此便存在系列疑问:一是将私权属性的宅基地使用权得

---

① 参见《浏阳市农村宅基地使用权流转管理办法(试行)》《青海西宁市湟源县县农村宅基地使用权流转管理办法(试行)》《伊宁市农村宅基地使用权流转管理办法(试行)》。

② 参见《大理市农村宅基地使用权流转管理办法(试行)》。

③ 陈小君:《集体建设用地使用权物权规则之省察反思》,《现代法学》2021 年第 6 期。

丧变更之重要事项交由行政权力规制,原物权法立法者囿于此将物权法沦为附属;二是"有关规定"无法统一,全国各地仅在宅基地能否流转的问题上就各自为政;①三是司法实践中对"有关规定"选择不一,司法裁判结果亦不相同,如购买宅基地上农房之合同是否有效,便产生了五花八门的判决。② 且该条款虚实不明,亦难作为单纯引致条款来理解,若作为立法上的授权,难谓合立法法之一般法理。

（二） 收益权能缺位

宅基地经济利用的强烈现实需求与宅基地社会保障功能间的矛盾冲突,源自法律制定时对宅基地使用权权能设置之漠视的缺憾。即作为用益物权的宅基地使用权权能残缺不全,其核心权能的收益权能未被法律认可。这里的收益权能,除表现为农民可以在宅基地上建造房屋及附属设施来满足居住需求外,还表现为利用其获得经济利益。③

宅基地收益权能的缺失,以及仅为实现占有、使用权能而设计的使用权制度,导致权利人对农房的权利无法直接延及农房所在宅基地,即"房地一体"作为物权法一般原则在宅基地使用权制度中被排斥适用,亦被视为"房地一体"原则的"理论困惑"与"现实焦虑"。2015 年 8 月国务院发布《关于开展农村承包土地的经营权和农民住房财产权抵押贷款试点的指导意见》（国发〔2015〕45 号,以下简称《两权抵押试点意见》）,对宅基地和农房一并抵押的政策性许可则是对这一困境的突破。此外,仅有占有、使用权能的宅基地使用权与国有建设用地、集体经营性建设用地的权能差异,更使其难以进入城乡统一建设用地市场,影响其财产价值的充分实现。而近年来中央和地方开展宅基地制度改革试点,正是致力于有计划探索回归和发挥宅基地使用权收益权能的表现。

（三） 公权力深度介入

以《土地管理法》为主的公法规则,深入介入本该由私权调整的范围,典型

---

① 现有试点中有认可宅基地使用权可以直接进行流转的,如上海、重庆、成都等地;也有在试点文件中明确禁止宅基地使用权流转的,以烟台、昆明等地为代表。参见黄忠:《城乡统一建设用地市场的构建:现状、规模与问题分析》,《社会科学研究》2018 年第 2 期。

② 参见高海:《农村宅基地上房屋买卖司法实证研究》,《法律科学（西北政法大学学报）》2017 年第 4 期。

③ 参见陈小君、蒋省三:《宅基地使用权制度:规范解析、实践挑战及其立法回应》,《管理世界》2010 年第 10 期。

如《土地管理法》第 62 条第二款将实现"户有所居"的保障义务交由县级人民政府行使,其只能采用行政手段来达成目标,结果是行政权力深度介入到集体土地所有权的行使过程,作为民事权利的宅基地所有权的行使不可避免地会被蒙上公权力色彩。又如《土地管理法》第 62 条第六款,农村村民退出宅基地将会发生宅基地使用权消灭而宅基地所有权恢复至权能完满状态的民法效果,而体现这一私权关系的内容,却需得到"国家允许"。① 究其本质,行政权力若对宅基地使用权过多干预,民法立法者则囿于此将其沦为附属,导致了宅基地使用权的公法化,影响其作为用益物权的常态运行。削弱宅基地使用权上的行政管理色彩,彰显其用益物权的本质属性,应为改革宅基地使用权制度的第一步,②也是落实宅基地集体所有权,保障宅基地农户资格权、适度放活宅基地使用权乃至构建城乡统一建设用地市场的关键环节。

四、宅基地管理规范尚待改进

多数试点地区对农村宅基地管理制度进行了主动探索,但《土地管理法》修法时的一些关键性问题没有得到完全解决。如果以宅基地管理制度改革的应然目标来检视现行《土地管理法》规则内容,其中所涉农村宅基地管理制度存在如下不足。③

(一)行政权力运行方面

对宅基地进行管理是行政权力,但无法律则无行政,行政权力只有在法律的范围内才具有合法性,④因此,明确宅基地管理的行政权力行使范围,以确保行政权力在法定空间中运行,切实保障宅基地权利人享有的合法权益充分实现。

现行《土地管理法》为保障村民居住权益,在"一户一宅"原则后完善补充了"户有所居"的底线保障规则,其中对于谁应当是承担保障村民"户有所居"的义务主体,该法规定需要明确。

"一户一宅"与"户有所居",都是通过向村民提供宅基地保障其居住权益的

---

① 参见高飞:《农村宅基地"三权分置"政策入法的公法基础——以〈土地管理法〉第 62 条之解读为线索》,《云南社会科学》2020 年第 2 期。

② 参见高圣平:《宅基地性质再认识》,《中国土地》2010 年第 1 期。

③ 参见高飞:《农村宅基地"三权分置"政策入法的公法基础——以〈土地管理法〉第 62 条之解读为线索》,《云南社会科学》2020 年第 2 期。

④ 参见章剑生:《现代行政法总论》,法律出版社 2019 年版,第 42 页。

实现,农村宅基地的所有权属于集体,以供地主体的集体作为义务主体无疑具有可操作性。1993 年的《村庄和集镇规划建设管理条例》第 18 条已规定,在村庄、集镇规划区内,农村村民有建住宅需求的,应当先向行使集体土地所有权的村集体经济组织或村民委员会提出建造住宅的申请,经村民会议讨论并通过后,才能够由相关政府机关按照法定程序办理审批手续。《农业农村部、自然资源部关于规范农村宅基地审批管理的通知》(农经发〔2019〕6 号)也强调,"符合宅基地申请条件的农户,以户为单位向所在村民小组提出宅基地和建房(规划许可)书面申请"。无论是在法律还是政策层面,宅基地的供给主体均为农村集体经济组织。

按法律运行逻辑,作为农村集体经济组织的成员,可以要求所属村集体为其分配宅基地建造住宅,保障其居住权益得以实现;同时,由于土地的社会主义公有制,集体土地不仅应当承担财产职能也应承担一定公共职能,公共职能表现为农村集体经济组织对其成员须担负一定的保障义务和安置义务,[1]而向需要建住宅的村民提供宅基地正是题中应有之义。

(二)行政管理职责方面

宅基地制度改革,既要保障农村村民的居住权益,又要考虑节约集约用地,优化资源配置,提高土地利用效率。这也是 1998 年全面修订《土地管理法》时对宅基地进行严控的重要因素,此后政策一直遵循这一制度精神。2018 年"中央一号文件"将"完善农民闲置宅基地和闲置农房政策""严格禁止下乡利用农村宅基地建设别墅大院和私人会所""调整优化村庄用地布局,有效利用农村零星分散的存量建设用地"等作为实施乡村振兴战略的组成部分,2019 年"中央一号文件"强调"开展闲置宅基地复垦试点",同样是在践行上述制度精神。

目前,针对"一户多宅"、超占面积和宅基地闲置等突出问题,"明显存在无人管、不敢管或管理依据不足,归责不明的问题"[2]。农村集体经济组织作为宅基地所有权人,既应承担宅基地使用权这一负担,也为其督促宅基地使用权人合理利用之提供法律依据。然而,村民使用宅基地建住宅时,必须遵循乡(镇)土地利用总体规划和村庄规划,这两个规划是行政机关面向未来的预先安排,对宅基地所有

---

[1] 参见高飞:《落实集体土地所有权的法制路径——以民法典物权编编纂为线索》,《云南社会科学》2019 年第 1 期。

[2] 陈小君:《〈土地管理法〉修法与新一轮土地改革》,《中国法律评论》2019 年第 5 期。

权人和宅基地使用权人都具有约束力,因此,在评判村民建住宅是否违反相关规划时,行政机关不得置身事外。同时,政策和法律要求村民建造住宅使用原有宅基地和村内空闲地,"不得占用永久基本农田"目的在于避免实践中较为频繁的建住宅时非法占用承包地的现象,①这与加强耕地保护的立法态度密切关联。《土地管理法》在宅基地管理制度的设计上弱化了行政机关土地管理责任,把村民义务之硬性规则变为可以自我约束的要求,且长期为之,可能导致面对村民占用承包地建造住宅时,增强耕地保护的所谓刚性之法律规范强制效力弱化。

(三) 行政行为边界

当代社会,依法行政理念逐渐深入人心。为开创依法治国新格局,习近平总书记反复强调,"坚持依法治国、依法执政、依法行政共同推进"②。为落实依法行政理念,必须坚守行政职权法定规则,也就是政府机关的行政权力必须是依法授予的,否则该行政权力的行使将被认定为不合法。尽管法律中存在大量的不确定法律概念,使得行政机关有权根据具体情况予以自由裁量,但是,尽可能制定确定性的法律规范以便行政机关精准把握立法意图,明确行政权力的运行空间,仍然是行政立法的重要目标,当规制政府对农村宅基地管理权力的行使时亦不得例外。

《土地管理法》中政府管理农村宅基地的规范有多处在表述上呈现出模糊性,使得其行为边界不清、效果不明。主要包括:

第一,根据第 62 条第三款后句的规定,乡(镇)土地利用总体规划、村庄规划的编制机关在编制规划时应当对宅基地用地进行统筹并做出合理安排,以便"改善农村村民居住环境和条件"。这一规定引出两个疑问,即衡量农村村民居住环境和条件"改善"的标准是什么? 如果未"改善"时编制机关是否承担相应的法律责任?

第二,第 62 条第六款规定"国家允许进城落户的农村村民依法自愿有偿退出宅基地,鼓励农村集体经济组织及其成员盘活利用闲置宅基地和闲置住宅",属于难得的新增设的规则,但其并未明确回答如下问题:首先,该条中的"国家"

---

① 在实践中,农村村民建住宅时的宅基地来源有承包地、闲置地、他人建设用地或承包地,其中承包地是最主要的来源,而且大多属于被非法占用的承包地。参见杜伟等:《农村宅基地退出与补偿机制研究》,科学出版社 2015 年版,第 135—137 页。

② 《习近平谈治国理政》第一卷,外文出版社 2018 年版,第 144 页。

由哪个政府机关代表？其次，农村村民退出宅基地将发生其享有的宅基地使用权消灭而宅基地所有权则基于弹力性恢复到权能完满的状态，这些均为民法上的效果，其中的权利义务关系也是由宅基地所有权人与宅基地使用权人承担，为何这种情形需要得到"国家允许"？除进城落户的农村村民自愿有偿退出宅基地这一情形外，其他宅基地自愿退出的情形是否一概不允许？最后，国家应当采取何种措施"鼓励"农村集体经济组织及其成员对闲置宅基地和闲置住宅进行盘活利用？如果没有采取具体方式予以"鼓励"是否将产生行政法律责任？

第三，"三块地"试点改革中，不少地区通过集约节约或整理闲置宅基地进而转化为集体建设用地，实现了与集体经营性建设用地入市改革的联动，虽然多呈现单边转换，但仍在一定程度上体现为适度放活宅基地管理。《土地管理法》修法时对宅基地转为集体经营性建设用地的情形未予立法肯认，也无集体建设用地可转为农村宅基地的条件和程序的规定。法律对宅基地（闲置或集约节约）与集体建设用地间的相互转用未作规定，可能有出于耕地保护和宅基地社保功能冲击的顾虑。但本书以为，该问题在试点已有成功实验，若能明确双边联动转换条件与甄选举措，不至于在土地管理立法中废弛，对集体土地可更多的用于发展集体经济并落实村民居住权益保障均具有指导意义。

综上问题，尽管新《土地管理法》在农村宅基地管理制度方面增加了一些新内容，但行政机关仍存在相关的权力运行空间，作为行政相对人的农村集体经济组织及其成员也存在无所适从的情形。

五、与其他制度联动需进一步衔接

2017年底，伴随宅基地制度改革覆盖至试点地区全域，按中央政府要求，"三块地"改革的内容在全国33个试点地区需要形成联动协同推进的局面。由于"三块地"原本分为三类试点改革已有惯性，此时又接近改革收官，实际上，宅基地制度与其他制度联动多浮于表层，究其内涵或本质，联动且相互受益的实效尚不明显。主要问题有两个方面：

一是与入市改革呈单边联动；二是与征收改革联动呈有限性。

（详见本编第六章"以统筹联动为改革逻辑的实践图谱及其制度完善"的相关内容）

第三节　新时代宅基地制度的立法设计

因应城乡关系的历史性变化和乡村变化的机遇,提供有效的制度供给,是实现乡村振兴的重要保障。[①] 宅基地制度作为乡村振兴战略制度供给的重要一环,在保证农民住有所居、促进社会和谐稳定方面发挥着重要作用。当前农村宅基地囿于其独有的保障功能,其制度设计无法跟上或适应土地资源紧缺和土地经济价值彰显的现实需求。为此,应从宏观功能价值考量和微观制度规则设计两方面着手完善我国宅基地制度,以回应面临的现实挑战。

一、新时代宅基地制度立法设计的功能考量

2022 年"中央一号文件"提出接续全面推进乡村振兴,既要农民稳步增收,又要确保农村稳定安宁。在此背景下,宅基地所承载的功能价值应重新审视和考量。屡禁不止的宅基地私下交易,和乡村产业催生的宅基地多元化利用,使宅基地制度改革不可固守居住保障的唯一功能。近年的修法与立法,并未回应新时代宅基地制度的价值功能究竟为何的问题。而如何实现宅基地社会保障和财产利用功能间的博弈与平衡,解决"稳定"与"放活"的矛盾,是新时代宅基地制度再立法必须直面的挑战。

（一）宅基地社会保障核心功能的坚守

宅基地使用权的无偿取得和使用权的永久性表明这一权利具有福利性和社会保障功能。在我国目前农村社会保障体系尚未建立、宅基地法律制度不甚健全时,宅基地的福利保障功能对农村社会稳定具有极其重要的作用。社会保障功能的坚守,在耕地保护、节约集约用地和"增减挂钩"的农村用地政策背景下,必须强调对宅基地流转过程中的用途管制。这就要求在流转过程中需要事先征得农民集体和乡(镇)人民政府的同意,并根据流转用途决定是否批准。同时在超出法定用途利用宅基地或有其他危及用地安全的情形时,应赋予农民集体收回权。

"治天下者,以人为本"。坚守宅基地社会保障核心功能,是贯彻以人民为

---

① 参见刘守英、熊雪峰:《我国乡村振兴战略的实施与制度供给》,《政治经济学评论》2018 年第 4 期。

中心的发展思想,保障几亿农民权益的必然要求。为此,包括对宅基地使用权取得之身份属性即成员资格确认及其"一户一宅""面积法定""无偿使用"等土地法治原则的恪守。成员权中取得宅基地的资格,可有效解决宅基地流转中与实际使用权的协调问题,既为宅基地的流转开禁创造了条件,也能保证实现宅基地社会保障的核心功能,是这两个制度功能的重要连接点。

（二）"房地一体"中宅基地经济利用价值的肯认

解读现行法和相关政策精神,宅基地不能单独流转。但在"房地一体"原则规范下,实践中因农房流转、抵押等产生的对宅基地占有和经济利用已是事实,须从制度设计上解决其中宅基地使用权取得限制和"房地一体"实现之间的矛盾冲突。在 2018 年"中央一号文件"作出宅基地"三权分置"的政策安排并提出"适度放活宅基地和农民房屋使用权"要求后,以充分发挥农房和宅基地经济价值为目的的流转已势不可挡,近年来的实证研究表明,宅基地闲置问题在全国各地较为普遍。[①]与"一户一宅"原则相背离的"一户多宅"现象更是长久存在。而宅基地闲置,某种程度上证明非农收入已成为许多农民的主要收入来源,相当数量的农民的生存主要不再依赖于土地,农村宅基地的财产功能超过其社会保障功能;"一户多宅",反映了法律规定和社会现实间的疏离,也折射出现有宅基地使用权制度在满足社会保障功能基础上对呼之欲出的经济功能的抑制。故而,宅基地使用权制度改革的关键,在于立足于现实基础的宅基地功能定位反思和以经济价值利用为目标的制度突围、理性重构。

二、新时代宅基地制度立法设计的逻辑进路

（一）宅基地集体所有权的落实

在我国,集体所有制不仅仅具有经济学意义,还是国家政权赖以建设的经济基础。这决定了我国集体所有权立法须继续坚持并在内容上反映社会主义公有

---

① 2013 年的统计数据显示,我国农村宅基地闲置的比例高达 10%—20%,部分地区闲置率甚至高达 30%。参见梁倩、林远、姜刚:《多省区正探索宅基地退出模式》,《经济参考报》2014 年 7 月 28 日。即使按照 10%的最低比率计算,全国 2 亿亩农村宅基地中也有 2000 万亩处于闲置状态。假如每亩土地年收入 1000 元,每年全国农村地区也至少有 200 亿元的收入损失。参见艾希:《农村宅基地闲置原因及对策研究》,《中国人口·资源与环境》2015 年第 5 期。

制。① 宅基地所有权是农民集体土地所有权的权利形式之一,也是宅基地资格利益和宅基地物权性或债权性利用的依托,自物权的权利属性决定了宅基地所有权理应具有权利的全部权能,也即是农民集体在宅基地使用权流转中扮演积极角色的正当性所在。宅基地使用权是在集体土地上设置的他物权,由此限制了宅基地所有人处分权能的行使,但事实却表明,宅基地的所有权人对其客体的收益权能阙如,甚至是宅基地的所有权权能残缺不全的关键。

落实宅基地之所有权,在下述方面应有所作为。一是明确农民集体与农村集体经济组织的关系。事实上在《民法典》制定过程中,拟规范的两类农村集体经济组织的资产中均含有土地所有权,可见,它们事实上就是农民集体的表现形式。② 应当考虑各地农村不同的发展状况,规范农村集体经济组织的运作方式,允许其采用不同的组织形式和治理模式。二是丰富扩充集体对宅基地的处分权。除了完善宅基地分配和有条件收回、退出制度外,还应充实农民集体在宅基地流转中的角色定位。一般来说,宅基地流转或经济性利用需要向农民集体报备并征得其同意,现有实践也是如此操作。③ 考虑到目前宅基地流转仍处于总结凝练和有条件推广阶段,宜坚持流转应取得农民集体同意和备案登记,日后再继续完善宅基地流转审批的条件与程序、救济渠道等。此外,宅基地流转期限届满或权利灭失后农民集体的优先回购权,也是宅基地处分权能的体现。三是增加农民集体的宅基地收益权。作为自物权人,农民集体可以选择主动作为宅基地流转的出让人参与宅基地流转并获得经济收益,④也有在农民利用和流转宅基地过程中收取相关使用费等。如向集体缴纳超过宅基地使用法定面积的费用、宅基地抵押权实现时农民集体参与利益分配,以及社会主体参与宅基地经营

---

① 参见高飞:《集体土地所有权主体制度研究》,中国政法大学出版社 2017 年版,第 147—148 页。

② 参见高飞:《〈民法典〉集体所有权立法的成功与不足》,《河北法学》2021 年第 4 期。

③ 根据农民集体的组织形态不同,各地规定的报备对象也各不相同。如《德清县农村宅基地管理办法(试行)》第 33 条规定宅基地抵押、出租、转让需经村股份经济合作社同意;《大理市农村宅基地流转管理办法(试行)》第 3 条则规定宅基地流转应经集体经济组织(村民小组)同意;《义乌市农村宅基地使用权转让细则(试行)》第 7 条则规定需经村民代表会议同意。

④ 如义乌市通过优势地段公开竞价的方式,将所得收益作为集体经济组织收益,有益村庄公共基础设施建设以及补助困难户建房等。参见《义乌市农村更新改造实施细则(试行)》。

性利用过程中农民集体收取土地使用费①等。四是理顺农民集体和成员间关系,构建完整的成员权制度。"尽管宅基地以'户'为单位取得,但户本身即由集体经济组织成员构成,最终而言充当其实际权利主体的仍是集体经济组织成员"②。成员权制度作为集体所有权的重要内容,应完善其认定原则和标准,明确集体成员享有宅基地规划参与权、分配使用权、收益分配权、管理监督权等内容。

(二) 宅基地使用权取得规则的明晰③

宅基地使用权的取得是整个制度的入口,其设计科学、精确与否直接影响宅基地使用权制度的实施效果。④ 目前村民取得宅基地使用权的方式主要是通过土地改革分配房屋、集成房屋、购买或赠与房屋以及通过申请、审批而取得,其中继承是主要的取得方式(69.9%),在不同地区宅基地使用权的取得方式也有差别。⑤ 在宅基地使用权取得方式多元化尤其是宅基地"三权分置"政策背景下,明确宅基地使用权的取得的实体和程序要件、确保村民居住权的申请和重新分配规则以及照应宅基地流转现实中不同权利属性转化机制,是宅基地使用权取得规则构建的要点。

1. 宅基地使用权取得条件的遵从

宅基地的农民集体所有及其社会保障功能,决定了宅基地使用权在取得条件上必须以成员身份作为分配标准,围绕充分实现农民居住权进行取得规则设计。

对取得之身份属性即成员资格的遵从。虽然有学者主张在解释上法律并未限定宅基地使用权的身份性,宅基地使用权人是否应限定为集体经济组织成员应由集体经济组织自主决定而不应由法律规定。⑥ 我们认为,一是鉴于宅基地

---

① 如义乌市在《义乌市农村宅基地使用权转让细则(试行)》第16条规定,"跨集体经济组织转让的,受让人应与村级组织签订宅基地有偿使用合同,并按不低于农村宅基地基准地价的20%一次性缴纳土地所有权收益"。

② 曹益凤:《宅基地使用权继承的制度困境与出路选择》,《农业经济问题》2020年第3期。

③ 参见陈小君:《宅基地使用权的制度困局与破解之维》,《法学研究》2019年第3期。

④ 参见陈小君、蒋省三:《宅基地使用权制度:规范解析、实践挑战及其立法回应》,《管理世界》2010年第10期。

⑤ 参见余敬等:《实然与应然之间:我国宅基地使用权制度完善进路——基于12省30个村庄的调研》,《农业经济问题》2018年第1期。

⑥ 参见高圣平:《宅基地性质再认识》,《中国土地》2010年第1期。

的农民集体所有,尤其我国正处于城市化进程中,宅基地仍是多数农民安身立命之重要福利的情况下,在宅基地取得与维持时的身份属性存废问题上切不得因噎废食。二是即便宅基地"三权分置"政策以及改革实践已将宅基地的取得拓展到本集体成员之外,但是这种通过转让获得的宅基地使用权已脱离福利色彩与社保功能,没有行使其权利无期限无偿之理由,在权能上自然应有异于村民基于宅基地成员资格而获得的用益物权。三是宅基地使用权取得的成员身份属性(资格)也是该项权利构建的前提和基石,作为宅基地流转开禁制度安排之压舱石的宅基地成员资格,是坚守宅基地使用权身份属性之全部内涵。

对"一户一宅""面积法定""无偿使用"原则的遵从。农民集体成员基于宅基地成员资格而取得的宅基地,本质上是以实现社会保障功能为目的的住宅用地,也是我国宅基地使用权的主要类型,自当延续严格的管制政策。首先,"一户一宅"和"面积法定"是《土地管理法》第62条确立的宅基地使用权取得的两大基本原则,其重要制度价值在于实现节约集约用地、保护有限土地资源和粮食生产安全,必须予以坚持并在私法层面体现。其次,坚持农民集体成员宅基地使用权的无偿取得符合广大的农村实际。宅基地使用权由农民无偿取得并永久使用彰显了宅基地分配具有福利性并承担社会保障功能。这一功能,在当前我国农村尚未建立社会保障体系、宅基地相关制度和法律亦非健全的背景下,发挥了稳定农村社会的重要作用。① 而对于主张宅基地无偿长期使用会导致宅基地闲置的观点,②本书认为,宅基地闲置的关键成因在于宅基地缺少有效多元的流转途径,而一旦宅基地流转开禁后进入市场,宅基地的经济利用自然会形成激励机制,尤其是在我国农民出村、本地工业化、农外就业、工资性收入居于支配地位、农业发展方式转变等因素作用下,宅基地有偿使用的比例会逐渐增多,宅基地的经济效益亦可得以凸显,其社会保障功能也不至于弱化。

2.取得条件遵从坚守下的权利分野

因宅基地取得的身份属性即福利色彩以及"一户一宅""面积法定"原则的

---

① 参见李翔、徐茂波:《〈物权法〉不应限制宅基地流转》,《中国土地》2006年第2期。
② 参见侯清香:《城镇化背景下农村宅基地问题之研究》,《山西财经大学学报》2011年第S3期;黄健元、梁皓:《农村宅基地退出制度的源起、现实困境及路径选择》,《青海社会科学》2017年第6期;李川、李建强、林楠、杨雨山:《农村宅基地使用制度改革研究进展及展望》,《中国农业资源与区划》2017年第1期。

限制,若权利人无资格获得宅基地使用权,应考虑基于"房地一体"原理,变通转化为其他内容或性质的权利以保障和实现权利人对宅基地的利用。首先,继承宅基地上房屋时,若继承人不属于农民集体成员或已拥有宅基地或超过法定面积,仅可获得宅基地法定租赁权且必须支付宅基地有偿使用费;若继承房屋及宅基地可划分为多个权利客体,则可分别获得宅基地使用权及宅基地法定租赁权。需要注意的是,虽然早在2008年原国土资源部已允许对以继承方式获得的房屋进行宅基地使用权登记,①但在我国不动产统一登记和宅基地确权登记的背景下,不应当对以继承农村房屋但不符合宅基地使用权条件的村民一律登记为宅基地使用权,而应区分宅基地使用权和法定租赁权,以严守宅基地使用权的取得条件,便于日后管理,且有益于对多元方式流转的甄别和保证法权流转的清晰。其次,宅基地上房屋买卖、宅基地抵押时,权利人若不符合宅基地使用权条件,同样参照宅基地继承的做法进行宅基地法定租赁权登记并支付有偿使用费。最后,秉承鼓励流转、在不损害宅基地所有权并落实其成员资格的前提下,若宅基地使用权或抵押权、房屋所有权等其他物权性权利无法实现时,应保护权利人对宅基地利用的基本状态与合法利益,肯认对宅基地债权性利用即租赁权。从我国有关宅基地使用权的改革实践来看,是存在这种空间的,②但是如何保持与其他权利平衡协调,保证农民集体和地方政府对宅基地利用的管控,则待实践后凝结完善。

(1)申请与重新分配

赋予村民意定申请宅基地的权利,是宅基地成员资格的应然,一定条件下,为落实成员资格、保障村民居住权,集体有义务适时重新分配宅基地。关于宅基地申请和审批,《民法典》和《土地管理法》并未明文,但在地方有关宅基地管理办法中基本是必备章节,应吸收其中可操作的实践之规则,在具体条文表述上采取"列举+一般"的例示法,照应地方经济社会的差异性。

宅基地申请制度,包括申请主体、申请条件和申请程序等内容。关于申请主体,现行规范并无统一规定,地方拟定的施行办法大多数使用"农村村民申请宅

---

① 2008年7月《国土资源部关于进一步加快宅基地使用权登记发证工作的通知》(国土资发〔2008〕146号)明确指出:"除继承外,农村村民申请第二宗宅基地使用权登记的,不予受理。"

② 地方已有允许宅基地使用权和地上建筑物一同出租的实践。参见《大理市农村宅基地流转管理办法(试行)》第8条。

基地"的类似表述,①也有部分明确规定"户"有权向农民集体申请宅基地②。本书认为,应当将"户"作为宅基地使用权的申请主体。理由有三:一是基于法定的"一户一宅"原则,"户"之单位就是宅基地的需求主体。二是基于现实可行性,农村承包经营户制度已被《民法典》肯认,且地方宅基地管理办法中对"户"也有比较明确且可行的规定③,以"户"为宅基地使用权主体与农村承包主体相比并不存在现实障碍。三是源于法律机理,将"户"作为宅基地申请主体,既可实现"户"的民事主体地位,为"户"之意思形成提供制度途径,也不排除兼顾维系农民集体成员在欲成立"户"的前提下申请宅基地的权利。关于申请条件,应当明确积极条件和消极条件。积极条件一般指无住房或符合分户条件需要重新申请宅基地、原有宅基地面积未达到法定标准、因排危避险需要搬迁、参加旧村改造且自愿拆除或者交回现有住宅等,宜交由地方结合实际具化。消极条件是宅基地管理和利用的原则和底线,一般指宅基地选址不符合土地利用总规和城乡规划、出卖出租或者以其他形式转让住宅等情形。关于宅基地申请的程序,一般可以纳入宅基地管理与审批的一般程序,拟下文详述。

宅基地的重新分配,是宅基地所有权人主动落实宅基地成员资格利益的义务和途径。《民法典》第 364 条规定在宅基地使用权因自然灾害等原因灭失的情形下,应当为失地农民重新分配宅基地。此条文虽明确了重新分配宅基地的法定情形,但并未对除因自然灾害原因灭失之外的其他合理情形赋予明文。宅基地被征收、因公益目的被农民集体收回、人才引进、华侨回乡定居等其他情形亦非罕见,农民集体也应有意定权,对此应加以照应,列入重新分配的条件中。④

(2)取得的法定程序

为落实宅基地使用权取得的身份(资格)属性和"一户一宅""面积法定"原则,尤其是在宅基地"三权分置"背景下对其统一管理以及流转规范,有必要对

① 参见《休宁县农村宅基地管理办法(试行)》第 16 条、《顺义区农村宅基地管理办法(试行)》第 7 条、《玉溪市宅基地管理办法(试行)》第 13 条、《嵊泗县农村宅基地审批管理办法(试行)》第 7 条等。

② 参见《重庆市大足区农村宅基地管理办法(试行)》第 9 条。

③ 参见《重庆市大足区农村宅基地管理办法(试行)》第 8 条第二款,《嵊泗县农村宅基地审批管理办法(试行)》第 8、10 条。

④ 参见陈小君:《我国涉农民事权利入民法典物权编之思考》,《广东社会科学》2018 年第 1 期。

宅基地使用权取得程序进行法定化构造。宅基地使用权取得的法定程序,主要包括申请、审批和登记三部分。

第一,明确农民集体①的同意权并对审批权进行下放。《土地管理法》第62条第四款是关于宅基地申请审批的规定,其将使用宅基地的审核批准权下放至乡(镇)人民政府,其中涉及占用农用地的,按照该法第44条的规定办理审批手续。这里,依然未照应作为宅基地所有权主体的农民集体在宅基地分配流转中的相应权利。

法理上,所有权人知晓并决定权利客体的处分应无疑问,且解读党的十九大报告和2018年"中央一号文件"等政策,还可进一步明确党和国家高度重视农民集体在落实乡村振兴战略中主体作用;而农民集体对其事务管理的意思表示形成过程,亦即组织实践基层民主的过程,与2018年"中央一号文件"关于"深化村民自治实践"的内容深度契合。虽然现行法律并未明确农民集体在宅基地审批程序中的参与权,但考察近年来各地实践及地方宅基地管理规则,均明确村民申请宅基地的,应当首先向村级集体经济组织提出申请,经由村(居)民会议或者村(居)民代表会议进行审议并将审议结果进行公示后,再行呈交乡(镇)人民政府。② 而在提交给乡(镇)人民政府的法定文件中,《村民小组会议关于同意申请用地建房的会议记录》也是要求之内容。③ 鉴于此,依申请获得宅基地使用权时,农民集体的意志应当成为其法定条件,在其他取得途径中如依照宅基地"三权分置"政策或是通过继承获得的宅基地使用权,也应强调农民集体的意思表示。集体对其的审核签署文件,当是该种权利登记或确认的法定程序。

第二,明确宅基地使用权的登记生效主义。关于宅基地使用权登记效力问题,《民法典》相关内容仅为第365条④,而《土地管理法》亦未涉及宅基地使用权登记,可谓现行法对之付之阙如。2016年《国土资源部关于进一步加快宅基地和集体建设用地确权登记发证有关问题的通知》仅从技术层面强调和安排了宅基地登记的主体、形式、条件和程序,未涉及宅基地登记的效力问题。各地

---

① 以《中华人民共和国民法总则》第96、99条定位定性的"农民集体"为表达。

② 参见《嵊泗县农村宅基地审批管理办法(试行)》第13条、《玉溪市宅基地管理办法(试行)》第16条、《顺义区农村宅基地管理办法(试行)》第9条等。

③ 参见《重庆市大足区农村宅基地管理办法》第13条。

④ 《民法典》第365条规定:"已经登记的宅基地使用权转让或者消灭的,应当及时办理变更登记或者注销登记。"

"宅基地管理办法"中均有宅基地登记规定,但受限于上位法的未作为,这些管理文件或地方性法规对宅基地登记的效力避之不谈。作为一项重要的地上用益物权,宅基地使用权登记究竟采登记生效还是登记对抗主义的问题竟未有法律明文规定,甚为不妥。在 2007 年原《物权法》制定时,有学者主张在以本集体经济组织成员为交易主体的封闭流转市场中,由于交易双方获取对方信息十分容易,信息也相当准确而廉价,宅基地使用权采取登记对抗主义足矣。① 此去经年,该种观点在城乡统一建设用地市场构建以及宅基地"三权分置"的现实导向下,登记对抗主义缺乏说服力,而传统以占有为公示途径的方式更是无以反映宅基地上权利的真实样态。

宅基地使用权采取登记生效主义的必要性和重要性可从多维度阐释。其一,不动产权利的发生、变更与消灭一般均以登记为公示手段,通过公示产生公信力,从而获得有力保护。② 其二,在构建城乡统一建设用地市场以及贯彻城乡融合发展的制度目标下,城市建设用地使用权及其上房屋所有权、农村宅基地使用权及其上房屋所有权没有理由分而治之,理应统一采登记生效主义。其三,宅基地使用权登记是贯彻村民宅基地成员资格的基础起点。农民集体成员权尚无单独的公示手段,但土地承包权证和宅基地使用权证可作为辅助公示途径。宅基地使用权采登记生效主义,通过村集体同意、登记机关确认,可以充分明确享有宅基地资格的权利主体,起到宣示和保护宅基地成员资格的作用。同时,在宅基地使用权登记时对登记权证上"权利其他情况/其他"一栏进行特殊处理,可以有效区分并标识基于成员资格获得的和通过其他路径获得的宅基地使用权。而这种特殊标识,也是在村民宅基地上权利负担消灭后,农民集体对该项宅基地进行后续处理的历史依据。其四,最为重要的,对宅基地使用权采登记生效主义,是应对宅基地流转中复杂权利交易和演变过程的需要。强制性的宅基地使用权登记,可以明确宗地上对世权的数量和真实状态,有效追踪宅基地的流转状态,为统一城乡建设用地市场构建配套的公示渠道,确保宅基地使用权赋权有据、流转有序、救济有力。

---

① 参见高圣平、刘守英:《宅基地使用权初始取得制度研究》,《中国土地科学》2007 年第 2 期。

② 参见陈小君、蒋省三:《宅基地使用权制度:规范解析、实践挑战及其立法回应》,《管理世界》2010 年第 10 期。

（三）宅基地使用权流转开禁及其实现①

虽然现行法并未规定和倡导宅基地流转,但在各地实践中对于宅基地能否流转政策不一②,而支持宅基地流转的力度和范围也大有不同③。在 2018 年"中央一号文件"提出宅基地"三权分置"政策安排并要求"适度放活宅基地和农民房屋使用权"背景下,以彰显农房和宅基地使用权经济价值为目的的流转难以抑制,为此,因应流转开禁的现实正是流转规则设计时的关键所在。

1. 严格限制转让的情形

从现有法律规定来看,宅基地使用权严格禁止对外转让,国家在近年作出宅基地"三权分置"的政策部署,提出要适度放活宅基地使用权,其中所言"适度"有提示和警醒立法谨慎作为之意。但立法规制如何把控放活、如何表达适度是关键所在。已有的宅基地使用权放活的形式主要有三种:一是农民之间的宅基地使用权买卖或互换,即同一农民集体经济组织内的农民之间流转宅基地使用权,此在法律规定和实际操作中问题并不大,但可否进一步扩大转让范围则是现实难题。宅基地制度试点改革中,部分地区其转让范围拓展至县(市)域范围内的村集体经济组织成员④或同一乡(镇)、办事处辖区内符合宅基地申请资格条件的农村村民。⑤ 二是将宅基地使用权转化成集体经营性建设用地使用权后突破了受让人身份限制,受让人在一定年限(如 70 年)内享有权利转化后的建设用地使用权,同时一次性缴纳土地所有权收益金。此种做法以浙江金华市义乌市、贵州遵义市湄潭县为代表。⑥ 三是以四川泸州市泸县为代表的社会主体与

---

① 参见陈小君:《宅基地使用权的制度困局与破解之维》,《法学研究》2019 年第 3 期。

② 现有试点中有认可宅基地使用权可以直接进行流转的,如上海、重庆、成都等地;也有在试点文件中明确禁止宅基地使用权流转的,以烟台、昆明等地为代表。参见黄忠:《城乡统一建设用地市场的构建:现状、规模与问题分析》,《社会科学研究》2018 年第 2 期。

③ 如《关于上海市农村集体土地使用权流转的试点意见》之"二、土地流转的主要方式"仅允许以置换范式进行宅基地流转;《成都市集体建设用地使用权流转管理暂行办法》第 32 条仅支持"通过房屋联建、出租等方式"流转宅基地;相较而言,《重庆农村土地交易所管理暂行办法的通知》第 9 条"交易方式"则规定"农村宅基地及其附属设施用地使用权交易,可以采取出租、转让、转租、入股、联营等方式"。

④ 参见《浏阳市农村宅基地使用权流转管理办法(试行)》《青海西宁市湟源县县农村宅基地使用权流转管理办法(试行)》《伊宁市农村宅基地使用权流转管理办法(试行)》。

⑤ 参见《大理市农村宅基地使用权流转管理办法(试行)》第 7 条第五款。

⑥ 参见《义乌市农村宅基地使用权转让细则(试行)》第 16 条、《湄潭县综合类集体建设用地分割登记入市工作方案》。

农户共享宅基地使用权的形式。① 即由农户提供宅基地使用权,社会主体提供资本,二者共建共享居住、商住或经营,建成后的不动产统一颁发宅基地使用权和房屋所有权一体的不动产权利证书。

对于第一种形式,其对宅基地使用权的取得之身份限制在县域范围内有突破,但是限度较紧且无法充分吸收社会资本;对于第二种形式,其将地性转换,虽然规避了现行法律禁项,但会存在宅基地流失、侵蚀耕地的系列不确定风险;对于第三种形式,特点鲜明,突出表现为农户此时并不退出宅基地使用权,而是与社会主体按照协议共享房屋所有权、宅基地使用权,待期限届满,由农户重新获得完整的宅基地使用权,其协调了充分吸收社会资本和宅基地保护的目的,同时有利于调动农民集体和农民积极性。析之,这种利益兼顾模式在本质与租赁无异,但在农民集体的参与程度与其获利上是一个突破点。

应当指出,在宅基地使用权放活仍处于多试点探索阶段,大开大合的宅基地使用权制度在宅基地流失和耕地保护等方面存在政策风险,谨慎放开宜是理性之道。鉴于此,应当明确宅基地使用权的转让情形和条件,如在同一农民集体内的村民间的转让,以及将流转范围扩大到县域或市域之间,应明确受让方应是农民集体成员;而农民主体和社会主体共享的流转中,则应严格把控宅基地利用的目的、对当地环境的影响和经济发展政策的兼容度,这就需要对关涉三方的转让开发协议做充分的审核和正当性监督,协调好农民集体和农民个体经济利益之衡平。

2.禁止宅基地使用权单独转让、抵押

宅基地使用权和其上农房及其附属物具有紧密的制度关联性,二者共同构成"房地一体"原则下对农民集体土地的权利限制,恰如建设用地使用权与城镇房屋所有权之关系。② 由于现行法禁止宅基地使用权对外流转或作为抵押标的,使得宅基地无法单独成为转让或抵押的标的,意即在流转中宅基地使用权对其上农房具有某种程度的"附随性",此种"附随性"在近年来的流转开禁中亦有明显表现。而关于宅基地其他流转形式,虽未有文件明确要求"房地一体"转

---

① 参见《泸县农村宅基地共建共享暨综合开发的指导意见(试行)》。
② 参见温世扬、潘重阳:《宅基地使用权抵押的基本范畴与运行机制》,《南京社会科学》2017年第3期。

让,但 2018 年"中央一号文件"指出,宅基地使用权的登记形式是房地一体的宅基地使用权确权登记颁证,①从目前地方已有实践来看,同一农民集体内的宅基地上房屋买卖或置换的,宅基地使用权和房屋所有权是绑定转让并进行统一不动产登记。②

在涉及宅基地使用权流转开禁时,仍应明确规定禁止宅基地使用权单独转让或抵押。首先,禁止单独转让或抵押,既是"房地一体"原则的应然之义,也为宅基地流转的进一步开禁留出了通道。其次,宅基地作为农民集体重要的土地资源,如果允许其单独为市场要素,违背现行法基于宅基地使用权的保障功能限制其流转的立法政策,必将损害农民集体和成员的利益。③ 最后,从实际操作来看,在房地一体的宅基地使用权登记制度且宅基地使用权抵押采登记生效主义的前提下,单独对宅基地进行转让或设置抵押权于法律上不具可操作性。综上所述,禁止之,对减少无效交易中的资源浪费,防止因此引发社会不安定因素,深有意义。

3. 宅基地法定租赁权的制度设计

依前所述,宅基地流转开禁中需要面临重重制度障碍。虽然已有宅基地"三权分置"政策,但是宅基地使用权如何在现行制度基础上与成员资格分离,且分离后的宅基地使用权属性、实现形式、权利范围和实际操作中的实体和程序规则制定,短时间内都无法达成统一。从落实"适度放活宅基地和农民房屋使用权"的要求来看,多样化的权利形式可以加速实现这一目的,其中,宅基地法定租赁权应是重要的权利形式和相对优化的制度安排。

明晰取得或适用宅基地法定租赁权的情形。因法定租赁权的"租赁"是针对宅基地而言,在"房地一体"原则下,房屋所有权人本应可以取得房屋所在土地使用权,但因受制于宅基地使用权的社保功能限制而呈现"房地分离",因此,

---

① 参见 2018 年"中央一号文件"第"九、推进体制机制创新,强化乡村振兴制度性供给(二)深化农村土地制度改革"部分。
② 如《大理市农村宅基地流转管理办法(试行)》第 8 条第二款明确指出:宅基地使用权不得单独出租,必须有地上建筑物并和地上建筑物一起出租;《浏阳市深化统筹农村土地制度改革三项试点"五大行动"工作方案》也明确,农房不动产确权登记必须遵循"房地一体("先地后房""房随地走",做到房地权利主体一致)"的原则。
③ 参见陈小君:《我国涉农民事权利入民法典物权编之思考》,《广东社会科学》2018 年第 1 期。

在房屋所有权人无法取得宅基地使用权时便可依法设立宅基地租赁权。但此种租赁权取得条件需严格法定,主要存在以下几种情形:一是宅基地继承人通过继承方式取得农房所有权,但其无宅基地成员资格或已经拥有一套宅基地但继承农房后宅基地超过法定面积的;二是在农房买卖或赠与中,买受人、受让人无宅基地成员资格或获得农房后宅基地超过法定面积的;三是在抵押权实现后取得农房所有权,抵押权人无宅基地成员资格或取得农房所有权后宅基地超过法定面积的;四是通过其他方式获得农房所有权但无法享有农房所在宅基地全部或部分使用权资格等情形。

规制宅基地法定租赁权的期限条件。《民法典》规定租赁合同期限不得超过 20 年,有学者主张法定租赁期限不受《民法典》合同编 20 年最长期限限制,但是新的房屋所有权人不能通过改建或其他增强房屋质量的方式以延长房屋使用期限。① 从保护不动产所有权和居住权来说,该种观点保持了理性的清醒因而具有一定优势。但是如何平衡农民集体、宅基地使用权人和房屋所有权人之间的利益,似可参照城市房屋产权期限的做法,先预设 20 年的最长期限,进行一段时间的试点实践再行安排。

具化法定租赁权的效力法则。法定租赁权的效力主要体现在农民集体、宅基地所使用权人、法定租赁权人三者之间:法定租赁权人即农房所有权人有权在农房的通常耐用年限内租赁宅基地并支付租金;此时宅基地使用权属于休眠状态,农民集体和宅基地使用权人不得主张收回宅基地但可分别提取收益金和租金;租赁期限届满,视宅基地上权利限制消灭时原宅基地使用权人的权利状态,决定宅基地是复回原宅基地使用权人还是收归农民集体。关于宅基地租赁使用费的缴纳义务主体、缴纳标准等事项,不宜采"一刀切"的划一规定,需根据日后各地不同实践明确要件之细则。同时,考虑试点地区业已出现,部分非成员主体取得宅基地并得到村集体肯认的,如果强制以有偿方式取得占有、使用宅基地的权利,与村集体和宅基地使用者真意不符。为此,除了前述应当赋予农民集体对人才引进等特殊情形是否列入重新分配条件的意定权之外,此处也应赋予农民集体意定权,通过成员大会的形式自主决定对部分主体,如对集体贡献较大,特

---

① 参见刘凯湘:《法定租赁权对农村宅基地制度改革的意义与构想》,《法学论坛》2010 年第 1 期。

殊人才返乡等,免除其租赁费用。

确定法定租赁权的消灭要素。宅基地法定租赁权的消灭主要以宅基地上建筑物使用寿命截止为原因,其间法定租赁权人仅可以维持农房正常使用为目的对其进行修缮而不得通过改建或增强质量的方式延长建筑物寿命。其他不可抗力如地震、泥石流等原因导致的宅基地灭失的情形,一般法定租赁权也随之消灭。此外,法定租赁权人闲置农房达到法定期限,农民集体也可收回宅基地而使法定租赁权消灭。

4. 宅基地上房屋买卖的"开禁"及权利实现

仍是受制于"房地一体"原则和宅基地使用权的身份属性限制,农民集体以外尤其是城镇人员购买农房的效力问题,成为近年来社会现实和司法实务面临的困惑。《民法典》《土地管理法》并未正面涉及农房能否对外流转的问题,只能从《土地管理法》第62条第五款①规定的反面解释中得到其并未硬约束之含义。而明确禁止农房对外流转的则是国务院及其有关部门颁发的"决定""通知""意见"。如原国土资源部2004年的《关于加强农村宅基地管理的意见》②,2007年12月国务院办公厅《关于严格执行有关农村集体建设用地法律和政策的通知》③,原国土资源部2008年7月的《国土资源部关于进一步加快宅基地使用权登记发证工作的通知》④,2013年原国土资源部、住房和城乡建设部《关于坚决遏制违法建设、销售"小产权房"的紧急通知》⑤。虽然禁止城镇居民购买农房的规定仅限于政策层面,但定下了"农房不得对外流转"的基调,使得现实中农房买卖

---

① 《土地管理法》第62条第五款规定:"农村村民出卖、出租、赠与住宅后,再申请宅基地的,不予批准。"

② 《国土资源部印发〈关于加强农村宅基地管理的意见〉的通知》(国土资发〔2004〕234号)规定:"严禁城镇居民在农村购置宅基地,严禁为城镇居民在农村购买和违法建造的住宅发放土地使用证。"

③ 《国务院办公厅关于严格执行有关农村集体建设用地法律和政策的通知)》(国办发〔2007〕71号)规定:"农村住宅用地只能分配给本村村民,城镇居民不得到农村购买宅基地、农民住宅或'小产权房'。"

④ 《国土资源部关于进一步加快宅基地使用权登记发证工作的通知》(国土资发〔2008〕146号)明确指出:"严格执行城镇居民不能在农村购买和违法建造住宅的规定。对城镇居民在农村购买和违法建造住宅申请宅基地使用权登记的,不予受理。"

⑤ 《国土资源部办公厅、住房城乡建设部办公厅关于坚决遏制违法建设、销售"小产权房"的紧急通知》(国土资电发〔2013〕70号)强调:"近年来,国务院有关部门多次重申农村集体土地不得用于经营性房地产开发,城镇居民不得到农村购买宅基地、农民住房和'小产权房'。"

困境重重。一方面,农房对外流转有着较大市场需求,调研显示,在购买农房主体中,本村村民和非本村人各占 48.3% 和 51.7%,其中城镇居民的比例高达43.1%。① 另一方面,除了购买的农房无法办理不动产登记外,司法实务中农房对外买卖合同存在被判无效的风险。如此,使得农村内部无法形成消耗农房存量的需求、而外部需求又没有制度保障下加剧了农房和宅基地闲置的现状,农民财富积累的途径可能被强行阻断,也为农房买卖中的道德危险行为提供了合法借口。②

但实际中,农房对外流转的制度障碍并不存在。一方面,从农房买卖合同效力上来看,在法律、行政法规并无效力性禁止性规定的情形下,不得以国务院及其部委的政策性文件作为宣布买卖合同无效的依据。因此,现行农房对外流转的困境并非合同效力而是合同履行问题:即难题是"房地一体"及不动产统一登记情况下村民以外主体可以取得房屋所有权却无法办理宅基地使用权登记或土地使用权登记。另一方面,从宅基地制度改革的政策内容来看,"适度放活宅基地和农民房屋使用权",明确的是"严格禁止下乡利用农村宅基地建设别墅大院和私人会馆",前者为农房对外流转做出了制度突破,后者为其他用途的农房买卖提供了政策空间。

综上可见,农房流转开禁并不存在绝对的制度障碍,关键是如何实现本村村民以外主体购买农房后对农房所在宅基地的合法利用。首先,宅基地使用权的分离和放活,使得宅基地使用权可以在一定程度上突破身份限制。农民集体以外的社会主体,若符合当地的开发政策并履行一定程序,可以直接获得宅基地使用权和农房所有权。此点至少在上文所述的四川泸州市泸县社会主体与农户共享宅基地使用权的形式中已得到实现。其次,宅基地有偿使用制度即宅基地法定租赁权的建立可以充分解决农房所有权实现问题。对于无法取得宅基地使用权的农房购买主体,其可以依法享有对宅基地的租赁权,在房屋使用寿命期限内依法享有对宅基地占有、使用的权利,向农民集体缴纳租赁使用费。而在可以办理不动产登记时,由登记机关为其颁发房屋所有权和宅基地法定租赁权权证,以此可纾解农房买卖合同的履行和农房所有权实现的困境。

---

① 参见赵俊臣:《试点宅基地流转的四大难题》,《中国社会科学报》2015 年 5 月 11 日。
② 参见王卫国、朱庆育:《宅基地如何进入市场——以画家村房屋买卖案为切入点》,《政法论坛》2014 年第 3 期。

5.宅基地抵押权设置与实现的若干要点

同前解读,宅基地使用权之抵押权困境的实质是在抵押权人实现抵押权时如何顺利获得农房所有权并实现对宅基地的合法合理利用。以《两权抵押试点意见》为引领的各地农房抵押试点政策,对宅基地抵押权人及农房受让人的范围在某种程度上仍趋于保守,其症结在于宅基地有偿使用这一基础性也是农房和宅基地抵押权实现关键的制度尚未建立。总的来说,宅基地使用权抵押规则应符合一般抵押规则并根据宅基地的独有属性和政策背景嵌入特殊规则。

宅基地使用权抵押的设立和生效。其一,宅基地使用权不得单独抵押而仅得随其上农房一并抵押,此毋庸赘言。其二,宅基地抵押权的设立,需得征求宅基地所有权人即农民集体的同意,①且由于宅基地承载着保障农民居住权的重要功能目的,设置宅基地使用权抵押必须先由村民提供其拥有其他适当居住场所和稳定生活来源的证明,承诺设定抵押的房屋在依法偿债后不得再次申请。其三,关于抵押权人的范围,目前试点仅限于金融机构,虽然在试点阶段可以有效降低政策开放带来的负面效应,但是对宅基地使用权尤其是农房流转市场及公平价格的形成不利,下一步应考虑逐步放开抵押权人范围至自然人及法人且不限于本农民集体内。其四,宅基地使用权抵押必须经登记方可生效,此点与不动产统一登记要求下农房抵押权的生效规则同步。

宅基地使用权抵押权的实现路径。因宅基地使用权及其农房与成员资格相关,使得其实现时路径和范围具有一定封闭性,也直接缩小了抵押权人的范围。而前述以宅基地法定租赁权为核心的有偿使用制度则可以有效突破宅基地及农房交易流转条件的限制,为多样化的宅基地使用权抵押权实现路径扫除后顾之忧。因此,宅基地使用权抵押权的实现可采取不动产抵押权实现的通用规则,即折价、变卖、拍卖等,根据农房所有权的最终获得者是否享有宅基地成员资格,区别获得宅基地使用权或宅基地法定租赁权。

宅基地及农房的受让人范围。实践中,关于受让人的范围各地规定不一,有

---

① 在此次农房抵押试点中,各地基本上要求事先获得农民集体的书面同意。参见《成都市农村房屋抵押融资管理办法(试行)》第5条第一款第一项、第7条第六项;《湖州市农村住房抵押借款暂行办法》第9条第六项;《铜陵市农村房屋抵押融资管理办法》第7条第七项;《温州市瓯海区人民政府办公室关于开展农房抵押贷款试点工作的实施意见》等。

的地区将受让人限定于本集体经济组织成员;①有的地方规定应优先在集体经济组织内处置,不能处置的,由政府指定的有关机构收购;②有的地方将受让人扩大到包括一定范围内的农业户籍人员在内;③有的已将宅基地使用权变更为集体建设用地使用权,受让人的范围也没有了限制。④ 有政府官员指出,限定受让人的范围,实际上降低了农民住房财产权的实际价值,也使得抵押物的市场化处置存在不确定性。从试点看,受让人的过度限制,必然阻碍房屋和宅基地的流转量。⑤ 若引入宅基地法定租赁权制度,农房流转摆脱了身份限制,自然可开放宅基地及农房的受让人范围,从而建立起更加公平的竞价机制。此外,无论受让人范围如何拓展,应当明确在同等条件下,本集体经济组织及符合购买条件的成员享有优先购买权,是农民集体宅基地所有权和农民集体成员权的权能体现。

(四) 宅基地使用权消灭之收回机理、退出机制和回复路径⑥

无论是还原得丧变更的完整法权生命周期,还是解决宅基地浪费与闲置并存的不合理利用现状、提高宅基地利用率、加快发挥宅基地经济价值,均需规定宅基地使用权消灭制度。从宅基地使用权消灭的原因来看,主要包括收回和自愿退出两种情形,同时在逐渐放活宅基地使用权的时代背景下,当宅基地上权利负担消灭时,理应明确村民基于成员资格而应有的宅基地使用权的复得路径。

1. 宅基地使用权收回制度的公平机理

宅基地使用权收回是农民集体宅基地所有权权能之一,是进一步整理宅基地、促进宅基地合理利用的制度工具。虽然现行法未规定其回收制度,但早在1989 年国家土地管理局为执行《土地管理法》发布的《关于确定土地权属问题的

---

① 参见《湖州市农村住房抵押借款暂行办法》第 20 条第三款。

② 参见《重庆市高级人民法院关于为推进农村金融服务改革创新提供司法保障的意见》第11 条。

③ 参见《中共乐清市委关于加快推进农村改革发展的实施意见》(乐委〔2009〕4 号)、《温州市瓯海区人民政府办公室关于开展农房抵押贷款试点工作的实施意见》(温瓯政办发〔2014〕84 号)。

④ 参见《成都市农村房屋抵押融资管理办法》第 17 条。

⑤ 参见林依标:《农民住房财产权抵押、担保、转让的思考》,《中国党政干部论坛》2014 年第 9 期。

⑥ 参见陈小君:《宅基地使用权的制度困局与破解之维》,《法学研究》2019 年第 3 期。

若干意见》中第 18 条就明确空地及房屋坍塌或拆除后两年以上仍未恢复使用的土地应当由县级以上人民政府收回土地使用权。① 地方制定的"土地管理条例""土地管理法实施细则",尤其是各地近年日趋完善的"农村宅基地管理办法"中宅基地收回制度更是标配。《土地管理法》修正案第一次征求意见稿(第 65 条第六款)曾一度规制宅基地收回问题,但因受到学者诟病为"重公法轻私法"的行政监管,修正案第二次征求意见稿未再规定此收回规则,也未提及或留下制度接口。从保护土地资源、贯彻"一户一宅"原则、维护集体经济组织成员之间的公平、防止宅基地长期外流,尤其是构建完整宅基地使用权制度的角度而言,未来立法应对宅基地使用权收回制度予以确定性回应。同时,为保障宅基地成员资格和农民房屋财产权,基于公平机理应对宅基地使用权收回制度作出适当限制:一是宅基地使用权收回应采严格的法定主义,不符合法定条件和程序的不得强制收回。二是要明确并限定收回条件。从目前实践看,其收回条件以原因为标准可分为公益性收回、惩罚性收回和身份丧失性收回。公益性收回如乡镇、村庄规划需要调整或其他公益事业需要占用宅基地;②惩罚性收回即使用权人闲置达到一定年限或私自改变宅基地用途的;身份丧失性收回即使用权人因迁居丧失农民集体成员身份时农民集体可以主动收回,同时农民集体因城镇化发生组织形态改变的,整个农民集体的宅基地也应当由政府收回。③ 三是程序限制,④即宅基地使用权的收回除了需经农民集体通过民主程序表决外,还应当经原批准用地的人民政府审核等。四是在公益收回的情形下应当给予原宅基地使用权人合理补偿,同时在各种收回过程中均要切实保护宅基地使用权人的农房所有权并依法补偿。

---

① 《关于确定土地权属问题的若干意见》于 1995 年被国家土地管理局颁布的《确定土地所有权和使用权的若干规定》(国〔1995〕国土籍字第 26 号)取代,其第 52 条对在承袭前者规定的基础上进一步细化,明确指出收回对象为宅基地且收回主体为农民集体:"空闲或房屋坍塌、拆除两年以上未恢复使用的宅基地,不确定土地使用权。已经确定使用权的,由集体报经县级人民政府批准,注销其土地登记,土地由集体收回。"

② 如《滨州市农村宅基地管理暂行办法》第 17 条第一、二款分别规定下列情形可以收回宅基地:"(一)为实施村庄规划进行旧村改造需要调整住宅,新房建成后,逾期无正当理由不拆除旧房、退出原宅基地的;(二)因公共设施和公益事业建设等原因确需占用宅基地的"。

③ 如《苏州市宅基地管理暂行办法》第 16 条就明确"如两年内该宅基地所属的村民小组建制被撤销的,由政府收回该宅基地的土地使用权"。

④ 参见耿卓:《宅基地使用权收回的流程规范》,《交大法学》2018 年第 4 期。

2. 回应农地制度改革实践的有偿退出机制

探索宅基地有偿退出机制,除了具有促进土地集约节约利用、保障新型城镇化顺利进行、推进扶贫攻坚和生态移民①的意义外,其相较于流转、回收制度的实施而言,更具有低实施成本、高潜在收益的制度优势:一方面,宅基地退出并未触及宅基地基本的制度安排,仅仅是针对其处分权能的完善,加之涉及的权益主体相对较少且遵循自愿原则,形成矛盾较易处理而农户利益亦可得到充分保障,其制度设计成本和运行成本相对较低。另一方面,退出的有偿性增强了农民的退出意愿并为其提供了进城资本,农民集体也借由该过程强化了其作为集体所有权行使的主体性地位,政府亦是盘活了农村宅基地资产、解决了城市建设用地紧张的问题,可谓是同时实现了农民、农民集体、政府的多方利益诉求。② 对相关文献耙梳发现,国家自 2000 年以来先后出台了多项关于宅基地退出制度安排,尤其在 2012 年以后一些包含宅基地退出的政策性或指导性文件开始密集出台,③这说明我们已经逐步意识到建立宅基地有偿退出的重要性。在此基础上,由于宅基地有偿退出机制尚无统一制度性安排和细化路径,各地有偿退出机制相异且呈特色,如上海市宅基地置换模式、浙江嘉兴的"两分两换"模式、天津市的"宅基地换房"模式和重庆的"地票"模式等。区域土地资源稀缺性、土地流转稳定性、农村社会保障稳定性和非农就业机会大小等多种因素决定了不同退出模式差异性必然存在。④ 因此,现阶段宅基地有偿退出制度宜粗不宜细,应在把握原则性共性规则下交由地方展开有益探索。

针对宅基地有偿退出机制的立法进路,《土地管理法》增加了宅基地有偿退

---

① 参见胡汉兵:《宅基地退出当有偿自愿》,《中国国土资源报》2014 年 5 月 16 日。

② 参见黄健元、梁皓:《农村宅基地退出制度的源起、现实困境及路径选择》,《青海社会科学》2017 年第 6 期。

③ 如 2012 年的《国务院办公厅关于积极稳妥推进户籍管理制度改革的通知》明确,"农民的宅基地使用权和土地承包经营权受法律保护,现阶段农民工落户城镇是否放弃宅基地和承包的农地,必须完全尊重农民本人的意愿,不得强制或变相强制收回";2015 年的《关于农村土地征收、集体经营性建设用地入市、宅基地制度改革试点工作的意见》提出要"探索进城落户农民在本集体经济组织内部自愿退出或转让宅基地";同年的《深化农村改革综合性实施方案》进一步明确要"在保障农户依法取得的宅基地用益物权基础上,改革完善农村宅基地制度,探索宅基地使用制度和自愿退出机制"。

④ 参见上官彩霞、冯淑怡、吕沛璐、曲福田:《交易费用视角下宅基地置换模式的区域差异及其成因》,《中国人口·资源与环境》2014 年第 4 期。

出内容①,即"国家允许进城落户的农村村民依法自愿有偿退出宅基地,鼓励农村集体经济组织及其成员盘活利用闲置宅基地和闲置住宅",使得本条避免了原草案中拖泥带水而又理不清的所谓集体"回购"问题。从"国家鼓励"的表达可以看出该规定的宅基地有偿退出是着眼于管理而非从农地物权视角设计的权利构造,而单纯的"进城居住"显然无法涵盖所有宅基地退出的场景。因此有必要对《土地管理法》中宅基地有偿退出的表述作出修正外,落脚点仍应在未来修法时规定宅基地使用权有偿退出以补全这一私权"得丧变更"的完整制度体系。

把握宅基地有偿退出的基本原则:其一,在是否退出的选择和退出补偿的确定上,均须一并遵循自愿的原则,禁止对农民强制;其二,退出后的宅基地利用须坚持合理利用原则。明确对于回购的宅基地应以复垦为主,确保宅基地、农地和农村人口间的生态平衡,因地制宜的兼顾再分配、发展用地和其他产业用地,制定合理的利用规划并做好用地监督。

3. 落实基于宅基地成员资格的使用权复得路径

无论是现行法律规定还是理论研究,对于村民丧失宅基地使用权后但符合条件的复得路径鲜有关注。但实践中该种复得制度存在现实需求,尤其是在中央提出稳定宅基地资格权、放活宅基地使用权的政策背景下更有探讨意义:村民让渡宅基地使用权后基于法定或约定原因,原有宅基地上权利负担灭失,该宗宅基地是一律收归集体所有还是可回归到原宅基地所有权人? 更进一步,村民与社会主体关于负担消失后直接由村民收回宅基地使用权的约定可否得到法律支持? 自法理分析,若村民享有宅基地成员资格,便存在向农民集体主张分配宅基地的可能,农民集体亦负有分配的义务,而若村民符合分配条件,复得先前的宅基地亦不违反法律规定。从现实需求来看,中央所作的宅基地"三权分置"、放活宅基地使用权的政策安排,稳定和落实宅基地成员资格是必然,只有村民对未来的经济利益和居住权益的期待能够得以满足,才有可能积极参与宅基地流转。因此,应承认并探求宅基地使用权的复得路径。

(1)村民在宅基地灭失或被征收等情形下的重新分配请求权

此问题已被宅基地的申请与重新分配制度囊括,但在自愿退出的情形下,村

---

① 《土地管理法》第62条第六款规定:"国家允许进城落户的农村村民依法自愿有偿退出宅基地,鼓励农村集体经济组织及其成员盘活利用闲置宅基地和闲置住宅。"

民能否再次申请宅基地？盖因宅基地涉及村民的居住保障，法律须予以重视并明确。

（2）宅基地流转中村民转让宅基地使用权后的复得问题

就此，现有实践做法不一。依前文述及如在浙江金华市义乌市和贵州遵义市湄潭县试点实践中，将宅基地转化成集体经营性建设用地进行流转，农户随即彻底退出了所交易土地对应的宅基地使用权，即便受让者（社会主体）所享有的土地权利因期限届满而灭失，土地回归至土地所有者而与原交易农户无关。而在四川泸州市泸县实施的社会主体与农户共享宅基地使用权模式中，农户并不丧失交易对应的宅基地使用权，待受让者享有的土地权利因期限届满而灭失后，农户的宅基地使用权回复至圆满状态。① 两种模式相异，盖与其对宅基地用地性质予以转化有关，义乌与湄潭的宅基地"放活"的转化因改变了宅基地用地属性，存在减少宅基地用地储备、危及耕地安全的弊端。而泸县的做法既有现实需求更利于充分保障村民宅基地资格利益，调动宅基地使用权流转积极性。综合分析，宅基地使用权经转让待权利限制消除后原村民可否复得宅基地使用权，应以其是否具有农民集体成员资格为基础，再统筹考量其他因素：依据法律规定转让宅基地使用权后仍为集体成员的，不得再行申请宅基地，但其宅基地成员资格予以保留；转让宅基地后退出集体经济组织的，其宅基地成员资格消灭，受让人权利灭失后，宅基地收归集体；转让宅基地使用权但仍为集体经济组织成员的，受让人权利灭失后，宅基地成员资格享有者可否复得转让的宅基地，除了考察宅基地使用权转让类型和转让双方的约定外，还应考察其是否符合宅基地分配条件，如有无宅基地、宅基地是否超出法定面积等具体情形。

三、与集体经营性建设用地入市联动协调的规则线索

"农村改革既是中国整体经济改革的时间起点，也是其逻辑起点。中国改革的渐进性特征、内在的逻辑推进过程和利益博弈关系，都已经蕴涵在农村改革之中。"② 具体至"三块地"改革，各方主体间的利益博弈，改革内在的逻辑推进也十分明显。

"三块地"改革试点中，显化宅基地经济价值的改革意蕴，使其与集体经营

---

① 参见宋志红：《宅基地"三权分置"的法律内涵和制度设计》，《法学评论》2018 年第 4 期。

② 蔡昉：《中国农村改革三十年——制度经济学的分析》，《中国社会科学》2008 年第 6 期。

性建设入市形成单边转换态势。但从两个制度必然涉及的多元主体利益角度看,此番"混淆依托、单边转换"的经验运作,必然导致政府和村集体对"一户一宅"审批更加严苛,对户有所居问题解决的内在积极性不断减弱,甚至转换出灰色地带的大批民宿建设代替小产权房运行等问题。

为此,农村宅基地制度和集体经营性建设用地入市联动应当形成双边转换机制,既要关注土地经济价值的有效实现,也要关切农民居住保障需求,其具体规则线索如下:

制度统筹联动中需明晰宅基地入市的规则要点;构建集体建设用地向宅基地地性转换规则框架。

(详见本编第六章"以统筹联动为改革逻辑的实践图谱及其制度完善"的相关内容)

第四章　健全公平合理的土地
增值收益分配制度

　　土地增值收益分配制度改革是"三块地"改革的主要内容，贯穿始终，覆盖全领域，是土地改革联动机制之一。本书在开展"三块地"改革试点全域调研中，收集整理了与土地增值收益分配制度改革相关政策性文件 60 余份，土地增值收益分配专题报告 20 余份。这些文件和报告凝聚着试点地区的实践经验和治理智慧，反映出土地增值收益分配制度的一些不足，以及地方政府和相关利益主体在土地增值收益分配立法中的政策预判和权利期待。对试点地区实践模式进行归纳梳理，总结提升其制度经验，为正式立法提供普遍适用并能达到规范目的的样本，是试验立法题中之义，也是本书所致力达成之目标。

　　调研发现，"三块地"改革中土地增值收益分配形成特定模式，折射出土地增值收益分配制度构建的共性难题。首先，征收转用中存在将征地补偿安置费用作为或者排除出土地增值收益的两种方式，体现出对征收转用中土地增值收益内涵认识的分歧。其次，入市土地增值收益调节金依征收基准和设定比例分为不同模式，入市收益在集体与成员间分配亦存相异样态，入市土地增值收益调节金征收困境凸显。最后，宅基地增值收益分配尚未形成有效样本，表现为增值收益渠道多元、收益分配比例不统一等。未来农村土地制度改革的攻坚和深水区均在土地增值收益分配制度上，应当秉持以人民为中心的发展理念，赋予农民集体土地发展权，使农民和集体可得分享改革发展成果，推进实现共同富裕。

第一节　"三块地"联动改革中土地增值收益分配实证全貌

我国于 2015 年启动本轮农村土地制度改革前,土地增值税作为调节土地增值收益分配的制度工具,仅针对转让国有土地使用权、地上的建筑物及其附着物(以下简称"房地产")的单位或个人征收,即仅在土地二级市场征收。于土地一级市场,集体土地用途受到严格管控,农用地转变为建设用地需履行审批手续。建设用地的市场化供给采用国有土地一元模式,集体土地唯有经过征收转变为国有土地,方能进入市场从事建设活动并转让其上房地产;集体土地使用权连同其上建筑物、构筑物流转受到严格限制,①因未形成完全市场价格而几乎难言有增值收益。与此同时,农村土地征收补偿适用原产值标准,补偿的目的在于使农民财产权益恢复到未征收之前的状态,即保障原有生活水平不降低,集体土地转变为国有并因用途转变而产生的增值收益几乎全被国家代表的公共利益所吸收。可以认为,在此之前我国土地一级市场并未健全公平合理的增值收益分配制度,改变土地用途和开发建设强度的权力被国家垄断,农民和集体事实上不享有土地发展权。因征地问题积累的社会矛盾日益增多,由此引发的社会冲突时有发生,学界对此展开了诸多有益的讨论,其中不乏重新配置土地发展权以实现土地增值收益公平分配的主张。②

土地增值收益分配制度改革是 2013 年党的十八届三中全会作出的重要部

---

①　1998 年《土地管理法》修订删除城镇非农业户口居民建设住宅可以使用集体所有土地的规定,新增第 43 条"任何单位和个人进行建设,需要使用土地的,必须依法申请使用国有土地……"的规定,新增第 63 条"农民集体所有的土地的使用权不得出让、转让或者出租用于非农建设;但是,符合土地利用总体规划并依法取得建设用地的企业,因破产、兼并等情形致使土地使用权依法发生转移的除外"的规定。该两条在 2019 年修改的《土地管理法》允许集体经营性建设用地有条件入市后被废除。

②　参见何格、刘立、陈明红:《还权优于让利——征地制度改革应有价值取向及实现路径》,《农村经济》2012 年第 8 期;郭亮:《土地征收中的利益主体及其权利配置——对当前征地冲突的法社会学探析》,《华中科技大学学报(社会科学版)》2012 年第 5 期;陈柏峰:《土地发展权的理论基础与制度前景》,《法学研究》2012 年第 4 期;程雪阳:《土地发展权与土地增值收益的分配》,《法学研究》2014 年第 5 期;彭錞:《土地发展权与土地增值收益分配:中国问题与英国经验》,《中外法学》2016 年第 6 期。

署,中共中央办公厅、国务院办公厅于 2015 年发布《"三块地"改革试点意见》,要求在经全国人大授权后暂时调整适用相关法律的 33 个试点县(市、区),建立和完善土地增值收益分配体制机制,包括土地增值收益分配制度改革在内的"三块地"改革正式启动。该项工作历时近 5 年,土地增值收益分配制度改革始终贯穿其中,表现为农村土地征收中的补偿制度改革,集体经营性建设用地入市收益分配,宅基地增值收益分配等。土地增值收益分配制度改革的联动统筹效应初显。

一、征收转用中土地增值收益测算方式

《"三块地"改革试点意见》要求,缩小土地征收范围与允许农民集体经营开发或者直接流转集体经营性建设用地互补并进,一方面,以是否符合公共利益为标准判断是否启动土地征收程序;另一方面,以集体经营性建设用地入市为手段补充由此带来的非公共利益用地缺口。从制度设计而言,非公益目的入市、公益征收各行其是、并行不悖,但事实上,非公益征收已长期存在,在 2019 年《土地管理法》修正实施后,因成片开发划入公共利益范畴,集体经营性建设用地入市和农村土地征收之间仍存在较大张力。为避免入市对征收造成冲击,"三块地"改革要求实现征收与入市增值收益在国家和集体之间的分配比例大体平衡,试点地区一方面以区片综合地价全面取代原产值标准,提高土地征收补偿标准,还通过留地、留物业等方式,完善对被征地农民合理、规范、多元保障机制,提高并科学测算农村土地征收中集体和农民分享土地增值收益的比例;另一方面在《农村集体经营性建设用地土地增值收益调节金征收使用管理暂行办法》(以下简称《调节金暂行办法》)确定的比例范围内,①比照农村土地征收中国家和集体分享土地增值收益的比例,确定集体经营性建设用地入市中土地增值收益调节金征收比例。试点地区对该改革意图的理解有所不同,形成两种模式:一是将征地补偿安置费用算作征收转用中农民集体获得的土地增值收益,二是将征地补偿安置费用排除在征收转用的土地增值收益之外。两种相异模式下测算征收转用中国家和集体分配土地增值收益的比例有所区别。

---

① 参见《财政部 国土资源部〈关于印发农村集体经营性建设用地土地增值收益调节金征收使用管理暂行办法〉的通知》(财税〔2016〕41 号)。

（一）　土地增值收益涵盖征地补偿安置费用

将征地补偿费用作为征收转用的土地增值收益的,如试点的山东德州市禹城市规定,土地增值是指土地利用过程中地租和土地资本价格的增加值,一般由土地使用者对其享有的土地进行有效投资、土地用途的转变、社会经济的发展、土地市场供求关系的变化、规划管制以及政策法规的引导等因素共同引起;依据土地利用形态、参与主体间的法律关系以及不同主体获得土地增值收益的阶段不同,划分为土地征收环节和土地出让环节;在土地征收环节,土地收益主要表现为政府给予农民以征地补偿款,农民和集体获得的土地增值收益为征地补偿安置费用扣减原用途市场价格;在土地出让环节,政府投入成本完善基础设施,通过招拍挂等出让方式将土地出让给土地使用权者,土地受让者通过支付土地出让价款获得土地使用权,在此过程中,政府获得土地增值收益为土地出让成交价款扣减土地开发成本。①　不仅试点实践如是,亦有学者认为:"征地补偿其实就是土地增值收益在政府与农民之间的分配。"②将征地补偿安置费用扣减原用途市场价作为征收转用中农民集体获得的土地增值收益,同时又将征地补偿安置费用作为政府取得土地增值收益的成本予以扣除,在国家征收集体土地出让的整个流程中,征地补偿安置费用是作为总体增值收益构成部分的。内蒙古呼和浩特市和林格尔县、海南文昌市、宁夏石嘴山市平罗县等试点地区亦采取此种测算模式。

（二）　土地增值收益排除征地补偿安置费用

征收转用的土地增值收益排除征地补偿安置费用的,如天津蓟州区规定,土地增值收益是指国有建设用地有偿使用收入扣除征地补偿安置费用及土地开发支出等成本后的收入。该土地增值收益主要由国家取得,目前建立土地增值收益分配制度的目的,是从中截取一部分再分配给集体。天津蓟州区征收转用增值收益的分配形式是留地分配或者货币分配,且分配有前提条件,即一次性征收100亩以上。其中留地分配是按照征地数量的5%留给被征地农民集体,货币补偿以留地分配为基础,也即以本地块实际征收补偿标准乘以留地面积作为货币

---

① 参见《禹城市农村土地征收制度改革工作领导小组关于印发〈禹城市土地增值收益测算暂行办法〉的通知》(禹土改发〔2015〕5 号)。

② 徐晓波:《城市边缘区土地增值收益分配研究——基于罗尔斯分配正义的视角》,《广西大学学报(哲学社会科学版)》2018 年第 6 期。

补偿。① 河北保定市定州市、辽宁鞍山市海城市、吉林长春市九台区、河南新乡市长垣县、四川成都市郫都区、四川泸州市泸县、云南大理州大理市、陕西西安市高陵区均为该模式的典型试点地区。

征收转用中土地增值收益的测算方法不仅直接影响国家和集体在土地征收中分享的增值收益数额,且因为试点地区普遍采用以征收增值收益分配比例倒推入市调节金征收比例的做法,也会影响集体经营性建设用地入市调节金的征收。分阶段分别测算集体和国家获得的土地增值收益,集体所占的比重相对较高,如山东德州市禹城市测算出政府和农民集体在土地征收中获取平均土地增值收益的比例为 65%：35%,②将征地补偿安置费用排除出土地增值收益,测算出集体分配的土地增值收益所占比重相对较低,如辽宁海城市测算的土地征收增值收益国家和集体分配比例为 7：3。③

二、入市土地增值收益调节金征收模式

根据《调节金暂行办法》规定,集体经营性建设用地入市调节金征收,可以净收益为基准或者成交总价款为基准。事实上,改革中允许入市的主要是集体经营性建设存量用地,农民集体的取得成本和开发支出大多已难以核定,因此土地增值收益调节金征收形成以成交总价款为基准和以土地增值收益为基准两种试点模式,其中以成交总价款为基准的发展出以成交亩均单价为标准划定征收比例的创新形式,以土地增值收益为基准的则出现超率累进征收的新颖尝试。

(一) 以成交总价款为基准征收

1. 按成交总价款确定比例征收

根据《农村集体经营性建设用地入市试点实施细则》④,符合条件的集体经营性建设用地在实践中多表现为原乡镇企业用地。乡镇企业用地依农村集体经

---

① 参见《天津市蓟州区土地征收增值收益在农民集体内部分配管理办法(试行)》(蓟州政发〔2017〕11 号)。

② 参见《禹城市土地增值收益分配总结报告》。

③ 参见《海城市人民政府办公室关于印发海城市土地征收增值收益核算分配使用管理暂行办法的通知》(海政办〔2018〕19 号)。

④ 参见《中共中央办公厅 国务院办公厅印发〈关于农村土地征收、集体经营性建设用地入市、宅基地制度改革试点工作的意见〉的通知》(中办发〔2014〕71 号)附件 2。

济组织申请,经有关机关审核批准后无偿使用,无取得成本,开发支出亦大多难以核定,在以就地入市为主的试点地区大多按照成交总价的一定比例征收土地增值收益调节金;在此基础上,又依据区位、入市方式、规划用途等的不同确定有差别的征收比例,基本原则是区位优势明显、以协议方式出让或者规划用途为商业用地等增值收益较高的入市类型,征收相对较高比例的调节金。如北京大兴区以入市总价款为征收基准,包括集体经营性建设用地出让、作价出资(入股)的成交总价款、租赁的租金价款总额等,综合考虑土地用途、土地等级、交易方式等因素,分北部、南部相关镇通过市场竞争方式和协议出让、自主开发方式入市的按不同比例征收;将规划用途为工业性质的项目,调节金暂按商业用地的比例征收。① 工矿仓储用地往往入市价格不高,但却是各地发展实体经济的基础,出于鼓励工业发展的考虑,试点地区普遍针对工矿仓储用地征收较低比例的调节金。河北保定市定州市、山西晋城市泽州县、河南新乡市长垣县、②广东佛山市南海区、广西玉林市北流市、海南文昌市、四川成都市郫县、天津蓟县、福建泉州市晋江市、陕西西安市高陵区、西藏拉萨市曲水县等亦采取此种模式。

按照成交总价的确定比例征收,一方面未扣除土地取得和开发成本,所谓的"成交总价"事实上并非集体经营性建设用地入市的土地增值收益,"偏离了增值收益调节金的概念本意";③另一方面,即使同一区位的相同用地类型,在实际入市过程中,也可能会出现实际成交单价的区别,按照相同的比例征收调节金,较难实现价高者多收、价低者少收的合理调节功能。

2. 按成交亩均单价分段累进征收

为体现增值收益税收的动态调节功能,试点地区亦有依据成交亩均单价分段累进征收调节金的。也就是说,将集体经营性建设用地入市的成交亩均单价划分为不同的区间,按照"价高多调、价低少调"的原则分段累进征收土地增值收益调节金。具体而言,对城市规划区的商服类用地,通常分段征收较高比例的调节金;对城市规划区以外的工矿仓储类用途,分段征收较低比例的调节金。如

---

① 参见《北京市大兴区人民政府办公室关于印发〈大兴区农村集体经营性建设用地入市土地增值收益调节金征收使用管理办法〉的通知》(京兴政办发〔2017〕64号)。

② 据了解,河南长垣县于2019年撤销,设立为省辖县级市,由新乡市代管。因此本书在正文中提及时,以政策性文件的指称为准,四川成都市郫县、天津蓟县作相同处理。

③ 吴昭军:《集体经营性建设用地土地增值收益分配:试点总结与制度设计》,《法学杂志》2019年第4期。

江苏常州市武进区规定,区分以出让方式入市与以租赁和作价出资(入股)方式入市,前者调节金按成交价格分级累进缴纳,以成交单价划分区段,分为每亩100万元以内部分、每亩100—200万元部分以及每亩200万元以上部分,分别征收20%、30%和40%的调节金;后者在取得租金、股息、红利收入时,按照收入的20%缴纳。① 湖北襄阳市宜城市、湖南长沙市浏阳市与此类似。

在成交亩均单价基础上,按照不同的规划分区、土地用途和入市方式等实行不同的调节金比例,既体现了土地增值收益调节金针对不同实际成交价的调节功能,又能反映不同区位、不同用途的集体经营性建设用地入市价款之间的差额。只是与按成交总价确定比例征收类似,无法据实扣除集体经营性建设用地的取得或开发成本。

(二) 以土地增值收益为基准征收

1. 按土地增值收益确定比例征收

按成交总价的一定比例征收土地增值收益调节金,因无法扣除土地成本,在以调整入市和整治入市为主的试点地区,对农民和集体有失公平。因此,此类试点地区多按照土地增值净收益的一定比例征收调节金。此种模式下,征收调节金需要以入市收入扣除土地取得成本和开发支出。② 试点的贵州遵义市湄潭县、内蒙古呼和浩特市和林格尔县、山东德州市禹城市、辽宁鞍山市海城市、重庆大足区、甘肃定西市陇西县、安徽六安市金寨县、江西鹰潭市余江县、四川泸州市泸县、云南大理州大理市、青海西宁市湟源县、宁夏石嘴山市平罗县等亦采取相似方式。

在以调整入市或者整治入市为主的试点地区,集体经营性建设用地入市,实质通常是调出方现状集体建设用地复垦折算指标的异地使用,其中取得开发成本通常包括复垦地块原土地使用权的收回补偿、复垦地块原建设用地转变为耕地的发展权益损失、建新地块原土地承包经营权的收回补偿、农用地转用等系列费用。若以集体经营性建设用地入市成交总价为基准征收调节金,则无法扣除上述取得和开发成本,在以农民和集体为主体实施复垦、开发等情况下,尤为不

---

① 参见《关于印发〈常州市武进区农村集体经营性建设用地入市收益调节金征收和使用管理暂行办法〉的通知》(武土改〔2017〕2号)。

② 参见《〈湄潭县农村集体经营性建设用地土地增值收益调节金征收使用管理细则(试行)〉的通知》(湄党办发〔2016〕111号)。

公。相比就地入市,此种情形下土地取得和开发成本较易计算,理应扣除。

2. 按土地增值收益超率累进征收

我们以为,个别试点地区尝试了更为科学的超率累进征收模式。如浙江金华市义乌市相关规范性文件规定,集体经营性建设用地入市,按照三级超率累进比率征收调节金,且对出让的扣除项目和最高出让年限均作了规定。① 其中创设出"集地券"规则,具体是指宅基地使用权人自愿退出宅基地并复垦为耕地等农用地后产生的建设用地指标,义乌市每年根据"集地券"取得成本等因素确定并公布"集地券"指导价格,即为扣除项目中的"集地券"指导价。② "集地券"指导价因考虑了取得成本,且在全市范围内统一,反映出客观公正性,在集体经营性建设用地的实际取得和开发成本较难计算时,作为替代取得和开发成本的方式,具有相当的合理性。

当然,试点地区亦有无明确土地增值收益调节金征收模式的,如黑龙江绥化市安达市、上海松江区等。试点地区土地增值收益调节金征收模式见下表。

表3 试点地区土地增值收益调节金征收模式表

征收模式	以成交总价款为基准征收		以土地增值收益为基准征收	
	按成交总价款确定比例	按成交亩均单价分段累进	按土地增值收益确定比例	按土地增值收益超率累进
试点地区	河北保定市定州市、北京大兴区、山西晋城市泽州县、河南新乡市长垣县、广东佛山市南海区、广西玉林市北流市、海南文昌市、四川成都市郫县、天津蓟县、福建泉州市晋江市、陕西西安市高陵区、西藏拉萨市曲水县	江苏常州市武进区、湖北襄阳市宜城市、湖南长沙市浏阳市	内蒙古呼和浩特市和林格尔县、山东德州市禹城市、辽宁鞍山市海城市、吉林长春市九台区、重庆大足区、贵州遵义市湄潭县、甘肃定西市陇西县、安徽六安市金寨县、江西鹰潭市余江县、四川泸州市泸县、云南大理州大理市、青海西宁市湟源县、宁夏石嘴山市平罗县、新疆伊犁州伊宁市	浙江金华市义乌市、浙江湖州市德清县

---

① 参见《义乌市农村集体经营性建设用地入市土地增值收益调节金征收和使用规定(试行)》,义乌政府网,http://www.yw.gov.cn/art/2017/12/21/art_1229355313_894264.html,2020 年 7 月 1 日访问。

② 参见《义乌市"集地券"管理细则(试行)》,义乌政府网,http://www.yw.gov.cn/art/2017/12/21/art_1229355313_894257.html,2020 年 7 月 1 日访问。

三、集体与其成员间入市收益分配样式

目前,集体经济主要承担成员的生存、居住保障等公共职能,集体经营性建设用地入市的土地增值收益在缴纳调节金后,除部分试点地区规定剩余收益全部归集体经济组织所有之外,大部分试点地区划定了剩余收益在集体和成员间的分配比例,具体可分为政府确定集体和成员间分配的固定比例、政府划定集体和成员分配的比例范围、分配比例由集体成员民主决定等模式。

（一）入市收益作为集体积累未予成员分配

此种模式下,农村集体经济组织在向政府缴纳土地增值收益调节金后,集体经营性建设用地入市剩余部分收益归农村集体经济组织所有,用于发展壮大集体经济,再投资取得的收益方在集体经济组织内部按股份分红。例如,浙江金华市义乌市规定,农村集体经济组织获得的入市收益不予成员分配,由乡镇人民政府设立的农村集体三资管理平台实行收支两条线运作,严格执行农村集体三资管理的相关规定。① 浙江湖州市德清县②、吉林长春市九台区③等同样采取了此种方式。

上述分配模式,有助于农村集体经济的长远发展,在集体经济组织建构完整、集体资产管理规范的地区,能够与集体资产产权制度改革相衔接,发挥政策叠加协同效果,使农民长期分享土地增值收益,但是也同时存在个体成员对收益分配的合理诉求无法满足等问题。

（二）政府确定集体和成员分配的固定比例

部分试点地区在确定土地增值收益调节金征收比例之后,就集体留存的部分再设置集体与成员之间的分配比例。如山东德州市禹城市区分以现金形式取得的土地增值收益和以非现金形式取得的土地增值收益,前者的 80% 在集体成

---

① 参见《义乌市农村集体经营性建设用地入市管理办法（试行）》,义乌政府网,http://www.yw.gov.cn/art/2018/1/20/art_1229355313_894269.html,2020 年 7 月 3 日访问。

② 参见《德清县人民政府办公室关于印发德清县农村集体经营性建设用地使用权出让规定（试行）等若干规定的通知》附件 4《德清县农村集体经营性建设用地入市土地增值收益调节金征收和使用规定（试行）》,德清政府网,http://www.deqing.gov.cn/art/2015/9/17/art_1229518655_3783366.html,2020 年 7 月 3 日访问。

③ 参见《长春市九台区人民政府关于长春市九台区集体经济组织经营性建设用地入市收益分配及使用的指导意见（试行）》（长九府发〔2015〕23 号）。

员间公平分配,20%用作集体经济发展和公共事业投入,后者尽管未规定具体的分配方式,但是要求及时公示并加强管理。① 山西晋城市泽州县确定的入市收益在集体和成员间分配的比例为70%:30%。在农村集体经济组织建构尚不完整的地区,由政府确定集体经营性建设用地入市在集体和成员间的分配比例,在现阶段仍具有必要性。

（三）政府划定比例范围集体成员民主决定

更多的试点地区划定了土地增值收益在集体和农民之间分配的比例范围,在此范围内由集体民主程序决议,但是该比例范围相差较大,具体可分为规定集体留存部分上限或者下限两种方式。

规定集体留存部分上限的,如根据贵州遵义市湄潭县的相关规定,集体提取的部分包括公积金和公益金,公积金的下限是净收益的20%,公益金的上限是净收益的10%,二者的总额不得超过净收益的50%;由集体经济组织召开股东代表大会集体决议具体分配比例和分配形式。②

规定集体留存部分下限的,如宁夏石嘴山市平罗县要求,原则上村集体留存的土地增值收益不低于净收益的60%。③ 又如,海南省文昌市规定,农村集体经济组织分配土地收益应当拟定分配方案,经村民大会或者村民代表会议2/3以上村民或村民代表表决同意生效;分配方案中,至少要保留土地收益的30%,用作集体的公共事务支出。④ 河北保定市定州市、重庆大足区、甘肃定西市陇西县、湖南长沙市浏阳市、青海西宁市湟源县、宁夏石嘴山市平罗县亦有类似规定。

还有部分试点地区区分集体经营性建设用地权属确定集体留存的比例。如安徽六安市金寨县区分集体经营性建设用地所有权人,属乡镇集体经济组织的,收益归乡镇集体所有,纳入乡镇财政统一管理;属于村集体经济组织（村股份经济合作社或村经济合作社）的,收益的80%—85%归村集体经济组织所有,其余

---

① 参见《禹城市农村土地制度改革工作领导小组关于印发〈禹城市农村集体经营性建设用地入市土地增值收益调节金征收使用管理办法〉的通知》(禹土改发〔2017〕18号)。

② 参见《中共湄潭县委办公室 湄潭县人民政府办公室关于印发〈湄潭县农村集体经营性建设用地土地增值收益调节金征收使用管理细则(试行)〉的通知》(湄党办发〔2016〕111号)。

③ 参见《关于印发平罗县农村集体经营性建设用地入市收益村集体内部分配使用管理办法(试行)的通知》(平农宅改领字〔2017〕10号)。

④ 参见《文昌市人民政府关于印发文昌市农村集体经营性建设用地入市试点暂行办法等3个文件的通知》(文府〔2015〕252号)之《文昌市农村集体经营性建设用地入市土地收益集体和个人分配指导意见》。

可以在集体成员之间合理分配,分配时,要优先照顾在册贫困户,其分配比例在非贫困户的基础上上浮 20%,余下部分作为村集体经济收入;属于村内其他经济组织(村民小组)的,入市收益按 20%—25% 的比例提取作为村集体提留,20%—25% 的比例用于农户分配,余下部分结合农村"三变"改革,以股权增值方式追加量化成员股权,也可委托村股份经济合作社或本村创福公司对外投资、购买物业、股份合作、购买政府性债权等,所得收益再进行分配。① 福建泉州市晋江市有类似规定。②

尽管分别确定集体收益比例上限和下限的方式,体现了政府在尊重农民自主性和现实土地权益及长远发展生计上不同的价值取向,但试点地区留存集体的比例从 20% 到 100% 不等,差距过大,难以形成可复制可推广和利修法模式。

第二节 "三块地"联动改革中土地增值收益分配共性难题

试点改革中土地增值收益分配制度探索的不同模式,体现出各地区对于征收转用中土地增值收益的内涵认识存在差异,集体经营性建设用地入市调节金征收存在一些困难,宅基地制度改革尚未形成行之有效的增值收益分配模式等共性难题。

一、征收转用中土地增值收益内涵认识存在差异

征收转用中的土地增值收益是否包括征地补偿安置费用,只是增值收益测算的表象,分歧的实质依然在于如何理解征收转用中土地增值收益分配的规范意旨。首先,政策性文件中"征收转用"的表述并不规范,增值收益的产生与分配需要具体分析;其次,土地征收中的增值收益是否包括安置补偿费用,事实上取决于补偿标准;最后,政策性文件关于土地征收增值收益分配制度的内涵表述不尽一致,其规范意旨并不明晰。

---

① 参见《关于印发金寨县农村集体经营性建设用地入市收益管理暂行办法的通知》(金土改组〔2017〕7 号)。

② 参见《晋江市人民政府关于印发晋江市农村集体经营性建设用地入市收益分配使用管理指导意见的通知》(晋政文〔2018〕246 号)。

（一）"征收转用"的政策表述含混不清

"转用"与"征收"在立法层面具有丰富的制度内涵,其审批分别对应《土地管理法》第44条和第45条,农用地转用审批旨在严格规范农用地转变为建设用地行为,保护耕地资源,土地征收审批则在于确保征收的公共利益目的,避免征收权滥用。二者并非总是同时进行,应予以具体分析,而不能笼而统之。

第一,"转用"而不"征收"。这种情形下,主要是将集体农用地转为建设用地后供其自身使用,当然也存在国有农用地经审批转变为国有建设用地的可能性。《土地管理法》上的农用地转用分为永久基本农田转用和非永久基本农田转用,前者需要国务院批准,后者又分为城乡建设用地规模范围内外的非永久基本农田转用,范围内的由原批准土地利用总体规划的机关或者其授权的机关批准,范围外的由国务院或者国务院授权的省级人民政府批准。[①] 从制度安排看,存在仅转用而不征收的适用空间。但《土地管理法》仅赋予集体申请使用土地的程序性权利(第60、61、62条)。在土地利用总体规划确定的城乡建设用地规模范围内,农用地转为建设用地服务于规划实施的目的,且需按土地利用年度计划分批次进行;集体或者农民自主利用集体土地从事建设活动,能否获得审批需根据建设用地规模和建设用地指标决定。因此,在我国现行实证法上,农民集体并不享有自主改变土地用途和开发建设强度的土地发展权,集体或农民申请使用土地,涉及农转用需经过有权机关的实质性审查,该审查目的服务于农用地保护的基本国策和粮食安全的公共利益考量。无论是多规并举的土地利用规划和城乡规划等,还是多规合一的国土空间规划,均基于公共利益划定不同的土地用途或者功能空间,土地用途转变和开发强度提升亦须符合规划并依申请进行,有学者据此认为我国的"土地发展权配置表现为规划权行使的工具和手段,公权属性强于私权属性"[②],具有一定的合理性。如果申请获得批准,因集体或者成员申请使用的是集体土地,改变土地用途而产生的增值收益归集体土地财产权

---

① 参见《国务院关于授权和委托用地审批权的决定》(国发〔2020〕4号)较大程度地下放了农转用审批权限,中国政府网,http://www.gov.cn/zhengce/content/2020-03/12/content_5490385.htm,2022年4月9日访问。

② 岳文泽等:《国土空间规划视域下土地发展权配置的理论思考》,《中国土地科学》2021年第4期。

人,但这既不意味着集体或者成员不需要付出成本,亦不说明集体不需要缴纳税费。根据《土地管理法》第30条,非农建设经批准占用耕地的,需要实行占补平衡,难以通过补充耕地实现占补平衡的,应当缴纳耕地开垦费,使用新增建设用地指标,还需要缴纳新增建设用地有偿使用费等;在改革过程中试点地区征收的土地增值收益调节金,事实上就是转用的集体经营性建设用地入市时向地方政府缴纳的税费。

第二,"征收"而不"转用"。这里主要是指征收集体现状建设用地,包括集体经营性建设用地、公益性建设用地和宅基地。当前,集体经营性建设用地使用权权能最为完整,流转不受限制,有望形成完整市场价格,征地补偿以区片综合地价为标准,往往较原用途市场价格为低,征收集体经营性建设用地时,农民集体非但没有分享征收中的土地增值收益,征地补偿本身亦不完全,在集体经营性建设用地有条件入市前提下,难免对土地征收造成影响。公益性建设用地和宅基地使用权没有收益权能,流转方面依然存在政策限制,宅基地使用权并被明确禁止抵押;在可以预见的未来,征收集体公益性建设用地或宅基地转变为国有建设用地,按照区片综合地价予以补偿,相较于原用途市场价格可能会产生增值收益,但基本前提是集体公益性建设用地和宅基地市场价格尚未形成;同样在集体经营性建设用地入市利益驱动下,若征收集体公益性建设用地或者宅基地的补偿与集体经营性建设用地入市收益差距过大,则难免激励农民和集体的投机行为,危及农村基础设施建设与农民居住保障。

第三,"征收"同时"转用"。此即《土地管理法》第46条第三款征收农用地的情形,一般情况下应当先行办理农用地转用审批,但是此前建设用地的市场化供给由国家垄断,"转用"既意味着从农业用途转变为建设用途的制度内涵,同时也隐藏着从集体所有转变为国家所有的实践逻辑,因此,由国务院和省级人民政府批准农用地转用的,同时办理征收手续。建设用地市场化供给的一元模式取消后,转用与征收的合并审批也应当予以废止,只是目前立法者显然还未有所顾及。相较于仅转用而不征收、仅征收而不转用,征收转用的情况下,则既有集体土地转变为国有之后可以在市场上自由流转产生的增值收益,又有土地用途转变而来的增值收益。此时如果仅依据区片综合地价给予农民补偿,则与宅基地征收相类似,因农用地市场化程度依然不高,[1]2019 年《土地管理法》修正之前的原产值倍数标准以及修正之后的区片综合地价,都难谓是按照农用地的市场价格进行补偿。[2] 在原产值倍数的补偿标准下,集体和农民获得的土地补偿款事实上是在其土地未被征收的情况下依法应当享有的土地收益的提前变现;区片综合地价在一定程度上考虑了农用地的市场价值,相较于原产值标准增加的部分,可以认为是分享了农用地转用的土地增值收益。但是该部分增值收益依然不完全包括土地用途转变产生的增值收益,简言之,就是建设用地使用权市场价格与农用地市场价格的差额。因此,有学者主张征收转用中的土地补偿标准,应当依据"规划所允许的最佳用途"予以确定,具有一定合理性。[3]

总之,政策性文件中"征收转用"的表述并不严谨,其欲规范的是土地征收中增值收益分配,无论征收的是集体农用地抑或建设用地;仅转用而不征收的情况下,转用的土地作为乡镇企业用地再以集体经营性建设用地入市,或者作为宅基地从事经营性活动抑或再流转,则落入集体经营性建设用地和宅基地的增值收益分配范畴。

(二) 征收补偿安置类型及标准模糊难辨

事实上,"征地补偿安置费用"亦非规范表述,其是否能够作为土地征收中的增值收益,取决于补偿安置费用的具体类型。通常所称的"征地补偿安置费用"中,农村村民住宅补偿、地上附着物及青苗补偿费等,实为补偿农民或者集体的实际损失,应不属于征收产生的土地增值收益;社会保障费用恰可证成集体土地对农村居民承担社会保障功能,因集体土地被征收,依附在集体土地上的社会保障职能落空,应当由政府承担起与城镇居民相当的社会保障义务,此时政府只是相应弥补对农村居民社会保障的不足,难谓农民分享了土地征收的增值收益。土地补偿费和安置补助费中是否包括土地增值收益,又取决于补偿的测算标准,以原用途市场价格予以补偿,则不产生增值收益,以综合地价或者规划所允许的最佳用途市场价格为补偿标准,则可能内含了土地增值收益,前已述及,

---

① 2018 年修正的《农村土地承包法》将承包地"三权分置"法律化,允许进行市场化流转的是承包方在土地承包经营权之上设立的土地经营权,以及集体在"四荒地"上设定的土地经营权,土地承包经营权的转让依然有受让对象的限制,可以认为农用地使用权转让的市场价格仍未有效形成。

② 参见渠滢:《我国集体土地征收补偿标准之重构》,《行政法学研究》2013 年第 1 期。

③ 参见程雪阳:《论集体土地征收与入市增值收益分配的协调》,《中国土地科学》2020 年第 10 期。

此不赘言。

值得说明的是,2019 年《土地管理法》将"公平、合理的补偿"确定为征地补偿原则,这是作为我国土地管理之基本法的《土地管理法》第一次对征地补偿原则作出规定。① 但是根据《土地管理法》,区片综合地价仅作为征收农用地的土地补偿费和安置补助费的确定标准,省级人民政府经立法授权可以另行制定征收建设用地、未利用地等其他土地、地上附着物和青苗等的补偿标准。一方面,区片综合地价仍以农用地的原用途为基准,另一方面,对于制定非农用地征收补偿安置标准的立法授权,出台区片综合地价的省份大多仍以农用地区片综合地价为基准上下略浮动,②并没有对集体土地的不同用途予以区别对待。"该制度在事实上掩盖了集体土地用途的多样化现实,否认了集体土地多样化利用的可能,导致在集体土地征收补偿实践中大大贬抑了集体土地所有权的实际价值。"③

（三）土地征收的增值收益分配意旨不明

《"三块地"改革试点意见》要求,政府征收转用农民集体土地,除按规定足额支付征地补偿安置费外,还可安排一定资金,或通过留地、留物业等多种方式,让农民集体合理分享土地增值收益。从该文义分析,征地补偿安置费用和另行安排的资金、留用的土地、物业等,均为农民集体分享土地征收增值收益的方式。《土地征收制度改革试点实施细则》则规定,征地补偿安置费用与其他土地开发成本等,要在国有建设用地有偿使用收入中扣除,也就是说征地补偿安置费用并不属于征收转用产生的土地增值收益。但根据《土地征收制度改革试点实施细则》,土地征收中的土地增值收益又是将征地补偿安置费用排除在外的。以上规范性文件表述的冲突,使得试点地区在理解土地征收增值收益分配时有认识分歧,因此产生将征地补偿安置费用作为或排除出土地增值收益范围的两种不同做法,据此测算的收益分配比例必然有所差别。

将征地补偿安置费用排除出土地增值收益的试点地区,大多在征地补偿安置外,另行探索了使农民集体分享土地增值收益的方式,如辽宁鞍山市海城市从

---

① 参见高飞:《集体土地征收法制改革研究》,中国政法大学出版社 2019 年版,第 131 页。

② 参见程雪阳:《论集体土地征收与入市增值收益分配的协调》,《中国土地科学》2020 年第 10 期。

③ 高飞:《集体土地征收法制改革研究》,中国政法大学出版社 2019 年版,第 132 页。

取得的年度土地征收增值收益中,按10%的比例建立被征地农民社会保障基金池,专项用于被征地农民养老保障参保补贴。①

将征地补偿安置费用作为土地征收出让整体增值收益的试点地区,计算农民集体实际取得的增值收益时,亦将农用地价格等进行了排除。如浙江湖州市德清县在核算土地征收中农民和集体收益时,将征地土地补偿费、安置补助费、青苗补偿费三项费用所得、留地安置所得和失地农民保障所得总和作为实际所得,不包括国家和政府在土地出让后,计提的各项公益基金,如教育、农业发展、生态保护补偿等;同时认为,计算农民和集体在土地征收转用中分享的土地增值收益,应当在上述实际征地所得基础上,扣除农用地评估价和青苗补偿费,因农用地价值和青苗本来就是农民和集体所有,非土地增值所形成而让农民和集体分享部分。② 问题在于,目前土地补偿费和安置补助费以区片综合地价为计算标准,农用地评估价并非集体土地的现用途市场价格,由此测算的增值收益,亦非征收中的实际增值。而在将征地补偿安置费用排除出增值收益的试点地区,其在征地补偿安置费用之外另行建立的增值收益分配制度,其形式多样、比例较低,属于非正式制度安排。在此之前,土地征收中的增值收益由国家独享,目前《土地管理法》亦没有明确在土地征收中建立国家和集体之间分享土地增值收益的制度安排,《土地征收制度改革试点实施细则》要求在征地补偿安置费用之外建立增值收益分配制度的政策意图最终能否在立法中体现,尚有待观察。③

事实上,在将来成片开发退出公益征收范围后,土地征收用于公益建设时不产生土地出让金;化解征地与入市矛盾的关键,在于给予土地征收与入市相当的补偿安置费用,土地征收中的增值收益分配,相应地从国家在征地补偿安置费用中给予集体和农民部分增值收益,或者从土地有偿使用收入扣除征地补偿安置费用等的纯收益中,另行安排一部分增值收益给集体和农民,转变为集体和农民

---

① 参见《海城市人民政府办公室关于印发海城市土地征收增值收益核算分配使用管理暂行办法的通知》(海政办〔2018〕19号)。

② 参见《德清县土地增值收益分配研究与探索情况总结》。

③ 广西北流市在其有关土地增值收益分配指导改革的报告中称,目前我国土地征收过程和土地储备(一级开发)过程,不管是新增建设用地项目还是拆旧建新的增减挂钩项目,其项目成本(包括项目的融资成本)均采取审计的方式进行独立核算,因此,土地出让过程中的所有成本均已据实列支,这样剩余的土地增值收益为土地的纯收益,不再包含任何和项目有关的成本。土地增值收益全额纳入地方财政进行管理使用,全部归政府所有,不存在把土地纯收益分解分配的问题。参见《广西北流市农村土地制度改革三项试点土地增值收益分配与案例分析专题报告》。

取得包含全部土地增值收益的征收补偿安置费用后,通过税收的方式与社会共享。

二、集体经营性建设用地入市收益分配有待完善

我国的社会主义性质决定了土地公有制的正当性,集体所有土地目前主要为成员提供生存居住和职业保障,但在此公共职能之外,由于集体所有权的无期性,若由集体独享土地增值收益,则意味着具有封闭性、社区性的集体成员可以世世代代分享土地增值收益,对于不具有成员资格的城镇居民而言同样是不公平的,也与我国以按劳分配为主体的分配方式相抵牾。况且包括集体经营性建设用地入市在内的集体土地开发将带来周边基础设施建设成本增加,地方政府作为公共产品的提供者,需要征收集体土地无偿为其提供基础设施和公共服务,由此增加的行政成本应当由作为受益者的集体分担。但从改革实践看,集体经营性建设用地入市过程中土地增值收益调节金的征收存在诸多难题。

（一）存量集体经营性建设用地入市成本难核算

大多数试点地区反映,存量也即现状集体经营性建设用地入市,其增值收益计算过于复杂,前期的土地开发成本和取得费用因时间跨度大,大多已无法准确核算,受让方可能故意压低增值收益,从而达到少缴纳调节金目的,主要涉及以下成本和费用问题。

第一,历史成本。如山东省禹城市 2007 年耕地占用税标准为 3.1—3.6 元/平方米,而试点期间标准为 21.5 元/平方米,且耕地开垦费和新增建设用地有偿使用费等于 1999 年之后方才收取,因此存量集体经营性建设用地因形成时期不同,成本差异较大,很难准确核算。①

第二,取得成本和开发费用。如贵州遵义市湄潭县规定,土地取得成本包括土地使用权退出补偿费,地上建筑物、构筑物及附作物补偿费,建设用地异地调整费,社保资金,其他费用,土地开发成本包括测绘费、评估费、配套设施及土地平整费和其他费用。② 在存量集体经营性建设用地入市的情形下,上述土地取得费用和开发费用几乎是没有的。河北保定市定州市称,截至 2019 年底已入市

---

① 参见《禹城市土地增值收益分配总结报告》。

② 参见《中共湄潭县委办公室　湄潭县人民政府办公室关于印发〈湄潭县农村集体经营性建设用地土地增值收益调节金征收使用管理细则（试行）〉的通知》（湄党办发〔2016〕111 号）。

的 33 宗地块在入市前均已存在土地使用权,采用就地入市的途径,除相关税费外,不需要支出其他的入市成本。①

第三,入市成本中能否扣除相关费用。如北京大兴区在其专题报告中反映,集体负担的社会公共事业成本无法核算计入地价,而实际上如养老社会保险等均需从土地收益去负担,对于社会成本如何计算与支付问题缺乏操作标准。即便是以扣除了取得成本和开发支出的增值收益为调节金征收基准的,如辽宁鞍山市海城市,也建议在立法中明确集体经营性建设用地入市土地增值收益的成本构成。②

对于存量集体经营性建设用地,如前文述及,就地入市时,该建设用地历史上的取得成本和开发费用,大多已无从据实核算。但在调整入市和整治入市的情形下,均可能涉及现状建设用地的复垦、原土地使用权人的补偿以及耕地占用税等取得成本和开发费用,理应在入市收入中予以扣除,再以纯粹的土地增值收益征收调节金。河南新乡市长垣市据此建议针对就地、整治入市和调整入市分别按照不同的方法核算土地增值收益。其中就地、整治入市增值收益＝入市价款-土地初始价值(区片综合地价)-土地取得成本(包括拆迁费、地上附着物补偿以及历史性投入)-土地开发成本(土地平整费)-相关规费(包括规划编制、勘测定界、评估、统筹管理等),相较而言,调整入市除扣减上述成本和费用外,还需要扣除被占农地的补偿费用、青苗补偿等。③

（二）增量集体经营性建设用地入市利益待协调

所谓增量建设用地通常是指建设用地总量的绝对增加,涉及使用新增建设用地指标,将现状农用地、未利用地等转变为建设用地。而建设用地总量的相对增加,也即所谓的调整入市和整治入市,尽管存在原有建设用地复垦和新增农用地转用,但是复垦形成的耕地面积和转用的耕地面积相当,不存在使用新增建设用地指标的问题,也就不是严格意义上的增量集体经营性建设用地入市。

2019 年修正的《土地管理法》第 23 条是增量集体经营性建设用地入市的法

---

① 参见《河北省定州市农村土地制度改革土地增值收益分配专题报告》。
② 参见《关于海城市农村土地制度改革中土地增值收益分配情况的报告》。
③ 参见《河南省长垣市土地增值收益分配专题报告》。

定依据。① 2021 年《土地管理法实施条例》修订删除了有关土地利用年度计划内容的规定,在"多规合一"的国土空间规划体系下,是否还有土地利用年度计划适用的空间,甚至是否还有计划指标存在的必要,都有待实践总结和理论探讨。

应注意,增量集体经营性建设用地入市必然产生允许开发建设地块和限制开发建设地块的发展权益失衡,除了就入市地块征收调节金外,对限制乃至禁止开发利用地块予以耕地或者生态补偿亦是实现规划正义的手段之一,单纯依靠土地增值收益分配是难以完全实现发展权益平衡的。

(三) 调节金征收与入市成本扣除先后次序颠倒

据上文分析,将近半数试点地区采用以入市总价款的一定比例征收土地增值收益调节金的模式,相较于《"三块地"改革试点意见》原则上要求以土地增值收益为基准征收土地增值收益调节金,以入市总价款的一定比例征收,对集体和农民而言,加重了负担。即便不以成交总价为基准征收调节金,扣除实际的入市成本,因集体存量集体经营性建设用地的取得成本和开发费用较低,以入市增值收益的20%—50%征收调节金对于集体而言负担依然较重。

更有甚者,部分试点地区以成交总价款为基准征收调节金,又在剩余入市价款中扣除土地取得成本和开发费用,之后才将入市收益在集体和农民之间分配。如,河南新乡市长垣县规定,按成交总价款一定比例的模式征收调节金;②随后又在另一政策文件中规定,农村集体经营性建设用地入市收益是指入市成交总价款扣除政府收取的土地增值收益调节金后,分配给农民集体的资金,入市收益在分配和使用前,可以用于支出相关取得费用和开发成本。③ 这一入市收入先缴纳土地增值收益调节金,再支出取得成本和开发费的做法,并不属于《调节金暂行办法》第 9 条规定的"无法核定本地区入市或再转让土地取得成本的情

---

① 《土地管理法》第23条规定:"土地利用年度计划应当对本法第六十三条规定的集体经营性建设用地作出合理安排。"

② 参见《长垣县农村集体经营性建设用地土地增值收益调节金征收使用管理实施细则》(长政文〔2016〕238号)。

③ 《长垣县人民政府关于印发长垣县农村集体经营性建设用地入市收益分配指导意见的通知》(长政文〔2017〕44号)第6条规定:"入市收益在分配和使用前,可用于以下支出:属就地入市的,可用于土地平整费用、地上附着物拆除费用、对原地上建筑物投资人的补偿等合理支出;属调整入市的,同时应考虑用于拆旧复耕耕地地块的投入资金等合理支出,该支出原则上不高于5万元/亩;属整治入市的,拆迁开发公司可与村组协商,将入市收益的部分或全部资金用于拆迁安置。"

况",尽管征收调节金的比例普遍不高,但因成交总价款较高,对于农民集体而言,调节金负担依然很重。

(四) 有资格分享入市收益的集体成员身份固化

入市收益在集体和农民之间存在分配比例的分歧。而留足集体后,在农民之间如何分配主要取决于集体成员的认定。

部分试点地区结合农村集体产权制度改革进行了成员固化。如四川泸州市泸县规定,包括集体经营性建设用地入市收益在内的土地收益,归集体成员分配使用,成员的界定由村民委员会根据法律的规定静态确定,经村民大会讨论决定通过后进行公示,报镇(街道)备案。[①] 河北保定市定州市、四川成都市郫都区亦有类似规定。

没有进行成员固化的试点地区通常也划定了进行收益分配的时间点,以确定能够实际参与收益分配的集体成员。如海南省文昌市规定,下列人员属于入市土地所在农村集体经济组织成员,对入市所获土地收益享有分配权:户籍属于该农村集体经济组织的农业户口人员(享受国家机关、事业单位、国有企业待遇的成员、空挂户口人员除外);该农村集体经济组织成员中的户口未登记的人员;在第二轮农村土地承包期间,户籍原在该农村集体经济组织,但土地入市时户口已迁出的现役军人(不含军官)、在校学生、未就业的大中专院校毕业生(即在国家机关、事业单位、国有企业就业之外的人员)、服刑人员;本意见及相关法律法规规定属于入市土地所在农村集体经济组织成员的其他人员。在土地交易合同签订之后出生的新生儿以及在土地交易合同签订之前去世的入市土地所在农村集体经济组织成员不享有收益分配权。[②]

将集体成员身份予以固化,在城乡统一的社会保障体系建立健全之前,不符合集体所有的本质属性和固有特征,实不足取。集体经营性建设用地入市往往具有相对较长的入市期限,是继续性合同而非即时性交易,尽管入市收益在成员间进行分配时,根据特定时点确定成员范围无可厚非,但是应当适当增加分配给

---

① 参见《泸县人民政府关于印发〈泸县农村集体经营性建设用地入市管理暂行办法〉及配套办法的通知》(泸县府发〔2017〕62 号)附件《泸县农村集体经济组织土地收益分配和管理使用指导意见》。

② 参见《文昌市人民政府关于印发文昌市农村集体经营性建设用地入市试点暂行办法等 3 个文件的通知》(文府〔2015〕252 号)附件《文昌市农村集体经营性建设用地入市土地收益集体和个人分配指导意见》。

集体部分的比例,考虑保障入市时点后新增成员的财产权益。

三、宅基地增值收益分配尚未形成有效实践样本

宅基地关乎广大农民的切身利益,试点地区宅基地制度改革做法各异,其使用和管理情况全国区域性差异较大,因此,此次试点改革亦未形成关于宅基地有偿使用和退出的可统一复制和推广的制度成果。因宅基地及其上住宅流转机制尚未建立,更遑论在此基础上构建宅基地增值收益分配制度。据调研了解,33个试点中仅有个别地区制定了专门的宅基地增值收益分配指导意见,其他试点地区有关宅基地增值收益分配的制度设计散见于宅基地制度改革一般性政策文件中。与之形成鲜明对比的是,33个试点地区几乎全部制定了集体经营性建设用地入市增值收益调节金征收与收益分配的暂行办法或者指导意见。从有限的试点经验中大致可以提炼出宅基地增值收益分配的两个主要问题。

(一) 宅基地增值收益渠道多元

与试点改革要求建立宅基地有偿使用和退出中的增值收益分配制度相比,部分试点地区扩大了宅基地增值收益的来源范围。如新疆伊犁州《伊宁市农村宅基地收益使用管理办法(试行)》①规定,农村宅基地收益来源包括:按照《伊宁市农村宅基地有偿使用管理办法》收取的宅基地有偿使用费;按照《伊宁市农村宅基地流转管理办法》收取的宅基地增值收益;集体经济组织分配回购宅基地的结余资金;初始分配宅基地收取的相关成本费用;宅基地收益的利息及其他投资收益;宅基地所有权产生的其他收益。又如浙江金华市义乌市规定,农村集体经济组织宅基地收益主要包括宅基地使用权转让收益、宅基地有偿使用投标选位所得收益、集体成员超面积占用、非集体成员占用以及因历史原因占用的农村住房收取的有偿使用费、"集地券"交易产生收益归村集体经济组织所有部分、宅基地有偿调剂拍卖所得收益扣除宅基地回购款剩余部分、按退出的合法建筑占地面积给予村级组织的奖补收入等。②

从《"三块地"试点改革意见》的意图来看,宅基地有偿使用和退出中的增值

---

① 参见《关于印发〈伊宁市农村宅基地收益使用管理办法(试行)〉的通知》(伊市政办〔2016〕239 号)。

② 参见《义乌市农村集体经济组织宅基地收益分配管理指导意见》,义乌政府网,http://www.yw.gov.cn/art/2017/12/21/art_1229355313_894258.html,2022 年 8 月 9 日访问。

收益,主要包括宅基地使用过程中因符合特定情形而需要向集体缴纳的有偿使用费,以及宅基地退出后再利用过程中产生的增值收益,是否包括宅基地申请取得时缴纳的有偿使用费、宅基地使用过程中因从事经营性活动产生的收益、财政拨款、社会捐赠等,须具体问题具体分析。首先,宅基地申请取得时是否需要缴纳有偿使用费,目前并没有明确的法律规定,各试点地区结合自身人地需求情况以政策性文件的形式要求申请人缴纳相关成本等费用无可厚非,由此形成的集体收入类似于集体经营性建设用地入市收入,可以作为宅基地增值收益在集体和成员之间再分配。其次,宅基地复垦形成耕地置换建设用地指标,事实上是《"三块地"试点改革意见》要求的在宅基地退出过程中形成增值收益的主要形式。值得注意的是,在宅基地退出过程中需根据是否有合法的权属来源给予使用权人公平合理的补偿,并将补偿、复垦等费用计入成本,由此产生的增值收益方能在集体和成员之间再分配。最后,宅基地使用权人自主使用过程中产生经营性收益,《民法典》等虽没有规定宅基地使用权有收益权能,但作为完整的用益物权应当具有收益权能,且类比业主的建筑物区分所有权,《民法典》并没有禁止业主开展经营性活动,仅要求取得有利害关系的业主一致同意,农村村民住宅相较于业主的区分所有建筑物,对于四邻等利害关系人的影响更小,相应的,由此产生的收益应当由使用权人保有,而不应当作为增值收益由集体和其他成员分享。当然,若宅基地使用权人将宅基地以出租、出资等方式流转给其他主体经营,因宅基地流转而产生的收益则构成增值收益,应当在集体和成员之间分享无须赘言,此乃宅基地增值收益分配制度的核心内容。至于围绕宅基地分配使用产生的财政拨款、社会捐助等,由于其并非因宅基地的流转使用产生的增值,应当作为集体收益由集体资产收益分配制度而非宅基地增值收益分配制度予以解决。

（二）增值收益分配方式不统一

来源不同,宅基地增值收益的分配方式也不尽相同。如浙江金华市义乌市规定,宅基地使用权转让收益、宅基地有偿使用投标选位所得收益、宅基地有偿使用费归村集体经济组织所有;"集地券"交易产生收益部分归村集体经济组织所有,宅基地有偿调剂拍卖所得收益主要用于支付宅基地回购款;其中宅基地有偿使用投标选位所得收益,在满足旧房拆除补偿、村庄基础设施建设,以及留存一定金额的公益事业建设资金,其余资金（收益盈余资金）可按宅基地面积与集体经济组织成员之间适当比例分配,具体由村集体经济组织结合实际情况通过民主协商确定;其余宅基地收益资金不直接用于分配,主要用于村集体经济组织成员的社会保障、村内基础设施、农田水利建设、公益事业、增加积累、集体福利、拍卖成本、回购农户退出宅基地等方面。[①] 但是"集地券"脱离城乡建设用地增减挂钩的项目制监管,能否确保复垦耕地数量和质量要求? 另行开辟的宅基地复垦指标置换市场,是否具有在全国范围内复制推广的可能性? 这些问题均需要更进一步的理论探讨。

总之,根据《民法典》第362条的规定,宅基地使用权的权能为占有和使用,相较于其他用益物权制度欠缺了收益权能。因法律和国家政策限制宅基地使用权流转,其财产价值未得以入市后充分显现。即便如此,宅基地及其住宅的私下流转、利用集体土地建设小产权房等时有发生,农村村民利用宅基地及其住宅从事生产经营活动在乡村振兴背景下愈加常见。尤其在城镇化发达的地区,宅基地的财产价值属性凸显而社会保障功能弱化是不争的事实。对此,一味限制宅基地及其住宅流转无益于社会矛盾的有效化解,应当疏禁结合,在疏通宅基地及其住宅流转机制的同时建立宅基地增值收益分配制度,使国家和集体均得参与宅基地增值收益分配,提升国家为农村提供与城市均等化基础设施和公共服务的能力,增加集体收益,以之为未分配宅基地成员提供居住保障。

第三节　土地增值收益分配法律制度的系统构建

试点改革结束后,2019年《土地管理法》修正吸纳"三块地"改革成熟有效的经验做法,缩小土地征收范围,允许集体建设用地有条件入市,将宅基地管理审批权下放等。但是土地增值收益分配制度改革因尚未形成可复制可推广的制度模式,未进入此次修法视野。2019年7月16日,财政部会同国家税务总局起草了《土地增值税法(征求意见稿)》(以下简称《征求意见稿》),[②]一方面吸纳试

---

① 参见《义乌市农村集体经济组织宅基地收益分配管理指导意见》,义乌政府网,http://www.yw.gov.cn/art/2017/12/21/art_1229355313_894258.html,2022年8月9日访问。

② 参见《财政部、国家税务总局关于〈中华人民共和国土地增值税法(征求意见稿)〉向社会公开征求意见的通知》附件2《关于〈中华人民共和国土地增值税法(征求意见稿)〉的说明》。

点改革的成熟经验,另一方面为改革实践预留制度空间。但目前该法仍处于立法征求意见阶段,《土地增值税暂行条例》及其实施细则并无关于集体经营性建设用地入市税收调节的具体规定,为试点改革出台的《调节金暂行办法》已然失效。① 2019年《土地管理法》虽允许集体经营性建设用地有条件入市,鼓励农村集体经济组织及其成员盘活利用闲置宅基地和闲置住宅,但由此产生的土地增值收益如何在国家、集体和农民之间公平合理分配却仍不清晰。健全公平合理的土地增值收益分配制度,是当前和今后一段时期土地管理法律制度完善的重点任务。

总体而言,土地增值收益分配制度的完善,应创设多元化的农地发展权补偿方式,以符合"有损必有增"的机理。例如,继续提高征地补偿标准,确立完全补偿标准与扩大补偿类型;更积极探索集体经营性建设用地直接入市方式,不断优化农村土地物权权能结构与法定利用方式等。②

一、以土地发展权为核心建立增值收益分配制度

我国城乡二元的社会结构形塑并固化了国家和集体二元所有的土地财产权结构,目前在其上建立的亦是二元土地增值收益分配制度;不仅如此,集体土地经征收转变为国有土地、农用地经转用转变为建设用地、建设用地从工业用途转变为商业用途、集体建设用地从自用转变为他用、宅基地从住宅用途转变为经营性用途等均会产生增值收益,学界习惯于围绕不同的问题场域讨论土地增值收益分配问题。但应注意,在推进土地要素市场化配置的背景下,土地增值收益分配制度的割裂化构建必然导致城乡建设用地市场的进一步分裂,无助于城乡统一建设用地市场的构建。

(一) 明确赋予集体转变土地用途的土地发展权

第一,我国现行法上农民和集体不享有自主改变土地用途的土地发展权。依照法律,农民集体使用符合规划的建设用地兴办企业等,应当持有关批准文

---

① 参见财政部、自然资源部(原国土资源部)两度延长农村集体经营性建设用地土地增值收益调节政策期限,根据第二次延长的通知,《农村集体经营性建设用地土地增值收益调节金征收使用管理暂行办法》(财税〔2016〕41号)、《关于新增农村集体经营性建设用地入市试点地区适用土地增值收益调节政策的通知》(财税〔2017〕1号)于2020年12月31日失效。

② 参见陈小君:《民法典时代土地管理法制改革契机与优化路径论纲》,《学术月刊》2022年第3期。

件;乡村基础设施和公益事业建设使用存量建设用地,农民集体需向有权机关提出申请并经批准,使用农用地涉及农转用的,则需要省级人民政府或者国务院审批;2019 年《土地管理法》修正后下放了宅基地使用的审批权限,农村村民住宅用地,由乡(镇)人民政府审核批准,但涉及占用农用地的,同样依照《土地管理法》第 44 条的规定办理审批手续;集体经营性建设用地入市,其条件更加严苛。

第二,试点实践及其立法转化要求畅通集体土地用途转换渠道。从农村土地制度改革实践来看,试点地区大多同时探索了调整入市和整治入市,形成颇具共性特征的制度经验。不仅如此,2019 年《土地管理法》第 23 条新增规定,要求土地利用年度计划应当对第 63 条规定的集体经营性建设用地作出合理安排;第 42 条延续 2004 年《土地管理法》鼓励土地整理的规定;第 62 条新增一款,作为宅基地自愿有偿退出与闲置宅基地和住宅盘活利用的法律依据。同样可以认为,在第 63 条之外,对 2019 年《土地管理法》上述规定予以体系解释和适用,宅基地、乡(镇)村公共设施和公益事业用地是可以通过复垦实现集体建设用地调整乃至整治入市的。《中华人民共和国国民经济和社会发展第十四个五年规划和 2035 年远景目标纲要》亦明确,在农民自愿的前提下,农民集体可以依法把闲置宅基地、废弃集体公益性建设用地转变为集体经营性建设用地入市。2019 年《土地管理法》等并没有明确赋予集体改变土地用途的实体或者程序性权利,集体申请使用土地涉及农用地转用的,会触发农用地转用审批程序,但是集体并不享有直接申请将农用地转变为建设用地或者建设用地转变为农用地的权利,由此造成试点改革及地方实践中大量存在的宅基地、公益性建设用地复垦等由政府主导展开,由此形成的耕地指标置换为建设用地指标后产生的收益亦由政府所垄断,集体作为土地所有权人所享有的使用管理权能被实质架空乃至漠视。

第三,明确赋予集体申请转变土地用途的土地发展权。这一认知,并不意味着集体可以随意变更土地用途而不受任何限制。进入近现代社会以来,财产权应当作自我限缩、有助于社会公共福祉的实现,[1]已然成为共识;规划以其科学性、民主性与正当性而逐渐成为对土地利用进行合法限制以实现社会公共利益的通用手段。我国现行法上农用地转用主要受到土地利用总体规划制定和实施的限制,未来赋予集体申请改变土地用途的实体和程序性权利,无论是从农用地

---

① 参见张翔:《财产权的社会义务》,《中国社会科学》2012 年第 9 期。

转变为建设用地,抑或从建设用地转变为农用地,亦须有权机关依据国土空间规划予以实质性审核,只要不违反规划,即应当予以审核批准。

(二) 以规划可能的最佳用途市值补偿征地损失

在赋予农民集体改变土地用途的发展权的情况下,集体土地才真正具有与国有土地同等的所有权能,除接受以公共利益为旨归的法定规划限制外,不再接受其他人为的限制;集体土地理论上可得用作任何用途,征收集体土地即剥夺了此种可能性,应当按照规划可能的最佳用途予以补偿;集体建设用地可得与国有建设用地同等入市,具有同等权能,因而可逐步依据市场机制形成同等价格。

征收补偿以规划可能的最佳用途市场价格为依据,在足额补偿的同时也应当避免因征收获得更有利地位。浙江湖州市德清县在对征收转用和入市中的增值收益分配进行对比分析后认为,若采用入市收益比照征收收益的做法,征地补偿安置费用的调整以及失地农民保障随着职工平均工资提升而增加,就必然要求调节金征收比例发生变化;若采用征收收益比照入市收益的做法,随着入市地价的提升,相应也须调整土地征收补偿水平。由于地价的变动相对较为频繁,而征收补偿标准的调整既有现成的做法又有相对固定的模式,因此,德清县采用了入市比照征收的办法,以调节金征收比例的测算调整与征收收益进行平衡。[①]但事实上,在将来成片开发退出公益征收范围之后,以规划可能的最佳用途市场价格为标准确定征地补偿费用,入市的市场价格有波动,但因市场在其中起决定性作用,符合我国在社会主义初级阶段的基本经济制度要求,征地补偿标准随之调整是题中之义。

试点地区通常采用的以征收转用中国家和集体分享土地增值收益的比例倒推集体经营性建设用地入市调节金征收比例的做法,并不具有科学性。集体经营性建设用地入市遵循市场规律,集体建设用地与国有建设用地具有同等权能,是否必然形成相同的市场价格有赖于市场化配置,"同权同价"亦只能是"价格形成的公平市场环境支撑及平等的监管机制保障"[②]。土地征收补偿以市场价格为标准,方能避免公权恣意和私权滥用,同时对入市和征收适用相同的土地增值税征收比例,征收和入市中国家与集体所得土地增值收益分配的比例必然是

---

① 参见《德清县土地增值收益分配研究与探索情况总结》。

② 胡大伟:《土地征收与集体经营性建设用地入市利益协调的平衡法理与制度设计》,《中国土地科学》2020 年第 9 期。

平衡的。(详见本编第六章关于改革联动的相关内容)。

(三) 分阶段建立多层次土地增值收益分配制度

土地增值收益分配制度的系统化构建,需厘清土地增值收益分配的理论基础。就理论基础而言,学界形成归国家、归财产权人、国家和财产权人共享三种观点,就具体路径分析,存在从增值贡献、产权归属、地租形态和公平正义四个维度进行分配的建议。[①] 按照产权理论、地租理论和社会公平正义理论,应当建立"初次分配基于产权,再次分配基于税收"的多层次土地增值收益分配模式。该主张与党的十九届四中全会《决定》关于推进国家治理体系和治理能力现代化的政策要求不谋而合。

1. 初次分配基于产权

初次分配基于产权,是指土地权利人依据其权利内容,凭借对土地的劳动、资本等投入,获得土地收益。整体设计来说,无论集体土地抑或国有土地,无论所有权人抑或使用权人,均可以依据物权法定原则,在其各自的权能范围内行使占有、使用土地并保有收益。具体进路而言,集体土地所有权人可以在集体土地上设定土地承包经营权、土地经营权、宅基地使用权、公益性和经营性建设用地使用权等,并得享有申请改变土地用途的发展权;农地用以从事农业生产经营活动,其经营者可取得收益,且不得从事非农建设;宅基地用以建造建筑物及其附属设施,使用权人从事经营性活动应当取得有利害关系的当事人一致同意;公益性建设用地可以从事农村集体基础设施和公共服务设施建设,经营性建设用地可以从事工业、商业、旅游、住宅、娱乐等项目开发,与国有建设用地拥有相同的权能。

2. 再次分配基于税收

再次分配基于税收,是指政府基于前期对建设基础设施和公共服务的投入,后续维护、改善基础设施和公共服务的成本,以及调节收入分配的公共职能,在土地权利人初次分配获得增值收益的基础上,基于税收所进行的再分配。具体而言,针对集体土地财产权利流转过程中产生的增值收益征收土地增值税,以调节不同区位、不同用途土地增值收益的不平衡状态。

---

① 参见靳相木、陈阳:《土地增值收益分配研究路线及其比较》,《经济问题探索》2017 年第 10 期。

（1）集体土地所有权被征收时，权利人可得基于规划可能的最佳用途获得完全补偿，补偿的权利人是集体土地所有权人和使用权人等，就其获得的土地补偿费、安置补助费等亦应当缴纳土地增值税。土地征收的"市场价格补偿+合理征税"模式逐渐获得更多学者赞同，①但应当征收何种税种目前并未引起学界的重视。

在赋予农民集体土地发展权的前提下，征收集体土地获得完全补偿，农民集体获得了集体土地的增值收益。该增值收益不仅是基于集体产权本身和权利人的劳动、资本等要素投入而产生的，同时也是因为国家和政府前期投入的基础设施和公共服务成本所带动的，在集体获得完全补偿之后，政府出于回收公共投入成本、调节非劳动收益的目的对于集体所得的征地补偿安置费用征收土地增值税。应纳税额为征地补偿安置费用扣除原用途市场价格之后的差额，目前来看，征收农用地集体获得的增值收益最高，征收宅基地和公益性建设用地次之，征收集体经营性建设用地最低，相应地所应当缴纳的增值税额也有所不同，真正体现土地增值收益税调节土地自然增值、避免土地财产权人不劳而获的功能。并且在土地征收真正回归公益目的后，国有土地主要以划拨的形式供给，用地单位尽管不需要向国家缴纳土地出让金，但需要支付补偿、安置等费用，此举并不改变用地单位作为征收请求人而非征收法律关系主体的地位，但是避免了国家向农民支付征地补偿安置费用之后再从中提取增值收益税的左右手交易困境。

2019 年 7 月向社会公开征求意见的《中华人民共和国土地增值税法（征求意见稿）》以及 2019 年 11 月公布的《中华人民共和国增值税法（征求意见稿）》，均从现阶段土地征收给予农民集体不完全补偿的立场出发，前者将"因国家建设需要依法征收、收回房地产"作为减征或免征土地增值税事由，后者将"因征收征用而取得补偿"作为非应税交易，在当下给予农民非完全补偿的情况下具有一定的合理性，但随着将来成片开发退出公益征收范围，城乡统一的建设用地市场建立，农村土地征收获得完全补偿，因征收取得土地增值收益应当向国家缴纳增值税亦是当然之理，不再赘言。

（2）集体土地所有权人利用自身土地权利从事生产经营活动或者为他人设

---

① 参见廖鑫彬：《土地征收的公平市场价值补偿——一种基于土地增值税框架的征地补偿模式》，《农村经济》2013 年第 7 期；程雪阳：《土地发展权与土地增值收益的分配》，《法学研究》2014年第 5 期。

立土地使用权产生的收益,除法律规定可以减免纳税外,应当向国家缴纳土地增值税、企业所得税等。如我国《企业所得税法》第27条规定,从事农林牧渔业项目的所得,可以免征、减征企业所得税。但农村集体经济组织利用集体建设用地从事工商业活动,或者行使土地所有权为他人设立集体建设用地使用权,则不属于免征、减征企业所得税的范畴。

有学者建议对集体经营性建设用地入市收益增设新税种,取名为"集体土地入市所得"税,认为对入市征税不同于土地增值税征税目的、入市环节不适合以增值额为计税依据等,集体经营性建设用地入市环节不适用土地增值税,①对此本文不甚认同。集体土地所有权人行使其土地所有权能,主要是土地使用权出让行为,相较于集体经济组织自主利用集体建设用地,又可看作集体建设用地使用权的转让,无疑是土地增值税的应税行为。入市环节尤其是就地入市的情况下因入市成本难以计算,认为其不适合以增值额为计税依据,则忽视了调整入市抑或整治入市情况下入市成本并非不能计算的问题,并且在真实成本难以据实计算的情况下,利用重置成本也即现阶段取得相类似集体建设用地所需支付的成本和支出,会比实际成本为高,但本着国家让利于民的基本理念,亦是可以接受的。况且即便对集体经营性建设用地入市征收所得税,根据所得税的基本原理,同样需要扣除实际发生的与取得收入有关的成本和费用。至于企业所得税为中央和地方共享税,并不足以证成增设新税种的正当性。企业所得税针对应纳税额设置统一税率,恰能体现税收的平等性,与增值收益的调节功能有所区别;在不同区域调节入市收益差异,只能通过中央征收部分纳入财政收入实现全国范围内的调节,实现增量集体经营性建设用地入市利益的协调。

另有学者认为,一般情况下针对入市收入征收土地增值税,无法计算增值额的情况下征收所得税。② 根据我国现行《企业所得税法》,农村集体经济组织作为具有特别法人资格的组织,需要缴纳企业所得税。农村集体经济组织将集体经营性建设用地交由他人使用,分别对应转让财产收入、租金收入、股息、红利等权益性投资收益等。就集体经营性建设用地入市而言,企业所得税并非土地增

---

① 参见程雪阳:《土地发展权与土地增值收益的分配》,《法学研究》2014年第5期;吴昭军:《集体经营性建设用地土地增值收益分配:试点总结与制度设计》,《法学杂志》2019年第4期。

② 参见程雪阳:《集体经营性建设用地入市背景下土地税制的完善》,《武汉大学学报(哲学社会科学版)》2022年第4期。

值税的替代方案,而是与土地增值税并行的税种;况且企业所得税同样需要扣除与取得收入有关的、合理的支出,无法计算增值额的情况下征收所得税仍然需要面临支出扣除的难题。

本书认为调整入市、整治入市的取得成本和开发费用都是可以计算的,就地入市的情况取得成本和开发费用难以计算,采用重置成本或者参照同区位国有建设用地成本计算,都是可选方案。在集体经营性建设用地已然入市但相关税费体系还未建立起来的紧迫需求下,依托现有土地增值税征收体系是最具有可行性的立法路径。

(3)集体和国有土地使用权人再转让土地使用权产生的收益,则缴纳土地增值税等税费。此为目前土地增值收益制度改革最少争议的部分。通过再转让取得土地使用权所支付的金额,开发土地的成本、费用,新建房及配套设施的成本、费用或者旧房及建筑物的评估价格,与转移房地产有关的税金等均是清晰明确的,在计算增值额时准予扣除,是土地增值税制实施的本义;土地增值税沿用当前国有土地上房地产转让的超率累进税率,以充分实现土地增值税"价高多调、价低少调"的再分配功能。

另需说明的是,土地增值税除了剥离和适当回收土地增值中的公共基础设施成本之外,还承担调节增值收益实现地利共享的功能,但此种剥离、回收和调节,只能是税制普遍适用下的规范调节,并不可能也不需要实际、准确、完全剥离并提取土地的自然增值,征税模式在公共基础设施成本与收益的测算、土地自然增值与非自然增值的区分以及土地增值税的税基、税率确定上存在诸多困难,①但并非不能克服,更不能据此认为征税模式在回收公共基础设施投资和实现地利共享的目标上不占优势。随着我国逐步进入高质量、内涵式发展阶段,之前以低价征收集体土地高价出让获得城镇化发展土地与资金来源的模式已经难以为继,因土地征收引发的社会稳定性风险以及土地财政引发的系统性金融风险亦亟待正视并逐步予以科学性化解。

土地征收回归公益目的审查、允许集体土地自主开发和入市交易,建立城乡统一的建设用地市场,无疑会逐步引导国家和政府从土地一级市场上退出,由市场决定土地资源的高效配置;集体经营性建设用地入市后经营上的不确定性,因

---

① 参见黄忠:《集体建设用地制度改革的征税与征收模式辨析》,《中外法学》2022年第1期。

土地增值税在入市时点征收,不仅不会对公共基础设施投资的回收和地利共享目标的实现带来更大风险,而且随着土地要素市场化配置程度的提高,会引导公共基础设施更加高效、公平地配置,避免城市无序扩张、城乡差距无限扩大。目前《土地管理法》允许成片开发作为土地征收的公共利益,"征收+出让"和"入市+征税"模式形成竞争关系,但此种非公益征收的残留无助于征收与入市的协调,无助于城乡统一建设用地市场的建立健全,在下一轮土地管理法修改完善中尤其应当引起充分重视。

二、统一城乡土地增值收益税收计税依据和税率

(一) 合理测算集体经营性建设用地入市成本

集体经营性建设用地入市的土地取得成本包括土地使用权退出补偿费,地上建筑物、构筑物及附着物补偿费,建设用地异地调整费,其他费用,土地开发成本包括测绘费、评估费、配套设施及土地平整费和其他费用。存量集体经营性建设用地多为原乡镇企业用地,由农村集体经济组织使用或者农村集体经济组织与其他单位、个人共同使用,因历史久远,对于农村集体经济组织而言,举办乡镇企业当时的土地取得成本和开发费用大多已难以据实核算。这也是部分试点地区以入市成交总价为基准征收土地增值收益调节金的主要原因。但事实上,历史成本难以核算可以采用重置成本或者参照同区位国有建设用地取得成本和开发费用确定;相反,在调整入市和整治入市的情况下,如果前期农村集体经济组织进行了投入,却并没有在征收土地增值收益调节金时予以扣除,则对入市主体相对不公。

已经有试点地区指出,目前农地入市类型包括存量建设用地直接入市、异地整理入市、城中村改造入市等多种途径,对于存量建设用地直接入市而言,这些土地经过多年的使用,国家、集体、原使用者已经进行过基础设施建设,已有的土地基础设施可以满足或部分满足正常土地使用的要求,但历史已投入的土地基础设施建设用费并未显化为地块的直接开发成本,从而导致了入市地块实际发生的土地基础设施开发成本降低。但是从未来趋势来看,随着区域存量建设用地直接入市项目越来越少,异地整理入市和城中村(旧村)改造入市的土地前期

开发费用呈现上涨之势,将和国有土地出让模式前期开发费用保持同步。① 还有部分试点地区反映,集体负担的社会公共事业成本无法核算计入地价,如养老社会保险等均需以土地收益负担,存在社会成本如何计算与支付的问题。本书认为,集体土地承担对其成员的社会保障职能,是农民集体对其土地享有所有权的现实性基础,亦是集体经营性建设用地可得与国有建设用地同等入市的正当性来源,集体收益用作社会公共事业支出,不应算作集体经营性建设用地入市的前期成本,而应该从集体提取的入市收益中列支的用途,因果倒置可能引发逻辑混乱。

(二) 建立城乡统一土地增值收益税制

土地增值收益调节金于法无据,征收行政成本相对较高,在实际操作中难以得到基层群众的理解,在理论界也存在较大争议,试点地区多建议将集体经营性建设用地入市土地增值收益调节金纳入土地增值税体系。首先,城乡统一建设用地市场是我国土地市场建设的总要求,按照"同等入市""同权同价"的原则,集体经营性建设用地应当对照国有建设用地予以管理;其次,在"同权同价"的基础上,也要注重"同权同责",也即集体经营性建设用地入市收益的一部分应当上交财政,用作城乡基础设施和公共服务建设;最后,依据"税收法定"的一般原理,应尽快提升《土地增值税暂行条例》及其实施细则的效力级别,以法律的形式明确集体建设用地入市的纳税人、征税对象和税率等。

集体经营性建设用地入市修法并未完全使集体建设用地与国有建设用地实现"同等入市""同权同价"。规划用途不仅在入市前限制集体建设用地的入市能力,而且在入市后亦不得改变,所谓的"工业、商业等经营性用途"是否包括国有建设用地可得开展的旅游、娱乐和商品住宅开发不无疑问,学界亦有诸多争议。② 为还赋集体土地财产权能,使集体凭借土地财产权利实现自我发展,应对集体经营性建设用地参照国有建设用地管理,不应对其入市条件和规划用途做过多限制。在此基础上,集体建设用地方能实现与国有建设用地"同权同价"。随后,即可针对集体建设用地使用权流转参照国有建设用地统一征收土地增值

---

① 参见《广西北流市农村土地制度改革三项试点土地增值收益分配与案例分析专题报告》。

② 参见岳晓武:《〈土地管理法〉的延续与变革》,《中国土地》2019 年第 10 期;宋志红:《集体建设用地使用权设立的难点问题探讨:兼析〈民法典〉和〈土地管理法〉有关规则的理解与适用》,《中外法学》2020 年第 4 期。

税,实现"同权同责"。目前而言,应尽快出台集体经营性建设用地入市管理办法,加快推进《土地增值税法》立法进程;长远来看,仍需对《土地管理法》中的集体经营性建设用地制度予以进一步的修改和完善。

（三）明确超额累进土地增值税征收比例

《土地增值税暂行条例》针对国有建设用地的房地产转让按照纳税人的增值额实行四级超率累进税率,对增值额分段按照 30%、40%、50%、60% 的比例征收土地增值税。《土地增值税暂行条例》的上述规定,既考虑了纳税人取得房地产所支付的成本,是真正对增值收益征税;又依循现代税收超率累进的先进方法,实现了对较高增值税额部分征收较高税率的目的。通过对试点做法予以梳理总结发现,实践理性已趋向于统一城乡土地增值税制,已初步形成对集体经营性建设用地入市收益参照国有建设用采取超率累进税率的做法。与固定比例征收相比,超率累进有利于调节因空间、用途差异和时间波动等因素对土地市场的影响。《征求意见稿》在《土地增值税暂行条例》的基础上对集体经营性建设用地入市实行超率累进税率,是对试点经验的提取和吸纳,值得肯定。

国有土地使用权出让收入征管划转工作试点,为进一步统一城乡土地税制奠定了基础,意味着在土地一级市场,针对国有建设用地划拨和集体建设用地出让,可以同样征收土地增值税,地方各级人民政府受国务院自然资源主管部门委托代理行使国有土地所有权,国家在城乡统一建设用地市场上履行管理者职责。土地增值税制度改革应当与土地出让金征管划转试点工作统筹推进。

同时,应当对征收和入市收益大体平衡的政策导向予以反思,应当以充分形成的国有建设用地使用权市场价格为基准,确定同区位、同用途、同基础设施的集体经营性建设用地入市基准地价,并且按照统一税制,对建设用地一级和二级市场征税。与此同时,不强求农村土地征收与集体经营性建设用地入市的收益平衡,前者基于公共利益而实施具有强制性,应以后者形成的市场价格为标准对集体和农民给予补偿,充分实现集体和农民的土地发展权。

（四）合理分配集体和成员间土地增值收益

从试点地区做法来看,鉴于目前集体土地仍然承担着对农民的社会保障职能,土地增值收益在集体经济组织内部分配上普遍向农民集体倾斜,以保障集体经济进一步发展壮大。但此种分配方式并没有充分尊重农民对集体土地的财产权益,特别是在调整入市和整治入市的情形下,农民自愿或非自愿地腾退了宅基地等集体土地,在集体经营性建设用地入市期间,不得再对集体土地为占有、使用和收益,事实上丧失了自身的土地财产权益,应当给予财产权人足额补偿,并将其作为入市成本予以扣除。与此同时,在集体土地财产价值日益显化的背景下,应逐步将其中对农民的社会保障功能适当剥离,在保障和服从国家粮食安全和耕地重要功用的前提下,还赋农民和集体对建设用地和宅基地上的财产权利本质,相信并尊重农民的主体意识和集体民主决议,参考营利性法人组织的公积金提取比例确定土地增值收益在农民和集体间的分配比例,在保障入市时点集体成员的收益分配权益的同时,促进集体经济发展,保障入市后和宅基地有偿退出或集约节约后集体新增成员亦能凭借集体土地获得基本生存保障的权益。

三、构建农民集体宅基地增值收益分配特殊规则

《土地管理法》明文规定一户一宅、面积法定等基本原则,并不鼓励宅基地流转,相关政策性文件明确禁止宅基地向城镇居民转让或在农村申请宅基地建房;原《物权法》《民法典》的宅基地使用权无收益权和使用期限。在农村宅基地制度改革启动之前,实践中的宅基地上既没有使用收益,亦难产生流转收益,土地增值收益制度无从建立。《"三块地"改革试点意见》要求,探索宅基地有偿使用制度和自愿有偿退出机制等制度。《农村宅基地制度改革试点实施细则》①进一步对探索宅基地有偿使用权制度和自愿有偿退出机制的具体内容予以明确。但因宅基地制度涉及亿万农民切身利益,牵一发而动全身,宅基地制度改革的多数试点地区未建立起宅基地有偿使用或退出后收益由集体成员共享的土地增值收益分配机制。

2020 年启动的新一轮深化农村宅基地制度改革,对探索宅基地增值收益分配制度作出新的要求。相较于"三块地"改革中的宅基地管理制度改革,农村宅基地制度深化改革拓展了宅基地增值收益的来源形式,从有偿使用、退出拓展为征收、流转、退出和经营等,明确了宅基地增值收益分配的一般原则,即主要由农民获得,集体获得部分由集体成员共享,主要用于集体公益事业。该政策意图依然可以依循初次分配归产权人、二次分配由集体成员共享的理论逻辑予以实现。

---

① 参见《国土资源部〈关于印发农村土地征收、集体经营性建设用地入市和宅基地制度改革试点实施细则的通知〉》(国土资发〔2015〕35 号)附件 3。

只是相对于集体经营性建设用地,宅基地使用权的社会保障职能决定了其当前尚不能实现完全的市场化流转,由此产生的收益主要在使用权人和集体之间予以分享,再通过集体向国家纳税的方式实现地利共享,使得宅基地增值收益分配体现出与集体经营性建设用地入市不同的规则特征。

（一）宅基地初始收益主要由使用权人取得

《民法典》上宅基地使用权没有收益权能,与城市地区业主在国有建设用地上享有的建筑物区分所有权相对,同样用于住宅用途,农村村民在宅基地上建造房屋从事经营活动,对四邻等利害关系人的影响更小,业主从事经营性活动只需要经过有利害关系的其他业主一致同意,农村村民利用宅基地及其上房屋并没有予以更重限制之理由。宅基地由此产生的初始收益,依据初次分配归产权人的基本理念,应当主要归使用权人所有自不待言。然依据从事经营活动的性质,相应缴纳其他的税费则并非基于土地的增值而产生,亦不在本书讨论范围内。

《民法典》虽未明确宅基地使用权收益权能,但宅基地使用权作为用益物权,权利人可得占有、使用宅基地并取得收益是其核心要义和本质特征。村民住宅虽主要承担对集体成员的居住保障功能,但在市场经济和乡村振兴的背景下,村民自主利用住宅从事经营活动的需求旺盛,应当还赋宅基地使用权的收益权能,允许其就此从事经营活动取得和保有收益。

（二）宅基地流转收益与农民集体公平分配

宅基地流转收益,主要是指宅基地被征收、使用权人退出宅基地以及包括转让、继承等狭义流转所生收益。

宅地基被征收时,依据规划可能的最佳用途给予集体补偿,集体缴纳土地增值税后收益与宅基地使用权人分配,分配比例取决于宅基地使用权的权能范围,若依本书主张还赋宅基地使用权的收益权能,则设立了宅基地使用权的情况下,集体土地所有权的收益权能受到限制,征收宅基地所产生的收益应当主要归使用权人所有。

宅基地使用权人退出宅基地产生的收益分配,是"三块地"改革试点重点探索制度内容。宅基地退出与其地被征收类似,只是宅基地退出时使用权收归集体,集体所有权恢复其圆满权能。宅基地退出情况下的增值收益,往往来自集体申请将宅基地调整为集体经营性建设用地再入市产生的收益与宅基地退出补偿间的差额,或者复垦后形成耕地指标置换为建设用地指标再调剂的收益与宅基地退出补偿间差额。于宅基地使用权人而言,无论征收抑或退出,均是宅基地使用权的彻底丧失,其所获补偿不应有太大差别,退出补偿可以参照征收补偿的标准;于集体土地所有权人而言,其无论是申请将宅基地转变为建设用地入市,抑或复垦后置换为建设用地指标取得收益,均投入了产权和资本,其可以获得入市收益或者置换收益,但这些收益应当基于再次分配的公平原则,向政府缴纳土地增值税或者所得税等。

狭义的宅基地流转,则是在兼顾宅基地社会保障功能的前提下,彰显其财产价值的体现,包括转让、继承和抵押等。宅基地使用权在取得和保持中的身份属性、"一户一宅""面积法定"、无偿性和"房地一体"原则及法律对宅基地和农房对外流转和抵押的限制,是宅基地流转开禁中需要面临的重大问题。引入宅基地法定租赁权制度,是破解障碍的关键。[1] 具体而言,房地一体视角下,宅基地上农房发生转让、继承和抵押,受让人或者继承人的身份不受限制,但是受让人或者继承人不符合宅基地申请条件时,无论其是否为本集体成员,均只能取得法定租赁权,通过向集体缴纳法定租金方式,实现宅基地流转收益在集体成员间的共享。集体收取的法定租赁费,则作为集体获得的土地增值收益,纳入城乡统一土地增值收益税制,与集体经营性建设用地入市相类似,若集体取得法定租赁费无法扣除原宅基地的取得成本和开发费用,则作为集体资产收益以所得税形式向国家缴纳税费。

综上所述,土地增值收益制度改革作为"三块地"联动改革的关键一环,在本轮《土地管理法》及其实施条例修法中虽未取得制度性成果,但毕竟积累了相对成熟、具有典型特征的实践经验。目前土地征收基本上以区片综合地价为补偿标准,集体经营性建设用地已然有条件入市,深化宅基地制度改革正进行中,因土地增值收益分配制度尚未有效建立,学界又出现了些许反对集体和国有建设用地同等入市的声音。[2] 同等入市从来不是改革的全部,市场调节和政府调控始终是市场经济的一体两面。现阶段应当尽快建立健全公平合理的土地增值

---

① 参见陈小君:《宅基地使用权的制度困局与破解之维》,《法学研究》2019年第3期。

② 参见夏柱智:《征地抑或入市?——关于集体经营性建设用地入市的研究》,《北京工业大学学报(社会科学版)》2020年第3期;张力:《土地公有制对农村经营性建设用地入市改革的底线规制》,《法律科学(西北政法大学学报)》2020年第6期;黄忠:《集体建设用地制度改革的征税与征收模式辨析》,《中外法学》2022年第1期。

收益分配制度,在新时代土地管理法律制度完善背景下,土地增值收益分配制度的系统化构建,需要考虑与进一步限缩土地征收范围、拓展集体建设用地入市能力、破解宅基地社会保障功能与经济价值凸显之制度困局的法治化路径相衔接,真正建立起内在价值统一、外在逻辑协调的土地增值收益分配法律制度体系。

第五章 "三块地"改革与不动产 登记制度协同研究

于2015—2019年在全国33个县(市、区)开展的农村"三块地"改革,通过释放农村土地资源潜力,发展农村经济,增加农民财产性收入,践行乡村振兴战略,促进城乡统一建设用地市场建立。这些目标的实现必然涉及"三块地"改革与不动产登记制度协同。其协同内容包括:开展不动产初始登记,摸清家底,以奠定"三块地"改革基础;注重农村不动产登记与"三块地"赋权改革项目的联动,稳定改革效能;加强登记工作与管理体制协同,促进管理体系与管理能力现代化。试点地区不动产登记富有成效的实践,推动了"三块地"改革的顺利实施。但仍存在部分突出问题,阻碍着改革的深化。农村不动产登记工作的开展,应避免制度规则上的短视目标,强调化解农村不动产登记制度与土地制度改革乃至物权制度在体系上的矛盾冲突。

第一节 "三块地"改革与不动产登记 规则的共振效应

一、"三块地"改革与不动产登记制度之协同价值

试点地区实施的改革清晰地反映了"三块地"改革与不动产登记制度协同情况。例如,北京市大兴区农村宅基地制度改革试点地区强调经合法审批且符合建设要求的村民住宅,可依法依规申请办理确权登记手续。① 再如,江西鹰潭

---

① 参见《大兴区农村宅基地及房屋建设管理实施意见(试行)》(京兴政发〔2021〕1号)第四部分。

市余江区农村集体经营性建设用地入市改革试点地区推动集体经营性建设用地使用权和地上建筑物所有权房地一体、分割转让登记;开展乡镇农村房地一体确权登记发证,明晰土地产权,解决历史遗留土地权属纠纷。① 从改革实施情况来看,"三块地"改革与不动产登记工作之协同,具有重要意义。

（一）开展农村不动产登记工作助推土地产权关系的理顺

农村土地权利的物权地位长期以来未得到足够重视:一方面,村集体在观念上依然认为农民享有的土地权利仅为合同性权益;另一方面,地方政府也常常忽略农民的权利主体地位。农村不动产登记与农民的实际利益有着直接联系,能够为农民集体及其成员的不动产权利提供相应保障。推动不动产确权登记,妥善解决土地权属纠纷,能够明晰土地产权,落实农村土地物权。② 试点地区的农村不动产登记工作,通过确认集体和成员的土地权属,为"三块地"各项改革的顺利推进奠定基础,也对全面促进农村经济发展和保障社会秩序稳定提供重要保障。

（二）开展农村不动产登记工作促进土地流转机制的健全

目前,农村不动产如"小产权房"等隐形流转时有发生。此类流转多以协议方式为主,交易对象的选择、交易价格的确定都由流转双方私下协商而定,因缺乏法律依据或被法律禁止一般不予公开。一方面,未经确权登记的集体建设用地及其上建筑难以进入合法的流转市场;另一方面,权利人通过流转取得的土地物权未经登记,难以得到充分保障。全面、深入开展不动产登记工作能够为盘活集体土地资源创造有利条件,促进农地权利流转市场的建立,增加农民财产性收入,释放改革红利。

（三）开展农村不动产登记工作提高土地管理工作的效率

通过制度化的方式提高土地管理工作的规范化、信息化、现代化水准,为今后优化农村土地管理制度的方向。通过开展农村不动产登记,使农村土地管理工作有据可循,促推农村土地科学、规范利用,进而推动农村土地管理法治化。国家也应当根据土地制度改革实际,制定更加科学的不动产登记制度,为农村经

---

① 参见《鹰潭市余江区建立农村集体经营性建设用地入市制度工作实施方案》"工作方案"部分。

② 参见《鹰潭市余江区建立农村集体经营性建设用地入市制度工作实施方案》"工作方案"部分。

济、社会发展创造良好的环境。

二、"三块地"改革与不动产登记制度之协同内容

考察目前试点地区具体实践,可以发现"三块地"改革与不动产登记制度的协同内容主要包括以下内容。

(一)"三块地"改革与不动产初始登记工作协同

初始登记是后续不动产登记的基础,为土地改革提供保障。如吉林长春市九台区在启动农村宅基地制度改革时,努力开展确权登记颁证工作,深入村屯对农村宅基地和农房利用现状进行调查,逐村逐户登记造册,摸清全区共有农村宅基地 125547 宗、面积 130620 亩,其中"一户一宅"123638 户,"一户多宅"954户,为 111275 户农民颁发了《不动产权证书》。① 部分试点地区如河北保定市定州市和浙江湖州市德清县还出台了宅基地资格权确权登记的规定。② 集体经营性建设用地使用权登记方面,之前因其入市路径不畅对权利登记需要不大,但随着集体经营性建设用地使用权入市制度的建立并以确权登记为前提,多个试点地区专门对农村集体经营性建设用地使用权相关登记进行规定,如安徽六安市金寨县制定了《金寨县农村集体经营性建设用地使用权抵押登记暂行办法》。

(二)不动产登记与"三块地"赋权改革协同

在赋权改革中,宅基地使用权和集体经营性建设用地使用权作为改革重点,尤为需要进行不动产登记。《佛山市南海区人民政府关于印发佛山市南海区关于推进农村宅基地制度改革试点工作的指导意见的通知》(南府〔2018〕30 号)第五(二)部分指出:"创新不动产登记制度,为宅基地使用权活化创造条件。深化农村宅基地改革试点中关于适度放活宅基地使用权的思路,研究制定符合我区实际的宅基地使用权活化思路和路径,创新农村住宅不动产权登记制度,细化宅基地使用权类型,差异化赋予相应的权益,为适度放活宅基地使用权创造条件。"前述吉林长春市九台区先后出台了多个农村宅基地制度改革试点配套改

---

① 参见吉林长春市九台区政府:《长春市九台区顺利完成农村宅基地制度改革试点》,吉林政府网,http://www.jl.gov.cn/zw/yw/zwlb/sx/xs/202006/t20200629_7292858.html,2022 年 5 月 12 日访问。

② 参见《定州市农村宅基地资格权管理指导意见(试行)》《定州市农村宅基地制度改革试点实施方案》(定发字〔2021〕35 号);《德清县农村宅基地管理办法(试行)》第 16 条。

革文件,多处涉及不动产登记。① 只有进行农地权利登记,才能强化权利保护,进而吸引更多的人才、资金到农村去,为实现乡村振兴而努力。

（三） 不动产登记与农村土地管理体制协同

试点地区多将不动产登记作为农村土地管理的重要内容,实现不动产登记与农村土地管理体制整体之协同。协同内容根据土地用途不同而有所不同。在农村集体经营性建设用地方面,涉及整备、土地增值收益调节金、税收、物业管理、报建、开发、房产销售等配套政策。在宅基地方面,涉及农民建房全周期管理,从建房类型、规划设计、风貌管控、用地政策、资金保障、组织实施、确权登记、档案管理等方面明确村民建房程序,如上海松江区《农村村民建房管理实施意见》对此有明确要求。② 协调内容还包括对土地违法行为的处理,如安徽六安市金寨县区规定未经农用地转为建设用地审批的农村存量集体建设用地在依法处理后予以登记。③

"三块地"改革与不动产登记制度协同并非一帆风顺。以初始登记为例,我国幅员辽阔,土地分布及利用情况的复杂性增加了确权登记工作的难度,这就需要充分研究实践中存在的问题并提供有效解决对策。农村不动产初始登记在我国农村产权制度改革中任务重、量巨大、时间紧,必须予以充分重视,着力扫除工作中的障碍。同时,相比城市不动产登记工作,农村不动产登记难点显而易见:一是登记工作比较繁杂。城市商品经济发达,市民更为重视产权登记工作,不动产登记得以较好落实。但在农村,土地权利如宅基地使用权并非采取登记生效主义,不动产登记在农村未有效落实;受农村土地管理不严格、土地政策变更等因素影响,农村土地权属确认较为复杂。二是农民的登记意识不强。农民对土地、房屋等重要不动产权利的保护仅以占有即可实现,以登记强化产权保护的思想并未在农村普及,农民进行农村土地权利登记的意识不强、积极性不高。三是农村土地权利登记需求不足。长期以来宅基地、集体建设用地禁止或限制流转,

---

① 包括《农村宅基地使用权流转管理暂行办法(试行)》《农村宅基地有偿使用管理暂行办法(试行)》《农村宅基地自愿有偿退出管理暂行办法(试行)》等。

② 参见俞玉根:《关于松江区推进农村宅基地制度改革情况的报告——2021年11月24日在上海市松江区第五届人民代表大会》,松江人大网,http://qrd.songjiang.gov.cn/contents/119/10386.html,2022年5月30日访问。

③ 参见《金寨县农村集体经营性建设用地登记管理暂行办法》(金土改组〔2017〕11号)第8条。

集体成员取得的农村土地权利仅在封闭的熟人社会中运行,农村土地权利登记的需求不足。但是农村不动产登记工作不能因上述原因而降低要求,仍应当鼓励开展不动产统一登记。这就需要进行严格的地籍调查,明晰产权归属,分类处理土地历史遗留问题,为不动产登记工作奠定坚实基础。

第二节 "三块地"改革中涉及不动产登记的现实考察

一、"三块地"改革与不动产登记协同的经验

(一) 与征地改革协同的经验

农村土地征收涉及多种类型土地的地性转换,尚无专门针对农村土地征收不动产登记的规范性文件。但部分试点地区出台的征地文件中有涉及与不动产登记的规定,如《佛山市南海区农村土地征收管理试行办法》(南府〔2018〕7 号)第 24 条,《佛山市南海区规范农村土地征收程序试行办法》(南府办〔2018〕27号)第 16 条,《定州市土地征收留用地管理实施办法(试行)》第 11、13、21 条。总体而言,相关规定涉及以下两方面内容。

第一,土地征收后的不动产登记。广东佛山市南海区要求被征地农村集体经济组织、农民及其他权利人协助征地实施部门办理相关权属证书的变更、注销登记,由征地实施部门向集体土地所在行政区域登记部门申请变更或注销不动产权属证书。[①] 如此明确了相关权利人的协助义务,以及不动产登记的申请主体和登记部门。

第二,留用地登记。河北保定市定州市对留用地登记作了较为详细的规定。其一,征收为国有建设用地的,可以无偿划拨给被征地农村集体经济组织,土地登记的类型为"划拨留用地"。其二,明确规划建设部门核发规划用地许可证时注明"留用地安置",国土资源部门登记手续。其三,明确留用地应当以被征地农村集体经济组织的名义进行登记,不得以个人名义登记。其四,明确擅自将留用地分配给个人或擅自出让、转让、出租和抵押留用地使用权的,国土资源部门

---

① 参见《佛山市南海区农村土地征收管理试行办法》第 24 条、《佛山市南海区规范农村土地征收程序试行办法》第 16 条。

不得为其办理权属变更等登记手续。①

(二) 与宅基地改革协同的经验

部分试点地区针对农村宅基地登记制定了专门的规范性文件。如《海城市农村宅基地及地上房屋登记管理暂行办法》(海土改试发〔2018〕6号)、《禹城市农村房地一体不动产确权登记发证工作实施方案》(禹土改发〔2018〕23号)、《浏阳市农村宅基地使用权及房屋所有权确权登记暂行办法》《宜城市农民住房财产权抵押贷款试点暂行办法》(宜办发〔2016〕17号)、《和林格尔县人民政府关于解决不动产登记过程中历史遗留问题的意见》等。在试点地区的宅基地管理办法中,也有与登记相关的规范。这些登记文件多与宅基地确权登记有关,也有部分与宅基地具体改革内容相关。试点地区宅基地制度改革与不动产登记协同积累了一些经验。

1. 确权登记

第一,登记方式。部分试点地区采取总登记的方式,如山东德州市禹城市明确指出要遵循总登记模式,不动产权籍调查应当严格执行有关要求。对于不动产,须通过实地丈量房屋边长和核实已有户型图等方式,计算房屋占地面积和建筑面积。条件不具备的,可采用简便易行的调查方法。这一规定促进了登记工作的开展。②

第二,申请登记主体。广东佛山市南海区规定申请新建、改建、扩建和迁建农村住宅的,新屋落成后,可凭《农村住宅建设用地许可证》或不动产权证书、报建及验收等材料办理土地和房屋的不动产统一登记。③ 湖南长沙市浏阳市规定指出,符合下列情况的非本农村集体成员可以申请登记:1999年《土地管理法》实施前,非本农村集体成员原在农村合法取得的宅基地及房屋,现状没有发生变化的;1999年中央文件明令禁止城镇居民到农村购买宅基地的房屋前,④按照有关规定允许购买宅基地建造房屋或直接购买农村住房的房屋买卖期间,由非农业户口居民合法购买宅基地或宅基地上的房屋致使其占有使用宅基地迄今的;

---

① 参见《定州市土地征收留用地管理实施办法(试行)》第11、13、21条。

② 参见《禹城市农村房地一体不动产确权登记发证工作实施方案》(禹土改发〔2018〕23号)第三部分。

③ 参见《佛山市南海区农村宅基地管理规定》(南府〔2018〕13号)第32条。

④ 参见《关于加强土地转让管理严禁炒卖土地的通知》(国办发〔1999〕39号)第二部分。

非本集体经济组织的农村居民,因地质灾害防治、新农村建设、移民等集中迁建的。辽宁鞍山市海城市允许县域农村集体经济组织成员申请农村宅基地及住房转移登记;非本集体经济组织成员的农民或城镇居民,以继承方式合法取得农村房屋的,允许其办理确权登记。①

第三,"一户一宅"原则的贯彻。《土地管理法》"农村村民一户只能拥有一处宅基地"这一原则在多地改革试点文件中有所遵循。如湖南长沙市浏阳市规定,申请人原则上只能选择其中的一处宅基地进行登记,其余则依法退出,但房屋通过继承等方式依法取得的除外。②

第四,违法情况处理。广东佛山市南海区规定,对属于"未批先建"和"批少用多"历史遗留问题类型的宅基地和地上房屋,申请人可凭补发手续以及相关材料办理土地和房屋的不动产统一登记。按规定处理的超占宅基地、超建房屋的面积在不动产登记簿、不动产权利证书记事栏内注明,不确认超占超建部分宅基地使用权和房屋所有权,在不动产登记簿、不动产权利证书的登记信息栏只登记宅基地和房屋合法面积。③ 北京大兴区将不动产登记与"打击各类违法违规行为"联动,要求镇、村依法开展宅基地建房动态巡查,充分发挥村民自治的作用,及时发现和处置宅基地使用和建房过程中存在的各类违法违规行为。对村民未按批准要求建设住宅的,由镇政府责令限期进行整改;对拒不整改的,镇政府不予通过验收并对违法违规建设依法进行查处,市规划自然资源委大兴分局不予办理确权登记及变更手续。④

2. 新兴权利登记

部分试点地区开展集体成员资格权登记。河北保定市定州市对资格权进行界定,认为资格权是指农村集体经济组织成员家庭在本集体经济组织享有宅基地使用权的权利,并以"户"为单位,按照"一户一宅、限定面积"原则认定登

---

① 参见《海城市农村宅基地及地上房屋登记管理暂行办法》(海土改试发〔2018〕6号)第16条。
② 参见《浏阳市农村宅基地使用权及房屋所有权确权登记暂行办法》第三部分。
③ 参见《佛山市南海区农村宅基地管理规定》第33条。
④ 参见《大兴区农村宅基地及房屋建设管理实施意见(试行)》(京兴政发〔2021〕1号)第四部分。

记。① 浙江湖州市德清县也对宅基地资格权作了定义,资格权是指村股份经济合作社社员按照法律、法规规定依法取得宅基地的权利。同时规定宅基地资格权应当以"户"为单位办理登记,以"户"为单位统一行使。②

3. 流转登记

试点地区的农村宅基地使用权流转,一般包括使用权的转让、置换、抵押、租赁、入股等,宅基地使用权流转通常伴随着不动产确权和变更登记。

试点地区农村宅基地使用权流转存在不同限制。河北保定市定州市农村宅基地流转受村民委员会监督管理,在农村产权交易机构进行。宅基地通过协议转让的,要办理变更登记。通过入股、赠与等方式进行流转的,经当地村民委员会同意,报乡镇人民政府审批,由出让方和受让方依法签订合同,在市农村产权交易中心鉴证后,到市不动产登记机构办理变更登记手续。③ 广东佛山市南海区在房地一致、产权清晰、宅基地及其地上房屋已办理不动产权证书的情形下,宅基地使用权因其地上房屋流转而发生转移的,经农村集体经济组织同意,可按规定办理转移登记。④ 吉林长春市九台区同样规定农村宅基地使用权转让要经当地村民委员会同意,报乡镇人民政府审核,由区国土资源局办理宅基地使用权变更登记手续。⑤ 湖北襄阳市宜城市规定农村宅基地流转时,其房屋所有权及宅基地使用权一并办理不动产转移登记。⑥ 湖南长沙市浏阳市规定宅基地使用权转让的,当事人双方应当在合同签订后向国土资源管理部门提出申请,经审查符合流转条件的,依法在交易中心交易后,申请登记和领取相关权属证明。所谓符合流转条件,是指流转必须经拟流转土地的所有人所处的村或村民小组会议三分之二以上成员或三分之二以上村民代表同意。⑦

试点地区十分重视农村宅基地使用权抵押登记。以宅基地使用权作为抵押

---

① 参见《定州市农村宅基地资格权管理指导意见(试行)》《定州市农村宅基地制度改革试点实施方案》(定发字〔2021〕35 号)。

② 参见《德清县农村宅基地管理办法(试行)》第 16 条。

③ 参见《定州市农村宅基地流转管理暂行办法》第 4 条。

④ 参见《佛山市南海区农村宅基地管理规定》第 35 条。

⑤ 参见《长春市九台区农村宅基地使用权流转管理暂行办法(试行)》(长九府〔2018〕12 号)第 3、4、9 条。规定原文"办理土地变更登记手续"用词不准确,应当为宅基地使用权变更。

⑥ 参见《宜城市农村宅基地使用权流转管理办法(试行)》(宜宅改发〔2016〕11 号)第 4、7 条。

⑦ 参见《浏阳市农村宅基地使用权流转管理办法(试行)》第 18 条。

权客体,是本次试点改革的突破。广东佛山市南海区规定,房地一致、产权清晰、证照齐全的宅基地和地上房屋,在符合相关条件下,可通过农村集体经济组织担保、多户联保等形式办理抵押贷款。① 吉林长春市九台区规定,抵押人应提供本村村委会同意抵押的文件与抵押权人签订抵押合同,由区国土资源局办理抵押登记,抵押权人受理抵押信贷业务;因处置抵押财产而取得宅基地使用权和地上建筑物、随着物所有权的,应当办理变更登记(目前只限于本集体经济组织内部成员受让取得宅基地及其农房);抵押权因债务清偿或者其他原因而灭失的,应当办理注销抵押登记;农村宅基地使用权不通过依法流转交易的,区国土局不得为其办理变更登记或者他项权利登记手续。② 湖北襄阳市宜城市明确规定了借款人申请抵押贷款的条件,即用作抵押的农村住房的所有权及占用宅基地使用权在权属上没有争议,且未列入征地范围,借款人有其他住所,所在集体经济组织书面同意。还规定,贷款合同签订后,借贷双方应在不动产登记机构办理抵押登记。试点期间,抵押登记费用按每宗 200 元收取,由贷款人支付;上级有关部门出台农村集体土地、房屋抵押登记收费标准后按新规定执行。没有进行抵押登记,不能对抗善意第三人。③ 内蒙古呼和浩特市和林格尔县规定在金融机构自愿承担风险的前提下,可以为农民住房财产权办理抵押登记。④

部分试点地区规定农村宅基地使用权租赁登记。租赁是最常见的宅基地流转方式。北京市大兴区明确规定,出租用于居住或经营的,要严格遵守国家和市、区有关规定,履行出租登记手续,租赁合同期限不得超过 20 年。⑤

部分试点地区将继承作为宅基地流转的重要方式,允许宅基地使用权的继承取得,且继承人不限于本集体经济组织成员内部。相应地,这些试点地区对于通过继承取得的宅基地使用权,准予办理不动产登记。例如,在广东佛山市南海区,宅基地因继承而发生转移(含遗赠)的,或宅基地使用权因其地上房屋(房地均已登记)继承而发生转移(含遗赠)的,申请人可申请办理不动产继承转移登

---

① 参见《佛山市南海区农村宅基地管理规定》第 34 条。
② 参见《长春市九台区农村宅基地使用权流转管理暂行办法(试行)》第 20 条第二款、第 21 条、第 23 条、第 29 条。
③ 参见《宜城市农民住房财产权抵押贷款试点暂行办法》(宜办发〔2016〕17 号)第 17 条。
④ 参见《和林格尔县人民政府关于解决不动产登记过程中历史遗留问题的意见》第六部分。
⑤ 参见《大兴区农村宅基地及房屋建设管理实施意见(试行)》(京兴政发〔2021〕1 号)第五部分。

记。吉林长春市九台区也有类似规定。①

（三） 与农村集体经营性建设用地改革协同的经验

试点地区开展农村集体经营性建设用地使用权改革时十分重视不动产登记工作。② 一些试点地区制定了专门的登记规范性文件。③ 这些文件均体现不动产登记与农村集体经营性建设用地改革协同，主要经验如下。

1. 确权登记

试点地区开展农村集体建设用地调查并出台相关文件对确权登记工作予以规范。江西鹰潭市余江区开展全区农村集体建设用地全方位调查，全面摸清集体建设土地的位置、权属状况、面积、用途、利用情况；推进集体经营性建设用地使用权和地上建筑物所有权房地一体、分割转让登记。④ 河南新乡市长垣县对农村集体经营性建设用地使用权确权登记原则作了规定，一是不改变集体土地所有权性质；二是登记必须经集体土地所有权人同意，由集体土地使用权人自愿申请。其还规定了确认农村集体经营性建设用地使用权人的方式，一是拟入市且没有实际土地使用权人的，应确权给集体土地所有权人；二是已有实际使用人的，在集体所有权人同意的前提下，履行相关手续后，确权给实际使用人。⑤ 安徽六安市金寨县区分了首次登记、转移登记和变更登记。其中，规定入市主体取得拟入市集体建设用地使用权的第一次登记为首次登记；村庄存量零星、分散的

---

① 参见《佛山市南海区农村宅基地及地上房屋确权登记操作规程》（南府办函〔2018〕130号）第10条。长春市九台区也有类似规定，参见《长春市九台区农村宅基地使用权流转管理暂行办法（试行）》第3条。

② 农村集体经营性建设用地使用权改革始终与不动产登记密不可分。2015年8月26日，浙江省德清县赵建龙拿到了县国土资源局发放的《中华人民共和国集体土地使用证》（浙江省德清经集用（2015）第00000001号）。该地块面积4040.9平方米，总成交价307.1084万元，土地用途为商业服务业设施用地，土地使用权出让年限为40年。这是农村土地制度改革试点以来全国第一宗农村集体经营性建设用地入市项目。2020年6月12日上午，该项目建成后的开元颐居地热森林度假酒店正式对外营业，标志着德清县"农地入市"改革顺利开花结果。参见徐超超、单菁等：《全国首宗农村集体经营性建设用地入市项目在德清启用》，《浙江日报》2020年6月12日。

③ 除了前述《重庆市大足区农村集体建设用地使用权确权登记实施意见》外，还有《安达市集体经营性建设用地登记办法（试行稿）》（安土改〔2016〕2号）、《金寨县农村集体经营性建设用地使用权抵押登记暂行办法》《北流市农村集体经营性建设用地房屋抵押登记暂行办法》《泽州县农村集体经营性建设用地入市不动产登记办法（试行）》等。

④ 参见《鹰潭市余江区建立农村集体经营性建设用地入市制度工作实施方案》第一部分。

⑤ 《长垣县人民政府关于农村集体经营性建设用地使用权确权登记的实施意见》（长政文〔2015〕184号）第三、四部分。

农村集体经营性建设用地按照土地整治复垦方案,需要取得集体土地使用权的首次登记。首次登记类型均为拨用(划拨),权利人为镇、村或组农村集体经济组织。① 此外,对登记流程作了较为详细的规定。其中,特别规定了前置权籍调查,申请登记的农村集体经营性建设用地由县国土资源局委托局属事业单位进行前置权籍调查(勘测定界),地籍测量精度应符合 1∶500 地籍图测量规范要求。② 广东佛山市南海区规定,因历史原因造成登记在农村集体经济组织名下的集体经营性建设用地所有权人与使用权人不一致的,应根据相关管理办法办理更名登记。③ 重庆大足区对确权登记基本原则、登记范围、登记类型和登记程序作了较为全面的规定。④ 广西玉林市北流市强调农村集体经营性建设用地使用权入市应办理土地登记手续。⑤ 黑龙江绥化市安达市区分了初始登记和变更登记,初始登记包括以出让、租赁、抵押、作价出资或者入股方式取得集体经营性建设用地使用权的登记。⑥

2. 入市登记

第一,入市前的登记。试点地区一般排除未办理不动产登记的农村集体经营性建设用地使用权入市。例如,广西玉林市北流市规定农村集体经营性建设用地使用权入市应当产权明晰,完成集体土地所有权和建设用地使用权登记发证。⑦ 山西晋城市泽州县也有类似规定。⑧ 广东佛山市南海区还排除已办理抵押登记且未取得抵押权人书面同意的土地入市,同时规定签订的出让、租赁、作价出资(入股)合同未明确转让、出租、抵押条款的,不得办理土地登记。⑨ 作为抵押登记的前提,如内蒙古呼和浩特市和林格尔县、安徽六安市金寨县强调办理

---

① 参见《金寨县农村集体经营性建设用地登记管理暂行办法》第 10 条。该条还要求对税费缴纳情况进行审核。

② 参见《金寨县农村集体经营性建设用地登记管理暂行办法》第 9 条。

③ 参见《佛山市南海区农村集体经营性建设用地入市管理试行办法》第 79 条。

④ 参见《重庆市大足区农村集体建设用地使用权确权登记实施意见》第一、二、三、四部分。

⑤ 参见《北流市农村集体经营性建设用地房屋抵押登记暂行办法》第四部分。

⑥ 参见《安达市集体经营性建设用地登记办法(试行稿)》第三章。

⑦ 参见《北流市农村集体经营性建设用地房屋抵押登记暂行办法》第 6 条。

⑧ 参见《泽州县农村集体经营性建设用地入市不动产登记办法(试行)》第 5 条。

⑨ 参见《佛山市南海区农村集体经营性建设用地入市管理试行办法》第 4、14 条。

抵押登记的农村集体经营性建设用地使用权应当依法取得权属证书。[①] 湖南长沙市浏阳市规定了抵押条件,进行不动产登记成为重要条件之一。[②]

第二,入市后的登记。广东佛山市南海区规定农村集体经营性建设用地使用权出让、租赁、作价出资(入股)后,交易双方应持相关资料,向区不动产登记机构申请办理土地登记,领取集体土地使用权证或土地他项权利证明书。[③] 浙江金华市义乌市规定入市交易完成后,应办理不动产登记;亦明确办理不动产登记需要提交的材料,包括地价款、土地增值收益调节金缴纳证明和税收完税、免税或不征税证明。[④] 浙江湖州市德清县规定集体经营性建设用地使用权入市交易完成后,应办理土地登记;办理登记应当出示地价款、土地增值收益调节金缴纳证明和税收完税、免税或不征税证明。[⑤]

第三,所有权变更登记。浙江金华市义乌市相关管理办法允许不同集体经济组织之间可相互调整土地所有权。即指农村零星、分散的农村集体经营性建设用地,可在确保建设用地不增加、耕地数量不减少、质量有提高的前提下,由村集体经济组织根据土地利用总体规划等,先复垦后异地调整入市。具体包括在同一集体经济组织范围内异地调整入市和不同集体经济组织异地调整入市两类,其中,跨村异地调整入市仅适用于农村更新改造节余的存量建设用地和城乡新社区集聚建设中的产业用房用地。规定还指出,对于后者,土地所有权调整应按以下程序办理:集体经济组织之间自愿协商,形成调整土地所有权方案,经双方集体经济组织成员或成员代表会议表决同意,双方签订调整土地协议;调整土地所有权的相关事项需经所属镇人民政府或街道办事处(以下简称"镇街")批准;涉及跨镇街调整的,需分别经所属镇街审核后报市人民政府批准;集体经济组织向市不动产登记中心提供调整土地协议、会议决议、批准文件等资料,申请所有权变更登记。[⑥]

---

① 参见《和林格尔县农村集体经营性建设用地抵押融资管理试行办法》第6条、《金寨县农村集体经营性建设用地使用权抵押登记暂行办法》第7条。

② 参见《浏阳市农村集体经营性建设用地使用权抵押办法(试行)》第6条。

③ 参见《佛山市南海区农村集体经营性建设用地入市管理试行办法》第19条。

④ 参见《义乌市农村集体经营性建设用地入市管理办法(试行)》第33条。

⑤ 参见《德清县农村集体经营性建设用地入市管理办法(试行)》第35条。

⑥ 参见《义乌市农村集体经营性建设用地入市管理办法(试行)》第7、8、9条。

3. 流转登记

第一,抵押登记。试点地区一般要求农村集体经营性建设用地使用权抵押应当办理抵押登记,登记部门应当出具他项权证。① 安徽六安市金寨县将抵押权人限定为提供农村集体经营性建设用地使用权抵押贷款的金融机构。② 金寨县还将存在不符合规划、土地权属有争议、被依法纳入拆迁征地范围、擅自改变用途等情况的农村集体经营性建设用地使用权排除在抵押登记之外。③ 广东佛山市南海区仅要求农村集体经营性建设用地使用权抵押合同双方,应当在抵押合同签订后持相关材料,依照土地抵押登记相关规定,向区不动产登记机构申请办理抵押登记。④ 浙江金华市义乌市规定以租赁方式取得的农村集体经营性建设用地使用权抵押的,其抵押最高期限不得超过租金支付期限,抵押登记证应当注明租赁土地的租赁期限和租金缴纳情况。⑤ 部分试点地区还对注销登记进行了规定,规定土地抵押权因债务清偿或者其他原因而消灭的,应当办理注销抵押登记。⑥

第二,转让和出租后的登记。广西玉林市北流市规定农村集体经营性建设用地使用权转让和出租都应当办理不动产登记。⑦ 黑龙江绥化市安达市规定因出让、租赁方式取得的集体经营性建设用地使用权转让后可以申请变更登记;因依法买卖地上建筑物、构筑物及其附属设施涉及建设用地使用权转移后可以申请变更登记;土地使用权抵押期间,土地使用权经抵押权人同意转让后可以申请变更登记。⑧ 需要注意的是,黑龙江绥化市安达市的规定存在不尽规范之处,此处变更登记应为转移登记。

第三,作价出资或增资入股后的登记。浙江金华市义乌市规定农村集体经

---

① 参见《德清县鼓励金融机构开展农村集体经营性建设用地使用权抵押贷款的指导意见》第三部分、《义乌市农村集体经营性建设用地入市管理办法(试行)》第19条。

② 参见《金寨县农村集体经营性建设用地使用权抵押登记暂行办法》第3条。与此类似还可参见《浏阳市农村集体经营性建设用地使用权抵押办法(试行)》第3条。

③ 参见《金寨县农村集体经营性建设用地使用权抵押登记暂行办法》第7条。

④ 参见《佛山市南海区农村集体经营性建设用地入市管理试行办法》第29条。

⑤ 参见《义乌市农村集体经营性建设用地入市管理办法(试行)》第20条。

⑥ 参见《义乌市农村集体经营性建设用地入市管理办法(试行)》第19条、《佛山市南海区农村集体经营性建设用地入市管理试行办法》第31条。

⑦ 参见《北流市农村集体经营性建设用地房屋抵押登记暂行办法》第33、39条。

⑧ 参见《安达市集体经营性建设用地登记办法(试行稿)》第四章。

营性建设用地使用权作价出资(入股)完成后,其交易信息应在集体经济组织事务公示栏、市土地矿产交易中心等进行公布。新组建的企业或增资入股后的企业在完成工商登记后,应当申请不动产登记。① 浙江湖州市德清县规定新组建的企业或增资入股后的企业在完成工商登记后,应当申请入市土地的使用权登记。② 广西玉林市北流市规定作价入股合同签订后,村集体组织、国有股权持股单位及作价入股企业应持集体土地相关权属证明、作价入股合同、村集体组织民主决议(议事)同意或依法授权同意作价入股的书面证明材料及其他有关材料,按规定在市土地产权登记部门办理土地登记手续。③

4. 与土地管理行为协同

不动产登记与土地管理行为的协同,在集体经营性建设用地入市改革中尤为凸显。广东佛山市南海区将土地规划与不动产登记关联,不符合规划条件的不得办理交易等手续;④将缴纳土地增值收益调节金及相关税费与不动产登记关联,即在缴纳土地增值收益调节金及相关税费后方可办理土地登记;⑤将出让剩余年限与不动产登记关联,核发的房地产权证上,应注明"权属人对地上房产的持有年限不超过本宗地的出让年限";⑥将交易规则与不动产登记关联,农村集体经营性建设用地使用权未按规定通过公共资源交易中心交易的,区不动产登记机构不予办理土地登记,规划、住建部门不予办理规划报建、施工报建手续。⑦ 浙江金华市义乌市规定农村集体经营性建设用地使用权入市违反《义乌市农村集体经营性建设用地入市管理办法(试行)》规定交易的,规划局不得为其办理建设用地规划手续,国土资源局不得为其办理用地和不动产登记手续。⑧

二、"三块地"改革与不动产登记协同的问题

改革试点不动产登记实践取得了一定成效,有力推动了"三块地"改革的实

---

① 参见《义乌市农村集体经营性建设用地入市管理办法(试行)》第 29 条。
② 参见《德清县农村集体经营性建设用地入市管理办法(试行)》第 31 条。
③ 参见《北流市农村集体经营性建设用地入市管理办法(修订)》第 49 条。
④ 参见《佛山市南海区农村集体经营性建设用地入市管理试行办法》第 15 条。
⑤ 参见《佛山市南海区农村集体经营性建设用地入市管理试行办法》第 18 条。
⑥ 参见《佛山市南海区农村集体经营性建设用地入市管理试行办法》第 37 条。
⑦ 参见《佛山市南海区农村集体经营性建设用地入市管理试行办法》第 66 条。
⑧ 参见《义乌市农村集体经营性建设用地入市管理办法(试行)》第 42 条。

施。但也存在一些突出问题。

（一）大量不动产未登记

农村不动产未登记的一个重要原因是缺乏登记动力，一方面权利人尚未认知登记的意义和重要性；另一方面受经济发展和土地政策影响，盘活农村宅基地和农村集体经营性建设用地缺乏资金和制度支持。长期以来，法律与政策限制农村地权自由流动，使得农村不动产登记基本没有需求。尽管出台了融资抵押政策，但如宅基地使用权等权利抵押实现困难重重，不动产登记进展并不顺利。

（二）登记面临诸多难题

根据《土地管理法》第62条规定的授权，各地对宅基地面积进行了限制。[1]现实中，宅基地占有情况复杂，存在因私下买卖、继承、未经批准占用集体土地建房等原因导致的一户多宅、宅基地面积超标，以及土地权属来源证明材料缺失、权利归属存在争议、违法用地尚未处理等问题。此外，土地权属档案、登记资料缺失亦是实践中面临的障碍，究其原因，既有因职能部门调整等原因导致档案材料丢失，也有权利人因保管、搬迁、灾毁等原因丢失证明材料的情况。实践中还存在不动产登记权利人名称不一致、相关资料时间久远无法查证等突出问题。

（三）登记缺乏规范管理

不动产登记缺乏规范的管理，存在多头管理而多头不管的情况。农村建房由住建部门监管，而土地由自然资源部门管理，相关部门之间缺乏高效顺畅的衔接机制。此外，我国农村幅员辽阔，居住比较分散，地区差异较大，不动产登记工作比较复杂，需要更多的人力和资金投入不动产登记相关工作。但不动产登记工作人员编制不足、设备系统更新落后等，也对不动产登记工作产生负面影响。不少村民自治组织工作人员因为害怕承担责任对调查工作不予配合。

目前的登记制度主要以城市不动产为原型构建，对农村土地管理的特殊性考虑不足。许多问题扎根于农村不动产登记的现实背景。一是社会现实：城乡二元体制。农村土地肩负诸如社会保障、粮食安全、土地财政、储备资源等重任，使其不可能像城市不动产一样自由流转。流动性较差的农村不动产缺乏登记的

---

[1]　例如，《贵州省土地管理条例》第30条规定："农村村民建住宅的用地限额（包括原有住房宅基地面积及附属设施用地）为：（1）城市郊区、坝子地区：每户不得超过130平方米；（2）丘陵地区：每户不得超过170平方米；（3）山区、牧区：每户不得超过200平方米。"该条例还对宅基地选址作了要求，其第31条规定："凡是能利用旧宅基地和村内空闲地的，不得新占土地。"

动力。农村不动产登记制度建设与工作开展还要破除体制障碍,其艰巨性非同一般。二是政治现实:公有制下的多层产权结构。在土地所有权之外,还有承包经营权和建设用地使用权。目前,前者又分割为承包经营权和经营权。复杂的产权结构增加了不动产登记的难度。三是制度现实:农村不动产登记生效要件主义与登记对抗要件主义二元混合。农村不动产登记制度建设较为落后,诸多农地用益物权尚未纳入登记生效主义的范畴,农村不动产登记制度建设面临从无到有的局面。上述现实背景也制约"三块地"改革的深入开展,具体至不动产登记制度协同,则需要通过对不动产登记进行理论解析,并给出立法完善方略。

第三节　不动产登记立法完善之理论解析与具体方略

一、不动产登记立法完善之理论解析

(一) 实质主义登记抑或形式主义登记

依登记是否为物权变动之要件,可将登记区分为形式主义登记和实质主义登记两种模式。形式主义登记,指以登记为物权变动的对抗要件主义的登记,法国法、日本法采之。[1] 1855 年,法国颁布《不动产登记法》,创立了登记对抗主义,"登记对于物权变动没有决定的作用,而只有证明的作用"。[2] 实质主义登记,指以登记为物权变动的生效要件主义的登记,德国法、瑞士法采之。[3] 实质主义登记,建立了双重法律事实,即物权须"当事人的意思加上不动产登记"二者同时具备方可变动。[4] 实质主义登记更符合法理也与现代交易更为契合,它将物权交易的各个过程清晰地予以展示,更易解决实践中所出现种种问题。

我国的不动产登记以实质主义登记为主,以形式主义登记为辅(农村地权、地役权等)。形式主义登记体现在《民法典》第 209 条所称的"除外"规定之

---

① 参见史尚宽:《物权法论》,中国政法大学出版社 2000 年版,第 30 页。
② 孙宪忠:《中国物权法总论》(第三版),法律出版社 2014 年版,第 357 页。
③ 参见史尚宽:《物权法论》,中国政法大学出版社 2000 年版,第 30 页。
④ 参见孙宪忠:《中国物权法总论》(第三版),法律出版社 2014 年版,第 357 页。

中。① 虽然为"除外",但所涉及的物权类型和法律条款不少。在物权类型方面,主要与农村地权有关,如土地承包经营权、宅基地使用权、地役权等。在法律条款方面,涉及《民法典》第 333、335、363、365、374 条等。在我国,宅基地使用权虽然为集体土地所有权上的用益物权,但是该物权的取得要经过行政审批。《民法典》第 363 条规定:"宅基地使用权的取得、行使和转让,适用土地管理法等法律和国家有关规定。"与此对应,《土地管理法》第 62 条明确规定,农村村民住宅用地,由县级人民政府批准。因此,宅基地使用权的取得不是依法律行为,而是依行政审批。受限于宅基地使用权转让的限制,有限合法的流转多存在于本集体经济组织成员之间。对于这种封闭熟人社会中的转让,当事人进行不动产登记的动力不足。考虑广大农村的实际,《民法典》没有规定宅基地使用权的取得、流转以登记产生效力。尽管其 365 条也仅要求已经登记的宅基地使用权转让或者消灭的,应当及时办理变更登记或者注销登记,并未强调未办理变更或注销登记对物权效力的影响。法律未将登记作为农地物权变动的生效要件,导致实践中登记的权利人与真实权利人之间可能存在误差,无法适应当下农村土地经济利用和农村社会治理现代化。

（二） 初始登记理论与规则之理顺

初始登记是不动产单元与权利人初次结合的登记。初始登记的关键是进行全面详细的地籍、房屋状况和权属调查。初始登记非常重要,其他登记无不建立在初始登记基础之上。正如孙宪忠教授指出,初始登记的"权利对以后的不动产物权变更具有原始根据的意义,故法律对该登记一般均有特别的申请程序和申请条件"②。

一般认为,初始登记是不动产所有权进行的第一次登记,但我国的不动产初始登记应当涵盖至用益物权的第一次登记。在我国,用益物权实质上体现境外立法例上土地所有权的经济功能。我国进行土地使用权登记时,登记机关要实地查验,对土地进行测量、画图、造册等,费时良久。但我国土地所有权登记并不

---

① 《民法典》第 209 条规定:"不动产物权的设立、变更、转让和消灭,经依法登记,发生效力;未经登记,不发生效力,但法律另有规定的除外。"

② 孙宪忠:《中国物权法总论》(第三版),法律出版社 2014 年版,第 365 页。

普遍。① 在实行土地所有权和使用权相分离的制度背景下,我国不必将初始登记局限于土地所有权登记。初始登记为不动产单元与权利人初次结合,因而要进行测量、画图、造册等,而变动登记及其他登记则一般不需要重复此类工作,登记机构可以适用在先已登记原则进行逻辑推导登记权利,即视为真实权利人即可。因此,《不动产登记暂行条例》将用益物权、集体土地所有权均作为初始登记的客体符合我国实际。但是,初始登记不包括抵押权的第一次登记,不动产抵押权的登记,是对抵押物产生的负担,通过登记形式产生对不特定第三人的公示效力。正因如此,理论界多数学者认为初始登记并不包含抵押权的设立登记。②

初始登记应当包括总登记,③这也符合《不动产登记暂行条例》的规定。④根据该规定,总登记的组织主体是市、县人民政府;登记对象是集体土地所有权、宅基地使用权、集体建设用地使用权和土地承包经营权;登记基础则是要对地籍、权属等进行全面调查。

初始登记应当严格依照法定程序进行。一是申请和受理。理论上,初始登记应当依申请进行,但总登记除外。申请人应当按照要求提交申请材料。申请材料主要为申请人身份证明材料、申请书(如有物权合意声明,也应当包括在申请书之内)、权属来源材料,权籍调查表、宗地图以及宗地界址点坐标等材料。⑤其中,权籍调查表、宗地图以及宗地界址点坐标等并非必要材料,此类材料的取得是登记机构的职责。符合上述要求的,登记机构必须受理。对于总登记,由登记机关主动调取相关材料并要求权利人依法提供所需材料。如不提供的,应当承担相关不利后果。二是审查和调查。首先,登记机构应当对申请人身份证明材料、物权合意声明和登记簿的权利人在先登记等情况进行审查。其次,登记机构必须进行严格的地籍和权籍调查。最后,必须对地籍和权籍调查的结果及其

---

① 我国国有土地所有权无须登记,《不动产登记暂行条例》虽将集体土地所有权列入登记对象,但登记的情况并不普遍。

② 参见孙宪忠:《中国物权法总论》(第三版),法律出版社 2014 年版,第 364 页。

③ 参见孙宪忠:《中国物权法总论》(第三版),法律出版社 2014 年版,第 365 页。

④ 开展总登记应当依法进行,《不动产登记暂行条例实施细则》第 25 条对农村地区的不动产总登记作出了规定:"市、县人民政府可以根据情况对本行政区域内未登记的不动产,组织开展集体土地所有权、宅基地使用权、集体建设用地使用权、土地承包经营权的首次登记。依照前款规定办理首次登记所需的权属来源、调查等登记材料,由人民政府有关部门组织获取。"

⑤ 参见《不动产登记暂行条例实施细则》第 34 条。

他欲登记事项予以公告。公告未有异议的方可进行登记。

二、不动产登记立法完善之具体方略

(一) 区分初始登记和变动登记

理论上,不动产登记普通程序依据是否与物权变动有关,可以区分为初始登记和变动登记。初始登记,是指不动产单元与具体权利人初次结合所进行的登记,具体包括不动产所有权或用益物权的第一次登记。变动登记是指基于物权变动的登记,包括设立登记、转移登记和注销登记。两种程序存在诸多不同,应当予以区分。

1. 农村不动产的初始登记

明确初始登记程序。初始登记由个人提出申请。登记机构会同各方人员现场勘查,绘制初步图表,对权属来源进行调查,根据调查结果及其他证据材料确定初步登记结果并予以公示。在公示期内当事人可以提出异议。对登记结果不服者也可以向法院提出起诉。法院应当在规定时间内作出判决。登记机构作出的登记具有推定和公信效力。

初始登记材料的审查应当区分权属来源和申请材料。其一,对权属来源要进行实质审查。以农房和宅基地使用权登记为例。农村房屋因自建而取得所有权,属于原始取得,但其下宅基地使用权登记时需要审查作为权利合法来源的审批材料或流转合同。宅基地缺少权属来源证明材料或权属来源不清的,由县级农业农村部门查明土地历史使用情况和现状,所在村集体经济组织确认宅基地使用权人、面积、四至范围等信息,公告并出具证明,经乡(镇)人民政府审核,属于合法使用的,方可确权登记。登记机构严格遵循前述初始登记程序,即视为履行实质审查义务。其二,初始登记对申请材料和登记标的要进行审慎审查。一方面,要审查申请材料的真实性。登记机构要验证申请材料的真伪;不能直接验明真伪的,应当采取质询、查访、请相关主管部门协助查明等方式。登记机构还要查验有关证明材料、文件与申请登记的内容是否一致。① 例如,农村宅基地使

---

① 参见《不动产登记暂行条例》第18条规定:"不动产登记机构受理不动产登记申请的,应当按照下列要求进行查验:(一)不动产界址、空间界限、面积等材料与申请登记的不动产状况是否一致;(二)有关证明材料、文件与申请登记的内容是否一致;(三)登记申请是否违反法律、行政法规规定。"

用权的初始登记可能涉及对原有宅基地使用权证书的真伪的审查。在特定的历史时期,宅基地使用权证书的发放未遵守统一规范的程序,导致证书所记载信息存在错误,或与他人权利冲突。对此,登记机构应当查询过往资料,还原真实状况,而不能简单以已经发放的权属登记记载情况办理不动产登记。另一方面,要实地核查登记标的具体情况,包括登记标的是否存在、登记标的的具体数据等。这些核查与测量应当遵守严格的程序,并公示测量核查情况。初始登记程序与非初始登记程序的重大差别在于要不要进行全面详细的地籍、房屋状况和权属调查。初始登记的信息将作为原始信息存在,其他登记也将以这些信息为依据,应该尤为重视。

确定初始登记主体。集体土地所有权应当登记在农村集体经济组织名下。土地承包经营权和宅基地使用权应当以户为单位申请登记,户的成员要予以明确列举。这里的"户"与农村承包经营户的设立效果有所区分。虽然均为户,但功能有所不同。农村承包经营户是方便经营,在承包期内,分户不涉及原户中承包地总面积的变化;宅基地则不同,分户理论上意味着宅基地面积的变化,增加或调整并需要再行登记。集体经营性建设用地使用权登记在自然人、法人或非法人组织名下。

登记中特殊情形的处理。以宅基地历史遗留问题处理为例:一是权属来源材料缺失的登记处理。对于此类情形,应尽量查阅批准档案情况,查不到相关批准档案的,由申请人申请相应主管部门查明并经所在农村集体经济组织确认和乡(镇)人民政府审核。二是未批先建的登记处理。对于未批先建的宅基地及其房屋登记,应考虑是否符合土地利用规划,"一户一宅"和面积限制等要求,如符合则依法依规补办用地审批手续后,予以确权登记。三是宅基地面积超标的登记处理。对于宅基地面积超标的,应当分阶段依法处理宅基地超面积问题。①四是非本集体经济组织成员占有宅基地的登记处理。此类成员因扶贫搬迁等按照政府统一规划和批准使用宅基地的,在退出原宅基地并办理注销登记后,可以申请宅基地使用权登记。鉴于 1998 年修正的《土地管理法》删除了城镇居民使用集体土地建房的规定,因此 1999 年 1 月 1 日后城镇居民购买农村宅基地及地

---

① 参照《国土资源部关于进一步加快宅基地和集体建设用地确权登记发证有关问题的通知》(国土资发〔2016〕191 号)第六部分。

上房屋的,因违背法政策精神,不应当确权登记。五是一户多宅的登记处理。原则上本集体经济组织成员只能为一处宅基地申请不动产登记,如合法取得的多处宅基地面积之和未超过每户应享有的宅基地面积限制的,可根据各地规定,视情况办理不动产登记。

2. 农村不动产变动登记

第一,转移登记。《不动产登记暂行条例实施细则》第 31、38、46、50、62、69、74、77 条等对集体土地所有权等物权的转移登记作了规定。在宅基地使用权流转尚未开禁的背景下,该细则对宅基地使用权及房屋所有权转移登记的情形限定于依法继承、分家析产、集体经济组织内部互换房屋。目前农村不动产转移登记仍有不足,可从以下方面予以完善。

首先,借助信息技术,实现网上申请。办理农村不动产转移登记,一般都已完成不动产初始登记,在确保初始登记信息录入系统并实现相关部门信息共享的前提下,不动产转移登记网上申办已成为可能,且在城市房屋产权登记中较为常见。当事人不必亲临登记机构即可网上办理,有效提高登记效率。其次,例外允许土地及其上建筑分别登记。一般情况下,应当办理房地一体登记。但在特殊情况下,如因继承、期限届满等原因出现房屋所有权主体和土地使用主体分离时,可以办理房屋所有权登记,并在不动产登记簿及证书附记栏注记。集体建设用地区分宅基地、公益性建设用地和经营性建设用地,后两种建设用地及其地上建筑应当参照城市建设用地采登记生效主义;宅基地及其上房屋原则上应办理房地一体登记,在房屋继承人为非集体经济组织成员,或虽为集体成员但继承后宅基地面积超标等特殊情形下只应为房屋办理登记并明确标注,表明该类继承人不享有宅基地使用权之继承权。

第二,抵押权登记。如前所述,此登记属于变动登记。宅基地使用权和集体经营性建设用地使用权是"三块地"改革的重要对象。试点地区如前所述对抵押权登记进行了规定,但缺乏系统性。抵押权登记的一般程序如下:其一,统一规定可办理抵押权登记的权利。具体包括农村集体经营性建设用地使用权,地上房屋等建筑物、构筑物,以招标、拍卖、公开协商等方式取得的荒地等土地承包经营权,宅基地使用权,正在建造的建筑物和法律、行政法规未禁止抵押的其他不动产。① 其二,统一规定抵押权登记的条件。其中,应明确抵押权登记应经农村集体经济组织同意,未设农村集体经济组织的,经村民委员会同意。其三,统一规定抵押权登记的申请程序。抵押权登记应当提交的材料,包括不动产权属证书、抵押合同与主债权合同等必要材料。提交主债权合同表明我国坚持抵押权的从属性。此外,抵押登记必须共同申请。② 其四,遵循一体登记原则。以集体建设用地使用权抵押的,该土地上的建筑物、构筑物一并抵押;以建筑物、构筑物抵押的,该建筑物、构筑物占用范围内的建设用地使用权一并抵押。③

第三,注销登记。发生不动产灭失,权利人放弃不动产权利,不动产被依法没收、征收或者收回,生效法律文书导致不动产权利消灭等情形时,权利人可以申请不动产注销登记。《不动产登记暂行条例实施细则》第 32、46、51、62、63、70条等对多种不动产权利的注销登记进行了规定。鉴于"三块地"改革正在进行中,一些权利如资格权的注销登记未予涉及,如资格权落地实施,对此应有所规定。

(二) 区分登记行为与管理行为

依《民法典》所进行的登记行为是一种纯粹的私法行为。为此,应当将登记行为区分为依私法进行的登记行为和依公法所进行的登记行为。后者在性质上属于管理行为。《物权法》颁布之前,不动产登记无疑兼有行政管理性质,涉及不动产登记的法律法规所体现的规范属性也印证了这一点。1994 年颁布的《城市房地产管理法》第五章的标题是"房地产权属登记管理",该章第 60 条将本为一体的房地产中的房与地分属不同行政机关登记,以方便相应主管部门管理,充分体现了房地不动产登记的管理属性。《城市私有房屋管理条例》(1983 年)、《城镇房屋所有权登记暂行办法》(1987 年)、《城市房屋产权产籍管理暂行办法》(1991 年)和《城市房地产权属登记管理办法》(1998 年)等,更是体现了不动产登记的管理属性。④法律规制的方法也侧重于房屋的行政管理,上述所列法律、行政法规的名称即能

---

① 参见《不动产登记暂行条例实施细则》第 65 条。

② 参见《不动产登记暂行条例实施细则》第 66 条。

③ 参见《不动产登记暂行条例实施细则》第 65 条。

④ 例如,《城镇房屋所有权登记暂行办法》(1987 年)第 11 条规定:"申请房屋所有权登记,应交纳登记费,以及按照契税暂行条例的规定,补交交契税,逾期登记应视逾期长短,采取累进办法加收登记费。登记费收取办法,在全国没有统一规定前,由地方人民政府测算制定。"这一规定将契税缴纳与登记联系在一起,是一种管理行为,与不动产登记作为物权变动公示形式的私法性质不符。

够印证。① 在农村,土地房屋登记更是凸显管理属性。由于农村土地限制对外流转,其登记主要承担国土统计、土地管理的作用。

登记行为与违法管理行为应当适当区分,以此促进登记工作的开展。登记只是权利登记,理论上通常与违法与否无关(取得权利违法除外)。违法可以进行处理,但是符合登记条件的,应当予以登记。将违法与登记联系在一起,的确方便了管理。例如,广东佛山市南海区规定申请人未按相关规定进行建设,或建筑验收不合格的,不予办理土地和房屋不动产统一登记。② 这种做法虽有积极意义,但与登记原本的功能不符,不利于保护权利人的合法权益。同时,违法行为有轻重之分,一概与登记关联有违比例原则。例如,前述北京大兴区将不动产登记与"打击各类违法违规行为"联动似有不妥。③

（三）提高权利人登记意识与强化不动产登记事项

第一,农村土地物权应采登记生效主义。不仅要宣传普及农村不动产登记的意义,更要从法律上确认农村土地物权采登记生效主义。我国农村不动产登记采用了最为复杂的登记生效与登记对抗主义二元混合制度。土地承包经营权的互换、转让,采用登记对抗主义;宅基地使用权根据体系解释,也采用登记对抗主义。集体建设用地使用权(宅基地使用权除外)和所有集体土地上的建筑物,依《民法典》第 209 条,则采用登记生效要件主义。两种主义的混合采用,使我国农村不动产登记非常复杂,也增加登记工作的难度。对此应当改弦更张,对农村地权都应当采用登记生效要件主义。

第二,强化不动产登记工作。其一,重视地籍调查工作。调查工作具有特殊性和艰难性,相关部门和村集体应当配合完成地籍调查工作。其二,依法分类处理农村土地历史遗留问题,保护农民的合法权益。除坚持依法依规、尊重历史、实事求是等原则理顺土地历史遗留问题外,还应当畅通不动产登记中,农民权利救济渠道。其三,强化农村不动产登记的人力、物力、技术支持。提高登记工作人员的业务能力,建设信息化不动产登记平台,优化农村不动产登记程序。其

---

① 参见李明发:《论不动产登记错误的法律救济》,《法律科学(西北政法大学学报)》2005 年第 6 期。

② 参见《佛山市南海区农村宅基地管理规定》(南府〔2018〕13 号)第 32 条。

③ 参见《大兴区农村宅基地及房屋建设管理实施意见(试行)》(京兴政发〔2021〕1 号)第四部分。

四,建立健全管理机制,加强部门协作,明晰各职能部门的职责分工。《大兴区农村宅基地及房屋建设管理实施意见(试行)》(京兴政发〔2021〕1 号)在第五部分"加强组织保障"中规定明确区级部门职责。可以此为借鉴,明确农村不动产登记的职能分工和协作。

第六章 以统筹联动为改革逻辑的
实践图谱及其制度完善

"三块地"改革必然带来土地管理秩序的深刻变化,建立城乡统一建设用地市场要求土地管理法制调适革新;"三块地"改革的内在关联必然要求联动协同,进而要求土地管理法律制度体系化应对。对"三块地"联动改革的政策文件进行分析,发现其初衷的具体目标在于强化规划引领,还赋集体土地权能,平衡国家、集体、个人利益,价值意义体现为平等、公平和共享。试点地区采取大致相似的模式统筹"三块地"横纵向改革,其中,农村土地征收与集体经营性建设用地入市改革统筹主要是用途互补、同权同价与收益平衡;集体经营性建设用地入市与宅基地制度改革联动体现为宅基地通过规划调整和复垦置换向集体经营性建设用地的单边转换,以及入市收益与宅基地退出补偿之间的利益协调;农村土地征收与宅基地制度改革协同主要是在土地征收中探索农民户有所居的多种实现形式,平衡宅基地征收与退出补偿;"三块地"改革与其他领域改革的联动包括但不限于与规划体制变革、农村集体产权制度改革、"三权"抵押、城乡建设用地增减挂钩、村民自治等的协同推进。联动改革有效破解乡村振兴用地难题,推动城乡一体化建设,增加农民财产性收入,但也存在改革不同步影响统筹联动效果、不同区域改革困境与诉求不同、改革结束后试点政策能否延续等困惑。统筹联动改革中体现出的深层次问题主要是集体与国家建设用地并未真正实现同等入市、同权同价,宅基地向集体经营性建设用地的单边转换及其利益失衡,宅基地及其上村民住宅征收补偿标准不尽明确且未与宅基地有偿退出建立有效关联,增值收益分配制度未有效建立等。完善进路仍在于健全征收与入市正当运行的"双轨制",顺畅入市与宅基地改革的"双边转换",有效勾连宅基地和土地征收制度改革,反思以征收定入市的调节金征收模式,在此基础上建立内在价值统一、外在体系协调的增值收益分配制度,同时继续全面深化不动产登记、财政、金融、审批、社会保障等配套制度改革,增强改革的系统性、整体性、协同性效果。

第一节　统筹联动改革决策的缘起与价值

"三块地"改革之初,每个试点地区仅安排一项改革任务,随着单向改革深入,从中央到地方更加清晰地认识到,农村土地制度改革是一项系统工程,是全面深化改革的重要内容,实施乡村振兴战略的重要支撑,需要系统谋划和深入统筹。2016 年 10 月,原国土资源部把集体经营性建设用地入市和征地制度改革推广到全部 33 个试点;2017 年 11 月 20 日,十九届中央深化改革领导小组将宅基地制度改革试点从 15 个拓展到 33 个,这意味着 33 个试点地区都同时进行三项改革试点,"三块地"改革进入了全面覆盖、统筹推进、深度融合的新阶段。

一、联动改革决策的初衷目标

农村土地制度改革牵一发而动全身,具有系统性、整体性和协同性。根据《国土资源部关于深化统筹农村土地制度改革三项试点工作的通知》(国土资发〔2017〕150 号)(以下简称《统筹"三块地"改革通知》)等文件精神,"三块地"联动改革的政策目标体现为强化规划引领、还赋集体土地权能以及平衡国家集体个人利益。

(一) 强化规划引领,盘活农村存量建设用地

进入近现代社会以来,规划以其科学、民主与正当性日益在土地管理领域发挥关键作用,并由立法确认,具有引导和控制土地开发保护活动的法律效力,即得以合法限制土地财产权行使,有效排除公权恣意和私权滥用。规划权行使虽不是"三块地"改革的主要内容,但因规划在土地管理中发挥引领、管控作用,而成为农村土地制度改革的前提和依据。《统筹"三块地"改革通知》要求着力盘活农村存量建设用地,完善乡村振兴用地保障机制,优化农村生产生活生态用地布局;在乡镇级土地利用总体规划的控制下,按照"多规合一"要求,加快推进试点县(市、区)村土地利用总体规划编制实施。试点地区普遍反映,改革前农村各项建设任性而为、布局散乱,唯有以规划统筹"三块地"改革,打通存量建设用地相互转换通道,方能实现规模化开发、高效性利用。

（二）还赋集体土地权能，建立城乡统一建设用地市场

"三块地"改革中任一改革纵向深入，均会遭遇农村土地财产权能残缺问题。农村土地征收制度改革，归根结底涉及对集体土地所有权财产属性的尊重和保护。集体土地所有权在现阶段虽事实上承担部分公共职能，但在私法层面上是与国家和私人所有权具有平等法律地位的民事权利，具有从事建设活动的权能，土地征收不仅要补偿用途损失，还应当观照发展权益。集体经营性建设用地入市的条件、方式和用途，同样涉及哪部分集体土地可以进入建设用地市场、以何种方式进入以及进入后的用途等问题，本质上仍是集体土地是否有从事非农建设的权利及其限度。宅基地制度困局，源于其承载的社会保障功能和经济价值功能之间的冲突加剧，破解之维在于坚守宅基地使用权身份属性的前提下还赋其收益权能、有限度地开禁流转。建立城乡统一的建设用地市场，关键在于还赋集体土地与国有土地同等的权能属性，对"三块地"改革所立基的财产权结构予以一体化构造。

（三）平衡国家集体个人利益，增加农民财产性收入

市场在土地资源配置中起决定性作用，并不否认政府更好地发挥宏观调控和微观调节功能。农村土地制度改革向纵深攻坚，必然要触及现有的利益分配格局。我国的社会主义性质决定了土地的公有制属性，集体所有作为土地公有制的组成部分，本质上体现为对不特定集体成员承担社会保障功能。城乡统一的社会保障体系建立健全之前，集体土地所有权的实现对于增加农民财产性收入、缩小城乡差距、推进共同富裕起到关键性作用。此前由地方政府低价征收农民集体土地高价出让，产生的增值收益看似中央和地方政府共享，但是因为国有建设用地使用权人将土地开发成本转嫁给社会，并因为建筑物的存在而事实上不受期限限制地享受土地的自然增值，所谓的"涨价归公"其实是在限制农民集体开发土地权利前提下的"涨价归资本"。① "三块地"改革要求在征地补偿安置费用之外建立土地征收增值收益在国家、集体和个人之间的分配机制，有条件地承认集体建设用地的入市能力，肯定集体对土地的发展权益；农民和集体在土地征收中获得更高标准补偿，有权保有分配集体经营性建设用地入市收益，自主

---

① 参见陈伟、刘晓萍：《"涨价归资本"：中国农地转用增值收益分配新解》，《经济学动态》2014年第10期。

利用或者流转闲置宅基地及其上农房从事生产经营活动,由此获得更多财产性收入。在此基础上,需要兼顾社会公共利益,允许政府以合法征税的形式回收基础设施和公益事业投入,要求农民集体承担土地开发的外部成本,平衡国家集体个人利益。

二、联动改革决策的价值意义

(一) 集体和国有建设用地平等入市

在"三块地"改革过程中,有学者主张以城镇建设为理由动用国家征收权的征地制度具有合法性,国家垄断土地一级市场自然增值收益转化为公共财政收入让大多数人分享,基本符合"地利共享"理念,而集体建设用地入市不能实现土地增值收入在全社会中的公平分配。①《统筹"三块地"改革通知》要求统筹缩小征地范围与农村集体经营性建设用地入市,可谓对学界反对意见的政策回应。城镇建设是否能够作为启动征收程序的公共利益认定标准,归根结底是一项历史范畴;在新发展理念指引下,建立健全城乡融合发展体制机制和政策体系较单一城镇化更符合新时代的公共利益内涵,国家垄断土地一级市场自然增值收益转化为公共财产收入更多地由城镇居民和城郊农民共享,进城务工和留在农村的农民无从直接分享土地自然增值。即便以财政收入的形式间接分享土地增值,用于城市建设和农业农村的比例亦有较大差距。2014 年土地出让收入用于城市建设支出 4063.02 亿元,是用于农业农村支出(2435.49 亿元)的几乎两倍。② 允许集体经营性建设用地入市,并非要取消征地制度,而是回归以公共利益需要限制土地征收权滥用的宪法秩序,弥补由此带来的非公益性建设用地缺口,建立城乡统一建设用地市场当然是在同一用途和同样法律属性而权属不同的土地上具有同等的市场化交易规则;"城乡建设用地增减挂钩政策和'小产权房'建设在实践中都是让少部分农民受益",与"唯有'城郊农民'才能成为被征地拆迁对象"产生相似的社会效果,不同之处在于前者体现市场在资源配置中起决定性作用的机会平等,后者则依赖于法律对集体土地财产权内容的不当限

---

① 参见桂华:《城乡建设用地二元制度合法性辨析——简论我国土地宪法秩序》,《法学评论》2016 年第 1 期。

② 参见《2014 年全国土地出让收支情况公布》,中国政府网,http://www.gov.cn/xinwen/2015-03/24/content_2837867.htm,2022 年 8 月 7 日访问。

制,前者可以通过税收机制回收国家基础设施和公共服务投入实现地利共享,后者则在国家垄断土地一级市场增值收益的逻辑下,难以对农民集体获得的征收增值收益予以税收调节,并剥夺了进城务工和在地农民的土地财产权利实现机会。

(二) 农民和集体公平分享增值收益

我国城市土地国有化与农民集体所有制在农村土地上的保留,可依历史和主观目的解释具有妥协性[1]和过渡性[2],但结合文义、体系和客观目的论,我国宪法上农村和城市郊区的土地属于集体所有同样是社会主义公有制的组成部分,国家为了公共利益的需要可以依法对集体土地实行征收或者征用并给予补偿,国有和集体土地的使用权可以依照法律规定转让,这是宪法确立的国家和集体土地二元所有、土地使用权依法转让的基本秩序。国家和集体土地所有权主体范围的区别并不能抹杀集体所有的公有制属性,全民所有是包括农民集体成员在内的全体人民所有,集体所有是随着成员身份而变动的不特定集体成员所有。恰恰是 1993 年《农村土地承包法》、1998 年《土地管理法》、2007 年《物权法》等法律没能较好完成宪法授予的立法任务,对集体土地所有权和使用权施加诸多使用权能(不得从事非农建设)、收益权能(宅基地收益权能的例示阙如)、处分权能(禁止和限制转让、抵押)等,造成集体土地财产权利与国有土地权利事实上的不平等,因此导致城乡差距的进一步扩大。所谓国家垄断土地一级市场的增值收益是国家在推动城市化进程中的"非意图性后果",[3]其全然不顾土地二级市场上增值收益由国有建设用地使用权人独享的事实,亦不管国有土地上房屋征收与集体土地征收补偿标准的巨大差异;一方面以原用途市场价值补偿农民损失,另一方面又限制集体土地使用权流转并进而导致原用途市场价值难以形成;一方面忧心集体经营性建设用地入市会导致土地食利阶层复现和土地私有化,另一方面对国有土地使用权市场化流转下真正的土地食利阶层视而不见。对此,《民法典》有更加清醒的认识和判断。[4] "物权"编第 206 条完

---

① 参见彭錞:《八二宪法土地条款:一个原旨主义的解释》,《法学研究》2016 年第 3 期。

② 参见张力:《土地公有制对农村经营性建设用地入市改革的底线规制》,《法律科学(西北政法大学学报)》2020 年第 6 期。

③ 参见郭亮:《从理想到现实:"涨价归公"的实践与困境》,《社会学研究》2021 年第 3 期。

④ 参见孙聪聪:《体系强制视野下土地经营权的类型化构造》,《东北农业大学学报(社会科学版)》2022 年第 3 期。

善社会主义基本经济制度的一般条款,删除了"国家在社会主义初级阶段"的表述限定,一方面顺应我国进入全面建成社会主义现代化强国新发展阶段的历史判断;另一方面将《民法典》的适用与经济社会发展水平适度区隔,强调社会主义基本经济制度的历时性,有效地回应了集体土地所有的阶段论;①同时新增"按劳分配为主体、多种分配方式并存",正可解释集体成员凭借身份分享集体土地增值收益的正当性,而强调"社会主义市场经济体制"则为推进土地要素市场化配置奠定了基调。"总则"编第113条和"物权"编第207条贯彻平等原则,重申"民事主体的财产权利受法律平等保护""国家、集体、私人的物权和其他权利人的物权受法律平等保护",相较于《民法通则》第75条"公民的合法财产受法律保护"、《物权法》第4条"国家、集体、私人和其他权利人的物权受法律保护",凸显了"平等"保护的内涵,有力地驳斥了国家和集体所有权的非平权论。②

（三）城市和乡村共享改革发展成果

习近平总书记指出:"促进共同富裕,最艰巨最繁重的任务仍然在农村。"③我国宪法确立的国家和集体二元土地所有以及土地使用权依法转让的财产权结构,正是社会主义初级阶段土地公有制的有效实现形式。农村和城市郊区的土地归农民集体所有,不仅为集体成员提供了基本的生存、居住和职业保障,更为农民依赖集体土地实现发展权益奠定了财产权基础。"三块地"联动改革决策要求坚守改革底线和基本原则,强化规划引领,优化城乡发展布局,统筹推进相关改革,有助于补齐农业农村发展短板,加快推进城乡基础设施和公共服务均等化,使城乡居民共享改革发展成果,扎实推进共同富裕。

第二节　统筹联动改革试点的举措与成效

农村土地制度改革是系统工程,"三块地"改革向纵深推进,必然面临与另

---

① 参见谢潇:《民法典编纂视野下土地经营权概念及规则的妥当构造》,《当代法学》2020年第1期。

② 参见张力:《土地公有制对农村经营性建设用地入市改革的底线规制》,《法律科学（西北政法大学学报）》2020年第6期。

③ 习近平:《扎实推动共同富裕》,《求是》2021年第20期。

两项改革互补、协调、融合与共同推进的必要。与此同时,改革并非农村场域土地要素的单一向度,农业农村农民问题的系统性决定了"三块地"改革需要与农村综合改革上下连通。梳理总结统筹联动改革试点的举措与成效,有助于检验其是否达成联动改革决策目标,发现统筹联动改革中的问题,为理论深化和立法完善进路提供实证奠基。

一、联动改革基本举措与行动特点之述

试点地区统筹推进"三块地"改革的专题报告显示,其过程中采取了相近的谋划与运作,表现为"三块地"改革横向上的"两两统筹"、纵向上与其他领域改革的"联动加乘"。

(一) 统筹征收与集体经营性建设用地入市改革

土地征收制度改革的核心目标是以公共利益限缩范围,集体经营性建设用地入市正在满足由此产生的非公益用地缺口;集体经营性建设用地入市旨在实现与国有建设用地"同权同价",建立城乡统一的土地交易和监管体系是其制度保障;为避免入市和征收之间相互掣肘,关键是要建立健全公平合理的土地增值收益分配制度。

1. 集体建设用地有条件入市弥补征收供地范围限缩

理论上,公共利益作为划分征收与入市范围的要义,表现为属于公共利益用地可以征收,属于非公共利益用地通过建设用地市场供给,于是,征收和入市二者是此消彼长的关系。试点地区一方面通过明确界定公共利益限缩土地征收范围;另一方面允许集体经营性建设用地入市弥补由此带来的非公益性用地缺口,部分试点地区甚至探索了利用集体建设用地从事公益性建设的可行性。前者如山东德州市禹城市在城市规划区内主要以土地征收保障城市发展用地需求,城市规划区外对民营企业按照"尊重历史、兼顾现实"的原则,通过农村集体经营性建设用地入市,为中小企业发展用地提供保障。① 后者如北京大兴区对集体租赁住房、幼儿园等公共服务设置用地、公交电力等市政配套,在充分征求村集体意见、综合分析项目可行性后,立足土地利用价值最大化、功能用途最优化目

---

① 参见《禹城市统筹推进农村土地制度改革三项试点专题总结报告》。

标,采取入市的方式供地。① 城乡规划分区适用不同的公共利益认定标准、集体建设用地用作城市公益性用途,此次虽未被土地管理法修正所认可,但试点实践提出了集体与国有建设用地如何实现同等入市的问题,值得进一步探求。

2. 建立城乡统一交易和监管体系力促集体建设用地使用权规范流转

试点地区统一交易规则和监管体系,引导集体和国有建设用地实现"同权同价"。如浙江湖州市德清县围绕"同权同价、同等入市"要求,将集体经营性建设用地使用权交易纳入土地二级市场管理,体系化制定出台了德清县《建设用地使用权二级市场交易管理办法》《建设用地使用权转让管理规定》《建设用地使用权统一交易管理规定》《建设用地使用权出租管理规定》《建设用地使用权抵押管理规定》等土地二级市场政策,旨在建立统一的建设用地二级市场监管和交易规则。② 河南新乡市长垣市制定了农村集体经营性建设用地基准地价,明确集体商服、工矿仓储、住宅、公共管理与公共服务用地(旅游和娱乐用地)、公共管理与公共服务用地(不含旅游和娱乐用地)的基准地价,将集体和国有土地用途分类相统一、地价水平相衔接,形成城乡统一的基准地价。③ 尽管实践中集体经营性建设用地与同用途的国有建设用地市场价格还有一定差距,但统一的交易和监管尤其是地价体系无疑使集体建设用地使用权拥有了进入市场进行交易的资格和渠道。

3. 以征收定入市实现土地增值收益的大体平衡

为避免入市对征收造成不利影响,《统筹"三块地"改革通知》要求按照农民在征地和入市中分享收入大体相当的原则,完善调节金征收制度。试点地区大多采取以征收定入市的做法,一方面以区片综合地价全面取代原产值标准,提高土地征地补偿标准,还通过留地、留物业等方式,完善对被征地农民合理、规范、多元保障机制,提高并科学测算土地征收中集体和农民分享土地增值收益的比例;另一方面在财政部《调节金暂行办法》确定的比例范围内,比照土地征收中国家取得土地增值收益的比例确定入市调节金的征收比例。试点地区大多反映,国家和集体在征收与入市中所得增值收益分配比例大体平衡较难实现,因而

---

① 参见《大兴区统筹推进农村土地制度改革三项试点专题报告》。
② 参见《德清县统筹推进农村土地制度改革试点工作总结报告》。
③ 参见《河南省长垣市统筹推进三项改革试点专题报告》。

采取征收和入市中农民集体所获收益大体平衡的变通方法。如山东德州市禹城市将扣除调节金及入市成本后农民集体获得的收益与征地区片综合地价相比,将入市调节金与国有建设用地基准地价相比,基本实现了征地和入市收益平衡。① 浙江湖州市德清县在合理提高农民和农民集体在土地征收中分享的增值收益比例的基础上,建立土地征收"综合补偿"思路,将征地补偿、留用地安置、失地农民保障等纳入"综合补偿"体系,科学测算农民和农民集体在土地征收转用和集体自行入市中所获收益的平衡点作为基数,实行在平衡点内缴纳基金,平衡点外按超率累进分区段征收土地增值税。② 从《"三块地"试点意见》到《统筹"三块地"改革通知》,关于征收与入市土地增值收益分配大体平衡的表述有所改变,反映出联动改革决策对试点实践的敏感性,以及建立统筹土地征收与集体经营性建设用地入市增值收益分配制度的在操作和效果上的复杂性。

（二）统筹集体经营性建设用地入市与宅基地制度改革

集体建设用地有条件入市与闲置宅基地盘活利用相互联系,互为支撑,闲置宅基地退出后,无论就地调整规划入市,抑或复垦置换为建设用地指标入市,均保障了集体经营性建设用地的土地来源,集体建设用地有条件入市又为宅基地有偿退出提供资金支持,对此两者相互推进,是试点地区普遍的做法。

1.宅基地经规划调整为集体经营性建设用地入市

宅基地在《土地利用现状分类》《城市用地分类与规划建设用地标准》中均属建设用地,在《国土空间调查、规划、用途管制用地用海分类》中与"城镇社区服务设施用地"同属"居住用地"一级分类。鉴于当前农村居民利用宅基地及其上住房开展经营性活动并非罕见,试点地区存在将宅基地就地转变为集体经营性建设用地的实践做法,具体又可分为原宅基地使用权人继续使用和有偿退出两种情形。前者如甘肃定西市陇西县对临街改变用途的宅基地,统一规划、引导入市,增加土地供给渠道,减少征迁补偿矛盾,为小城镇建设提供用地保障。③后者如山西晋城市泽州县试点村通过制定和实施规划,建设供农民集中居住的住宅小区和公寓楼;把原农村居民点腾退出的闲置宅基地,按村庄规划和土地用途管制转变为集体经营性建设用地入市,原宅基地使用权人以股份合作的方式

---

① 参见《禹城市统筹推进农村土地制度改革三项试点专题总结报告》。
② 参见《德清县统筹推进农村土地制度改革试点工作总结报告》。
③ 参见《陇西县农村土地制度改革统筹推进"三块地"改革总结报告》。

参与现代农业产业项目建设分红。①

　　试点的上述做法直接涉及规划调整的实体和程序要件是否合法问题。由于规划调整涉及利害关系人的信赖利益，无论是通过调整规划赋予原宅基地以入市能力抑或改变规划用途和开发强度，都必须严格依据法定的条件和程序进行，不可恣意而为。

　　2. 宅基地经复垦置换建设用地指标异地入市

　　试点地区依托宅基地自愿退出，对宅基地进行复垦后置换建设用地指标，通过城乡建设用地增加挂钩调整入市。如禹城市结合宅基地利用管理情况，对退出的闲置废弃宅基地探索开展统筹利用，通过"宅改"，按照"宜耕则耕、宜林则林、宜建则建"的要求，对退出的宅基地进行土地综合整治，统筹盘活，合理利用，有效补充了农村集体经营性建设用地入市需求。②

　　所谓集体经营性建设用地调整入市，大多依托城乡建设用地增加挂钩政策展开，只是部分试点地区未严格按照城乡建设用地增减挂钩政策纳入项目制管理。这种做法难以有效保障全国范围内建设用地总量不增加、耕地面积不减少、质量不降低。虽然现行《土地管理法》强调集体建设用地有条件入市，但调整入市并未新增建设用地，加之试点地区调整入市大行其道，不排除地方政府通过调整规划使得集体土地具备入市条件再推动其入市的冲动。在此过程中，需慎重对待规划调整事由、原土地使用权的收回补偿以及发展权益损失、复垦耕地数量、质量与建设用地规模等，使其在现有的立法和政策框架下合法规范地运作并获得公平合理地补偿，避免借由立法空白和政策漏洞恣意侵害原土地所有权和使用权人合法权益。

　　3. 入市收益与宅基地退出补偿之间的利益协调

　　宅基地制度改革中的有偿退出、整治复垦和集中建房等均需要大量资金投入，无论是宅基地调整规划用途后直接就地入市，还是整治复垦后调整入市，入市收益与宅基地退出补偿之间的利益协调亦是试点改革运行之重点。试点地区大多从入市收益中支付对宅基地退出的补偿，还有试点地区政府将集体经营性

---

①　参见《泽州县统筹推进三项改革试点专题报告》。
②　参见《禹城市统筹推进农村土地制度改革三项试点专题总结报告》。

建设用地入市所获增值收益投资用于宅基地制度改革。① 值得一提的是,浙江金华市义乌市率先建立了全国首个经过科学评估、适时更新、动态调整的农村宅基地基准地价体系,作为村集体经济组织回购宅基地价格的参照。② 除此之外,义乌市深入地探索了宅基地退出补偿和入市收益之间的平衡机制,即以宅基地复垦形成建设用地指标的指导价格也即"集地券"价格作为集体经营性建设用地入市增值收益的扣除项,采超率累进税制征收调节金,有效平衡了入市收益和宅基地有偿退出收益。③

(三)统筹农村征收与宅基地制度改革

宅基地管理制度改革要求探索不同区域实现"户有所居"的多种方式,农村土地征收中农民住房安置补偿和利用集体土地建设保障性住房,均是试点地区实践的可选路径。

1. 在征收中探索农民户有所居的多种实现形式

《"三块地"改革试点意见》要求,探索不同区域农民户有所居的多种实现形式,健全农民住房保障机制。如禹城市通过土地增值收益分配比例测算,提高惠民力度,制定完善了《禹城市"城中村"集体土地上房屋搬迁补偿办法》,改变过去按拆迁实物补偿为按集体在册人口安置;对被搬迁的房屋和附着物由第三方评估机构评估后,按评估价进行补偿;安置住房用地的性质全部为出让,使安置房和商品房实现同等权利,安置面积和价格普惠于民。④ 福建泉州市晋江市于2018年出台了《晋江市土地征收管理暂行规定》(晋政文〔2018〕37号),规定征收集体土地涉及农民住房的,根据不同情形可提供单元式住宅、集体住宅小区,重新分配宅基地等多种安置方式;征收集体土地涉及古建筑、代表性建筑和近代重要历史遗迹的,按《晋江市历史文化风貌区和优秀传统建筑保护管理暂行规定》(晋委办〔2014〕138号)进行认定和保护。⑤ 对宅基地及其上古建筑进行征收以保护历史文物的新举措,不失为土地征收与宅基地制度改革相统筹的有益的地方特色实践,同时亦符合《土地管理法》由政府组织实施的文物保护等公共

① 参见《广西北流市农村土地制度改革三项试点统筹推进专题报告》。
② 参见《义乌市统筹推进三项改革试点专题报告》。
③ 参见《义乌市统筹推进三项改革试点专题报告》。
④ 参见《禹城市统筹推进农村土地制度改革三项试点专题总结报告》。
⑤ 参见《晋江市统筹推进三项改革试点专题报告》。

事业需要而征收土地的情形。

2.平衡宅基地征收和退出补偿标准

土地征收中涉及宅基地及其上农房的,应当给予农民公平合理补偿,是国家基于公权力实施的强制性行为,宅基地有偿退出则是农民出于理性经济人考量后自愿实施的行为,但究其本质,两种情形下,村民均彻底丧失宅基地使用权。宅基地征收和退出补偿的制度构造不同,但若补偿标准悬殊过大,则可能影响征收的顺利推进,或者挫伤农民退出闲置宅基地的积极性。对此,我们发现,山西晋城市泽州县通过将宅基地征收和退出补偿方式与标准相互参照,平衡土地征收补偿与宅基地有偿退出之间的利益,避免农民因期望值差异抗拒征收或降低宅基地退出意愿。① 河南新乡市长垣市对于进城落户的农村村民依法自愿有偿退出宅基地的,参考遵照土地征收区片综合地价计算补偿标准。② 现行《土地管理法》对本轮改革试点的经验有总结提炼,将农村村民住宅作为独立的征收客体,授权省、自治区、直辖市制定征收农用地以外的其他土地、地上附着物和青苗等的补偿标准的同时,对征收农村村民住宅的补偿安置原则、方式、类型等予以规定,体现了对公平公正以及"原有生活水平不降低、长远生计有保障"征收补偿原则的具体落实。③

(四)统筹"三块地"与其他领域改革

鉴于改革的系统性、整体性和协同性,在试点地区的选择上,即已考虑与现有的其他改革相统筹协调问题,即主要在新型城镇化综合试点和农村改革试验区中安排。试点地区资源禀赋和改革基础有所不同,但在改革的中后期大多尝试与同时进行的其他改革同步推进,除上述"两两统筹"外,发挥改革的"联动加乘"效应。

1.以规划统筹"三块地"改革

鉴于规划在"三块地"改革中发挥的引领管控作用,以及建立国土空间规划并监督实施的政策要求,事实上,试点地区大多进行了"多规合一"的村庄规划编制。如河北定州按照"多规合一"要求,把村庄土地利用规划与城乡规划、发展规划、环保规划有机衔接,已完成全市村庄规划和部分村的土地利用规划编制

---

① 参见《泽州县统筹推进三项改革试点专题报告》。
② 参见《河南省长垣市统筹推进三项改革试点专题报告》。
③ 参见《中华人民共和国土地管理法注解与配套》,中国法制出版社2020年版,第51页。

工作。北京大兴在改革中将土规、城规、经济社会发展规划相统一,实现"三规合一"。成都市郫都区强化产业引领和规划管控,推进土地利用、村庄建设、产业发展、生态环境等规划多规合一。江西余江亦编制了 1040 个自然村村庄规划。河南长垣则在村级规划"多规合一"编制工作基础上,把战略规划、村庄布局规划、建设规划"三位一体"融合编制。浙江义乌重新修订全市美丽乡村发展总体规划,启动新一轮的农业产业发展规划编制,有机融合市域总体规划、土地利用总体规划,以及各类产业、空间的规划,形成全市域一盘棋的大规划。试点地区编制的多规合一的村庄规划将来还需要与上级国土空间规划协调,尤其要符合市级国土空间规划生态保护红线、永久基本农田和城镇开发边界等控制线要求。

2. "三块地"改革与深化农村集体产权制度改革耦合

深化农村集体产权制度改革通过清产核资、确认产权、认定成员资格等,推动集体经营性资产股份合作化改造,为土地制度改革提供保障。如山东德州市禹城市将集体建设用地、宅基地摸底调查和村规划编制成果与农村集体产权清产核资相联动,将集体产权制度改革中成员界定与土地征收安置补偿面积、宅基地资格权保障等相衔接,[①]节约行政成本。河南省新乡市长垣市积极推进农村集体经济组织组建,将村民变成股民,实现集体资产清晰化、农民个人股份明细化;集体资产囊括了入市收益、宅基地有偿使用费等,优先用于村组集体经济发展、基础设施建设、扶贫支出等。[②] 两地区都显现出试点改革协同加乘效应。应指出的是,"三块地"改革与农村集体产权制度改革协同推进,有将集体土地资产收益纳入经营性资产并予以股权量化的情况。由于资源性、经营性和非经营性资产的划分并不周延,以成员对经营性资产的贡献为依据对股权实施静态管理的理据并不充分,加之股权静态管理与动态流转之间存在内在张力,农村集体产权制度改革提倡对经营性资产(通常包括资源性资产)股权实行静态管理的政策导向需要辩证分析。所以,应以健全成员权制度为切入点深化农村集体产权制度改革,健全农民集体成员资格认定标准,保障成员集体土地经营和增值收益分配权利,探索成员持有集体经营性资产股份有序流转办法,使广大农民分享

---

① 参见《禹城市统筹推进农村土地制度改革三项试点专题总结报告》。
② 参见《河南省长垣市统筹推进三项改革试点专题报告》。

改革发展成果。

3. "三块地"改革与"三权"抵押改革产生叠加效应

《"三块地"改革试点意见》要求配合农民住房财产权抵押担保转让试点,慎重稳妥探索农民住房财产权抵押担保中宅基地用益物权的实现方式和途径。"三块地"改革试点地区大多同时开展"两权"抵押改革试点,承包土地的经营权和农民住房财产权抵押与"三块地"改革形成叠加效应。承包土地的经营权抵押以承包地"三权分置"为基础,宅基地有偿退出复垦后形成的耕地,试点地区大多确权给原宅基地使用权人,亦有集体收回后统一经营,再通过承包地"三权分置"实现适度规模化农业生产;农民住房财产权抵押与宅基地制度改革的关联更为密切,试点地区通过对宅基地及其上农房进行统一不动产登记,尝试为农民住房财产权抵押提供贷款,支持农村居民盘活利用宅基地,增加财产性收入。但事实上,通常提及的"两权"抵押忽视了集体经营性建设用地使用权抵押贷款的实践。联动改革中,集体经营性建设用地使用权抵押贷款试点工作同步开展。① 有试点地区反映,银行等金融机构对集体经营性建设用地抵押贷款的认可度较低,相关实践运行并不顺畅。

4. "三块地"改革与城乡建设用地增减挂钩相统筹

实践中,集体经营性建设用地调整入市和整治入市都是依托城乡建设用地增减挂钩政策展开的。

就调整入市而言,试点地区大多将其拓展到宅基地和集体公益性建设用地上;不仅如此,调整入市涉及不同农村集体经济组织之间建设用地复垦腾挪的,部分试点地区还规定可以在不同的农民集体之间调换土地所有权。例如,浙江省《德清县农村集体经营性建设用地入市管理办法(试行)》明确规定,异地调整地块涉及不同集体经济组织的,可相互调换土地所有权;涉及不同级差的,可以采用货币补差等方式调换所有权。无法以地换地的,可采用纯货币补偿方式调换所有权,调出土地方可参照被征地农民纳入社会养老保障体系。又如,《义乌市农村集体经营性建设用地入市管理办法(试行)》规定,进行跨村异地调整的,

---

① 参见《中国银监会 国土资源部关于印发农村集体经营性建设用地使用权抵押贷款管理暂行办法的通知》(银监发〔2016〕26 号)。

不同集体经济组织之间可相互调整土地所有权。①

如果说调整入市主要涉及不同农村集体经济组织之间的产权置换,整治入市则可能涉及国有土地与集体土地之间的权属调整。目前国有土地与集体土地之间权属置换的法定途径主要是集体土地的国家征收,但亦有试点地区尝试拓宽了该路径限制,如《佛山市南海区关于开展农村集体建设用地片区综合整治的指导意见》(南府〔2016〕43 号)规定,片区综合整治范围内的集体和国有建设用地之间的宗地位置与面积可以相互调整置换,并按土地变更登记的有关程序和要求办理变更登记手续。②

应当指出,所有权之间互换的本质即为转让,而我国目前禁止非法转让土地。随着征地补偿标准不断提高,地方政府通过征收将集体土地转变为国有的动力逐步减弱,而尝试通过其他方式将集体土地转变为国有,在"三块地"改革之外,尤其以广东省开展了十多年的"三旧"改造(城市更新)为其典型。广东省允许农村集体经济组织在"三旧"改造中,"申请"将集体土地转变为国有,③以集体动议引发国家征收权的启动;同时允许地方政府与农村集体经济组织协商收购集体土地,继而以国有土地储备入市。正如有学者所指出的,国有土地储备可能涉嫌违反《宪法》有关土地所有权不得转让的规定,④在《宪法》未作修改之前,也不应茫然破土推进。而且,试点改革中,大规模的整治入市项目,往往涉及复杂的土地权属关系,若农户和集体的权利意识不强,土地权属关系的调整则很可能被项目本身遮蔽掉,农户通过易地搬迁满足了居住需求,但事实上可能已然丧失集体成员资格和原土地承包经营权、宅基地使用权、集体资产分配权等一系

---

① 参见《义乌市农村集体经营性建设用地入市管理办法(试行)》,义乌政府网,http://www.yw.gov.cn/art/2018/1/20/art_1229355313_894269.html,2020 年 8 月 6 日访问。

② 参见《佛山市南海区农村集体建设用地片区综合整治项目集体建设用地与国有建设置换操作细则》(南府办函〔2018〕208 号)。

③ 参见《广东省旧城镇旧厂房旧村庄改造管理办法》(粤府令第 279 号)第 16、18、19 条;《广州市人民政府关于提升城市更新水平促进节约集约用地的实施意见》(穗府规〔2017〕6 号)第(十八)条规定,"鼓励集体用地转为国有用地,参照国有土地旧厂房政策实施改造";《广州市人民政府办公厅关于印发广州市城市更新办法配套文件的通知》(穗府办〔2015〕56 号)第 25 条规定:"融资地块由村集体经济组织在组织完成房屋拆迁补偿安置后,再按规定申请转为国有土地,直接协议出让给原农村集体经济组织与市场主体组成的合作企业;经批准后,由合作企业与市国土部门直接签订土地出让合同。"

④ 参见王磊:《论我国土地征收征用中的违宪问题》,《法学评论》2016 年第 5 期。

列财产权利。唯有在尊重和保护既有财产权体系的前提下,依循法治思维和路径方能为妥适的安排和救济。

5."三块地"改革与村民自治实践

"三块地"改革需在充分尊重村民意愿的基础上开展,其间土地征收中与村民签订预征收协议,集体经营性建设用地入市决定,宅基地有偿使用费的收取和使用等,均需要集体议决。如北京大兴区通过组建镇级联营公司,使村集体之间联动更为密切,群众参与感明显增强,各村间相互交流、相互融通。① 辽宁鞍山市海城市专门出台了《农村集体资产处置决策管理办法》《土地资产处置决策细则》,对相关工作细节进行公开公示,赋予农民知情权、选择权和决策权。② "三块地"改革与村民自治实现相互促进的效果,增强了农民群众的改革积极性与获得感。

二、联动改革成效与实践困惑之述

(一)联动改革试点的实践成效

1.有效盘活农村闲置土地资源,破解乡村振兴用地难题

通过限缩土地征收范围,为集体经营性建设用地入市预留市场空间,有力盘活了利用低效、零星散乱的原乡镇企业用地资源;通过闲置宅基地有偿退出,经规划调整为集体经营性建设用地或者复垦置换建设用地指标入市,有效盘活了闲置宅基地资源。乡村发展用地难是乡村振兴战略实施中的突出问题。用地难题在供应链视角下表现为用地供给难,在权利变动视角下表现为用地流转难,在行动理论视角下表现为用地实施难,在立法论视角下表现为用地保障制度制定难。破解乡村发展用地难题的关键是在遵循制度变迁内在逻辑的基础上协同相关制度的建设与改革。③ 乡村发展用地所涉及的各类土地之间的协同联动可以从以下方面着手:一是宅基地向集体建设用地的转换;二是产业用地与耕地之间的转换;三是乡村发展用地与国土空间规划和用途管制等制度改革的协同问

---

① 参见《大兴区统筹推进农村土地制度改革三项试点专题报告》。

② 参见《海城市关于统筹推进农村土地制度改革三项试点工作情况总结》。

③ 参见张梦琳:《农村宅基地流转模式分析与制度选择》,《经济体制改革》2014 年第 3 期。

题。① "三块地"联动改革正从以上方面盘活农村土地资源,致力于破解乡村振兴用地难题。

2. 初步建立城乡统一建设用地市场,推动城乡一体化建设

在统筹"三块地"改革中,试点地区大多制定了城乡统一基准地价,将集体经营性建设用地纳入城乡统一土地交易平台,在建设用地一级市场平衡土地征收与集体经营性建设用地入市收益,在建设用地二级市场统一国有和集体土地交易规则。以土地要素为依托,有效推动人口、资源、资本、服务等要素的城乡双向流动,提高农村基础设施和公共服务设施配套水平,促进以县城为中心的新型城镇化建设,进一步缩小城乡差距,突破城乡二元格局。

3. 突出显化农村土地资产价值,增加农民财产性收入

"三块地"联动改革试点为避免入市对征收造成冲击,普遍制定区片综合地价;同时,在扣除入市成本、缴纳调节金后,集体经营性建设用地有条件入市剩余收益归农民集体所有,可以在集体和农民之间公平分配。宅基地和集体公益性建设用地目前仍主要承担对农村居民的居住保障功能,改革中未予充分市场化,但亦探索了有偿使用、有偿退出、有限制地跨集体流转等凸显宅基地使用权财产价值属性的制度样本,农村土地的资产价值得以显化,农民和集体的财产性收益有显著增加。

(二) 联动改革试点的普遍困惑

1. "三块地"改革不同步影响统筹联动效果

改革之初试点地区重点围绕分配的任务开展工作,陆续增加的试点任务因为开始的时间不一致,导致统筹联动的效果不甚理想。对试点地区的政策文件和改革报告进行文本研究,也能清晰地观察到各试点地区改革的侧重点有所不同,通常是改革之初分配的试点任务制度成果较为成熟。例如:内蒙古呼和浩特市和林格尔县最初分配的改革任务是土地征收制度,其在总结报告中就提及该地区特别是 2018 年才开展的宅基地制度改革工作成效不够明显,没有体现改革红利和效益。② 山东德州市禹城市亦提出,统筹推进是一个持续探索、长期实践

---

① 参见耿卓、孙聪聪:《乡村振兴用地难的理论表达与法治破解之道》,《求是学刊》2020 年第 5 期。

② 参见《内蒙古自治区和林格尔县农村土地制度改革三项试点工作总结报告》。

的过程,禹城市在改革过程中,分段推进各项试点任务,各项任务之间的系统性、协调性、统筹性、融合性仍有待提升,统筹探索时间不足,导致相关探索实践不够,存在部分改革任务试不透、试不全,难以系统、全面地解决问题。①

2. 不同区域改革困境与诉求有所区别

总体而言,"三块地"联动改革的举措与行动体现出具有普遍性的模式特征,反映出改革过程中存在若干共性问题与制度诉求,但由于各地经济社会发展水平不一,土地开发利用强度有别,地方性土地法规政策差异,导致各试点地区的改革基础并非齐整,在改革过程中出现的瓶颈问题与制度期待亦有所区别,此在京津冀、长三角和珠三角与中西部地区的差异尤为明显。在中西部部分试点地区因于集体建设用地市场未发育、不成熟的同时,北京大兴区、佛山南海区等已经开始尝试利用集体建设用地从事公益性建设,并提出规划区内集体与国有土地犬牙交错难以实现规模利用的问题,希望能够探索国有与集体土地共同使用甚至产权互换的路径;同样,浙江金华市义乌市、安徽六安市金寨市、四川泸州市泸县等地利用宅基地复垦置换建设用地指标异地使用的实践颇具规模,中西部部分试点地区仍苦于复垦形成的建设用地指标难以在县域范围内消化。

3. 改革结束后试点地区政策延续性存疑

"三块地"改革过程中,部分试点的实践经验并未进入《土地管理法》及其实施条例修改之视野,如集体经营性建设用地入市用途的拓展,如北京大兴区、广西北海市北流市、山西晋城市泽州县等分别将集体经营性建设用地用作保障性、商品性住房以及住宅兼商业住房建设;除就地入市外,各试点地区均实践了调整入市和整治入市,《土地管理法》及其实施条例未对宅基地和集体公益性建设用地退出作出制度性安排的情况下,存量建设用地复垦,调整入市和整治入市依循怎样的法治路径不甚清晰;各地关于宅基地有偿使用、有偿退出、有限制转让,突破城乡建设用地增减挂钩项目制管理的建设用地指标市域、省域交易,在《土地管理法》及其实施条例没有明确规定的情况下是否还能在试点地区继续实践,如何更规范运作避免侵蚀耕地、侵害集体利益的行为等,均有待进一步探索研究。

---

① 参见《禹城市统筹推进农村土地制度改革三项试点专题总结报告》。

毋庸置疑的是,我国幅员辽阔,区域经济社会发展不均衡的情况客观存在,前期因试验性立法导致地方法制实践不统一,但新时代以国土空间规划为主要工具的法治模式下,推动区域城乡协调发展、促进法制实践统一是题中应有之义,国家立法的普遍适用性决定了目前只能就取得广泛共识的制度成果予以凝练提升,同时也要注意立法的稳定性和适度前瞻性,避免法律、法规因不能适应经济社会发展而频繁变动。

第三节 统筹联动改革之制度问题分析与完善进路

"时代是思想之母,实践是理论之源"。事实印证了国家近五年的"三块地"改革在统筹衔接联动中,较好体现了相互补缺和"共振效应",提高了改革的系统性、整体性和协同性,为突破原有改革事项间的界限作出了积极贡献。

观其改革效应主要有两大维度:一是政策产生落地良效。缩小征地范围与推动集体经营性建设用地入市的联动、宅基地向集体经营性建设用地的地性转换、土地增值收益分配机制的建立健全等方面,力推土地改革向纵深发展。二是土地法制展现联动意蕴。征地条件、入市规则、宅基地有限市场化规则入《土地管理法》后,《土地管理法实施条例》修订要点的变化更加明晰:"建设用地"章在《土地管理法》规定基础上深化拓展,吸收了"三块地"联动改革的制度成果,内容大幅度充实;"三块地"改革对象统摄在章之内部架构的"节"之标题中,赓续了改革蕴含的联动逻辑;《土地管理法实施条例》的章节设置是对"三块地"之建设用地属性的重申,昭示未来拟在国土空间规划引领下三项制度进一步完善的指向。

反思全国33个"三块地"改革试点的种种现象与修法结果,更清晰认识到本书进行土地改革全域实证调查和土地管理法制完善研究的重要前提,即是深刻体悟此次党中央关于土地改革本身关键在改革,从部署分头改到强调"联动"改,意图在于有力促进城乡统一建设用地市场真正形成和有序发展。因此,"三块地"改革方面除了应理解各项改革措施的法制内涵外,应紧紧抓住改革联动发展中构建统一协调城乡关系、乡村内部关系"三块地"有效利用的法律制度之本质。其中,既要有符合每块地具体改革需要的权力与权利内容,又要抽象出其间的共性规则,明确土地法制从公法到私法的实现路径,为统一建设用地市场的构建扫除制度障碍,形成普适通行法则。因此,既科学配置、规范行使"三块地"改革及其联动中的土地管理权力,又能照应农民集体和个体的还权赋能,健全土地权利体系;既实现土地管理权力与土地权利的动态调整,又可兼顾多方利益大体平衡,对改革中共通性土地制度进行整合提升,是分析和完善改革统筹联动制度的重点。

一、征收与集体经营性建设用地入市改革联动的制度剖析

试点地区通过征地改革与集体经营性建设用地入市并举,相辅相成,后者反推征地制度改革,即开通集体经营性建设用地流转这一新的供地途径,为缩小征地范围奠定基础;同时,切实采取措施限缩征地范围,为集体建设用地流转创造更多空间。① 探索了将原来需要通过征地保障建设用地供给的非公益性项目退出征收范围,突破了政府唯征地谋发展的传统思维举措,让利于民,助撑城乡土地要素市场化统筹配置。试点中这些具有普适意义的政策设计与运行经验对《土地管理法》修法功不可没。但是,透过现象看本质,立足实施观未来,试点积极进展和制度入法之后,反思的问题如下。

（一）试点入市实践与征收制度实施呈双向矛盾

在土地增值税立法已紧锣密鼓进入征求意见的背景下,政府原征收获得土地财政的方式,理应转化为对集体土地之建设用地出让增值税的正当追求。但有一些试点地区并不看好增值收益分配可能带来的财政收入,认为问题繁杂,如广东省佛山市南海区反映:因城乡统一土地税收制度构建,存在国集用地成本比较后的税负不平衡问题。② 对此,应该认识到,现行《土地管理法》规范集体与国有建设用地同权开放入市,是对上述政府角色错位和不平等的土地财政规则的"矫正"前奏,通过确立征收的公益性质,缩小征范围减少征地矛盾,将集体建设用地的"自主权"回赋农民,切实保障其土地权益,进而促使政府在土地领域转变职能、实现土地治理的现代化。然而,一些试点地区对此比较焦虑,不得不

---

① 参见宋志红:《中国农村土地制度改革研究》,中国人民大学出版社 2017 年版,第 347 页。
② 此观点为本课题组 2019 年 11 月 28 日赴全国 33 个"三块地"改革试点之一的广东省佛山市南海区进行座谈并实地调研时了解。

在试点中对入市加以推行,都直接或婉转担忧入市会对政府惯常征收造成冲击。① 因为这种担忧的普遍性,与之相关的《土地管理法》第45条第一款第五项的成片开发建设条款随之出台。成片开发不同于全整的公益项目,在出发点或根本上就是市场化商业行为,只有商业市场利益(成片开发)对峙商业市场利益(集体土地入市)时才会有上述担忧。由于立法新规则,入市适用空间必然受成片开发的征收挤压,会导致入市规则与征地制度的交叉博弈或制度性抵牾,其冲突的结果,两者都可能在实质规定上成为具文,有试点地区也敏锐发现并认为,"成片开发"纳入"公共利益"征收目录,与土地征收制度改革的"缩小土地征收范围"不一致了,②最终可能回归土地财政的老路。虽然当下自然资源部已公布《土地征收成片开发标准》,但其中并无成片开发的司法审查制度,要求的成片开发公益用地与市场化用地的比例仍较宽泛。事实上,试点改革后的修法,尚需进一步达到缩小征地范围和鼓励集体存量与增量用地入市的立法初衷,政府深谙法律法规之成片开发规则的价值。若征收新规定被扭曲,成片开发规则遭滥用,对集体土地利益保障不利。

(二) 修法对入市的让利有限,宣示意义大于实际效果

《土地管理法》第63条准许存量建设用地入市,第23条允许年度计划增量调整安排集体建设用地,均表明国家赋予集体对建设用地出让的权利能力与行为能力,惠利于民,直接为坚持集体所有制、做实集体所有权进了一大步。但站位于全国乡村现实,发现其制度性让利极其有限。一方面新法对集体建设用地入市仅限于工业、商业用途,并未采纳若干试点中的"同权同价"试验样本,直接排除了《民法典》第347条中关于国有建设用地使用权出让的旅游、娱乐和商品住宅等方式,与完整意义的"同等入市、同权同价"相距较远;另一方面规定获得该用地的前提条件刚性较强,在规划权和登记权都掌控在政府手中时,鲜见政府主动将建设用地的规划指标调整赋予农村集体。从这一角度观察,落实入市制度的空间规划规则的缺漏,亦是入市实际效果打折扣的缘由之一。

如上所言,集体建设用地入市作为试点改革和修法的突出亮点,实际面临的

① 参见辽宁"海城市农村土地制度改革三项试点工作领导小组":《关于海城市农村土地征收制度改革工作进展情况的总报告》,第7页。

② 参见"山西省农村土地制度改革三项试点工作领导小组":《泽州县农村土地三项改革试点综合评估报告》,第6—7页。

困境：一是政府对成片开发胜券在握，二是存量与增量指标受限，集体经营性建设用地开发前景堪忧。

（三）立足入市与征地"共振效应"基点的法律完善

1. 系统优化规划制度以助力入市

入市制度与规划制度密切相关。试点地区的入市管理办法通常将符合规划作为入市宗地的基本要求，甚有道理。应当完善规划管理工作，将农村建设用地与城镇土地予以统筹安排、统一规划，编制科学的土地利用规划，协调城市、集镇和村庄规划。① 健全城乡统一的土地利用规划法律制度、增量建设用地指标分配体系与建设用地使用权总量控制制度，②通过制度性设立安排，国家既可实现城乡建设的总量调控，又可对集体经营性建设用地入市数量有序管控，防止征收成片开发规则的泛用，亦防止农用耕地在利益驱使下变更用途。还应采取不同的规制策略，从程序上严控增量集体建设用地的生成，而非一味不理不睬。尤其是在全面实施乡村振兴战略中，应当分配一定指标用于满足当地"农村三产"的需求。

2. 健全征收与入市制度正当运行的"双轨制"

有观点认为当土地征收范围缩小后，如未能安排相应数量的集体经营性建设用地入市，将造成实际供地面积减少等问题。③ 当下土地征收制度改革根本意旨在于"缩小征地范围"④，向纯粹公益属性转变，同时又为新型城镇化进程中的用地需求保留必要供给渠道。为统筹实现这一双向目标，则在农地非农化转换时，应按"双轨制"运行：基于公益目的而进行的农地非农化，交由征地制度处理；基于非公益目的而进行的农地非农化，概应由集体经营性建设用地入市完

① 参见于建嵘：《集体经营性建设用地入市的思考》，《探索与争鸣》2015年第4期。

② 参见陆剑、陈振涛：《集体经营性建设用地入市改革试点的困境与出路》，《南京农业大学学报（社会科学版）》2019年第2期。

③ 参见耿卓：《〈土地管理法〉修正的宏观审视与微观设计——以〈土地管理法（修正案草案）〉（第二次征求意见稿）为分析对象》，《社会科学》2018年第8期。

④ 关于《〈中华人民共和国土地管理法〉、〈中华人民共和国城市房地产管理法〉修正案（草案）》的说明："为缩小土地征收范围、规范土地征收程序，限定了可以征收集体土地的具体情形，补充了社会稳定风险评估、先签协议再上报征地审批等程序；为完善对被征地农民保障机制，修改征收土地按照年产值倍数补偿的规定，强化了对被征地农民的社会保障、住宅补偿等制度"；中共中央国务院《关于新时代加快完善社会主义市场经济体制的意见》（2020年5月11日）明确指出："缩小土地征收范围，严格界定公共利益用地范围，建立土地征收目录和公共利益用地认定机制。"

成,此方可谓各取所需,于法有据。

作为农地非农化具体方式的征地和集体建设用地入市,二者都在客观上推动了集体土地资源向城镇移转,核心差别仅在于,征地制度是一种"权力命令型"非农化机制,而集体经营性建设用地入市则是一种"权利协商型"非农化机制,其都未偏离现实需求。不过当下实践表明,较之于"权力命令型"机制,"权利协商型"机制更能兼顾农村集体平等发展权益。一方面将征地制度收缩至公益属性范畴内,逐渐消减成片开发的模式,借此可压缩征地权力滥用风险;另一方面完善集体经营性建设用地入市制度,"通过提高农村集体经营性建设用地入市的面积,补充因减少征地而带来的土地供给缺口"①。最终既可满足新型城镇化用地需求,又兼顾了保障农村集体平等发展权益,恰为征地与集体经营性建设用地入市制度联动改革的"共振效应"和期待目标。

二、集体经营性建设用地入市与宅基地制度改革联动的可行路径

试点中的宅基地改革为集体经营性建设用地入市注入了活力,提供了资源和机会,而原本因资金困乏、市场封闭处于举步维艰之管理窘境中的宅基地改革,在建设用地入市牵引联动中获得的一定纾解,增强了乡村内部土地改革的灵活性、能动性和新制度希望。同时,鉴于"农村改革既是中国整体经济改革的时间起点,也是其逻辑起点。中国改革的渐进性特征、内在的逻辑推进过程和利益博弈关系,都已经蕴涵在农村改革之中"②。具体到宅基地与集体经营性建设用地,因其土地性质相同而价值目标不同,范畴同一而制度设计有别,导致其主体间的利益博弈明显,实践逻辑按照权利主导方的特点运行。

(一)入市与宅基地改革联动运行呈"混淆依托、单边转换"态势

试点改革中,宅基地市场化价值的改革意蕴得以彰显,有条件的农户个体开始追求闲置宅基地与房屋的利益最大化,自然很快卷入集体经营性建设用地入市浪潮中。在城镇化发展对土地依赖程度不减,而"三块地"改革中的土地征收范围限缩,唯集体经营性建设用地允许入市的革新背景下,各方均有动力加大入

---

① 林远:《农村"三块地"改革盼协同共进》,新华网,http://jjckb.xinhuanet.com/2017-06/28/c_136399671.htm,2022 年 5 月 10 日访问。

② 蔡昉:《中国农村改革三十年——制度经济学的分析》,《中国社会科学》2008 年第 6 期。

市的土地的增量,于是,积极探索通过集约节约整治宅基地,规划上采取增减挂的方式调整为建设用地入市,两者"混淆依托""先减后加"的模式成为此类联动改革典型。从全域试点材料与改革现场考察,这种联动改革在多地运行价值颇高,改革成效较为明显,并且在自然资源管理部门的土地管理归类上顺理成章。若基于利益格局调整与利益再分配的改革本质,则两个制度必然涉及多元主体利益,这番联动的改革初衷谓之同范畴权利的"混淆依托",即可以把宅基地整治为建设用地入市,反之亦然。然而,实践结果几乎未见一例为满足村民住房利益将可入市的建设用地反转至供宅基地分配使用。因此,"混淆依托"只是理论的初衷表达,"单边转换"才是理论到实践的落地。

形成"单边转换"态势的样本经验运作,似乎无可非议,可谓追求利益的合规操作。问题在于,集体在经济利益的驱动下,随着这一所谓联动的实践逻辑演进,极有可能导致包括政府在内的村集体对"一户一宅"的审批更加严苛,对"户有所居"问题解决的内在积极性不断减弱,甚至可能会出现大批民宿建设代替小产权房运行等现象。如此,必然隐含了对未来有宅基地合理需求的农户的极大不公平,直接挑战着现行宅基地与集体建设用地两种使用权的不同制度价值。①

为此,宅基地制度改革和集体经营性建设用地入市联动应当趋向正常的"混淆依托"下的"双边转换"机制,既要关注土地经济价值的有形实现,也要十分关切农民基于对土地利用的生存保障需求,建立实现协同互转、权利衡平机制的规则体系。

(二) 制度统筹联动中需明晰宅基地入市的规则要点

尽管宅基地调整入市探索在两轮改革试点中已不鲜见,但在法制规范层面仍是空白。《土地管理法》及其实施条例从国土空间规划和农民居住保障角度,对集体建设用地包括宅基地的管理提出了诸多要求,重在落实。如《土地管理法》第 59 条规定建设用地应当符合乡(镇)土地利用总体规划和土地利用年度计划,第 62 条规定原有的宅基地和村内空闲地在村民建设住宅时优先使用;又如《土地管理法实施条例》第 33 条明确县级以上地方人民政府保障宅基地建设

---

① 参见陈小君:《新时代治理体系中〈土地管理法〉重要制度贯彻之要义》,《土地科学动态》2020 年第 2 期。

需求的指标配置义务;第35条规定退出的宅基地优先用于保障该农村集体经济组织成员的宅基地需求。这些条款,明确宅基地入市有两种思路,一是宅基地调整为集体经营性建设用地后再入市,二是宅基地直接入市流转,后者的具体规则因前文已述,不再赘言。考虑现行法规范明确强调规划管控和农民居住保障实现的双面问题,尚未完成的宅基地试点中入市规则制定时应当与建设用地入市制度有所区别。

第一,坚守"一户一宅"和"户有所居"的法治底线。应发挥宅基地制度的居住保障与生存兜底的普适功效,防止相关主体损害农民居住利益而实现对经济利用的单纯追逐,宅基地入市方案应通过民主决议形式,即召开成员会议决定。成员会议决定宅基地入市事项时,不得以本身入市或转换建设用地入市利益更大为由随意否决成员个体的居住权,居住权益尚未得合理保障的成员可以提出异议,有提出并保留先行解决其居住问题的权利。进言之,要保障宅基地以任何形式入市决策过程中农民的知情权、参与权、监督权,以及农民分享土地收益的正当权利;特别要防止违背农民主观意愿对农村房屋的强拆强收,①与违规操作的合村并居等行为。

第二,明确不动产登记为宅基地入市保障的安全线。包括对集体土地所有权、宅基地使用权的确权登记,和农房流转之后的权利变更登记。一方面,只有符合国土空间规划,完成权属确认的宅基地方能入市,以防止非法建房占用的农用地纳入地性转换范围,以此确认土地增值收益分配主体;②另一方面,基于"房地一体"的现实状态,宅基地入市流转后其上房屋所有权发生转移的,应当办理房屋所有权和宅基地权利变更登记,但此处宅基地权利变更登记应区别于本集体成员的宅基地使用权登记。按照前述完善法制的宅基地法定租赁权规则设计,参照自然资源部第3226号答复,在不动产登记簿上注明"该权利人为宅基地法定租赁权人"即可。

第三,精准落实《土地管理法》新规则。依照该法第62条第六款之"进城落户村民自愿有偿退出宅基地"的新规,既支持村民在议价机制下自愿、高效退出

① 参见巩前文、穆向丽:《闲置宅基地转变为集体经营性建设用地入市的政策思考》,《农村经营管理》2020年第4期。

② 参见曹益凤、耿卓:《共同富裕目标下宅基地财产价值显化的制度路径》,《社会科学动态》2022年第8期。

宅基地,同时自愿有偿退出后不得再申请宅基地。其退出主体不应限于进城落户村民,应包括有正当理由提出自愿退出的在村村民。

第四,积极探索集约节约之宅基地直接入市方案。应推动集体经营性建设用地内涵的拓展和深化,借此形成完整的农地非农化"双轨制"体系。在宅基地直接入市流转中,其上农房所有权人无法取得宅基地使用权时依法设立宅基地租赁权,该法定租赁权具有"准物权"效力,即在法定租赁期限内,原则上享有与宅基地使用权同等效力。

(三) 构建集体建设用地向宅基地地性转换规则框架①

乡村实践的集体经营性建设用地入市与宅基地制度改革协同联动日益受到重视,如前所析,相关研究主要集中在宅基地向集体经营性建设用地的地性转换,对从集体建设用地向宅基地的反向地性转换却未给予应有的关注。在供地形势日益紧张的背景下,以多种形式实现"一户一宅"住房保障政策的主张成为各界共识,而对其具体实现形式的探讨尚待加强。宅基地供应存在结构性、区域性问题,实行集体建设用地向宅基地的地性转换,是满足农民住有所居、开启美好生活新篇章的顺势之为,是精准理念的生动体现,是供给侧的有效改革,因而有着重要的政策意义和深刻的现实价值。

运用法律关系原理,遵循权利构造逻辑,集体经营性建设用地向宅基地的地性转换应从三个方面构建制度的基本框架。首先,要坚持农村土地集体所有。在土地公有制背景下,地性转换的决定和行使主体只能为农民集体,具体为农村集体经济组织。其次,集体所有权转换必须由农民集体成员进行民主管理并依照法定程序进行,这是其在内容上的重要法律特点。从地性转换的要素和过程来看,集体决定的内容应该包括:可否开展地性转换;地性转换的客体和对象,既可以是集体经营性建设用地,也可以是集体公益性建设用地;地性转换后宅基地形态的选择,即是选择传统"一户一宅"还是选择农民公寓的户有所居等形式;地性转换后如何分配等。最后,明确地性转换的程序。地性转换的程序不宜简单参考、类比集体经营性建设用地入市的程序进行设计,应基于宅基地的保障性福利性质,考虑比照宅基地使用权的申请审批程序进行。

---

① 参见耿卓:《集体建设用地向宅基地的地性转换》,《法学研究》2022 年第 1 期。

三、征收与宅基地制度改革联动有限性的启示

试点改革"两两统筹"中征收与宅基地制度改革的"联动加乘"效应,表现为以完善落定公益性征收原则、方法与范围的法则为外部条件,以保证村民重新获得宅基地使用权或住房安置为内在动力,政府主导下,顺势而为的化解了征收土地上宅基地繁杂的历史遗留问题、有偿退出的资金平衡、权利配置不合理、失地社保不足等问题,甚至考虑为村集体适当留地留物业,为公益征收的顺畅打开了良性管道,为征收后续的新村庄建设、宅基地用益物权上的"房地一体"规则实现奠定了一定基础。

（一）试点地区两者统筹联动的突出特点

观察现实中上述组合的统筹效应机制,最突出的特点有二。

第一,征收的项目制联动"宅改"。推进征收规范化与"宅改""村改"捆绑的项目制操作,范围与目标性明确,效果向好。与传统征收运行相比,较好平衡了国家、集体、个体的利益关系,惠民一方,群众满意度高,有一定推广意义。

第二,统筹联动具有鲜明的局部性和非体系化。相较前两组改革联动的全面系统性,征收改革涉及的宅基地改革仅限征收项目土地上的农民住房。联动固然消化了腾退宅基地结余的建设用地指标,结合增减挂钩和占比平衡法政策,保证了"宅改"资金来源,对产业聚集发展有利,但是带有"闭合性"的举措,无形中拉大了与未进行宅基地与征收改革挂钩地区（包括本行政村的自然村之间）的"宅改"差距,也为村集体后续依托农地、农民的经济融合发展留下一些难题。

（二）试点地区两者联动的制度化建设思路

对此,引发我们对制度及其运行的几点主要启示。

第一,理性对待联动效果的有限性。试点地区征地改革解决了宅基地有偿退出的指标利用、资金筹措的问题,但并未回答与宅基地改革互动的内在逻辑、实施路径。例如宅基地历史遗留问题形成的原因复杂多样,既有政策制度变更的原因,也有执法管理不严的问题。改革试点地区虽然积极分类探索问题的化解办法,但由于各地土地资源禀赋差异,管理水平亦有不同,难以形成统一的做法经验。且宅基地历史遗留问题的破解,有赖于宅基地有偿使用、有偿退出等诸多规则的建立。因此,尽管在农村土地征收过程中,被动纾解了部分宅基地历史遗留问题,但从整体而言,宅基地历史遗留问题的处理仍任重道远。从本质上

说,征地改革并非针对的是宅基地改革,而为之带来的应该只是按合规运行的客观效果而已,不宜夸大渲染。

第二,宅基地改革本身与土地征收的联动亦可深入。如前述,征地后的土地出让收益,部分补充了宅基地改革资金;以征收的土地满足新型居住保障的用地需求,促进"户有所居"的实现和人居环境的改善,化解宅基地历史遗留问题等。但是在改革联动实践经验入法时,尤为不足。农村土地征收后土地收益资金部分回流助力宅基地制度改革的实现,实质是土地增值收益分配取之于土(农)、用之于土(农)的体现。事实上,土地增值收益分配部分由村集体享有虽早有充足的政策规定,①而我国对长期以来土地增值收益取之于农、主要用之于城,直接用于农业农村比例偏低,对农业农村发展的支持作用发挥不够,对此中央对土地增值收益分配返农的支持态度是明确的。在"三块地"改革实践中,集体分享土地增值收益的形式也较为多元,除前述资金反哺外,征地安置留用地等也成为农民集体分享收益的方式。② 但是,无论是《土地管理法》抑或其实施条例,修改时并未确认此类土地增值收益分配方式。土地增值收益反哺农村,实现政府和村集体共享,亟待制度规则保障其有效落实。

第三,连接未来的征收与宅基地法制完善。对此,应考虑对"成片开发"在"缩小征地范围"的原则下制定近、远期退出或脱离征收制度的清单,通过建立具有市场化机制的土地储备制度供"成片开发"项目选择,实行土地储备与公益性征收的"双轨制",切实构建统一城乡建设用地市场,为社会公平发展注入活力。宅基地改革则应致力于全局和系统性,解决制度性难题,例如与集体所有权的关系、成员权的设计、一户多宅、超面积与违建问题、房地一体的确权、法定租赁规则的建立等,不应刻意追求与依赖征收项目的局部统筹带动。必要时,村庄主动集约节约整治的宅基地指标,既可以为集体土地入市注入能量、为集体成员户有所居的居住底线权利服务,亦不应排除在市场化土地储备的选择之外。

第四,注重把握改革的内在联系。基于统筹推进"三块地"改革的本质在于

---

① 参见《国务院关于将部分土地出让金用于农业土地开发有关问题的通知》(国发〔2004〕8号);中共中央办公厅、国务院办公厅印发《关于调整完善土地出让收入使用范围优先支持乡村振兴的意见》,中国政府网,http://www.gov.cn/zhengce/2020-09/23/content_5546496.htm,2022 年 5 月 10日访问;《"三块地"改革试点意见》;《土地征收制度改革试点实施细则》。

② 参见《江西省鹰潭市余江区土地增值收益分配总结专题报告》《河北省定州市农村土地征收试点工作专题报告》。

重构利益格局,可考虑:在国土空间规划的先导和统领下,"宅改"与"入市"指标打通、为"入市"盘活资产,打通农民共同富裕的渠道;"征收"改革定位为"入市"的补充,增强征收的正当性,同步加强土地增值收益的科学测算。总之,将本轮试点实践与系统论的各要素相关性理论结合观察,我们会发现,实验性试点中宅基地制度的改革,恰是统筹推进"三块地"改革的重要基础。

四、"三块地"联动之增值收益分配制度完善之举

(一) 反思以征收定入市促进分配比例大体平衡的做法

从试点地区了解的情况来看,以征收转用中国家和集体分配的增值收益比例倒推入市调节金征收比例,较难实现入市与征收所获增值收益分配比例大体平衡。

1. 征收和入市的制度构造不同

征收情形下,农民集体丧失了土地所有权,所获得的补偿是一次性财产补偿和安置费用;入市则并不丧失土地所有权,集体经营性建设用地使用权到期后,土地所有权恢复圆满状态,农民和集体即可恢复对土地的使用和收益,且在入市情形下,农民集体大多和受让方约定,出让或租赁合同到期后,由农民集体取得土地上建筑物或构筑物的所有权,"因权属转移不同而产生隐形的、可期待财产价值将对征地与入市之间的收益分配平衡产生深远影响"[1]。与此同时,集体经营性建设用地入市的受益主体为全体成员,而农村土地征收的受益主体通常为享有使用权的土地被征收的特定成员,受益主体范围和确定性方面亦存在差异。我们认为,农村土地征收是为公益目的,即便是要大体平衡,也应当使农民和集体获得与集体经营性建设用地入市同等的收益水平,而不是反其道而行之。

2. 以征收定入市与"同权同价"的政策目标相悖

公共利益用地多采划拨形式供应,国家几无经济收益。试点地区为实现大体平衡,大多以农村土地征收中集体和农民所得土地补偿费倒推集体经营性建设用地入市收益,但前者是公共利益主导的政府行为,后者是经济利益驱动的市场行为,以前者倒推后者必然影响市场价格形成。如要使征收转用农民集体获

---

[1] 胡大伟:《土地征收与集体经营性建设用地入市利益协调的平衡法理与制度设计》,《中国土地科学》2020 年第 9 期。

得的征地补偿安置费用与集体经营性建设用地入市产生的收益大体平衡,则集体经营性建设用地的入市价格必然低于国有建设用地;如达到"同地同价",则农民集体在入市中获得的收益,必然高于在征收转用中获得的征地补偿安置费用,如此亦将影响因全整公共利益开展的征收工作推进。

"三块地"改革过程中,试点地区对土地征收转用与农村集体经营性建设用地入市取得的土地增值收益在国家和集体之间分享比例大体平衡的理解有所不同,有按照文义理解核算两者取得的土地增值收益在国家和集体之间分享比例大体平衡的,有认为在征收和入市中农民和集体所获收益大体平衡的;在前者难以实现的情况下,试点地区大多以农民和集体在征收和入市中所获利益大体平衡为旨归,避免入市对征收产生不利影响。

总之,试点中入市的地块价值明显提升,集体充分享受到改革红利,即使在上缴土地增值收益调节金后,集体收益与农村土地征收补偿相比仍然较高。随着非公益性用途逐渐退出征地范围,土地征收产生的增值收益会逐渐减少甚至消失,入市给土地征收带来一定压力,可能导致纯公益征地项目因农民难以接受补偿标准而无法实现,在经济社会发达地区体现得尤为明显。[1] 尽管因新修的《土地管理法》允许成片开发征收,但仍然可以想见入市和征收收益难以平衡的情况将继续存在。不少试点地区提出,随着非公益性用途逐渐退出征地范围,土地征收产生的增值收益会逐渐减少甚至消失,若仍以目前的区片综合地价给予农民补偿,则势必造成公共利益征收难以有效推进。

(二) 征收与入市土地增值收益分配可实现制度一体化

征收与入市土地增值收益分配制度的一体化构建,以明确赋予集体土地发展权为基础,征收农民集体土地剥夺了集体土地用作规划可能的最佳用途的可能,应当按照集体经营性建设用地入市的价格标准予以补偿。现阶段土地征收允许以成片开发作为公共利益的判断标准,国有建设用地供给仍包括出让和划拨两种方式。将来成片开发退出历史舞台,土地征收回归纯粹公共利益需要,国有建设用地供给更多地将以划拨的形式实现。以划拨的形式供应土地,国家不再收取土地出让金,但用地单位仍然需要向农民集体支付征收补偿安置费用。届时国家分享土地征收增值收益分配的形式,将从土地出让金扣除征地补偿安

---

① 参见《天津市蓟州区土地增值收益分配总结报告》。

置费用以及开发成本等,转变为从农民集体的征地补偿安置费用中征收土地增值收益税。城乡统一的建设用地市场,按照"初次分配基于产权,再次分配基于税收"的原则,一体适用土地增值收益税制。

（三）宅基地改革中增值收益分配制度的特殊规则构建

宅基地使用权的社会保障职能决定了其当前尚不能实现完全的市场化流转,由此产生的收益主要在使用权人和集体之间予以分享,再通过集体向国家纳税的方式实现地利共享,使得改革依托中的宅基地增值收益分配能体现与集体经营性建设用地入市不同的规则特征。前已述及,此不赘言。

五、其他举措配套并行的思量

不动产登记是"三块地"改革的前提和基础,后续仍需深化"放、管、服"改革要求,力争实现涉及农村集体土地财产权的不动产登记"最多跑一次",提高农民和集体获得感。

（一）统筹考量粮食安全与耕地保护

我国农村土地主要承载保障国家粮食安全的公共利益,故被限制从事开发建设性活动,由此造成的农民和集体发展权益损失需要财政转移支付予以补偿。但土地出让金收支不平衡的矛盾凸显,广受诟病,未来财政体制改革应当更多地向农业农村倾向,支持农村土地制度改革的同时,建立健全耕地保护和生态保护补偿制度,提高农民和集体分享土地增值收益的比例,让改革发展成果更多地惠及农业农村农民。

（二）统筹联动的金融支持需求

"三块地"统筹联动改革需要金融支持。集体经营性建设用地调整和整治入市,以及宅基地退出复垦等,前期均需要相当规模的资金投入,这也是目前部分试点地区集体经营性建设用地入市和宅基地制度改革需要政府推动的客观原因,大部分农民集体不具备自主开展复垦、整治的经济能力,但集体建设用地使用权具有抵押能力,金融机构也应当逐步消除偏见,随着城乡统一建设用地市场的建立健全,应给予农民集体更多的信贷支持。

（三）统筹联动中政府审批权"放管服"改革

"三块地"改革与审批制度改革相联动,应当围绕土地制度改革"还权赋能",统筹协调推进政府"放管服"改革。重新梳理征收转用与土地征收审批的功能定位与逻辑关系,分别建立规范、合理、必要的审批流程。认真审视集体经营性建设用地入市中审查行为的法律属性,优化政府对入市行为的行政监管。切实落实宅基地审批权限下放,尊重农村集体经济组织的土地所有权主体地位,更好地发挥集体决议功能。

（四）统筹联动对社会保障的及时照应

城乡二元社会保障制度与农村和城市郊区的土地集体所有相互证成,打破逻辑闭环的关键在于城乡统一社会保障体系的建立健全。当前及今后相当一段历史时期,集体土地仍为农村居民提供基本的生存、居住和就业保障。随着城市化进程的持续推进和城乡融合的发展,如何使进城务工农民真正在城市地区住得下来、生活下去、教育子女、安享晚年,使留守乡村的农村居民享受与城市居民同质的基础设施和公共服务,还需要城乡统一的社会保障体制不断发展完善,大力发展保障性住房,实现基础设施和公共服务均等化、无差别化。

总之,"三农"是我国经济发展的薄弱环节。为了加强农村土地制度构建的系统性、整体性,对"三块地"改革进行统筹协调,探究三项改革之间的关联性和耦合性,探索基于市场经济中"三块地"改革的实践逻辑,有利于推进城乡统一建设用地市场的构建,有助于厘清"三块地"改革中的土地增值收益分配原理,有益于集体经济的实现和农民的持续增收,最终通过法律方式固化推广相关试点中普适、成熟、有效的经验,进一步夯实土地管理法制体系中农村土地管理法律规则的基础。我国土地制度的全面深化改革,必将在这个新时代产生重要的经济、法治和社会效果。

第四编

耕地保护与土地整治法律制度完善研究

4

第一章　耕地保护与土地整治法律制度的规范内涵

耕地保护作为一种兼顾耕地数量、质量和生态发展的复合型手段举措,旨在"采取各种措施,预防和消除危害耕地及其环境的因素,稳定和扩大耕地面积,维持和提高耕地的物质生产能力,预防和治理耕地的环境污染"①。土地整治作为一种对未利用、低效利用、不合理利用以及损毁土地进行整备建设的自然资源治理活动,旨在提高土地利用率、促进土地资源可持续利用。耕地保护与土地整治法律制度往往指向作为土地整治上位概念的耕地保护,旨在从制度建构面向来规范和保障耕地保护与土地整治活动。

耕地保护与土地整治的制度功能不同,但在内涵上存在交叉。土地整治活动中的土地整理(农用地整理)和土地"用于农业"的建设用地整理、土地复垦皆属于具体的耕地保护措施,但土地非"用于农业"的建设用地整理、土地复垦则超出耕地保护的范围。土地整治是"保障耕地红线、推进新农村建设和统筹城乡发展的新举措",以"三生空间"为承载,兼顾保障粮食供给安全、城市发展安全、生态环境安全。② 可见,耕地保护是土地整治的重要目标,保护耕地离不开土地整治。耕地保护与土地整治活动兼具"资源保障、粮食安全、资源节约、统筹城乡发展、环境友好、社会和谐以及文化维护功能"③,对经济社会生态活动模式的适时转变具有重要的促进作用。

---

① 国土资源部土地整理中心:《土地管理基础知识》,中国人事出版社 2003 年版,第 159 页。

② 参见刘彦随:《科学推进中国农村土地整治战略》,《中国土地科学》2011 年第 4 期;严金明、夏方舟、马梅:《中国土地整治转型发展战略导向研究》,《中国土地科学》2016 年第 2 期。

③ 吴次芳等:《土地整治发展的理论视野、理性范式和战略路径》,《经济地理》2011 年第 10 期。

从实定法和政策设计来看,与土地整治相比,耕地保护表现出上位概念的特点,在当下的土地整治实践主要集中在"农业"领域时更是如此。由于土地整治的法律法规比较少,土地整治各要素作为实定法概念,更多地置于耕地保护规范体系中来具体设定。"我国土地整治涉及的法律法规多为相关法律法规的附带性、关联性立法,相关规定零星散见于各种法律法规中,碎片化严重,土地整治专项法律法规尚未形成,无法满足土地整治实践需要"①,有必要从载体目的、作用对象目的和践行领域目的三个方面来定性相关立法的价值目标。

第一节　概念体系构造

耕地保护与土地整治法律制度诞生于经济发展和占地失衡的矛盾之中,着眼于用地布局合理、利用有序、节约集约,旨在凸显以保护耕地(土地)为目标的终极追求。耕地保护即是以土地用途管制为逻辑起点,以耕地质量提升为终极目的,以耕地保护规范现状阐释为理论基础。土地整治则分别从效益提升之土地整理和功能修复之土地复垦两个维度,以追求可持续土地整治为目的,以新发展理念为导向。2016 年《国土资源"十三五"规划纲要》在"创新耕地保护制度"中强调要求"创新耕地保护制度","建立耕地保护补偿制度""完善耕地占补平衡制度",在"健全国土资源法律法规体系"中明确提出"制定土地整治条例"。伴随 2022 年《黑土地保护法》的出台,以及耕地保护法被列为自然资源领域重点立法,意味着我国耕地保护与土地整治法律制度完善提速迎来良机。基于所涉领域实践探索的不断深入,相关概念体系构造大致可从耕地保护与土地整治的类型化内涵梳理、差异化功能定位与统合型关系结构这三个方面具体展开。

一、耕地保护的类型化内涵梳理

耕地是用来种植农作物的田地,是保障粮食安全、实现人类生存权的基本依托。为实现耕地保护,应积极预防和消除危害耕地及其环境的因素,稳定和扩大耕地面积,维持和提高耕地的物质生产能力,预防和治理耕地的环境污染。伴随

---

① 杨邦杰:《土地整治与立法》,《中国人大》2017 年第 9 期。

耕地保护从数量保护到质量保护乃至生态保护的不断转进,依循《土地管理法》第 30 条和第 32 条的相关规定,可尝试从土地用途管制和土地利用规划明晰我国耕地保护的规范要旨。

（一）耕地保护的逻辑起点——土地用途管制

土地用途管制旨在从数量角度出发,围绕有效配置土地资源、提高土地利用集约水平等命题,"采取政府干预手段,达到土地资源均衡配置的效果"①。这可以从土地规划管控和用途管制、永久基本农田划定和保护、建设用地总量和强度控制三个层面分析。

第一,就土地规划管控和用途管制而言,土地用途管制的目的在于"弥补市场手段配置土地资源的缺陷,实现土地资源的合理利用与可持续利用,核心目标是保护耕地"②。一方面,分类是土地用途管制的基础。《土地管理法》第 4 条第二款将土地划分为三种类型,分别为农用地、建设用地以及未利用地,同时规定要限制建设用地总量,严格限制农用地非农化建设,对耕地实行特殊保护。另一方面,土地利用总体规划乃至国土空间规划是土地用途管制的重要依据。《土地管理法》第三章"土地利用总体规划"对编制的审批、组织、执行、原则、修改等事项作了系统规定。

第二,永久基本农田划定和保护,其目的在于通过加强对基本农田的管理,为基本农田提供兼具数量和质量的,且刚性与约束性更强的保护。基于整体方向性考量,可"将我国传统农区的大面积、集中连片、优质高产基本农田规划建设为永久基本农田集中区,并建立划定永久基本农田的激励机制"③,进而基于耕地面积变化的具体原因,④尝试建立"生态保护适宜性评价指标体系"⑤,最终凸显确保永久基本农田保护真实性的前提下,结合耕地质量进行永久基本农田的划定与保护。

第三,建设用地总量的迅速扩张作为快速工业化与城市化时期最为显著的

---

①　王万茂:《土地用途管制的实施及其效益的理性分析》,《中国土地科学》1999 年第 3 期。

②　张全景等:《中国土地用途管制制度的耕地保护绩效及其区域差异》,《中国土地科学》2008 年第 9 期。

③　程锋等:《浅谈永久基本农田的划定》,《资源与产业》2009 年第 2 期。

④　参见乔亮亮:《基于耕地保护优先的永久基本农田划定思考》,《中国土地》2021 年第 9 期。

⑤　申杨、龚健、叶菁、王卫雯、陶荣:《基于"双评价"的永久基本农田划定研究——以黄石市为例》,《中国土地科学》2021 年第 7 期。

土地利用现象,往往会对耕地面积和粮食安全产生极为显著的影响。而且"建设用地扩张和粮食安全压力下耕地面积的变化(新垦耕地的增加与农业内部结构调整)都会影响到生态安全的水平"①。因此,有必要有效运用"新增建设用地指标"等非农化开发管制政策性工具,把低效的存量建设用地再开发高效利用起来,从而实现建设用地供应总量的严格控制。

(二) 耕地保护的终极目的——耕地质量提升

耕地质量保护旨在围绕土壤"耕性、抗水势性、障碍特性、人工特性等固有特性"②,保障直至提升耕地的农业生产能力。从整全性角度而言,耕地质量保护体系可尝试从高标准农田建设、耕地轮作休耕、耕地质量和产能评价这三方面来展开可能的耕地质量提升路径探讨。

第一,建设高标准农田旨在通过提高耕地质量等级实现耕地数量、质量和生态的三位一体保护,是我国从源头上增强国家粮食安全保障能力的重要战略举措,对于"实现耕地数量管控、质量管育和生态管护,促进粮食安全、经济安全和生态安全有机统一,贯彻新型资源观和新型资源管理观、推动土地利用管理方式转变"③具有基础性意义。

第二,耕地轮作休耕具体包括耕地轮作制度和耕地休耕制度。轮作即指"在同一田块上不同年度间有顺序地轮换种植不同作物或以复种方式进行的种植方式",休耕则是"耕地在可种作物的季节只耕不种或不耕不种的方式"。④"改变耕作方式、调整耕作制度,成为改善土壤质量、恢复和储备地力、促进农业可持续发展的必然选择"⑤,是通过确保耕地质量维护粮食安全基本国策的重要方式。

第三,耕地产能及其评价制度不可或缺。耕地的数量及空间格局都直接影

---

① 王博等:《基于多情景分析的中国建设用地总量控制目标选择》,《中国人口·资源与环境》2014年第3期。

② 祖健等:《耕地数量、质量、生态三位一体保护内涵及路径探析》,《中国农业大学学报》2018年第7期。

③ 吴海洋:《高要求与硬任务迸发新动力——谈如何推进农村土地整治和建设4亿亩高标准基本农田》,《中国土地》2011年第10期。

④ 赵其国等:《中国探索实行耕地轮作休耕制度试点问题的战略思考》,《生态环境学报》2017年第1期。

⑤ 杨庆媛等:《中国耕作制度的历史演变及当前轮作休耕制度的思考》,《西部论坛》2018年第2期。

响耕地产能,因此必须加强耕地质量和产能的评价、监测。这是强化耕地质量保护的重要举措,有助于"全面支撑我国的耕地数量、质量、生态'三位一体'保护监管体系"①。

（三）耕地保护的制度规范表征

随着形势变化和经济社会的发展,耕地保护补偿制度和耕地占补平衡制度正在成为完善耕地保护制度的重要创新途径。耕地保护规范体系亦逐渐充实、完善,其中尤其以耕地占用税、耕地保护基金与耕地占补平衡三类规则最为典型。

耕地占用税"作为耕地转变用途环节征收的唯一税种"②,相应条款堪称财税干预之维。设置耕地占用税旨在实现对耕地占用规模和速度的控制,以尝试"区分政府的目的与行为,设置合理的耕地占用税预算数与决算数"③。耕地占用税条款主要存续于《耕地占用税法》之中,旨在通过设定"税额标准、征收范围、减免税项目、征收管理适用的税法"④等事项,来厘清耕地占用税征收行为的规范指引。

耕地保护基金是耕地保护经济补偿机制的下位概念,亦是耕地保护在经济补偿方面的突破与创新,堪称补偿激励之维。以成都市为例,"从新增建设用地土地有偿使用费、耕地占用税、土地出让收益中筹集资金,设立了耕地保护基金,通过财政转移支付方式,用于耕地流转担保、农业保险补贴、承担耕地保护责任农户养老保险补贴和承担耕地保护责任集体经济组织现金补贴"⑤。耕地保护基金制度主要围绕耕地保护基金的资金筹集、运作、监管等方面事项而具体展开,通过主体、客体、规则机制等方面的规范指引,对耕地保护行为给予经济补偿以调动农业生产地区和广大农民保护耕地的积极性。⑥

---

① 吴克宁等:《对当前我国耕地质量调查评价的思考》,《中国土地》2018 年第 3 期。

② 藏波、吕萍:《耕地占用税制度与耕地保护:一个合约理论的解释》,《税务研究》2015 年第 9 期。

③ 游和远等:《耕地占用税与耕地数量变化的动态模拟及政策启示——浙江省的实证研究》,《中国土地科学》2009 年第 11 期。

④ 陈宏:《我国耕地占用税存在问题及其完善》,《税务研究》2011 年第 8 期。

⑤ 严金明、王晨:《基于城乡统筹发展的土地管理制度改革创新模式评析与政策选择——以成都统筹城乡综合配套改革试验区为例》,《中国软科学》2011 年第 7 期。

⑥ 参见余亮亮、蔡银莺:《政策预期对耕地保护经济补偿政策农户满意度影响的实证研究——以成都市耕地保护基金为例》,《中国土地科学》2015 年第 8 期。

耕地占补平衡条款主要是指对"补充数量和质量对等耕地、设定考核办法、规范市场化运作方式、执行土地利用规划、评价实际成果"①等的规定。耕地占补平衡旨在"按照占用耕地的数量和质量情况,严格实行先补后占,通过对补充耕地的土地开发整理项目优化设计提升补充耕地质量水平"②,堪称过程控制之维。只有提高补充耕地等级来达到甚至超过占用耕地的等级,才可能实现耕地占补平衡。而激发作为耕地占补平衡制度实施主体的地方政府的耕地保护积极性,提升耕地占补平衡政策的可执行力,是顺利实施耕地占补平衡政策的基本保障。③

二、土地整治的类型化内涵梳理

土地整治作为对"土地整理复垦开发的统称"④,是一种对低效利用、不合理利用和未利用土地进行治理,对生产建设破坏和自然灾害损毁土地进行恢复利用,以提高土地利用率的活动。其主要通过农用地整理、土地复垦、土地开发、建设用地整治等方式,来"对利用效率低、使用不合理、未利用及对生产建设活动或因自然灾害等原因损毁的土地进行重新规划整治"⑤。土地整治主要在于挖掘土地潜力、扩大土地利用空间与深度、促进土地集约节约利用,尤其以土地整理和土地复垦最为典型。

(一) 土地整理

在学理上,根据调整对象范围的不同,土地整理有广义、中义、狭义之分。

第一,就广义范畴而言,土地整理作为一种"对土地利用土地权属关系及土地分布重新调整、理顺,通过采取各种措施,对田、水、路、林、村综合整治,以充分合理地利用土地"⑥的活动,具体包括农村土地整理和城市土地整理。围绕"实

---

① 宋才发:《论农村耕地占补平衡的法律规范》,《中南民族大学学报(人文社会科学版)》2011 年第 1 期。

② 郧文聚等:《基于农用地分等的耕地占补平衡项目评价研究》,《中国土地科学》2008 年第 10 期。

③ 参见李国敏等:《耕地占补平衡政策执行偏差及纠偏路径》,《中国行政管理》2017 年第 2 期。

④ 王军、钟莉娜:《中国土地整治文献分析与研究进展》,《中国土地科学》2016 年第 4 期。

⑤ 汪莉等:《论土地整治中新增耕地使用权的制度完善》,《山东社会科学》2017 年第 5 期。

⑥ 邱国锋:《我国农村土地整理的实践与探索》,《经济地理》2003 年第 3 期。

现土地资源的合理配置、提高土地利用率和改善生态环境"①目标,农村土地整理的对象既包括正作农业利用中土地利用率和产出率偏低的耕地,也包括曾作农业利用但因各种自然或人为原因造成破坏、废弃的前耕地(现工矿业用地、宅基地等),还包括未作任何利用的土地。围绕"对土地利用状况进行综合整治"②目标,城市土地整理主要内容包括"盘活城市存量土地、进行'城中村'改造"③等,旨在调整城市土地利用和社会经济关系,改善原有的土地利用方式及其结构,提高城市土地的利用率和产出率,改善城市生态环境。

第二,就中义范畴而言,土地整理仅指农村土地整理。针对正作农业利用中土地利用率和产出率偏低的耕地,旨在"改善农业生产条件、增强农业基础设施抵御灾害能力,以提高耕地质量和产出效益"④,力求促进实现农业生产经营专业化、标准化、规模化和集约化。针对曾作农业利用但被破坏或废弃的前耕地,旨在纾缓耕地被破坏或废弃问题,通过"恢复利用生产建设破坏和自然灾害损毁土地,以及推行城乡建设用地增减挂钩"⑤等活动,来促进前耕地的修复和重新利用,以改善农业生产与生态条件、优化用地格局。针对未作任何利用的土地,旨在依循"统筹规划、合理布局、集约高效的要求"⑥,把开发未利用土地与新农村建设紧密结合起来,促进城乡土地资源有序流动和生产要素的合理配置,建设布局优化、产业发展的新农村格局。

第三,就狭义范畴而言,土地整理是指农村土地整理中的农用地整理,仅限于欲开发的未利用地、欲整理的低效耕地。其旨在依循农村土地利用总体规划和耕地利用现状,充分围绕"工程建设、技术保障、资金保障"⑦等专门条件所开

---

① 张正峰、陈百明:《土地整理的效益分析》,《农业工程学报》2003 年第 2 期。

② 罗明、王军:《中国土地整理的区域差异及对策》,《地理科学进展》2001 年第 2 期。

③ 参见杨红等:《城市土地整理理论与实践探析》,《地理科学进展》2005 年第 3 期。

④ 参见冯应斌、杨庆媛:《转型期中国农村土地综合整治重点领域与基本方向》,《农业工程学报》2014 年第 1 期。

⑤ 刘新卫、杨晓艳:《农村土地整治与农业现代化浅析》,《国土资源情报》2012 年第 11 期。

⑥ 高向军、彭爱华、彭志宏、王克强、朱莉萍:《农村土地综合整治存在的问题及对策》,《中国土地科学》2011 年第 3 期。

⑦ 参见刘晶妹、张玉萍:《我国农村土地整理运作模式研究》,《中国土地科学》1999 年第 6 期。

展的活动。①

综上所述,土地整理主要在于土地利用效益的提升。根据《土地管理法》第41条,土地整理是指农村土地整理,属于中义层面的。基于法律规定和体系要求,课题组将主要围绕狭义的土地整理展开。

(二) 土地复垦

土地复垦是指对生产建设损毁和历史遗留、自然灾害损毁的土地进行恢复利用,以提高土地利用率的土地整治活动,也是实现针对水土流失之环境治理的重要方法与途径。《全国土地整治规划(2016—2020年)》就已经将土地复垦上升为国家层面的战略部署,并提出"复垦率达到45%以上"的目标,成为严守18亿亩耕地红线的重要举措。土地复垦作为一种土地整治与环境治理活动,事实上也属于"公共利益的公共因素与契约的私法因素糅合"②的规制领域,可从生产建设活动损毁土地复垦、自然灾害损毁土地复垦以及历史遗留损毁土地复垦这三个方面来具体展开。

对生产建设活动损毁土地的复垦,主要是指在矿产资源被大量开采给陆地自然环境带来严重损害的情形下,采取自然科学和工程技术等各种措施,③恢复土壤耕性的活动,具有促进我国生态环境改善、耕地数量维持和质量保护的双重功能。

对自然灾害损毁土地的复垦,是指面对"地处偏远,总量较大但难以大规模开发利用,成因复杂且各类经济与法律关系交织"④的灾害损毁土地现状,针对具备恢复利用条件的损毁土地,采取工程措施和生物措施相结合手段,改善生态环境状况、提高土地利用效率的活动。

对历史遗留损毁土地的复垦,主要指向"历史遗留损毁土地基本情况不清、

---

① 包括对耕地资源进行重新配置以增加有效耕地面积,提高土地利用率和产出率,改善农业生产条件和农村生态环境的活动。

② [德]哈贝马斯:《公共领域的结构转型》,曹卫东、王晓钰、刘北城、宋伟杰译,学林出版社1999年版,第179页。

③ 参见黄铭洪、骆永明:《矿区土地修复与生态恢复》,《土壤学报》2003年第2期。

④ 徐婵:《辽宁省历史遗留和自然灾害损毁土地调查》,《测绘与空间地理信息》2017年第3期。

复垦所需资金量大、群众参与性较低、复垦涉及部门多以及专业性质强"①等现实突出问题,推动将"未实施复垦或复垦后未达到周边同类土地生产力水平"②的遗留损毁土地恢复利用至理想水平。

三、耕地保护与土地整治的差异化功能定位

耕地保护与土地整治的差异化功能定位往往围绕政府与市场的辩证关系展开。"传统的行政命令式耕地保护模式过分依赖行政力量推动,且耕地保护制度在某些地方执行中出现偏差"③。单纯的政府主导,无法完全实现耕地保护目的,因此有必要通过经济补偿和激励以及以农民集体为中心的多方协作治理等方式,进一步发挥市场在耕地保护与土地整治中的积极作用。

(一) 耕地保护的功能定位

耕地具有经济效益、生态效益、景观效益等多层次的基本功能和衍生功能,且与社会发展、经济现状等相耦合。可围绕"耕地多功能的工程设计、布局优化以及建立耕地保护利益平衡机制"④等途径,来尝试探究耕地保护功能的多层次定位。

在初阶层面,耕地保护旨在凸显保障粮食安全,"耕地保护最低的要求是能够保障粮食安全"⑤。我国耕地资源极其短缺,全国耕地现状与后备资源总量皆不容乐观,且各地土地资源质量差异较大,则应推动地区差异化的耕地保护。基于此,将宜耕地优先用于农业,以作为粮食能够自给的重要保证。

在进阶层面,耕地保护旨在实现耕地数量、质量、生态平衡保护。耕地的总体价值"不等于经济价值,还包括生态价值、社会价值、道德与审美价值的生产价值"⑥。人类利用耕地的首要目的即在于"运用耕地系统的生物生产功能提供

---

① 李晓雷等:《矿区历史遗留损毁土地复垦存在问题与对策》,《中国科技信息》2011 年第 23 期。

② 参见李晶等:《历史遗留损毁土地调查内容与调查方法探讨》,《地理与地理信息科学》2013 年第 3 期。

③ 张一鸣:《耕地保护制度的转型与对策研究——构建以经济激励为核心的耕地保护》,《中国农业资源与区划》2014 年第 3 期。

④ 姜广辉等:《耕地多功能的层次性及其多功能保护》,《中国土地科学》2011 年第 8 期。

⑤ 刘卫东:《耕地多功能保护问题研究》,《国土资源科技管理》2008 年第 1 期。

⑥ 参见俞奉庆、蔡运龙:《耕地资源价值探讨》,《中国土地科学》2003 年第 3 期。

人类生活必需的粮食和其他生物产品,并在长期的利用中使耕地在自身组织功能的作用下形成一种特殊的人工生态系统与新的生物生存环境"①。

在高阶层面,耕地保护旨在保障社会可持续发展。应试图通过"耕地总量动态平衡、土地用途管制、建设用地的年度供应计划"②等严格的耕地保护制度选择,来对农用地减少与非农产业发展进行平衡。通过制定或实施区域差异化的农地保护政策,发挥区域的比较优势,来有效缓解经济发展与农地保护之间的矛盾,以实现土地资源的可持续利用。

(二) 土地整治的功能定位

土地整治往往面临"定位整体偏低、理念创新不足、协调统筹有限、模式趋于同化等问题",③有必要从土地整理与土地复垦两个方面梳理土地整治的功能定位。

就土地整理的功能定位而言,其一,在初阶层面,旨在增加有效土地面积、提高土地利用率和产出率。尝试通过"对荒废的道路、沟渠或防护林进行综合整理,土地平整、小田并大田、权属调整、田块规整等措施,充分利用原耕地中难以利用的边角地"④增加有效耕地面积;通过"田块整理、道路建设、村庄更新、沟渠调整等"提高土地利用率;通过"低产地改良、水源灌溉效率提高、农作物轮作组织"增加土地产出率。⑤ 其二,在进阶层面,其旨在对土地权属、用途、布局、结构等进行全面综合调整,设定"土地整理参与者公认的权属调整转换机制",⑥促进"整理区域形成合理、高效、集约的土地利用结构"⑦,"增加有效耕地面积、提高耕地质量、缓解区域人地矛盾"⑧,从而推动形成合理、高效、集约的土地利用结

---

① 王宇、欧名豪:《耕地生态价值与保护研究》,《国土资源科技管理》2006 年第 1 期。

② 陈江龙等:《农地非农化效率的空间差异及其对土地利用政策调整的启示》,《管理世界》2004 年第 8 期。

③ 参见严金明、夏方舟、马梅:《中国土地整治转型发展战略导向研究》,《中国土地科学》2016 年第 2 期。

④ 张正峰、陈百明:《土地整理潜力分析》,《自然资源学报》2002 年第 6 期。

⑤ 参见王万茂:《土地整理的产生、内容和效益》,《中国土地》1997 年第 9 期。

⑥ 参见余振国、吴次芳:《我国土地整理权属调整的机制建设研究》,《南京农业大学学报》2003 年第 2 期。

⑦ 赵谦:《刍议中国农村土地整理的立法价值》,《中国土地科学》2010 年第 9 期。

⑧ 姚俊:《基于土地社会保障功能的区域土地整理社会效益测算研究——以南京市为例》,《安徽农业科学》2009 年第 10 期。

构,以适应经济社会发展对土地的需求。其三,在终阶层面,其旨在改善农业生产条件和农村生态环境的活动,通过"增加景观生态工程的建设内容,协调农田生产与土地持续利用之间的关系,维持农田生物多样性,美化乡村环境"①,促进土地资源合理利用,进而"改善生产生活和农村面貌情况、提高抗御自然灾害能力、防止土地退化和提高植被覆盖率",②以推动经济、社会和生态环境的全面综合发展。

对于土地复垦的功能定位,《土地复垦条例》第 1 条和《土地复垦条例实施办法》第 2 条有较为明确的规定,有必要"确保土地复垦活动能在权利人利益需求满足、土地使用价值恢复和生态环境恢复这三个方面实现协调而设定该类活动的复合功能"③。其一,在初阶层面,其旨在对生产建设损毁和历史遗留、自然灾害损毁的土地进行恢复利用。在注重恢复土地本身价值的同时,亦强调相应生态功能的恢复。其二,在进阶层面,其旨在提高土地利用率,通过调动农民参与复垦的积极性,避免复垦土地"撂荒"。其三,在终阶层面,其旨在实现针对水土流失的环境治理,实现水土保持。

综上所述,耕地保护强调"从'数量'转变为'数量+质量',再跃迁到'数量+质量+生态'三位一体的均衡管理,完成了由'国策—基本国策—生命线—红线'的地位进阶"④,其概念内涵伴随时间推移与政策调整而不断发展、深化。土地整治则以土地整理和土地复垦为典型,强调"统筹兼顾对被整治土地相关权利人的多元需求,挖掘结构潜力、优化空间布局、提升利用效率,协调促进土地'合理利用',保障粮食供给安全、城市发展安全、生态环境安全"⑤。

四、耕地保护与土地整治的统合型关系结构

法律关系可以说是法律主体之间的权利义务关系,⑥构成要素包括主体、客

---

① 赵桂慎等:《土地整理过程中农田景观生态工程建设》,《农业工程学报》2007 年第 11 期。

② 参见范金梅:《土地整理效益评价研究》,《中国土地》2003 年第 10 期。

③ 赵谦、毛屏楠:《功能整合与法益衡平:美国矿区土地复垦立法的理念启示》,《重庆大学学报(社会科学版)》2021 年第 3 期。

④ 牛善栋、方斌:《中国耕地保护制度 70 年:历史嬗变、现实探源及路径优化》,《中国土地科学》2019 年第 10 期。

⑤ 严金明等:《中国土地整治转型发展战略导向研究》,《中国土地科学》2016 年第 2 期。

⑥ 参见[美]霍菲尔德:《基本法律概念》,张书友译,中国法制出版社 2009 年版,第 26 页。

体、内容,我们可以依此厘清耕地保护和土地整治的统合型关系结构。

（一）耕地保护与土地整治的法律关系主体

相应法律关系主体主要包括监管主体、责任主体和权利人。监管主体主要是自然资源行政部门、财政部门、审计部门、纪检监察部门等相关职能部门;责任主体主要是参与耕地保护与土地整治活动的国家机关、事业单位和社会组织中的行为人;权利人主要是作为所有权人的农村集体经济组织和作为他物权的土地承包经营人、代为行使自然资源所有权的县级以上人民政府、作为投资收益权人的营利性组织。

在这些主体之间大致形成了管理关系、协作关系和自治关系。监管主体与责任主体之间主要是管理关系,监管部门须对参与耕地保护与土地整治活动的责任主体实现有效监管。监管主体之间主要是协作关系,由自然资源行政部门就耕地保护与土地整治活动实行全过程监管,由财政部门主要就政府拨付耕地保护与土地整治资金的预算、使用实施监管,由审计部门主要就政府拨付耕地保护与土地整治资金的运营绩效和耕地保护与土地整治项目的验收实施监管,由纪检监察部门主要就参与耕地保护与土地整治国家机关的主要负责人员、直接责任人员和其他工作人员的行为实施监管。责任主体与权利人之间主要是自治关系,参与耕地保护与土地整治的责任主体与权利人皆依托相关协议开展活动。

（二）耕地保护与土地整治的法律关系客体

相应法律关系的客体即指耕地保护与土地整治法律关系主体的权利和义务、权力和责任所指向的对象,具备客观性、可控性和有用性的特点,一般可以概括为"物、精神财富和行为"[1]三类,大致涉及"耕地保护、粮食安全、土地利用、土地管理及耕地资源五大方面"[2]。

所涉的物主要指向耕地保护的对象即耕地,土地整理的对象即欲开发的未利用地、欲整理的低效耕地,土地复垦的对象即生产建设损毁和历史遗留、自然灾害损毁土地,以及耕地保护与土地整治专项资金等以实物形式存在的客体。所涉的行为主要指向在耕地保护与土地整治规划,以及相应项目管理、项目规

---

① 沈宗灵:《法理学》,北京大学出版社 2000 年版,第 495 页。
② 郑沃林等:《中国耕地保护研究的回顾与进展》,《世界地理研究》2016 年第 5 期。

划、工程设计和项目效益评价中的具体管理行为、协作行为和自治行为。此外，还有所涉的精神产品，即人们通过脑力劳动创造出来并以一定形式作用于耕地保护与土地整治的非物质化技术成果。① 在这些行为的有序、交错作用下，形成了监管主体与责任主体之间的管理秩序、监管主体之间的协作秩序、责任主体与权利人之间的自治秩序。

（三）耕地保护与土地整治的法律关系内容

相应法律关系的内容是构成耕地保护与土地整治法律关系的核心要件，主要包括作为私权主体的责任主体与权利人在耕地保护与土地整治法律关系中的权利和义务，以及作为公权主体的监管主体的权力和责任。

就私权主体而言，责任主体与权利人的权利主要有耕地保护与土地整治相关规划、项目运营、项目效益评价的知情权与参与权，耕地保护与土地整治项目收益权，促进耕地保护与土地整治工作的受奖励权，在参与耕地保护与土地整治活动中受侵害或不公正待遇的申请复议及提起诉讼的救济权。责任主体与权利人的义务主要有服从已生效耕地保护与土地整治相关规划的义务、服从监管主体就耕地保护与土地整治项目管理决定的义务、贯彻国家耕地保护与土地整治相关方针政策的义务、配合监管主体开展监管活动的义务、遵守耕地保护与土地整治相关法律规范的义务、检举揭发破坏耕地保护与土地整治行为的义务、遵守耕地保护与土地整治项目相关合同的义务。

就公权主体而言，监管主体的权力主要有组织和完成耕地保护与土地整治相关规划的权力、管理耕地保护与土地整治项目的权力、协调保障推进耕地保护与土地整治活动的权力、筹集耕地保护与土地整治相关专项资金的权力、征集公众有关耕地保护与土地整治活动建议的权力、组织耕地保护与土地整治活动相关听证会的权力。监管主体的责任主要有向责任主体与权利人提供必要参与空间的责任、制定推行耕地保护与土地整治相关政策法规的责任、按时足额拨付耕地保护与土地整治相关专项资金的责任、合理配置耕地保护与土地整治监管资源的责任、合宪依法开展耕地保护与土地整治监管工作的责任、构建耕地保护与土地整治监管效果反馈机制的责任。

---

① 参见胡振琪：《我国土地复垦与生态修复30年：回顾、反思与展望》，《煤炭科学技术》2019年第1期。

第二节　释义研究范型

探究土地增值收益的公私权属构造,可以为其奠基引领之耕地保护与土地整治活动的制度规范研究,提供可行的释义研究范型。以土地价格上涨为表征之土地增值的本质即是绝对地租、级差地租与垄断地租的地租量增加。土地增值收益作为一种"土地变更用途使用和改变土地原有集约度"①下的价值变现,往往与土地使用权出让、土地所有权行使带来的成本、利润变化有关。增值本身即意味着可能收益的出现及其在相关主体之间的合理分配。土地增值收益的权属命题是主要针对土地管理权和土地财产权的公私权配置而言的。因此,有必要立足于"土地的社会属性、土地的理性效用和财富的最大化、土地政策"②等考量,进而"以地租理论和产权理论为依据"③,探究围绕土地增值收益的公权力与私权利之二元配置构造要义。

近年来,伴随"三块地"改革的持续深入推进,土地增值收益命题亦成为中央政策文件的一类核心规范事项,初步确立了"建立兼顾国家、集体、个人的土地增值收益分配机制,合理提高个人收益"的土地增值收益共享分配基本原则,逐次明晰了"保障农民公平分享土地增值收益"的公平分配准则、"完善土地增值收益的合理分配机制"的合理分配准则,以及"拓宽农民增收渠道,更多分享增值收益"与"提高农民土地增值收益分享比例"的优先分配准则,从而大体完成了共享分配原则指引下对土地增值收益公平、合理、优先分配机制的规范确认与整全性设定。

事实上,作为公权力的土地增值收益管理权属和作为私权利的土地增值收益财产权属,逐渐呈现彼此交融态势,并导向彰显公共、私人事务耦合共生要义的二元架构。"法律之概念—体系和现行有效法律的描述"④之释义学研究,有

---

① 臧俊梅等:《农地非农化中土地增值分配与失地农民权益保障研究——基于农地发展权视角的分析》,《农业经济问题》2008 年第 2 期。

② 沈守愚:《论设立农地发展权的理论基础和重要意义》,《中国土地科学》1998 年第 1 期。

③ 邓宏乾:《土地增值收益分配机制:创新与改革》,《华中师范大学学报(人文社会科学版)》2008 年第 5 期。

④ [德]罗伯特·阿列克西:《法律论证理论——作为法律证立理论的理性论辩理论》,舒国滢译,中国法制出版社 2002 年版,第 311 页。

助于厘清土地增值收益置于管理权、财产权意涵下的公私权表达要义与践行进路,从而为探究耕地保护与土地整治法律制度的体系化规范事项,为法律的解释、应用及发展提供必要的逻辑前提。一方面,主要指向土地增值收益分配管理命题的管理权属,应首先围绕公平目标、利益目标与权能目标的多层面表达来设定其目标旨向,进而围绕利益平衡原则、资源投入均等原则与功能调适原则的多维度特性来设定其基本原则,最终围绕权属配置、导向定位与比例区分的多样化规范事项来设定其实施规则。另一方面,主要指向土地增值收益属性定位命题的财产权属,应首先围绕静态意义土地所有权与动态意义土地规划管制权的二元表达来设定其权源基础,进而围绕私法意义物权形态和公法意义发展权形态的双轨结构来设定其权利形态。在两类土地增值实现过程中,管理权或财产权的保障、分配事项亦应予以区分。管理权属维度的社会保障和补偿标准方面之结构调整保障事项,以及财产权属维度的用途管制和权属置换方面之羁束补偿保障事项,有助于明晰土地一级开发征地过程中的保障型践行进路;管理权属维度的土地增值收益调节金等公益性提取干预分配事项,以及财产权属维度的集体经济组织和集体成员之间的合理内部调控分配事项,则有助于明晰集体经营性建设用地入市过程中的分配型践行进路。通过对土地增值收益公私权属构造的类型化梳理,可以为耕地保护与土地整治活动制度规范研究提供相对自洽的概念分析工具。

一、管理权:土地增值收益的公权表达

作为公权力的土地增值收益管理权主要指向该类收益在公共主体和私人主体之间的分配管理命题。虽然"涨价归公""涨价归私""公私兼顾"与"公主私补"等理论话语各有所侧重且争点鲜明,但皆没有否认行使相应管理权责的公权力主体所发挥的关键作用,只不过各自针对实现分配的目标旨向、基本原则与实施规则之功能定位有所不同而已。

(一) 土地增值收益管理的目标旨向

所涉目标旨向具体围绕收益分配管理命题,呈现出公平目标、利益目标与权能目标之多层面表达,来尝试解构"以解决现实社会问题为依归,内化于具体的

法律规范"①之土地增值收益管理活动的价值机能,从而彰显宗旨、核心与现实的三阶社会效益。

1. 公平目标

保障社会公平是土地增值收益分配管理的宗旨目标。《宪法》第 10 条和《土地管理法》第 2 条所确立的土地非私有原则,在法理层面即否定了我国"土地食利阶层"存在的正当性与合法性。基于"中国土地价值表现必将总体显著上涨"②的现实背景,加之存续于土地国家所有、集体所有产权制度中社会公众集合土地权属的间接意义表达,土地增值收益分配的宗旨目标则有必要依循"兼顾了个人权利的基本组成部分,又试图超越功利主义的局限性"③的共享正义观而设定。公权力的管理干预亦应突破增值土地相关私权利主体的权属限制,更多地围绕土地因社会公众共同努力实现增值的环境事由,来强调土地增值收益面向产权人以外的更广延社会公众,实现基于"社会保障持续发展和社会公正最大覆盖"④的公平分配。

2. 利益目标

实现公共利益最大化是土地增值收益分配管理的核心目标。《宪法》第 10 条和《土地管理法》第 3 条所确立的合理利用土地原则,即从土地利用效益维度来强调优化配置土地资源,进而就土地增值收益分配所涉利益目标予以了理性化方向定位。事实上,土地增值作为一种外部性经济活动结果,往往受到土地用途管制、国土空间规划等国家权力管理干预举措的影响。该类举措旨在通过政府"统筹利用土地资源,进行合理布局,协调和促进社会可持续发展"⑤,来促进相关土地更高效益地开发、利用,并实现有序增值。基于此,应尝试整合资源、导向性推动第二、三产业发展与城镇开发、基础设施建设,从而通过该类公域治理活动,以推动实现公共利益的最大化。

---

① 高飞:《论集体土地所有权主体立法的价值目标与功能定位》,《中外法学》2009 年第 6 期。

② 贾康、梁季:《中国市场化、城镇化历史进程中的"土地财政"与土地制度变革》,《中国发展观察》2015 年第 6 期。

③ 董玉荣:《"共享正义观"与利益平衡——实现个人权利和社会功利融合的路径》,《理论与改革》2010 年第 6 期。

④ 申曙光、孙健:《论社会保障发展中的七大关系——基于社会公平的视角》,《学习与探索》2009 年第 4 期。

⑤ 崔文星:《权力抑或权利:中国土地开发权性质辨析》,《广东社会科学》2020 年第 4 期。

3. 权能目标

充实相应集体土地所有权的权能是土地增值收益分配管理的现实目标。《宪法》第 10 条原则性明晰了集体土地所有权的基本结构,"集体土地承载着农民的生存和保障权,完整的收益权都应归属于农地所有者"①。不过,"所有者的土地权利由政府赋予,所有者无法自由行使未被赋予的权利"②之现实掣肘,则在一定程度上弱化了"农民权益是农民作为社会主体存在的条件"③所衍生的权能事项,从而加剧了占据土地增值收益分配优势地位的公权力主体与土地开发商对集体土地权益的可能侵害。因此,可以通过确立旨在"改变土地原有使用类别,将农地变更为建设用地使用,对土地在利用上进行再发展"④之农地发展权利等农地非农化过程中的土地增值收益财产权,推动相应公权力主体依托购买该类财产权属来保障相关农民的合法权益,进而从"公有性、集体共有性、社会保障性、资源性"⑤角度,明晰集体土地所有权的权能表达;具体围绕"所有权归属与支配的分离、支配所有权权能的整体性、土地承包经营权的自物权属性"⑥之权能结构,来健全集体土地所有权的权利事项。

(二) 土地增值收益管理的基本原则

基本原则具体围绕收益分配管理命题,呈现出利益平衡原则、资源投入均等原则与功能调适原则之多维度特性,往往强调针对兼顾多方利益的土地增值收益分配机制、协调资源投入比例、整合土地的二元功能等事项,以实现目标性、手段性与保障性三维依据的体系化表达。

1. 利益平衡原则

该项原则作为目标性原则,往往是触发收益分配管理命题的直接诱因,旨在实现收益分配过程中相关公共利益和个人利益的平衡。"因国家土地用途管制

---

① 刘英博:《集体土地增值收益权归属的分析与重构》,《东北师大学报(哲学社会科学版)》2014 年第 3 期。

② 钟晓萍:《全面的土地开发权观:争论、权利归属与政策启示——基于产权经济学的视角》,《现代经济探讨》2020 年第 4 期。

③ 李长健:《论农民权益的经济法保护——以利益与利益机制为视角》,《中国法学》2005 年第 3 期。

④ 陆剑:《集体经营性建设用地入市的实证解析与立法回应》,《法商研究》2015 年第 3 期。

⑤ 韩松:《农民集体土地所有权的权能》,《法学研究》2014 年第 6 期。

⑥ 房绍坤、曹相见:《集体土地所有权的权能构造与制度完善》,《学习与探索》2020 年第 7 期。

和城乡规划权等公权力的规制而凸显"①的土地开发权、所有权乃至增值收益财产权,公权力与私权利关系的模糊化,使得相应的公共利益和个人利益处于失衡状态。基于此,可围绕构建"兼顾效率与公平的初次分配格局、代内分配格局、可持续发展的代际分配格局"②等方面考量,来明晰在土地流转过程中的私权意义之土地增值收益财产权的土地价格表达,以及相应公权力主体的土地规划等活动之社会义务正当性确证等途径,推动建立兼顾国家、集体、个人的土地增值收益分配机制,并合理提高个人收益。

2.资源投入均等原则

该项原则作为手段性原则,往往是纾缓收益分配管理命题的措施选择,旨在通过协调面向城镇和农村的各类资源投入比例,来促进实现收益分配的最大化公平。事实上,相应私权利主体在享有土地增值收益时的身份属性是双重的,一方面是根据相应的产权关系而直接享有,另一方面则是根据国家所有意涵下的公有制最终指向权属关系而间接享有。基于此,即可确证在各类农地征收、转用过程中所附随的土地税费征缴,应围绕"约束耕地占用、促进耕地占补平衡、激励存量建设用地集约利用、增进社会公平"③等政策性目的,进一步"制定落实提高土地出让收益用于农业农村比例考核办法,确保按规定提高用于农业农村的比例"④,实现对土地增值收益的调节性分配,逐步强化对乡村振兴、"三农"发展所需资源的反哺性投入甚至是倾斜式投入。

3.功能调适原则

该项原则作为保障性原则,往往是解决收益分配管理命题的环境支撑,旨在通过整合相关土地的生产功能与保障功能,为实现收益公平分配营造和谐氛围。就相应私权利主体而言,农村土地的本原功能定位即在于其"就业功能和社会保障功能,而不是私有财产性质"⑤,在既往农村社会保障制度不够健全的背景

---

① 孙建伟:《土地开发权应作为一项独立的财产权》,《东方法学》2018年第5期。

② 邹旭等:《中国共产党建党百年来的土地增值收益分配:政策演进、理论辨析与改革逻辑》,《中国土地科学》2021年第8期。

③ 王小映等:《我国农地转用中的土地收益分配实证研究——基于昆山、桐城、新都三地的抽样调查分析》,《管理世界》2006年第5期。

④ 《中共中央国务院关于全面推进乡村振兴加快农业农村现代化的意见》,《人民日报》2021年2月22日。

⑤ 徐琴:《农村土地的社会功能与失地农民的利益补偿》,《江海学刊》2003年第6期。

下,保障性功能尤其应予凸显。随着城乡一体化社会保障体系初步确立与统筹城乡区域发展、城乡公共资源均衡配置有序推进,土地的传统保障性功能趋于弱化。土地作为生产性资源的基础定位有必要进一步强调,最大限度地发挥土地的效益,提高农业劳动生产率,以彰显其在资源有效利用维度的生产性功能。

(三) 土地增值收益管理的实施规则

实施规则具体围绕收益分配管理命题,往往强调针对土地增值收益的权属管理与调整管理、权属配置的实施定位、分配比例等事项,解构土地增值收益管理活动在政府干预、农民集体经济组织功能、收益分配比例等方面的运行机能,从而整全性厘清配置行为、导向行为与区分行为的规范特性。

1.权属配置规则

该类规则旨在明晰土地增值收益初次分配归国家所有的权属管理规范事项,以及国家基于实现公共服务需要由其主导土地增值收益再次分配的调整管理规范事项。在跨越式城镇化发展过程中,土地增值收益是一种非常态化、非永续性的巨额社会增量财富甚至是战略资源。通过合宜的国家所有制度设计确保"国家垄断土地一级市场、掌握土地增值收益一次分配主导权"①,可以更好地彰显其公共利益导向下的资源集聚效应。但是在该类活动过程中,代表国家来行使所有权的县级以上人民政府及其职能部门,往往因其在土地征收和土地出让一级市场中的垄断地位,加之作为权利行使者、市场主体经营者乃至监管者的叠加复合身份,易与在市场经济的分配格局中占据相对优势地位的土地开发商等既得利益者形成一定的利益依存甚至是"共谋"格局。通过集体经营性建设用地直接入市、土地征收成片开发等意义手段来实现制衡的同时,亦有必要依托相对公平的土地增值收益再分配机制来实现对农村集体经济组织、农民等相关私权利主体利益的反哺与调节。

特别是当县级以上人民政府及其职能部门以公共利益服务者的身份来推动土地增值收益再次分配给城镇和农村的过程中,往往会面临"地方政府扩大征地面积、快速推进城市化进程、获取更多土地增值收益的利益激励"②诱惑,以及

① 刘磊:《中国土地制度的宪法解释:问题、争议及权衡》,《学术月刊》2019年第1期。
② 刘磊:《中国土地制度的宪法解释:问题、争议及权衡》,《学术月刊》2019年第1期。

"如何真正实现以人为核心的城镇化,构建城乡共享的一体化发展机制"①难题。虽然 2006 年《国有土地使用权出让收支管理办法》第 13 条将"征地和拆迁补偿支出、土地开发支出、支农支出、城市建设支出以及其他支出"列明为土地出让收入使用范围,以确立了城市建设与农民保障这两类基本收益分配面向。2015 年《财政部、国土资源部关于进一步强化土地出让收支管理的通知》则进一步强调应"优先保障征地拆迁补偿、补助被征地农民社会保障等重点支出,合理安排土地出让前期开发支出,继续加大对农业农村、保障性安居工程的支持力度,严格按预算用于城市建设",从而明晰了农民保障优先于城市建设的分配位序。但该类调整管理规则设定更多的只是一种原则性、方向性的指令表达,具体的优位分配比例、预算科目编制、实施程序、信息公开及监管事项皆有待实施性细化。

2. 导向定位规则

该类规则旨在基于前述土地增值收益权属配置,尝试明晰在农村集体经济组织和作为组织成员的农民之间的实施定位。特别是农民如何依循"所直接支配的利益仍是身份利益,财产利益由此派生"②的利益属性,来切实享有其土地增值合法权益。在二元归属或单一归属的不同收益归属导向下,前述权属配置规则的实施定位规范事项亦应有所区分。《宪法》第 10 条和《土地管理法》第 11 条所确立的农村土地集体所有制度以及农村集体经济组织作为实质意义的"经营、管理"权人属性定位,皆明晰了土地增值收益面向农村集体经济组织和农民的二元归属要义。有必要由农村集体经济组织具体享有农地发展权利;农民则具体依托土地股份配置方式来获取更多的土地增值收益分配份额,即仅由农民来享有农地发展权且获取全部的土地增值收益。

事实上,农村集体经济组织作为土地增值收益的一类归属主体,往往会存在一定的权利能力瑕疵与权利僭越风险。因此有必要减少相应的权利行使环节,通过土地增值收益归属于农民的单一设置,来切实推动农民个体合法权益的效率化直接享有。

3. 比例区分规则

该类规则具体围绕集体所有土地增值收益管理过程而展开,旨在厘清存续

①　谭明智:《严控与激励并存:土地增减挂钩的政策脉络及地方实施》,《中国社会科学》2014第 7 期。

②　陈小君:《我国农民集体成员权的立法抉择》,《清华法学》2017 年第 2 期。

于中央与地方的不同层级公权力主体之间、公权力主体与私权利主体之间的差异化分配比例规范事项。事实上，县级以上人民政府及其职能部门在管理国有土地增值收益时，既是产权意义的私权利主体，也是管制意义的公权力主体。基于其统合一体的身份属性，对于相应的分配比例规范事项毋庸置喙。但在管理集体所有土地增值收益时，因其身份属性的差异化配置，则应尊重集体土地发展权，确立相对合理的分配比例，通过"实行自上而下的管理制度，加强中央土地政策调控力度"①，有效约束地方政府无节制、脱序转用农地行为，进而通过上级政府的统一引导或羁束性资源配置，针对性地调动基层政府将公共性土地增值收益返还给社会乃至私权利主体的积极性。

此外，在私权利主体基于"初次分配以尊重和保护产权为基础，主要通过自由的市场交易来完成"②的差异化增值收益分配面向，亦有必要设置不同的分配比例区间。若从"土地作为农用地获得的纯收益与作为农用地所损失的作为建设用地收益的机会成本"③角度出发，可考虑给私权利主体配置较低且凸显象征性之 15%—20% 的分配比例。若从"以农地发展权的平均价值作为制定征地补偿标准的依据"④角度出发，可考虑给私权利主体配置相对适中且凸显均衡性之25%—30% 的分配比例。若置于"城乡建设用地增减挂钩背景下，农户、村集体、政府和开发商分享宅基地退出补偿及增值收益"⑤角度出发，可考虑给私权利主体配置较高且凸显补偿性之 30%—50% 的分配比例。

二、财产权:土地增值收益的私权表达

作为私权利的土地增值收益财产权主要指向该类收益置于相关私权利主体之权利体系中的属性定位，一般围绕该类财产权的所有权或规划管制权之权源基础以及作为物权或发展权的权利形态展开。土地增值收益财产权往往源于土地利用的发展需要，是一种"通过土地利用的纵深扩展或用途变更而发展土地

---

①　刘国臻:《论我国土地征收收益分配制度改革》,《法学论坛》2012 年第 1 期。

②　程雪阳:《土地发展权与土地增值收益的分配》,《法学研究》2014 年第 5 期。

③　钱凤魁:《基于发展权理论的土地增值收益分配研究》,《现代城市研究》2015 年第 6 期。

④　朱一中、曹裕:《农地非农化过程中的土地增值收益分配研究——基于土地发展权的视角》,《经济地理》2012 年第 10 期。

⑤　宋戈、徐四桂、高佳:《土地发展权视角下东北粮食主产区农村宅基地退出补偿及增值收益分配研究》,《自然资源学报》2017 年第 11 期。

增值收益"①的独立私权利。该类权利以所有权为内核基础、以物权为载体表达,大体上呈现出一种"具有排他性、收益性、可让渡性和可分割性"②的权利样态。

(一) 土地增值收益财产权的权源基础

权源基础具体围绕收益属性定位命题在"权利的安定性、规范效力与内容的正确性之间的关系"③调适过程中呈现的静态意义土地所有权与动态意义土地规划管制权之二元表达而展开设定。

1. 作为静态意义权源基础的土地所有权

土地所有权成为土地增值收益财产权的静态意义权源基础,往往基于《宪法》第 10 条之"概括式规定的土地集体所有为原则、列举加概括式规定的土地国有为例外"④的土地所有权之非私有权属架构设定。在该类凸显确权性质的静态意义之土地所有权的产权体系内,通常需要通过相应的权属架构安排,来实现不同权能和利益在相关主体间的合理配置。伴随"由土地使用限制而提出来的"⑤土地发展权之独立权利的证成,土地增值收益财产权的权源基础亦被确证为凸显权能适度分解的土地所有权。

基于土地所有权本身蕴含着的社会义务,权能的独立化表达与该类权利的相对意义属性亦是相伴而生。特别是以"土地所有权的垄断和土地所有权与使用权的分离"⑥为存在前提的绝对地租,往往是"土地所有权存在的必然结果,是土地所有权权益在经济上的实现"⑦。此外,无论是自然增值之级差地租Ⅰ还是人工增值之级差地租Ⅱ,皆不妨尝试从社会发展性增值、环境改善性增值、效率用途性增值以及供需调节性增值等方面,明晰土地增值收益财产权的实现方式。

---

① 崔文星:《权力抑或权利:中国土地开发权性质辨析》,《广东社会科学》2020 年第 4 期。

② 申惠文:《法学视角中的农村土地三权分离改革》,《中国土地科学》2015 年第 3 期。

③ 朱振:《事实性与有效性张力中的权利——关于权利来源的省思》,《浙江社会科学》2018 年第 10 期。

④ 赵谦:《宪法依据问题研究:以我国土地整理立法为例》,人民出版社 2014 年版,第 91 页。

⑤ 杨明洪、刘永湘:《压抑与抗争:一个关于农村土地发展权的理论分析框架》,《财经科学》2004 年第 6 期。

⑥ 谭峻、涂宁静:《农村集体土地所有权的实现困境与对策研究》,《中国土地科学》2011 年第 5 期。

⑦ 彭文英、洪亚敏、王文、尹晓婷:《集体建设用地流转收益及分配探析》,《经济与管理研究》2008 年第 5 期。

2.作为动态意义权源基础的土地规划管制权

土地规划管制权成为土地增值收益财产权的动态意义权源基础,往往基于其在"土地利用规划决策权、土地利用许可权、土地违法行为处罚权的行政权力运行过程"①中所呈现的单方性、决策性与裁量性特点。事实上,土地增值往往与"空间容积率的提高和自身平面扩展能力的下降"②,以及"土地的价值和使用价值向地上、地下空间延伸"③相伴而生。相应的增值收益财产权,应当受限于土地规划管制权行使的方式与结果。故而土地增值收益财产权的权源基础亦可指向该类凸显干预、调整性质的动态意义之土地规划管制权。

围绕"对所有权人权益与他人权利间的冲突,予以规范协调的种种努力"④,静态意义的土地所有权表达已不足以完整诠释或保障相应的权益事项,有必要更多地立足于"某一地块究竟是被规划为商业用地、工业用地还是农用地,完全依赖于政府行为"⑤之动态意义的土地规划管制权表达,来探究土地增值收益财产权的权利形态。事实上,土地用途的定向和对土地利用强度的限制必然会导致相应土地的价格发生较大变化,其往往也是行使土地规划权而将"空间区位带来级差地租Ⅰ"⑥固定在某些地块上的结果。这种由于土地公共增值而非劳动所得且无偿获得的额外收益,完全定性为私权利时须特别审慎,应充分考量相应的公权力干预与规制事项,以确保相关公权力主体的合法权益。

(二) 土地增值收益财产权的权利形态

权利形态具体围绕收益属性定位依循公私法划分的指引,以呈现的私法意义物权形态和公法意义发展权形态之双轨结构而确定。

1.作为私法意义之物权形态的土地增值收益财产权

置于私法意义之物权体系中的土地增值收益财产权,其客体作为"对权利

---

① 郭洁:《土地用途管制模式的立法转变》,《法学研究》2013年第2期。

② 何春阳、陈晋、史培军、范一大:《大都市区城市扩展模型——以北京城市扩展模拟为例》,《地理学报》2003年第2期。

③ 石少侠、王宪森:《土地空间权若干问题探析》,《政治与法律》1994年第1期。

④ [德]鲍尔·施蒂尔纳:《德国物权法》上册,张双根译,法律出版社2004年版,第523页。

⑤ 万江:《土地用途管制下的开发权交易——基于指标流转实践的分析》,《现代法学》2012年第5期。

⑥ 郑雄飞:《地租的时空解构与权利再生产——农村土地"非农化"增值收益分配机制探索》,《社会学研究》2017年第4期。

设立在何种基础之上的说明"①,往往指向"土地开发利用所产生的发展性利益"②。这种利益作为土地开发的必然副产品,通常以"土地开发容量或开发额度的获取"③为具体表征。依循"土地用途变更或土地开发容量符合法律对物权客体的要求"④考量,可从绝对性、排他性的形式特征角度将土地增值收益财产权定性为一种可以被规范具体化、权利人享有排他性支配地位的用益物权。但该类用益物权不仅仅只是传统的用益物权,还承载了物权法对物尽其用功能的追求,凸显通过行政干预来实现土地资源合理配置与利用之新的内涵和特征。这也进一步确证了公权力主体可通过行使土地规划管制等权力,对相关私权利主体的财产权加以干预、限制或禁止,并创设必要的行政许可。在公权力主体对土地用途进行政策性管制的过程中,还可引导相关的产权人通过购买土地发展权的方式,对权利实现积极、正向地干预。

2. 作为公法意义之发展权形态的土地增值收益财产权

置于公法意义之发展权体系中的土地增值收益财产权,针对的是"因土地用途改变、土地利用集约度的提高而产生的巨大经济利益"⑤,往往外化为在土地利用、开发和管理过程中的剩余价值增加,其实质亦是发展权实践的一种表达。基于"为公民自由和自主发展提供物质和组织保障"⑥的考量,可将"不同类型的土地增值收益上升到法权层面——土地发展权"⑦,完善相应的土地发展权权益保障规范,为公权力主体的规划管制权力行使设定必要的边界。

基于此,该向度的土地增值收益财产权"来源于公法或由行政机关根据法律赋予公民"⑧,因而具有公法意义上权利的属性。虽然应该强调相应收益归属于相关土地权利人,但考虑到"土地发展增益主要源于外力,具体地块的发展增

---

① 方新军:《权利客体的概念及层次》,《法学研究》2010年第2期。

② 刘国臻:《论土地发展权在我国土地权利体系中的法律地位》,《学术研究》2007年第4期。

③ 孙建伟:《土地开发权应作为一项独立的财产权》,《东方法学》2018年第5期。

④ 孙建伟:《城乡建设用地置换中土地开发权问题再探究》,《西南民族大学学报(人文社科版)》2020年第5期。

⑤ 刘国臻:《论我国土地发展权的法律性质》,《法学杂志》2011年第3期。

⑥ 程雪阳:《中国宪法上国家所有的规范含义》,《法学研究》2015年第4期。

⑦ 张先贵:《中国语境下土地发展权内容之法理释明——立足于"新型权利"背景下的深思》,《法律科学(西北政法大学学报)》2019年第1期。

⑧ 黄泷一:《美国可转让土地开发权的历史发展及相关法律问题》,《环球法律评论》2013年第1期。

益与国家发展战略、城市规划、非农用地供应政策、城市化速度等因素密切相关"①,亦应承认国家权力管制和资源供给干预的必要性。在此基础上,"国家直接行使主权性财产权,向国家购买发展权"②,亦可成为一类对相应的土地用途变更实施干预的现实选择。此外,推动相应收益"私公共享"作为一种践行"以社会平衡、共同富裕为要义的社会主义宪法基本原则"③的共识性选项,还需要明晰相关权利人所负担的社会义务,并厘清可能的"动用公法规范对于私权加以各种社会公益的相对化限制"④路径。当然,在"涨价归公"导向下,相应收益"通过某种手段或政策工具归于代表公共利益的团体或机关所有"⑤,引发土地增值收益归于国家所有时实质公平与形式公平的平衡调适问题,亦值得关注。

三、土地增值收益二元权属的践行进路

探究土地增值收益公私权属的践行进路,在于依循公权力与私权利的关系,厘清在土地一级开发征地、集体经营性建设用地入市这两类土地增值实现过程中相应管理权或财产权的个殊化保障、分配事项,针对所蕴含的"公共利益与个人利益相兼顾、普遍受益与合理差别相统一、发展型共享与补偿型共享相结合"⑥实质正义诉求,通过必要的结构调整式与羁束补偿式保障、干预式与调控式分配,来尝试弥合可能的价值困境。

（一）在土地一级开发征地过程中的保障型践行进路

土地一级开发征地活动通常是一种发生于不平等主体之间的、公权力主导下的权利损益行为,土地增值收益私权利主体往往居于相对弱势地位,因此应注重公权力主体对私权利主体的必要保障,"在尊重产权的基础上注重公共性和

---

① 陈柏峰:《土地发展权的理论基础与制度前景》,《法学研究》2012 年第 4 期。

② 沈守愚:《论设立农地发展权的理论基础和重要意义》,《中国土地科学》1998 年第 1 期。

③ 张翔:《"共同富裕"作为宪法社会主义原则的规范内涵》,《法律科学（西北政法大学学报）》2021 年第 6 期。

④ 龙卫球:《民法主体的观念演化、制度变迁与当下趋势》,《国家检察官学院学报》2011 年第 4 期。

⑤ 刘勇:《涨价归公的理论依据与政策评析——兼论我国土地增值税政策执行中的问题与对策》,《当代财经》2003 年第 2 期。

⑥ 张贤明、陈权:《论改革发展成果共享的三项原则》,《理论探讨》2014 年第 5 期。

统筹性"①,确立土地出让收入支出合理比例结构,实现相应土地增值收益的公平、科学分配。换言之,公权力主体在管理权属维度,通过在社会保障和补偿标准方面的结构调整,实现对相关私权利主体最大可能地利益补正;相关私权利主体在财产权属维度,则通过在用途管制和权属置换方面的羁束补偿,实现对公权力秩序的充分尊重。

1. 管理权属维度的结构调整式保障

该类保障事项是从作为公权表达的管理权角度出发的,以"提高比较效益,增加农民收入,实现可持续发展"②为目标。《土地管理法》第48条从失地农民社会保障和征地补偿标准两个方面,大致明确了落实前述土地增值收益管理实施规则的利益补正导向要求。

就失地农民社会保障结构调整导向要求而言,第48条的"保障被征地农民原有生活水平不降低、长远生计有保障"规定,明确了兜底性与发展性的二元导向要求。针对失地农民社会保障的土地增值收益再次分配调整管理,该规定虽然大体明晰了主要面向养老保险和最低生活保障等的兜底性社会保障举措,但在就业服务等发展性社会保障举措设定上则相对单薄、可操作性不强。围绕失地农民的社会保障、生活水平补贴这两类支出的比例结构配置,亦有所失衡。整体的保障事项缺乏有效的经济支撑,土地增值收益再次分配的利益反哺与调节流于形式,有必要从保障对象、举措与标准三方面细化就业服务等方面的社会保障举措。

就征地补偿标准结构调整导向要求而言,第48条从考量因素与动态调整这两个方面,充实了基于"区片综合地价"确定征地补偿标准的原则,即明确了实施性的导向要求。针对2019年《自然资源部办公厅关于加快制定征收农用地区片综合地价工作的通知》指出的内涵、划定、测算、比例之四类问题要求,依托"全国征收农用地区片综合地价数据库"等技术手段,确立、明晰区片综合地价的制定、管理规程。

2. 财产权属维度的羁束补偿式保障

该类保障事项旨在从作为私权表达的财产权角度出发,围绕"保护力度的

① 吴昭军:《集体经营性建设用地土地增值收益分配:试点总结与制度设计》,《法学杂志》2019年第4期。

② 尹成杰:《农业产业化经营与农业结构调整》,《中国农村经济》2001年第5期。

最低限度应当是维持土地财产的既定价值"①的基本要求而具体展开。在土地一级开发征地活动中,往往因土地用途改变会生成颇具规模的土地增值收益,有必要从土地用途管制羁束性要求与权属置换有序补偿这两个方面,来厘清土地增值收益财产权的践行要旨。

一方面,该类活动应以符合土地用途管制羁束性要求为前提。《土地管理法》第45条即明确了该类活动有必要围绕"实施土地用途管制的规划依据,土地用途管制的主体、客体、目标、手段等构成基本要素"②来具体展开。土地增值收益财产权即是一种基于土地用途改变所致级差地租I而生成的溢价性权属。该类权属则应更多地纳入公法意义的发展权样态中,在处分权能上予以适当限制,并应"控制好土地资源利用节奏和资本化进程"③。另一方面,该类活动应以凸显权属置换有序补偿为关键。土地一级开发征地往往会使得"原农村土地所有者不仅失去土地所有权,也丧失土地非农后的土地使用权、收益权、转让权和发展权"④,从而将该类权属置换为凸显补偿性权益的土地增值收益财产权。该类财产权应更多地作为绝对地租,围绕相应私权利主体在土地流转过程中基于合理市场价格所应取得的保障性补偿费用展开。在进行相关补偿费用核算时,亦有必要将地上附着物和青苗所表征的"改善土地性状与基础设施、增加附属物,带来的自力增值"⑤权属纳入其中,最终通过规范化、整全化的市场磋商秩序建构,推动达成公平分享土地增值收益的权属置换补偿协议。

(二) 在集体经营性建设用地入市过程中的分配型践行进路

集体经营性建设用地入市活动通常是一种发生于平等主体之间的、以具象化私权利为表征的市场交易行为,土地增值收益私权利主体往往居于市场主体地位,应注重在公权力主体必要干预前提下实现收益的有序分配。一方面,应通过公平的一体化建设用地市场交易,确立集体经营性建设用地使用权流转价格,以实现相应土地增值收益的有序、理性分配;另一方面,公权力主体通过土地增

---

① 程洁:《土地征收征用中的程序失范与重构》,《法学研究》2006年第1期。

② 王万茂:《土地用途管制的实施及其效益的理性分析》,《中国土地科学》1999年第3期。

③ 唐在富:《中国土地财政基本理论研究——土地财政的起源、本质、风险与未来》,《经济经纬》2012年第2期。

④ 刘守英:《中国城乡二元土地制度的特征、问题与改革》,《国际经济评论》2014年第3期。

⑤ 高海:《论集体土地股份化与集体土地所有权的坚持》,《法律科学(西北政法大学学报)》2019年第1期。

值收益调节金等形式,在管理权属维度来实施必要的外在干预;相关私权利主体在财产权属维度来实现在集体经济组织和集体成员之间的内部调控。

1. 管理权属维度的干预式分配

该类分配事项旨在从作为公权表达的管理权角度出发,通过土地增值收益调节金等方式,来实现对土地增值收益分配事项的必要公权力干预。事实上,土地用途管制是生成部分土地增值收益的主要原因。《土地管理法》第 63 条已明确了可直接入市的集体经营性建设用地,仅限于土地用途管制原则指引下相关规划的用途预设范围,确保国家通过对私权利的合法、必要限制,实现对土地资源的高效率、可持续利用。

基于此,土地增值收益调节金规范即应在兼顾国家、集体、个人多方利益的立场出发,从农村集体经营性建设用地与国有建设用地在入市中同地同权的原则要求出发,按照相关土地增值净收益分配比例确定框架性的征收比例。各个试点地区则大体上按照入市后的不同土地用途以及所在地区的产业发展整体功能定位,确立了不同计提比例的实施细则。针对房地产行业以外的其他土地用途往往突破前述比例下限来设置。针对房地产行业相关的商服、住宅用地则围绕前述比例上限来综合土地用途、土地等级、交易方式等考量因素,确立一套体系化的比例配置指标,并将土地增值收益调节金的载体形式与具体用途统合列明,将“调节金、调节金缴纳凭证”设定为统一的载体形式,明确其作为办理不动产登记手续前提要件的基本属性。此外,作为“农村基础设施或公共配套投入的预留保障”①之用途定位,亦有必要在一般性公共预算管理设置中予以特别列明。

2. 财产权属维度的调控式分配

该类分配事项旨在从作为私权表达的财产权角度出发,通过合理的土地增值收益内部分配,来实现更为有效的调控型私权利保障。事实上,“逐步建立城乡统一的建设用地市场”②的宗旨方向渐趋明确,“在符合规划和用途管制前提下,允许农村集体经营性建设用地出让、租赁、入股,实行与国有土地同等入市、

---

① 伏绍宏等:《集体经营性建设用地入市收益分配机制:现实考量与路径选择——以郫都区为例》,《农村经济》2017 年第 10 期。

② 《中共中央关于推进农村改革发展若干重大问题的决定》,《人民日报》2008 年 10 月20 日。

同权同价"①等事项被实质性列明。基于集体经营性建设用地的权能完整趋向，集体成员等私权利主体所直接享有的土地增值收益财产性权利亦得以确立。要表征为流转溢价的该类土地增值收益财产权属，需要置于作为公平实现初次分配基本途径的私法中，让市场成为调节国家和农民利益的主要机制。②

集体经营性建设用地入市作为一类典型的市场交易行为，应从推动城乡统一建设用地市场建设、增加农民土地财产收入的角度出发，设置集体经济组织和集体成员之间相对合理的土地增值收益内部分配机制，确立公共事务保留型内部分配机制，以凸显对集体成员财产性收入的优位配置。换言之，明确规定将主要的增值收益分配给集体成员，并设置 40% 或 50% 的直接分配比例、30% 或 20% 的期得分配比例，但应有不低于 30% 的集体分配比例专用于集体公共事务建设发展。该类分配调控架构下的具体比例配置则由集体成员民主决定，以减少可能的寻租或操控空间，最终确立在该类权利配置、利益平衡事务上的羁束导向型集体内部民主决策机制。

第三节　治理范式表征

伴随我国当下社会转型的不断推进，在"国家社会化和社会国家化这一互动过程中，公共利益的公共因素与契约的私法因素糅合在了一起，产生出一个新的领域"③。"回应型法"透过"使目的具有足以控制适应性规则制定的客观性和权威性"之管理、协作、自治，对耕地保护与土地整治这类公私法因素相互交织作用之"新的领域"加以识别、评判以"更多地回应社会需要"，④已成为一种可能。围绕耕地保护与土地整治法律制度，引入"国家有序化机制和民间有序

---

① 《中共中央关于全面深化改革若干重大问题的决定》，《人民日报》2013 年 11 月 16 日。

② 参见马贤磊、曲福田：《经济转型期土地征收增值收益形成机理及其分配》，《中国土地科学》2006 年第 5 期。

③ ［德］哈贝马斯：《公共领域的结构转型》，曹卫东、王晓钰、刘北城、宋伟杰译，学林出版社1999 年版，第 179 页。

④ ［美］诺内特、塞尔兹尼克：《转变中的法律与社会：迈向回应型法》，张志铭译，中国政法大学出版社 1994 年版，第 81—86 页。

化机制的交涉性平衡"①的治理范式,从开放性、互助性、参与性、自足性治理架构四个方面,可以为制度架构提供方向指引。

一、耕地保护与土地整治的开放性治理架构

该类治理架构往往围绕耕地保护与土地整治活动中相关政府职能部门的协同互动关系形态而具体展开,往往指向相关政府职能部门之间的相互协商及其围绕"契约、声誉、信任与关系规范等机制的联合使用"②所达成的合意,为相对人融入权威形成过程提供必要的制度空间,以明晰开放性权威引领下耕地保护与土地整治的治理架构。

（一）耕地保护与土地整治的协同治理架构

协同治理架构旨在以开放的系统维度内各要素或子系统相互协同为目标导向,通过鼓励协商来确立相对清晰、完备的协同运作机制,可从内容与形式两个方面展开。

耕地保护与土地整治的协同治理内容,往往指向各类相关政府职能部门在不同环节的相互协同过程。耕地保护与土地整治活动的"实践主体往往局限于具体部门,整治客体通常依托于固定整治项目"③,更多地通过加强协同配合和行业指导监督、会同组织等模糊行为指引,来促进相互协同。并未就全过程各环节所涉不同部门的多主体协同事项以及应予加强的协同配合内容予以准据化梳理、列明。为此,可在制度层面确立"政府组织、专家领衔、部门合作、公众参与和科学决策"④的工作方法,建立相应的交流回馈制度,根本上实现从传统纵向协同到横向协商式协同的理念转换。协同治理意味着治理主体的多元化,可构建部门联动的耕地保护与土地整治行为体系,以"全域化、综合化、系统化的前瞻规划和设计"⑤展开平等协商来共同完成协调事项,进而为可能的职能部门协同失灵予以必要的规范化、制度化矫正。

---

① 季卫东:《社会变革的法律模式(代译序)》,[美]诺内特、塞尔兹尼克:《转变中的法律与社会:迈向回应型法》,张志铭译,中国政法大学出版社1994年版,第7页。

② 张华、顾新、王涛:《开放性悖论的形成机理与治理对策》,《中国科技论坛》2019年第10期。

③ 严金明等:《中国土地整治转型发展战略导向研究》,《中国土地科学》2016年第2期。

④ 吴次芳、费罗成、叶艳妹:《土地整治发展的理论视野、理性范式和战略路径》,《经济地理》2011年第10期。

⑤ 严金明等:《中国土地整治转型发展战略导向研究》,《中国土地科学》2016年第2期。

耕地保护与土地整治的协同治理形式,往往指向各类相关政府职能部门的跨部门性质协商议事模式。在耕地保护与土地整治活动的推动进程中,有必要立足于数量、质量、生态"三位一体"耕地保护和全域土地整治要求,探究与多元化内容事项相契合的协同治理形式。即应围绕既有耕地保护与土地整治体制下主导、协同部门的整体架构,在凸显平等自愿与决策共识要义前提下厘清各环节中相关协同部门的职责事项与协商范围。可通过耕地保护与土地整治联席会议明确协商议事模式。该类会议可作为决策性协商机构来指引整体耕地保护与土地整治战略保障机制设计,实施该会议共同决策的执行机构即是参加会议的各相关职能部门。

(二) 耕地保护与土地整治的互动治理架构

互动治理架构旨在基于相对人有效监督监管过程的理念指引,围绕耕地保护与土地整治活动中获得与自己利益相关的信息,[1]通过参与式观察等研究手段,就各环节中相关主导、协同部门的职权事项、信息公开事项予以规制。这可以从耕地保护与土地整治职能部门的职权清单互动与信息公开互动两个方面具体展开。

耕地保护与土地整治职能部门的职权清单互动。从实践来看,主导、协同部门的主要职责权限往往以"战略布局、宏观调控和政策引导"[2]等方式列明、概括。主导部门所行使的共有职权与专有职权往往并未完成系统、全面梳理,也未能就其他协同监管部门"应当加强、统一监管"之概括行使的监管职权予以具象化设计。职权清单互动要义即是通过在规划信息公开机制等方面的深入研究,将职权事项导向为相对人实现监督的可能批评对象,对"各级政府及其各个部门权力的数量、种类、运行程序、适用条件、行使边界等予以详细统计,形成目录清单,为权力划定清晰界限"[3]。

耕地保护与土地整治职能部门的信息公开互动,旨在通过相关政府职能部门的权责信息及相应公开程序等事项的信息公开方式,为相对人提供清晰、明确

---

① 参见李清伟:《论服务型政府的法治理念与制度构建》,《中国法学》2008 年第 2 期。

② 郧文聚:《关于加快土地整治创新的思考》,《华中农业大学学报(社会科学版)》2011 年第 6 期。

③ 程文浩:《国家治理过程的"可视化"如何实现——权力清单制度的内涵、意义和推进策略》,《人民论坛·学术前沿》2014 年第 9 期。

的参与路径指引。信息公开互动作为拓宽相对人参与的途径和方法,可就参与目标、参与形式和参与环节等参与制度空间关键事项具体展开。基于此,各类耕地保护与土地整治政府职能部门应切实保障相对人知道相关部门"持有、保存的,与其权力行使有关一切信息"①的可行途径,还应从激发公众对耕地保护与土地整治必要的价值认识和参与兴趣角度明晰权责信息的公开程序。公开权责信息皆有必要由相应监管部门基于公共利益衡量便捷化需要,主动通过所在部门官方网站定期发布有关信息。

二、耕地保护与土地整治的互助性治理架构

该类治理架构往往围绕耕地保护与土地整治活动中各类主体的关系形态而具体展开。互助性治理架构下的耕地保护与土地整治往往围绕"能够影响目标实现或者受决策和行为所影响的参与主体"②。基于耕地保护与土地整治的多要素主体交互合作所形成的组合关系互助特性,可从成员互助与系统互助这两个方面,各类主体之间应具备的互助性关系属性,以明晰凸显彼此有机结合的互助性治理架构。

(一) 耕地保护与土地整治的成员互助治理架构

成员互助治理架构往往基于耕地保护与土地整治活动中各类主体彼此间有机结合而实现。各类主体即耕地保护与土地整治的各类当事人,主要包括监管主体、责任主体和权利人。在各类当事人的一致行动过程中,应基于合作围绕各种社会联合形式来具体开展。

监管主体之间的互助,在推进实现协作监管的同时,彰显其在共同社会治理活动中的预设监管权威,以发挥主导作用并扮演重要角色。可由相应的项目管理专门组织机构,统筹协调相关政府职能部门与项目实施单位,建立健全项目管理的各项规章制度如项目法人制、招投标制、合同管理制、建设监理制、工程管护责任制,切实提升项目的管理质量水平与综合效益。此外,还应严格执行资金的使用和管理制度,确保财政部门实施资金监管的实效。

责任主体之间的互助,要求在享受权利的同时还应履行相应的义务,在监管

---

① 章剑生:《知情权及其保障——以〈政府信息公开条例〉为例》,《中国法学》2008 年第 4 期。

② 项晓敏等:《供给侧结构性改革视角下的土地整治制度创新初探》,《中国土地科学》2017 年第 4 期。

主体的督促保障下开展工作,并相互学习来切实践行交往与合作,进而主体意识、共同参与意得到激发,对监管主体进行反向的监督。

就权利人之间的互助而言,权利人主要可分为所有权人、管理权人、生产建设收益权人、投资收益权人和承包经营权人这五类,在参与相应政府监管的同时,还应充分发挥其在耕地保护与土地整治监管中抽象利益与具体利益之利益平衡过程中的制约作用。

(二) 耕地保护与土地整治的系统互助治理架构

系统互助治理架构往往指向各类主体所形成的关系系统与其成员之间的互助,通常以多元复合共治下的相互依附为前提,围绕关系系统与各方成员的集体一致行动来实现。该类互助主要表现为各方成员在构建关系系统过程中发挥的作用,以及关系系统对各方成员的回馈。相应的作用与回馈通常显现于共同体蕴含之"企图、正义或合目的性考量"[1]的达致过程。

在耕地保护与土地整治关系系统与监管主体之间的互助中,所表征的监管主体既是相关法规、规章、政策措施、规划、技术规程和标准的决策者,也是耕地保护与土地整治项目全过程的管理、监督检查者。该类成员作为关系系统中的既有权威,应当在维护自身秩序过程中发挥引领作用。其所维护的耕地保护与土地整治行为秩序、关系秩序,旨在确立实践活动在"某种程度的一致性、连续性和确定性",[2]进而实现对各类成员有序化活动展进的保障回馈。

在耕地保护与土地整治关系系统与责任主体之间的互助中,所表征的责任主体往往是耕地保护与土地整治工程的具体实施者。基于该类成员作为关系系统中的既有权威的受众方,应当在确保活动目标正义达成过程中发挥主导作用,并在维护活动自身秩序过程中发挥配合作用。目标正义即表现为实现保护耕地、提高土地利用效率的目标。该目标有助于明确实践活动的指导思想、具体内容以及运作过程中的正义评判基准,进而实现对各类主体高效化活动推进的价值回馈。

在耕地保护与土地整治关系系统与权利人之间的互助中,各类所有权人、收益权人、经营权人所表征的权利人是该类实践活动的具体受益者,参与耕地保护

---

[1]　[德]卡尔·拉伦茨:《法学方法论》,陈爱娥译,商务印书馆 2003 年版,第 94—95 页。

[2]　[美]E.博登海默:《法理学:法律哲学与法律方法》,邓正来译,中国政法大学出版社 2004 年版,第 227—228 页。

与土地整治项目的实际运营。"农民群众作为服务对象和直接受益主体易成为被忽视的群体,甚至侵犯农民合法权益的现象时有发生。"①因此,应在各类主体之间寻求建立平等的行动关系,使该类成员既可作为关系系统中的利益分配制约方、也可成为关系系统中的活动参与方。其所实现的利益即在于确保相关资金安全高效使用的抽象利益、相关权属设定与调整的具体利益。该利益有助于明晰耕地保护与土地整治实践活动规模效益最大化、相关权利人收益可持续化导向,进而实现对各方主体科学化活动展进的效益回馈。

三、耕地保护与土地整治的参与性治理架构

该类治理架构往往围绕耕地保护与土地整治活动中相关政府职能部门工作人员的履职能力与内部制裁而具体展开。参与性治理架构强调"相关利益者的有效参与、相关利益诉求的有效表达,进而实现相关利益的有效平衡"②,从而凸显相关政府职能部门工作人员的管理事项。

（一）耕地保护与土地整治的履职能力治理架构

履职能力治理架构往往强调就相关政府职能部门工作人员所需学科专业知识与实务操作技能的履职能力准入、可持续事项予以规范,以切实提升工作人员的履职能力,对"参与"更加强调。这可以从参与基准和参与培训两个方面来分析。

耕地保护与土地整治职能部门工作人员的履职能力参与基准,强调其有必要掌握相关学科的基本原理和方法等耕地保护与土地整治的应用理论,以及凸显"执行能力、开创性工作能力、学习能力、沟通协调能力"③,将其中履行职权而承担部分行政职能的岗位划归行政机关公务员序列。进而根据公务员职位分类相关法律规定,视相关工作人员岗位性质、特点的不同,而在所需学科专业知识、实务操作技能基本要求上予以差别化设定。该类基本要求可通过相应履职资格考试对知识、技能的考核范围而予以明确。此外,耕地保护与土地整治项目还应

---

① 夏世茂:《全域土地综合整治公众参与的现状及对策分析》,《农村经济与科技》2021 年第 16 期。

② 卓文昊、曹现强:《社区参与式治理影响因素的模式构建》,《行政论坛》2020 年第 6 期。

③ 周敏:《行政执法类公务员胜任力素质技能标准研究——以税务系统公务员为例》,《中国行政管理》2012 年第 12 期。

配备相应的专业技术人员来全程跟踪负责,并尽量避免"一人负责多个项目的现象"①。

耕地保护与土地整治职能部门工作人员的履职能力参与培训,往往指向相关工作人员的在职培训主体、科目与方式等事项,以切实推进全能型专业技术队伍建设。即根据人员的不同类型,并结合差别化的知识、技能基本要求而分别设计,从而确保各类人员能够面对复杂、多样的耕地保护与土地整治事实,及时作出合法、合理、科学、有效的应对干预处置。各类相关职能部门是该类在职培训的组织方,既可由前述耕地保护与土地整治联席会议来牵头组织相关职能部门人员统一培训,也可由相关职能部门各自组织其人员分散培训。统一培训主要适用于参加决策协商的领导职务人员,旨在强化其统筹协作意识;分散培训主要适用于执行决策决议的非领导职务人员,旨在提升其独立办案能力。

(二) 耕地保护与土地整治的内部制裁治理架构

内部制裁治理架构往往强调针对政府职能部门工作人员的内部制裁惩戒程序规范,应凸显"正当性、合理性与谦抑性责任条款思维理念"②,并从内部制裁的权威包容和方式整全这两个方面,对内部制裁向度下认同所涉权威、参与制裁程序以及补正制裁方式予以规范。

耕地保护与土地整治内部制裁的权威包容,往往强调针对各类耕地保护与土地整治职能部门工作人员实施内部制裁相应惩戒行为的发起主体,予以多向度意愿表达方式,凸显被惩戒人参与要义。基于既有耕地保护与土地整治体制中上下级组织关系所形成的预设权威,在凸显被惩戒人认同及参与的前提下,可以考虑设立奉行合议制的工作人员惩戒委员会,以固化内部制裁的权威并为实现合理、有序的内部制裁提供必要的组织保障。

耕地保护与土地整治内部制裁的方式整全,往往强调针对作为各类耕地保护与土地整治行业和人员的客观量化依据之责任认定标准、责任事项内容予以类型化规制。在行业标准方式上需建立健全相应的技术标准体系,以及耕地保护与土地整治的专业门类和序列,"建立健全土地政策方案与法律法规,形成

---

① 唐秀美等:《基于全过程的土地整治项目实施问题、成因及对策研究》,《中国土地科学》2018 年第 3 期。

② 李亮:《法律责任条款规范化设置研究》,中国社会科学出版社 2016 年版,第 81 页。

监、管、控多层次的制度保障体系"①,基于"防止和管理利益冲突是有效预防腐败、加强廉政建设的前瞻性策略"②,具体明晰对相关人员徇私舞弊、滥用职权、玩忽职守这三类归责行为的内部制裁。

四、耕地保护与土地整治的自足性治理架构

该类治理架构立足于耕地保护与土地整治这类共同社会治理生活的相应功能定位,围绕各类主体的"系统调整、纠纷解决功能"③展开来厘清彰显可能的预设权威、良性统治、相互帮助与充分保障要义。

(一) 耕地保护与土地整治的系统调整治理架构

系统调整治理架构在于为耕地保护与土地整治活动中关系系统下各方成员之自足交往方式的转进提供一种可能,以有效实现相应预设权威推进的社会联合进行良性统治。

就预设权威表征的自足性而言,自然资源行政部门作为主要监管部门,是耕地保护与土地整治活动中关系系统的权威核心。由该类职能部门牵头,与农业部门、财政部门等协同部门一道来推进,以便于在耕地保护与土地整治活动中"更加灵活地应对发展的不确定性和区域差别性,实现有效的区域空间治理"④。关系系统通过实施相关用途管制统筹协调和分级管理的协作平台,在关系系统内全面践行各相关职能部门共同实施相应管理工作的合作要义,并积极寻求相应行为人与各类权利人履行相应义务、达致预期的保护与整治效果。由相关职能部门共同确立的预设权威,通过验收、激励、法律责任追究等手段的干预,使得因各方成员利益指向差异而产生的不自足交往方式,逐步转进为各方成员之间有序化、高效化、科学化活动所表征的自足交往方式,进而为关系系统调整功能自足性的实现提供必要的前提。

就良性统治表征的自足性而言,耕地保护与土地整治的良性统治实质就是一种预设权威所推进的,需要"严格地方政府对土地利用总体规划和年度计划

---

① 王国敏等:《我国农村土地综合整治面临的矛盾及化解对策》,《理论视野》2013 年第 8 期。
② 肖俊奇:《公职人员利益冲突及其管理策略》,《中国行政管理》2011 年第 2 期。
③ 赵谦:《构建校园警务共同体之思考》,《青少年犯罪问题》2012 年第 6 期。
④ 郝庆:《对机构改革背景下空间规划体系构建的思考》,《地理研究》2018 年第 10 期。

的落实和执行"①,表现为以公正为核心的法律之治。这种良性统治首先指向耕地保护与土地整治相关立法,通过为关系系统成员之间的自足交往提供较为明确的行为指引,进而为相应系统调整功能自足性的实现提供必要的制度保障。

(二)　耕地保护与土地整治的纠纷解决治理架构

纠纷解决治理架构在于耕地保护与土地整治活动中关系系统的纠纷解决和关系调整,具体可从纠纷解决过程中的相互帮助和充分保障这两个方面来展开分析。

就相互帮助表征的自足性而言,往往强调"将国家治理体系构建嵌入土地资源配置过程"②,通过各方成员之间的相互帮助来促进耕地保护与土地整治活动中关系系统的"共同体意识觉醒"③。在"更加普遍和广泛意义上的连带感和相互扶助意识,以及支撑这些意识的、包含公开性的公共性"④的指引下,相关纠纷解决机制的设定不应为了制裁而制裁,非基于利益取舍之立场而是从相关利益最大化的角度出发,于正面的激励式监管外从反向推动实现相互帮助意蕴下的互助式纠纷解决模式的达成,通过共同的意愿接受和承认来为纠纷解决功能自足性的实现提供必要的路径。

就充分保障表征的自足性而言,耕地保护与土地整治活动中关系系统对各方成员的充分保障即为实现对利益和目标的捍卫。为增进共同体乃至人类的利益,设定相关纠纷解决机制时,不应仅停留在提供纠纷解决的手段路径上,还应着眼于相互尊重前提下对各方成员财产和利益的充分保护。在充分尊重各方成员决策权、知情权、话语权的前提下,应"以程序交涉机制为基本原理、以契约合意作为价值追求"⑤,通过预设权威,提供基础保障的法律规范体系,为纠纷解决功能自足性的实现指明方向,平等、公正地化解成员之间各种既有的或可能的分歧,最终实现良性统治。

---

① 赵德余:《土地征用过程中农民、地方政府与国家的关系互动》,《社会学研究》2009 年第 2 期。
② 曲福田等:《从政治秩序、经济发展到国家治理:百年土地政策的制度逻辑和基本经验》,《管理世界》2021 年第 12 期。
③ 鞠成伟:《法理共同体:秩序法哲学的核心理想及超越性意义》,《湘潭大学学报(哲学社会科学版)》2012 年第 4 期。
④ [日]小浜正子:《近代上海的公共性与国家》,葛涛译,上海古籍出版社 2003 年版,第 5 页。
⑤ 刘辉:《论提升我国法治建设自足性水平的意义与路径》,《江汉学术》2021 年第 3 期。

第二章 耕地保护与土地整治法律制度的价值目标定位

耕地是保障粮食安全、实现人类生存权的基本依托。围绕进行耕作劳动、种植农作物这两项成就耕地的基本要件,应实施有效的保护。就实定法规范与政策方向指引而言,耕地保护是土地整治的上位概念,探究耕地保护与土地整治法律制度的价值目标变迁,可通过整合作为价值目标外化载体的耕地保护条款实现。

《土地管理法》第 30 条和第 32 条,分别从占用耕地补偿和土地利用规划这两个方面,表达我国耕地保护在数量和质量上的规范要旨。耕地保护条款具体设定"基本耕地数量维持与耕地质量、生态保护强化"[1]之耕地保护行为的规范标准,并就相应的"机构设置、职权配备、人员管理、责任保障"[2]等机构建制与治理事项予以体系化干预。探究该类规范所蕴含的价值因素和价值目标,应围绕相应的动机取向、措施手段与规范体系分别予以识别、厘清和评判。

改革开放以来,伴随我国经济的高速增长,耕地资源在城市化与工业化进程中被不断占用,耕地总量渐趋减少、耕地质量也有明显下降。"在 2011 年至 2015 年期间,全国耕地面积由 20.29 亿亩下降至 20.25 亿亩。"[3]"坚守 18 亿亩耕地红线""坚持和完善最严格的耕地保护制度""促进形成保护更加有力、执行更加顺畅、管理更加高效的耕地保护新格局"逐渐成为最广泛的共识。近年来

---

① 刘桃菊、陈美球:《中国耕地保护制度执行力现状及其提升路径》,《中国土地科学》2020 年第 9 期。

② 赵谦:《机构建制与治理:土地复垦监管组织条款的规范分析》,《东方法学》2018 年第 5 期。

③ 《2016 中国国土资源公报》,中华人民共和国自然资源部网,http://www.mnr.gov.cn/sj/tjgb/201807/P020180704391918680508.pdf,2021 年 12 月 15 日访问。

对陕西秦岭违建别墅、长白山及湖南湘潭违建别墅等事件的严肃查处,制度的刚性威力进一步体现。

学界也越来越关注耕地保护问题。一是聚焦于耕地保护的科学事实层面,研究耕地保护的本体范畴,如"数量、质量、生态、时间、空间和利益的保护"①的厘清、"耕地保护数量质量并重管护"②的耕地保护要素研究、"具有较高的生产能力、适宜的生态环境、优越的土地条件"③的耕地内涵研究、"以粮食安全为基础的保障社会稳定和可持续发展的综合目标体系"④的耕地保护目标研究。二是立足于耕地保护的制度规范层面,针对问题提出建议对策,如梳理"政策制定的理论依据和支撑"⑤、探究"过速农地非农化表面现象深层次成因"⑥、厘清"'全要素'耕地保护体系"⑦以及研究"命令控制、经济激励和宣传引导工具与耕地保护效果的均衡关系"⑧的政策工具。

虽然相关研究蔚为大观,但从"描述—经验、逻辑—分析和规范—实践"⑨的释义学立场出发,基于既有耕地保护规范,结合价值分析方法来探究其所蕴含价值目标的演进理路,从而科学定位其价值目标的研究,仍有所不足。事实上,回顾改革开放以来我国耕地保护机制的变迁历程可以发现,时代性、阶段化特色鲜明,可以通过价值认知与价值评判的交错运用,依次进行"历程回顾、轨迹分析、经验总结与理论概括"⑩,解析耕地保护条款的规模化、效益化与优质化价值目

---

① 纪昌品等:《耕地保护政策的内涵及其公平与效率分析》,《国土资源科技管理》2005 年第 3 期。

② 陈桂珅等:《数量质量并重管理的耕地保护政策研究》,《中国土地科学》2009 年第 12 期。

③ 高魏、胡永进:《耕地保护理论研究》,《农村经济》2004 年第 6 期。

④ 唐健等:《论中国的耕地保护与粮食安全——与茅于轼先生商榷》,《中国土地科学》2009 年第 3 期。

⑤ 王文旭等:《基于政策量化的中国耕地保护政策演进过程》,《中国土地科学》2020 年第 7 期。

⑥ 张效军、欧名豪、李景刚:《我国耕地保护制度变迁及其绩效分析》,《社会科学》2007 年第 8 期。

⑦ 刘彦随、乔陆印:《中国新型城镇化背景下耕地保护制度与政策创新》,《经济地理》2014 年第 4 期。

⑧ 匡兵等:《政策工具如何影响中国耕地保护效果》,《中国人口·资源与环境》2019 年第 11 期。

⑨ 〔德〕罗伯特·阿列克西:《法律论证理论——作为法律证立理论的理性论辩理论》,舒国滢译,中国法制出版社 2002 年版,第 311 页。

⑩ 张文显:《中国法治 40 年:历程、轨迹和经验》,《吉林大学社会科学学报》2018 年第 5 期。

标,从而为我国耕地保护规范的体系性完善提供指引。详言之,首先对改革开放以来我国不同时期耕地保护规范的立法取向进行识别性认知,厘清不同阶段耕地保护措施的特点,从而对规范体系的主旨要义作类型化评判,进而在共生整合思路下,确立我国"耕地数量、质量、生态'三位一体'"的整全性保护立场和耕地管控、建设与激励的多维化保护举措。

共生整合思路下"规模化—效益化—优质化"的价值目标演进,体现出我国耕地保护基本立场的整全性,内含了主要举措的多维化要求。首先,严控数量主导下的规模化耕地保护时期,措施手段旨在制止违法利用耕地,保证粮食生产,保障农用耕地面积。在消极量化型保护阶段,规范体系尚未形成数量保护体系化管理秩序;在积极量化型保护阶段,规范体系则处于数量保护规范建立探索阶段。其次,数量与质量并举主导下的效益化耕地保护时期,措施手段旨在加强土地用途管制,严守耕地占补平衡,保障粮食安全和提高耕地质量。在数量先导效益型保护阶段,规范体系处于数量保护规范框架性完善阶段;在质量先导效益型保护阶段,规范体系则处于数量保护逐步转进为质量保护的框架性调整阶段。最后,生态发展主导下的优质化耕地保护时期,措施手段旨在实现耕地质量与数量并重,促进生态文明建设,落实耕地数量、质量、生态"三位一体"保护。在生态辅助优质型保护阶段,规范体系处于质量保护规范框架性确立阶段;在生态系统优质型保护阶段,规范体系则强调"三位一体"全方位生态保护。可见,厘清耕地保护规范所蕴含价值目标的演进,有助于把握耕地保护与土地整治法律制度的价值目标要义,从而对价值目标科学定位,最终实现我国耕地保护的高质量发展目标。

第一节　严控数量导向下的规模化价值目标

从 1978 年改革开放伊始至 1998 年国土资源部成立及土地管理法全面修订这段时期,面对变更耕地用途增加建设用地供给的客观现实,为了扭转耕地数量的明显下降态势,法律、行政法规、部门规章、"中央一号文件"、国务院政府工作报告等规范性文件大量出台,聚焦于耕地保护的数量,耕地保护规范的价值目标可以概括为严控数量导向下的规模化耕地保护理念。以 1986 年《土地管理法》颁布为标志,这一时期可划分为消极量化型耕地保护与积极量化型耕地保护两个阶段。

一、消极量化型价值目标

在 1986 年《土地管理法》颁布之前,耕地保护条款主要存在于相关行政法规和重大政策性文件之中,"耕地保护目标为数量维持的单一化目标,保护手段也十分单一"①,主要强调以制止违法利用来作为解决耕地减少矛盾、维持耕地数量的关键手段,从而凸显释放粮食增产活力、保证粮食安全的必要性与可行性。这一阶段囿于我国此前长期存在的粮食短缺问题,特别是面对快速工业化和城镇化进程中乡村土地的非农化和非粮化倾向,耕地保护措施主要围绕制止违法利用和保证粮食生产展开,耕地数量保护的体系化管理秩序尚未形成。

（一）旨在制止违法利用的措施设定

耕地保护条款通过规范建设工程的计划性推进、建房审批、制止非法占地等行为,来固化机构改革的成果和保护耕地的实际举措,更加强调制止乱占滥用、买卖租赁耕地行为。

1. 通过"乱占滥用""买卖租赁"行为的一般性禁止规定,来厘清耕地保护的消极防御型动机。例如,1981 年《国务院关于制止农村建房侵占耕地的紧急通知》针对"农村建房和兴办社队企业乱占滥用耕地的现象",要求采取有效措施来"保护耕地,节约用地,决不允许任何个人和单位乱占滥用耕地"。1982 年《关于第六个五年计划的报告》（国务院政府工作报告）也指出"要制止滥占耕地建房现象"。1983 年《国务院关于制止买卖、租赁土地的通知》则指出"必须坚决制止买卖、租赁土地的行为"。

2. 通过宣示性规定,来明确耕地保护事项的属性定位与基本原则。例如,1982 年《国家建设征用土地条例》确立了"节约土地"的国策和"经济合理、提高土地利用率"的原则。1983 年《当前农村经济政策的若干问题》（"中央一号文件"）把"耕地减少"作为"隐患"加以定性,提出针对性的"严格控制占用耕地建房"要求。

3. 通过特别禁止与义务相结合式规定,来列明相关原则的实施方式。例如,

---

① 　冯丹玥等:《面向多功能复合的耕地保护内涵拓展与管理模式初探》,《土地经济研究》2019年第 1 期。

1982 年《村镇建房用地管理条例》第 3 条通过特别禁止与义务结合式规定,就"村镇建房统一规划、节约用地"原则的实施方式予以了列明。该类措施手段旨在遏制耕地快速转化为非耕地的现象,来实现国家短期建设与未来发展的适度平衡。"制止违法利用土地"的规定大致设定了两种差异化举措。其一,禁止性举措,即禁止违法利用土地,"不允许乱占滥用耕地"或"制止买卖租赁土地行为"。其作为一种强制性规范,凸显以政府相关职能部门作为保护主体,要求其必须采取强行的、非自由选择的手段对耕地违法行为进行制裁。该类举措往往强调以"严格审批制度"为保护手段、以"责令退出或没收违法所得等行政责任"为法律后果,通过制定禁止性清单推进耕地数量保护。其二,鼓励性举措,即鼓励合法利用土地,"提高土地利用率"或"严格控制占用耕地建房"。其作为一种任意性规范,凸显以人民群众作为保护主体,在尊重其意愿的基础上积极鼓励。该类举措往往强调以"就地改造或利用荒地"为保护手段,通过倡导性的清单推进耕地数量保护。

（二） 旨在保证粮食生产的措施设定

耕地保护条款尝试通过粮食政策的实施、种田科学工作的推进、保证耕地面积等行为规范的设定,来推进耕地资源建设。其往往强调应保障耕地面积有所增加,以紧抓粮食生产安全。

第一,通过宣示性规定,来明确粮食安全事项的属性定位与基本原则。例如,1978 年《团结起来,为建设社会主义的现代化强国而奋斗》(国务院政府工作报告)对"以粮为纲,全面发展"的"方针"定性。1981 年《当前的经济形势和今后经济建设的方针》(国务院政府工作报告)对"十分珍惜每寸土地,合理利用每寸土地"的"国策"定性和"努力实行科学种田"的原则阐明。1982 年《全国农村工作会议纪要》("中央一号文件")对"保护耕地"的"重大国策"定性和"合理利用耕地"的原则阐明。

第二,通过行动性举措,来列明相关原则的实施方式。例如,1978 年 11 月安徽省凤阳县小岗村开始探索实行家庭联产承包责任制,在启动农村土地产权制度改革的同时,使得长期存在的粮食短缺问题逐渐得以改善。1982 年《关于第六个五年计划的报告》(国务院政府工作报告)则通过"决不放松粮食生产,积极发展多种经营"的举措式规定,就"粮食生产必须抓得很紧"原则的实施方式予以了列明。该类措施手段旨在强调将耕地作为实现生存的核心资源而凸显对生存权的保障。以"保证粮食生产"相关规范为例,大致设定了两种差异化举措。其一,宣示性举措,即静态意义的宣示性政策表达,如"以粮为纲"或"决不放松粮食生产",凸显确立"保证粮食生产"的基本要求,为后续粮食生产行动措施的推进提供指引。该类举措往往强调在政府相关职能部门主导下,以"抓好缺粮地区生产或开垦荒地"为保护手段,来认同、巩固既成事实的、已然状态下的粮食生产。其二,行动性举措,即动态意义的行动性政策表达,如"努力科学种田"或"城市附近的菜地更不应占用"。其旨在凸显"保证粮食生产"的行动措施,以更为具体、更具可操作性地践行相应基本理念。该类举措往往强调人民群众基于对粮食安全的认同,以"总体规划或综合治理土地"为保护手段,在实践过程中来具体强化、推进粮食生产。

（三）耕地数量保护的规范体系尚未形成

虽然政府主要从控制建房和建设用地的相关措施入手,坚持节约用地的国策,在一定程度上初步达成了维持耕地总面积、稳定粮食生产面积的基本目的,但该时期仍属于耕地保护政策的早期探索阶段,相关规范的可操作性较弱,且打击非法利用耕地行为举措执行效果不显,耕地数量减少的速度并未达到预期。一方面,耕地保护规范的主要分散于行政法规、国务院政府工作报告、"中央一号文件"等规范性文件,略显碎片化,彼此间的逻辑关联、条款引致、融贯表达皆存在一定问题,缺乏综合性法律统摄、引领。例如,"保证粮食生产"的规范虽然以不同程度、不同方式地围绕"保证粮食生产"作出的,但更多地是一种同义反复,规范逻辑较为模糊乃至混糅,有待予以体系性统合。另一方面,该阶段的耕地保护规范更多地停留在宏观的宣示层面,缺乏操作性、执行性的规定,导致整体规范实施效果参差不齐。例如,"制止耕地无序使用"的规定,都是从不同角度对"乱占滥用耕地、非法征收耕地补充建设用地"等行为的宣示性界定,缺乏构成要件、活动要素、差异化干预方式等操作性规定。

二、积极量化型价值目标

在1986年《土地管理法》颁布至1998年国土资源部成立和土地管理法全面修订期间,耕地保护条款主要存在于相关法律、行政法规、部门规章、"中央一号文件"之中。其主要强调以保护农用耕地面积来作为统筹兼顾农业和非农建设用地的关键手段,更为重视"拓展耕地保护途径,相继提出耕地占用税、土地开发复垦、土地利用总体规划、基本农田保护、土地集约利用等措施"①,以凸显通过多种手段来统筹兼顾各类建设用地行为、粮食生产与多种经营的必要性与可行性。这一阶段面对我国出现的非农建设用地乱占土地等突出问题,特别是为了响应中央强调在保障粮食面积的前提下主张统筹兼顾发展多种经营的号召,进而优化城乡土地资源配置、实现统筹协调发展。相关耕地保护条款承载的措施手段主要围绕保障农用耕地面积和促进多元化发展这两方面动机取向而具体设定,所表征的规范体系处于耕地数量保护规范建立探索阶段。

（一）旨在保障农用耕地面积的措施

耕地保护条款尝试通过对非农建设用地的计划管理、严格限制非法占地、严格审批开发区建设、冻结非农建设用地、查处土地违法行为等行为规范的设定,来保障非农建设用地合法利用。其往往强调应统筹兼顾农业和各项非农建设用地行为,以实现对耕地保有量的有效维持。

第一,通过方向性规定,来明确保障农用耕地面积的结构性事项。例如,1986 年《中共中央、国务院关于一九八六年农村工作的部署》（"中央一号文件"）要求制定"严格控制非农建设占用耕地的条例"。1993 年《中共中央、国务院关于当前农业和农村经济发展的若干政策措施》提出建立"基本农田保护区制度"。1997 年《国家土地管理局关于认真贯彻中共中央国务院〈关于进一步加强土地管理切实保护耕地的通知〉的通知》规定采取"实现耕地总量动态平衡""冻结非农建设占用耕地一年""实行农地与非农地的用途管制"等举措来"加强土地法制建设"。

第二,通过宣示性规定,来进一步明确、固化耕地保护事项的属性定位与基本原则。例如,1986 年《中共中央、国务院关于加强土地管理、制止乱占耕地的通知》对"十分珍惜和合理利用每寸土地,切实保护耕地"的"基本国策"定性。1986 年颁布的《土地管理法》第 3 条对"十分珍惜和合理利用土地"的"方针"定性和"制止乱占耕地和滥用土地的行为"的原则阐明。

第三,通过零散的措施性规定,来列明落实所涉方向指引与相关原则的实施方式。例如,1987 年《耕地占用税暂行条例》第 3 条通过明确纳税人的范围,来

---

① 王文旭等:《基于政策量化的中国耕地保护政策演进过程》,《中国土地科学》2020 年第 7 期。

推动"保护农用耕地"责任人的具体落实。1987年《国家计划委员会、国家土地管理局建设用地计划管理暂行办法》第1条规定"对各项建设用地实行计划管理",1996年《建设用地计划管理办法》专门规定通过"占用耕地指标"来对"建设用地实行严格管控"。1988年《土地复垦规定》和1991年《中华人民共和国土地管理法实施条例》第16条则就土地复垦活动予以了专门规定。

第四,通过一般性禁止或限制性规定、特别禁止规定和罚则规定,来具体设定合法利用土地的行为边界。例如,1988年《严格限制毁田烧砖积极推进墙体材料改革的意见》对"占用耕地建窑、毁田取土烧砖""严格限制"。1991年《土地管理法实施条例》第14条、第15条对"将耕地改为非耕地"、改变"规定用途使用"从审批上严加限制。1992年《国务院办公厅关于严禁开发区和城镇建设占用耕地撂荒的通知》和1993年《国务院关于严格审批和认真清理各类开发区的通知》对"开发区占用耕地"进行"严格控制"。再如,1989年《土地违法案件处理暂行办法》和1995年《土地违法案件查处办法》对"非法占用土地、破坏土地种植条件、违法进行土地复垦"等违法行为的处理与查处设立专门的罚则。该类措施通过行政干预主导下的综合手段,在严格控制耕地占用、实现国家长期发展建设需要与基本粮食安全之间努力寻得平衡。"保护农用耕地"的规范大致设定了两种差异化举措。其一,事后制裁性举措,即通过事后的罚则干预"制止乱占耕地和滥用土地"或"查处非法占用耕地、违法审批土地"。这是一种被动惩罚型的规范,以政府相关职能部门作为保护主体,要求其在非法占用耕地行为出现之后即采取事后干预的方式加以处置,并震慑潜在的违法行为。该类举措往往强调以"查处非法行为"为保护手段、以"接受行政处罚决定"为法律后果,通过事后惩罚或禁止性手段保障农用耕地面积。其二,事前威慑性举措,即通过事前的合法用地控制,"严格控制占用耕地"或"加强土地用途管制"。这一种主动羁束型规范,同样也是以政府相关职能部门作为保护主体,要求其采取事前土地规划或用途管制等方式严格控制非农建设用地,就未来的用地行为提供方向性指引,并提升公众的合理利用土地意识。该类举措往往强调以"农用耕地面积"为保护客体、以"推动土地合理规划利用"为保护手段、以"不得擅自改变或占用"为法律后果,通过事前规划或审批等准入性手段,提高土地用途划分和土地利用规划的科学性。

（二）旨在促进多元化发展的措施

耕地保护条款通过保证粮田和菜地面积、划定一定数量满足人口对农产品需求的基本农田，来保证粮食生产安全，往往强调统筹兼顾粮食生产与多种经营，以促进多种经营发展。

第一，通过宣示性规定，阐明促进多元化发展的原则要义。例如，1986 年《中共中央、国务院关于一九八六年农村工作的部署》（"中央一号文件"）对"粮食生产与多种经营必须统筹兼顾"作出原则性宣示。1987 年《农牧渔业部、国家土地管理局关于在农业结构调整中严格控制占用耕地的联合通知》对"正确处理好调整结构同保证粮食稳定增长的关系"提出具体要求。1992 年《国务院批转国家土地管理局、农业部关于在全国开展基本农田保护工作请示的通知》提出"坚持'一是吃饭，二要建设'"的"方针"，提供了"划定基本农田保护区"等手段。

第二，通过差异化的措施性规定，列明所涉原则的具体实施路径。例如，1992 年《国务院关于严格制止乱占、滥用耕地的紧急通知》通过"严格控制占用高产粮田和菜地"等特别限制性手段，进一步落实"合理配置土地资源"的原则要求。1994 年《基本农田保护条例》则就基本农田及其保护区予以明确，并厘清了划定、保护、监督管理等全流程环节的各个环节。该类措施手段强调基于"调整农业结构一律不得减损耕地"①这一前提要件，通过不同面向的多样性发展举措来缓解城乡发展差异、改善农业生产经济效益，以增进对保护耕地、提高耕地收益水平的广泛认同。以"满足粮食供应"相关规范为例，大致设定了两种差异化举措。其一，基础保障性举措，即确保"以粮为重"原则不动摇，"坚持'一是吃饭，二要建设'的方针"。这是一种宣示性规范，通过设定"切实保障粮食生产与国民口粮的需求"的前提要件，促进目标导向下的经济多元化发展。该类举措往往强调在政府相关职能部门的主导下，以"粮食生产安全"为保护对象、以"调整产业结构"为保护手段，通过保障粮食生产安全实现对基本生存权的保障。其二，持续协调性举措，即强调"粮食生产与多种经营必须统筹兼顾"，有效平衡"调整结构同保证粮食稳定增长的关系"，②以促进二者持续性协调发展。这是

---

① 王文旭等：《我国耕地保护政策研究：基于背景、效果与未来趋势》，《中国农业资源与区划》2020 年第 10 期。

② 参见《中共中央、国务院关于一九八六年农村工作的部署》《农牧渔业部、国家土地管理局关于在农业结构调整中严格控制占用耕地的联合通知》的相关规定。

一种原则宣示性规范。

（三）处于数量保护规范建立探索阶段的耕地保护规范体系

这一阶段耕地保护条款表征的规范体系处于耕地数量保护规范建立探索阶段。虽然耕地保护开始逐步转向体系化综合管理，但政策重心仍在数量保护上，"直到1998年《土地管理法》修订时才开始重视耕地质量和生产自然条件保持问题"①。耕地保护法律执行的保障性不强，使得理想化的规划管理与用途控制往往备受掣肘。

一方面，以《土地管理法》为核心的耕地保护规范体系逐渐形成，相对有序的耕地数量保护体制初步确立，基本农田保护制度、土地利用规划管理、土地复垦、建设用地规划审批和土地治理等核心制度得以确立，"十分珍惜和合理利用每一寸土地"的基本国策得到巩固。不过，规范性文件在规范的目的一贯性、要素清晰性与体系化统合等方面仍存在一定问题，如在耕地数量保护、粮食生产与经济结构调整关系上的重心游移。

另一方面，耕地保护规范在该阶段较之前更为具体化，开始具有个殊化、区域化的特点，实施效果因此有所改观，耕地数量减少态势亦有所缓和。《基本农田保护条例》第2条对基本农田以及保护区的区域性、标准化与具象目的定性，就是例证。不过，从整体上看，规范的原则性仍然比较强，对职能部门权责及其行使事项的界分仍较为模糊，责任主体、责任形式与归责机制的规程化水平仍然不高，自由裁量的空间仍偏大。直至1997年《刑法》修订，增加"破坏耕地罪""非法批地罪"和"非法转让土地罪"等，才明确违法利用土地乃至破坏耕地违法行为的定罪量刑标准。

第二节 数量与质量并举导向下的效益化价值目标

从1998年国土资源部成立、土地管理法全面修订直至2012年，随着《国土资源部关于提升耕地保护水平全面加强耕地质量建设与管理的通知》发布，耕地保护条款更多表现出数量与质量并举主导下的效益化耕地保护理念。1998

---

① 任旭峰、侯风云：《中国耕地保护制度演进及存在问题研究》，《理论学刊》2011年第9期。

年修订的《土地管理法》确立了用途管制制度和耕地占补平衡制度,构成我国耕地保护的基本政策框架。为防范占优补劣、提高耕地质量的目的,确保"土地规划、基本农田、土地整治、耕地占补平衡、用地审批等耕地保护工作不断规范化"①,在这一时期,出台的一系列法律、行政法规和中央政策文件,都强化了耕地保护的质量要义。以 2004 年《国务院关于深化改革严格土地管理的决定》发布为标志,这一时期可划分为数量先导效益型耕地保护与质量先导效益型耕地保护两个阶段。

一、数量先导效益型价值目标

在 2004 年《国务院关于深化改革严格土地管理的决定》发布之前,耕地保护条款主要强调以加强土地用途管制来作为严守耕地数量要求、发挥耕地永续利用效益的关键手段,更为重视在土地用途管制过程中的局部与整体利益统筹,以确保补充耕地数量相等与质量相当、实现耕地占补平衡。这一阶段的耕地保护条款直指我国部分省市再次出现的"开发区热"所引发的耕地流失加剧问题,同时也落实《土地管理法》1998 年修订所确立的占用耕地者所负有补充耕地法定义务,即从加强土地用途管制和严守耕地占补平衡两方面着力,耕地数量保护规范的体系框架日益完善。

(一) 旨在加强土地用途管制的措施

耕地保护条款通过严格审批开发区、清理整顿随意圈占土地等方式,遏制耕地数量的不合理乃至违法减少,强调基于耕地数量的严格管控来推动耕地质量的逐步提升。

第一,通过宣示性规定,来明确耕地保护事项的属性定位与基本原则,例如,1998 年修订的《土地管理法》第 3 条重申"十分珍惜、合理利用土地和切实保护耕地"的基本国策,阐明"耕地总量只能增加不能减少、土地用途管制、国家对土地实行集中统一管理、加强土地执法监察"的原则要求。1998 年修订的《基本农田保护条例》第 3 条确立了"全面规划、合理利用、用养结合、严格保护"方针,第14 条确保基本农田"数量不减少"。1999 年《国土资源部关于切实做好耕地占

---

① 刘洪彬等:《基于政策文献量化的我国耕地保护制度演进规律研究》,《土壤通报》2020 年第 5 期。

补平衡工作的通知》明确了"占多少,垦多少"要求。

第二,通过羁束性行为设定,来列明相关原则的实施方式。例如,2003 年《国务院办公厅关于暂停审批各类开发区的紧急通知》《国务院办公厅关于清理整顿各类开发区加强建设用地管理的通知》通过追责突击审批和突击设立开发区的行政领导和当事人的责任,对"随意圈占大量耕地和违法出让、转让土地"等违法行为进行清查整顿,贯彻"合理利用和保护土地资源"原则。

该类措施在科学满足经济社会发展用地需求的同时,通过对土地利用进行总体规划推动耕地保护的局部利益化逐步转向整体利益化。确保耕地数量的规范,大致设定了两种差异化举措。其一,规划纲要性举措,即推动耕地利用的全面、科学规划。这是一种倾向耕地数量计划管理的整体宏观性规范,以政府相关职能部门为保护主体,其必须对各类非农建设用地或开发区用地实施总量控制与严格审批,通过限制性行为指引与追责规定的方式,来固化、落实耕地数量保护的纲领性表达。其二,指标统筹性举措,即凸显通过指标手段来实现耕地数量与质量的统筹兼顾,应"开垦与所占耕地数量和质量相当的耕地"或"明确基本农田保护的布局安排、数量指标和质量要求"。这是一种通过可量化、"逐级分解下达"的计划数量指标推进耕地数量与质量全面保护的羁束性规范,凸显以政府相关职能部门作为保护主体,要求其通过数量指标的科层性计划控制来确保所开垦耕地或划定基本农田的质量。该类举措往往以"保证耕地质量与之前相当"为原则要求,通过数量指标的量化评判,来推动政府相关职能部门对耕地数量与质量一体化、标准化保护。

(二) 旨在严守耕地占补平衡的措施手段设定

耕地保护条款尝试通过严控数量、提升质量、生态管护与实施举措等行为规范的设定,来统合推进耕地协调保护。其往往强调应实现耕地数量、质量和生态管护的协调发展,以真正实现耕地占补平衡工作的可持续性发展。

第一,通过宣示性规定,来明确耕地占补平衡的属性定位与基本原则。例如,2001 年《国土资源部关于进一步加强和改进耕地占补平衡工作的通知》对耕地占补平衡的"法定义务"与"重要职责"定性,以及对"耕地数量、质量和生态管护三方面协调统一"的原则阐明。

第二,通过列举式规定,来厘清相关工作的实施举措。例如,2001 年《国土资源部关于进一步加强和改进耕地占补平衡工作的通知》对"土地用途管制"

"占一补一""耕地储备""项目挂钩""耕地质量评价标准""易地补充耕地""考核检查"等事项举措的方向性列明。该类耕地占补平衡措施手段针对"总体上缺乏耕地质量保护的核心法律依据"①问题，通过对《土地管理法》《土地管理法实施条例》相关条款的细化规定，来具体落实"占多少，垦多少"与"数量和质量相当"原则。以"耕地数量、质量和生态管护协调统一"相关规范为例，大致设定了两种差异化举措。其一，责任义务宣示性举措，即通过法定责任义务主体的类型化界分明确"补充耕地"或"缴纳耕地开垦费"事项。这是一种对责任义务的定向分级设定，凸显"占用耕地单位"的首要责任义务属性，并在两类占补措施中予以限制性选择，确保被占用耕地的等量乃至增量补充。该类举措以"补充数量相等和质量相当耕地"为保护原则，通过进一步落实目标责任制，来强化各级政府相关职能部门对"确保补充耕地与占用耕地数量相等、质量相当"的实践效能。其二，干预手段规程性举措，即通过资金、督查、监测等干预手段的细化规定，明晰"耕地开垦费"与"补充耕地"事项的运作规程。这是一种对要素、环节的可操作性、执行性规定，阐明责任义务主体实施耕地占补的"先补后占""专款专用""易地补充""平衡督查"与"动态监测"要义，以确保年度省域内的耕地占补平衡。该类举措针对的是"责任不明确、补充耕地质量不高、考核方法不尽合理"等问题，通过"控制占用与依法补充两手抓"，有效促进耕地总量动态平衡总目标落实。

（三）处于数量保护规范框架性完善阶段的耕地保护规范体系

这一阶段的耕地保护条款的体系框架不断完善。国土资源部的成立和1998年修订《土地管理法》对耕地保护事项的进一步细化，使得耕地保护规范体系更趋完备，耕地总量动态平衡、土地用途管制、基本农田保护等制度体系逐步确立，经济、法律、技术等耕地保护手段不断增加。② 不过，该阶段仍大体上处于规范体系初步建立阶段，制度规范仍停留在重视数量保护的阶段，土地执法活动也主要围绕耕地数量保护展开，耕地质量保护规范的作用尚未充分发挥。

一方面，该阶段的耕地保护规范主要是在前期阶段初步形成的以《土地管理法》为核心的耕地保护规范体系基础上调整完善，框架体系的周延性与整全

---

① 任旭峰、侯风云：《中国耕地保护制度演进及存在问题研究》，《理论学刊》2011年第9期。

② 参见王苗、卓成刚、黄凯丽：《政策工具视角下的中国耕地保护路径与特征——基于1986—2017年政策文本的量化分析》，《湖北农业科学》2018年第13期。

性渐趋充实。例如,"土地管理新方式"①规范,皆不同程度地围绕效益化耕地保护理念下土地管理方式进行针对性调整,逐步丰富了耕地保护规范框架体系的结构要素。相关规范虽然亦有"努力提高耕地质量""加强耕地质量保护"的引领性宣示性规定,但因行为构成要件、活动要素、差异化干预方式、检验标准、考核要求等实施规程事项设定较为模糊,质量先导型耕地保护理念仍未得以充分彰显。

另一方面,从耕地保护规范的实施效果看,国土资源部的成立推动了耕地保护规范实施的专职化与专门化,"十分珍惜、合理利用土地和切实保护耕地"基本国策法律化,进一步明确、巩固了耕地保护规范的地位。虽然针对持续性出现的"圈地热"现象,通过"追究责任"规范,在一定程度上有所遏制,但尚未从行为逻辑的深层次原因与干预实效性方面完成体系化、全方位的制度规范回应,更多地只是针对"开发区圈地行为"的一种同义反复型规范宣示,相应的要素结构与规范逻辑模糊的问题依然存在甚至还出现杂糅,引发执行上的操作难题,与理想的体系化规范尚有距离。

二、质量先导效益型价值目标

在 2004 年《国务院关于深化改革严格土地管理的决定》发布之后至 2012 年《国土资源部关于提升耕地保护水平全面加强耕地质量建设与管理的通知》发布之前,"以耕地占补平衡政策、土地用途管制制度、基本农田保护政策为核心,以耕地保护动态监测和责任目标考核为保障"②的耕地保护规范体系已初具规模。其主要强调围绕保障粮食安全来设定切实保护耕地、坚守 18 亿亩红线的价值目的,更为重视构建耕地质量管理框架体系,以凸显遏制耕地资源质量衰退、提升耕地质量的必要性与可行性。这一阶段囿于此前出现的耕地占优补劣现象,重点是应对"保护土壤安全、管护土壤健康因而日益成为农业高质量和可持续发展面临的重大课题"③的现实需求。相关耕地保护条款承载的措施手段主要围绕保障粮食安全和提高耕地质量这两方面动机取向而具体设定,所表征的

---

① 即《土地管理法》《基本农田保护条例》《国土资源部关于切实做好耕地占补平衡工作的通知》《国土资源部关于进一步加强和改进耕地占补平衡工作的通知》的相关规定。

② 张艳琳:《我国耕地保护制度的变迁》,《资源导刊》2019 年第 11 期。

③ 张桃林:《守护耕地土壤健康 支撑农业高质量发展》,《土壤》2021 年第 1 期。

规范体系处于耕地数量保护逐步转进为耕地质量保护的框架性调整阶段。

（一）旨在保障粮食安全的措施手段设定

耕地保护条款尝试通过严格控制用地、划定耕地保护红线、落实耕地保护责任人、征收耕地占用税、推动复垦损毁土地等行为规范的设定，来强化节约利用土地、稳定粮食生产能力。其往往强调伴随严格耕地保护规范体系的逐步完善，来确保耕地数量、稳定粮食播种面积，以尝试缓解"全球化发展带来了耕地资源的隐性占用"①影响。

第一，通过宣示性规定，来明确耕地数量保护的属性定位与基本原则。例如，2004 年《国务院关于深化改革严格土地管理的决定》对"实行最严格的土地管理"的制度定性和"严格控制建设用地增量"的原则阐明。2005 年《省级政府耕地保护责任目标考核办法》对实施"耕地保护第一责任人"的身份定位和"对本行政区域内的耕地保有量和基本农田保护面积负责"的原则阐明。2006 年《农业部关于贯彻落实〈中共中央、国务院关于推进社会主义新农村建设的若干意见〉的意见》对"坚决落实最严格的耕地保护制度"的原则阐明。2007 年国务院《政府工作报告》对"一定要守住全国耕地不少于 18 亿亩这条红线"的"红线"定性和"坚决实行最严格的土地管理制度"的原则阐明。

第二，通过羁束性义务责任规定，来列明相关原则的实施方式。例如，2007 年《耕地占用税暂行条例》第 4 条通过"以纳税人实际占用的耕地面积为计税依据，按照规定的适用税额一次性征收"的纳税义务行为设定，就第 1 条规定的"合理利用土地资源，加强土地管理，保护耕地"原则的耕地占用税途径实施方式予以了列明。2011 年《土地复垦条例》第 2 条则通过"对生产建设活动和自然灾害损毁的土地，采取整治措施，使其达到可供利用状态的活动"的复垦责任行为设定，就第 1 条规定的"十分珍惜、合理利用土地和切实保护耕地"基本国策的土地复垦途径落实方式予以了列明。该类措施手段旨在应对在我国经济发展重要战略期所面临的复杂粮食安全问题，通过设置针对性的粮食生产保障举措，来积极遏制耕地减少态势。以"确保耕地数量"相关规范为例，大致设定了两种差异化举措。其一，全面宏观性举措。即构建"严格控制建设用地增量"或"严守 18 亿亩红线"所表征的最严格土地管理制度。其作为一种体制性原则指引

---

① 漆信贤等:《面向新时代的耕地保护矛盾与创新应对》,《中国土地科学》2018 年第 8 期。

规范,凸显以政府相关职能部门作为保护主体,要求其在辖区发展规划过程中严格控制土地审批与指标划分事项。该类举措往往强调以"坚守耕地保护红线"为保护措施,通过坚守"18亿亩耕地保护红线"或耕地保护"基本国策"的硬性要求,落实控制建设用地增量、"占一补一"、节约集约用地、稳定粮食播种面积、实现粮食基本自给,进而强化耕地总量保护。其二,局部微观性举措。即通过"耕地保护第一责任人"或"耕地保护共同责任制"设定来明晰耕地保护责任主体。这是一种机制性操作指引规范,要求政府相关职能部门必须维持辖区内耕地保有量。该类举措往往以"量化责任制"为保护措施,通过"第一责任人"或"缴纳耕地占用税"规定,将责任落实到部门、单位乃至个人,从而细化"坚守耕地保护红线"的责任结构以及相应主体规划利用土地资源的责任方式。

（二）旨在提高耕地质量的措施

耕地保护条款通过实施沃土工程、基本农田建设、土地整治、耕地占补、耕地质量监测等,保持和提高土壤肥力、强化耕地质量保护能力建设。

第一,通过宣示性规定,明确耕地质量保护的属性定位与实施举措。例如,2004年、2005年、2007年"中央一号文件"皆就"提高耕地质量"的结果意义进行目标定位;2006年"中央一号文件"就"加强耕地质量建设"的行为过程意义进行手段定位;2008年、2010年"中央一号文件"则就"支持、重视耕地质量建设"的活动前提意义进行功能定位。此外,2008年《中共中央关于推进农村改革发展若干重大问题的决定》则在固化"确保基本农田总量不减少、用途不改变、质量有提高"原则表达的基础上,进一步列明了"继续推进土地整理复垦开发,耕地实行先补后占,不得跨省区市进行占补平衡"的实施举措。2018年"中央一号文件"重申"稳步提升耕地质量"。

第二,通过羁束性规定,厘清相关方略的推动落实途径。例如,2004年、2006年、2007年、2008年"中央一号文件"皆将"实施沃土工程"设定为主要工程项目;2005年、2006年、2010年"中央一号文件"规定了"耕地质量动态监测和预警系统"与"保护性耕作技术";2006年、2007年、2008年、2010年"中央一号文件"还规定了"测土配方施肥补贴""土壤有机质提升补贴"以及相关"农业综合开发投入""中长期政策性贷款"等资金投入途径。此外,2005年、2006年、2007年、2008年、2010年"中央一号文件"还分别将"控制占用耕地""搞好土地利用规划""耕地占用税""建设高标准粮田(农田)""改造中低产田""增施有机肥"等设定为政策性、方向性的行为规划指引途径。2015年、2016年、2017年"中央一号文件"皆将"实施耕地质量保护与提升行动"作为主要行动方略,并且2016年"中央一号文件"强调"加强耕地质量调查评价与检测"。2024年、2025年"中央一号文件"则提出"完善补充耕地质量验收和评价制度"。

该类措施凸显了耕地保护在促进社会稳定和经济可持续发展方面的重要意义,有助于遏制耕地占优补劣现象,对于提高耕地保护认识、加强耕地质量管理和提升粮食综合生产能力具有重要作用。提高耕地质量的规范,大致设定了两种差异化举措。其一,技术先导性举措,即通过"建立全国耕地质量动态监测和预警系统"、探索"土壤有机质提升补贴试点"、鼓励"科学施用化肥"等技术手段,从操作平台环境乃至具体技术手段方面强调前置性介入,确立了耕地质量保护的新方式。该类举措往往以"圈定区域试点或应用新型技术"为保护手段,通过在全国范围内建立"耕地质量动态监测和预警系统"、实施"沃土工程"来推动耕作、施肥方法改革,以多种技术手段来增加土壤有机质、切实提升耕地质量。其二,总体统合性举措,即通过"扩大实施沃土工程""控制农转非用地""加强土地整治或改造中低产田"等方式,实现对各种既有耕地质量保护举措的有效统合,拓展了耕地质量的内涵要义并作系统调适了实施举措。该类举措以"划分农田质量级别或类型进行改造"为保护手段,立足于既有的"沃土工程""中低产田改造"等项目规划,通过扩大实施、加大力度、加快建设、增加投入等方式,来定向、分阶段达成预期耕地质量管理目标。

（三）处于数量保护逐步转进为质量保护之框架性调整阶段的耕地保护规范体系

这一阶段的耕地保护规范体系处于耕地数量保护逐步转为耕地质量保护的框架性调整阶段。伴随耕地保护认识程度的逐步深入、"18亿亩耕地红线指标约束力"的细化明确,"我国耕地减少速度明显趋缓,耕地保护政策贡献率高达44.37%"。[①] 虽然耕地保护制度强化期得以整体性确立,[②]但在质量保护方面仍处于探索阶段,相关规范的整体权威性、可操作性与细化程度不足,在一定程度上降低了耕地质量保护的实效。

---

① 张弛等:《基于政策量化的我国耕地保护政策效果评价》,《广东农业科学》2020年第9期。
② 参见刘洪彬等:《基于政策文献量化的我国耕地保护制度演进规律研究》,《土壤通报》2020年第5期。

一方面,耕地保护规范通过"中央一号文件"等各种规范性文件确认了耕地保护的法律地位、细化了耕地保护的概念内涵、丰富了耕地保护的多元责任形式。特别是耕地保护第一责任人、耕地保护共同责任制等系统化、科学化的制度设计,推动了对以《土地管理法》为核心的耕地保护规范体系的结构性完善。"耕地红线和粮食安全的保障核心是确保耕地红线不能动摇"①。各级人民政府应在严守 18 亿亩耕地红线的基础上"杜绝在土地利用总体规划中'大进大出',以面积凑数、不顾土地质量优劣的错误做法"②;同时还应充分发挥各类主体的保护作用,通过多元主体纵横向协同保护架构下的公权力积极干预,把"保障粮食安全作为第一要务"③,"最大限度地弥补市场失灵和发挥耕地资源的非经济性功能"④。

另一方面,土地执法监察制度的施行,推动了治理非法占用耕地行为的执法手段更加严格、耕地保护监管机制趋于完善。实行最严格的土地管理、耕地先补后占、不得跨省区市占补平衡、强化落实耕地数量与质量的管控责任与动态监测等举措,促进了"补充耕地工作重心转向现有耕地的提质改造上"⑤,耕地质量保护在中低产田改造、高标准农田建设等方面取得阶段性进展。但在耕地产能的长期维持与提升方面,囿于土地违法成本较低、制裁逸脱率较高,且"耕地保护责任考核主要是依据被考核对象自己提供数据的数量考核,而考核者又难以判断被考核对象所提供数据的真实性和准确性"⑥,违背生态规律的耕地开垦、占补活动仍时有发生。因此有必要通过"建立国家耕地保护责任定位宏观调控、耕地责任价值经济补偿平台,制定缺失区与超量区不同的耕地补偿对策"⑦等举措,健全耕地质量建设长效机制。

---

① 赵其国等:《保障我国"耕地红线"及"粮食安全"十字战略方针》,《土壤》2011 年第 5 期。

② 倪绍祥、刘彦随:《试论耕地质量在耕地总量动态平衡中的重要性》,《经济地理》1998 年第 2 期。

③ 王文旭等:《基于政策量化的中国耕地保护政策演进过程》,《中国土地科学》2020 年第 7 期。

④ 吴泽斌、刘卫东:《中国地方政府耕地保护事业的绩效审计探讨》,《中国土地科学》2009 年第 6 期。

⑤ 陈美球等:《落实耕地占补产能平衡的思考》,《中州学刊》2018 年第 1 期。

⑥ 赵小风等:《耕地保护共同责任机制构建》,《农村经济》2011 年第 7 期。

⑦ 祁欣欣等:《基于耕地非经济价值基础的省级耕地保护责任量配置》,《中国土地科学》2015 年第 7 期。

第三节 生态发展导向下的优质化价值目标

从2012年《国土资源部关于提升耕地保护水平全面加强耕地质量建设与管理的通知》发布至今，耕地保护条款的价值目标逐渐凸显出生态发展主导下的优质化耕地保护理念。2019年修正的《土地管理法》将耕地轮作休耕、高标准农田、国土空间规划等内容以法律形式确定下来，使得优质化耕地保护理念得以强化，规范体系愈加成熟。不过，在"目前乡村振兴、农业供给侧结构性改革和农业新动能培育等现实背景"①下，"只重数量保护、轻视耕地其他要素保护的管理理念"②仍然存在，有必要通过规范性文件的创新性设定与动态调整，不断充实耕地保护在数量、质量、生态、空间、时间等复合面向的优质化要义。以2017年《中共中央、国务院关于加强耕地保护和改进占补平衡的意见》发布为标志，可划分为生态辅助优质型耕地保护与生态系统优质型耕地保护这两个阶段。

一、生态辅助优质型价值目标

在2012年《国土资源部关于提升耕地保护水平全面加强耕地质量建设与管理的通知》发布至2017年《中共中央、国务院关于加强耕地保护和改进占补平衡的意见》发布之前，伴随生态文明建设的持续推进，旨在确保耕地红线、提高耕地质量、改善耕地生态的耕地保护规范体系在科学性、合理性与可操作性等方面不断完善。虽然生态保护理念在相关规范体系中被逐步确立，但更多地仍局限于其辅助、衍生乃至远期效应。在实践中，更多的还是强调以保证耕地数量和质量来作为耕地提质增效、抓紧粮食生产的关键手段，本体性、系统化、统筹型的生态保护观有待全面践行。这一阶段囿于我国耕地保护中长期存在着"给地区带来不可逆转的环境外溢和生态效益损失之严重的负外部性"③，则有必要凸显耕地的生态管护理念与进行保护所产生的生态效益。耕地保护条款承载的措施

---

① 匡兵等：《政策工具如何影响中国耕地保护效果》，《中国人口·资源与环境》2019年第11期。

② 刘彦随、乔陆印：《中国新型城镇化背景下耕地保护制度与政策创新》，《经济地理》2014年第4期。

③ 张俊峰、贺三维、张光宏、张安录：《流域耕地生态盈亏、空间外溢与财政转移——基于长江经济带的实证分析》，《农业经济问题》2020年第12期。

手段主要围绕实现耕地质量与数量并重和促进生态文明建设这两方面动机取向而具体设定,所表征的规范体系处于耕地质量保护规范体系的框架性确立阶段。

（一）旨在实现耕地质量与数量并重的措施手段设定

耕地保护条款尝试通过耕地质量建设与管理、农业可持续发展、高标准农田建设、永久基本农田划定等行为规范的设定,来构建我国生态效益维度的耕地质量建设规范体系。其往往强调应最大限度提升耕地综合生产能力、稳定粮食生产,以进一步凸显耕地数量质量并重保护。

第一,通过宣示性规定,来明确耕地保护事项的属性定位与基本原则。例如,2012 年《国土资源部关于提升耕地保护水平全面加强耕地质量建设与管理的通知》对"耕地质量建设与管理"的"重要内容、根本保障、有效途径、重要职责和任务"进行明确。2014 年"中央一号文件"从"实现高产高效与资源生态永续利用协调兼顾"角度,对"建立农业可持续发展长效机制"作出规定。

第二,通过准则式行为规范设定,建立高标准农田建设和永久基本农田保护的实施规程。例如,2012 年《高标准基本农田建设标准》对高标准基本农田建设的"基本原则、建设目标、建设条件、建设内容与技术标准、建设程序、公众参与、土地权属调整、信息化建设与档案管理、绩效评价"等事项,从行业标准层面作了规定。2014 年《高标准农田建设通则》则从国家标准层面作了进一步优化。2014 年《国土资源部、农业部关于进一步做好永久基本农田划定工作的通知》则具体明确了"布局基本稳定、数量不减少、质量有提高"的永久基本农田保护红线划定要求。

该类措施旨在改变"过多依靠土地开发而非土地整理补充耕地"[①]的现状,通过基本农田量化指标与耕地质量等级体系等技术规范,推动耕地占补平衡从数量优先迈向质量优先。以加强耕地保护的规范为例,大致设定了两种差异化举措。其一,数量指标量化型举措,即通过指标数值的确定性规定,来明晰"耕地红线"范围或设定"高标准农田建设"目标。这是一种量化羁束型规范,通过设定具体指标,通过确定性的义务规范明晰目标与范围,实现对耕地数量的保护。其二,质量区域划定型举措,即通过不同区域耕地属性的类型化规定,明晰

---

① 刘彦随、周扬:《中国美丽乡村建设的挑战与对策》,《农业资源与环境学报》2015 年第 2 期。

"高标准基本农田""永久基本农田"的划分范围。这是一种差异化定性的规范，通过针对不同区域耕地的"划定质量等级""细化保护责任"等差异化措施，通过"增加面积""建立数据库""由高到低的顺序"等土地地力、质量分级评定与管控方式，推动提升耕地质量管控综合能力，保护耕地质量。

（二）旨在促进生态文明建设的措施手段设定

耕地保护条款通过充实耕地保护理念、推进高标准农田建设、实施耕地轮作休耕等行为规范的设定，来"倡导适应自然规律的耕地利用方式"[1]。其往往强调应优化国土空间开发格局、改善农田生态环境，从而提升耕地的隐性生态效益。

第一，通过宣示性规定，来明确耕地生态管护的属性定位与基本原则。例如，2012 年《国土资源部关于提升耕地保护水平全面加强耕地质量建设与管理的通知》对"耕地数量管控、质量管理和生态管护"的"耕地保护内涵"定位。2012 年《坚定不移沿着中国特色社会主义道路前进　为全面建成小康社会而奋斗——在中国共产党第十八次全国代表大会上的报告》对"人口资源环境相均衡、经济社会生态效益相统一"的国土空间开发原则阐明。

第二，通过类型化的行为规范设定，从绿色发展、永续利用和农业生态系统等方面来厘清相关原则的实施规程。例如，2016 年《中共中央、国务院关于落实发展新理念加快农业现代化实现全面小康目标的若干意见》（即"中央一号文件"）对"推进高标准农田建设"作了专门规定。2016 年《探索实行耕地轮作休耕制度试点方案》建立"坚持生态优先、综合治理，轮作为主、休耕为辅"的新型轮作休耕制度，以明晰"促进生态环境改善和资源永续利用"原则的方向性要求。2016 年《国土资源部、农业部关于全面划定永久基本农田实行特殊保护的通知》通过"实现上图入库、落地到户，确保划足、划优、划实，实现定量、定质、定位、定责保护"确立了划定永久基本农田的制度要义。

该类措施手段旨在改变"农村建设投入缺乏导致村内环境恶化"[2]以及"大量开发耕地影响土地生态，甚至违背生态文明战略"[3]的现状，通过对维持高质

---

① 汪晓帆等:《政策工具视角下中国耕地生态管护政策文本量化研究》,《中国土地科学》2018 年第 12 期。

② 刘彦随等:《中国农村空心化的地理学研究与整治实践》,《地理学报》2009 年第 10 期。

③ 吴宇哲、许智钇:《休养生息制度背景下的耕地保护转型研究》,《资源科学》2019 年第 1 期。

量健康耕地数量与改善耕地撂荒状况等的规范,来充实耕地生态管护要义,从而加强耕地保护相关的生态文明建设。以"加强生态管护"相关规范为例,大致设定了两种差异化举措。其一,理念创新导向性举措,即通过"数量管控、质量管理和生态管护'三位一体'"的导向性规定,创新耕地保护理念。其作为一种原则宣示性规范,旨在将耕地保护理念深化至生态管护层面,通过"大力推进农村土地整治""统筹做好建设占用优质耕地耕作层剥离和再利用"等措施来加强耕地土壤肥力与生态健康管护。该类举措往往强调以"耕地生态"为保护客体、以"土地生态化整治或肥力培育"为保护手段,通过深化政府相关职能部门对耕地保护理念的认知,来促进其充实、完善"加强工程性措施""耕作层剥离"等耕地持续增产综合保障手段,并强化相应的工作执行力度。其二,空间开发目标性举措,即通过"促进生产空间集约高效"或"推动节约集约用地"的目标性规定,优化国土空间开发格局。其作为一种行为羁束性规范,旨在强调政府相关职能部门实施"高标准农田建设""轮作休耕""永久基本农田划定"等措施,优化生态空间格局、落实耕地生态管护。该类举措往往强调以"优化永久基本农田或轮作休耕制度的空间布局"为保护手段,通过"调整空间结构""优化建设布局""坚持生态优先""形成城市生态屏障"等方式,优化城乡生产、生活、生态国土空间,并缓解资源环境承载压力,从而实现耕地农业生态系统的绿色发展。

（三）处于质量保护规范框架性确立阶段的耕地保护规范体系

这一阶段耕地保护条款表征的规范体系处于耕地质量保护规范体系的框架性确立阶段。伴随确保耕地红线、提高耕地质量、改善耕地生态的重要性与紧迫性日益显现,有必要在耕地"数量管控、质量管理和生态管护'三位一体'"的方向引领下,构建更为完备的耕地质量保护规范体系。

一方面,耕地保护规范主要基于"实现生态环境保护、社会经济可持续发展、构建和谐社会"[1],通过"中央一号文件"等各种规范性文件"监督、鼓励和引导耕地使用者集约化、绿色化利用耕地资源"[2],从而在保证数量的前提下强化农田生态系统中耕地的要素特性。因"我国的优质耕地与人口分布、城市聚集

---

[1]　吴大放等:《耕地生态安全评价研究展望》,《中国生态农业学报》2015 年第 3 期。

[2]　祖健等:《耕地数量、质量、生态三位一体保护内涵及路径探析》,《中国农业大学学报》2018 年第 7 期。

区在空间上高度重叠"①,耕地质量保护特别是生态管护往往趋于宏观性与原则化,更多地随附于"建成18亿亩"和"坚守耕地保护红线"之类的量化规范后,且规范主要是宣示性的。此外,"相关政策散见于土地、农业和生态环境等政策之中"②,制度规则的碎片化难以应对愈发复杂的耕地管护问题,有必要通过专门的高位阶规范性文件实现耕地生态管护规范的全面统合。

另一方面,就耕地保护规范的实施效果而言。该阶段基于"逐步推进农村土地适度规模经营"③的方向性考量,强调围绕"建设重点区域""建设限制区域"与"建设禁止区域"的不同区域耕地质量提升与生态效益改善的特性要求,来配置参考"城镇由大到小、空间由近及远、耕地质量等别和地力等级"等各项指标的针对性措施。进而逐步强化规范弥合"区域经济发展和自然资源禀赋的非均衡性"④的差异化干预效应,从而为凸显空间效率均衡比较优势、落实基本农田的快速补划以及耕地质量的动态监管提供科学、有序保障。此外,还有必要对相应耕地保护激励机制展开匹配性调适,以强化"中央政府对地方政府保护耕地的激励与分权体制下发展地方经济的激励"⑤之间的相容性,进而逐步弥合"地方政府激励不足、监督成本过高、代理人其他工作对耕地保护工作有负面影响"⑥等现实问题。

二、生态系统优质型价值目标

伴随2017年《中共中央、国务院关于加强耕地保护和改进占补平衡的意见》发布,"以用途管制为核心,以永久基本农田特殊保护、土地整治和高标准农田建设、农用地转用和土地征收为主要内容"的耕地保护规范体系逐步将生态

---

① 刘彦随、周扬:《中国美丽乡村建设的挑战与对策》,《农业资源与环境学报》2015年第2期。

② 汪晓帆等:《政策工具视角下中国耕地生态管护政策文本量化研究》,《中国土地科学》2018年第12期。

③ 韩宁:《中华人民共和国成立以来农村土地经营政策演进研究》,《重庆理工大学学报(社会科学)》2020年第3期。

④ 陈江龙等:《农地非农化效率的空间差异及其对土地利用政策调整的启示》,《管理世界》2004年第8期。

⑤ 吴正红、黄伟:《转型深化时期地方政府行为特征与耕地保护激励问题研究》,《经济体制改革》2012年第5期。

⑥ 李广东等:《地方政府耕地保护激励契约设计研究》,《中国土地科学》2011年第3期。

保护观确立为本体范畴。"严格土地管理、加强土地调控、推进土地节约集约利用,划定永久基本农田、深化土地有偿使用制度"①上升为重大战略决策,耕地数量、质量、生态"三位一体"保护要求,统领标准化、信息化与制度化的系统优质型生态管护。这一阶段为了"实施差异化耕地保护政策,有效提升耕地适宜性"②,往往通过政府相关职能部门对耕地占补、耕地修复、土地整治、轮作休耕等事项的积极引导和控制,来促进耕地产能效益的平衡保护。相关耕地保护条款承载的措施手段主要围绕落实耕地数量、质量、生态"三位一体"保护的动机取向而具体设定,所表征的规范体系开始逐步强调彰显耕地生态服务功能的"三位一体"全方位生态保护要义。

(一) 旨在落实耕地数量、质量、生态"三位一体"保护的措施手段设定

耕地保护条款尝试通过改进耕地占补平衡方式、规范永久基本农田生产作业、推进轮作休耕等行为规范的设定,来坚守耕地红线不突破、粮食生产能力不降低、耕地质量有提升的基本原则。其往往强调应注重耕地生态体系建设,以系统性落实耕地生态管护理念。

第一,通过宣示性规定,来明确耕地保护事项的属性定位与基本原则。例如,2017 年《中共中央、国务院关于加强耕地保护和改进占补平衡的意见》对"坚持最严格的耕地保护制度和最严格的节约用地制度"进行"最严格"定性和对"加强耕地数量、质量、生态'三位一体'保护"原则阐明。2018 年《中共中央、国务院关于实施乡村振兴战略的意见》("中央一号文件")对"严守耕地红线,确保国家粮食安全"以及"稳步提升耕地质量"加以强调。

第二,通过羁束性规定,来明确耕地"三位一体"保护原则的实施规程。首先,在实施保护的措施方法上,2017 年《国土资源部关于改进管理方式切实落实耕地占补平衡的通知》设定了"以数量为基础、产能为核心"的耕地占补平衡管理新机制;2018 年《自然资源部关于实施跨省域补充耕地国家统筹有关问题的通知》则设定了基于"耕地后备资源状况和用地需求"的补充耕地国家统筹技术论证措施。其次,在实施保护的核心事项上,2019 年《中共中央、国务院关于坚

① 陈小君:《〈土地管理法〉修法与新一轮土地改革》,《中国法律评论》2019 年第 5 期。
② 黄海潮等:《中国耕地空间格局演化对耕地适宜性的影响及政策启示》,《中国土地科学》2021 年第 2 期。

持农业农村优先发展做好"三农"工作的若干意见》("中央一号文件")和2019年《土地管理法》第36条皆将"轮作休耕""防止土壤污染"设定为耕地保护核心事项,并凸显了"耕地治理修复和种植结构调整"的试点意义。最后,在实施保护的结果评判上,2019年《自然资源部、农业农村部关于加强和改进永久基本农田保护工作的通知》通过"划定成果核实""清理划定不实""处置违法违规建设占用""规范永久基本农田上农业生产活动"等规定,建立必要的耕地保护结果评判机制。

该类措施将耕地数量、质量和生态的空间互动关系作为全面统筹"山水林田湖草"科学治理的重要抓手,①通过实施耕地数量、质量、生态的全方位平衡保护来充实、完善既有的耕地保护规范体系。"耕地'三位一体'保护"原则规范,大致设定了两种差异化举措。其一,战略统筹性举措,即通过相对宏观的方向性规定,来充实耕地生态管护的内涵要素。其作为一种原则指导型规范,凸显政府相关职能部门通过"规划管控""土地整治""检查验收"等统筹性措施,来解构耕地全方位生态管护的逻辑起点、关键手段、核心目标、激励措施与监督机制这五个方面的内涵要素。该类举措通过坚守"耕地红线不突破""耕地质量有提升"的基本原则,形成"管控、建设、激励多措并举"的耕地生态保护新格局。其二,细化实施性举措,即通过相对微观的执行性规定,来明晰耕地生态管护的落实进路。其作为一种操作手段型规范,凸显政府相关职能部门通过"改进管护措施""强化监管责任"等实施性措施,来落实耕地全方位保护。该类举措以推动"分类分级管理"或"指标责任细化"为保护手段,从"耕地储备库""指标核销""永久基本农田特殊保护""补充耕地平衡、调剂、统筹""修复和调整试点""永久基本农田划定"等方面,改进相应的管护措施;从"监测监管""监督考核和地方政府责任""永久基本农田保护监管"等方面,强化监管责任。

(二) 强调"三位一体"全方位生态保护的耕地保护规范体系

伴随耕地质量保护规范体系渐趋完备,这一阶段耕地保护条款表征的规范体系开始逐步强调彰显耕地生态服务功能的"三位一体"全方位生态保护要义。

---

① 参见牛善栋、方斌:《中国耕地保护制度70年:历史嬗变、现实探源及路径优化》,《中国土地科学》2019年第10期。

有必要基于生态安全考量,尝试构建系统优质的耕地生态保护规范体系。

伴随耕地保护规范性文件"数量不断增多,出台频率高,效力级别不断提升,且在具体管理体制上不断细化"①,"耕地保护政策强度整体呈现上升趋势"②,开始从耕地占补平衡、轮作休耕、永久基本农田保护等方面来全方位提升"三位一体"的生态保护水平,特别是强调"以耕地的适宜性为基础,实现耕地占补'数量—质量—生态'平衡"③。耕地保护规范较之前一阶段要更为细化具体,从而在一定程度上落实巩固了预期的差异化干预效应,并通过"构建区域保护规模目标、质量目标和生态环境承载力目标"④,进一步充实了耕地保护目标的内涵。虽然国家耕地储备区的建设与管护,在一定程度上彰显出规范体系的宏观控制和统筹力度有所加强,但"耕地利用和资源空间分布的异质性格局、时间变化波动性趋势依然严峻"⑤。追求自身利益最大化的"地方政府在耕地保护上与中央政府形成逆效应"⑥,且自然资源部门与农业农村部门、生态环境部门的协同联动机制尚待健全,也一定程度上掣肘了耕地保护规范的实效。因此,可进一步推动耕地保护机制逐步从单一惩戒性考量转向为兼具惩戒性与激励性的双重考量,系统强化其在保护与利用上的平衡、互动,调适规范体系中整体与局部、中央与地方之间可能的规范效力冲突,推动不同区域因地制宜地制定实施细则与进行创新性干预,可基于"耕地生态效益外溢量来设计耕地生态财政转移方案"⑦,提升生态补偿的针对性与可行性,以切实保障耕地的财产性权益并强化生态发展功能。

---

① 郭珍:《行为导向的耕地保护政策工具演进研究》,《北京联合大学学报(人文社会科学版)》2020 年第 3 期。

② 刘洪彬等:《基于政策文献量化的我国耕地保护制度演进规律研究》,《土壤通报》2020 年第 5 期。

③ 黄海潮等:《中国耕地空间格局演化对耕地适宜性的影响及政策启示》,《中国土地科学》2021 年第 2 期。

④ 吴晓光等:《三位一体保护视角下内蒙古耕地质量空间演变研究》,《干旱区资源与环境》2020 年第 6 期。

⑤ 袁承程等:《近 10 年中国耕地变化的区域特征及演变态势》,《农业工程学报》2021 年第 1 期。

⑥ 刘洪彬等:《耕地数量、质量、生态"三位一体"视角下我国东北黑土地保护现状及其实现路径选择研究》,《土壤通报》2021 年第 3 期。

⑦ 张俊峰等:《流域耕地生态盈亏、空间外溢与财政转移——基于长江经济带的实证分析》,《农业经济问题》2020 年第 12 期。

第三章　耕地保护与土地整治法律制度的结构性条款完善

科学完备的耕地保护与土地整治法律制度是指引相应实践活动实现"从土地单功能利用到耕地多功能内涵适用"①转变并有效运行的规范保障。尽管"我国现行耕地保护规范已经成为一个比较完整的体系"②,"我国土地整治的综合成效日益显著,法律的滞后性进一步凸显"③,尚没有耕地保护与土地整治的专门法律来完成标志性的统合性制度建构,主要通过关联性或附带性规定的形式散见于土地资源保护与管理等相关规范性法律文件中。具体而言,以《宪法》相关条款为引领,以《农业法》《土地管理法》《黑土地保护法》《耕地占用税法》《森林法》《草原法》《水污染防治法》《水土保持法》《乡村振兴促进法》《土地管理法实施条例》《基本农田保护条例》《土地复垦条例》等高位阶立法为基础,以相关部门规章、地方性法规、地方政府规章等低位阶立法为延伸,凸显"综合耕地的属性、价值、保护导向"④之部门法体系已初具规模。

一、高位阶原则性规范

《宪法》第 10 条之"一切使用土地的组织和个人必须合理地利用土地"规定,即确立了我国从合理利用角度出发,围绕"以粮食安全为基础的保障社会稳

---

① 宋小青、欧阳竹:《耕地多功能内涵及其对耕地保护的启示》,《地理科学进展》2012 年第 7 期。
② 翟文侠、黄贤金:《我国耕地保护政策运行效果分析》,《中国土地科学》2003 年第 2 期。
③ 刘新峰:《我国土地整治制度建设与立法思考》,《行政科学论坛》2018 年第 11 期。
④ 刘彦随、乔陆印:《中国新型城镇化背景下耕地保护制度与政策创新》,《经济地理》2014 年第 4 期。

定和可持续发展的综合目标体系"①来实施耕地保护与土地整治的基本立场。基于此,《土地管理法》《农业法》《耕地占用税法》《森林法》《草原法》《水污染防治法》《水土保持法》《乡村振兴促进法》等相关法律,分别从不同角度予以了原则性的专门规定。例如,《土地管理法》第 1 条规定了"合理利用土地,切实保护耕地"的目标,第 3 条规定了"十分珍惜、合理利用土地和切实保护耕地"的基本国策,第 4 条规定了用途管制,第 16 条是规划指标控制的规定,第 17 条是占补平衡的规定,第 39、40、41 条就开发未利用地作出了原则性规定;第 42 条就整理低效耕地、提高耕地质量作出了原则性规定,第 43 条就"挖损、塌陷、压占等造成土地破坏"的情形的用地单位和个人的复垦责任予以了原则性规定。《农业法》第 31 条是关于耕地保护的方向性规定,第 59 条就预防和治理水土流失作出了原则性规定。《耕地占用税法》第 1 条规定了税收目的。《水土保持法》第 34 条从防治水土流失角度对开发未利用地作了原则性规定。《农村土地承包法》第 48、50 条就开发未利用地的方式作出了原则性规定。《防沙治沙法》第 28、29、30、31 条分别对沙化土地治理措施作了原则性规定。《环境保护法》第 33 条就推动农村环境综合整治作出原则性规定。《黑土地保护法》则围绕保护黑土地资源、恢复提升基础地力、促进资源可持续利用等事项,针对该类特定耕地资源予以了系统性规定。

《土地管理法实施条例》《基本农田保护条例》《土地复垦条例》等相关行政法规,则依循"产权明晰、管制有效、市场配置、调控有序的土地管理机制"②运行要求,分别从不同角度予以执行性的专门规定。例如,《土地管理法实施条例》第三章就"耕地保护"进行专章规定;第 9、10 条就开发未利用地和整理低效耕地作了较为具体的规定,涉及开发范围、开发权限、整理方式、整理费用等问题。《基本农田保护条例》从划定、保护、监管与法律责任等方面,对基本农田实行特殊保护的系统规定。《土地复垦条例》较为全面系统地规定了土地复垦活动,明确了土地复垦目的、概念、原则,明确设定了土地复垦监管的专门机构以及其他负责土地复垦活动的主体。《大中型水利水电工程建设征地补偿和移民

---

①　唐健等:《论中国的耕地保护与粮食安全——与茅于轼先生商榷》,《中国土地科学》2009年第 3 期。

②　曲福田等:《我国土地管理政策:理论命题与机制转变》,《管理世界》2005 年第 4 期。

安置条例》第 25 条就大中型水利水电工程建设所涉土地整理问题作了原则性规定。

二、低位阶实施性规范

这类规范较为零散、庞杂,可以从规范类型和规范内容进行梳理。

第一,规范性文件的类型化面向。部门规章、地方性法规、地方政府规章等,针对各类具体土地整治活动设置了较为全面的实施性、执行性规定。

涉及土地整理的部门规章主要有《土地开发整理项目资金管理暂行办法》《国家投资土地开发整理项目管理暂行办法》《国土资源部关于土地开发整理项目及资金管理工作廉政建设规定》《关于认真做好土地整理开发规划工作的通知》《关于开展农村土地开发整理权属管理调研工作的通知》《全国土地开发整理规划》《土地权属争议调查处理办法》《关于结合土地开发整理推进小型农田水利建设的通知》《国土资源部办公厅关于举办土地整理复垦开发项目备案及信息系统应用座谈培训会的通知》《关于加强土地整治相关资金使用管理有关问题的通知》《矿山地质环境保护规定》《城乡建设用地增减挂钩试点管理办法》《国土资源部办公厅关于加强土地整治重大工程和示范建设管理有关问题的通知》《国土资源部办公厅关于开展"农村土地整治万里行"宣传活动的通知》《城乡建设用地增减挂钩试点和农村土地整治有关问题的处理意见》《全国土地整治规划(2011—2015 年)》《关于国土资源部、财政部加快编制和实施土地整治规划大力推进高标准基本农田建设的通知》《国土资源部关于贯彻落实〈矿产资源规划编制实施办法〉严格规划管理的通知》《国土资源部办公厅关于印发土地整治工程营业税改征增值税计价依据调整过渡实施方案的通知》《国土资源部关于严格核定土地整治和高标准农田建设项目新增耕地的通知》等。该类规范性文件列明了土地开发整理管理、土地权属争议、土地整治规划、土地整治信息分类、城乡建设用地增减挂钩等事项。

涉及土地复垦的部门规章主要有《黄金矿山砂金生产土地复垦规定》《煤炭工业环境保护暂行管理办法》《农业综合开发土地复垦项目管理暂行办法》《土地复垦条例实施办法》《矿产资源规划编制实施办法》《煤矸石综合利用管理办法》《国土资源行政处罚办法》《节约集约利用土地规定》《历史遗留工矿废弃地复垦利用试点管理办法》等。该类规范性文件就土地复垦实施方法、土地复垦资金管理、土地复垦程序、土地复垦费用和计划等事项作了规定。

关于土地整理的地方性法规主要有:《河北省基本农田保护条例》《丰宁满族自治县土地开发利用保护条例》《内蒙古自治区矿产资源管理条例》《甘肃省甘南藏族自治州矿产资源管理条例》《合肥市基本农田保护条例》《湖南省土地开发整理条例》《贵州省土地整治条例》《山西省土地整治条例》《浙江省土地整治条例》《山东省土地整治条例》《贵州省土地整治条例》《浙江省石油天然气管道建设和保护条例》《江西省矿产资源管理条例》《湖北省土壤污染防治条例》《黑龙江省耕地保护条例》《朝阳市矿山生态环境恢复治理条例》《太原市生态环境保护条例》等。该类规范性文件就土地整理组织规范、土地整理行为规范、土地整理资金规范等事项作了明确。

关于土地复垦的地方性法规主要有《青海省实施〈中华人民共和国土地管理法〉办法》《河南省实施〈中华人民共和国土地管理法〉办法》《广西壮族自治区实施〈中华人民共和国土地管理法〉办法》《吉林省土地管理条例》《吉林省农业环境保护管理条例》《长春市森林资源管理条例》《甘肃省甘南藏族自治州土地管理办法》《广东省采石取土管理规定》《山西省实施〈中华人民共和国土地管理法〉办法》《甘肃省实施〈中华人民共和国土地管理法〉办法》《莫力达瓦达斡尔族自治旗土地管理条例》《贵州省土地管理条例》《徐州市采煤塌陷地复垦条例》《辽宁省实施〈中华人民共和国土地管理法〉办法》等。该类规范性文件主要对土地开发整理管理、土地权属争议、土地整治规划等事项作了实施性规定。

涉及土地整理的地方政府规章主要有《南京市矿产资源开采管理暂行办法》《河北省土地开发整理管理办法》《辽宁省基本农田保护办法》《海南省土地储备整理管理暂行办法》《天津市土地开发整理管理规定》《天津市土地整理储备管理办法》《广东省非农业建设补充耕地管理办法》《湖北省土地整治管理办法》《河南省耕地质量管理办法》《济南市耕地保护管理办法》《重庆市地票管理办法》《广西壮族自治区土地整治办法》《甘肃省尾矿库监督管理试行办法》《河南省实施〈中华人民共和国石油天然气管道保护法〉办法》《贵州省石油天然气管道建设和保护办法》等。该类规范性文件就土地整理组织规范、土地整理行为规范、土地整理资金规范、土地整理法律责任规范等事项作出具体规定。

涉及土地复垦的地方政府规章主要有《黑龙江省土地复垦实施办法》《内蒙

古自治区土地复垦实施办法》《南京市土地复垦暂行办法》《浙江省土地复垦办法》《内蒙古自治区土地监察办法》《河南省〈土地复垦规定〉实施办法》《山东省土地复垦管理办法》《新疆维吾尔自治区实施〈土地复垦规定〉办法》《陕西省实施〈土地复垦条例〉办法》等。该类规范性文件就土地复垦实施方法,土地复垦资金管理、权属确认等事项加以明确。

第二,规范性文件的内容面向。针对耕地占用税、耕地保护基金和耕地占补平衡(增减挂钩)等事项,亦确立了各具特色与相对全面的行为指引。

对于耕地占用税,《中华人民共和国耕地占用税法实施办法》针对耕地占用税的征收主体、征收对象、适用税额、征收程序等事项予以了细致的实施性规定。《西藏自治区人民代表大会常务委员会关于耕地占用税适用税额的决定》和《黑龙江省人民代表大会常务委员会关于黑龙江省耕地占用税适用税额的决定》,则结合当地人均耕地面积和经济发展情况,就不同地区的耕地占用税适用税额作了差异化的实施性规定。

对于耕地保护基金,《自然资源部、农业农村部关于加强和改进永久基本农田保护工作的通知》和《国土资源部关于全面实行永久基本农田特殊保护的通知》之"鼓励有条件的地区建立耕地保护基金,与整合有关涉农补贴政策、完善粮食主产区利益补偿机制相衔接,与生态补偿机制相联动,对农村集体经济组织和农户给予奖补"规定,即就耕地保护基金的制度衔接,以及奖补标准、对象及实施等事项予以了明确规定。《成都市耕地保护基金使用管理办法(试行)》《成都市耕地保护基金筹集与使用管理实施细则(试行)》《成都市耕地保护基金发放操作办法(暂行)》《成都市耕地保护基金发放监督管理办法(试行)》,则就耕地保护基金的筹集、发放、使用、监管等事项作了具体细致的实施性规定。

对于耕地占补平衡,《国土资源部关于切实做好耕地占补平衡工作的通知》《国土资源部关于进一步加强和改进耕地占补平衡工作的通知》《耕地占补平衡考核办法》《国土资源部、农业部关于加强占补平衡补充耕地质量建设与管理的通知》《国土资源部关于补足耕地数量与提升耕地质量相结合落实占补平衡的指导意见》《国土资源部关于改进管理方式切实落实耕地占补平衡的通知》《自然资源部办公厅关于改进耕地占补平衡动态监管系统有关事项的通知》,针对耕地占补平衡的总体要求、基本原则、实施措施手段、建设质量管理、监管技术手段、监督考核等事项作了较为系统的规定。

总体而言,针对耕地保护与土地整治法律制度的完善研究,可立足于组织、行为、权属这三类典型的结构性条款而具体展开。

第一节　耕地保护与土地整治组织条款完善

耕地保护与土地整治组织条款,指向的是"依法制定、执行和发展相关规范标准"①,是就耕地保护与土地整治活动中相关职能部门的机构设置、职权配备、人员管理、内部制裁等事项予以规制的法律规范。该类条款是在监管主体维度下构建完善的监管体系,以提升自然资源监管治理活动法治化水平的必要规范指引。我们可从机构建制与机构治理这两方面来探究耕地保护与土地整治组织条款的完善。

一、组织条款的现状与问题

探究耕地保护与土地整治组织条款的现状与问题旨在基于对"有关行政机关设立、该机关所掌管事务以及行政机关关系"②所涉现行有效法律的描述,就存续于耕地保护与土地整治相关规范性文件中的机构建制与机构治理条款予以归类和定性,进而依据是否有助于提升法律机构行为能力的评价,对相关规范从法律概念—法律体系维度作出判断。

（一）耕地保护与土地整治机构建制条款的现状与问题

耕地保护与机构建制条款主要涉及相关监管机构的机构设置与职权配备事项。一方面,就机构设置事项而言。相关规范大体确立了自然资源行政部门的主导监管地位,以及财政、规划、环保、审计、纪检监察等相关部门的协同监管职责,而尝试确立一元复合型的耕地保护与土地整治监管体制。其虽然厘清了主导、协同监管部门的基本架构,但缺失应有的部门协同规范。另一方面,就职权配备事项而言。相关规范通过列举式规定明确了自然资源行政部门作为主导监管部门的主要职责权限,通过概括式规定就相关部门的协同监管职责权限予以了原则性阐述。其虽然通过列举式、概括式规定厘清了主导、协同监管部门的基

---

① 马英娟:《政府监管机构研究》,北京大学出版社 2007 年版,第 32 页。
② ［日］盐野宏:《行政法Ⅲ行政组织法［第三版］》,杨建顺译,北京大学出版社 2008 年版,第 5 页。

本职权,但缺失必要的职权互动规范。

一方面,机构设置事项的既有原则性规定虽然厘清了主导、协同监管部门的基本架构,但各部门之间如何实现有效"密切协调配合"及"会同"的部门协同规范则欠缺具体的实施性规定。事实上,各类监管部门皆存在"'公共权力部门化'与'部门权力利益化'"①的倾向,若未能确立相对清晰、完备的监管部门协同规范,只会让"密切协调配合"流于形式。虽然既有规范都强调以自然资源行政部门为主并具体负责组织监管,但该部门与其他相关职能部门并不存在隶属关系,彼此间的部门协同更多地有赖于上级的纵向协同,从而导致与农业农村、水利、生态环境等部门缺乏协调统筹。在当前"条块分割"结构下,部门协同的协商决策主要体现在务虚层面,决策执行的务实价值有限。此外,虽然既有规范中有"应当加强协同配合和行业指导监督""有关部门应当密切配合"之模糊表达以及"计划制订环节"的协同表达,但协同配合的内容,以及耕地保护与土地整治活动全过程各环节涉及的不同监管部门的协同监管事项,都有待梳理、列明。基于此,应否设立跨部门性质的协商议事机构,抑或在根本上实现从传统纵向协同到横向协商式协同的协同理念转换,在前(规划、计划、项目申报与审批)、中(项目实施、工程管护、资金管理)、后(验收、抽查复核、绩效评价)各环节监管中所涉协同部门的职责事项、协商范围,皆当在具体的监管部门协同形式规范、协同内容规范中予以厘清,以为可能的监管部门协同失灵予以必要的规范化、制度化矫正。

另一方面,职权配备事项的既有规范通过列举式、概括式规定厘清了主导、协同监管部门的基本职权,但未能就职权清单、权责信息公开表征之职权互动加以规范。作为相对人的耕地保护与土地整治责任主体、权利人难以根据相关规范,实现标准相对一致的"信息公开与程序透明,获得与自己利益相关的信息"②,从而实现对监管部门监管过程的有效监督。虽然在不同位阶就耕地保护与土地整治主导、协同监管部门的主要职责权限予以列明、概括,但既未能就主导监管部门所列明行使的共有监管职权与专有监管职权完成系统的全面整合,也未能就其他协同监管部门"应当加强、统一监管"之概括行使的监管职权予以

---

① 陈通、郑曙村:《部门利益冲突的解析与防治》,《中共浙江省委党校学报》2009 年第 2 期。

② 李清伟:《论服务型政府的法治理念与制度构建》,《中国法学》2008 年第 2 期。

具象化设计。职权事项在相关职权目录、实施主体、法律依据、运行流程等方面上未能实现清单化设定，从而难于有效实现监管部门作为"一个权力持有者组织内部运行的机关内控"①。此外，既有监管职权规范没有涉及各类监管职权应有的行权过程公开、结果公开事项，使得相对人实现有效监督缺乏来自作为监督对象的监管部门方面之清晰、明确的参与路径指引，容易出现"'象征性参与'、'操纵性参与'等'伪参与'现象"②。传统行政组织法对于反馈与网络结构的忽略③在监管职权配备中同样存在。相对人实现"欢迎批评"式监督所涉必要的"参与目标、参与形式和参与环节"④规范表征之参与制度空间，以及凸显"培育主体意识与权利意识"⑤之参与能力保障，皆应基于必要的权责信息公开规范而设定。基于此，耕地保护与土地整治各环节监管中主导、协同监管部门的职权事项、信息公开事项，皆当在具体的监管部门职权清单规范、权责信息公开规范中予以厘清。

（二）耕地保护与土地整治机构治理条款的现状与问题

耕地保护与土地整治机构治理条款主要涉及相关监管机构的人员管理与责任保障事项。一方面，就人员管理事项而言。相关规范就人员管理所涉内部监管原则、责任行为、监察资格要件、执法程序等事项予以了明确规定。虽然其明确规定规制的事项范围较为广延，但缺失应有的任职保障规范。另一方面，就责任保障事项而言。相关规范就责任保障所涉行政责任、刑事责任予以了明确规定。虽然其规制的责任主体、责任形式、归责行为等制裁事项较为明确，并分别在应承担法律责任的具体行为和特定行为应承担的具体法律责任这两个向度皆有所涉及，但内部制裁条款缺失必要的框架性制裁规范。

一方面，就人员管理事项而言，虽然既有规范规制的事项范围较为广延，但就监管人员的任职资格及在职培训等任职保障事项皆欠缺具体规定。基于生态

---

① ［美］卡尔·罗文斯坦：《现代宪法论》，王锴、姚凤梅译，清华大学出版社2017年版，第118页。

② 宇振荣、刘文平、郧文聚：《土地整治：加强公众参与促转型》，《中国土地》2012年第8期。

③ 参见［德］施密特·阿斯曼：《秩序理念下的行政法体系建构》，林明锵等译，北京大学出版社2012年版，第228页。

④ 赵谦：《农民参与土地整理监管所需制度空间的实证分析》，《中南民族大学学报（人文社会科学版）》2016年第3期。

⑤ 赵谦：《专业合作社法实施中的农民参与困境及校正——以重庆为例》，《法学》2012年第3期。

文明建设所提出的"'数量管控、质量管理、生态管护'三位一体的新要求"①,而耕地保护与土地整治本身是涉及政府规制、土地资源管理、农村社会发展、采矿工程与水土保持等复杂研究领域之多学科交叉,在"维护粮食安全、保护生态环境、统筹城乡发展和优化用地布局等方面起到了重要作用"②。因而,为确保监管实效,监管人员在实施相关现场监管或技术化非现场监管的行为过程中,往往需要依托一定的复合型学科专业知识与实务操作技能,方能更好地面向相对人完成人性化的执法沟通,对决策理由作出有效的说明。人员管理条款中任职保障规范的缺失则使得监管人员在履职能力提升上,因缺乏明确依据或标准而无所适从,甚至形成一定的能力掣肘。虽然既有规范就监管人员的专职化、资格化予以了明确规定,但未能就相应任职资格指向之履职能力所需学科专业知识与实务操作技能予以具体限定,而"要在短期内减少'外行领导内行'的现象,建立资格制度可能是最为切实有效的手段"③,因此应明晰任职保障的准入事项,以实现"遴选化职业准入"与"监管能力指标化评价"。此外,虽然既有规范仅就监管原则、抽查与复核、评价事项予以规定,并明确要求相应监管人员取得执法资格"必须经过培训、考核",而针对监管人员如何培训、考核则是"含糊不清的立法语言"④设定。在职培训的主体、科目与方式等具体内容若未能予以清晰化规范,则只会让任职保障的可持续事项流于形式,难以适应多样化监管事实对所需监管履职能力的持续更新、提升需求。基于此,监管人员任职保障所需学科专业知识与实务操作技能之履职能力准入、可持续事项,皆当在具体的监管人员履职能力基准规范、实效化在职培训规范中予以厘清。

另一方面,就责任保障事项而言,既有规范规制的责任主体、责任形式、归责行为等制裁事项较为明确并分别在应承担法律责任的具体行为和特定行为应承担的具体法律责任这两个向度皆有所涉及。不过,作为行政组织体的耕地保护与土地整治监管机构所制定的内部制裁规范即是一种"能将组织由内而外加以

---

① 王军、钟莉娜:《土地整治工作中生态建设问题及发展建议》,《农业工程学报》2017 年第 5 期。

② 唐秀美等:《基于全过程的土地整治项目实施问题、成因及对策研究》,《中国土地科学》2018 年第 3 期。

③ 李刚、吕碧华:《地方教育行政人员专业化研究》,《教育理论与实践》2015 年第 1 期。

④ 杨颖:《立法语言:从模糊走向明确》,《政法论丛》2010 年第 6 期。

管制并将组织中所规划的管制可能加以利用的法"，其应契合一定的"包含组织内各种力量并为其相互合作设定既有弹性又可信赖的框架"特性，具体包括建构内部制裁所涉"内部程序、选择及管辖、责任区域、阶段同意或最后决定权、信息处理以及保持距离以确保中立的预防措施等"相关规定。① 既有规范列明的监管人员归责行为大致皆可归纳为"徇私舞弊、滥用职权、玩忽职守"，相关条款更多地是一种"缺乏与义务性条款的对应性，适用时没有明确的责任形式作为依据的笼统责任条款"②，一旦出现违反义务性条款规定的行为时，就难以及时有效处理。③ 所涉"徇、舞、滥用、玩忽"的界分方式以及"私、弊、职权、职守"的清单式认定标准，皆难以在列举式规定中得到清晰呈现。此外，既有规范列明的监管人员责任形式条款理应"对违反禁止性、义务性规范的所有行为都应当规定具体、可执行的法律后果规范"④，但实际上是一种"依法给予处分、依法追究刑事责任"之"读解性不强、适用程度较为低下的宣告、引用式"⑤无明确责任内容的模糊制裁条款，且未涉及实现"处分、追究"相关责任认定、实施承担、被惩戒人权益救济等制裁程序事项。在该类笼统、模糊条款的指引下，各类主体于相互合作前提下兼具弹性与可信赖的基本特性未能显现出来。相关制裁事项更多地置于既有上下级组织关系所形成的预设权威单向意愿表达前提下而设定，忽略了被惩戒人向度下对所涉权威、制裁程序与制裁方式应有的认同、参与乃至补正。在该类制裁设定理念下形成的内部制裁权威往往为传统"国家高权行政（侵害行政）"⑥所指引，其实施的内部制裁相应惩戒行为通常分为组织自身即可作出的行政责任惩戒与需提请有权机关来完成的刑事责任惩戒。这两类惩戒的发起是在"行政首长负责制"指引下所在或上级职能部门的"主管人员"，基于自由裁量来完成主观式抽象评判；而非由更具包容性的多向度制裁权威，基于清晰的责任认定标准、责任事项内容与制裁程序设定来完成客观式量化评判。耕

---

① 参见［德］施密特·阿斯曼：《秩序理念下的行政法体系建构》，林明锵等译，北京大学出版社 2012 年版，第 231—240 页。

② 李亮：《法律责任条款规范化设置研究》，中国社会科学出版社 2016 年版，第 67 页。

③ 参见陈光：《立法学原理》，武汉大学出版社 2018 年版，第 146 页。

④ 汪劲：《创新环境违法制裁条款 实行最严格的环保制度》，《环境保护》2013 年第 7 期。

⑤ 徐向华：《地方性法规法律责任的设定——上海市地方性法规的解析》，法律出版社 2007 年版，第 9 页。

⑥ 鲁鹏宇：《论行政法学的阿基米德支点——以德国行政法律关系论为核心的考察》，《当代法学》2009 年第 5 期。

地保护与土地整治监管框架性内部制裁所需被惩戒人向度下认同所涉权威、参与制裁程序以及补正制裁方式事项,皆当在具体的内部制裁权威包容性规范和制裁方式整全化规范中予以厘清。

二、组织条款的规范进路

探究耕地保护与土地整治组织条款的规范进路旨在立足于对前述规范的现状与问题进行评价或判断的结果,来厘清相应机构建制与机构治理条款的完善命题。有必要立足于法律机构的"权威必须是开放的和参与性的"①之结构性要义,从推进提升法律机构行动能力的角度,来具体解析相应规范的可能完善路径。

(一) 耕地保护与土地整治机构建制条款的完善

耕地保护与土地整治机构建制条款的完善应主要围绕部门协同规范和职权互动规范这两个方面展开,以探寻促使监管机构设置、职权配备规范契合于其履职能力提升的路径。

耕地保护与土地整治部门协同规范是在横向协商式协同理念指引下,就各环节监管中协同部门的职责事项、协商范围予以规制的法律规范。当基于既有"统一监督管理与分级、分部门监督管理相结合的"②耕地保护与土地整治监管体制下,设定联席会议制度以固化所涉协商议事模式。应将该联席会议定性为"履行监督职能但不参与具体案件查办"③之决策协商机构,由自然资源行政部门来牵头召集,财政、规划、环保、审计、纪检监察等相关部门协同参加。该联席会议基于"国土资源主管部门实施全过程监管、财政部门实施资金监管、审计部门实施绩效监管、纪检监察部门实施人员监管"④之主要职责分工,通报、沟通监管部门履行各自监管职责的工作情况。此外,该联席会议共同监管决策的执行机构即是参加会议的各相关职能部门。在规划环节,耕地保护与土地整治规划

---

① [美]诺内特、塞尔兹尼克:《转变中的法律与社会:迈向回应型法》,张志铭译,中国政法大学出版社 1994 年版,第 111 页。

② 胡双发:《政府环境管理模式的优长与存疑》,《求索》2007 年第 4 期。

③ 陈阳:《论我国土地督察制度良善化进路——以中央与地方关系为视角》,《东方法学》2017 年第 2 期。

④ 赵谦:《互助与自足:土地复垦监管的共同体关系及功能》,《暨南学报(哲学社会科学版)》2017 年第 8 期。

应当与国民经济和社会发展规划、国土空间规划相衔接。自然资源行政部门牵头组织从包括文本、说明、图样、附件4个部分之草案拟定、论证、评审、确定这四个环节实施全程监管;规划部门协调参与草案拟定、论证监管;环保部门协调参与环境影响评价论证监管;纪检监察部门协调参与监管人员违纪、违法行为监管,并特别强调对草案评审、确定监管的直接参与。在计划环节,自然资源行政部门当就义务人编制的耕地保护与土地整治计划内容与上报的义务履行情况,从形式要件、实质要件两个方面实施全程监管;规划部门配合进行计划与规划的协调性监管;审计部门协调参与义务人报告事项履行监管;纪检监察部门协调参与监管人员违纪、违法行为监管。在项目运营环节,自然资源行政部门当就相关项目申报与审批、项目工程进展情况等事项实施全程监管;审计部门协调参与项目工程运营监管;纪检监察部门协调参与监管人员违纪、违法行为监管,并应重视国土资源综合信息监管平台的规范运营。在资金管理环节,自然资源行政部门当就各类耕地保护与土地整治财政专项资金投放使用等事项实施全程监管;财政部门协调参与资金预决算及使用监管;纪检监察部门协调参与监管人员违纪、违法行为监管。在验收评价环节,自然资源行政部门当基于规划及计划的要求,对相关项目工程验收及后续效果跟踪评价等事项实施全程监管;环保、农业、林业等相关部门协调参与验收监管;审计部门协调参与效益评价监管;纪检监察部门协调参与监管人员违纪、违法行为监管。

　　耕地保护与土地整治职权互动规范即是在相对人有效监督监管过程理念指引下,就耕地保护与土地整治各环节监管中主导、协同监管部门的职权事项、信息公开事项予以规制的相关法律规范。作为主导监管部门的自然资源行政部门应根据各类规范,来履行耕地保护与土地整治"法规、规章、政策措施、规划、技术规程和标准的拟定决策"[①]职权。耕地质量监测保护中心、土地整治中心等相应实施机构则根据自然资源行政部门依照法定权限和程序的明确授权,来履行耕地保护与土地整治规划、计划、项目申报与审批、项目实施、工程管护、资金管理、验收、抽查复核、绩效评价的职权。其他相关职能部门则有必要基于前述主要监管职责分工以及各类监管部门在不同环节的具体执行事项,根据不同领域的相关法律规定分别明确各自的耕地保护与土地整治监管职权事项范围。此

---

① 赵谦:《依法规范土地整理监管》,《人民日报》2014年10月14日。

外,监管部门职权清单规范所列明的各类监管职权事项范围与运行流程的应然步骤设定,皆属于应当公开的权责信息;相应监管决策、执行职权运行流程的实然步骤运行过程,则属于可公开的权责信息,需厘清必要的"信息公开排除范围"①。决策议案、决策决议的名称与内容,以及决策决议的执行过程与结果,只要不涉密、不涉监管人员隐私皆属于可公开范围;决策议案汇总、协商酝酿过程,决策决议研究、复决过程,以及可公开事项中的涉密、涉隐私部分皆属于排除范围。是否立案执行的结果,案件核查报告的结论部分,案件处置决定的名称与内容,陈述、申辩或听证的过程,审批手续的结果,案件处置文书的送达过程,以及案件处置决定的履行结果,只要不涉密、不涉监管人员隐私皆属于可公开范围;线索材料汇总初审过程,调查取证过程与案件核查报告的非结论部分,案件处置决定的作出过程,审批手续的作出过程,案件处置决定的履行过程,以及可公开事项中的涉密、涉隐私部分皆属于排除范围。应当公开权责信息皆由相应监管部门基于所涉"公共利益衡量"②便捷化的需要,主动通过所在部门官方网站或定期发布的信息公报、皮书、年鉴等形式来公开。可公开权责信息则需相对人依循"申请、受理、告知利害相关人、公开信息"③的基本流程,根据《政府信息公开条例》的相关规定,通过其申请渠道以书面函件或电子邮件的形式,来对相对人定向公开。

(二) 耕地保护与土地整治机构治理条款的完善

耕地保护与土地整治机构治理条款的完善应从任职保障规范和内部制裁规范出发,探寻促使监管人员管理、责任保障规范契合于提升监管机构人员履职能力要求的完善路径。

耕地保护与土地整治任职保障规范即是在切实提升监管人员履职能力理念指引下,就监管人员所需学科专业知识与实务操作技能之履职能力准入、可持续事项予以规制的相关法律规范。耕地保护与土地整治监管活动往往关涉工程学、规划学、信息学、管理学、经济学、法学和生态学等多个学科相关理论,其相应的实务操作技能往往表现为在监管实践中彰显"执行能力、开创性工作能力、学

---

① 湛中乐、苏宇:《论政府信息公开排除范围的界定》,《行政法学研究》2009 年第 4 期。
② 王敬波:《政府信息公开中的公共利益衡量》,《中国社会科学》2014 年第 9 期。
③ 应松年、陈天本:《政府信息公开法律制度研究》,《国家行政学院学报》2002 年第 4 期。

习能力、沟通协调能力"①之文字表达、口头交流及思维分析技能。有必要针对全体耕地保护与土地整治监管人员岗位性质、特点之不同,而在所需学科专业知识、实务操作技能基本要求上予以差别化设定。该类基本要求可通过相应履职资格考试对所涉知识、技能的考核范围而予以明确。综合管理类监管人员主要履行监管决策职权,监管行为更多地体现宏观务虚性与非现场性;行政执法类监管人员主要履行监管执行职权,监管行为更多地体现微观务实性与现场性;专业技术类监管人员主要为监管决策、执行职权的履行提供技术支持与保障,监管行为更多地体现技术客观性与非现场性。此外,各类监管职能部门即是该类在职培训的组织方,既可由前述耕地保护与土地整治联席会议来牵头组织相关职能部门监管人员统一培训,也可由相关职能部门各自组织其监管人员分散培训。还应基于监管活动的实际"培训需求分析"②,根据监管人员的不同类型,并结合差别化的所涉知识、技能基本要求而分别设计。该类监管人员在职培训属于公务员培训序列,除一般通识性培训事项外,还需凸显其应用特色与监管履职能力更新类培训。从而确保各类监管人员能够面对复杂、多样的耕地保护与土地整治事实,及时作出合法、合理、科学、有效的监管干预处置。还应将既有公务员培训制度确立的"专门业务培训和更新知识培训"③教学、考核事项,设定为耕地保护与土地整治监管人员在职培训方式的基本指引,对不同层级监管人员的年度培训分别设置相应的学时档次。

　　耕地保护与土地整治内部制裁规范即是在双向内部制裁权威理念指引下,就相应监管内部制裁所需被惩戒人向度下认同所涉权威、参与制裁程序以及补正制裁方式事项予以规制的相关法律规范。当基于既有耕地保护与土地整治监管体制下上下级组织关系所形成的预设权威,在凸显被惩戒人向度下的认同及参与前提下,设定奉行合议制的监管人员惩戒委员会。该惩戒委员会即是在耕地保护与土地整治监管领域,根据既有一般性公务员惩戒法律规范,特别设定之实施内部制裁相应惩戒行为的行政责任惩戒决定机关或刑事责任惩戒提请机

---

　　①　周敏:《行政执法类公务员胜任力素质技能标准研究——以税务系统公务员为例》,《中国行政管理》2012 年第 12 期。

　　②　赵乃才:《公务员能力培训及其效果研究》,《行政论坛》2002 年第 5 期。

　　③　韩国明、刘玉泉:《西方国家公务员培训制度对我国的借鉴意义》,《行政与法(吉林省行政学院学报)》2004 年第 9 期。

关。此外,还需要在内部制裁惩戒程序规范中彰显"正当性、合理性与谦抑性责任条款思维理念"①,以推动惩戒各方主体特别是处于相对弱势地位之被惩戒人的切实参与。需提请有权机关来完成的刑事责任惩戒程序在既有刑事诉讼法律规范中已有清晰规制,且作为犯罪嫌疑人的被惩戒人相关参与机制与诉权保障皆较为明确。应予规制的被惩戒人参与制裁程序事项则当在凸显开放式、对抗型参与要义前提下,指向监管人员惩戒委员会自身进行的行政责任惩戒决定或刑事责任惩戒提请程序。两类程序的具体运作步骤皆为受理、调查、质证、认定这四个环节,区别即在于认定的结果是该被惩戒行为当追究行政责任还是刑事责任,若为前者则由该委员会直接作出惩戒决定,若为后者则由该委员会提请检察机关,行使"传统的追诉性权力"②而启动刑事诉讼程序。此外,还应围绕既有内部制裁法律规范的监管人员徇私舞弊、滥用职权、玩忽职守之三类归责行为,来具体阐明以下事项:所涉行为的界分要义、所涉行为追究行政责任抑或刑事责任的界分要义、所涉行为适用相应行政责任抑或刑事责任的具体条款准据。有必要将滥用职权、玩忽职守行为设定为基本归责行为,追究其行政责任抑或刑事责任的界分要义即在于该行为有否造成与之构成因果关系的重大损失。认定重大损失的准据条款应在所涉规范性法律文件的"附则"部分,明确指向《最高人民检察院关于渎职侵权犯罪案件立案标准的规定》之两类不同列举式规定。应将徇私舞弊行为所涉牟取不当私益设定为滥用职权、玩忽职守行为的加重惩戒事项,而就相关越位、缺位监管一并实施制裁。

第二节　耕地保护与土地整治行为条款完善

近年来,我国已逐步确立了与"项目区地域空间结构与功能定位相匹配"③的耕地保护与土地整治行为体系。完善"糅合公共因素与私法因素"的耕地保护与土地整治行为条款,旨在于兼具管理、协作、自治规范属性的耕地保护与土地整治行为规范样本中,围绕"顶层设计和体制保障"④,来检视"行为内部体系

---

① 李亮:《法律责任条款规范化设置研究》,中国社会科学出版社 2016 年版,第 81 页。
② 蒋德海:《构建刑事追诉和法律监督相统一的中国检察权》,《政法论丛》2012 年第 6 期。
③ 信桂新等:《人地协调的土地整治模式与实践》,《农业工程学报》2015 年第 19 期。
④ 龙花楼、张英男、屠爽爽:《论土地整治与乡村振兴》,《地理学报》2018 年第 10 期。

严密化"①的行政行为法理论所涉行为素质、行为协同与行为互动命题。

一、行为条款的现状与问题

（一）耕地保护与土地整治行为素质条款的现状与问题

耕地保护与土地整治行为素质条款主要指向提升相应行为人在参与耕地保护与土地整治过程中的"效率化、效益化"②水平,以促进"具备一定担当的治理能力"③相关主体实现该类公共事务治理活动应有的"效益回馈"④。其主要存续于作为行政相对人之耕地保护与土地整治义务人及权利人层面,旨在提升该类当事人参与耕地保护与土地整治活动的诸项"能力要素"⑤,从而基于认知能力与评价能力而科学高效地成就"参与型行政"⑥的素质结构样态。一方面,就理性判断基准事项而言。既有的耕地保护与土地整治理性判断基准规范主要规定了基准的表现形式和基准的选择性设置。对于基准的表现形式,相关规范呈现了耕地保护与土地整治行为基准的抽象式样;对于基准的选择性设置,相关规范强调基于外部因素约束进行选择。另一方面,就评价能力影响事项而言。既有的评价能力影响规范主要规定了耕地保护与土地整治行为的评价效果反馈秩序和评价属性规程行为。对于评价效果反馈秩序,相关规范设定了权利人对整治行为效果的认知及反馈程式;对于评价属性规程行为,相关规范强调评价对行为工作程序贯穿一定的标准、要求和规定。

一方面,理性判断基准指向既有规范设定的各类耕地保护与土地整治行为人、义务人,基于"防范无序与混乱,实现秩序化"⑦之功能理念,所明确的耕地保护与土地整治规划统筹与衔接等理性判断规范事项。既有规范往往依循"民主权威化"⑧的传统进路,引导主体就所涉规划、编制方案、控制制度、年度计划及

① 章志远:《当代中国行政行为法理论发展的新任务》,《学习与探索》2018年第2期。
② 赵谦、陈祥:《服务型、标准化及复合化:英国污染土地复垦立法的启示》,《华中农业大学学报(社会科学版)》2018年第4期。
③ 胡厚翠、顾丽梅:《合作治理研究的文献解读》,《中共福建省委党校学报》2017年第2期。
④ 赵谦:《互助与自足:土地复垦监管的共同体关系及功能》,《暨南学报(哲学社会科学版)》2017年第8期。
⑤ 漆国生:《公共服务中的公众参与能力探析》,《中国行政管理》2010年第3期。
⑥ 杨建顺:《论行政评价机制与参与型行政》,《北方法学》2007年第1期。
⑦ 赵谦:《刍议中国农村土地整理的立法价值》,《中国土地科学》2010年第9期。
⑧ 高民政、刘胜题:《民主权威化与权威民主化》,《南京社会科学》2001年第5期。

损失补偿形成耕地保护与土地整治之理性判断。但该类行为规范更多是基于概括性的治理目标和行动方向的设定，难以推进行为人构建法律理性判断，对所涉标准、规定、制度、计划等实现充分严谨认知。或通过必要的规范话语表达结构对复合性法律内容给与主体选择权，引导相关行为人基于利害关系、内容变化、遵循原则作出相应的选择。抑或就耕地保护事项的预设方案和土地整治所涉土地的经济社会生态综合价值追求及权利保障目的予以明晰。

另一方面，评价能力指向既有规范设定的各类耕地保护与土地整治权利人在"职权中心主义或职权本位与秩序行政模式相适应，强调以职权来达成秩序目的"①视角下，基于"自我规制"而生成之对相关项目验收情况的认知，以及其作为耕地保护与土地整治行为人积极参与验收进程达致的反馈秩序。所涉核查结论反馈方式、渠道及对异议核查情况提出的整改意见落实情况等反馈实效问题往往缺乏明确规定。亦凸显耕地保护与土地整治具体行政行为相关人基于行政决策中公众参与的理念而生成对所涉行为的认知，并作为耕地保护与土地整治行为责任主体或权利人、其他相关人共同参与决策过程生成的行动效果反馈。针对"可以"的裁量性评价属性如何，在规范中并未明确。由于该类规范缺乏对相关主体的意见情况的处理反馈等实效问题规定，且未能就相关权利人于"协议"和"登记"活动中羁束性与裁量性评价属性及相应行动"程序性结构"等行为规程事项予以清晰规定。评价能力之于行为规程的反馈实效并未明确，该框架下可能的反馈意见往往可能流于形式，表征为各类评价能力的实施效果更多体现于单向度反馈过程，而较少就双向反馈实效问题予以回应。而相关的羁束性、裁量性评价属性因其评价方向的模糊性未能达成权利人参与评价事项的清晰认知。基于此，有必要通过自下而上的参与式方法，由具备一定治理能力的当事人在参与相关活动过程中畅通地进行利益表达。

（二）耕地保护与土地整治行为协同条款的现状与问题

耕地保护与土地整治行为协同条款主要指向在耕地保护与土地整治行为过程中，基于达致"作为行政目标实现的过程或环节和结果达成的契约文本"②之

---

① 柳砚涛、刘宏渭：《行政法的嬗变：由公法到公私法合一》，《甘肃政法学院学报》2006年第6期。
② 蒋红珍：《论协商性政府规制——解读视角和研究疆域的初步厘定》，《上海交通大学学报（哲学社会科学版）》2008年第5期。

程序与实体的双重面向协商要义,在行政主体维度中凸显"连带感、相互扶助意识以及公共性"①之"利益多元化前提下的协商民主机制"②。一方面,协同组织事项主要指向职能部门在耕地保护与土地整治活动中形成的权力结构和行为分工框架。对于权力结构事项,主要凸显一元复合型权力结构的形成;对于行为分工事项,强调主导与协同的行为分工。另一方面,权责指标事项主要指向管理办法和验收事项。对于管理办法,相关规范明确了耕地保护与土地整治相关费用及规划等内容的协商;对验收事项,相关规范则强调验收活动的环节事项。

协同组织事项往往指向缺失协同组织机构建制的对口协商平台规范。对口协商平台指向既有规范设定的各类耕地保护与土地整治职能部门,基于"民主、参与、协商、沟通、合作和互动"③的功能理念,所明确的"协商委员会"等组织机构建制事项。既有相关规定虽然初步确立了各类职能部门在耕地保护与土地整治行为中的一元复合型体制,以及主导与协同过程中行为分工的基本框架,④并通过机构的层级结构与内部管理事项的对应配置,大体实现了各类职能部门在主导与协同过程中行为分工的基本框架。但就目前来说,协同组织机构建制的对口协商平台设定是缺失的,该框架下可能的协商意见往往趋于封闭或零散。各类平级职能部门之间可能的对口协商更多地有赖于纵向协同,由上级领导基于更高层次权威的单向度统筹或监督指导,而较少的通过地方立法就耕地保护与土地整治对口协商事项予以原则性配置,导致事项合作型、任务组织型与项目集中型之相应协商决策的"务虚意义远远大于决策执行务实价值"⑤。

权责指标事项所涉的权责指标规范缺乏量化和可操作性,往往指向基于"公共决策"理念明确的协商性行为权责指标范围。既有规范虽然总体上从纵向、横向双向确立了职能部门对耕地保护与土地整治工作的主导协同权责事项的划分,但该规范事项就平级机构负责的权责指标并未实现相互对应。此外,大

---

① ［日］小浜正子:《近代上海的公共性与国家》,葛涛译,上海古籍出版社 2003 年版,第 5 页。

② 许玉镇、王颖:《民生政策形成中利益相关者有序参与问题研究——基于协商民主的视角》,《政治学研究》2015 年第 1 期。

③ 张锋:《我国协商型环境规制构造研究》,《政治与法律》2019 年第 11 期。

④ 例如,《土地复垦条例》第 5 条之自然资源行政部门作为协同中心主导复垦监管事项、"其他有关部门"依职责配合规定。《土地复垦条例实施办法》第 3 条之自然资源行政部门"加强与其他部门的协同配合"规定。

⑤ 赵谦:《机构建制与治理:土地复垦监管组织条款的规范分析》,《东方法学》2018 年第 5 期。

体上将"管理办法协商"与"验收协商"确立为两类主要对口协商事项,将"规划计划制定协商"与"验收协商"确立为两类主要对口协商事项,并就参与协商的职能部门及主要权责指标范围予以较明确的规定。但所涉权责指标仍略显粗疏,还需进一步提炼"设定制度性指标、行为性指标、系统性指标和效果性指标四个方面将法治政府予以量化"①并凸显其可操作性。

(三) 耕地保护与土地整治行为互动条款的现状与问题

耕地保护与土地整治行为互动条款主要指向当事人基于"互惠性目标",依循行政主体与行政相对人之沟通渠道,通过必要的传递环节事项设定,而实现"信息无障碍传递"式公开,以达致该类治理活动应有的"监管实效回馈"。一方面,既有的主动信息公开的规范主要规定了主动信息公开的事项范围和公开方式。对于信息公开的事项范围,相关规范明确了数据信息及其他耕地保护与土地整治有关需要公告的事项范围;对信息公开的方式,明确采用电子渠道进行公告报告的方式。另一方面,既有的被动信息公开的规范主要规定了被动信息公开的依据属性和公开原则。对于依据属性,主要规定被动信息公开的准据适用事项;对于公开原则,主要凸显公开为原则、不公开为例外的被动信息公开原则。

耕地保护与土地整治当事人的主动信息公开往往指向既有规范设定的相应职能部门,基于"公开、平等、便民"②理念,明确实现"观念的多样性获得尽可能完整和广阔的表达与传递"③所需的依职权信息公开事项,双向度和互动性属性往往不够凸显。既有规范往往将自然资源主管部门设定为土地管理信息化建设主要责任主体,其分别对应内部其他职能机构和其他权利主体及其相关人,信息共享机制和信息公开机制作为相应的信息互动平台。并将相应职能部门所主动公开信息的范围列明为数据信息、结果公告、年度报告与重大事项这四类,并将"门户网站"设定为主动信息公开的基本途径。该类主动信息公开规范基于政府信息公开职能,大体就信息公开有关事项范围和平台予以确认,实现政府信息公开的权力事项和权力行使方式框定,而行政行为通过单一公开方式无法实现信息双向度流动。其往往将耕地保护与土地整治草案公告及民意整合过程作为

---

① 杨小军、宋心然、范晓东:《法治政府指标体系建设的理论思考》,《国家行政学院学报》2014年第1期。

② 应松年、陈天本:《政府信息公开法律制度研究》,《国家行政学院学报》2002年第4期。

③ 张翔:《基本权利的双重性质》,《法学研究》2005年第3期。

规划、计划行政审批的程序性前置环节,同时将审批前规划草案的意见征询、经审批的规划两类列为主动公开事项。相关规范皆依循"塑造公民理性参与精神之公众充权"①思维,在一定程度上明晰了相应职能部门主动发布信息的具体事项及范围,并将初步验收结果公告事项设定为后续义务人、权利人实现"意见、异议"参与的前置环节。但该类信息发布与公告的属性更多地是囿于单向度的职责广播式信息公开,并未将确保相关权利人的必要知情权设定为信息公开之责达致情况的核心评判要件。

耕地保护与土地整治当事人的被动信息公开往往指向既有规范设定的申请接收职能部门,基于"开放政府的观念"②明确依申请实现"公众主动选择"③式信息公开事项,其实效性保障略显不足。例如,"申请查询专家意见"规定,即旨在凸显职能部门顺应公共选择的需求,依循信赖保护原则来向申请人定向公开相关专家意见。该类依申请之被动信息公开的实效,往往与以民为本理念指引下有关职能部门对《政府信息公开条例》的准据式适用行为有关。虽然既有耕地保护与土地整治行为规范并未就被动信息公开的事项内容予以直接列明,但《政府信息公开条例》的相关规定亦能就该类活动中的相关事项予以方向性指引,其中的列明限定则分为三类:"国家秘密"之绝对限定,"商业秘密、个人隐私"之指明条件限定,"内部事务信息、履职过程信息"之酌情裁量限定。前述"查询专家意见"规定虽然仅列明了信息公开事项,但亦明确了《政府信息公开条例》的依据属性,且明晰了作为"履职过程信息"之"专家意见"的"应当"公开情形。该类被动信息公开规范通过对准据式适用耕地保护与土地整治信息被动公开提供规范依据,大体实现申请信息公开的可行路径和事项范围。但通过公开为原则式列明限定对准予公开事项范围予以严格或裁量限定,及"利害关系"之主体限定等多重障碍,无法凸显被动信息公开的实效性保障。

二、行为条款的规范进路

探究耕地保护与土地整治行为条款的规范进路旨在立足于对前述规范的现

---

① 胡卫卫:《公众充权:农村政治生态重构中公众参与的路径指向》,《农业经济》2019 年第 5 期。

② 张成福:《开放政府论》,《中国人民大学学报》2014 年第 3 期。

③ 刘淑华:《大数据时代网络抗争治理——基于江苏启东事件的个案研究》,《中国行政管理》2015 年第 7 期。

状与问题进行评价或判断的结果,来厘清相应行为素质、行为协同与行为互动条款的完善命题。有必要立足于耕地保护与土地整治行为"依赖于合作完成与独立于合作完成"①而达致社会效益最大化所涉能力要素、对口协商和信息公开这三个关键问题,解析"主体明确、机构完整、层级分明和政策有效"②的行为内部体系要义,进而在相关制度层面,从推进改善法律机构行动效益的角度,具体解析相应规范的可能完善路径。

（一）耕地保护与土地整治行为素质条款的完善

耕地保护与土地整治行为素质结构主要以相关责任主体和权利主体为载体,意在提升该类当事人在认知能力与评价能力的实践精神维度中参与耕地保护与土地整治活动的诸项"能力要素",而科学、高效地成就"参与型行政"的素质结构样态。

耕地保护与土地整治责任主体的认知能力要素往往指向既有规范的相应义务人及其他行为人等责任主体,基于"公共利益衡量"所明确之"判断和选择"事项。应引导相应责任主体来建构一定的理性判断。可尝试依循"具体化裁量基准观"思维,对主动补偿的补偿事由予以界分。将"遭受损失"设定为补偿的基准事由,将工程项目的公益属性、是否与相关耕地保护与土地整治行为人展开有效沟通协商、对相应权利人的影响程度等因素设定为加重或减轻补偿的裁量事由。推动相关义务人实现"理性化"判断的角度出发,进一步列明所涉"标准""规定""制度",以提升相应"技术标准化合作网络的运作效率",③对相应的规划方案予以"充分论证"。此外,还有必要确立相应责任主体的必要行为选择指引。相应责任主体的必要行为选择指引分别指向耕地保护与土地整治专家职业道德的自我约束、变化情形评判规程和耕地保护与土地整治主体的结构样态。首先,设定必要的耕地保护与土地整治专家职业道德指引规范,以推动其"自我发现、自我遏止、自我纠错"④。应在健全专家推荐、遴选程序的基础上,明确现

① ［英］史蒂芬·奥斯本:《新公共治理?——公共治理理论和实践方面的新观点》,包国宪、赵晓军等译,科学出版社 2016 年版,第 155 页。

② 吴次芳、费罗成、叶艳妹:《土地整治发展的理论视野、理性范式和战略路径》,《经济地理》2011 年第 10 期。

③ 田博文、田志龙:《网络视角下标准制定组织多元主体互动规律研究》,《管理学报》2016 年第 12 期。

④ 崔卓兰:《行政自制理论的再探讨》,《当代法学》2014 年第 1 期。

场评审专家轮换、随机抽选规程和通讯评审专家双盲评审规程,以设定专家职业道德之外在制度环境规范。其次,设定完备的"变化"情形评判指引规范。明确各类基准评判事项、裁量评判事项,以及相应的"重大"考量要件,而予以种类、幅度的列明。再次,设定清晰的"预防控制措施"行为范围指引规范。明确相应措施的技术标准与行为风险评估事项,可为该类措施的具体行为范围提供较为明确的科学事实指引。最后,列明耕地保护与土地整治主体的具体方案、人员配备要素。根据所涉行动效益需要,选择成本更低、效率更高的治理结构组合,以有效调配相应行为主体所需的素质构成。

耕地保护与土地整治权利人的评价能力要素往往指向既有规范设定的土地所有权人、管理权人、收益权人、承包经营权人等权利人,突破"集体行动的困境"①所明确之凸显"主体意识与权利意识"②的反馈实效与行为规程事项。应明确核查结论针对性异议的对等书面反馈方式和原路径反馈渠道,明确可行性研究报告及项目承担主体对专家、权利人意见予以采纳和反馈的渠道。反馈实效问题亦应确保相应权利人在"范围、方法和程度"③等方面实现充分参与的前提下,根据"属实"的异议事项情形予以梯次化设定。若是针对"初步验收结果"的部分异议,并具备整改的技术可行性,则应根据既定方案与项目设计书载明的技术指标来实施整改,且相应环节的整改期限不应超出该环节的原设计工期。若是针对"初步验收结果"的全面异议,且触发既定方案与项目设计书所载明的验收不合格条款,抑或部分异议但不具备整改的技术可行性,则皆应启动相应的追责程序并重新实施该项目。此外,还应明确相关权利人在耕地保护与土地整治相关协议签订过程中裁量性评价属性,对指标分配的裁量评价予以明确。就新增耕地,谁有权决定其作为建设占用耕地的补充需要予以明确,尤其该条规定应着重保护相应权利人地位。在该类民事合同的签订过程中,投资单位或个人与相应权利人的法律地位是平等的,双方应合意沟通相应的目标任务、预期土地使用和收益分配等协议条款。此外,还应明确相关权利人在办理土地登记过程中的羁束性评价属性。"应当依法办理"之羁束性即指向发生权属调整的相

① [美]奥尔森:《集体行动的逻辑》,陈昕译,上海人民出版社 2014 版,第 4 页。

② 赵谦:《专业合作社法实施中的农民参与困境及校正——以重庆为例》,《法学》2012 年第 3 期。

③ 杨建顺:《论行政评价机制与参与型行政》,《北方法学》2007 年第 1 期。

关权利人。权属变更登记申请、地籍调查、权属审核、注册登记、核发证书等登记基本环节设定,亦应伴随"事前预防、事中化解与事后优化"①的"开放行政"②式行政登记机制构建,而予以指向性适用依循。

(二) 耕地保护与土地整治行为协同条款的完善

耕地保护与土地整治行为协同主要以相关职能部门为载体,就对口协商平台与对口协商事项这两个方面,来弥合不同职能部门之间的权力行使资源与法律地位分歧,以推动促进合作整治共识的顺利达成。

就职能部门对口协商平台规范的完善而言,有必要设立担负"政策研究和规划、信息交流与沟通、政策执行的协调与监督等功能"③之"领导小组"式的跨部门对口协商平台,从组织形式方面来推进实现"组织和权力结构互动"④所表征之横向对口协商理念的逐步确定。在横向对口协商的组织形式层面,可依循"平等化、行动化、去中心化和开放性、扁平化和去边界化"⑤的合作行动理念,通过耕地保护与土地整治联席会议这类凸显"调和部门自主性与相互依赖属性"⑥的协商平台中,来充分发挥相关职能部门各自的"组织、结构、程序、人员优势"⑦。此外,还根据相应主导与协同职能部门的不同职责范围,在耕地保护与土地整治前、中、后的不同阶段环节,通过"设计合理、分工明确且守持程序规则"⑧的差异化协商方式,来实现各自履责情况的沟通交流,并就疑难个案处置或需协调处置事项来推进"决策协商"⑨。在前端环节,主要凸显信息共享与一体化审批的协商方式;在中继环节,主要凸显资料会审与理由说明的协商方式;

---

① 汤金金、孙荣:《全过程治理:风险社会下公共冲突弹性治理机制建设》,《党政研究》2017年第5期。

② 邓佑文:《行政参与的权利化:内涵、困境及其突破》,《政治与法律》2014年第11期。

③ 赖静萍、刘晖:《制度化与有效性的平衡——领导小组与政府部门协调机制研究》,《中国行政管理》2011年第8期。

④ 赖静萍:《当代中国领导小组类型的扩展与现代国家成长》,《中共党史研究》2014年第10期。

⑤ 苟欢:《合作治理:社会治理变革的新探索——中国"合作治理"研究(2000—2016)文献综述》,《公共管理与政策评论》2017年第1期。

⑥ 杨志云、殷培红、和夏冰:《政府部门职责分工及交叉的公众感知:基于环境管理领域的分析》,《中国行政管理》2015年第6期。

⑦ 邓伟志:《变革社会中的政治稳定》,上海人民出版社1997年版,第94页。

⑧ 渠敬东:《项目制:一种新的国家治理体制》,《中国社会科学》2012年第5期。

⑨ 吴明熠:《依法行政决策协商程序构建中的价值冲突与选择》,《行政与法》2019年第9期。

在后续环节,主要凸显现场联合调查与一体化审批的协商方式。以期在"机关结构决定职权归属"①之功能主义调适维度中,实现横向对口协商的互动性积极、有效协同。

就职能部门对口协商事项规范的完善而言,应当厘清参与对口协商平台的相关职能部门在各个环节"参与公共政策制定、执行与监督"②的差异化权责范围,并从对口协商事项之制度、结果两方面予以类型化梳理。制度对口协商事项主要指向包括资金管理办法在内的各环节管理办法。该类协商固然应以管理办法制定与否作为主要的权责指标,但管理办法所规定诸项条款的事项权限合法性、权责设定合理性、措施程序可操作性、适用结果实效性、制度体系协调性、语言结构规范性亦当纳入量化指标范围。相关职能部门应通过信息共享、理由说明等协商方式,在管理办法制定的立法准备阶段实现充分谈判与磋商,以确保提交相应立法机关审议之办法草案应有的科学性。结果对口协商事项则分别指向包括验收协商在内的草案结果、报告结果与运营结果协商。该类协商固然应以既有六类主要权责指标作为基本准据,但相关"项目实施信息采集与填报、质量监管、工程量签证、档案资料管理等"③现场监管评判操作规程,以及"卫片执法""土地监测信息系统""'天上看,地上查,网上管'的数字化高科技监管"④之非现场评判操作规程,亦当予以明确。相关职能部门应通过资料会审、现场联合调查、一体化审批等协商方式,就草案、报告与运营的结果评判,实现有序、有据之"契约文本"化酝酿,必要时可"引入第三方机制参与裁决",以确保所出具结论的权威性与公信力。

（三）耕地保护与土地整治行为互动条款的完善

耕地保护与土地整治行为互动主要以信息公开为载体,并从"主动信息公开与被动信息公开"⑤这两个方面,来促进"信息公开制度的建立健全",以合理"规避公共利益轻易被淡化或者弱化"之风险。

就当事人主动信息公开规范的完善而言,有必要基于"公共利益本位"理

---

①　张翔:《我国国家权力配置原则的功能主义解释》,《中外法学》2018年第2期。

②　郁建兴、张利萍:《地方治理体系中的协同机制及其整合》,《思想战线》2013年第6期。

③　高世昌:《中国土地开发整理监管研究》,《资源与产业》2008年第5期。

④　孟展等:《土地开发整理项目监管制度建设探讨》,《资源与产业》2011年第3期。

⑤　应松年、陈天本:《政府信息公开法律制度研究》,《国家行政学院学报》2002年第4期。

念,从双向度定向服务式信息与主动发布类信息两类事项,就主动公开信息的
"回应各种社会需求和愿望"①之"人本化"②信息动态交流属性予以规范强化。
可尝试实现双向度之定向服务式信息公开。在明晰该类数据信息、结果公告的
传统纸质媒体与"政务论坛、微博平台"③等新媒体的大众化发布途径以外,还应
增加面向耕地保护与土地整治责任主体与权利人的邮件寄递订阅、短信通知订
阅等定向服务途径,以"防止新闻发布成为新的信息垄断"④。特别是正在实施
中的相关项目责任主体,还需将其相应的信息送达回执、已读回执乃至信息知悉
反馈时限等信息知悉确认事项列为项目效益评价指标,以确保主动公开信息的
可操作性与传播实效。此外,基于凸显"赢得公民对自身的认可"⑤与避免受众
"信息过载"之双重目的,职能部门主动发布信息的结构事项亦应予以分类列
明。可将数据信息报表、初步验收结果报告、认定结果报告与六类重大事项报告
等结论概览性信息,列为基准大众化发布信息;将可公开的数据信息子项目、信
息指标说明、信息来源、验收图样、环节实录、事项说明、相关证据材料等过程阐
明性信息,列为可选订阅式发布信息。从而在"行政效率理念"引领下,实现信
息服务的差异化有效供给。

就当事人被动信息公开规范的完善而言,应在"确保各种价值诉求有机会
表达"理念的指引下,依循《政府信息公开条例》的相关规定,尝试进一步厘清耕
地保护与土地整治被动信息公开的"申请主体范围、信息公开范围"等事项,以
达致责任主体、权利人等其他相对弱势一方的当事人对必要行政信息的获得、控
制。可考虑就申请主体不作严格的资格性限定,构建耕地保护与土地整治信息
交流与沟通机制,合理限定列明被动信息公开事项,"策略性地调整信息公开的
排除范围"⑥,对被动信息公开所涉三类列明限定,予以适当调整,将该类活动中

---

① [美]诺内特、塞尔兹尼克:《转变中的法律与社会:迈向回应型法》,张志铭译,中国政法大
学出版社 1994 年版,第 16 页。

② 宋玉波、陈仲:《论人本化行政》,《理论探讨》2015 年第 3 期。

③ 李毅:《构建社会合作治理体系的几个要点》,《人民论坛》2016 年第 35 期。

④ 颜春龙:《网络环境下政府信息公开的范式选择》,《中央社会主义学院学报》2007 年
第 5 期。

⑤ 赵春雷:《论政府信息公开中公众的体验及其改善路径》,《南京师大学报(社会科学版)》
2013 年第 1 期。

⑥ 湛中乐、苏宇:《论政府信息公开排除范围的界定》,《行政法学研究》2009 年第 4 期。

的"履职过程信息"纳入指明条件限定的范围,从而为"开放行政治理模式"①下被动信息公开范围的适度扩张提供必要的规范依据。

第三节 耕地保护与土地整治权属条款完善

一、权属条款的现状与问题

明晰耕地保护与土地整治权属旨在从保护权利人合法权益角度,切实推进作为"新时期自然资源部统一行使所有国土空间用途管制和生态保护修复职责重要平台抓手"②的数量、质量、生态"三位一体"耕地保护和全域土地综合整治。有必要基于"明晰农村集体产权归属、赋予农民更多财产权利为重点"的要求,从权属设定和权属调整这两个方面具体展开对相关条款的规范分析。

（一）耕地保护与土地整治权属设定条款的现状与问题

耕地保护与土地整治权属设定旨在从"确定土地所有权、使用权和土地他项权利"③的角度,主要围绕《宪法》第9条"自然资源条款"和第10条"土地制度条款"所确立的自然资源、土地非私有原则,来具体阐明所涉自然资源、土地属于谁的问题。既有耕地保护与土地整治权属规范围绕自然资源面向和土地制度面向,在高位阶原则性立法和低位阶专门性、实施性立法中皆已经初具规模。

基于此,既有规范虽然较为清晰地确立了土地资源的非私有原则,但对具体土地资源的边界范围并未作明确界分。例如,《土地管理法》指出"城市市区的土地"属于国家所有,"农村和城市郊区的土地"原则上属于农民集体所有,法律规定属于国家所有的除外。对于"属于国家所有的农村和城市郊区"以及"属于集体所有的森林、山岭、草原、荒地、滩涂"的规范较为笼统,即既有规范未能就上述两类例外情况的具体边界范围予以明确规定。则有必要在"土地所有权尽量不变"原则指引下整合相关立法,对具体权属设定予以系统清晰梳理。此外,在土地权属设定程序方面,虽然既有规范从不同角度明确了不同类型土地资源

---

① 蔡武进:《行政治理视野下的行政协商》,《北方法学》2014年第3期。

② 陈凯:《全域土地综合整治的现实困境及政策思考——以广东省为例》,《中国国土资源经济》2021年第10期。

③ 郝建新、邓娇娇:《土地整理项目管理》,天津大学出版社2011年版,第178页。

的所有权的归属以及使用权的流转。特别是要求按照确权在先原则,切实查清土地的利用现状和每宗地的权属、种类、面积等现状。但围绕确权在先这一前置程序环节的规范,仍更多地停留在原则化、政策化的口号式表达,缺乏具体的实施细则。

（二）耕地保护与土地整治权属调整条款的现状与问题

耕地保护与土地整治权属调整作为一类"带动土地要素在不同主体、不同部门间重新配置"①的利益分配过程。既有规范主要围绕使用权及他项权利调整、所有权调整和权属调整保障这三类事项而具体展开,并在高、低位阶规范性文件中皆有所涉。权属调整既是用益物权权利归属的变更,也是土地价值再分配的过程,权属调整能否顺利实施,直接关系到"优化农村土地结构和支持发展农村经济建设"②举措的落实,进而影响权利人参与耕地保护与土地整治的积极性与有效性。

基于此,既有规范确立的耕地保护与土地整治权属调整界限范围较为模糊,并未达到界限划定规范的预期协调实效。特别是面对"农村地区普遍存在建设用地和耕地相互交错、耕地碎片化等问题"③,有必要通过优化用地布局来促进调整既有土地权属。所设定的不同土地资源之间所有权的调整范围与程度仍略显原则化。事实上,土地权属调整还涉及不同村集体之间的集体土地所有权之间的调整,以及集体土地所有权与国有土地所有权之间的调整,既有规范针对上述两类土地权属调整则缺乏具体的操作细则。就永久基本农田的调整而言,随着农村城镇化、工业化和农业现代化进程的加快,实践中部分地区的永久基本农田呈现面积小且破碎化严重的困境,但既有规范仅允许在一定情形下一定范围内调整优化永久基本农田,这将难以适应调整重构性整治需求。此外,既有规范更多地是基于对土地资源的保护,依据统筹协调、分类指导的原则,来制定水土保持规划以及统筹造林绿化等多种措施保护各类土地资源的可利用性。虽然就权属调整所涉当事人的"合法权益保护"同样予以原则性规定,但"依法保护"

---

① 张梦琳、陈利根:《农村集体建设用地流转的资源配置效应及政策含义》,《中国土地科学》2008年第11期。

② 林欣:《农村土地整理对整理区域的影响》,《时代农机》2019年第12期。

③ 陈凯:《全域土地综合整治的现实困境及政策思考——以广东省为例》,《中国国土资源经济》2021年第10期。

"鼓励支持"更多地停留在口号式、政策式的规定,未能就相应"合法权益"的详细保护措施予以具体限定;此外,就耕地保护与土地整治所设"资金保障""使用费管理使用"条款而言,既有规范虽然将其考虑在内,但就所设具体实施方法而言,仍然停留在较为笼统的规范层面,进而导致各地保障标准不统一、不科学。在当前严控政府债务、相关专项资金短缺的形势下,如何选择切实可行的推进模式,更好地保障和推动基层政府实施数量、质量、生态"三位一体"耕地保护和全域土地综合整治,仍有待进一步厘清。

二、权属条款的规范进路

耕地保护与土地整治权属条款的设计有必要围绕"优化国土空间格局、推进乡村振兴和实现可持续发展"[①]目标,来充分凸显"提高土地利用率、保障土地资源可持续利用"[②]的方向考量。探究相应条款的规范进路旨在立足于对前述权属设定和权属调整规范的现状与问题进行评价或判断的结果,来具体解析相应规范的可能完善路径。

(一) 耕地保护与土地整治权属设定条款的完善

耕地保护与土地整治权属设定条款的完善有必要依循"切实死守生态红线、有效形成耕地保护和土地集约节约利用"[③]的综合模式。"产权的明确界定和足够低的交易成本是要素流动、市场交易存在的本质前提"[④],应立足于"明确农村集体经济组织及其成员所享财产权之边界"[⑤],来尝试明晰所涉权属的定位与设定程序。

就明晰耕地保护与土地整治权属定位而言,有必要进一步明晰国有以及集体所有的土地资源的标准,探索制定两类土地权属目录,进而分类对其权属予以

---

① 杨忍、刘芮彤:《农村全域土地综合整治与国土空间生态修复:衔接与融合》,《现代城市研究》2021 年第 3 期。

② 张腾飞:《基于土地整治视角下的县级农业产业发展——以定边县为例》,《农业与技术》2021 年第 20 期。

③ 胡动刚、蒙萌、胡思颖、李雪妍、鲍泽韩:《2010 年以来从土地整治到全域整治的热点研究和阶段分析——基于耕地保护视角》,《华中农业大学学报》2021 年第 6 期。

④ 张梦琳、陈利根:《农村集体建设地流转的资源配置效应及政策含义》,《中国土地科学》2008 年第 11 期。

⑤ 陈小君、高飞、耿卓:《我国农村集体经济有效实现法律制度的实证考察——来自 12 个省的调研报告》,《法商研究》2012 年第 6 期。

明晰,科学严格界定国有土地范围,逐步实现土地整治权属认定的科学化、有序化。囿于前述"属于国家所有的农村和城市郊区"以及"属于集体所有的森林、山岭、草原、荒地、滩涂"的土地资源界分标准模糊,相关下位实施性立法规范应当进一步明确遵循宪法确立的土地资源两类所有制原则。就"森林、山岭、草原、荒地、滩涂"资源的两类所有制而言,相关规范应当明确对于已经发现但宪法未列明的或者尚未发现但未来可能发现的各类相关资源,都应当按照"等自然资源,都属于国家所有"这一概括性规定理解。对于"农村和城市郊区"类土地资源的两类所有制而言,下位实施性规范同样应当明确该类资源原则上属于集体所有,城市以外国有的土地大致有如下几类:国家所有的工商企业、农林企业、能源、交通、水利设施占用的土地;国家所有的文教卫生和其他公益设施用地;军事用地;其他已经确定(如没收、征收、收归国有)为国有的土地;无人居住、使用的土地;其他不能确定为集体所有的土地。除此之外,可界分为属于集体所有。此外,进一步将上述操作规程按照"附录"形式载于《土地管理法》规范中。同时辅以必要的文件予以简明化释义,对其进行更进一步的可操作化的实施性解读,从而降低该类界定标准的认知与实施难度。

就厘清耕地保护与土地整治权属设定程序而言,可进一步对"确权在先"这一前置程序予以细化规定,相关规范可对权属认定前的"地类和面积,界址和权属"的调查、核实的具体步骤予以明晰。可尝试在上报予以界定权属之前,基于土地调查和土地等级材料确认当前土地的权属状况,在权属设定前确认权属状况,应以相关项目区为单位,说明该宗耕地的权属性质、权利主体和权利客体。有必要基于"保持土地产权的明晰、权能的完整、权能构成的合理以及产权足够的流动性"①考量,来对附于该宗耕地上的权利是何种性质的权利予以说明和确认。应通过所有者或使用者取得该宗耕地的原初方式来作出判断。根据土地非私有原则,相关土地资源的权属性质大致可分为以下五类:土地集体所有权、土地国家所有权、集体所有土地使用权、国家所有土地使用权、土地他项权利(抵押权、租赁权、地役权等)。此外,还应认定所涉土地资源的权利人身份。具体包括土地集体所有权人、土地国家所有权人、集体所有土地使用权人、国有土地使用权人和土地他项权利人。土地集体所有权人主要包括:村农民集体、乡

---

① 付梅臣、王金满、王广军:《土地整理与复垦》,地质出版社 2007 年版,第 16 页。

(镇)农民集体和村内农民集体;土地国家所有权人就是国家;集体所有土地使用权人一般应为本集体内部农民或农民组织,法定特殊情况下可以是本集体以外的个人或组织;国有土地使用权人的范围最广,依法批准下任何个人或组织皆可,不限国籍、城乡;土地他项权利人在合法的前提下也可以是任何个人或组织。此外,还应明确所涉土地权利、义务共同指向的土地座落、土地界址、土地面积、土地地类、土地等级与价格等客体对象。

(二) 耕地保护与土地整治权属调整条款的完善

耕地保护与土地整治权属调整条款的完善应主要围绕权属调整范围和保障制度这两个方面来具体展开。以尝试从推进"政府主导下权利主体受益性、自治性活动"①的角度,通过高效的耕地保护与土地整治权属调整,来缓解农地细碎、优化土地利用,促进农业规模化和产业化。

就扩充耕地保护与土地整治权属调整界限范围而言,有必要围绕"合理利用土地资源是促进农业可持续发展,保护生态环节的重要节点"②考量,来健全相关耕地保护与土地整治权属调整界限范围的规范,按照规范管理、有序运行、城乡互动、收益共享的要求,积极稳步推进。应"在坚持'土地公有制性质不改变、耕地红线不突破、农民利益不受损'三条改革底线的基础上"③,进一步解释"土地所有权尽量不调整"原则。有必要明确在符合相关条件后,为实现利益最大化可允许在数量、质量、生态三位一体耕地保护和全域土地综合整治范围内打破权属边界,重新划分宗地和确定产权归属。以尝试针对不同集体土地所有权之间的调整来具体展开。集体所有耕地之间的所有权调整,即指在成片耕地保护、整治项目实施过程中,就历史原因遗留的插花地、飞地和边界附近各集体所有耕地,基于田块连片规则、利于机械化操作规则来进行的所有权交换活动。该所有权交换仅限于不同集体之间所有权交换,不同集体既包括相邻集体也包括不相邻集体。所有权的交换应以不发生交换为原则而尽量控制交换范围,相邻集体若发生交换须在等量或等价交换的前提下经双方充分协商后进行,不相邻

---

① 刘伟:《农村土地整治中权属纠纷解决路径探讨》,《西部大开发(土地开发工程研究)》2018 年第 7 期。

② 石俊杰:《大力开展土地整理 促进农业可持续发展》,《吉林农业》2019 年第 20 期。

③ 陈汉:《乡村振兴战略下的土地制度改革与管理思考》,《中国国土资源经济》2019 年第 1 期。

集体若发生交换须在等量或等价交换的前提下经各方充分协商后通过各自相邻集体依次进行。

就健全耕地保护与土地整治权属调整保障制度而言,当事人的权益是否得到充分保障,是当事人能否具有充足的配合意愿的前提要件。保持土地承包关系稳定并长久不变,即属于从宏观政策层面对农民土地承包权属调整的相关权利予以保障。为了提高当事人的配合意愿,保证耕地保护与土地整治权属调整的交易过程有序展开,既有规范可尝试在落实中央政策的基础上对相关人员的合法权益保障予以进一步明晰化。亦可尝试加快土地权属调整后的确权和登记工作,确权发证以后,也会增强农民对土地权益保障、财产性收入预期的信心,还可尝试建立合理的收益分配关系以保障当事人的收益。此外,既有规范可尝试对土地权属调整资金筹措渠道进行多元化设定,除了常规的政府固定资产投资,也可多层次多形式推进相关资金整合。尝试推广政府与社会资本合作,支持建立担保机制,实现更多资金投向耕地保护与土地整治领域,以发挥资金叠加的最大效用。还应建立完善土地权属调整民主协商机制,保障所涉人员的参与权与知情权,就土地权属调整的调查、评估、分配、登记技术体系予以同步明确。在坚持农民主体和村民自治的前提下,有必要最大程度保障土地权属调整后的土地价值再分公平合理,积极稳妥有序推进权属调整工作。同时继续探索各类新型技术方法在权属调整过程中的应用可能性,围绕"以专业的技术构建科学和完善的指标体系与评价模型"①,来建立合理、规范、多元的补偿安置保障机制。进而合理确认调整标准,足额支付相关补偿费用,以实现被调整土地权属的当事人生活水平有提高、长远生计有保障。

---

① 卫田霖:《基于乡村振兴发展战略的土地整治新思考》,《南方农机》2021年第21期。

第四章　耕地保护与土地整治法律制度的新形态载体完善

——以高标准农田建设条款为例

高标准农田建设是指根据相关土地利用、整治规划,对"农村土地整治重点区域及重大工程建设区域、基本农田保护区、基本农田整备区"①等特定区域耕地展开标准化的田间工程建设,以实现"高标准建设、管理、利用"②的一类地域化、特色化的新形态耕地保护与土地整治活动。高标准农田建设条款主要有机构建制、资金利益形态、资金来源三类,这是开展高标准农田建设推进耕地保护与土地整治的基本规范。

第一,高标准农田建设机构建制条款,旨在明确政府主导高标准农田建设的前提下,指向功能适当原则下科学设置相关职能部门以实现效能优化的规范命题。该类条款的字面意义、隐含意义透过领导小组虚置化下的主导部门冲突与职能部门职权配备部门化下的职权交叉得以显现。应完成相应职能部门所涉高标准农田建设职责权限的清单式规范,列明围绕建设项目运营全过程的各部门具体协同内容事项,以确立领导小组实体化下的功能主义职权配备之规范进路。该进路堪为基于行政任务之行政组织法重构范式下,地方政府议事协调机构更为便宜、可行的规范化、长效化改制方向。

第二,在推进高标准农田建设过程中,通过财政资金的引导来鼓励多元投资,以强化资金整合、加大投入力度,逐渐成为一种原则性共识。由此诱发的利益多元化恣意风险,有必要通过高标准农田建设资金条款所设定的利益形态来

---

① 魏星:《高标准基本农田建设项目存在的问题及对策》,《现代农业科技》2016年第5期。

② 郑伟元、陈原:《统一技术标准要求 规范高标准农田建设——〈高标准农田建设通则〉解读之一》,《中国国土资源报》2014年7月8日。

实现系统性规制。依循相关规范,从理念层面的利益目标与行为层面的利益表达,来对各类建设资金所表征的整序化公共利益和资本化私人利益实现平衡保护,则成为一类关涉相应公权力主体、社会性投资组织和产权主体之间利益制约与影响的规范构造命题。一方面,应围绕相关条款蕴含的高标准农田建设资金利益目标的属性定位和态度倾向,展开对所涉利益目标的个殊营利性规范。另一方面,应围绕相关条款列明的高标准农田建设过程中各类主体的不同利益表达,展开对所涉条件前置型、规模参与型和产权中心型利益表达的类型化规范。

第三,应根据高标准农田建设资金条款的物质规范保障指引,尝试明晰财政专项资金对高标准农田建设实现兜底性支持的不同功能定位,进而实现科学合理的资金投入结构性配置。资金统筹整合规范的载体保障功能,旨在提供资金来源、归集与投放事项的系统性保障方案;资金差异化配置规范的手段保障功能,旨在提供面向重点项目、领域的目标型手段指引,以及优化项目建设地域布局的优先型手段指引;以奖代补规范的激励保障功能,旨在为积极引导社会资金投入高标准农田建设,提供结果竞争策略维度的理念、方法激励指引。高标准农田建设资金条款作为一种资金规制工具的规范事项表达,兼具载体性、手段性与激励性。有必要基于其功能要义的类型化阐明,来为相应财政专项资金的规模化投入提供明确的指南性引领。

第一节　高标准农田建设机构建制条款完善

高标准农田建设机构建制条款即指在相关农业、土地部门法体系中,于"跨部门协同治理"理念指引下,就政府职能部门协作建设高标准农田的机构设置与职权配备事项予以规制的法律规范。该类条款在明确政府主导高标准农田建设的前提下,指向"功能适当原则"下科学设置相关职能部门以实现效能优化的"规范命题"。其既是"健全土地节约集约使用""完善国土空间开发保护""基本农田系统保护"的"管制和保护"主体规范,也是"推进机构职能优化协同高效"的必要践行路径。

近年来在该类条款的规范指引下,我国高标准农田建设活动围绕设定的目标任务在全国范围内大规模推进,但也出现了建设项目选址偏差①、专项资金挪用②以及任务完成量偏低③等问题,对该类活动的预期绩效产生消极影响。基于此,围绕高标准农田建设问题,学界一方面从质量建设标准④、建设区划定方法⑤、建设内容与技术⑥、建设潜力测算⑦、资金整合⑧、水利基础设施⑨、社会效益评价⑩、建成监测管护⑪等技术规程角度展开了较为全面的研究,另一方面也从建设现状⑫、划定及建设模式⑬、地方规范体系⑭、相关农田水利建设立法⑮等制度建构层面展开了一定的对策建议研究。将该类活动置于行政组织法规制体系中,专门就建设推进主体事项从部门行政法视角展开"体系思维"下"互动秩

---

① 参见《汕尾海丰一水坝垮塌致近千亩土地灌溉难,或将列入治理项目》,搜狐网,https://www.sohu.com/a/121667310_119038,2021年12月15日访问。

② 参见《专项转移资金被骗取套取 涉农逾7亿占大头》,新浪网,http://news.sina.com.cn/o/2015-12-23/doc-ifxmttme6242056.shtml,2021年12月23日访问。

③ 参见《未完成高标农田建设任务 粤阳江等市县负责人被约谈》,新华网,http://news.xinhuanet.com/local/2017-09/08/c_1121633371.htm,2021年9月8日访问。

④ 参见王欣蕊等:《东北黑土区漫岗台地高标准农田质量建设标准研究》,《中国人口·资源与环境》2015年第S1期。

⑤ 参见郭贝贝等:《基于农业自然风险综合评价的高标准基本农田建设区划定方法研究》,《自然资源学报》2014年第3期。

⑥ 参见王晋民、李铮:《对高标准农田建设技术标准及建设内容的探讨》,《农业技术与装备》2015年第7期。

⑦ 参见龙雨涵等:《西南丘陵区高标准基本农田建设潜力测算及模式探讨》,《西南师范大学学报(自然科学版)》2014年第7期。

⑧ 参见陈宽宏、杨明杏、易峥:《整合资金推进高标准农田建设》,《政策》2016年第6期。

⑨ 参见朱晓丽:《注重水利基础设施 加快宁波市标准农田建设》,《浙江水利科技》2000年第4期。

⑩ 参见蔡洁、李世平:《基于熵权可拓模型的高标准基本农田建设项目社会效应评价》,《中国土地科学》2014年第10期。

⑪ 参见徐成波等:《小型农田水利工程运行管护中的主要问题和建议》,《中国水利》2011年第7期。

⑫ 参见陈廷玺:《加强高标准农田建设 提升农业综合生产能力——论四川巴州区高标准农田建设现状与对策》,《耕作与栽培》2011年第1期。

⑬ 参见邢贺群等:《东北低山丘陵区高标准农田区域划定及建设模式研究——以黑龙江省依兰县为例》,《干旱地区农业研究》2015年第3期。

⑭ 参见李琪:《浅论地方性高标准基本农田建设规范体系的完善》,《农村经济与科技》2017年第7期;王绍艳、刘汉青、杨亮:《关于完善天津市高标准基本农田建设规范的思考》,《农村经济与科技》2017年第7期。

⑮ 参见杨永华:《对我国农田水利建设滞后的原因透视及立法思考》,《农业经济》2011年第1期。

序"之规范分析则罕有涉及。

事实上,我国高标准农田建设机构建制条款主要散见于相关低位阶规范性文件中,所涉法律规范分别就政府职能部门协作建设高标准农田的机构设置与职权配备事项予以原则性、专门性规定,但在具体机构设置表征之部门协同形式、相应职责权限配备表征之部门协同内容设定方面则存在一定的虚置化与部门化问题。对该类条款展开规范分析,既是在主导建设效能优化导向下,实现该类条款所涉政府"回应性规制、精巧规制、元规制"①的必要进路;也是从该具体领域机构建制命题表征之"微观部门行政法"②层面检视、回馈行政组织法理论,以推进政府相关职能部门科学设置的应有之义。则有必要系统厘清该类条款的"字面意义与隐含意义"③,进而尝试解析旨在"提高法律机构的能力"④之高标准农田建设领导小组功能适当化要义,以探寻契合于该要义所彰显之部门协同规范命题的相应规范进路。

在凸显行政机关独立人格并强调其对外管理效应的我国传统行政组织法理论视域下,作为一类临时性、应急式议事协调机构之领导小组的行政主体地位是存疑的。领导小组往往更多地被定性为因我国行政机关间既有的多头隶属、业务指导关系,为强化职能部门组织协调性的一类非规范化机构建制。但伴随行政任务导向下以促进行政机关效能革新为使命之行政组织法理论的重构,在高标准农田建设领导小组这一微观部门行政法领域中,基于功能适当原则而探寻推动该类机构契合于部门协同规范命题之规范化、长效化的规范进路,有助于检验、回馈该类理论重构范式的科学性与普适性。领导小组改制成委员会当然是一类可行的规范进路,但因其改制成本及应有的效率考量,其未必是唯一的最佳方案。以高标准农田建设领导小组为例,完成其机构设置实体化下的功能主义职权配备,或许是更为便宜、可行的地方政府层面之规范进路。

---

① 〔英〕罗伯特·鲍德温、马丁·凯夫、马丁·洛奇编:《牛津规制手册》,宋华琳、李鸼、安永康、卢超译,上海三联书店 2017 年版,第 156,157 页。

② 章志远:《部门行政法专论》,法律出版社 2017 年版,第 13—15 页。

③ 谢晖:《论规范分析方法》,《中国法学》2009 年第 2 期。

④ 〔美〕诺内特·塞尔兹尼克:《转变中的法律与社会:迈向回应型法》,张志铭译,中国政法大学出版社 1994 年版,第 110 页。

一、机构设置规范的现状与问题

既有的高标准农田协作建设主要依托各级、各类领导小组等议事协调机构来组织实现,机构设置规范则主要围绕高标准农田建设领导小组来具体设定,厘清该类规范的字面意义与隐含意义皆应立足于高标准农田建设领导小组的组织架构而展开。

(一) 高标准农田建设领导小组虚置化

高标准农田建设领导小组虚置化即在于领导小组有统筹协调之名但无具体协作之实。领导小组作为针对某项特定工作或解决某类特殊问题而设立的一种议事协调机构,往往"由权力层级较高的领导和部门牵头、联合各相关机构组成,承担着政策研究和规划、信息交流与沟通、政策执行的协调与监督等功能"[1]。高标准农田建设领导小组即由所在层级政府领导出任组长,以发展改革、财政、国土资源、农业、水利等相关行政部门负责人为组员。[2] 甚至在湖南省长沙市[3]、江西省樟树市[4],为体现所在层级政府对高标准农田建设事项的重视程度,还专门规定由政府正职领导出任组长、由常务副职领导与其他副职领导一并出任副组长。该类规范凸显了高标准农田建设领导小组于各平级相关职能部门之上的超然领导地位,有助于依靠出任组长或副组长的上级领导既有更高层次权威来单向度推进统筹协调事务。但却没有就领导小组运营方式及其统筹协调下各职能部门的具体职责分工、相互协作事项予以清晰规定,而仅仅停留在确立领导小组"独特的组织和权力结构与相关政治主体之间的互动"[5]之务虚设立层面。协作建设高标准农田的具体事务仍是交由相关职能部门依循各自职责事

---

① 赖静萍、刘晖:《制度化与有效性的平衡——领导小组与政府部门协调机制研究》,《中国行政管理》2011 年第 8 期。

② 参见《江西省人民政府关于整合资金建设高标准农田的指导意见》和《前郭县高标准基本农田示范区建设管理暂行办法》第 11 条的相关规定。

③ 参见《长沙市成立高标准农田建设协调领导小组》,长沙市发展和改革委员会网,http://fgw.changsha.gov.cn/zfxxgk/fdzdgk/qtfdxx/cyfz/xdny/201708/t20170821_2006328.html,2021 年 12 月 15 日访问。

④ 参见《樟树市局协同推进高标准农田建设》,中华人民共和国自然资源部网,https://www.mnr.gov.cn/dt/dfdt/201810/t20181030_2312816.html,2021 年 12 月 15 日访问。

⑤ 赖静萍:《当代中国领导小组类型的扩展与现代国家成长》,《中共党史研究》2014 年第 10 期。

项范围来自行推进,所需部门协同更多地有赖于避免出现前述问题事件前提下的消极自发行为,缺乏必要的职权交叉认定标准以及统筹协调操作规程设定。

(二) 高标准农田建设主导职能部门冲突

高标准农田建设主导职能部门冲突即在于领导小组办公室挂靠于不同职能部门所导致的实质性主导职能部门冲突。具体而言,在高标准农田建设领导小组办公室的具体挂靠部门即实质性主导职能部门设定上,缺乏相对统一的标准,而存在一定的中央与地方规定不一致以及较明显的不同地区差异化规定现象。例如,2017 年《国家发展和改革委员会、财政部、国土资源部、水利部、农业部、中国人民银行、国家标准化管理委员会关于扎实推进高标准农田建设的意见》"(十四)加强部门协作"明确规定以国家发展改革委为牵头职能部门。但不同区域地方政府在领导小组办公室具体挂靠或主导职能部门设定上,却存在较大差异。其中设定为农业行政部门的居多,以江苏①、四川②、江西③等地为代表;也有其他地方分别设定为发展改革行政部门④、国土资源行政部门⑤、水利行政部门⑥,甚至国土资源行政部门与农业行政部门双牵头⑦。

发展改革行政部门作为指导总体经济体制改革的宏观调控部门,所主导下的高标准农田建设活动当更为凸显其与相关功能性职能部门之间的统筹协调性,具体工作推进及实务操作事项则赋予其他功能性部门于相应框架规划约束下更多的便宜行事空间。水利行政部门作为主管水资源合理开发利用的功能性部门,其主导下的高标准农田建设活动则更多地被赋予了助推农田水利基本建设的技术性要义。国土资源行政部门根据 2018 年国务院机构改革方案,已经被

---

① 参见《江苏省人民政府办公厅关于印发江苏省高标准农田建设标准(试行)的通知》《南通市人民政府办公室关于做好全市高标准农田建设与统计工作的通知》的相关规定。

② 参见四川省《建设 1000 万亩高标准农田工程规划纲要(2011—2015 年)》《四川省人民政府办公厅关于进一步加强高标准农田建设工作的通知》的相关规定。

③ 参见《江西省人民政府关于整合资金建设高标准农田的指导意见》、江西省鹰潭市《关于整合资金建设高标准农田暨打造现代农业综合示范区的实施意见》、江西省《樟树市统筹整合资金推进高标准农田建设实施方案》的相关规定。

④ 参见《海南省人民政府办公厅关于建立"七统一"机制推进高标准农田建设的指导意见》的相关规定。

⑤ 参见《北京市人民政府办公厅关于开展高标准基本农田建设的意见》的相关规定。

⑥ 参见《云南省人民政府关于进一步加快高标准农田建设的意见》的相关规定。

⑦ 参见《广东省高标准基本农田建设实施方案》和《广东省高标准基本农田建设项目和资金管理暂行办法》第 3 条的相关规定。

整合进了自然资源行政部门,作为统一行使自然资源开发利用和保护监管之责的功能性部门,所主导下的高标准农田建设活动则更多地被赋予了在"18亿亩耕地红线"指引下对作为特殊自然资源的耕地永续合理使用之保护性要义。农业行政部门作为主管农业与农村经济发展的功能性部门,其主导下的高标准农田建设活动则更多地被赋予了助推产业结构调整及经济发展前提下,耕地作为一类有待更为科学开发之经济资源的经营性要义。

虽然高标准农田建设活动的地域化、特色化趋向,是不同区域地方政府就所涉实质性主导职能部门予以差异化设定的一类客观原因,但更多地反映出不同区域地方政府就该类活动宗旨、属性的模糊认知。则有必要在行政法规或法律之高位阶规范性法律文件中,就高标准农田建设活动的宗旨、属性事项予以清晰规范化设定,进而为确立领导小组统筹协调下的实质性主导职能部门并厘清相应的职责权限配备指明方向。

二、职权配备规范的现状与问题

既有高标准农田建设领导小组协调下的各相关职能部门往往基于"形式主义的分权观念"①来进行职责权限划分,职权配备规范则主要围绕各部门三定方案中的职责事项范围来具体设定,厘清该类规范的字面意义与隐含意义皆应立足于职能部门的职责事项设定而展开。

(一) 高标准农田建设相关职能部门职权配备部门化

高标准农田建设相关职能部门职权配备部门化即在于既有规范大多围绕"部门本位主义"②下各类职能部门的主要职责事项范围,就高标准农田建设职责权限进行了一定程度的具体化概括或列举。例如,发展改革行政部门的主要职权事项被分别设定为:"协调、统筹规划、组织第三方评估"③;"立项、监管、验收"④;

---

① 张翔:《国家权力配置的功能适当原则——以德国法为中心》,《比较法研究》2018年第3期。

② 封丽霞:《解析行政立法中的部门本位主义》,《中国党政干部论坛》2005年第8期。

③ 《国家发展和改革委员会、财政部、国土资源部、水利部、农业部、中国人民银行、国家标准化管理委员会关于扎实推进高标准农田建设的意见》《海南省人民政府办公厅关于建立"七统一"机制推进高标准农田建设的指导意见》和《海南省高标准农田建设项目管理暂行办法》第7条的相关规定。

④ 《北京市人民政府办公厅关于开展高标准基本农田建设的意见》的相关规定。

"计划安排、协调资金投入与使用"①；"综合协调、情况报送"②；"组织实施、完成投资"③；"规划统筹协调"④。又如，国土资源行政部门的主要职权事项被分别设定为："督促上图入库、技术指导和服务、完善标准体系"⑤；"下达建设任务指标、组织编制实施方案、上图入库管理"⑥；"筹措资金、协调项目建设与实施"⑦；"编制实施方案、检查考核、资金监督管理和绩效评价、项目绩效评价自评"⑧；"建设任务实施、项目立项报批、规划设计报批和验收"⑨；"建设管理、耕地质量监测、高标准农田上图及信息统计"⑩；"组织实施、完成投资"⑪；"上图入库"⑫。又如，农业行政部门的主要职权事项被分别设定为："技术指导和服务、完善标准体系"⑬；"立项、监管、验收"⑭；"技术指导和培训"⑮；"编制实施方案、检查考核、资金监督管理和绩效评价、项目绩效评价自评"⑯；"立项、规划设计报批和验收"⑰；"指导配套项目建设及技术支持"⑱；"组织实施、完成投资"⑲；"专项资金

---

① 《前郭县高标准基本农田示范区建设管理暂行办法》第 12 条的相关规定。

② 《云南省人民政府关于进一步加快高标准农田建设的意见》的相关规定。

③ 福建省《2017 年高标准农田建设工程包实施方案》的相关规定。

④ 《新余市统筹整合资金推进高标准农田建设实施方案》的相关规定。

⑤ 《国家发展改革委员会、财政部、国土资源部、水利部、农业部、中国人民银行、国家标准化管理委员会关于扎实推进高标准农田建设的意见》的相关规定。

⑥ 《北京市人民政府办公厅关于开展高标准基本农田建设的意见》的相关规定。

⑦ 《前郭县高标准基本农田示范区建设管理暂行办法》第 12 条的相关规定。

⑧ 《广东省高标准基本农田建设省级补助资金管理暂行办法》第 11 条的相关规定。

⑨ 《广东省高标准基本农田建设省级补助资金管理暂行办法》第 3 条的相关规定。

⑩ 《云南省人民政府关于进一步加快高标准农田建设的意见》的相关规定。

⑪ 福建省《2017 年高标准农田建设工程包实施方案》的相关规定。

⑫ 《海南省人民政府办公厅关于建立"七统一"机制推进高标准农田建设的指导意见》《海南省高标准农田建设项目管理暂行办法》第 7 条、《新余市统筹整合资金推进高标准农田建设实施方案》的相关规定。

⑬ 《国家发展改革委员会、财政部、国土资源部、水利部、农业部、中国人民银行、国家标准化管理委员会关于扎实推进高标准农田建设的意见》《海南省人民政府办公厅关于建立"七统一"机制推进高标准农田建设的指导意见》的相关规定。

⑭ 《北京市人民政府办公厅关于开展高标准基本农田建设的意见》的相关规定。

⑮ 《前郭县高标准基本农田示范区建设管理暂行办法》第 12 条的相关规定。

⑯ 《广东省高标准基本农田建设省级补助资金管理暂行办法》第 12 条的相关规定。

⑰ 《广东省高标准基本农田建设项目和资金管理暂行办法》第 3 条的相关规定。

⑱ 《云南省人民政府关于进一步加快高标准农田建设的意见》的相关规定。

⑲ 福建省《2017 年高标准农田建设工程包实施方案》的相关规定。

计划编制、下达和项目实施监督"①；"技术指导和服务"②。再如，财政行政部门的主要职权事项被分别设定为："资金统筹落实与使用监管"③；"资金拨付和使用监管"④；"争取配套资金"⑤；"筹措、下达、管理补助资金、补助资金绩效评价、编制实施方案"⑥；"立项、规划设计报批和验收"⑦；"统筹落实资金"⑧；"资金筹集分配、监督管理"⑨。

在分别设定上述各类职能部门主要职权事项的同时，也有通过"加强指导、协调和监督检查"⑩、"强化沟通协调"⑪或"加强沟通协调"⑫等规定，来试图确立一类旨在"整合分散于政府多个部门专业职能"⑬以"促进部门间协作"⑭的联动工作机制，但较为笼统且可操作性不强。该类规定虽然明确了领导小组架构下主导职能部门与辅助职能部门的大致划分，并尝试落实领导小组的统筹协调之责。但各部门之间如何基于相应的职责权限设定，来开展具体"指导、沟通协调、监督检查"则欠缺必要的实施性规定。各类高标准农田建设相关职能部门的本职工作属性与主要职责事项范围皆存在较大差异，若未能完成相对清晰、明确的职责权限设定，"因边界清晰、职能明确与实践中公共事务需要跨部门处置

---

① 《海南省高标准农田建设项目管理暂行办法》第 7 条的相关规定。

② 《新余市统筹整合资金推进高标准农田建设实施方案》的相关规定。

③ 《国家发展改革委员会、财政部、国土资源部、水利部、农业部、中国人民银行、国家标准化管理委员会关于扎实推进高标准农田建设的意见》《海南省人民政府办公厅关于建立"七统一"机制推进高标准农田建设的指导意见》和《海南省高标准农田建设项目管理暂行办法》第 7 条的相关规定。

④ 《北京市人民政府办公厅关于开展高标准基本农田建设的意见》的相关规定。

⑤ 《前郭县高标准基本农田示范区建设管理暂行办法》第 12 条的相关规定。

⑥ 《广东省高标准基本农田建设省级补助资金管理暂行办法》第 10 条的相关规定。

⑦ 《广东省高标准基本农田建设项目和资金管理暂行办法》第 3 条的相关规定。

⑧ 《云南省人民政府关于进一步加快高标准农田建设的意见》的相关规定。

⑨ 《新余市统筹整合资金推进高标准农田建设实施方案》的相关规定。

⑩ 《国家发展改革委员会、财政部、国土资源部、水利部、农业部、中国人民银行、国家标准化管理委员会关于扎实推进高标准农田建设的意见》的相关规定。

⑪ 《景德镇市人民政府关于整合资金建设高标准农田的指导意见》的相关规定。

⑫ 《山东省人民政府关于建设"旱能浇、涝能排"高标准农田的意见》《国土资源部、财政部关于加快编制和实施土地整治规划大力推进高标准基本农田建设的通知》《国家标准化管理委员会办公室关于推进高标准农田建设标准体系工作有关事项的通知》的相关规定。

⑬ 赖先进：《论政府跨部门协同治理》，北京大学出版社 2015 年版，第 80 页。

⑭ 徐娜、李雪萍：《治理体系现代化背景下跨部门协同治理的整合困境研究》，《云南社会科学》2016 年第 4 期。

的情形形成相互龃龉的格局"①将频繁出现,而让欲确立的部门联动工作机制徒具形式。

(二) 高标准农田建设相关职能部门职权交叉

高标准农田建设相关职能部门职权交叉即在于相关职能部门的部分主要职权事项设定,因"部门权力利益化"的驱动,而超出了三定方案中列明的主要职责事项范围,所诱发之不同职能部门职权事项部分重合。根据上述四类职能部门三定方案中列明的主要职责事项范围,发展改革行政部门在"组织评估、立项、监管、验收、组织实施、完成投资"事项设定上有所超出,国土资源行政部门在"完善标准体系、筹措资金"事项设定上有所超出,农业行政部门在"立项、监管、验收、组织实施、完成投资、资金计划"事项设定上有所超出,财政行政部门在"编制实施方案、报批、验收"事项设定上有所超出。从而使得发展改革行政部门在"组织评估"事项上与国土资源行政部门、农业行政部门存在一定重合,发展改革行政部门和农业行政部门在"立项、监管、验收、组织实施、完成投资"事项上与国土资源行政部门存在一定重合,国土资源行政部门、农业行政部门分别在"筹措资金""资金计划"事项上与财政行政部门存在一定重合,财政行政部门则在"编制实施方案"和"报批、验收"事项上分别与发展改革行政部门、国土资源行政部门存在一定重合。

该类规定虽然大致梳理了相关职能部门的主要职权事项,但缺乏基于部门协同立场的高位阶、统一清单式设定。特别是针对上述重合职权事项,要么进行职权事项统一增删,要么明确该类重合事项下职能部门的主从协作行为关系,否则即可能由应然层面的职权交叉诱发实然层面的职权冲突乃至前述问题事件,进而倍增高标准农田建设领导小组的统筹协调难度。作为行政主体之相关政府职能部门工作人员与行政相对人之相关施工、管护、技术人员及受益农户等,更是难以根据该类规定清晰、准确"获得与自己利益相关的信息"②,进而在该类凸显"权力所涉社会互动"③之地域化、特色化高标准农田建设活动中,做出标准相

---

① 刘锦:《地方政府跨部门协同治理机制建构——以 A 市发改、国土和规划部门"三规合一"工作为例》,《中国行政管理》2017 年第 10 期。

② 李清伟:《论服务型政府的法治理念与制度构建》,《中国法学》2008 年第 2 期。

③ 李钧鹏:《何谓权力——从统治到互动》,《华中科技大学学报(社会科学版)》2011 年第 3 期。

对一致的相应行权、履职或受益行为。

三、机构建制条款的规范进路

功能适当原则指引下的高标准农田建设机构建制条款旨在将议事协调机构的运营方式及内容落到实处,逐步实现"从'领导小组'到'委员会'"①的实体性组织机构规范运行。应基于"以机关结构决定职权归属"②之功能主义立场,根据前述各类相关主导职能部门的统筹协调性、技术性、保护性与经营性之不同要义,凸显"有效制约、道德评估、法律确认、人民介入和参与等综合效应"③,而完成相应职能部门所涉高标准农田建设职责权限的清单式规范,以列明围绕建设项目运营全过程的各部门具体协同内容事项。

(一)高标准农田建设领导小组机构设置实体化

高标准农田建设领导小组机构设置实体化即指就高标准农田建设活动所涉相关领导小组人员配置、组织载体事项实现制度化科学核定,以清晰规制所涉部门协同形式事项。该类机构设置有助于围绕具体行权事项完成权力架构与资源的整合,以期实现围绕"去中心化、能力发展、社会资本、大数据建设"④而凸显"政府的灵活性和适应性"⑤之弹性政府治理。

设定高标准农田建设领导小组机构设置的组织载体事项,可结合 2018 年国务院机构改革方案,以所涉行权事项为核心来优化、调整相应机构的职能。2017年《中共中央、国务院关于加强耕地保护和改进占补平衡的意见》在"三、改进耕地占补平衡管理"之"(八)大力实施土地整治,落实补充耕地任务"即在事实上将高标准农田建设纳入土地整治事项范围。则应在高位阶规范中明确剥离高标准农田建设项目于经营性要义下当归口农业行政部门主导的农业开发投资项目属性,而凸显其保护性要义并作为一类特殊的土地整治项目,与其他土地开发整理项目、土地复垦项目、土地增减挂钩项目一道,纳入整合后的自然资源行政部门的行权事项范围并以之为实质性主导职能部门。

---

① 《从"领导小组"到"委员会":全面深化改革进入新阶段》,人民网—中国共产党新闻网,http://theory.people.com.cn/n1/2018/0329/c40531-29895329.html,2021 年 12 月 15 日访问。

② 张翔:《我国国家权力配置原则的功能主义解释》,《中外法学》2018 年第 2 期。

③ 邓伟志编:《变革社会中的政治稳定》,上海人民出版社 1997 年版,第 94 页。

④ 刘慧:《弹性治理:全球治理的新议程》,《国外社会科学》2017 年第 5 期。

⑤ 王欢:《论弹性治理模式对我国政府机构改革的启示》,《南方论刊》2007 年第 12 期。

基于此,一方面,应适当调整高标准农田建设领导小组等议事协调机构的人员构成,仍由所在层级政府正职或分管副职领导出任组长,但由相应自然资源行政部门负责人来出任副组长,发展改革、财政、农业、水利等相关行政部门负责人则为组员,以凸显自然资源行政部门在协作建设高标准农田活动中的实质性主导职能部门地位。另一方面,应将高标准农田建设领导小组办公室统一挂靠自然资源行政部门,由所在自然资源行政部门的分管副职领导出任办公室主任。各相关职能部门视当地高标准农田建设活动的实际规模需要,抽调至少 1 名在编工作人员作为办公室成员,在该领导小组存续期间暂时脱离与原工作单位的人事关系,而由所在自然资源行政部门代为管理。进而将该办公室作为领导小组统筹协调之决策事项的具体执行部门,逐步实现在行权事实层面的清单化、程序化之实体化运作。最终将高标准农田建设领导小组设定为一类基于具体行权事项之以问题解决为存续期限的跨职能、融贯式“无缝隙政府”①功能团队,并以该领导小组为机构保障将 2017 年《关于切实做好高标准农田建设统一上图入库工作的通知》规定的“政府领导、国土牵头、部门协作、上下联动”工作机制落到实处。

(二) 高标准农田建设领导小组的功能主义职权配备

高标准农田建设领导小组的功能主义职权配备即是在该领导小组作为决策机构统一领导下,根据职能部门各自的“组织、结构、程序、人员优势”,厘清各类职能部门在高标准农田建设过程中的职责权限,以建设项目运营全过程为对象,就部门协同内容事项予以清晰规制,建立“事前预防、事中化解与事后优化的弹性治理机制”②。

就履行统筹协调之责的高标准农田建设领导小组而言,相关职能部门分别依循既有主要职权事项设定,履行相应事项提案之责。若该职能部门所提案事项无争议,领导小组则充分尊重其既有功能性职权划分,仅就该事项进行形式性备案,即转化为领导小组名义之决策而发布;若该职能部门所提案事项存在争议,领导小组则需突破其既有功能性职权划分,须就该事项进行实质性审查,并

---

① 尚虎平、韩清颖:《我国“无缝隙政府”建设的成就与未来——以无缝隙政府工具为标准的评估》,《中国行政管理》2014 年第 9 期。

② 汤金金、孙荣:《全过程治理:风险社会下公共冲突弹性治理机制建设》,《党政研究》2017年第 5 期。

汇总各部门意见后,方以领导小组名义完成统一决策而发布。主要相关职能部门可做如下功能性职权事项划分:发展改革行政部门履行方案统筹、规划之责;农业行政部门、水利行政部门与林业行政部门履行相应技术指导、服务之责;财政行政部门履行资金划拨、使用监督之责;金融行政部门履行信贷扶持之责;审计行政部门、纪检监察部门履行项目、人员全程监管之责;自然资源行政部门牵头履行方案实施、项目推进之责。基于此,可就前述示例重合职权事项予以统一增删或明确职能部门的主从协作行为关系。其一,“组织评估”事项以自然资源行政部门为主导、以农业行政部门为协同,并从发展改革行政部门职权事项中删除;其二,“报批”事项以自然资源行政部门为主导、以农业行政部门为协同,并从财政行政部门职权事项中删除,但将“报批”所涉技术指导增列为农业行政部门职权事项;其三,“立项、监管、验收、组织实施、完成投资”事项以自然资源行政部门为主导,以发展改革行政部门、农业行政部门、财政行政部门为协同;其四,“编制实施方案”事项以自然资源行政部门为主导,以发展改革行政部门为协同,并从财政行政部门职权事项中删除。

就履行决策执行之责的高标准农田建设领导小组办公室及其挂靠的自然资源行政部门而言,以领导小组名义发布之决策皆由该部门来具体实施,职权事项应围绕高标准农田建设项目运营“前(标准、规划、方案)、中(年报、信息监测、资金管理、实施)、后(验收、效益评价)”[1]全过程展开。由领导小组办公室及其挂靠的自然资源行政部门来牵头履行“法规、规章、政策措施、规划、技术规程和标准的拟定决策,以及项目计划编制、审批立项、项目实施管理、项目验收、项目资金使用的监管执行”[2]之责,涉及其他相关职能部门的相应事项则由该部门来协助、配合,若发生权责冲突或事项争议,则由领导小组来统一决断。最终固化并落实依托高标准农田建设领导小组所表征之“上级组织或上级领导下的等级制”[3]纵向部门协同机制。

①　赵谦:《互助与自足:土地复垦监管的共同体关系及功能》,《暨南学报(哲学社会科学版)》2017年第8期。

②　赵谦:《依法规范土地整理监管》,《人民日报》2014年10月14日。

③　蒋敏娟:《法治视野下的政府跨部门协同机制探析》,《中国行政管理》2015年第8期。

第二节　高标准农田建设资金
利益形态条款完善

围绕高标准农田建设项目工程的推进可将建设资金界分为项目工程资金与项目管护资金。在强化农业基础设施供给、明确国家财政投入占据相关资金主导地位的前提下,该类资金应基于"高标准建设、管理、利用"①的功能定位,充分考量"地区资源禀赋、社会经济条件、建设主体权责、建设目标以及资金渠道"②等因素,围绕不同的阶段划分与用途定位来实施必要的差异化配置。高标准农田建设资金条款即指依循"功能适当原则",就项目工程、管护资金的差异化配置事项予以约束的相关规范。在"整合使用财政涉农资金"③、"提高财政支农资金使用效率"④的过程中,有必要厘清该类条款对相关公权力主体、社会性投资组织和产权主体彼此间利益形态予以科学设定的规范构造命题。

探究高标准农田建设资金的利益形态,应从理念层面的利益目标与行为层面的利益表达入手,厘清各类高标准农田建设项目工程、管护资金投入的利益制约与影响事项,以实现对各类建设资金所表征的整序化公共利益和资本化私人利益的平衡保护。在建设资金的利益形态解构过程中,应依循"在简化的领域内部建立起紧密耦合"⑤的方向性考量,从提供彰显"逻辑性和价值性统一"的主观识别工具准则角度,明晰在高标准农田建设资金领域的"公私互动焦点",⑥进而对可能的利益多元化恣意风险实现系统性规制,探寻该类条款契合于科学配置表征之"条文背后实践理性"⑦要求的规范路径。

利益事项解构是一种彰显逻辑性和价值性统一的主观识别工具表达,旨在

---

① 郑伟元、陈原:《统一技术标准要求 规范高标准农田建设——〈高标准农田建设通则〉解读之一》,《中国国土资源报》2014 年 7 月 8 日。

② 曾福生:《高标准农田建设的理论框架与模式选择》,《湖湘论坛》2014 年第 4 期。

③ 叶慧、陈敏莉:《国家级贫困县整合财政涉农资金的问题及对策——基于湖北省 A 县的案例研究》,《中国行政管理》2017 年第 9 期。

④ 王银梅、刘丹丹:《我国财政农业支出效率评价》,《农业经济问题》2015 年第 8 期。

⑤ [德]尼克拉斯·卢曼:《风险社会学》,孙一洲译,广西人民出版社 2020 年版,第 133 页。

⑥ 杜辉:《公私交融秩序下环境法的体系化》,《南京工业大学学报(社会科学版)》2020 年第 4 期。

⑦ 彭錞:《八二宪法土地条款:一个原旨主义的解释》,《法学研究》2016 年第 3 期。

为系统性规制可能的利益多元化恣意风险提供必要的线索指引。其作为一种利益分析方法的践行进路,可尝试围绕高标准农田建设资金条款来探究相应的利益形态规范构造命题,以完成必要的范式检视。一方面,厘清该类条款的利益目标应通过相关价值性评判,探究利益目标的体系化识别与个殊营利性设定,从而为规范设计提供资金逐利理念层面的普遍范型。另一方面,明晰该类条款的利益表达则应通过相关逻辑性评判,来分别厘清条件前置型利益表达的杠杆式、奖励式与扶持式设定,规模参与型利益表达的准入式、公开式与保障式设定,产权中心型利益表达的平台式、自主式与分配式设定,从而推动相应规范在资金逐利行为层面实现必要的规范整合。基于此,通过解析高标准农田建设资金条款的利益目标和利益表达要义,可以为完善高标准农田建设资金整合、投入体制提供必要的主观识别工具,进而为我国涉农资金依法整合乃至乡村振兴法治建设创制可行的规范典型引领。

一、利益目标规范的完善

高标准农田建设资金条款的利益目标旨在通过"制度设计的价值预设"[①]为该类条款的规范提供一种资金逐利层面的范型。应围绕相关条款蕴含的高标准农田建设资金利益目标的属性定位和态度倾向,从"预设性、前提性和方法论功能"[②]方面进行基准化设定,进而划定资金配置活动的理念边界,为相应建设资金的标准化、有序化投入,提供必要的方向性指引。

（一）利益目标的体系化规范识别

依循《农业法》第31条之规定,可从"保障粮食安全"的角度出发,将高标准农田建设乃至相应资金的利益目标更多地定位为一种"耕地保护制度"举措。《土地管理法》第33条之规定,则进一步将"高标准农田"列入"永久基本农田"范围予以严格保护。基于此,《国家发展改革委员会、财政部、国土资源部、水利部、农业部、中国人民银行、国家标准化管理委员会关于扎实推进高标准农田建设的意见》和《国务院办公厅关于切实加强高标准农田建设提升国家粮食安全保障能力的意见》作为高标准农田建设的具体行为规范依据,则分别在其"指导思

---

① 池忠军:《突破理性官僚制伦理困境的基本逻辑》,《南京社会科学》2006年第1期。
② 张沁源:《自然科学中的普遍性原理》,《自然辩证法研究》1998年第1期。

想"中规定应"加强资金整合,加大投入力度"与"统筹整合资金,加大投入力度"。

围绕高标准农田建设资金利益目标的属性定位和态度倾向,上述规范确立了较为明确的体系化设定进路。两件法律中的相关规定作为一种渊源性原则指引,尝试将高标准农田建设定位为一种"无条件公共利益优位"①属性的公共服务活动,并凸显"不可再生的、有限的、稀缺的自然资源"②属性要义之耕地保护制度面向下的绩效化利用。两件规范性文件中的相关规定则作为一种具象化实施指引,具体到建设资金领域,皆明确了通过资金整合来加大投入的基本倾向。应在确保国家财政投入不减的前提下来积极吸引社会投资,在实现建设标准有序提升的同时,为高标准农田建设规模、质量、水平,提供凸显"制度、价值体系融贯性"③的必要资金规制工具保障。

相关规范大体上明晰了以财政投入为引导性主要来源、社会资本投入为鼓励性辅助来源、项目区产权主体自筹投入为自愿性补充来源的建设资金渠道,以及项目平台整合、规划区域平台整合、使用部门整合的建设资金整合路径。但因对当前"利益主体多元化、利益分配差距扩大化、利益关系复杂化"④等利益观转变现实缺乏充分考量,使得对所涉资金旨在营利、低营利或非营利的多元化利益立场没有予以清晰识别,进而在相应的利益回馈机制方面缺乏必要的细化规定。一方面,就社会资本投入而言。纵使"耕地资源表现出更加多元的价值潜力"⑤,但若投资主体面对项目"金融流动性和盈利性需求、严格的准入条件与评估体系"⑥等排斥、异化困境时,亦会步履维艰。另一方面,就项目区产权主体自筹投入而言。在农村"金融有效供给不足、资金外流严重"⑦的现实背景下,既掣肘于主体本身的经济实力,亦在其有限资源投放上会面临实现均衡发展与突出重点、

---

① 童之伟:《权利本位说再评议》,《中国法学》2000 年第 6 期。
② 韩松:《农民集体土地所有权的权能》,《法学研究》2014 年第 6 期。
③ 宋亚辉:《风险控制的部门法思路及其超越》,《中国社会科学》2017 年第 10 期。
④ 薛一飞:《马克思主义利益观与社会主义和谐社会建设研究》,四川大学出版社 2015 年版,第 256 页。
⑤ 吴萌等:《城市近郊区农户土地投入行为绩效评价及障碍因子诊断——耕地多功能价值视角下的多群组对比分析》,《中国土地科学》2020 年第 2 期。
⑥ 高沛星、王修华:《我国农村金融排斥的区域差异与影响因素——基于省际数据的实证分析》,《农业技术经济》2011 年第 4 期。
⑦ 张伟:《现代农村金融理论及我国农村金融制度模式的演进探索》,《现代财经(天津财经大学学报)》2010 年第 10 期。

现实生存维系与远期发展投入等矛盾,从而踯躅不前。

(二) 利益目标的个殊营利性规范

应首先对高标准农田建设项目的营利性进行评估。该类项目作为一种基础设施建设项目,有必要围绕预设的项目建成后农业产业化经营程度,来判断项目的营利性。其一,若项目建成后,项目区域农田的权属关系与经营方式主要维持现状、仅作零星个别调整,则该类项目应定性为非营利性项目。其二,若项目建成后,项目区域农田的权属关系主要维持现状、仅作零星个别调整,但经营方式却调整为专业合作社等集约化经营方式,则该类项目应定性为低营利项目。其三,若项目建成后,项目区域农田的权属关系发生重大变化,特别是其经营权进行了成片区的规模化流转,则该类项目应定性为营利项目。

进而根据不同建设项目的营利属性,来明晰不同渠道建设资金的比例结构与利益目标。其一,非营利性项目的利益目标应定性为义务非营利性,不追求利润获取。建设资金则应以财政投入为主体渠道,所占比例不应低于80%。积极推动项目实施地区农民以自主筹劳的方式来配套投入,并鼓励社会资本通过公益捐赠的方式来参与项目建设。其二,低营利项目的利益目标应定性为凸显体系化、集合式利益诉求价值观的集体营利性,强调伴随集约化经营的"产业联带效应和对农民增收的特殊影响力"[1],来实现农村集体经济组织层面的公共利润获取与个体收益的间接保障。建设资金则应以财政投入为引导渠道,所占比例不应低于50%。积极推动项目实施地区农民以自主筹资的方式来配套投入,并鼓励社会资本通过投资入股农村集体经济组织的方式来参与项目建设。其三,营利项目的利益目标应定性为凸显私主体营利性,强调保障投资方与产权人的合理利润获取。建设资金则应以财政投入为配套渠道,所占比例不超过50%。积极推动社会资本通过独立出资、股权投资、项目法人等市场性融资途径来主导投入,并鼓励项目实施地区农村集体经济组织以自主筹资入股的方式来参与项目建设。

二、条件前置型利益表达规范的完善

高标准农田建设资金条款的条件前置型利益表达旨在凸显公权力主体通过

---

① 何广文:《中国农村金融供求特征及均衡供求的路径选择》,《中国农村经济》2001年第10期。

设定面向不同地区、不同项目的差异化财政投入下达方式,来引导资金、技术、人才等相关资源的流向,以切实提升"激励金融资源均衡配置的农村资金配置效率"①。相关条款立足于条件前置型功能定位,强调发挥财政投入作为项目启动资金的引导作用,并初步确立了资金杠杆、以奖代补与专项扶持这三类财政投入引导激励举措,以有效提升社会资本和项目区产权主体自筹参与建设高标准农田的积极性,从而尝试划定财政投入资金配置活动的行为边界。

(一) 利益表达的杠杆式规范

利益事项作为条件前置型利益表达的逻辑起点,主要设定于资金杠杆规范中。其旨在通过积极开展 PPP 模式等新型融资渠道的试点探索,来切实发挥财政投入的引导作用,从而为其他渠道资金的投入与收益回报提供必要的基础环境。例如,《财政部、中国农业发展银行、中国农业银行关于创新投融资模式加快推进高标准农田建设的通知》围绕高标准农田建设中的 PPP 创新投融资试点,设定了"主体自筹、银行贷款、财政贴息"的贴息运行模式和"主体垫资、银行贷款、财政补助"的补助运行模式。该类举措尝试通过财政贴息、补助的方式来降低项目实施主体投资与金融机构信贷支持的风险,以增强社会资本投入的信心。

受"行政科层化财政关系和资金使用效率"②的影响,财政支农引导资金在带动社会资金数量及相关资源配置效率等方面发挥的作用仍显局促。特别是囿于传统资金管理体制下的"规划规制、标准规制、信息规制等社会性规制"③策略,相对完备的 PPP 规范体系尚未形成,从而在一定程度上制约了 PPP 模式参与高标准农田建设的活跃程度与可持续发展水平。基于此,应围绕"政企的核心权利和义务、合同框架和风险分担原则、退出机制和纠纷处理机制、财政规则与会计准则、政府监管与公众参与制度"④等主要规范事项,明晰 PPP 模式的适用范围以及相应的审批、管理规程,以推动完善相关资金杠杆规范体系。

---

① 温涛、熊德平:《"十五"期间各地区农村资金配置效率比较》,《统计研究》2008 年第 4 期。

② 渠敬东等:《从总体支配到技术治理——基于中国 30 年改革经验的社会学分析》,《中国社会科学》2009 年第 6 期。

③ 皮俊锋、陈德敏:《农村人居环境整治的实践经验、问题检视与制度建构——以重庆市地方实践为切入视角》,《中国行政管理》2020 年第 10 期。

④ 孙学工等:《我国 PPP 模式发展的现状、问题与对策》,《宏观经济管理》2015 年第 2 期。

(二) 利益表达的奖励式规范

利益事项作为条件前置型利益表达的关键手段,主要设定于以奖代补规范中。其旨在通过对产业项目完成投资后的进阶式奖励措施,来鼓励实效性规模化投资,从而为其他渠道资金的投入与收益回报提供选择性方向指引。例如,《财政部关于实施政府和社会资本合作项目以奖代补政策的通知》明确了针对不同档次投资规模的三级奖励标准,并将奖励资金定向用于替代"项目前期费用补助、运营补贴等项目全生命周期过程中的各项财政支出"。该类举措尝试通过确立法定原则、明晰项目实施进展与既定标准等规程化设定,来促进传统财政投入下达方式的革新,以达致彰显必要"管理水平、化债效果、产出结果、示范效应"的资金使用绩效。

但若该类举措缺乏体系性规划和明确的建设标准指引,仅仅只是"对特定行业或政策目标采取'一刀切'式激励"①,会弱化可能的激励示范效应,并掣肘相关项目建设、工程质量和项目验收的可操作性,使得以奖代补难以发挥应有的实效。此外,我国农业信息服务体系在"主体功能、供给方式和保障体系"②方面存在可达性、针对性与精细化等问题,政府与以奖代补的目标群体之间往往存在获取信息能力与社会分工专业化程度方面的差异,在以奖代补信息不对称的情况下,易诱发目标群体与实际相脱节以及"逆向选择、道德风险、危及交易安全"③等问题。基于此,既应围绕以奖代补的目标范围、对象、奖励评价标准与方式以及事后考核评价等主要规范事项,厘清以奖代补规范的体系性规划方向特别是县级基层部门的相关规划编制要求,以确保不同层级规划、建设标准的统一性;还应畅通以奖代补信息的沟通渠道,通过加强定向宣传力度来提升受奖目标群体对相关信息的认知水平。并结合不同地域、产业或具体项目的特殊性,针对相关激励举措来展开差异化、具象化的规范,试图通过类型化、梯次性的激励事项配置,来达致实施定向、精准调控考量下的理想效益预期。

(三) 利益表达的扶持式规范

利益事项作为条件前置型利益表达的兜底保障,主要设定于专项扶持规范

---

①　柳光强:《税收优惠、财政补贴政策的激励效应分析——基于信息不对称理论视角的实证研究》,《管理世界》2016 年第 10 期。

②　官波等:《中国农业信息服务体系建设问题研究》,《湖北农业科学》2019 年第 20 期。

③　邢会强:《信息不对称的法律规制——民商法与经济法的视角》,《法制与社会发展》2013 年第 2 期。

中。其旨在通过对项目中的农田水利设施等子工程提供专项补助资金,来形成相应的建设投入长效机制,从而为其他渠道资金的投入与收益回报提供补充性基准回馈。例如,《福建省省级水利专项资金管理办法》将水利专项资金从"农村水利建设、水利工程建设、水资源管理与保护、水利防灾减灾、水土保持"五个方面作了类型化界分,并明晰了相应的补助等级与标准。该类举措尝试通过确立法定原则、推行项目式管理、实施专项绩效考核等规程化设定,来确立相应的财政投入补助长效机制,进而推动补助资金规模与扶持范围适度扩张,以切实提升资金的使用效益。

该类专项资金往往"金额大、项目多、使用范围广、涉及部门多"①,使得其在扩大扶持范围的规模与相关资源配置公平性等方面发挥的作用仍显偏狭。传统财政支出绩效评价面临"顶层规划不足、技术标准缺失、外部主体发育不完善"②等现实困境,这在一定程度上掣肘了主体合理、功能明确之绩效评价体系的整全型建构。基于此,有必要围绕"绩效评价主体、功能定位、责任边界、对象范围与指标体系"③等主要规范事项,厘清财政专项补助资金绩效评价体系的规范结构。此外,还应分别凸显公众满意导向下的评价程序之过程控制要义,以及结果导向下的评价结果之类型化适用要义,进而在有序评价体系的推动下逐步推进财政专项补助资金支持高标准农田建设的广度与强度。

三、规模参与型利益表达规范的完善

高标准农田建设资金条款的规模参与型利益表达旨在凸显社会性投资组织"不断推进市民社会自主性和建立市民社会与国家的良性互动关系"④的目标导向,从不同形式或范围角度来全面投资各类高标准农田建设项目。相关条款立足于规模参与型功能定位,强调基于弥合"政府与社会组织之间的权力平衡与权力差距"⑤的信赖利益考量,尝试从准入平台、信息公开与身份保障这三个方面,推动社会资本在各种营利项目、低营利项目乃至非营利性项目中出资比例的

---

① 宁波市审计学会课题组等:《财政专项资金绩效审计研究》,《审计研究》2014 年第 2 期。

② 郑方辉、廖逸儿、卢扬帆:《财政绩效评价:理念、体系与实践》,《中国社会科学》2017 年第 4 期。

③ 郑方辉、廖逸儿:《财政专项资金绩效评价的基本问题》,《中国行政管理》2015 年第 6 期。

④ 严明、马长山:《多元权利基础、公权力权威与良法之治》,《求是学刊》2002 年第 1 期。

⑤ 郭道晖:《权力的多元化与社会化》,《法学研究》2001 年第 1 期。

有序扩张,以切实弥补可能的财政投入缺口并积极实现相应建设项目资金效益最大化,从而划定社会资本投入资金配置活动的行为边界。

（一）利益表达的准入式规范

利益事项作为规模参与型利益表达的前提要件,主要设定于准入平台规范中。其往往从重点领域鼓励社会投资和投资项目在线监管等上位范畴角度,就高标准农田建设资金领域中的准入平台事项来予以渊源性、方向性原则指引。进而通过设定合理的社会性投资组织的投资准入途径,来为社会资本参与高标准农田建设确立前提性的基础制度平台。例如,《国务院关于创新重点领域投融资机制鼓励社会投资的指导意见》围绕"社会资本投资运营"事项,从"支持投资建设、允许持有和管护、鼓励多种形式参与建设运营、保障投资合理收益"等方面予以了激励式规定,尝试通过放宽市场准入来鼓励社会资本投资。《全国投资项目在线审批监管平台运行管理暂行办法》则就所涉项目"通过在线平台实现网上申报、并联审批、信息公开、协同监管"予以了系统规定,尝试通过透明化、规程化的项目核准、监管设定,来为社会资本投资合作项目提供必要的技术环境保障。此外,《农田建设项目管理办法》作为高标准农田建设领域的专门规定,其第18条还特别将"项目法人制"设定为农田建设项目的实施运行方式,从而为社会性投资组织以平等主体身份实现对高标准农田建设项目的全过程、规模化参与,提供了必要的合作、运行平台。

"市场准入限制、国家财政补贴和国家投资"①所表征的传统国家垄断经营模式下固有的市场准入障碍,使得社会性投资组织在准入资格方面往往都是被动意义的主观遴选对象。在缺乏专门性、系统性招投标与投融资指标规范的清晰、明确约束背景下,通常依循是否有良好的合作经验、稔熟的人脉关系等主观因素来进行遴选。这在一定程度上掣肘了社会性投资组织对照指标规范主动改善自身资质状况的积极性,使得基于客观因素的效益最优化筛选往往流于形式。基于此,有必要围绕"准入环节的市场竞争机制、市场环境、招投标程序、统一的参与竞争标准"②等主要规范事项,破除社会性投资组织实现参与的身份歧视问题、逐步消解隐性的市场准入壁垒、营造有序的招投标市场竞争环境,进而在构

---

① 王晓晔:《非公有制经济的市场准入与反垄断法》,《法学家》2005 年第 3 期。

② 付金存、龚军姣:《政府与社会资本合作视域下城市公用事业市场准入规制政策研究》,《中央财经大学学报》2016 年第 4 期。

建必要"规模经营的合作利益空间"①的共识引领下,确立精准、高效的社会资本合作者培育与遴选机制,以完善准入平台规范体系。

（二）利益表达的公开式规范

利益事项作为规模参与型利益表达的环境要件,主要设定于信息公开规范中。其往往从涉农资金、政府和社会资本合作等上位范畴角度,就高标准农田建设资金领域中的信息公开事项来予以渊源性、方向性原则指引,进而通过拓宽社会资本参与高标准农田建设所涉信息公开的广度和深度,来切实保障社会性投资组织在相关活动中的知情权与参与权,以营造必要的交互式合作环境。例如,《国务院关于探索建立涉农资金统筹整合长效机制的意见》从方案听取意见、公告公示、信息化监管、村务监督等方面,就涉农资金信息公开事项作了体系化的原则性规定。《国务院办公厅转发财政部发展改革委人民银行关于在公共服务领域推广政府和社会资本合作模式指导意见的通知》从"确保项目实施公开透明、有序推进"的角度,就"建立统一信息发布平台"相关职责事项作出原则性规定。基于此,《财政部关于规范政府和社会资本合作（PPP）综合信息平台运行的通知》《财政部办公厅关于规范政府和社会资本合作（PPP）综合信息平台项目库管理的通知》和《政府和社会资本合作（PPP）综合信息平台信息公开管理暂行办法》,分别就"PPP综合信息平台运行""PPP综合信息平台项目的识别入库与清理出库"和"已纳入PPP综合信息平台的PPP项目信息公开"等具体规程予以了实施性、可操作性规定。

因"PPP项目在招标阶段的'逆向选择'问题与签约后的'道德风险'问题"②,加之缺乏指向高标准农田建设资金领域中社会性投资组织欲知情或参与事项的针对性规定,既有相关规定在推动社会资本积极参与高标准农田建设方面不够聚焦,可能的"信息公开双重限制"③仍较为明显。基于此,有必要展开针对高标准农田建设资金领域信息公开事项的实施性类型化设定。一方面,应将项目概览信息和社会资本参与资格、申报程序等信息列为项目发布方的依职权

---

① 郭继:《宏观调控下的农地规模经营补贴制度之路径选择——基于法经济学与法社会学的交叉分析》,《华中科技大学学报（社会科学版）》2012年第1期。

② 袁竞峰、贾若愚、刘丽:《网络型公用事业PPP模式应用中的逆向选择与道德风险问题研究》,《现代管理科学》2013年第12期。

③ 章剑生:《知情权及其保障——以〈政府信息公开条例〉为例》,《中国法学》2008年第4期。

主动公开信息。项目概览信息主要包括项目建设原则、建设目标、建设区域、建设条件、建设内容与技术标准、建设程序、管理要求等事项,以方便社会性投资组织获取相关信息后展开投资可行性与风险评估,从而激发其潜在的参与意愿。另一方面,应将不涉及国家秘密与商业秘密的项目运营信息列为社会性投资组织的依申请被动公开信息。项目运营信息主要包括项目的计划出资比例、收益回报相关的土地权属调整与绩效评价、建后管护与利用等事项,以方便社会性投资组织完成投资决断,从而具体参与项目建设。

(三) 利益表达的保障式规范

利益事项作为规模参与型利益表达的过程要件,主要设定于身份保障规范,通过强化契约自由的基准考量,在高标准农田建设领域来实现公权力主体与社会性投资组织之间的平等协商身份保障,以维护有序的合意型运作过程。例如,《财政部、农业部关于深入推进农业领域政府和社会资本合作的实施意见》从"公开竞争性方式"和"平等协商基础"两方面,明确了农业领域政府和社会资本合作过程中各类参与主体可以"自由平等地通过'契约'选择、建构,或改变'身份'"①实现"合作共赢"。《国务院办公厅转发财政部发展改革委人民银行关于在公共服务领域推广政府和社会资本合作模式指导意见的通知》进一步厘清了"政府和社会资本法律地位平等、权利义务对等"的平等身份表达要旨,并凸显了"重诺履约"的原则导向。《国务院办公厅关于创新农村基础设施投融资体制机制的指导意见》则从"合作模式"和"运营补偿机制"两方面,厘清了农村基础设施投融资过程中各类参与主体实现"合作运营"与"合理回报"的核心事项。

因上述规范所表征的"法律规则均为法律位阶较低的政策性立法"②,加之"行政合同中的契约精神与权力因素构成了行政合同的'悖论'"③,所以身份保障的规范效力稳定性,更多地流于规范宣示表象,且容易因"长官意志"变更而扭曲、异化。基于此,在高标准农田建设领域来推进参与主体的平等协商身份保

---

① 亓同惠:《法治中国背景下的"契约式身份":从理性规制到德性认同》,《法学家》2015 年第 3 期。

② 喻文光:《PPP 规制中的立法问题研究——基于法政策学的视角》,《当代法学》2016 年第 2 期。

③ 孙笑侠:《契约下的行政——从行政合同本质到现代行政法功能的再解释》,《比较法研究》1997 年第 3 期。

障,应"特别谨防行政合意转化为行政主体的单方意志性或者双方的恣意性"①,
有必要在明晰各方主体法律地位平等、权利义务对等的前提下,设定相关权利义
务、责任风险的公平分担机制。此外,还应通过厘清"政府部门的职责及其违约
判定、惩罚与契约精神指标考核"②等主要规范事项,来确立整全性地、可操作性
地控权规程。进而在高标准农田建设相关或专门的高位阶规范性法律文件中,
就上述规范事项予以体系性统合,并科学固化政府契约精神培育机制与社会性
投资组织的合理收益机制,以切实提升各方主体在平等协商身份面向的信赖感
与共识度。

四、产权中心型利益表达规范的完善

高标准农田建设资金条款的产权中心型利益表达旨在凸显项目区农村集体
经济组织、农民基于"归属清晰、权责明确、保护严格、流转顺畅"的产权逻辑,以
各种方式来积极自筹投入各类高标准农田建设项目。相关条款立足于产权中心
型功能定位,强调凸显"坚持农民主体地位和保护农民利益的权利本位思维"③,
尝试从利益表达平台、自筹投入形式与投入收益分配这三个方面,来推动相关产
权主体实现对高标准农田建设项目的充分、有序投入,使得其在获取必要的投入
收益同时亦发挥对相应财政投入、社会资本投入的参与监督功能,从而尝试划定
项目区产权主体自筹投入资金配置活动的行为边界。

(一) 利益表达的平台式规范

利益事项作为产权中心型利益表达的载体要件,主要设定于利益表达平台
规范中。其往往立足于农村集体产权保护和农村基层矛盾预防化解等上位范畴
设定的相关产权主体利益表达方向要义,并结合高标准农田建设中的筹资筹劳
管理规程,通过明晰相关产权主体参与高标准农田建设的利益表达载体,来凸显
其必要的利益协调、权益保障、参与监督等功能发挥。例如,《乡村振兴法》第12
条和《中共北京市委、北京市人民政府印发关于实施乡村振兴战略的措施的通

---

① 张泽想:《论行政法的自由意志理念——法律下的行政自由裁量、参与及合意》,《中国法
学》2003 年第 2 期。
② 周正祥等:《新常态下 PPP 模式应用存在的问题及对策》,《中国软科学》2015 年第 9 期。
③ 陈小君:《我国农村土地法律制度变革的思路与框架——十八届三中全会〈决定〉相关内容
解读》,《法学研究》2014 年第 4 期。

知》分别将"农村集体产权制度"和"党代表、人大代表、政协委员联系农村基层制度""党员干部直接联系群众制度"设定为相关产权主体的主要利益表达载体,并将"确保受益"和"理性合法表达利益诉求"各自确立为利益表达的基本原则。《高标准农田建设质量管理办法(试行)》第 35 条和《村民一事一议筹资筹劳管理办法》《农业部关于规范村民一事一议筹资筹劳操作程序的意见》则分别将"以工代赈、农民质量监督员"和"一事一议筹资筹劳"设定为具体的利益表达载体,并从范围和对象、管理以及操作程序等方面进行了具体规定。

因农民的利益表达与"有限的政治能力、表达的个体性、运作的低效性"①之间存在着固有的矛盾,利益表达平台在推动相关产权主体的理性化、规范化表达与可能的项目运行监督方面实效不彰。特别是在一事一议筹资筹劳的"议事主体、制度供给与结果执行"②等方面,往往存在支撑性资源相对匮乏、组织化程度不高、利益表达平台专门性不强等问题。基于此,有必要在高标准农田建设领域尝试依托"符合农民自愿联合利益诉求的'股份制'+'合作制'构建模式"③等形式,从"建构遏制公权、建构农民团结权"④的相关土地与项目权属的确权与登记程序等制度入手,在明晰不同类型产权主体的权利结构前提下切实保障农民的个体化利益表达,以避免其被集体产权主体的虚化利益表达所被遮蔽。同时,也应依托农民专业合作社、村民民主议事机制等组织化途径,通过明晰相应的组织性质、法律地位、组织形式、活动方式及相关政策优惠与财税支持等规范事项,来推动农民实现"'积极的权利'或'主动的权利'"⑤面向的民主参与,从而依托组织化途径实现更为全面的整合化、专业型利益表达。此外,还应厘清一事一议筹资筹劳的事务范围、议事程序、议事主体能力建设、比例标准、筹集资金的监管、筹资筹劳的责任量化、监督检查方式等主要规范事项,以设定更为明确、可行的具体操作规程,并有序发挥其项目运行监督作用。

---

①　卢春雷、丁跃:《当代中国农民民意表达存在的问题及其对策思考》,《理论与改革》2004 年第 3 期。

②　杨弘、郭雨佳:《农村基层协商民主制度化发展的困境与对策——以农村一事一议制度完善为视角》,《政治学研究》2015 年第 6 期。

③　许中缘、崔雪炜:《"三权分置"视域下的农村集体经济组织法人》,《当代法学》2018 年第 1 期。

④　郑尚元:《宅基地使用权性质及农民居住权利之保障》,《中国法学》2014 年第 2 期。

⑤　崔智友:《中国村民自治的法学思考》,《中国社会科学》2001 年第 3 期。

（二）利益表达的自主式规范

利益事项作为产权中心型利益表达的形式要件,主要设定于自筹投入形式规范中。其往往从农民筹资筹劳的上位范畴角度,就高标准农田建设资金领域中的自筹投入形式事项来予以羁束性实施指引。进而通过厘清农民筹资筹劳的限额比例和操作程序等事项,在充分尊重农民自主自愿并切实减轻可能负担的前提下,来为农民实现积极自筹投入提供必要的形式规范。例如,《国家农业综合开发农民筹资投劳管理暂行规定的通知》(已失效)第13条从筹资投劳"折资总额达到项目资金70%""筹资和投劳折资比例报省级政府批准"这两个方面予以了明确的量化规定。《国家农业综合开发办公室关于降低农业综合开发农民筹资投劳比例的通知》(已失效)为了"减轻农民筹资投劳压力",则进一步将"农民筹资投劳比例"分类降至"20%"与"10%"。《村民一事一议筹资筹劳管理办法》《国务院办公厅关于进一步做好减轻农民负担工作的意见》《农业部关于规范村民一事一议筹资筹劳操作程序的意见》则具体厘清了筹资筹劳的限额标准、范围、运作与管理环节、监督救济等事项。

因我国的"村民自治具有国家赋权的特点"①,村民会议或村民代表会议等一事一议筹资筹劳制度平台的效能发挥,往往受制于所在基层政府的权力行使方式与相应资源配置状况。这在一定程度上易诱发在高标准农田建设领域中的行政摊派风险,从而使得农民自主自愿筹资筹劳可能异化为非自愿的甚至是强制性的农民负担。此外,筹资筹劳项目的审核程序虽然明确规定了"乡镇人民政府—县级人民政府农民负担监督管理部门"的"初审—复审"二级审批流程,但审核要点与审核方式有待进一步细化。特别是应在《农业部关于规范村民一事一议筹资筹劳操作程序的意见》相关规定的基础上具体厘清复审事项,以更好地发挥其农民负担审查监督之责。基于此,应围绕强化村民自治意识、健全村民选举竞争性程序、巩固村委会的独立法律地位、落实基层政府与村委会的指导与被指导、协助与被协助关系等主要规范事项,来切实开展相应的一事一议筹资筹劳制度平台建设。尝试推动公共产品的选择与供给,逐步由命令—服从式的单向度政府决策事项,转进为参与—互动式的多向度公共决策事项。但在农村

---

① 徐勇:《村民自治的成长:行政放权与社会发育——1990年代后期以来中国村民自治发展进程的反思》,《华中师范大学学报(人文社会科学版)》2005年第2期。

空心化发展问题掣肘下,特别是人口流出区域农民的自主投入能力往往是有限的。有必要根据前述高标准农田建设项目的营利、低营利和非营利之属性定位,来设置差异化的、与承受能力相协调的项目区农民自筹投入比例,并明晰相应的利润获取事项,从而在降低其负担心理与现实压力前提下,有效调动农民自主筹资筹劳的积极性。此外,还应进一步明晰乡镇人民政府实施初审所涉的四类材料审核重点事项和三类实地考察事项①的要点与审查指标;并厘清县级人民政府农民负担监督管理部门实施复审所涉"项目方案是否符合政策规定"的具体标准,以及"书面答复"和"纠正意见"的体例形式与结构要件。最终通过兼具形式审查与实质审查的整全型审查机制设定,实现对筹资筹劳建设项目合法性、合理性的全面有效监督。

（三）利益表达的分配式规范

利益事项作为产权中心型利益表达的保障要件,主要设定于投入收益分配规范中。其往往从农业领域 PPP 项目回报和农村基础设施投融资收益分配的上位范畴角度,就高标准农田建设资金领域中的投入收益分配事项来予以渊源性、框架性原则指引。进而通过明晰自主筹资筹劳项目的产权结构与收益分配事项,来充分保障合理的项目投资收益回报。例如,《财政部、农业部关于深入推进农业领域政府和社会资本合作的实施意见》从"按项目绩效考核结果向社会资本支付对价"和"订单带动、利润返还、股份合作等模式完善利益联结机制",设定了对价支付型与利益分享型的收益分配方式。《国务院办公厅关于创新农村基础设施投融资体制机制的指导意见》则根据工程的不同投入结构与规模状况,分别设定了差异化的权属配置及相应的产权型收益分配方式。

不过,这三种收益分配方式皆为渊源性、框架性的原则指引。在"风险识别及其责任的分配是公私合作合同重要内容设计"②的基本共识指引下,有必要依循所涉农业领域 PPP 项目回报和农业基础设施投融资收益分配过程中面临的不同类型、比例风险责任配置,来设定更为具体可行、稳定可预期的收益分配实

---

① 《农业部关于规范村民一事一议筹资筹劳操作程序的意见》规定的四类材料审核重点事项:项目是否符合筹资筹劳适用范围、方案是否履行村民民主议事程序、筹资筹劳的数额是否在省级人民政府规定的限额标准内、财政奖补项目是否符合立项要求;三类实地考察事项:会议召开和表决情况是否真实、向农民筹劳是否按项目建设实际需要、捐资捐物是否自愿。

② 邓敏贞:《公用事业公私合作合同的法律属性与规制路径——基于经济法视野的考察》,《现代法学》2012 年第 3 期。

施细则。特别是高标准农田建设项目作为一种农村基础设施项目,往往具有较强的非营利性与公益性,加之项目回报周期相对较长且多为间接、隐性回报,从而使得可能的商业性、营利性投融资收益趋于弱化,进一步掣肘了社会性投资组织和产权主体参与项目建设的积极性。基于此,有必要围绕考核方式、绩效标准、支付途径、合同范本、权属界分、分配手段等主要规范事项,来明晰对价支付型、利益分享型与产权型收益分配方式的实施细则。此外,还应充分调动各方参与主体的积极性、主动性、创造性,围绕社会性投资组织的投融资结构、产权主体的自筹投入结构、差异化的项目属性及相应权属配置状况、资金到位率、项目运营绩效归责等主要规范事项,通过"政府可用性付费、使用量支付,使用者定价介入、超额利润限制,投资补助、价格补助"①等方式,设定必要的高标准农田建设项目收益保底(或缺口补助)机制。

第三节　高标准农田建设资金配置条款完善

高标准农田建设资金是由政府职能部门主导的,一般通过财政专项资金和社会资金的规模化投入,主要在于对项目工程实施积极、有效地前置性干预。高标准农田建设资金条款则是该类资金规制工具的规范表达,基于相应财政专项资金投入占据主导地位的事实前提,主要围绕资金的差异化来源而予以保障性约束。该类条款是"健全土地节约集约使用""完善国土空间开发保护"面向下推进永久基本农田系统保护的必要规范保障,相应行为指引主要围绕"集中利用财政资金"②的行政主体和营业自由的社会主体这两类主体而具体展开。该类条款的保障型功能,是对财政专项资金源于"国家对农民和农村提供公共服务"③法律表达,是对高标准农田建设实现兜底性支持的法律基础。其往往源自规范性文件对"持续加大、合理保障与拓宽资金投入"等目标的设定,通过"相应

---

① 李明:《PPP模式介入公共体育服务项目的投融资回报机制及范式研究——对若干体育小镇的考察与思考》,《体育与科学》2017年第4期。

② 张照新、赵海:《新型农业经营主体的困境摆脱及其体制机制创新》,《改革》2013年第2期。

③ 周飞舟:《财政资金的专项化及其问题 兼论"项目治国"》,《社会》2012年第1期。

的合作治理主体性意愿有关的形式选择"①所推动的系统性功能定位,提供一种资金投入的秩序,实现科学合理的资金投入结构性配置。

既有规范基于对财政专项资金的统筹整合,通过面向不同类型项目和不同地域经济发展需求的差异化配置,以及以奖代补资金对社会资本投入、项目实施地区农民自筹投入的积极引导,保障高标准农田建设项目实施和工程质量,明晰各类资金规制的法律规范的功能要义,从而为相应财政专项资金的规模化投入提供明确的指引。

功能要义阐明旨在梳理规制工具发挥指引功能的进路。高标准农田建设资金条款作为一种资金规制工具的规范表达,其保障性功能主要依托于占据投入主导地位、实现兜底性支持的财政专项资金。首先,就载体保障功能而言,三类规范进路下形成的资金统筹整合方案,皆确立了多方来源、整合归集、统一投放的基本原则。依循相应的系统性保障方案,有必要围绕统筹主体、整合责任主体和干预方式来厘清其保障功能事项。其次,就手段保障功能而言,依循相应的目标型、优先型手段指引,有必要围绕实施效果、过程管理和基准性优先、评判性优先来厘清其保障功能事项。最后,就激励保障功能而言,有必要围绕正向、反向优先序和效益型、过程控制型奖励来厘清其保障功能事项。基于此,通过明晰相应财政专项资金规模化投入的不同功能定位,亦可为社会资金投入高标准农田建设在融资性、契约性方面的市场化定位提供可能的功能要义范型,最终为高标准农田建设资金乃至永久基本农田系统保护的有序、高效投入提供必要的规则指引。

一、载体保障功能定位下资金统筹整合规范的完善

该类保障功能旨在依托高标准农田建设资金统筹整合法律规范,来明晰财政专项资金的来源、归集与投放事项,从而为兜底性支持高标准农田建设提供必要的载体性资金规制工具。所涉规范往往基于有机整合各层次、各渠道高标准农田建设财政资金的方向性考量,尝试"突破以单位制为代表的原有科层体制

---

① 赵谦、董亚辉:《土地复垦监管行为规范的主体性合作治理形式选择》,《中国土地科学》2020年第3期。

的束缚,遏制市场体制所造成的分化效应"①来指引实施统筹型的资金投入,以切实发挥相应财政专项资金的保障合力。

（一）资金统筹整合的规范进路

近年来,伴随在水利改革发展、涉农资金整合试点等方面的国家层面规范性文件陆续出台。例如,2010 年《中共中央、国务院关于加快水利改革发展的决定》、2015 年《财政部、发展改革委、国土资源部等关于以高标准农田建设为平台开展涉农资金整合试点的意见》（已失效）、2016 年《国务院办公厅关于支持贫困县开展统筹整合使用财政涉农资金试点的意见》、2017 年《国家发展改革委员会、财政部、国土资源部等关于扎实推进高标准农田建设的意见》。围绕高标准农田建设财政专项资金的统筹整合,已大体形成三类规范进路。其一,贫困地区涉农资金整合试点践行进路。该进路主要表现为,在支持贫困县开展统筹整合使用财政涉农资金试点的过程中,逐步形成围绕高标准农田建设事项的省级资金统筹整合方案,如 2018 年《广西壮族自治区高标农田建设资金统筹整合方案》。其二,自主开展涉农部门农田水利基础设施建设专项资金整合进路。该进路主要表现为,出台围绕建设高标准农田事项的省级整合资金指导意见,通过在不同区域的统筹整合实践,最终形成统筹整合资金推进高标准农田建设的实施方案,如江西省南昌市、抚州市和新余市等地方,依循 2011 年《江西省人民政府关于整合资金建设高标准农田的指导意见》（已失效）,陆续制订了适合本地情况的方案。其三,上级要求以高标准农田建设为平台开展涉农资金整合试点进路。该进路主要内容为,出台落实试点的相关涉农资金整合方案与考核评价办法,进而展开相应的具体实践。例如,湖南省依循中央部委有关文件,出台高标准农田建设综合改革试点工作方案、涉农资金整合试点方案以及综合改革试点考核评价试行办法。

以上三类规范进路下形成的高标准农田建设资金统筹整合方案,皆确立了"多个渠道进水（引水）、一个池子蓄水、一个龙头放水"之多方来源、整合归集、统一投放的基本原则,初步厘清了省级统筹、县级负责的差异化层级管理体制,并根据不同的项目类型就各类专项资金的统筹整合范围、方式予以了类型化规定。在该类管理体制下,首先由省级政府来统筹规划财政、发改、农业、水利、自

---

① 渠敬东:《项目制:一种新的国家治理体制》,《中国社会科学》2012 年第 5 期。

然资源等部门用于农田建设方面的涉农资金,由省级财政行政部门来切块分配下达相应资金;继而由县级政府依托项目平台或规划区域平台来整合归集相应资金,由县级财政行政部门根据本区域建设规划及目标任务来主导负责资金拨付、使用等投放运营事项。

(二) 资金统筹整合规范的保障功能事项

资金统筹整合规范作为一种载体性资金规制工具的规范事项表达,为财政专项资金兜底性支持高标准农田建设提供了来源、归集与投放事项的系统性保障方案。但该类省、县两级科层式资金统筹整合的方案指引皆较为宏观性、原则化,有必要针对资金审批权限下放、排除资金统筹整合干扰和县级规范使用等命题予以进一步的可操作性细化。事实上,既有规范皆强调围绕"切块下达"相应资金来落实"省级下放审批权限",可运用"类型化处理分解"①的方法,依循省、县两级政府在项目确定和资金分配等方面的不同权责定位,厘清相应的载体保障功能事项。

第一,就统筹主体保障功能事项而言,省级政府是高标准农田建设资金的统筹主体。"财政支农资金整合的前提是规划和资源的整合"②,省级政府应围绕所在省级区域的高标准农田建设任务指标,立足于能统筹、协调的各层次、各渠道相应财政专项资金规模,来拟定省级高标准农田建设规划与建设亩均财政投入标准,从而确定资金的整合范围与目标。基于此,可根据各个县级区域的不同高标准农田建设分解任务指标来测算相应的资金额度并整体拨转,且强调专款专用于项目县的高标准农田建设。上级政府及相关职能部门不得另设条件来限定该类资金在项目县的具体用途。

第二,就整合责任主体保障功能事项而言,县级政府是高标准农田建设资金的整合责任主体。县级政府对相关项目实施和资金使用结果负全责,可围绕"依据、范围、分配、主体"③四个模块确立有效资金整合机制,根据省级高标准农田建设规划以及所承担的高标准农田建设分解任务指标,拟定县级高标准农田

---

① 骆梅英:《非行政许可审批的生成与消弭——行政审批制度改革视角中的观察》,《浙江学刊》2013年第5期。

② 王奎泉:《财政支农资金整合机制创新研究——基于浙江资金整合调研的实证分析》,《社会科学战线》2009年第3期。

③ 叶慧、陈敏莉:《国家级贫困县整合财政涉农资金的问题及对策——基于湖北省A县的案例研究》,《中国行政管理》2017年第9期。

建设规划,并对上级"切块下达"的资金"建立单独账户管理,统一统筹规划统一项目审批、统一对外拨付、统一监督管理"。[1] 基于此,依循相应的高标准农田建设标准,来统一划定建设区域布局与相对集中连片建设地块,预设项目建设方案和资金使用计划,并自行组织开展相关项目的申报评审、招投标、工程监理、自检验收与资金整合绩效自评估。

第三,就干预方式保障功能事项而言,绩效考评是资金统筹整合的主要上级干预方式。县级政府作为资金统筹整合"项目的'再组织'搭建制度空间和社会场域"[2],在凸显其主体责任的同时,亦有必要设定合宜的上级干预方式,以促进县级政府及相关职能部门规范使用相应资金。应根据县级政府的自检验收结果,依循县级政府与省级政府签订的作为"纵向政府间工作联动凭证和依据的目标管理责任状"[3]所载明的任务、拨付资金与责任,来实施高标准农田建设绩效考评。基于此,将优秀、合格、不合格这三类考评结果等次,设定为实施县级高标准农田建设工作奖惩评判的主要依据。除通报奖励或批评外,考评优秀者,在下一年度"切块下达"相应资金测算额度的基础上,予以总量适当上浮,上浮奖励资金仍专款专用于高标准农田建设;考评不合格者,适当扣减下一年度的高标准农田建设分解任务指标,并相应减少"切块下达"资金测算额度。

二、手段保障功能定位下资金差异化配置规范的完善

该类保障功能旨在依托高标准农田建设资金差异化配置法律规范,来明晰财政专项资金面向不同项目领域、地域环境的差异化配置事项,从而为兜底性支持高标准农田建设提供必要的手段性资金规制工具。所涉规范往往针对"如何实现行政任务或政策目的"[4]的效益选择命题,基于高标准农田建设项目的不同类型、规模、投资结构以及所在不同地域的自然地理条件、社会经济发展状况、地

---

① 王吉鹏、李虎:《整合涉农资金促进乡村产业振兴的对策——基于哈尔滨市通河县调研分析与启示》,《中国农业资源与区划》2019 年第 5 期。

② 折晓叶、陈婴婴:《项目制的分级运作机制和治理逻辑——对"项目进村"案例的社会学分析》,《中国社会科学》2011 年第 4 期。

③ 颜昌武、赖柳媚:《基层治理中的责任状:"督责令"还是"免责单"?》,《理论与改革》2020 年第 2 期。

④ 刘连泰、孙悦:《改革开放以来中国行政法学的理论谱系》,《厦门大学学报(哲学社会科学版)》2021 年第 4 期。

方政府财政支出能力等因素考量，"通过制度创新与技术创新提高资源配置效率"①来指引实施差异化的资金配置。

（一）项目差异化配置规范的保障功能事项

项目差异化配置规范作为一种目的指标式资金规制工具的规范事项表达，为财政专项资金兜底性支持高标准农田建设提供了面向重点项目、重点领域的目标型手段指引。例如，1986 年《国务院办公厅转发财政部、农牧渔业部、水利电力部关于加强发展粮食生产专项资金管理报告的通知》即规定"坚持按项目投资，按项目检查效果"和"要统筹安排，合理使用，避免重复或脱节"，从而明确了财政专项资金的项目制配置原则，以项目作为投资对象，规定相应部门对项目运行、质量验收、绩效评价等专门事项进行管理。2021 年《中央财政衔接推进乡村振兴补助资金管理办法》第 2 条进一步设定了不同任务项目的"具体测算指标"，界分了相应的"因素和权重"，以实施相应财政专项资金的差异化配置，体现出更多将资金投入聚焦于直接经济效益不明显但相关社会、生态效益却较为突出的保障型项目中的导向，以切实提升资金的使用效益，促进乡村振兴。

既有规范通过"计划分解""在线监测"以及"因素和权重"测算分配等技术手段，构建指向专项资金项目配置方式的"现代行政规制制度体系和实现机制"，②初步确立了形式技术导向型的高标准农田建设资金项目配置方式。由于推动专项资金实现差异化项目配置的根本目的还是在于确保资金的绩效目标，因此有必要立足于项目区农田基础设施条件、耕地质量和农产品综合生产能力这三类导向性目的，在推动相应绩效目标层级式具体拆解的基础上，同步凸显实质绩效评判型的资金项目配置方式。为此，可分别设定"因素和权重"测算分配技术手段在实施效果指标面向的针对性主导配置，"在线监测"技术手段在过程管理指标面向的针对性主导配置，并进一步量化层级目的指标设定，以厘清目标型手段保障功能事项。

就实施效果保障功能事项而言，可将实施效果指标拆解成产出、效益、满意度这三类。产出指标应围绕新增高标准农田的面积来设定相应的数量标准、围绕项目工程验收合格率来设定相应的质量标准、围绕项目工程建设施工进度来

---

① 施祖美：《我国不发达地区反贫困的战略思考》，《农业经济问题》2000 年第 3 期。

② 江必新：《论行政规制基本理论问题》，《法学》2012 年第 12 期。

设定相应的时效标准。效益指标应围绕粮食综合生产能力的历年对比数值提升来设定相应的社会效益标准、围绕耕地质量的历年对比数值改善来设定相应的生态效益标准、围绕农业种植结构的比例数值变化来设定相应的可持续性效益标准。满意度指标应围绕项目区农村集体经济组织、农民等产权受益方的认同评价数据采样比例来具体设定。

就过程管理保障功能事项而言,可将过程管理指标拆解成资金计划、项目运营、监督检查这三类。资金计划管理指标应围绕相应投资计划与项目责任落实率、预算投资支付与完成率来具体设定。项目运营管理指标应围绕项目开工率、进度计划执行率以及项目超预设比例来具体设定。监督检查管理指标应围绕项目相关纪检、监察、审计等查实问题比例来具体设定。

（二）地域差异化配置规范的保障功能事项

地域差异化配置规范作为一种优先要素式资金规制工具的规范事项表达,为财政专项资金兜底性支持高标准农田建设提供了因地而制宜、优化项目建设地域布局的优先型手段指引。例如,2017 年《国家发展改革委员会、财政部、国土资源部、水利部、农业部、中国人民银行、国家标准化管理委员会关于扎实推进高标准农田建设的意见》即将"粮食主产区,已划为永久基本农田、水土资源条件较好、开发潜力较大的地块,干部群众积极性高、地方投入能力强的地区,贫困地区"这四类区域明确为"高标准农田建设布局优先顺序"。2019 年《农田建设补助资金管理办法》第 2 条"支持稳定和优化农田布局"和第 8 条"优先扶持粮食生产功能区和重要农产品生产保护区",亦明确了财政专项资金围绕农业生产不同地域条件的差异化配置面向。2021 年《高标准农田建设质量管理办法(试行)》第 11 条进一步将"规划布局、水源保障、基础设施现状、连片面积、建设周期、资金投入、农民意愿、实施效益"作为确定不同地区建设项目优先顺位的考量因素。

既有规范虽然基于"制度化的规制政策制定"①大体列明了项目建设的各类差异化地域布局考量因素,但不同因素之间的权重比设计与优先位序仍较为模糊,可操作性有待进一步增强。依循上述规定中的共性考量因素与差异化考量因素,有必要"赋予规划制定者、建设许可者判断的空间"②,将各类因素界分为

---

① 王学军、胡小武:《论规制失灵及政府规制能力的提升》,《公共管理学报》2005 年第 2 期。

② 李泠烨:《土地使用的行政规制及其宪法解释——以德国建设许可制为例》,《华东政法大学学报》2015 年第 3 期。

基准性优先要素与评判性优先要素,以充实优先型手段保障功能事项。

　　基准性优先要素可谓实施项目建设地域布局的一级指标,唯有具备该要素才可被列入高标准农田建设布局优先范围,即将作为粮食主产区核心表征的"10.58亿亩粮食生产功能区和重要农产品生产保护区"①设定为基准性优先要素。

　　评判性优先要素可谓实施项目建设地域布局的二级指标,应基于相应的权重比设计来进行高标准农田建设布局优先范围内的具体位序排列。可将客观性评判要素(占比60%)和主观性评判要素(占比40%)分列为三级指标,前者往往决定了定点项目建设的应然可能性,后者则往往决定了推进项目建设的实然可行性。客观性评判要素主要包括永久基本农田等规划布局事项、水土资源保障等自然环境事项、连片面积等基础设施事项这三类基础要素,各占权重比的20%,以及贫困地区事项这类同等条件下的优先要素。唯有在三类基础要素评判方面,评估达到合格分值,才具备实施该类项目建设的客观可能性。主观性评判要素则主要包括资金投入标准与规模等资源投放事项、项目建设周期等工程规划事项、干部群众积极性等主体意愿事项、开发潜力等实施效益事项这四类进阶要素,各占权重比的10%。其往往决定了该类项目建设的预期绩效,唯有在四类进阶要素评判方面,评估达到合格分值,才具备达成该类项目建设预期目标的主观可行性。

三、激励保障功能定位下以奖代补规范的完善

　　该类保障功能旨在依托高标准农田建设以奖代补法律规范,来明晰财政专项资金积极引导社会资本投入、项目区农民自筹投入的原则与适用事项,从而为兜底性支持高标准农田建设提供必要的激励性资金规制工具。所涉规范往往基于"建构利益共享、损益均衡的诱因制度"②考量,从以奖代补的原则与适用这两个方面来明晰激励性规制结构条件,运用结果竞争而非条件竞争的策略来积极引导社会资金投入高标准农田建设,从而最大可能地正面诱因促进提升高标准

---

　　①　《国务院关于建立粮食生产功能区和重要农产品生产保护区的指导意见》,《中华人民共和国国务院公报》2017年第12期。

　　②　杨惠、熊晖:《农地管制中的财产权保障——从外部效益分享看农地激励性管制》,《现代法学》2008年第3期。

农田建设项目的运营绩效。

（一）以奖代补原则规范的保障功能事项

以奖代补原则规范作为一种框架激励式资金规制工具的规范事项表达，为财政专项资金积极引导社会资本投入、项目区农民自筹投入高标准农田建设，提供了基于"将成绩与利益、奉献与所得合理、正当的联结挂钩"①考量的理念激励指引。例如，2019年《国务院办公厅关于切实加强高标准农田建设提升国家粮食安全保障能力的意见》即确立了在加强高标准农田建设过程中"奖优罚劣、以奖代补"相关原则。2021年《水利部关于进一步推动水土保持工程建设以奖代补的指导意见》则进一步明确了在水土保持工程建设中"推动以奖代补"来实现"变先拨后建为先建后补"之建设方式转变的核心意旨。

既有规范作为一种原则性概括表达，基于"深化和扩展耕地数量、质量和生态全面管护内涵"②的方向性指引，在该领域来推动传统预置式的财政投入下达方式进行回应性调整与创新性变革。而"以奖代补"的投入属性定位、资金结构比例等实施性事项的模糊不清，可能诱发相关资金配置的公平性、效率性问题。事实上，"以奖代补"式投入作为一种项目工程建成验收后的进阶奖励式财政专项资金事后投入措施，秉持社会资本投入、项目实施地区农民自筹投入的实效化导向，为规模化投入与有序化收益回报提供指引。不论该类资金运营方式如何调整，其作为财政投入的非营利性与公益性理应处于优位并得到固化。若全面推进"以奖代补"甚至彻底取消传统事前投入式补贴，极易使得高标准农田建设优先序考量因素评估分值低的地区，难以获得其他渠道资金的青睐，使得财政专项资金的激励式引导作用流于形式。则有必要明晰"以奖代补"在整体相关财政专项资金中的结构比例，并根据不同地区建设相关项目的优先序考量因素来予以差异型配置，以具体厘清理念激励保障功能事项。

就正向优先序激励保障功能事项而言，所涉地区的优先序考量因素评估分值越高，其预期绩效的可能性与可行性愈发明确，则其他渠道资金在营利性目标利益驱动下的投入积极性亦随之而凸显。故而在相关财政专项资金结构中有必要配置更高的"以奖代补"比例（50%—80%），分值越高、比例越大，以通过更高

---

① 崔卓兰：《行政奖励若干问题初探》，《吉林大学社会科学学报》1996年第5期。
② 刘新卫等：《建设4亿亩高标准基本农田的思考与建议》，《中国人口·资源与环境》2012年第3期。

比例的事后奖励资金投入来强化对其他渠道资金的实效化引导。

就反向优先序激励保障功能事项而言,所涉地区的优先序考量因素评估分值越低,其预期绩效的可能性与可行性愈发模糊,则其他渠道资金在营利性目标利益驱动下的投入积极性亦随之而弱化。故而在相关财政专项资金结构中有必要配置更低的"以奖代补"比例(50%—20%),分值越低、比例越低,以通过更高比例的事前补贴资金投入来弱化其他渠道资金的投入风险。

(二) 以奖代补适用规范的保障功能事项

以奖代补适用规范作为一种举措激励式资金规制工具的规范事项表达,尝试针对不同类型的项目投资和建设主体的不同需求,为财政专项资金积极引导社会资本投入、项目区农民自筹投入高标准农田建设,创新设置了多样化的奖励方式,以提供切实"激励相对方积极实践法定权利,实现私益的递增"[1]的方法激励指引。例如,2015 年《财政部关于实施政府和社会资本合作项目以奖代补政策的通知》根据不同档次"投资规模"确立了相应的奖励标准,并明确了奖励资金的统筹用途。2021 年《水利部关于进一步推动水土保持工程建设以奖代补的指导意见》就水土保持工程建设中"以奖代补"的工作原则、适用合同的限额、奖补资金来源、奖补对象、奖补范围、奖补标准、奖补方式以及奖补程序等事项予以了实施性规定。2012 年《安徽省高标准基本农田建设"以奖代补"专项资金管理暂行办法》则具体设定了相关专项资金的资金来源、责任主体、分配依据、标准与拨付方式。

既有规范可以激励性规制理论为指引,来厘清"以奖代补"专项资金的结构性适用要件,大体上列明了"以奖代补"的目标范围、对象、信息沟通渠道、奖励评价标准与方式以及事后考核评价等主要规范事项。但在奖励适用导向上仍更偏向于较为传统的规模型、阶段目标型奖励,特别是在奖励标准与对象的确定方面,往往是按照项目投资规模以及达标的项目建设任务量来分档定级,根据项目工程的验收结果来兑现支付奖补资金。有必要依循我国"耕地数量、质量、生态'三位一体'"的整全性保护立场,来尝试推动该类奖励适用逐步转向为效益型、过程控制型奖励,以具体充实所涉方法激励保障功能事项。

就效益型奖励保障功能事项而言,可将项目投资规模、达标的项目建设任务

---

① 罗豪才、宋功德:《现代行政法学与制约、激励机制》,《中国法学》2000 年第 3 期。

量设定为分档定级的基准要件,将项目建成后的高标准农田亩均粮食产能增加幅度与节本增效收益设定为分档定级的调整要件。以一定比例和金额为调整基数,每增加5%的亩均粮食产能与250元的节本增效收益,即可在基准分档定级的基础上提升一个奖补标准等次。

就过程控制型奖励保障功能事项而言,可根据项目工程验收结果等次留存计息不同比例的奖补资金,依循工程使用年限来分阶段兑现支付。验收结果合格者,留存40%;验收结果良好者,留存20%;验收结果优秀者,留存10%。留存资金主要围绕项目建后的设施设备管护质量、建成高标准农田的占用甚至撂荒情况、资源节约型与环境友好型农业生产方式的运用水平这三类事项,来展开高标准农田建设项目的建后过程性评估。可每5年展开一次建后过程性评估,首期评估合格即拨付留存奖补资金本金的50%,二期评估合格即拨付留存奖补资金本金的30%,三期评估合格即拨付留存奖补资金的剩余本金与全部利息。

第五编

土地督察制度与纠纷解决机制以及法律责任体系完善研究

5

导 论 土地管理实施保障
制度的新时代挑战

一、土地管理实施保障制度的背景和意义

（一）背景

1986年6月《土地管理法》通过，我国土地管理法制进入发展"快车道"，随后经历1988年、1998年、2004年和2019年四轮重大改革。2019年修法因应党的十八届三中全会后关于土地制度的改革精神与政策要求，是习近平法治思想的生动体现。《土地管理法》及其实施条例的修改已告一段落，如何保障土地管理制度有效实施成为新的课题。准确把握新时代土地管理实施保障制度的价值意义，探讨其现存问题与完善路径需要在习近平法治思想指导下进行。

2020年11月，中央全面依法治国工作会议确立了习近平法治思想在全面依法治国、建设法治中国的指导地位，对我国社会主义法治建设具有重大现实意义与深远历史意义。习近平法治思想内容丰富、逻辑严谨、论述深刻，为新时代中国法治现代化提供了根本遵循与行动指南，其核心要义和精神内核集中体现为"十一个坚持"。这"十一个坚持"系统阐释了实行全面依法治国的时代背景、理论精髓、实践要求与着力方向，研究土地管理法实施应当在这个基本框架与内容体系中展开。

"天下之事，不难于立法，而难于法之必行。"①习近平总书记明确指出："法

---

① （明）张居正：《请稽查章奏随事考成以修实政疏》。

律的生命力在于实施,法律的权威也在于实施。"①法律的实施是全面依法治国的重点和难点。加快形成高效的法治实施体系是坚持建设中国特色社会主义法治体系的重要内容。在土地管理领域,行政机关是土地管理法律规范的基本实施主体,在推进法治政府建设过程中,建立权责统一、权威高效的依法行政体制,促进土地管理公权力行使的规范化、法治化,强化对其的制约与监督,是切实实施土地管理法律法规的重要保障。② 土地管理法制的有效实施需要在科学立法、严格执法、公正司法、全民守法新十六字方针引领下,从动态角度对多元主体的功能定位、主要任务等予以剖析,对我国进入新时代后土地管理法制的落实提出更全面更高标准的要求。

总体而言,现有研究主要从宏观视角对习近平法治思想进行解读,分析其对土地管理实施之指导作用的研究尚不多见。因此,这要求我们深入学习习近平法治思想,切实发挥对新时代土地管理实施保障制度的指导作用,更好推进土地领域的良法善治。

(二) 价值

土地管理法律规范繁多,有效发挥其规范调整土地法律关系的功能,必然需要健全土地管理实施保障机制,以强制机制为支撑,以追责机制为核心。换言之,实施保障机制的要义在于通过为权力、权利、义务加载法律责任,以防土地管理法律制度"脱实向虚",提升制度的权威与刚性,确保土地管理制度改革目标"变现"。健全土地管理实施保障机制,应强化中央政府对地方政府土地管理权的引导与制约,着重发挥土地管理法律对土地行政管理主体行为的规范作用,以诉讼方式为主导的多元方式解决土地行政纠纷,以法律责任的类型化体系化严密法网为法律有效实施保驾护航。这大致对应着三个方面的制度:国家土地督察制度、土地行政纠纷解决制度以及土地管理法律责任制度。

1. 国家土地督察依法治权抓住"关键少数"

2004 年,针对土地违法形势日趋严峻复杂的现象,为强化土地领域的监管机制,保障土地管理法律法规的刚性落实,《国务院关于深化改革严格土地管理

---

① 中共中央宣传部、中央全面依法治国委员会办公室:《习近平法治思想学习纲要》,人民出版社、学习出版社 2021 年版,第 83 页。

② 参见《习近平法治思想概论》编写组:《习近平法治思想概论》,高等教育出版社 2021 年版,第 163 页。

的决定》(国发〔2004〕28 号,以下简称《土地管理决定》)首次提出建立国家土地督察制度,以加强对土地执法行为的监管。《国务院办公厅关于建立国家土地督察制度有关问题的通知》(国办发〔2006〕50 号,以下简称《建立国家土地督察通知》)出台,对设立国家土地总督察及其办公室、向地方派驻国家土地督察局,人员编制与管理职责等事项进行规定。国家土地督察制度由国家政策确立。通过 2019 年修法,《土地管理法》第 6 条规定:"国务院授权的机构对省、自治区、直辖市人民政府以及国务院确定的城市人民政府土地利用和土地管理情况进行督察。"《土地管理法实施条例》融合 15 年来的运作经验,对国家土地督察制度基本框架与规则内容进一步作出规定,明确了督察主体、督察范围、督察权行使方式等问题。国家土地督察制度正式得到法律确认。

国家土地督察是党中央、国务院从我国基本国情、发展阶段、行政管理体系出发,以落实最严格的土地管理制度为目标而构建的一项重要制度。国家土地督察制度是中央政府对地方政府土地管理权力行使进行监督的重要方式,以制度规范公权力运行,确保土地管理活动在法律法规、中央政策的约束下进行。国家土地督察是对土地管理权力内部结构进行的调整与优化,可以提高土地违法成本,有效降低土地违法案件的发生率,有力遏制省级政府与县市政府的合谋可能。[1] 根据习近平法治思想,领导干部是社会主义法治建设的重要组织者、实践者,在全面依法治国中肩负重任,是党和国家事业发展的"关键少数",应当严守法律红线、法律底线。[2]《土地管理法实施条例》规定的约谈、追责建议等督察权行使方式,就是直接针对地方党委和政府有关负责人、相关部门负责人的,并将国家土地督察与违法问责相衔接,形成监督合力,督促"关键少数"带头依法办事、厉行法治。不仅如此,在土地管理和利用领域,省级政府根据中央和法律要求领导所辖区域的具体管理利用活动,是连接中央和基层的关键枢纽,计划单列市政府则因其重要性而在经济社会发展上享有较大独立权限,加强监督越发重要。

---

　　① 参见黄顺绪、李冀、严汉平:《土地垂直管理体制与地方政府土地违法行为的博弈分析》,《人文杂志》2013 年第 5 期;欧胜彬、张耀宇、陈思源、朱新华:《我国经济增长与土地违法的 Kuznets 曲线分布与治理研究——基于 2001—2011 年省际数据的检验》,《华中农业大学学报(社会科学版)》2015 年第 4 期。

　　② 参见李林、莫纪宏:《全面依法治国　建设法治中国》,中国社会科学出版社 2019 年版,第 338 页。

2. 实现土地纠纷解决多元化促进良法善治

土地管理法律制度不仅提供了一套土地管理的法律方案,更提供了现实可操作的争议裁断依据。由于诉讼的高成本、较长周期,土地纠纷的化解途径并不限于诉讼,非诉讼纠纷解决方式逐渐得到当事人的青睐,变得越来越重要。因此,应当完善土地纠纷多元化解决机制,为当事人提供解决纠纷的多种选择,实现定分止争,促进土地治理走向善治。

法治不仅仅是法律之治,还应当是良法之治。良法善治是全面依法治国的重要追求与最佳形态,良法是善治的前提,善治以贯彻实施良法为核心。[①]

在我国,土地政策频出。从法律渊源角度分析,这些"红头文件"大多为行政主体制定的规范性文件,一般不属于我国法律体系的组成部分。确立国家政策为法源的《民法通则》已随着《民法总则》的通过和《民法典》的颁布而失效,国家政策不再是民法渊源。依据最高人民法院《关于裁判文书引用法律、法规等规范性法律文件的规定》(法释〔2009〕14 号),规范性文件并非民事和行政案件的裁判依据,人民法院仅可以将其作为裁判说理的依据,即使援引为说理依据也须对其合法性进行审查。因此,新时代土地纠纷的诉讼解决应当秉持依法律法规裁判的基本立场,充分发挥法律规范的裁判功能,理性对待土地政策的合法性、有效性问题。在每一个土地纠纷中适用土地管理法律规范,既是彰显其裁判功能的内在需求,也是保障其实施的具体体现。

基于现实社会的复杂性、当事人诉求不同等因素,土地争议并非也无须都通过诉讼途径解决,非诉讼纠纷解决方式同样不可或缺。在法律法规所确立的理念、框架、原则下,通过非诉讼纠纷解决机制化解纠纷矛盾,有助于满足群众多层次多方面的利益需求,同样也是良法的实施形式。不同的土地纠纷解决方式具有相异的特点、功能和作用,互为补充、互相联结构成一个完备的多元化纠纷解决动态系统,为当事人提供多样化渠道,提高社会治理能力与水平,促进善治的实现。

3. 依法行政,明确法律责任维护法律权威

健全权责统一、高效权威的依法行政体系,完善土地管理法律责任体系,是维护土地管理法律权威的重要途径,也是土地管理法制实施保障制度的基本组

---

① 参见王利明:《法治:良法与善治》,《中国人民大学学报》2015 年第 2 期。

成部分。而《土地管理法》在某些方面表现出重管理效率、轻权利保障的特征，使得土地管理权的行使容易引发土地纠纷，并滋生腐败。保障土地管理权的规范行使是当下我国土地治理现代化的重中之重，亟须严密责任的法网。

法律责任通常指违反法律规定或应尽之注意义务而承担的不利法律后果，具有预防、救济、惩罚等功能。在习近平法治思想引导下，应通过法律责任的合理设置以及法律责任实现方式等配套规定的完善，促使行政机关依法行政，民众遵纪守法，保障土地管理秩序稳定运行。为此，我们既可以从违法主体角度进行审视，也可以从责任类型入手对不同性质的法律责任进行完善。一方面，违法主体主要分为两大类，一是行政主体，二是相对人。行政主体可能因违法审批、非法转让土地等行为而承担法律责任；相对人可能会由于其骗取批准、非法占用土地、拒不交还被收回土地等行为而承担相应的法律责任。另一方面，法律责任的承担方式可以分为确保义务履行的直接方式和间接方式，不同的方式均对应行政主体或相对人应尽之注意义务。违反应尽之注意义务即违法，违法行为所涉权限对应的主体应当承担相应的法律责任，以此思路推进土地管理领域法律责任的体系化。

二、土地管理实施保障制度面临的时代课题

国家土地督察、土地争议解纷机制以及土地法律责任是土地管理法制运行的保障系统，着眼于矛盾化解到问题减生的制度完善，有内在联系。但无论《土地管理法》本身还是其他土地管理和利用的行政法规、规范性文件，对上述制度的规定难谓全面，甚至重要节点和内容都尚付阙如。学界围绕这些制度的完善做了有益探讨，对细化国家土地督察制度、健全土地纠纷多元解决机制和丰富土地法律责任体系具有重要意义。在习近平法治思想的引领下，为土地管理法制实施的实际问题解决提供应对方案，构建符合我国土地管理与利用实际又系统有效的国家土地督察制度、土地行政纠纷解决机制以及法律责任实现机制势在必行。

（一）行政内部监督机制有待法治化完善

国家土地督察的本质是中央政府监督地方政府土地管理权的行使，以规范土地管理和利用行为，保障中央政策和国家法律实施。现有成果对国家土地督察制度存在的缺陷进行了探讨，为其持续改进指明方向：国家土地督察制度是国

家监督体系的组成部分,督察方式主要是行政体系内部封闭的行政纠错,具有一定的局限性;①国家土地督察机构的法律地位不甚明晰,限制了督察效率的提高;②督察权的权力配置、内容构造以及行使程序、效果责任的不规范、不健全影响了督察的顺利进行;③制度供给滞后于土地管理需要,激励机制缺失。④

国家土地督察的法治化建设必须坚守"公有底线""耕地红线"和"利益底线"。⑤ 作为行政体系内监督机制国家土地督察制度,在设计和运行上应遵循行政法一般规律,体现土地管理的特点和要求,紧紧围绕督察权这一核心要素,从督察的主体、对象、内容、方式、程序、后果以及保障等方面着手,努力实现"控权"与"放权"的平衡、"公平"与"效率"的兼顾。具体而言,可从以下三个方面完善国家土地督察制度:其一,督察主体构造,进一步研究国家土地督察的机构设置、人员配置、法律地位以及与相关主体关系,⑥实现其功能价值⑦。其二,督察权能与行使方式,对职能定位、权力结构及内容、督察权行使方式进行规范,有重点、有针对性地行使督察权以提升监管土地违法行为的效率。⑧ 其三,督察程序及保障,健全、规范和严格督察程序,强化信息公开,丰富相关业务有效支撑督察主业,⑨健全激励约束机制,有效保障国家土地督察制度运行。⑩

---

① 参见叶秋华、黄蓉:《土地规划中行政监督机构准司法性之引入——以英国规划督察署为例》,《烟台大学学报(哲学社会科学版)》2015 年第 1 期。

② 参见叶丽芳、黄贤金、马奔、汤其琪:《基于问卷调查的土地督察机构改革设想》,《中国人口·资源与环境》2014 年第 3 期。

③ 参见陈阳:《论我国土地督察制度良善化进路——以中央与地方关系为视角》,《东方法学》2017 年第 2 期。

④ 参见梁亚荣、朱新华:《国家土地督察制度的法经济学分析》,《河北法学》2009 年第 3 期。

⑤ 参见宋才发:《农村土地督察机制法治化建设问题探讨》,《湖北民族学院学报(哲学社会科学版)》2016 年第 5 期。

⑥ 参见叶秋华、黄蓉:《土地规划中行政监督机构准司法性之引入——以英国规划督察署为例》,《烟台大学学报(哲学社会科学版)》2015 年第 1 期。

⑦ 参见欧胜彬、张耀宇、陈思源、朱新华:《我国经济增长与土地违法的 Kuznets 曲线分布与治理研究——基于 2001—2011 年省际数据的检验》,《华中农业大学学报(社会科学版)》2015 年第 4 期。

⑧ 参见唐正国、付梅臣、陶金、张占军、郑谊鸽:《试论土地督察类型区的划分》,《中国国土资源经济》2011 年第 2 期;陈志刚、王青、赵小风、黄贤金:《中国土地违法现象的空间特征及其演变趋势分析》,《资源科学》2010 年第 7 期。

⑨ 参见汤其琪、黄贤金:《土地督察信息公开的风险影响评价——以专项督察制度为例》,《中国土地科学》2015 年第 2 期。

⑩ 参见梁亚荣、朱新华:《国家土地督察制度的法经济学分析》,《河北法学》2009 年第 3 期。

（二）　土地纠纷解决机制的科学性尚待提高

土地纠纷内容千差万别,有多种划分类型的方式,较为常见的是以纠纷属性为标准,将其分为行政纠纷与民事纠纷两大类型。我们主要以土地行政纠纷及其解决机制为研究对象,既对土地行政纠纷的内容、特点、类型等展开研究,也以纠纷特性为出发点对土地行政纠纷解决机制进行全面考察,具体包括行政救济与司法救济两方面。这方面研究的成果往往陷入对纠纷解决机制的宏观构建或方向指引,多停留于抽象层面,对不同纠纷类型采取的具体解决方式重视不够,因此应当秉持系统论的基本立场,在分析、提炼土地行政纠纷构成要素的基础上,对纠纷解决机制进行整合、优化。

土地行政纠纷是发生在行政相对人与土地管理机关之间,就土地行政管理活动而引起的争议,主要集中在土地权属、不动产登记、征地补偿、违法占地等领域。现实中还呈现出土地行政纠纷的主体和范围多样化、群体性和规模性、政策导向性和主体趋利性、行民交叉属性和形成原因复杂性等典型特点。未来应以强化私权利保障为中心,创新土地解纷方式,统筹调用土地行政复议、土地行政诉讼、土地信访等多元机制,注意与民法典中的不动产异议登记、更正登记等形成配合,不断提升土地解纷机制的效能。

提高土地行政纠纷解决机制的科学性,必须对以下课题展开针对性研究:一是土地行政复议,分析行政复议制度在处理土地行政纠纷的实践并研究如何把制度规范具体化以发挥其优势,增强其解决行政争议之效能;二是土地行政诉讼,探析土地行政诉讼的受案范围、原告资格、诉讼请求、审查依据和责任承担等方面问题,并结合相关案例提出完善建议;三是土地信访,准确界定信访救济的性质与功能,探讨分办与转办、诉访分离、信访终结等制度的现存问题与解决方式。总之,统合考量我国土地行政纠纷的现状,把握有效化解纠纷制度的运行机理,以有效化解具体类型纠纷作为纠纷解决机制的首要原则,科学设定各种解决方法的内容与其对应的具体纠纷类型,合理地架构各种土地行政争议解决方式在整个纠纷解决机制中的体系地位与相互间的互动关系,最终化解纠纷。

（三）　土地管理责任的归属和实现有待明晰

土地管理法律责任是因实施土地违法行为而产生的法律后果,既涉及对土地管理相对人违法行为的纠偏,更包括对滥用土地管理权的国家机关及其工作人员的制裁。当前对于土地管理法律责任的研究主要存在以下缺憾:一是重视行政法律责任,但忽视了对各种法律责任综合运用的研究;二是较少对土地管理法律责任的责任承担原则、构成要件、责任形态、责任形式等进行体系化分析。

土地行政责任为土地管理责任的重要部分,应当以准确理解土地违法行为与土地行政责任的逻辑关系为重要基础,以体系定位与要件划分作为土地行政责任落实的着力点。部分地方政府的土地违法行为已经给我国的社会经济生活造成了严重危害,如地方政府主导下的违法占地现象,违反了法律法规和中央政策,使得耕地资源被严重侵蚀,影响粮食安全,被征地农民的权益无法得到保障等。① 这种土地违法行为的产生原因,主要包括法律责任不明确、地方财政收入过于依赖土地、政绩考核体系不合理等方面。② 加强土地行政责任,健全土地行政责任体系是一个长期的过程,可以从明确责任、认定责任再到追究责任的路径着手完善,以保证土地行政责任体系的顺利构建和执行。

---

① 参见汤小俊:《政绩考核不改,违法用地难止》,《中国土地》2006 年第 8 期。

② 参见郭春华、鲁楼楼:《完善县级政府土地行政责任 切实保护耕地资源》,《中国国土资源经济》2014 年第 7 期。

第一章　国家土地督察的实践演进与制度完善

《土地管理决定》在我国土地管理制度建设中具有重大意义,第五部分"建立完善耕地保护和土地管理的责任制度",要求建立国家土地督察制度。这是土地市场中"盲目投资、低水平重复建设,圈占土地、乱占滥用耕地等问题尚未根本解决"的现实形势决定的,是"进一步完善符合我国国情的最严格的土地管理制度"的必然要求。为贯彻《土地管理决定》,《建立国家土地督察通知》,从机构设置、人员编制、督察层级及其各自职责、督察程序、督察责任、与被督察对象职权划分以及自身建设等方面搭建了国家土地督察制度的基本框架。随着实践不断丰富发展,《土地管理法》2019 年修订时确立国家土地督察,具有中国特色的土地督察制度由此形成。

我国已进入社会主义新时代,全面依法治国深入推进,国家治理体系和治理能力现代化水平不断提高,面对新理念、新形势、新任务、新挑战和新问题,亟须加强国家土地督察制度的多学科研究、具体研究和体系研究,形成土地治理和行政监督的特色和优势。国家土地督察制度研究应坚持问题导向,追根溯源,通过历史沿革揭示总结发现土地制度所设立的初衷、出发点、所要解决的问题;在此基础上对制度构造及运作实践进行总结,对社会、经济、政治变迁的社会制度环境带来的冲击影响做全面充分系统地分析,从观念、制度设计、制度实施执行等方面归纳出其绩效以及可能的问题,进行成因分析;最后有针对性地提出制度细化、完善的具体建议。为此,我们可以以国家土地督察制度法治化为研究思路和结构主线,总结法治化历程及其意义,考察法治化实践及其效果,阐释背后的逻辑和法理,分析法治化理念原则,提出法治化的制度规则体系。

第一节　国家土地督察制度的缘起与入法

欲知晓其现在和未来,须追溯其历史。[1] 国家土地督察制度有着自己的发展脉络和鲜明的实践特色、时代特色。对此,我们可以追溯国家土地督察制度实践的缘起、历史沿革及其实践状况,进而分析其背后的法律逻辑,从而为制度完善提供功能定位和目标保证。这要求我们既要分析土地管理制度的背景与动因,总结实践发展需求,作为出发点;又要考察中央政策文件等文本,揭示其概貌。

一、背景与动因

随着改革开放的推进,社会主义市场经济体制逐步健全,城镇化和工业化快速发展,社会主义法治和依法治国成为党领导人民治国理政的基本方略,加入世界贸易组织给我国经济社会发展带来新的前所未有的机遇和挑战。在政治经济社会深刻变革背景下,对土地资源的刚性需求与供给的刚性约束的矛盾日益突出,表现为"土地资源需求的差异化、土地矛盾的社会化、土地问题的敏感化等"[2]。1986 年制定的《土地管理法》虽历经 1988 年修正和 1998 年修订两次修改仍不能完全满足发展实践的需要,土地管理制度改革要求越发迫切。法治政府建设和行政体制改革不断深化,对土地管理制度的法治化、科学化提出更高要求。所有这些都成为催生国家土地督察制度的时代背景和改革动力。

（一）土地治理面临新问题,陷入实践困境

随着改革深入推进和经济快速发展,作为基础资源和基本要素的土地愈发重要,土地开发利用步入新阶段,建设用地扩张快,供需矛盾突出。[3] 无序开发、利用粗放浪费、滥占耕地、违法审批,土地违法行为多发、形式手段多样、地方政府主导因素增加、查处难度变大,农村宅基地闲置废弃甚至"空心村"不断加剧,

---

[1]　行政督察专员制度是创设于中国近代的一项重要地方制度,在中国共产党延安时期得到大力推广,体现了鲜明的延安特色。参见华小勇:《中共延安时期行政督察专员制度探析》,《西安文理学院学报(社会科学版)》2011 年第 2 期。

[2]　赵俊杰:《让土地督察持续发力——党的十八大报告学习体会》,《中国土地》2013 年第 2 期。

[3]　参见孙弘:《国家土地督察职权研究》,《中国土地》2011 年第 9 期。

执法监管失灵、宏观调控受阻,土地市场的各种乱象频仍,既不利于经济平稳较快发展,又不利于经济社会可持续发展。① 土地政策、土地制度难以有效应对,对新的监督管理制度的需求日益迫切。党中央、国务院作出系列部署,对各类开发区全面清理,暂停审批,治理效果显著。但是,土地领域的痼疾并未得到根本解决,建设用地总量增长过快、低成本工业用地过度扩张现象尚未得到有效遏制。②

以上问题的成因是多方面的,以《土地管理决定》为框架,以《建立国家土地督察通知》为线索可以发现,土地管理法律法规执行不力是其中的关键。这具体表现为,遵守土地法律法规的意识不强,以促进经济发展为名,轻视甚至忽视经济增长方式转变的要求;不按法定权限审批土地,肆意违反或变相突破法律规定,程序不健全、审批不规范,规避法定审批权限,化整为零,粗放利用土地;占用耕地补偿制度有名无实,占多补少、占优补劣,甚至弄虚作假,玩弄数字游戏,而且耕地开垦费的收缴、管理缺乏规范,流于形式,挪用情况屡见不鲜;不按规定选定出让方式,降低地价标准或以各种形式补贴让利,简单通过压低地价招商引资;对违反土地管理法律法规的行为惩处不力和滥用行政权力侵犯农民合法权益的问题严重。此外,征地补偿和安置制度不健全、落实不到位,土地节约利用和收益分配机制有待理顺,过程监管流于形式。如何强化土地管理执法力度成为摆在政策界和实务界面前亟待破解的难题。

(二) 行政体制改革与法治政府建设要求

行政体制与社会主义市场经济的发展日益不相适应,法治政府建设还比较滞后,简政放权、机构精简与改革任务繁重,迫切需要调动"中央和地方"两个的积极性。作为中央与地方关系重要组成部分的财政体制改革,产生深刻深远影响,在土地领域表现尤为显著,"土地财政"形成的宏观背景和制度动因与上述土地管理问题也不无关系,需要相应的配套制度加以完善。

不仅如此,土地管理体制发展改革也提出直接要求。从 1986 年设立国家土地管理局到 1998 年组建国土资源部,土地管理基本架构得以确立。2004 年,为加强国家对国土资源的宏观调控、强化省级人民政府保护土地资源的责任和落

---

① 参见《国土资源部办公厅〈关于严明法纪坚决制止土地违法的紧急通知〉》(国土资电发〔2006〕22 号)。

② 参见《国务院关于加强土地调控有关问题的通知》(国发〔2006〕31 号)。

实最严格的耕地保护制度,中央调整省级以下国土资源主管部门干部管理体制,①地方各级政府的土地管理权收归省级政府"垂直管理"②,中央与省在土地管理权上的关系亟待厘清。③ 其中,耕地保护问题最为突出。我国耕地保护中的政府失灵表现为政府成为违法占用耕地的主角,经济增长中的耕地过度性损失尤为严重。中央对耕地保护中政府失灵做出政策调整。④ 代表中央政府对地方政府的土地利用和管理进行监督检查与制约的制度,就越来越必要越来越重要。⑤

(三) 健全完善土地管理制度产生迫切需求

"土地在政治、经济和社会中无可替代的重要地位决定了国家的慎重对待,管制也呈现出制度化、严密化的趋势……管制等对自由利用的限制深嵌到相关主体的土地利用观念之中"⑥,从"纸面上"落实到"行动中"也同样如此。土地管理制度健全完善,一方面与以上情形形成复杂的互动关系,既互相促进,又互相制约;另一方面,更是土地管理制度本身法治化和系统化发展的内在规律使然。

土地利用行为受到制度等诸多因素的约束。不仅土地用途从农用转为非农的建设利用需要严格遵守土地用途管制规定,符合土地利用规划和城乡规划的总体要求,即使是已被用于非农建设的土地的具体用途变更也受到上述管制和规划的限制,体现出我国土地法律制度的强烈管制色彩和"法有规定方可为"的特点。这种特点和惯性,要求不断完善土地利用和管理的监督制度。

---

① 参见《国务院关于做好省级以下国土资源管理体制改革有关问题的通知》(国发〔2004〕12 号)。

② 即实行省以下国土资源主管部门的领导干部由上一级国土资源主管部门管理为主、地方协助管理的双重管理体制。参见李效顺、曲福田、谭荣、姜海、蒋冬梅:《中国耕地资源变化与保护研究——基于土地督察视角的考察》,《自然资源学报》2009 年第 3 期。

③ 参见陈阳:《论我国土地督察制度良善化进路——以中央与地方关系为视角》,《东方法学》2017 年第 2 期。

④ 参见李效顺、曲福田、谭荣、姜海、蒋冬梅:《中国耕地资源变化与保护研究——基于土地督察视角的考察》,《自然资源学报》2009 年第 3 期。

⑤ 参见孙弘:《国家土地督察职权研究》,《中国土地》2011 年第 9 期。

⑥ 耿卓:《集体建设用地向宅基地的地性转换》,《法学研究》2022 年第 1 期。

二、确立及发展

国家土地督察是改革开放持续推进中的新生事物,以改革开放为考察的时间起点,既可以从改革开放的发展脉络等宏观层面进行,也可以从土地管理制度变革或土地领域的重大事件和现象角度进行。基于土地治理法治化的基本取向,结合考察针对性和贴合性要求,我们可以以法治化为线索,以其发展节点为标准,把国家土地督察制度发展阶段作以下划分。需要说明的是,国家土地督察制度是土地管理体制的组成部分,而土地管理体制以国家土地管理局设立为开端,因此我们会以国家土地管理局的设立时间为起点进行梳理。

(一) 探索阶段(1986—2003 年)

内部监督是行政机构设置和行政体制改革的基本要素。设立国家土地管理局伊始就有相关内设机构,中央和国家土地管理局也出台系列相关规定。该阶段是摸索前进的探索阶段,由主管部门在行业系统内部启动了正规化探索。

《国务院关于国家土地管理局机构设置和人员编制的批复》(国函〔1986〕167 号)批复同意设置监督检察司这一内设机构。不过,因此批复未明确行政执法职权,根据行政权力法定原则,①国家土地管理局无权开展行政执法活动。②《国务院批转机构改革办公室对建设部、国家测绘局与国家土地管理局有关职能分工意见的通知》(国发〔1990〕31 号)规定:"国家土地管理局主管全国土地的统一管理工作……统一查处土地权属纠纷,实施土地监察。"根据《国务院办公厅关于印发国家土地管理局职能配置、内设机构和人员编制方案的通知》(国办发〔1994〕15 号),国家土地管理局主要职责之一就是"对规划、计划执行情况进行督促检查",内设的监督检察司也整合为政策法规与监督检察司,负责"制订有关土地的方针、政策和法规、规章并对贯彻执行情况实施监督检查……协同

---

①　依法行政是行政法的基本原则,具体包括法律保留原则,一般是指行政主体权力行使必有法律根据。依法行政最早见于行业部门法 2001 年《中华人民共和国人口与计划生育法》,其第 4 条规定:"各级人民政府及其工作人员……应当严格依法行政,文明执法……"《中华人民共和国地方各级人民代表大会和地方各级人民政府组织法》2022 年修正时增设第 62 条:"地方各级人民政府应当维护宪法和法律权威,坚持依法行政……"

②　国家土地管理局对地方政府越权批地违法行为无法直接查处,只能上报国务院,由其转发各地,要求严肃处理越权批地问题并将清理情况和处理结果报国家土地管理局。参见《国务院批转国家土地管理局关于部分地方政府越权批地情况报告的通知》(国发〔1990〕8 号)。

有关部门制订土地监督检查法规和土地违法案件的处罚办法……会同有关部门立案处理重大土地违法案件。"

在此期间,国家土地管理局 1994 年专门召开土地监察体制改革会议,确定土地监察体制改革的基本思路。① 执法实践中反映出地方政府为突出土地违法主体的现实,要求建立解决地方政府违法问题的监督检查机制,而国家土地管理局却没有执法监察权,为此提出建立国家土地总监制度的设想,②绘制了国家土地督察制度的蓝图。

正是依凭上述机构及其职责,1995 年 6 月 12 日《土地监察暂行规定》(国家土地管理局令第 1 号)③出台。《中共中央、国务院关于进一步加强土地管理切实保护耕地的通知》(中发〔1997〕11 号)提出,"加强土地管理的执法监督检查。……建立和完善土地执法监察制度,强化土地管理的执法监督工作"。借着政策东风,1998 年 2 月 25 日国家土地管理局作出《关于强化土地执法监督工作若干问题的决定》,对土地执法监督工作从土地监察机构的建立健全和土地监察队伍的充实、领导的加强、土地监察的集中统一管理、内部相关职能机构之间相互协调配合制约机制的建立、对土地违法案件查处的督办和土地监察制度建设等方面作了系统规定。

《土地管理法》1998 年修订时,曾试图解决防治地方政府土地违法行为的机制缺失问题,虽然未能取得突破,但还是明确了国务院土地行政主管部门的土地执法监察权。国土资源部 1998 年组建后,再次提出设立国家土地总监,但因机构改革尚在进行中而被搁置。④

(二) 确立阶段(2004—2018 年)

该阶段是政策推进的确立阶段,是中央作出决策部署,先行制定政策推进国家土地督察制度化。

《土地管理决定》把"设立国家土地总督察"作为加强土地调控、管住土地部

---

① 参见李名峰:《守护大地——国家土地督察制度理论与实证研究》,世界图书出版公司 2015 年版,第 119—120 页。

② 参见甘藏春、崔岩:《土地管理体制改革势在必行:论我国现行土地管理体制的缺陷》,《中国土地科学》1998 年第 2 期。

③ 2017 年 12 月 27 日被《国土资源执法监督规定》(国土资源部令第 79 号)取代。

④ 参见李名峰:《守护大地——国家土地督察制度理论与实证研究》,世界图书出版公司 2015 年版,第 119—120 页。

门的重要手段,国家土地督察的具体工作随之启动。随着《建立国家土地督察通知》发布,国家土地督察制度正式建立。① 尽管如此,国家土地督察工作并无完善、系统的法律法规可依,这无疑影响了制度落实。《国家土地督察条例》被列入《国务院 2008 年立法工作计划》中需要抓紧研究、待条件成熟时提出的立法项目。2008 年 4 月,国土资源部就根据中央文件精神,参考国内外有关督察方面的先进法律制度和实践经验,结合工作实际,主持起草了《国家土地督察条例》(征求意见稿),着重对指导思想、机构定位、督察形式和督察权监督作了较为系统的规定。经济社会形势深刻变化,行政体制和国家机构改革综合推进,土地管理体制机制仍处于转型期,实践发展和理论储备有待加强,国家土地督察制度法治化还在路上。

2018 年党和国家机构改革,落实中央关于统一行使全民所有自然资源资产所有者职责,统一行使所有国土空间用途管制和生态保护修复职责的要求,组建自然资源部。《自然资源部职能配置、内设机构和人员编制规定》(以下简称《自然资源部"三定"方案》)规定了国家自然资源总督察的职能和机构设置的方式。这次机构改革为国家土地督察制度的法治化提供了组织基础,实现了从国家土地督察到国家自然资源督察的跃升。

(三) 发展阶段(2019 年至今)

该阶段是政策实践的法律化阶段,国家顺应政策和实践要求以法律形式确立国家土地督察制度,是制度不断完善并深入实施的治理现代化新阶段。

随着《土地管理法》第三次修正,国家土地督察制度由法律确立,其第 6 条规定:"国务院授权的机构对省、自治区、直辖市人民政府以及国务院确定的城市人民政府土地利用和土地管理情况进行督察。"国家土地督察制度系统立法迎来新机遇。《土地管理法实施条例》与上位法保持一致,专设"监督检查"章,突出重点,第 44—46 条对督察事项(内容)、相关当事人配合督察、督察措施集中作了规定,第 47—49 条对土地管理监督检查人员资格、与农业农村部门职责分工及其监督检查、行政处罚主体等加以规定。结合《建立国家土地督察通知》有关规定,从职能职责、机构设置、人员安排、组织运行、职权行使、保障与监督,

---

① 也有学者作了不同划分,认为 2006—2010 年为初创阶段,是步入向规范化阶段转变的关键时期。参见李春峰:《守护大地——国家土地督察制度理论与实证研究》,世界图书出版公司 2015 年版,第 120—121 页。

健全了国家土地督察体制和法律架构。国家土地督察制度法治化、土地治理现代化进入新阶段。一方面,总结实践经验、继续探索创新,推进国家土地督察(国家自然资源督察)专门立法、科学立法的要求日益迫切;另一方面,在现有法治框架下健全和完善实施机制推进治理现代化更是亟须回应的时代课题,需要各界努力。

（四）小结

纵览我国土地制度改革史,实事求是、解决现实问题、满足实践需求、助推人和社会的发展,是始终不变的主线,蕴含着改革的方法论:坚持问题导向和任务导向,既承认实践探索,又注重顶层设计;坚持依法改革,遵循改革的规范化、制度化和法治化要求,有序稳妥推进,因时而异把握改革的节奏和方式。[①] 国家土地督察制度的建立即为著例。国家土地督察制度遵循了探索政策推动法律跟进的改革路径。制度演进的每个关键节点都来自当时政治、经济、社会形势和面临的任务和要求。在启动了中央和地方财政关系调整的制度背景下,土地管理体制改由省级以下直管,使得中央对地方政府的监管需求逐渐加强。作为土地监察、执法监督的一种表现形态,国家土地督察制度登上历史舞台,体现了国家公权力和行政机构运作内在逻辑,有其必然性。

毋庸讳言,国家土地督察制度法制化刚刚起步,还有大量法治化任务亟待完成,如国家土地督察人员及机构设置的法治化、职能的法治化以及与其他监督监管机构主体职能行使关系的法治化,与被监管被督察行政主体关系的法治化与行政相对人的间接关系的法治化以及行政内部行为规范依据的法治化,权力行使的法治化、行使后果的法治化、权利救济的法治化。这既需要实务部门积极探索,也离不开法学界对其实践运行系统总结并深入研究。[②]

总之,国家土地督察制度法治化为土地制度体系和治理能力现代化带来新的契机,亟须社会各界共同努力推进国家土地督察制度法治化,彰显土地执法乃至行政执法监督的中国特色和社会主义优势。

---

① 参见耿卓:《集体建设用地向宅基地的地性转换》,《法学研究》2022 年第 1 期。

② 对国家土地督察的研究主要由公共管理学界进行,法学界贡献甚少。法学界对专门领域督察的研究则主要集中在环保督察方面,这种状况在国土空间规划、自然资源资产管理体制和产权改革等重大改革持续推进的当下,与国家土地督察的重要性越发不相匹配。

三、意义与价值

经过多年探索,国家土地督察制度的基本框架已经形成,具有中国特色的土地监管模式逐渐形成。① 国家土地督察成为土地治理的抓手、严密土地管理法网的拼图,凸显土地管理体制重心的载体,在落实宏观调控、遏制土地违法现象、维护土地管理秩序和提升土地利用水平等方面发挥了独特价值,具有重要的政策、制度和实践意义,既有经济价值,又有政治价值,还有生态价值以及伦理价值,在行政管理体制改革、中央和地方职权划分、政府与市场关系等方面也都有其探索意义。②

(一) 政策落实

中央要求落实科学发展观,提出实行最严格土地管理制度。国家土地督察制度就是实行最严格土地管理制度的重要举措。以严格执行中央政策、落实国家宏观调控为指引,聚焦涉土政府部门和地方涉土规章文件,进行高频度、大范围、全方位、全过程的监管,取得积极成效。国家土地督察制度强化了中央政府监管能力,填补了对地方土地管理行为纠正监督机制的空白,有力遏制了地方政府建设占用耕地、耕地补充、国有土地收益等方面的违法现象,在遏制土地违法中扮演重要角色,③对协调地方经济发展与耕地资源保护冲突起到积极作用,还有效提高了我国地方政府土地执法的力度。④

(二) 制度建设

国家土地督察制度既有助于中央科学调控新增建设用地总量(保护耕地和土地调控),又促进了地方落实盘活存量建设用地,是行政体制深化改革、土地管理制度完善的重要成果,是土地管理事务方面处理中央与地方关系的新模式。

从制度体系角度看,国家土地督察制度推动了土地管理体制规范化。为遏

①　参见《重大制度创新　成功改革实践——写在国家土地督察机制建立五周年之际》,《中国国土资源报》2011 年 7 月 13 日。

②　参见刘敏:《国家土地督察制度及其绩效研究》,中国大地出版社 2016 年版,第 23 页;董祚继:《农村土地管理制度改革探索》,中国大地出版社 2009 年版,第 1 页。

③　参见吕晓、钟太洋、张晓玲、黄贤金、田兴:《土地督察对土地违法的遏制效应评价》,《中国人口·资源与环境》2012 年第 8 期;谭术魁、张红林、饶映雪:《土地例行督察的土地违法遏制效果测算》,《中国土地科学》2013 年第 3 期。

④　参见仲济香:《土地督察对执法力度的促进效果评价》,《中国土地科学》2011 年第 10 期。

制建设用地总量增长过快,低成本工业用地过度扩张等问题,国家土地督察通过推动形成"党委领导、政府负责、部门协同、公众参与、上下联动"的共同责任机制,组织开展各类专项督察,①不但取得了实效,而且还完善了土地执法监督制度。国家土地督察针对土地管理体制性障碍、制度性缺陷,提出大量意见和建议,推动了土地利用方式转变和土地管理制度改革。

从治理现代化高度看,国家土地督察制度提高了土地治理法治化水平。土地执法坚持"早发现、早制止、严查处",开展维护被征地农民合法权益、全面划定永久基本农田落实情况等专项督察以及农村乱占耕地建房专项整治、耕地保护督察等重大专项,严密法网,从制度上解决问题。②

(三) 理论发展

在推进国家治理体系和治理能力现代化过程中,面对亟待解决的战略议题,既需要关注顶层设计的宏观层次,也需要关注规则技术细节的微观层次,还需要连接宏观和微观的中观层次。③ 土地管理体制与地方发展之间的摩擦以及由此诱发的上级政府对土地开发权的控制,是基层政府违规开发土地的原因;而上级政府受到合法性约束和风险约束、上级对下级的关系依赖则弱化了上级的治理行动。督察机制应运而生并不断强化,地方政府的行为方式得以重新塑造,督察效果逐渐显现。④

国家土地督查体制这一改革做法丰富和深化了央地关系理论,属于此类中观层次的关键治理机制,促进了土地治理体系和能力的发展。随之而来的治理模式转变及其内在逻辑也为构建中国特色的公共组织理论以及中国治理模式提供了实践素材。⑤

在充分总结意义和价值之余,我们也要清醒地认识到改革尚未完成,改革仍

---

① 参见自然资源部党史学习教育领导小组办公室:《党领导土地管理事业的历史经验与启示》,《中国自然资源报》2022 年 1 月 7 日。

② 参见自然资源部党史学习教育领导小组办公室:《党领导土地管理事业的历史经验与启示》,《中国自然资源报》2022 年 1 月 7 日。

③ 参见周望:《治国理政机制的延续与现代化——对全面深化改革实践中三个关键机制的分析》,《科学社会主义》2018 年第 1 期。

④ 参见陈颀:《从"一元垄断"到"二元垄断"——土地开发中的地方政府行为机制研究》,《社会学研究》2019 年第 2 期。

⑤ 参见吴建南:《作为环境治理创新的环保督察:从定性到定量研究》,《公共行政评论》2019 年第 4 期。

需深化。现实问题的多样性、发展需求的层次性和新情况、新问题的新应对,要求在绿水青山就是金山银山的理念和统筹山水林田湖草的系统治理观下,虑及监管自然资源开发利用和保护、建立空间规划体系并监督实施的职责,与高质量发展、城乡融合和乡村振兴的要求,注意到与相关政策法律衔接以保障制度方案的体系融贯。制度的演进变革需要系统的配套。从外在体系来看,国家土地督察制度需要与国家监察体制衔接协同,保障国家宏观调控实施以促进经济社会发展,与法治国家、法治政府和法治社会建设同步共进;从内部体系来看,土地督察在行业内部的体系定位、机构行政法地位、督察的行政行为属性,督察行为的作出与监督、督察责任及其救济等都需要立足实践深入研究。

第二节　国家土地督察的制度构造与理论阐释

国家土地督察制度是在实践运行 10 余年之后,在《土地管理法》第四次修改时被写正式写入法律文本,并发展为自然资源督察制度,是《土地管理法》中的新制度。深入理解和准确把握国家土地督察制度,必然需要对其基本构造形成全面的认识以把握研究对象,并对其背后的底层逻辑和法理基础进行阐释。

一、制度构造

国家土地督察的制度基础主要为土地管理法及其实施条例的新规定,同时又有先前中央政策规定的延续,包括机构设置和人员组成、职能和权限、程序、责任以及上下隶属关系和左右平行关系等。

（一）性质和特点

从主体关系可以把行政监督分为行政外监督和行政内监督。[①] 行政内监督的主体是国家行政机关,主要包括层级监督和专门监督;其中层级监督主要包括日常监督、主管监督和职能监督,专门监督主要包括行政监察和审计监督。

国家土地督察是指国务院授权自然资源主管部门代表国务院对省级及计划单列市人民政府的土地利用和管理情况进行监督检查。国家土地督察机构是行

---

① 参见崔剑仑:《论当代中国行政监督》,吉林大学行政学院 2004 年博士学位论文,第 2—5 页。

政机关,督察行为是行政监督行为,是政治监督的重要组成部分。国家土地督察是中央对地方的监督,因此属于行政内监督,即行政系统内部的监督。① 国家土地督察是专业监督,只有专业人士且具备相应任职资格的人员进行的监督;是专职监督,只用来土地领域的督察;是专责监督,专门设立机构进行监督;是只进行督察、督导而无权直接追责的监督。此外,国家土地督察是名义上为自然资源系统外而实质上为其系统内的监督,国家土地总督察与自然资源部部长由同一人兼职,国家土地总督察派出机构又与国土资源机构相对独立,独立于行政系统内部各部门,这是其特殊之处。

制度的建立意味着机构的升级,而机构的升级则意味着权力的升级、扩充与集中,也有利于权力与责任的明晰化。②

（二）设置与职责

作为组织机构的国家土地督察可以从职能配置、内设和派出机构、人员编制进行理解,具体包括人员、组成、机构、隶属关系,与驻地、区片关系,上下级关系以及与督察分局之间平行关系,等等。

1. 机构设置

国家土地督察的机构设置源自《土地管理决定》设计的基本层级,"设立国家土地总督察,向地方派驻土地督察专员"。《建立国家土地督察通知》从人员编制、内部层级、职能职责、督察程序和责任等主要方面细化具体化了国家土地督察主体构架。随着土地管理法 2019 年修改和机构改革,国家土地督察演进为国家自然资源督察,机构名称随之更名,其他则维持不变。

土地管理法虽然确立了国家土地督察制度,初步实现了法治化,但职能职责和机构设置等具体制度设计尚付阙如,仍停留在《建立国家土地督察通知》安排的阶段,层级仍有所不足。国家土地督察仍然是自然资源部获得国务院授权后,由部领导兼任国家自然资源总督察、1 名副部长兼任副总督察和 1 名专职副总督察(副部长级)并在部内设总督察办公室,原 9 个派驻到各地的国家土地督察

---

① 参见叶丽芳、黄贤金、马奔、汤其琪:《基于问卷调查的土地督察机构改革设想》,《中国人口·资源与环境》2014 年第 3 期。

② 参见朱中原:《土地督察难越制度陷阱》,《中国改革》2007 年第 4 期。

局更名为国家自然资源督察局,①从而形成的准独立的行政管理组织系统。这种组织体制相对独立,业务上属于专项督察,类似于行政系统内的监察机构,却又得到国务院的单独授权,源于中国秦汉时期行政监察御史制度又在新的时代背景下被赋予新的内涵。②

2.职能职责

根据《土地管理决定》《建立国家土地督察通知》和《自然资源部职能配置、内设机构和人员编制规定》,国家土地督察的职责主要集中在督察地方政府落实党中央、国务院关于自然资源重大方针政策、决策部署及法律法规执行,特别是落实最严格的耕地保护制度和最严格的节约用地制度等土地开发利用与管理情况,以及地方政府实施国土空间规划如落实生态保护红线、永久基本农田、城镇开发边界等重要控制线情况。从政策演变来看,国家土地督察的职责在不同阶段有所不同。③ 每年的工作要点也有不同,对比 2017 年和 2018 年的国家土地督察工作要点即可发现。概言之,无论具体工作如何变化,服务党和国家工作大局是国家土地督察不变的追求。

（三）方式和程序

从政策和法律文件来看,国家土地督察的方式和程序没有得到明确,主要在实践探索中逐渐形成。

1.督察方式

从政策规定和运行实践来看,国家土地督察以监督检查省级及计划单列市人民政府土地利用和管理情况为基本内容,在实践中发展出专项督察、例行督察和审核督察,④成为执法督察的基本方式⑤。

专项督察,是针对土地管理和利用中的苗头性、倾向性或者突出的普遍性问题等进行监督检查并提出整改意见和建议的行为,旨在实现对当前热点土地违

---

① 根据中央授权,自然资源部设下列派出机构,向地方派驻国家自然资源督察北京局、沈阳局、上海局、南京局、济南局、广州局、武汉局、成都局、西安局。

② 参见范柏乃、汪基强、张晓玲、肖莉:《国家土地督察制度实施绩效评估的理论基础与指标体系构建》,《中国土地科学》2012 年第 4 期。

③ 参见范柏乃、汪基强、张晓玲、肖莉:《国家土地督察制度实施绩效评估的理论基础与指标体系构建》,《中国土地科学》2012 年第 4 期。

④ 参见国家土地总督察办公室:《国家土地总督察公告(2007 年)》(第 1 号)。

⑤ 参见《2011 中国国土资源公报》(国土资源部　二〇一二年四月)之"八、执法督察"。

法违规行为和重大土地违法案件的快速反应和跟踪督察,以规范土地利用和管理秩序,是国家土地督察的核心业务。①

例行督察,是指国家土地督察机构依据法律法规,履行对地方人民政府土地利用和管理行为的监督检查职责,定期或不定期集中一段时间,对督察区域内某个地区一定时期内的土地利用和管理情况进行全面监督检查和评估,纠正发现的问题,提出改进意见和建议,是国家土地督察的基本业务。②

审核督察,是农用地转用和土地征收审批事项督察的简称,是指国家土地督察机构依照规定的权限和程序,对应报国务院审批和由省、自治区、直辖市人民政府审批的农用地转用和土地征收事项及批后实施情况进行监督检查,重点监督检查审批工作的合法性、合规性和真实性,及时发现和纠正行政审批违法违规问题,是国务院赋予国家土地督察机构的重要职责,是国家土地督察的常规业务。国家土地督察机构建立之初即开始探索审核督察工作并在部分地区进行试点,2008年对审核督察工作进行统一规范,在2009年实现了全覆盖、常态化。③

此外,国家土地督察机构还充分发挥身处土地管理一线、贴近基层的优势,着重分析土地热点问题,定期组织针对全国土地管理形势的分析,监测土地管理动向,研判风险及时预警,对土地违法违规情况进行全面掌握,发现违法违规的倾向或者苗头,及时提出完善或者改进的政策建议;同时,围绕土地管理热点、难点开展调查研究。

2. 督察程序

从工作实际和业务流程来看,不同的督察方式在程序上不尽相同,既有常规检查还有临时抽查,也有根据违法线索开展的调查,一般包括程序启动、推进和处理及反馈等。④

(1)督察准备。根据督察工作计划或工作需要,提出具体督察工作方案,按程序上报备案并做好组织和培训方面的准备。除了常态化的启动方式外,还有被动式的,如接到上级部署、违法线索等;此外,启动还有定期和不定期的情形。

---

① 参见汤其琪、黄贤金:《土地督察信息公开的风险影响评价——以专项督察制度为例》,《中国土地科学》2015年第2期。

② 参见《国家海洋局关于印发海洋督察方案的通知》(国海发〔2016〕27号)之"四、海洋督察实施"(一)。

③ 参见《国家土地总督察公告第7号——2013年国家土地督察工作情况的公告》。

④ 参见《国家海洋局关于印发海洋督察方案的通知》(国海发〔2016〕27号)。

因此,需要进一步健全土地督察发现问题分类指引。

(2)督察进驻。一般是向被督察对象发送督察通知书,告知其督察事项、督察时间及督察要求等,主要采取听取汇报、调阅资料、实地核查等形式进行督察。①

(3)督察报告。对督察过程中了解的情况和发现的问题及时汇总,剖析成因,提出针对性的意见和建议,并于督察结束后规定时间内形成督察报告及督察意见书。对督察中发现的重要情况和重大问题,要及时向上级报告。督察报告是督察这种行政监督的基本法律文件,相当于对被督察对象的一审终审"判决",因此这是督察程序中的关键环节,应以事实为根据,以法律为准绳。

(4)督察反馈。督察结束后一定时间内,将督察意见书反馈给被督察对象,指出发现的问题,提出整改意见和要求。这是与被督察对象的事后沟通协调,对于落实整改具有重要意义。因此,需要进一步健全督促整改指引等工作规范。

(5)整改落实。被督察对象要落实督察整改要求,制定整改方案,于督察情况反馈后一定时间内报送给督察机构,并在6个月内报送整改情况。没有在规定期限内落实整改要求的,国家土地督察机构可以依法采取实施区域限批、扣减用地计划指标等措施予以处置。国家土地督察机构根据需要对重要督察整改情况组织"回头看",或者通过在新闻媒体公开的方式督促整改,直至对违纪违法行为,移交纪检监察机关或自然资源主管部门②处理。

(四) 小结

国家土地督察制度是国务院向自然资源主管部门授权,由其组建国家土地督察机构,对省级人民政府及计划单列市的土地管理和利用行为进行监督,实质上是自然资源主管部门权力的强化,是国务院监督权力的移交,在于增强其对省级政府及计划单列市的监督管理职权。所以说,虽然国家土地督察制度是中央与地方关系在土地管理和利用上的调整,但实质上是条条与块块之间的关系调整。自然资源主管部门行业的条条与省级人民政府及计划单列市的块块之间关

---

① 从督察方式来看,突击性检查则不在国家土地督察之列,而从保证重大违法案件引发的督察实效来看,又应对其特别对待。

② 这是因为惩戒权并未归口国土督察机构。判断是否归口国家土地督察机构,取决于国务院是授权国家土地督察机构还是委托自然资源部的问题。如果是前者,则自然资源主管部门本身的惩戒权丧失;如果是后者,则自然资源惩戒权不变,国家土地督察的惩戒意见最终应由自然资源主管部门实施。从目前法律文本表述以及实践操作而言,委托似乎更符合实践情况。

系的处理,一方面在形式上相对外在于自然资源系统的行业管理,另一方面又在实质上内在于这个系统。因此,如何厘定自然资源部与国家土地总督察的职责边界、理顺督察与自然资源部各内设部门在运作上的关系、厘清督察过程中国务院、自然资源部与省级政府、计划单列市政府之间的关系进而实现法治化,成为我们不得不面对和解决的理论难题和实践课题。

二、理论阐释

(一) 行政权力监督理论

"但是一切有权力的人都容易滥用权力,这是万古不易的一条经验。有权力的人们使用权力一直到遇有界限的地方才休止。"①要防止滥用权力,就必须以权力约束权力。行政机关掌握公共权力的公共性使得行政权力的主体具有双重身份:一个实质主体——国家和集体;一个形式主体——权力行使者,并常常处于分离状态。这必然要求对行政权力的获得、运行和结果进行监督。从行政监督体系的有效运作来看,主要有两种监督方法,一是以权力制约行政权力,即分权制衡,部门分权、中央和地方之间的分权,坚持督察机构独立于行政机关;二是以权利制约行政权力,发挥社会监督的重要作用。② 行政监督是针对行政机关及其工作人员而存在的。权力决策、执行、监督三分制的行政管理体制有助于实现权力制衡,保证社会管理有效进行,防止权力滥用,已经成为行政体制改革的趋势。③ 国家土地督察的对象是省级政府及计划单列市政府的土地管理和利用行为,因而是一种行政监督。自然资源领域监督包括行政监察、执法监察、督察。随着监督体制改革的推进,行政监察被整合到国家监察体制。④ 在我国推进国家治理体系和治理能力现代化的时代背景之下,国家土地督察通过政府内部自我克制的方式实现对土地有效的利用与管理,既有理论上的证成,也有实

---

① [法]孟德斯鸠:《论法的精神》(上),张雁深译,商务印书馆1961年版,第154页。

② 参见刘敏:《国家土地督察制度及其绩效研究》,中国大地出版社2016年版,第11页。

③ 党的十七大报告提出要建立健全决策权、执行权、监督权既相互制约又相互协调的权力结构和运行机制;党的十八大报告也提出要建立健全行政决策权、执行权、监督权相分离的权力运行制约和监督体系。

④ 参见曹端海:《土地督察的政府监督治理作用分析》,《中国土地》2017年第4期。

践上的支撑。①

国家土地督察机构名义上隶属于国务院,实质上受自然资源主管部门管辖,独立性不强,影响土地督察绩效的提升。为实现权力监督与制衡,国家土地督察机构应和行使执行权的土地管理机构相分离,增强土地督察机构相对独立性。②

（二）中央地方关系理论

中央和地方的关系,是我国社会主义建设中带有全局性的问题。处理中央和地方关系,必须理顺中央和地方权责关系,加强中央宏观事务管理,赋予地方更多自主权。我国幅员辽阔,行政层级多,各地又千差万别,要实现中央的统一领导,就必须坚持中央的权威,科学划分与配置权责。③ 由于中央与地方政府的土地管理目标不尽一致、地方政府的责权利不明晰,双方信息不对称,委托代理机制容易失效,④因此必须加强中央对地方的监督控制,以有效避免央地关系的"统死放乱"怪圈。⑤ 国家土地督察就是中央在土地管理领域对地方监督的重要途径。

国家土地督察机构是跨行政区划的设置,人财物由中央统一调配,不受地方干预,保持了督察机构的相对独立性,属于大区半独立式模式的设置,有助于发挥出中央的宏观调控优势,克服地方保护主义的抵牾与阻滞,从而保障中央政令畅通。⑥ "一项政策的有效执行,政策制定者的权威和执行能力、政策本身的合理性、与相关利益主体尤其是受影响者的沟通、准确的时机和合适的环境、执行过程中的反馈和绩效评估、及时有效的修正机制等因素均必不可少。"⑦国家土

---

① 参见陈阳:《论我国土地督察制度良善化进路——以中央与地方关系为视角》,《东方法学》2017 年第 2 期。

② 参见叶丽芳、黄贤金、马奔、汤其琪:《基于问卷调查的土地督察机构改革设想》,《中国人口·资源与环境》2014 年第 3 期。

③ 中国国有土地资产管理管理体制,以中央为主,省级政府为辅,市县政府执行。而土地资源作为稀缺资源,由中央政府控制是最合适的。参见甘藏春:《土地正义》,商务印书馆 2021 年版,第 437 页。

④ 参见陈晓红、朱蕾、汪阳洁:《驻地效应——来自国家土地督察的经验证据》,《经济学(季刊)》2018 年第 1 期。

⑤ 参见封丽霞:《国家治理转型的纵向维度》,《东方法学》2020 年第 2 期。

⑥ 参见陈阳:《论我国土地督察制度良善化进路——以中央与地方关系为视角》,《东方法学》2017 年第 2 期。

⑦ 冯辉:《房地产调控中"央地关系"的失衡及其法律规制》,《法商研究》2013 年第 5 期。

地督察制度的设计和运行体现出中央注重与地方沟通协调合作①的新趋势和新思路。

国家土地督察制度旨在约束与监督地方政府的土地管理与利用行为,以协调中央与地方关系、衡平中央与地方利益,但也存在着监管对象有限与违法主体多样化态势和违法行为复杂化之间关系紧张,权力行使程序缺失等问题,亟须走向良法善治的法治道路。②

(三) 公共政策理论

研究公共政策,离不开对制度的分析,制度分析与发展框架是从制度视角研究公共政策比较有竞争力的理论,包括7组主要变量③:其一,参与者集合。参与者是指在决策过程中承担某种身份且具有决策能力的实体,既可以是个人,也可以是复合个体,如国家、城市、公司、非政府组织。其二,参与者的身份。身份变量将参与者和容许的行为集合相连接。其三,容许的行为集合及其与结果的关联。在外生变量的影响下,行为与结果的关联存在一定的不确定性和风险性。其四,与个体行为相关联的潜在结果,包含非预期结果。其五,每个参与者对决策的控制能力,可以是绝对控制和零控制之间任何一种情况。其六,参与者可得到的关于行动情境结构的信息。其七,收益和成本。收益和成本是行为及其结果的激励和阻碍因素,适用于上述任一结果的分析。

在土地管理及其督察领域,行动者是各级政府及其相关职能部门、各类土地利用主体等参与主体,基于收益和成本分析对政策的效果予以反馈。④ 在政策制定过程中,国家土地督察机构设置及制度设计应尽量直击问题要害,考量达成

---

① 督察工作对违法行为的纠错与监督以不参与案件的具体查处为特色,督察制度有效运行的关键更多依赖于各相关部门之间配合联动,如信息通报、资源共享、定期会商、案件移送、行政协助、联合执法等。各省份也在积极建立配合支持国家土地督察的机制,如《中共河北省委办公厅、省政府办公厅关于建立国土资源执法监管共同责任机制的意见》(冀办发〔2012〕28号)、《吉林省人民政府办公厅关于进一步加强国土资源执法监察工作的意见》(吉政办发〔2012〕1号)、《中共安徽省纪委 安徽省监察厅 安徽省国土资源厅关于加强土地督察严肃查处土地违法违规行为的通知》(皖纪发〔2012〕3号)、《关于中共山东省委巡视工作办公室与国家土地督察济南局建立工作协作机制的意见》(鲁巡办发〔2012〕3号)。

② 参见陈阳:《论我国土地督察制度良善化进路——以中央与地方关系为视角》,《东方法学》2017年第2期。

③ 参见王群:《奥斯特罗姆制度分析与发展框架评介》,《经济学动态》2010年第4期。

④ 参见耿卓、孙聪聪:《乡村振兴用地难的理论表达与法治破解之道》,《求是学刊》2020年第5期。

政策目标所需的各种要素,对已有参与主体及其可能采取的行动予以回应、协调。在政策执行过程中,中央加强统一集中领导、监督约束地方的目标即使实现,各级政府及其相关职能部门也会因权责不对等、财权事权不匹配而改革和创新的动力不足。①

（四）小结

在我国这样一个幅员辽阔的超大型国家,中央到地方有五个层级。唯有通过多层次、多渠道的在地化安排,实现对当地的监督,才可能保障政策既定目标有效实现。国家土地督察的分区跨区设置正是中央进一步接近地方和基层对其快捷、直接监督的制度化安排,与我国国情密不可分。

这种监督由自然资源主管部门实际行使,但又是以国务院的名义进行的。作为内部机制会有天然的局限和不足,并且难以克服,既有其科层化运行的效果衰减问题,也有其受制于所处行政权力运行体制的制约。因为国家土地督察只是一个系统内部变量的调整,而非超越体系体制的因变量。而且定位可能的有意模糊性也使得其实效受到影响。其一,人员机构设置。从人员配置来看,总督察由自然资源部门负责人兼任,他作为国务院的受权者来进行,会存在主管部门与督察部门的一身兼二任的逻辑矛盾。从督查主体来看,主要由各督察局实施督查,发现情况上报总督查,再通过总督查实施对督查对象的监管处理。这存在督查结果反馈和纠正的不及时、不连贯,同时则造成督察行为与督查结果反馈及督察责任追究在实质上的分离。其二,职能职责。除了上述因为机构主体重合交叉而出现的职能重合以外,还与监督对象的上级部门,如省自然资源厅与省人民政府的监督关系发生交织,同时又与业务部门的领导、指导、审批等关系相交织。其三,督察程序。在督察局人少机构小的情况下,对所辖片区多个省份进行督察会有督察力量不足的现实困难。督察对象涉及地级市甚至县乡级政府时,又需要通过这些部门的上级政府、上级主管部门沟通协调,从而影响效率和效果。如果放在省级政府作为重点,对土地管理及利用的违法行为可能难以及时、准确特别是全面的发现,同样也会影响督察效果。其四,督察实现。在土地督察过程中,对违法行为的调查与纠正可能会出现断裂,并且会因为土地督察的行政执法及行政监管职责欠缺、不明确、不充分,而对部分需及时采取措施的违法行

---

① 参见封丽霞:《国家治理转型的纵向维度》,《东方法学》2020 年第 2 期。

为没法及时采取措施或难以固定违法行为。

第三节　国家土地督察的实践考察与制度完善

完善国家土地督察制度需要立足我国行政监管和土地管理的运行实践,分析背后的运行逻辑,根据我国的土地管理政策目标和工作任务确定未来的发展方向。为此,我们可以系统考察国家土地督察制度的运行实践,从而在此基础上完善制度。

一、国家土地督察制度的运行实践

国家土地督察制度的完善需要以对其运行实践的系统考察总结为基础。为把握国家土地督察的实际运行情况,我们可以通过梳理每年的督查公告"管中窥豹"。

（一）实践做法

以历年国家土地督察公告为考察对象,以督察的主要内容和做法为重点,进行汇总,可以对实施状况作出以下总结。

1. 主要内容

从政策文件规定和工作实践来看,国家土地督察紧紧围绕中心大局,聚焦主责主业,形成了较为稳定有序又适时调整的模式,并不断丰富、拓展,发挥了多重功能。专项督察主要围绕国土资源中心任务实施,具体如耕地保护与全面划定永久基本农田落实,[1]深化闲置土地处置、节约集约用地专项督察、产能严重过剩行业用地,[2]地方不动产登记职责机构整合[3],维护被征地农民合法权益,一

---

① 参见《国家土地督察公告 2018 年第 1 号——2017 年国家土地督察工作情况》《国家土地督察公告 2017 年第 1 号——2016 年国家土地督察工作情况》。2019 年的耕地保护督察似应属于专项督查。参见赵婧:《自然资源部就 2019 年耕地保护督察有关情况答记者问》,《中国自然资源报》2020 年 1 月 20 日。

② 参见《国家土地督察公告 2017 年第 1 号——2016 年国家土地督察工作情况》《国家土地督察公告 2015 年第 1 号——2014 年国家土地督察工作情况》。

③ 参见《国家土地督察公告 2016 年第 1 号——2015 年国家土地督察工作情况》。

些地区的重大土地违法违规问题,①等等。总的来看,专项督察规范还有待健全。② 例行督察作为主要的常规督察方式,一般是面向全域或全国的督察,③督察对象涉及面非常广泛,在特定情况下会突出重点,④也经历从工作试点、积极探索、制定流程规范并逐步完善的发展阶段。审核督察,在 2008 年得到统一规范,2009 年就实现了全覆盖、常态化,审批材料报备工作覆盖全国,监督检查方式突出对省级人民政府审批的建设用地进行实地核查。⑤

2. 主要做法

从业务开展运行来看,国家土地督察机构从目标任务出发,在政策法律框架下,针对土地管理和利用具体情况,努力探索、不断发展,勇于创新,形成诸多可复制、能推广、利修法的做法,发挥了国家土地督察的功效,推动了土地管理制度的深入实施。

专项督察方面,不断强化专项督察,特别是近年来回归国家土地督察的"初心"——严格保护耕地,在力度、广度和密度上不断加码,充分利用科技手段,织密网、严责任,有力遏制了破坏占用耕地等违法行为。

例行督察方面,国家土地督察机构 2007 年以市级行政区为单位开展土地利用与管理例行督察工作试点,总结各地典型经验;⑥2009 年在总结试点工作的基础上制定《土地例行督察工作规范(试行)》;⑦2011 年对 30 个省(区、市)的 64

---

① 参见《国家土地督察公告第 5 号——2011 年国家土地督察工作情况》《国家土地督察公告第 3 号——2009 年国家土地督察工作情况》《国家土地督察公告第 2 号——2008 年国家土地督察工作情况》《国家土地督察公告第 1 号——2007 年国家土地督察工作情况》。此外,还会督察各地落实全国保障性住房用地政策。参见《国家土地督察公告第 4 号——2010 年土地督察和执法监督情况》。

② 参见《国家土地总督察办公室关于印发〈2018 年国家土地督察工作要点〉的通知》(国土督办发〔2018〕1 号)。

③ 2011 年国家土地督察机构对 30 个省(区、市)的 64 个地级以上城市开展了例行督察。参见《国家土地督察公告第 5 号——2011 年国家土地督察工作情况》。

④ 以粮食主产区为重点对 56 个城市开展例行督察,对耕地占补平衡不实、耕地保有量虚增等突出问题严格督促整改。参见《国家土地督察公告 2015 年第 1 号——2014 年国家土地督察工作情况》。

⑤ 参见《国家土地总督察公告第 7 号——2013 年国家土地督察工作情况的公告》。

⑥ 参见《国家土地总督察公告第 1 号——2007 年国家土地督察工作情况的公告》。

⑦ 参见《国家土地总督察公告第 3 号——2009 年国家土地督察工作情况的公告》。

个地级市进行全程例行督察;①"回头看"的督察回访日益得到重视;②2017 年,计划以省级为单位开展省域研判和驻点督察相结合的例行督察。③

审核督察方面,督察内容以农用地转用和土地征收审批事项为重点,并通过前移督察关口发现苗头性问题,④在监督检查方式上突出对省级人民政府审批的建设用地进行实地核查。⑤

（二）实践效果

整理历年国家土地督察公告,结合理论研究,⑥对取得成效和存在问题归纳总结如下。

1. 成效

鉴于国家土地督察机构在每个阶段承担的具体任务不同,应以历史的眼光对其成效进行评估。为此,从组织运行角度对国家土地督察的发展阶段作以下初步划分。

（1）机构与制度初建阶段:2007 年,国家土地督察机构边组建、边工作,各项监督检查职能逐步到位,工作取得了积极成效;2008 年,全面加强机构、队伍和制度建设,土地督察局面巩固,持续拓展,工作成效明显。

（2）自身建设与服务中心工作阶段:2009 年,深入推进保经济增长、保耕地红线行动,取得积极成效;2010 年,保障经济社会的科学发展,耕地保护目标责任制得到落实,建设项目用地合理需求得到保障,土地利用方式向科学发展转变,土地执法监管力度不断加大;2011 年、2012 年认真贯彻落实中央的土地管理政策以及耕地保护战略,加强对地方人民政府的土地利用、管理情况的监督检查,取得积极成效;2013 年,把保护耕地、严守红线作为各项督察工作的重中之重,还突出对维护群众合法权益情况的监督检查,取得积极成效。

---

① 参见《国家土地督察公告第 5 号——2011 年国家土地督察工作情况》。

② 参见《国家土地督察公告第 6 号——2012 年国家土地督察工作情况》《国家土地督察公告第 7 号——2013 年国家土地督察工作情况》和 2017 年、2018 年国家土地督察工作要点。

③ 参见《国家土地总督察办公室关于印发〈2017 年国家土地督察工作要点〉的通知》（国土督办发〔2017〕1 号）。

④ 参见《国家土地总督察公告 2015 年第 1 号——2014 年国家土地督察工作情况》。

⑤ 参见《国家土地总督察公告第 7 号——2013 年国家土地督察工作情况的公告》。

⑥ 参见范柏乃、汪基强、张晓玲、肖莉:《国家土地督察制度实施绩效评估的理论基础与指标体系构建》,《中国土地科学》2012 年第 4 期。

（3）自我调适与深化拓展阶段：2014 年，主动适应经济发展新常态，着力加强对耕地保护、节约集约用地、维护群众权益、产能严重过剩行业用地的监督检查，取得新进展新成效；2015 年，严守耕地红线、督导节约集约、维护群众权益、参与不动产统一登记、农村土地制度改革试点工作取得新的进展和成效；2016 年，坚持发现问题与解决问题并重，在督导严格保护耕地、节约集约用地、维护群众土地权益、重点领域改革等方面取得积极成效；2017 年，压实省级政府管地用地主体责任，在上年取得新进展的同时服务稳增长、促改革、调结构、惠民生、防风险取得新成效；近年来，从维护粮食安全、严格保护耕地高度实施专项督察，查处大案要案，取得明显成效。

总的来看，土地督察和执法监察不断强化，行为更加规范，土地违法案件的查处力度加大，[①]表现为土地问责的启动，与中央巡视机构的协作等。[②]　这表现为减少建设占用耕地面积和国有土地收益流失有显著影响。[③]

2. 问题

这可从国家土地督察面临问题及其解决情况、自身运行暴露出的问题两个角度展开。

（1）面临的挑战艰巨且纠正整改不力。一是耕地流失严重、耕地保护形势严峻，表现形式多样，突破用途管制审批违法占用耕地或破坏耕地挖湖造景，多占少补、占优补劣甚至占而不补等占补平衡制度执行不到位，永久基本农田保护不力。二是违法违规用地总量仍然较大，部分地方违反国家调控政策、土地供应政策供地用地，且往往由地方政府主导的道路、开发园区、新城区等建设项目违法占用大量耕地。三是部分地方土地利用方面的问题比较突出，违法违规出让土地、土地出让收支管理不规范、土地违规抵押融资问题比较突出。规划部门、发展改革部门与住房建设部门在各自职责范围内对违法行为睁只眼闭只眼，甚至"为虎作伥"合谋实施违法行为。部分地区存在土地批而未供问题，闲置土地处置不到位，土地利用效率低。四是一些地方征地补偿安置落实不到位、社会保

---

① 参见谢志岿：《弹簧上的行政：中国土地行政运作的制度分析》，商务印书馆 2015 年版，第 93 页。

② 参见吴强华：《善治善为书华章——2011 年国土资源管理重点工作实施情况综述》，《中国国土资源报》2012 年 1 月 9 日。

③ 参见钟太洋、黄贤金、谭梦、彭佳雯：《土地督察的耕地保护效果评价》，《中国人口·资源与环境》2011 年第 5 期。

障制度和费用未落实,侵害被征地农民合法权益,新增建设用地土地有偿使用费欠缴、超范围征收、转嫁用地单位等问题。以上问题反复发生,土地执法监管履职履责及落实整改不到位,已经成为土地管理和利用中的"痼疾"。

(2)国家土地督察内部结构失衡。[①] 一是与核心业务和工作机制相关的制度条款不足,尤其是涉及专项督察业务等的制度规范尚比较欠缺,缺乏技术参照而难以对土地督察质量加以考核评价,例行督察区域的选择以及覆盖频率尚未得到有效规范。二是土地督察在配合国家宏观政策调控和土地管理中的作用有待加强。三是在发现、审核、纠错机制中,与中央有关部门、地方人民政府的沟通协调机制有待规范化制度化。

(三) 小结

《土地管理决定》提出实行最严格的土地管理制度的根本原因,还在于用途管制、耕地保护,这是出发点,由此延伸出包括国家土地督察在内的系列制度安排。我们可以从《土地管理决定》的组成部分加以印证,这也是奠定了国家土地督察制度的底色,确定了国家土地督察的边界,规定了国家土地督察的对象和内容。《土地管理决定》把"严格执行土地管理法律法规"作为首部,主要是强调要依法管理,要依照法定权限来审批,避免耕地被占用、被破坏、违反法律规定的行为;在依法管理、依法审批和保障耕地占补平衡的基础上提出体系性配套措施加以保障和落实:一是加强土地利用总体规划、城市总体规划、村庄和集镇规划的实施管理。二是进一步严格保护基本农田,对非占不可的土地征收行为和制度作出完善。三是进一步提出要求健全土地节约利用、收益分配机制。四是要求建立完善耕地保护以及土地管理的责任制度。因此,我们应循着这一逻辑理解和定位国家土地督察制度。

总之,国家土地督察制度,一方面克服了地方保护,保证中央权力直达地方,强化中央对地方的跨区域监管,从而达到政策的设定目标,是对实践做法的总结,体现出行政权力理论的深化与丰富,强化了行政监管的中国特色;另一方面,依然是在传统单向监管观念支配下简单通过增加监督机构和提升监督层级加强监督的做法,其运行逻辑与行政体制、行政权力运行机制的契合度缺乏分析,也缺

---

① 参见何为、黄贤金、钟太洋、赵雲泰、吕晓、谭梦:《基于内容分析法的土地督察制度建设进展评价》,《中国土地科学》2013 年第 1 期。

乏制度成本与制度收益的评估,带来诸多组织难题和法律难题,亟须深入研究。

二、国家土地督察制度完善的方向原则

国家土地督察制度的完善是良法善治的应有之义和必然要求,须在依法治国、依法执政、依法行政共同推进与法治国家、法治政府、法治社会一体建设中进行,以提高立法质量为中心,做到科学立法,增强法律法规的及时性、系统性、针对性、有效性。因此,应以推进国家机构职能优化协同高效为着力点,"优化政府组织结构",推进机构、职能、权限、程序、责任法定化;同时,严格机构编制管理,统筹利用行政管理资源,节约行政成本。

强化对行政权力的制约和监督,以加强对政府内部权力的制约为重点,强化内部流程控制,防止权力滥用;完善政府内部层级监督和专门监督,改进上级机关对下级机关的监督,建立常态化监督制度;同时,以党内监督为主导,推动各类监督有机贯通、相互协调。[①]

面对新的发展形势和改革要求,国家土地督察要顺应从外延扩张式增长到内涵式发展、从管理现代化到治理现代化的转向,及时调整思路和方式,[②]以新发展理念为统领,坚持法治化、科学性和实效性进路,突出重点,完善制度。

(一) 法治化

在我国,政策与法律是两种最主要的正式制度安排,我们必须处理好政策与法律的关系,发挥政策和法律的各自优势,促进党的政策和国家法律互联互动,发挥中央政策对立法的引领作用,做到政策先行、法律跟进,[③]推进土地治理体系和治理能力现代化。在国家土地督察领域,加快推进规范化、制度化建设,纳入法治轨道,同时继续增强法律的体系性,包括内容机构设置、人员配置、职责分工、职权行使、程序标准、责任后果、实施评估、配套保障等各要素和各环节。

对于行政权力而言,要完善权力配置和运行制约机制,坚持权责法定,健全分事行权、分岗设权、分级授权、定期轮岗制度,明晰权力边界,规范工作流程,强

---

① 参见张文显:《习近平法治思想研究(下)——习近平全面依法治国的核心观点》,《法制与社会发展》2016年第4期。

② 参见张占军:《土地督察如何适应推动供给侧改革》,《中国国土资源报》2016年2月25日。

③ 参见耿卓:《〈土地管理法〉修正的宏观审视与微观设计——以〈土地管理法(修正案草案)〉(第二次征求意见稿)为分析对象》,《社会科学》2018年第8期。

化权力制约,形成决策科学、执行坚决、监督有力的权力运行机制。

"依法行政原则……包括两项内容,即法律优先原则和法律保留原则。"前者是指"行政应当受现行法律的约束,不得采取任何违反法律的措施。……无限制和无条件地适用于一切行政领域"。① 后者是指"行政机关只有在取得法律授权的情况下才能实施相应的行为"。后者比前者的要求更严,前者"只是(消极地)禁止违反现行法律",后者则"要求行政活动具有法律依据"。具体到国家土地督察,机构职权配置要与机构法律地位、性质和职责要求相一致,即国务院授权、自上而下的行政体制内监督、土地利用和管理的专门监督,②机构职权不能超越国务院授权范围,也不能超出行政权的应有边界。国家土地督察机构的职权、职责特别是调查、检查等权力,以及各派驻地方的国家土地督察机构之间工作开展的范围、程度和对发现问题提出整改的标准,都应通过立法进一步明确、加以细化。③

行政主体通常由诸多机构组成。机构的结构特征在于"组织是行政主体之下分设的、但结构上相对独立的单位……不是法律上的独立",即组织享有的特定职权只是它属职权,而非自属职权。④ 国家土地督察机构就是国务院这一行政主体之下分设的组织。这一组织法定性决定了其法律地位。"机构与行政主体的之间的关系以及不同机构相互之间的关系都需要法律调整。"⑤

实现法治化的首要基本要求就是改变国家土地督察制度由《建立国家土地督察通知》这一非规范性法律文件加以规定的状况,提升位阶,增强权威性和适用性。对国家土地督察机构的职责权限、工作原则与方式等加以规定,须考虑与其他制度的连续性与一致性,在目标上保持相对的统一性,在工具的选择和力度上保持必要的连续性,还要对土地违法违规问题纠错机制加以明确。

(二) 科学性

科学性要求主要表现为科学立法。科学立法的主体要件是立法权的专属性、主观要件是立法过程的有准备性、客体要件是立法事实的法调整性、客观要

---

① [德]哈尔穆特·毛雷尔:《行政法学总论》,高家伟译,法律出版社 2000 年版,第 103 页。

② 参见孙弘:《国家土地督察职权研究》,《中国土地》2011 年第 9 期。

③ 参见吴强华:《国家土地督察制度实施五周年绩效评估课题组认为 四大问题制约土地督察绩效提升》,《中国国土资源报》2011 年 11 月 28 日。

④ [德]哈尔穆特·毛雷尔:《行政法学总论》,高家伟译,法律出版社 2000 年版,第 505 页。

⑤ [德]哈尔穆特·毛雷尔:《行政法学总论》,高家伟译,法律出版社 2000 年版,第 506 页。

件是立法行为的程序性;科学立法要求,法律形式相对吸纳化、立法逻辑自下而上化、立法视野全球化、立法案形成专业化、立法效果社会反馈化,应与其规制的事项保持契合、与外在条件保持一致。自反面而言,科学立法意味着对经验立法、政绩立法、封闭立法和主观立法的否定。①

就国家土地督察立法而言,一是突出重点,从国家经济社会发展的大局出发,通过开展例行督察和审核督察,落实最严格的耕地保护制度、中央政府土地管理的重大决策、中央土地宏观调控政策和促进地方政府土地管理秩序持续好转,同时积极应对"四化"同步引发的土地管理和利用方式转变,增强前瞻性;②二是督察程序规范化、制度化以及与相关部门的协同化,③对土地督察业务加以梳理、分析不同督察业务之间的相互关系、分析部门业务与土地督察业务之间的相互关系以及土地督察制度与相关制度之间的相互关系,健全和完善相应的配套制度体系,提高制度的系统性和可操作性;④三是健全业务制度规范,校准土地督察工作范围和工作重点,对现有目标规划、法规管制等工作的实施细节加以落实,加强土地督察成果的宣传和应用以形成社会监督的合力;四是发挥科技手段如卫星遥感技术、计算机及网络工具的威力,扩大监控范围,提高发现能力,强化预警及震慑作用。⑤

（三）实效性

实效性要求对制度完善进行成本收益分析,要依托社会实证分析立足社会实践,总结、反思实践。

从制度运行成本和收益看,如果土地督察制度能够有效运行,效益巨大,那就符合效率原则。同时,在中央与地方事权划分上遵循信息复杂性和激励相容要求,才有助于政策制度设计发挥实效。⑥ 由于土地的公共物品性及中央与地

---

① 参见关保英:《科学立法科学性之解读》,《社会科学》2007 年第 3 期。

② 参见赵俊杰:《让土地督察持续发力——党的十八大报告学习体会》,《中国土地》2013 年第 2 期。

③ 参见孙弘:《国家土地督察职权研究》,《中国土地》2011 年第 9 期。

④ 参见何为、黄贤金、钟太洋、赵雲泰、吕晓、谭梦:《基于内容分析法的土地督察制度建设进展评价》,《中国土地科学》2013 年第 1 期。

⑤ 参见吴强华:《国家土地督察制度实施五周年绩效评估课题组认为 四大问题制约土地督察绩效提升》,《中国国土资源报》2011 年 11 月 28 日。

⑥ 参见兰小欢:《置身事内:中国政府与经济发展》,上海人民出版社 2021 年版,第 27—40 页。

方政府目标函数的不一致,中央与地方政府对土地督察制度的需求程度不同,土地督察制度的供给滞后于土地管理需要。因此,国家土地督察应依法行使监督检查职权,组织体系设计有利于科学决策和快速执行,职权配置要突出重点,以保证系统高效运行。基于监督对象是省级以及计划单列市政府,机构规模应有限度。①

从实践情况来看,土地产权关系不清、市场分割、市场资源配置程度较低的问题始终存在,②干部管理和考核机制问题也没很好解决,土地督察制度的激励机制缺失,③地方政府土地违法的制度性、体制性根源依然存在。④ 这要求国家土地督察制度的设计必须针对实践中的深层次问题,对国家所关注的耕地保护、土地违法等重大问题进行研究,提高针对性;加强对实施情况进行评估和监督,做好实施绩效的研究与反馈,为后续制度完善提供指导。⑤

三、国家土地督察制度完善的体系要点

(一) 定性与地位

《建立国家土地督察通知》明确,派驻地区的国家土地督察局负责对其督察范围内地方人民政府土地利用和管理情况进行监督检查,不改变、不取代地方人民政府及其土地主管部门的行政许可、行政处罚等管理职权。同时,派驻地区的国家土地督察机构履行监督检查职责,不直接查处案件,即行政系统内部的独立地位与行政系统外部的非独立地位。⑥ 一般认为,这种跨区派驻方式更有利于保持国家土地督察机构及其权力的独立性。⑦

从国家土地督察的架构来看,其有别于一般的行政监察,是对专门事项的内

---

① 参见孙弘:《国家土地督察职权研究》,《中国土地》2011 年第 9 期。

② 参见宋才发:《农村土地督察机制法治化建设问题探讨》,《湖北民族学院学报(哲学社会科学版)》2016 年第 5 期。

③ 参见梁亚荣、朱新华:《国家土地督察制度的法经济学分析》,《河北法学》2009 年第 3 期。

④ 参见吴强华:《国家土地督察制度实施五周年绩效评估课题组认为 四大问题制约土地督察绩效提升》,《中国国土资源报》2011 年 11 月 28 日。

⑤ 参见何为、黄贤金、钟太洋、赵雲泰、吕晓、谭梦:《基于内容分析法的土地督察制度建设进展评价》,《中国土地科学》2013 年第 1 期。

⑥ 这与监督机构独立性主张有相通之处。一般认为,独立性是监督机构的生命。参见陈阳:《论我国土地督察制度良善化进路——以中央与地方关系为视角》,《东方法学》2017 年第 2 期。

⑦ 参见朱中原:《土地督察难越制度陷阱》,《中国改革》2007 年第 4 期。

部监督手段,既具有行政层级监督的特征,又兼有部门业务专门监督的性质,①具有政府自我克制的特征。国家土地督察制度是最严格耕地保护制度下的产物,着眼考量地方政府持续提升土地管理和利用水平、消减耕地过度性损失,②是中央加强对地方监督的常态化、制度化安排,而非追求地方政府运动式的短期执行,凸显了中央政府推动其成为一种常态化治理工具的意志。③ 这应成为国家土地督察机构的功能定位。

国家土地督察是在改革推进中形成的,是问题导向型的产物,产生时顶层设计的系统考量似有不足,其具体呈现为三重面相的叠加:国家土地督察是代表国务院对省级政府及计划单列市进行土地管理和利用行为的监督,与行业主管部门不具有组织一体性,是专业性关联;作为监督机构,不替代原有监督机构和原有管理机构;在涉及中央层面时,从国务院角度观察是对中央与地方关系在重要领域的调整,在涉及行业管理时,是对条条与块块关系的调整。国家土地督察的三重面相,由国家治理目标、行政体制特点及不同职权间的张力共同决定,应以此为框架,考量央地关系的国家治理现代化、土地制度的地方与中央双重属性、问题导向下对策的路径依赖等多维要素,进行科学定位。④

准确定位意味着要明确是主动出击做大做强还是谦抑谨慎有所作为。国家土地督察制度的改革并不是越做越大、越做越强、越做越复杂。作为改革的方向,应该维持现有小架构,关键是发挥它的催化剂、放大器和倍增器的作用,激活激发已有的监督、管理、执法机制活力,要避免国家土地督察机构体系、人员配置的大而全,从而造成成本增加、机构重叠交叉和体系紊乱等不良后果。⑤ 因此,国家土地督察制度可以发挥沟通的作用,上传下达的信息交流作用,压力权威由

---

① 参见范柏乃、汪基强、张晓玲、肖莉:《国家土地督察制度实施绩效评估的理论基础与指标体系构建》,《中国土地科学》2012 年第 4 期。

② 参见李效顺、曲福田、谭荣、姜海、蒋冬梅:《中国耕地资源变化与保护研究——基于土地督察视角的考察》,《自然资源学报》2009 年第 3 期。

③ 参见郁建兴、刘殷东:《督察制度变迁中的纵向治理:以第二轮中央生态环境保护督察为研究对象》,《学术月刊》2021 年第 11 期。

④ 关于国家土地督察三重面向的论述是受到钱坤论述全国人大常委会宪法地位的启发,特此说明。参见钱坤:《全国人大常委会宪法地位的历史变迁与体系展开》,《法学研究》2022 年第 3 期。

⑤ 这样设置不符合历史发展趋势,不利于土地督察目标实现。参见刘敏:《国家土地督察制度及其绩效研究》,中国大地出版社 2016 年版,第 41 页。

上到下的传导作用、情况发现和调研的由下到上的参谋作用,以及央地关系和监督体系完整等的补充作用。事实上,从比较法角度看,表现形式各异的督察制度亦不是作为独立的系统存在运行的。在瑞典,督察专员制度"虽然他们本身不是系统的组织,而且一般都只拥有督察权、调查权和控告权",但"对于抑制行政官员等人的不良行为"还是起了一定作用。①

基于以上原则,国家土地督察的对象不宜突破已有规定而再加扩大。②

(二) 职责与职权

1. 职责

尽管由于土地督察机制建立时间较短,理论体系尚不完备,但行政权力监督、央地关系和公共政策等有关理论均有其参考和指导价值。③ 参考这些理论,土地督察机构职权配置至少包括:一是明确在土地管理领域,监督的权力属于中央,执行的权力属于地方;明确土地督察机构与地方政府自然资源系统之间土地管理权的划分。二是坚持土地督察机构独立于地方政府,避免地方的行政干扰,实现以监督权制约行政执行权。

根据机构改革方案和"三定"方案,组建自然资源部主要在于统一行使全民所有自然资源资产所有者职责、统一行使所有国土空间用途管制和生态保护修复职责,并设立国家自然资源总督察办公室以加强监督检查。囿于调整对象,《土地管理法》第 6 条规定的是针对土地利用和土地管理的督察。此外,早在2003 年,国土资源部《矿产督察工作制度》(国土资发〔2003〕62 号)就建立了矿产督察员制度。④ 这种状况与机构改革的统一一体化要求不尽相符,还使得国家土地督察、矿产督察员等与国家自然资源督察在职责上边界不明。为此,可以在自然资源总督察体系中根据督察领域适当分工。在不同阶段,党和国家工作大局确定了不同的中心任务,要在突出重点的基础上实现对地方政府土地管理职责的全覆盖以及履责的整体性监督检查和评估。

---

① 罗豪才:《瑞典的督察专员制度》,《外国法译评》1981 年第 2 期。

② 有学者基于国家土地督察权来自国务院的授权,主张扩大督察对象。参见陈阳:《论我国土地督察制度良善化进路——以中央与地方关系为视角》,《东方法学》2017 年第 2 期。

③ 参见孙弘:《国家土地督察职权研究》,《中国土地》2011 年第 9 期。

④ 两者在监督主体、对象、内容上均有很大差异。参见邓锋、王雪峰:《国土资源监督体制的归纳与思考》,《中国矿业》2010 年第 2 期。

2. 职权

国家土地督察以监督检查省级及计划单列市人民政府土地利用和管理情况为根本任务,以监督检查省级及计划单列市人民政府耕地保护责任目标落实、贯彻中央关于运用土地政策参与宏观调控要求和推进土地政策完善情况为工作重点,构建保障国家土地督察权威的制度体系,①进一步明确土地督察权各项权能,具体包括定义、内容和对象,明确机构设置、职责、权限,建立督察程序并制定保障国家土地督察权力的运行措施等。国家土地督察机构职权是强化还是维持,值得思考。追根溯源,"实行最严格的土地管理制度"这一提法,有其时代背景和当时的现实要求,基于此的包括国家土地督察在内的制度安排需要再进一步审视。一方面,我们需要强化对土地管理的监管,同时我们也需要加强对土地作为市场要素的考虑,注重土地利用特别是自由流动,在严格管理与自由有效率利用之间寻求平衡,以免影响经济社会发展。国家土地督察制度本身亦应作相应调整和优化,以更好契合治理现代化的发展要求。② 概括来说,做实做强与政府改革方向潮流不符,与已有管理审批监督监察检察等叠床架屋,与成本收益分析的经济原则不合,未来的发展不宜再强化权能和扩增权力,③首先是维持现状,理想情况则是通过功能和结构调整实现效能提升。④

基于任务职责和实践做法,国家土地督察机构可以行使调查权、审核权、纠正权和建议权。⑤ 其一,调查权。赋予国家土地督察机构调查权,履行督察职责所必需,各类线索和情况反映是发现问题的重要渠道;彰显国家土地督察机构监督政府土地利用和管理行为、维护公民合法权益、积极回应社会舆论的价值取

---

① 参见梁亚荣、朱新华:《国家土地督察制度的法经济学分析》,《河北法学》2009 年第 3 期;孙永祥:《农村土地督察机制法治化建设问题探讨》,《世界农业》2014 年第 5 期。

② 参见周望:《治国理政机制的延续与现代化——对全面深化改革实践中三个关键机制的分析》,《科学社会主义》2018 年第 1 期。

③ 有学者主张,逐步赋予土地督察机构对于情况紧急或跨区域的土地利用管理纠纷案件以处置裁决权。参见陈阳:《论我国土地督察制度良善化进路——以中央与地方关系为视角》,《东方法学》2017 年第 2 期。也有学者主张借鉴俄罗斯的做法,完善土地督察机构的权力配置,提高督察机构调查权的强制力,赋予土地督察机构对地方政府土地违法行为的查处权。参见曹端海、谢俊奇:《国家审计制度对土地督察制度发展的启示》,《中国土地》2015 年第 7 期。

④ 在监管环节引入竞争,可以促进监管者的客观监管严厉性及被试对监管严厉性的主观预期。参见徐彪:《监管竞争能促进合作吗?——来自经典公共品实验的证据》,《公共行政评论》2019 年第 4 期。

⑤ 参见国家土地总督察办公室:《国家土地总督察公告(2007 年)》(第 1 号)。

向。其二,审核权。审核是否符合法律、规划和国家产业政策,新增建设用地是否列入年度用地计划、耕地占补平衡是否落实和征收补偿标准是否符合要求等内容,必要时,实地核查用地的产权、地类是否与文件一致,是否存在未报即用等现象。对于报送国务院审批文件,发现有违法违规问题的,及时向国家土地总督察报告;对于省级和计划单列市政府批准文件,发现有违法违规问题的,提出纠正意见。其三,纠正和整改权。对于在督察中发现的问题,国家土地督察机构应及时向其督察范围内的省级和计划单列市人民政府提出纠正和整改意见。根据问题的性质、情节和影响,国家土地督察机构主要采取以下督促整改方式:提出督察建议;违法案件督办;发出纠正意见书;约谈负有责任相关地方政府领导;发出督察整改意见书;发出限期整改通知书。其四,建议权。根据内容的不同,建议一般分为:工作建议,针对地方政策制定、制度建设、工作规范等方面的问题;问责建议,包括行政问责和法律责任追究;政策建议,提出对各地好的做法和典型经验进行总结推广或者修改有关政策和法律法规的建议。其五,关于其他权力。检查权,是指国家土地督察机构对执行国家土地政策和法律法规、落实耕地保护责任制、土地审批、土地执法、运用土地政策参与宏观调控等进行检查的权力。关于报告和通报权,即国家土地督察机构可以通过各种方式与途径向其上级报告工作;国家土地督察机构对其工作情况、发现的问题及其处理意见或建议,向问题所涉及地区的省级和计划单列市人民政府,纪检监察部门,公安、检察等司法机关,进行区域内或新闻通报。

此外,我们也应关注国家土地督察功能的总结与发挥,包括反馈、预防、纠正和问责等。[1] 这与信访部门颇相类似,在发现问题的同时做必要的处置,转交给相关部门并予以督办。

(三) 实施与保障

法律的生命力在于实施,法律的实施需要保障。

1.实施流程。以问题为导向设计土地督察权力的程序规范,实现土地督察程序的法制化。[2] 土地督察的对象非一般行政相对人,而是地方政府,因为需要建立一套具有自身特色的程序建制:预先设置一套建立在一致同意基础上的土

---

① 参见曹端海:《土地督察的政府监督治理作用分析》,《中国土地》2017年第4期。
② 参见陈阳:《论我国土地督察制度良善化进路——以中央与地方关系为视角》,《东方法学》2017年第2期。

地督察程序,围绕督察机构应该发现什么样的问题、如何发现问题、发现问题后怎么办、不发现问题会怎么样等作为督察程序设计为主线,确立督察职权、职权行使的方式和步骤。

2.实施要点。寻求开展土地督察工作的切入点、结合点和着力点,加强和改进土地督察基础业务支撑体系建设,在用地规划、用地规模、用地审批、用地选址、批后监管、用地效率等环节严把督察关;突出重点区域,实行差别化的督察,①将督察重点主要放在第一级区域;完善督察方式,坚持审核督察常态化,重点在用地指标总量控制、规划管理、耕地占补平衡和未批先用等方面下功夫;建立地方利益的表达与平衡机制,认真听取地方政府的意见、完善地方政府诉求渠道,给予其平等地表达和参与的权利;建立政府外部的横向制约机制,扩大"开门督察"效能,加强社会公众参与力度,加强与相关监察机构的合作,建立纠错的互动机制,②实现行政处罚与刑事处罚相互对接,③形成合力④。

3.督察公开。国家土地督察信息公开应遵循全面公开原则,满足群众对信息公开及时性、多样性、广泛性和互动性的强烈需求,提升督察实效,并在考虑与体制改革、现行机制相匹配条件下将信息公开风险降到最低。⑤

4.督察效果。⑥一方面与纪律监察部门等建立联席会议机制,与相关部门联动,联合查处,根据《违反土地管理规定行为处分办法》对重大责任事故联合约谈问责;另一方面,由整改地区的政府主要负责人采取书面形式,对整改期限、措施等承诺。同时,还可以通过向上报告和对外公开强化督促整改和行政问责。

5.配套保障。强化调查研究,促进调研与专项督察的结合;加强和改进观测

①　参见黄厅:《青海土地督察困中谋变》,《中国土地》2012年第2期。

②　参见吴强华:《国家土地督察制度实施五周年绩效评估课题组认为　四大问题制约土地督察绩效提升》,《中国国土资源报》2011年11月28日。

③　参见宋才发:《农村土地督察机制法治化建设问题探讨》,《湖北民族学院学报(哲学社会科学版)》2016年第5期。

④　参见孙永祥:《农村土地督察机制法治化建设问题探讨》,《世界农业》2014年第5期;汤其琪、黄贤金、马奔:《国家土地督察制度与城乡规划督察制度比较》,《国土资源科技管理》2013年第4期。

⑤　参见汤其琪、黄贤金:《土地督察信息公开的风险影响评价——以专项督察制度为例》,《中国土地科学》2015年第2期。

⑥　参见曹端海、谢俊奇:《国家审计制度对土地督察制度发展的启示》,《中国土地》2015年第7期。

点形势观测分析工作,建立与督察工作对接的制度路径。① 以党内监督为主导,推动各类监督有机贯通、相互协调,实行"党政同责",构建土地违法违规纠错整改的共同责任机制。② 完善对监督机构的监督机制,进一步探索完善督察对象、社会舆论、社会公众等外部监督机制,建立社会监督体系。③ 要考虑土地督察制度设计的外溢效应,注意与类似监督制度协调,避免相关机构采取跟进策略而冲击行政体制及其改革方向。④

---

① 参见王千、李金鹿、安石鑫、李哲:《让土地督察"耳聪目明"——土地督察形势观测点建设分析》,《中国土地》2013 年第 3 期。

② 参见吴强华:《国家土地督察制度实施五周年绩效评估课题组认为 四大问题制约土地督察绩效提升》,《中国国土资源报》2011 年 11 月 28 日。

③ 参见孙弘:《国家土地督察职权研究》,《中国土地》2011 年第 9 期。

④ 参见陈阳:《论我国土地督察制度良善化进路——以中央与地方关系为视角》,《东方法学》2017 年第 2 期。

第二章　土地行政纠纷解决机制的完善

　　土地纠纷类型多、覆盖面广,不同纠纷中当事人诉求的差异性较大,成因不同、各具特点。依法律关系性质对土地纠纷进行分类,其主要类型为土地民事纠纷和土地行政纠纷。土地行政纠纷解决机制的健全与完善是构建土地管理法制外部保障机制的重要内容。从研究主题出发,聚焦于土地管理法制完善,着眼于土地管理权规范行使,我们将集中研究土地行政纠纷及其解决机制。对于土地行政纠纷,主要有行政复议、行政诉讼和土地信访等解决途径。本章以土地行政纠纷解决机制的完善为中心展开研究,归纳总结土地行政纠纷处理过程中行政权、司法权行使的理论与实践问题,考察法律规范的具体适用,为社会转型期土地行政纠纷解决机制的系统化、整体化提供建议,为土地管理法制的有效落实提供保障。

第一节　土地行政纠纷及其解决机制概述

　　从土地行政纠纷切入,分析我国土地行政纠纷主要特点,采用类型化方式对土地行政纠纷进行分类论述,有助于反思当前纠纷解决机制能否为土地行政争议实质性化解提供适当、有效的救济渠道。

一、土地行政纠纷的特点与类型

(一) 主要特点

　　现阶段我国土地行政纠纷解决机制在总体上存在针对性有待加强、解纷效果不够理想等问题,而理论界对土地行政纠纷没有充分重视,对其特点的认识不足,制约纠纷解决机制的完善。纵观土地行政纠纷的形态、起因,其主要具有三个向度特征,即以土地权益为客体、由公权力行使引起、法律关系错综复杂。

1. 以土地权益为客体

土地行政纠纷是围绕土地权益产生的纷争,这是其与其他纠纷的显著区别。对土地权益的理解应建立在准确把握土地与权益的法律含义,既需从现行法规定中提炼出法律的土地观,又要从动态视角对权益的发展进行诠释。

(1)"土地"之界定。一方面,对于地表以下的土地资源,《宪法》第9条规定矿藏和水流属于国家所有,自然资源立法如《矿产资源法》第4条、《水法》第3条根据宪法作了进一步的明确。可见,依据我国现行法,虽然矿产、水源与土地存在物理关联,但从法律调整方式上看,土地的范围并不包括地中之矿产资源、水资源。另一方面,对于地表及地表以上的物。根据《民法典》第266条、第331条的规定,结合土地的集体所有权或者国家所有权形态可以看出,土地与依附于其上建筑物、植被等在法律上互相对立,因而土地的法律内涵也不包括地表上的建筑物、农作物等。

(2)"权益"之内涵。当事人认为自身土地权益受到行政主体的侵害往往是土地行政纠纷产生之原因,辨析权益内涵,明确其边界是合法合理化解土地行政纠纷的必要前提,这项工作主要在民法框架内予以进行。依据《民法典》第3条,受法律保护的民事主体权益有人身权利、财产权利和其他合法权益。[①] 此规定与总则编第五章"民事权利"的具体条款互相呼应,使得法律以不变应万变从而有效应对新型土地纠纷的出现。[②] 简而言之,土地权益通常为财产权利,且主要为物权、债权,但社会的发展会催生出新的利益保护需求,使得权益体系不断演化。

近年来,农地领域的改革政策变动频仍,以农地权利为例进行分析。首先,农地权利往往以集体土地所有权为权源,派生出物权性和债权性的权利体系。[③]

---

① 参见《民法典》第3条规定:"民事主体的人身权利、财产权利以及其他合法权益受法律保护,任何组织或者个人不得侵犯。"
② 参见杨立新:《侵权责任法回归债法的可能及路径——对民法典侵权责任编草案二审稿修改要点的理论分析》,《比较法研究》2019年第2期。
③ 参见陈小君:《我国涉农民事权利入民法典物权编之思考》,《广东社会科学》2018年第1期。

其次,农地权利本身会随新时代农地改革出现新的形态,如对新分设出的土地经营权,①实践已经有保护救济的需求②。我国土地权利体系正处于不断充实完善的过程,将土地利益引入土地行政纠纷的解决中,意味着当现行法上类型化的土地权利无法完全回应当事人的利益诉求时,可以借助于对土地利益的解释,实现对纠纷当事人因土地而生利益的充分保护,也为各种解决机制处理土地纠纷提供了基本前提。

2. 由公权力行使引起

行政纠纷是在行政管理过程中由公权力行使引起的,土地行政纠纷也同样如此。也就是说,国家机关在民事活动中与其他主体产生的纠纷并非行政纠纷,只有国家机关行使公权力过程中,与行政相对人产生纠纷时才属于行政纠纷,即双方法律地位不平等。③

在经济社会发展过程中,为进一步激活土地要素,政府会采取各种举措丰富土地利用方式、提高土地利用效率,因牵涉利益调整而引发各种纷争。④ 同时,公权力行使也会干预民事主体的土地开发利用活动,从而产生纠纷。举例而言,《闲置土地处置办法》第8条对政府原因造成动工开发延迟的处理规定,没有就政府原因的内涵进行细化明确,在实践中引发国有建设用地使用权人与行政机关发生争执,法院对政府原因的认定五花八门,纠纷往往难以得到根本解决。⑤

3. 法律关系错综复杂

土地的多元属性使土地行政纠纷往往内含多重法律关系,既有集体经济组织内部的法律关系,又有围绕土地租赁、土地承包经营、集体经营性建设用地有偿使用等产生的法律关系,又有政府基于土地行政管理、土地征收征用而产生的

①　参见陈小君:《土地改革之"三权分置"入法及其实现障碍的解除——评〈农村土地承包法修正案〉》,《学术月刊》2019年第1期。

②　如在建昌县人民法院民事判决书(2018)辽1422民初3181号、茂县人民法院民事判决书(2017)川3223民初104号中,法院主要据《物权法》第35条所规定的"排除妨害请求权"保护土地经营权人权益。而在莆田市中级人民法院民事判决书(2019)闽03民终1802号中,法院则是据《物权法》第245条规定的"占有妨害排除请求权"保护土地经营权人权益。

③　参见贺荣:《行政争议解决机制研究》,中国人民大学出版社2008年版,第27—28页。

④　参见孙晓勇:《农地诉讼案件的审理难点及对策——基于12省30县市区的调研数据》,《现代法学》2021年第4期;孙晓勇:《农地诉讼频发的成因分析——以司法实践调研为基础》,《中国法律评论》2021年第1期。

⑤　参见鲁谷辰:《土地闲置"政府原因"的司法审查》,《地方立法研究》2021年第5期。

行政管理法律关系、征收征用法律关系,等等。这种复杂性和多样性,决定了土地行政纠纷的处理须首先理顺其中的法律关系,需要综合各部门法加以应对。

行民交叉问题突出是土地行政纠纷中法律关系繁杂的重要表现。以国有土地使用权出让纠纷为例,具体表现为先行后民、先民后行和行民交织等形态。其中,合同属性为纠纷处理的前置性问题,是民事合同还是行政协议,将直接影响纠纷的性质及救济程序的选择。在定性为民事合同时,一是先行后民,出让前的行政行为如引起行政诉讼,其合法性审查结果将会对出让行为造成影响,包括规划用途变更、招拍挂程序、出让土地前期的登记发证等;二是先民后行,如出让合同的效力关涉后续出让宗地登记发证行为的合法性,出让合同权利义务的履行情况与闲置土地的处理息息相关;三是行民交织,行政机关享有行政优益权,运用行政手段实现目的时协议相对人不服的,提起行政诉讼,两种程序纠缠在一起。①

（二）土地行政纠纷类型化分析

类型化是体系化梳理土地行政纠纷,提高纠纷解决效果的有效路径。常见的分类标准有行政行为属性标准和纠纷内容标准。

1. 基于行为属性的分类

行政行为可根据其行为对象是否特定分为具体行政行为与抽象行政行为。前者主要表现为具体行政决定,如行政处罚决定、行政强制执行决定等;后者主要包括行政立法、行政规范性文件等。②

（1）具体行政行为型纠纷。在实践中,这类行为包括致使土地权益客观受损的不动产登记管理、行政执法行为,以及土地行政管理人员滥用职权、玩忽职守等侵害土地权益的行为。这类纠纷的行为主体具有复合性,土地行政主管部门既是行政主体,又是国家土地所有权的代行主体。

（2）抽象行政行为型纠纷。这类纠纷大多表现为具有普遍约束力的规范性文件涉嫌损害公民、法人或者其他组织的土地权益,如不当干预土地所有权自由或用益物权自由等。2014年修订的《行政诉讼法》为这类纠纷提供了救济渠道,

---

① 参见宋静、黄家章:《土地争议行民交叉裁判规则与案例解析》,中国法制出版社2021年版,第221—243页。

② 参见《行政法与行政诉讼法学》编写组:《行政法与行政诉讼法学》(第二版),高等教育出版社2018年版,第85—86页。

第 53 条和第 64 条支持法院对国务院部门和地方人民政府及其部门制定的规范性文件一并进行审查,经审查认为不合法的,不作为认定行政行为合法的依据并向制定机关提出处理建议。

2. 基于纠纷内容的分类

土地行政纠纷主要集中在土地权属、土地征收、土地执法、土地登记等领域。

(1)土地权属纠纷。土地权属纠纷,主要是指行政机关依法对土地所有权和使用权争议作出行政裁决后,当事人不服处理结果而产生的纠纷。行政裁决①具有专业性强、程序便捷、效率高等优点,是快速解决民事纠纷的重要途径,具有纠纷化解的"分流阀"功能。行政裁决适用于土地争议,具体包括:一是土地所有权和使用权争议,法律依据为《土地管理法》第 14 条第一至三款;二是林木、林地所有权和使用权争议,法律依据为《森林法》第 22 条第一至三款;三是草原所有权、使用权的争议,法律依据为《草原法》第 16 条第一至三款。这类型纠纷主要有以下特点:一是由行政裁决引发,且行政裁决通常为解决土地权属纠纷的前置程序;二是所涉及的土地所有权和使用权往往权属不明,多为历史遗留问题;三是这类纠纷的解决往往关系当事人的切身利益。②

(2)土地征收纠纷。土地征收机关不法或不当行使征收权侵害土地权益往往是土地征收纠纷的成因。在我国,这类纠纷的行为主体较为复杂,作出征收决定的行政机关是主要的行为主体,在一些情况下村委会也会成为主体。权益受损主体具有特定性,主要包括农地所有权人、农地承包经营权人。引起纠纷的征收行为的违法性在实质上表现为对法律规范(实质或程序)的违反以及对权利、利益的侵害,③在形式上,多体现为背离公共利益的宗旨、未遵守法定程序、未给予合理补偿等情形。土地征收纠纷因征收行为通常会涉及一定数量的集体经济组织成员,关系其重大切身利益,容易引发群体性纠纷。在社会转型期,经济关系与社会结构处于较大的变动过程中,利益分化、权力错位和基层组织社会控制力的下降容易诱发群体性纠纷,纠纷成因较为复杂,社会、经济、法律、思想等诸

---

① 参见中共中央办公厅、国务院办公厅《关于健全行政裁决制度加强行政裁决工作的意见》(2019 年 6 月)。

② 参见贺荣:《行政争议解决机制研究》,中国人民大学出版社 2008 年版,第 296 页。

③ 参见杨远舟:《农地征收行为与强制执行行为的违法性及相对人救济问题的研究——以王华案为例》,《中国不动产法研究》2019 年第 1 期。

多因素夹杂其中,处置不当容易酿成重大纠纷,严重影响社会稳定。①

(3)土地执法纠纷。行政机关在查处土地违法行为时作出行政强制、行政处罚等行政行为,行政相对人不服从而引起土地执法纠纷。行政机关在进行土地执法时应当遵守《土地管理法》《国土资源行政处罚办法》《国土资源执法监督规定》等法律法规的要求,然而实践中,在执法职权和程序方面存在一些问题:一是执法超越法定职权。行政机关在对土地违法行为进行处理时,应符合具有法定职权、认定事实清楚、适用法律准确等要求,个别地方政府存在超越法定职权问题。二是执法程序不规范。个别地方的行政机关对举报不依法履行调查、立案的法定职责,致使违法占用土地等行为长期存在;有的行政机关在执法过程中存在不符合法定程序的行为。

(4)土地登记纠纷。土地登记是土地行政主管部门的一项法定职责。土地登记必须遵循法定的程序,审查有关材料。对于土地登记过程中的土地权属争议,应该按照《土地管理法》的规定进行处理,然后再办理登记。在实践中,土地登记部门存在着对登记土地申请材料审查不严,对存在权属争议的土地进行违法登记等问题,从而产生土地登记纠纷。土地登记的法律依据主要有《民法典》第 209 条、《土地管理法》第 12 条、《不动产登记暂行条例》第 5 条。

二、化解土地行政纠纷的主要机制

行政纠纷解决机制是社会体系中的平衡器,其以定分止争、化解行政纠纷为直接目的,能有效保障当事人合法权益,维护社会秩序,从而舒缓、减轻乃至消除行政纠纷对社会运行所造成的冲击。近年来,我国土地管理法律法规不断完善,特别是《民法典》的颁布实施,丰富了纠纷解决的民事规范基础。同时,土地行政纠纷不能仅靠诉讼解决,其还可以通过行政复议、信访等方式得到化解,不同的纠纷解决机制在处理土地纠纷过程中有着不同作用,亟待进一步研究。

以土地管理法律制度的完善为研究主题,土地行政纠纷解决机制的健全当为研究主题的重要组成部分。土地行政纠纷的化解方式主要分为行政救济与司法救济两类,行政救济主要为土地行政复议,司法救济主要指土地行政诉讼,而土地信访客观上也有一定救济功能。

---

① 参见贺荣:《行政争议解决机制研究》,中国人民大学出版社 2008 年版,第 40—42 页。

（一）行政救济

1. 土地行政复议

行政复议①具有司法属性，为行政相对人提供行政救济，也是行政系统内部的一种监督与自我纠错机制，具有简单、迅速、成本低等优点。

《行政复议法》第 11 条明确了行政复议的范围，第四项至第六项和第八项的规定涉及土地行政纠纷，如行政机关确认土地所有权或者使用权的决定等。

2. 土地信访

信访是"人民来信来访"的简称，1957 年 11 月《国务院关于加强处理人民来信和接待人民来访工作的指示》对"人民来信来访"的界定为信访奠定了基础。② 行政信访起初为群众向党政机关反映意见，党政机关接受群众监督的重要方式，③20 世纪 90 年代之后衍生出权利救济功能，④土地纠纷当事人可通过信访制度获得行政救济。

2022 年 2 月，中共中央、国务院颁发《信访工作条例》，是信访法治化、信访治理现代化进程中的重要文件，对土地纠纷的信访解决具有重要价值。

（二）司法救济

诉讼是土地纠纷解决机制中最为正式、程序最为严格的方式。行政诉讼与行政复议的区别主要在于：一是性质不同，前者为司法活动，后者属于行政活动范畴；二是审理机关不同，前者为人民法院，后者为上级行政机关或法律法规规定的其他行政机关；三是审查范围不同，前者主要审查合法性，后者对合法性、适当性进行全面审查；四是法律效力不同，行政诉讼作出的判决具有终局性，而对行政复议决定不服的往往可以向人民法院起诉。⑤

土地行政案件主要具有以下特点：一是群体性诉讼多；二是与地方重点建设项目、重点工程存在关联的案件多；三是相当比例的土地行政案件涉及行政补偿，对征地补偿不满是常见诱因；四是案件处理结果往往是维持行政主体决定或驳回原告诉讼请求；五是涉法上访案件较多，当事人无法通过诉讼途径实现自己

---

① 参见章剑生：《现代行政法总论》（第 2 版），法律出版社 2019 年版，第 324—325 页。

② 参见薄钢：《信访学概论》，中国民主法制出版社 2012 年版，第 80 页。

③ 参见《信访工作条例》第 3 条。

④ 参见章剑生：《现代行政法总论》（第 2 版），法律出版社 2019 年版，第 331 页。

⑤ 参见叶必丰：《行政法与行政诉讼法》（第五版），中国人民大学出版社 2019 年版，第 219 页。

的意图时很可能会选择上访甚至是群体上访。①

第二节　土地行政复议的局限及其优化

2021 年 8 月,《法治政府建设实施纲要(2021—2025 年)》提出"发挥行政复议化解行政争议主渠道作用"②。然而,行政复议作用的发挥受制于公众对其认知度与认同度较低,其可接受性有待提高。③ 对于土地行政纠纷,行政复议存在哪些问题制约其作用发挥,我们又该如何完善,这都是我们要面对并给出回答的问题。

一、土地行政复议的局限及其成因

在全面依法治国深入推进的时代背景下,我国行政复议制度在功能定位、体制架构、审理程序等方面出现与新时代行政争议化解需求不相适应的问题,影响其制度作用的发挥,亟待修法予以完善。④ 2023 年 9 月 1 日第十四届全国人民代表大会常务委员会第五次会议通过了修订《行政复议法》的决定。修订后的《行政复议法》(以下简称"新《行政复议法》")自 2024 年 1 月 1 日起施行。

《司法部 2021 年法治政府建设年度报告》显示,2021 年我国审理土地类行政复议案件 2.3 万件,在我国各类行政复议案件中占有较大比例,成为解决土地行政纠纷的重要方式。毋须讳言,行政复议在处理土地行政纠纷时也暴露出局限性,既有本身的制度设计问题,也有与土地行政纠纷契合度不高的问题。行政复议制度的监督行政、救济权利和解决纠纷功能高度统一,⑤对行政纠纷的化解具有先天的制度优势,但是在土地纠纷化解中并未全面发挥。究其原因,可以归

---

① 参见贺荣:《行政争议解决机制研究》,中国人民大学出版社 2008 年版,第 295 页。

② 2022 年 3 月,《司法部 2021 年法治政府建设年度报告》指出:"复议案件数量比改革前增长了 22.3%,行政复议作为化解行政争议的主渠道效果初步显现。"

③ 江必新、马世媛:《行政复议制度的改革与完善——基于制度分析的理论框架》,《中国政法大学学报》2021 年第 6 期。

④ 参见母光栋:《修改〈行政复议法〉在法治轨道上推进行政复议体制与时俱进》,《中国司法》2022 年第 2 期。

⑤ 参见张旭勇:《论行政复议的"三位一体"功能及其实现的制度优势——兼论〈行政复议法(征求意见稿)〉之完善》,《苏州大学学报(哲学社会科学版)》2022 年第 3 期。

结为以下几个方面。

（一）机构设置不够合理

新《行政复议法》实施前，行政复议职责分散在各级政府及其职能部门之中，这种制度安排存在以下制度缺陷：

1. 行政复议职责分散，资源配置不合理且有违回避原则。这种制度安排主要存在两个问题：一是行政复议资源配置不合理，复议资源与复议案件数量不相匹配，"案多人少"与"案少人多"两种现象并存，复议资源无法以化解行政争议为导向进行优化配置。① 二是由各个行政职能部门担当复议机关与回避原则的基本要求不符。在现实工作中，相同职能部门人员通过业务来往而互相熟悉，且执法事项有可能在事前就得到上级认可，行政相对人可能会认为行政机关自我审查有"官官相护"的嫌疑，②难以保证复议决定的公正性。因此，行政相对人对行政复议弃而不用成为常态。

2. 法制部门职能庞杂，与行政复议专业性要求不相匹配。法制部门主要承担规范性文件审查、行政执法监督和法制宣传等工作，行政复议与这些职责存在较大不同。虽然也有部门配备专门的行政复议人员，但缺乏行政复议人员岗位交流等制度，难以确保其行政复议专业化，制约办案质量提高，公信力也有待提升。③ 土地行政争议具有显著的复杂性、综合性，土地管理领域政策繁多，学习成本高，加之实践中尤其是广大农村地区存在大量历史遗留问题，这要求复议人员应当具备专门的法律、政策知识。

3. 行政复议机构独立性不足。行政复议决策机制实行行政首长负责制，由单位负责人作出决定，办案人员不享有决定权，这在现实中容易导致复议程序中审查与决定被割裂，乃至单位负责人基于某些行政管理考量而选择性忽视部分复议案件，产生不公平后果。④

（二）程序优势未能彰显

理论上，行政复议具有快捷、便利、高效的优势，与土地纠纷的特点契合，然

---

① 参见马怀德：《行政复议体制改革与〈行政复议法〉修改》，《中国司法》2022 年第 2 期。

② 参见张洋：《行政复议，如何突破"官官相护"》，《人民日报》2013 年 11 月 27 日。

③ 参见王青斌、蔡刘畅：《机构改革背景下的行政复议体制变革》，《湖南科技大学学报（社会科学版）》2020 年第 1 期。

④ 参见郭修江：《完善〈行政复议法〉充分发挥行政复议化解行政争议主渠道作用》，《中国司法》2022 年第 2 期。

而《行政复议法》却未能发挥此项优势。

1. 法定复议期间过长。《行政复议法》规定受理 5 日内审查,作出受理决定后 7 日内通知被申请人,60 日内作出行政复议决定(法律规定少于 60 日除外)。与《行政诉讼法》时限要求相比,行政复议快捷、方便、高效的优势并不明显。实践中,一些律师在接受当事人咨询时,会以行政复议速度太慢为由建议当事人直接去信访。可见,我国目前行政复议制度的审理期限过长,失去了它本应有的优势,不能满足高效解决纠纷的需求,对行政相对人的吸引力较低。

2. 复议审理程序单一。审理模式上,《行政复议法》第 22 条规定了书面审查方式,一是因其单一性而难以适配土地行政案件多样性的特点;二是较为封闭,"把申请人'关在门外',缺少面对面的交流、对质与辩论",从而不利于申请人信任、接受复议决定。① 因此,行政复议本以具备灵活性、便捷性为特点,但受制于僵化的程序设置而无法彰显自身优势,②且因其封闭化的审理方式,有损争议处理的公开性、公正性和公信力。

（三） 与相关制度衔接存在问题

在我国,行政复议与行政诉讼的衔接方式主要有四种,即复议非前置且非终局、复议前置且非终局、复议非前置且终局、复议前置且终局。其中,复议终局模式有违司法最终原则,有损司法权威与公正,不利于司法机关对行政机关监督。③ 因此,新《行政复议法》废止了关于对政府确认自然资源所有权或使用权的行政复议决定为最终裁决的规定。

另外,行政复议与信访制度的衔接也存在不足。公众对行政复议这一救济途径不够了解,④因而需要救济时,往往是倾向于信访而非复议。同时,行政复议与信访的受案范围不同,后者远远大于前者,在制度上难以通过行政复议的完善来破解信访困局。

---

① 余凌云:《论行政复议法的修改》,《清华法学》2013 年第 4 期。

② 参见余凌云:《论行政复议法的修改》,《清华法学》2013 年第 4 期。

③ 参见王青斌、蔡刘畅:《机构改革背景下的行政复议体制变革》,《湖南科技大学学报(社会科学版)》2020 年第 1 期。

④ 杨海坤、朱恒顺:《行政复议的理念调整与制度完善——事关我国〈行政复议法〉及相关法律的重要修改》,《法学评论》2014 年第 4 期。

二、土地行政复议制度的改善与遗憾

2020 年,中央全面依法治国委员会通过《行政复议体制改革方案》。各地方也根据改革方案制定实施方案,在复议职权、工作机制、复议程序、复议队伍、信息化智能化等方面进行探索。① 在实践需求导向下,新《行政复议法》从行政机构复议机构设置、行政复议程序安排等方面进行了完善但尚存遗憾。

(一) 调整行政复议机构设置

行政复议机构设置的完善可以从以下四个方面着手:

1. 行政复议职责的集中行使。新《行政复议法》建立了集中办理行政复议模式,一级政府统一以"一个窗口"对外受理并开展行政复议,不包括实行垂直领导的行政机关。原来分散的条块复议管辖模式,既不符合回避原则,②又不利于专业化发展。相对集中行政复议改革的推行,能有效增强行政复议的中立性、独立性,又能助推复议的专业化发展,提高案件办理质量与效率。对此,新《行政复议法》采取"县级以上一级地方人民政府只设置一个行政复议机构,统一管辖以本级政府部门和下级政府为被申请人的行政复议案件"③,中央垂直管理的职能部门维持垂直管辖模式。

2. 增设行政复议专员制度。修法前的行政复议机构在日常工作中承担多项工作,通常并非专门处理复议案件,因而其办案能力有待加强,行政复议专业性无法得到保障。为此,英国行政裁判所、法国行政法院采用了委派具有一定专业知识的人员担任行政复议官的方法,我国新《行政复议法》也采用了此种方式。此外,为进一步提升行政复议人员办案能力,可以考虑在行政复议机构中对行政复议人员进行专门培养,建立与法院负责行政案件的法官交流、学习的通道。

3. 健全行政复议委员会制度。通过引入外部专业人员组成行政复议委员会参与复议案件审理,能有效提高行政复议的专业性、中立性、公正性。改革经验表明,2008 年以来地方对行政复议委员会进行的探索,符合我国国情,有助于缓

---

① 行政复议体制改革肇始于 2008 年,原国务院法制办公室印发《关于在部分省、直辖市开展行政复议委员会试点工作的通知》,相对集中行政复议权、行政复议委员会试点工作开启。

② 现有条块模式,复议机关与被复议机关往往具有密切的业务往来和业务指导关系,有时复议案件已经事先得到了复议机关的指示。

③ 周佑勇:《行政复议的主渠道作用及其制度选择》,《法学》2021 年第 6 期。

解官官相护问题。① 不管将行政复议委员会定位为案件决议型还是咨询型,均需解决如何选择专家、用好专家,确保权责统一的问题。新《行政复议法》构建的咨询型行政复议委员会,需要进一步建立配套的保障制度,以真正发挥纠纷化解功能。

4. 增强行政复议机构的独立性。影响行政复议制度优势发挥的一个重要原因是复议机构的独立性不足,这造成复议制度失灵使本应由复议解决的争议被后推至行政诉讼。对此,主要有两种可能的解决方案:一是建立一级政府行政复议局,改革实践表明,相对中立的行政复议局有助于提高申请人对行政复议的信任度;②二是行政复议机构可以享有案件处理的决定权,让办案人员依法通过复议程序完成案件审查、事实认定等工作,进而径行作出复议决定。新《行政复议法》采用了行政复议机构的模式。

(二) 优化行政复议程序设计

基于土地行政纠纷的特点,行政复议需要设置多样化的程序和审理方式,③真正实现其"快捷、方便、高效、灵活"制度优势。具体而言,行政复议的程序优化可从以下四个方面着手:

1. 丰富复议程序。"为实现办案资源优化配置,进一步提高办案效率和办案质量,需从改革案件审理机制入手,根据案件的不同类型,实行繁简分流、分类审理。"④为此,新《行政复议法》增设简易复议程序、复议调解、复议委员会程序,根据不同复杂程度、不同性质的复议案件规定不同程序规则和期间,以满足不同案件需要。⑤

2. 完善审查方式。新《行政复议法》在保留书面审查的基础上增设听证程序。相对于书面审理,听证增强了当事人对案件的参与度,提高了审查过程的透明度,也为当事人提供了更多地表达机会,让复议机构可以即时、动态地获取案件信息,有助于案件的公正解决并增强审查结果的公信力。听证依据主体与程

---

① 参见曹鎏:《作为化解行政争议主渠道的行政复议:功能反思及路径优化》,《中国法学》2020 年第 2 期。

② 参见章剑生:《论作为权利救济制度的行政复议》,《法学》2021 年第 5 期。

③ 曹鎏:《作为化解行政争议主渠道的行政复议:功能反思及路径优化》,《中国法学》2020 年第 2 期。

④ 周佑勇:《行政复议的主渠道作用及其制度选择》,《法学》2021 年第 6 期。

⑤ 参见马怀德:《行政复议体制改革与〈行政复议法〉修改》,《中国司法》2022 年第 2 期。

序的不同,分为简易程序和普通程序。由复议委员会为听证提供咨询的模式最能体现听证的特点和优势,尤其适合复杂、疑难案件。在实践中,还有不少案件较为简单,如仍然按照正常程序审理会使复议申请人误认为复议机关故意拖延,或认为复议机关不关心其案件。因此,新《行政复议法》规定这类案件可以采取简易的开庭审理方式,既满足行政相对人的时间要求,也方便文化程度较低的公民参与,在保证复议效率的前提下,还允许复议机关采取线上线下相结合等灵活方式听取意见。[①]

3. 健全审查标准。我国行政复议中的审查主要为合法性与合理性审查。这种审查标准为行政复议机关提供了一个较为明确的审查框架,较具可操作性。但是在实质性化解行政争议目标下,一些案件可能会因这种审查标准过于僵化而忽视当事人的实际需求。因此,行政复议机关应当全面审查行政争议,聚焦当事人的利益诉求,分析其复议请求能否得到满足,保障行政相对人合法权益,做到"案结事了"。[②]

4. 调整审理期限。略显遗憾的是,新《行政复议法》原则上维持了 60 日的行政复议期限,使得行政复议在效率方面相较于行政诉讼,优势并没有得到充分彰显,难以满足行政相对人急切的心理需求,建议增强审理期限的灵活性。[③] 此外,针对不同的复议程序设置不同的审理期限,简易程序设置更短的审理期限,如有专家提出适用简易程序的复议案件,其审限可进一步压缩为 30 天,[④]确保案件"及时就地解决"。新《行政复议法》采纳了前述观点的同时,还重大复杂的行政复议案件设置延长期限的条款。

（三）完善与相关制度的衔接

行政复议与行政诉讼在性质上存在差别,前者为行政体系的内部监督,后者是司法系统对行政系统的外部监督。两者性质、定位的不同,需要在实质性化解行政争议宗旨下,在差异化发展格局下进一步协调行政复议与行政诉讼的关系,实现优势互补、衔接顺畅。[⑤] 对此,应适度扩大行政复议前置的范围,逐步减少

①　参见徐运凯:《行政复议法修改对实质性解决行政争议的回应》,《法学》2021 年第 6 期。

②　参见马怀德:《行政复议体制改革与〈行政复议法〉修改》,《中国司法》2022 年第 2 期。

③　参见张清娥:《信访工作的社会心理学分析》,《求实》2009 年第 8 期。

④　参见马怀德:《行政复议体制改革与〈行政复议法〉修改》,《中国司法》2022 年第 2 期。

⑤　参见曹鎏:《作为化解行政争议主渠道的行政复议:功能反思及路径优化》,《中国法学》2020 年第 2 期。

直至取消复议终局案件,丰富当事的救济方式。① 此外,鉴于行政复议的纠纷化解功能,特别是纠纷处理程序的中立性和交涉性等准司法化改造趋势,行政复议机关不宜作为行政诉讼共同被告。②

在回归制度功能定位前提下,加强行政复议与信访制度的衔接。一方面,需要继续加强普法宣传,对社会民众进行法律宣传与讲解,特别是在信访案件多发领域和地区,促使土地行政纠纷当事人主动选择行政复议。另一方面,扩大行政复议受案范围是充分发挥行政复议化解行政争议的主渠道作用之应然要求,③这样也可以确保行政复议信访案件在更大范围内实现衔接,更好释放行政复议制度的优势。

第三节　土地行政诉讼的问题及其破解

"行政诉讼法律制度作为'衡量一国法治发达程度与社会文明程度的重要标尺',在监督公权、保障私权和化解纠纷方面具有'减压阀''晴雨表''风向标'的特殊功能,是彰显习近平法治思想实践伟力的重要场域。"④土地行政案件是行政相对人对行政机关作出的与土地相关的行政处罚、行政强制措施、土地登记、土地确权等决定不服依法向人民法院提起行政诉讼的案件。土地行政争议类型繁多、内容复杂,受案范围、诉讼参加人、审查依据、责任承担是土地行政诉讼中的重点难点问题。

一、受案范围的检讨

《行政诉讼法》及相关司法解释在部分土地行政争议的受案范围上存在模糊之处,且受政策影响较大,使得现实中的受案标准并不统一,以下主要以土地征收争议、宅基地分配争议为例展开分析。

---

① 刘权:《主渠道视野下行政复议与诉讼关系的重构》,《中国政法大学学报》2021年第6期。

② 参见叶必丰:《行政复议机关的法律定位》,《法学》2021年第5期。也有学者主张将复议机关作为共同被告制度。参见莫于川、杨震:《行政复议法的主渠道定位》,《中国政法大学学报》2021年第6期。

③ 参见周佑勇:《行政复议的主渠道作用及其制度选择》,《法学》2021年第6期。

④ 章志远:《以习近平法治思想引领行政审判制度新发展》,《法学研究》2022年第4期。

（一）省级以上政府征地决定是否可诉

经《土地管理法》及其实施条例的不断完善,土地征收程序愈发严格。从土地征收预公告到征地安置补偿方案再到土地征收公告,土地征收涵盖了多个过程性行为,其中国务院或者省、自治区、直辖市政府在土地征收预公告阶段作出的征地决定(以下简称"省级以上征地决定")是否可诉是值得关注的问题。

从理论和实践来看,不宜承认"省级以上征地决定"的可诉性。其理由如下:首先,在文义解释上,"复议决定"属于该款规定中"最终裁决"涵摄范围应无异议,而认为"省级以上征地决定"不可诉的观点,因"征地决定"与"裁决"之间存在一定差异,难以在文义上得到证明。其次,从权力范围分析,《宪法》《土地管理法》赋予了国务院或者省、自治区、直辖市人民政府对行政区划的勘定、调整或者征收土地之权力,同时从《行政复议法》相关条款内容的变迁过程观察,立法意图体现了对前述权力的尊重,因而"省级以上征地决定"同样也为终局行为而不可诉。再次,《最高人民法院关于适用〈中华人民共和国行政复议法〉第三十条第二款有关问题的答复》(〔2005〕行他字第23号)明确指出该款所规定的最终裁决包括两种情形,"省级以上征地决定"也属于最终裁决。最后,即便"省级以上征地决定"不可诉,也存在一定救济方式,如权利人可向相应复议机关申请复议,复议机关不受理或未为实体审查而驳回的,权利人可针对不受理或是驳回决定而提起行政诉讼。①

（二）村委会宅基地分配决定是否可诉

依照《村民委员会组织法》第2条与第24条的规定,宅基地分配属于法律明确的村民自治事项,是村集体内部的自我管理行为,而非行政行为,理应不属于行政诉讼受案范围。根据《土地管理法》第62条第四款的规定,如对乡(镇)人民政府的行政决定不服的,应当以其为被告提起行政诉讼,而非村民委员会。

不过,根据2018年《最高人民法院关于适用〈中华人民共和国行政诉讼法〉的解释》(法释〔2018〕1号,以下简称《行政诉讼法解释》)第24条的规定,在有部门规章明确授权的情形下,村民委员会可能会因其履行行政管理职责行为而成为行政诉讼的被告。而《农业农村部、自然资源部关于规范农村宅基地审批

① 参见阎巍、胡卉明:《集体土地征收案件裁判思路与裁判规则》,法律出版社2020年版,第1—9页。

管理的通知》(农经发〔2019〕6 号)规定了村民委员会审查宅基地申请材料的职责,如申请人认为其履职行为存在问题,村民委员会能否作为行政诉讼被告? 从文件形式、文号等方面分析,上述通知应为规范性文件而非部门规章,不符合授权法律渊源的要求;该文件系对村民委员会就审查宅基地申请材料事宜进行委托,因而应当以有权作出宅基地申请审批决定的乡(镇)人民政府为被告。①

二、诉讼参加人的确定

土地行政案件的诉讼参加人问题是人民法院处理土地行政案件又一重要问题,在实践中表现为集体经济组织成员的原告资格、征地中土地储备机构的被告资格、土地行政诉讼中第三人的追加等问题。

(一) 集体经济组织成员的原告资格问题

结合《村民委员会组织法》第 22 条第一款的规定,《最高人民法院关于审理涉及农村集体土地行政案件若干问题的规定》(法释〔2011〕20 号,以下简称《集体土地行政案件规定》)第 3 条第一款中的"过半数的村民"规定存在以下疑问②:其一,是否有年龄限制。《村民委员会组织法》第 21 条明确参加村民会议的村民须年满 18 周岁,而司法解释并未涉及年龄。其二,能否以"户"为计算单位。"户"为农村集体的基本组成单位:《村民委员会组织法》规定"本村 2/3 以上的户的代表"参加也能召开村民会议;《农村土地承包法》第 16 条规定了家庭承包的承包方是农户;《土地管理法》第 62 条规定了宅基地分配规则以"户"为标准。

根据《村民委员会组织法》第 23、24 条的规定,村民会议为村集体的"最高权力机构",可以对涉及村集体、村民权益的重要事项作出决定。《集体土地行政案件规定》规定的是土地行政案件中村民的派生诉讼制度,适用于行政机关涉嫌侵害农村集体土地权益而村民委员会或农村集体经济组织不起诉的情形。这类型派生诉讼具有防范村民委员会、农村集体经济组织不当行为的监督功能,

---

① 参见宋静、黄家章:《土地争议行民交叉裁判规则与案例解析》,中国法制出版社 2021 年版,第 63—65 页。

② 《最高人民法院关于审理涉及农村集体土地行政案件若干问题的规定》第 3 条第一款:"村民委员会或者农村集体经济组织对涉及农村集体土地的行政行为不起诉的,过半数的村民可以以集体经济组织名义提起诉讼。"

是维护集体利益的补充性救济方式,能促使农村集体内部治理回到正常轨道上。① 为防止滥用诉权,《集体土地行政案件规定》以"过半数的村民"作为提起派生诉讼适格主体的条件。从规制目的分析,这种条件不应严于村民会议作出决定的要求。依据《村民委员会组织法》第 22 条第一款,通过决定的实际要求为超过本村 18 周岁以上村民人数的 1/4,或者本村 1/3 以上的户的代表同意。《集体土地行政案件规定》设定的"过半数的村民"之人数要求,显然高于村民委员会作出决定的要求。因此,可将"过半数的户的代表"视为满足起诉资格的情形。②

(二) 征地中土地储备机构的被告资格问题

对于土地征收中土地储备机构的被告资格问题,《集体土地行政案件规定》已有所规定,但实践情况较为复杂,需要作具体分析。

《集体土地行政案件规定》第 5 条没有承认土地储备机构的被告资格,而是以其所隶属的土地管理部门为被告。《土地储备管理办法》(国土资规〔2017〕17 号)第 1 条第三款也明确了土地储备机构与自然资源主管部门的隶属关系。实践中,土地储备机构的隶属关系并不整齐划一,除了隶属于土地行政主管部门外,还有隶属于人民政府等情况。其一,土地储备机构并非行政主体,除有符合法律规定的授权外,不能独立实施征地相关行政行为,不能以自己名义独立承担行政职责;其二,土地储备机构基于其所隶属土地行政主管部门或人民政府委托实施征地行为的,应以土地行政主管部门或者人民政府为被告;其三,土地储备机构在特殊情况下没有隶属关系的,则应当由批准其成立的人民政府为被告。③

(三) 土地行政诉讼中第三人的追加问题

行政诉讼中也存在诉讼第三人。"但与原告、被告、共同诉讼人不同,第三人参加诉讼的目的在于维护自己独立的合法权益,他不以本诉的原告(被告)为共同原告(被告),也不必然地站在原告、被告任何一方。"④《行政诉讼法》第 29

---

① 参见宋春龙、许禹洁:《农村集体经济组织成员派生之诉当事人适格研究——基于 78 份裁判文书的实证分析》,《南大法学》2022 年第 2 期。

② 参见阎巍、胡卉明:《集体土地征收案件裁判思路与裁判规则》,法律出版社 2020 年版,第 133—136 页。

③ 参见阎巍、胡卉明:《集体土地征收案件裁判思路与裁判规则》,法律出版社 2020 年版,第 160—162 页。

④ 刘雪鹏:《论我国行政诉讼中的必须参加诉讼第三人》,《法治现代化研究》2022 年第 2 期。

条、第 89 条第一款规定了行政诉讼第三人制度。《行政诉讼法解释》第 109 条第三款规定,所遗漏的当事人须为必须参加诉讼的当事人。由此,是否、如何对诉讼第三人与必须参加诉讼的第三人进行区分,就成为难题。

土地行政案件的复杂性表现之一为现实中可能会涉及多方主体之关系。以土地征用行政案件为例,对于是否需要追加没有起诉的农村土地承包方为第三人,有人认为行政诉讼是对具体行政行为的合法性审查,是否追加承包方为第三人,可以从审查的实际需求出发结合诉讼效率进行考量,一般没有必要将所有承包方追加为第三人。① 根据《行政诉讼法》第 29 条第一款,诉讼第三人分为行为利害关系型第三人与结果利害关系型第三人,因此仅考虑诉讼过程中的合法性审查而决定是否追加第三人的观点有失偏颇,是否与系争行政行为、案件处理结果存在利害关系也是重要因素。《行政诉讼法解释》中"必须参加诉讼的第三人"的指代范围更为复杂,学界尚未达成共识。有学者提议以细化"利害关系"标准切入,构建必要参加诉讼第三人制度,将其与普通参加诉讼第三人制度相区隔。②

三、法律适用的反思

国有土地出让合同纠纷中行政优益权的适用与土地出让金补缴义务人的界定问题,呈现出土地纠纷的复杂性,有必要专门分析以为相关纠纷解决提供参考。

(一) 出让合同纠纷中行政优益权的适用问题

行政机关是否有权行使行政优益权解除《国有土地使用权出让合同》,在理论和实践中存在较大争议。如果有权行使,那行使的条件和依据又是什么,在行政机关行使行政优益权解除合同后对原受让人应否赔偿或补偿?

1.出让合同法律属性辨析

当前出让合同纠纷应属于民事纠纷抑或行政纠纷,不仅不同法院之间甚至最高人民法院内部也有不同认识。③

① 参见贺荣:《行政争议解决机制研究》,中国人民大学出版社 2008 年版,第 302 页。
② 参见黄先雄:《我国行政诉讼中必要参加诉讼第三人制度之构建》,《法商研究》2018 年第 4 期。
③ 参见江苏省高级人民法院(2016)苏行申 1392 号行政裁定书、广东省佛山市中级人民法院(2017)粤 06 民终 762 号民事裁定书。将国有土地使用权出让合同定性为民事合同的裁定有(2020)最高法行申 13827 号行政裁定书、(2021)渝 0156 民初 991 号;将其定性为行政协议的则有(2020)最高法行申 11747 号、11748 号、11749 号、11751 号、11753 号行政裁定书。

（1）出让合同民事与行政属性之争。事实上，2008 年《最高人民法院关于印发〈民事案件案由规定〉的通知》（法发〔2008〕11 号）明确将"建设用地使用权出让合同纠纷"归于民事案件案由范畴，该规定分别于 2011 年、2020 年予以修改，但"建设用地使用权出让合同纠纷"的民事案件性质从未改变。《最高人民法院关于审理行政协议案件若干问题的规定》（法释〔2019〕17 号）也没有明确将国有建设用地出让合同认定为行政协议。《最高人民法院关于审理涉及国有土地使用权合同纠纷案件适用法律问题的解释》（法释〔2005〕5 号）是关于国有土地使用权合同纠纷适用法律问题的专门司法解释，该解释于 2020 年被修改，也即"法释〔2020〕17 号"。"法释〔2020〕17 号"依然强调国有土地使用权合同纠纷适用民事程序予以化解，并且为避免歧义，明确将土地使用权出让合同定义为市、县人民政府自然资源主管部门作为出让方将国有土地使用权在一定年限内让与受让方，受让方支付土地使用权出让金的"合同"，有别于"法释〔2005〕5 号"所定义的"协议"。值得注意的是，最高人民法院 76 号指导案例"萍乡市亚鹏房地产开发有限公司诉萍乡市国土资源局不履行行政协议案"（以下简称"76 号指导案例"），认为行政协议是市国土局代表国家与亚鹏公司签订的国有土地使用权出让合同，从而引发了新一轮争议。2022 年 4 月 20 日最高人民法院亦将"中山市某房地产发展有限公司诉广东省中山市自然资源局要求解除行政协议案"作为行政协议诉讼典型案例。该案虽然将行政机关与土地使用者签订的国有土地使用权出让《补充协议》认定为行政协议，但是关于合同解除的事由（未履行合同义务致使合同目的不能实现）、合同解除的时点（一审法院向原中山市国土局送达本案诉状及应诉通知之日）适用的均为民事合同解除规则。至于裁判说理中关于涉案行政协议解除是否符合公共利益的判断，一审和二审法院的意见截然相反，在一定意义上也说明将国有土地使用权出让合同认定为行政协议存在不足。

（2）出让合同属于民事合同的依据。国有土地使用权出让合同应当为民事合同，适用民事程序化解纠纷。其理由如下：首先，创设用益物权并取得对价为国有土地使用权合同的本质内容。[①] 其次，国有土地使用权出让合同所具有的

---

① 参见张海鹏：《论国有土地使用权出让合同的民事定性——兼评 76 号指导案例》，《求是学刊》2019 年第 4 期。

"行政因素"不足以证成其本质为行政合同。行政机关既可以通过公法行为也可以通过私法行为达成行政目标,合同一方是行政机关,并不表示其缔结的合同就必然是行政合同;合同的目的须直接从其对法律关系的影响,结合合同具体权利义务加以考察,以"公益目的"或者"行政管理目的"作为认定行政合同依据的做法失之过宽,合同的目的仍应结合合同内容做具体分析。无论采"近因说""直接执行职务说"①抑或"双阶理论"②,国有土地使用权出让合同中的行政因素,如出让计划制定、出让条件设定、出让批准手续、未按合同规定的期限和条件开发、利用土地的纠正以及警告、罚款直至无偿收回等处罚、改变土地用途的审批等,均不构成国有土地使用权出让合同的本质特征,而是市、县自然资源主管部门在国有土地使用权出让过程中履行行政管理职责的体现,其与国有土地使用权出让合同的订立、效力、履行、变更、终止和违约责任等民事因素,不仅能够予以区分,也应当予以区分,方能正确适用法律规定和救济程序,保护双方当事人的合法权益。最后,将国有土地使用权出让合同定性为民事合同适用民事程序更有利于纠纷解决。一方面,若将出让合同纠纷纳入行政诉讼,将在起诉主体、诉讼管辖、证明责任等方面面临诸多困境。由于现行行政诉讼以公权力的合法性审查为主要目的,在行政诉讼中,行政主体一方不能作为原告提起诉讼,行为的合理性也不是法院审查的主要对象,举证责任主要由行政机关承担。这些因素均不利于出让合同纠纷的有效解决。另一方面,将出让合同定性为行政合同还面临实体和程序法适用上的困难。目前行政法中缺乏关于行政合同的实体和程序法规定,要在短时间内建立起完善的行政合同规则也难谓现实。③ 概言之,行政合同的定性及公法救济难以公平有效处理国有土地使用权出让合同纠纷。反之,抓住主要矛盾准确认定国有土地使用权出让合同纠纷的民事诉讼本质,有利于保护双方当事人的合法权益,保持法律法规、司法解释的连续性和稳定性,并能在《民法典》颁布实施要求下健全国有土地使用权出让的规范体系。

2. 出让合同民事属性排除行政优益权

民事合同与行政协议最本质的区别即在于行政机关是否享有行政优益权。

---

① 参见崔建远:《行政合同族的边界及其确定根据》,《环球法律评论》2017 年第 4 期。

② 参见张海鹏:《论国有土地使用权出让合同的民事定性——兼评 76 号指导案例》,《求是学刊》2019 年第 4 期。

③ 参见张海鹏:《论国有土地使用权出让合同的民事定性——兼评 76 号指导案例》,《求是学刊》2019 年第 4 期。

基于对出让合同的民事定性,行政机关无权行使行政优益权解除合同。其理由如下:首先,国有土地使用权出让合同的双方当事人法律地位平等。根据《民法典》第4条的规定,在民事合同中没有行政优益权存在的空间。其次,国有土地使用权出让合同基于双方当事人的自由意志订立。《民法典》已就双方当事人的利益失衡提供了充分的救济途径,如合同的无效、可撤销、解除直至违约责任等,不需要亦不应再赋予行政机关行政优益权,以免引发当事人之间的失衡,造成不公。最后,国有土地使用权出让合同并非国有土地使用权出让法律关系的全部。广义、全整的国有土地使用权出让法律关系中既有民事因素,又有行政因素。狭义的出让合同属于民事合同,适用民事诉讼程序救济,并不意味着在国有土地使用权出让法律关系中不存在行政权的行使和公共利益的保护。在涉及出让计划制定、出让条件设定、出让批准手续、未按合同规定的期限和条件开发、利用土地的纠正以及警告、罚款直至无偿收回等处罚、改变土地用途的审批等事项时,行政机关享有行政权,行政相对人认为其合法权益被侵犯的,仍应通过行政复议或者向人民法院提起行政诉讼。

总之,出让合同纠纷应当且能够适用民事程序得到妥善解决,相反,将出让合同视为行政协议,适用行政诉讼程序既不合理也不可行,所谓的行政优益权如履行合同的监督权、基于公共利益的单方变更和解除权、对违约行为的行政制裁权等,①或者可以被民事救济程序所涵盖,或者可以基于妥适的行政程序所实现,并没有单独适用的必要。

(二)　土地出让金纠纷中补缴义务人的界定问题

本部分研究的土地出让金纠纷既具特殊性又有典型意义,主要指最初和行政机关缔结土地出让合同的一方,存在未缴清土地出让金或发生补缴土地出让金的情形,现权利人通过法定竞拍取得地上建筑物所有权后,凭生效法律文书申请登记时,因取得房屋所在地块欠缴土地出让金,无法办理登记而产生纠纷。关于现权利人既受让人能否成为土地出让金缴纳义务主体,可以从两个方面考察:一是纠纷形成的过程,二是缴纳义务的生成。

1. 纠纷形成过程

本类型纠纷的形成主要可以分为三个阶段:其一,土地出让阶段。行政机关

---

① 参见李洪堂:《行政合同与民事合同的区分与司法救济》,《人民司法》2011年第2期。

和案外人签订国有土地出让合同,案外人受让土地使用权。案外人欠缴土地出让金,或者因规划变更欠缴应补缴土地出让金。案涉地块上形成土地出让金缴纳义务。其二,权利变动阶段。受让人以合同或者法定竞拍的方式,从案外人合法取得案涉地块上不动产所有权。其三,登记纠纷阶段。裁判文书确定受让人不动产权益合法后,不动产登记时,因案涉地块出让金缴纳义务未履行或者未完全履行,受让人无法完成登记,权利变动无法生效。

这三个阶段互相关联、互相独立,争议主要产生于第三阶段。这类型纠纷中,人民法院主要围绕受让人有无土地出让金缴纳义务进行说理,但是受让人的本质诉求是为自己取得的不动产权益进行登记。依据依法行政原则,受让人满足不动产登记条件的,行政机关应当予以登记。根据《不动产登记暂行条例实施细则》第35、38条的规定,依文义解释缺少土地出让金清缴证明的,不得首次登记和转移登记。然而,该两条规定的意旨是要求登记申请人证明自己取得不动产权益的方式合法。易言之,申请人能够证明其取得不动产权益合法的,行政机关应当为其办理登记。如受让人申请登记时持有人民法院的生效法律文书,那么法律文书足以作为受让人合法取得权益的证明。因此,在这种情形下,行政机关再以案涉地块出让金缴纳义务未履行或者未完全履行为由认为受让人权源证明有瑕疵的,本质上是对人民法院生效判决法律效力的否定,该主张不能成立。

2. 界定出让金缴纳义务的基本视角

登记职责和土地出让金收缴职责是两种类型的职责,两者相互独立。应当履行登记职责,不等同于放弃行使土地出让金收缴权。土地出让金收缴对象的界定,应当回归国有土地有偿使用制度,结合具体情况进行分析。关于出让金缴纳义务主体的界定,其本质上是民事活动和行政活动交错时,如何理顺相关权利义务变动的问题。为了便于厘清权利义务变动过程,有必要设定特定的角度进行分析。在本类案件中,可以从以下三个角度进行剖析。

(1)行政关系。从行政关系角度看,土地出让金的缴纳义务不同于纳税义务。税法对纳税人设定了明确的纳税义务,该义务无须通过意思表示即可成立。土地出让金的缴纳义务则需要通过意思表示方可成立。具言之,我国实行国有土地有偿使用制度,出让金缴纳义务主要源于国有土地使用权出让合同的约定。因此,行政机关对个人或者法人行使出让金收缴权的,在没有明确合同作为依据时,属于对相对人课以财产性不利益,应当具备充分的法律依据。在本类案件中,案外人是与行政机关签订出让合同者,行政机关向其收缴出让金合法合理。而受让人并非出让合同相对人,行政机关向其行使收缴权应当给出充分的法律依据,向其课以不利益。对于缺乏法律依据,径直向相对人课以缴纳出让金义务的行政行为,受让人即使愿意支付出让金也不能否定行政行为的违法性。

（2）合同关系。如前述,土地出让金缴纳义务源于出让合同。基于合同的相对性,土地出让合同衍生的出让金缴纳义务,无论使用权出让抑或补缴出让金,其所涉权利义务仅限于合同当事双方。受让人从案外人处受让案涉地块上不动产权益的,受让人和案外人之间的转让合同独立于土地出让合同,两份合同所涉权利义务不存在继受关系。只有受让人明确作出愿意负担出让人所负不利益的意思表示时,才可以由其代位清偿。这种情形下,出让金缴纳义务并未转移,受让人并非出让金缴纳义务人,其代位清偿出让人欠缴出让金后,和出让人之间形成新的债权债务关系。

（3）物权关系。从物权关系的角度而言,在国有土地有偿使用制度中,土地出让金是私人占有、使用国有土地所需支付的价款,属于取得国有土地使用权的对价。此外,根据现行法律法规,应当先支付出让金,后合法使用国有土地,支付出让金是取得国有土地使用权的先决条件。欠缴出让金或者应补缴出让金的,其负面法律效果作用于使用权。因而,可以认为当使用权转移时,其所附带的负面法律效果即权利负担,亦随之转移给权利受让人。

3. 主要结论

从行政、合同、物权角度分析本类案件所得出的结论有所差异。无疑问的是,与行政机关签订国有土地出让合同的当事人是第一出让金缴纳义务人。界定出让金缴纳义务主体的真正问题是,出让金缴纳义务人的范围是否包括受让人。如前所述,从行政关系、合同关系的角度看,出让金缴纳义务不能转移至受让人。从物权关系的角度看,如果物权负担随物权转移而转移,受让人在取得物权的同时成为出让金缴纳义务的主体。受让人如果在取得物权时已经支付了权利对价,根据房地一体规则,那么支付的对价理应包括土地使用权和地上建筑物所有权。既然受让人已经为使用土地支付了合理对价,就不应该再次为使用土地支付对价,即受让人不必然成为出让金缴纳义务人。

总而言之,国有土地使用权出让金缴纳义务人是签订出让合同的当事人。

签订出让合同后,因物权变动取得欠缴出让金土地上建筑物的受让人不应当纳入出让金缴纳义务主体的范围。只有法律法规明确规定受让人应当履行出让金缴纳的情形下,行政机关方可向受让人追缴土地出让金。

四、责任形态的探讨

土地行政纠纷的司法救济具有实体上公私交融特征,多种法律关系在其中纠缠交错,使得法律责任形态的适用存在许多难点。对此,本部分先讨论土地行政纠纷的诉讼程序选择与责任形态的一般问题,然后在具体行政行为与抽象行政行为区分下,分析责任形态的具体适用问题。

(一)责任形态适用的一般规则

在土地行政纠纷中,除了行政责任外同样会涉及民事责任的承担问题,行政机关及其工作人员在执行职务中可能会发生职务侵权。《民法通则》第 121 条和《国家赔偿法》第 2 条都作了明确规定。一般认为,《民法通则》第 121 条规定的行政侵权乃民事侵权中的特殊侵权行为,由《民法通则》调整,①与《国家赔偿法》仅规定了行政赔偿和刑事赔偿也比较一致。

行政民事混合纠纷的处理,诉讼程序选择上存在行政诉讼和民事诉讼竞合的可能,立法和司法解释尚未作出明确规定。对此,以是否需要对行政行为违法性作出认定为标准,采取分案处理为原则、并案处理为例外的模式。② 当然,对于法律法规或司法解释已经明确诉讼形式和责任形态的土地行政纠纷,则从其规定。

(二)责任形态适用的规范化

1. 具体行政行为型纠纷的责任形态之适用

行政主体行使土地行政管理职责过程中侵犯相对人民事权益的土地管理法律责任,具有行政和民事双重属性。行政机关及其工作人员滥用公权力往往是诱发土地行政纠纷的原因,涉及的责任形态主要包括撤销行政行为、赔偿损失

---

① 参见许旭东、章宝晓:《现行审判格局下行政民事混合侵权赔偿案件的处理》,《法律适用》2014 年第 12 期。

② 参见许旭东、章宝晓:《现行审判格局下行政民事混合侵权赔偿案件的处理》,《法律适用》2014 年第 12 期。

等。近年来对土地行政管理共同责任的强调,①使得土地行政管理纠纷的责任主体和责任承担更为复杂,②加大了纠纷处理的复杂程度,适用法律应尤为明晰具体责任主体之具体责任。

对于因土地征收而引起的土地行政纠纷,其成因较为复杂需展开分析。一般来说,违法征收所产生的土地行政纠纷,由于征收程序环节较多,涉及不同的行政行为,具体承担责任的形式与行为类型关系紧密。举例而言,征收过程违反法定程序的,涉及撤销征收决定、停止侵害、赔偿损失等责任;涉及征收补偿问题的纠纷,可能需要行政机关进行合理补偿。

2. 抽象行政行为型纠纷的责任形态之适用

抽象行政行为型纠纷大多是由规范性文件所引发,但是从我国行政诉讼的历史发展过程观察,在过往很长的一段时期内抽象行政行为并不能成为行政复议、行政诉讼的审查对象。直到 2014 年修订的《行政诉讼法》第 53 条才明确法院可以对行政行为所依据的国务院部门和地方人民政府及其部门制定的规范性文件进行合法性审查。该条规定的"规范性文件",一般被称为"行政规范性文件",多为"红头文件"。③ 如此,在出现土地权益受损而提起诉讼时,当事人可以一并提起对所涉行政规范性文件的审查。

第四节　土地信访的现实困境及其应对

《中共中央关于全面推进依法治国若干重大问题的决定》进一步强调了信访法治化改革的重要性,并旨在将其锻造为多元纠纷解决机制的一环,形成与行政裁决、复议、诉讼等法定程序相衔接的立体救济体系。近年来,信访法治化改革进程中,国家信访局先后出台一系列规范性文件,对信访程序化改革、信息化

---

① 早在 2012 年,国务院便发布了以原国土资源部牵头的《"部委联创勇破两难共建执法监管共同责任机制"活动实施方案》。近年来,全国各地先后出台了建立和完善国土资源执法监管建立共同责任机制的规范性文件,如山东省委办公厅、山东省政府办公厅《关于加强国土资源执法监管建立共同责任机制的意见》(鲁办发〔2015〕35 号)、《江苏省国土资源厅关于加强国土资源综合执法监管工作的通知》(苏国土资发〔2015〕4 号)等。

② 参见高国忠、徐红新、梁亚:《农村土地违法行为分析及对策研究》,《河北师范大学学报(哲学社会科学版)》2012 年第 2 期。

③ 参见汪君:《行政规范性文件之民事司法适用》,《法学家》2020 年第 1 期。

建设、分类处理清单以及群众满意度评价等机制予以构建。① 2022 年出台的《信访工作条例》是对 2005 年《信访条例》的全面提升与优化,其层次更高、调整范围更广、更为便民。

《信访工作条例》由总则、信访工作体制、信访事项的提出和受理、信访事项的办理、监督和追责、附则共六章组成,其主要亮点在于阐明信访工作的性质和作用,明确党委统一领导协调信访工作,新增中央信访工作联席会议,重新塑造信访工作体制机制,调整信访事项处理程序等。《信访工作条例》于 2022 年 5 月 1 日正式施行,距今时间较短,其实施效果仍有待进一步观察。

一、土地信访现实困境的主要表现

(一) 功能发生异化现象

依据《信访条例》第 2 条的规定,条例的适用范围仅限于各级人民政府和县级以上人民政府工作部门,但第 15 条直接向人大、法院、检察院提出信访的规定,明显超出了第 2 条的适用范围,存在范围过窄和前后矛盾的问题。如果因功能定位不甚明晰和摇摆不定,把依法属于行政机关、人大、法院、检察院职权范围或者已经或依法应当通过行政复议、行政诉讼等途径处理的纠纷仍被受理的,不仅容易造成信访制度功能超载,同时容易消解司法权威,从而导致民众信"访"不信"法"。

与此相对应,《信访工作条例》修改之处有:一是适用范围扩大,第 2 条将适用范围扩至"各级党的机关、人大机关、行政机关、政协机关、监察机关、审判机关、检察机关以及群团组织、国有企事业单位等"。二是明确功能定位,第 3 条对信访工作的性质、意义、功能等进行界定。② 三是确立诉访分离原则,第三章"信访事项的提出和受理"、第四章"信访事项的办理"等构建了诉访分离制度,如第 28 条第二款就是诉访分离的明确规定。可见,《信访工作条例》克服了《信

---

① 包括《关于完善信访事项复查复核工作的意见》《关于加强和统筹信访事项督查督办工作的规定》《关于进一步规范信访事项受理办理程序引导来访人依法逐级走访的办法》《关于推进信访工作信息化建设的意见》《信访事项办理群众满意度评价工作办法》等。

② 参见《信访工作条例》第 3 条:"信访工作是党的群众工作的重要组成部分,是党和政府了解民情、集中民智、维护民利、凝聚民心的一项重要工作,是各级机关、单位及其领导干部、工作人员接受群众监督、改进工作作风的重要途径。"

访条例》在功能定位方面的弊端。

需要指出的是,长期以来实践中形成的信访制度权利救济定位尚未完全转变,当务之急应在诉访分离改革目标指引下,早日回归信访制度政治参与与公民意见表达的功能。至于权利救济功能则只能作为补充性功能,强调其对现有司法救济的过滤、补充和疑难案件协调处置机制;同时也要着力避免矫枉过正,把涉法非诉的行政履职类等案件也纳入司法途径,造成诉访循环、终而不结。

（二）程序设置不够灵活

《信访条例》对信访三级终结程序和逐级上访的程序要求进行了初步规范,但不够精细明确。2014 年国家信访局《关于进一步规范信访事项受理办理程序引导来访人依法逐级走访的办法》以及《关于进一步加强初信初访办理工作的办法》,加上 2013 年《关于完善信访事项复查复核工作的意见》,对三级终结流程与逐级上访的程序规范作了进一步细化,尤其是疏解规范了信访机制的入口通道,意图通过对初信初访的程序主义建制,构筑起一项相对封闭且不允许跨越科层序列的救济体系。①

《信访工作条例》在这方面虽然有所完善,但仍未触动基本的程序架构。此种准司法化的程序设置对于规范信访事项处理程序、提高信访工作法治化水平颇具推力,对于规范越级上访、缓解上级乃至中央政府信访压力颇具功效,但也带来信访程序僵化、信访事项难以化解等弊端。一方面,这些纠纷往往是基层属地难以化解的,也难以通过现有法定程序解决;另一方面,基层政府迫于信访量化考核的压力,往往规避初信初访程序,不对信访事项进行程序处理,导致信访事项难以进入复查、复核程序,事实上阻塞了信访通道。

（三）分类处理下沉受阻

2014 年 8 月,国家信访局和国务院法制办牵头启动了中央各部委在本行政领域内的信访事项分类梳理改革,民政部、卫生计生委、人力资源和社会保障部等九部委率先开展依法分类处理信访诉求试点,逐步向全国推广。在试点经验基础上,2017 年 7 月国家信访局出台《依法分类处理信访诉求工作规则》,对信访事项分类处理程序进行详细规范,该工作规则于 2022 年 4 月修订。《信访工作条例》较为全面地固化了党的十八大以来推进诉访分离、依法分类处理信访

---

① 参见卢超:《行政信访法治化改革及其制度悖论》,《华东政法大学学报》2018 年第 2 期。

诉求的改革成果。

信访事项分类处理的规则在执行过程中遭遇困境。一方面,"分类处理清单"由中央部委制定,意图通过"条状"体系贯穿至行政体系底部,实现各个行政系统内部对于信访事项的清理分流。但在信访工作"属地管理、分级负责"的原则下,"分类处理清单"下沉至基层政府时,必然会面临"块状"的信访压力,信访事项分类处理可能会被地方政府选择性执行而流于形式。另一方面,基层政府职能部门的权限边界并不像中央部委那样清晰可辨,容易出现大量交叉与模糊地带,给信访事项分类处理带来了难以消解的客观困难。这些操作层面上的问题在《信访工作条例》实施后仍需引起重视,以免分类处理规则在落地过程中被规避、架空。

二、以法治原则为导向的信访治理

土地信访困局的化解,需要对相关制度进行完善和改革,甚至创建新的制度或机制。首先应予明确的是制度完善、改革与建设的基本路径。路径的选择,不仅关系到信访问题化解的成本,还关系信访制度在整个国家制度体系中的位置甚至信访制度的存废问题。鉴于此,土地纠纷信访困局的化解,应在准确定位信访功能的前提下,以信访法治化为基础,通过完善现有法定纠纷解决途径的方式逐步实现。

(一) 以科学定位信访功能为前提

"信访制度目前面临的主要问题之一是信访制度功能的扭曲"①,表现为诸多信访人试图通过信访解决其与政府、其他公民和组织的土地纠纷,实现其权利诉求。

对于信访功能的定位,共识逐渐形成。首先,2013 年《中共中央关于全面深化改革若干重大问题的决定》提出,把涉法涉诉信访纳入法治轨道解决,建立涉法涉诉信访依法终结制度。2014 年 3 月,中共中央办公厅、国务院办公厅《关于依法处理涉法涉诉信访问题的意见》提出涉法涉诉信访问题处理的总体思路,本质上是把实践中信访的权利救济功能予以剥离,使信访回归应有的政治参与和表达功能。2014 年党的十八届四中全会《关于全面推进

---

① 参见孙大雄:《信访制度功能的扭曲与理性回归》,《法商研究》2011 年第 4 期。

依法治国若干重大问题的决定》进一步明确,要保障合理合法诉求依照法律规定和程序就能得到合理合法的结果,强调权利救济、纠纷解决并非信访的应有功能,权利救济、纠纷解决应通过法律规定的途径和程序进行。2022 年《信访工作条例》第 3 条对信访工作的功能定位作出了具有法律效力的规范表达,意义重大。

在土地信访困局的化解中,应坚持和强化中央已经明确的信访功能定位,使信访回归它原有职能,防止信访制度异化。在正确坚持信访功能定位的同时,努力为公民提供符合正义要求的纠纷解决和权利救济法律途径。

(二) 以信访法治化建设为基础

当前信访乱象依旧存在,一些信访人仍然存在着信"访"不信"法"的缠闹访、信"上"不信"下"的越级访、信"多"不信"少"的群体访等现象;一些信访工作部门,存在着职能缺位、架构不系统,处理信访时信息不通、答复意见不统一,信访工作目标以稳控为主,以及信访工作中时而有之的"拦访截访"和"贿"访[1]等问题。要化解信访困局,应先明确信访法治化的具体方向,在正确规范信访秩序的基础上逐步完善和改革相关制度。

信访法治化的基点是要建立规范、科学的信访制度。通过立法统一信访机构,整合信访机构职能,达到信访主体间的良性互动,以此为基础实现信访程序的公开公正公平、信访渠道的畅通无阻、信访事项的妥善处理,使信访制度的非规范性、非程序性、非专业性和结果的不确定性等弊病得以祛除,实现民情民意的传递渠道正常化,促进政府依法行政、司法机关公正司法,社会矛盾妥善化解。

(三) 完善信访与解纷机制的区分与衔接

土地信访困局出现的重要根源在于公民将信访作为土地纠纷解决与土地权利救济的主要途径,使得信访功能异化。从根本上破解信访困局,关键在于为公众提供符合其公正要求的纠纷解决与权利救济途径。就此,有学者主张将信访升级为一种纠纷解决与权利救济途径并予以建设,[2]以满足公民的诉求。实践中,各级政府部门则强调对信访部门增加人力、物力,改善信访工作态度并通过

---

① "贿"访,即基层政府为息访,通过给予信访人不当钱财或公费为信访人提供相关服务,如在特定时期提供公费让信访人外出旅游等。

② 参见李利娜:《信访的权利救济功能及其理性实现》,《湖南警察学院学报》2015 年第 3 期。

调动各方资源合力来解决信访困局。就前者而言,将信访作为纠纷解决与权利救济机制,不仅会破坏现有的法治框架,进一步虚置司法与行政复议,而且会吸引更多的信访案件涌入信访部门,加重原本就不能胜任纠纷解决与权利救济的信访部门的工作负担。就后者而言,各级政府部门增加人力、物力以及主动通过行政协调的化解办法,只能隔靴搔痒,并不能釜底抽薪地解决信访难题。上述通过行政推动的非法定化的权利救济,还容易拔高信访人的不合理期待,从而诱发更多信访案件,最终不仅不能化解信访困局,还会加剧信访困局,甚至形成恶性循环。

我国现有法律制度框架为公民提供了较充足的纠纷解决与权利救济途径,只是存在不够顺畅,甚或不为公众所信任的问题。因此,对信访外部因素进行改革,坚持以完善现有法治纠纷解决制度为导向,促使公众信法而非信访才应是正道。

第三章　土地管理法律责任的类型化

　　土地管理法律责任是因违反土地管理秩序而产生的法律后果,主要是指行政机关责任,也包含其他单位或个人非法占用、转让买卖、出租土地等各种违法行为所应追究的民事、行政以至刑事责任。对我国土地管理纠纷进行类型化梳理,概括土地行政纠纷的主要类型,分析典型土地行政纠纷类型的主体地位、纠纷范围、发生原因、所涉法律关系、适用具体法律、处理原则和机制、机理等内容是解决土地行政纠纷的前提基础。以高效、圆满化解土地行政纠纷为目标指向,有必要对土地管理活动的法律责任进行类型化研究。

　　现实中土地管理纠纷呈现出主体和范围多样化、群体性和规模性、政策导向性和主体趋利性、行民交叉属性和成因复杂性等特点。这些特点也影响以纠纷解决为目的的司法保障机制,造成土地管理法律责任要素复杂多元,需要进行全面的归纳整理。从不同的责任主体出发,我们可以将土地行政法律责任分为行政机关应当承担的法律责任和相对人应当承担的法律责任。从违法行为来看,土地管理法中的法律责任主要有用地违法审批、非法转让以及法律责任实现方式等问题。

第一节　土地行政机关的法律责任

　　土地管理活动的目的在于维护土地管理秩序,行政机关、相对人不履行或怠于履行维护土地管理秩序义务时,行政机关、相对人应当承担法律责任。行政机关作为保护土地管理秩序的主体,在土地管理活动事前、事中、事后均应尽到维护土地管理秩序义务。在事前,行政机关掌握着作为启动土地利用活动"钥匙"

的批准权限。在事中,行政机关应当依法监督管理土地权益转让。在事后,行政机关通过强制或惩罚方式实现土地管理法律责任。强制或惩罚作为确保义务履行的方式,不仅针对土地行政机关也针对相对人,具有一定的独立性,因此有必要将强制或惩罚单独专门论述。

一、违法审批的法律责任

根据《土地管理法》第 79 条的规定,无权批准或滥用批准权限,非法批准相对人使用土地的场合下,批准行为自始无效,行使批准权限的土地行政机关直接责任人员接受内部处分,情节严重的,依法追究刑事责任。因非法批准造成损失的,土地行政机关应当承担赔偿责任。

(一) 违法审批的外延

根据《土地管理法》第 44、45、46 条的规定,国务院拥有各种批准权限,包括永久基本农田在内的农用地转为建设用地,征收永久基本农田、超过 35 公顷的非永久基本农田、超过 70 公顷的其他土地的审批,还可以同时办理农用地转为建设用地和土地征收审批;省、自治区、直辖市人民政府具有除永久基本农田之外的农用地转为建设用地,除依法由国务院批准情形之外的土地征收批准权限,也可以同时办理用地转为建设用地和土地征收审批;市级人民政府具有城镇开发边界内农用地转为建设用地的批准权限;县级人民政府只具有城镇开发边界内,已经批准农地转用范围的具体建设项目用地批准权限。可见,《土地管理法》对用地审批和征收审批的主体以及权限范围已有具体规定。无权批准、滥用批准权限、非法批准等情形的认定,具备了充分明确的法律依据。在法律作出明确规定的情形下,容易判断批准权的行使是否违反法律规定。行政法意义上行使批准权限的违法性认定本身并不困难,违法行使批准权限的内涵比较明确。

然而,现实情况错综复杂,土地活动涉及要素多样,违法行使批准权限的外延并不清晰。土地管理活动具备民行交错的特征,行使批准权限不仅引起行政法上的效果,也会引起民法上的效果。从物权变动的角度看,物权移转的起因通常是合同行为,物权变动生效需要完成登记。根据《不动产登记暂行条例实施细则》第 25 条,首次登记时相对人应当提供权属来源证明材料。权属来源证明材料的内容包括土地行政机关的用地批准。因此,土地行政机关批准用地申请,可以视作物权转移生效的条件之一。在土地行政机关违法行使批准权限的场合下,即便合同合法、满足登记申请的其他要件,也应当认为登记行为因存在瑕疵而被撤销。登记被撤销意味着登记行为溯及既往的自始无效。登记的效力消灭意味着物权移转效果也恢复至尚未生效的状态。

在上述情形下应当注意三个问题:其一,物权移转的原因行为合法。虽然违法行使批准权限造成物权移转不能生效,但是违法行使批准权不会直接导致合同违法。其二,物权移转启动时点和物权移转生效时点不同。在物权移转生效之前,批准用地、审查登记申请等活动均需要花费一定时间。物权移转合同的缔结和物权移转生效之间一般都存在时间差。这种时间差会导致不同时点的物权移转正当性评价不同。其三,即便行使批准权违法,因行政行为的确定力,物权转移的进程也不会停止。行政行为一旦生效,便具有确定力,在被依法撤销之前,其效力不会消灭,登记机构依然可以依据违法的批准文件完成登记。易言之,批准权被撤销之前,物权移转在外观上不存在瑕疵。

(二) 违法审批的内容

在实践中还存在物权移转外观上不存在瑕疵但实际涉嫌违法的情形。在城市更新过程中,土地行政机关通过挂账收储等方式结合储备土地出让的独立路径,行土地征收之实,回避土地管理法律法规构建的正当征收程序。以挂账收储模式供地的,收储后出让土地性质为国有土地,被收储土地的性质包括国有土地和集体土地。在挂账收储集体土地后以国有土地进入二级市场的情形下,挂账收储实际上包含了集体所有土地变更为国有土地的过程。依据《土地管理法》第45条的规定,农民集体所有土地转变为国有土地的途径仅有为公共利益实施征收这一种方式。易言之,在现行法律体系下,挂账收储其实涵摄了集体土地转变为国有土地。由于行政机关具有集体土地转为国有土地的审批权限,因此行政机关通过金钱给付转移土地相关权益,完成集约土地存储备用后,统一进行审批手续的行为不应当简单地被认定为违法。不过,从土地性质变化和土地权益流转过程而言,挂账收储再出让的效果与土地征收并没有实质差异,并且实践中的做法也是参照土地征收程序进行挂账收储再出让。[①] 挂账收储过程中的集体土地转国有土地审批,通常以上级行政机关向下级行政机关批复的形式完成。行政组织内的批复,在行政法上属于内部行政行为,不直接实际影响相对人的权

---

① 参见广东省佛山市顺德区人民法院(2017)粤0606民初9610号判决书。

利义务,因而相对人提起针对批复的行政复议、行政诉讼通常得不到人民法院的支持。① 相对人虽然可以通过民事诉讼寻求救济,但是民事诉讼的内容只限于相对人和集体之间的土地租赁等合同,无法对挂账收储形成限制。②

（三）违法审批的责任

虽然挂账收储过程中涵摄的批准权限属于行政组织内部行为,但是在实践中挂账收储协议达成时往往尚未经过审批。③ 易言之,在未经批准的情况下,行政机关和相对人围绕实质等同于土地征收的问题进行了约定。依据依法行政原则,法律没有明确规定、授权,或者有权限机关没有委托的情况下,实施的行政行为属于超越职权行为,依据《行政诉讼法》第70条第四项规定,超越职权的行政行为应被撤销或部分撤销。实践中缔结挂账收储协议的主体往往是基层人民政府。根据《土地管理法》第46条,协议的主体不具备许可（批准）征收土地的权限。因此,挂账收储协议签订时,缔约主体不享有批准权限构成无权批准或超越批准权限。

此外,挂账收储协议通常涉及补偿安置的内容。补偿安置的主要内容是向相对人给付金钱或替代物,以填补相对人因公权力行使被剥夺财产所遭受的损失。补偿安置并不排除基于双方合意的方式。挂账收储协议中关于补偿的具体项目,如果严格按照《民法典》规定,双方对具体数额达成合意不违反法律规定。然而根据《土地管理法》及其实施条例的规定,在缔结征收补偿安置协议之前,需要经过土地现状调查、社会稳定风险评估、补偿安置方案的拟定、补偿安置方案的公告、听取公众意见、权利登记等六个步骤。根据《土地管理法实施条例》第30条,在没有完成前置程序的情况下,行政机关不得发动土地征收权。因此,这些关于前置程序的规定也是强制性规定。例如,社会稳定风险评估作为缔结补偿安置协议的前置程序,没有经过社会风险评估的征地补偿安置方案就应当被认为前提条件不具备。而且由于社会风险评估是针对特定时空下相对人反应作出的判断,因此其缺失不能被补正。

简言之,我们可以认为挂账收储再出让过程中行政机关违法行使征收批准

① 参见广东省高级人民法院(2019)粤行申1385号判决书。
② 参见广东省佛山市顺德区人民法院(2016)粤0606民初7076号判决书。
③ 参见广东省佛山市中级人民法院(2020)粤06行终63号判决书。

权。通过挂账收储再出让的方式,将集体土地转变为国有土地进入二级市场流转,不符合法律法规规定,挂账收储协议同样也存在抵触法律法规的瑕疵。此时,根据《行政诉讼法》第70条,行政机关的批准应当被撤销。

随着社会经济发展、规划引领原则的确立,法律本身应当作出相应的调整。城市更新作为新时代提升城市物质面貌的重要政策,挂账收储对于城市更新的积极作用值得肯定。而在现行法律体系下,城市更新中的挂账收储再出让要受法律的否定性评价。因此,为解决挂账收储涉嫌无权审批或者超越审批权限的问题,应新增关于挂账收储的法律法规,为挂账收储提供法定依据,同时也提升城市更新中行政活动的法治化水平。

二、非法转让土地的法律责任

根据《土地管理法》第74条和第82条,在非法转让土地权益的情形下,土地行政机关对行为人处以行政制裁,对直接责任人员给予处分,司法机关对构成犯罪人员依法追究刑事责任。换言之,在非法转让土地的场合下,同一行为诱发的法律效果横跨民法、行政法、刑法等三个部门法。按照部门法的区隔,非法转让土地的法律内涵可以分为:在民法层面,其对应土地权益变动行为;在行政法层面,其对应土地权益变动许可行为和后续行政强制、行政处罚等行政行为;在行政组织法层面,其对应直接责任人违法履行监管职责的行为;在刑法层面,其对应严重损害法益的土地权益变动行为。可以发现,各个部门法从自身角度对非法转让土地权益进行规制,规制模式之间相互区隔。规制的共通之处仅体现在,各个部门法均围绕土地权益变动发挥各自作用。

(一)非法转让责任的三阶段构造

土地权益变动是整个责任的基础。民法视角下,根据意思自治原则,权益变动原则上基于双方意思表示即可成立。我国法上物权变动的登记要件主义,主要是针对受让人取得不动产规定的要件。登记并不影响出让人和受让人实施转移不动产行为。① 如果肯定物权转移是当事人双方合意的结果,原则上物权转移不受行政机关意志的影响。这样理解也符合土地要素市场化配置的要求。也

---

① 参见刘竞元:《不动产交付占有物权变动效力的证成与其对抗力分析》,《政治与法律》2015年第10期。

就是说,允许土地权益变动应为原则,而禁止土地权益变动则为例外,例外情形的产生原因主要是违反法定程序、不符合国土空间规划、没有合法取得权源等土地行政管理事由。国家权力介入土地权益变动,并非针对土地权益变动本身,而是针对法律法规禁止的土地权益变动行为。法律法规禁止变动的情形主要包括:向非集体成员出售宅基地,转让农用地用于商品房开发、工业厂房建设等非农建设,变卖集体土地给个人使用,等等。① 前述各种情形可以按照土地权益变动过程重新整理,大致分为取得、转移、受让后使用三个阶段。

1. 土地权益取得阶段构成非法的事由归纳而言,可以称其为权源取得不合法。非土地所有权人取得土地权益的方式包括:国有土地的划拨、出让,集体土地的承包、出让、出租,宅基地的分配等。例言之,用地审批获得批准后在没有足额支付国有出让、划拨土地的土地出让金、没有缴纳相关税费的场合下,通过国有土地使用权转让获取利益;非本集体经济组织成员在没有法律明确规定的情况下,承包本集体土地后再次转让该承包地;未经集体经济组织决议出让、出租集体经营性建设用地等行为构成权源取得不合法型非法转让。未经有权组织和行政机关审批获取宅基地属于《土地管理法》第 78 条的法定非法占地情形。归纳而言,权源取得不合法的主要原因有两点:一是有审批权组织没有批准当事人取得权源,二是相对人没有完成权利对价给付。

2. 在土地权益转移阶段非法认定的主要对象是买卖、出让、出租、置换等权益转移行为。在三阶段结构下,土地权益转移阶段的权益转移行为需要结合取得和使用阶段进行判断,单独进行法律评价时不宜简单认定违法。例言之,以股权转让方式转让土地使用权行为一般不被认为是违法行为。② 易言之,土地权益转移阶段的行为自身不构成非法转让。

3. 在土地权益受让后使用阶段违反法律法规、国土空间规划等土地用途管制时构成土地利用违法。土地利用违法包含的情况繁杂多样,除《土地管理法》上列举的利用农用地进行非农建设,还包括变卖宅基地、擅自改变国有土地用途等情形。简言之,土地利用违法的实质内容是抵触国土空间规划条件。在规划引领的前提下,土地的用途、种类、容积率、建蔽率、使用年限等均由国土空间规

---

① 参见周光权:《非法倒卖转让土地使用权罪研究》,《法学论坛》2014 年第 5 期。

② 参见吴加明:《"以股权转让方式转让土地使用权"行为的司法认定》,《政治与法律》2018 年第 12 期。

划作出规定。行政机关的用地审批、建设许可、检查验收等行政活动审查的实体内容同样是用地申请是否符合国土空间规划条件。因此，土地权益受让后使用阶段法律的否定性评价可以总结为违反规划条件型非法转让。

自行政法角度观之，按照上述三阶段构造，土地行政管理权限直接介入土地权益转移行为的情形分别如下：一是批准相对人取得关于土地的权源；二是收取土地权益转移产生的权利对价；三是审查土地利用，即土地权益行使是否符合国土空间规划条件。基于这三个方面的内容进一步引申出土地行政管理权限间接介入土地权益转移的情形也有三个方面：一是基于行政主体理论的规划条件符合性审查、土地权源取得审批权限的分配。二是基于相对人怠于履行土地权益对价给付义务而收回土地权益。例如，《城镇国有土地使用权出让和转让暂行条例》第 14 条规定，土地出让合同签订后 60 日内，在未全部支付土地出让金的情形下，出让方有权解除合同并可请求违约赔偿。虽然解除土地出让合同追究违约责任属于债权问题，但是土地出让合同的解除及违约责任蕴含公法因素。三是为了排除不符合规划条件状态，实施强制拆除、没收违法所得、罚款等行政强制或行政处罚以维护土地管理秩序。

综上所述，行政法应当对非法转让行为给予否定性评价的情形可以分为六种：一是关于土地权源取得审批，滥用批准权限；二是怠于收缴土地出让金，或者滥用收缴权限多收土地出让金；三是关于规划条件符合性审查，滥用许可权限；四是关于土地权源取得或规划条件符合性审查，无权许可；五是滥用土地权益收回权限；六是违法实施排除非法违规状态的行政强制或行政处罚。

（二）非法转让责任的共性与区隔

根据《刑法》第 228 条的规定，非法转让、倒卖土地使用权罪，需要满足以牟利为目的，违反土地管理法规，非法转让、倒卖土地使用权情节严重等要件。按照文义解释，刑法关于非法转让进行否定评价的对象是，违反土地管理法规的转让、倒卖土地使用权行为。由此可见，刑法上构成非法转让的条件与民法上的内容具有一致性，可以按照上述三阶段结构分为：一是有审批权的组织没有批准当事人可以取得权利；二是相对人没有完成支付对价的给付；三是相对人违反国土空间规划条件利用土地。此外，土地行政机关工作人员滥用职权或怠于履行职责的情形则对应渎职罪。

民法、行政法、刑法各自针对土地权益转移行为进行的否定性评价，既有共性也有不同。在法律否定性评价即违法性框架下,统一各个部门法对非法转让土地违法认定的主张,①恐难成立。因为,如果承认各部门法对违法性的内容既有共性又有差异,那么讨论部门法之间违法认定的一元化抑或相对化就没有实际意义。从过程来看,非法转让土地的全过程始于民法上的土地权益非法转移,经历行政法上的行政活动介入,最终达到行政法上的行政处罚和刑法上的刑罚。由于行政处罚与刑罚具有历史的同一性、法益同质性和规范同义性,②因此行政处罚和刑罚不存在本质差异。

关于各部门法以及各部门法调整行为之间的关系,应当从违法性继承的角度进行考察。考察违法性继承的前提是厘清各部门法以及各部门法调整的行为。从各部门违法认定对象的内容来看,民法上土地权益转移行为与行政法上非法土地转让的监督、取缔呈现平行关系,两者之间没有延续性。两者以土地权利取得的审批、规划条件符合性审查、土地权益收回权行使、非法违规状态排除等行政活动为管道,以行政权力介入民事活动的方式产生关联。刑法上的刑罚和行政法上非法土地转让取缔之间具有延续性。基于《刑法》第 228 条的文义解释,也可以发现非法转让、倒卖土地使用权罪的违法认定内容和行政法上转让土地的违法认定内容具有法益同质性和规范同义性。因此,违法性继承的考察范围应当限于行政活动和刑罚之间的关系。

第二节　土地行政相对人的法律责任

土地行政的相对人作为遵守土地管理秩序的主体,在占有、使用土地开展相关活动时应当尽到遵守土地管理秩序的义务。相对人违反土地管理秩序义务的行为分为违法违规地行使占有、使用等权能。土地占有、使用行为形态多元、复杂多样,其中的主要类型是引起非法占用状态的行为。对于非法占用,我们可以按照事前、事中、事后进行分析:在事前,为了保障土地使用审批制度稳定,相对人在申请批准时有义务保证申请材料的真实性;在事中,相对人承担非法占用土地的责任;在事后,在行政机关收回土地时相对人有义务返还土地。

---

① 参见吕成、蒋仁开:《土地使用权转让法律规制的困境与出路》,《中国土地科学》2019 年第 11 期。

② 参见熊樟林:《应受行政处罚行为模型论》,《法律科学》2021 年第 5 期。

一、骗取批准的法律责任

根据《土地管理法》第77、78条,相对人未经批准或采取欺骗手段获取用地批准时,行政机关可以要求相对人履行返还土地义务,排除非法占用土地上的违法状态,除农村村民非法占用土地建住宅的情形外,其他情形可以根据情节严重程度,处以内部处分、行政处罚、刑罚。相对人未经批准或采取欺骗手段骗取批准时,相对人即使获得批准后合法使用土地,也应当履行返还土地义务。返还土地义务成立的基础在于维护土地管理秩序,相对人有义务履行申请程序并提供真实信息。基于同样的目的,行政机关有必要在审查批准申请时履行审慎审查义务。

(一) 骗取批准的责任主体

在深化"放管服"改革、优化营商环境,增强民众获得感和满意度等政策要求下,在用地审批以及后续不动产登记等方面,部分地方尝试采取容缺受理,实行告知承诺制。例如,在部分登记业务中,针对企业缺少非关键性申请材料或非关键性申请材料存在瑕疵的情况,经申请人书面申请并承诺补齐,不动产登记机构可以容缺受理,待申请人在承诺期限内补充相关材料后就正式核准登记。此外,还存在多种登记业务中允许申请人以承诺书代替相关证明材料的方式。这些措施大幅度缩短了行政审批周期,提高了行政活动效率。由于其本质上基于行政机关和相对人的合意改变了传统的程序运行模式,告知承诺制在简化传统行政审批程序的同时,也可以说是再造了行政审批程序。在告知承诺制模式下,行政审批申请主体基于自身意思表示,即可被推定获取了具体资格。这种放松批准的形式要求、降低相对人负担的方式,其积极性值得肯定,但其风险同样也值得重视。

相对人作出虚假承诺、骗取用地批准后,后续审批行政机关因信任先行行为效力作出行政许可而造成第三人损失的场合,后续行政机关可能因自身许可存在瑕疵而要对第三人损失承担赔偿责任。在土地管理领域,审批对象以及受侵害对象是价值较高的不动产,一旦行政机关承担损害赔偿责任,将造成行政机关较高的财政负担。此外,告知承诺制和容缺受理通常相互联动,容缺受理方式本身缺乏明确的法律法规依据。告知承诺制中当事人的承诺本质上只是申请人的意思表示。申请人明知材料不真实仍然作出承诺的,只能证明申请人具有故意伪造申请材料骗取批准的主观恶意,其难以作为免除行政机关合理审慎审查义务的有力依据。虽然申请人应当履行保障申请材料真实的义务,但是根据自己责任主义,这只意味着申请人故意提交不真实的材料将承担自己责任。在诉讼中当事人承诺难以作为行政机关免责的抗辩理由或者反证。质言之,相对人采取欺骗手段取得用地批准的,无论后续土地使用行为是否合法,其行为都已经构成权源取得不合法引起的非法占用土地,相对人应当受到没收不动产、罚款、刑罚等法律制裁。然而,在相对人与第三人的关系中,当事人意思表示真实有效、权益转移合法的情形下,行政机关对第三人实施违法状态排除措施时会因容缺受理具有原生瑕疵,导致其审慎审查瑕疵,而对第三人承担损害赔偿责任。

（二）骗取批准责任的成因

在适用告知承诺制时,对于行政机关审慎审查义务的限度可以结合具体情形作具体分析。实践中告知承诺一般分为两种情形:一是承诺书和申请材料一起提交,承诺书作为申请人对材料真实性承诺的情形。实践中曾经广泛采用公证的方式保证材料真实性,随着部分申请材料公证义务的免除,核验材料真实性的工作由公证机关移至审批机构。随着数字化手段运用的深化,在信息化程度较高的地区,可以做到利用信息网络快速核验申请材料的真实性。然而在信息化程度较低的地区或者信息共享不充分的其他区域,如果没有公证,审批组织难以迅速核验申请材料。这两类地区的审批机构比对申请材料和原始材料的难度明显不同,两者的审慎审查义务标准也应有所区别。二是单独提交承诺书,承诺书作为补交未提交材料的承诺以及承诺申请材料自身真实性的情形。这需要考虑审批机构应采用形式审查主义还是实质审查主义。采取形式审查主义的,申请人故意提交虚假承诺时,只要审批组织按照正当程序判断批准申请外观上没有瑕疵,就可以认为已经尽到审慎审查义务。采取实质审查主义的,申请人故意提交虚假承诺时审批组织因没有实质核实证明材料的真实性,就须承担审批瑕疵引起的责任。在土地管理活动中,不同行为的审查强度应有所区分,不动产登记应当适用形式审查主义。

（三）骗取批准责任的完善

为了预防告知承诺制蕴含的风险,应当导入信用规制等事中事后监管措施,构建告知承诺制与事中事后监管的"互动共演"关系。① 为完善告知承诺制事中事后监管,需要健全告知承诺制的运作机制。具言之,告知承诺制需要在四个方面加以完善:一是相对人信用规制措施。由于相对人意思表示缺少客观佐证,因而行政机关有必要确认承诺的真实性。在实践中,行政机关难以迅速确认承诺真实性时可以考虑审查承诺人的征信记录、诚信档案等信息,以便有效分析相对人不遵守承诺的盖然性。通过征信记录、信用档案审查相对人承诺真实性,需要以相对完善的信用评价机制和评价体系作为基础,以相对人信用评价作为依据。初步判断承诺真实性是行政机关的裁量行为,行政裁量应当满足合理行政的要求,应当建立一定的裁量基准。信用评价裁量应合理行使,因为滥用可能导致告知承诺制行政便宜优势丧失,而怠于裁量又难以实现初步审查承诺真实性的目的。② 二是完善告知承诺制责任机制。相对人作出虚假承诺的,行政机关可能承担第三人所受损害的赔偿责任。这是告知承诺制的最大法律风险。为了降低这种风险,可以要求申请人在完成承诺履行前提供一定的担保,或者建立国家赔偿责任保险制度,以减轻保证相对人虚假承诺对第三人权益乃至公共利益的损害。三是明确告知承诺制的边界。由于告知承诺制具有原生风险,因此在特定场合下应当排除适用。例如,农村村民申请宅基地时的身份审查不应适用告知承诺制。四是加强事后监管措施。事后监管措施包括随机抽查、不定期检查、对虚假承诺的处罚、对虚假承诺人的责任追究和第三方监督举报、投诉等。例如,广东省设置多种具体措施管控容缺受理、告知承诺制的风险。

二、非法占用土地的法律责任

根据《土地管理法》第 83 条,相对人非法占用土地新建建筑物和其他设施应当停止施工自行拆除;相对人不自行拆除时,行政机关可以组织施工、限期拆除;期限届满后仍不拆除的情形下,行政机关可以向人民法院申请强制拆除。除第 83 条之外,该法第 74、77、78 条也规定了限期拆除地上建筑物和其他设施的情形。在土地管理领域,非法占用土地从事建设活动形成的建筑物,会因形成事由不合法而被认定为违法建筑,建设活动也被认定为违法建设。责令限期拆除、

---

① 参见卢超:《行政许可承诺制:程序再造与规制创新》,《中国法学》2021 年第 6 期。
② 参见袁曙宏、杨伟东:《论建立市场取向的行政许可制度》,《中国法学》2002 年第 5 期。

强制拆除等系列行政行为均是基于土地行政机关排除土地相关违法状态职责的土地管理活动。

（一）非法占用土地的执法困境

根据依法行政原则，《行政强制法》第35、36、44条和《土地管理法》第83条，在强制拆除违法建筑之前，需要作出两个行政决定、两次公告、一次执行许可等五个步骤。相对人可以对行政决定提起行政复议或行政诉讼。采用行政复议的方式寻求救济的，根据《行政复议法》第21条规定，具体行政行为原则上在复议期间不停止执行，但是有停止的必要、经申请复议机关同意或法定停止执行情形的，可以停止执行。在具体行政行为因行政复议或行政诉讼被迫停止的情况下，对违法建筑的执法活动需要在复议审查或审判程序完结后才能依复议或审判结果继续实施。

从发现违法建设开始执法到正式实施执法行为之间，存在较长的时间跨度。这期间相对人不自行停止建设行为的，等正式进入执法行为实施阶段，违法建设工程将完成或基本完成。根据程序正当原则，违法建筑执法又应受程序要件规制，行政效率也会随之降低。因此，对违法建筑建设的执法困难表现为程序正义与实体正义的冲突。为了解决执法受制于正当程序的问题，实践中地方政府尝试建立快查快处机制，尝试简化执法程序提高行政效率，构建新的高效执法路径。然而，程序的简化必然伴随着程序瑕疵风险的增加。简化程序提升效率是急于解决眼前问题忽略长远的权宜之计。事实上，由于土地管理秩序所含内容丰富多元，在执法时违法状态往往涉及多种类型的法律关系，完全可以通过其他法定路径寻求程序正义与实体正义的兼得。

对违法建筑建设的执法难点在于以下三个方面：一是现有行政资源与达成目标所需程序不匹配。行政管理的人力资源不足，现有执法队伍规模难以支撑社会快速发展以及人口众多且快速流动的日常需求。提升执法规范化水平需要有相应的人力和财力支撑。这既是现实问题也是制度结构问题，在法律体系中难以得到根本解决。二是结果导向思维代替了合法优先思维。在传统行政思想影响下，执法人员依然保留了基于行政权力优势地位产生的优越感，容易忽视相对人感受，在执法过程中侧重于目的的达成，轻视正当程序。从依法行政角度看，无论是实体性要件的规定还是程序性要件的规定，均是具有拘束力的法规范，在法律评价层面没有高低之分，都是依法行政最基本的底线要求。在高风险的现代社会,无论行政行为的目的是保障公共利益还是维持社会秩序稳定,行政行为都含有对相对人权益的损害或限制。只有在依法行政原则下,这种侵权行为才被评价为合法,基于国家无责任理论而不追究行政机关的侵权责任。易言之,合法行政行为也可能是侵权行为,即使这种行政活动更有利于政策目标的实现,也不能改变其对相对人权益造成损害的事实。因此,以人民为中心,强调权益保护的前提下,行政活动必须遵循依法行政和正当程序原则。三是历史原因造成的违法状态往往难以厘清。在实践中,由于不动产存续时间长,已有建筑建设时法律还没有明确的规定,因存续至今而不符合现行法律。在这种情形下,在当时并非违法的建筑却根据现行法构成非法占用土地,属于违法建筑。对于因历史原因导致未办理相关审批或者不符合规划条件但业已建成使用并且符合安全、环保、消防等各项标准的建筑,应当从政策目的出发,基于现实状况,在法理上严谨论证,尽量作出不予拆除的判定。

(二) 非法占用土地的补救措施

在实践中,有地方对于历史原因产生的违法建筑,设置了准予补办用地权属手续,[①]做到了部分保留。该地通过规范性文件制定了完善手续的审查主体、补办资料、规划报建手续、工程情况登记和质量安全鉴定结论备案、消防环保手续、房屋产权登记等具体规则,明确了补办手续所需的相应罚款项目与金额。

需要指出的是,上述处置非法用地做法的合法性存疑,理由有二:其一,审查结果无法改变历史原因产生违法建筑的违法性。无论是历史原因还是其他特殊原因,允许补办相关手续的"两违"建筑,在建设时因未经许可建设处于违法状态仍然是不变的客观事实。历史原因不能理所当然地成为违法状态合法化的理由。未经许可建设所形成的违法状态是违反法律法规所受法律评价的结果。即使行政机关具有审查权限,也不能通过事后审查产生改变对建筑物的法律评价。因为法律评价的结果不属于行政裁量的范畴,行政权限的效力也不能影响法律评价结果,否则会导致行政侵蚀司法。其二,罚款作为行政处罚,是对违法行为的制裁措施,不具备正当化违法状态的功能。此外,完善手续中的罚款本身也存在歧义,既可能是责令拆除违法建筑并处的罚款,也可能是针对完善手续的罚款。这种罚款适用于责令拆除违法建筑并处的罚款的情形,根据法律法规规定,

---

① 参见《佛山市顺德区人民政府关于妥善处理违法建设工程的通知》(顺府发〔2017〕13号)。

行政机关应当在责令拆除违法建筑时一并作出,不得在补办手续时收缴。在日常执法违法建筑过程中已经对违法建筑物处以罚款的情形下,补办手续时再次收缴罚款,涉嫌违反一事不二罚原则。这种罚款只应是针对补办手续的罚款的情形,根据《行政处罚法》第12、13条,罚款只能由国务院部、委员会,省、自治区、直辖市、省会市、国务院批准的较大市通过规章设立。针对补办手续的罚款属于新设罚款,这属于超越权限设立罚款,违反《行政处罚法》。

(三) 非法占用土地的合理性考察

处理历史原因造成的违法建筑,应当转变解困思路,从合理行政原则入手探寻解决路径。虽然违法建筑违反现行法律规定的客观事实无法改变,但是根据法不溯及既往原则,历史原因形成的非法占用土地,其在占用土地时并非违法,因此可以运用比例原则,比较作为和不作为或怠于履职的效果,以合理行政推导出保留历史原因造成违法建筑的可能性。根据比例原则,行政机关为了实现目的,应当选择成本最小化的方式。例如,在"三旧"改造过程中,首先,关于合目的性,改造的目的在于建设省级新工业园区,拆除或保留历史遗留"两违"厂房均可以达成建设省级新工业园区的目的,因此拆旧建新行为和保留行为均具有合目的性。其次,关于必要性,工业园的主要设施是工业厂房,无论是新建或者是保留,总是需要一定数量厂房的,因而拆旧建新、保留原厂房均具有必要性。最后,拆旧建新行为不是达成目的的最低限度的手段。因为,依法拆除后依然需要重建新厂房,行政机关需要承担费用包括拆除工程费用、工人薪酬、建筑垃圾处理费用、拆除旧设备费用等,以及建新所需建设工程费用、新建工程工人薪酬、建筑材料购入费用、购入新设备费用等。相比拆旧建新,保留旧厂房时不需要花费这些支出,可以大大降低改造成本。此外,拆旧建新需要花费较高的时间成本,而保留旧厂房可以迅速投入使用,因此有时间成本上的优势。由于社会环境不断变化,高额的时间成本也会造成社会不稳定,影响"三旧"改造的整体进程。总而言之,保留部分历史原因造成的违法建筑,在合理性方面符合比例原则的要求。

三、拒不交还被收回土地的法律责任

拒不交还被收回土地的法律责任以当事人负有返还土地义务为前提。根据《土地管理法》第77、78、81条,返还土地包括非法占用土地和非法批准占用土地的返还,以及依法收回国有土地、临时用地期限届满、不按照批准用途使用国有土地的返还。该法第81条不同于其他两条的地方在于,其所列举的三种情形下相对人合法占有土地。不按照批准用途使用国有土地时,相对人的土地利用行为违反土地用途管制以及国土空间规划,本质上是对土地管理法律法规确立规划意旨的违反,应当认为不按照批准用途使用土地形成的客观状态属于广义的非法占用土地。根据《城市房地产管理法》第26条和《城镇国有土地使用权出让和转让暂行条例》第17条,未按照合同规定使用土地表现为,开发利用行为不符合合同规定与不当闲置土地。针对这两种情形,行政机关可以根据情节轻重,行使警告、罚款和无偿收回等行政处罚。相对人不按照批准用途使用国有土地时,属于对合同规定的违反,情节严重的,应当接受无偿收回土地使用权的处罚。

临时用地期限届满时,相对人享有土地使用权归于消灭,相对人在丧失合法权源的情况下继续占有、使用土地的客观状态也属于非法占用土地。这种情形下,相对人的返还土地义务是基于直接排除违法状态的作为义务。

依法收回国有土地使用权情形下,相对人承担法定返还土地义务。这是《土地管理法》第81条有别于第78、79条的主要体现。根据《城市房地产管理法》第20条、《城镇国有土地使用权出让和转让暂行条例》第42条,相对人合法取得土地权益的情形下,国家在土地使用年限届满前原则上不收回土地使用权,为了公共利益需要,国家才可以依法提前收回土地使用权,并且应当依据已使用年限,开发、利用土地的实际情况给予相应补偿。《土地管理法》第58条也规定了对国有土地使用权的提前收回,必须是为实施城市规划进行旧城区改建以及其他公共利益需要确需使用土地并且应当给予相对人适当补偿。

根据《城市房地产管理法》第22条第二款,在土地使用期限届满时,相对人没有申请续期或为公共利益需要收回土地的情形下,土地使用权将被无偿收回。根据《城镇国有土地使用权出让和转让暂行条例》第47条,划拨用地的土地使用者,因迁移、解散、撤销、破产,或公路、铁路、机场、矿场经核准报废等其他原因停止使用土地,以及为了城市建设发展需要和城市规划的要求等情形下,国家可以无偿收回划拨用地。在无偿收回土地使用权时,国家应根据实际情况,对地上建筑物、附着物给予适当补偿。

（一）拒不交还被收回土地责任的构成要件

整理上述内容可以发现，国家收回土地使用权的情形大致可以分为三类：一是行政处罚型无偿收回；二是土地使用期限届满型无偿收回；三是法定有偿收回。

行政处罚型无偿收回，以排除违法使用土地状态为目的，只能适用于期限届满前。行政机关采用处罚型无偿收回时，由于期限尚未届满，无偿收回实际剥夺了相对人合法权益，因而在惩罚功能上与行政处罚具有类似性，所以命名为行政处罚型无偿收回。根据法律保留原则，行政处罚型无偿收回的实施应当具备明确的法律依据；否则，行政机关恣意提前收回土地使用权构成权力滥用。

期限届满型无偿收回，以恢复国家土地所有权的完整权能为目的，只能适用于期限届满后。期限届满型无偿收回不具备惩罚性，因为期限届满意味着相对人在其占有土地上的权益消灭，国家作为所有权主体行使物权请求权理应受到法律保护。

行政处罚型和期限届满型无偿收回在外观上均是不支付对价即消灭土地使用权的行为。两者引发相对人返还土地义务的原因均是，客观上的继续占有、使用行为丧失正当权源，已构成违法占有、使用，行政机关基于排除违法权限对相对人课以返还土地义务。虽然法律将特定情形下的无偿收回土地作为一种行政处罚措施，但是从土地管理秩序维护的角度而言，行政处罚型无偿收回和期限届满型无偿收回并没有本质差异。因此，对国家收回土地使用权的类型，以无偿和有偿为标准进行区分即可。

（二）拒不交还被收回土地责任的实现路径

无偿收回意味着国家不需要向相对人支付对价，单方决定收回土地使用权后，相对人的土地使用权消灭；国家所有权完整权能的恢复，要求继续占有使用原地块的相对人履行返还土地义务。在有偿收回中，相对人在国家完成对价给付前继续占有使用原地块时，返还土地义务并非完全基于国家土地所有权的行使。在相对人不履行返还土地义务时，行政机关采取行政强制和行政处罚强迫相对人履行返还土地义务。① 简言之，无偿收回和有偿收回情形下，相对人返还

---

① 当然，如果国家的对价给付未完成，行政机关作出的行政决定或行政强制、行政处罚一般会遭受法律的否定性评价从而被撤销或被确认为违法。

土地义务的性质、内容不尽相同。

虽然从权利对价的角度而言,相对人的土地使用权消灭时,即便认可土地收回客观上造成相对人损失,也会因不存在权益侵害而使得行政机关免于实际承担责任;相对人享有合法土地使用权时,则应当给予权利对价。问题是,仅以权利对价判断无偿、有偿,难以解释相关法条中"适当补偿"或"相应补偿"的具体内容。因此,有必要从损失补偿的角度考察土地收回应当有偿还是无偿。

损失补偿必要性的考量要素包括三点:一是侵害行为特殊性;二是侵害行为强度;三是侵害行为目的。① 侵害行为特殊性和侵害行为强度是认定特别牺牲的主要考量要素。特别牺牲的认定分为形式标准和实质标准。形式标准是指侵害对象具有一般性,即侵害行为以具体个人或特定范围内多数人为对象。如果侵害对象为不特定多数人,侵害行为就缺少特殊性。实质标准是指侵害的强度已经触及财产权的本质性内容。如果按照社会上的一般观念,侵害仅触及财产权中受社会性制约的部分,被侵害者应当甘受这部分损失,即侵害行为没有达到足够的强度。实质性标准,依照侵害行为的目的可以分为消极目的的情形和积极目的的情形。消极目的是指维持公共安全、公共秩序、确保社会共同生活的安全。在最小限度内,实现消极目的所需的财产权的一般限制不构成特别牺牲。因此,为实现消极目的,除侵害对象触及财产权的本质性内容的情形之外,相对人的损失原则上不需要给予补偿。积极目的是指产业、交通等公共事业的发展或国土综合利用以及城乡土地开发和经济发展。为了积极目的,征收或限制必要的特定财产权产生的损失应视为特别牺牲,在实现积极目的的情形下原则上应当对损害给予补偿。②

损害补偿必要性的三个考量要素的重要性不完全相同,侵害行为特殊性的重要性相对较低,侵害行为强度和侵害行为目的是判断损害补偿必要性的主要要素。③ 仅以侵害行为强度和侵害行为目的两个要素解释损失补偿时,在剥夺财产权或妨碍财产权发挥本来之效用的情形下,只要不存在权利人甘受的理由就应当给予补偿。忍受限度的判断标准包括两个方面:一是为维持社会共同生活稳定有必要限制具体财产权,这种限制属于财产权内含社会性制约的体现,可

---

① 参见[日]宇贺克也:《国家补偿法》,有斐阁1997年版,第399页。

② 参见[日]田中二郎:《新版行政法(上卷)》,弘文堂1974年版,第214—216页。

③ 参见[日]阿部泰隆:《国家补偿法》,有斐阁1988年版,第282页。

以不对这种限制进行补偿;二是为维持社会共同生活稳定之外其他公益性目的而偶然对财产权施加与其原本之社会性效用无关的限制,对于这种限制应当给予补偿。①

国有土地收回作为限制土地利用权或剥夺土地使用权的行为,可以被认为是一种合法侵害民众权益的行为。关于土地收回的补偿必要性,其侵害目的属于积极目的,即国土综合利用以及城乡土地开发和经济发展,其侵害对象是具体个人或者特定范围内的多数人。其侵害强度取决于土地使用权的性质和内容。易言之,限制土地利用权或剥夺土地使用权属于对财产权受一般社会性制约部分的侵害时,原则上国有土地收回不需要给予补偿。这种情形下,根据法律优位原则,只有法律作出明确的例外规定时,国家才应该按照法律要求给予补偿。反之,限制土地利用权或剥夺土地使用权不属于对财产权受一般社会性制约部分的侵害时,原则上行政机关收回国有土地就应当给予补偿。这种情形下,根据法律保留原则,法律作出明确规定时,国家可以按照法律减损民众权益。

关于一般社会性制约,其本质是以私有制为前提,即民众基本取得了国家资源的所有权,故要求民众从各自权益中提供部分权益用以保障和维持公共生活。这种理论不适合我国国情,因为在公有制下,国家和集体基本囊括了国家资源的所有权,提供权益维持公共生活是由国家和集体承担的,国有划拨用地用于公益建设、集体所有土地为农村村民提供宅基地等的制度的设计就充分说明了这一点。因此,我国民众所持财产权包含的一般社会性制约成分很低,因土地社会主义公有制而在土地领域更是不存在一般社会性制约,即使内含一般社会性制约也已被土地出让金、契税、土地使用期限、土地续期等制度剥离。简言之,在土地收回的情形下,侵害强度必然触及财产权的本质性内容。因此,综合考量侵害特殊性、侵害强度、侵害目的等要素,土地收回应当以补偿为原则,以法定无偿收回为例外。采用这种结构,可以体系化地合理解释《城镇国有土地使用权出让和转让暂行条例》第47条(无偿收回划拨土地的同时应当给予地上附着物补偿)和《土地管理法实施条例》第35条(宅基地有偿退出)及第41条(集体经营性建设用地出让、租赁合同约定提前收回条件和补偿方式)等条文。

---

① 参见[日]今村成和:《行政法入门(第6版)》,有斐阁1995年版,第282页。

第三节　法律责任实现的方式

相对人不履行维护土地管理秩序应尽义务时,行政机关直接或间接地强制相对人履行义务的制度称为义务履行确保制度。其中,相对人不履行行政法上义务违背法治原则,妨害行政目标的实现。行政机关放任具体相对人不履行义务,对其他遵守法律履行了义务的相对人不公平,影响法律和法秩序的安定。因此,为保证相对人切实履行行政法上的义务,行政法规定了多种义务履行确保的手段,如行政强制、行政处罚等手段以及刑法上的刑罚威慑,迫使民众履行土地管理秩序维护义务。行政处罚和刑罚都属于法律制裁手段。

一、行政强制

按照强制目的不同,行政强制可以分为行政强制措施和行政强制执行。按照有无金钱给付义务区分,行政强制可以分为金钱给付强制和非金钱给付强制。非金钱给付强制又分为代履行、执行罚和直接强制,金钱给付强制是指划拨存款、汇款等金钱的强制收缴。其中,强制收缴主要适用于税款、社保费等特定领域,在土地管理领域极为少见。

（一）代履行、执行罚、直接强制

1.代履行

代履行是存在可代替作为型义务行为的情形下,行政机关或行政机关委托第三方代替相对人本人实施相对人所应作为的行为。根据《行政强制法》第50条的规定,行政机关采用代履行时,应满足三个要件:一是相对人不履行基于法律法规、合法行政行为产生的可代替性作为义务;二是通过其他手段难以确保相对人履行该义务;三是放任相对人不履行义务显著违背公共利益保护的要求。

在土地管理领域,对于违法违规擅自改建加建行为,在违法建设行为已被要求停止继续建设,相对人仍然继续施工的场合下,行政机关可以代履行撤除建筑材料和工具的义务。因为相对人的建设行为违反法律法规规定或者不符合国土空间规划要求。虽然停止继续施工是不作为义务,但是撤出建设工具和尚未使用的建筑材料是相对人的作为义务,并且建设工具和尚未使用的建筑材料可以由他人代为处置,具有可替代性。实践中,由于行政决定需要符合程序正当原则,而相对人又可以通过行政复议、行政诉讼等方式拖延行政强制的实施时点,因此在行政强制正式生效付诸执行之前,相对人有时间上的空档得以继续违法建设。这种情形下,行政机关不及时处理违法建设的持续行为,会给邻近类似土地使用人造成可以继续违法建设的错误印象。从维护土地管理秩序的目标看,行政机关未能有效阻止违法建设行为,是对公共利益的一种损害。

代履行在提高土地行政管理效率方面具有一定的积极作用。由于代履行是代替相对人履行义务,其作为强制执行的一种,与须经法院许可执行的强制执行不同。法律没有要求代履行应经法院许可实施。基于保护公益的紧迫性,代履行在相对人经催告后仍不履行义务时,即可实施。因此,客观上代履行可以缩短开始执法到具体实施之间的时间跨度。此外,代履行可以节省行政人力资源。根据《行政强制法》第 50 条的规定,代履行可以委托没有利害关系的第三人实施。采用向法院申请强制执行的方式实施行政强制时,需要具有执法资格的公务人员参与具体执行过程,在执法队伍人力资源严重不足的地方,这会影响土地管理执法效率。在采用代履行的场合,执法机关可以委托第三人实施强制,行政机关只需派员到场即可。这也符合推进职责异构、引入市场组织参与执政的制度要求。

代履行的适用需要满足程序正当原则:其一,行政机关实施代履行时需要明确执法标的物,如有可撤除建设工具和尚未使用的建筑材料。此时,行政机关不得一并拆除已经完成违法建设的部分。其二,行政机关实施代履行时应当依照法律规定,在代履行前送达代履行决定书,正式实施代履行 3 日前催告相对人,委托第三人实施代履行的,具有执法权限的行政机关应派员到场,代履行完毕后应要求各方当事人签字。

2. 执行罚

执行罚包括加处罚款、滞纳金等,相对人在一定期限内不履行不可代替作为义务时,预告课以一定额度金钱处罚,以威慑施压方式督促相对人履行义务的手段。虽然滞纳金等执行罚的最终实现方式是金钱给付,但是其不同于针对相对人已经完成的作为、以惩罚违法行为为目的的罚款。执行罚的目的不是收缴金钱,而是针对相对人尚未完成的应为行为,迫使其履行义务。

在土地管理领域,相对人在规定期限内没能缴清土地使用出让金的,《国务院办公厅关于规范国有土地使用权出让收支管理的通知》(国办发〔2006〕100

号)规定,逾期1日加收合同约定违约金额1‰的违约金。此外,根据《土地管理法》第76条,相对人在规定期限内拒不履行土地复垦义务的情形下,行政机关可以向相对人收缴复垦费,并可处以罚款。

复垦费、滞纳金等执行罚在保障土地管理相关义务履行方面具有较高的灵活性。其一,不同于行政法上的罚款,刑法上的罚金、没收财产等法律制裁手段。根据一事不二罚原则,罚款等法律制裁手段针对同一义务违反行为只能适用一次。土地复垦费等执行罚按照相对人作为期限可以被重复收缴的同时,执行罚还可以和行政处罚并处。其二,执行罚不同于代履行,其可以适用于各种应履行的义务。其三,执行罚不同于强制执行以及刑事处罚,不需要经过司法机关许可,可以由行政机关基于自身权限直接行使。在依法设置合理金额的前提下,执行罚可以有效震慑日常频发的土地违法行为。

3. 直接强制

直接强制是直接对不履行义务相对人的身体或财产施加强制力,保障义务履行完成的手段。直接强制在土地管理领域运用广泛,强制拆除违法违规建筑物、构筑物,查封环保、消防、安全不达标厂房,切断拒不履行义务工厂的水电供应等直接强制,既是实践中经常被运用的手段,也是引发纠纷较多的事由。在实践中,为了追求行政效率,在执法力量不充分的情况下,行政机关尝试通过强制执行之外其他的行政强制措施迫使相对人履行义务。例言之,在老旧工业厂房清退的场合,因政策实现的需要,行政机关为了提高行政效率,主动通过环保、消防、安全检查、断水断电、限水限电等方式倒逼不符合经济发展需要、国土空间规划和法律法规的老旧厂房淘汰。

然而,根据《行政强制法》第43条第二款规定,行政机关不得对居民生活采取停止供水、供电、供热、供燃气等方式迫使当事人履行相关行政决定。根据《民法典》合同编第十章,供应者应当履行供用电、水、气、热力合同强制缔约义务,不得拒绝当事人合理的生活要求。因此,在清退老旧工业厂房乃至旧城区改造等时,采用与违法状态非同一法律关系的行政强制措施倒逼相对人自行履行义务缺少正当性。因为,行政机关采用行政强制手段融合的方式对违法违规建筑进行执法,应当注意以下要求:其一,断水断电、限水限电、安全环保消防检查等是落实行政决定的强制措施,违法违规建筑执法是排除违反法律秩序状态行为。融合适用的场合下,两者的目的不同,行政强制措施不得因符合行政强制执行目的而获得正当性。其二,行政强制措施与行政强制执行性质不同。行政强制措施具有临时性,在行政强制措施针对的情况消除后应当及时解除强制措施。行政强制执行具有终局性,一经实施只能通过行政救济方式撤销或请求赔偿损失。其三,行政强制措施和行政强制执行融合存在合理性缺失的风险。采取行政强制措施具有严格的条件限制,在行政强制执行中添加行政强制措施,是在原行政行为之外另行作出新的行政行为,从合理行政原则的角度看,根据比例原则,为了达成目的应当采用成本最低的手段。在行政强制执行过程中,如果行政强制措施的必要性没有显著增强,就会违反比例原则的要求,存在滥用行政强制措施的嫌疑。此外,针对同一对象采取行政强制执行和行政强制措施融合的方式,如果其中之一违法,则另一者同样应当受到法律的否定性评价。

(二) 强制手段与裁执分离

《土地管理法》第83条后段规定,相对人在责令限期拆除期限届满后,没有起诉也不履行拆除义务时,土地行政机关依法申请人民法院强制执行,费用由违法者承担。《最高人民法院关于办理申请人民法院强制执行国有土地上房屋征收补偿决定案件若干问题的规定》(法释〔2012〕4号)第9条规定,执行机构可以是人民政府,也可以是人民法院。《最高人民法院关于在征收拆迁案件中进一步严格规范司法行为积极推进"裁执分离"的通知》(法〔2014〕191号)进一步明确了"由政府组织实施为总原则、由法院执行属个别例外情形"。自然资源主管部门作出强制拆除决定,人民法院审查后作出执行裁决的,人民政府或人民法院执行裁决。人民政府执行裁决的情形被称为"裁执分离",人民法院执行裁决的情形被称为"审执一体"。[1] 裁执分离的必要性体现在三个方面:一是人民法院执行力量不足以应对现实需求;二是执行审查标准难以统一;三是审执一体导致人民法院中立性减弱从而有损公信力。裁执分离的优势也体现在三个方面:一是有利于发挥行政机关的资源优势;二是克服了人民法院司法公信力下降等不足;三是有利于理顺人民法院与行政机关的职能分工。[2] 在学理层面,裁执分

---

① 参见江苏省高级人民法院行政庭课题组:《关于构建土地非诉行政案件"裁执分离"模式的调研报告》,《行政法学研究》2022年第1期。

② 参见危辉星、黄金富:《非诉行政执行"裁执分离"机制研究——以浙江法院推进"裁执分离"机制的实践为基础》,《法律适用》2015年第1期。

离被认为是实现了司法回归裁判权、行政回归执行权的司法与行政分工协作的模式。①

裁执分离作为解决违法建设案件"执行难""执行乱"的措施,具有重要的司法实践意义。根据强制执行权可分原理、社会风险规制和负担理论,裁执分离本身具备充分的理论依据。② 不过,裁执分离也并非万能的,难以解决违法建设的执行难,仅是对如何有效实现违法建设执法的回应。裁执分离产生的背景是,建筑物强制拆除引发不少群体事件、社会问题,高度复杂、敏感,造成严重的负面影响。③ 分析裁执分离产生的背景,不难发现裁执分离原本应当解决的问题是执行违法建设拆除时如何平衡公权力和私权利。裁执分离的内核是改良程序设计,通过司法机关限制公权力的"暴走"。虽然限制公权力可以间接保障相对人的权益,但是裁执分离只能解决如何拆除的问题,不能解决应不应该拆除的问题。如果人民法院裁决认定强制执行违法,这种裁决与司法判决就没有什么差异,从而造成裁决取代判决的问题。因此,人民法院的裁决无法改变强制执行的效力,无法调整行政机关行使公权力与建筑物、构筑物权利人保护之间的平衡。原本无法达成目的的措施,无论如何优化也难以实现定分止争的功能。

二、行政处罚

为了维护土地管理秩序,可以对违反土地管理秩序行为施以法律制裁。避免没有违法的民众实施违法行为、实施了违法行为的民众再次违法,是法律制裁所欲实现的威慑效果。法律制裁本身不改变违法状态,也没有填补损害的功能,主要在于通过威慑间接保障土地管理秩序的稳定。法律制裁主要包括行政处罚和刑罚。

(一) 行政处罚的分类

根据程序正当原则,行政强制的实施应当符合法定程序要件。在程序合法的前提下,行政强制的实现需要花费较长的时间成本。站在行政相对人的角度,

---

① 参见刘雨嫣:《非诉行政强制执行的困境及出路分析》,《人民论坛·学术前沿》2020 年第 11 期。

② 参见王华伟:《试论非诉行政执行体制之改造——以裁执分离模式为路径》,《政治与法律》2014 年第 9 期。

③ 参见沈福俊:《非诉行政执行裁执分离模式的法律规制》,《法学》2015 年第 5 期。

代履行、直接强制等措施的行政高权色彩浓厚,容易激发行政相对人的抵触心理。此外,在实践中很少存在行政机关主动采取代履行达成行政目的的情况。在实践中,相较于行政强制,行政机关更为积极广泛地采用行政处罚作为义务履行确保手段。行政处罚本身不针对义务履行状态,而是通过威慑迫使相对人履行义务,其间接确保义务履行的功能与执行罚具有共通性。根据《行政处罚法》第2条,行政处罚针对违反行政管理秩序行为的惩戒。在土地管理领域,违法土地行政管理秩序行为可以理解为相对人的作为破坏土地行政管理秩序或相对人怠于履行维护土地管理秩序应尽的作为义务。因此,土地管理领域的行政处罚同样是义务履行确保手段的一种,可以被称为行政法上的秩序罚。按照金钱给付与否,行政处罚可以分为自由罚、财产罚和其他类型处罚。

1. 土地管理领域的自由罚主要包括行政拘留等。行政机关实施土地管理活动时会广泛运用行政强制,实施强制拆除、强制清退、扣押查封等,诱发相对人加以对抗的风险。《土地管理法实施条例》第61条规定,相对人妨害国家机关工作人员执行职务,符合治安管理处罚要件并且情节严重的,可以处5日以上10日以下行政拘留。根据《刑法》第277条,以暴力威胁妨害职务执行的,构成妨害公务罪。易言之,除了以暴力、威胁等具有暴力性手段妨害公务,一般妨害公务行为适用于行政处罚。需要指出的是,行政机关的执行职务行为并非当然合法有效,《治安管理处罚》第50条第一款第二项在执行职务之前添加了"依法"作为限定。换言之,职务行为属于自始无效行为的,不构成妨害公务违法或犯罪。①《行政诉讼法》第75条规定,有实施主体不具有行政主体资格或者没有依据等重大且明显违法的,行政行为无效。例言之,第三方组织在没有授权或者委托时强制拆除违法建筑的,强制拆除行为无效。自然资源管理部门没有依据行政决定擅自强制拆除违法构筑物的,强制拆除行为无效。除行政强制无效这种情形之外,即便行政强制被撤销或被确认违法,也不影响妨害公务违法的成立。

此外,妨害公务之违法与土地利用违法没有直接关联,妨害公务针对相对人阻碍职务执行行为,土地利用违法针对违反土地管理秩序行为,两者分属于不同法律关系。对违法土地利用行为的执法中附带发生的人身自由限制不属于妨碍

---

① 参见沈岿:《行政行为公定力与妨害公务——兼论公定力理论研究之发展进路》,《中国法学》2006年第5期。

公务处罚。例如,在土地征收或违法占地清退等情形下,相对人可能拒不离开建筑物。在执法过程中,行政机关临时控制相对人的人身自由,完成执法行为后立刻解除控制,事后也没有追加处罚的,这种执法过程中临时限制相对人人身自由的行为一般被认为是强制执行附带的事实行为,不产生行政法律关系,因而这种人身自由限制不属于妨害公务处罚。

2.土地管理领域的财产罚主要包括罚款和没收违法所得。罚款的适用范围包括非法转让、破坏耕地种植条件、拒不复垦、非法占地、拒不返还土地等情形。其中,相对人需要重复给付金钱的情形包括拒不复垦和非法转让。对于拒不复垦,复垦费属于行政强制,罚款属于行政处罚,两者并处不违反一事不二罚原则。就非法转让而言,虽然没收违法所得、罚款均是行政处罚,但是两者属于不同种类的行政处罚,两者并处同样也不违反一事不二罚原则。此外,《土地管理法实施条例》规定了各种情形下罚款的幅度。行政机关可以结合具体案情裁量罚款的金额。根据《行政处罚法》第63条,行政机关作出行政处罚决定前应当告知相对人享有陈述、申辩、要求听证权利的同时,规定罚款或者没收违法所得数额较大的,相对人要求听证时,行政机关应当组织听证。在非法转让、非法占地等违法利用土地的情形下,违法行为的标的多为不动产,不动产的价值通常较高,罚款或者没收违法所得的金额也相应较高。因而,根据文义解释,在土地管理领域实施罚款、没收违法所得时,只要相对人要求听证,行政机关就应当组织听证。申言之,处罚违法利用土地的,行政机关没有组织听证的裁量权;只要相对人请求,行政机关就不得拒绝,行政机关拒绝听证的,不再是裁量不当等合理性的问题,而是行政处罚程序性要件缺失等合法性的问题。

（二）行政处罚和刑罚的衔接

土地管理领域的非法转让、破坏耕地种植条件、非法占地、非法征收征用、侵占挪用征地补偿款,以及自然资源或农业农村主管部门工作人员玩忽职守、滥用职权、徇私舞弊等行为构成犯罪的,应当依法追究刑事责任。这些违法行为引起刑事追责的罪名主要包括:《刑法》第228条规定的非法转让、倒卖土地使用权罪,第342条规定的非法占用农用地罪,第397条规定的滥用职权罪和玩忽职守罪,第402条规定的徇私舞弊不移交刑事案件罪,第410条规定的非法批准征收、征用、占用土地罪和非法低价出让国有土地使用权罪。对比土地管理违法的规定和《刑法》条文,除非法转让、倒卖土地使用权罪增加了牟利目的的主观要件外,其余罪名的成立相较于土地管理违法构成要件主要增加了情节严重的条件。情节严重属于法律适用的解释,不属于行政机关的裁量范围,司法机关的判断优先于行政机关的判断。此外,根据一事不二罚原则,已经适用刑罚的,不得再重复适用行政处罚。从实践来看,土地管理违法行为可能涉及犯罪情形下,行政处罚和刑罚的双向衔接的数量不多,[1]但实有必要厘清行政处罚与刑罚的衔接机制,以完善法制。

对于行政处罚与刑罚的衔接,一般是行政机关先为了纠正违法行为介入具体案件的调查。换言之,在行政处罚与刑罚衔接的过程中,行政机关的处理处于前置地位。至于行政机关的处理结果能否直接作用于刑罚,可以分为三种情形。其一,违法行为本身未达到追诉标准时,基于禁止间接处罚原则,不能认定为刑法上的未经处理,并且该认定不受行政处理的影响。其二,违法行为本身达到追诉标准且已经过刑事处理的,基于禁止重复处罚原则,不能认定为刑法上的未经处理,但不妨碍交回给行政机关再次处理。其三,违法行为本身达到追诉标准但未经过刑事处理的,基于禁止以罚代刑原则,都应当认定为刑法上的未经处理,并且不受行政处理的影响,在行政处罚折抵刑罚等方面应受比例原则的约束。[2]简言之,司法机关的刑罚判断优先于行政处理。然而,刑事优先思维导致的"刑事在先"做法在实践中容易造成行政机关高度技术性、专业性的调查取证半途而废,刑事法适用者引用行政法规不当、错误定罪等问题。因此,应该构建行政不法前置的涉行政刑事责任追诉模式:涉行政刑事责任追诉的启动,原则上应"先行政后刑事",强化前置性行政法规论证,在刑事诉讼中规范行政机关调查取证和专业性、技术性事实认定的使用,最终实现行政机关与司法机关的无缝衔接。[3]

---

① 参见张红:《行政处罚与刑罚处罚的双向衔接》,《中国法律评论》2020 年第 5 期。
② 参见曾文科:《刑行衔接视野下"未经处理"的认定规则》,《法学》2021 年第 5 期。
③ 参见张泽涛:《构建认定行政违法前置的行政犯追诉启动模式》,《中国法学》2021 年第 5 期。

第四章　完善土地管理实施保障机制的遵循与重点

完善土地管理实施保障机制,可以为土地管理具体制度的有效落实、维护公益和相对人利益提供切实保障,为解决实践问题提供理论支撑与立法方案,具有重要的实践意义。

第一节　完善土地管理实施保障机制的基本遵循

土地管理秩序的维护、土地权益的保护构成土地管理保障机制。土地管理秩序作为土地管理、利用应当遵循的底线,维护土地管理秩序是有效管理、有序利用土地的后盾。维护土地管理秩序的内容可以理解为基于土地管理保障机制应当遵循的原则发散衍生而成各种措施的集合。因此,可以认为土地管理秩序的维护映射完善土地管理保障机制的原则。土地权益保护作为土地管理活动以及土地利用活动的目标,保护土地权益是有效管理、有序利用土地的最终结果。土地权益保护的内容可以理解为土地管理保障机制为了实现目的而设置各种手段的结合。因此,可以认为土地权益保护映射完善土地管理保障机制的方向。

一、原则遵循

土地管理实施保障机制是土地法治体系的基本组成部分,是实现土地治理体系和治理能力现代化的重要拼图,在习近平法治思想的引领下,需要坚守以下原则遵循。

1. 坚持中国特色社会主义法治道路,坚持土地社会主义公有制。我国宪法规定,社会主义经济制度的基础是生产资料的社会主义公有制,即全民所有制和劳动群众集体所有制。土地社会主义公有制是我国社会主义制度的物质基础,是我国土地制度的核心,土地管理实施保障机制的完善必须遵循这一根本原则。不仅如此,我国社会主义市场经济体制下,土地既有资源性,也有资产性。我国土地管理法律法规规定,国家保护耕地,严格控制耕地转为非耕地,实施占用耕地补偿制度,要求省、自治区、直辖市人民政府严格执行国土空间规划,采取相应措施,严守耕地红线,保证耕地总量不减少。同时,国家实行严格的基本农田保护制度。因此,耕地作为保障粮食安全的物质基础,其重要性不言而喻。土地作为财产所具备的经济价值,决定了要平衡土地所有人和土地利用人之间的经济关系,保证土地合理利用,促进市场化配置。土地利用行为涉及城市和乡村,农业和工商业,住宅和经营性不动产,农用地和建设用地等,其内涵丰富形态多元。土地所有权主体只有国家和集体,土地管理秩序应当以国家为核心进行统一管理。

2. 深入推进依法行政,加快建设法治政府。其一,在土地管理领域坚持规划引领。建立国土空间规划体系并监督实施,实现多规合一,整体谋划新时代国土空间开发保护格局,科学布局生产空间、生活空间、生态空间,是推进生态文明建设的关键举措,是坚持以人民为中心、实现高质量发展的重要手段,是促进国家治理体系和治理能力现代化的必然要求。① 其二,严格落实土地用途管制。为实现合理利用土地资源、保障社会经济环境的协调发展,应当通过编制国土空间规划,划定区域内土地用途,确定土地利用条件,保障土地有序开发可持续利用。其三,保证合理利用土地资源。我国《宪法》规定,一切使用土地的组织和个人必须合理利用土地。土地管理秩序本质上是满足经济社会发展需求的同时实现土地可持续利用的秩序。合理利用土地资源意味着保护土地,保护生态环境、防止土地被破坏。因此,对土地资源的有效、科学、恰当的利用和保护是土地管理秩序映射的基本原则之一。明确违反规划、违法占用土地、非法利用土地资源的法律责任,发挥责任追究的违法预防、违法状态排除、惩罚违法行为等功能。维护土地管理秩序,保障土地管理制度可持续地稳定运行。

---

① 参见《中共中央、国务院关于建立国土空间规划体系并监督实施的若干意见》。

3. 建设严密的法治监督体系,切实加强对执法工作的监督。其一,加强省市县乡四级全覆盖的行政执法协调监督工作体系建设,强化全方位、全流程监督,提高执法质量。土地督察制度具有土地行政违法行为的信息收集、检查定性等功能,其基于行政组织内部监督体系,直接监督各地方行政机关的土地行政执法行为,筛查土地行政违法责任人员,为后续责任追究整理形成事实依据。其二,加强和改进行政复议工作,强化行政复议监督功能,加大对违法和不当行政行为的纠错力度。① 行政机关应当积极履行复议审查职责,探索不动产界址、登记权利人姓名或者名称记载错误、城市更新相关决定、土地出让合同等情形下的复议前置,提升实质性化解土地行政纠纷能力。

4. 推进法治社会建设,健全依法维权和纠纷化解机制。土地管理实施保障机制法治化必须建立在法治中国的语境下,坚持立改废释并举,立法和改革相衔接相促进,重大改革于法有据;健全立法工作机制,加强地方立法工作。② 土地行政领域虽然政策要素具有重要意义,应当给予充分尊重,但是应当强调土地行政管理活动必须于法有据。实施土地行政管理活动时,可以通过立法吸纳政策实施过程中形成的有益经验、有效规则,同时应当禁止恣意以政策突破法律法规。应当完善调解、仲裁、行政裁决、行政复议、诉讼等有机衔接、相互协调的多元化纠纷解决机制。③ 特别是在土地确权方面,土地权属争议本质为民事权利纠纷,行政介入民事纠纷应当保持谦抑性,通过多元纠纷解决机制,灵活化解土地权属纠纷,避免过度依赖行政强制力,破坏民事主体之间的平等法律地位。

二、方向遵循

优化土地管理实施保障机制,要依靠行政权运行的规范化、运行偏差修正的多元化和运行监督的有效化。行政权接受内外监督,外部监督在法律体系内行使,内部监督在组织内部行使。行政权外部监督通常具有明确的规范依据,而行政权内部监督受到层级制的影响,需要强化其规范性。依法行政原则下,起源于法律法规规定的行政权,与纷繁复杂的现实情况难以完全契合,在运行过程中难免出现偏差进而引发纠纷。单纯依赖诉讼,难以迅速修正所有偏差,因此构建多

---

① 参见《法治中国建设规划(2020—2025年)》。
② 参见《法治中国建设规划(2020—2025年)》。
③ 参见《中共中央关于全面推进依法治国若干重大问题的决定》。

元纠纷解决机制既必要又迫切。对行政权的内外监督以及纠纷解决方式均立足于土地管理法律责任。法律责任作为预防违法行为、排除违法状态、恢复正当秩序的保障,属于土地管理实施保障机制的后盾,处于土地管理过程的下游,具有终局性。因此,可以从以下方向完善土地管理实施保障机制。

1. 依法强化权力监督机制。"任何国家机关及其工作人员的权力都要受到制约和监督",①因此应健全权力运行制约和监督体系,加强内部权力制约,增强监督合力和实效。② 全面依法治国必须抓住依法行政这个"牛鼻子",抓住领导干部这个"关键少数",加强督察考核。③ 我国的政府主导法治模式,社会纠纷难以全部依靠立法机关和司法机关解决。行政组织内部自我纠错、自我修正的功能在纠纷解决方面同样具有重要意义。在行政过程视角下,行政系统内自我监督具有主动性强、成本低等优点,辅以外部监督倒逼自我监督,可以有效规范行政权运行,深入推进法治政府建设。④ 只有建立了系统完备、规范高效的权力制约监督体系,才能确保权力运行的各环节、全过程都在监督之下。⑤

2. 健全多元纠纷解决机制。为使人民权益得到切实有效保障,应当完善社会纠纷多元预防调处化解综合机制,在预防、解决行政争议和民事纠纷中发挥行政机关的作用;健全依法化解纠纷机制,加强行政复议工作,完善行政调解、行政裁决、仲裁制度,改革信访工作制度,促进各纠纷解决方式之间相互协调、有机衔接,保障社会民众的合理诉求有法可依、有理可说,能得到妥善处理。⑥

3. 完善法律责任实现机制。权力与责任是一个事物的两面,在法治政府要求下,责任政府行使公权力应坚持权责统一,违法要担责、侵权应赔偿。责任政

---

① 习近平:《论坚持全面依法治国》,中央文献出版社 2020 年版,第 75 页。

② 参见江必新、黄明慧:《习近平法治思想中的法治政府建设理论研究》,《行政法学研究》2021 年第 4 期。

③ 参见曹鎏:《论我国法治政府建设的目标演进与发展转型》,《行政法学研究》2020 年第 4 期。

④ 参见曹鎏:《论我国法治政府建设的目标演进与发展转型》,《行政法学研究》2020 年第 4 期。

⑤ 参见章志远:《习近平法治思想中的严格执法理论》,《比较法研究》2022 年第 3 期。

⑥ 参见江必新、黄明慧:《习近平法治思想中的法治政府建设理论研究》,《行政法学研究》2021 年第 4 期。

府是法治政府的基本要求。① 确认和保护权益是法律调整社会关系的宗旨,法律法规中的各种责任制度,内核为权益保障和救济制度;救济既保护民众的权益,也追究行政主体的法律责任。行政主体法律责任和相对人法律责任制度,使行政主体因违法或明显不当行为应承担的法律责任落到实处,使民众权益得到切实保护,使民众在权益受损时得到充分救济。责任政府不仅要承担行使权力对应的法律责任,也要承担救济权利对应的法律责任。健全法律责任制度,既保障民众的权益,也制约与监督行政主体行使公权力。②

总之,土地管理实施保障机制既有其自身的体系和运行逻辑,又处于土地管理法律和土地治理体系之中,面对土地领域实践不断发展和土地制度改革不断深入,必须及时跟进、适时调整和持续完善。因此,土地管理实施保障机制的完善是多层次多维度的。除了继续研究上述的土地管理行政权监督、土地行政纠纷多元解决机制以及最终的法律责任实现机制,我们还要扩大视野、转换视角,对出现的新情况、新问题展开研究,不断优化土地管理实施保障机制以提升治理效能。

第二节　国家土地督察制度法治化实施

我国土地管理违法治理步入新阶段,中央在从严打击违法利用土地行为的基础上,加强内部监督检查,督促地方行政机关自主积极地依法行使土地管理权。从行政组织结构的角度而言,地方行政机关怠于纠正土地违法行为或者地方行政机关自己实施土地违法行为的现象屡有发生,组织内部问责约束机制还不完善。一方面,自上而下的监管受到信息不对称、纠正违法成本过高、内部人员控制不足等影响,在实践中运行不畅;另一方面,自下而上的监督受到行政机关绝对优势地位、基层组织权能有限、"土地财政"惯性、公众参与度不高等制约,监督效果尚不理想。③ 易言之,制度瑕疵难以有效限制行政机关土地管理违

---

① 参见曹鎏:《论我国法治政府建设的目标演进与发展转型》,《行政法学研究》2020 年第 4 期。

② 参见石佑启:《论民法典时代的法治政府建设》,《学术研究》2020 年第 9 期。

③ 参见廖宏斌:《土地违法:一个政府行为的组织制度分析》,《华中师范大学学报(人文社会科学版)》2017 年第 4 期。

法行为,大量违法利用土地、占用破坏耕地行为,严重威胁国家粮食安全,背离可持续发展目标。因此,推动国家土地督察制度法治化实施是土地管理实践的迫切需求。

2008 年国土资源部、2016 年国务院法制办公室分别发布《国家土地督察条例(征求意见稿)》公开征求意见,标志着我国土地督察制度正在迈入法治化轨道。2008 年《国家土地督察条例(征求意见稿)》(以下简称"2008 年征求意见稿")共 6 章 53 条,包含总则、督察机构和督察人员、督察职权、督察权的行使、法律责任、附则。2016 年《国家土地督察条例(征求意见稿)》(以下简称"2016 年征求意见稿")没有分章节,共 20 条,包含立法目的、督察内容、组织结构、督察意见、举报制度、督察通知、督察权限、督察程序、追责约谈、管辖移交、报告公告、法律责任等内容。这两部征求意见稿勾画了国家土地督察制度的蓝图。

2016 年征求意见稿对 2008 年征求意见稿进行了大幅删减、限缩和修改。其一,调整了国土督察机构法律主体地位,从独立行政监察机关回归依中央委托行使监督权的行政机构。其二,限缩了国家土地督察制度目的,从土地执法监督转变为针对地方人民政府利用管理土地的监督,明确国家土地督察机构不改变地方行政行为效力。其三,改变了督察权行使范围,从直接介入地方事务转向监督检查、建议督促地方自主纠错,删除了地方人民政府收到纠正意见书后必须采取相应措施的规定。其四,缓和了督察权的强制性,从单向的、权力性的督察变化为双向的、协作性的督察,赋予被督察对象异议权。其五,简化了整改验收环节,从规定达到整改要求和未达到整改要求两种情形简化为仅规定达到整改要求的情形,删除了未达到整改要求上报国务院的规定。这应该与国土督察机构调整为中央监督权代行机构有一定关系。其六,削弱了国土督察机构的惩戒权,删除了督察报告使用落实、问责建议、地方政府问责、拒不履行督察意见的责任等行政惩戒方式,仅保留了妨害督察工作、打击报复督察人员等不配合督察场合的内部处分、治安管理责任追究以及国家土地督察机构及其人员的违法追责。我们可以认为国家土地督察机构基本丧失了自主的惩戒权。

对比 2008 年征求意见稿和 2016 年征求意见稿,我们可以观察到国家土地督察制度改革的基本方向,即维持现有小架构,发挥其催化剂、放大器和倍增器的作用,激活激发已有的监督、管理、执法机制活力。在这一前提下,国家土地督察制度法治化实施的以下问题需要进一步研究。其一,机构小架构与面对大问题的张力。国家土地督察机构应当维持小架构、少权力,而国家土地督察制度又要解决大问题、产生大作用。如何把对违法利用管理土地的监督落到实处,维护好土地管理秩序,是我们必须面对和解决的难题。其中,提升行政组织运行的法治化水平,必不可少。尽管国家土地督察法律法规无须规定确保地方政府履行义务的措施,但是在立法时应当考虑保留规范衔接的接口,如设置地方政府责任追究的转致条款。其二,顶层设计和实践状况的张力。国家土地督察转为自然资源督察,不是改个名字这么简单的事情,亟待在新形势和新要求下对国家自然资源督察制度体系深入研究。矿产、海洋等自然资源督察分立的状态有违机构改革集中一体化的要求,建立健全国家自然资源督察体系,不能回避整合梳理现有各种涉及自然资源督察的机构及其职能权限。在立法时应当考虑对实践状况进行梳理,确立目标,选用和设计实现政策目标的制度工具,并考虑过渡时期的针对性规定。其三,内部活动和公众参与的张力。一方面,国家土地督察应当限定在行政组织内部监督,内部监督原则上不受外部影响,可以单纯在行政组织内部完成。另一方面,根据《法治中国建设规划(2020—2025年)》的要求,要建设严密的法治监督体系,加强对执法工作监督,完善行政执法投诉举报和处理机制。① 针对督察对象的社会舆论、社会公众等有公众参与的社会监督体系构建,也应当纳入国家土地督察立法。考虑到国家土地督察制度的外溢效应,公众参与的社会监督体系应当与其保持平衡,避免过度侧重外部监督而冲击行政体制及其改革方向。

总之,为坚持土地公有制、严守耕地红线,常态化监督行政权,督促土地管理机关依法行政,应加强针对性监督检查,升级"卫片执法",健全行政处罚与刑事处罚衔接机制,推广督察成果的应用。② 国家土地督察机构可以建立针对被督察对象的常规性例行调查机制、打通与审计等部门的协作路径、在绩效评估等评价体系中纳入督察元素,积极推动国家土地督察制度实施法治化。③ 此外,鉴于《土地管理法》及其实施条例已经搭建了国家土地督察权限的法律框架,应当加

---

① 参见《法治中国建设规划(2020—2025年)》。

② 参见宋才发:《农村土地督察机制法治化建设问题探讨》,《湖北民族学院学报(哲学社会科学版)》2016年第5期。

③ 参见唐薇、李少鹏:《推进国家土地督察制度法治化》,《中国国土资源报》2015年2月19日。

强政策供给、创设第三方土地权益维护组织、深化配套财税产权改革等。①

一、规范基于国家土地督察权实施的调查

国家土地督察制度的法治化既需要丰富充实的制度框架,也离不开进一步深入挖掘土地督察权限内容。《土地管理法实施条例》第44—46条对土地督察机构②职责、督察调查对象义务、督察机构职权作出了原则性规定。根据中共自然资源部党组关于印发《各派驻地方的国家自然资源督察局职能配置、内设机构和人员编制暂行规定》的通知(自然资党发〔2019〕20号),土地督察机构主要监督检查人民政府的自然资源利用管理情况,不直接查处案件,不改变、不取代地方人民政府及其自然资源主管部门实施行政行为。③ 易言之,土地督察机构不直接行使行政权,仅在行政组织内部承担监督检查职能。

国家土地督察机构监督检查职能的实现,依赖对客观事实的充分了解。为了督察耕地保护、节约集约用地、国土空间规划编制实施、国家有关土地管理重大决策落实等情况,国家土地督察机构需要拥有独立的调查权限,否则只依据行政机关提供的资料难以发现行政机关怠于履行自身职责的情况。国家土地督察的调查权限应当属于一种行政调查,即行政组织为了达成特定行政目的实施的各种资料搜集活动。行政调查采用职权主义,行政组织基于其自身权限调查事实真相,不受调查对象以及利害关系人意思表示的拘束。易言之,国家土地督察机构行使调查权限的作为义务源于自身的职责,怠于发现真相厘清事实的责任归属于其自身。④

《土地管理法》及其实施条例虽然没有单独针对国家土地督察机构的调查权限作出明确规定,但是都对土地管理的行政调查有专门规定。自然资源主管部门和农业农村主管部门监督检查时可以查阅复制资料、询问组织或个人、现场调查、责令停止违法行为、保全资料文件以及相关财产。同时,根据《国家土地

---

① 参见梁亚荣、朱新华:《国家土地督察制度的法经济学分析》,《河北法学》2009年第3期。

② 虽然国家自然资源督察和国家土地督察在内涵外延上有所不同,但是职责职权以及组织内部地位具有共通性,因此关于国家土地督察的规范表达是以国家自然资源督察法规范为参照的。

③ 参见蓝天宇:《查处违法用地行为是否属于土地督察机构职责》,《中国土地》2017年第12期。

④ 参见洪家殷:《论行政调查中之行政强制行为》,《行政法学研究》2015年第3期。

督察限期整改工作规定(试行)》，国家土地督察限期整改工作涉及行政调查的内容包括：掌握限期整改地区的违法违规情况、定期实地督察、地方人民政府完成整改后的情况核实以及实地检查。其中，根据实地检查后应当提交督察报告的内容要求，土地督察机构应调查地方人民政府落实整改情况，土地违法违规整改情况，整改期间新发现或发生的领导批办、群众举报、媒体反映的重大土地违法违规问题的情况，地方人民政府改善管理制度和工作机制的情况。这些行政调查的实际内容对应法律法规上的查阅复制资料、询问组织或个人、现场调查。需要指出的是，国家土地督察机构不享有责令停止违法行为、保全资料文件以及相关财产等类型的权限，因此无权行使。

此外，督察人员的执法监督资格问题也需要明确。《土地管理法实施条例》第47条关于土地管理监督检查人员执法资格的规定，是否适用于国家土地督察人员？从条文位置来看，第47条上接国家土地督察规定，下接自然资源主管部门的监督检查，既可以理解只适用于自然资源主管部门人员，又可以理解为还适用于国家土地督察人员。从文义来看，第一种理解更合适；从规范执法之意旨来看，第二种解释更为妥当。①

二、厘清被调查对象协助义务的范围

国家土地督察机构查阅复制资料、询问组织个人、现场调查时，被调查对象负有一定的协助义务。因为，事实证据一般被掌握在被调查对象手中，被调查对象不配合调查会造成行政调查难以落实。根据《土地管理法》及其实施条例，被调查对象接受土地督察机构调查时，应当支持、协助，如实反映情况以及提供相关材料。简言之，被调查对象负有协助调查的法定义务。被调查对象违反协助调查义务或者怠于履行协助调查义务的场合下，被调查对象违反法律法规规定并且没有尽到一般社会观念上应尽之注意时，理论上可以被纳入法律制裁对象的范围。申言之，为了保证被调查对象充分且真实的陈述、答复和交付文件记录等，国家土地督察机构可以借助内部处分、罚款、拘留等制裁手段，倒逼行政机关或者行政相对人履行协助义务，以维护公共利益为目的。然而，这种倒逼被调查

---

① 《土地管理法实施条例》第五章以"监督检查"为名，从立法技术来看，从该章条文来看，既包括国家土地督察，又包括自然资源部主管部门的"监督检查"，立法语言使用的统一性、规范性似有不足。

对象履行协助义务的方式,会迫使被调查对象陷入两难背反的困境。一方面,被调查对象充分真实地履行协助义务,土地督察机构取得被调查对象提供的信息资料后,必然作为制裁被调查对象自己或者利害相关人的佐证,有自证其罪的嫌疑,在法理和实践上都难以成立。另一方面,被调查对象怠于履行协助义务,被调查对象又会因不协助指控自己入罪,遭受行政制裁承担较大的不利结果。因此,有必要根据不得自证其罪原则,在行政调查领域允许被调查对象享有不得自证己罪的权利,或者相对豁免权利。① 此外,虽然被调查对象的协助义务是法定义务,但是辨明真相查清事实的责任依然由土地督察机构承担。被调查对象怠于履行协助义务的强制履行或者法律制裁,同样应当遵循法律保留原则,没有明确法律规定,不得对被调查对象课以不利益。②

被调查对象的协助义务限度取决于国家土地督察机构行政调查的性质。根据行政调查权限的强制程度不同,行政调查可以分为直接强制调查、间接强制调查、任意调查。直接强制调查允许行政机关通过强制力,强制要求被调查对象配合调查。间接强制调查通过对对抗调查课以不利益,保证被调查对象履行协助调查义务,不利益包括处罚和取消授益性给付。任意调查需要被调查对象主动配合调查。由于现行法律法规尚未明确被调查对象对抗调查的法律效果,国家土地督察机构的行政调查属于何种类型仍然停留在学理讨论层面。从立法论的角度看,土地督察机构的调查对象以行政机关为主,行政组织对行政机关的调查有别于行政机关对民众的调查,双方均为行政组织系统内部的组成部分,没有天然的强弱之分。同时,行政组织系统对于内部成员的管理,不适用法律保留原则,对拒绝配合调查的内部成员课以不利益时,不需要明确的法律法规规定作为依据。因而,国家土地督察机构针对行政机关实施的调查活动,可以参照间接强制调查,通过规范性文件或者内部管理规则设置行政机关拒不配合调查的后果,保障其监督检查落实到位。例如,《国家土地督察限期整改工作规定(试行)》第8条规定,在限期整改期间,国家土地督察机构定期实地督察整改工作情况,督促整改并且追究有关责任人员的责任;《土地管理法实施条例》第46条规定,国家自然资源督察机构可以约谈被督察对象负责人,向监察或者任免机关提出追

---

① 参见吴亮:《论行政调查中的不得自证己罪原则》,《华东政法大学学报》2011年第6期。

② 参见洪家殷:《论行政调查中之行政强制行为》,《行政法学研究》2015年第3期。

责建议。根据文义解释,约谈、追责和追责建议的直接适用对象是怠于履行土地违法取缔职责的行政机关负责人。国家土地督察作为直接敦促行政机关依法作为,间接查处土地违法行为的制度,督察过程包括调查、掌握、纠正行政机关怠于查处土地违法行为。督察机关的约谈、追责和追责建议既可以在督察过程中,也可以在督察完成后。在督察过程中,被督察对象同时也是被调查对象,被调查对象怠于配合调查直接影响督察活动的开展,拖延土地管理不作为违法的纠正时点。因此,约谈、追责和追责建议同样可以适用于被调查对象。然而,这种情况下的被调查对象仅限于行政机关或者行政机关负责人,不包括一般民众或者作为普通民众提供信息情报的行政机关工作人员。

普通民众或者行政机关工作人员作为独立个体接受调查时,国家土地督察机构相对他们处于绝对优势地位。这种情形下,基于法律保留原则,没有法律法规明确规定时,民众或者作为普通民众提供信息情报的行政机关工作人员即使不履行协助调查义务,也不应当遭受处罚或者蒙受不利益。反言之,国家土地督察机构针对普通民众或者作为普通民众提供信息情报的行政机关工作人员的调查活动,应当属于任意调查,以他们自主协助为原则,不应对协助义务不履行进行制裁。

三、分类界定基于国家土地督察权实施调查的性质

国家土地督察机构的间接强制调查和任意调查,应当遵循客观必要和其他目的利用禁止原则。被调查对象合法持有信息的场合下,行政机关只有在为了实现法律规定的目标、完成法定职责的场合下,才可以行使公权力获取被调查对象所持信息。因此,行政调查应当综合考量调查目的、调查应涵盖事项范围、调查内容、调查对象的客观情况等各种具体情况,只有客观上存在调查必要性时,国家土地督察机构才可以行使调查权限。在调查具备客观上的必要性时,行使调查权的强制力应当与法律授权调查的目的相匹配。① 例如,督察过程中,实施违法土地管理行为的行政机关负责人或者尚未被依法处置的违法利用土地的个人涉嫌渎职罪或者非法转让、倒卖土地使用权罪的情况下,即便基于督察权限的调查活动搜集取得的证据可以成为被调查对象入罪的证据,也不能以搜集被调

---

① 参见[日]稻叶馨、人见刚等:《行政法(第2版)》,有斐阁2010年版,第138页。

查对象违反刑法的证据为目的,实施基于督察权限的调查活动。为发现违法犯罪实施调查应有的强制力应当高于为发现行政违法所实施调查。易言之,为了发现渎职罪、非法转让倒卖土地使用权罪等违法犯罪实施调查可以适用直接强制调查。然而,违法土地管理或利用等行政违法行为的调查应当适用间接强制调查或任意调查。一旦调查目的限制失范,会造成滥用督察调查权。虽然站在行政便利的角度,国家土地督察分担刑事犯罪搜证功能有利于提高纠正违法犯罪的效率,但是基于程序正当原则,刑事犯罪的调查取证过程依然具有其独立的价值。为了保证刑事法上的程序正义,即使土地督察调查结果被移交公安、检察机关,也应当依照《刑事诉讼法》的规定重新实施刑事犯罪的调查取证程序。

随着政务公开的全面深化,督察调查结果也应当及时向社会公开。政府是督察信息持有者和管理者,因自我保护的意识,造成信息不透明引发民众产生消极情绪。这种消极性积累达到一定程度,经具体事件诱发会造成社会不稳定。及时迅速地通过官方网站、新闻发布会等方式公开土地督察调查结果可以降低引发社会不稳定的风险。此外,关于土地督察调查结果等信息,应当在公开前进行保密审查,预判信息公开风险;在公开过程中,拓宽公开渠道有序释放信息;在公开后,注意舆情监测。①

第三节　提高土地行政纠纷解决机制公信力

行政机关及其工作人员在履行土地管理职责而产生纠纷时,相对人可以通过行政复议、行政诉讼等方式寻求救济,通过信访制度进行监督、反映意见,国家土地督察机构也可以基于督察权介入土地行政纠纷。我国已经建立了土地行政纠纷多元化解决机制,深入挖掘有效化解纠纷制度的运行机理,可以达到减少纠纷的目的。在现行多元化纠纷解决框架下,探究各种纠纷解决方式的最大公约数时可以发现,构建确保公权力组织和民众相互交换信息的管道,具有共通性,可以说是各种纠纷解决的根本。土地纠纷直接或间接地受到行政活动的影响。为了事前预防纠纷产生、事中迅速化解纠纷、事后有效定分止争,应当积极完善

---

① 参见汤其琪、黄贤金:《土地督察信息公开的风险影响评价——以专项督察制度为例》,《中国土地科学》2015年第2期。

民众参与行政活动的体制机制。这既是提升纠纷解决机制公信力的应然追求，也是行政活动遵循程序正当原则的重要内容。

一、公众参与是健全土地行政纠纷解决机制的保障

现代社会是高风险社会，传统政府保障模式难以应对民众基本权利保障的需求，应当通过公众参与强化民众基本权利保障。① 在建设法治社会的过程中，公众参与不局限于立法和公共决策，还包括参与普法宣传、法治实践等培养法治观念的活动，参与道德规范、社会诚信体系等社会领域制度规范的制定，参与重大公共决策、协助行政执法、司法活动、公共法律服务等维护合法权益活动，参与社会、网络空间治理。为保障和促进公众参与，行政机关有必要健全激励机制、设置典型示范、完善培训指导、加强组织协调，特别是提供参与渠道和平台。②

在土地管理领域，规划引领要求行政活动的开展遵循"目的—手段"范式，这直接改变了土地管理活动的基本理念。行政机关更加积极地主导政策目标的设定和实现。在计划行政时代，没有制度硬性约束的场合下，行政机关在公众参与程序中往往难以保持中立，会基于自身的利益需要选择特定导向。例言之，在土地管理领域，行政机关代表国家行使国有土地所有权，必然追求土地的财产性价值。行政机关所追求的财产性利益和享有土地使用权的开发商的利益在一定程度上具有一致性。此外，"土地财政"的利益驱动，也会促使行政机关倾向于关注开发商的利益。因此，缺乏公众参与的土地管理决定必然缺乏公正性。为了保障行政决定的公正性，应当强调公众参与的必要性。因为，行政机关本职要求其承担发现、维护公共利益的职责，行使公权力提升公共服务。这些法定职责要求行政机关在国土空间规划引领下重视社会发展、民众福利提升，从实现公共利益的角度听取、采纳和处理民众的各种意见建议，对民众基于自身利益的诉求作出合理安排。③

---

① 参见何跃军：《略论基层政府维稳中的公众参与——基于风险社会学的考察》，《法学评论》2013年第4期。

② 参见方世荣、孙思雨：《论公众参与法治社会建设及其引导》，《行政法学研究》2021年第4期。

③ 参见朱芒：《论城市规划听证会中的市民参与基础》，《法商研究》2004年第3期。

二、正当程序原则下公众参与化解纠纷的机理

为贯彻依法治国,建设法治社会,正当程序原则和依法行政原则具有重要的意义。在正当程序原则下,以作出行政决定或者行政行为实施节点为原点时,行政机关实施行政活动的程序可以分为事前程序和事后程序。行政程序正当性的保障主要以事前程序为内容,即完成具体决定或者行为的过程。事前程序正当性的内容主要包括,为相对人设置特定程序性措施,保障相对人权益。事后程序和事前程序具有同等重要性,行政复议、行政诉讼等程序在行政救济领域意义重大。反言之,事前程序和事后程序同样具备一定的救济属性,从行政过程看,事前程序正当性的保障和事后救济之间具备关联性,两者在权益救济上发挥各自的功能。具言之,保障事前程序正当具备两个主要功能:一是民众权益保护功能,正当程序孕育正当决定,如落实听证会等事前程序可以进一步保障行政决定结果的正确性。正当程序可以事先预防错误的行政活动侵害民众权益,因而公众参与等事前程序的保障作为民众权益的事先救济制度具有重要意义。二是通过保障民众参与行政决定作出过程从而确保行政活动民主性的功能。关于特定事项无论有无直接利害关系,都允许一般公众参与的公开征求意见等程序性措施,就是典型例子。

此外,保障事前程序正当还具备三个附带功能:一是监督行政活动功能,通过公众参与等措施,加强民众对行政活动形成过程的作用力,方便民众监督行政活动的策划、制定和实施。二是说服相对人功能,通过公示、告知等措施,主动向民众释明行政活动的目的、内容、方式,降低民众因对行政活动自身了解不足、错误理解行政机关意思表示的风险,提升民众对行政活动的接受度。三是降低司法成本功能,通过听证会等措施,使当事人双方事先充分沟通,如果事先形成双方合意,就能降低事后寻求救济的概率,即通过预防纠纷的产生缓解事后救济制度的负担。①

保障事前程序正当的方式包括告知内容听取意见、公开标准和明示理由等方面。具体而言,其一,行政机关正式作出行政决定前,应当明确告知相对人或者利害关系人听取意见的期限、方式、场所、行政决定的内容和理由等必要的事

---

① 参见〔日〕稻叶馨、人见刚等:《行政法(第2版)》,有斐阁2010年版,第32—33页。

项,保障相对人或者利害关系人陈述意见的机会。行政机关在说明行政决定内容和听取相对人意见时,有必要保障相对人查看作出行政决定所依据事实的佐证材料等的权利。依据行政机关对相对人意见陈述的不同处理方式,可将听证制度分为事实审查型听证和意见陈述型听证。土地征收预备过程中的听证等事实审查型听证,主要目的是明晰事实关系。这种类型听证侧重于预防纠纷发生,厘清行政事项相关权益关系,应当由行政机关事项说明、相对人意见收集、行政机关初步回应、相对人辩解等明确事实关系程序组成。公开征求意见等意见陈述型听证,主要目的是收集相对人以及利害相关人的意见建议,一般没有设置当事双方意见交流程序的必要性。从事先救济功能的强弱来看,事实审查型听证具备事先救济功能,陈述型听证属于形式上的参与程序。其二,行政机关适用法律、法规、规章、规范性文件,设定作出具体行政决定所应当遵循的标准时,应当向社会公开该标准,包括审查标准、处理标准、解释标准、裁量标准等情形。公开行政决定依循的标准不仅是程序正当原则的要求,也是信赖利益保护原则的体现。行政决定依循标准的公开,为相对人预测行政活动提供具体根据,保留相对人监督行政活动的可能,预防行政机关恣意武断实施行政活动,进而保障公平正义实现,提升相对人依据行政决定从事特定活动的可预测性,在行政机关恣意变更标准减损相对人信赖利益时,为相对人提供救济的事实依据。其三,行政机关应履行明示作出行政决定理由的义务。理由明示义务包括向具体相对人发出具体通知、在实施行政活动前听证环节向听证会参加人员说明理由等情形。理由明示义务在预防行政机关恣意决策、保障行政决策审慎合理的同时,能为相对人提起行政复议提供便利。行政机关明示理由,不仅是事前程序的要求,也是行政活动透明公开的体现。

事前程序正当的维持离不开司法保障。提升程序正当意识的重要内容在于转变程序正义被视作实体正义附带内容的结果主义思想。在结果主义思想影响下,根据违法性和行政行为效力分离理论,土地征收对象地块上开发建设完成等情形下,如撤销违法行政行为会造成公共利益减损,应当确认行政行为违法同时维持其效力,不改变行政行为的结果。行政行为违法性判断区分程序违法和实体违法的观念下,"三旧"改造中未催告即实施强制拆除违法搭建建筑物等程序违法实体合法的场合中,依照正当程序重做行政行为不改变行政行为的结论,重做反而造成行政资源的浪费,行政行为同样被确认违法同时维持原效力。此外,结果主义和忍受限度论相结合的情况下,相对人蒙受轻微损害或者尚未实际发生的损害通常难以得到实质救济。因历史遗留问题形成的、处于违法状态下的建筑物所有权等相对人权益,即使遭受违法行政行为侵害,也因相对人权益不完全合法难以得到充分救济。结果主义思想对于相对人救济的妨害不可忽视。

程序正义和实体正义本质是依法行政的一体两面,强调程序正当不意味着程序重于实体,强调实体正义同样不等于忽视程序正当。因此,程序正当原则的价值在于,避免孤立评价程序违法和实体违法,同等评价程序要件缺失和实体要件缺失,结合行政行为自身正当性降低程度评判程序要件缺失是否足以引起行政行为确定力的丧失。例言之,城市更新方案公示阶段,没有充分听取改造对象区域居民意见。如果充分给予居民表达意见、提交证据的机会能够促成与行政机关径自决断不同的结果,这种情形下缺失公众参与程序的改造决定就应当被撤销。反言之,土地征收补偿安置方案听证阶段,没有充分听取被征收对象意见,在被征收对象难以证明补偿安置方案违反法律法规规定的情形下,土地征收决定不应当被撤销。因为,以听证不充分为理由,重新履行征收准备阶段的各个环节,行政机关依然会作出相同的征收决定。在征收决定没有显著损害被征收对象权益时,没有必要无谓地重复行政程序。此外,实践中还有类似的情况,如不动产登记时住所信息存在错别字等轻微程序违法的,则不应当苛求行政机关依照正当程序重新作出行政行为。

三、为健全解决纠纷机制完善公众参与机制

保障公众参与机制是程序正当原则的必然要求。程序正当原则要求“当事人有申辩和被倾听的权利”,在行政过程中体现为公众参与,国家基于程序正当原则应当保障公众参与行政活动的权利。[①] 对公众参与的保障体现在三方面:其一,公开行政。行政机关应及时公开信息,公开信息的内容应全面、正确、真实。土地管理领域,征收公告、登记公告、规划公告等信息公开程序,既是行政活动应当履行的程序,也是民众知晓、了解行政活动的主要方式,还是民众依据公开信息向行政机关反馈意见、投诉举报的前提基础。公开行政可以防患于未然,

---

① 参见邓佑文:《行政参与权的政府保障义务:证成、构造与展开》,《法商研究》2016年第6期。

减少实际发生损害后再填补损失的情况。其二,民主行政。行政机关应认可民众依法参与行政的资格,为具备参与资格的民众提供机会,构建民众充分表达意见的场所和平台,充分整理汇总民众的意见建议,客观公正地分析并厘清民众的主张和诉求,合理回复民众意见,采纳合理意见或者将合理意见作为参考,及时公开意见采纳情况,对不予采纳的意见说明理由。土地管理领域,小区业主加装电梯、征收方案的公告听证、城市更新方案的公示公告、行政立法的公开征求意见等,均是民众直接参与土地行政的重要途径。其中,听证会作为行政和民众之间交换意见、各抒己见的平台,既是程序正当的体现,也是充分考察民意,研判社会稳定风险的重要方式之一。依法合理适用听证制度,有利于搜集民众意见,掌握社会不稳定因素,促进行政机关及时调整方案,预防纠纷发生。其三,责任行政。在公众参与未得到充分保障或者被不合理排斥情形下,民众可以针对未公告通知、未征求意见或未采纳合理意见等问题,通过行政复议和行政诉讼等方式行使参与监督权,要求行政机关纠错和补正。① 土地管理领域,规划调整批复、征收方案批复等前置程序,通常被认为不具有可诉性,尚未对民众权益产生实际影响,因而民众针对这些批复提起的诉讼大多被拒绝受理。虽然从诉讼的利益以及行政诉讼法的规定而言,拒绝受理批复等土地行政行为的诉请,不违反法律规定,但是从公众参与的角度而言,纠纷解决不应当亡羊补牢,更应当重视违法预防。公众参与作为监督依法行政的重要力量,在行政过程的早期就允许公众参与,可以大大提高纠纷化解的效率和效果。

公众参与意义重大,既有利于相对人维护自身权益、深化对行政决定的理解,还有利于强化民众对公权力的监督,消除歧视和偏袒保障公正,从而提升民众主体意识,加快管理型行政向参与型行政的转变。② 虽然行政立法领域法律明确规定了公众参与制度,但是其面临政务诚信缺失、参与人主体地位保障不充分、参与人主体意识淡薄、公众参与积极性不高等问题的挑战。因而,应当加强政务诚信建设,加强公众参与宣传教育、提升民众基本法律素养、培养民众公众

---

① 参见邓佑文:《行政参与权的政府保障义务:证成、构造与展开》,《法商研究》2016 年第6期。

② 参见姜明安:《公众参与与行政法治》,《中国法学》2004 年第2期。

参与能力,深化政府信息公开、充分利用信息化手段构建灵活多元公众参与渠道。① 为了公众参与顺畅进入行政过程,在意识层面需要转变公共利益观念和行政机关对自身角色的认知。行政机关应当坚持与各方利益相关者通过协商沟通,争取获得公众的心理认同,形成关于公共利益的共识。在手段层面,需要舍弃利益代表模式,积极提倡合作治理模式。即便在初始阶段各方利益存在冲突,也应当坚持公众参与以建立信任关系,通过协商化解冲突。②

第四节　土地管理法律责任体系化建构

土地管理活动往往由一系列的行为共同组成,法律责任是土地管理过程的终点。行政法上法律责任构成要件可以分为主体、违法行为、损害以及损害和违法行为之间的因果关系,后两者主要是对民法侵权责任构成理论的承袭,前两者在理论上则具有行政法的独特性。此外,行政法上相对人的责任承担方式和行政行为互为表里,也有别于民法或刑法上的责任承担方式。因此,有必要结合土地管理法制的理论和实践,梳理土地管理行政法律责任,提升体系化水平。

一、责任承担主体的认定

承担土地管理责任的主体包括行政主体和一般民众。实施违反土地管理秩序行为的一般民众应当承担相应责任,违反土地管理职责实施行政活动的行政主体也应当承担相应责任。随着我国行政组织机构改革的推进、"放管服"的深化,我国土地管理组织结构内部正在重组优化,新生行政机关和原行政机关权限的移交、新生行政机关之间权限边界的厘清等问题均处在需要进一步明确的阶段。例如,《土地管理法》第七章法律责任中的第 77 条和第 78 条均针对骗取批准、非法占用土地进行建设的行为,设置了责任承担方式。第 77 条规定的情形由自然资源主管部门负责执法、第 78 条规定的情形由农业农村主管部门负责执法。这两个条文对各自规定情形下的土地用途采用了概括式规定。依据文义解

---

① 参见李卫刚、李艳军:《行政立法中的公众参与——以政务诚信建设为视角》,《西北师大学报(社会科学版)》2021 年第 4 期。

② 参见王锡梓、章永乐:《我国行政决策模式之转型——从管理注意模式到参与式治理模式》,《法商研究》2010 年第 5 期。

释可以发现,第 78 条显然是针对宅基地的,难以对第 77 条的规定作出排斥宅基地的解释,因而可以认为第 77 条也包括宅基地上进行建设的情形。在骗取批准、非法占用土地实施宅基地建设的场合下,执法主体便出现了重叠,即外观上农业农村主管部门和自然资源主管部门均有执法权限,实践中也产生了宅基地执法权应当由哪个部门行使的争议。

如前所述,在《土地管理法》上存在执法主体交叉的规定,即责任主体不明确。从解决问题的角度出发,通过立法或者法解释可以选择唯一特定的行政主体承担相应责任。尽管立法、法解释等技术手段足以解决实践中的具体问题,但是"治标不治本"。如果没有把握问题形成的本质原因,那问题也就不能得到根本解决,类似问题会循环往复不断产生,各相关行政部门也会"踢皮球"。权限交叉造成的责任主体难认定并非新生事物。造成这种现象的原因在于行政机关和行政诉讼适格被告一体化。虽然行为主体(行政机关)和诉讼主体(责任主体)一体化貌似理所当然,但是在行政法上纵向层级分明、横向相互独立的网状组织架构下,行政机关之间的职能权限分配存在多种标准。行政需要承担的事务繁杂多样,几乎囊括社会生活的方方面面。为了回应实践需求,行政组织应当针对实践需求设置相应的机关或机构。实践需求很难按照特定的一种标准进行分类,行政组织同样也难以按照一种标准去划分职能权限。划分标准的不统一势必导致权限的交叉重叠。行政组织内的职能权限划分基于行政组织的形成加以裁量决定,具有高度自主、专业的特点。此外,行政机关之间还可以通过授权、委托转移职权,委托实现职权的流变:委托又不以公示公告为要件,一般民众很难分辨;在授权的场合,虽然有具体法律法规规定,但是法律本身具有极高专业性,一般民众同样很难分辨。简言之,行政权限归属的确认具有很高的技术门槛。

某种具体行政权限对相对人产生影响时,这种权限由行政行为确定力保障其效力,至于由哪个主体行使该权限则不影响行政行为的实施,只有在行政权行使或行政行为违法需要追究责任时,责任主体的确定才具有其不可代替的重要价值。在行政机关和适格被告一体化的语境下,追究责任必须明确责任归属于哪个特定的行政机关。行政权分配不明确势必阻碍责任主体的确定。不明确行政权归属的具体行政机关,其他行政机关也不能成为适格被告的情形下,责任追究势必陷入停滞。在行政机关和适格被告分置的语境下,即便行政权限交叉,也可以由其他行政机关作为适格被告。例如,日本法在 2004 年进行了《行政事件诉讼法》修订,第 11 条第一款明确规定,行政厅所属国家或者地方公共团体是该行政厅所作行政行为或者裁定的行政诉讼被告。① 这次修法的目的正是为了减轻民众的负担和诉讼风险,方便撤销之诉和其他种类诉讼的变更衔接,便于民众理解和更好地利用行政诉讼制度。② 在我国行政法上引入这种设计不存在理论障碍。因为虽然我国行政主体指行政机关和法律法规授权主体,日本法行政主体指行政官厅或行政厅,即行政机关的长官,但是我国法上职能部门和人民政府的关系在本质上与日本法上行政厅和国家、地方公共团体的关系没有差别。人民政府作为职能部门的上级行政主体,对职能部门享有领导监督权,可以自主支配职能部门。因此,将我国行政诉讼的被告规定为各级人民政府没有任何法理障碍。以各级人民政府为被告,能够在骗取批准非法占用土地进行宅基地上建设的情形下,化解自然资源部门和农业农村部门对于执法权限的担忧,职能部门实施行为所产生的责任由同级人民政府承担。同级人民政府通过内部惩戒权以及终身追责机制,再次向职能部门追责。

二、责任认定要件的分析

土地管理责任主要表现为行政责任,行政责任以违法要件为责任构成的核心要件。在民事责任和刑事责任的构成要件中,违法要件同样具有重要地位。虽然行政责任不考虑过失要件,但是伴随着违法判断主观要素得到普遍认可,过失判断客观化,违法要件和过失要件的区隔正在逐渐淡化。公法理论中也出现了职务行为基准说等以义务违反作为违法内容的学说。③ 在首次认可职务行为基准说的奈良商事事件中,日本最高裁判所指出:只有税务署长在收集资料、认定课税的要件事实时没有尽到职务上通常应尽之义务,随意作出变更决定,才能认为构成国家赔偿法上的违法。④ 在职务行为基准说框架下,违法判断包含义务违反的内容,过失认定也被纳入违法判断之中。虽然日本法中国家赔偿法上

---

① 参见日本《行政事件诉讼法》第 11 条第一款。
② 参见[日]室井力、芝池义一、滨川清:《行政法Ⅱ行政事件诉讼法/国家赔偿法(第 2 版)》,日本评论社 2015 年版,第 175 页。
③ 参见[日]冈田正则、榊原秀训、本多泷夫编:《从判例思考行政救济法(第 2 版)》,日本评论社 2019 年版,第 222—223 页。
④ 参见日本最高裁判所判决平成 5 年 3 月 11 日民事判例集 47 卷 4 号第 2863 页。

的违法和行政诉讼法上的违法内容有不同见解,①但是我国国家赔偿法上的违法和行政诉讼法上的违法内容相同没有太大争议。土地管理责任的违法要件导入主观要素时,没有必要区分是认定行政责任还是认定行政赔偿责任。违法要件吸收主观要素有助于解决法律没有明确规定情形下的责任认定。例如,土地征收中,法律没有明确规定因强制拆除违法建筑物时造成建筑物内民众私人物品灭失的赔偿责任由实施拆除的行政机关承担。从注意义务违反的角度,虽然行政机关可以依法强制拆除违法建筑,但是不受法律保护的仅是建筑物,建筑物内民众合法所有的私人物品受法律保护,行政机关对于民众的合法财产应当尽到妥善保管的注意义务。行政机关恣意破坏造成合法财产毁损灭失的,应当认定行政机关未尽履行职务时应尽之注意义务,构成职务行为基准违反意义上的违法。

此外,自过程论观之,土地管理活动是一个连续的过程。这个过程中的行为既相互独立又相互关联。关于过程中各个行为违法之间的关联性,可以借助违法性继承理论进行阐释。

违法性继承的情形,分为先行行为仅限行政行为说和先行行为不限于行政行为说。先行行为仅限行政行为说认为,违法性继承是为了达成特定目标,行政行为连续发生,先行行为因超过起诉时限取得形式性确定力的场合下,在关于后续行政行为的撤销诉讼中,能否基于先行行为违法认定自身无瑕疵的后续行政行为也违法的问题。② 先行行为不限于行政行为说认为,先行行为包括行政机关基于法律的各种行为。③ 随着福利国家建设的深入,大量非属传统行政行为的行政主体所为活动渗透社会管理的方方面面,如果违法性继承的先行行为局限于行政行为,将无法应对土地管理、城市更新、乡村振兴等综合性强、行政活动复杂多元且横跨多学科的现实问题。因此,违法性继承应当采用先行行为不限于行政行为说。

违法性继承的先行和后续行为之间应当具有一定关联。在行为要件上,后续行为和先行行为包含共通的实体要件的,在关于后续行为的行政复议或者撤

---

① 参见[日]宇贺克也:《行政法概说Ⅱ行政救济法(第5版)》,有斐阁2016年版,第430—432页。

② 参见[日]渡部园部:《行政事件诉讼法体系》,西神田编集室1985年版,第129页。

③ 参见[日]远藤博也:《行政法素描》,成文堂1987年版,第306页。

销诉讼中,后续行为继承先行行为的违法性。例言之,为征收农用地调整国土空间规划的,关于农用地征收决定的撤销之诉中,应当允许对规划调整行为的违法性进行认定,如果规划调整违法,农用地征收决定也违法。因为作为先行行为的规划调整,其取得确定力只是因为不具备处分性、不可争讼。规划调整有无满足法定要件尚未经过司法审查,因此自然可以在后续行为阶段主张先行行为的违法性。先行和后续行为之间只存在程序要件的共通,即两者之间只存在程序上的先决关系的场合下,受遮断效果影响,后续行为不应继承先行行为的违法性。①

违法性继承适用的必要性,体现在从整体审视行政过程时,为了妥当地执行职务,应当实施后续行为的行政机关有必要允许审查先行行为的正当性,避免造成不得不容忍违法行为侵害权益的结果。② 易言之,违法性继承的最终目标在于合理突破行政行为形式上的确定力导致救济手段失灵的困境,充分保护相对人权益不受违法行政活动的侵害。

三、法律责任实现的方式

法律责任只有落在当事人身上时才能发挥惩戒、预防等作用,实现法律的功能,此谓法律责任的实现。法律责任实现的方式,就是相对人或行政机关不履行维护土地管理秩序应尽义务的场合下,行政机关直接或间接地强制相对人履行义务的制度,又称为义务履行确保制度。以实施义务履行确保方式的对象为标准,义务履行确保方式可以分为直接方式和间接方式。③

直接确保义务履行的方式在法律上表现为强制。法律上的强制包括行政机关实施的行政强制、司法机关实施的司法强制。站在行政强制和司法强制属于相对概念的立场上,行政强制执行可以被认为是行政机关自力救济的一种方式。行政机关的自力救济禁止可以理解为依法行政原则的延伸。根据法律保留原则,行政机关自力救济的禁止,只有依据法律法规的明确规定才可以解除。从行政活动的核心要素——行政权和同为国家活动要素的司法权的关系而言,这种

---

① 参见王贵松:《论行政行为的违法性继承》,《中国法学》2015 年第 3 期。
② 参见日本东京地方裁判所判决昭和 38 年 3 月 28 日行政事件裁判例集 14 卷 5 号第 62 页。
③ 参见[日]稻叶馨、人见刚、村上裕章、前田雅子:《行政法(第 2 版)》,有斐阁 2010 年版,第 161—170 页。

特别赋予行政机关的自力救济制度,是行政机关顺利实现法定行政目标的有效手段,间接地减轻了司法权的负担。按照事前事后的标准,行政强制分为行政强制措施和行政强制执行。这种分类方式与行政处罚的金钱罚和人身罚的分类方式不匹配。按照有无金钱给付义务,行政强制可以分为金钱给付相关强制和非金钱给付相关强制。非金钱给付相关强制又分为代履行、执行罚和直接强制,金钱给付相关强制则是指划拨存款、汇款等金钱的强制收缴。间接确保土地管理秩序义务履行的方式主要是,对违反土地管理秩序行为施以法律制裁。通过法律制裁的威慑效果预防违法,敦促相对人履行义务。法律制裁本身不改变违法状态,也没有填补损害的功能,其通过威慑间接保障土地管理秩序的稳定,因此,这种制裁被称作确保义务履行的间接手段,主要包括行政处罚和刑罚。

以直接、间接确保土地管理秩序义务履行区别责任实现方式具有优越性,是土地管理法律责任体系化的体现。其一,义务履行可以衔接责任认定的违法要件。如前所述,违法要件导入主观要素的场合下,违法内容包括违反注意义务。根据行政机关或相对人违反义务的性质,可以选择相应的义务履行确保方式。其二,区分直接和间接可以便于确定不同种类确保方式能否叠加适用。例如,执行罚和罚款同为财产罚,但是执行罚属于直接确保措施,罚款属于间接确保措施,两者叠加适用不违反一事不二罚原则。具体到土地管理领域,对违法占用农用地者可以同时处以罚款和复垦费,复垦费作为执行罚可以与罚款并处。其三,以义务为前提要求行政机关采取措施时应先向相对人课以义务。课以义务不以正式的行政行为为要件,通知、告知书等程序也具有课以义务的功能。课以义务前置可以最大限度地保障行政机关行使即时强制的正当性。即时强制是指,没有课以义务的时间或者事实上难以通过课以义务达成行政目的的场合下,行政机关通过自身的实力在物理上对民众的身体或者财产施加强制力,以达成行政目的。① 例如,在土地征收领域,行政机关强制拆除时对前来阻止的相对人实施人身控制的行为,即为典型的即时强制。即时强制存在以强制力控制相对人人身自由的可能。根据程序正当原则,具有侵害相对人基本权利危险的行政强制,应当经过告知等程序。即时强制没有经过合法程序,即实现了强制效果,因此,有违程序正当原则。同时即时强制通常体现为行政机关以绝对实力压制相对人

---

① 参见[日]阿部泰隆:《行政法解释学Ⅰ》,有斐阁2011年版,第579页。

进而达成行政目的,这也有违良法善治的要求。按照确保义务履行方式的定义,土地管理责任实现方式不包括即时强制,即时强制并非土地管理相关法律法规所倡导的强制。

第六编

立法试拟稿

一、《土地管理法》主要立法条文增补完善试拟稿及其条文宗旨、条文说明和参考依据

（一）国土空间规划（共 13 条）

第×条【国土空间规划的编制原则和法律效力】（修改条文）

国家建立国土空间规划体系。编制国土空间规划应当坚持生态优先，绿色、协调、可持续发展，科学有序统筹安排生态、农业、城镇等功能空间，优化国土空间结构和布局，提升国土空间开发保护的公平和效率。

经依法批准的国土空间规划是各类开发、保护、建设活动的基本依据。土地利用总体规划和城乡规划期限届满前，应当依法编制国土空间规划，不再编制土地利用总体规划和城乡规划。

1. 条文宗旨

本条是关于国土空间规划编制原则、法律效力和以国土空间规划体系取代原土地利用总体规划、城乡规划等的规定。

2. 条文说明

将《土地管理法》第 18 条"绿色、可持续发展"修改为"绿色、协调、可持续发展"，一是与国土空间规划体系将主体功能区规划纳入、凸显区域协调发展的理念相衔接，二是与域外空间规划矫正区域发展失衡的沿革趋势相顺应。与此相关联，将国土空间规划的目标定位于提升国土空间开发保护的公平和效率。同时，《土地管理法》第 18 条、《土地管理法实施条例》第 2 条关于国土空间规划与土地利用总体规划、城乡规划等的效力衔接规定不尽合理。基于《中共中央、国务院关于建立国土空间规划体系并监督实施的若干意见》（以下简称《国土空间规划意见》）的决策部署，以及国土空间开发保护的迫切现实需求，应当将制定和实施国土空间规划作为各级人民政府的法定义务，并赋予其优先于土地利用总体规划和城乡规划等的法律效力，以国土空间规划体系全面取代土地利用总体规划和城乡规划等向度单一、政出多门的类空间规划体系，真正建立起全国统一、责权清晰、科学高效的国土空间规划体系。

3. 参考依据

《土地管理法》第 18 条

《土地管理法实施条例》第 2 条

第×+1 条【国土空间规划的编制依据和强制内容】（修改条文）

国土空间规划应当细化落实国家发展规划提出的国土空间开发保护要求，划定落实生态保护红线、永久基本农田和城镇开发边界。

国土空间规划应当包括国土空间开发保护格局和规划用地布局、结构、用途管制要求等内容，明确耕地保有量、建设用地规模、禁止开垦的范围等要求，统筹基础设施和公益事业用地布局，综合利用地上地下空间，合理确定并严格控制新增建设用地规模，提高土地节约集约利用水平，保障土地的可持续利用。

1. 条文宗旨

本条是关于国土空间规划的编制依据和强制内容的规定。

2. 条文说明

根据《国土空间规划意见》，为提高国土空间规划的科学性，应当坚持生态优先、绿色发展；另《中共中央、国务院关于完整准确全面贯彻新发展理念做好碳达峰碳中和工作的意见》也要求，坚定不移走生态优先、绿色低碳的高质量发展道路，强化国土空间规划和用途管控，严守生态保护红线，严控生态空间占用；同时《土地管理法》第 18 条规定，编制国土空间规划应当坚持生态优先，绿色、可持续发展，科学统筹安排生态、农业、城镇等功能空间。一方面，《土地管理法实施条例》作为行政法规，不能与上位法律相冲突，同时应当吸收中央政策性文件精神；另一方面，生态保护在国土空间开发保护中确实起到基础和支撑性作用。近期极端天气和自然灾害频发，归根结底是源自于环境污染和生态破坏带来的气候危机。《土地管理法实施条例》和《耕地保护法（草案）》（征求意见稿）将永久基本农田划定置于生态保护红线之前，固然有保障粮食安全和强化耕地保护的考虑，但是若将生态功能重要区域、生态环境脆弱区域划为永久基本农田，则不仅难以实现强化耕地保护、保障粮食安全的目的，而且会因为生态环境进一步恶化而危及粮食生产安全。鉴于生态环境的全局性、系统性和不可修复性，建议仍要坚持生态优先的高质量发展理念，优先划定落实生态保护红线。

3. 参考依据

《土地管理法实施条例》第 2 条

第×+2条【国土空间规划体系的构成】(新增条文)

国土空间规划是对一定区域国土空间开发保护在空间和时间上作出的安排,包括总体规划、详细规划和相关专项规划。国家、省、市、县、乡(镇)人民政府编制国土空间总体规划,市、县及以下地方人民政府编制详细规划。相关专项规划是指在特定区域(流域)、特定领域,为体现特定功能,对空间开发保护利用作出的专门安排,是涉及空间利用的专项规划。国土空间总体规划是详细规划的依据、相关专项规划的基础;相关专项规划要相互协同,并与详细规划做好衔接。

1.条文宗旨

本条是关于国土空间规划"五级三类"体系以及各类规划之间相互关系的规定。

2.条文说明

《国土空间规划意见》"三、总体框架""(三)分级分类建立国土空间规划"是拟定本条的指引。"五级规划"应当包括国家、省、市、县、乡(镇)五级,土地利用总体规划即分为国家、省、市、县和乡(镇)五级,城乡规划体系中的乡村规划,由县级以上地方人民政府确定是否制定,但是鉴于国土空间规划是"多规合一"的、具有强制性的规划体系,《国土空间规划意见》要求各地结合实际编制乡镇国土空间规划,可因地制宜,将市县与乡镇国土空间规划合并编制,也可以几个乡镇为单位编制乡镇级国土空间规划,而不将乡(镇)级国土空间规划作为规划体系的强制内容,可能会导致市县级国土空间规划忽视乡(镇)开发建设需求,或者几个乡(镇)间空间利益难以协调而导致空间规划无法出台等,故建议将乡(镇)级国土空间总体规划作为国土空间规划体系的强制构成,并与相关专项规划、详细规划等做好衔接。

3.参考依据

《中共中央、国务院关于建立国土空间规划体系并监督实施的若干意见》(中发〔2019〕18号)"三、总体框架""(三)分级分类建立国土空间规划"

第×+3条【资源环境承载能力和国土空间开发适宜性评价】(新增条文)

编制国土空间规划,应当开展资源环境承载能力和国土空间开发适宜性评价,对区域资源禀赋与环境条件进行综合研判,识别生态保护极重要区,明确农业生产、城镇建设的最大合理规模和适宜空间,为完善区域主体功能定位、划定三条控制线、实施国土空间生态修复和国土综合整治重大工程提供基础性依据,促进高质量发展。

1. 条文宗旨

本条是关于国土空间规划科学性的规定。

2. 条文说明

本条依据《自然资源部办公厅关于印发〈资源环境承载能力和国土空间开发适宜性评价指南(试行)〉的函》(自然资办函〔2020〕127号)综合拟定。资源环境承载能力和国土空间开发适宜性作为有机整体,共同决定生态保护重要性、农业生产适宜性和城镇建设适宜性以及农业生产、城镇建设的最大合理规模等底线条件,是国土空间规划编制的基础,也是国土空间规划体系的重大创新,应当将其作为国土空间规划制定前的必经程序,优化国土空间开发保护格局的重要支撑。

3. 参考依据

《自然资源部办公厅关于印发〈资源环境承载能力和国土空间开发适宜性评价指南(试行)〉的函》(自然资办函〔2020〕127号)

第×+4条【各级国土空间总体规划的编制要点和审批程序】(新增条文)

全国国土空间规划是对全国国土空间作出的全局安排,是全国国土空间保护、开发、利用、修复的政策和总纲,侧重战略性,由自然资源部会同相关部门组织编制,由全国人大常委会审议通过后印发。

省级国土空间规划是对全国国土空间规划的落实,指导市县国土空间规划编制,侧重协调性,由省级人民政府组织编制,经同级人大常委会审议后报国务院审批。

市、县和乡(镇)国土空间总体规划是本级人民政府对上级国土空间规划要求的细化落实,是对本行政区域开发保护作出的具体安排,侧重实施性。需报国务院审批的城市国土空间总体规划,由市级人民政府组织编制,经同级人大常委会审议后,由省级人民政府报国务院审批;其他市、县及乡(镇)国土空间总体规划由同级人民政府编制,经同级人大常委会或者人大审议后,报上级人民政府审批。

1. 条文宗旨

本条是关于各级国土空间总体规划编制和审批的规定。

2. 条文说明

本条在《国土空间规划意见》"三、总体框架""（四）明确各级国土空间总体规划编制要点"的基础上拟定。将全国国土空间规划由党中央、国务院审定后印发修改为经全国人大常委会审议通过后印发，以强化全国国土空间规划的法定约束力；基于前文述及的避免乡镇出现国土空间规划空白的考虑，删除各地将市县与乡镇国土空间规划合并编制或者以几个乡镇为单元编制乡镇级国土空间规划的政策安排；同时因"三条控制线"和乡村建设等空间实体边界是在市、县级国土空间规划中划定落实，故在国家立法层面明确市县级国土空间规划的编制内容和审批程序，删除由省级人民政府自治的规定。

3. 参考依据

《中共中央、国务院关于建立国土空间规划体系并监督实施的若干意见》（中发〔2019〕18号）"三、总体框架""（四）明确各级国土空间总体规划编制要点"

第×+5条【"三条控制线"划定与协调】（新增条文）

在市县及以下国土空间规划划定落实生态保护红线、永久基本农田和城镇开发边界。生态保护红线是在生态空间范围内具有特殊重要生态功能、必须强制性严格保护的区域。永久基本农田是为保障国家粮食安全和重要农产品供给，实施永久特殊保护的耕地。城镇开发边界是在一定时期内因城镇发展需要，可以集中进行城镇开发建设、以城镇功能为主的区域边界，涉及城市、建制镇以及各类开发区等。

"三条控制线"出现矛盾时，生态保护红线要保证生态功能的系统性和完整性，确保生态功能不降低、面积不减少、性质不改变；永久基本农田要保证适度合理的规模和稳定性，确保数量不减少、质量不降低；城镇开发边界要避让重要生态功能，不占或少占永久基本农田。目前已划入自然保护地核心保护区的永久基本农田、镇村、矿业权逐步有序退出；已划入自然保护地一般控制区的，根据对生态功能造成的影响确定是否退出，其中，造成明显影响的逐步有序退出，不造成明显影响的可采取依法依规相应调整一般控制区范围等措施妥善处理。协调过程中退出的永久基本农田在县级行政区域内同步补划,确实无法补划的在市级行政区域内补划。

1. 条文宗旨

本条是关于"三条控制线"划定落实的规定。

2. 条文说明

《国土空间规划意见》要求在资源环境承载能力和国土空间开发适宜性评价的基础上,科学有序划定"三条控制线",但对于"三条控制线"的划定主体和审批程序并无具体规定。事实上,从2009年至今,原国土资源部和农业部、现自然资源部和农业农村部即通过发布一系列规范性文件敦促划定落实永久基本农田,中共中央、国务院、生态环境部、自然资源部等亦通过印发相关规范性文件指导生态保护红线的划定落实。此外,2019年11月,中共中央办公厅、国务院办公厅印发《关于在国土空间规划中统筹划定落实三条控制线的指导意见》(厅字〔2019〕48号)(以下简称《三条控制线意见》),要求将"三条控制线"作为调整经济结构、规划产业发展、推进城镇化不可逾越的红线,到2020年年底,结合国土空间规划编制,完成"三条控制线"划定和落地,协调解决矛盾冲突,做到不交叉不重叠不冲突。对上述规范性文件予以梳理发现,统筹划定落实"三条控制线"是当前编制国土空间规划的实质内容与核心要义。国土空间规划政策体系是在实践中摸索建立的,永久基本农田划定在先,甚至早于空间规划概念的提出;生态保护红线划定在后,是为应对我国资源约束趋紧、环境污染严重、生态系统退化制约经济社会可持续发展所做的制度安排;城镇开发边界则是在一定时期内因应城镇发展需要,可以集中进行城镇开发建设、以城镇功能为主的区域边界,涉及城市、建制镇以及各类开发区等。尽管实践中各地永久基本农田和生态保护红线已部分划定,2021年修订的《土地管理法实施条例》仍强调要求国土空间规划统筹布局农业、生态、城镇等功能空间,可谓实践的认知还不到位,而正确认识到"三条控制线"作为国土空间规划最重要的组成部分,应当是内嵌于国土空间规划编制程序的,一如在土地利用总体规划中划定农用地、建设用地和未利用地,在城乡规划中划定禁止、限制和适宜建设区域。因此,本条将"三条控制线"划定纳入国土空间规划强制内容,依据《三条控制线意见》对于"三条控制线"的划定落实以及冲突协调等进行完善规定。

3. 参考依据

《土地管理法实施条例》第 3 条

《中共中央、国务院关于建立国土空间规划体系并监督实施的若干意见》
（中发〔2019〕18 号）

中共中央办公厅、国务院办公厅印发《关于在国土空间规划中统筹划定落
实三条控制线的指导意见》（厅字〔2019〕48 号）

第×+6 条【专项规划的制定】（新增条文）

海岸带、自然保护地等专项规划以及跨行政区域或流域的国土空间规划，应
当在所属区域国土空间总体规划的基础上，由所在区域或上一级自然资源主管
部门牵头组织编制，报同级人民政府审批；涉及空间利用的某一领域专项规划，
如交通、能源、水利、农业、信息、市政等基础设施，公共服务设施，军事设施，以及
生态环境保护、文物保护、林业草原等专项规划，应当在所属区域国土空间总体
规划的基础上，由相关主管部门组织编制。相关专项规划可在国家、省、市和县
层级编制，不同层级、不同地区的专项规划可以结合实际选择编制的类型和
精度。

1. 条文宗旨

本条是关于国土空间规划体系中专项规划制定的规定。

2. 条文说明

在《国土空间规划意见》"三、总体框架""（五）强化对专项规划的指导约束
作用"的要求下，与"多规并立"阶段专项规划与土地利用规划、城乡规划处于平
行地位不同，国土空间规划体系将专项规划纳入，各专项规划需在各级国土空间
总体规划的基础上与详细规划相协同，实现国土空间规划体系内衔接。因此，在
《国土空间规划意见》相关表述的基础上，增加所属区域国土空间总体规划的本
底约束。

3. 参考依据

《中共中央、国务院关于建立国土空间规划体系并监督实施的若干意见》
（中发〔2019〕18 号）"三、总体框架""（五）强化对专项规划的指导约束作用"

第×+7条【详细规划的制定】(新增条文)

市、县及以下人民政府应当编制详细规划。详细规划是对具体地块用途和开发建设强度等作出的实施性安排,是开展国土空间开发保护活动、实施国土空间用途管制、核发城乡建设项目规划许可、进行各项建设等的法定依据。

在城镇开发边界内的详细规划,由市、县级人民政府自然资源主管部门组织编制,报同级人民政府审批。

在城镇开发边界外的乡村地区,以一个或几个行政村为单元,由乡镇人民政府组织编制"多规合一"的实用性村庄规划,作为详细规划,报上一级人民政府审批。村庄规划在报送审批前,应当经村民委员会审议并经村民会议或者村民代表会议讨论同意,在报送审批时应附村民委员会审议意见和村民会议或者村民代表会议讨论通过的决议。

1. 条文宗旨

本条是关于国土空间规划体系中详细规划制定的规定。

2. 条文说明

《城乡规划法》第22条规定,村庄规划在报送审批前,应当经村民会议或者村民代表会议讨论同意,旨在尊重并保障村民自治,以及农民集体对其享有所有权的土地为自主使用和管理的权利,未来的国土空间规划立法不应克减该程序性权利。几乎与《国土空间规划意见》同时,《自然资源部办公厅关于加强村庄规划促进乡村振兴的通知》(自然资办发〔2019〕35号)要求,村庄规划在报送审批前应在村内公示30日,报送审批时应附村民委员会审议意见和村民会议或村民代表会议讨论通过的决议,是对《规划意见》的矫正,值得肯定。本条在《国土空间规划意见》"三、总体框架""(六)在市县及以下编制详细规划"的基础上,结合《城乡规划法》第22条和《关于加强村庄规划促进乡村振兴的通知》的要求,增加村庄规划报送审批前的民主审议程序,包括村民委员会审议和村民会议或者村民代表会议讨论同意。

3. 参考依据

《城乡规划法》第22条

《中共中央、国务院关于建立国土空间规划体系并监督实施的若干意见》(中发〔2019〕18号)"三、总体框架""(六)在市县及以下编制详细规划"

《自然资源部办公厅关于加强村庄规划促进乡村振兴的通知》(自然资办

发〔2019〕35号）"四、编制要求""（十五）强化村民主体和村党组织、村民委员会主导"

第×+8条【国土空间规划制定中的专家和公众参与】（修改条文）

国土空间规划报送审批前，组织编制机关应当依法将国土空间规划草案予以公告，并采取论证会、听证会或者其他方式征求专家和公众的意见。公告的时间不得少于三十日。

组织编制机关应当充分考虑专家和公众的意见，并在报送审批的材料中附具意见采纳情况及理由。

1. 条文宗旨

本条是关于国土空间规划制定中专家和公众参与的规定。

2. 条文说明

规划制定过程中的公众参与是其获得民主性的必要前提，而立法机关的审议在间接体现规划民主性的同时，直接赋予其强制约束力，二者均不可或缺。本条结合《城乡规划法》第26条规定国土空间规划制定过程中的公示以及专家和公众参与程序。

3. 参考依据

《城乡规划法》第26条

第×+9条【国土空间规划许可】（新增条文）

在城镇开发边界内利用国有或者集体土地从事建设活动，市、县级人民政府自然资源主管部门应当依据详细规划，提出拟用地块的位置、面积、使用性质、开发强度等规划条件，核发城市建设项目规划许可证。

在城镇开发边界外的农业空间利用国有或者集体土地从事建设活动，乡、镇人民政府应当依据村庄规划，提出拟用地块的位置、面积、使用性质、开发强度等规划条件，核发乡村建设项目规划许可证。

在城镇开发边界外的生态空间，自然保护地核心保护区原则上禁止人为活动，其他区域严格禁止开发性、生产性建设活动，在符合现行法律法规前提下，除国家重大战略项目外，仅允许对生态功能不造成破坏的有限人为活动，具体准入清单由国务院制定。

1.条文宗旨

本条是关于国土空间规划许可的规定。

2.条文说明

规划体制变革不仅要整合规划制定程序,更要在"多规合一"的基础上归并规划许可程序,实现"多审合一""多证合一"。按照《国土空间规划意见》"五、实施与监管""(十三)健全用途管制制度""(十五)推进'放管服'改革"等要求,本条文合并现行建设项目用地(海)预审、规划选址以及建设用地规划许可、建设工程规划许可等审批流程,统一实施城乡建设项目规划许可。同时,根据《国土空间规划意见》,村庄规划作为国土空间规划体系中的详细规划,需对具体地块用途和开发建设强度作出实施性安排;村庄规划由乡镇人民政府组织编制,《土地管理法实施条例》要求集体经营性建设用地入市的规划条件由市、县人民政府自然资源主管部门提出,存在事权重叠或职权交叉,故在本条统一村庄规划的制定和实施主体,交由乡(镇)人民政府核发乡村建设项目规划许可证。

3.参考依据

《中共中央、国务院关于建立国土空间规划体系并监督实施的若干意见》(中发〔2019〕18号)"五、实施与监管""(十三)健全用途管制制度""(十五)推进'放管服'改革"

《土地管理法实施条例》第39条

第×+10条【国土空间总体规划修改的权限和程序】(修改条文)

有下列情形之一的,组织编制机关方可按照规定的权限和程序修改省、市、县、乡(镇)国土空间总体规划:

(一)上级人民政府制定的国土空间规划发生变更,提出修改规划要求的;

(二)行政区划调整确需修改规划的;

(三)因国务院批准重大建设工程确需修改规划的;

(四)经评估确需修改规划的;

(五)国土空间规划的审批机关认为应当修改规划的其他情形。

修改省、市、县、乡(镇)国土空间总体规划前,组织编制机关应当对原规划的实施情况进行总结,并向原审批机关报告;修改涉及市、县、乡(镇)国土空间总体规划强制性内容的,应当先向原审批机关提出专题报告,经同意后,方可编制修改方案。

修改后的省、市、县、乡(镇)总体规划方案,应当依照本法第×+4条规定的审批程序报批。

1.条文宗旨

本条是关于国土空间总体规划修改的规定。

2.条文说明

强化国土空间规划权威和法定约束力,并不意味着不允许修改规划;国土空间规划作为对未来国土空间开发和保护作出的预测性、计划性安排,也应当保持适度的开放性和灵活性,为将来不可预见的经济社会发展变化预留调整空间。同时,国土空间规划修改必须严格依法进行,本条参考《城乡规划法》第47条关于省域城镇体系规划、城市和镇总体规划修改程序的规定,严格界定国土空间总体规划的修改事由和程序要件,在规划的稳定性和适应性之间寻求平衡。

3.参考依据

《城乡规划法》第47条

第×+11条【详细规划修改的权限和程序】(修改条文)

修改详细规划的,组织编制机关应当对修改的必要性进行论证,征求规划地段内利害关系人的意见,并向原审批机关提出专题报告,经原审批机关同意后,方可编制修改方案。修改后的详细规划方案,应当依照本法第×+7条规定的审批程序报批。详细规划修改涉及市、县、乡(镇)国土空间总体规划的强制性内容的,应当先修改国土空间总体规划。

1.条文宗旨

本条是关于详细规划修改的规定。

2.条文说明

基于与上条同样的理由,包括村庄规划在内的详细规划的修改亦应当严格依照法定的条件和程序进行。同时作为对具体地块用途和开发建设强度的预先设定,详细规划对土地财产权人的实际影响甚至超越总体规划。故此本条参考《城乡规划法》第48条关于修改控制性详细规划和乡村规划的规定,相较于总体规划,增加了关于修改详细规划的必要性论证、征求规划地段内利害关系人意见,并向原审批机关提出专题报告等实体和程序要求。

3. 参考依据

《城乡规划法》第 47、48 条

第×+12 条【被许可人合法权益保护】（修改条文）

在城乡建设项目规划许可证发放后,因依法修改国土空间规划给被许可人合法权益造成损失的,应当由核发城乡建设项目规划许可的行政机关依法给予补偿。

1. 条文宗旨

本条是关于国土空间规划修改中被许可人合法权益保护的规定。

2. 条文说明

基于信赖利益保护原则,对于已经核发城乡建设项目规划许可的被许可人而言,因依法修改国土空间规划造成合法权益损失的,应当由核发城乡建设项目规划许可的行政机关给予补偿。

3. 参考依据

《城乡规划法》第 50 条

（二）土地征收（共 6 条）

第×条【征地范围】（修改条文）

为了公共利益的需要,有下列情形之一,确需征收农民集体所有的土地的,可以依法实施征收:

（一）军事和外交需要用地的;

（二）由政府组织实施的能源、交通、水利、通信、邮政等基础设施建设需要用地的;

（三）由政府组织实施的科技、教育、文化、卫生、体育、生态环境和资源保护、防灾减灾、文物保护、社区综合服务、社会福利、市政公用、优抚安置、英烈保护等公共事业需要用地的;

（四）由政府组织实施的扶贫搬迁、保障性安居工程建设需要用地的;

（五）法律规定为公共利益需要确需征收农民集体所有的土地的其他情形。

前款规定的建设活动,应当符合国民经济和社会发展规划、国土空间规划和专项规划。

征收不得适用于商业目的。国家基于发展商业目的确需使用集体土地的，应当采取与土地权利人协商的方式。

拟征收土地的所有权人、使用权人对征收目的有异议的，可以向人民法院提起诉讼。

1. 条文宗旨

本条是关于土地征收范围的规定。

2. 条文说明

第一，为了规范征收权力，缩小征地范围，保障被征收人财产权，正面列举规定了可以征收土地的各项公益目的事业类型，同时从反面规定了不得适用征收的情形。国家基于发展商业目的而需要使用土地的，应当与集体土地所有权人协商，采取诸如集体建设用地入市的方式。

第二，司法是征收公共利益目的的重要认定机制，也是对征收权予以监督的重要程序机制。本条对被征收人对征收公益目的有异议情形下的司法救济权作出明确规定，以发挥司法对征收权的监督作用，有助于实现缩小征地范围的改革目标。

第三，由于成片开发征收并非纯粹公益目的，因而在认定标准、征地程序和补偿标准等方面都需要凸显土地开发目的的公私益混合性特质，以便既实现征地所追求的公共利益，又充分保障被征收人的合法土地权益，从而避免法律适用时可能出现的纷争。故将其列于征地一般条款之外，予以单独规定。

3. 参考依据

《土地管理法》第 45 条

第×+1 条【成片开发征地条件】（新增条文）

在国土空间规划确定的城镇开发边界内的集中建设区，县级以上地方人民政府对一定范围的土地进行成片开发征收，应当依据当地国民经济和社会发展规划、国土空间规划，组织编制土地征收成片开发方案，纳入当地国民经济和社会发展年度计划，并报省级人民政府批准。土地征收成片开发范围内的基础设施、公共服务设施以及其他公益性用地比例不得低于 50%。

土地征收成片开发方案应当充分征求成片开发范围内农村集体经济组织和农民的意见，并经集体经济组织成员的村民会议三分之二以上成员或者三分之二以上村民代表同意。省级人民政府应当组织人大代表、政协委员和土地、规划、经济、法律、环保、产业等方面的专家组成专家委员会,对土地征收成片开发方案的科学性、必要性进行论证。

有下列情形之一的,不得批准土地征收成片开发方案:

(一)涉及占用永久基本农田的;

(二)市县区域内存在大量批而未供或者闲置土地的;

(三)各类开发区、城市新区土地利用效率低下的;

(四)已批准实施的土地征收成片开发连续两年未完成方案安排的年度实施计划的。

1.条文宗旨

本条是关于成片开发征收条件的规定。

2.条文说明

自然资源部在 2023 年 10 月印发公布了《土地征收成片开发标准》(自然资规〔2023〕7 号),对成片开发征收标准从面积区位、公益比例、程序等方面进行了规定,但其在实体上要求成片开发范围内公益用地比例一般不低于 40%,该标准偏低。根据现行《城市居住区规划设计标准》(GB50180—2018)规定,高层 I 类(10—18 层)居住街坊中的配套设施用地、公共绿地、城市道路用地等公益用地构成应为 48%—52%。成片开发中的公益用地比重应当高于该一般标准,方可体现其公益性。为保障成片开发征收具备极其重要的公益,而非一般的公益,本条规定公益用地构成应不低于 50%。

3.参考依据

《土地管理法》第 45 条

《土地征收成片开发标准》

第×+2 条【征地程序】(修改条文)

县级以上地方人民政府拟申请征收土地的,应当发布征收土地预公告,并开展拟征收土地现状调查和社会稳定风险评估。

征收土地预公告应当采用有利于社会公众知晓的方式,将征收范围、土地现状、征收目的、补偿标准、安置方式和社会保障等在拟征收土地所在的乡(镇)和村、村民小组范围内公告至少十个工作日。自征收土地预公告发布之日起,任何单位和个人不得在拟征收范围内抢栽抢建;违反规定抢栽抢建的,对抢栽抢建部分不予补偿。

土地现状调查应当查明土地的位置、权属、地类、面积,以及农村村民住宅、其他地上附着物和青苗等的权属、种类、数量等情况。

地方同级人大常委会应当组成社会稳定风险评估委员会,对征收土地的社会稳定风险状况进行综合研判,确定风险点,提出风险防范措施和处置预案。社会稳定风险评估应当有被征地的农村集体经济组织及其成员、村民委员会和其他利害关系人参加,评估结果是申请征收土地以及拟定征地补偿安置方案的重要依据。

征地补偿安置方案应当包括征收范围、土地现状、征收目的、建设项目符合公共利益的说明及其理由、补偿方式和标准、安置对象、安置方式、社会保障、异议方式等内容。征地补偿安置方案拟定后,县级以上地方人民政府应当在拟征收土地所在的乡(镇)和村、村民小组范围内及时发布公告,公告时间不少于三十日,听取被征地的农村集体经济组织及其成员、村民委员会和其他利害关系人的意见。征地补偿安置公告应当同时载明办理补偿登记的方式和期限、异议反馈渠道和期限等内容。同时,应当书面通知拟征收土地的所有权人、使用权人。

拟征收土地的所有权人、使用权人应当在公告规定期限内,持不动产权属证明材料办理补偿登记。县级以上地方人民政府应当组织有关部门测算并落实有关费用,保证足额到位,与拟征收土地的所有权人、使用权人就补偿、安置等签订协议;个别确实难以达成协议的,应当在申请征收土地时如实说明。

相关前期工作完成后,县级以上地方人民政府方可申请征收土地。有批准权的人民政府应当对征收土地的必要性、合理性、是否符合第×条规定的为了公共利益确需征收土地的情形以及是否符合法定程序进行审查。

征收土地申请经依法批准后,县级以上地方人民政府应当自收到批准文件之日起十五个工作日内在拟征收土地所在的乡(镇)和村、村民小组范围内发布征收土地公告,公布征收范围、征收时间等具体工作安排,对个别未达成征地补偿安置协议的应当作出征地补偿安置决定,并依法组织实施。

1.条文宗旨

本条是关于土地征收程序的规定。

2.条文说明

为切实保护被征地农民合法权益,本条对土地征收程序作出系统规定。

完善征收公告程序。对集体土地征收决定予以公告,是为了实现农民集体及其成员的知情权,并为农民集体及其成员行使参与权提供必要的资讯,能够通过外界监督倒逼行政机关审慎行使行政权力。首先,为督促行政机关及时履行程序义务,保障被征收人及时知悉征收决定内容,明确要求行政机关在相关认定工作完成后,及时发布公告。其次,除对现行法律规范中明确规定需要予以公告的内容外,还需增加建设项目符合公共利益的说明及其理由、农民集体及其成员和集体土地上的用益物权人的异议权和听证权,以及行使上述权利的行使方式和具体时间等。最后,公告的形式多样化。为促使集体土地征收决定的公告信息及时为农民集体及其成员所知悉,除了在法定地点以书面形式予以公告外,还应当将因征收该集体土地而丧失的具体土地权利类型及补偿范围、安置方案等书面通知被补偿的权利人。

完善征收社会稳定风险评估程序。现有社会稳定风险评估体制难以保证评估结果的公正性。在我国当前机构设置条件下,可采取地方人大领导监督下的重大行政决策风险评估委员会模式,该委员会不依附于行政机关,对人大常委会负责。评估委员会由地方人大常委会组成人员、行政机关负责人、相关领域具有较高专业知识水平的专业人士、人大代表与社会公众代表组成。如此有助于实现决策主体与评估主体的分离,发挥人大在整合社会资源、广泛吸收专业人才的优势。

3.参考依据

《土地管理法》第47条

《土地管理法实施条例》第26—31条

第×+3条【征收补偿安置方案的听证与裁决】(新增条文)

多数被征地的农村集体经济组织成员认为拟定的征地补偿安置方案不符合法律、法规规定的,县级以上地方人民政府应当组织听证,并根据法律、法规的规定和听证会情况修改方案。听证会按照下列程序召开:

(一)县级以上地方人民政府应当在举行听证的七日前,通知当事人及有关人员听证的时间、地点;

（二）听证应当公开举行；

（三）听证由行政机关指定的征地补偿安置方案制定主体工作人员参加外，应当由具有法律、行政相关专业知识的人员主持；当事人认为主持人与本案有直接利害关系的，有权申请回避；

（四）当事人可以亲自参加听证，也可以委托一至二人代理；

（五）举行听证时，当事人或者代理人应当陈述方案不符合法律、法规规定的内容，征地补偿安置方案制定主体应当予以回应和说明；

（六）听证应当制作笔录。笔录应当由当事人或者其代理人核对无误后签字或者盖章。当事人或者其代理人拒绝签字或者盖章的，由听证主持人在笔录中注明；

（七）听证结束后，征地补偿安置方案制定主体应当根据听证笔录调整方案。其认为没有必要调整方案的，应当提交说明书阐明理由。

听证会后仍不能达成协议的，征收批准机关应当作出裁决。当事人对征收批准机关的裁决不服的，可以向人民法院提起诉讼。

1.条文宗旨

本条是关于土地征收补偿安置方案听证与裁决程序的规定。

2.条文说明

在土地管理领域，行政机关代表国家行使国有土地所有权，必然追求土地的财产性价值。行政机关所追求的财产性利益和享有土地使用权的开发商的利益在一定程度上具有一致性。此外，"土地财政"的利益驱动也会促使行政机关倾向于关注开发商的利益。因此，缺乏公众参与的土地管理决定必然缺乏公正性。为了保障行政决定的公正性，应当强调公众参与的必要性。因此，本条专门对听证程序作出规定。因为行政机关的职责要求其发现、维护公共利益，行使公权力提升公共服务。这些法定职责要求行政机关在国土空间规划引领下重视社会发展、民众福利提升，从实现公共利益的角度听取、采纳和处理民众的各种意见建议，对民众基于自身利益的诉求作出合理安排。

同时，为了使土地征收补偿纠纷得到有效解决，避免产生征地僵局，本条明确规定听证会后仍不能达成协议的，征收批准机关应当作出裁决。当事人对裁决仍有异议的，可以采取司法救济途径，向人民法院提起诉讼。

3. 参考依据

《土地管理法》第 47 条

《土地管理法实施条例》第 29 条

第×+4 条【征地补偿安置原则】(修改条文)

征收土地应当遵循完全补偿原则,保障被征地农民原有生活水平不降低、长远生计有保障。

征收土地应当依法及时足额支付土地补偿费、安置补助费以及农村村民住宅、其他地上附着物和青苗等的补偿费用,并安排被征地农民的社会保障费用。

县级以上地方人民政府应当将被征地农民纳入相应的养老等社会保障体系。被征地农民的社会保障费用主要用于符合条件的被征地农民的养老保险等社会保险缴费补贴。被征地农民社会保障费用的筹集、管理和使用办法,由省、自治区、直辖市制定。

1. 条文宗旨

本条是关于征地补偿安置的一般规定。

2. 条文说明

对于农民集体成员来说,我国集体土地既具有生存权性质,又具有财产权性质,但这两种性质分别体现在有关补偿项目中,土地补偿、附着物和青苗补偿与集体土地的财产权性质相对应,而安置补偿则对应于集体土地的生存权性质。其中对财产权性质的土地补偿采用市场化观念是合理的,而对生存权性质的土地补偿则不能简单地以市场化观念予以衡量,需要通过安置补偿与社会保障制度相结合,保护征收后失地农民的生存权和发展权。概言之,对被征地农民的征收补偿,不仅包括财产利益,还应涵盖社会保障利益的补偿。本条一方面规定征地中财产利益的补偿规则,另一方面规定被征地农民社会保障利益的实现。

3. 参考依据

《土地管理法》第 48 条

《土地管理法实施条例》第 32 条

第×+5 条【土地补偿费与安置补助费的计算标准】(修改条文)

土地补偿费、安置补助费的数额以被征收人的财产价值损失为依据确定。

征收标的可以依法进入市场交易的,应当根据市场价格确定土地补偿费与安置补助费。

按照市场价格确定补偿费与安置补助费对被征收人明显不公的,被征收人有权请求提高补偿标准,并由征收当事人协商确定,协商不成的,由征收批准机关裁决。当事人对征收批准机关的裁决不服的,可以向人民法院提起诉讼。

征收农村村民住宅,应当按照先补偿后搬迁、居住条件有改善的原则,充分尊重农村村民意愿,采取重新安排宅基地建房、提供安置房或者货币补偿等方式给予公平、合理的补偿,并对因征收造成的搬迁、临时安置等费用予以补偿,保障农村村民居住的权利和合法的住房财产权益。

1. 条文宗旨

本条是对土地补偿费与安置补助费计算标准的规定。

2. 条文说明

现行法中的区片综合地价是一种刚性较强的政府定价,没有完全走出集体土地征收按照原用途进行补偿的思维定式,依然是政府主导定价,农民的议价权利没有得到有效体现;并且对处于不同区片的被征收地农民而言,补偿极易形成"同地不同价",其对土地增值收益的享有难以得到充分保障,也容易引发矛盾纠纷。根据党的十八届三中全会决定提出的"发挥市场在资源配置中决定性作用"的要求,建议下一步在深化改革时加大征地补偿标准由市场定价的探索力度。对土地被征收的农民集体及其成员的合法土地权益进行市场化补偿,有助于对失地农民的生存权和财产权予以合理保护,也能够有效遏制各级政府滥用土地征收权。

3. 参考依据

《土地管理法》第 48 条

《土地管理法实施条例》第 32 条

(三) 集体建设用地使用与管理(共 6 条)

第×条【集体建设用地使用权及其管理】(修改条文)

集体建设用地使用权人依法对集体所有的土地享有占有、使用和收益的权利,有权利用该土地建造建筑物、构筑物及其附属设施。集体建设用地使用权包括集体公益性建设用地使用权、集体经营性建设用地使用权等。对于宅基地使用权,法律另有规定的,依照其规定。

乡镇企业、乡(镇)村公共设施、公益事业等乡(镇)村建设需要使用集体建设用地的,应当依法办理审批手续。土地所有权人可以依法通过出让、出租等有偿方式,将集体建设用地交由单位或者个人使用。集体建设用地的使用,参照同类用途的国有建设用地执行,法律、行政法规另有规定的除外。

1. 条文宗旨

本条是关于集体建设用地使用权界定、类型、使用及管理的基本规定。

2. 条文说明

《民法典》第344条将建设用地使用权的载体限定为国家所有的建设用地,把农村集体所有的建设用地排除在外,并以转介条款将集体所有的建设用地归由土地管理法等法律进行规制。这种规范模式与构建城乡统一建设用地市场的要求相违背,容易导致地权歧视并引发纠纷,应当顺应依法赋予农民更多财产性权利的土地改革趋势,明确集体所有的建设用地使用权的物权属性,为其确权、流转等顺利推进提供基础。

依据《土地管理法》第4条对建设用地的界定,集体建设用地包括集体经营性建设用地、集体公益性建设用地、宅基地。因此,应当明确集体建设用地使用权包括集体经营性建设用地使用权与集体公益性建设用地使用权,并在客体范围中排除集体土地中的宅基地,避免与宅基地使用权部分交叉重复。

对于集体建设用地的使用与管理,一是区分乡(镇)村建设与有偿使用,乡(镇)村建设的用地需求主要通过行政审批予以满足,集体建设用地的有偿使用也需依照法律规定进行;二是依据"同地同权"基本要求且考虑到集体建设用地的特殊性,法律、行政法规对其设立、流转、收益分配等有专门规定的,从其规定,没有的则参照同类用途的国有建设用地执行。

3. 参考依据

《民法典》第344、347、361、362条

《土地管理法》第61、63条

《土地管理法实施条例》第38条

第×+1条【集体建设用地的安排与整治】(新增条文)

国土空间规划、土地利用年度计划的编制、制定应当统筹并合理安排集体建设用地布局、用途和数量,保障农村一二三产业发展、乡(镇)村建设的用地需

求,促进共同富裕,推进乡村振兴战略的全面实施。

县乡级国土空间规划应当安排一定比例的建设用地指标,重点保障乡村产业发展用地。省级制订土地利用年度计划时,应当安排一定比例的新增建设用地指标保障乡村重点产业和项目用地,市、县人民政府应当逐级落实。

根据国土空间规划、土地整治规划等,县(市、区)人民政府经上一级人民政府批准后,可以组织农村集体经济组织,对村庄内零星、分散的集体建设用地综合整治,完成复垦并经验收后,按规划和计划调整到本行政区范围内的产业集中区入市。涉及国土空间规划等调整、修改的,应当严格按照程序报批。

1. 条文宗旨

本条是关于集体建设用地的安排原则、集体建设用地整治的规定。

2. 条文说明

国土空间规划的编制、土地利用年度计划的制订是行政机关基于法定职权对空间资源进行配置、对土地权利行使进行规范的行政行为。从法律法规层面上要求国土空间规划、土地利用年度计划等对集体建设用地作出合理安排,反映出对集体土地权利的重视与保障。同时,本条第一款还对集体建设用地的利用作出引导,即主要服务于农村产业发展与乡(镇)村建设的现实需求,以助力共同富裕与乡村振兴的实现。

本条第二款是对前款的具体化,以增强其可操作性。《中共中央、国务院关于抓好"三农"领域重点工作确保如期实现全面小康的意见》(2020年)规定:"新编县乡级国土空间规划应安排不少于10%的建设用地指标,重点保障乡村产业发展用地。省级制订土地利用年度计划时,应安排至少5%的新增建设用地指标保障乡村重点产业和项目用地。"据此,本款吸收了2020年"中央一号文件"的基本精神与相关要求,对国土空间规划的编制、土地利用年度计划的制订进行约束与规范。

本条第三款是对调整入市进行规定。调整入市是《中共中央办公厅 国务院办公厅关于农村土地征收、集体经营性建设用地入市、宅基地制度改革试点工作的意见》(中办发〔2014〕71号)规定的改革试点所采用的入市途径之一,其规定:"对村庄内零星、分散的集体经营性建设用地,经试点地区上一级政府批准后,可按规划和计划调整到本县(市)域范围内的产业集中区入市。"

参照上述规定和《土地管理法》第42条土地整理制度,调整入市应当满足如下要件:一是整治主体为县(市、区)人民政府组织下的农村集体经济组织,并充分尊重集体经济组织的意愿;二是整治客体为村庄内零星、分散的集体建设用地,不限于集体经营性建设用地;三是在程序上应当先获得上一级人民政府批准,完成整治、复垦和验收后,方可依照相关规划、计划等进行调整入市;四是如需调整、修改国土空间规划等的,应当依法进行。

3. 参考依据

《土地管理法》第 23、42 条

《城乡规划法》第 48 条

《中共中央办公厅、国务院办公厅关于农村土地征收、集体经营性建设用地入市、宅基地制度改革试点工作的意见》(中办发〔2014〕71 号)"二、主要内容""(二)建立农村集体经营性建设用地入市制度"

《土地管理法实施条例》第 37 条

第×+2 条【集体建设用地有偿使用的程序条件】(修改条文)

土地所有权人拟出让、出租集体经营性建设用地的,市、县人民政府自然资源主管部门应当会同有关部门提出规划条件、产业准入和生态环境保护要求。土地所有权人应当依据有关要求,编制集体经营性建设用地出让、出租等方案,依照规定形成书面意见,并报市、县人民政府。

集体经营性建设用地出让、出租等方案符合规划条件、产业准入和生态环境保护要求的,市、县人民政府应当落实建设用地指标。同年度无法落实的,应当在下一年度土地利用年度计划中予以优先安排。

1. 条文宗旨

本条是关于集体建设用地有偿使用基本流程、指标落实的规定。

2. 条文说明

农村集体经营性建设用地入市是本轮农村土地制度改革试点的重要成果,有助于盘活集体建设用地资源,促进乡村振兴与城乡融合发展。《土地管理法》及其实施条例已对入市的基本要件作出规定,本条第一款对现有规定归纳与提炼,以明晰入市的基本程序。

本条第二款主要有两层含义:一方面,对市、县人民政府的入市监管职权进行限制,入市除了需要满足《土地管理法》及其实施条例所要求的规划条件、产业准入和生态环境保护要求之外,不应当再设置其他条件。另一方面,关于建设用地指标问题,入市方案符合要求的,市、县人民政府应当予以落实指标,确保交易活动可以正常开展;如同年度因客观原因无法落实的,应当在下一年度优先安排。

3. 参考依据

《土地管理法》第 63 条

《土地管理法实施条例》第 39 — 41 条

第×+3 条【集体建设用地有偿使用的收益分配】（新增条文）

土地所有权人取得集体建设用地有偿使用收益,集体经营性建设用地使用者取得转让收益的,应当依法纳税。

集体建设用地有偿使用收益应当纳入农村集体资产统一管理,按规定比例留归集体后,在农村集体经济组织成员之间合理分配。农村集体经济组织应当制定经成员认可的收益分配办法,分配情况纳入村务公开内容,接受审计监督和政府监管。

1. 条文宗旨

本条是关于集体建设用地有偿使用所得收益分配的规定。

2. 条文说明

本条第一款明确了土地所有权人、集体经营性建设用地使用者的纳税义务。政府基于前期对建设基础设施和公共服务的投入,后续维护、改善基础设施和公共服务的成本,以及调节收入分配的公共职能,有权对土地所有权人的集体建设用地有偿使用收益、集体经营性建设用地使用者的转让收益进行征税,涉及税种包括土地增值税、企业所得税、契税等。

本条第二款规定集体建设用地有偿使用收益的内部分配原则。首先,有偿使用收益应当纳入农村集体财产统一管理,以确保分配与使用的公开性、民主性与规范性。其次,一定比例的收益应当由农民集体统一支配,存入银行专户专款用于本集体的公共事业、公益事业等,不得挪作他用。再次,剩余收益应当在农村集体经济组织成员之间,以成员认可的方案进行分配。最后,收益分配应当公开并接受相关监督、监管。

3. 参考依据

《民法典》第 261、264 条

《土地管理法实施条例》第 40 条

第×+4 条【集体建设用地用途的转换】（新增条文）

宅基地、集体经营性建设用地、集体公益性建设用地之间可以依法转换。符合转换条件的,土地所有权人应当依法申请修改国土空间规划。

集体建设用地用途的转换应当经本集体经济组织成员的村民会议三分之二以上成员或者三分之二以上村民代表的同意,并优先保障本村村民住宅建设需要。由本集体经济组织形成书面意见,并公示五个工作日,期间无人提出异议或者所提异议不成立的,报乡(镇)人民政府审核。乡(镇)人民政府受理申请后,应当严格按照程序进行审查报批,并征求利害关系人的意见。

因集体建设用地用途转换给利害关系人合法权益造成损失的,应当由土地所有权人依法给予补偿。

1. 条文宗旨

本条是关于集体建设用地用途转换的规定。

2. 条文说明

《中华人民共和国国民经济和社会发展第十四个五年规划和 2035 年远景目标纲要》明确,允许农村集体在农民自愿前提下,依法把有偿收回的闲置宅基地、废弃的集体公益性建设用地转变为集体经营性建设用地入市。同时,在供地形势日益紧张的背景下,以多种形式实现"一户一宅"住房保障政策的主张成为各界共识,允许集体经营性建设用地、集体公益性建设用地向宅基地转换,具有重要的政策价值和实践意义。因此,本条第一款规定宅基地、集体经营性建设用地、集体公益性建设用地之间可以依法转换,并明确土地所有权人通过申请修改国土空间规划以实现集体建设用地用途的转换。

本条第二款规定集体建设用地用途转换的基本程序,分为内部决议与行政审批两个步骤。一方面,因集体建设用地用途转换关涉农民集体及其成员的重要利益,参照集体经营性建设用地入市的决议要求,应当经本集体经济组织成员的村民会议三分之二以上成员或者三分之二以上村民代表的同意。同时,还对集体建设用地用途转换的基本导向作出指引,用途转换应当以保障本村村民住宅建设需要为优先目标。另一方面,本集体经济组织形成书面意见,经过公示与异议处理后,向乡(镇)人民政府提出申请。乡(镇)人民政府受理申请后,应当依照规划修改程序进行审查和报批,并按规定征求利害关系人意见。

本条第三款规定,审批通过后,因集体建设用地用途转换对他人合法权益造成损失的,应当由申请者即土地所有权人进行补偿。

3. 参考依据

《民法典》第 364 条

《土地管理法》第 4、18、62 条

《城乡规划法》第 48 条

《乡村振兴促进法》第 67 条

第×+5 条【集体建设用地使用权的收回】(修改条文)

为乡(镇)村公共设施和公益事业建设,需要使用土地而依法收回集体建设用地使用权的,应当先经本集体经济组织成员的村民会议三分之二以上成员或者三分之二以上村民代表的同意。由本集体经济组织形成书面意见,并公示五个工作日,期间无人提出异议或者所提异议不成立的,报经原批准用地的人民政府批准。依照本款规定收回农民集体所有的土地的,对集体建设用地使用权人应当给予合理补偿,包括土地上房屋、附着物的价值等。

收回集体经营性建设用地使用权,依照双方签订的书面合同办理,法律、行政法规另有规定的除外。土地所有权人应当退还相应的有偿使用费,并对土地上的房屋、附着物等给予合理补偿。

集体经济组织或者村民委员会应当全面、及时、准确地公开集体建设使用权收回的信息。

1. 条文宗旨

本条是关于集体建设用地使用权收回的规定。

2. 条文说明

《土地管理法》第 66 条规定了集体建设用地使用权的收回问题,本条在此基础上进行补充、完善与衔接。本条第一款规定,出于乡(镇)村公共设施和公益事业建设需要而收回的,应当先经集体经济组织民主决策,即取得集体经济组织成员的村民会议过半数以上成员或者过半数以上村民代表的同意。形成书面意见后,需要报原批准用地的人民政府批准。《土地管理法》第 66 条明确这种情形下收回土地的,需要对土地使用权人进行适当补偿,本款进一步明确补偿范围包括土地上房屋、附着物的价值等。

关于集体经营性建设用地使用权的收回，《土地管理法》第66条已有所规定，《土地管理法实施条例》第41条规定了提前收回的条件、补偿方式等应当作为有偿使用合同的基本条款。本条第二款则是明确了补偿范围，即退还相应出让金，对地上的房屋、附着物等给予合理补偿。

本条第三款明确了集体建设用地使用权收回的信息公开问题，以保障集体成员、土地使用者等主体的利益，防止暗箱操作。

3. 参考依据

《土地管理法》第66条

《土地管理法实施条例》第41条

（四）宅基地使用与管理（共9条）

第×条【宅基地规划和管控】（修改条文）

农村村民建住宅，应当符合国土空间规划，不得占用永久基本农田，并尽量使用原有的宅基地和村内空闲地。在国土空间规划体系中，编制村庄规划或控制性详细规划应当统筹并合理安排宅基地用地，改善农村村民居住环境和条件。

1. 条文宗旨

本条是关于宅基地规划和管控的规定。

2. 条文说明

本条是对《土地管理法》第62条第三款的修改完善。在实施国土空间规划，建立国土空间规划体系背景下，宅基地规划和管控亦要与此同步，因此将《土地管理法》第62条第三款"应当符合乡（镇）土地利用总体规划、村庄规划"改为"应当符合国土空间规划"，"编制乡（镇）土地利用总体规划、村庄规划应当统筹并合理安排宅基地用地"改为"在国土空间规划体系中，编制村庄规划或控制性详细规划应当统筹并合理安排宅基地用地"，使该条款表述更加完善周延。本条也进一步强调宅基地利用要遵循国土空间规划，而国土空间规划也要科学划定宅基地范围。

3. 参考依据

《土地管理法》第18、62条

《土地管理法实施条例》第 2、33 条

第×+1 条【宅基地使用权的含义】(修改条文)

宅基地使用权人依法对农民集体所有的土地享有占有、使用和收益的权利,有权依法利用该土地建造住宅及其附属设施。

1. 条文宗旨

本条是关于宅基地使用权之内容的规定。

2. 条文说明

本条为《民法典》第 362 条的修改完善,增加了宅基地使用权"收益"权能。虽然宅基地主要作为一种资源由村集体进行福利性分配,但随着农村经济的发展,特别是根据《国务院关于开展农村承包土地的经营权和农民住房财产权抵押贷款试点的指导意见》(国发〔2015〕45 号)(以下简称《两权抵押试点意见》)开展的农民住房财产权抵押贷款试点工作,"三块地"改革试点中对宅基地有偿使用、有偿退出和适度流转的探索,以及新一轮深化宅基地制度改革中放活宅基地的诸多举措,均彰显了与住宅不可分离的宅基地的财产属性,收益作为财产属性的重要体现应反映在宅基地使用权权能内容中。

收益权能是作为用益物权之一的宅基地使用权的固有权能,同时农村经济发展的现实也客观上需要彰显宅基地使用权之收益权能。因此,建议将"收益"权能明确纳入宅基地使用权的权利内容,这是顺应改革趋势,赋予农民更多财产性权利的应有之举。但要注意的是,赋予宅基地使用权人"收益"权能,并非完全放开宅基地流转,现阶段宅基地盘活利用方式呈现多样化,乡村旅游、乡村民宿、农家乐等常见方式已经彰显农村宅基地的财产价值,赋予宅基地使用权人"收益"权能,为权利人分享宅基地显化的财产收益提供法律依据。

3. 参考依据

《民法典》第 362 条

《土地管理法》第 62 条

第×+2 条【宅基地使用权的申请与重新分配】(修改条文)

农村村民一户只能拥有一处宅基地,其宅基地的面积不得超过省、自治区、直辖市规定的标准。

　　农村村民申请宅基地的,应当以户为单位向农村集体经济组织提出申请;没有设立农村集体经济组织的,应当向所在的村民小组或者村民委员会提出申请。宅基地申请依法经农村村民集体讨论通过并在本集体范围内公示后,报乡(镇)人民政府审核批准。

　　符合下列条件之一的,农民集体应当重新分配宅基地:

　　(一)因自然灾害丧失宅基地的;

　　(二)因征收等原因丧失宅基地,且未享受安置房或者货币等合理补偿的;

　　(三)因实施乡(镇)和村庄规划以及乡(镇)村公共设施和公益事业建设,宅基地被农民集体收回的;

　　(四)法律、法规规定的其他情形。

　　经全体村民(成员)大会表决通过,农民集体可以为参与乡村建设的特殊人才、回乡定居的华侨等分配宅基地。

　　宅基地使用权由本村村民无偿取得,但经全体村民(成员)大会表决通过,农民集体在分配宅基地时可以适当收取使用费。

　　1. 条文宗旨

　　本条是关于宅基地使用权申请和重新分配的规定。

　　2. 条文说明

　　根据《土地管理法》第 62 条第一款规定:"农村村民一户只能拥有一处宅基地,其宅基地的面积不得超过省、自治区、直辖市规定的标准",该条确立了一户一宅原则和宅基地面积法定原则,其对节约用地,保护有限的土地资源具有重要的制度价值,仍应为宅基地使用权申请取得的基本遵循。

　　《土地管理法》第 62 条、《土地管理法实施条例》第 34 条明确了农村村民以户为单位申请宅基地,并将审批权限下放至乡(镇)人民政府。其中,《土地管理法实施条例》还明确宅基地申请应当依法经农村村民集体讨论通过并在本集体范围内公示,彰显了农民集体作为土地所有权人在宅基地申请分配中应有的参与权。

　　本条第三款限定重新分配宅基地的情形。第一项规定的依据为《民法典》第 364 条"宅基地因自然灾害等原因灭失的,宅基地使用权消灭。对失去宅基地的村民,应当依法重新分配宅基地"。虽然从物理属性上讲,土地是不可能消灭的。但是从用途角度上说,自然灾害等原因可能使土地不再适用某种用途,如由于河流改道,原来的住宅和宅基地有可能完全被淹没;又如由于山体滑坡,原来住宅所在的土地不能再建房居住。在发生这类自然灾害,原有宅基地不可能再用于建设住宅的情况下,就必须对丧失居住条件的村民提供新宅基地以维持生计。第二项根据《土地管理法》第 48 条第四款"征收农用地以外的其他土地、地上附着物和青苗等的补偿标准,由省、自治区、直辖市制定。对其中的农村村民住宅,应当按照先补偿后搬迁、居住条件有改善的原则,尊重农村村民意愿,采取重新安排宅基地建房、提供安置房或者货币补偿等方式给予公平、合理的补偿……"的相关规定,在宅基地被征收情况下,如未享受安置房或者货币等合理补偿的,亦应通过重新分配宅基地以保障村民的基本居住权利。第三项因实施乡镇和村庄规划以及进行乡(镇)村公共设施和公益事业建设,宅基地被收回的,集体成员非因其自身原因丧失了原有宅基地,作为集体而言应当保障集体成员重新申请宅基地的权利。第四项为兜底情形。

第四款明确了在引进人才、华侨回乡定居等特殊情形下,农民集体享有分配宅基地的意定权,但应经全体村民(成员)大会民主决定。

第五款明确了宅基地一般为无偿分配取得,但赋予农民集体一定的自治权,自主决定宅基地有偿分配的情形和数额。

3. 参考依据

《土地管理法》第 62、66 条

《民法典》第 364 条

《土地管理法实施条例》第 34 条

第×+3 条【宅基地使用权审批】(修改条文)

农村村民住宅用地,由乡(镇)人民政府审核批准。其中,涉及占用农用地和未利用地的,应当依法办理农用地和未利用地转用审批手续;涉及占用林地的,应当依法办理占用林地审批手续。

1. 条文宗旨

本条是关于宅基地使用权审批的规定。

2. 条文说明

本条是对《土地管理法》第 62 条第四款的修改完善,增加了农民建房占用未利用地、林地的审批规定。一是农村村民建造住宅占用未利用地、林地的审批在地方实践和规范性文件中已有涉及,如珠海、佛山等,上位法回应现实需求对占用未利用地、林地审批作出原则性规定实有必要。二是建设项目占用未利用地的,应当办理转用审批手续。《土地管理法》第4条明确"未利用地是指农用地和建设用地以外的土地"。《土地管理法实施条例》第22条明确占用未利用地的,按照省、自治区、直辖市的规定办理,如广东省就已明确"建设占用未利用地的,应当办理未利用地转用审批手续"。三是根据《森林法》的规定,占用林地应当经县级以上人民政府林业主管部门审核同意,依法办理建设用地审批手续,其与农用地和未利用地转用审批不同,应当有所区分。

3. 参考依据

《土地管理法》第4、44、62条

《森林法》第37条

《土地管理法实施条例》第22条

《广东省土地管理条例》第25条

第×+4条【宅基地流转】(新增条文)

宅基地使用权不得单独转让、抵押、赠予或者继承。

宅基地上住宅及其附属设施依法转让、赠予或者继承的,受让人或者继承人符合宅基地申请条件的,依法申请取得宅基地使用权;受让人或者继承人不符合宅基地申请条件的,依法取得宅基地法定租赁权。

宅基地上住宅及其附属设施依法抵押的,宅基地使用权一并抵押。

因历史原因,或因转让、赠予、继承等合法取得宅基地上住宅所有权的,不符合宅基地申请条件的住宅所有权人与农民集体之间形成法定租赁关系。住宅所有权人取得住宅所占宅基地的法定租赁权,并向农民集体交纳相应的租赁费。宅基地租赁费的收费标准由省、自治区、直辖市自行规定。

宅基地上住宅毁损、灭失已不适宜居住的,宅基地法定租赁权消灭。

1. 条文宗旨

本条是关于宅基地流转的规定。

2. 条文说明

第一,宅基地使用权不得单独转让、抵押、赠予或者继承。在现行土地政策下,社会保障功能仍然是宅基地使用权的重要属性,而且,现行土地政策将在相当长时期内保持稳定。既然宅基地使用权是为保证农村村民居住,由农民集体成员基于身份无偿取得,那么当成员不需要宅基地使用权时,就应将其交还给农民集体。土地是稀缺资源,如允许宅基地使用权单独成为市场要素将会损害其他成员(包括农民集体的未来成员)的利益。因此,宅基地使用权不得单独转让、抵押、赠予或者继承。

第二,适用租赁制度解决因房屋转让、抵押等带来的宅基地使用问题。一方面,法律应保障农民房屋所有权的流转;另一方面,如果允许宅基地使用权随房屋所有权转让或抵押等而转移,则违背基于宅基地使用权的保障功能限制其流转的立法政策,还会影响到农民集体其他成员的合法权益。对此,应当通过法定租赁权制度解决因房屋转让、抵押等带来的宅基地使用问题。

第三,《民法典》有必要明确规定宅基地法定租赁权。既为法定租赁权,必须由法律明确规定,由《民法典》这一民事基本法规定较为合适。适用宅基地法定租赁权制度的具体情形包括:因历史遗留下来,或者因转让、赠予、继承等原因合法取得宅基地上住宅所有权导致的,不符合宅基地使用权申请分配条件,但因取得对其上住宅及其附属设施的所有权,而对相应的宅基地构成既成事实的占有的情形。宅基地租赁使用的期限以宅基地上住宅存续为限。只要住宅存续并适宜居住,就应当允许宅基地租赁使用权的存续,直至宅基地上住宅毁损、灭失已不适宜居住的,宅基地租赁使用权消灭。宅基地租赁使用的收费主体与标准:有权收取宅基地使用费的主体是农民集体,而不是土地管理部门,这是农民集体作为农村土地的所有权人的地位决定的。收费标准可由省、自治区、直辖市规定,具体数额由农民集体决定。

3. 参考依据

《土地管理法》第 62 条

《民法典》第 363 条

第×+5 条【宅基地自愿有偿退出】(修改条文)

宅基地使用权人可以对不再使用的宅基地,向农民集体申请退出。由农民集体与宅基地使用权人协商退出补偿等事宜。

1. 条文宗旨

本条是关于宅基地自愿有偿退出的规定。

2. 条文说明

探索农民宅基地有偿退出,其重要意义体现在两个方面:一方面,提升新型城镇化发展保障能力,促进土地节约集约利用。通过引导农民宅基地自愿有偿退出,将零散低效、点多面广的农村居民点用地进行归并复垦,着力盘活存量,释放建设用地新空间,优化结构布局,增加耕地面积。另一方面,实现城乡统筹发展,推进扶贫攻坚和生态移民。通过引导农村人口向城市转移,实现进城农民完全市民化,让农民与城市居民公平、均等共享城镇化发展成果。通过土地级差收益返还农村,推动农民住宅按规划向乡镇、中心村集中,同时改善贫困地区、生态移民区的农村基础设施和生产生活条件。从城乡统筹发展、土地合理利用等角度,农村宅基地退出制度的重要性日益彰显。

农村宅基地退出需遵循农民自愿的原则,防止为了退出而退出,甚至发生强制退出。《土地管理法》第 62 条第六款明确规定允许进城落户的农村村民依法自愿有偿退出宅基地,但这一范围显然不能涵盖宅基地自愿有偿退出的全部情形。对于不再使用的宅基地,在秉持自愿原则前提下,宅基地使用权人愿意退回给村集体的,都应允许。

3. 参考依据

《土地管理法》第 62 条

《土地管理法实施条例》第 35 条

《农业农村部办公厅关于印发〈农村宅基地制度改革试点工作指引〉的通知》(农办经〔2020〕8 号)"二、具体试点内容""(五)探索宅基地自愿有偿退出机制"

第×+6 条【宅基地使用权收回】(新增条文)

有下列情形之一的,由农民集体审议决定,并公示五个工作日,期间无人提出异议或者所提异议不成立的,报乡(镇)人民政府批准,可以收回宅基地:

(一)因乡(镇)村公共设施和公益事业建设,需要使用土地的;

(二)因发展规划、扶贫移民、重大工程建设、地质灾害避让等原因,经依法批准并享受政策性补助,集中搬迁到社区楼房或者易地建房的;

(三)宅基地闲置二年以上,未恢复使用的;

(四)违反批准用途使用宅基地,经农业农村主管部门或农村集体经济组织

催告在合理期限内仍未改正的;

(五)法律、法规规定的其他情形。

由于前款第一项规定的原因收回宅基地的,农民集体应当根据住宅及其附属设施的价格对原宅基地使用权人给予合理补偿。

对宅基地收回事由或者程序有异议的,在公示期内,宅基地使用权人或者利害关系人应当以书面形式向农民集体提出。

1. 条文宗旨

本条是关于宅基地使用权收回的规定。

2. 条文说明

公共利益等特殊情形下允许村集体收回宅基地,与宅基地自愿有偿退出成为宅基地腾退中互为补充的两条路径,以缓解农村人地矛盾突出的实际情况。根据《土地管理法》第 66 条的规定,土地使用权收回需报经原批准用地的人民政府批准,但在调研中发现(如珠海市斗门区农村宅基地和村民住房建设管理调研),部分地区存在原批准用地主体因行政区划设置等历史原因已不存在或改名等情况,因此,为保持和宅基地审核批准主体一致,本条将宅基地使用权收回的批准主体规定为乡(镇)人民政府。

本条规定了四种收回情形和一个兜底性款项,其中本条第一款第一项中的情形属于《土地管理法》第 66 条规定的"为乡(镇)村公共设施和公益事业建设,需要使用土地"的情形,第一款第二项中的情形属于《土地管理法》第 66 条规定的"因撤销、迁移等原因而停止使用土地的"细化,第一款第三项中的情形依据《确定土地所有权和使用权的若干规定》(〔1995〕国土〔籍〕字第 26 号)第 52 条规定总结提炼拟定,第一款第四项中的情形属于《土地管理法》第 66 条规定的"不按照批准的用途使用土地的",并增加了作为宅基地管理主体的农业农村主管部门或农村集体经济组织催告限期改正的前置性条件。

第一款第二项情形已通过金钱或实物等方式获得相应补偿;第三项情形针对的是宅基地闲置,地上没有建筑物,而宅基地为村集体所有,不存在需要补偿的对象;第四项情形为惩罚性收回,无须作出补偿。

农村集体经济组织审议决定宅基地收回事宜后,应当及时、准确、全面地公开宅基地收回信息。在此公示期间,宅基地使用权人或利益相关人有权提出异议。

需要明确的是,本条第一款规定了宅基地收回的法定情形,除此之外,禁止村集体以任何理由强制收回村民的宅基地。但是,满足第一款五项情形之一的,由农村集体经济组织根据各村实际情况,审议决定是否收回该宅基地。

3. 参考依据

《土地管理法》第 66 条

《土地管理法实施条例》第 36 条

《确定土地所有权和使用权的若干规定》(〔1995〕国土〔籍〕字第 26 号)第 52 条

第×+7 条【宅基地整理和利用】(新增条文)

农民集体应当对依法收回或者自愿退出的宅基地进行整理。整理后的宅基地优先用于本村村民的居住保障;节余部分可以依法调整为镇村公共设施、公益事业、集体经营性建设用地,或者予以复垦、复绿。

1. 条文宗旨

本条是关于宅基地整理和利用的规定。

2. 条文说明

在明确宅基地依法收回情形,畅通宅基地自愿退出渠道后,农民集体应当对于依法收回和自愿退出的宅基地进行整理利用。本条文对宅基地整理的主体、对象,以及整理后的利用方式予以明确规定。宅基地整理利用的主体为宅基地所有权人,即农民集体;整理利用的对象为依法收回或者自愿退出的宅基地,其利用方式可概括为三种:一是优先用于村民建房居住;二是通过土地性质转化和调整,盘活宅基地利用,包括建设公共设施,发展公益事业,或依法转为集体经营性建设用地入市等;三是还可以由农村集体经济组织实施复垦、复绿。

3. 参考条文

《土地管理法》第 62 条

《农业农村部关于积极稳妥开展农村闲置宅基地和闲置住宅盘活利用工作的通知》(农经发〔2019〕4 号)"二、重点工作""(一)因地制宜选择盘活利用模式"

《湄潭县农村宅基地腾退及节余建设用地使用暂行办法》第 15 条

《泸县农村宅基地有偿退出管理暂行办法》第 4 条

第×+8 条【宅基地使用权登记】(修改条文)

宅基地使用权的设立、变更、转让和消灭,经依法登记发生效力。

1. 条文宗旨

本条是关于宅基地使用权登记的规定。

2. 条文说明

宅基地使用权采登记生效主义的实际意义在于:一是彰显农民所享有之权利;二是在侵害或土地征收等场合中,便于宅基地使用权人主张权利,获得法律之救济;三是在房地一体流转中,宅基地占有使用者不再限于本集体成员,已突破本集体这一熟人社会,占有的公示公信效力已不能完全适应这一农村实际。从制度的现实基础看,随着自然资源部在全国宅基地使用权登记发证工作的大举推进,农民合法使用的宅基地全部发证到户的目标正在实现,确认宅基地使用权的得丧变更采登记生效主义的障碍已在逐步清除。

3. 参考依据

《民法典》第 365 条

《不动产登记暂行条例》第 5 条

《不动产登记暂行条例实施细则》第 40 条

(五) 土地督察、行政纠纷化解和法律责任(共 5 条)

第×条【自然资源督察】(修改条文)

国务院设立国家自然资源总督察,委托其代表国务院对省、自治区、直辖市人民政府和国务院确定的其他城市人民政府下列自然资源利用和管理情况进行监督检查:

(一)耕地保护责任目标落实情况;

(二)包括土地在内的自然资源节约集约利用情况;

(三)国土空间规划编制和实施情况;

(四)国家有关自然资源管理重大决策落实情况;

(五)自然资源管理法律、行政法规执行情况;

(六)其他自然资源包括矿产、海洋等的利用和管理情况。

派驻地方的国家自然资源督察机构经国务院批准设立,在国家自然资源总督察领导下开展国家自然资源督察工作。

关于耕地、矿产、海洋等的督察,法律、法规另有规定的,依照其规定。

国家自然资源督察工作所需经费列入中央财政预算。

1. 条文宗旨

本条是关于自然资源督察的条款。

2. 条文说明

国家自然资源督察有别于一般的行政监察,其是对专门事项的内部监督手段,既具有行政层级监督的特征,又兼有部门业务专门监督的性质,具有政府自我克制的属性。国家自然资源督察着眼于考量地方政府持续提升自然资源管理和利用水平、消减耕地过度性损失的能力,是中央政府的一种常态化治理工具。

参考国务院法制办公室发布的《国家土地督察条例》第 2 条的规定,自然资源督察将成为国务院内设机构,并非独立的行政机关,以国务院名义履行自然资源督察职责。因此,自然资源督察的权限来源属于委托,而不是授权。

现在,国家土地督察、矿产督察员、海洋督察等与国家自然资源督察在职责上边界不明。这不符合机构改革的统一一体化要求,应当尽快完成统一一体化,将土地督察、矿产督察等自然资源相关督察权责集成至自然资源督察。由于矿产、海洋等自然资源的利用和管理具有专业性、特殊性,因此,在督察主体集中为自然资源督察的同时,应当允许关于矿产、海洋等自然资源督察结合各自领域的实际情况设置督察内容和程序,因此,本条第三款设置转致条款,其法律法规关于耕地、矿产、海洋等督察的内容和程序另有规定的,依照其规定。

3. 参考依据

《中共中央办公厅、国务院办公厅关于印发〈自然资源部职能配置、内设机构和人员编制规定〉的通知》(厅字〔2018〕69 号)第 3 条

《国务院法制办公室关于〈国家土地督察条例〉(征求意见稿)公开征求意见的通知》第 2 条

《矿产资源法》第 11 条

《矿产资源法实施细则》第 8 条

《矿产资源监督管理暂行办法》第 3 条

《国家海洋局关于印发〈海洋督察工作管理规定〉的通知》(国海发〔2011〕27 号)第 6 条

《国家海洋局关于印发〈海洋督察工作规范〉的通知》(国海发〔2011〕52 号)第 1 条

第×+1 条【自然资源督察公开】(新增条文)

自然资源总督察应当向国务院报告国家自然资源督察情况,并针对国家自然资源督察中发现的主要问题,提出相应的工作意见和建议。

自然资源总督察应当定期向社会公布国家自然资源督察信息。

1. 条文宗旨

本条是关于自然资源督察情况向社会公开的条款。

2. 条文说明

自然资源督察同样应当全面推进政务公开,坚持以公开为常态、不公开为例外原则,满足群众对信息公开及时性、多样性、广泛性和互动性的强烈需求,提升督察实效,并在考虑与体制改革、现行机制相匹配条件下将信息公开风险降到最低。

3. 参考依据

《国务院法制办公室关于〈国家土地督察条例〉(征求意见稿)公开征求意见的通知》第 17 条

第×+2 条【督察措施】(修改条文)

被督察的地方人民政府违反土地管理法律、行政法规,或者落实国家有关土地管理重大决策不力的,国家自然资源督察机构可以向被督察的地方人民政府下达督察意见书,地方人民政府应当认真组织整改,并及时报告整改情况;国家自然资源督察机构可以约谈被督察的地方人民政府有关负责人,并可以依法向监察机关移送相关责任人员违法犯罪线索,向任免机关等有关机关提出追究相关责任人责任的建议。

1. 条文宗旨

本条是关于督察措施的条款。

2. 条文说明

法律的生命力在于实施,法律的实施需要保障。实施自然资源督察时,应当建立政府外部的横向制约机制,扩大"开门督察"效能,加强社会公众参与力度,加强与相关监察机构的合作,建立纠错的互动机制。根据《监察法实施条例》第171条规定,监察机关应当审核办理其他机关移送的问题线索,对有管辖权的,提出处置意见,对没有管辖权的,退回移送机关。《土地管理法实施条例》第46条补充督察机构向监察机关移送线索的规定,可以完善督察与监察机构之间的纠错互动机制。

3. 参考依据

《土地管理法实施条例》第46条

《监察法实施条例》第171条

第×+3条【诉讼被告】(修改条文)

公民、法人或者其他组织直接向人民法院提起诉讼的,作出行政行为的行政机关所属同级人民政府是被告。行政机关被撤销或者职权变更的,继续行使其职权的行政机关所属同级人民政府是被告。

作出行政行为的组织不是行政机关或者法律法规授权组织,并且没有接受委托时,应当以该组织为被告。

根据前两款规定无法确定诉讼被告的,具有行政行为相关权限的人民政府是被告。

人民政府作为被告的诉讼立案时,人民政府应当及时告知人民法院作出行政行为的行政机关或者组织。

作出行政行为的行政机关或者组织可以参与审判活动。

1. 条文宗旨

本条是关于确定诉讼被告的条款。

2. 条文说明

减轻民众的负担和诉讼风险,方便撤销之诉和其他种类诉讼的变更衔接,便于民众理解和更好地利用行政诉讼制度,解决例如农民违法建房执法权限交叉等责任主体认定难的问题。

3. 参考依据

《行政诉讼法》第26条

[日]《行政事件诉讼法》第11条

第×+4 条【违法批准用地的法律责任】(修改条文)

无权批准征收、使用土地的单位或者个人非法批准占用土地的,超越批准权限非法批准占用土地的,不按照国土空间规划确定的用途批准用地的,或者违反法律规定的程序批准占用、征收土地的,其批准文件无效,对非法批准征收、使用土地的直接负责的主管人员和其他直接责任人员,依法给予处分;构成犯罪的,依法追究刑事责任。

非法批准、使用的土地应当收回。占有土地的当事人没有过错的,应当给予补偿。补偿后可以向非法批准用地的人员追偿。

1. 条文宗旨

本条是修订关于违法批准用地的法律责任的条款。

2. 条文说明

在公有制下,资源的所有权主体主要是国家和集体,由国家和集体提供权益维持公共生活,国有划拨用地用于公益建设、集体所有土地为农村村民提供宅基地等。我国民众所持财产权包含的一般社会性制约成分很低,因土地社会主义公有制而在土地领域更是不存在一般社会性制约,即使内含一般社会性制约也已被土地出让金、契税、土地使用期限、土地续期等制度剥离。在土地收回的情形下,侵害强度必然触及财产权的本质性内容。因此,综合考量侵害特殊性、侵害强度、侵害目的等要素,土地收回应当以补偿为原则,以法定无偿收回为例外。

非法批准、使用土地,并且占用土地的相对人在没有过错的情形下,行政机关应当给予占用土地相对人补偿。同时,非法批准、使用土地的行为属于违法行使公权力,行政机关实际给予相对人金额可以按照补偿标准,行政机关填补相对人损失的性质是填补违法行为造成的损害,即损害赔偿责任。因此,行政机关可以参考《国家赔偿法》上追偿的规定,向行为人追偿。

3. 参考依据

《土地管理法》第 79 条

《国家赔偿法》第 16 条

二、关于《耕地保护法(草案)》
(征求意见稿)的立法建议

2022 年 9 月 5 日,自然资源部发布了《耕地保护法(草案)》(征求意见稿)(以下简称"草案"),公开征求社会各界意见。草案共 10 章,分别为"总则""耕地布局与规划""永久基本农田""耕地转为其他农用地管制""建设占用耕地管制""耕地质量""耕地生态""监督管理""法律责任""附则",共 72 项条文。草案明确了涉及耕地保护的基本原则与具体制度,重点包括耕地保护基本原则、耕地保护在国土空间规划中的优先序、永久基本农田划定和保护要求、耕地转为其他农用地和建设占用耕地管控等方面的主要制度,内容较为全面,对进一步强化耕地保护意义重大,值得肯定。不过,草案在诸多方面仍然存在不足,应当予以重视。针对草案中存在的问题,本立法建议分为"宏观层面不足""条文修改建议(附理由)""深度解读范例"三部分,意在从不同层面入手,为草案的进一步完善献计献策。

(一) 宏观层面不足

1. 对基本概念的确定性不足

草案正式确定了"耕地"与"永久基本农田"的基本概念,这也是草案对耕地保护加以管理的基础,可谓重中之重。但对这两个概念的确定,草案的做法却颇值商榷。

草案在界定"耕地"概念时,仅仅是从用途方面进行了界定,即"本法所称耕地,是指利用地表耕作层种植粮、棉、油、糖、蔬菜等农作物,每年可以种植一季及一季以上的土地"。草案将《土地管理法实施条例》中未作为定义的语句,移植到本次立法中作为"耕地"的定义,无论是从逻辑上,还是从立法技术方面,都甚为不妥。

"耕地"首先是一种客观存在的事物,而在此次草案的概念界定中,却未见任何物理性的特征描述。比照《黑土地保护法》,其对"黑土地"的定义便是主要从物理性特征进行界定:"本法所称黑土地,是指黑龙江省、吉林省、辽宁省、内蒙古自治区(以下简称'四省区')的相关区域范围内具有黑色或者暗黑色腐殖质表土层,性状好、肥力高的耕地。"因此在"耕地"的概念界定中,应当根据农业的基本认知,做出属于基本的物理性描述,以区别于其他土地。

草案在界定"永久基本农田"的概念时,属于借用"国土规划"将"永久基本农田"从"耕地"中区别出来,即"本法所称永久基本农田,是指按照一定时期人口和经济社会发展对粮食等重要农产品的需求,依据国土空间规划确定的不得擅自占用或者改变用途,实行特殊保护的耕地"。

"永久基本农田"之所以能够从"耕地"中单独出来,首先源于其具有明显区别于"耕地"中其他土地的物理性特征,在农业上具有重要的耕种价值。因此,"永久基本农田"的概念不能单纯依靠"国土空间规划",而应当有基本的物理性描述,这也是"永久基本农田"区别于"耕地"中的其他土地的重要标准。

2. 对私人权利保护性不足

本草案的内容是强调管控和限制,并辅以严厉的处罚机制。但这只是耕地保护的一个方面,有"堵"亦应有"疏"。如果单纯强调管制,则无法有效解决耕地保护中一直缺乏的补偿和激励机制问题,与《民法典》提倡的积极保护私权的精神不符,也无法为耕地保护提供内生性的动力。

在我国,多数情况下耕地是村集体最重要的财产,村民享有的承包经营权更是广大村民赖以生存的基础。从私法角度来讲,无论是作为集体财产的耕地,还是村民对耕地享有的承包经营权,均属于《民法典》财产权中的物权范畴。追求财产的价值,是财产权利人的正当权利。诚然,国家出于公共利益考虑,可以对财产权作出一定的限制;但这实际上是限制了财产的部分功能,对个人利益而言,等于降低了财产的价值,造成了实际的损失。基于法治观念,此时需要国家作出一定的经济补偿,这既体现了法律的基本原理,也体现了经济学上的正向激励。

反观草案,有效的补偿和激励机制不够且存在若干歧义(详见本建议第三部分的"深度解读")。如果补偿和激励的机制与规定不到位,农村集体经济组织、农民无法通过保护耕地、种植粮食来获得较好的经济收益,那么必然会设法突破限制,通过转变用途、开发和建设农用土地而获得其他利益。草案对这一问题的疏忽,亟待改进。

另外,在历经了农村支持城市促进城镇蓬勃发展之后,如今强调城市反哺农村,但建设用地向耕地的反向流动在本草案中也体现不足。建议多增加鼓励闲置建设用地复垦为耕地,鼓励农民从事粮食生产等方面的条文,激发其更加珍惜耕地和主动保护耕地的内生动能。

3. 对管理规程的规范性不足

草案在耕地保护的问题上强调行政性的管制,这一理念本身并无错误。但在管理规程上,具体的规范性仍有不足。

在耕地"进出平衡"问题上,草案第 21 条规定:"县级以上地方人民政府负责统筹耕地和其他农用地转用的安排,落实耕地补充资金与任务。耕地补充应当首先在县域范围内落实,县域范围内无法落实的,在市域范围内落实;市域范围内仍无法落实的,在省域范围内统筹落实。"但是,一个比较现实的问题是,假如省域范围内已经无法进行有效调剂,则如何应对。受制于耕地的地理分布不平衡、地区经济发展不平衡、各省资源禀赋不同等现实情况,很可能会出现某一省域范围内无法进行有效调剂的情况,届时如何处理? 因此,"耕地转为其他农用地"的"进出平衡"问题,不应仅限于各省范围内,应着眼未来,设立国家层面的"进出平衡"机制。

在"占补平衡"实施问题上,草案第 30 条规定:"国家实行建设占用耕地补充制度。非农业建设经批准占用耕地的,按照'占多少,补多少'的原则,由占用耕地的单位负责补充与所占用耕地数量和质量相当的耕地。没有条件补充或者补充的耕地不符合要求的,应当按照省、自治区、直辖市的规定缴纳耕地开垦费或者耕地补充费用,专款用于补充新的耕地;占用永久基本农田的,按两倍缴纳……"但在实际生活中,占用耕地的单位绝大多数情况下,必然是"没有条件补偿或补充的耕地不符合要求",因此会选择简单、高效的缴费方法,以便"一了百了"。但是,草案仅规定了占用耕地单位缴费,收费部门为何? 谁来负责补充新的耕地? 如何补充耕地、无法补充时如何有效调剂? 这些问题在草案中都付之阙如。

草案虽然规定了占用耕地单位缴费的问题,但是在"土地开发复垦整理""耕地开垦""高标准农田建设""耕地连片和节水灌溉""轮作休耕""耕地生态保护修复"等方面,并未提及资金保障问题,而上述内容均需要强有力的资金保障,才能顺利推进。与此相比,《黑土地保护法》第 22 条明确了财政保障措施,为黑土地保护的贯彻实施提供了坚实的保障。(《黑土地保护法》第 22 条:"国家建立健全黑土地保护财政投入保障制度。县级以上人民政府应当将黑土地保护资金纳入本级预算。/国家加大对黑土地保护措施奖补资金的倾斜力度,建立长期稳定的奖励补助机制。/县级以上地方人民政府应当将黑土地保护作为土地使用权出让收入用于农业农村投入的重点领域,并加大投入力度。/国家组织开展高标准农田、农田水利、水土保持、防沙治沙、农田防护林、土地复垦等建设活动,在项目资金安排上积极支持黑土地保护需要。县级人民政府可以按照国家有关规定统筹使用涉农资金用于黑土地保护,提高财政资金使用效益。")

最后,草案虽然致力于加强监测,并制定了较为严厉的处罚,但却未压实基层责任,未建立公众参与机制下的耕地保护,过度依赖于县级以上人民政府"自上而下"的保护手段。须知耕地保护的最终落实在基层,最终责任也在基层。乡镇政府、村民集体组织、村民是落实耕地保护的重要力量。仅仅依靠"自上而下"的保护,"剃头挑子一头热",难以真正有效落实耕地保护。农民与耕地的联系最为紧密,也最为直接,如果不能把农民的内生动力调动起来,效果必将大打折扣。

在部门职责划分方面,草案仅进行了部门职责的划分,未明确建立国家、省级、县级层面的协调机制。相比之下,《黑土地保护法》对此有专门的原则性规定。(《黑土地保护法》第6条:"国务院和四省区人民政府加强对黑土地保护工作的领导、组织、协调、监督管理,统筹制定黑土地保护政策。四省区人民政府对本行政区域内的黑土地数量、质量、生态环境负责。/县级以上地方人民政府应当建立农业农村、自然资源、水行政、发展改革、财政、生态环境等有关部门组成的黑土地保护协调机制,加强协调指导,明确工作责任,推动黑土地保护工作落实。")

4. 对其他法律的协调性不足

《耕地保护法》位列土地管理法律体系之一环,其与现有的《土地管理法》《农村土地承包法》《黑土地保护法》《土地管理法实施条例》《民法典》等法律法规之间的协调就极为重要。但草案在这一方面存在不小疏漏。

比如,关于"永久基本农田"转变用途,《土地管理法》《土地管理法实施条例》均未禁止将"永久基本农田"转为其他用途。其中,《土地管理法实施条例》第12条规定:"……按照国家有关规定需要将耕地转为林地、草地、园地等其他农用地的,应当优先使用难以长期稳定利用的耕地。"这条规定中的"耕地"常规理解应该为包括"永久基本农田",且"应当优先使用难以长期稳定利用的耕地"可以理解为当没有"难以长期稳定利用的耕地"时,是可以利用其他耕地,甚至是"可以长期稳定利用的耕地",即"永久基本农田"。

相比之下,草案第 19 条规定:"……禁止将永久基本农田转为林地、草地、园地、农业设施建设用地等其他农用地。"但草案第 28 条规定:"……永久基本农田转为建设用地的,由国务院批准。"既然"永久基本农田"在履行审批手续后,可以转为建设用地,那么"举重以明轻",从逻辑上来看,当然经过审批也可以转为其他农用地,而草案却直接禁止将永久基本农田转为林地、草地、园地、农业设施建设用地等其他农用地。与《土地管理法》《土地管理法实施条例》的规定和精神存在一定偏差,而且自身的逻辑上也存在一定矛盾,难谓自洽。

再如关于占补平衡补偿制度,《土地管理法》第 30 条规定:"国家实行占用耕地补偿制度。非农业建设经批准占用耕地的,按照'占多少,垦多少'的原则,由占用耕地的单位负责开垦与所占用耕地的数量和质量相当的耕地……"相比之下,草案第 30 条规定:"国家实行建设占用耕地补充制度。非农业建设经批准占用耕地的,按照'占多少,补多少'的原则,由占用耕地的单位负责补充与所占用耕地数量和质量相当的耕地。"

由此可见,草案在移植《土地管理法》的时候,将"占多少,垦多少"直接改为了"占多少,补多少"。但《土地管理法》刚刚修正,"占多少,垦多少"的表述并未出现脱离实际或明细较为不妥的情况,因此移植相关规定时,应当尽量保持法制统一。

5. 对现实情况的关联性之不足

耕地保护是涉及国计民生的重要问题,因此耕地保护之法律必须保持与现实情况的密切关联,既要观照已发生之情况,也要预见未发生之局势,对历史、现状与未来均有涵盖。不过,草案在这一方面仍有不足。

比如,耕地撂荒、青储未成熟小麦等社会热点问题在现实中凸显,但本草案涉及不足。在严格的耕地管控和限制下,农民如不能有效获得经济利益,很可能会耕地撂荒。虽然《土地管理法》第 38 条规定:"禁止任何单位和个人闲置、荒芜耕地",但是作为耕地保护的特别法,草案应当就该问题予以回应,表明耕地保护的态度,以为后续的具体操作提供依据。

2022 年春发生的"小麦青储"事件,虽后被国家紧急叫停,但该事件暴露的问题值得深思,国家用行政手段的临时性禁止,并不能"一禁了之"。其中农民对农作物的处置权、正常利益追求等仍是需要面对的问题,草案作为耕地保护方面的特别法律,有必要表明自身的态度,为后续再次出现类似情况时的管理工作提供有力的法律依据。

再如,在从强调严控耕地数量,向"三位一体"转变时,应当进一步明确农田生态系统保护,适当扩大法律调整范围。草案按照我国耕地保护从重数量保护向数量、质量、生态"三位一体"保护转变的思路,增加了"耕地质量"与"耕地生态"的章节,但是在此次立法中,应当抓住机遇,放眼未来,更加强化质量、生态方面的制度。例如,对于农田生态系统的组成部分防护林和其他生物样种予以考虑,也有利于体现耕地保护在碳排放方面的积极价值。

(二) 条文修改建议(附理由)

1. 建议:在第 3 条【适用范围】第一款后增加:"本法没有规定的,适用《土地管理法》《黑土地保护法》等有关法律的规定。"

理由:原条文第一款规定了本法调整的内容,但本法所规定的事项未必能涵盖耕地保护的全部内容,为实现对耕地更为全面的保护,建议增加这一内容,以保障有关法律在耕地保护中的全面严密适用。

2. 建议:在第 6 条【科技创新与表彰奖励】之后增加一条,即"第×条【宣传教育】各级人民政府应当加强耕地保护宣传教育,充分利用新媒体、新渠道、新方式开展宣传教育工作,提高全社会的耕地保护意识"。

理由:为了动员社会力量共同保护耕地、监督耕地保护工作的落实,各级人民政府负有开展耕地保护宣传教育工作的职责。同时,当前新媒体发展迅速,应当发挥创新精神,运用多种方式方法进行宣传教育,提高工作效果,促进全社会形成保护永久基本农田的共识与氛围。

参考《黑土地保护法》第 7 条第一款"各级人民政府应当加强黑土地保护宣传教育,提高全社会的黑土地保护意识"。

3. 建议:将第 7 条【耕地保护在国土空间规划中的优先序】修改为:"编制国土空间规划应当坚持生态优先的前提下,实行耕地保护优先,将耕地和永久基本农田保护作为规划的重要内容,统筹布局农业、生态、城镇等功能空间,划定落实耕地和永久基本农田保护红线、生态保护红线和城镇开发边界,明确耕地保有量和永久基本农田保护面积,并依法向社会公开。"

理由:这一"编制国土空间规划应当坚持耕地保护优先"的规定,与现行《土地管理法》第18条规定的"编制国土空间规划应当坚持生态优先"存在明显矛盾,将导致在实施国土空间规划时,面临应先划生态保护红线还是优先划定落实永久基本农田的冲突问题。而且从本草案第14条【不得划为永久基本农田范围】中第一款第五项来看,"下列耕地不得划为永久基本农田:……(五)位于自然保护地核心保护区的耕地"的规定,仍然体现生态优先。

4. 建议:将第8条【规划传导】修改为:"省、自治区、直辖市人民政府应当将国务院确定的耕地保有量和永久基本农田保护任务分解下达,落实到具体地块。下级国土空间规划应当逐级落实上级国土空间规划确定的耕地保有量和永久基本农田保护面积。"

理由:本条规定由下级国土空间规划"分解"上级国土空间规划确定的耕地保护任务,可以理解为由下级国土空间规划编制机关享有分解耕地保护任务的权力,与现行法规定不符。依据现行法,有权分解耕地保护任务的主体为省、自治区、直辖市人民政府,省级之下的国土空间规划编制机关负有逐级落实的职责,而不享有分解的权力。

依据《土地管理法实施条例》"第十三条第二款 省、自治区、直辖市人民政府应当将国务院确定的耕地保有量和永久基本农田保护任务分解下达,落实到具体地块"。

5. 建议:在第9条【落实省级耕地保护目标】的第一款中,修改增补为:"省、自治区、直辖市人民政府应当严格执行国土空间规划,确保国土空间规划确定的本行政区域内的耕地和永久基本农田数量不减少、质量不降低。"

理由:本草案第7、8、9条均将耕地和永久基本农田置于同等保护地位,为强调和突出省级耕地保护中永久基本农田的重要性,以及实现条文间的逻辑协调,建议句子中增加"和永久基本农田"的字样。

6. 建议:将第10条【国土空间基础信息平台】和第29条【建设占用耕地论证】予以修改,即建议删掉"一张图"的表述。

理由:依据国土空间规划即可,至于国土空间规划"一张图"可以在政策中规定,乃至成为实践中的一种常识,但以法律规则来表述有失规范,不严谨。

7. 建议:将第12条【权属登记】第一款修改为:"耕地上依法设立的土地承包经营权等不动产权利受法律保护,任何单位和个人不得侵犯。土地承包经营权人、土地经营权人等耕地上不动产权利人,可以依法向登记机构申请登记。"

理由:依据现行法,土地承包经营权、土地经营权自合同生效时设立,不以登记为设立要件。本款将登记作为保护耕地上不动产权利的前提,而《民法典》《农村土地承包法》等法律、行政法规规定,土地承包经营权设立并不以登记为要件,应当予以修改。

参考《民法典》第333、341条;《农村土地承包法》第41条(条文略)。

8.建议:将第12条【权属登记】第二款中的"永久基本农田"改为"耕地和永久基本农田"。

理由:与本法第2条规定相吻合,因为登记时应当重视对包括永久基本农田在内的耕地的保护,而不是仅仅重视保护永久基本农田。

9.建议:将第13条【永久基本农田划定范围】修改为:"国家实行永久基本农田特殊保护制度。下列耕地应当优先划为永久基本农田:

(一)黑土层深厚、土壤性状良好的黑土地;

(二)经国务院农业农村主管部门或者县级以上地方人民政府批准确定的粮、棉、油、糖等重要农产品生产基地内的耕地;

(三)蔬菜生产基地内的耕地;

(四)农业科研、教学试验田内的耕地;

(五)有良好的水利与水土保持设施的耕地,正在实施改造计划以及可以改造的中、低产田和已建成的高标准农田范围内的耕地;

(六)国务院规定应当划为永久基本农田的其他耕地。

各省、自治区、直辖市划定的永久基本农田应当占本行政区域内耕地的百分之八十以上,具体比例由国务院根据各省、自治区、直辖市耕地实际情况规定。"

理由:第一,黑土地与原条文中第一款第一项、第三项、第四项、第五项的属性存在差异,黑土地是耕地本身的质量属性,而其他项是耕地的具体用途,因此,不应将黑土地放在各项之间,应将其置于第一项,以实现各项逻辑排列的清晰性。

第二,原条文第三项"(三)蔬菜生产基地"与其他项的表述不一,其他项均表明"内的耕地",若不增加"内的耕地"则存在将蔬菜生产基地内全部土地划分为永久基本农田的歧义,且增加"内的耕地"可实现各项之间的呼应。因此建议修改为"蔬菜生产基地内的耕地"。

第三,原条文第二款"各省、自治区、直辖市划定的永久基本农田一般应当占本行政区域内耕地的80%以上,具体比例由国务院根据各省、自治区、直辖市耕地实际情况规定"。其中"一般"一词可理解为还有特殊情形,即在特殊情况下永久基本农田的比例可低于80%,但本条并未对特殊情形予以规定;且"一般"一词也降低了对永久基本农田保护的强制性。因此,建议删除"一般"二字。

10. 建议:将第16条【永久基本农田入库、公告】第一款中的"永久基本农田应当在县级、乡(镇)级国土空间规划中标明具体位置"改为"永久基本农田应当在县级、乡(镇)级国土空间规划和村庄规划中标明具体位置"。

理由:在制定村庄规划时,也应当明确永久基本农田的位置,以便加强对永久基本农田的保护。

11. 建议:将第16条【永久基本农田入库、公告】第三款中的"范围"后增加"面积"二字。

理由:原条文第三款仅规定"永久基本农田的位置、范围"需向社会公告,但仅以上两个公告事项,公众无法全面获取永久基本农田的信息,并且本法第12条第二款已明确规定"永久基本农田的位置、范围、面积等信息,应当在不动产登记簿和证书上予以记载",为实现条文之间的统一,此条中应相应增加"面积"二字作为向社会公告的事项。

12. 建议:删除第18条【永久基本农田建设】第一款"改善生态环境"的表述。

理由:根据草案第4条关于耕地保护原则的规定以及第七章耕地生态的规定,对此款追求的"改善生态环境"目的能够作出保障,而在本条中"提高永久基本农田质量"才是最重要的目标,而"改善生态环境"恰是永久基本农田建设应当受到的制约。

13. 建议:替换第18条【永久基本农田建设】第三款中的"从事农业生产"为"经营"的表述。

理由:草案第18条第三款"国家提倡和鼓励农业生产者对其经营的永久基本农田施用有机肥料,合理施用化肥和农药。利用永久基本农田从事农业生产的单位和个人应当保持和培肥地力"中的"从事农业生产"的表述存在永久基本农田还可以进行非农业生产等其他用途的歧义,因此建议将其替换为"经营"二字。

14. 建议:在第 19 条【永久基本农田利用】句末增加"但是法律另有规定的除外"。同时,与草案第四章的规定及第 28 条规定相协调。

理由:《土地管理法》第 46 条第一款第一项规定征收"永久基本农田"由国务院批准,说明永久基本农田可以依法转为非农用地,此处完全禁止永久基本农田转为其他农用地,不符合举重明轻的法理。

15. 建议:在第 37 条【耕作层剥离】第一款增加:"建设单位应当加强对耕地耕作层土壤的保护,严格防止耕作层被污染。"第二款增加:"探索划定耕作层剥离储备区、组建耕地耕作层土壤流转平台、建立耕作层跨行政区利用制度。"

理由:一是耕地耕作层有较高的再利用价值,应当明确建设单位的保护义务;二是统筹划定耕作层剥离储备区有助于保障耕作层堆放安全,通过建立耕地耕作层土壤流转平台,实现供需之间的对接;三是在我国部分平原地区中,耕地耕作层剥离后并未得到充分利用,而丘陵山区等地区存在补充耕地、旱改水等需求,但缺乏优质土壤资源,因而探索建立耕作层跨行政区利用制度有助于提高耕作层剥离后的利用效率,改善补充耕地的质量。

16. 建议:第 28 条【耕地转为建设用地审批】采用《土地管理法》第 44 条的原文分款表述:

"建设占用土地,涉及耕地转为建设用地的,应当办理农用地转用审批手续。

永久基本农田转为建设用地的,由国务院批准。

在国土空间规划确定的城市和村庄、集镇建设用地规模范围内,为实施该规划而将永久基本农田以外的耕地转为建设用地的,按土地利用年度计划分批次按照国务院规定由原批准国土空间规划的机关或者其授权的机关批准。

在国土空间规划确定的城市和村庄、集镇建设用地规模范围外,将永久基本农田以外的耕地转为建设用地的,由国务院或者国务院授权省、自治区、直辖市人民政府批准。"

理由:与《土地管理法》第 44 条完全相同,分款表述清晰明确。

17. 建议:将第 30 条【建设占补平衡】第二款中"由县级人民政府落实补充耕地"的表述修改为:"由县级人民政府落实补充与所占用耕地数量和质量相当的耕地。"

理由:因为这里的法意仍应强调"与所占用耕地数量和质量相当的耕地"。

18. 建议：将第 36 条【耕地开垦】第三款修改为："省、自治区、直辖市人民政府应当组织自然资源主管部门、农业农村主管部门对开垦的耕地进行实地查看和验收，确保开垦的耕地落实到地块，满足耕作标准，划入永久基本农田的还应当纳入国家永久基本农田数据库严格管理。"

理由：不仅要确保开垦的耕地落实到地块，还应确保可耕作，即具备耕作的条件和质量。实践中不乏因城市开发、经济发展等多种原因，将耕地转为建设用地，并在村庄之间调剂耕地指标，存在大量不能用于耕作的荒山、荒地、荒滩等作为占用耕地的补充。由此，似乎耕地数量未有减少，但可耕作土地明显缩小，直接威胁粮食安全。

19. 建议：在第 40 条【轮作休耕与新技术运用】第一款中明确"国家建立耕地轮作休耕制度"时的责任主体。

理由：如不能明确，该规定将形同虚设。

20. 建议：将第 50 条【耕地所有权人和使用权人等的责任】修改为"国有耕地所有者职责履行主体、农村集体经济组织和土地承包经营权人、土地经营权人等有保护和合理利用耕地的义务，应当严格按照耕地用途管制要求使用耕地，保证耕地资源的可持续利用。耕地的发包方和承包方应当在土地承包合同、土地经营权流转合同中，明确实际经营人保护耕地、按照耕地用途管制要求使用耕地的义务。

各级人民政府应当加强农村集体经济组织建设，充分发挥其在耕地保护中的主体作用。实际经营人擅自实行改变耕地用途、损害耕地等行为的，农村集体经济组织或者土地承包经营权人有权制止，并向县级以上人民政府自然资源、农业农村、生态环境主管部门提出检举和控告。"

理由：首先，原表述对各种权利义务主体的表述不清晰。其次，我国实行土地的社会主义公有制，农村集体经济组织依法代表集体行使集体土地所有权，具有保护耕地的内在动力与现实需求。本条第一款明确其具有保护和合理利用耕地的义务，但现阶段我国大量农村集体经济组织被弱化，难以履行耕地保护义务，因而在强调其责任的同时应当加强其建设，增强其创造力、凝聚力、战斗力。草案将检举的主体限定在了"耕地权利人"，但非耕地权利人发现违法行为，为何不能进行检举？因此本立法建议扩充了检举主体的范围。

参考《民法典》第 262 条；《土地管理法》第 9、11 条等（条文略）。

21. 建议:将第 52 条【耕地保护补偿】规定的最后一句"可以根据实际"改为"应当根据实际"。

理由:这里的规定不是刚性条款,而"可以"则更加减轻了政府的义务,建议改为"应当",以表明国家立法对强化政府耕地保护责任的真意,而非可有可无。即"县级以上地方人民政府应当根据实际,建立本地区耕地保护补偿制度"。

22. 建议:在第 52 条【耕地保护补偿】规定后增加"并将耕地保护补偿资金纳入本级预算"的内容。

理由:本条第一款规定了耕地保护补偿制度,但未规定奖补资金的来源,为保障耕地保护补偿制度的落实,建议将奖补资金纳入本级预算。

23. 建议:在第 58 条【公益诉讼】条文的"人民检察院"后加入"符合条件的社会组织"的表述内容。即"第 58 条【公益诉讼】违反本法规定破坏耕地,导致国家利益或者社会公共利益受到侵害的,人民检察院、符合条件的社会组织可以根据相关法律规定提起公益诉讼"。

理由:根据《环境保护法》第 58 条之规定,符合"依法在设区的市级以上人民政府民政部门登记;专门从事环境保护公益活动连续五年以上且无违法记录"条件的社会组织可对污染环境、破坏生态、损害社会公共利益的行为提起公益诉讼。本法原条文仅规定了人民检察院的公益诉讼,未能涵盖符合条件的社会组织,一方面不利于对耕地的保护,另一方面未与现有立法实现协调。因此,建议增加符合条件的社会组织作为提起公益诉讼的主体。

24. 建议:将第 69 条【耕地污染的责任】修改为:"违反本法规定,造成耕地污染等行为的查处,适用《民法典》《环境保护法》《土壤污染防治法》等相关规定。"

理由:《民法典》《环境保护法》亦明确规定了环境污染责任,耕地污染等行为的查处亦有理由适用。

（三）深度解读范例

范例一:关于第 52 条【耕地保护补偿】条款

该条款曲解了耕地保护补偿制度乃至生态保护补偿制度的基本内涵,甚或存在助长权力寻租、徇私舞弊的风险,应予高度注意。解读如下:

1. 补偿与奖励异质

就耕地保护补偿之文义而言,其应当指:因耕地保护需要,限制自然人财产权的行使,造成自然人无法通过经营活动或者其他市场行为获得收益的场合下,为填补其可得利益损失,给予财产权行使受限制自然人合理金钱补偿。

"补偿"的本质在于填补损失,没有损失单纯给付金钱的行为,显然不应当被称为补偿。纯粹的金钱给付应当称为奖励。即补偿以存在损失为前提,以减少损失为目的,补偿请求权受法律保护;奖励不以存在损失为前提,以促进目标实现为目的,奖励请求权原则上不受法律保护。补偿和奖励存在明确的区隔,在法律中不应当混用。

虽然草案征求意见稿第 52 条中使用了"奖补",但是草案同条的条目、同条第一款文末以及第二款,都采用了"耕地保护补偿"的表述。在补偿和奖励异质的前提下,耕地保护补偿制度可以包括"补",能不能包括"奖"应当慎重考虑。

2. 奖励容易被滥用

(1)草案第 52 条第一款前段"奖"大于"补"

根据草案第 52 条第一款前段,限定列举(因为没有"等"字样)了可以"奖补"的 3 种情形,包括:保护任务重;保护目标责任完成好;粮食产量以及商品率高。

第一,保护任务重,可能包括:耕地面积大、存量耕地面积距离需要落实的目标差距大、耕地质量劣化严重将来难以达成耕地保护红线要求等情形。耕地保护任务重意味着为实现保护目标需要付出更多的努力以及财政方面的支持,然而,财政支持、鼓励保护责任主体主观能动性的措施等,更侧重于引导促进、鼓励嘉奖,这些措施与填补损失的性质完全不同。

第二,保护目标责任完成好,可能包括:保护目标完成的及时乃至提前完成、超过目标要求完成、目标责任落实情况好等情形。完成目标或者责任落实等,与需要损失填补的情形属于不同性质的情况。目标责任完成好情形下的金钱给付也只是单纯的"奖"励。

第三,粮食产量以及商品率高。这种情形是以鼓励提高粮食产量、促进粮食商品化为目标的。这种情形下的金钱给付显然没有填补损失的作用,只有促进目标实现的作用。

草案第 52 条第一款前段所列三种情形,全部是奖励的情形,缺少填补损失的成分。"地区""集体经济组织""国有农场"等主体,没有遭受损失的场合下,满足第52条第一款所列情形,即可获得金钱(虽然"地区""集体经济组织""国有农场"等主体可能为提高粮食产量、开垦耕地,投入一定成本,但是这种成本是正常经营活动的一环,不宜认定为损失)。鉴于奖励和填补损失的区隔,尽管这种激励机制本身值得肯定,应当单独列出,但是,奖励机制不应当与保护补偿混为一谈。

(2)奖励措施存在滥用风险

根据草案第52条第一款规定,其适用对象包括"地区""集体经济组织""国有农场"等。根据草案第55条【职责分工】,各行政区域内耕地保护、利用和监督管理主体是县级以上地方人民政府及其自然资源、农业农村、生态环境、水行政等有关部门,可以认为第52条第一款规定的奖励对象的"地区"指向县级以上地方人民政府及其自然资源、农业农村、生态环境、水行政等行政机关。从耕地利用的角度,承包耕地的主体应当是农户。但是,除行政机关外,同款奖励对象是"集体经济组织""国有农场"等。可以发现,奖励对象没有列举农户、农民等,而是"地区""集体经济组织""国有农场"等管理者,是往往不直接参与种植耕种的组织。奖励作为行政活动的一种,其决定发放主体是行政机关,且由于奖励是纯粹的授益行为,拥有决定权的行政机关享有充分的裁量空间,可以不受外界影响、按照自己的意志决定奖励与否、奖励谁、奖励多少。在利益驱使下,这种奖励机制存在被滥用的风险。

在奖励对象是"地区"的情形下,奖励的受益主体还是行政机关。这种"自己给自己发放奖励"的结构显然可能成为徇私舞弊、中饱私囊的温床。

在奖励对象是"集体经济组织"的情形下,奖励本身没有问题。然而,应当注意的是,实际落实保护任务、努力实现目标责任、提升产量和商品化率的是具体的农民个体。直接奖励对象设置为"集体经济组织"时,虽然集体经济组织可以再次分配奖励,但是分配与否、如何分配、分配给谁,都没有规则,或将成为新的农民集体与农户(经营者)的纠纷引爆点。

在奖励对象是"国有农场"的情形下,国有农场虽然不是行政机关,但是其类似事业单位,依然是行政方的组成部分。因此,"国有农场"作为奖励对象的弊端,与"地区"的情形相同。

3.耕地保护补偿的应有内容

（1）现行有关保护补偿的规范文本

根据《国务院办公厅关于健全生态保护补偿机制的意见》（国办发〔2016〕31号）的"（十）耕地。完善耕地保护补偿制度。建立以绿色生态为导向的农业生态治理补贴制度,对在地下水漏斗区、重金属污染区、生态严重退化地区实施耕地轮作休耕的农民给予资金补助。扩大新一轮退耕还林还草规模,逐步将25度以上陡坡地退出基本农田,纳入退耕还林还草补助范围。研究制定鼓励引导农民施用有机肥料和低毒生物农药的补助政策。（国土资源部、农业部、环境保护部、水利部、国家林业局、住房城乡建设部、财政部、国家发展改革委负责）"的要求内容,耕地保护补偿制度是生态补偿制度的一部分。耕地保护补偿的内容包括:给予"实施耕地轮作休耕"地区农民资金补助、鼓励引导农民施用有机肥料和低毒生物农药的补助政策等。应注意,上述国办发〔2016〕31号文的内容严格遵循了补偿的应有含义。休耕农民收入减少,购买有机肥料和低毒生物农药造成农民耕作成本升高,这些情形下的补助都是,为保护耕地农民个体造成财产性损失的前提下的金钱给付。耕地保护补偿原本应当是以存在损失为前提,以耕地直接相关的个体即农民为对象,填补农民收入减少或者成本升高造成的损失。

此外,《湿地保护法》第36条规定了湿地生态保护补偿制度,同条第四款明确规定"因生态保护等公共利益需要,造成湿地所有者或者使用者合法权益受到损害的,县级以上人民政府应当给予补偿"。可见,《湿地保护法》对于保护补偿也是定义在损失填补。

（2）耕地保护补偿制度中的财政转移

《长江保护法》第76条和《环境保护法》第31条均规定了保护补偿制度下的财政转移支付。财政转移支付制度,是平衡各级政府之间财政能力差异的财政资金转移或财政平衡制度。虽然财政转移支付在保护补偿制度中有着广泛运用,但是,财政转移支付本身不能决定转移支付的资金应当用于奖励,还是用于补偿。结合国办发〔2016〕31号文和《湿地保护法》第36条的规定,保护补偿制度下财政转移支付的目的是,由其他主体代替应当承担补偿费用,但是自身财政能力不足的主体支付补偿费用,即是行政机关债务的代位偿付。

（3）耕地保护补偿内容可能涵盖的范围

根据草案规定,耕地保护补偿可能涵盖的范围包括易地开垦、用途限制、轮作休耕、社会资本等 4 种情形。

第一,"易地开垦"主要涉及:草案第 9 条【落实省级耕地保护目标】、第 21 条【"进出平衡"实施】、第 33 条【土地开发复垦整理】。

易地开垦的情形下,建设用地使用地区在耕地供给地区开垦耕地。这意味着耕地供给地区需要牺牲原本使用建设用地的机会,承受建设用地使用权被限制而造成的损失。占用耕地地区应当给予提供耕地地区合理补偿,填补其损失。

第二,"用途限制"主要涉及:第 17 条【永久基本农田不得擅自占用】、第 19 条【永久基本农田利用】、第 24 条【优化耕地与林地、园地空间布局】、第 25 条【农业设施建设用地】、第 26 条【耕地种植用途管控】。

通常,用途限制可以细分为两类:一是土地用途限制。永久基本农田转用限制、永久基本农田转其他农用地限制、农业设施建设用地转用限制等。永久基本农田专用限制严格,原则上只能作为粮食生产用地。从草案第 13 条【永久基本农田划定范围】的规定而言,"永久基本农田"并非一种特殊的农田类型,其是在耕地范围内的实施最严格保护的区域。最严格保护区域最终仍然是一个空间范围,草案也没有完全禁止最严格保护区域的调整,因此,可以认为"永久基本农田"在划定范围或者调整范围的过程中,有充分可能将一般农田乃至其他类型土地划入"永久基本农田"。这种情形下,土地权利人利用土地的收益受到限制,当限制超越合理限度时,应当认为土地权利人遭受了损失,有权取得补偿。同理,农业设施建设用地专用限制亦同。原本可以作为建设用地使用土地,因法律规定被限制只能转为耕地,这对原农业设施建设用地权利人也可能造成财产性损失。二是土地使用方式限制。山坡种林果、平原种粮食,耕地上农作物的种植也会受到限制,农民不能完全依据自主意志决定承包地上的作物类型。从农民权益保护的角度而言,农民不应当也没有必要明知无法盈利乃至明知亏损,仍然种植指定作物。强制农民耕种导致农民收入降低的,应当认属于造成农民财产性损失。

第三,轮作休耕。草案第 40 条【轮作休耕与新技术运用】规定了轮作休耕制度。轮作休耕导致农民收入降低的,应当给予农民补偿。

第四,社会资本。草案第 46 条【社会资本参与】规定了可以指导社会资本参与耕地保护。社会资本具有逐利属性,其参与耕地保护主要源自其对收益的足够期待。因此,虽然其投下成本应当视为经营活动的一环,不应适用补偿,但耕地保护作为公益性极高、盈利性极差的活动,如果没有补助等作为激励,社会资本难以主动加入农业活动,各国经验均显示如此。尽管很难认定社会资本因参与耕地保护遭受法律上的损失,但是,为了实现耕地保护的市场化配置,可以考虑例外地将对社会资本的补助纳入耕地保护补偿的范围。

(4)基于耕地保护补偿特征的法则原理

耕地保护补偿作为损失补偿制度,应当遵循基本的损失补偿原理。

第一,合法侵权。损失因合法行政活动侵权而产生,违法的涉及耕地的土地管理行为,造成的损害,应当适用国家赔偿。

第二,补偿法定。耕地保护补偿有法律法规依据。

第三,对象仅限农民或农民集体。损失补偿对象应当是财产权益受到限制或剥夺的主体,即集体经济组织和农民个人。国有农场、地方政府等行政机关或者组织,原本应当代表公共利益,为了公共利益限制自身财产权行使,属于其作为社会管理者理应甘愿承受的限制,不构成特别牺牲,不应给予补偿。

4.耕地保护补偿和激励机制

尽管耕地保护补偿制度不应当包括草案第52条第一款列举的奖励事项,但是,第52条第一款列举的奖励事项应当作为耕地保护制度的激励机制之一。

保护任务重、保护目标责任完成好、粮食产量以及商品率高这3种情形下,对于"地区""集体经济组织""国有农场"的奖励,有助于提升主体积极性、优化粮食种植、提升粮食产量质量,保证耕地的可持续利用,促进农业的可持续发展。我们认为,这种奖励措施真正的作用在于农业振兴,而不限于耕地面积、质量的维持和提升。

为此,法律制度中的耕地保护可以分成消极保护和积极保护。消极保护包括:维持耕地面积、维持耕地质量等,以耕地不减少、不劣化等负面效果缩减为目的的保护措施。积极保护包括:开垦新耕地增加耕地面积、提升耕地质量、优化耕地利用等,以耕地面积扩大、利用效率提升等积极效果放大为目的的保护措施。

耕地保护补偿应当是消极保护的配套措施,奖励等激励机制应当是积极保护的配套措施。奖励不属于耕地保护补偿,不意味着其本身丧失正当性、必要性和可行性。即第52条第一款前段应当保留,并且作为单独的一个条文。第52条耕地保护补偿应当回归损失补偿,不应与奖励补偿混淆。

5.参考条文

《国务院办公厅关于健全生态保护补偿机制的意见》(国办发〔2016〕31号)"(十)耕地。完善耕地保护补偿制度。"

《中华人民共和国湿地保护法》第36条

《中华人民共和国长江保护法》第76条

《中华人民共和国环境保护法》第31条

(条文略)

范例二:关于第53—57条的"耕地督察"条款

草案第53—57条规定了耕地督察相关条款,分析如下:

1.党政同责与自然资源督察不契合

草案第53条可以认为是《土地管理法实施条例》(以下简称《条例》)第44条第一项的细化条款,并且结合党政同责原则,追加党委作为督察对象。根据中共中央办公厅、国务院办公厅关于印发《自然资源部职能配置、内设机构和人员编制规定》的通知(厅字〔2018〕69号),国家自然资源总督察由自然资源部部长兼任。根据2016年《国家土地督察条例(征求意见稿)》(以下简称《督察条例》),国家自然资源总督察由国务院设立。因此,国家自然资源督察是行政机构。行政机构直接督察党委,这种国家机关组织架构应当慎重。至少在党政分离的情形下,应当坚持党督察党委、最高行政机关督察行政机关。党政同责,也应当坚持双管齐下,不应当混同党政组织关系。上级行政机关直接向下级党委送达督察意见书、整改意见等文件时,无疑是突破了党组织和行政组织之间的区隔,这样则需要明确的宪法依据。

目前,比较稳妥的做法,应当是行政归行政、政党归政党。自然资源督察机构可以作为传达组织,向党委传达意见、提出建议,但是,督察意见、整改意见不应当由自然资源督察机构直接交付被督察党委,合理的路径应当先由自然资源督察机构送达上级党委,再由上级党委送达下级党委。

2.草案的督察措施可能导致强迫自证已罪

草案第54条第一款依据条例第45条前段规定了耕地督察的调查权,调查权的内容吸收了督察条例第 9 条的查阅、复制、提取和质询。草案第 54 条第二款依据条例第 45 条后段规定了被调查对象的配合义务,义务内容吸收了督察条例第 10 条第二款,要求被调查对象对提供材料的真实性和完整性负责,不得拒绝、拖延、谎报、瞒报等内容。

由于督察条例尚未公布,因此,草案的耕地保护督察措施的具体内容应当认为是创新性内容,并且,提前对自然资源督察的具体权限作出了规定。

应注意,耕地保护督察的调查权内容并无不妥。但关于被调查对象的配合义务的规定有违法治精神,因为:

第一,被督察对象是涉嫌违反耕地保护的组织及个人。依照刑法上不得强迫自证己罪原则,被调查对象的配合义务不应当涵盖提供可以证明自己违法乃至有罪的证据。

第二,保证材料的真实性和完整性,在不拒绝、拖延、谎报、瞒报的前提下,亦不应当也无法由这里的违法行为人提交足以证明自己违法乃至有罪的证据。

因此,草案第 54 条第二款后段存在强求被调查对象自证己罪的嫌疑。

从结果正义的角度而言,通过自证己罪最终达到检举犯罪、排除违法、威慑他人、预防再犯的效果时,我们可以认为正义最终实现,自证己罪只是过程性瑕疵。然而,从实际效果的考虑出发,即使法律要求违法嫌疑人自证己罪,违法嫌疑人也不一定必然按照法律要求提供真实材料、配合调查。反而,由于自证己罪条款的滥用,会造成无辜之人蒙冤受害。即使违法人员主动配合调查,提供真实材料和证据,这也是违法人员主观意志主导的行为,与自证己罪条款不存在直接关联。

3. 督察整改的权责分配不清

草案第 55 条除参照条例第 46 条,规定了督察意见、约谈责任人、整改报告等内容,吸收了督察条例第 17 条第二款(信息公开)、第 13 条第一款第一项(暂停用地审批),增加除了约谈之外的"其他督察措施""国务院主管部门的指导监督"。因此,草案第 55 条【督察整改】属于创新性条文。但该条文关于督察整改体系中各个组织之间关系的梳理比较粗糙。

第一,因党政同责,草案第 55 条第一句前段,将督察意见下达对象由条例第 46 条的"地方人民政府"改为了"地方"。言外之意,自然资源督察关于耕地保护督察的意见书可以下达给地方党委。这里的问题如前述,党政分离是法治国家基本要求,不应任意混同。

第二,关于地方整改情况,草案不同于督察条例,增设了"国务院有关主管部门"对地方整改情况的指导监督权。"国务院有关主管部门"的范围大于"自然资源部"。参考条例第46条和督察条例的规定,整改是地方人民政府自主行为,整改不力的判断全权交由自然资源督察机构。草案如增设"国务院有关主管部门"对整改指导监督后,会引发一系列问题:首先,整改不力的判断由谁下达? 国务院其他主管部门和自然资源部关于整改效果的判断相左时,谁的判断优先? 其次,指导和监督的情形下,国务院其他主管部门基于监督权,指导地方进行整改,地方按照国务院其他主管部门要求整改完成后,被自然资源部认定整改不力,此时,整改不力的责任应当归由谁承担? 若全部归于地方,则明显有失公平。最后,即使承认国务院其他主管部门指导监督后的整改不力,由地方承担全部责任的情形下,地方听从国务院其他主管部门指导建议的意义何在? 国务院其他主管部门的指导建议如百害而无一利,赋予其他主管部门指导监督权的意义也随之丧失。

第三,对比草案第55条和督察条例第13条,草案第55条没有吸收暂停建设用地供应、暂停安排使用年度新增建设用地计划指标等两项措施。耕地作为最重要的土地资源之一,实行最严格的耕地保护制度应当配套相应的落实和惩罚措施。虽然耕地对应农转用和征地审批的暂停,但是,为了实现耕地保护,暂停建设用地供应、暂停安排使用年度新增建设用地计划指标理应作为惩罚性措施纳入督察整改措施之中。这样才能通过有效威慑力,遏制违反耕地保护行为的产生。

4.案件移交制度有缺漏

草案第57条规定涉嫌耕地保护犯罪的案件移交程序规定。其中,涉嫌耕地保护犯罪的移交对象只规定了公安机关。这里缺漏了渎职罪类型犯罪的移交情形。行政机关工作人员涉嫌耕地保护犯罪,违法批准、非法批准、玩忽职守、徇私舞弊等行为构成渎职罪时,移交对象还应包括检察机关和监察机关。

5.参考条文

《国家土地督察条例(征求意见稿)》(全文略)

三、《土地整治条例（专家试拟稿）》
（附立法说明）

《土地整治条例（专家试拟稿）》

第一章　总　则

第一条【立法目的】为了规范土地整治活动，加强耕地保护，提高耕地质量，实施藏粮于地和全面节约战略，实现耕地质量和生态的统一保护，保障土地资源的可持续利用，根据宪法和相关法律，结合我国实际，制定本条例。

第二条【调整范围】本条例所称土地整治，是指对涉农的田、水、路、林、村等实行综合治理，对生产建设活动破坏或者自然灾害毁损的宜农土地进行复垦，对未利用、低效利用、不合理利用土地进行开发，提高土地利用效率，改善农业生产条件和生态环境的活动。

第三条【基本原则】开展土地整治活动应当坚持创新、协调、绿色、开放、共享的发展理念，落实最严格的耕地保护制度和最严格的节约集约用地制度，实现生态效益、社会效益和经济效益相统一。

土地整治活动应当坚持政府主导、因地制宜、坚守耕地红线、加强生态保护、促进城乡统筹、维护群众权益的基本原则。

第四条【管理体制】国务院领导全国土地整治工作，协调解决土地整治中的重大事项，并将土地整治所需经费纳入年度财政预算。

县级以上人民政府统一领导本行政区域内的土地整治工作。县级以上人民政府自然资源主管部门负责本行政区域内土地整治的管理和监督检查工作。各级自然资源主管部门所属国土空间生态修复机构负责土地整治的具体工作。

县级以上人民政府其他有关部门依照本条例的规定和各自的职责做好土地整治有关工作。

乡（镇）人民政府、街道办事处或者县（市、区）人民政府确定的单位，负责土地整治项目的组织实施工作。

第五条【工作配合】村民委员会、农村集体经济组织、国有农场（林场、渔场）以及农业承包经营企业等相关组织和个人，应当支持、配合和参与土地整治相关工作。

第六条【从业单位】土地整治从业单位应当具备国家规定的相应资质，并向省级人民政府自然资源主管部门申请备案登记，纳入管理。

第七条【监督检查】县级以上人民政府自然资源主管部门应当依据职责加强对土地整治情况的监督检查。被检查的单位或者个人应当如实反映情况，提供必要的资料。

任何单位和个人不得扰乱、阻挠土地整治工作，破坏土地整治工程、设施和装备。

第八条【工作机制】探索建立土地整治激励机制。鼓励农村集体经济组织和农村村民自主开展土地整治和高标准农田建设；鼓励和引导社会资金参与土地整治。

探索建立土地整治市场化机制。推进土地整治市场化，建立多元化的土地整治投融资渠道，形成以政府资金为主导，吸引社会资金投入的土地整治资金保障体系。

第九条【标准体系】建立健全土地整治标准体系。编制土地整治方案、实施土地整治工程、开展土地整治验收等活动，应当遵守土地整治国家标准；没有国家标准的，应当遵守土地整治行业标准。

第十条【监测平台】县级以上地方人民政府自然资源主管部门应当建立土地整治监测制度，加强土地整治项目立项、审批管理。

国务院和各省、自治区、直辖市人民政府的自然资源主管部门应当建立健全土地整治监测监管系统，及时备案土地整治项目的审批、实施、验收和评价等信息，实现土地整治活动全程动态监管。

第十一条【权益保障】单位和个人利用社会资金参与土地整治活动的，其合法权益受法律保护。

第十二条【表彰奖励】国家鼓励和支持土地整治科学研究和技术创新，推广先进的土地整治技术。

在土地整治工作中作出突出贡献的单位和个人，按照国家有关规定予以表彰和奖励。

第二章　土地整治规划

第十三条【规划编制】县级以上人民政府自然资源主管部门应当根据当地经济社会发展情况,依据国民经济和社会发展规划、国土空间规划等,按照上级土地整治规划确定的目标要求,组织编制本行政区域的土地整治专项规划,经同级人民政府同意后,报上一级人民政府自然资源主管部门批准。

土地整治规划经批准后,必须严格执行,不得擅自修改。确需修改的,按照程序报原批准机关审批。

经批准的土地整治规划应当主动向社会公布。

第十四条【乡镇规划】乡(镇)、村可根据需要,组织编制乡(镇)土地整治规划,推进农村土地综合整治。

第十五条【意见征集】土地整治规划在报批或者送审前,编制土地整治规划草案的自然资源主管部门应当将土地整治规划草案通过公示、论证会、座谈会等方式,公开征求社会公众和专家的意见。

采取公示方式征求意见的,公示的时间不得少于三十日。

第十六条【规划协调】县级以上人民政府自然资源主管部门编制土地整治规划,应当以本行政区域国民经济和社会发展规划、国土空间规划、上一级土地整治规划以及土地整治潜力调查情况等为依据,与林地保护利用规划、草原保护建设利用规划等规划相衔接。

第十七条【规划内容】土地整治规划主要包括下列内容:

(一)土地整治区域现状分析;

(二)土地整治潜力调查评估;

(三)土地整治目标和任务;

(四)生态环境影响评估和预防措施;

(五)土地整治总体安排;

(六)重点整治区域、重点工程和重大项目;

(七)补充耕地的占补平衡方案;

(八)资金使用和效益分析;

(九)整治规划实施保障措施;

(十)法律、法规中规定的其他内容。

第十八条【禁止范围】土地整治禁止毁林、毁草开荒,破坏生态环境。土地整治规划原则上禁止或严格控制开发以下区域:

(一)二十五度以上的陡坡地;

(二)饮用水水源一级保护区和农村饮用水水源保护范围;

(三)自然保护区;

(四)重点生态功能区、生态环境敏感区和脆弱区;

(五)法律、法规禁止的其他区域。

第十九条【年度计划】县级以上人民政府自然资源主管部门应当根据土地整治规划和上级下达的补充耕地年度计划,编制本行政区域的土地整治年度计划,划定土地整治项目区。

第三章　土地整治实施

第二十条【总体要求】土地整治按照项目实施管理,依法实行招标投标、工程监理、合同管理和公告等制度,并按照规定进行工程结算、财务决算和竣工验收。

土地整治项目,应当符合国土空间规划、土地整治规划和年度计划以及水土保持、生态环境保护、历史文化名城名镇名村保护等有关规定。

土地整治涉及国有土地的,应当征得土地使用权人的同意;涉及集体所有土地的,应当征得土地使用权人的同意,并经本集体经济组织成员的村民会议三分之二以上成员或者三分之二以上村民代表同意。

土地整治涉及合法建筑物搬迁或者拆除的,应当征得建筑物所有权人的同意。

第二十一条【审批主体】土地整治项目,由县级以上人民政府自然资源主管部门实行分级审批。

土地整治项目经批准后,由县级人民政府自然资源主管部门报本级人民政府备案。

第二十二条【申报主体】县级人民政府负责组织乡、镇人民政府及农业、水利、林业等部门进行土地整治项目的申报。

第二十三条【申报材料】土地整治项目申报应当向县(市、区)自然资源主管部门提交下列材料:

（一）土地整治项目立项申请书；

（二）土地整治项目规划设计材料及相关图件；

（三）土地整治项目资金预算；

（四）建筑物所有权人、土地使用权人以及农村集体经济组织或者村民（代表）会议的意见；

（五）土地整治后形成耕地的后续管护方案；

（六）法律、法规规定应当提交的其他材料。

前款规定的规划设计和资金预算，应当按照国家和省有关标准编制。

第二十四条【审批程序】县级以上自然资源主管部门应当自收到土地整治项目立项申报材料之日起三十日内以书面形式作出是否同意立项的决定。同意立项的，应当及时报本级人民政府备案。

县级以上自然资源主管部门作出决定前，应当组织有关部门和专家进行实地踏勘、论证，形成书面论证意见。

第二十五条【项目承担单位】土地整治项目的规划设计单位、施工单位、监理单位依照招标投标法律、法规规定的条件和程序确定。

第二十六条【过程控制】施工单位应当按照项目设计和施工合同进行施工，不得擅自变更项目建设位置、建设规模、建设标准和建设内容。

第二十七条【项目变更】项目组织实施单位在土地整治项目实施过程中，不得变更土地整治项目的规划设计。确需变更的，资金预算的变化幅度在百分之十以内的规划设计变更，应当报经县（市、区）土地整治机构批准；资金预算的变化幅度超过百分之十的规划设计变更，应当按照原立项审批程序报经批准。

依照前款规定变更规划设计的，不得降低规划设计预设的质量等级。

第二十八条【土壤利用】土地整治项目实施过程中，根据项目设计需要剥离耕作层表土的，应当先进行表土剥离，剥离的表土应当用于耕地质量建设。

剥离的耕作层土壤可以用于新垦耕地和劣质耕地改良、生产建设用地复垦、农用地整理、高标准基本农田建设以及城市绿化等。

第二十九条【项目评定】土地整治项目竣工后，项目所在地县（市、区）自然资源主管部门应当会同同级农业主管部门，根据国家农业用地质量分等定级规程组织开展耕地质量等级评定。如果同一土地整治项目跨两个以上的县级行政区域，则由其共同的上级自然资源主管部门会同同级农业主管部门组织开展耕地质量等级评定。

耕地质量等级评定的内容包括土壤质地、有机质、酸碱度以及耕作层厚度、田面平整度、灌排水条件、道路通达条件、生态承受能力等指标。

未经耕地质量等级评定或者经评定耕地质量等级未达到规划设计预设的质量等级的,不得进行土地整治项目验收。

第三十条【监督管理】土地整治项目验收合格的,由项目组织实施单位负责后续管护工作。项目组织实施单位应当监督农村集体经济组织、村民委员会、耕地承包方等单位和个人落实后续管护措施。

土地整治项目的后续管护期限不得少于三年。县级以上人民政府农业主管部门应当依照耕地质量法律、法规、规章的规定,加强对耕地种植和地力提升的指导和支持。

土地整治后形成的耕地应当用于农业生产,未依法办理农用地转用手续的,不得转为非农业生产用地。

第三十一条【信息公开】县级以上人民政府自然资源主管部门应当依照档案管理法律、法规规定,建立土地整治项目档案,并与农业、林业、海洋与渔业等部门以及辖区乡(镇)人民政府、街道办事处实行信息共享。

土地整治项目的完整实施情况应当形成书面报告,由项目所在地的县级人民政府自然资源主管部门在项目竣工验收合格后三十日内予以主动公开。同一土地整治项目在两个以上县级行政区域的,涉及的县级人民政府自然资源主管部门均应当公开。

第四章 土地整治验收

第三十二条【土地质量等级评定】土地整治项目工程竣工后,县级以上自然资源主管部门应当会同农业主管部门,根据国家农用地分等定级规程组织开展耕地质量等级评定。

未经耕地质量等级评定或者经评定耕地质量等级未达到项目规划设计预设的质量等级的,不得进行土地整治项目验收。

第三十三条【合格标准】国务院自然资源主管部门应当会同财政、农业、水利、生态环境等相关部门和有关专家制定国家土地整治项目验收合格标准。

县级以上自然资源主管部门应当会同同级财政、农业、水利、生态环境等相关部门和有关专家,依据土地整治项目验收合格的国家标准,结合地区实际,制定地方土地整治项目验收合格标准。

第三十四条【组织验收】土地整治项目竣工后,由县级以上自然资源主管部门会同本级财政等部门及时组织相关专家,按照项目设计、合格标准与预算标准进行项目竣工验收。项目竣工验收应当有项目所在地群众代表参加。

第三十五条【验收凭证】县级以上自然资源主管部门组织验收合格的,应当出具验收合格证明,项目承担单位应当将工程建设及资金使用情况于二十个工作日内向社会公开。

验收不合格的,应当出具书面整改意见,项目承担单位应当在限期内完成整改后重新申请验收。

第三十六条【定期复核】县级以上自然资源主管部门应当加强对土地整治工作的监督管理,组织有关部门和专家对土地整治项目进行督导、抽查和复核,主要内容包括:

(一)项目组织管理与制度执行情况;

(二)项目建设工程任务完成情况;

(三)项目资金拨付、使用和管理情况;

(四)新增耕地数量和质量情况;

(五)土地权属调整和农民权益维护情况;

(六)项目竣工验收和后期管护情况;

(七)法律、法规明确规定的其他内容。

第三十七条【复核措施】县级以上人民政府自然资源主管部门开展土地整治抽查、复核工作时,可以采取下列措施:

(一)要求被检查的单位或者个人提供土地整治项目的有关文件和资料,进行查阅或者复制;

(二)要求被检查单位或者个人就有关问题做出说明;

(三)进入土地整治项目现场进行勘测;

(四)法律、法规明确规定的其他措施。

第三十八条【效益评价】县级以上人民政府自然资源主管部门应当会同财政、农业、水利、生态环境等部门,对土地整治项目的耕地质量改善、工程管护、资金使用等情况和项目实施后产生的社会、经济、生态效益进行土地整治效益评价,并定期向本级人民政府和上一级主管部门报告土地整治效益评价结果。评价结果是年度计划编制的重要依据。

第三十九条【后期管护】土地整治项目竣工验收合格的,项目承担单位应当在三十日内办理移交手续,将土地整治形成的新增耕地和农田水利、田间道路、农田林网等工程设施移交权利人。工程设施移交手续办理后,应当确定工程设施的管护主体:

(一)受益范围跨区(县)行政区域的工程设施,由市级人民政府确定管护单位;

(二)受益范围跨乡(镇)行政区域的工程设施,由县级人民政府确定管护单位;

(三)受益范围跨行政村的工程设施,由乡(镇)人民政府、街道办事处负责管护或者委托村(居)民委员会负责管护;

(四)受益范围为一个行政村的工程设施,由村(居)民委员会负责管护或者委托受益范围内的农村集体经济组织负责管护。

工程设施管护主体应当制订管护方案,确定管护人员,落实管护责任,保障工程设施正常运行。对在保修期内的工程设施,由项目施工单位按照合同约定承担维修责任。项目后续管护期限不得少于三年。

第四十条【新增土地去向】县级以上自然资源主管部门应当建立本级新增耕地指标库,新增耕地指标纳入县级以上新增耕地指标库,严格按照国家有关规定管理。

土地整治后形成的新耕地应当用于农业生产,并依法确定承包经营主体,符合法律、法规规定条件的,优先划入基本农田保护范围。新耕地未依法办理农用地转用手续,不得转为非农业生产用地,不得随意改变土地用途。

对农村集体建设用地复垦形成的新增耕地指标,应当优先用于项目所在地的农村村民生产生活、乡(镇)村公共设施和公益事业建设和农业发展。

第四十一条【新增土地权属】整治国有土地或者集体所有土地,整治后的新增土地所有权不变。

土地整治项目竣工验收后,新增土地权属确需调整的,由土地所有权人协商解决,并依法办理土地权属变更登记手续;协商不成的,由本级自然资源主管部门依照相关法律法规的规定执行。

任何单位和个人不得借土地整治名义擅自调整新增土地权属,侵犯农村村民合法权益。

第四十二条【信息共享】县级以上人民政府自然资源主管部门应当依照档案管理法律、法规规定建立土地整治档案,将有关资料及时归档保存,并与同级农业、水利、林业、海洋与渔业、生态环境等部门以及乡(镇)人民政府、街道办事处实行信息共享。

第五章　土地整治保障

第四十三条【资金来源】土地整治资金来源主要包括高标准农田建设资金、补充耕地资金、农村建设用地整理资金和土地复垦资金等。补充耕地资金、农村建设用地整理资金和土地复垦资金的收取标准,由地级以上市人民政府确定。

第四十四条【使用原则】土地整治资金实行专款专用,单独核算,不得超出使用范围和标准列支土地整治资金。

禁止任何单位和个人骗取、截留、滞留、挤占、挪用土地整治资金。

第四十五条【融资模式】土地整治融资模式主要包括公益性、半营利性与营利性三种。

公益性土地整治融资的资金由政府部门提供,主要由国家财政承担。

半营利性土地整治融资以政策性金融为主体融资方式。

营利性土地整治融资以市场融资为主,由市场化融资提供全部资金,由非政府部门承担。

第四十六条【使用范围】土地整治资金可用于以下方面:

(一)耕地开发;

(二)耕地保护;

(三)基本农田建设;

(四)土地复垦;

(五)土地整理;

(六)与土地整治相关的其他支出。

第四十七条【预决算管理】土地整治项目资金实行预算和决算管理制度。县级以上人民政府自然资源、财政主管部门负责使用同级政府土地整治资金的土地整治项目预算的审核和批复,监督项目预算的执行。

第四十八条【监督管理】县级以上人民政府自然资源、财政、审计主管部门应当加强对土地整治项目资金使用情况的监督和管理,严格资金使用方向,提高资金的使用效益。

审计主管部门应当及时公开审计结果。

第四十九条【队伍建设】县级以上人民政府自然资源主管部门应当明确专门机构并配备专职人员负责土地整治监督管理工作。

县级以上人民政府自然资源主管部门应当制订土地整治工作培训计划,提供培训条件,定期对负责土地整治工作的专职人员进行培训和考核,提升队伍专业素质与工作能力。

第五十条【技术保障】县级以上人民政府自然资源主管部门应当推进土地整治大数据采集和存储,加强电子设备应用和网络运维的技术保障,打通数据资源共享通道,实现土地整治信息的互联互通。

第五十一条【公众参与】国家鼓励公众参与土地整治活动。

县级以上人民政府及其有关部门应当依法公开土地整治项目的相关信息,完善公众参与程序,为公民、法人和非法人组织参与和监督土地整治项目提供便利。

土地整治公众参与应当遵循依法、有序、公开、便利的原则。

第六章　法律责任

第五十二条【总体责任】违反本条例前文禁止性规定的,依照相关法律或者行政法规的规定予以处罚。

第五十三条【违法更改用途】县级以上人民政府自然资源主管部门及其工作人员擅自更改土地用途,违规开发、扩大城镇建设用地的,由有权机关责令限期改正;情节严重的,对直接负责的主管人员和其他直接责任人员依法予以处分。

第五十四条【行政机关责任】县级以上人民政府自然资源主管部门及其工作人员有下列情形之一的,由有权机关责令改正;情节严重的,对直接负责的主管人员和其他直接责任人员依法予以处分,并扣减土地利用年度计划指标:

(一)破坏农村特色和风貌,不注重保护具有历史文化和景观价值的传统建筑;

（二）涉及农村拆迁安置的新居建设,未向农村村民提供多种建房选择;

（三）忽视农村村民意愿及其实际承受能力,不顾条件盲目推进、大拆大建;

（四）在农村地区盲目建高楼、强迫农村村民住高楼;

（五）其他与地方经济社会发展水平和农业产业发展不相适应的行为。

第五十五条【侵害农民权益责任】开展增减挂钩侵害农村村民合法权益,有下列行为之一的,由有权机关责令改正;情节严重的,对直接负责的主管人员和其他直接责任人员依法予以处分,并扣减土地利用年度计划指标:

（一）不举行听证会、论证会,未听取当地农村基层组织和农村村民的意见;

（二）未征得农村集体组织和农村村民同意,强行开展增减挂钩试点;

（三）违反明晰产权、维护权益的原则,不注重合理分配土地调整使用中的增值收益,未明确受益主体,所获土地增值收益未用于支持农业农村发展和改善农民生产生活条件;

（四）新增建设用地计划中城镇村建设占用耕地指标和独立选址项目占用耕地指标混合使用的;

（五）侵害农村和农村村民利益的其他行为。

第五十六条【破坏资金管理责任】破坏涉农资金管理制度,有下列情形之一的,由有权机关责令改正;情节严重的,对直接负责的主管人员和其他直接责任人员依法予以处分,并扣减土地利用年度计划指标:

（一）擅自更改相关涉农资金的聚合渠道和用途;

（二）未以新增建设用地土地有偿使用费、用于农业土地开发的土地出让收入、耕地开垦费和土地复垦费等资金为主体,对相关涉农资金进行专账管理并统筹集中使用;

（三）土地出让收益未优先用于农业土地开发和农村基础设施建设等;

（四）新增建设用地土地有偿使用费未用于基本农田建设和保护、耕地开发和土地整理;

（五）对民间资本参与增减挂钩试点和农村土地整治行为的监管缺位;

（六）其他破坏涉农资金管理制度的行为。

第五十七条【超出立项范围责任】各地土地整治工作超出重大工程立项范围进行项目调整或者因建设条件发生重大变化等情况,导致重大工程无法按原计划继续实施的,经省级自然资源主管部门和财政部门同意后,取消该地的中央财政支持。

第五十八条【违反规划责任】通过农村村民自建整治模式实施的重大工程建设,违反相关项目规划设计和有关技术标准,造成严重后果的,追究直接负责的主管人员和其他直接责任人员的行政责任,并对相关农村集体经济组织、新型农业经营主体进行行政处罚,构成犯罪的,移送司法机关处理。

第五十九条【其他追责情形】违反本条例规定,损害他人民事权益的,依法承担民事责任;构成违反治安管理行为的,由公安机关依法给予治安管理处罚;构成犯罪的,依法追究刑事责任。

第七章 附 则

第六十条【施行日期】本条例自 年 月 日起施行。

附件:《土地整治条例(专家试拟稿)》立法说明

一、立法试拟稿整体说明

1.立法的必要性

《土地整治条例(专家意见稿)》(以下简称《条例》)是《土地管理法》重要的配套法规。2019 年修正后的《土地管理法》在国土空间规划、耕地保护、集体经营性建设用地入市、宅基地管理等方面进行了较大幅度的修改、完善。土地整治作为一种对未利用、低效利用、不合理利用以及损毁土地进行整备建设的自然资源治理活动,旨在提高土地利用率、促进土地资源可持续利用,是加强耕地保护的必要举措。我国土地整治事业的发展状况直观地呈现于我国土地整治法制建设的实践之中。

一方面,我国土地整治的规范体系不断健全与发展。自 1997 年《关于进一步加强土地管理切实保护耕地的通知》首次正式地将"土地整理"这一概念写入中央文件,以及 1998 年《土地管理法》第 41 条首次将"土地整理"确定为法律概念以来,我国《水土保持法》(2010 年修订)、《湿地保护法》(2021 年制定)等法律相继对土地整治进行了原则性规定。在此期间,我国还陆续出台了 20 余部与土地整治紧密相关的规划、实施、管理、监督等方面的行政法规和部门规章。

另一方面,我国土地整治法律规范的滞后性逐渐显现。随着国土资源利用形势的复杂化,土地整治的内涵呈现出不断丰富的趋势,倒逼我国相关立法亟须强化自身的系统性与协调性。就现有规范体系而言,我国土地整治相关规定散见于《土地管理法实施条例》《土地复垦条例》等行政立法序列的相关规范性文件中,尚无土地整治的专门立法,使得土地整治中出现多方法律规范相互制肘的情况。例如,涉及土地权属调整问题时,一些地方的村民以《农村土地承包法》为依据,阻碍土地权属调整,造成土地整治规划难以落实,土地利用状况难以得到有效的改善。此外,各地区土地整治监督机制、资金管理、土地整治成果验收、土地整治权力监督等方面存在明显的结构性失调,暴露出我国土地整治立法层级过低、相关立法协调统筹性不足的弊端。

基于此,有必要通过国家层面的土地整治立法来实现高位统筹,调和相关法律之间的冲突,纾缓、化解土地整治过程中潜在的风险,处理好国家投资与地方创新的关系,规范引领政府与各类土地整治主体的行为,保障土地整治的持续健康发展。对此,可以于我国行政立法序列的行政法规中增设《土地整治条例》,对土地整治的具体措施、操作程序、标准体系和行政权力监督等内容进行规定,实现更为全面的规范统筹与系统化设定。

2. 立法工作思路

(1)认真贯彻落实中央精神

党的十八大和十八届三中全会对加强立法工作,完善中国特色社会主义法律体系提出了明确要求。依循《中共中央关于全面深化改革若干重大问题的决定》有关"建设美丽中国深化生态文明体制改革、健全城乡发展一体化体制机制"的要求,以及《中共中央关于全面推进依法治国若干重大问题的决定》有关"深入推进依法行政,加快建设法治政府"的规定,制定《土地整治条例》具有重要意义。《土地整治条例》旨在突破我国土地整治实践中存在的规范体系性较弱、专门性不足、效力层级较低等问题,在制度层面优化对土地整治实践的规范与引导,对参与主体、主体权能、操作程序和法律责任等内容进行系统规定,以改变土地整治实践中,权益纠纷出现时无法可依、侵犯农民权益、责任监管不力的现状。

(2)吸收既有的立法实践经验

多年来,我国地方政府在开展土地整治过程中,结合当地实际对土地整治立法进行了深入探索,为规范有序推进土地整治提供了基本制度保障。例如:2006年,湖南省制定的《湖南省土地开发整理条例》为我国第一部土地整治地方法规;2010年,贵州省通过了《贵州省土地整治条例》,标志着我国土地整治地方立法进入新发展阶段,对全国土地整治工作起到先行示范作用。此后,黑龙江、湖北、浙江、山西、山东等省份相继出台省级土地整治条例,整体上提高了我国土地整治活动的法治化水平,也为国家层面的土地整治立法积累了宝贵的经验。

(3)抓住主要矛盾并重点突破

现阶段的土地整治立法,要紧密围绕全面建成小康社会的目标要求,坚持创新、协调、绿色、开放、共享的发展理念。积极配合落实最严格的耕地保护制度和最严格的节约用地制度,抓住现有立法效力层级偏低、体系性不强与土地整治实践复杂化之间的矛盾,围绕规划、实施、验收、保障与法律责任等关键点强化立法,以期推进土地整治的有序开展,促进"五化"同步发展。

3. 需要特别说明的起草建议事项

(1)明确加强耕地保护的宗旨地位

《中共中央、国务院关于加强耕地保护和改进占补平衡的意见》(中发〔2017〕4号)明确提出"坚持最严格的耕地保护制度和最严格的节约用地制度……加强耕地管控、建设、激励多措并举保护,采取更加有力措施,依法加强耕地占补平衡规范管理"的总体要求。基于此,《条例》明确国家开展土地整治活动的根本目的在于加强耕地保护,并强调"提高耕地质量,实施藏粮于地和节约优先战略,实现耕地质量和生态的统一保护,保障土地资源的可持续利用"。在规范层面确立"创新、协调、绿色、开放、共享"的发展理念和"政府主导、因地制宜、坚守耕地红线、促进城乡统筹、加强生态保护、维护群众权益"的基本原则。《条例》旨在着力实现耕地数量、质量、生态"三位一体"保护,管控、建设、激励多措并举,统筹实施农用地整治、高标准农田建设、城乡建设用地增减挂钩、历史遗留工矿废弃地复垦等土地整治工作,有效补充耕地、提高粮食综合生产能力,落实藏粮于地、藏粮于技战略,从而大力提高土地节约集约利用水平,缓解资源环境约束压力,以更少的土地投入支撑经济社会可持续发展。

(2)整合优化土地整治既有的法律法规

《条例》结合我国土地整治相关立法实践,在统筹既有的土地整治规划管理、土地整治资金管理、土地整治项目管理、土地整治权属管理、土地整治增减挂钩、土地整治监测监管、耕地质量监测评价、土地整治绩效评价等制度基础上,从全局立场上以行政法规的形式对我国土地整治的原则、对象、程序、法律责任等作出明确规定,奠定我国土地整治管理的高位阶规范框架,以克服我国土地整治规范效力层级较低、不同部门规范之间协调性欠佳、各地方规范存在冲突等问题。基于此,《条例》从"土地整治规划""土地整治实施""土地整治验收""土地整治保障"以及"法律责任"等维度建构规范框架,并强调"建立健全系统化的土地整治标准""资金管理""权利人权益保障"等内容,以实现对土地整治规划、施工、验收等活动进行全方位统筹管理。

(3)强化土地整治的事后监督检查

根据《中共中央关于全面深化改革若干重大问题的决定》"必须切实转变政府职能,深化行政体制改革,创新行政管理方式,增强政府公信力和执行力,建设法治政府和服务型政府",以及《中共中央关于全面推进依法治国若干重大问题的决定》"建立空间规划体系,划定生产、生活、生态空间开发管制界限,落实用途管制。健全能源、水、土地节约集约使用制度"的要求。为了全面提高国土资源监管水平,我国土地资源管理方式应当逐步从注重微观管理转向加强宏观调控,从重事前审批转向重事中事后监管,从侧重行政手段转向综合多重管理手段。因此,土地整治管理方式和实施模式需要进行系统性改革,逐步建立"纵向部级监管、省级负责、市县人民政府组织实施"的管理制度,充分调动地方积极性和创造性,开拓土地整治规划、实施、验收、复合全过程信息公开、公众参与和监督渠道,形成行政体制内部、外部双重监督机制。

(4)优化对利益相关主体的权益保障

《中共中央、国务院关于做好2022年全面推进乡村振兴重点工作的意见》强调"实行耕地保护党政同责,严守18亿亩耕地红线",首次提出"按耕地和永久基本农田、生态保护红线、城镇开发边界的顺序,统筹划定落实三条控制线"的耕地保护新标准,这就要求耕地保护既需要坚守"不能把农村土地集体所有制改垮了,不能把耕地改少了,不能把粮食生产能力改弱了,不能把农民利益损害了"的底线要求,从耕地总体数量、土地质量和空间分布等方面实行刚性保护;也需要从"加快生态文明体制改革,建设美丽中国"的绿色发展出发,发挥耕地保护的功能多样性和价值多元性作用,"坚持绿水青山就是金山银山的理念,坚持山水林田湖草沙一体化保护和系统治理,像保护眼睛一样保护生态环境",

努力实现"保障区域和国家粮食安全、生态安全和社会稳定"的耕地保护新格局。对此,《条例》不仅在总则中对利益相关人员的权益保障予以明确,并且从"意见征集""信息公开""新增地权属""公众参与"以及"侵权法律责任"等多个方面进行专门规制,力求在最大限度上实现多元利益诉求的统筹兼顾。

二、立法试拟稿分章说明

《土地整治条例(专家意见稿)》分为七章,包括总则、土地整治规划、土地整治实施、土地整治验收、土地整治保障、法律责任和附则,共计 60 条。本条例的立法技术运用符合《立法技术规范(试行)(一)》《立法技术规范(试行)(二)》的相关规定。

1.关于第一章　总则

《条例》在总则部分设置了 12 个条款,对立法目的、调整范围、法律适用关系等一般性立法事项进行规定,还对土地整治工作中的工作原则、管理体制、标准体系、权益保障等专门事项进行调整。具体来讲,总则部分从法治理念与法律规则两个层面为土地整治工作确立规范,既规定土地整治活动之一般规则,又建立起与其他有关规范相协调的衔接机制。一方面,总则的一般规则提纲挈领地统摄下设各章之内容,对所有土地整治活动都有高位效力。当土地整治、司法实践中没有准确的具体条款可以适用时,可以通过运用总则部分的原则性规定来定分止争。另一方面,本条例下设的其他章节是对总则一般规则的具体展开,旨在提高总则条款的可操作性。

2.关于第二章　土地整治规划

土地整治规划是实现国土空间规划的重要措施。本章下设 7 个条款,尝试对土地整治规划权力配置(第 13、14、16 条)、土地整治民意表达渠道(第 15 条)、土地整治规划具体内容(第 17、18 条)以及土地整治规划适用范围(第 19 条)进行系统规定,在明确土地整治规划活动中各级人民政府及其相关职能部门的职权范围基础上,积极探索土地整治规划协调化、民主化、科学化、规范化的实践进路。

3.关于第三章　土地整治实施

在法治的发展进程中,立法是基础,施法是关键。本章下设 12 个条款,聚焦土地整治实施的具体事项,尝试从总体要求(第 20 条)、土地整治参与主体(第

21、22、25条)、土地整治前中后诸要件(第23、24、26—31条)三个维度建构实践路径,旨在加强对土地整治规划的执行,明确各主体的权力与职责、权利与义务,将土地整治实施的全过程纳入法治框架,强化土地整治的层级管理与多元化监督,保障我国土地整治实施和耕地保护落实。

4. 关于第四章　土地整治验收

为确保土地整治的实施效果、发现实践中存在的问题,进一步提高土地整治的质量,《条例》第四章以 11 个条款的容量就土地整治验收工作进行规定。具体而言,本章从统一标准(第32、33条)、组织验收(第34、35条)、复核评价(第36—38条)、新地管理(第39—42条)四个方面展开。土地整治验收是一个要求多部门协同、多时空统筹的复杂活动,这就要求立法中妥善协调各相关部门规章的具体规定,在此基础上形成统一的验收、复合与评价标准。此外,《条例》还强调对新增土地的合理管理与维护,旨在进一步加强土地整治的实施效果。

5. 关于第五章　土地整治保障

加强土地整治的资金管理、人才培养、技术支持、公众参与是确保耕地总量不减少、质量有提高和保障国家粮食安全的重要举措。本章下设 9 个条款,建构起土地整治资金保障(第43—48条)、人才队伍建设(第49条)、技术保障(第50条)以及公众参与(第51条)四项保障机制,旨在突破既有土地整治保障机制的单一化、部门化、地域化的不足,形成土地整治多要素并举的复合型保障机制。

6. 关于第六章　法律责任

在立法中设置法律责任条款可以惩治违法行为,防止违法现象的发生,保护国家利益和公民个人以及组织的合法权益。本章下设 8 个条款,按照总体责任(第52条)、具体违法行为的法律责任列举(第53—58条)以及其他违法行为责任的兜底条款(第59条)的体例进行设置。其中以具体列举的方式明确违法更改用途、行政机关责任、侵害农民权益责任、破坏资金管理责任、超出立项范围责任和违反规划责任等六大违法责任,以加强对相关违法行为的预防与惩戒,确保土地整治事业的良性发展。

主要参考文献

一、著作

（一）中文著作

1.习近平:《论坚持全面依法治国》,中央文献出版社 2020 年版。

2.《习近平谈治国理政》,外文出版社 2014 年版。

3.《习近平谈治国理政》第二卷,外文出版社 2017 年版。

4.《习近平谈治国理政》第三卷,外文出版社 2020 年版。

5.《习近平谈治国理政》第四卷,外文出版社 2022 年版。

6.《习近平法治思想概论》,高等教育出版社 2021 年版。

7.《习近平关于"三农"工作论述摘编》,中央文献出版社 2019 年版。

8.《习近平关于全面依法治国论述摘编》,中央文献出版社 2015 年版。

9.《习近平关于社会主义经济建设论述摘编》,中央文献出版社 2017 年版。

10.中共中央宣传部、中央全面依法治国委员会办公室:《习近平法治思想学习纲要》,人民出版社、学习出版社 2021 年版。

11.中共中央宣传部编:《习近平新时代中国特色社会主义思想三十讲》,学习出版社 2018 年版。

12.《行政法与行政诉讼法学》编写组:《行政法与行政诉讼法学》(第二版),高等教育出版社 2018 年版。

13.操小娟:《土地利用中利益衡平的法律问题研究》,人民出版社 2006 年版。

14.陈立夫:《土地法研究》(二),新学林出版社 2011 年版。

15.陈锡文、韩俊主编:《乡村振兴制度性供给研究》,中国发展出版社 2019 年版。

16.陈小君等:《农村土地法律制度研究——田野调查解读》,中国政法大学出版社 2004 年版。

17.陈小君等:《我国农村集体经济有效实现的法律制度研究——理论奠基与制度构

建》,法律出版社 2016 年版。

18.董祚继:《农村土地管理制度改革探索》,中国大地出版社 2009 年版。

19.杜伟等:《农村宅基地退出与补偿机制研究》,科学出版社 2015 年版。

20.付梅臣、王金满、王广军:《土地整理与复垦》,地质出版社 2007 年版。

21.甘藏春:《土地正义》,商务印书馆 2021 年版。

22.甘藏春等:《当代中国土地法若干重大问题研究》,中国法制出版社 2019 年版。

23.高飞:《集体土地所有权主体制度研究》(第二版),中国政法大学出版社 2017 年版。

24.高飞:《集体土地征收法制改革研究:法理反思与制度重构》,中国政法大学出版社 2019 年版。

25.何毅亭主编:《以习近平同志为核心的党中央治国理政新理念新思想新战略》,人民出版社 2017 年版。

26.贺雪峰、桂华、夏柱智:《地权的逻辑》(3),中国政法大学出版社 2018 年版。

27.黄薇主编:《中华人民共和国民法典总则编释义》,法律出版社 2020 年版。

28.季卫东:《法律程序的意义》,中国法制出版社 2012 年版。

29.陆剑:《集体经营性建设用地入市的法律规则体系研究》,法律出版社 2015 年版。

30.史尚宽:《物权法论》,中国政法大学出版社 2000 年版。

31.宋志红:《中国农村土地制度改革研究》,中国人民大学出版社 2017 年版。

32.孙鹏等:《集体建设用地流转的风险控制与法律构造》,华中科技大学出版社 2016 年版。

33.孙宪忠:《中国物权法总论》(第三版),法律出版社 2014 年版。

34.王廷勇、杨遂全、周联克:《中国土地制度"试点试验"研究》,科学出版社 2018 年版。

35.魏莉华:《新〈土地管理法实施条例〉释义》,中国大地出版社 2021 年版。

36.肖黎明:《倾听田野:集体土地征收法律制度研究》,知识产权出版社 2020 年版。

37.谢志岿:《弹簧上的行政:中国土地行政运作的制度分析》,商务印书馆 2015 年版。

38.熊丙万:《私法的基础:从个人主义走向合作主义》,中国法制出版社 2018 年版。

39.杨合庆主编:《中华人民共和国土地管理法释义》,法律出版社 2020 年版。

40.叶必丰:《行政法与行政诉讼法》(第五版),中国人民大学出版社 2019 年版。

41.臧俊梅:《中国农地发展权的创设及其在农地保护中的运用研究》,科学出版社 2011 年版。

42.章剑生:《现代行政法总论》(第 2 版),法律出版社 2019 年版。

43.周佑勇:《行政法原论》,北京大学出版社 2018 年版。

44.朱道林:《土地增值收益分配悖论:理论、实践与改革》,科学出版社 2017 年版。

(二) 中文译著

1.[德]鲍尔·施蒂尔纳:《德国物权法》上册,张双根译,法律出版社 2004 年版。

2.[德]菲利普·黑克:《利益法学》,傅广宇译,商务印书馆 2016 年版。

3.[德]哈贝马斯:《公共领域的结构转型》,曹卫东、王晓钰、刘北城、宋伟杰译,学林出版社 1999 年版。

4.[德]哈尔穆特·毛雷尔:《行政法学总论》,高家伟译,法律出版社 2000 年版。

5.[德]卡尔·拉伦茨:《法学方法论》,陈爱娥译,商务印书馆 2003 年版。

6.[德]罗伯特·阿列克西:《法律论证理论——作为法律证立理论的理性论辩理论》,舒国滢译,中国法制出版社 2002 年版。

7.[德]施密特·阿斯曼:《秩序理念下的行政法体系建构》,林明锵等译,北京大学出版社 2012 年版。

8.[法]孟德斯鸠:《论法的精神》(上),张雁深译,商务印书馆 1961 年版。

9.[美]E.博登海默:《法理学:法律哲学与法律方法》,邓正来译,中国政法大学出版社 2004 年版。

10.[美]奥尔森:《集体行动的逻辑》,陈昕译,上海人民出版社 2014 年版。

11.[美]霍菲尔德:《基本法律概念》,张书友译,中国法制出版社 2009 年版。

12.[美]卡尔·罗文斯坦:《现代宪法论》,王锴、姚凤梅译,清华大学出版社 2017 年版。

13.[美]P.诺内特、P.塞尔兹尼克:《转变中的法律与社会:迈向回应型法》,张志铭译,中国政法大学出版社 1994 年版。

14.[美]朱迪·弗里曼:《合作治理与新行政法》,毕洪海、陈标冲译,商务印书馆 2010 年版。

15.[日]美浓部达吉:《公法与私法》,黄冯明译,中国政法大学出版社 2003 年版。

16.[日]长野郎:《中国土地制度的研究》,强我译,中国政法大学出版社 2004 年版。

17.[英]史蒂芬·奥斯本:《新公共治理? ——公共治理理论和实践方面的新观点》,包国宪、赵晓军等译,科学出版社 2016 年版。

18.[英]T.R.S.艾伦:《法律、自由与正义——英国宪政的法律基础》,成协中、江菁译,法律出版社 2006 年版。

(三) 外文著作

1.Cullingworth, B. & Nadin, V. (2006), *Town and Country Planning in the UK*, Routledge.

2.Evans, A. W. (2008), *Economics, Real Estate and the Supply of Land*, John Wiley &

Sons.

3.Galgano, F. (2012), *Diritto privato*, Cedem.

4.Gravells, N. (Ed.). (2013), *Landmark Cases in Land Law*, Bloomsbury Publishing.

5.Massey, C. R. (2012), *Property Law: Principles, Problems, and Cases*, Thomson/West.

6.Ramos de Armas F. (2014), *Arrendamientos Rústicosy Legislación Agraria Básica*, Civitas.

7.Tewdwr-Jones, M. (2017), *Spatial Planning and Governance: Understanding UK Planning*, Bloomsbury Publishing.

8.Vilalta, A. E. & Méndez, R. M. (2004), *Propiedad de la tierra y su explotación*, Bosch.

9.Weinrib, E. J. (2012), *The Idea of Private Law*, Oxford University Press.

二、论文

(一) 中文论文

1.习近平:《充分认识颁布实施民法典重大意义 依法更好保障人民合法权益》,《求是》2020 年第 12 期。

2.习近平:《扎实推进共同富裕》,《求是》2021 年第 20 期。

3.蔡昉:《中国农村改革三十年——制度经济学的分析》,《中国社会科学》2008 年第6 期。

4.蔡乐渭:《从拟制走向虚无——土地征收中"公共利益"的演变》,《政法论坛》2012年第 6 期。

5.曹端海:《土地督察的政府监督治理作用分析》,《中国土地》2017 年第 4 期。

6.曹鎏:《作为化解行政争议主渠道的行政复议:功能反思及路径优化》,《中国法学》2020 年第 2 期。

7.曹益凤:《宅基地使用权继承的制度困境与出路选择》,《农业经济问题》2020 年第3 期。

8.陈柏峰:《土地发展权的理论基础与制度前景》,《法学研究》2012 年第 4 期。

9.陈海嵩:《"生态保护红线"的法定解释及其法律实现》,《哈尔滨工业大学学报(社会科学版)》2017 年第 4 期。

10.陈江龙等:《农地非农化效率的空间差异及其对土地利用政策调整的启示》,《管理世界》2004 年第 8 期。

11.陈美球等:《落实耕地占补产能平衡的思考》,《中州学刊》2018 年第 1 期。

12.陈明:《历史比较事业下的土地冲突:土地权力与土地权利的互动》,《南京农业大学学报(社会科学版)》2017年第1期。

13.陈颀、燕红亮:《地权的时空切割:农地新政如何受到制度路径依赖的制约》,《学术月刊》2021年第3期。

14.陈颀:《从"一元垄断"到"二元垄断"——土地开发中的地方政府行为机制研究》,《社会学研究》2019年第2期。

15.陈甦:《城市化过程中集体土地的概括国有化》,《法学研究》2000年第3期。

16.陈卫华、吕萍:《宅基地制度改革的创新动力:困局与突围——基于对两轮试点调研的分析》,《农村经济》2022年第5期。

17.陈小君、高飞、耿卓:《我国农村集体经济有效实现法律制度的实证考察——来自12个省的调研报告》,《法商研究》2012年第6期。

18.陈小君、蒋省三:《宅基地使用权制度:规范解析、实践挑战及其立法回应》,《管理世界》2010年第10期。

19.陈小君:《〈土地管理法〉修法与新一轮土地改革》,《中国法律评论》2019年第5期。

20.陈小君:《〈民法典·物权编〉用益物权制度立法得失之我见》,《当代法学》2021年第2期。

21.陈小君:《〈农村土地承包法〉2018年修正版再解读》,《中德法学论坛》2019年第1期。

22.陈小君:《集体建设用地使用权物权规则之省察反思》,《现代法学》2021年第6期。

23.陈小君:《民法典时代土地管理法制改革契机与优化路径论纲》,《学术月刊》2022年第3期。

24.陈小君:《农村集体土地征收的法理反思与制度构建》,《中国法学》2012年第1期。

25.陈小君:《土地改革之"三权分置"入法及其实现障碍的解除——评〈农村土地承包法修正案〉》,《学术月刊》2019年第1期。

26.陈小君:《我国农村土地法律制度变革的思路与框架——十八届三中全会〈决定〉相关内容解读》,《法学研究》2014年第4期。

27.陈小君:《我国农民集体成员权的立法抉择》,《清华法学》2017年第2期。

28.陈小君:《我国涉农民事权利入民法典物权编之思考》,《广东社会科学》2018年第1期。

29.陈小君:《新时代治理体系中〈土地管理法〉重要制度贯彻之要义》,《土地科学动态》2020年第2期。

30.陈小君:《宅基地使用权的制度困局与破解之维》,《法学研究》2019 年第 3 期。

31.陈小君教授课题组:《"三块地"改革试点之规划权行使调研报告》,《土地法制科学》(第 5 卷)。

32.陈晓红、朱蕾、汪阳洁:《驻地效应——来自国家土地督察的经验证据》,《经济学(季刊)》2018 年第 1 期。

33.陈阳:《论我国土地督察制度良善化进路——以中央与地方关系为视角》,《东方法学》2017 年第 2 期。

34.陈越峰:《城市空间利益的正当分配——从规划行政许可侵犯相邻权益案切入》,《法学研究》2015 年第 1 期。

35.陈志刚、王青、赵小风、黄贤金:《中国土地违法现象的空间特征及其演变趋势分析》,《资源科学》2010 年第 7 期。

36.程洁:《土地征收征用中的程序失范与重构》,《法学研究》2006 年第 1 期。

37.程雪阳:《集体经营性建设用地入市背景下土地税制的完善》,《武汉大学学报(哲学社会科学版)》2022 年第 4 期。

38.程雪阳:《论集体土地征收与入市增值收益分配的协调》,《中国土地科学》2020 年第 10 期。

39.程雪阳:《土地发展权与土地增值收益的分配》,《法学研究》2014 年第 5 期。

40.程雪阳:《土地法治四十年:变革与反思》,《中国法律评论》2019 年第 1 期。

41.程雪阳:《中国宪法上国家所有的规范含义》,《法学研究》2015 年第 4 期。

42.崔建远:《行政合同族的边界及其确定根据》,《环球法律评论》2017 年第 4 期。

43.崔文星:《权力抑或权利:中国土地开发权性质辨析》,《广东社会科学》2020 年第 4 期。

44.崔智友:《中国村民自治的法学思考》,《中国社会科学》2001 年第 3 期。

45.邓佑文:《行政参与权的政府保障义务:证成、构造与展开》,《法商研究》2016 年第 6 期。

46.范柏乃、汪基强、张晓玲、肖莉:《国家土地督察制度实施绩效评估的理论基础与指标体系构建》,《中国土地科学》2012 年第 4 期。

47.方涧:《我国土地征收补偿标准实证差异与完善进路》,《中国法律评论》2019 年第 5 期。

48.房绍坤、曹相见:《集体土地所有权的权能构造与制度完善》,《学习与探索》2020 年第 7 期。

49.房绍坤:《民法典用益物权规范的修正与创设》,《法商研究》2020 年第 4 期。

50.房绍坤:《农村集体经营性建设用地入市的几个法律问题》,《烟台大学学报(哲学社会科学版)》2015年第3期。

51.封丽霞:《国家治理转型的纵向维度》,《东方法学》2020年第2期。

52.冯应斌、杨庆媛:《农户宅基地演变过程及其调控研究进展》,《资源科学》2015年第3期。

53.伏绍宏等:《集体经营性建设用地入市收益分配机制:现实考量与路径选择——以郫都区为例》,《农村经济》2017年第10期。

54.高飞:《论集体土地所有权主体立法的价值目标与功能定位》,《中外法学》2009年第6期。

55.高飞:《土地征收中公共利益条款适用的困境及其对策》,《学术月刊》2020年第4期。

56.高飞:《〈民法典〉集体所有权立法的成功与不足》,《河北法学》2021年第4期。

57.高飞:《集体土地征收程序的法理反思与制度重构》,《云南社会科学》2018年第1期。

58.高飞:《落实集体土地所有权的法制路径——以民法典物权编编纂为线索》,《云南社会科学》2019年第1期。

59.高飞:《征地补偿中财产权实现之制度缺失及矫正》,《江西社会科学》2020年第2期。

60.高富平:《重启集体建设用地市场化改革的意义和制度需求》,《东方法学》2014年第6期。

61.高海:《论集体土地股份化与集体土地所有权的坚持》,《法律科学(西北政法大学学报)》2019年第1期。

62.高海:《农村宅基地上房屋买卖司法实证研究》,《法律科学(西北政法大学学报)》2017年第4期。

63.高圣平、刘守英:《宅基地使用权初始取得制度研究》,《中国土地科学》2007年第2期。

64.高圣平:《论集体建设用地使用权的法律构造》,《法学杂志》2019年第4期。

65.高圣平:《宅基地性质再认识》,《中国土地》2010年第1期。

66.耿宝建、岑潇、王筱青:《新土地管理法征收补偿制度变化与司法应对》,《法律适用》2022年第6期。

67.耿卓、孙聪聪:《乡村振兴用地难的理论表达与法治破解之道》,《求是刊》2020年第5期。

68.耿卓:《承包地"三权分置"政策入法的路径与方案——以〈农村土地承包法〉的修改为中心》,《当代法学》2018年第6期。

69.耿卓:《集体建设用地向宅基地的地性转换》,《法学研究》2022 年第 1 期。

70.耿卓:《农民土地财产权保护的观念转变及其立法回应——以农村集体经济有效实现为视角》,《法学研究》2014 年第 5 期。

71.桂华:《城乡建设用地二元制度合法性辨析——简论我国土地宪法秩序》,《法学评论》2016 年第 1 期。

72.郭洁:《论永久基本农田质量保护的物权模式》,《农村经济》2021 年第 1 期。

73.郭洁:《土地用途管制模式的立法转变》,《法学研究》2013 年第 2 期。

74.郭洁:《乡村振兴视野下村庄公益用地法律制度改革研究》,《法学评论》2020 年第 5 期。

75.韩松:《城镇化进程中入市集体经营性建设用地所有权归属及其与土地征收制度的协调》,《当代法学》2016 年第 6 期。

76.韩松:《农民集体土地所有权的权能》,《法学研究》2014 年第 6 期。

77.韩长赋:《中国农村土地制度改革》,《农业经济问题》2019 年第 1 期。

78.郝庆:《面向生态文明的国土空间规划价值重构思辨》,《经济地理》2022 年第 8 期。

79.郝庆:《对机构改革背景下空间规划体系构建的思考》,《地理研究》2018 年第 10 期。

80.胡大伟:《土地征收与集体经营性建设用地入市利益协调的平衡法理与制度设计》,《中国土地科学》2020 年第 9 期。

81.胡动刚、蒙萌、胡思颖、李雪妍、鲍泽韩:《2010 年以来从土地整治到全域整治的热点研究和阶段分析——基于耕地保护视角》,《华中农业大学学报》2021 年第 6 期。

82.胡建:《农村宅基地使用权有限抵押法律制度的构建与配套》,《农业经济问题》2015 年第 4 期。

83.黄海潮等:《中国耕地空间格局演化对耕地适宜性的影响及政策启示》,《中国土地科学》2021 年第 2 期。

84.黄征学、蒋仁开、吴九兴:《国土空间用途管制的演进历程、发展趋势与政策创新》,《中国土地科学》2019 年第 6 期。

85.黄忠:《城市化与"入城"集体土地的归属》,《法学研究》2014 年第 4 期。

86.黄忠:《城乡统一建设用地市场的构建:现状、规模与问题分析》,《社会科学研究》2018 年第 2 期。

87.黄忠:《集体建设用地制度改革的征税与征收模式辨析》,《中外法学》2022 年第 1 期。

88.江必新:《论行政规制基本理论问题》,《法学》2012 年第 12 期。

89.江苏省高级人民法院民一庭:《国有土地使用权合同案件审判疑难问题研究——〈最高人民法院关于审理涉及国有土地使用权合同纠纷案件适用法律问题的解释〉施行十二周年回顾与展望》,《法律适用》2017年第21期。

90.江苏省高级人民法院行政庭课题组:《关于构建土地非诉行政案件"裁执分离"模式的调研报告》,《行政法学研究》2022年第1期。

91.姜海、陈乐宾:《土地增值收益分配公平群体共识及其增进路径》,《中国土地科学》2019年第2期。

92.姜明安:《公众参与与行政法治》,《中国法学》2004年第2期。

93.孔雪松等:《面向乡村振兴的农村土地整治转型与创新思考》,《中国土地科学》2019年第5期。

94.李国敏等:《耕地占补平衡政策执行偏差及纠偏路径》,《中国行政管理》2017年第2期。

95.李国强:《〈土地管理法〉修正后集体建设用地使用权的制度构造》,《云南社会科学》2020年第2期。

96.李俊:《中国土地治理的规划权体系构建》,《云南社会科学》2020年第2期。

97.李林林、靳相木、吴次芳:《国土空间规划立法的逻辑路径与基本问题》,《中国土地科学》2019年第1期。

98.李蕊:《管制及其改进:中国土地管理制度改革的逻辑进路》,《广东社会科学》2020年第4期。

99.李长健:《论农民权益的经济法保护——以利益与利益机制为视角》,《中国法学》2005年第3期。

100.李忠夏:《"社会主义公共财产"的宪法定位:"合理利用的规范内涵"》,《中国法学》2020年第1期。

101.廖宏斌:《土地违法:一个政府行为的组织制度分析》,《华中师范大学学报(人文社会科学版)》2017年第4期。

102.刘国臻:《论我国土地发展权的法律性质》,《法学杂志》2011年第3期。

103.刘凯湘:《法定租赁权对农村宅基地制度改革的意义与构想》,《法学论坛》2010年第1期。

104.刘磊:《中国土地制度的宪法解释:问题、争议及权衡》,《学术月刊》2019年第1期。

105.刘守英、熊雪锋:《经济结构变革、村庄转型与宅基地制度变迁——四川省泸县宅基地制度改革案例研究》,《中国农村经济》2018年第6期。

106.刘守英:《中国城乡二元土地制度的特征、问题与改革》,《国际经济评论》2014年第 3 期。

107.刘桃菊、陈美球:《中国耕地保护制度执行力现状及其提升路径》,《中国土地科学》2020 年第 9 期。

108.刘伟:《坚持新发展理念,推动现代化经济体系建设——学习习近平新时代中国特色社会主义思想关于新发展理念的体会》,《管理世界》2017 年第 12 期。

109.刘新卫等:《建设 4 亿亩高标准基本农田的思考与建议》,《中国人口·资源与环境》2012 年第 3 期。

110.刘彦随、乔陆印:《中国新型城镇化背景下耕地保护制度与政策创新》,《经济地理》2014 年第 4 期。

111.刘禹涵:《我国土地征收制度改革的问题与走向》,《河北法学》2017 年第 4 期。

112.龙花楼、张英男、屠爽爽:《论土地整治与乡村振兴》,《地理学报》2018 年第 10 期。

113.卢超:《行政许可承诺制:程序再造与规制创新》,《中国法学》2021 年第 6 期。

114.陆剑:《集体经营性建设用地入市的实证解析与立法回应》,《法商研究》2015 年第 3 期。

115.吕成、蒋仁开:《土地使用权转让法律规制的困境与出路》,《中国土地科学》2019 年第 11 期。

116.吕晓、钟太洋、张晓玲、黄贤金、田兴:《土地督察对土地违法的遏制效应评价》,《中国人口·资源与环境》2012 年第 8 期。

117.牛善栋、方斌:《中国耕地保护制度 70 年:历史嬗变、现实探源及路径优化》,《中国土地科学》2019 年第 10 期。

118.欧阳君君:《集体经营性建设用地入市范围的政策逻辑与法制因应》,《法商研究》2021 年第 4 期。

119.彭錞:《土地发展权与土地增值收益分配:中国问题与英国经验》,《中外法学》2016 年第 6 期。

120.彭錞:《中国集体土地征收决策机制:现状、由来与前景》,《华东政法大学学报》2017 年第 1 期。

121.漆信贤等:《面向新时代的耕地保护矛盾与创新应对》,《中国土地科学》2018 年第 8 期。

122.齐睿、李振贵、李梦洁:《土地征收补偿与安置制度辨析》,《中国行政管理》2015 年第 1 期。

123.钱文荣等:《中国农村土地要素市场化改革探源》,《农业经济问题》2021 年第 2 期。

124.曲福田等:《从政治秩序、经济发展到国家治理:百年土地政策的制度逻辑和基本经验》,《管理世界》2021 年第 12 期。

125.申惠文:《法学视角中的农村土地三权分离改革》,《中国土地科学》2015 年第 3 期。

126.沈福俊:《非诉行政执行裁执分离模式的法律规制》,《法学》2015 年第 5 期。

127.石佑启:《论民法典时代的法治政府建设》,《学术研究》2020 年第 9 期。

128.宋亚辉:《风险控制的部门法思路及其超越》,《中国社会科学》2017 年第 10 期。

129.宋志红:《集体建设用地使用权设立的难点问题探讨:兼析〈民法典〉和〈土地管理法〉有关规则的理解与适用》,《中外法学》2020 年第 4 期。

130.宋志红:《宅基地"三权分置"的法律内涵和制度设计》,《法学评论》2018 年第 4 期。

131.孙聪聪:《集体经营性建设用地入市的规划实现研究》,《广西大学学报(社会科学版)》2022 年第 5 期。

132.孙建伟:《土地开发权应作为一项独立的财产权》,《东方法学》2018 年第 5 期。

133.孙晓勇:《农地诉讼案件的审理难点及对策——基于 12 省 30 县市区的调研数据》,《现代法学》2021 年第 4 期。

134.孙晓勇:《农地诉讼频发的成因分析——以司法实践调研为基础》,《中国法律评论》2021 年第 1 期。

135.谭明智:《严控与激励并存:土地增减挂钩的政策脉络及地方实施》,《中国社会科学》2014 年第 7 期。

136.谭荣:《探析中国土地要素市场化的治理结构》,《国际经济评论》2021 年第 2 期。

137.唐秀美等:《基于全过程的土地整治项目实施问题、成因及对策研究》,《中国土地科学》2018 年第 3 期。

138.汪莉等:《论土地整治中新增耕地使用权的制度完善》,《山东社会科学》2017 年第 5 期。

139.汪习根:《论习近平法治思想的时代精神》,《中国法学》2021 年第 1 期。

140.汪晓华:《构建城乡统一建设用地市场:法律困境与制度创新》,《江西社会科学》2016 年第 11 期。

141.王崇敏:《论我国宅基地使用权制度的现代化构造》,《法商研究》2014 年第 2 期。

142.王贵松:《论行政行为的违法性继承》,《中国法学》2015 年第 3 期。

143.王敬波:《政府信息公开中的公共利益衡量》,《中国社会科学》2014 年第 9 期。

144.王克稳:《论我国经营性土地征收制度改革》,《法律适用》2019 年第 7 期。

145.王利明:《法治:良法与善治》,《中国人民大学学报》2015 年第 2 期。

146.王卫国、朱庆育:《宅基地如何进入市场——以画家村房屋买卖案为切入点》,《政法论坛》2014 年第 3 期。

147.王振标:《论村内公共权力的强制性——从一事一议的制度困境谈起》,《中国农村观察》2018 年第 6 期。

148.王志鑫:《自然生态空间用途管制的法律制度应对》,《中国土地科学》2020 年第 3 期。

149.温良友等:《基于区域协同的我国耕地保护补偿框架构建及其测算》,《中国农业大学学报》2021 年第 7 期。

150.温世扬、潘重阳:《宅基地使用权抵押的基本范畴与运行机制》,《南京社会科学》2017 年第 3 期。

151.温世扬:《集体经营性建设用地"同等入市"的法制革新》,《中国法学》2015 年第 4 期。

152.吴加明:《"以股权转让方式转让土地使用权"行为的司法认定》,《政治与法律》2018 年第 12 期。

153.吴义龙:《集体经营性建设用地入市的现实困境与理论误区——以"同地同权"切入》,《学术月刊》2020 年第 4 期。

154.吴玉哲、于浩洋:《农村集体建设用地住宅用途入市的现实约束与赋能探索》,《中国土地科学》2021 年第 5 期。

155.吴昭军:《集体经营性建设用地土地增值收益分配:试点总结与制度设计》,《法学杂志》2019 年第 4 期。

156.谢鸿飞:《〈民法典〉中土地经营权的赋权逻辑与法律性质》,《广东社会科学》2021 年第 1 期。

157.谢潇:《民法典编纂视野下土地经营权概念及规则的妥当构造》,《当代法学》2020 年第 1 期。

158.徐娜、李雪萍:《治理体系现代化背景下跨部门协同治理的整合困境研究》,《云南社会科学》2016 年第 4 期。

159.徐晓波:《城市边缘区土地增值收益分配研究——基于罗尔斯分配正义的视角》,《广西大学学报(哲学社会科学版)》2018 年第 6 期。

160.徐运凯:《行政复议法修改对实质性解决行政争议的回应》,《法学》2021 年第 6 期。

161.许中缘、崔雪炜:《"三权分置"视域下的农村集体经济组织法人》,《当代法学》

2018 年第 1 期。

162.严金明、迪力沙提·亚库甫、张东昇:《国土空间规划法的立法逻辑与立法框架》,《资源科学》2019 年第 9 期。

163.严金明、李储、夏方舟:《深化土地要素市场化改革的战略思考》,《改革》2020 年第 10 期。

164.杨弘、郭雨佳:《农村基层协商民主制度化发展的困境与对策——以农村一事一议制度完善为视角》,《政治学研究》2015 年第 6 期。

165.杨惠、熊晖:《农地管制中的财产权保障——从外部效益分享看农地激励性管制》,《现代法学》2008 年第 3 期。

166.叶必丰:《行政复议机关的法律定位》,《法学》2021 年第 5 期。

167.叶慧、陈敏莉:《国家级贫困县整合财政涉农资金的问题及对策——基于湖北省 A 县的案例研究》,《中国行政管理》2017 年第 9 期。

168.叶兴庆、周旭英:《农村集体产权结构开放性的历史演变与未来走向》,《中国农业资源与区划》2019 年第 4 期。

169.叶轶:《论国土空间规划正义与效率价值实现》,《甘肃政法学院学报》2017 年第 5 期。

170.于凤瑞:《"成片开发"征收决定公益目的的司法审查:比例原则的应用》,《中国政法大学学报》2019 年第 5 期。

171.于凤瑞:《〈土地管理法〉成片开发征收标准的体系阐释》,《中国土地科学》2020 年第 8 期。

172.于霄:《"一户一宅"的规范异化》,《中国农村观察》2020 年第 4 期。

173.余敬等:《实然与应然之间:我国宅基地使用权制度完善进路——基于 12 省 30 个村庄的调研》,《农业经济问题》2018 年第 1 期。

174.俞明轩、谷雨佳、李睿哲:《党的以人民为中心的土地政策:百年严格与发展》,《管理世界》2021 年第 4 期。

175.郁建兴、刘殷东:《督察制度变迁中的纵向治理:以第二轮中央生态环境保护督察为研究对象》,《学术月刊》2021 年第 11 期。

176.喻少如、刘文凯:《农地产权结构变迁视域下土地增值收益的公平分享》,《重庆大学学报(社会科学版)》2021 年第 6 期。

177.袁承程等:《近 10 年中国耕地变化的区域特征及演变态势》,《农业工程学报》2021 年第 1 期。

178.岳文泽等:《国土空间规划视域下土地发展权配置的理论思考》,《中国土地科学》2021 年第 4 期。

179.岳晓武:《〈土地管理法〉的延续与变革》,《中国土地》2019 年第 10 期。

180.张红:《论国家政策作为民法法源》,《中国社会科学》2015 年第 12 期。

181.张建平、葛杨:《土地配置扭曲与城乡收入差距——基于城镇化不平衡发展的视角》,《华中农业大学学报(社会科学版)》2021 年第 3 期。

182.张力:《土地公有制对农村经营性建设用地入市改革的底线规制》,《法律科学(西北政法大学学报)》2020 年第 6 期。

183.张年国等:《国土空间规划"三条控制线"划定的沈阳实践与优化探索》,《自然资源学报》2019 年第 10 期。

184.张千帆:《城市土地"国家所有"的困惑与消解》,《中国法学》2012 年第 3 期。

185.张守文:《政府与市场关系的法律调整》,《中国法学》2014 年第 5 期。

186.张文显:《法治与国家治理现代化》,《中国法学》2014 年第 4 期。

187.张文显:《建设中国特色社会主义法治体系》,《法学研究》2014 年第 6 期。

188.张先贵:《国土空间规划体系建立下的土地规划权何去何从?》,《华中科技大学学报》2021 年第 2 期。

189.张先贵:《我国土地管理权行使践行公私合作理念的诉求及实现——兼评〈中华人民共和国土地管理法(修正案草案)〉》,《西南民族大学学报(人文社科版)》2019 年第 7 期。

190.张先贵:《中国语境下土地发展权内容之法理释明——立足于"新型权利"背景下的深思》,《法律科学(西北政法大学学报)》2019 年第 1 期。

191.张翔:《财产权的社会义务》,《中国社会科学》2012 年第 9 期。

192.张旭勇:《论行政复议的"三位一体"功能及其实现的制度优势——兼论〈行政复议法(征求意见稿)〉之完善》,《苏州大学学报(哲学社会科学版)》2022 年第 3 期。

193.张忠利:《生态文明建设视野下空间规划的立法路径研究》,《河北法学》2018 年第 10 期。

194.章剑生:《作为介入和扩展私法自治领域的行政法》,《当代法学》2021 年第 3 期。

195.章志远:《以习近平法治思想引领行政审判制度新发展》,《法学研究》2022 年第 4 期。

196.章志远:《当代中国行政行为法理论发展的新任务》,《学习与探索》2018 年第 2 期。

197.赵谦:《机构建制与治理:土地复垦监管组织条款的规范分析》,《东方法学》2018 年第 5 期。

198.赵谦:《公私合作监管的原理与策略——以土地复垦为例》,《当代法学》2021 年第 2 期。

199.郑尚元:《宅基地使用权性质及农民居住权利之保障》,《中国法学》2014 年第 2 期。

200.郑雄飞:《地租的时空解构与权利再生产——农村土地"非农化"增值收益分配机制探索》,《社会学研究》2017 年第 4 期。

201.郑振源、蔡继明:《城乡融合发展的制度保障:集体土地与国有土地同权》,《中国农村经济》2019 年第 11 期。

202.周侃等:《基于资源环境承载力的农业生产空间评价与布局优化——以福建省为例》,《地理科学》2021 年第 2 期。

203.朱冰:《论我国规划保证义务的立法结构》,《法律科学(西北政法大学学报)》2017 年第 2 期。

204.朱冬亮:《农民与土地渐行渐远——土地流转与"三权分置"制度实践》,《中国社会科学》2020 年第 7 期。

205.竺效:《论绿色原则的规范解释司法适用》,《中国法学》2021 年第 4 期。

206.祝之舟:《论农地的公益性及农地征收中的公益衡量》,《法律科学(西北政法大学学报)》2013 年第 2 期。

207.自然资源部法规司:《以习近平新时代中国特色社会主义思想为指导全面贯彻落实新〈土地管理法〉》,《时事报告(党委中心组学习)》2019 年第 5 期。

208.邹旭等:《中国共产党建党百年来的土地增值收益分配:政策演进、理论辨析与改革逻辑》,《中国土地科学》2021 年第 8 期。

209.祖健等:《耕地数量、质量、生态三位一体保护内涵及路径探析》,《中国农业大学学报》2018 年第 7 期。

(二) 外文论文

1.Bruening, Ari D., "The TDR Siren Song: The Problems with Transferable Development Rights Programs and How to Fix Them", *Journal of Land Use & Environmental Law*, Vol. 23, 2007.

2.Clark, Jessica A., "Eminent Domain and Expropriation: A Comparison between Fifth Amendment Precedent and Latin American Land Redistribution", *Regent Law Review*, Vol. 28, 2015.

3.Clarke, Donald C., "Economic Development and the Rights Hypothesis: The China Problem", *American Journal of Comparative Law*, Vol.51, 2003.

4.Espada, Esther Muñiz and Germán de Castro Vítores, "La normativa de arrendamientos rústicos. Reflexión y propuestas para un nuevo debate", *Libro homenaje a Alberto Ballarín Marcial*, Colegios Notariales de España, 2008.

5.Finley, Linda S., "Real Property", *Mercer Law Review*, Vol. 66, 2010.

6.Hamilton, Neil D., "Rural Lands and Rural Livelihoods: Using Land and Natural Resources to Revitalize Rural America", *Drake Journal of Agricultural Law*, Vol.13, 2008.

7.James, Benjamin W., "Expanding the Gap: How the Rural Property System Exacerbates China's Urban-rural Gap", *Columbia Journal of Asian Law*, Vol.20, 2006.

8.Jarosz, Jay T., "Enough is Enough, unless of Course, It's Not: A Missed Opportunity to Reexamine the Ambiguity of Penn Central", *Suffolk University Law Review*, Vol.54, 2021.

9.Kenlan, Peter H., "Maine's Open Lands: Public Use of Private Land, the Right to Roam, and the Right to Exclude", *Maine Law Review*, Vol.68, 2016.

10.Lingold, Katherine, "Knick V. Township of Scott: The Supreme Court's Proper Conclusion Overruling an Unconstitutional Exhaustion Requirement Using an Inappropriate Analysis", *Mississippi College Law Review*, Vol.39, 2021, p.124.

11.López, Francisco Javier Ariza and Manuel G. Alcázar Molina, "Situación actual de la valoración catastral rústica en España: propuesta de un modelo alternativo", *CT: Catastro*, Vol.52, 2004.

12.Maleka, Katlego and Mashele Rapatsa, "South Africa's Legal Framework on Spatial Planning and Development: A Historical and Constitutional Context of Local Government", *Perspectives of Law and Public Administration*, Vol.10, 2021.

13.Merrill, Thomas W., "The Compensation Constraint and the Scope of the Takings Clause", *Notre Dame Law Review*, Vol.96, 2020.

14.Radford, R. S., "Knick and the Elephant in the Courtroom: Who Cares Least About Property Rights?", *Texas A & M Journal of Property Law*, Vol.7, 2021.

15.北村喜宣.（2021）.土地基本法の改正と今後の空き家法政策.日本不動産学会誌, 34(4).

16.浅見泰司.（2021）.土地基本法の改正と土地政策.日本不動産学会誌, 34(4).

17.楜澤能生.（2021）.農地請負経営権の『三権分置』をめぐる到達点:日本法との比較もふまえて.日本不動産学会誌, 35(3).

18.楜澤能生.（2020）.持続可能な土地市場政策・法への模索（下）ドイツにおける農業構造の変動と農林地取引法の動揺.早稲田法学, 95(3).

19.楜澤能生.（2019）.持続可能な土地市場政策・法への模索（上）ドイツにおける農業構造の変動と農林地取引法の動揺.早稲田法学, 94(4).

20.楜澤能生.（2017）.農地を守るとはどういうことか:耕作者主義と集団的自主管理の危機.技術と普及:全国農業改良普及職員協議会機関誌, 54(10).

三、报纸

1.《中共中央关于全面深化改革若干重大问题的决定》,《人民日报》2013 年 11 月 16 日。

2.《中共中央关于推进农村改革发展若干重大问题的决定》,《人民日报》2008 年 10 月 20 日。

3.《中共中央国务院关于全面推进乡村振兴加快农业农村现代化的意见》,《人民日报》2021 年 2 月 22 日。

4.胡汉兵:《宅基地退出当有偿自愿》,《中国国土资源报》2014 年 5 月 16 日。

5.梁倩、林远、姜刚:《多省区正探索宅基地退出模式》,《经济参考报》2014 年 7 月 28 日。

6.宁吉喆:《"三农"发展举世瞩目乡村振兴任重道远——第三次全国农业普查结果显示"三农"发生历史性变革》,《人民日报》2017 年 12 月 15 日。

7.汪晓东、李翔、马原:《江山就是人民　人民就是江山》,《人民日报》2021 年 6 月 28 日。

8.熊选国:《坚持法治国家、法治政府、法治社会一体建设》,《人民日报》2021 年 3 月 16 日。

9.赵婧:《自然资源部就 2019 年耕地保护督察有关情况答记者问》,《中国自然资源报》2020 年 1 月 20 日。

10.中共中央党史和文献研究院:《中国共产党一百年大事记》,《人民日报》2021 年 6 月 28 日。

11.自然资源部党史学习教育领导小组办公室:《党领导土地管理事业的历史经验与启示》,《中国自然资源报》2022 年 1 月 7 日。

责任编辑：邓创业

特约编辑：程　洲

封面设计：汪　莹

图书在版编目（CIP）数据

新时代中国土地法律制度完善研究 ／ 陈小君等著 ．

北京 ： 人民出版社，2025. 7. -- ISBN 978 - 7 - 01 - 027030 - 2

Ⅰ. D922.304

中国国家版本馆 CIP 数据核字第 202403QK32 号

新时代中国土地法律制度完善研究

XINSHIDAI ZHONGGUO TUDI FALÜ ZHIDU WANSHAN YANJIU

陈小君　等著

人民出版社 出版发行

（100706　北京市东城区隆福寺街 99 号）

北京汇林印务有限公司印刷　新华书店经销

2025 年 7 月第 1 版　2025 年 7 月北京第 1 次印刷

开本:710 毫米×1000 毫米 1/16　印张:53.75

字数:877 千字

ISBN 978 - 7 - 01 - 027030 - 2　定价:98.00 元

邮购地址 100706　北京市东城区隆福寺街 99 号

人民东方图书销售中心　电话 (010)65250042　65289539